梧州年鉴

WUZHOU YEARBOOK

2022

◎梧州市地方志编纂委员会 编

方志出版社

图书在版编目（CIP）数据

梧州年鉴. 2022 / 梧州市地方志编纂委员会编.—
北京：方志出版社，2022.12
ISBN 978-7-5144-5461-1

Ⅰ. ①梧… Ⅱ. ①梧… Ⅲ. ①梧州－2022－年鉴
Ⅳ. ① Z526.73

中国版本图书馆 CIP 数据核字(2022)第 252479 号

责任编辑：顾洁
责任校对：刘玉霞
责任印制：梅中英
出 版 者：方志出版社
地　　址：北京市朝阳区潘家园东里 9 号（国家方志馆 4 层）
邮　　编：100021
网　　址：http://www.zgfzcb.cn
发　　行：方志出版社图书营销中心（010-67110500）
印　　刷：深圳市精一瑞兰印刷有限公司
开　　本：889 毫米 ×1194 毫米　1/16
印　　张：33.75
字　　数：1006 千字
版　　次：2022 年 12 月第 1 版
印　　次：2022 年 12 月第 1 次印刷
定　　价：330.00 元

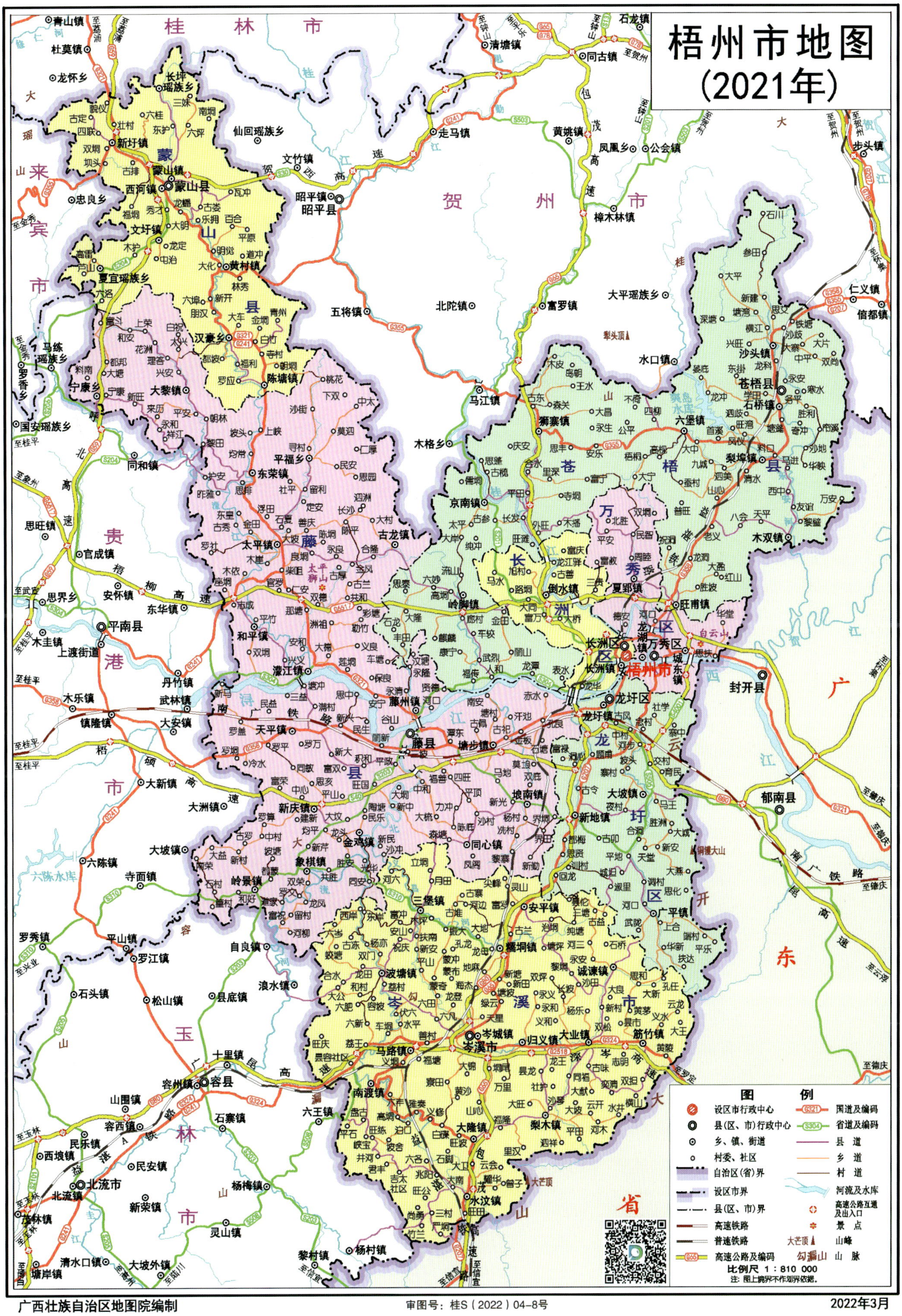

广西壮族自治区地图院编制

审图号：桂S（2022）04-8号

2022年3月

城市荣誉

- 世界人工宝石之都
- 国家园林城市
- 国家森林城市
- 国家卫生城市
- 国家新能源示范城市
- 国家循环经济示范城市
- 国家 DRG 付费示范点城市
- 国家信息惠民示范城市
- 国家城市矿产示范基地
- 国家级承接产业转移示范区
- 中国最具开发潜力十佳城市
- 中国最具魅力节庆城市

2021 年，高旺大桥（西江四桥）建成通车（市住房城乡建设局　供图）

- 中国优秀旅游城市
- 中国十佳宜居城市
- 全国无偿献血先进市
- 全国绿化模范城市
- 全国双拥模范城

彩图主要供稿单位：梧州日报社
彩图编辑：赖红柳

数读梧州 2021

SHUDU WUZHOU

◎ 总面积 12572.48 平方千米
◎ 市区面积 1792.64 平方千米
◎ 县（市、区）7 个
◎ 户籍人口数 354.69 万人
　◎ 汉族人口 344.78 万人
　◎ 少数民族人口 9.91 万人
◎ 常住人口数 282.67 万人
◎ 年平均气温 22.2℃
◎ 年平均日照时数 1814.7 小时
◎ 年平均降水量 1060.8 毫米
◎ 林地面积 96.07 万公顷
◎ 森林面积 94.79 万公顷（森林覆盖率 75.35%）
◎ 地区生产总值 1369.37 亿元
　◎ 第一产业增加值 196.09 亿元
　◎ 第二产业增加值 589.39 亿元
　◎ 第三产业增加值 583.89 亿元
◎ 人均地区生产总值 48463 元（按常住人口计算）
◎ 全社会固定资产投资完成额 786.89 亿元
◎ 财政收入 134.84 亿元
◎ 公共财政预算收入 78.87 亿元
◎ 公共财政预算支出 259.05 亿元
◎ 城镇化水平 55.57%
◎ 实有耕地面积 91670.3 公顷
◎ 农田有效灌溉面积 72697.98 公顷
◎ 农业机械总动力 145.61 万千瓦
◎ 粮食产量 70.46 万吨
◎ 蔬菜及食用菌产量 307.4 万吨
◎ 甘蔗产量 10.80 万吨
◎ 水果产量 106.77 万吨
◎ 肉类产量 22.03 万吨
◎ 水产品产量 8.31 万吨
◎ 规模以上工业增加值 475.3 亿元
◎ 规模以上工业企业主营业务收入 1374.29 亿元
◎ 规模以上工业企业利润总额 135.83 亿元
◎ 公路通车里程 8399.73 千米（高速公路 503.41 千米）
◎ 内河通航总里程 266 千米
◎ 公路、水路货物运输周转量 184.65 亿吨千米

◎ 公路客运周转量 45588.10 万人千米
◎ 邮电业务总量（按 2020 年不变价）30.77 亿元
◎ 固定电话用户 14.39 万户
◎ 移动电话用户 295.19 万户
◎ 国有企业 85 家（年末资产总额 1589.5 亿元）
◎ 个体工商户 12.28 万户（注册资金 148.99 亿元）
◎ 私营企业 36835 家（注册资本 1339.5 亿元）
◎ 进出口贸易总额 80.81 亿元
◎ 实际利用外资 6267 万美元
◎ 国内游客人数 3815.74 万人次
◎ 入境过夜游客人数 1900 人次
◎ 社会消费品零售总额 316.33 亿元
◎ 城乡居民年末储蓄存款余额 1102.65 亿元
◎ 在岗职工年平均工资 7.9 万元
◎ 城镇居民人均可支配收入 37185 元
◎ 城镇居民人均生活消费支出 23991 元
◎ 农村居民人均可支配收入 16331 万元
◎ 农村居民人均生活消费支出 9984 元
◎ 居民消费价格总指数 100.8
◎ 年末在岗职工平均人数 16.92 万人（非私营城镇单位，在岗劳务合计）
◎ 城镇登记失业率 2.38%
◎ 普通高等学校在校生 36310 人
◎ 中等职业技术学校在校生 39177 人
◎ 普通中学在校生 21.87 万人
◎ 小学在校生 33.44 万人
◎ 医疗卫生机构 1685 个
◎ 医疗卫生机构床位 18046 张
◎ 艺术表演团体 147 个
◎ 文化馆 8 个
◎ 县级以上公共图书馆 5 个
◎ 博物馆 3 个
◎ 广播发射台和转播台 38 座
◎ 1000 瓦以上电视发射台和转播台 2 座
◎ 运动员参加省级比赛获金牌 40 枚
◎ 运动员参加全国比赛获金牌 3 枚

长洲水利枢纽　（何华文摄于 2021 年 12 月 3 日）

六堡茶“十四五”开局展宏图

2021年，“梧州六堡茶”成功注册地理标志证明商标，入选中欧地理标志协定第二批保护产品名录。六堡茶公用品牌价值32.34亿元，居广西茶叶第一位，被评为2021年中国茶叶最具品牌发展力品牌。全市有SC认证茶企66家，其中销售额超亿元茶叶龙头企业2家，农业产业化国家重点龙头企业2家，自治区农业产业化重点龙头企业7家，“中华老字号”企业1家，“广西老字号”企业2家；规模以上企业8家，出口备案企业13家。有六堡茶茶园8800公顷，六堡茶年产量2.5万吨，综合产值约110亿元，税收入库8278万元。广西六堡茶产业发展集聚区项目被列入自治区统筹推进重大项目，已有陕西苍山集团、广西桂茶茶业集团、横县南方茶厂等7家茶企签约到梧州市建厂。11月20日，自治区人大常委会表决通过《梧州市六堡茶文化保护条例》。12月8日，梧州市召开茶产业发展动员部署大会，启动六堡茶生态茶园建设大会战。12月31日，《梧州六堡茶产业高质量发展三年行动计划（2021—2023年）》出台，力争到2023年综合产值达200亿元。

推进绿色高质量发展有成效

2021年，梧州市强化生态保护和修复，实施“美丽梧州”国土绿化提质项目123个，植树造林1.93万公顷；深化污染防治攻坚，空气优良天数比率达99.5%，居自治区首位；国家地表水考核断面水环境质量在全国地级及以上城市中排名第十一；创建国家级绿色工厂4个。梧州循环经济产业园区作为广西唯一国家级绿色产业示范基地，循环经济产业再生资源加工处理能力年超1000万吨，全年总产值突破600亿元。全年全市获得低碳产品认证、中国绿色建材产品认证、国家有机产品认证、香港优质“正”印认证等高端质量认证74张，认证数量居自治区首位。欧神诺陶瓷获得广西首张中国绿色建材产品认证。

中国蜂业博览会暨全国蜂产品市场信息交流会举办

2021年4月23日—24日，由中国养蜂学会、中国蜂产品协会、广西壮族自治区农业农村厅、梧州市人民政府共同主办的2021年中国蜂业博览会暨全国蜂产品市场信息交流会在梧州市召开，围绕“科技引领蜂业发展　创新驱动乡村振兴”主题，开展蜂业市场信息交流会、蜂产业助力乡村振兴报告会、蜂业高品质发展论坛、蜂业博览会等活动。来自安徽、湖北、江西、新疆、云南等24个省（自治区）的173家企业参展，全国各地蜂业界专家、学者、企业代表约1560人参加会议。农业农村部畜牧兽医局副局长孔亮在开幕式发言中指出，蜂产业在梧州市已成为助农脱贫增收的特色优势产业和农业农村经济新增长点。

梧州综合保税区设立

2021 年 8 月 7 日，梧州综合保税区获国务院批复设立，成为广西第五个综合保税区，梧州市实现国家级园区“零”的突破，即日起可按现行规定享受综合保税区税收优惠政策。梧州综合保税区位于粤桂合作特别试验区，规划面积 1.02 平方千米，邻近李家庄码头、塘源综合码头、紫金村码头和绕城高速公路，距离梧州南站、梧州站、西江机场均在 1 小时车程内。

“李济深与人民政协”座谈会召开

2021 年 10 月 30 日，民革中央、政协广西壮族自治区委员会主办的“李济深与人民政协”座谈会在梧州市举行，全国政协副主席、民革中央常务副主席郑建邦出席座谈会并讲话。座谈会通过深入挖掘和研究李济深与中国共产党长期合作、共同奋斗的革命思想实践，进一步昭示中国共产党与各民主党派团结合作的初心和使命，为促进海内外中华儿女万众一心，共襄民族复兴伟业汇聚广泛共识。

第十八届梧州宝石节举办

2021 年 12 月 3 日—5 日，以“东融门户　潮涌梧州”为主题的第十八届梧州宝石节在梧州市举行。宝石节由梧州市人民政府、中国珠宝玉石首饰行业协会、中国—东盟博览会秘书处共同主办，共举办“一带一路”国际宝玉石艺术设计大奖赛启动仪式暨宝玉石文化产业发展论坛、第十四届西江经济带合作与发展论坛、梧州六堡茶文化展示等五大类 17 项活动。珠宝、玉石、首饰等展品实现成交意向额 2280 万元，其中现场成交额 137 万元，跨境电商直播观看人数 2.6 万人次；招商活动签约项目 16 个，总投资 112.02 亿元，涉及六堡茶加工、新能源、再生资源、智能制造等领域。

梧州市获批为国家 DRG 付费示范点

2021 年 12 月 9 日，国家医疗保障局公布 DRG/DIP 付费示范点名单，梧州市从全国 101 个 DRG/DIP 试点城市中脱颖而出，获批为国家 18 个 DRG 付费示范点之一。梧州市自 2019 年启动国家 DRG 付费试点工作后，在数据质控、队伍建设、险种平衡、药品保障、中医付费、基金监管 6 个方面探索创新，建立起 DRG 付费体系。截至 2021 年 9 月，全市次均住院费用、患者自付金额、平均住院床日同比分别下降 6.1%、4.7%、10.3%，CMI 指数同比升高 11%。在国家医疗保障局组织的 2021 年 7 月和 11 月两次交叉评估中，梧州市均被评定为优秀等级。

梧州市入选第三批全国农村集体产权制度改革试点典型经验交流单位

2021 年 12 月 20 日，农业农村部办公厅下发《关于开展学习第三批全国农村集体产权制度改革试点典型经验活动的通知》，梧州市成为入选此次全国农村集体产权制度改革试点典型经验交流名单的 17 个设区市之一。从 2015 年开始，梧州市历时 6 年分 3 批次完成国家赋予的农村集体产权制度改革试点，为广西乃至全国深化农村改革探出新路。2021 年 7 月，《梧州市加强基层农村经营管理体系建设的实施意见》《梧州市推进农村“三变”改革发展壮大农村集体经济增强乡村振兴内生动力实施方案》相继出台。同时，蒙山县获批成为全国农村综合性改革试点试验县。

允升塔晨曦　（陈志勇摄于 2021 年 5 月 28 日）

党史教育与红色研学活动

1 2021年6月22日，在中共广西特委旧址内，自治区党委书记鹿心社（前排中）带领自治区党委理论学习中心组成员重温入党誓词（邓华　摄）

2 2021年6月10日，梧州市审计局党员干部到91岁高龄的抗美援朝老兵韦文朝（正面居中）家走访慰问，听他讲述当年的战斗往事，学党史、忆初心（市审计局　供图）

3 2021年10月29日，柳州银行梧州分行开展《长津湖》主题观影活动（李俊　供图）

4 中共梧州市委宣传部在全市开展“我是红色讲解员”活动，通过比赛、讲党课等形式，选出50名优秀红领巾讲解员、10名老党员讲解员，到梧州市爱国主义教育基地和党史教育基地为参观者进行义务讲解。图为2021年7月6日，红领巾讲解员苏巧诺为党员群众讲解革命历史（何思思　摄）

5 2021 年 4 月 19 日，市金融办联合银行保险机构参观梧州党史展馆（甘毅　摄）

6 2021 年 5 月 8 日，民进梧州市委会在梧州市党群服务中心开展“永远跟着中国共产党走”专题教育活动（梁远锋　供图）

7 2021 年 5 月 11 日，梧州市人民检察院组织干警深入开展党史学习教育（市检察院　供图）

8 2021 年 12 月 21 日，梧州日报社小记者到红色教育基地拍摄党史宣传视频（章竞仪　摄）

9 2021 年 12 月 20 日，中国一冶梧州红十字会医院项目部组织全体员工到中共梧州地委·广西特委旧址陈列馆参观学习，开展主题为“建党百年创伟业 埋头苦干再起航”的党史学习教育专题活动（文秋营　供图）

建党百年 全城同庆 一

吃水不忘
挖井人
翻身不忘
共产党

幸复自由身
在狱重受苦
勉君杀敌人

讴歌百年路
海纳百川

庆祝中国共产党成立100周年
永远跟党走
梧州市庆祝中国共产党成立100周年歌咏比赛（决赛）

1 2021 年 5 月 16 日全国助残日，60 多名来自广西、广东各地的残疾人坐着轮椅到长洲区平浪革命老区广场摆出数字为“100”的队列，庆祝中国共产党成立 100 周年（李智玲　摄）

2 2021 年 5 月 31 日，“信仰的力量——梧州市庆祝中国共产党成立 100 周年红色故事会”在梧州市文化展览中心举行，来自梧州职业学院的黄琪芳正在讲述《刑场上的婚礼》，展现覃超容和廖梦樵两位烈士视死如归的革命精神（陈凡　摄）

3 2021 年 6 月，《讴歌百年路——梧州市庆祝中国共产党成立 100 周年诗词作品选》发行。6 月 28 日，由市委宣传部、市文联、梧州日报社联合主办的《讴歌百年路——梧州市庆祝中国共产党成立 100 周年诗词作品选》读书分享会在市联合办公大楼举行。图为读书分享会现场（陈凡　摄）

4 2021 年 6 月 29 日，梧州市税务局在“永远跟党走——梧州市庆祝中国共产党成立 100 周年歌咏比赛（决赛）”中获银奖（李斯尹　摄）

5 2021 年 6 月 30 日，梧州市第二幼儿园开展中华经典诵读活动，迎接中国共产党成立 100 周年（莫伟莲　摄）

6 2021 年 6 月 28 日，岑溪市举行庆祝中国共产党成立 100 周年党员宣誓仪式（吴家宁　摄）

建党百年 全城同庆 二

百年華章 鸳江如畫
梧州市庆祝中国共产党成立100周年
美术书法摄影作品展览
主办单位：中共梧州市委宣传部 梧州市文学艺术界联合会
承办单位：梧州市美术家协会 梧州市书法家协会 梧州市摄影家协会
协办单位：广西神冠胶原生物集团有限公司

1 2021 年 6 月 29 日晚，云龙大桥以中国共产党成立 100 周年为主题上演灯光秀（陈凡　摄）

2 2021 年 6 月 21 日，“百年华章 鸳江如画——梧州市庆祝中国共产党成立 100 周年美术书法摄影作品展览”在梧州市党群服务中心举办（市文联　供图）

3 2021 年 7 月 1 日，业余文艺队伍在潘塘公园载歌载舞，讴歌中国共产党（李鸿荣　摄）

4 2021 年 7 月 1 日，广西电网梧州供电局职工集中收看庆祝中国共产党成立 100 周年大会实况直播（何华文　摄）

5 2021 年 4 月 28 日，梧州市侨联联合梧州市印尼邦加侨友会举办“梧州市侨界庆祝中国共产党成立 100 周年系列活动”（市侨联　供图）

6 梧州市部分线路的公交车以庆祝中国共产党成立 100 周年为主题，翻新车辆外观和内饰，行驶的公交车成了城市的红色风景。图为 2021 年 6 月 18 日，一辆红色主题外观的公交车在新兴一路行驶（陈凡　摄）

全面东融添活力 一

1 2021 年 12 月 3 日—5 日，以“东融门户 潮涌梧州”为主题的第十八届梧州宝石节在梧州市举行。图为 12 月 3 日开幕式现场（李鸿荣 摄）

2 2021 年 10 月 12 日，蒙山县文圩镇六夏村蔬菜基地的菜心丰收，该村每天有三四万千克蔬菜发往广东、香港等地（钟德献 摄）

3 2021 年 12 月 3 日下午，第十四届西江经济带合作与发展论坛举行，广东、广西 16 个市代表共同签署《激发江的活力 共谋合作发展，深化珠江—西江经济带城市合作倡议》（李鸿荣 摄）

4 2021 年 10 月 12 日—13 日，由梧州市人民政府、广东省定制家居协会、广东衣柜行业协会主办的 2021 年中国定制家居产业链趋势峰会在梧州市文化展览中心举行。图为 10 月 12 日峰会会场（陈凡 摄）

5 2021 年 8 月 7 日，国务院批复设立梧州综合保税区，选址在粤桂合作特别试验区内。图为梧州综合保税区正门（粤桂合作特别试验区信息中心 供图）

第十四届西江经济带合作与发展论坛
主办单位：广西壮族自治区发展和改革委员会　梧州市人民政府
2021年12月3日

2021
中国定制家居产业链趋势峰会
TREND

梧州综合保税区
WUZHOU COMPREHENSIVE BONDED ZONE
服务大厅

全面东融添活力（二）

1 2021年9月23日，贵港至梧州3000吨级航道工程项目在梧州西江三桥附近加紧施工（杨扬　摄）

2 2021年12月28日，西江航运干线贵港至梧州3000吨级航道一期工程完工并投入试运行。图为10月15日，在海事码头附近的航道建设施工现场（刘乘宏　摄）

3 2021年，梧州市水路货运量4691.1万吨，港口货物吞吐量6003.51万吨，西江内河亿吨大港建设稳步推进。图为4月1日，西江上大小货运船舶有序航行（陈凡　摄）

4 李家庄码头位于梧州西江北岸，为西江下游广西境内最后一个内河航运码头，也是两广内河航道上的"咽喉"。图为2021年11月作业中的李家庄码头（张梓炫　摄）

全面东融添活力 三

1 梧州高新技术产业开发区园区规划总面积16.02平方千米，是珠江—西江经济带上链接粤港澳大湾区创新资源前沿阵地、广西高新技术产业带“一轴两翼”东翼高质量发展引擎、桂东地区老工业基地转型升级试验区。图为2021年7月25日高新区全景（杨扬　摄）

2 2021年，梧州市不锈钢制品产业园区内的永达钢铁集团实现工业产值102亿元，税收完成7.21亿元。图为2021年3月8日拍摄的永达钢铁集团厂区（市不锈钢园区管委会　供图）

3 梧州金升铜业股份有限公司是梧州循环经济产业园区实体制造业龙头企业之一，2021年全年产值突破100亿元。图为2021年8月16日，该企业电解车间一线工人在作业（梧州循环经济园区管委会　供图）

4 2021年11月1日，粤桂合作特别试验区东融产业园（江南标准厂房二期）14栋厂房及2栋科研楼完成主体封顶（杨扬　摄）

5 2021年8月16日，梧州市商贸物流园内东融电商大厦、中农联·梧州国际农产品交易中心、梧州国际家居博览中心等项目相继竣工运行，市东融电商大厦成为电商产业集群发展重要载体（杨扬　摄）

6 位于梧州高新技术产业开发区的广西盈田创旺智能科技有限公司150万套高效节能空调生产项目一期于2021年3月投产后，全年完成空调生产60多万套，产值超10亿元。图为4月7日，盈田空调生产车间工人在组装空调外机（陈凡　曾燕　摄）

7 至2021年年底，岑溪市归义镇承接东部70家电子厂产业转移该镇，带动约3500名村民就业。图为东莞富盈达电子厂归义镇荔枝村第四分厂工人在工作（庞广姣　摄）

1 2 3
4 5 6 7

产业兴市之

六堡茶产业

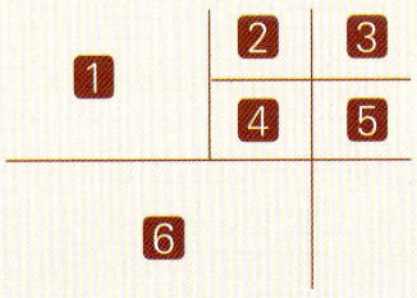

1 龙圩区云山万亩茶海六堡茶种植项目是新龙田园综合体的项目之一，2021 年 8 月动工建设。图为 12 月 7 日，中共梧州市委书记蒋连生（前排左一）到云山六堡茶苗圃基地调研（李鸿荣 摄）

2 2020 年 10 月 21 日，梧州中茶茶业有限公司一批六堡茶产品通过梧州海关首次出口美国（梧州海关 供图）

3 2021 年，梧州茶厂有限公司全年销售额为 4.22 亿元，其“三鹤”品牌价值上升至 4.53 亿元，入选第七批农业产业化国家重点龙头企业。图为 6 月 25 日该公司开展红歌快闪活动（梧州茶厂 供图）

4 2021 年 10 月 15 日—18 日，梧州六堡茶组团亮相郑州茶博会，开展 2021“茶船古道·新丝路”六堡茶行销全球活动（市茶产业发展中心 供图）

5 2021 年 10 月 16 日，网络主播在桂品出乡“国潮梧州”好物节现场推荐梧州特产六堡茶（陈凡 摄）

6 2021 年 12 月 8 日，梧州市在摩天茶海召开茶产业发展大会茶园建设现场会，全面拉开梧州市六堡茶茶园建设大会战序幕，市委书记蒋连生宣布梧州市六堡茶生态茶园建设大会战正式启动（市茶产业发展中心 供图）

产业兴市之

六堡茶产业

1 2021 年，苍梧县有茶园面积 7300 多公顷，其中核心产区六堡镇约占 91%。图为六堡镇大中村茶园（颜桂海　摄）

2 2021 年 10 月 3 日，苍梧县六堡镇梧州农耕文化园吸引不少游客感受特色茶文化，到网红景点鱼鳞坝打卡游玩（蔡季明　摄）

3 2021 年 10 月 11 日，梧州市举办六堡茶品牌培育暨“乡村振兴·地标富民”地理标志保护运用促进培训班（市茶产业发展中心　供图）

4 2021 年 9 月 11 日，三鹤杯·2021 梧州六堡茶民间斗茶大赛中，参加“金舌头”对决的选手们仔细品饮茶汤，辨别风味各异的六堡茶（陈凡　摄）

5 2021 年 11 月 28 日，“茶船古道杯”六堡茶茶艺师技能大赛中，外国友人参与现场六堡茶直播带货（梧州日报社　供图）

6 2021 年 5 月 26 日，自治区级六堡茶非遗传承人陈伯昌（前排右三）应邀到广西职业技术学院授课期间，指导慕名而来的日本友人体验六堡茶制作技艺（陈伯昌　供图）

1 2021 年 4 月 23 日—24 日，由中国养蜂学会、中国蜂产品协会、广西壮族自治区农业农村厅、梧州市人民政府共同主办的 2021 年中国蜂业博览会暨全国蜂产品市场信息交流会在梧州市召开。图为 4 月 23 日，巨大的蜜蜂卡通造型矗立在博览会会场入口迎接宾客（何鎏　摄）

2 2021 年，梧州甜蜜家蜂业公司年加工蜂产品 9000 吨，年销售收入 7022.49 万元；获评第七批农业产业化国家重点龙头企业。图为 4 月 23 日，该公司在中国蜂业博览会上展销产品（万秀区志办　供图）

3 2021 年 1 月—10 月，梧州市出口蜂产品 718.12 吨。图为 4 月 22 日，梧州海关关员在梧州甜蜜家蜂业公司检验产品，该公司一批 70 桶共计 20.3 吨蜂蜜出口日本（梧州海关　供图）

4 2021 年 3 月 14 日，山花簇拥中的梧州甜蜜家蜂业公司标准化养蜂教学示范点（万秀区志办　供图）

5 至 2021 年年底，蒙山县养蜂专业合作社有 12 家，养蜂农户 3000 多户，养殖蜂群数量发展到 18 万多群。图为 8 月 3 日，蒙山县黄村镇怡兴专业养蜂合作社的员工在给成品贴标签（蒙山县党史县志中心　供图）

6 2021 年 12 月 24 日—25 日，蒙山县邀请中国农科院农业信息所和蜜蜂研究所的专家为全县蜂产业从业人员和养蜂管理人员进行智慧养蜂及产品质量安全追溯系统技术培训（蒙山县党史县志中心　供图）

1 4

2 3 5 6

乡村振兴之田园篇

1 蒙山县桐油坪工业集中区采取“光伏发电＋农业种植＋贫困户入股”模式，光伏装机容量为 1.6 万千瓦，种植或在光伏区内套种中草药 14.67 公顷。图为 2021 年 4 月 6 日，“农光互补”光伏扶贫发电基地内工人们正在给中草药吴茱萸施肥（黄胜林　摄）

2 2021 年 9 月 26 日，梧州市长洲岛绿色蔬菜生产基地满眼青翠（颜桂海　摄）

3 2021 年 10 月 23 日，龙圩区大坡镇合垌村种植的“五彩稻”色彩斑斓（何华文　摄）

4 2021 年 10 月 25 日，龙圩区龙圩镇大恩村成熟的水稻一片金黄，与不远处的乡村楼房相互映衬（梁金勇　龙海悦　摄）

5 2021 年 11 月 30 日，岑溪市归义镇安安火龙果种植示范基地给火龙果安装补光灯，以满足火龙果生长需求。晚上，火龙果田星光点点（梧州日报社　供图）

1 3
4 5
2

乡村振兴之

民居篇

1 2021 年 1 月 19 日，万秀区城东镇华堂村道路平整干净，居住环境优美（杨扬　摄）

2 2021 年 1 月 28 日，苍梧县六堡镇大中村盘龙组房屋外墙统一进行升级改造，村内打造了多处小景观（吴晨蔚　供图）

3 2021 年 3 月 14 日，苍梧县梨埠镇沙地村一角的流水、凉亭，以及整齐划一的居民楼（杨扬　摄）

4 2021 年 6 月 13 日，藤县塘步镇古祀村鸟瞰（市乡村振兴局　供图）

5 2021 年 8 月，长洲区倒水镇大桥村农房风貌（市乡村振兴局　供图）

6 2021 年 12 月 17 日，长洲区倒水镇大同村六角坪组外景（市住房城乡建设局　供图）

乡村振兴之

民居篇

1 2021年8月11日，修葺一新的蒙山镇甘棠村古朗五组（市住房城乡建设局 供图）

2 2021年11月29日，藤县象棋镇忠信村农户利用家门前的大阳台种植树木，砌起水泥凳，打造出一个小庭院（彭进龙 摄）

编辑说明

一、《梧州年鉴》是由梧州市人民政府组织，梧州市地方志编纂委员会承编的综合性地方年鉴，以马克思列宁主义、毛泽东思想、邓小平理论、“三个代表”重要思想、科学发展观、习近平新时代中国特色社会主义思想为指导，坚持辩证唯物主义和历史唯物主义的立场、观点和方法，坚持实事求是的原则，客观记载梧州市政治、经济、文化和社会发展基本情况，着重反映梧州各行各业年度大事、要事、新事、特事，为各级领导决策提供可靠的参考依据，为社会各界和海外人士了解和研究梧州提供最新的信息资料，为编纂与续修新方志积累历史资料。

二、《梧州年鉴》自2005年每年出版一卷。2022年卷主要记载2021年度梧州市各行各业的基本情况和主要信息，特殊情况适当上溯或下延。

三、本卷年鉴基本内容分为特载、专文、大事记、梧州概貌、中国共产党梧州市委员会、梧州市人民代表大会、梧州市人民政府、中国人民政治协商会议梧州市委员会、纪检监察、民主党派　工商联、群众团体、法治、军事、数字梧州建设、经济管理、经贸合作、交通　邮政、农业、工业、商贸服务业、旅游业、金融业、建筑业　房地产业、城市建设、乡村建设、生态建设、科学技术、教育、文化、卫生健康、体育、社会生活、应急管理、县（市）区、人物　荣誉35项，并设有数读梧州、年度要闻和反映全市重大事件及发展成就的彩色图片专辑。

四、本卷年鉴采用分类编辑法，按类目、分目、条目3个层次的体例编辑，以不同字体、字号及版式设计区分不同层次，少数分目下设次分目，少数条目下设子目。条目为年鉴内容的基本单位，其标题统一用【 】表示，内容层次的设置，大体上按科学分类和社会分工相结合的原则归类和排列，机构、企事业单位等排序和层次一般不表示其地位和规模。

五、本卷年鉴的稿件，均由全市各部门、各县（市、区）及有关企事业单位提供，并经撰稿单位负责人审核。涉及全市国民经济和社会发展的主要数据均以市统计局公布的统计数据为准（未经自治区统计局审核反馈），某些专业性数据由主管部门提供。

六、本卷年鉴数字用法、标点符号用法分别采用国家标准《出版物上数字用法》（GB/T 15835—2011）、《标点符号用法》（GB/T 15834—2011），计量单位采用国家技术监督局1993年12月发布的《量和单位》系列国家标准。部分数据合计数或相对数由于单位取舍不同而产生的计算误差，均未做机械调整。价值指标的绝对值未加注明的，均按当年价格计算，增减百分比除注明外均按可比口径计算。某些对应指标数据在上年卷出版后做了调整的，一般不予说明，以本年卷数据为准。

七、本卷年鉴配备双重检索系统：书前刊有详细目录，书后备有索引。索引采用主题分析法，款目按汉语拼音字母顺序（同音字按声调）排列。

梧州市地方志编纂委员会

《梧州年鉴（2022）》编纂人员

目　录

特　载

专　文

大事记

梧州概貌

梧州年鉴

中国共产党梧州市委员会

梧州市人民代表大会

梧州市人民政府

中国人民政治协商会议梧州市委员会

纪检监察

民主党派　工商联

群众团体

法 治

军　事

数字梧州建设

经济管理

经贸合作

交通　邮政

农　业

工 业

商贸服务业

旅 游 业

金 融 业

建筑业　房地产业

城市建设

乡村建设

生态建设

科学技术

教　育

文　化

卫生健康

体 育

社会生活

应急管理

县（市）区

人物　荣誉

附　　录

索　　引

WUZHOU YEARBOOK

Contents

Features

Special Record

Chronicle of Events

General Situation of Wuzhou

Wuzhou Municipal Committee of the CPC

Wuzhou Municipal People's Congress

Wuzhou Municipal People's Government

Wuzhou Municipal Committee of the CPPCC

Discipline Inspection and Supervision

Democratic Parties & Federation of Industry and Commerce

Mass Organizations

Rule of Law

Military Affairs

Construction of Digital Wuzhou

Economic Management

Economic and Trade Cooperation

Transportation and Postal Industry

Agriculture

Industry

Commercial Service Industry

Tourism

Financial Industry

Construction Industry and Real Estate Industry

Urban Construction

Rural Construction

Ecological Construction

Science and Technology

Education

Culture

Hygiene and Health

Sports

Society and Lifestyle

Emergency Management

County-level Administrative Regions

Characters and Honors

Appendices

Index

特　载

茶船古道再扬帆　六堡茶香飘万家

——梧州市六堡茶产业发展综述

古时，六堡茶从茶船古道起点苍梧县六堡镇启运，下西江、出珠江、越大洋；如今，茶船远去，几经沉浮的六堡茶焕发生机。近年，梧州市深入贯彻中共中央总书记习近平关于茶产业发展的重要论述，按照“强龙头、补链条、聚集群”要求，以全产业链思维，坚持规划引领、品牌塑造、文化带动、产业驱动，构建全产业链现代茶产业体系，六堡茶产业实现历史性飞跃，综合产值由2016年的38亿元增至2020年的85亿元。2021年，全市有茶园8800公顷，年产六堡茶2.5万吨，综合产值约110亿元，入库税收8278万元。成功注册“梧州六堡茶”地理标志证明商标。2022年，梧州六堡茶品牌价值37.64亿元，居广西茶叶品牌第一位，获评为“2022中国茶叶最具品牌传播力品牌”。

一、六堡茶底蕴深厚，传承悠长

（一）“茶船古道”兴衰史

梧州山多林密，绿水萦绕，全市森林覆盖率75.27%，居广西首位。好山好水出好茶，六堡茶因原产今苍梧县六堡镇而得名，早在清代便以“红、浓、陈、醇”的品质特征和特殊的槟榔香味而闻名于世。清同治《苍梧县志》记载：“茶产多贤乡六堡，味厚，隔宿不变。”晚清时期，300多万名华工为谋生远下南洋。他们多数来自岭南地区，有饮茶的习惯，在南洋酷热溽暑的工作生活环境中，当地华工需要能够解渴除瘴、消暑祛湿的饮料，具有消暑化湿、润肠养胃功能，茶味隔宿不变的六堡茶成为首选。得益于当时西江黄金水道兴旺的水路运输，每年产茶季节，六堡出产的大量优质茶叶，从六堡的合口街码头装上尖头船，经今苍梧县梨埠镇换大木船，进入贺江，经今广东省封开县江口镇，进入西江之后再经今广东省郁南县都城镇装上大船，运送到广州，再从广州销往国内各省（自治区）和港澳地区，远销马来西亚及东南亚、欧美国家。这就是六堡茶外销的“茶船古道”。

六堡茶除在广州、香港等地销售一部分外，

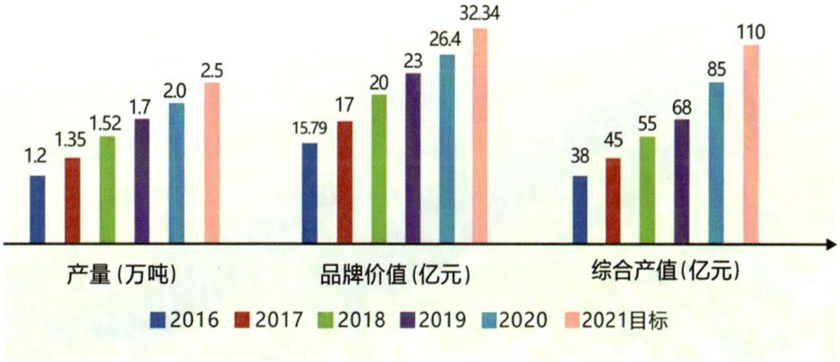

图1　2016—2021年梧州市六堡茶产业数据示意图

市茶产业发展中心　供图

其余大部分销往马来西亚的怡保市及首都吉隆坡一带。受南洋华工影响，当地居民也渐渐喜欢上饮用这种茶。六堡茶在南洋的销售越来越好，成为“侨销茶”。出口需求的增长带动六堡茶产业在抗日战争爆发前达到高峰，甚至现如今马来西亚都可以找到当时的陈年六堡茶。据六堡镇87岁老茶人李旭秋回忆，20世纪二三十年代，六堡镇及周边地区人家几乎都参与到六堡茶种植与制作当中，漫山遍野都是茶园。抗战时期，因消费需求低迷与海运受阻，六堡茶出口跌至历史最低潮，茶园荒芜。

中华人民共和国成立后，建于1953年的梧州茶厂，首创“双蒸双压”和“冷水渥堆发酵”技术，实现六堡茶加工从手工向工业化量产的转变。这一转变带动了中国整个黑茶产业的发展，使六堡茶成为“创汇茶”，为新中国增加外汇收入做出了贡献。然而，随着20世纪70年代南洋地区锡矿衰落，六堡茶最大的消费群体——南洋华工大量散去，六堡茶外贸空间骤减，主要依靠出口的六堡茶产业持续低迷。20世纪90年代，梧州开始砍伐茶树，改种松树。六堡镇等地茶产业跌至历史低谷。（童政《经济日报》2021年11月19日《“茶船古道”又飘茶香》）

（二）“侨销”转“内销”，六堡茶迎来转机

2002年以后，普洱茶大热，六堡茶随之经历了一波被动发展。这一动向引起了自治区政府的重视。2007年1月23日，做大做强广西六堡茶产业座谈会在梧州茶厂召开，为六堡茶产业规模化、标准化、品牌化发展指明了方向。梧州市此后审时度势，转换思维，引导六堡茶产业转向国内市场求发展，推动六堡茶产业迈出转型的关键一步：“侨销”转向“内销”。从2007年到2014年，六堡茶的产量从4600吨增加至10500吨，增长1.28倍。其中八成为内销，六堡茶终于大量走进国内寻常百姓家。2011年，梧州六堡茶成为国家地理标志保护产品。2014年，六堡茶制作技艺列入国家级非物质文化遗产名录。

虽然实现了恢复性增长，但六堡茶在国内的知名度、影响力和市场占有率与其历史地位、独特工艺、优良品质仍远未匹配。“十三五”期间，梧州市在科技创新、标准制定和品牌塑造等方面加快构建现代茶产业发展体系，建成一批六堡茶工程技术中心，设立六堡茶产业科研人才小高地等科研平台，发布实施一批六堡茶产业标准，培育一批优秀品牌。一整套组合拳下来，六堡茶由销路单一的“侨销茶”成功变为“俏销茶”，市场产销两旺、量价齐升，一举改变了六堡茶贱卖的历史。（童政《经济日报》2021年11月19日报道《“茶船古道”又飘茶香》）

二、规划破题，机构统筹，全景式谋划六堡茶发展蓝图

六堡茶有浓郁的地方特色，有悠久的历史文化积淀，有“茶船古道”文化的巨大声誉，有“中华老字号”的金字招牌，但在生产分工趋细，竞争愈加激烈的今天，老品牌不能再只靠一招鲜走天下——必须嵌入完整的产业链，增强辐射带动能力，才能实现老品牌向大产业的转变。全产业链发展是一项庞大的系统工程，具有低成本、高效率、抗风险、安全性高的优势。做好全产业链发展不能由企业单打独斗，需要地方政府统筹推进资源整合、产业规划、体系打造等工作，担当起“链长”的角色，成体系地推进产业发展。（童政《经济日报》2021年11月19日报道《做大产业链要有全产业链思维》）梧州市人民政府设立专门的六堡茶产业发展服务机构，坚持“以茶兴市、品牌带动、产融结合”的千亿元茶产业发展思路，全力抓好六堡茶的政策扶持、品牌打造、品质提升、科技创新等工作。推动六堡茶产业横跨一、二、三产业，从茶园种植、生产加工到销售流通，形成全产业链全覆盖协调发展。

（一）抓规划，明确发展路线

六堡茶是“侨销茶”，因历史原因，产业发展呈“二产强一三产弱”的纺锤形结构，虽手握优势制茶工艺，却缺乏上游茶园和下游产业有力支撑。在此背景下，梧州市实施“兴茶富民”战略，坚持规划引领，破除发展痛点。2016年后出台多个政策文件，从产业规划、产业发展、质量提升等方面给予全方位政策支持，按照“扬长处补短板，抓两头促中间”发展思路，通过出政策、组机构、引人才、搭平台、树品牌、定标准、建园区七大措施，全产业链梳理薄弱环节并打上“补丁”，每年安排1000万元财政资金支持产业发展，力争“十四五”期间实现综合产值500亿元目标。

（二）建机构，统筹发展资源

为解决六堡茶产业管理分散、力量薄弱等问题，梧州市设立“一政、一企、一学、一贷、一院五中心”，将支持六堡茶发展的政、产、学、研、金等资源放到一个盘子统筹。其中，“一政”是设立产业发展协调管理机构梧州市茶产业发展服务中心（简称市茶产业发展中心），统筹六堡茶产业发展；“一企”是组建国有控股企业广西梧州六堡茶股份有限公司，引导全市六堡茶企业组团打品牌，抱团谋发展；“一学”是在梧州学院设立茶学本科专业。“一贷”是推出“黑茶通”等金融产品，解决茶企融资难题；“一院五中心”是成立梧州市六堡茶研究院、广西黑茶（六堡茶）产品质量监督检验中心以及广西六堡茶种质创新与综合利用工程研究中心等5个自治区级研究中心，为产业发展提供科技支撑。

（三）定标准，确保发展规范

集聚产业专家人才，组建广西六堡茶标准化技术委员会，统筹建设从茶种到茶杯的全产业链标准体系，从源头拉好准绳、定好规范。在自治区有关厅局支持下，新制定《六堡茶仓储管理规范》《六堡茶感官审评方法》《六堡茶鲜叶采摘技术规程》等，已有国家标准1个，国家实物标准样1套，广西地方标准18个。实现从茶树育苗、栽培管理、茶叶采摘到六堡茶加工、包装、贮运等环节标准化生产，完善六堡茶批号编码、冲泡品饮、场地环境、仓储要求、斗茶规范等产业服务标准体系，切实解决六堡茶标准落后、现代工艺茶与传统工艺茶标准不一等问题，让产业链各个环节有标可依、有标必依，保障六堡茶产品质量，推动六堡茶全产业链标准化、规范化发展。

（四）引人才，凝心聚力促发展

人才是六堡茶产业发展的关键，围绕产业链，配置人才链，强化创新链，引进国内茶学拔尖人才，同时培育本土专业队伍，借用院士专家外脑，建设广西六堡茶产业科研人才小高地。2021年，以广西特聘专家身份聘用中国工程院院士刘仲华，设岗在梧州市六堡茶研究院。至年底，从浙江大学、华南农业大学等高校引进茶学及相关专业博士14名、硕士50名，柔性引进茶学院士（教授）专家6名，打造一支含20名博士、50名硕士、40名高级职称的茶学专业人才队伍，提升科研水平。

2021年，梧州市举办六堡茶产业人才发展与品牌战略、茶园种植技术、茶园机械化生产技术、六堡茶外贸出口、产品质量及商标广告品牌建设等7场专题培训班，累计培训人员超3500人次，促进茶产业从业人员专业技术水平不断提升。

三、文化搭台，品牌唱戏，全方位提升六堡茶产业软实力

（一）旧题新做，古道重行塑品牌

为重拾茶船古道印记，梧州市组织专业团队开展茶船古道寻迹活动，充分发掘六堡茶作为“侨销茶”的文化内涵，出版《六堡茶大观》《中国六堡茶》《茶船古道》《六堡茶种质资源图谱》等专著10余部。2020年7月，梧州六堡茶成功入选中欧地理标志协定第二批地理标志保护产品名录，品质和品牌得到国际认可。梧州市编制“梧州六堡茶”区域公用品牌战略规划，以区域公共品牌带动优秀企业品牌，形成有效的品牌矩阵，促成产销两旺、量价齐升的市场形势；打造“茶船古道·新丝路”六堡茶行销全球、中国（广西）六堡茶斗茶大会等活动品牌；策划并实施“梧州六堡茶号”“三鹤六堡茶号”“中茶窖藏六堡茶号”等5列动车开展六堡茶千里茶文化宣传之旅；启动六堡茶茶船古道“东融”文化精品“五个一”工程，拍摄播出六堡茶文化植入式短剧《外来媳妇本地郎》；建设梧州六堡茶文化展示馆、苍梧县六堡茶博物馆、广西梧州茶厂六堡茶陈列馆、梧州中茶展示馆、茂圣六堡茶展示馆等文化宣传窗口。2021年，《梧州市六堡茶文化保护条例》

2021年3月24日，广西六堡茶产业科研人才小高地揭牌仪式暨第一届“聚梧茶企　纳吾英才”供需双选会在梧州学院举行

市茶产业发展中心　供图

颁布，2022年1月1日起施行。用法律制度保障梧州市六堡茶文化的保护、传承、发展和利用，以保障“梧州六堡茶”公用品牌形象不受侵害。

（二）小题大做，守正创新创品牌

梧州市突破茶产业只做茶叶的局限，不断延伸产业链，将一片小叶子做成一项大产业。抓住新消费兴起浪潮，推出淘宝·梧州特色馆、京东梧州特产馆，将梧州六堡茶打造成“网红美食”、广西特产行销全国和“一市一品”的核心产品。在保持六堡茶“红、浓、陈、醇”传统特性的基础上，研发六堡茶速溶茶、茉莉六堡、柠檬六堡、红柑堡、小青柑等六堡茶新产品，以及六堡茶酒、六堡茶菜、六堡茶麦芽糖、六堡茶蛋糕、六堡茶冰淇淋、六堡茶保健品、六堡茶文创产品等一批体现梧州特色、广西特色产品，推动六堡茶“出圈”发展。举办中国（广西）六堡茶斗茶大会，创新采用“斗茶”这一比赛形式，打造“网红”“刷屏”新形象，竞价拍卖新“爆款”。“斗茶”成为近年来大众参与度最高的茶界盛事之一，成为六堡茶品牌推广的新亮点。

（三）内题外做，开放合作推品牌

梧州市以“茶船古道·新丝路”六堡茶行销全球系列活动为载体，打好开放合作三张牌。一是打好“一带一路”牌。沿“一带一路”开展六堡茶营销推广，推动六堡茶行销全球。至2021年，已与法国、秘鲁、日本等多国建立六堡茶合作贸易关系。二是打好“东盟”牌。沿茶船古道南下，到马来西亚、印度尼西亚、泰国等东盟国家开展宣传推介活动。依托“中国—东盟博览会”，与东盟国家开展合作，共同制订六堡茶国际和区域标准，加快六堡茶行销东盟。三是打好“东融”牌。借助广东省的广州、深圳、东莞等城市交易市场、展会和仓储优势资源行销六堡茶。在全国最大茶叶市场广州芳村茶叶市场展销，组团参加有“全球茶业风向标”之称的中国（深圳）国际茶产业博览会，与“藏茶之都”东莞开展藏茶合作交流。以茶为媒打通“东融”合作链，共同开展茶船古道文化遗产申报。

（四）难题巧做，政企合力强品牌

因历史原因，“六堡”“六堡茶”商标被四川隆昌县木星食品厂抢注，导致“梧州六堡茶”地理标志证明商标无法注册，对六堡茶产业后续发展极为不利。梧州市向原国家工商总局等有关部委申诉，经过4年维权，2020年夺回这两个商标。梧州市立即申请并成功注册“梧州六堡茶”地理标志证明商标和“茶船古道”商标，解除后顾之忧。在此基础上，以“六堡茶”地理标志产品保护、“梧州六堡茶”地理标志证明商标为双依托，以“梧州六堡茶”区域公共品牌和“茶船古道”文化品牌作为品牌双引擎，统一以“梧州六堡茶”形象对外宣传推广，带动“三鹤”“中茶”“茂圣”等一批优秀企业品牌形成品牌矩阵，形成强势的“梧州六堡茶”品牌矩阵。同时，组织开展六堡茶“六进”活动，进机关社区、进校园、进景区、进军营、进宾馆酒店、进交通站所，覆盖更多旅游景点、公共服务区，让梧州形成品茶、爱茶、兴茶氛围。

四、集聚发展，协同延链，全业态融合做大做强六堡茶产业

（一）从茶园到茶杯，确保品质始终如一

梧州市对六堡茶实行全产业链品质管控，实

2019年11月，“茶船古道新丝路——梧州六堡茶品鉴推荐会”在广州市举行

市茶产业发展中心　供图

现六堡茶的标准种植、规范生产、全程可溯。2017年后，全市以苍梧县为中心，辐射带动岑溪市、藤县、蒙山县、万秀区、长洲区、龙圩区新增建成标准化茶园3300多公顷，按照相关技术标准开展种植，确保茶树始终在标准管护下生长。依托现代化茶叶生产线，利用自动化除杂设备，全自动不锈钢发酵罐，自动化紧压茶生产线，自动化小包装生产线等，实现六堡茶发酵全程不落地，清洁化、机械化、自动化、可视化加工，确保90%以上的六堡茶执行标准化生产。构建政府追溯与监管、企业追溯与质量内控管理、消费者信息查询三大平台，建立六堡茶全程质量安全监管和追溯体系，实现对六堡茶生产、加工、仓储全程质量追溯与监管。2020年8月，由梧州茂圣茶业有限公司生产的一批六堡茶经过梧州海关合格评定后，准予出口放行，从广州白云机场通过航空运输方式运到法国巴黎。该批茶叶共7箱192千克，货值10万多元，通过了全球同类标准中最严格地区——欧盟的430多项农药残留限量指标检测。这是梧州六堡茶首次以一般贸易方式出口法国，也是六堡茶首次成功进军欧盟市场。

（二）从茶农到茶企，产业发展同频共振

梧州市统筹兼顾茶农、茶企利益，通过建设六堡茶产业（核心）示范区、以产业与城市融合发展的六堡“全国特色小镇”、广西梧州六堡茶产业发展集聚区、梧州六堡茶文化创意产业园等产业发展载体，有力带动茶农致富、茶企增效。2021年，全市有SC认证茶企66家，其中农业产业化国家重点龙头企业2家，年销售额超亿元茶企2家，自治区级农业龙头企业7家，规模以上9家，出口备案企业13家，茶叶专业合作社122家，从业人员5万多人。仅苍梧县六堡镇就有六堡茶加工企业45家、专业合作社73家、家庭农场35个、从业人员2万多人，产业覆盖贫困村28个、贫困户1482户，带动贫困户平均年增收3000元。产业发展喜讯频传：六堡茶国家地理标志产品保护示范区入选“2021年国家地理标志产品保护示范区”筹建名单；梧州茶厂有限公司获得全国首个“中国茶品牌五星认证”；茶农代表、“非遗”传承人祝雪兰获得“全国脱贫攻坚先进个人”，并在全国“两会”上向国务院总理李克强汇报六堡茶产业助力脱贫攻坚情况；中茶梧州公司科研项目获得2020年度广西科学技术进步二等奖；梧州六堡茶制作技艺传承保护工程获评为中华优秀传统文化传承发展工程广西“十佳案例”；“茶船古道·新丝路”六堡茶行销全球活动获得自治区对外传播项目类二等奖；梧州茶厂有限公司获第五届自治区主席质量奖提名奖；梧州市天誉茶业有限公司获得广西“全区脱贫攻坚先进集体”；梧州茂圣茶业有限公司入选广西工业龙头企业。

（三）从直营到直播，新茶经济异军突起

2021年，为适应消费升级大趋势和“互联网＋”模式发展，梧州市策划网络促销、微博直播、视频直播等活动。全年开展六堡茶直播带货活动，电商销售额近5000万元。年内推动六堡茶与中医药融合发展，研究六堡茶的营养价值与保健功效，与梧州凉茶等传统特色产品一道，推出相关保健产品，获得消费者好评。至年底，梧州市在北京、上海、广州、深圳、南宁、长沙、杭州、济南、呼和浩特等重点城市布局六堡茶品牌形象店、专卖店、经销店近1000家，经营辐射范围不断扩大。

（四）从品茶到观光，茶旅融合无缝对接

梧州市探索“茶＋康养＋旅游”模式，推进茶产业与生态乡村、健康养生及文化旅游建设相结合。苍梧县是“中国名茶之乡”“全国十大魅力茶乡”，六堡镇的清代古茶园八集山庄、苍松茶园、双贵茶园曾获评“全国最美茶园”，等等，都是可供发掘利用的旅游资源。另外，梧州茶厂有限公司、梧州中茶茶业有限公司、梧州茂圣茶业有限公司等品牌茶企也具有可供发掘的历史文化及现代工业旅游资源，创新开展茶旅融合运营，开设客栈、餐饮、采茶炒茶体验区等茶园观光旅游及茶企工业旅游服务。位于苍梧县六堡镇六堡茶生态旅游区主要景点有六堡牌坊、六堡茶产业园、观光茶园、茶街以及“茶船古道”起点合口码头等，游客在此可感受六堡茶文化，开启六堡茶寻根探秘之旅。2020年，六堡茶生态旅游区获评为国家AAAA级旅游景区。2021年，该旅游区接待游客61.1万人次，产值约10亿元。梧州市全方位挖掘六堡茶历史底蕴和文化价值，建成梧州六堡茶文化展示馆等5家展示馆。

（五）从资源到资产，数字平台贯通全产业链

梧州市高标准推进广西六堡茶产业发展集聚区建设，整合原料供应、产品加工、包装、电子商务、物流配送、休闲旅游等功能，加快形成规模集聚效应，推动六堡茶一、二、三产业融合发展。按照“产业资源平台化、平台资源数字化、数字资源资产化、合规资产证券化”思路，联合京东集团建设公共茶仓（茶银行）及广西国际茶业交易中心，打造集仓储交易、评估鉴定、茶叶银行于一体的六堡茶公共仓储交易中心，形成集区块链、供应链金融，公共茶仓，追溯体系，大数据平台和交易平台为一体的六堡茶数字经济模式，打通线上资产与线下资源转化之路。

（六）从脱贫到振兴，茶叶铺平脱贫之路

中共中央总书记习近平对茶产业助推乡村振兴寄予厚望：“因茶致富，因茶兴业，把茶叶这个产业做好”“茶产业今后要成为乡村振兴的支柱产业”。梧州市加大资金补助，做好茶文化、茶产业、茶科技三篇“文章”，将六堡茶产业与乡村振兴深度融合。引进国内领先的茶叶生产销售企业投资六堡茶产业，实施精深加工研发，依托龙头企业创新采用发展合作制、股份制、订单农业等多种利益联结方式，促使资源变资产、资金变股金、农民变股东，帮助小农户节本增效、对接市场、抵御风险、拓展增收空间，促进小农户和现代农业发展有机衔接，农民真正分享到产业发展收益，实现增收致富。2021年，六堡茶产业发展势头迅猛，通过“土地流转、规模经营、公司带动、培育大户”“龙头企业＋合作社＋农户”等土地适度规模经营模式，构建起以农民组织为主体，企业与农民之间共融共生的联结机制，分享一、二、三产业增值收益。

五、六堡茶产业迎来发展春天

（一）各级党委政府高度关注六堡茶产业

2017年4月，习近平到广西调研考察时，听了“茶船古道”的故事并品饮梧州六堡茶，随后在5月致首届中国国际茶叶博览会的贺信中，将“茶船古道”与“茶马古道”相提并论，指出“从古代丝绸之路、茶马古道、茶船古道，到今天丝绸之路经济带、21世纪海上丝绸之路，茶穿越历史、跨越国界，深受世界各国人民喜爱。”作为“茶船古道”起点的梧州，以及与“茶船古道”密不可分的六堡茶引起茶业界的高度关注。

中共广西壮族自治区委员会书记刘宁、自治区人民政府主席蓝天立等到梧州市调研时明确提出支持梧州把六堡茶产业做大做强，发展成为助力乡村振兴的支柱产业。刘宁参加自治区十三届人大五次会议梧州市代表团审议工作报告时要求梧州做好“红色”“共融”“绿色”三篇发展文章，提出“小茶叶大产业”，希望梧州大力发展六堡茶产业。经自治区政府同意，自治区农业农村厅印发《加快推进广西六堡茶及特色优势茶产业高质量发展实施方案》，明确把梧州六堡茶作为核心重点打造。

2021年12月，梧州市相继出台《梧州市六堡茶文化保护条例》《梧州六堡茶产业高质量发展三年行动计划（2021—2023年）》《梧州市支持六堡茶茶园建设政策》等政策法规，为六堡茶产业高质量发展提供政策保障，对六堡茶全产业链的各个环节均给予政策、资金支持。梧州市第十四次党代会及“两会”均专门提出要大力发展六堡茶产业，实施六堡茶产业发展行动计划，从茶苗、茶园、茶企、茶师、茶市、茶城六大关键环节着手，系统推进六堡茶产业做大做强，实现六堡茶销全国、卖全球。决心要把梧州六堡茶产业打造成为广西茶产业的“半壁江山”。

（二）统筹指挥，全力推动六堡茶产业高质量发展

2021年12月，中共梧州市委、市政府组建梧州市六堡茶产业发展指挥部，制订《梧州市六堡茶产业发展指挥部工作制度》《梧州市六堡茶产业发展指挥部会议制度》《六堡茶全产业链发展目标和工作重点（2021—2023年）》等相关制度，实施定期会议制度，建立任务清单、问题清单、责任清单，实施重大重要事项直通车制度，不定期开展红黑榜通报。实行挂图作战、动态管理：指挥部办公室按照全市茶园建设大会战目标任务，将实施任务分解到各县（市、区），定期在办公室墙面公布，全面掌握、及时跟踪，协调落实。压实各县（市、区）今冬明春茶园种植任务。2021年，全市签约土地7733.33公顷，为计划完成数的1.45倍；流转土地4066.67公顷，完成76.25%；落实林木采伐指标4320公顷，采伐林地3500公顷，清表炼山3446.67公顷，落实种苗9075万株，已种植1080公顷，已扦插、播种苗圃142.73公顷。指挥部办公室全面统筹，实行每周简报反馈工作制度，及时收集和掌握各环节动态信息，为市委、市政府掌握产业发展动态和科学决策提供参考依据。开展古茶树普查工作，组织制订《梧州市古茶树资源调查方案》，成立市、县两级古茶树资源普查工作组，并召开六堡茶古茶树资源普查及种植技术指导培训会。举办茶树高效栽培技术培训班20期，累计培训科技人员、乡村科技特派员、茶农等1000余人次。派出40多名技术骨干，担任茶苗种植技术指导员在全市生态茶园建设现场会进行现场指导。

（三）破难题提实效，确保重大项目顺利推进

2021年，广西苍梧县国家现代农业（六堡茶）产业园获得项目经费1亿元；苍梧县“六堡茶茶船古道”田园综合体入选2021年自治区田园综合体，获得经费3000万元；六堡茶国家地理标志产品保护示范区获得国家知识产权局批准建设，实现了梧州市国家级现代农业产业园、国家地理标志产品保护示范区、自治区级田园综合体零的突破。此外，梧州市六堡茶产业还有国家农村产业融合发展示范园1个，中国特色农产品优势区1个，国家特色小镇1个，自治区四星级现代农业核心示范区2个、自治区级有机六堡茶综合标准化示范区2个。广西六堡茶产业发展集聚区项目列入自治区统筹推进重大项目，引进陕西苍山集团、广西桂茶茶业集团、横县南方茶厂等7家茶企签约建厂。

1.广西六堡茶产业发展集聚区。选址在梧州高新区二期北部，总投资约25亿元，占地约93.33公顷。2020年12月，被列为自治区层面统筹推进重大项目。项目分为3个区域：茶产业加工区、智能仓储区、科研检测交易区，组建茶叶加工、销售、仓储物流、科研检测为一体的基地。规划定位为：打造国际六堡茶产业集聚地，打造国内茶产业二次创业转型新标杆，打造梧州市六堡茶加工制造核心基地，打造六堡茶的地标性园区，集六堡茶加工仓储、产品交易、科研创新为一体的特色产业集聚区。2021年年底，已完成项目全部征地，完成清表约43.33公顷、土方开挖量约700万平方米、土地平整约23.33公顷；已有梧州茶厂、咸阳泾渭茯茶公司、中茗茶业等10余家茶企明确入园意向。

2.广西苍梧县国家现代农业（六堡茶）产业园。规划总面积4.25万公顷，建设1万公顷生态茶园，覆盖六堡、梨埠和狮寨3个镇32个行政村和社区，按照“一核引领、片区推进、轴带联动”的规划布局，重点强化六堡茶生产、加工、物流、研发、示范、服务等产业集群功能。至2021年，陆续引进了中国二冶集团、广西农垦集团、广西铸垠集团、广西裔海旅游集团、广西重庆商会火天信投资集团、燕山茶业公司、闽人投资公司等企业，已开工建设综合服务大楼、公共茶仓、六堡茶产业园及文化商业区基础设施等。

（四）做大做强，提升知名度和影响力

2020年12月，国务院有关部门批准设立黑茶类税则号后，六堡茶的国外订单不断增加。梧州海关成立支持六堡茶特色产业发展专班，指导企业通过新税号进行报关报检。而且，梧州海关收集欧盟出口目标市场准入法规和标准，制定输欧茶叶安全风险监控计划，并提供六堡茶出口东南亚传统市场及欧洲、北美洲等新兴市场的需求分析，成为企业对外商务谈判、市场开拓的强有力后盾。2021年1月—9月，梧州市六堡茶出口额678.6万元，较上年同期增长24%，畅销中国香港地区，以及马来西亚、新加坡等国家。梧州市继与马来西亚、法国、秘鲁、日本等多国建立六堡茶合作贸易关系后，2021年12月欧盟广西总商会与苍梧六堡茶业有限公司签约，该公司生产的六堡茶进入德国市场。

2021年，梧州市组织举办“茶船古道杯”梧州市六堡茶茶艺师技能大赛、第三届中国（广西）六堡茶斗茶大会、“一品六堡天下梧茶”梧州六堡茶展销会、民间斗茶大赛等活动。11月6日，第二届广西六堡茶发展论坛暨三鹤六堡茶品牌推介会在广州市举行。2022年1月24日—26日，梧州六堡茶的宣传海报首次在美国纽约时代广场百老汇大型LED电子屏亮相。

今后，梧州市仍将致力于提高梧州六堡茶品牌影响力、拓宽海内外市场，将落实自治区关于打造千亿元茶产业的决策部署，按照“前端聚焦、中端协同、后端转化”的思路，做好生态茶园的“绿色”文章、打造茶船古道“共融”桥梁、讲好六堡茶的故事，加快实施强链、补链、延链项目，通过壮大茶企、培养人才、拓展市场、提升品牌、数字赋能、贯通产销、融合茶文旅，促进六堡茶产业高质量发展，力争六堡茶综合产值占据广西茶产业的“半壁江山”。

（市茶产业发展中心）

深化农村改革　推进乡村振兴

——梧州市农业农村改革综述

梧改宣　向东流

黄金水道，雄风更振。

西江潮涌，力争上游。

梧州，素有“千年古郡、百年商埠”的美誉，也是广西红色革命的摇篮。100 年前，广西第一面党旗在这里升起，红色革命浪潮从这块热土出发，迅速席卷八桂大地，在广西党史上写下了 18 个值得自豪的“第一”。

如今，梧州是西江黄金水道重要城市和中国西部最靠近粤港澳大湾区的城市，中共十九大以来，这片热土在推进农村集体产权制度改革实施乡村振兴战略工作中创造了广西 10 个“第一”。

当前，梧州市上下全面贯彻落实中共十九届六中全会精神和中共中央总书记习近平对广西工作系列重要指示要求，全面落实自治区党委决策部署，坚定不移贯彻新发展理念，不断地深化农村改革，推进乡村振兴，加快农业农村现代化，为凝心聚力建设新时代中国特色社会主义壮美广西贡献梧州力量。

一、综合改革绘出乡村振兴“成色”

冬日，走进蒙山县新圩镇坝头村，走在整洁的村道上，可以看到农家庭院古色古香，静静感受小桥流水的韵味；在古朴的榕树下，慢慢寻味“坝头苦瓜”“坝头莲藕”等乡村的原生态土货。在蒙山镇文平村的泽元现代农业核心示范基地，智能加工车间里，每天预计有 2.5 万—4 万千克新鲜蔬菜通过专业的冷链物流，快速地运送到粤港澳大湾区的各大超市，成为千里之外餐桌上的绿色安全食品。

生态优美，产业突出。得益于该县多年来围绕“生态立县、特色兴县”发展战略，在乡村振兴方面勇于探索、先行先试，2021 年 7 月，蒙山县获批成为广西唯一的全国农村综合性改革试点试验县。

2021 年，该县已奏响农村综合改革冲锋号，以 4 个乡（镇）11 个行政村为改革核心区域，实施改革试点项目 12 个，总投资 7320 万元，围绕乡村产业、数字乡村、促进农民增收等领域，持续推动农村综合改革，增强农村发展的内生动力，让广大人民群众共享乡村振兴成果，带领百姓走出发展幸福路。

产业融合驱动。该县按照“示范带动，补全产业链，贯通产加销，融合农文旅，企社户联动，社会资本参与”的思路，做大做强桑蚕、蔬菜、养蜂特色产业，同时促进丝绸、林产林化等优势工业产业提质增速，推动产业融合发展。2021 年，全县桑园面积 4073.33 公顷，有 2 万多人从事桑蚕产业，生产丝绸布 1700 万米，占广西产量的 75%，是广西首个丝绸全产业链县；蔬菜种植面积 1.8 万公顷，柑橘 8666.67 公顷，是广西供港蔬菜基地；蜂群数量 18.6 万群，是广西第一大养蜂县。

2021 年 6 月 4 日，蒙山县蚕农采用机械采茧

中共蒙山县委办公室　供图

“互联网+”加速数字乡村建设。该县通过引入龙头企业，以点带面，利用互联网、大数据等“互联网+”的方式方法，探索智慧农业、农村智慧党建。2021年，全县建成智能化大蚕饲养示范基地1个、示范养蜂场30个、数字化果蔬大棚13.34公顷；建成农村智慧党建市级示范村2个，84个智慧党建村（社区）已建成；引入电商企业，全面实施“农业+电商”“农业+旅游”模式。

创新乡村治理机制。该县依托新圩镇坝头村廉洁工作站建设，率先构建村务监督“物廉网”、党员监督“互廉网”，创新探索“一站两网”基层监督治理模式，获全自治区推广，成为广西唯一入选的第二批全国乡村治理典型案例。

蓝图已描绘，改革显成效。该县计划2021—2023年投入资金2.56亿元，实施产业发展、数字乡村、农民增收、乡村治理四大类项目21个，力争到2023年建成现代化桑蚕产业和智能化供港蔬菜产业示范基地，打造乡村智慧治理和农业农村大数据综合服务平台，以数字赋能推动农业产业发展和乡村综合治理，共享改革红利。

二、产权改革打造乡村振兴“亮色”

作为广西东大门，梧州一直走在农村改革前沿，敢于“吃螃蟹”。

2015年，梧州市长洲区作为全国第一批29个农村集体资产股份权能改革试点单位之一，也是当时广西唯一的改革试点县（区），推动乡村振兴改革集成实现“加速度”，盘活了农村集体“三资”，发展了农村集体经济。农村集体经济总收入从2014年的3825万元，增至2020年的6307万元，增长了64.8%；农民人均纯收入从2014年的1.02万元，增至2020年1.79万元，增长了76.1%，形成了可推广复制、有启发价值的“长洲样本”，为广西乃至全国农村集体产权制度改革提供经验参考。

2020年，梧州市历时6年分3批次完成国家赋予的农村集体产权制度改革试点，全面完成了农村承包地确权登记颁证工作，为持续深化农村改革打下坚实基础。截至2021年12月底，全市颁发农村土地承包经营权证52.02万本，全市农村产权流转交易平台累计成交177宗，成交金额8.77亿元，成功流转土地5046.67公顷。量化农村集体资产39.53亿元，配置股权2226.75万股，颁发股权证73.34万本。组建成立农村集体经济组织1616个，全面完成登记赋码，构建了集体经济组织法人治理结构体系。清查核实农村集体资产71亿元，可折股量化资产比改革前增加5亿元。全市村级集体经济总收入达1.08亿元，较2017年增长3.28倍。

多年来，梧州市围绕“农业强、农村变、农民富”的总体目标，谋篇布局、走子行棋，不断地深化农村改革，推进乡村振兴、加快农业农村现代化。

规划为先导，引领新发展。梧州市印发深化农村改革方案，制订农产品加工业提升发展指导性文件，出台产业发展规划和扶持政策，多项改革为梧州农业规模经营扫清了障碍，促进了现代农业发展。梧州农业从人拉牛耕升级到依靠农业机械、无人机等现代装备，从低产田升级成“旱能浇、涝能排”的高标准农田，从一家一户“单打独斗”转型成新型农业经营主体不断涌现、规模化经营。2021年，新型农业经营主体多种形式带动40.5万户农户“抱团”经营，提升小农生产竞争力，促进农业适度规模经营面积占比27.5%，畜禽养殖规模化率68.5%，农业机械化率66.8%。

储改革之力，强农业品牌。出台产业发展方案，大力培育新型农业经营主体，推动产业高质量发展，注重与生产基地相衔接，与农产品仓储、物

2020年11月13日，万秀区夏郢镇思委米产业核心示范区思安村片的稻田里正开展机械化收割　何华文　摄

流、电商布局相配套，开展整市农产品加工集聚区创建。截至 2021 年 12 月底，梧州市培育认定市级以上农业产业化重点龙头企业 97 家，累计建成自治区、县、乡、村级现代特色农业示范区（园、点）1116 个。全市共有 53 个企业（合作社）获得“三品”认证，产品总数达到 71 个，获得“三品”认证的基地面积 9133.34 公顷，产量达 12.9 万吨。梧州砂糖橘（登记面积 2.17 万公顷，产量 32 万吨每年）和藤县江口荔（登记面积 3000 公顷，产量 4 万吨每年）获得农产品地理标志登记。共创建自治区级农产品加工集聚区 1 个（万秀区）、市级 5 个（岑溪市、苍梧县、藤县、蒙山县、龙圩区）、县级 1 个（长洲区）。获得广西供粤港澳大湾区和出口农产品基地创建项目 12 个。

如今的梧州农村大地，改革正迸发无限的活力！各县（市、区）形成大家来唱改革戏、人人争当实干家的浓厚氛围，打造出一批示范样板：苍梧县通过“太平模式”，做强做大镇扶贫产业园，发展集体经济；岑溪市糯垌镇绿云村独创“4+1”股权结构，实现农村资源资本化；藤县金鸡镇交口村推出“打铁咀”模式，打造生态养殖示范区，实现打铁咀组全组“零贫困”；蒙山县新圩镇构建“三季有花、四季常青”花卉苗木基地 1 个，用实际行动践行“绿水青山就是金山银山”的理念；万秀区因地制宜打造休闲农业观光带，发展特色休闲农业；龙圩区扩大稻螺种养、旱稻种植，对粮食安全保障做出新的探索。

三、深化改革铺就乡村振兴“底色”

民族要复兴，乡村必振兴。纵观改革开放 40 多年，放眼全国各省（自治区、直辖市），发展好、进步快的乡村，无一不是通过用好改革创新关键一招促进农业增效、农民增收、农村繁荣。

立足新发展阶段，梧州市委全面深化改革委员会认真贯彻落实中央关于深化农村改革的决策部署，坚持走中国特色社会主义乡村振兴道路，加快农业农村现代化，运用创新的思路、改革的办法，谋划推进农业农村发展重点领域和关键环节改革，进一步激活农村发展内生动力，充分激发乡村振兴新动能。

在农村改革的进程中，梧州市委全面深化改革委员会探索建立委员领衔推进重大改革任务制度、改革任务清单管理制度、改革进展预警督办工作制度、督察成果分类管理运用制度等改革推进机制，市委政策研究室（全面深化改革委员会办公室）积极协调督促有关方面落实自治区党委深改委和梧州市委深改委的决定事项、工作部署和要求，扎实推进农村集体产权制度改革、农村“三变”改革、农村土地制度改革、基层农村经营管理体系建设、乡村治理现代化等上级部署和自主谋划的农业农村领域改革任务，创造了广西农业农村改革“十个一”，为广西乃至全国深化农村改革探出新路。

——广西第一个开展农村集体产权制度改革试点。（1993 年长洲区新兴村）

——广西第一个承担全国农村集体产权制度改革试点任务的设区市。（2015 年长洲区）

——广西第一个出台农村产权流转交易市场管理规范、率先完成与自治区联网规范运营的设区市。（2020 年 6 月出台《梧州市农村产权流转交易市场管理办法（试行）》）

——广西第一个成立村集体投资有限公司发展集体经济。（藤县）

——广西第一个出台加强基层农村经营管理体系建设政策的设区市。（2021 年 7 月出台《梧州市加强基层农村经营管理体系建设的实施意见》）

——广西第一个出台农村集体土地留用地开发与利用管理政策的设区市。（2018 年 1 月出台《梧州市征收农村集体土地留用地开发与利用管理暂行办法》）

——广西第一个出台农村“三变”改革政策的设区市。（2021 年 7 月出台《梧州市推进农村“三变”改革发展壮大农村集体经济增强乡村振兴内生动力实施方案》）。

——广西唯一承担全国农村集体产权制度改革试点最多的设区市。（承担国家第一批、第三批、第四批改革试点任务）

——广西唯一出台农村集体产权制度改革政策最多、质量最优、规格最高的设区市。（出台《梧州市农村集体经济组织成员资格界定指导意见》《梧州市农村集体资产折股量化股权设置和股权管理指导意见》《梧州市农村股份经济合作社章程（示范稿）》《梧州市农村产权流转交易市场管理办法（试行）》《梧州市农村集体资金资产资源管理办法（试行）》《梧州市加快农村土地承包经营权流转推进农业适度规模经营突破行动实施方案（2020—2022）》等制度）

——广西唯一承接“全国农村综合性改革试

点试验区”任务的设区市（蒙山县）。

唯改革者进，唯创新者强，梧州农村发展朝气蓬勃、生机盎然，其他领域改革也渐次铺开、次第花开、异彩纷呈：梧州市率先推行“企业承诺制直接落地”投资项目审批制度改革、“码”上告知政务服务改革，率先实现门诊费用跨省直接结算、新生儿“出生即入户”，率先推出首席法律咨询专家制度、一站（组）两网基层监督模式、“河湖长＋检察长”工作机制，培育打造“书记在现场”“街长制”“邻里党建”“支部建在小区上”创新品牌……

农业农村改革促进农业增效、农民增收。图为2021年6月龙圩区古凤荔枝获得丰收，村民乐开怀　　郑贤基　摄

2021年是中国共产党成立100周年，是实施“十四五”规划、开启全面建设社会主义现代化国家新征程的第一年，是站在新的历史起点上谋求加快发展的关键时期。梧州市坚持“政策为大、项目为王、环境为本、创新为要”，以更好的奋斗姿态、更实的改革举措、更强的责任担当，奋力描绘改革发展梧州画卷，为广西经济社会高质量发展增色添彩。

在持续改革的推动下，一幅“机制活、产业优、农民富、生态美”的生动画卷正在生机勃勃的梧州乡村大地徐徐展开。

（原载《广西日报》2021年11月26日第十版，原标题《梧州：改出一片新天地》）

编审：曾　强　编辑：赖红柳

专 文

英雄壮歌永远传唱

——记"全国优秀人民警察""任长霞式公安局长"匡伯彪

2021年6月10日，时任梧州市副市长、市公安局局长匡伯彪积劳成疾，因病医治无效在河池市逝世，年仅55岁。在梧州市工作期间，匡伯彪挂帅指挥，铲除了长期盘踞在梧州的多个特大黑社会性质组织，打掉涉黑恶团伙312个。从警34年，匡伯彪始终坚持"公安姓党"不动摇，从派出所所长、县公安局局长到市公安局局长、副市长，多次在对敌斗争中英勇负伤、多次在急难险重工作中当先锋，以不怕牺牲、顽强拼搏的精神出色地完成任务，用鲜血与生命诠释对党和人民的无限忠诚，书写着"人民公安为人民"的人生篇章。因工作突出、成绩显著，先后获得20多枚奖章，曾获公安部"任长霞式公安局长"称号、3次获评"全国优秀人民警察"、获得3次个人二等功和"广西先进工作者""广西五四青年奖章""全自治区优秀公安领导干部"等称号，2005年8月获时任国家最高领导人接见。作为主政一方的副市长、公安局局长，匡伯彪心系国家安全和百姓冷暖，以对人民的一腔热血和对公安事业的一片赤诚，创新性地抓好全市平安建设工作和民心工程，带头出对策、解难题、保民安、护稳定，推动多项工作走在广西甚至全国前列，为造福一方百姓、守护一方平安做出了突出贡献。不仅赢得了各级领导的赞许，更收获了广大群众的好口碑。

2021年11月11日，广西壮族自治区公安厅举办"忠魂——匡伯彪同志先进事迹主题情景报告会"，弘扬英模精神，传递英模能量，激励广大公安民警忠诚履职，拼搏奉献。匡伯彪的先进事迹在全国各级媒体相继刊发，受到社会各界广泛关注。中共梧州市委书记蒋连生就匡伯彪先进事迹做出批示，要求全市党员干部要以匡伯彪为榜样，以其先进事迹鼓舞人，坚定不移推进平安梧州建设，不断

2021年11月11日，"忠魂——匡伯彪同志先进事迹主题情景报告会"在南宁举行

市公安局　供图

提升人民群众的获得感、幸福感、安全感。

一、赤胆忠诚，心怀“国之大者”

中共中央总书记习近平在广西考察时说，让人民生活幸福是“国之大者”。匡伯彪，一位从桂西北大石山区走出来的新时代楷模、党和人民的好市长、好警察，用短暂的生命践行着对党忠诚、服务人民、执法公正、纪律严明的铮铮誓言。

忠诚，是匡伯彪的政治品格。他始终牢记习近平对建设新时代中国特色社会主义壮美广西的指示精神，毫不动摇地坚持习近平法治思想和总体国家安全观，为建设更高水平的平安中国，忠诚担当、奉献一生。

1966年1月，匡伯彪出生在广西河池市都安瑶族自治县一个农村，从小怀揣着报效祖国、匡扶正义的警察梦，比同龄的孩子更能吃苦耐劳、目标更加坚定。1988年从广西警校毕业后，他如愿成为了守护一方平安的人民警察，在大兴派出所完成了人生第一次入警宣誓，从此开启了自己光荣而神圣的警察职业生涯。

（一）他守土担责，是新冠疫情防控“排头兵”

2020年年初，一场突如其来的新冠疫情席卷全国，梧州地处广东、广西交界和珠江—西江流域中心地带，是中国西部最靠近粤港澳大湾区的城市和广西“东融”枢纽门户城市，外防输入、内防扩散的形势严峻、任务艰巨。“疫情就是警情，防控就是责任。公安机关要干在一线、冲在最前，坚决守好广西东大门！”正值大年初三，匡伯彪果断放弃与家人团聚的机会，第一时间奔赴抗疫战场，给全市5700多民警、辅警下达第一道军令状。

面对来势凶猛的新冠疫情，匡伯彪临危不惧、抢先发力，统筹抓好疫情防控和社会稳定工作，主动扛起守护全市350万人民群众的生命健康安全的重任，成为抗疫战场上的“排头兵”“急先锋”。

他多次通宵达旦，吃着降压、降血糖和降真红细胞增生药，与广大民警、辅警一道共克时艰、并肩作战。在没有经验可循的紧急情况下，他总结当年抗击“非典”工作经验，建立“十个一”战疫机制，建临时党支部，加强党对联防联控工作的绝对领导和全面领导，为下一步及时整合公安大数据和社会资源，压实属地、单位、部门、个人“四方责任”打下了坚实的基础。特别是疫情防控期间，为确保公安监管场所安全，他提出了“既保障审讯办案、保障犯罪嫌疑人的诉讼权利，又能解决律师会见，更避免与在押人员的交叉感染风险”的要求，创新推行远程讯问和远程律师会见的新机制，解决了特殊时段对嫌疑人审讯和律师会见等难题。

他多次率队到最前沿的卡口检、到最基层的单位查、到最密集的区域访、到最偏远的哨岗看，从组建联防联控办到织密“五张网”（防控责任网、基层社区网、入口道口防控网、医疗救护网、物资保障网），重点工作亲自部署、重点环节亲自把关、重点数据亲自过问、重点问题亲自督办，坚决防止突发公共卫生事件向政治安全领域传导。他忠诚果敢、率先垂范的作风感染着每一个参战单位、每一位参战民警，很快全市上下形成了“一盘棋”的防控合力。全市仅用3天就精准筛查出5名确诊病例、408名密切接触者，3377名重点人员，并在重点道口设卡104个，检查入（出）境车辆2.29万辆次、人员5.68万人次、1700多艘船只，以最快速度核查数据、公布实情、消除恐慌，助力全市从2020年2月1日至今无新增确诊病例和输入性病例，实现了广西最早“清零”。

（二）他守护民安，是扫黑除恶“指挥官”

“国家安危，公安系于一半”是他的人生信条。2018年1月，全国扫黑除恶专项斗争正式打响，刚到梧州市履新3个月的匡伯彪闻令即动，以保稳定护民安为己任，主动对标中央的部署要求，提出了“党建引领扫黑恶”的工作思路，在全市扫黑阵线上推行一中心、三队伍和四结合的“134”惩治策略，即以市公安局扫黑办为中心，选好、建好、用好惩治专业队、派驻重点地区整治队、专家会诊指导队“三队伍”，推行专班+专案组、临时支部+党小组、集中办公+工作群、挂牌督办+专项治“四结合”，以新思路、新策略掀起全市扫黑除恶专项斗争新高潮。

通过开展线索排查、案件倒查、警情核查和走访调查，很快就接到群众举报、相关部门转交、广东警方移交和上级公安机关转办交办，反映黎某坤及组织成员在梧州称霸一方、残害百姓的系列问题线索。考虑到该犯罪组织的渗透性、危害性和背后的“保护伞”，匡伯彪迅速组建专案组开展内查外调、秘密侦查，并将此案列为“猎狐1号”专案侦办。经查，以黎某某为首的黑社会性质组织盘踞在梧州近20年，通过暴力、威胁等多种手段开设赌场、非法拘禁、非法采矿、聚众扰乱社会秩序、强迫交易、敲诈勒索、故意伤害、虚开发票、寻衅滋事，并借助国家机关工作人员包庇、纵容，扩充组织势力范围，对梧州市区桂江、浔江、西江水域采砂行业形成垄断和非法控制，极大破坏梧州市经济秩序和社会生活秩序。面对错综复杂的案情和关系网，匡伯彪反复推敲案情、逐项捋清架构、细致侦查取证，并主动请上级支援、跨市增援，为全链条打击和快捕快诉快判夯实了基础。

“各行动组注意，下面我宣布‘猎狐1号’集中统一行动，收网！”2018年11月17日凌晨，匡伯彪坐镇指挥、调兵遣将，出动400多名警力兵分多路，对以黎健坤为首的黑社会性质组织进行集中统一收网，成功抓获包括黎某某在内的组织成员141人，查扣涉案资产26.4亿元。为了把案件办成铁案，匡伯彪对专案组要求事不过夜、文不压案、现场解决，并直接进入看守所，指导重点对象的审讯工作。

三年来，匡伯彪以过人的胆识和智慧，率队侦破黑恶案件971起，抓获3744人，刑拘3369人，打掉涉黑恶团伙312个，铲除4个特大黑社会性质组织，扣押冻结涉黑恶资产达49.25亿元，移送纪委监委问题线索430条，为全广西最多，查处涉黑恶公职人员、村干部139人（包括梧州市水利局3任局长），得到中央第十七督导组及全国扫黑办的高度肯定，赢得人民群众的广泛赞誉，为建设平安广西、法治广西做出了突出贡献，扫黑除恶工作在全国树起了“梧州标杆”。2020年，梧州市扫黑除恶专项斗争综合排名广西第一。因工作成效显著，专案组被评为全国扫黑除恶专项斗争先进集体，梧州市公安局被评为2019年广西激励干部担当作为先进集体，被自治区通令嘉奖。

二、勇挑重担，厚植“为民情怀”

干事雷厉风行是匡伯彪的一贯作风。在梧州履职期间，作为主抓公安、司法、退役军人、信访、调解处理土地山林水利纠纷和应急管理等工作的副市长，他坚守新时代共产党员的初心使命，以过硬的作风、过硬的本领，高质量完成党委政府和上级部门交办的各项急难险重任务，用情用心为民办实事，着力解决群众急难愁盼问题。

（一）勇挑“重担子”

城市提质建设事关这座城市的形象，市民群众堵点难点痛点在哪，匡伯彪的工作重心就在哪。2019年，匡伯彪牵头解决“地王广场”烂尾工程和防洪堤工程征地拆迁等多个棘手任务。他始终坚持一竿子插到底的作风，一步一个脚印，一天一个变化，成功把烂尾工程办成民心工程，把断头路改成民心路，赢得了广大群众的认可。

2016年，梧州市地王广场商住综合楼项目因开发商资金链断裂等问题，烂尾三年之久、历经三次流拍，未能按约交房，导致200多业主多次上访维权，被国务院、自治区督查组列为专项督办问题。匡伯彪怀揣着“老百姓的事无小事”的初心，说干就干、亲力亲为，迅速成立工作组深入群众征集意见、召开协调会明确思路，并多次率队现场办公、督办整改，及时解决资金筹措、复工报批、工程建设、房屋销售、业主入住等“五大棘手问题”。经过努力，该项目于2019年初成功竞拍并正式复工建设，及时圆了200多个家庭的安居梦，有力维护社会大局的安定，为全市破解处置房地产“烂尾工程”难题提供了参考。

多年来，匡伯彪坚持到一线发现问题，在一线解决问题，将群众利益放在首位，带头攻坚克难，解决了企业物流运输通行难、苍海大道整治难、市区断头路建设难、阳光半岛小区办证难等一批群众反映

2019年3月21日晚，副市长、市公安局局长匡伯彪（前排中）率队到交通秩序综合整治夜查行动一线，检查指导“霹雳行动”开展情况

市公安局　供图

强烈的突出问题。同时，他心系退役军人创业问题，牵头建立广西首个“裕农通”退役军人创业金融服务站，因双拥工作成效显著，2020年梧州市获评“全国双拥模范城”称号。

（二）敢啃“硬骨头”

“能快就不要慢”是匡伯彪生前常挂在嘴边的话。到梧州市履新后，他多次深入基层所队调研发现，基层存在执法条件差、服务环境差、办公场所差等问题，硬件问题不解决将极大制约着全市公安队伍健康长远发展。解决民警后顾之忧，成为他的心头大事，加快公安基础设施建设的步伐，便提上了日程。

从基层干出来的匡伯彪深知强基固本的重要性，他有时候一天去4趟派出所、跑7个部门，深夜仍电话询问建设情况，大抓基层、大抓基础的导向厚植于心，他把习近平在全国公安工作会议上的重要指示精神贯穿于队伍建设始终。

许多基层民警对他敢抓敢管敢担当的作风印象深刻，特别是他多次顶着烈日、戴着草帽，带队选址、实地规划、现场办公，提前做好全盘谋划，为基层建设想足办法、用足政策。

2018年，匡伯彪在全市公安工作会议上提出“三年建成两个基地两个分局和十个中心十个派出所”的发展战略，推动全市公安基础建设迈进广西一流水平。在他牵头下，加快建立政府统筹、公安主抓、部门联动的工作格局，将全市公安基础设施建设提升为“党政工程”“民生工程”，推动重心下移、警力下沉、保障下倾，通过调、并、改、建、划、购等六种方式，创新破解队伍提质建设的老大难问题，真正让广大基层民警辅警安心、安家、安业。比如仅用3个月时间建成公安出入境服务中心，升级改造红楼、塘源、角嘴派出所，仅用5个月建成市级多功能执法办案中心，用6个月建好占地1.6公顷、建筑面积8000多平方米的龙圩分局业务技术用房，以及城东、大坡、新地、龙城、夏郢和兴龙派出所；仅用10个月时间建成万秀分局业务技术用房。用1年时间建成占地20.07公顷，集学员楼、教学楼、警体馆、警务技能训练馆、健身馆、射击馆、多功能报告厅、标准运动场、山地搜索实训场于一体的智慧花园式人民警察训练学校，建成集训练、备勤、运动、生活、停车于一体的特警训练基地，公安基础设施建设跑出了“梧州速度”。

在匡伯彪的带领下，仅用2年半时间实现3年建设蓝图，完成78个建设项目（其中市县两级新建、改建、扩建47个派出所）、总占地面积60多公顷，总建筑面积26万多平方米，梧州公安基础设施水平从原来的自治区下游跃升至自治区第一方阵，实现了历史性新跨越，队伍精神面貌焕然一新。

（三）攻克“硬任务”

匡伯彪从警一生，经历多次大仗、硬仗，多次与犯罪分子生死搏斗，多次英勇负伤，身上一道道伤疤、体内残留的弹片就是他爱民为民的真实写照、最直接体现。他常对执法部门强调，做警察就不能贪生怕死，要敢于亮剑、为民除害。

2019年5月9日，副市长、市公安局局长匡伯彪（左二）带领相关负责人到粤桂合作特别试验区实地考察驻试验区派出所选址

市公安局　供图

1996年，自治区公安厅督捕的特大持枪在逃犯莫某权在当地祸害乡里，甚至炸毁警车，攻击民警。时任河池市都安瑶族自治县高岭派出所所长匡伯彪受命带队追捕，在高岭镇龙州、正玄、德康以及澄江镇百地、六里、六柱一带爬山涉水、蹲山洞，不畏山高路远、天气炎热，不怕风吹雨打、蚊虫叮咬，经过70多天的艰苦伏击守候，终于掌握莫某权的活动规律以及出没地点。同年6月21日晚，在高岭镇德康村巴阳屯，发现了逃犯莫某权的踪迹，匡伯彪及专案组人员不

怕牺牲、冲锋在前。在抓捕中，带队的匡伯彪被凶犯开枪击中双腿，身负重伤，他仍顽强与凶犯搏斗。面对凶犯的枪口，他们把生死置之度外，勇敢扑向凶犯，最后追捕组警员果断开枪，将凶犯莫某权当场击毙，为民除了一害。

三、敢为人先，树起“模范标杆”

2017年8月，根据组织安排，匡伯彪至梧州市履新，一干就是4年，仿佛给全市公安机关注入一针改革强心剂，梧州市公安队伍迎来“脱胎换骨”的变化。

（一）解放思想，推出一批新品牌

匡伯彪生前经常跟下属说，要发扬首创精神，用新思路、新办法去解决工作中的新问题和新困难。他很重视公安工作的改革创新，到梧州履职的第二年，就围绕服务基层、服务实战、服务群众，明确提出“一单位一品牌、一部门一战法、一警种一特色”的改革要求，倾力打造全自治区唯一警务创新示范基地“智慧警务大数据实验室”，创新推行警务创新“十个一”机制，要求广大民警、辅警勤于思考、善于总结、精于提炼，及时总结实际工作中新经验、新做法，鼓励身边小发明、小创造。在公安创新项目研讨会上，他经常跳出思维定式，提出颠覆性的创新意见，确保项目保持高效实用、智能便捷的优势，在评选中脱颖而出、在实战中发挥作用。

匡伯彪十分关心从优待警工作，牵头建立暖警中心和“智慧鸳江暖警”APP，创新推出35个暖警机制和暖警项目，让暖警惠警工作走实走心、走向全国。他急民警之所急，打破常规、多方协调，破解了“阳光半岛”275户约500多名民警多年办不了不动产证的问题。

在匡伯彪的引领下，各警种部门自主创新意识明显增强，创新推出“警E邮双网服务”“出入境服务智享模式”“摩托车移动检测线管理系统”“公安信访123模式”等20多项便民惠企新举措。梧州警方研创的“公车阳光行”“警银驿站”入选了公安部样板间工程。研发的“物流神检通”“融E捕”“车牌收割机”系统和“EGIS”勤务指挥平台，为打赢自治区成立60周年、中华人民共和国成立70周年大庆等重大活动安保攻坚战提供支撑。

匡伯彪到梧州市履职3年来，全市公安机关共研发164个创新项目、推出51个经验战法，获得20多个全国和自治区奖项，入选全国公安科技成果试用项目44个，15个全国全自治区工作现场会先后在梧州市召开，梧州警方的改革经验入选中央政法委《长安》、公安部《公安内参》20多篇，改革强警工作连续3年走在广西前列。

（二）创新打法，形成一批新战果

匡伯彪常告诫下属公安机关，要用辛苦指数换取人民群众的安全指数、幸福指数。从警34年，他始终把维护国家政治安全放在第一位，率队总结经验、摸索规律、下先手棋、打主动仗，先发制人以制胜。

在惩治电信网络诈骗工作中，许多民警见证了从无到有，由弱到强的深刻变化。2017年12月19日，在以匡伯彪为“班长”的新一届市公安局党委领导班子的重视支持下，仅用2个月时间建成梧州市反虚假信息诈骗中心并正式挂牌，也标志着全面吹响了梧州市的“反诈号角”。

匡伯彪经常以不打招呼的方式，到市反诈中心指导破案、协助提炼战法，133惩治民族资产解冻诈骗技战法、“3+”快打电诈机制应运而生，助力侦破3·5”制贩国家机关证件案、“3·24”组织跨国贩卖银行对公账户专案等一批大案要案。3年来，全市共侦破1380起电诈案件，破案率较3年前增长7倍，排名全广西前列。

此后，匡伯彪还指导推出扫黑除恶、跨区域缉毒、打击网络传销等领域一批新战法和党建、智慧执法、暖警惠警等工作的一批新模式，引领多条战线屡创佳绩。

（三）强化引领，创造一批新业绩

火车跑得快，全靠车头带。作为“班长”，匡伯彪及时给队伍“把好脉、定好向”，明确了“抓班子带队伍、抓情报保稳定、抓打击促防范、抓改革推创新、抓建设强基础、抓责任敢担当”新思路和“保四争优，进入广西第一方阵”新目标。

匡伯彪科学制定“能上也能下”的选人用人标准，大胆启用优秀年轻干部，选拔任用311名能干事、干成事的科级领导干部，103名不再适宜继续担任领导职务的干部被免职，选树了王文海等一批先进典型，在全自治区率先完成2616名民警职级套改工作和2517人次的职级晋升工作，全市公安队伍干事创业、创先争优的拼劲干劲更足更强、更具可持续性。全市公安系统绩效考评工作连续3年稳固在自治区第一方阵，群众安全感连续3年攀升至98%以上，创历史新高。梧州市公安局先后获得“全国青年文明号”“全国巾帼文明岗”“全国禁毒工作先进集体”“全国公安机关执法示范单位”“全国公安机关全警实战大练兵标兵单位”“2019—2020年全国节约型公共机构示范单位”等7个全国性荣誉，以及“广西激励干部担当作为先进集体”“广西记一等功公务员集体”等16个自治区级荣誉。

2020年10月1日，匡伯彪（前排左一）在梧州市公安局技术大楼前率队举行升国旗仪式

市公安局 供图

“你们两个往前冲，你们两个留守。”“船到了吗，医疗队到了吗？”“你老不老实，赶快交代……”临终前，匡伯彪强忍着病痛虚弱地挤出这几句话，向身旁的妻子韦飞腾念叨着。此刻，他心里仍牵挂着群众安危、放不下惩恶扬善，他把短暂的一生全部献给了挚爱的公安事业。他用生命铸就忠诚、以担当捍卫平安，献身于崇高的人民公安事业，一生践行执法为民的服务宗旨，做到了绝对忠诚、绝对纯洁、绝对可靠。正如2020年10月1日清晨，他最后一次率队在国旗下庄严宣誓：对党忠诚、服务人民、执法公正、纪律严明。

深切缅怀党的好干部、人民的好警察匡伯彪，向新时代楷模致敬！

（市公安局）

编审：曾 强 编辑：赖红柳

大事记

1月

4—6日　自治区代主席蓝天立在梧州、贵港两市调研。5日，蓝天立实地考察梧州市不锈钢制品产业园区、梧州循环经济产业园区、藤县中和陶瓷产业园和梧州建筑新材料科技产业园，要求梧州、贵港两市紧紧抓住国家发展珠西经济带和自治区“东融”战略机遇，主动参与粤港澳大湾区产业链分工合作，加快形成粤港澳大湾区产业转移集聚高地，推进更多带动性强的重大产业项目落地投产。

13日　自治区党委常委、自治区常务副主席秦如培到梧州市调研新冠疫情防控、农村金融改革及“奋战一季度、加力开新局”等工作。

自治区副主席李彬在梧州市调研第一季度稳增长工作、居家和社区养老服务工作，以及困难群众救助情况。

14日　自治区政协副主席李康到苍梧县调研指导村（社区）“两委”换届选举和乡村振兴、苍梧县新县城建设等工作。

27日　梧州市首个国家级科技企业孵化器科普示范基地揭牌仪式在梧州市高新区举行。

28日　梧州苍海启迪鸿星雪立方冰雪世界举行启幕揭牌仪式。雪立方冰雪世界位于梧州市苍海核心区，占地面积3.8万平方米，是四季全天候室内冰雪场馆，配备240米专业滑雪道以及梦幻冰雪城堡等娱乐项目。同日，雪立方冰雪世界获得市文广体旅局授予“梧州市冰雪运动培训基地”牌匾、市教育局授予“梧州市中小学生冰雪活动基地”牌匾。

30日　自治区党委常委、广西军区司令员何仁学在梧州市慰问科技人才、残疾人、全国道德模范、老党员、伤残军人代表，调研梧州茶厂。

△自治区人大常委会副主任、自治区总工会主席张晓钦在梧州慰问广西工匠代表、全国优秀党务工作者、特困人员、困难党员、新冠疫情防控一线工作人员及留在本地过春节的建筑农民工。

2月

2日　中国共产党梧州市第十三届纪律检查委员会第七次全体会议召开。

4日　自治区人民检察院党组书记茅仲华到梧州市看望慰问科技人才、全国劳模、全国道德模范提名奖获得者、残疾人、复退军人。

△九三学社梧州市第四次代表大会、民革梧州市第十五次代表大会、民盟梧州市第十七次代表大会举行。

6日　农工党梧州市第十次代表大会、民建梧州市第十三次代表大会举行。

7日　自治区党委常委、政法委书记曾欣到梧州市参加和指导中共梧州市委常委班子召开的2020年度民主生活会。

△致公党梧州市第九次代表大会、民进梧州市第十三次代表大会举行。

8日　粤海环保发展有限公司建成梧州市首个节约用水教育基地，举行揭牌仪式。

25日　梧州市2021年第一季度重大项目集中开竣工暨金翔年产20万吨低氧铜杆项目投产仪式在梧州循环经济产业园区举行，自治区副主席李彬出席活动并宣布项目开竣工。

26日　中共梧州市委、市政府召开全市推进工业振兴暨“三年三工程”（“三年”指工业振兴年、乡村振兴年、服务业提速年，“三工程”指城市建设提质工程、营商环境攻坚工程、党的建设创新工程）活动动员部署大会，全面贯彻落实自治区推进工业振兴大会精神，部署梧州市2021年“三年三工程”活动各项工作。

3月

1—3日 中国人民政治协商会议第十二届梧州市委员会第六次会议在市文化展览中心召开。

2—4日 梧州市第十四届人民代表大会第八次会议在市文化展览中心召开。

5日 自治区党委宣传部、自治区文明办主办的2021年全自治区学雷锋志愿服务月集中示范活动在梧州主会场市政广场举行启动仪式。仪式结束后，与会领导嘉宾参观梧州市各单位学雷锋志愿服务项目成果展，到长洲区平浪村参加党史学习教育“我为群众办实事”等实践活动。

9日 广西梧州市园区新材料科技发展有限公司、中交粤港澳大湾区区域总部、上海电气环保集团举行三方战略合作签约仪式。

△中共梧州市委召开全市党史学习教育动员大会。

9—10日 自治区副主席邹展业率队到梧州市调研指导稳就业、保民生和社会保障服务等工作。

11日 自治区政协副主席王乃学率队到梧州市开展调研，了解历史文化遗产保护利用工作和政协文史馆建设等情况。

12日 梧州市与台湾地区花莲县通过视频连线方式共同举办种植“同心树”活动。

22日 梧州市西环小学、民主路小学“雷锋学校”暨“学雷锋争做美德少年教育践学基地”授牌仪式举行。雷锋杂志社总编辑陶克一行为2所学校的雷锋铜像揭幕，为2所“雷锋学校”及教育基地授牌。雷锋杂志社、中国教师杂志社于2018年启动“为庆祝建党100周年创建100所雷锋学校”工程，西环小学、民主路小学是梧州市首批获得授牌的“雷锋学校”。

23—24日 自治区政府党组成员蔡丽新率队到梧州市就深入学习贯彻中共十九届五中全会和全国两会精神，对文广体旅事业发展、妇女儿童工作、园区规划建设和企业发展创新等情况开展调研。

25日 全自治区盘活存量土地专项行动启动仪式在梧州市举行。部署推进2021年自治区新一轮盘活存量土地专项行动，进一步提升用地保障和节约集约用地水平。会上，自治区自然资源厅党组书记、厅长陈建军和梧州市委书记全桂寿共同发布梧州市存量土地出让公告。

28日 广西应急产业示范基地项目签约暨开工仪式在粤桂合作特别试验区梧州江南片区举行。广西应急产业示范基地项目由自治区应急管理厅联合新航圣洁（深圳）装备制造有限公司及多个国家安全生产行业企业共同发起。项目选址在粤桂合作特别试验区梧州江南片区，计划建设打造应急技术产品与装备研发制造基地、应急管理与服务示范基地、应急文化教育与培训示范基地三大板块，组成研发中心、装备制造基地、应急物资仓储与物流、应急教育培训基地、服务配套五大体系，一期总投资40亿元。

△梧州市电子信息产业链交流会暨半导体高峰会议在江滨国际大酒店召开。会议由九三学社自治区委和梧州市人民政府联合举办，邀请中国半导体研究领域的专家、企业负责人及领军人才出席，就中国半导体行业发展方向与机遇，以及梧州市电子信息产业招商等内容进行研讨交流。自治区副主席、九三学社自治区委会主委李彬出席会议并致辞。会上，进行梧州市投资环境推介，并举行第一季度招商引资项目集中签约，现场签约项目11个，涉及电子信息、再生资源、建材环保、生物医药、新材料等多个产业，总投资超过670亿元。

29—30日 全国政协副主席、党组成员卢展工率全国政协调研组到梧州市，就地方政协贯彻落实中央政协工作会议精神情况开展调研。自治区政协主席孙大伟、全国政协副秘书长、机关党组成员郭军，全国政协教科卫体委员会副主任、分党组成员常荣军，全国政协港澳台侨委员会原驻会副主任吕虹陪同调研。

4月

6日 农业农村部、财政部联合印发《关于公布2021年农业产业融合发展项目创建名单的通知》，苍梧县现代农业产业园入选2021年农业产业融合发展项目创建名单，岑溪市马路镇入选2021年农业产业强镇创建名单。

7日 自治区党委书记、人

大常委会主任鹿心社到梧州市建筑新材料科技产业园、梧州循环经济产业园区、梧州高新技术产业开发区、粤桂合作特别试验区、梧州茶厂实地考察了解产业规划发展、产业园区建设、企业生产运营、重大项目推进、科技创新企业孵化发展、承接粤港澳大湾区产业转移、六堡茶产业发展等情况，指出要坚定不移做强产业，要加强研究和加快融入大湾区，持续打造新业态、新产业样本，全力实现高质量发展。

8日 2021年广西第九届节地生态安葬暨梧州市第三届公益节地生态花坛葬活动在梧州市长青园公墓举行。

△当晚，梧州市庆祝中国共产党成立100周年民族文艺会演暨2021年“壮族三月三·和谐在梧州”民族团结进步宣传月启动仪式在市文化中心举行。

9日 由自治区党委宣传部、自治区政府新闻办策划举办的“共庆建党百年 建设壮美广西”第一场主题新闻发布会——“红旗漫卷起西江 百年奋斗启新程”梧州专场新闻发布会在南宁广西新闻发布厅举行。

13日 2021年梧州市全民国家安全宣传教育活动启动仪式在市政广场举行。

14—15日 自治区党委常委、组织部部长曾万明到苍梧县旺甫工业小镇、岑溪市糯垌镇绿云村、藤县中和陶瓷产业园区调研乡镇领导班子换届、抓党建促乡村振兴等工作。

19日 梧州市人民政府与广州工控集团举行工作座谈会及投资合作协议签约仪式。双方在前期合作基础上，日成林化公司、顺风钛业公司“退城进园”、绿色化工产业引导基金等项目的合作取得实质成效。

20日 全国法学会推进首席法律咨询专家制度工作现场会在藤县召开。中国法学会机关、广西法学会有关负责人，广西各设区市党委政法委、法学会负责人，藤县有关领导，首席法律咨询专家，有关媒体记者共220多人参加会议。与会代表实地参观藤县和藤州镇首席法律咨询委员会议事厅以及梧州市蒙娜丽莎企业基地项目现场，观看梧州市推进首席法律咨询专家制度试点工作专题片。梧州市推进首席法律咨询专家制度的工作经验获得与会代表关注和赞誉。

△自治区党委常委、广西军区司令员何仁学到梧州市调研。

21日 商务部“电子商务公共服务惠民惠企行动——走进广西梧州”活动在江滨国际大酒店举行。商务部启动实施电子商务公共服务惠民惠企行动，在不断优化全国电子商务公共服务平台原有服务事项的基础上，整合、汇聚一批优质社会服务资源，免费开放给电商企业使用。中国国际电子商务中心、阿里巴巴集团、京东集团讲师到梧州市，结合当地电商发展情况和产业特点，开展系列实用的培训。

23日 国家减灾委秘书长、应急管理部原副部长郑国光率国家防总珠江流域防汛抗旱防台风检查组到梧州市检查指导防汛备汛有关工作。

23—24日 2021年中国（广西·梧州）蜂业博览会暨全国蜂产品市场信息交流会在梧州市举行，主要活动包括蜂业市场信息交流会、蜂产业助力乡村振兴报告会、蜂业高品质发展论坛、蜂业博览会等，约1560名来自全国各地蜂业界的专家、学者、企业代表共同参会。

25日 全国政法队伍教育整顿中央第十二督导组广西小组听取梧州市政法队伍教育整顿进展情况汇报会、中央第十二督导组广西小组下沉梧州市谈话会举行。

27—28日 自治区人大常委会副主任杨静华率自治区轻工纺织产业工作专班到梧州市调研，了解梧州市轻工纺织产业发展以及园区规划建设进展情况。

28日 梧州市党群服务中心开馆仪式暨市四套班子党史学习教育“红色研学”活动在新落成开馆的市党群服务中心举行。

28—29日 由岑溪市人民政府、广东省海峡两岸交流促进会农业委员会共同主办的“海峡两岸乡村振兴农业合作发展”交流会在岑溪举行。交流会期间，岑溪市人民政府与广东省海峡两岸交流促进会农业委员会签订乡村振兴农业合作发展协议，双方共同为“桂台农业合作示范基地”和“广东省海峡两岸交流促进会农业委员会两岸乡村融合发展种植示范基地”揭牌。

是月 自治区金融生态建设评价工作厅际联席会议办公室公布2020年度各设区市金融生态建设综合评价结果，梧州市被评为金融生态优秀市。

5月

6日 生态环境部对第四批8个典型案例进行集中公开通报。其中，岑溪市被点名批评。

通报称岑溪市花岗岩矿山粗放开采问题突出，生态破坏和环境污染严重。中央第七生态环境保护督察组交办广西25批3068件群众信访举报材料，其中涉及梧州市有196件。

8—9日　自治区党委副书记刘小明到梧州市调研西江黄金水道航运枢纽、航道运力、沿线产业布局、产业发展等情况。

15日　梧州市创建“中华诗词之市”工作动员会在市政府大楼召开，梧州市创建“中华诗词之市”工作正式启动。

19—20日　全自治区关心下一代宣传工作培训班暨“乡村振兴　关工助力”活动部署会在藤县召开。14个设区市、部分自治区直厅局、部分县（区）关工委负责人约80人参加部署会。自治区关工委主任张少康，梧州市委书记全桂寿为“助力乡村振兴　发展特色农产品”示范基地揭牌。

20日　2021中国茶叶区域公用品牌价值评估结果发布。“梧州六堡茶”区域公用品牌价值32.34亿元，比2020年的26.40亿元增加5.94亿元，居全国茶叶区域公用品牌价值第二十五位，比2020年上升3位，位列广西第一。

△2021年中国再制造产业发展论坛在梧州市举办。论坛以“相约梧州、共享未来”为主题，由中国物资再生协会再制造分会主办，来自全国各地200多家再制造领域相关单位代表共同探讨再制造先进技术和企业经营模式等议题，分析再制造产业未来发展趋势，为梧州市“十四五”再制造产业发展建言献策。

21日　梧州市持续推进第二轮中央生态环境保护督察问题整改部署会召开。市委书记全桂寿出席会议并讲话，要求对中央生态环境保护督察通报和发现问题全面认领、照单全收，出台整改方案，明确整改要求，以更严实作风持续提升整改成效。市长钟畅姿主持会议，强调整改工作不是做表面文章，需要持之以恒，一抓到底。

△“广梧合作　共创未来”广梧两地青年交流座谈会在梧州市举行，几十位来自广州市和梧州市的青年企业家代表欢聚一堂。此次广梧两地青年交流活动由共青团广州市委、共青团梧州市委联合主办，活动历时2天。除座谈会外，广州青年企业家代表还到梧州高新技术开发区、粤桂合作特别试验区等实地考察，召开商机对接会。

22—23日　“同心圆梦”梧州市统一战线庆祝中国共产党成立100周年民族团结进步体育运动会在梧州学院体育馆举行。这是梧州市首次举办全市性民族团结进步体育运动会。共设7个比赛项目，来自梧州市统一战线的40支队伍约700名运动员参赛。

23日　全国人大常委会副委员长、农工党中央主席、中国红十字会会长陈竺到梧州市调研指导卫生健康工作、红十字会工作及地中海贫血防治工作。中国红十字会党组成员、副会长兼秘书长王平，自治区人大常委会副主任杨静华随同参加有关活动。

26日　广西欧神诺陶瓷有限公司生产的涉及瓷片和瓷砖系列2个产品获中国绿色产品认证证书，实现梧州市该领域认证“零”的突破，这也是广西首张中国绿色产品认证证书，标志着梧州陶瓷产业走向高质量发展之路。

27日　中共梧州市委召开全市领导干部会议，宣布自治区党委常委会决定：全桂寿不再担任中共梧州市委书记、常委、委员职务，另有任用；蒋连生任中共梧州市委委员、常委、书记。

6月

1日　自治区党委常委、组织部部长曾万明率队到广西西江船闸运行调度中心、梧州高新技术产业开发区实地考察，并主持召开县乡换届工作座谈会，调研梧州市县乡换届工作推进、党建引领高质量发展等情况。

2日　广西党的建设研究会主办的“中国共产党建党100年来广西党的建设的光辉历程和历史经验”专题研讨会在梧州市召开。自治区党委常委、组织部部长曾万明出席会议并讲话。

10日　梧州市副市长、市公安局局长匡伯彪积劳成疾，因病医治无效在河池市逝世，年仅55岁。11月11日，自治区公安厅举办“忠魂——匡伯彪同志先进事迹主题情景报告会”，匡伯彪的先进事迹在全国各级媒体相继刊发。

15日　国家知识产权局发布第二十二届中国专利奖授奖决定，其中广西梧州制药（集团）股份有限公司的“一种治疗肝炎的中药复方制剂”获得中国专利优秀奖。至此，梧州市累计有7项专利获得中国专利奖。

18—19日　自治区副主席蔡丽新率队到梧州市，就乡村振兴、文化旅游产业、六堡茶产业发展等情况开展调研。

21日 “永远跟党走——梧州市庆祝中国共产党成立100周年文艺晚会”在市文化展览中心举行。

21—22日 自治区党委常委班子党史学习教育第二次专题学习、专题读书班暨自治区党委理论学习中心组2021年第三次专题学习在梧州市举行。自治区党委书记鹿心社主持会议并讲话，自治区党委副书记、自治区主席蓝天立参加。鹿心社带领自治区党委理论学习中心组成员，先后参观中共梧州地委·广西特委旧址陈列馆、大同酒店旧址、中共广西特委旧址。在中共广西特委旧址，鹿心社带领自治区党委理论学习中心组成员面向党旗重温入党誓词。随后，自治区党委理论学习中心组在中共广西特委旧址开展读书班和集中研讨活动，交流学习体会。

△自治区党委常委、自治区副主席黄世勇到苍梧县调研新县城建设等工作。

22—23日 自治区主席蓝天立到梧州市、贵港市，就西江经济带基础设施建设和产业发展情况开展调研。他在梧州市李家庄码头详细询问西江沿岸码头和铁路连接线建设情况，在广西盈田创旺智能科技有限公司年产150万套高效节能空调生产项目调研时，要求积极推进企业技术改造，提升产业链现代化水平。

△自治区党委常委、自治区纪委书记、自治区监委主任房灵敏到梧州市调研反腐倡廉、政治监督、作风建设和“一站（组）两网”建设，以及六堡茶产业带动脱贫致富、西江黄金水道助推“东融”发展等情况。

27日 梧州籍广东选手严海滨以20秒64的成绩获得2021年全国田径锦标赛男子200米决赛冠军。年内被中国田径协会晋升为国际级运动健将。10月12日，严海滨回到家乡苍梧县，受邀为苍梧第一初级中学喜欢田径的学生上一堂技术指导课。

30日 梧州市举行庆祝中国共产党成立100周年梧州市2021年第二季度重大项目集中开竣工暨高旺大桥开通仪式。高旺大桥位于梧州市长洲岛下游约1500米处，桥梁全长约2200米，南岸起点与高旺路平交，北端连接日化路。主桥设计为三跨中承式钢箱系杆拱桥，桥面采用双层结构，上层行机动车，下层行非机动车与行人。项目投资约10.5亿元。

△《中国共产党成立100周年》纪念邮票揭幕暨《梧州百年红色印记》党史学习册发行仪式在中共梧州地委·广西特委旧址举行。

△梧州市融媒体中心揭牌暨广播电视高清系统正式运行仪式在市广电中心举行。

△庆祝中国共产党成立100周年梧州市2021年第二季度重大项目集中开竣工暨金海1050毫米不锈钢全连轧绿色生产线项目开工仪式在市不锈钢园区举行。

7月

2日 梧州市庆祝中国共产党成立100周年座谈会召开。会前，市委书记蒋连生会见全国先进基层党组织、自治区优秀党务工作者、自治区优秀共产党员代表，以及“光荣在党50年”纪念章获得者代表。市四套班子主要领导，梧州学院、梧州市人民中级法院（简称市中级法院）、梧州市人民检察院（简称市检察院）主要领导，全国道德模范提名奖获得者，全国劳动模范，自治区劳动模范，中共十九大代表，自治区第十一次党代会代表，在脱贫攻坚工作中取得突出成绩的县、乡（镇）党委主要负责人，市直园区代表等参加座谈。

4日 商务部公示新认定105家国家外贸转型升级基地，梧州循环经济产业园区名列其中。外贸转型升级基地是国家和地方重点扶持和发展的集生产和出口功能为一体的产业集聚体，是培育信息、营销、品牌、质量、技术、标准、服务等出口竞争新优势的重要载体。至此，全国有578家国家外贸转型升级基地，涵盖机电产品（含装备制造）、农产品、轻工工艺品、纺织服装、医药、新型材料、专业化工、五金建材八大行业，广西占14家。

5日 由梧州市人民政府、广西投资集团有限公司主办的“拍照大声喊田七——振兴广西民族工业，开启田七品牌新征程”主题发布会在南宁市举行。“田七”是梧州本土知名品牌，拥有70多年悠久历史。是月，“田七”系列40款新产品在全国上市，进入各大商业超市。

6日 自治区人大常委会副主任赵乐秦到梧州市调研。

7—8日 自治区副主席费志荣一行到梧州循环经济产业园区、粤桂合作特别试验区（梧州）、梧州高新技术产业开发区调研推进工业振兴工作。

23日 2021年广西民营企业百强发布会在百色市举行，梧州市有7家企业上榜，梧州金升铜业股份有限公司在榜单中排位7家中最高，排名第二十二位。2021年，梧州金升铜业股份有限公司和梧州市永达钢铁集团产值双双超百亿元，梧州市百亿企业实现零的突破。

是月 蒙山县获得财政部批准成为全国农村综合性改革试点试验县。

8月

7日 梧州综合保税区获国务院批复设立，成为广西第五个综合保税区，实现梧州市国家级园区“零”的突破，梧州市即日起可按现行规定享受综合保税区税收优惠政策。梧州综合保税区位于粤桂合作特别试验区，规划面积1.02平方千米，邻近李家庄码头、塘源综合码头、紫金村码头和绕城高速公路，距离梧州南站、梧州站、西江机场均在1小时车程内，区位优势明显、交通便利。全国共有155个综合保税区，2021年实现进出口值5.9万亿元。

13日 梧州军分区党委第一书记任职大会召开。自治区党委常委、广西军区司令员何仁学宣读广西军区党委决定，市委书记蒋连生任中共广西梧州军分区委员会委员、常务委员会委员、第一书记。同日，何仁学在梧州市调研。

19—20日 自治区政协副主席、工商联主席磨长英率队到梧州市调研重大项目和环保节能企业的生产情况并开展接访下访活动。

25—26日 自治区副主席方春明到梧州市调研六堡茶产业及重大水利项目建设工作。

27日 自治区人大常委会副主任、民进自治区委主委杨静华到梧州市调研。

29—31日 中国共产党梧州市第十四次代表大会召开。蒋连生代表中国共产党梧州市第十三届委员会向大会作了题为《抢抓新发展机遇加快高质量发展奋力谱写新时代中国特色社会主义壮美广西梧州新篇章》的报告。他指出今后5年梧州市的奋斗目标是：打造广西高质量发展重要增长极，努力建设富裕梧州；打造珠江—西江经济带区域性中心城市，努力建设宜居梧州；打造广西“东融”枢纽门户城市，努力建设开放梧州；打造岭南特色文化名城，努力建设文明梧州。大会选举产生中国共产党梧州市第十四届委员会委员53名、候补委员11名，选举中国共产党梧州市第十四届纪律检查委员会委员39名。

9月

8日 自治区工业和信息化厅公示广西2021年特色园区认定名单，梧州循环经济产业园区（高端金属新材料特色产业园）和藤县中和陶瓷产业园（陶瓷特色产业园）上榜。

9日 梧州市巩固拓展脱贫攻坚成果同乡村振兴有效衔接工作推进大会召开。

14—15日 党史学习教育中央第七指导组组长程振山一行在梧州市通过实地走访、听取汇报、查阅台账、观看展板、与干部群众面对面交流等方式，全方位多角度调研指导梧州市党史学习教育开展情况。自治区党委常委、组织部部长王维平等领导陪同调研。

24日 梧州市第三季度重大项目集中开竣工暨广西梧州盈田智能制造产业园开园仪式在梧州高新技术产业开发区举行。此次集中开竣工的项目共73个，涵盖工业产业和基础设施、社会民生等领域，总投资250.9亿元。

25—28日 政协第十三届梧州市委员会第一次会议召开。市委书记蒋连生、市长钟畅姿等党政军领导应邀出席会议，参加界别联组讨论，与委员共商梧州经济社会高质量发展大计。会议选举产生政协第十三届梧州市委员会领导集体，黄振饶当选主席。会议期间共收到提案76件，立案57件。

26—27日 广西基干民兵群众性实战化练兵梧州赛区比武竞赛在梧州市粤桂合作特别试验区拉开战幕。梧州赛区设水上搜救、无人机侦察、电磁频谱监测、帐篷搭设与供水供电保障等5个课目，全自治区15支队伍500余名民兵参赛。自治区党委常委、广西军区少将司令员何仁学，广西军区少将政委马辉，广西军区少将副司令员屈绍刚等领导现场观看了比赛。

26—29日 梧州市第十五届人民代表大会第一次会议召开。来自全市各行各业、各条战线的356名人大代表参加会议。大会表决通过关于政府工作报告的决议、关于梧州市人民代表大会常务委员会工作报告的决议、关于梧州市中级人民法院工作报告的决议、关于梧州市人民检察院工作报告的决议，依法选举产生新一届市人大常委会组成人员、市政府领导班子和市监察委员会主任、市中级人民法院院长、市人民检察院检察长。选举钟畅姿为梧州市市长、黄中贤为市十五届人大常委会主任。

是月 中国轻工业联合会、中国陶瓷工业协会联合发文授予藤县“中国陶瓷产业基地·藤县”称号。

△梧州市税务局创作的微电影《红色税月》在北京国际电影节·第二十八届大学生电影节中被评为“中国税收”特别单元最佳微电影作品。

10 月

8 日 粤剧表演艺术家潘楚华在梧州市逝世，享年 82 岁。潘楚华是广东佛山人，1940 年 9 月出生，1966 年 1 月加入中国共产党。她于 1953 年 11 月参加工作，成为梧州市粤剧团演员；1973 年 10 月，任市粤剧团革命委员会副主任；1979 年 1 月，任市粤剧团副团长、中国戏曲家协会广西分会副主席；1980 年 9 月，任梧州市政协副主席；1985 年，被评为国家一级演员；1986 年 6 月，任市政协副主席、党组成员，市粤剧团团长；1987 年，被原文化部授予“尖子演员”称号；1991 年，被评为全国文化系统先进生产工作者并出席北京的表彰大会；1992 年，被自治区评为首批专业拔尖人才，获得优秀专家称号并享受国务院政府特殊津贴；2004 年退休。20 世纪 70 年代末，潘楚华因出演粤剧《女驸马》轰动羊城，蜚声海外。

11 日 市鑫峰特钢有限公司举行 100 万吨高品质不锈钢连续固溶生产线项目竣工投产暨 30 万吨不锈钢制管项目开工仪式，该生产线每天产量可达 1500 吨。该公司在 2021 年度广西民营企业一百强榜单中排名第三十八位。

12—13 日 2021 年中国定制家居产业链趋势峰会在梧州市举行。主要内容为聚焦 2021 年度供应链领域的新产品、新技术、新应用，助推“世界定制看中国”事业发展，助力优秀供应链企业成长。其间举办梧州木材加工产业发展推介会等活动。

13 日 全国政法队伍教育整顿中央第十二督导组副组长敬大力一行到梧州市开展党史学习教育活动。

16 日晚 由自治区商务厅、梧州市人民政府联合主办的桂品出乡·“国潮梧州”好物节在市文化中心举行。场内设置 2 个特色产品展销区和非遗技艺宣传展示区，展示“桂字号”产品、梧州老字号产品等国潮好物。自治区内有 19 家企业参与活动，场内直播在线观看量共计近 50 万人次。

18 日 自治区党委副书记刘小明到梧州市开展巡河工作，并检查落实河长制、整治河湖“四乱”（乱占、乱采、乱堆、乱建）等工作。

20 日 梧州市人民政府、太平洋建设集团座谈会暨战略合作签约仪式举行。

22 日 农业农村部公示第十一批全国“一村一品”示范村镇认定名单，苍梧县六堡镇大中村（六堡茶）、藤县濛江镇健良村（荔枝）上榜。

27 日 自治区政协副主席彭晓春率自治区政协提案督办调研组到梧州市开展自治区政协重点提案督办调研，推动乡村振兴与县域经济发展有效融合。

28 日 自治区资本市场工作领导小组向广西直接融资改革创新试点的“三市一企一机构”（桂林、梧州、百色 3 个设区市和广西北部湾投资集团、国海证券）颁发“广西壮族自治区直接融资改革创新试点”牌匾，梧州市入选广西直接融资改革创新试点城市，意味着在自治区资本市场工作方面可获得政策红利，迎来新一轮发展机遇。

30 日 由民革中央、政协广西壮族自治区委员会主办的“李济深与人民政协”座谈会在梧州江滨国际大酒店召开。全国政协副主席、民革中央常务副主席郑建邦，自治区政协主席孙大伟出席座谈会并讲话，自治区政协副主席刘正东主持座谈会。全国政协常委、副秘书长，民革中央副主席兼秘书长李惠东参加座谈会。

△梧州市人民政府与民革中央企业家联谊会战略合作框架协议签约仪式在梧州市举行。此次签约是双方首次签订战略合作框架协议，是“李济深与人民政协”座谈会的重要活动之一。

30—31 日 全国政协常委、副秘书长，民革中央副主席兼秘书长李惠东在梧州市考察调研，并出席在李济深故居举行的“书香政协 民革书屋”揭牌暨捐赠仪式。自治区政协副主席刘正东参加有关活动。

11月

1—2日 自治区政协副主席黄洲率队到梧州市就实施乡村振兴战略情况进行调研。

3—4日 自治区副主席、党组成员黄俊华到梧州市开展信访接访、人大代表进站履职活动，并调研校园安全等工作。

5日 2021年全自治区政务服务“跨省通办”暨全自治区通办现场推进会在梧州市举行。会议总结全自治区深化政务服务“简易办”改革、推进政务服务“跨省通办”和全自治区通办工作开展情况，并就做好全自治区政务服务异地通办改革的典型案例推广工作进行经验交流和学习互鉴。

6日 第二届广西六堡茶发展论坛暨三鹤六堡茶品牌推介会在广州市举行，与会专家学者针对广西茶产业尤其是六堡茶当前的发展形势、历史文化、养生保健、科技创新等内容展开交流。

8—9日 自治区副主席、自治区公安厅厅长周成方到梧州市开展人大代表“混合编组、多级联动、履职为民”主题活动并调研自治区重大招商项目推进情况。

9日 自治区党委常委何文浩先后到中共广西特委旧址、市博物馆、广西西江船闸运行调度中心等地参观、调研，了解梧州历史以及梧州市党史学习教育开展情况。

10日 农业农村部公布第十一批全国“一村一品”示范村镇名单，苍梧县六堡镇大中村、藤县濛江镇健良村榜上有名。至此，全市累计获认定的全国“一村一品”示范村镇有8个。

△自治区党委常委、组织部部长王维平到梧州市党群服务中心实地调研城市基层党建工作开展情况。

11日 中国农业银行广西分行举行金融服务六堡茶产业高质量发展启动仪式，推出“六堡茶企贷”“六堡茶农贷”和“六堡茶商贷”3个金融创新产品。计划为六堡茶产业链客户提供100亿元各类金融服务。

△广西住房和城乡建设系统职工职业技能大赛（园林绿化业）在梧州市苍海湖公园开赛，主题为“公园城市，礼赞百年”。全广西14个设区市园林绿化行业的18支代表队170名选手参赛。

11—12日 中国企业家协会企业家俱乐部考察团一行到梧州市考察。全国道德模范、全国劳动模范、江苏黄埔再生资源利用有限公司董事长陈光标随团到梧州。

13日 自治区党委书记刘宁一行到梧州市调研，在梧州西江船闸运行调度中心听取西江黄金水道和梧州港规划建设有关情况汇报，强调要把学习宣传贯彻中共十九届六中全会精神和提升业务管理水平结合起来，提高西江航运通行效率，更好发挥西江黄金水道作用；在梧州茂圣茶业公司详细了解梧州六堡茶产业发展情况和企业运营情况，希望企业结合贯彻落实中共十九届六中全会精神，以党建引领企业高质量发展。

15—16日 全国政协常委、民建中央副主席、上海市政协副主席、民建上海市委主委周汉民到梧州市调研民建市级组织建设，与民建梧州市委员会班子成员、会员代表座谈交流。自治区政协副主席、民建广西壮族自治区委员会主委钱学明等陪同调研。

16日 自治区党委常委徐海荣到中共梧州地委·广西特委旧址陈列馆、广西梧州茶厂有限公司、梧州循环经济产业园区调研。

17日 全市民族工作会议暨创建全国民族团结进步示范市动员大会召开。

18日上午 梧州市举行2021年广西全民终身学习活动周暨梧州市全民终身学习活动周开幕式。并举行2022年广西全民终身学习活动周开幕式主办城市交接仪式。

20日 自治区十三届人大常委会第二十六次会议表决通过《梧州市六堡茶文化保护条例》，该条例于2022年1月1日起施行。这是广西首部茶文化保护地方性法规。

是月 第十届广西文艺创作铜鼓奖获奖作品名单公示，广西戏剧院、梧州市演艺有限责任公司创作的壮剧《苍梧之约》获得戏剧类铜鼓奖。

12月

3日 由中国珠宝玉石首饰行业协会、中国—东盟博览会秘书处和梧州市人民政府共同主办的第十八届梧州宝石节在梧州市江滨国际大酒店举行开幕式。宝石节为期3天，主题为“东融门户　潮涌梧州”。自治区人大常委会党组副书记、副主任，自治区总工会主席张晓钦、老挝驻南宁总领事馆总领事维拉萨·宋蓬、缅甸驻南宁总领事馆总领事觉梭登等出席开幕式。

△“百年商埠·璀璨宝石”宝玉石饰品设计颁奖暨新品发布会在市文化展览中心举行。此次大赛征集到全国各地包括台湾地区的参赛作品139件（套），并于12月1日召集专家评委完成现场评比。

△第十四届西江经济带合作与发展论坛在梧州市举行，来自珠江—西江经济带沿线16个城市的领导齐聚梧州，共话合作、共谋发展，共同签署《激发江的活力 共谋合作发展，深化珠江—西江经济带城市合作倡议》。自治区人大常委会党组副书记、副主任、自治区总工会主席张晓钦等领导嘉宾出席会议。

3—4日 “一品六堡 天下梧茶”第三届中国（广西）六堡茶斗茶大会在梧州六堡茶文化展示馆、梧州市党群服务中心举行。此次斗茶大会是第十八届梧州宝石节主要活动之一，收到210个茶企、茶行和茶人送来的茶样460个。

8日 梧州市六堡茶产业发展大会茶园建设现场会在长洲区摩天茶海举行。会上举行全市规模茶园建设集中签约仪式及广西六堡茶产业发展集聚区入驻企业集中签约仪式。仪式结束后，蒋连生、钟畅姿率队到摩天茶海茶园种植区开展茶苗种植。

△梧州市茶产业发展动员部署大会在市联合办公大楼召开。会议强调，六堡茶产业已经站在高质量发展的新起点，全市上下要下定决心、鼓足干劲，抓住重点、扭住关键，抢抓时机加紧干、撸起袖子加油干、一年接着一年干，让六堡茶香飘全国、享誉世界，为打造“一极三城”（广西高质量发展重要增长极、珠江—西江经济带区域性中心城市、“东融”枢纽门户城市、岭南特色文化名城），建设“四个梧州””（富裕梧州、宜居梧州、开放梧州、文明梧州）做出新贡献。

△梧州市医疗保障部门切换接入国家医保信息平台，该平台上联国家、自治区医保局，横向与全国已上线城市及相关部门连通，下联全市7个县（市、区），覆盖梧州市780余家定点医药机构，融入“全国一张网”，实现医保实时结算业务全国互联互通，部分医保经办业务“跨省通办”。

14日 梧州市气象局和广东省肇庆市气象局、云浮市气象局共同签署人工影响天气合作框架协议，在人工影响天气业务的交流学习、信息共享、科技研发等方面建立合作机制，根据需求联合开展人工影响天气作业、共同研发新一代人工影响天气业务服务平台，推动科研成果业务转化，形成人工影响天气业务新业态。

△由自治区党委区直机关工委、自治区发展改革委、中共梧州市委、梧州市人民政府主办的全自治区机关党建服务广西全面对接粤港澳大湾区建设现场推进会议在梧州召开。

△自治区文化和旅游厅公布第七批自治区级非物质文化遗产代表性项目代表性传承人，梧州市有12人名列其中。至此，全市共有自治区级非物质文化遗产代表性项目代表性传承人53人。

15日 蒙山县新圩镇貌仪村利凤组发生森林火灾，涉灾山林面积约51公顷。当地公安特警和扑火队400余人全力扑救森林火灾。广西应急管理厅紧急协调云南省森林消防总队驻广西队伍分2批派出137名指战员赶赴火场扑救。同时，南方航空护林总站百色站3架直升机持续实施吊桶洒水作业。由于气候干燥，火场多为茅草、桉树，火情在被控制后出现复燃并迅速蔓延，市森林防灭火指挥部于17日17时启动森林火灾二级响应。市各级气象部门出动50余人次参与气象服务，抓住有利天气时机实施人工增雨作业。经过59小时连续扑救，截至12月18日19时05分，火场明火全部扑灭，无人员伤亡。

△自治区庆祝中国共产党成立100周年机关党建理论研讨会在梧州召开。来自自治区各市直机关工委、自治区直机关工委直管各党组织近70名代表参会。

16日 欧盟广西总商会和广西苍梧六堡茶业有限公司联合在苍松茶厂举办“苍松六堡茶首次进入国际有机标准金字塔尖——德国市场签约仪式”，该公司生产的六堡茶进入德国市场。

△自治区城市基层党建引领基层治理工作现场推进会在梧州召开。来自自治区内有关单位负责人160多人参加会议。参会人员实地参观梧州市政务服务中心、梧州市车辆管理所政务服务分中心、梧州金升铜业股份有限公司以及京东（梧州）数字经济展示中心，听取梧州市全力打通企业和群众异地办事“经脉”，创新用“跨省通办+”和“全城

办”等模式实现政务服务“异地通办”改革加速跑的情况介绍。

16—17日 自治区党委常委、宣传部部长孙大光一行到梧州市调研，并到苍梧县六堡镇大中村龙盘组开展人大代表进站履职活动。

19日 中航通用飞机有限责任公司所属中航飞行学校新校区启用仪式在梧州西江机场举行。新校区占地面积3公顷，总建筑面积1.5万多平方米，停机坪面积2.2万平方米。

20日 在全国开展学习第三批农村集体产权制度改革试点典型经验活动中，梧州市因工作扎实、亮点突出、成效明显、具有引领作用，入选第三批全国农村集体产权制度改革试点典型经验交流单位。全市共界定农村集体经济组织成员271.21万人，量化农村集体资产39.53亿元，配置股权2048.7万股，颁发股权证书73.34万本，成立农村集体经济组织并完成登记赋码1474个。

21—22日 自治区人大常委会党组副书记范晓莉率调研组到梧州市就学习宣传贯彻中央人大工作会议和自治区党委人大工作会议精神情况开展专题调研。

22日 梧州市首批16个“融媒小镇（街道）”试点全部上线。融媒小镇（街道）除常规智慧广电服务内容外，首页栏目设置本地化板块，并给各个乡镇开设单独的宣传频道。

24日 佛山市广西梧州商会成立大会暨梧州市大湾区投资推介会在广东省佛山市举行。佛山市广西梧州市商会由在佛山梧州籍企业家自愿发起，在梧州市人民政府的关心支持下筹建，为梧州在佛山的创业人士与当地政府部门联系架起桥梁，与家乡搭建起沟通的纽带，为梧州实施“东融”战略、面向大湾区靶向招商打造重要平台。

△《梧州市第三次国土调查主要数据公报》发布，这是全自治区设区市率先公开发布的“三调”主要数据成果。调查以2019年12月31日为标准时点汇总数据，全面客观反映梧州市土地利用状况，反映出耕地流向果园、林地问题突出。

28日 西江航运干线贵港至梧州3000吨级航道工程一期工程3000吨级航道正式启用并投入试运行，这是广西内河首段3000吨级航道，全长266.5千米，投资概算7亿多元。自2019年10月18日正式动工，2021年12月14日通过验收。

△自治区公立医院党建工作现场推进会暨业务培训班在梧州召开。参会人员现场参观学习梧州市公立医院党建文化集市、梧州市人民医院、梧州市中医医院和梧州市第二人民医院党建工作情况。

29日 由自治区文化和旅游厅、梧州市人民政府共同主办的庆祝梧州粤剧团建团70周年粤曲晚会在市文化展览中心举行。

30日 农业农村部、国家发展改革委、商务部等7个部门联合公布第七批农业产业化国家重点龙头企业名单，广西梧州茶厂有限公司和广西梧州甜蜜家蜂业有限公司被认定为农业产业化国家重点龙头企业。

△梧州市人民政府与广西民族大学战略合作框架协议签订仪式举行。协议的签订使广西民族大学对梧州市科技进步、人才培养、六堡茶产业发展等起到促进作用。

是月 梧州市获评为国家DRG付费示范点。梧州市从2019年开始启动DRG付费国家试点工作，是广西唯一的国家试点城市。

编审：曾　强　编辑：赖红柳

梧州概貌

自然地理

【位置面积】 梧州市位于广西壮族自治区东部，东与广东省肇庆市封开县、云浮市郁南县为邻，东南与广东省云浮市罗定市接壤，南与玉林市容县交界，西与贵港市平南县相连，北与贺州市昭平县、桂林市荔浦县相通，东北与贺州市八步区交会，西北与来宾市金秀瑶族自治县毗邻。地处北纬22° 36′ 39″—24° 24′ 27″，东经110° 19′ 11″—111° 39′ 46″之间。全境东西距115千米，南北长196千米，总面积12572.48平方千米。其中城区面积1792.64平方千米。

【地理区位】 梧州市自古以来便被称作“三江总汇”“两广咽喉”，有广西“水上门户”之称。浔江、桂江汇于梧州市城区三角嘴对开河段，此为西江起点。水路距广州341千米、香港436千米、澳门384千米，与粤港澳一水相连。地处“三圈一带”（珠三角经济圈、北部湾经济圈、大西南经济圈和珠江—西江经济带）交汇节点，是中国28个主要内河港口城市之一。承东启西，是广西乃至西南地区接受粤港澳台地区产业、技术、资金转移的最前沿地区。梧州口岸为国家一类口岸，有百年对外贸易历史，设施齐全，基础较好，与世界五大洲130多个国家和地区有贸易往来。梧州交通运输便利，2000吨级船舶可从梧州直达粤港澳。2021年12月28日，西江航运干线贵港至梧州3000吨级航道一期工程正式启用并投入试运行。贵港枢纽坝下至梧州长洲水利枢纽坝上段航道率先实现升级扩能，是广西内河首段3000吨级航道。铁路洛湛线、南广线过境，每日经停梧州动车130多趟，开往粤港澳大湾区的动车60多对，梧州直达香港的动车每天开行1对往返；梧州至周边设区市高速公路四通八达，形成与南宁、柳州、广州、佛山、肇庆等周边城市一至两小时交通圈。梧州西江机场通航城市12个。立体交通格局已形成，是国家区域性综合交通运输枢纽。

【地形地貌】 梧州市境内的地形特点是四周高，中间低。中部苍梧县—梧州市区一带的西江沿江地区，分布着由第四纪冲积物组成的三级河谷阶地，标高一般20—60米。周围地区大部分为早古生代和中、新生代碎屑岩及燕山期岩浆岩组成的丘陵、垄状—波状低丘所占据，标高一般80—300米，最高峰白云山位于市区东北角，海拔367米。由于多期构造运动影响，市区的北北东、北东和北西向的褶皱和断裂比较发育，对地貌形态的展布特征起着重要的制约作用。

梧州地貌按照成因类型和形态组合特征可划分为剥蚀侵蚀类型和侵蚀堆积类型两种。

地貌为剥蚀侵蚀类型和特征的主要有丘陵、垄状低丘和波状低丘3种：丘陵分布在市区西部社塘至三山顶，东南部火流岭至大耀村及东北部旺口、白云山等地，山岭标高200—367米，多在230—300米之间，切割深度一般为130—250米，山脊波状起伏，山坡坡度多为20—25度，个别地方形成40度左右的陡坡或陡壁，河谷剖面呈“V”字形或“U”字形。垄状低丘在市区内广泛分布，山岭标高90—200米，个别山峰超过200米，相对标高40—100米，地形坡度一般比较平缓，沟谷多为“U”字形。波状低丘分布在市区中南部及北部大漓口等地，面积43.4平方千米，海拔标高40—130米，一般为50—100米，山坡坡度一般为25度以下。

地貌为侵蚀堆积类型和特征的主要有3种级别的河谷阶地：一级河谷阶地主要分布于西江、桂江、下小河及思良江等河流沿岸，面积38.9平方千米。由全新统黏性土及沙砾石组成，阶地面较平坦，向河床微倾斜，标高15—27米，阶地宽200—1800米。二级河谷阶地分布于苍梧、长洲岛、莲花山、太平等地区。阶面标高28—40米不等，高出河水面8—20米，阶地宽250—1800米，主要由上更新统黏性土及沙砾石组成。三级河谷阶地主要分布在苍梧县城西南部及长洲岛一带，莲花山、儒岩等地亦有零星分布。地形略有起伏、冲沟发育，海拔标高35—60米不等。主要由中更新统黏土及沙砾石组成。

【气候水文】 梧州市地处桂东，属亚热带季风气候区，北回归线横贯市区中部。太阳辐射强，日照充足，热量丰富，气候温暖，雨量充沛，夏长冬短，无霜期长。夏半年多偏南风，高温、高湿、闷热多雨；冬半年多偏北风，低温、干燥、偏冷少雨。全市光热水资源较丰富，日照南多北少，温度南高北低，雨量南少北多。盛夏常有暴雨与干旱，春多见低温阴雨。晚稻会遇寒露风、霜冻。暴雨、干旱、冰雹、雷电、台风和霜冻等气象灾害偶有发生。梧州市位于珠江流域西江水系中下游——浔江（西江上游）与桂江交汇处。西江水系梧州市以上流域，集水面积32.97万平方千米。整个流域西北高，东南低，流域内水流汇集西江注入珠江。西江水系汇集江河溪流700多条，占广西85%以上水量流经梧州市。梧州市流域面积大于10平方千米河流有7条，其中100—1000平方千米河流1条。

2021年，梧州市各地平均气温为：梧州市区22.6℃，蒙山县21.0℃，藤县22.7℃，苍梧县22.5℃，岑溪市22.2℃。与历年相比，梧州市区和藤县偏高1.4℃，苍梧县偏高1.0℃，蒙山县偏高1.1℃，岑溪市偏高0.5℃。梧州市年平均气温22.2℃。各地日照总时数：梧州市区2080.4小时，蒙山县1521.9小时，藤县2074.2小时，苍梧县1702.4小时，岑溪市1692.6小时；与历年相比，藤县、梧州偏多2成，其余各地接近常年。梧州市年平均日照时数1814.7小时。各地总降水量：梧州市区1102.9毫米，蒙山县1024.4毫米，藤县999.0毫米，苍梧县976.7毫米，岑溪市1182.8毫米；与历年同期相比，各地偏少2—4成。梧州市年平均降水量1060.8毫米。桂江及西江下游区径流主要由降水形成，年径流深变化在237.1—734.4毫米之间。年内只有浔江支流安平河出现超警戒水位，6月23日岭脚水文站出现最高水位50.05米，超警戒1.05米。6月下旬至7月，岑溪市、藤县南部及龙圩区南部等地出现中度至重度水文干旱。因降雨严重偏少，江河来水量偏少3—8成。下半年发生秋冬连旱，大部分地区出现中度水文干旱。

2021年度梧州市的主要气候事件有寒潮，强对流、强降雨，台风和干旱，气象灾害属一般年份。

自然资源

【土壤】 梧州市区土壤划分为4个土类、5个亚类、26个土属、34个土种。4个土类分别是水稻土、赤红壤、紫色土和冲积土。市郊水稻土占土壤总面积4.88%；地带性土壤为赤红壤（砖红壤性红壤），占土壤总面积86.67%。苍梧县土壤划分为水田、旱园地、山丘地三大土类，分别占土壤总面积6.78%、1.98%、91.24%。山丘地分5个土类、6个亚类、12个土属、24个土种，5个土类分别是红壤、黄红壤、赤红壤、黄壤和紫色土，其中赤红壤占土壤总面积61%。藤县土壤分为水田土、旱地土、山地土三大土类，分别占土壤总面积7.97%、1.68%、90.35%，山地土分为红壤、赤红壤、紫色土、黄壤4类，其中赤红壤、红壤分别占土壤总面积37.55%、27.6%。蒙山县土壤以成土母质分为页岩风化物母质、冲积物母质、洪积物母质、红土母质、紫色岩风化物母质5个种类和13个亚类、30个土属、56个土种。水稻土（水田）占全县土地总面积6.5%；山地土占土地总面积76.99%，分红壤、黄红壤和紫色土3个土类，其中红壤占山地土面积57.2%。岑溪市主要的土壤母质有花岗岩类、砂页岩、紫色砂页岩、第四纪红土、河流冲积物、洪积物6种。花岗岩石风化形成的土壤占全市土壤总面积61.45%。按特性分类可分淹育性水稻土、潴育性水稻土、潜育性水稻土、沼泽性水稻土、侧渗性水稻土、矿毒性水稻土和砂页岩红壤、花岗岩红壤、赤红壤、紫色土、河流冲积土、洪积土12种。红壤、赤红壤占土壤总面积76.03%。

【植被】 市境内低山中丘地

带，木本植物有马尾松、杉木、大叶栎、木荷、椎木、楹树、鱼尾葵、油茶、肉桂、八角、安息香树、白背桐、茶树、油柑、桃金娘、稠树、岗松等树种。草本植物有黄茅、野古草、铁芒萁、绒毛草、芭茅和苔藓类植物。在低丘山地带，木本植物有格木、黄牛木、重阳树、梧桐、樟、鹅掌柴、山乌桕、油茶、榕树、木棉、相思树、桉、凤凰木、枫树、楝、玉兰、木麻黄等树种。经济林有八角、肉桂、油茶、油桐、甜竹、白兰等。药材有生地、茯苓、杜仲、薄荷、砂仁、金银花、车前草、灯盏菜、地耳草、山栀子、寄生等。果树有柑橘、荔枝、龙眼、菠萝、芭蕉、黄皮、李子、沙田柚、石榴、葡萄、杨桃、板栗、枣、柿子、柠檬、梅子等品种。主要种植蔬菜、水稻、甘蔗，其次是红薯、木薯、豆类、花生、粉葛、玉米、蚕桑等。

【森林资源】 2021年，梧州市林业用地面积96.07万公顷，占全市土地总面积的76.37%。其中，区划为公益林（地）17.22万公顷，商品林（地）78.85万公顷。梧州市林业用地中，有林地面积82.03万公顷，国家特别规定灌木林地2.85万公顷，未成林造林地面积2.26万公顷，无立木林地面积7.59万公顷，宜林地面积0.95万公顷。森林面积94.79万公顷，森林覆盖率为75.35%，森林蓄积量7465万立方米。

【水资源】 流经梧州市城区的河流主要有浔江、西江、桂江、思良江、上小河、下小河等，其中浔江、桂江在市城区内相汇成西江，集广西众多河流水量。梧州市水资源丰富，全市多年平均水资源总量为110.18亿立方米。其中，地表水资源总量为95.59亿立方米，地下水资源量为28.7亿立方米，过境水量2083亿立方米。地表水平均年资源量2.6亿立方米，地下水年平均资源量5900万立方米。

梧州市河网密布，江河可利用落差较大，水力资源丰富。主要河流有西江、浔江、桂江、北流河、濛江河、黄华河等，水力资源理论蕴藏量约149.7万千瓦，可开发量108.9万千瓦。过境河流浔江水能蕴藏量88.32万千瓦，可开发量为62.13万千瓦；桂江水能蕴藏量为11.5万千瓦，可开发量为10.9万千瓦。

【野生动植物资源】 梧州市有各种类动物1000多种，其中国家重点保护野生动物40多种。国家一级保护动物有黄腹角雉、鳄蜥、大灵猫、小灵猫、林麝、黑叶猴（人工繁育）等。国家二级保护动物，兽类有猕猴、斑林狸、獐、豹猫等，鸟类有红腹锦鸡、白鹇、白眉山鹧鸪、褐翅鸦鹃、小鸦鹃、蓝翅八色鸫、黑冠鹃隼、苍鹰、松雀鹰、蛇雕、红隼、凤头鹰、游隼、草鸮、斑头鸺鹠、领鸺鹠、领角鸮、红角鸮、鹰鸮、黑翅鸢、红原鸡、白胸翡翠、画眉、黑喉噪鹛、银耳相思鸟、红嘴相思鸟、鹩哥等，爬行类有蟒蛇、大壁虎（蛤蚧）、眼镜王蛇等，两栖类有大鲵和虎纹蛙。自治区重点保护野生动物80多种。此外，还分布有一定数量经济意义较大的动物，兽类主要有赤麂（黄猄）、鼬獾（媚子）、黄鼬（黄鼠狼）、欧亚红松鼠（松鼠）、鼯鼠（飞虎）、貉（貉子）、黄腹鼬（香菇狼）、红颊獴（树鼠）、青鼬（黄腰狸）、狐（狐狸）、食蟹獴（石獾）、华南兔（野兔）、野猪、中国豪猪（箭猪）、果子狸等；鸟类有雉鸡（野鸡）、山斑鸠、鹧鸪、褐翅鸦鹃（红毛鸡）、猫头鹰、苍鹰、火斑鸠、鹌鹑、褐耳鹰、红嘴蓝鹊、普通翠鸟，以及各种各样的小蛇类和龟类等。另外，鳖（水鱼，甲鱼）、平胸龟（鹰嘴龟）、变色树蜥（马鬃蛇）、金环蛇、银环蛇、滑鼠蛇（水律蛇）、灰鼠蛇（索蛇）、黑眉锦蛇（广蛇）等有少量分布。

根据2021年9月7日国家林业和草原局和农业农村部发布的《国家重点保护野生植物名录》，梧州市重点保护野生植物至少有11种。其中，国家一级保护野生植物有苏铁属植物，国家二级保护野生植物有桫椤、金毛狗脊、格木、闽楠、罗汉松、银杏、土沉香、降香黄檀以及兰属植物、石斛属植物等。此外，还有一定数量有经济价值的植物。用材林类有马尾松、杉、桉树、香椿等，经济林类有八角、肉桂、油茶、澳洲坚果等，绿化观赏类有白兰花、桂花、观音竹等，药用植物和药材有砂仁、两面针、茯苓、吴茱萸等2000多种，在全市范围内尤其是苍梧县、岑溪市、藤县和蒙山县有分布。

【矿产资源】 境内已探明地下矿藏37种，包括金属矿产12种，分别为铁、锰、钛、钒、铜、铅、锌、钨、钼、金、银、稀土等；非金属矿产24种，分别为锆石、独居石、硅石、萤石、磷、硫铁矿、重晶石、水泥灰岩、高岭土、砖瓦用砂页岩、饰面花岗岩、珍珠岩、沸石、叶蜡石、膨润土、黑曜岩、云母、石英岩、白云岩、硅藻土、钾长石、钠长石、建筑用砂岩、建筑用河砂砾石等；水气矿产1种，为矿泉水。

历史人文

【历史变迁】 梧州是一座历史文化底蕴深厚的岭南古城。早在新石器时代，梧州就有人类聚居、生息、繁衍。经过夏、商、周，至春秋战国，在梧州活动的“苍梧”人为越族分支。《逸周书·王会解》所载“仓吾翡翠”之“仓吾”，是古籍始见的“苍梧”二字。据历史学界研究，苍梧古国(部落)距今约4700—4900年，主要分布在广西西北部和东部地区、广东的北部和西北部、湖南湘江流域及南部地区，势力曾到达今湖南洞庭湖区，与三苗人接壤，交错而居。

今梧州市区所在地古称广信，广信在苍梧古国范围内，是岭南和珠江流域开发最早的地区之一。西汉高后五年（前183），赵佗称南越武帝，封赵光为苍梧王，建苍梧王城，这是梧州建城之始。从西汉元鼎六年（前111）汉朝设置苍梧郡起，郡治在广信县，直至隋开皇三年（583)广信县改为苍梧县为止，近700年的时间，梧州一直是苍梧郡治、广信县治的所在地。其中从西汉元封五年（前106）交趾刺史部治所迁至广信开始到三国吴永安七年（264），吴政权实行第二次交、广分治为止，梧州作为岭南首府历370年之久。当时梧州作为岭南的政治中心之一，也成为南下移民的重要集散地。中原移民带过来的歌舞礼乐，在这里盛行。直至唐宋时期，梧州有“乐音节闲美，有京洛遗风”（《苍梧志》）之说，“梧州乐”成为当地特色，“梧州乐，昭州角”（《舆地纪胜》）的俗语一度流传。

宋代，梧州生铁冶炼技艺高超，被誉为“天下美材”（《岭外代答》)。北宋元丰年间(1078—1085)，梧州设元丰监，每年铸铜钱18万缗，为当时江南六大钱监之一。明成化五年(1469)，由于两广农民起义频繁，明朝廷在梧州设立中央政府派出机构：两广总督府、总兵府、总镇府。明成化六年（1470）梧州两广三总府建成，驻地凤凰台（今东正路、东中路及建设路一带）。这是中国历史上第一个总督府。总督府“正堂五楹题曰总制百粤之堂”（韩雍《建总府记》）。梧州一度成为两广政治、军事中心。

及至清代，梧州成为广西“与沿海省分沟通之孔道”（林家穰《广西省经济调查报告》），梧州的商业贸易更加兴旺。民国10年（1921）始称梧州市。1927年，梧州市政府成立，梧州为广西最早的省辖市。当时广西财政年收入仅为100万两，其中70%以上来自梧州。清光绪三十四年至民国20年（1908—1931）梧州关进出口总值占广西进出口总值的80%。梧州成为仅次于广州的西江外贸港口城市。

孙中山曾3次驻节梧州以图北伐。周恩来曾到梧州指导广西建党工作。梧州是广西红色革命的摇篮，在广西中国共产党历史上创造了18个“第一”。1922—1937年，在梧州诞生了广西第一个党支部、第一个地委、第一个女中共党员、第一个地方团组织、第一个青年团支部、第一个工人支部、第一个农村支部、第一个妇女支部、第一个全省性的党组织、第一个市委、第一个大学支部和大学区委、第一个青年团特支、第一个共青团地委、第一个全市性的工会、第一个妇女组织、第一个由党领导的全市性学生联合会、第一个由党领导的乡农会，是广西第一个实现国共合作的城市。抗日战争期间，李济深在故乡苍梧县冠盖乡（今龙圩区大坡镇）坚持敌后抗战。解放战争期间，中共广西城工委为配合解放大军南下，增派中共党员到梧州活动。1949年8月15日，中共梧州城工委成立。

10月1日，中华人民共和国成立。11月25日下午6时，在中共梧州城工委配合下，中国人民解放军第四野战军四十军一一九师从城北入城，梧州解放。翌年筹建梧州市，开始大规模进行社会主义经济建设和精神文明建设。1978年12月中共十一届三中全会后，市委、市人民政府广开渠道，深入改革和扩大开放。1982年10月，国务院把梧州市列为乙类开放城市，实行沿海开放城市政策。2004年11月，首届梧州国际宝石节在梧州市举办。此后宝石节每年举办一届，培育宝石市场，营造宝石文化，构建人工宝石交易的坚实平台，成为东南亚最大的人工宝石交易中心。2017年，梧州市被国务院确定为珠江—西江通道重要节点城市。2021年，梧州市全方位对接大湾区，深度融入珠三角，提升珠西经济带，努力构建“一极三城”发展新格局，加快建设“四个梧州”。

【历史文化遗存】 梧州文物古迹星罗棋布，仅考古发掘的汉墓就达498座。古遗址有石器时代和商周时期的聚落址，汉代的窑址、城址，唐代的寺庙遗址，宋代元丰监铸钱遗址，明代桥梁码头遗址等；古墓葬有战国、汉、晋、南朝、唐、宋、明、清等各个时期的贵族墓和中小型墓葬；古建筑有宅第民居、坛庙祠堂、寺观塔幢等；石刻、石碑有五代十国至明清各个时期的碑刻多方。截至2021年，梧州市有古遗址、古墓葬、古建筑、近现代重要史迹及代表性建筑等各类珍贵文物古迹208处，其中国家级文物保护单位6处、自治区级9处。梧州市博物馆收藏的文物按质地分类，有玉石器、陶瓷滑石器、金银铜铁器、石刻、书画、货币等，共计7528件（套）。其中，国家一级文物有11件（套），国家二级文物239件（套），国家三级文物1954件（套）。梧州中山纪念堂、梧州市中共广西早期革命活动旧址、李济深故居和太平天国永安活动旧址4处文物保护单位入选广西第一批不可移动革命文物名录，民国寿山石兽钮“李济深印”方章等45件文物入选广西第一批可移动革命文物名录。截至年底，梧州市有国家级非物质文化遗产3项（藤县狮舞、六堡茶制作技艺、龟苓膏配制技艺），自治区级40项，市级92项。

梧州骑楼城是梧州进入现代文明的标志和一度辉煌的见证。始建于民国初年，盛于20世纪二三十年代，其建筑浓缩了中西建筑艺术的精华。骑楼城位于今河东老城区，占地面积约1平方千米，有骑楼街道22条，总长度7000米，共有楼宇560栋。此外保留较为完整的具有浓郁岭南风格的近代民居建筑群还有金龙巷和维新里。

【人口民族】 秦始皇三十三年（前214），中原人南下，从漓江、贺江进入梧州，与越人杂居。西汉元始二年（2），苍梧郡人口14.6万人（《汉书·地理志》）。至清光绪二十三年（1897）梧州开埠通商时，人口为4万人。民国时期，人口年均增长率21‰，1949年近10万人。2021年年末，全市户籍总人口354.69万人。梧州市是以汉族为主的多民族聚居地区，主要少数民族有壮族、瑶族，另有苗族、侗族、仫佬族、毛南族、回族、京族等34个民族。2021年年末，全市有少数民族9.91万人，其中瑶族4.69万人、壮族4.53万人。

【语言文字】 梧州市流通的本地语言主要是粤语，可分为梧州市城区话、郊区话和郊县话。梧州市城区话属于粤语广府片，梧州（古广信）是粤语的发源地。郊区话、郊县话属于粤语沟漏片。今郊区话日渐融入城区话，说郊区话的人明显减少。各个郊县内部使用郊县话，其中蒙山话受桂柳话、壮语影响较多，其语音融合有桂柳话、壮语的成分。客家话、壮语、瑶语多是在聚居地内部使用。

全市推广普通话、推行规范汉字。以普通话为公务用语，规范汉字为公务用字。国家机关工作人员、教师从业人员实施普通话水平测试。今机关、学校普遍使用普通话，公共服务行业基本以普通话为服务用语，车站、码头、机场使用普通话广播。

2019年，贯彻落实《广西壮族自治区少数民族语言文字工作条例》，全市机关、事业单位和人民团体名称的印章、牌匾均使用壮、汉2种文字标示。2020年开始，将贯彻落实《广西壮族自治区少数民族语言文字工作条例》情况列入民族团结工作专项绩效考评内容。

【宗教】 梧州是汉末佛学家、中国第一部佛学专著《理惑论》作者牟子和宋代高僧契嵩的故乡。鉴真在东渡日本前曾在梧州游历讲学。梧州还保存着建于唐开元年间的道教白鹤观。清光绪二十二年（1896），浸信会、宣道会、惠师礼会（循道会）在梧州建堂传教；光绪二十四年（1898）天主教建成天主堂。伊斯兰教信徒人数少，在梧州时保持其信仰与风俗习惯，并建有清真寺。解放后，伊斯兰教信徒不再在梧州进行宗教活动。2021年，梧州市有佛教、道教、天主教、基督教等宗教派别，各宗教都分别在信徒聚居地设有宗教活动场所。全市批准登记的宗教活动场所21个，其中佛教寺庙8个，天主教堂7个，基督教堂点6个。市级宗教团体5个。全市信仰宗教人数约3.2万人，在宗教部门备案的宗教教职人员46人。

【民俗】 梧州民俗以广府民俗为主。儒、释、道文化和民间信俗文化在梧州交融渗透，使梧州民俗既有汉民族的共同特征，又有岭南亚热带的地域色彩和西江流域水文化个性。春节拜大年、行大运、舞醒狮，农历正月龙母开金库、五月龙母诞庆典，端午赛龙舟、吃龙船饭，乞巧节游“七姐水”等民俗流传至今。藤县相传是龙母的诞生地，梧州市区保存着建于北宋时期的龙母庙。当今梧州市的民俗文化主要由东诗（苍梧诗社）、西球（藤县舞狮）、南戏（岑溪牛娘剧）、北歌（蒙山山歌）和中部市区的粤剧（梧州粤剧）五大品牌构成。传统地方剧目有牛娘剧、鹿儿舞、火碗舞、麒麟白马舞、鲤鱼舞、木榧舞和梧州粤剧等，都是梧州宝贵的非物质文化遗产。

【物产】 梧州是六堡茶、龟苓膏的原产地。物产主要有六堡茶、龟苓膏、纸包鸡、冰泉豆浆、上汤河粉、神仙钵、和味龙虱、豆腐渣、艇仔粥、肠粉、煲仔饭、钵仔糕、腊肠、蜂蜜、蜜枣、桑寄生、酸鱼、甜笋、嘉宝果、“万秀红”小番茄、倒水油炸虾饼、龙圩猪油饼、河步白斩鸭、京南米粉、岑溪古典三黄鸡（黄毛、黄脚、黄嘴）、屯巴茶、八角、肉桂、荔枝、龙眼、砂糖橘、松脂、人工宝石、岑溪红花岗岩、藤县钛白粉等。

苍梧县 六堡茶、京南米粉、松脂、八角、肉桂、砂糖橘、香蕉、迟熟荔枝、龙眼等。是广西商品粮基地、中国八角之乡、全国十大魅力茶乡和全国八大产脂县之一。

岑溪市 古典三黄鸡、竹笋酿、豆腐酿、砂糖橘、肉桂、桂圆肉、软枝油茶、三堡米粉、石磨米粉、虾儿堆、白斩狗、苦麦菜、花岗岩、金沙玉。是中国花岗岩之都、中国肉桂之乡、中国古典三黄鸡之乡、中国观赏石之乡、全国绿色食品原料（砂糖橘）标准化生产基地县（市）、自治区创建无公害水果生产基地县（市）、自治区无公害粮食生产示范基地县（市）、自治区粮食生产先进单位。

藤县 钛白粉、松脂、肉桂、八角、西甜瓜、无籽西瓜、江口荔枝、蜜柚、香芋、粉葛、沙田柚、大果红山茶、黑脚鹅、平福香菇、大头菜、茶叶、同心米粉、太平咸酸菜等。是中国肉桂之乡、中国八角之乡、中国钛白之乡。

蒙山县 白厂丝、丝绵被、屯巴茶、木瓜酱、蜂蜜、黑土猪、肉丸、土窑烧鸡、扣肉等。是自治区桑蚕生产基地和丝绸产品加工基地。

【市花市树】

市花 1990年10月17日，梧州市八届人大常委会第二十七次会议决定以宝巾花和紫荆花为市花。

宝巾花又名三角梅、簕杜鹃、小叶九重葛、三角花、紫三角、紫亚兰、叶子花等，为紫茉莉科常绿木质藤本植物。花期长，四季开花。20世纪80年代，梧州市引进栽培各种花色的宝巾花20多个品种。1991年10月，在市区河西“蝶苑”小游园举办第一届市花宝巾花展。截至2020年年底，梧州市有宝巾花基地10多处，占地37.33公顷；拥有宝巾花品种约180个，培育面积40多公顷；共举办了21届市花宝巾花展。

紫荆花（羊蹄甲）为苏木科常绿乔木。花期11月至翌年4月。20世纪30年代，梧州已有紫荆花种植。60年代，市园林部门曾讨论要把梧州美化为“紫荆城”，陆续在市区中山公园、河滨公园、潘塘公园、梧州学院、梧州高中，以及阜民路，东堤路，西堤路，西江一、二路等道路批量种植。每逢花期，繁英满树，落英缤纷，因之有“别处看雪，梧州看花”之说。

市树 2018年4月27日，梧州市十四届人大常委会第十三次会议第二次全体会议决定，不再使用梧桐树为梧州市市树，六旺树确定为梧州市新市树。六旺树又名苹婆，为梧桐科常绿乔木，“六旺”为梧州市及周边地区民间叫法，意寓“六六大顺、兴旺发达”。

建置区划

【建置沿革】 夏商周时代（前2070—前256），梧州属百越（粤）地。周安王十五年（楚悼王十五年，前387），梧州属楚。秦始皇三十三年（前214），秦统一岭南，置桂林、象、南海3个郡，梧州属桂林郡（一说南海郡）。汉高后五年（前183），南越武帝赵佗封赵光为苍梧王。同年，在今梧州市区建苍梧王城，其时南越国占地“东西万余里”。西汉元鼎六年（前111），汉灭南越国后，在其原属地上分置7个郡，其中包括苍梧。苍梧郡下辖

9个县：广信、谢沐、高要、封阳、临贺、端溪、冯乘、富川、荔浦。元封五年（前106）苍梧郡增置辖猛陵县。今梧州为苍梧郡治和广信县治所在地。同年，汉武帝将交趾刺史部移治苍梧郡广信县，统辖岭南苍梧等9个郡，梧州成“岭南要地”。至东汉末年（220），苍梧郡辖广信、冯乘、谢沐、高要、临贺、端溪、富川、荔浦、封阳、猛陵、鄣平11个县。

三国时期（220—280），苍梧郡属吴，辖广信、建陵、端溪、高要、猛陵、鄣平、元溪、临允、武城9个县。两晋时期（266—420），苍梧郡属广州，辖广信、端溪、猛陵、新宁、建陵、高要、临允、元溪、鄣平、农城、都罗、武城12个县。南北朝时期（420—583），苍梧郡辖广信、猛陵、怀熙、思安、封兴、荡康、侨宁、遂城、广陵、丁留、武化、宁新、抚宁13个县。今梧州一直是郡治及广信县治所在地。至隋开皇三年（583），改广信县为苍梧县。苍梧郡辖苍梧、豪静、开江、都城、封川、封阳6个县。唐武德四年（621），地方行政区划实行州、县两级管理，始称梧州。唐至五代（618—960），梧州辖苍梧、戎城、孟陵3个县。两宋时期（960—1279），梧州辖苍梧县、戎城、龙平3个县，末年仅辖苍梧县。元至元十四年（1277），置安抚司。至元十六年（1279），改为梧州路总管府，仍辖苍梧县。明洪武元年（1368），梧州路改为梧州府。至明末，辖苍梧、藤县、容县、岑溪、怀集5个县和郁林州及其下属博白、北流、兴业、陆川4个县。明成化六年（1470），明宪宗在梧州创设两广总督府。清朝初年，梧州仍为府治，辖郁林州及9个县。清雍正三年（1725），梧州府改辖苍梧、藤县、岑溪、容县、怀集5个县。民国元年（1912），梧州隶属梧州军政分府，为府治。民国2年（1913），广西废府为县，复置苍梧县，隶郁江道，为道治。民国3年（1914）6月，郁江道更名苍梧道，辖苍梧、桂平、郁林、信都、藤县、容县、岑溪、平南、贵县、武宣、博白、北流、陆川、兴业、怀集15个县。民国10年（1921）7月，设梧州市政厅。民国16年（1927）6月，梧州设市政委员会。同年12月1日，梧州市政府正式成立，为省辖市。民国19年（1930）属苍梧民团区。民国21年（1932）7月，撤市复归苍梧县，治梧州。民国23年（1934）3月，属梧州行政监督区。民国29年（1940）后属第三区行政督察专员兼保安司令公署。

1949年10月1日，中华人民共和国成立；11月25日，梧州解放。12月1日，中国人民解放军梧州市军事管制委员会成立。1950年1月1日，梧州市人民政府成立。1955年7月24日，梧州市人民政府改称梧州市人民委员会。1958年7月，梧州市划归梧州专员公署领导，但梧州市人民委员会的政权机构不变，仍为省辖市、专区级机构。1960年10月，梧州地区专员公署与梧州市人民委员会合署办公。1961年5月，恢复地、市建制，梧州市仍为自治区辖市。1968年8月26日，梧州市革命委员会成立。1980年9月29日，恢复梧州市人民政府。1979年2月，梧州市设立万秀区、白云区、鸳江区、蝶山区。1984年2月，苍梧县由梧州地区划拨梧州市管辖。6月23日，郊区重设。9月，撤销鸳江区，大部分划归白云区，小部分划归蝶山区。1990年8月，撤销白云区，并入万秀区。至此，梧州市辖苍梧县、万秀区、蝶山区和郊区。1997年4月，梧州市增辖藤县、蒙山县，代管岑溪市，辖区扩大为三县一市三区。2003年2月，梧州市辖区调整，撤销市郊区，设长洲区。2013年2月8日，国务院批准梧州市部分行政区划调整，撤销原万秀区、蝶山区，成立新的万秀区，成立龙圩区，苍梧县人民政府驻地迁至石桥镇。

【行政区划】 2021年，梧州市辖苍梧县、藤县、蒙山县、万秀区、长洲区、龙圩区，代管岑溪市，共7个县（市、区）。全市共设镇53个，乡5个，街道8个。

苍梧县辖镇9个，分别是石桥镇、岭脚镇、京南镇、狮寨镇、六堡镇、梨埠镇、木双镇、沙头镇、旺甫镇。

岑溪市辖镇14个，分别是岑城镇、马路镇、南渡镇、水汶镇、大隆镇、梨木镇、大业镇、筋竹镇、诚谏镇、归义镇、糯垌镇、安平镇、三堡镇、波塘镇。

藤县辖镇15个、乡2个，分别是藤州镇、塘步镇、埌南镇、同心镇、金鸡镇、新庆镇、象棋镇、岭景镇、天平镇、濛江镇、和平镇、太平镇、古龙镇、东荣镇、大黎镇，平福乡、宁康乡。

蒙山县辖镇6个、乡3个，分别是蒙山镇、西河镇、新圩镇、文圩镇、黄村镇、陈塘镇，汉豪乡、夏宜瑶族乡、长坪瑶族乡。

万秀区辖镇3个、街道5个，分别是龙湖镇、夏郢镇、城东镇，城南街道、城北街道、角嘴街道、东兴街道、富民街道。

长洲区辖镇2个、街道3个，分别是长洲镇、倒水镇，大塘街道、兴龙街道、红岭街道。

龙圩区辖镇4个，分别是龙圩镇、大坡镇、广平镇、新地镇。

经济建设

【经济发展提档进位】 2021年，梧州市各级部门围绕高质量发展要求，全力稳增长、促改革、调结构、惠民生、防风险、保稳定，统筹新冠疫情防控和经济社会发展，扎实做好"六稳"（稳就业、稳金融、稳外贸、稳外资、稳投资、稳预期）、"六保"（保居民就业、保基本民生、保市场主体、保粮食能源安全、保产业链供应链稳定、保基层运转）工作，经济运行稳中有升、稳中提质的态势不断巩固。全年实现地区生产总值1369.37亿元，同比增长10.0%，两年平均增长9%，高于全国、全自治区平均水平，保持在自治区第一方阵。其中：第一产业增加值196.09亿元，增长8.5%；第二产业增加值589.39亿元，增长12.2%；第三产业增加值583.89亿元，增长9.1%。全市第一、二、三产业增加值占地区生产总值的比重分别为14.3%、43.1%和42.6%，对经济增长贡献率分别为13.9%、42.3%和43.8%。按常住人口计算，全年人均地区生产总值48463元，比上年增长10.2%。

全年全市规模以上工业总产值完成1508.1亿元，同比增长31.4%；规模以上工业增加值475.3亿元，同比增长15%；工业投资完成333亿元，同比增长46.9%。新增规模以上工业企业90家，8家企业入选广西工业龙头企业。梧州市首度出现产值超百亿元的企业，梧州金升铜业股份公司、梧州市永达钢铁集团公司产值双双超百亿元。修正药业区域总部、京东集团全资子公司、建华物流等一批总部企业、互联网企业落户梧州，实物商品网上零售额增长90%。梧州综合保税区获国务院批复设立，国家级园区实现零的突破。全年固定资产投资（不含农户）比上年增长21.6%；全年社会消费品零售总额316.33亿元，比上年增长11.4%；全年货物进出口总额80.81亿元，同比增长25.3%；实际使用外资额6267.0万美元。市财政收入134.84亿元，同比增长9.4%；一般公共预算收入78.87亿元，同比增长3.8%；税收收入43.30亿元，同比增长5.2%，占一般公共预算收入54.9%。

【经济结构不断优化】 2021年，所有制结构趋向合理，公有制为主体多种所有制共同发展格局持续巩固。全市纳入国有资产统计范围的企业85户。其中，市本级国有企业27户（市国资委监管企业7户、非国资监管企业20户），县（市、区）园区级国有企业58户（县市企业37户、园区城区企业21户）。年末全市国有企业资产总额1589.5亿元，负债总额为940.17亿元，所有者权益为649.33亿元，资产负债率59.15%，全年实现营业收入54.17亿元，实现利润总额1.22亿元，净利润0.82亿元。

全年全市892个行政村集体经济收入均在5万元以上。其中，收入达10万元以上的行政村322个，收入达20万元以上的行政村108个，收入达50万元以上的行政村33个。村级集体经济总收入12060.01万元，同比增长11.91%。

至2021年12月31日，全

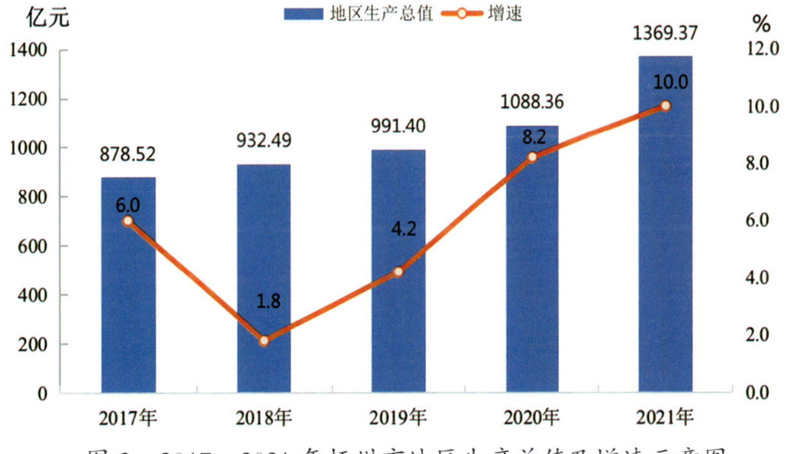

图2　2017—2021年梧州市地区生产总值及增速示意图

市统计局　供图

市个体工商户12.28万户，注册资金148.99亿元，从业人员29.75万人。其中，2021年新登记个体工商户20042户，注册资金63.41亿元，从业人员61662人。全市私营企业36835户，注册资本（金）1339.5亿元，从业人员12.14万人。其中，2021年新登记企业6327户，注册资本（金）186.35亿元，从业人员25562人。

年内，全市新增境外投资企业22家，合同境外投资总额为9951.83万美元。其中：新设立独资企业9家，合同境外资金7356.7万美元；新设立合资企业13家，合同境外资金额2595.13万美元。在22家境外直接投资企业中，中国香港地区有16家，台湾地区有3家。全市实际利用境外投资到位资金6267万美元，同比增加80.4%。

【工业经济提速增效】 2021年，梧州市围绕再造一个工业梧州，成立工业振兴指挥部，选派89名工业振兴特派员，推动“5+2”（再生资源、高端金属新材料、建筑材料、食品医药、电子信息5个支柱产业和数字经济、文旅康养2个主导产业）产业全产业链发展。75.8%的工业行业实现增长，工业税收增长24.9%，被评为2021年上半年广西工业投资工作先进市。永达高端轻工板材生产线、金海不锈钢全连轧绿色生产线等121个项目开工，鑫峰特钢100万吨高品质不锈钢连续固溶生产线、浔江实业智能制造精密机械加工等25个项目竣工投产。推进自治区“双百双新”（“双百”指投资超过百亿元或产值超过百亿元，“双新”指新产业、新技术）项目25个，竣工投产7个，建成标准厂房110万平方米。累计投放“桂惠贷”129.72亿元，惠及4616户市场主体，直接降低企业融资成本2.6亿元，减税降费8.12亿元。新增广西战略性新兴产业企业22家，中恒集团获得广西唯一的国家第二批先进制造业和现代服务业融合发展试点企业。藤县获得“中国陶瓷产业基地”和2020年度“广西高质量发展进步县”称号。

【农业农村经济稳步提升】 2021年，梧州市深入实施乡村振兴五大提升行动，推动46个乡村振兴改革集成试点村建设，实施项目1297个，农业农村投资完成210亿元。一产增速创2005年以来新高，粮食播种面积、单产和总产量实现“三增”，水果、蔬菜、家禽、水产品产量稳中有升。全面启动六堡茶生态茶园建设大会战，六堡茶被评为2021中国茶叶最具品牌发展力三大品牌之一。获批创建六堡茶国家地理标志产品保护示范区、苍梧县国家现代农业产业园。苍梧县入选全国农业全产业链典型县，岑溪市和藤县入选国家农产品产地冷藏保鲜整县推进试点县。梧州茶厂、甜蜜家被认定为农业产业化国家重点龙头企业。新增农业产业强镇1个、全国“一村一品”示范村2个、“四好农村路”自治区示范县1个、大湾区“菜篮子”生产基地及供深、供港和出口农产品示范基地12个、“广西好嘢”农业品牌4个、广西休闲农业与乡村旅游示范点4个。52个集体、95名个人获全国、自治区脱贫攻坚、乡村振兴表彰。

【全力推进“东融”开放】 2021年，梧州市组建面向大湾区靶向招商指挥部和7个招商专班，新引进三类500强企业11家，500强项目17个，投资超100亿元项目1个。粤桂合作特别试验区广西片区累计注册企业达603家。完成招商引资自治区外到位资金611.5亿元，引进大湾区投资项目297个，到位资金295.5亿元。3家企业生产基地获大湾区“菜篮子”生产基地认定，6家企业入选供深、供港和出口农产品示范基地，新增香港优质“正”印认证产品21个，增幅居全自治区第一。“三企入桂”〔中央管理企业（简称央企）、民营企业（简称民企）、粤港澳大湾区企业（简称湾企）经招商进入广西〕项目协议履约率、资金到位率、项目开工率、竣工投产率明显提高。“行企助力转型升级”行动新签约项目投资额超900亿元。成功举办全国“蜂业两会”、中国定制家居产业链趋势峰会、第十八届梧州宝石节、第十四届西江经济带合作与发展论坛。西江内河亿吨大港建设稳步推进，柳广铁路柳州至梧州段、南深铁路玉林至岑溪段加快建设，贵港至梧州3000吨级航道一期工程完工并投入试运行。市东融电商大厦成为电商产业集群发展重要载体。人才“东融”“13条”落地见效，为打造“东融”枢纽门户城市提供坚强人才支撑。

【改革创新驱动发展】 2021年，梧州市继续深化农村改革，为广西乃至全国深化农村改革探出新路。7月，《梧州市加强基层农村经营管理体系建设的实施意见》《梧州市推进农村“三变”改革发展壮大农村集体经济增强乡村振兴内生动力实施方案》相继出台。同时，蒙山县获批为广西唯一的全国农村综合性改革试点县。12月20日，梧州市入选第三批全国农村集体产权制度改革试点典型经验交流单位。年内持续深化“放管服”改革，939项事项审批效率达到或超过大湾区先进水平，1268项事项审批效率达广西一流水平，212项事项实现“跨省通办”，784项事项实现全自治区通办，5740项事项实现“免证办”，9985项事项实现“掌上办”；“金牌就业管家”服务模式、“码”上告知改革作为改革典型经验在全自治区推广。企业投资项目承诺制直接落地承诺书被评为全国信用承诺书示范样本。54个项目“拿地即开工”，总投资321亿元。公共资源电子交易平台交易项目1352项，为企业节约资金1.65亿元。梧州市成为广西3个直接融资改革创新试点市之一，获评全自治区金融生态优秀市。天然气大用户市场化改革实现企业配气价格下降41%。市场主体突破17万户。完成科技成果转化116项，新增国家级创新平台1个、广西工程技术研究中心4个、广西智能工厂示范企业4家、广西知识产权优势培育单位37家，神冠集团获认定为广西数字化车间。高新技术企业突破100家，碧清源获得广西科技进步奖一等奖。梧州首家法人金融机构广西粤桂国际茶业交易中心落户。

政治建设

【全面加强党的建设和引领】2021年，中共梧州市委紧扣建党100周年这一主题，围绕学习贯彻中共中央总书记习近平视察广西重要讲话精神这一主线，坚持把习近平“七一”重要讲话和对广西工作系列重要指示精神作为引领梧州发展的指南针。自觉增强“四个意识”、坚定“四个自信”、做到“两个维护”，深入学习宣传贯彻中共十九届六中全会精神，自觉把学习贯彻全会精神作为当前和今后一个时期的一项重大政治任务。发挥梧州在广西党史上“18个第一”的优势，修缮提升了43处党史教育基地，推出10条“红色研学”精品线路。结合党史学习教育活动，用戏剧、山歌等富有地方特色的载体宣传中共十九届六中全会精神，推动全会精神走进千家万户。自治区党委常委班子集体到梧州开展党史学习教育研学，推动梧州市党史学习教育持续走深走实，打造桂东南红色教育基地迈出新步伐。市委常委班子到湘江战役旧址开展研学活动，学习勇于胜利、勇于突破、勇于牺牲的湘江战役精神，形成了狠抓落实、率先突破、加快发展的思想共识。中共梧州市委修订完善市委常委会议事决策规则，更好地发挥市委总揽全局、协调各方的作用，集中精力把方向、管大局、作决策、保落实。推进基层党建“提质聚力”，自治区机关党建服务广西全面对接粤港澳大湾区建设现场会等6个全自治区党建会议在梧州召开。依法选举产生新一届市四套班子，7个县（市、区）和58个乡镇100%实现一次性选举成功。研究出台转变党员干部作风10条措施，涌现出一批“闯将”“猛将”“干将”。强力推动政法队伍教育整顿，政法队伍执法满意度达92.95%，位居全自治区前列。加强对同级领导班子成员和下级“一把手”监督，深化“一站（组）两网”建设，推动监督下沉落地，持之以恒正风肃纪反腐。

【民主法治巩固完善】 2021年，梧州市大力推进民主法治建设，市人大常委会完善立法论证机制，完善基层立法联系点制度，不断提升立法工作透明度和公众参与度。深入推进依法治市，全面规范从决策调研到集体讨论决定的系列事项程序，对提交市政府的公共政策措施、经济社会发展规划等重大事项全部进行会前合法性审查，共为462项涉法事项、27件政府规范性文件提出法律意见1000多条。率先在全国先行先试“首席法律咨询专家”制度，聘任121名法律顾问。推进法治乡村建设，打通法律服务“最后一公里”，全市541家公共法律服务中心共办理公证事项3745件，法律援助案件3278件，仲裁案件83件，完成司法鉴定4262件，落实“法律明白人”2942名。

年内，全市各级人大、政协坚持依法监督与有效支持并重，聚焦经济发展难点和民生关注热点，以小切口监督推动解决经济社会发展的突出矛盾和问题，用监督实效助力高质量发展。市政协修订完善《中国人民政治协商会议梧州市委员会提案工作实施办法》等10多项规章制度。中共梧州市委组织各民主党派、工商联、侨联和无党派代表人士开展调研监督，建立对口联系机制。支持各民主党派、工商联、无党派人士承担中共梧州市委2021年度重点调研课题9个。邀请各民主党派、工商联、无党派人士代表广泛建言献策，为全力打造“东融”枢纽门户城市、加快建设广西东大门提供最广泛的力量支持。

【政府服务效能提升】 2021年，梧州市人民政府各部门深入推进“提质效促落实”专题行动，全力解决群众急难愁盼问题。切实提高政府服务效能，全市性政府会议压减7%、政务公文减少14%，梧州市作为自治区唯一设区市在全国政府秘书长和办公厅主任会议上作经验交流。年内严格落实中央八项规定及其实施细则精神，持之以恒纠治“四风”。推动出台地方性法规2项、政府规章1项。自觉接受人大监督、政协民主监督，办理建议83件、提案125件，办复率达100%。

文化建设

【精神文明建设】 2021年，梧州市在全市范围内开展党史学习教育，学习习近平“七一”重要讲话精神、市第十四次党代会精神以及中共十九届六中全会精神等重大主题宣讲4000多场次，推动习近平新时代中国特色社会主义思想进机关、进社区、进农村、进校园、进企业、进网络，推动党的创新理论飞入寻常百姓家。印发《梧州市2021—2023年创建全国文明城市工作方案》《2021年度文明城市创建“十大提升工程”实施方案》，全面实施城市基础设施、交通秩序、市容环境、文明素质等十大提升工程。深化文明校园创建活动，重点培育和指导梧州高级中学等7所学校创建2021年—2023年新一届文明校园申报推荐工作。健全道德模范、中国好人、文明村镇等多项选树机制，廖木森、唐基木入选第八届全国道德模范提名奖，梁铁正、谢凯庆登上2021年中国好人榜。深化文明村镇创建工作，全市有县级以上文明村镇603个，占全市919个村镇的65.61%。蒙山县新圩镇坝头村乡风文明建设典型经验被自治区文明委评为2021年自治区乡风文明建设十大先进典型案例。推广使用全国志愿服务信息系统（梧州）等平台资源，公布2021年新时代文明实践活动项目138个，累计发布志愿服务项目5600个。全市建成1887个新时代文明实践中心（所、站），组织开展“城乡环境综合整治”“推进移风易俗　助力乡村振兴”等文明实践志愿服务活动1.5万多场次，参与活动志愿者10万多人次，服务群众150多万人次。

【科技教育发展】 2021年，梧州市深化科技体制机制改革，加大政府和创新主体科技创新投入，市本级投入财政科技经费739.04万元，获得自治区科技经费3622.55万元。全年全市科技计划项目共立项197项，获得自治区科技计划项目立项20项。认定梧州工程技术研究中心9家，4家自治区级工程技术研究中心通过现场核验。全市国家级创新平台达9个。全市共组织验收科技计划项目104项，完成科技成果登记项目209项。教育提升工程扎实推进，新建、改扩建各类学校368所。岑溪市、藤县、蒙山县、长洲区成为自治区学前教育集团化办园改革试点县（市、区），万秀区成为自治区幼小科学衔接实验区。全市7个县（市、区）实现参加国家义务教育质量监测工作全覆盖。全市所有县（市、区）均通过义务教育基本均衡发展国家评估验收（复查），实现全市基本均衡比例达到100%的总体目标，是梧州市教育发展史上新的里程碑。

【文化体育发展】 2021年，梧州市有公共图书馆5家、文化馆8家、博物馆（纪念馆）5家、美术馆1家、乡镇综合文化站59个、村级公共服务中心854个、广播电视节目乡镇无线覆盖台站33个、农家书屋906家，基本建成涵盖市、县、乡、村4级公共文化服务网络；建成文化信息资源共享工程1个市级支中心、7个县级支中心、57个乡镇服务点；对20个社区文化中心（文化活动室）配置公共数字文化设备；建设宣传思想文化示范社区10个。梧州市推进2021年“壮美广西·智慧广电”工程建设，构建广播电视台全媒体内容生产和传播体系，推进基于“一村一屏”技术平台的智慧乡村综合信息传播系统建设。建成5个全媒体信息站（室），梧州市广播电视台在全自治区率先建成市级融媒体中心，在全自治区广电机构评比中获得媒体融合先导单位的第一名，工作案例《梧州市城市形象片“1+4+15”策划与融合传播模式》被收入《全国广电媒体融合实战案例蓝皮书》，向全国推广。市文化宣传部门举办第六届广西岭南风情文化旅游周暨第五届广西（梧州）粤剧节·庆祝梧州粤剧团建团70周年活动。组织参加自治区“感党恩　跟党走”广西红色故事大赛，《用生命向党报警》进入决赛并获得优秀奖；组织参加“永远跟党走”庆祝中国共产党成立100周年暨第九届自治区基层群众文艺会演，《那一年的春风》《裙摆摆》获得一等奖。“梧州六堡茶制作技艺传承保护工程”和“藤县狮舞”教育普及项目获得中华优秀传统文化传承发展工程广西“十佳案例”，壮剧《苍梧之约》获广西第十届文艺创作铜鼓奖，龟苓膏配制技艺入选国家级非遗名录，岑溪市、藤县、蒙山县获评广西特色文艺之乡。年内，全市新增体育场地面积43.7万平方米，体育场地总面积超过628万平方米，人均体育场地面积达到2.22平方米。城市社区初步形成15分钟健身圈，乡镇、行政村实现公共体育健身设施100%全覆盖。环梧州市区红色体育旅游线路获评中国体育旅游十佳精品线路，藤县舞狮获评“2021中华体育文化优秀民族项目”，石表山风景区获评“2021中国体育旅游精品景区”。

社会建设

【基础设施更新】　2021年，梧州市全面实施城市基础设施十大提升工程，综合整治农贸市场、老旧小区等200多个节点，改造和修缮背街小巷30条。实施广西公园城市试点项目42个，完成投资8.9亿元。实施城市提质重点工程38项，完成投资25.5亿元。高旺大桥实现通车，贯通和改造提升城市道路21条，建设地下管网285千米，新增海绵城市达标面积4.48平方千米、城市绿道16.3千米。城市生活污水集中收集率由45.89%提升至61.41%。开工改造老旧小区151个110万平方米，新开工棚户区改造7136套，完成既有住宅加装电梯121部。新增公共停车位1700个。万达商业广场、百盛购物中心开业运营。河西防洪堤主体工程基本完成。西堤公园景观升级。

【人民生活改观】　2021年，梧州市财政支出78%以上用于民生领域，年初的11类62个为民办实事项目全面完成。城镇居民人均可支配收入37185元，同比增长7.5%；农村居民人均可支配收入16331元，同比增长11.4%。全市城镇新增就业33561人，农村劳动力转移就业61168人次。年内协助197家企业招工1.68万人。集中带量采购的药品平均降价52%，群众药费负担每年可减少1.5亿元。市工人医院地中海贫血防治模式为全国地贫治疗提供了“梧州方案”。组建各类医联体51个，梧州DRG付费国家试点完美收官，获评为DRG示范点，实现住院次均费用、患者自付比例、平均住院床日降幅分别为6.1%、4.7%、10.3%。全市劳动保障监察、拖欠农民工工资举报投诉案件结案率均达100%。全年累计发放城乡低保补助金4.23亿元，惠及群众160万人次；累计救助各类困难群众333万人次，发放救助金8.63亿元。年内组织13.8万名脱贫人口外出务工，脱贫户新增贷款2.24亿元，4235户17741名监测对象解除返贫致贫风险，脱贫攻坚成果持续巩固。完成8850栋“两高两道”（高速公路、高速铁路、国道、省道）沿线农房特色风貌塑造工作，完成危房改造909户。农村卫生厕所普及率达92.5%，生活垃圾收运处置体系覆盖行政村比例达100%，建制镇污水处理设施覆盖率超过98%。

【社会治理效能提升】　2021年，梧州市各类生产安全事故起数、死亡人数、受伤人数同比分别下降28.1%、12.1%、45.7%。地质灾害防治连续5年实现“零伤亡”。全市政治安全和社会治安大局稳定。常态化新冠疫情防控、食品药品安全形势总体平稳。长洲区获得“平安中国建设示范县”称号。万秀区、蒙山县被命名为自治区民族团结进步示范县（市、区）。

生态文明建设

【空气质量维护】　2021年，梧州市巩固拓展蓝天碧水净土保卫战成果，深化污染防治攻坚。全年市区环境空气质量优良天数比率99.5%；细颗粒物（$PM_{2.5}$）年平均浓度26微克每立方米，与上年持平；环境空气质量综合指数为3.4，同比上升5.3%。梧州市区及各监测点二氧化硫（SO_2）、二氧化氮（NO_2）、臭氧（O_3）、一氧化碳（CO）、细颗粒物（$PM_{2.5}$）、可吸入颗粒物（PM_{10}）6项污染物浓度均达到《环境空气质量标准》（GB 3095—2012）二级标准要求。

【水生态维护】 2021年，梧州市严格落实河长制、湖长制，国家考核断面水质优良比例达100%，城市生活污水集中收集率达61.34%，成为广西“三线一单”（生态保护红线、环境质量底线、资源利用上线和生态环境准入清单）成果应用试点市，在自治区河长制湖长制工作电视电话会议上作经验发言。全力推进西江流域生态治理，累计完成长洲防洪堤南北堤扩建工程等在建防洪工程建设24.83千米，完成中小河流治理10.98千米、水土流失综合治理73.52平方千米。水资源保护和水污染防治进一步加强，主要江河水库水功能区水质达标率达100%。建设美丽幸福河湖7条。国家地表水考核断面水环境质量在全国地级及以上城市中排名第十一。

【绿色低碳发展】 2021年，梧州市全力抓好碳达峰碳中和工作，成立遏制“两高”项目盲目发展及能耗双控工作专班，大力开展节能技改，创建国家级绿色工厂4家，新增低碳产品认证5个、中国绿色产品认证4个、环境标志产品认证10个。欧神诺陶瓷公司获得广西首张中国绿色产品认证。累计获得低碳产品认证、中国绿色建材产品认证、国家有机产品认证、香港优质“正”印认证等高端质量认证达74张。循环经济产业形成年超1000万吨再生资源加工处理能力，全年总产值突破600亿元。矿山整改取得阶段性成效，清理固废1200万吨、废土2300万立方米，复绿土地面积172万平方米。强化生态保护和修复，实施“美丽梧州”国土绿化提质项目123个，植树造林1.93万公顷。

编审：曾 强 编辑：赖红柳

中国共产党梧州市委员会

综　述

【概况】　2021年，中共梧州市委坚持以中共中央总书记习近平对广西工作的重要指示批示精神为指导，科学谋划和完善“十四五”时期发展战略。坚持产业兴市、作风兴市，大力弘扬“海纳百川、力争上游”新时代梧州精神，聚焦发展第一要务，着力盘活“东融”开放发展这一盘棋，激活改革创新这一动力，发挥好生态环境这一优势，紧扣“加快发展、转型升级、全面提质”目标任务，以“三年三工程”活动为抓手，全力做好稳增长、促改革、调结构、惠民生、防风险、保稳定各项工作，推动经济持续健康发展，加快产业转型升级，提高人民生活品质，建设更高水平的平安梧州和法治梧州，加强和改进宣传思想文化工作，深化从严治党，巩固拓展新冠疫情防控和经济社会发展成果，全力打造珠江—西江经济带区域性中心城市和“东融”枢纽门户城市，建好广西东大门。完成市县乡换届任务。依法选举产生新一届市四套班子，新当选市领导全部符合自治区党委组织人事安排。7个县（市、区）和58个乡镇100%实现一次性选举成功，换届后县乡领导班子成员大多是“75后”“80后”。发挥梧州在广西党史上“18个第一”的优势，修缮提升43处党史教育基地，自治区党委常委班子集体到梧州开展党史学习教育研学。市委常委班子到红军湘江战役旧址开展研学活动。修订完善市委常委会议事决策规则，发挥市委总揽全局、协调各方作用，集中精力把方向、管大局、作决策、保落实。推进基层党建“提质聚力”，积极打造特色党建品牌，持续推进党建“东融”，创新“邻里党建”模式，推广“街长制”做法，“街长制”入选自治区基层治理案例，3.2万名在职党员常态化进社区联系服务群众。自治区机关党建服务广西全面对接粤港澳大湾区建设现场会等6个自治区党建会议在梧州市召开。强力推动政法队伍教育整顿，政法队伍执法满意度达93.31%。加强对同级领导班子成员和下级“一把手”监督，深化“一站（组）两网”建设［村（社区）廉洁工作站、村（居）务监督“物廉网”、党员监督“互廉网”］，推动监督下沉落地。梧州市地区生产总值增长10%，第一、二、三产业分别增长8.5%、12%和9.1%。工业投资完成330亿元，同比增长46%，工业投资总量和增速居广西前列。梧州市财政收入增长9.4%，其中税收收入首次突破百亿元大关，“十四五”实现良好开局。

【政治引领】　2021年，中共梧州市委坚持以习近平新时代中国特色社会主义思想为指导，坚持把习近平“七一”重要讲话和对广西工作系列重要指示精神作为引领梧州建设的指南针。落实“第一议题”制度，年内召开43次市委常委会，传达学习习近平重要讲话、重要指示批示精神，捍卫“两个确立”、做到“两个维护”。深入学习宣传贯彻中共十九届六中全会精神，第一时间召开市委常委会（扩大）会议研究部署学习宣传贯彻工作，结合党史学习教育，用戏剧、山歌等富有地方特色的载体宣传全会精神，推动全会精神走进千家万户。持续学懂弄通做实习近平对广西工作系列重要指示精神，主动对标“四个新”（在推动边疆民族地区高质量发展上闯出新路子，在服务和融入新发展格局上展现新作为，在推动绿色发展上迈出新步伐，在巩固发展民族团结、社会稳定、边疆安宁上彰显新担当）总要求，研究出台《加快推动产业高质量发展的实施意见》等文件。坚持把贯彻落实习近平重要讲话精神作为市委年度重大督查计划，全力推动中共中央和自治区党委决策部署落实。召开市第十四次党代会，确定打造“一极三城”、建设“四个梧州”的奋斗目标和发展思路，全面部署大力实施工业振兴、全面推进乡村振兴、加快发展现代服务业、聚力建设交通强市、深入实施“东融”战略等8项重点工作，架起梧州高质量发展的“四梁八柱”。

【生态发展】 2021年，中共梧州市委践行习近平生态文明思想，做好“山岛江湖”4篇文章，构筑西江生态屏障。巩固拓展蓝天碧水净土保卫战成果，梧州市环境空气质量优良天数比率99.5%，在广西排名第一。严格落实河长制、湖长制，国家考核断面水质优良比例达100%，城市生活污水集中收集率达61.34%，成为广西“三线一单”（生态保护红线、环境质量底线、资源利用上线、生态环境准入清单）成果应用试点市，在自治区河长制湖长制工作电视电话会议上作经验发言。全力推进西江流域生态治理，累计完成长洲防洪堤南北堤扩建工程等在建防洪工程建设24.83千米，完成中小河流治理10.98千米、水土流失综合治理73.52平方千米。主要江河水库水功能区水质达标率达100%。全力抓好碳达峰碳中和工作，成立遏制“高能耗、高污染”项目盲目发展及能耗双控工作专班，大力开展节能技改，4家企业获得国家级绿色工厂称号，新增低碳产品认证5个、中国绿色产品认证4个、环境标志产品认证10个。

【民生福祉】 2021年，中共梧州市委坚持以人民为中心的发展思想，着力抓民生保障。梧州市77.8%的财政支出用于民生领域，统筹推进11类62个为民办实事项目完成投资56亿元。推动巩固拓展脱贫攻坚成果同乡村振兴有效衔接，267个脱贫村和1个搬迁集中安置点实现驻村帮扶全覆盖，4235户17741名监测对象解除返贫致贫风险。扎实推进城市更新行动，全面启动新一轮全国文明城市创建和公园城市建设，高旺大桥建成通车，开工改造老旧小区151个共110.73万平方米，新开工棚户区改造7028套；万达商业广场、百盛购物中心开业运营。坚决兜牢民生底线，年内城镇新增就业3.15万人，城镇登记失业率控制在4.5%以内。累计发放城乡低保补助金4.23亿元，惠及群众160万人次。教育提升工程扎实推进，新建、改扩建各类学校368所。持续抓好常态化新冠疫情防控，医保支付方式改革完美收官，获评为DRG付费示范点。

（市委办公室）

重要会议

【全市全面依法治市工作会议】 2021年1月15日召开，会议强调，要深入学习贯彻习近平法治思想，牢牢把握全面依法治市工作的正确方向。要把深入学习贯彻习近平法治思想作为一项重大政治任务，吃透精神实质、把握核心要义、全面落细落实，以更高站位、更严标准、更实举措推进全面依法治市；要坚持把党的领导、保障人民权益、服务建好广西东大门贯穿始终，健全完善党委领导全面依法治市的制度，着力构建具有梧州特色的地方性法规体系，以更精细的法治保障回应群众的新要求新期待，以更健全的法治保障支撑经济高质量发展，以更规范的法治保障推动高效能治理。会议要求，要坚持系统思维，统筹推进法治梧州、法治政府、法治社会一体建设，在落实依法执政、法治政府建设、构建法治社会上求突破，推动法治建设各项任务协调均衡发展，全面提升法治梧州建设水平；要坚持改革创新，加快补齐依法治市短板弱项，全面提升立法质量和法治素养、规范执法行为、促进司法公正，把立法、执法、司法、守法等环节贯通起来，不断织密法治之网、强化法治合力；要抓好关键少数，提高领导干部法治意识和法治能力，建好法治工作队伍这支主力军，用好督察考核评价指挥棒，确保各项任务落细落实，推动全面依法治市各项任务落地见效。各级党委、政府要加强对法治建设的组织领导，将推进“十四五”经济社会发展和法治建设同步谋划、同步部署、同步推进，确保法治梧州建设各项任务落到实处。

【全市农村工作会议】 2021年2月3日召开，会议总结“十三五”和2020年梧州市“三农”工作，研究部署梧州市当前和今后一个时期“三农”工作重点任务，要求走出一条乡村美、产业旺、农民富、治理优，具有梧州特色的乡村振兴之路。会议强调，推进梧州市“三农”工作高质量发展，要深入学习贯彻中央和自治区农村工作会议精神，以更宽广视野审视新发展阶段“三农”工作，从提高政治判断力、政治领悟力、政治执行力的高度做好“三农”工作，深刻把握“三农”工作重点的历史性转移。各级各部门要聚焦乡村产业，全面推进农业提质增效；抓稳产保供，筑牢“三农”压舱石；抓特色产业，打造品牌促消费；抓项目建设，扩大投资提增量。要聚焦补齐短板，全面启动乡村建设行动，扎实推进乡村风貌提升，持续优化农村公共服务。要聚焦乡村治理，全面夯实乡风文明根基，强化基层党组织政治功能，健全乡村治理工作体系，加强新时代农村精神文明建设。要聚焦农村改革，全面释放乡村发展活力，深化农村土地制度改革，深化农村集体产权制度改革，深化农村金融改革，深化农村集成改革。要加强党对“三农”工作的全面领导，凝聚全面推进乡村振兴的强大合力。各级各部门要把牢政治责任，以项目化、清单化推进乡村振兴。各级农村工作领导小组要强化统筹协调，形成工作合力，共同推动乡村振兴落地见效。要打造一支政治过硬、本领过硬、作风过硬的乡村振兴干部队伍，不断提高新时期党全面领导农村工作的能力和水平。

【梧州市推进工业振兴暨“三年三工程”活动动员部署大会】

2021年2月26日召开，会议传达贯彻落实自治区推进工业振兴大会精神，部署梧州市2021年“三年三工程”活动各项工作，激励梧州市上下大抓工业、大兴产业、加快发展，凝心聚力确保“十四五”梧州高质量发展开好局、起好步。会议指出梧州经济体量不大、县域经济不强、产业结构不优、干部能力不相适应等矛盾依然突出，要实现“十四五”时期“两个高于、赶超进位”总体要求，必须加快工业高质量发展，巩固拓展“三年三工程”活动成果。对梧州来说，工业振兴尤为重要。要从战略和全局高度，充分认识工业发展的极端重要性和现实紧迫性，以更高站位、更大力度、更实举措加快推进工业振兴。会议要求，各级各部门要抢抓自治区党委、政府组织实施工业振兴三年行动机遇，吃透政策、精心策划、精准对接，以等不起、慢不得、坐不住的紧迫感，敢冲善拼、奋力赶超，全力以赴打好工业振兴主动仗，切实把历史机遇转化为加快发展的实际成效。要精准发力，高质量开展“三年三工程”活动，确保开好局起好步。领导干部要担当实干，发扬“三牛”精神狠抓工作落实，做为民服务的孺子牛、创新发展的拓荒牛、艰苦奋斗的老黄牛；深入践行“书记在现场”一线工作法，从梧州市四套班子领导做起、从各级领导干部做起，到现场发现问题，解决问题；梧州市“三年三工程”活动各指挥部（办公室）要强化统筹协调，确保项目加快建设、快速投用、发挥效益；要发挥各级督考部门的督查“利剑”和绩效考评“指挥棒”作用，推动“三年三工程”活动各项部署和工作措施落细落实、取得实效。

【全市党史学习教育动员大会】

2021年3月9日召开，会议强调，传承红色基因，勇担职责使命，是共产党人义不容辞的历史责任。各级党组织和广大党员干部要扎扎实实开展好党史学习教育，进一步提高政治站位，汲取智慧力量，强化使命担当，确保学习教育在梧州落地见效，奋力推动梧州市经济社会高质量发展，以优异成绩庆祝中国共产党成立100周年。梧州是广西红色革命的摇篮，是中共广西地方组织的策源地，有引以为豪的广西党史上的“18个第一”。要标准更高、要求更严、举措更实，紧紧围绕学懂弄通做实党的创新理论，坚持学习党史和学习新中国史、改革开放史、社会主义发展史相贯通，在全自治区带头把党的历史学习好、总结好，把党的成功经验传承好、发扬好。一要用好资源学党史，深入开展学习研讨，精心组织专题培训，讲好梧州红色故事。二要融会贯通悟思想，深刻感悟思想伟力，坚决抓好贯彻落实，准确把握大局大势，坚持用党的创新理论最新成果武装头脑、指导实践、推动工作。三要牢记宗旨办实事，统筹抓好党史学习教育和民生工作。认真开展“我为群众办实事”实践活动，完善解决民生问题的体制机制，持续提升人民生活品质。四要力争上游开新局，在开展党史学习教育过程中联系实际学、带着问题学、结合工作学，切实加强党的建设，大力推进产业兴市、作风兴市，确保“十四五”开好局、起好步。

【中国共产党梧州市第十三届委员会第十一次全体会议】 2021年6月7日召开，出席会议市委委员50人、候补委员2人。全会审议通过《中国共产党梧州市第十三届委员会第十一次全体会议关于召开中国共产党梧州市第十四次代表大会的决议》，决定在8月召开中国共产党梧州市第十四次代表大会。全会确定中国共产党梧州市第十四次代表大会的主要任务，要求提高政治站位，准确把握新发展阶段，抢抓用好新发展机遇，深入贯彻新发展理念，加快融入新发展格局，主动担当作为，强化工作举措，全力以赴加快发展；要统筹抓好党代会筹备和经济运行、党史学习教育、政法队伍教育整顿、中央第二巡视组巡视广西反馈意见整改、第二轮中央生态环境保护督察问题整改、新冠疫情防控、防汛备汛等各项工作，确保中国共产党梧州市第十四次代表大会顺利召开。全会号召各级党组织、全体共产党员要自觉增强“四个意识”、坚定“四个自信”、做到“两个维护”；要坚决贯彻落实习近平视察广西时的重要讲话、重要指示精神，按照自治区党委赋予的新定位新要求，坚定不移实施“东融”战略，把产业发展摆在更加突出位置抓紧抓实，奋力在“东融”和珠江—西江经济带发展上闯出新路子、跑出加速度，全面推进经济社会高质量发展。

【庆祝中国共产党成立100周年座谈会】 2021年7月2日召开，市委书记蒋连生出席座谈会并讲话，强调要深入学习贯彻习近平在庆祝中国共产党成立100周年大会上的重要讲话精神，坚决响应党中央号召，大力弘扬伟大建党精神，牢记初心使命，坚定理想信念，践行党的宗旨，把更多奋进故事书写在“第二个一百年”的崭新党史上，在建设新时代中国特色社会主义壮美广西中不掉队、争先锋、走前列，续写“第二个一百年”的优异答卷。要求以习近平在庆祝中国共产党成立100周年大会上的重要讲话精神为根本遵循，以只争朝夕的干劲，奋力建好广西东大门，昂首迈步新的征程。必须坚持党的领导，始终沿着中国特色社会主义道路砥砺前行；必须扭住发展第一要务，坚持把产业发展摆在突出位置，进一步完善重大项目推进工作机制，优化提升园区管理体制，强化项目要素保障，做优传统产业，做大新兴产业，做强特色产业，不断筑牢高质量发展的产业根基；必须用好改革开放关键一招，坚定不移实施“东融”战略，持续推动交通联通、产业链通、文化融通，全面融入粤港澳大湾区，奋力跑出“东融”加速度；必须牢记以百姓心为心、以群众事为事，自觉践行以人民为中心的发展思想，更好统筹经济建设与民生保障工作，用心用情用力解决发展不平衡不充分问题，带领全市人民朝着共同富裕方向不断迈进；要发扬自我革命精神，深入贯彻新时代党的建设总要求，增强全面从严治党永远在路上的政治自觉，把严的主基调长期坚持下去，深入推进“党组织全域覆盖”行动，加强领导班子和干部队伍建设，抓好县乡换届工作，推动政治生态持续向好发展。市委副书记、市长钟畅姿主持座谈会。

【中国共产党梧州市第十四次代表大会】 2021年8月29日，大会开幕。应到会代表463名，实到代表457名，符合规定人数。蒋连生代表中国共产党梧州市第十三届委员会向大会作题为《抢抓新发展机遇 加快高质量发展 奋力谱写新时代中国特色社会主义壮美广西梧州新篇章》的报告。报告指出，梧州市第十三次党代会以来，梧州市经济平稳健康发展、改革开放不断深化、生态优势巩固提升、民生福祉持续增进、党的建设扎实推进，但梧州经济发展总体上还处于发展提速、质量调优、爬坡过坎的关键阶段。县域经济实力不强；教育、医疗、养老等民生事项存在短板，城市功能亟待完善，新经济新业态有待加快发展；少数党员干部思想、意识、能力和作风还不完全适应发展提速、赶超进位的形势要求。还指出要大力实施工业振兴，再造一个工业梧州。坚持强龙头、补链条、聚集群，完善工业振兴工作机制，优化提升园区管理体制，健全重大项目推进机制，主动打好工业振兴这场攻坚硬仗，努力实现工业总产值、工业增加值双翻番，奋力在高质量发展轨道上跑出工业加速度；坚持农业农村优先发展，实现巩固拓展脱贫攻坚成果同乡村振兴有效衔接，推动乡村振兴与县域经济高质量发展有效融合，促进城乡互补、协调发展、共同繁荣；要抢抓数字经济加快发展的新机遇，以数字化、信息化赋能产业发展，持续释放发展新动能。今后五年的奋斗目标是：打造广西高质量发展重要增长极，努力建设富裕梧州；打造珠江—西江经济带区域性中心城市，努力建设宜居梧州；打造广西“东融”枢纽门户城市，努力建设开放梧州；打造岭南特色文化名城，努力建设文明梧州。报告强调，梧州是一座因港而生，依港而兴的内河港口城市。要进一步激发“江”的活力，做足“水”的文章，大力实施交通强市战略，加快西江黄金水道基础设施建设，构建“水公铁空”多式联运体系，以交通优势促进产业加速集聚，把区位优势更好地转化为发展优势；要充分发挥毗邻大湾区的优势，以全力“东融”为引领，积极对接和服务“双循环”新发展格局，全面提升开放合作水平。8月31日，大会闭幕。应到代表463人，实到代表460人，符合规定人数。

大会全面总结中国共产党梧州市第十三次代表大会以来的工作，讨论确定梧州市今后五年经济社会发展的奋斗目标以及实现这些目标所应采取的举措，科学规划未来五年经济建设、政治建设、文化建设、社会建设、生态文明建设和党的建设；选举产生中国共产党梧州市第十四届委员会和纪律检查委员会；动员全市共产党员和各族人民更加紧密地团结在以习近平为核心的党中央周围，进一步解放思想、改革创新、扩大开放、担当实干，为实现“十四五”规划和2035年远景目标，打造珠江—西江经济带区域性中心城市和“东融”枢纽门户城市、建好广西东大门而努力奋斗。

【中国共产党梧州市第十四届委员会第一次全体会议】 2021年8月31日召开，选举产生新一届市委常委和市委书记、副书记，通过了市纪委一次全会的选举结果。会议强调，市委新班子要知责于心、担责于身、履责于行，当好事业的主心骨，争做破难题的主攻手，掌握工作主动权，大胆闯、大胆干，增强“想干事”的行动自觉，提升“能干事”的能力水平，掌握“会干事”的科学方法，保持“干成事”的持久韧劲，建设担当实干、奋发有为的领导班子；要带头践行宗旨，勤政为民，站稳人民立场、坚持群众路线、不断造福人民，紧紧抓住全面推进乡村振兴，实施城市更新行动以及教育提升工程等重要大事，一件接着一件办、一年接着一年干，大力保障和改善民生，不断提高人民生活品质，不断增进梧州市人民的福祉。要带头发扬民主，以共同的事业维护团结，以民主的制度保障团结，以高尚的人格增进团结，建设团结共事的领导班子，推动形成万众一心干事业、群策群力谋发展的强大合力，团结带领梧州市党员干部群众为打造“一极三城”、建设“四个梧州”、奋力谱写新时代中国特色社会主义壮美广西梧州新篇章而努力奋斗；要带头严于律己，建设清正廉洁的领导班子，全面从严治党，坚守道德底线、党纪红线、法律高压线、权力边线，管好自我，清清白白为官、老老实实做人、干干净净做事，营造良好家风、树立廉洁形象，共同守护好、巩固好梧州风清气正的政治生态。

【全市巩固拓展脱贫攻坚成果同乡村振兴有效衔接工作推进大会】 2021年9月9日召开，会议深入学习贯彻习近平对乡村振兴的重要指示精神，全面落实中央、自治区党委部署要求和市第十四次党代会精神，安排部署巩固拓展脱贫攻坚成果同乡村振兴有效衔接工作。会议强调，梧州市上下要乘势而上、再接再厉，像抓脱贫攻坚一样抓乡村振兴，推进巩固拓展脱贫攻坚成果同乡村振兴有效衔接。要大力实施乡村振兴三年行动计划，开展防止返贫动态监测和帮扶，狠抓脱贫人口稳岗就业，让脱贫基础更加稳固、成效更可持续。要完善工作机制，稳步推进政策衔接，严格落实“四个不摘”（摘帽不摘责任、摘帽不摘政策、摘帽不摘帮扶、摘帽不摘监管）要求，保持过渡期内主要帮扶政策总体稳定；建立健全对乡村振兴重点帮扶县支持机制，更加广泛地调动梧州市各方面的力量从脱贫攻坚全面转向乡村振兴；统筹做好机构队伍衔接，确保事有人抓、活有人干、责有人负，工作劲头不松懈，实现工作体系从脱贫攻坚顺利转向乡村振兴。要以乡村振兴统揽新发展阶段“三农”工作，持续在塑造乡村“形、实、魂”上下功夫，紧盯对接大湾区农产品需求，打造一批“走得出、立得住、叫得响”的梧州农产品品牌；要全力推进乡村建设行动，以村容村貌的整体提升带动居民生活品质的全面提高；要全面提升乡村治理能力，持续加强基层党组织建设，深化乡村文明建设，共同建设美好乡村家园，共享新农村建设发展成果。会议要求全面加强党对乡村振兴工作的领导，把乡村振兴作为一项重要政治任务，压紧压实工作责任，强化要素保障，加强督查指导，确保工作落实到位。

【梧州市创建全国文明城市工作推进大会】 2021年10月9日召开，会议通报2021年梧州市创建全国文明城市工作情况及部署下一步工作。强调要对标对表全国文明城市创建工作的要求和标准，推动创建全国文明城市工作持续取得新实效、不断开创新局面。各级各部门要进一步提高政治站位，深入学习贯彻习近平关于精神文明建设的重要论述，深刻认识创建全国文明城市是打造“一极三城”、建设“四个梧州”的重要标志，是提升城市品质、增强核心竞争力的重要载体，是回应群众期盼、增进民生福祉的有效途径。要坚定创城的信心和决心，坚持“认真工作只是合格、用心工作才是优秀”的工作理念，用心把创城工作抓出实效、抓出质量、抓出亮点，确保实现创城各项目标任务。要求强化组织保障，加强组织领导，完善责任落实机制，细化分解任务指标，加大监督检查力度，全面推行“街长制+数管平台+智慧社区”模式，形成“上下联动、条块结合、横向到边、纵向到底”的工作体系，凝聚齐抓共管、协同推进的强大合力，“一盘棋”推动各项工作落实落细，确保创建工作上台阶上水平。

【全市经济工作会议】 2021年12月29日召开，会议深入贯彻落实中央经济工作会议、自治区党委十二届二次全会暨经济工作会议精神，总结2021年经济工作，分析当前梧州市经济形势，部署2022年经济工作。会议要求，一要打好工业振兴硬仗，深入推进工业振兴三年行动，聚焦五大主导产业链短板，精准强龙头、补链条、聚集群，持续抓实重大项目建设、龙头企业培育、传统产业转型升级、园区整合提升，推动工业发展扩量提质；二要打好项目投资硬仗，全力扩大有效投资，项目化、清单化、具体化抓好投资和重大项目建设，加快基础设施投资、新型城镇化建设，实施新一轮县域经济提升行动，打造经济强县和特色示范县；三要打好乡村振兴硬仗，深入实施乡村振兴三年行动，以粮食安全为基础，以农业产业为支撑，以产业振兴推动乡村振兴，大力发展现代特色农业、六堡茶产业，全面提升乡村“形、实、魂”；四要打好消费三产硬仗，加快发展现代物流业，培育壮大消费市场，开发文旅康养市场，进一步激发消费市场动力活力；五要打好“东融”开放硬仗，进一步发挥区位优势，加强重点开放平台建设，持续不断抓好招商引资，推动外贸外资稳定发展，进一步提升外向型经济发展水平；六要打好改革创新硬仗，持续优化营商环境，加快重点改革落地，支持企业自主创新，坚持以改革创新破瓶颈、解难题、增活力；七要打好财政金融硬仗，加强财政管理，积极向上争取资金，加强政银企对接，严密防范和化解重大风险，推动财政金融政策协同发力；八要打好绿色生态硬仗，加快推动绿色低碳循环发展，持续加强生态环境保护治理，推动经济社会发展全面绿色转型；九要打好民生保障硬仗，始终坚持就业优先，持续推进教育提质，统筹抓好其他民生事业，让发展成果更多地惠及人民群众；十要打好安全稳定硬仗，科学精准做好新冠疫情防控，统筹抓好安全工作，牢牢守住安全发展底线，以安全稳定社会环境迎接中共二十大召开。

（市委办公室）

重大决策

【推进“九大行动”】 2021年，中共梧州市委重点推进“九大行动”（市工业振兴三年行动，城市更新三年行动，文旅产业融合发展三年行动，教育提升发展三年行动，六堡茶产业高质量发展三年行动，数字经济发展三年行动，梧州港建设三年行动，梧州市驻点招商行动，实现巩固拓展脱贫攻坚成果同乡村振兴有效衔接三年行动），对应成立工业振兴、靶向招商、数字经济、城市更新、文旅产业融合发展、教育提升工程、六堡茶产业发展、梧州港建设、乡村振兴9个指挥部，从全市68个部门抽调107名干部，安排到9个指挥部70多个岗位上，为推动梧州市经济社会高质量发展加力。

【推动经济稳增长】 2021年，中共梧州市委常委会每个季度研究经济运行情况，加强经济运行统计监测和分析研判，出台180条稳增长政策措施，推动梧州经济持续稳中向好。年内全面打响百万亩六堡茶生态茶园建设大会战，新增茶园1060公顷，年产商品茶2.5万吨；六堡茶产销两旺，获评2021年中国茶叶最具品牌发展力品牌。25个自治区“双百双新”项目顺利推进，7个项目竣工投产。举办第十八届梧州宝石节等活动，全年社会消费品零售总额增长 11.4%。人民币贷款余额增长 16.3%，获评自治区金融生态优秀市。实施扩大有效投资三年攻坚行动、重大项目建设三年行动，召开梧州市重大项目建设现场推进会，592 项市层面统筹推进重大项目，总投资 5596.8 亿元，完成投资 520 亿元，增长 37%，自治区、梧州市两级重大项目数量与总投资额均创历年新高。固定资产投资保持两位数增长，连续 9 个月实现 20% 以上增长。

【推动产业转型升级】 2021 年，中共梧州市委坚持把产业发展摆在梧州市工作的突出位置，筑牢推动经济社会高质量发展的产业根基。实行厅级领导联系推进重大项目制度，研究出台《加快推动产业高质量发展的实施意见》等文件，优化产业结构，重点发展再生资源、高端金属新材料、建筑材料、食品医药、电子信息 5 个支柱产业和数字经济、文旅康养 2 个主导产业。再生资源产业拥有 2 家年产值超百亿元企业，再生不锈钢产业产能占全国产能的 10%，建筑材料产业有规模以上企业 262 家，食品医药产业总产值近 130 亿元，电子信息产业产值增长 59.7%，数字经济平台建设加快推进，文旅康养产业快速发展。

【推动“东融”开放】 2021 年，梧州市毫不动摇实施“东融”战略，积极对接和服务“双循环”新发展格局，“东融”枢纽门户城市建设迈出新步伐。做好交通连通，3000 吨级航道工程一期主体工程完工，柳梧广铁路、南玉深铁路、亿吨西江内河大港建设加快推进，公路、水路运输周转量、港口货物吞吐量分别增长 30%、20%、27%。长洲水利枢纽船闸货物通过量突破 1.52 亿吨。梧州综合保税区获国务院批复设立，成为广西第五个综合保税区。大力实施“靶向招商”，完成招商引资自治区外到位资金 611.5 亿元，引进大湾区投资项目 297 个，到位资金 295.5 亿元。3 家企业生产基地获大湾区“菜篮子”生产基地认定，6 家企业入选供深、供港和出口农产品示范基地，新增香港优质“正”印认证产品 21 个，增幅居广西第一。依托两广城市文化和旅游合作（梧州）联席会议和广西岭南风情文化旅游周等载体，打造岭南文化名城、大湾区康养首选目的地。环梧州市区红色体育旅游线路获评为中国体育旅游十佳精品线路，全年接待国内游客人数增长 1.62 倍、旅游总消费增长 1.58 倍。推进审批联通，939 项事项审批效率达到或超过大湾区先进水平，1268 项事项审批效率广西第一，212 项事项实现“跨省通办”。

（市委办公室）

组织工作

【概 况】 2021 年，梧州市有地方党委 7 个，基层党组织 7657 个，其中基层党委 384 个、党总支部 788 个、党支部 6485 个。全市有党员 13.81 万名。其中，党政机关工作人员 12505 名，企事业单位、民办非企业单位专业技术人员和管理人员 31699 名，工勤技能人员 4223 名，农牧渔民 58030 名，学生 69 名，离退休人员 26363 名，其他职业人员 5239 名。年内新发展党员 4620 名。年内，全市各级党组织坚持以习近平新时代中国特色社会主义思想为指导，紧紧围绕中共中央、自治区党委和市委决策部署，深入贯彻新时代党的建设总要求和新时代党的组织路线，大力弘扬求真务实工作作风，守正创新，真抓实干，推动组织工作高质量发展，为梧州市“十四五”开好局起好步做出组织贡献。

【党组织服务活动】 2021 年，梧州市抓好党史学习教育，利用市内红色资源，投入 5500 多万元修缮提升43处党史教育基地，推出 10 条“红色研学”精品线路，发动各级党组织和广大党员开展红色研学活动 1.1 万场次，以红色研学活动传承红色基因、赓续红色血脉。推行党组织书记带头学、红色基地行动学、紧扣中心实践学、线上线下督促学的“四学模式”，推动 14 万党员干部学党史、悟思想，不断激发干事创业的强大动力。深入开展“我为群众办实事”实践活动，加强对 62 个为民办实事项目、40 个“我为群众办实事”项目的动态管理。由市厅级领导带头开展接访下访活动，市、县、乡（镇）三级领导干部参加接访下访活动共 1182 人次，接待群众 1184 批 3109 人次，协调解决信访事项 1064 件。实施农村智慧党建服务乡村振兴行动，全面推广农村智慧党建平台使用范围，为农村党员群众提供党建、政务、电商等服务，方便党员群众“网上办事”。通过农村智慧党建平台搭载“返乡登记”小程序，帮助村（社区）实现新冠疫情防控信息登记信息化，推动乡村治理有效开展。年内，农村智慧党建平台已覆盖村级党组织957个，农村党员8.3万人，平台累计粉丝数达50多万人，访问量超378.5万人次，帮助农村群众办理各类服务事项达8.65万件；助力农产品销售近2386万元，协助登记新冠疫情防控信息近40万条。深化“双报到”活动，推行“街长制+网格”的城市基层治理模式，通过建“街长团队”、建网格、建机制，在网格组建“党员先锋队”“志愿服务队”“志愿巡逻队”等，推广“五长党员”（楼栋党小组楼长、调解委员会长、缤纷群艺队长、红色宣教队长、邻里互助会长）、“邻里帮帮团”等机制，推动各级党组织和党员干部进农村进社区联系服务群众。

【领导干部选拔使用与管理】 2021年，中共梧州市委提拔使用领导干部142人，调整交流402人次；晋升四级调研员以上职级干部89人次。推进市县乡集中换届，聚焦工业振兴、乡村振兴等中心工作，选优配强7个县（市、区）、46个党政工作部门领导班子及58个乡镇党政正职，持续优化提升班子功能，一批在脱贫攻坚、经济发展、项目建设、新冠疫情防控等一线表现优秀的干部脱颖而出，实现“绘出好蓝图、选出好干部、配出好班子、树立好导向、形成好气象”的换届目标。深入推行“一线工作法”，推动梧州市领导干部树牢“认真工作只是合格，用心工作才是优秀”理念。突出“优者奖”，分领域开展“力争上游”好集体好干部选树、“三个十佳”［十佳市直部门科长、十佳县直部门局长、十佳乡镇（街道）党委书记（乡镇长、主任）］评选表彰活动，对实绩突出、作风务实、群众认可的10个集体、129名干部进行表彰奖励。围绕市委重点推进的“九大行动”（市工业振兴三年行动、城市更新三年行动、文旅产业融合发展三年行动、教育提升发展三年行动、六堡茶产业高质量发展三年行动、数字经济发展三年行动、梧州港建设三年行动、梧州市驻点招商行动、实现巩固拓展脱贫攻坚成果同乡村振兴有效衔接三年行动），选派107名干部到指挥部艰苦吃劲岗位锻炼，引导梧州市干部深入农村、企业、项目一线，助力产业高质量发展。完善年轻干部选育管用全链条机制，持续实施“3035”工程和“六个一批”（抽调一批到“三年三工程”活动、输送一批到广东先进地区、选派一批到乡村振兴一线、下沉一批到基层一线、挑选一批到经济园区、选送一批到企业一线）干部实践锻炼计划，选派年轻干部到城市更新、大湾区驻点招商、产业园区等一线锻炼，提升年轻干部“七种能力”（提高政治能力、调查研究能力、科学决策能力、改革攻坚能力、应急处突能力、群众工作能力、抓落实能力）。

【培养和选拔年轻干部】 2021年，市委组织部健全培养选拔年轻干部全链条机制，统筹抓好女干部、少数民族干部、党外干部工作。加大年轻干部发现力度，开展优秀年轻干部专题调研，将184名年轻干部纳入优秀年轻干部名单。加大年轻干部储备力度，实施年轻干部“3035”培养工程，持续推进年轻干部“123”计划，指导推动各有关部门大胆提拔年轻干部，全年提拔35岁以下正科50名、30岁以下副科61名。截至12月，梧州市有35岁以下正科级干部165人，30岁以下副科级干部185人。更新梧州市科级干部信息库，科级干部9465人（其中，女干部3176人、少数民族干部699人、党外干部2399人）。年内，举办梧州市第三十一期中青年干部培训班和1期年轻干部培训班，实施“六个一批”年轻干部实践锻炼计划，选派67名年轻干部到九大指挥部等一线实践锻炼，选派379名年轻干部担任第一书记和驻村工作队员，选派89人担任工业振兴特派员，选派16名年轻干部到粤港澳大湾区开展“东融”驻点招商。年内，录用选调生61名，选派201名2019年以后招录的选调生到村任职，选派11名基层选调生到自治区直属部门跟班学习，6名到市直部门跟班学习。

【人才工作】 2021年，《梧州市宣传思想文化体育领域急需紧缺人才引进培养办法（试行）》出台，配合乡村振兴、教育提升和产业发展等梧州市中心工作制定人才工作支持措施，把培养本土人才作为硬指标、硬要求写入文件。大力建设产业创新平台，建成广西速溶六堡茶工程技术研究中心、广西纳米陶瓷膜水处理工程技术研究中心等10多个产业创新平台，推动梧州市环保企业碧清源获得广西科技进步一等奖。分类认定高层次人才1700多名，逐步落实职称、聘任等待遇。实施“梧桐英才计划”，围绕重点产业、重点领域需求编制人才需求目录，组织开展人才面试和专场招聘活动，引进急需紧缺人才、产业人才和教育卫生领域人才1000多名。制订《梧州市2021年人才工作“东融”“六个一”实施方案》，推行人才评价互认制度，从人才引进、交流合作、奖补支持等方面给予优惠政策，畅通大湾区人才资源到梧州市的“绿色通道”。通过顾问指导、合作引进、技术入股等方式，引进广东省高层次人才、杰出青年医学人才杨海弟等20名柔性专家，邀请中国工程院院士、湖南农业大学教授刘仲华等一批专家指导梧州产业关键核心技术攻坚、产业升级。坚持以项目引才，举办“人才+项目”交流活动，对接高层次人才20多名。加强与深圳清华大学研究院、暨南大学等大湾区知名高校、科研院所开展合作，引进深圳清华大学研究院中恒研发中心等人才项目，从大湾区科研院所引进博士、高级工程师等30多名高层次人才。设立奖励资金支持人才创新创业，对创新创业团队最高给予1000万元的扶持资金；承办2021年广西创新创业大赛梧州市第六届创新创业大赛等创新活动，吸引了70多个优秀的创新创业团队参与。开展人才服务保障工作调研，逐步完善人才服务平台建设，组织开展梧州人才论坛、青年联谊等系列活动，帮助高层次人才落实子女入学、配偶就业等事项，为人才创新创业营造良好环境。

【基层组织建设】 2021年，梧州市开展农村基层党建“整乡推进，整县提升”示范县乡创建行动，建设10条示范带和10个示范群，向自治区推荐1个示范县、4个达标县、32个达标（示范）乡镇，命名120个第五批星级村党组织。乡镇党委换届58个，注重严把选人用人政治关口，选优配强689名乡镇领导班子。高标准推进2021年村（社区）“两委”换届选举工作，选优配强7865名村（社区）“两委”班子成员，做到“四个100%”［100%的村（社区）“两委”完成换届选举、100%的村（社区）选出优秀党组织书记、100%的村（社区）依法依规依程序组织选举、100%的村（社区）不发生因换届引发群体性事件］，所有村（社区）党组织书记实现“一岗双责”。年内，组织举办村（社区）“两委”干部培训班170多期，培训9400多人次，实现全覆盖。开展“1+3”体系（落实好自治区“五抓五促”这一总要求，探索实施乡村振兴示范乡镇“书记工程”、党建“东融”促乡村振兴、农村智慧党建服务乡村振兴“三大”行动，积极探索抓党建促乡村振兴的“梧州样板”）做实党建促乡村振兴，大力实施乡村振兴示范、“东融”合作发展、智慧党建赋能“三大行动”，以“六有”标准（有坚强的领导班子、有强大的人才支撑、有雄厚的集体经济、有靓丽的村容村貌、有丰富的乡村文化、有长效的治理机制）打造100多个乡村振兴示范点，带动梧州市农村发展，100%行政村集体收入稳定在5万元以上，梧州市集体收入增长超过10%。

年内，梧州市着力抓好新一轮驻村干部“选育管用”工作，统筹向267个脱贫村和1个易地扶贫搬迁安置社区选派驻村工作队员，自治区、市、县三级共计选派808名工作队员，其中，工作队长4人，党组织第一书记268人，工作队员536人。在城市推行“邻里党建”模式，“四位一体”统筹推进网格党建、小区党建、物业党建、业委会等领域党建。以“三定四有”（定格、定人、定责，有联动体系、有工作机制、有信息支撑、有基础保障）提升社区网格党建，将57个社区划分为613个网格。以“四强四优”（强组织、优体系，强队伍、优服务，强机制、优监管，强基础、优保障）推进“红色物业”党建，打造红色物业联盟，以高质量物业服务打造高质量品质生活空间。推进小区党组织“六化”建设（“两个覆盖”高质化、党组织建设标准化、党员教育管理制度化、党务干部队伍专业化、先锋作用发挥立体化、党建载体建设品牌化），制定梧州市建设标准30条，打造盘龙城、灏景玥城、彰泰玫瑰湖等一批小区党组织“六化”建设示范点。深化“把支部建在小区上”工作模式，实现党的组织和党的工作在451个小区100%覆盖。以“1+20+N”模式（打造1个自治区级试点，建设20个市级试点，在条件成熟的基层党组织中逐步推广建设）全面推进“红湾”主题阅读体验区建设，是广西设区市中唯一整市推进试点市。投入1600万元建设市级党群服务中心，打造广西首个市级红色物业党群服务中心，建成“1+4”体系［“1”即市级党群服务中心，“4”即县级、街道（乡镇）、社区（村）、小区4级党群服务中心］党群服务中心。自治区城市党建引领基层治理现场推进会在梧州召开，“街长制”入选建设壮美广西典型案例。在两新组织，实施行业党建“提质增效”计划，以“加强管理、规范运行、发挥作用、促进发展”为核心目标，推进“两个覆盖”高质化、党组织建设标准化、党员教育管理制度化、党务干部队伍专业化、先锋作用发挥立体化、党建载体建设品牌化等“六化”工作，组建56个行业党组织，总量在广西排名第一。在公立医院，以“健康梧州党建医联体”“三强三促”（强组织、促发展，强队伍、促提升，强服务、促满意）强化公立医院党建，自治区公立医院党建工作现场会在梧州召开。在中小学校，深入实施“五好联创”（领导机制好、组织建设好、师德师风好、教学质量好、运行保障好）工程，推行党组织领导的校长负责制。同时，精心组织庆祝中国共产党成立100周年，以“百年百项”为载体，从座谈研讨、表彰慰问、党史学习教育、党员教育、成就展示、文艺会演、基地建设等方面，组织开展100项庆祝活动，承办自治区“中国共产党建党100年来广西党的建设光辉历程和历史经验”理论研讨会，梧州市以“传承红色基因　强化党建创新　以高质量党建推动梧州高质量发展”为主题作发言。开展“十百千”系列党课，各级党组织书记累计讲党课5760多场次。举办“信仰的力量”主题红色故事会，超40万名党员干部群众收看收听。

【党员教育】　2021年，中共梧州市委以习近平新时代中国特色社会主义思想为指导，以庆祝中国共产党成立100周年和开展党史学习教育为契机，推进党员教育工作。以“1+20+N”模式在城市、机关、学校、医院等领域全面推进“红湾”主题阅读体验区建设，开展线上线下、红色主题、分享体验等系列活动，助推主题阅读全民化。梧州市党群服务中心授牌为自治区“红湾”主题阅读体验区1号馆。深入挖掘梧州红色基地的革命精神、先进事迹，以“故事党课”模式抓好党员对党忠诚教育。年内，打造《梧州红色忠诚谱》等故事党课，举办面向全自治区党员展播的云直播党课2场，在党员干部群众中引发积极反响。开展“将《红色传奇》进行到底”系列活动，组织“红色课堂”学习分享、“红色画卷”征文书画摄影作品评比活动等，推动《红色传奇》进校园、进单位、进社区、进农村；利用梧州红色资源，开展红色亲子诵读、红色研学争章、红色经典阅读分享等系列活动。梧州市近150万人次的党员干部、中小学生参与“将《红色传奇》进行到底”系列活动。《光荣在党50年》系列短视频被中组部评为2021年度优秀网络正能量短视频作品。有10部作品获得自治区党员教育“八桂先锋”优秀作品（课件），其中《六堡茶娘》《红色足迹》获一等奖。祝雪兰、万秀区夏郢镇凤凰村党总支部分别获得自治区“学习身边榜样”先进个人、先进集体。

【干部教育培训】　2021年，梧州市贯彻落实《2018—2022年干部教育培训规划》，统筹做好新冠疫情防控常态化下干部教育培训工作。始终把习近平新时代中国特色社会主义思想作为干部教育培训的首要任务、中心内容、必修课程，通过“专题辅导+网络学习+研讨交流”形式，开展中共十九届五中全会精神、习近平“七一”重要讲话和视察广西重要讲话精神的学习培训，把领导干部的思想和行动统一到中共中央决策部署上来。在市委党校主体班次中开设对党忠诚教育相关专题课程，开发《红色梧州忠诚谱》对党忠诚情景课、《中国共产党的精神力量》等10堂精品党课，统筹开发100多堂现场党课；到百色干部学院举办年轻干部党性修养专题培训班1期。开展“打卡红色教育基地”活动，推出10条“红色研学”精品线路，引导广大党员群众就近开展体验教学、接受红色教育。实施“干部专业化能力提升计划”，围绕“东融”战略、工业高质量发展、乡村振兴等主题，举办各类专题培训班次45期，培训干部约2590人次。重点围绕园区建设运营定制课程，举办3期研讨班、5场“云学堂”专题辅导。统筹抓好换届后领导干部履新培训，举办学习贯彻市第十四次党代会精神暨“履新第一课”专题培训班和新一届县处级领导干部履职能力提升网络专题培训班。开展干部赋能专项行动，聚焦党代会确定的“九大行动”，印发《贯彻落实工业振兴三年行动干部赋能方案》等9份文件，组建学习团队，有针对性地开展系列培训，引导领导干部掌握与“九大行动”高质量发展相匹配的素质能力。在梧州市范围内开展“行动学习进支部”活动，引导党员干部在“学中干、干中学”。指导市交通运输局打造“书记诊疗室”行动学习品牌，助力解决梧州港建设的难点堵点问题。《党建引领街长制破题——梧州市城市基层社会治理的实践》网络微课入选中共中央组织部基层干部培训课程库。

【公务员队伍建设】 2021年，梧州市开展公务员法律法规实施情况监督检查，实地抽查6个市直单位和7个县（市、区），印发情况通报公布检查结果。年内推进行政执法类公务员分类管理，做好参照公务员管理单位重新认定工作，开展公务员考录工作，录用公务员192名。实行“一次考试、年内有效”，进一步畅通基层公务员“上行通道”，市直单位遴选公务员12名。挖掘身边典型，推荐“最美公务员”人选，有2名干部被自治区选树为“全区最美公务员”。开展公务员工资津贴补贴清理规范工作，落实公务员工资福利政策，抓好2021年度公务员基本工资调整，激励干部担当作为。严格落实新录用公务员最低服务年限，规范市直单位从县（市、区）、乡镇借调工作人员等要求，严格执行借调规定，特别是从严规范借调乡镇公务员行为，为基层干部松绑减负。

（市委组织部）

宣传工作

【概况】 2021年，梧州市坚持以习近平新时代中国特色社会主义思想为指导，把庆祝中国共产党成立100周年的宣传工作贯穿全年，突出抓好党史学习教育的宣传报道，组织梧州市各级媒体做好“奋斗百年路 启航新征程”“党史学习教育”“深入学习贯彻习近平总书记‘七一’重要讲话精神”“深入学习贯彻党的十九届六中全会精神”“深入学习贯彻自治区第十二次党代会精神”“深入学习贯彻市第十四次党代会精神”“巩固拓展脱贫攻坚成果 全面推进乡村振兴”“贯彻习近平法治思想 锻造新时代政法铁军”“疫情防控”等重大主题宣传。年内组织开展党史学习教育、习近平“七一”重要讲话精神、中共十九届六中全会精神、市第十四次党代会精神等重大主题宣讲4000多场次，推动习近平新时代中国特色社会主义思想进机关、进社区、进农村、进校园、进企业、进网络。

【理论武装】 2021年，梧州市强化“第一议题”制度，深入推进习近平新时代中国特色社会主义思想学习宣传贯彻，推动中国共产党创新理论飞入寻常百姓家。及时把习近平在庆祝中国共产党成立100周年大会上、在中共十九届六中全会上以及“4·27”视察广西等重要讲话精神纳入党委（党组）理论学习中心组学习的重要内容，推动用好《习近平谈治国理政》等权威读本。年内，举办中心组学习秘书暨基层理论宣讲骨干培训班、“学习强国”平台业务培训班，落实中心组学习列席旁听制度、“学习强国”学习管理制度，通报表扬一批“学习强国”工作先进集体和“学习标兵”，用好“学习强国”广西平台。组织召开梧州市宣传理论界庆祝中国共产党成立100周年座谈会和学习贯彻中共十九届六中全会精神座谈会，加强梧州市“东融”产业发展研究院建设，深化与梧州学院、梧州职业学院共建马克思主义学院工作，推动党的理论政策与梧州实践深度结合。

【舆论宣传】 2021年，梧州市主流媒体共刊播重点主题报道5500多篇；持续加强与中共中央、自治区主流媒体的交流合作，通过上级主流媒体及其新媒体平台，积极宣传梧州发展成果与亮点经验。年内，《人民日报》《科技日报》《广西日报》等中央和自治区主流媒体推出梧州相关重点报道500多篇。打造“一中心两平台多连接全联动”的梧州市媒体融合发展新格局。投入近4000万元建成市级融媒体中心，依托市融媒体中心以及市广播电视台融媒体指挥中心、梧州日报社融媒小厨2个融媒平台，开展各县（市、区）“融媒小镇（街道）”试点建设，加快构建“一中心两平台多链接全覆盖”媒体融合发展新格局。承办“新时代中国特色社会主义壮美广西红色之旅——2021境外媒体看广西”采访活动，以德国、韩国、越南、希腊、乌克兰、孟加拉国、伊朗7个国家的媒体、专家国际化的视角，展现精彩的“梧州故事”。

【新闻发布】 2021年4月9日，梧州专场新闻发布会“红旗漫卷起西江　百年奋斗启新程”作为自治区党委宣传部、自治区政府新闻办策划的“共庆建党百年　建设壮美广西”系列主题的首场新闻发布会，在广西新闻发布厅举行。年内，召开红旗漫卷起西江、开启“田七”品牌新征程、市第十四次党代会和“两会”等新闻发布会30多场。在广西大学举办为期5天的梧州市新闻发言人专题研讨班，来自市直单位和7个县（市、区）的48名一线新闻发言人和新闻发布工作者参加培训。

【精神文明建设】 2021年，梧州市健全道德模范、中国好人、文明村镇等多项选树机制，廖木森、唐基木入选第八届全国道德模范提名奖，梁铁正、谢凯庆荣登2021年中国好人榜，梁焕珍、陈月英入选第六届自治区道德模范提名奖；中共梧州市委、市政府表彰130个梧州市精神文明风尚奖先进集体、先进个人。深化文明村镇创建工作，梧州市县级以上文明村镇603个，占梧州市919个村镇的65.61%。推广蒙山县新圩镇坝头村乡风文明建设典型经验，被自治区文明委评为2021年全区乡风文明建设十大先进典型案例。深化文明校园创建活动，重点培育和指导梧州高级中学等7所学校创建2021—2023年文明校园。升级建设梧州市倒水中心小学等7所“乡村复兴少年宫”试点，并全面投入使用。推进各级文明单位与经济薄弱村结对帮建，组织文明单位和贫困乡村结对帮扶，巩固脱贫攻坚成果。推广使用全国志愿服务信息系统（梧州）等平台资源，公布2021年新时代文明实践活动项目138个，累计发布志愿服务项目0.56万个。建成1887个新时代文明实践中心（所、站），实现市、县、乡、村四级阵地全覆盖，探索“党建+志愿服务”模式，组织开展“城乡环境综合整治”“推进移风易俗　助力乡村振兴”等文明实践志愿服务活动1.5万场次，参与活动志愿者10万多人次，服务群众150多万人次。

3月5日，2021年梧州市“新时代好少年”发布仪式在梧州市长红小学举办　市委宣传部　供图

【文明城市创建】 2021年，《梧州市2021—2023年创建全国文明城市工作方案》《2021年度文明城市创建“十大提升工程”实施方案》印发，全面实施城市基础设施、老旧小区、背街小巷、市容环境、交通秩序、公共服务、商业设施、网格创建、市民素质、公益宣传十大提升工程，组建11个创城专班工作组，加强对37类实地考察点位督促指导，推进190多个村（社区）和农贸市场、背街小巷、老旧小区等160多个节点综合整治。创建全国文明城市工作绩效考核列入2021年度市委、市政府部署重大任务指标考核。推进“大走访、大整改、大检查”行动，开展梧州市“我为群众办实事共建共享文明城市”系列主题活动，全年累计组织开展文明实践志愿服务活动1.5万场次，参与志愿者8万多人次，服务群众130多万人次，组织志愿者到57个社区开展全国文明城市入户问卷调查，提高市民对文明城市创建的知晓率、参与率和满意度。在城区主次干道、建筑工地、公交车站等点位设置文明城市公益广告，建设一批景观小品、文化长廊、宣传栏等文化设施，营造浓厚的创建氛围。年内在全国文明城市年度测评中，梧州市在97个地级提名城市中排第四十七位，在广西8个地级提名城市中排第二位，实现本轮创建周期第一年首战“开门红”。

【思想道德建设】 2021年，梧州市开展“党旗在基层一线高高飘扬”、入党宣誓、“党课开讲啦”、优秀党课展播、主题宣讲、“青少年心向党”教育、大型情景歌咏等群众性主题宣教活动开展“扣好人生第一粒扣子”主题教育实践和“新时代好少年”学习宣传活动。覃逸锋、张彧2人被评为2021年广西“新时代好少年”。5月，蒙山县黄村镇新开村在自治区召开的社会主义核心价值观建设示范点现场会上作经验发言。年内，市委宣传部门组织全市各单位参加自治区“感党恩　跟党走”广西红色故事大赛，《用生命向党报警》进入决赛并获得优秀奖；组织参加自治区第十三届“我邀明月颂中华”爱国诗词诵读大赛，《最美的样子》获得二等奖并进入展演；组织参加“德行天下·微影故事”广西践行社会主义核心价值观主题微电影征集展示活动，征集到作品15篇，其中《一支长蒿撑起几代乡村孩子的求学路》获得三等奖。梧州市第一中学的“微孝爱心早餐”项目、梧州高级中学的“梧州高中师生‘爱心接力’服务活动”项目入选广西中学生志愿服务示范项目培育计划。

【文化建设】　2021年，全市开展“永远跟党走——梧州市庆祝中国共产党成立100周年”系列文艺活动，以歌舞、粤剧、美术、书法、摄影、诗词等形式回顾党的光辉历程。市委宣传部门组织全市各单位参加“永远跟党走——庆祝中国共产党成立100周年第九届自治区基层群众文艺会演”，《那一年的春风》《裙摆摆》获一等奖，《存在》《映山红》《黎明盛开的洁霜》《女村委主任》《粤西红棉》获二等奖，《都是明白人》《破茧成蝶》获三等奖，《摘花腔》《采茶声声颂党情》《同心船歌》《刺桐花》《希望的田野》《北京喜讯到边寨》等获优秀奖。年内，梧州市作品广西南曲《青山永驻爱民心》参加第六届“南山杯”全国曲艺新人新作展演，“梧州六堡茶制作技艺传承保护工程”和“藤县狮舞”教育普及项目被评为中华优秀传统文化传承发展工程广西“十佳案例”，壮剧《苍梧之约》获第十届文艺创作铜鼓奖（广西最高文艺创作奖）。6月16日晚，由梧州学院出品、梧州市广播电视台制作的红色话剧《火种》在梧州学院首演；12月29日，由自治区文化和旅游厅与梧州市人民政府共同主办的庆祝梧州粤剧团建团70周年粤曲晚会在市文化展览中心举行；以活跃在梧州的广西早期革命先驱为主要内容的广西党史纪录片《红色丰碑》，2021年12月—2022年1月连续在广西广播电视台的综合频道、科教频道、综艺频道、国际频道多次播出；梧州市广播电视台制作的广播剧《肝胆相照　大道同行》2021年8月18日—19日在广西广播电视台文艺广播播出，2022年5月30日—31日在中央广播电视总台中国之声《记录中国》播出。

（市委宣传部）

统战工作

【概况】　2021年，中共梧州市委把加强思想政治引领作为首要政治任务，在梧州市统一战线掀起学习贯彻习近平“七一”重要讲话、自治区第十二次党代会和市第十四次党代会精神的热潮。年内，举办梧州市统一战线学习贯彻市第十四次党代会精神等系列宣讲报告会。开展“同心圆梦”梧州市统一战线庆祝中国共产党成立100周年民族团结进步体育运动会、民族文艺会演等系列重大活动。举办梧州市统一战线迎国庆贺中秋茶话会，市四套班子领导和梧州市统一战线各界代表人士参加。年内加强与柳州螺蛳粉企业沟通联系，助推六堡茶销全国、卖全球。与市投促局等部门密切配合，组织民营企业参加第十七届桂台经贸文化合作论坛，推动梧州市台湾智能制造项目签约30亿元落户梧州。组织民营企业开展“万企兴万村”活动，实现504家企业帮扶396个行政村，企业实施项目1300个，产业帮扶5404.4万元，企业投资总金额7980.2万元。组织民营企业参与乡村振兴示范村建设，民营企业在助力村卫生室提质升级中认捐880万元。

【网络统战】　2021年，梧州市开展互联网企业调查摸底，加强对网络统战工作的组织领导。完善“云上统战”平台，进一步优化“云上统战”功能板块，扩大“云上统战”覆盖面。创建网络统战工作站点和实践基地，在岑溪市的互联网企业建立2个网络人士统战工作联络站，在万秀区、长洲区的互联网企业分别建立网络人士实践创新基地。利用“微信港湾”“网络学院”等平台，增强网上思想引导、组织动员、学习培训、联谊交友和服务管理能力。

【民主党派工作】　2021年，梧州市开展政党会议协商2次，邀请各民主党派、工商联、无党派人士代表广泛建言献策，提出意见建议145条，获市有关部门采用143条。支持各民主党派、工商联、无党派人士承担中共梧州市委2021年度重点调研课题9个。组织各民主党派、工商联、侨联和无党派代表人士到市市场监管局开展调研监督，建立对口联系机制。引导民主党派成员参加庆祝中国共产党成立100周年系列主题教育活动。民主党派圆满完成换届工作，各民主党派市委会选举产生新一届领导机构和领导班子。

【党外干部工作】 2021年，梧州市贯彻落实党外代表人士“四项制度”（党外代表人士科学确认、科学培养、科学管理、科学使用制度），聚焦党外干部培养使用工作，严格规范程序，精准考察识别，选拔一批肯干事、能干事、干成事的优秀党外干部。完成政协梧州市第十三届委员会委员推荐提名工作，政协委员推荐提名更多地向产业兴市、工业强市、乡村振兴等中心工作需要的优秀人才倾斜。年内，举办党外代表人士暨民主党派新进成员培训班、党外干部挂职锻炼工作座谈会，组织1200多名党外干部、党外代表人士参加各类学习培训，开展党外干部挂职交流，提升党外干部素质和能力。

【民族宗教领域统战】 2021年，梧州市举办庆祝中国共产党成立100周年民族文艺会演暨2021年民族团结进步宣传月启动仪式。5月，举办“同心圆梦”梧州市统一战线庆祝中国共产党成立100周年民族团结进步体育运动会，梧州市统一战线40支参赛队伍700多名队员参加比赛。推进民族团结进步专项绩效工作，创建市级民族团结进步示范单位58个，申报全国、自治区级示范单位26个，建设“同心文化载体”51个。组织开展整治非法宗教活动和遏制宗教渗透蔓延工作，推动宗教教职人员社会保障补助经费纳入财政预算，全面加强宗教团体和宗教活动场所规范化管理，有效化解民族宗教领域风险隐患。

【非公经济领域统战】 2021年，梧州市举办非公有制经济人士培训班6期，组织民营企业家参加非公有制企业高级人才培训班10期，培训100多人次；召开民营企业家座谈会10次，以及开展“银企对话”“政企对话”等系列主题活动。开展“解决民营企业突出问题攻坚年”活动，收集民营企业反映问题282个，解决率达86%。梧州市民营企业3.8万户，同比增长15%，占梧州市企业总数87.9%；民营企业缴税85.5亿元，同比增长19.1%，占梧州市税收总额的77.3%；民营规模以上工业增加值同比增长13%，占梧州市规模以上工业增加值的82.8%；民营规模以上工业企业532家，占梧州市规模以上工业企业的96.2%；民营企业进出口额61.9亿元，占梧州市进出口额的98.5%；吸纳城镇新增就业3.36万人，同比增长12.9%，占梧州市吸纳城镇新增就业总数的92.8%。

【新的社会阶层人士统战】 2021年，梧州市建立完善市党外知识分子联谊会运行机制，完善内设机构、责任分工和财务管理等内部管理制度，推动市知联会制度化规范化建设。推进新的社会阶层人士统战工作，印发《全市新的社会阶层代表人士培训计划（2021—2025年）》等指导性文件。创建一批实践创新基地，开展“新联会建设创新示范县区”创建工作，开展“凝聚新力量 筑梦新时代”主题实践活动。组织新的社会阶层专业人士服务团开展爱心助学、“法治体检”、“同心扶贫直播间”等系列活动，开展“六堡茶遇见螺蛳粉”产业对接活动、“中英文化碰撞交流——英国文化沙龙”、“留学报国——民族地区乡村教师关爱行动”教学交流以及“梧州留学人员创新创业及研究微论坛”等系列活动。

【港澳台统战】 2021年，梧州市开展港澳台企业调查摸底，全面了解和掌握梧州市港澳台企业的现状和特点，提升对港澳台企业的服务水平。年内，开展港澳台地区专项工作，成立市、县两级港澳台统战工作专班，形成以统战部主要领导亲自抓、分管领导具体抓、专项工作人员密切配合的工作机制，对专项工作对象情况进行全面梳理排查。出台《梧州市服务台胞“四心工程”工作方案》，建成“同心林”，两地同胞通过视频连线的方式分享共建成果，举办桂（梧州）台各民族同唱《我们都是一家人》歌曲线上交流活动，引进台湾高级人才支持梧州建设，举办“推进海峡两岸乡村振兴农业合作发展交流会”。

【统战组织建设】 2021年，梧州市组织召开市委统一战线工作领导小组全体会议，调整充实市委统一战线工作领导小组，健全完善党外知识分子、宗教工作联席会议、领导小组办公室等制度。加强海联会、知联会、新联会、留联会、光彩会、基层商协会等统战组织建设，健全制度机制。市委统战部门加强理论创新和信息宣传工作，继续实行“部长点题”，获自治区统战理论政策研究创新成果二等奖1项、三等奖3项，获自治区统战工作实践创新成果奖2项。加大对全市基层统战信息员的培训力度，完善信息工作通报考核制度，把意识形态工作和统一战线思想政治引导紧密结合起来，牢牢守住统一战线意识形态阵地。

（市委统战部）

政策研究

【概况】 2021年，中共梧州市委统筹协调梧州市全面深化改革各项工作。年内，召开中共梧州市委深化改革委员会会议3次，审议通过10份重大改革方案和重大改革文件，听取24个改革落实情况报告。扎实推进89项自治区部署的重点改革任务和22项自主谋划的改革举措，稳步推进8个国家级改革试点和28个自治区级改革试点。

【改革统筹】 2021年，梧州市大力推进工业振兴，深入实施重点产业“链长制”，建成全国唯一短流程不锈钢全产业链创新发展集群，金升铜业、永达集团产值双双超百亿元，梧州百亿元企业实现“零”的突破。实施企业投资项目承诺制改革，实现总投资额超41.74亿元的17个项目采用承诺制度直接落地。企业投资项目承诺制直接落地承诺书获评第二届全国信用承诺书示范样本。实施乡村振兴五大提升行动，推动46个乡村振兴改革集成试点村建设，出台农村产权流转交易市场管理办法并与自治区联网规范运营，出台农村“三变”改革政策、加强基层农村经营管理体系建设政策，入选第三批全国农村集体产权制度改革试点典型市。新生儿“出生即入户”便民利民微改革、留用地市场化配置改革等多项经验做法入选全国或自治区改革典型案例。

梧州循环经济产业园区建成全国唯一在园区内形成全产业链闭路循环、资源量超500万吨的国家级循环经济产业园。6月，获批为国家外贸转型升级基地。8月，梧州市获国务院批复设立梧州综合保税区，是广西第五个综合保税区，实现梧州市国家级园区“零”的突破。打造输港、输粤的大湾区果蔬菜供应基地，梧州甜蜜家蜂业有限公司等3家企业农产品基地被认定为粤港澳大湾区“菜篮子”生产基地。柳广铁路柳州至梧州段、南深铁路玉林至岑溪段建设提速，西江内河亿吨大港建设稳步推进，贵港至梧州3000吨级航道一期工程完工并投入试运行。实现门诊费用跨省直接结算，办结首例外地户籍新生儿入户手续。颁出第一张广东广西跨省通办不动产权证书，承办自治区“跨省通办”暨自治区通办现场会并作典型发言。

生态文明体制改革纵深推进，空气优良天数比率达99.5%，位居广西第一。挂牌成立市人民检察院派驻市河长制办公室联络室，建立由联络员制度、线索移交制度、联席会议制度等多项制度构成的“河湖长+检察长”监督机制，建设美丽幸福河湖7条，国家地表水考核断面水环境质量全国排名第十三位。

深化融媒体改革，建成市级融媒体中心，开展各县（市、区）“融媒小镇（街道）”试点建设，形成“一中心两平台多链接全覆盖”融媒新格局。实施城市基础设施十大提升工程，综合整治农贸市场、老旧小区等200多个节点，改造和修缮背街小巷30条，贯通和改造提升城市道路21条，新增公共停车位1700个，人居环境提质升级。实施“党委领导、政府主导、部门联动、专家会诊、首席把脉、公众参与”首席法律咨询专家制度，妥善解决项目落地、征地拆迁、环境治理等多起重大案件，改革案例入选自治区2021年改革创新优秀成果（25项改革创新优秀成果从400项改革成果中评选诞生）。2021年4月，承办推进首席法律咨询专家制度工作全国现场会，改革经验做法获全国推广。实施“金牌就业管家”服务模式，开展“六个第一时间”工作法，有效破解企业“用工荒”和群众“就业难”的双重困境，协助197家企业招工超1.7万人。DRG付费经验做法获自治区推广，入选DRG付费改革全国示范城市。新建、改扩建各类学校529所，万秀区成为自治区幼小科学衔接实验区。深化全国居家和社区养老服务改革试点，实施“养教结合”发展模式，逐步建立健全高龄、失能老年人长期照护体系，基本实现社区养老服务设施建设、运营和监管标准化。

推行“邻里党建”模式，打造市级红色物业党群服务中心，承办自治区城市党建引领基层治理现场推进会、自治区公立医院党建工作现场推进会等会议，“街长制”改革经验做法入选自治区党委组织部组织编写的“建设壮美广西”典型案例。线上搭建“梧在督”智慧监督系统，线下巩固深化“一站(组)两网”建设，打造“梧在督”监督品牌，强化部门职能监督、上下联动监督，形成监督闭环，解决惠民政策群众知晓难、资金主管部门监管难、民生投入效果跟踪难等问题。

【决策调研】 2021年，市委政研室（改革办）开展能源专项研究，从梧州市统筹的角度提出优化配置和高效利用能源指标的相关工作建议；为全力争取上级资金、项目、政策等支持，与市财政局联合展开争取政策支持专项研究，从梧州市统筹的角度提出相关工作建议；与市农业农村局组成联合调研组，对梧州市生猪养殖产业进行专题调研，并提出相关建议；成立专题调研组，对梧州全面深化改革工作的现状及问题进行梳理，形成《激发改革内生动力 助推梧州跨越发展》专题调研报告；对各城区、市级园区、藤县等有关单位体制机制运行情况开展调研，并提出相关建议；成立木材加工业专题调研组，对梧州该产业发展的现状及问题进行梳理，收集山东临沂、江苏宿迁、江西南康等地在木材加工业方面的经验做法和产业政策进行对比分析，形成《错位发展，聚力打造“中国南方板式家具之都”》专题调研报告；开展六堡茶产业发展情况调研，提出夯实六堡茶产业“一产”基础的相关工作建议；对粤桂合作特别试验区发展情况进行专题调研，梳理发展中存在的困难，并提出相关建议；成立“东融”专题调研组，对梧州“东融”开放发展的现状及问题进行梳理，形成《创建“东融”绿色发展示范区 全力跑出梧州“东融”加速度》专题调研报告，为梧州“东融”下一程破局开路提供决策参考。3月12日，梧州市决策咨询中心挂牌，并加入广西特色新型智库联盟，实现梧州市本级有相应的自治区级平台“零”的突破。年内，市委政研室（改革办）组织“大学习大调研”活动，共评选出优秀调研成果8篇。其中，《创建“东融”绿色发展示范区，全力跑出梧州“东融”加速度》获得调研成果一等奖，《多措并举，倾力打造“中国南方板式家具之都”》《深化市级园区与城区经济运行机制改革，努力提升产业集聚力竞争力》2篇调研成果获得二等奖。

【政研内参和专报编发】 2021年，市委政研室（改革办）编发《政研专报》8期、《政研内参》2期，为市领导科学决策提供参考。编发《关于优化配置和高效利用能源指标的研究》《以财政资金为突破口推动我市争取政策支持工作再上新台阶》《关于打造生猪产业高质量发展示范市的调研报告》《激发改革内生动力 助推梧州跨越发展》《深化市级园区与城区经济运行机制改革 努力提升产业集聚力竞争力》《错位发展，聚力打造“中国南方板式家具之都”》《夯实“一产”基础，确立产业核心地位——六堡茶产业发展研究之茶苗、茶园篇》《关于粤桂合作特别试验区（梧州）发展情况的调研报告》《创建“东融”绿色发展示范区 全力跑出梧州“东融”加速度》《茶产业发展政策研究》，报市委、市政府的10篇重大课题调研，6篇得到市委书记、市长肯定性批示。

【文稿起草】 2021年，市委政研室完成市十四次党代会报告写作任务。协助梧州市年中工作会议、梧州市党史学习教育启动大会、梧州市茶产业高质量发展大会、梧州市委全面深化改革委员会会议、城乡融合发展专题调研座谈会等重大会议活动文稿写作，撰写领导讲话及报送上级汇报材料40余篇。

（市委政研室）

机构编制

【机构概况】 2021年，梧州市有县级以上党委工作部门93个，其中市级15个、县级78个；县级以上政府工作部门204个，其中市级32个、县级172个；县级以上人大机关8个，其中市级1个、县级7个；县级以上政协机关8个，其中市级1个、县级7个。中共梧州市委员会机构编制委员会办公室（简称市委编办）年内受理审查事业单位上一年度报告公示申请296个，在梧州市事业单位登记在线网站发布事业单位年度报告公示296个，申请通过率100%，发布公示率100%。

【推行政府部门权责清单制度】 2021年，按照梧州市权责清单管理办法有关规定，结合法律法规修改和部门（单位）职责变化情况，市直38个部门（单位）动态调整该部门（单位）权责清单。其中，增加权责事项12项，减少25项，调整183项，并按规定通过梧州市人民政府网站和该部门（单位）网站对外公布。

【政府部门机构设置和调整】 2021年，梧州市的市、县两级扶贫工作机构调整为乡村振兴局。梧州市文化广电体育和旅游局加挂梧州市文物局牌子，调整文物管理内设机构。市市场监管局增设内设机构商标监督管理科并明确其主要职责。市教育局调整内设机构办公室等科室部分职责。审核印发市工信局“三定”（定机构、定职能、定编制）规定，进一步加强部门责任，明确内设机构和人员编制。

【党群机构设置和调整】 2021年，梧州市设立中国共产党梧州市委员会教育工作委员会，是中共梧州市委派出机构，与梧州市教育局合署办公，实行一套工作机构、两个机关名称。明确市委教育工委主要职责，设市委教育工委书记（由市教育局局长兼任）1名，副书记（副处长级）1名，同时核减市教育局副科级领导职数1名。所需编制在市教育局原有编制总量内调剂使用。设置市委教育工委办公室，在市委教育工作领导小组办公室秘书科挂牌，并明确相关职责。核减市委直属机关工委领导职数1名。审核印发市委市直属机关工委“三定”规定，进一步强化党委部门工作职责，优化内设机构和人员编制。

【事业单位机构设置和调整】 2021年，梧州市增设5个市直事业单位内设机构10个，其中，增设市公路建设养护和运输发展中心内设机构1个（邮政业安全发展中心），增设市市场监管投诉举报指挥中心内设机构1个（综合六科），增设市疾病预防控制中心内设机构4个（结核病防治科、职业与放射卫生科、病媒生物防制与消杀科、质量管理科），增设市退役军人服务中心内设机构1个（民兵训练基地管理中心），市食品药品检验所增设内设机构3个（人事教育科、市场科、设备科）。事业单位更名2个，市卫生计生统计信息中心更名为市卫生健康统计信息中心，市事业编制储备中心更名为市机构编制数据中心。调整4个市直事业单位、23个县级事业单位规格，明确市直机关通讯站、市中小企业服务中心、市长洲排灌管理站、市绿色建材发展和应用中心4个事业单位机构规格为正科级；明确县（市）23个事业单位机构规格为科级，其中：定为正科级3个（苍梧县1个、岑溪市1个、蒙山县1个），副科级20个（苍梧县12个、岑溪市3个、藤县1个、蒙山县4个）。核定或增加市预算编审中心、市公路建设养护和运输发展中心、市反腐倡廉信息教育管理中心、市群众艺术馆等23个事业单位49名领导职数，其中，副处级3名、正科级24名、副科级22名。

【机构编制管理】 2021年，梧州市核减公安系统政法专项编制空编用于置换行政编制，专编专用于加强梧州市各级林草部门的防火机构以及森林草原防灭火指挥机构；将建设工程消防设计审查验收相关职责划入市住房城乡建设局，增核市住房城乡建设局行政编制1名，专项用于建设工程消防设计审查验收工作配备人员；增设市林业局林长制工作科并明确主要职责，增核正科级领导职数1名。市直公务员招录50人、选调生6人、遴选公务员9人；39个部门使用82名行政编制调动人员；引进高层次（紧缺）人才3人；安置部队转业干部、退役士兵、随军家属就业若干人。增加事业编制39名，其中市预算编审中心3名、市公路建设养护和运输发展中心4名、市反腐倡廉信息教育管理中心3名、市直机关通讯站3名、市政协文史馆3名、市群众信访服务中心3名、市党员教育管理服务中心3名、市公共资源交易中心3名、市退役军人服务中心6名、市人民政府法律事务中心3名、长洲区5名；调剂使用2名，将市行政审批服务中心2名空编划入市公共资源交易中心。市直事业单位入编526人（招聘334人、调动192人），其中副高及以上职称24人、博士18人、硕士158人。安置转业士兵及随军家属若干人。自治区下达梧州市中小学教职工周转编制共3087名编制，其中，市本级390

名、县（市、区）级2697名（长洲区430名、龙圩区388名、岑溪市1528名、藤县351名），所接收的周转编制于9月底全部分配到位并投放使用。

【机构编制法规和监督检查】 2021年，市委编办学习宣传《中国共产党机构编制工作条例》及配套法规制度，整理编制汇编资料发给市直各部门（单位）开展系统学习。年内中共中央编委部署开展第二次全国机构编制核查，市委编办按照中央、自治区及市工作部署要求，开展梧州市机构编制核查工作。至年底，市直76个机关单位和270个事业单位全面完成核查。

【重点领域管理体制改革】 2021年，梧州市人民政府行政复议办公室由在市司法局行政复议与应诉科挂牌调整为设在市司法局，办公室主任由市司法局局长兼任；增核市司法局编制7名（政法专项编制4名、市司法局下属事业单位市人民政府法律事务中心全额事业编制3名），均用于加强依法办理市本级政府行政复议事项人员。市委编办组织开展开发区管理机构清理规范，牵头负责开发区实施方案拟订工作；推动开发区强化经济管理职能，剥离社会事务管理职能，剥离开发运营职能；依法赋予开发区更大的自主发展、自主改革和自主创新管理权限。印发《关于加快推进基层整合审批服务执法力量的通知》，统筹优化乡镇党政机构和事业单位设置，完善基层组织架构，突出党建引领，明确各乡镇按照“5+8”标准（5个党政机构，8个事业单位）综合设置乡镇党政机构、事业单位。印发《推进基层整合审批服务执法力量工作方案》，进一步构建简约高效基层治理体系。梧州市建成66个乡镇、街道政务服务中心，打造集政务公开、行政审批、公共服务等功能于一体的审批服务平台。梧州市58个乡镇设立社会治安综合治理中心和建设综合服务中心（综合行政执法队），依托两个中心，统筹辖区内派驻和基层执法力量实行联合执法，实现基层一支队伍管执法，打造权责明晰、执法规范、运行高效的综合行政执法平台。

【机关群团统一社会信用代码赋码】 2021年，按照国发〔2015〕33号的要求及《机关群团统一社会信用代码赋码工作有关问题办理意见》的规定，梧州市事业单位登记管理中心受市委编办委托，受理市本级（含城区）机关、群众团体单位125个统一社会信用代码赋码、注销及信息变更申请。

【中文域名注册管理】 2021年，完成市本级77个党政群团机关、272个事业单位中文域名续费及有关管理工作，生效中文域名359个。（市委编办）

机关党的建设

【概况】 2021年，中共梧州市委市直属机关工作委员会（简称市委市直机关工委），直管基层党组织88个，其中党委45个、党总支部17个、党支部26个；有二级党委11个、二级党总支部14个、二级党支部549个。党员11289名，其中在职党员7312名、其他党员895名、退休党员3082名。

【思想政治建设】 2021年，市委市直机关工委组织宣讲团，宣讲习近平“七一”重要讲话、习近平视察广西“4·27”重要讲话精神及自治区第十二次党代会、市第十四次党代会精神376场次。创新举办市直属机关学习贯彻市第十四次党代会精神“书记讲坛”活动，举办2期梧州市学习型机关系列讲座，协办3期广西领导干部前沿知识系列讲座。结合庆祝中国共产党成立100周年，举办党史学习教育专题讲座160多场次、党课470场次。组织各级党组织书记80人到湘江战役纪念馆进行理想信念教育。市委市直机关工委牵头承担自治区机关党建2021年重点课题研究中的“高质量机关党建推动高质量发展研究”，组织全广西40个中直、区直单位参与研究，共同总结出一批经验材料，提炼形成调研成果《高质量机关党建推动高质量发展研究——以广西为例》，获得2021年度自治区机关党建优秀研究成果特等奖。市委市直机关工委首次获得该奖项。12月15日，自治区党委区直机关工委首次在梧州市举办全区性机关党建理论研讨会“全区庆祝中国共产党成立100周年机关党建理论研讨会”。

【组织建设】 市委市直机关工委每年开展“一联一帮一树一创”（每名工委领导每年负责联系一个片区党组织、每名工委领

2021年12月15日，“全区庆祝中国共产党成立100周年机关党建理论研讨会”在梧州江滨国际大酒店召开

市委市直机关工委　供图

导每年帮扶所联系片区1个以上党建工作薄弱的党组织、每年每个片区选树1个以上优秀党建品牌、每年每个片区创建1个以上党建示范点）活动，促进党支部标准化规范化建设，取得明显成效。2021年，有达标党支部575个，其中五星级党支部150个、四星级党支部280个、三星级党支部30个，打造党建工作示范点16个，培育31个优秀党建品牌。年内开展“两优一先”评选活动，推选出自治区优秀共产党员3名、优秀党务工作者3名和先进基层党组织5个，推选出梧州市优秀共产党员26名、优秀党务工作者28名和先进基层党组织25个。

【“两范一提高”活动】　2021年，市委市直机关工委指导成立党组织5个，转隶党组织2个，换届和补选党组织12个。年内，举办4期党务干部培训班，对2000多名党务干部进行全员集训；举办3期入党发展对象培训班，对新发展的430名党员进行培训，着力提升党务干部素质能力，加强党员干部队伍建设。开展“党建＋机制”“党建＋平台”“党建＋政策”“党建＋产业”“党建＋交通”“党建＋生态”“党建＋帮扶”“党建＋人才”等创新做法，推动机关党组织与大湾区党建协作，促进产业、交通、生态、人才、文化“共荣”。12月14日，承办“全区机关党建服务广西全面对接粤港澳大湾区建设现场推进会议”，并在会议上作典型发言。梧州市成为全广西首个举办“全区机关党建服务广西全面对接粤港澳大湾区建设现场推进会”的试点城市，也是市委市直机关工委首次成功承办自治区现场会。

【党风廉政建设】　2021年，梧州市各机关党组织持续纠正“四风”（形式主义、官僚主义、享乐主义、奢靡之风）。3月18日，召开2021年梧州市直属机关党的工作暨党风廉政建设工作会议，坚持强化全面从严治党，持续推进党风廉政建设。市委市直机关工委以召开廉政建设专题工作会议、通报典型案例、观看警示教育片及剖析典型案例等形式，教育党员干部存敬畏、知戒惧、守底线，筑牢拒腐防变的思想防线。带头落实廉政谈心谈话制度，履行全面从严治党主体责任，扎实开展一对一谈心谈话及集体谈话，营造风清气正的机关政治生态。围绕“主责主业如何抓”“协助职责如何做”“纪检干部如何干”问题，深入调研并具体施策机关纪委建设，指导38个市直机关党委建立机关纪委，审核市直机关纪委书记人选5人。

【党组织服务活动】　2021年，梧州市640个机关党组织为群众办实事6328项，服务62个为民办实事项目。市委市直机关工委组织开展习近平“5·8”重要讲话精神主题演讲比赛、“2021年梧州市‘我邀明月颂中华’爱国诗词诵读大赛”“翰墨迎春、福送万家”志愿服务活动、“感党恩、跟党走——植绿护绿我先行”活动，动员6900名机关党员积极投身创建全国文明城市。

（市委市直机关工委）

信访工作

【概况】　2021年，中共梧州市委梧州市人民政府信访局（简称市信访局）受理群众诉求（来信、网投、来访）5983批（件、次），同比下降39.25%。梧州市信访部门和责任部门信访事项及时受理率均为100%。信访事项按期办结率为100%，梧州市各级信访部门满意率为74.7%；责任部门群众满意率为67.71%。依法规范开展信访复查复核工作，年内办理信访复查复核事项131项，切实提升信访三级终结效能，承办自治区信访事项复查复核工作会议并作经验介绍。

【办理群众来信（网上投诉）】 2021年，梧州市各级群众信访服务中心（站、室）设立网上信访代理点，帮助群众网上反映信访诉求，全面推广普及网上信访，落实网上信访代理工作机制，实行网上信访一体化办理，不断提升网上信访办理质效。年内，各级信访部门办理群众来信1335件，同比下降33.52%。网上信访3491件，同比下降48.98%。

【接待群众来访】 2021年，梧州市各级信访部门接待群众来访1157批3687人次，同比批次上升15.93%、人次上升17.46%。组织市直相关部门每月定期开展联合大接访活动。建立涉法涉诉信访诉求联合接访工作机制，每周三政法相关部门在市信访局开展联合接访。全年全市各级领导干部688人开展接访下访活动1638次，接待群众1732批3657人次，协调处理1583件信访事项，其中实体解决信访事项981件。市信访局和蒙山县群众信访服务中心获得2021年度自治区信访系统“人民满意窗口”单位称号。

【信访积案化解】 2021年，梧州市统筹推进治理重复信访、化解信访积案专项工作，第一批899件信访积案化解率100%，作为自治区第一批全部办结的5个设区市之一，获得自治区信访联席办通报表扬。第二批交办的147件信访积案，已经化解128件，化解率87.07%，高于自治区平均化解率。接收中央第二巡视组交办件五批共736件，决定受理539件，经过三个月办理、一个月集中整改以及持续推进，实体性办结391件，实体性办结率达72.5%。

【信访保障】 2021年，梧州市实施“服务保障提升”大行动，服务党委政府大局，维护群众合法权益，化解信访突出问题。至年底，全市建成市、县、乡镇（街道）三级群众信访服务中心（站、室）共1062个，实现信访服务全覆盖；全市深入开展矛盾纠纷排查化解工作，强化信息研判预警，靠前处置信访突发事件。

【信访信息通报】 2021年，梧州市在处理群众来信、接待群众来访过程中，加强日常信访工作信息收集，对出现的突出信访问题进行分析、研判，撰写报送信访信息121条、调研信息2条。

【信访法治化建设】 2021年，梧州市印发《关于在梧州市信访局设立法律援助工作站的通知》，在接访大厅联合设立梧州市法律援助中心信访局工作站，市法律援助中心每周三安排律师坐班为群众提供免费法律服务。持续深化信访工作“三项建议权”运用，贯彻落实好与纪检、巡察部门的协调机制，将信访情况抄送有关单位，常态化运用约谈、通报、提出工作建议等方式，组织开展集中约谈1次，向有关部门下发通报3份、提出改进工作建议2次，推动信访工作责任落实。

（市信访局）

督查和绩效考评

【概况】 2021年，梧州市对中央环保督察“回头看”反馈问题整改工作、市委常委会议军会决定事项和上级领导到梧州开展研学活动、工业振兴等事项开展立项督查，形成34期督查专报，报市委、市政府。年内，多次召开梧州市绩效考评动员会和推进会，全面实行绩效任务市委常委分工负责制和市政府分管领导责任制。把自治区下达的指标任务分解落实到各级各部门，做到任务分解到人、到岗。

【决策督查】 2021年，梧州市把学习宣传贯彻习近平重要讲话精神和中共中央重大决策部署作为年度重大督查计划，采取“四不两直”（不发通知、不打招呼、不听汇报、不用陪同接待、直奔基层、直插现场）、“督帮一体”（督查、帮助一体化）等有效方式方法，先后组织开展习近平重要指示精神贯彻落实情况“回头看”和学习宣传贯彻习近平重要讲话精神督促检查2次，推动10个问题整改落实。国家重大政策措施贯彻落实督查5次，推动28项国家重大政策措施落地落实。

【专项督查】 2021年，梧州市实施工作责任清单和工作推进路线图管理，对梧州市经济社会发展有重大影响的重大项目单独立项督查，解决城区防洪堤建设、岑溪泰森纺织集聚区项目、桂东生态环保基地项目、电网规划建设等突出问题。坚持“即收即转”原则，及时办理上级领导批示件，精心做好交办、催办、核查、反馈工作。年内，督办中央和自治区党委领导批示件13件、督办市委主要领导批示160件、市政府主要领导批示269件，专项督办市长专题会议议定事项3项。

【自治区对梧州市考评】 2021年，梧州市实施《自治区绩效考评指标任务进展滞后指标预警》《全市重点工作和重大项目建设推进情况“红黑榜”督查通报》等具体推进举措，从制度上织牢“过程管理网”。年内，发出5份预警通知，对58项进度滞后的指标提出预警，涉及40个市级牵头单位。每月定期跟踪创优争先项目进度，专班小组深入基层单位调研指导，为推动梧州市创优争先工作发挥了智库作用。组织各级各部门展示工作亮点，在全市范围内发送约520万次社会评价宣传和配合开展评议的动员短信。2021年度，梧州市创优争先加分总分排自治区第一名，社会评价总分排自治区第二名，获自治区设区市综合绩效考评一等等次，排第五名，连续两年保持在自治区第一方阵。

【市本级绩效考评】 2021年，梧州市根据县（市、区）、市级单位和园区的不同职能特点，用3套考评方案开展差异化考评，对县（市、区）突出高质量发展的全面考评，对市级参评单位突出工作在自治区领先程度的考评，对园区突出财税、项目的考评。落实市委主要领导关于党委决策部署要与绩效考评挂钩的指示要求，将市第十四次党代会提出的“再造一个工业梧州、交通强市、六堡茶产业”等9项重点工作列为2021年度梧州市综合绩效考评指标任务。推动指标瘦身健体，绩效考评框架二级指标减幅46%、具体指标减幅40%。梧州市2021年度综合绩效考评，评出一等等次单位63个、二等等次单位20个、三等等次单位5个。

（市督考办）

老干部工作

【概况】 2021年，梧州市有离休干部38人。其中，市直单位23人、万秀区2人、龙圩区3人、岑溪市2人、藤县5人、蒙山县3人；抗战时期参加革命工作2人，解放战争时期参加革命工作36人；处（县）级和享受处（县）级待遇22人，乡科级16人；机关单位19人，事业单位7人，企业单位12人。平均年龄92.3岁。厅级退休干部39人，其中正厅级6人、副厅级33人。病逝离休干部13人（市直10人、万秀区1人、龙圩区1人、蒙山县1人），病逝厅级退休干部2人。

12月23日，梧州市离退休干部党支部标准化规范化建设现场推进会召开，20多个单位按照“六有”标准，创建“金秋家园”活动场所并挂牌；开展评选表扬100名“优秀离退休干部（职工）基层党组织”“最美老党员”和“最美银发志愿者”活动。年内，组织银发志愿者3000多人次开展志愿服务活动。并在梧州市范围对35名最美银发志愿者进行通报表扬，梧州市老年大学志愿服务支队获得梧州市精神文明先进支队。市委老干部局组织开展“乡村振兴老有所为”活动成效突出，受到自治区党委老干部局通报表扬。市老科协被评为自治区2020—2021年度广西老科协先进集体和2016—2020年建言献策、调查研究先进单位。

2021年12月23日，梧州市召开“优秀离退休干部（职工）基层党组织”“最美老党员”“最美银发志愿者”表扬大会。图为会后获表扬人员合影 市委老干部局 供图

1名老年大学学员被广西社区教育发展研究中心授予“2021年广西百姓学习之星”称号。

【落实政治待遇】 2021年10月11日，梧州市召开老干部情况通报会。通报梧州市经济社会发展情况，以及市十四届党代会和市“两会”情况。年内，市各级老干部工作部门通过设置阅文室或定期集中传达学习的形式，落实老干部阅文和传达重要文件制度，为老干部订阅习近平新时代中国特色社会主义思想相关学习资料和党史学习教育资料。春节、敬老节和庆祝中国共产党成立100周年期间，全市各单位分别组织离退休干部慰问活动。梧州市做好“光荣在党50年”纪念章发放工作，市委老干部局组成3个小组慰问离休干部、厅级退休干部，并赴广东、浙江、辽宁等地走访看望易地安置（居住）的离休干部。10月，组织厅级退休干部到苍梧县六堡镇、万秀区城东镇等地，开展“我看建党百年新成就暨我为乡村振兴添动能”参观考察活动。11月，组织20多名厅级退休干部赴河池、百色革命老区，开展“我看建党百年新成就暨追寻红色足迹·凝聚发展动力”主题活动。

【落实生活待遇】 2021年，梧州市离休干部的离休费按时足额发放，医药费按规定实报实销。落实离休干部增发一个月基本离休费，完成3名抗战时期参加革命工作的离休干部享受按副省（部）长级标准报销医疗费待遇的材料报送审批工作，提高离休干部健康休养费标准。11月20日，组织12名市直离休干部进行健康体检。

【为老干部办实事】 2021年，梧州市通过整合资源、部门合作等方式，培育万秀区三云社区、岑溪市兴业社区等离退休干部就近服务点，并顺利通过自治区老干部局的验收，为老干部就近学习、就近发挥作用、就近得到关心照顾等提供便利。开展“情牵老干部，关爱零距离”“登门入户解难题”活动，为14人次符合条件的困难离休干部审批并发放了帮扶资金7万元，全年分5批次组织离退休干部到红会医院接种新冠疫苗。

【组织老干部活动】 2021年，梧州市采取联合办学、租赁场所办学等形式，加快老年大学建设，7个县（市、区）有6个开办了老年大学（长洲区老年大学也于2022年1月26日揭牌成立）。市老年大学租赁场所开办一心分校区，开设声乐、舞蹈等8个专业，组建11个班级，招收学员500多人。市老年大学投入25万多元在教室安装教学智慧屏，提升教育信息化应用水平和教学效果。年内，以庆祝中国共产党成立100周年为主题组织开展第九届“鸳江夕阳红”文化活动，举行门球、乒乓球、文艺演出、书画摄影等活动，离退休干部3000多人次参加活动。其中，书画摄影活动展出优秀书画作品110幅、摄影作品33幅。组织300多人次参加自治区第九届“多彩金秋”乒乓球、文艺会演、广场舞比赛、戏曲比赛、征文比赛、书画展等活动。举办“万秀区业余文艺团队才艺大比拼”活动，开展“讴歌百年荣耀，颂扬红色精神”红色经典朗诵、文艺会演、红色歌曲大家唱、党史知识大家答等系列活动，共有老干部6000多人次参与。

【离退休干部思想政治建设】 2021年，梧州市通过开展专题学习会、集中培训、专题讲座、参观红色基地、发放学习资料、组织引导离退休人员通过“离退休干部工作”“广西老干部”微信公众号学习、开展“老书

2021年1月27日，老年大学志愿者到旺城广场开展新春整治环境卫生送春联志愿活动 市委老干部局 供图

记讲党课”活动、“红色讲解员”活动和离退休干部网上专题报告会等形式，组织离退休干部党员持续深入学习习近平新时代中国特色社会主义思想、习近平“七一”重要讲话精神和中共十九届六中全会精神。年内，组建银耀西江正能量宣讲团，进行“老书记上党课”百场宣讲下基层、入学校、进社区，为党员群众15万人讲党史，2万多名中小学生直播收看91岁高龄离休干部谭苏讲述革命故事。在市老年大学开展天天唱红色歌曲、诵经典，学党史活动。把红色元素根植到舞蹈、朗诵、音乐、乐器、英语教学等专业课程当中。邀请国家、自治区和市委党校以及大湾区的知名专家教授为离退休干部党员授课，增强学习效果。组织老干部开展打卡红色教育基地活动，在自治区网上党史知识问答中获得2次“优秀组织奖”。举办梧州市离退休干部党支部书记（骨干）学习中共十九届五中全会精神培训班，各县（市、区）、市直单位离退休干部支部书记、委员130多人参加培训。组织离退休干部党员开展“党员心声大家谈”“党史故事大家讲”“党史知识大家答”“红色歌曲大家唱”和重温入党誓词，引领离退休党员开展党史学习教育。

（市委老干部局）

党校教育

【概况】 2021年，中国共产党梧州市委员会党校（简称市委党校）把讲政治融入校（院）教学、科研及行政后勤等各方面，组织开展理论学习中心组学习和校委会第一议题学习34次。完成11名中层干部的提拔和部分干部职工岗位调整工作，完成6名专业技术人员竞聘上岗工作，选派1名干部担任驻村第一书记，招聘引进4名硕士研究生学历教师，充实教师队伍，做好职称评审推荐工作，一名教师晋升为副教授。

【教学质量管理】 2021年，市委党校在主体班培训过程中，坚持“反思性学习”“学用结合”和团队学习，充分发挥学员主动性和调动学员学习潜力，引导学员学以致用。在中青班和年轻干部培训班中，持续实施“观察员”制度，通过建立健全行动学习多维评价体系，对干部培训期间的行为进行“纪实观察”，确保行动学习的顺利开展，并为培养、考察和识别干部提供参考。围绕贯彻落实习近平在广西的重要讲话精神，开发《提高人民生活品质——深入学习贯彻习近平视察广西重要讲话精神》等3门专题课；围绕党史学习教育专题活动，开发《红色火种　星火燎原——梧州早期党组织的建立和发展》等11门专题课。有关课程根据培训需要先后安排到了相关主体班次和社会培训班次开展授课。主体班的课程设置在原有导学、学习习近平新时代中国特色社会主义思想、党性教育和党性分析、专业化能力与知识教育四个模块的基础上，紧贴干部教育培训需求，增加党史学习模块和行动学习模块。

【科研咨政】 2021年，市委党校编辑出版《市情调研》6期，先后有2期获得梧州市领导3人次的肯定性批示。常态化报送党委信息，获自治区级党委信息内刊采用1条，市级党委信息内刊采用11条。年内组织教研人员参加各类理论研讨会征文活动，累计获奖21篇，其中，市厅级一等奖4项，在广西党校（行政院校）系统“社会科学界联合会第九届桂海论坛暨庆祝中国共产党成立100周年理论研讨会”征文中获奖4篇，在广西社会主义学院“推进民族地区高质量发展”理论研讨会征文中获奖1篇。年内立项研究课题25项，顺利完成结项28项。其中，获自治区党委党校批准立项课题3项，同意结项3项，1项课题成果获评为优秀；广西社会主义学院同意结项3项；广西社科界智库重点课题立项1项。教研人员年内累计在各级各类期刊公开发表学术论文13篇，在《梧州日报》上发表理论宣传文章40篇。

【干部培训】 2021年，市委党校举办市干教计划各类培训班24期，其中，主体班9期，其他专题培训班15期，培训党员干部2224人次；承接社会培训各类培训班70期，培训党员干部3627人次。选派9名教师作为促进师参与干部赋能专项行动，参与市委中心工作；先后选派26人次到县（市）党校和市直单位开展行动学习理论知识普及工作，扩大行动学习的覆盖面；配合市行动学习“进支部”工作，对每个县（市、区）均安排1名教师负责业务指导。年内邀请梧州市厅级领导7人次、梧州市处级领导20人次、广东及自治区党校教授6人次为干教计划内班次学员授课；邀请厅级领导8人次、处级领导19人次及自治区党校教授2人次为社会培训班次学员授课。

3月9日，市委党校（行政学院）举行2021年春季学期主体班开学典礼
市委党校　供图

【县级党校】　2021年，梧州市4个县（市）均设有配备独立校园的中共县（市）委党校。各县级党校根据干部培训计划，按照规范学制要求，举办进修班、培训班、理论研修班、专题研讨班和师资培训班等各类班次。4所县级党校全年举办各类培训班84期，培训轮训学员达1万人次以上。完成立项和结项市党校系统课题4项、县级党校校级课题13项。组织参加各类理论研讨会征文活动，12篇文章获县处级奖项。年内开展党史学习教育、中共十九届六中全会精神、自治区第十二次党代会精神等内容宣讲80场次以上，受众5000人次以上。年内，通过加大经费投入等方式，继续推进规范化办学镇村党校建设，累计已建成规范化乡镇（街道）党校30多所、乡镇（街道）党校村级教学点20多所并办班培训。

（市委党校）

编审：曾　强　编辑：魏珍珍

梧州市人民代表大会

综　　述

【概况】 2021年，梧州市人大常委会认真履行宪法法律赋予的职责，在推动全市经济社会高质量发展中积极发挥人大作用，市十四届人大八次会议确定的各项目标任务顺利完成，市十五届人大常委会工作取得新的进展、实现良好开局。年内，市人大常委会审议通过地方性法规1件，听取和审议"一府一委两院"专项工作报告19项，检查5件法律法规的实施情况，开展8项专题调研和1次专题询问；作出26项决议决定，任免国家机关工作人员144人次；在全自治区人大系统作经验交流发言7次，有关工作专报获自治区人大常委会领导批示肯定。

【立法】 2021年，市人大常委会组织相关部门和专家召开座谈论证会，在深入研究各方意见和充分协商的基础上，形成市十五届人大常委会五年立法规划和2022年立法工作计划草案，为做好今后五年立法工作明确目标任务。围绕发展特色优势产业、助力乡村振兴，积极推进六堡茶文化保护立法项目，经自治区十三届人大常委会第二十六次会议批准，《梧州市六堡茶文化保护条例》于2022年1月1日起施行，成为广西首部茶文化保护地方性法规。以创建全国文明城市、加快宜居梧州建设，稳步推进城市养犬管理立法项目，指导市公安局、市司法局做好《梧州市城市养犬管理条例》起草工作，参与相关立法论证会、听证会，对条例草案进行了第一次审议。完善基层立法联系点制度，深入基层听取不同利益群体的意见建议，引导群众参与立法论证，不断提升立法工作透明度和公众参与度。健全立法宣传工作机制，农贸市场管理条例和六堡茶文化保护条例获批实施后，及时组织开展多渠道、全方位宣传工作，推动条例进社区、进村屯，为条例实施营造良好的舆论氛围。履行规范性文件备案审查职责，按照"有备必审、有错必纠"要求，全年备案审查规范性文件8件。建立备案审查工作向常委会报告制度，听取和审议常委会法制工作委员会备案审查工作专项报告。（参见本书"法治·人大立法"）

【市人大代表构成】 2021年，梧州市第十五届人民代表大会代表共有360人，其中，中共党员289名，民主党派50名，群众21名。少数民族代表42名，归侨4名。

梧州市第十五届人大代表结构表（一）

表1　　　　　　　　　　　　　　　　　　　　　　　单位：人

项目	人数	性别		年龄（周岁）			政治面貌			民族		文化程度				
		男	女	35岁以下	36至55岁	56岁以上	中共党员	民主党派	群众	汉族	少数民族	研究生及以上	大学本科	大专及高职	中专、职高及高中	初中及以下
苍梧县	44	28	16	9	30	5	40	4	0	38	6	10	22	7	4	1
岑溪市	81	59	22	17	62	2	63	12	6	71	10	15	31	18	16	1
藤　县	91	63	28	13	69	9	65	16	10	85	6	14	43	19	13	2

续表1

项目	人数	性别		年龄（周岁）			政治面貌			民族		文化程度				
		男	女	35岁以下	36至55岁	56岁以上	中共党员	民主党派	群众	汉族	少数民族	研究生及以上	大学本科	大专及高职	中专、职高及高中	初中及以下
蒙山县	34	26	8	4	25	5	29	4	1	28	6	14	11	2	5	2
万秀区	36	24	12	5	27	4	31	5	0	32	4	14	17	4	0	1
长洲区	33	24	9	3	27	3	28	1	4	28	5	12	13	4	3	1
龙圩区	39	28	11	4	30	5	31	8	0	34	5	16	15	2	5	1
军分区	2	2	0	0	2	0	2	0	0	2	0	1	1	0	0	0
合计数	360	254	106	55	272	33	289	50	21	318	42	96	153	56	46	9
比例（%）	100	70.56	29.44	15.28	75.56	9.16	80.28	13.89	5.83	88.33	11.67	26.66	42.5	15.56	12.78	2.5

注：无党派人士，在第十五届人民代表大会按照民主党派汇总统计

梧州市第十五届人大代表结构表（二）

表2　　　　单位：人

项目	人数汇总	代表构成情况											综合情况					
		基层代表					公务员	国家和集体企业负责人	非公有制经济人士	事业单位负责人	解放军和武警部队	其他	党政领导干部	新的社会阶层人士	社区工作者	归侨	连任代表	同任两级以上代表
		一线工人	农民	村「两委」组成人员	专业技术人员	其他基层人员												
苍梧县	44	4	7	5	7	2	20	0	1	0	0	3	20	0	2	0	15	15
岑溪市	81	11	14	13	12	5	31	1	7	0	0	0	31	2	4	2	16	50
藤　县	91	12	17	11	13	4	36	0	0	0	0	9	36	5	4	1	23	41
蒙山县	34	3	5	2	4	2	18	0	0	0	0	2	18	0	1	0	14	12
万秀区	36	5	3	3	5	3	15	1	3	1	0	0	17	3	3	1	13	18
长洲区	33	3	2	2	6	2	17	0	3	0	0	0	17	4	0	0	8	12
龙圩区	39	5	6	5	6	1	18	0	0	0	0	3	18	5	1	0	12	21
军分区	2										2						1	
合计	360	43	54	41	53	19	155	2	14	1	2	17	157	19	15	4	102	169
比例（%）		11.94	15	11.4	14.72	6.6	43.61	0.56	4.72	1.67	0.56	4.72	44.2	6.38	4.1	1.11	28.61	46.9

【代表履职服务】 年内，组织代表聚焦经济高质量发展进行调研视察，引导在梧州的自治区人大代表向自治区人大常委会提交38件高质量建议（议案）。组织梧州市6389名五级人大代表开展“混合编组、多级联动、履职为民”主题活动，收集处理意见建议1199件，群众对开展活动满意度达100%。鼓励引导基层创新开展代表工作，打造“代表来了·吾有话说”等履职新平台新载体，拓展代表履职渠道，推动抗旱保产、老旧小区改造、棚户区综合整治等一批民生问题得到有效解决。通过听取办理情况报告、通报办理进度、开展办理工作满意度测评等举措，提高代表建议办理质量。落实重点建议督办机制，常委会领导牵头对7件代表建议进行重点督办，对5件焦点难点建议进行追踪督办，推动加大社区防疫物资配备力度、加强城区景点免费停车场管理等群众普遍关注问题得到较好解决。市十四届人大八次会议及闭会期间收到的83件代表建议全部办理完毕，建议所提问题得到解决或者列入解决计划的占92.77%。举办新任代表履职培训班，组织160名新任代表参加培训。开展人大代表“履

职之星”评选，推选市县乡三级人大代表“履职之星”409名。筹措专项经费支持代表履职平台提质升级，建立涵盖县、乡、联络站三级工作主体的规范制度体系。邀请市人大代表列席常委会会议，组织120多名人大代表参加市人大常委会和“一府一委两院”组织的执法检查、专项调研、座谈会、听证会等活动，保障代表履职权利。

【重要决议（决定）】 2021年，梧州市人民代表大会及人大常委会通过决议、决定共26项：梧州市第十四届人民代表大会第八次会议关于政府工作报告的决议（2021年3月4日梧州市第十四届人民代表大会第八次会议第二次全体会议通过），关于梧州市国民经济和社会发展第十四个五年规划和2035年远景目标纲要的决议（2021年3月4日梧州市第十四届人民代表大会第八次会议第二次全体会议通过），关于梧州市2020年国民经济和社会发展计划执行情况与2021年国民经济和社会发展计划的决议（2021年3月4日梧州市第十四届人民代表大会第八次会议第二次全体会议通过），关于梧州市与市本级2020年预算执行情况和2021年预算的决议（2021年3月4日梧州市第十四届人民代表大会第八次会议第二次全体会议通过），关于梧州市人民代表大会常务委员会工作报告的决议（2021年3月4日梧州市第十四届人民代表大会第八次会议第二次全体会议通过），关于梧州市中级人民法院工作报告的决议（2021年3月4日梧州市第十四届人民代表大会第八次会议第二次全体会议通过），关于梧州市人民检察院工作报告的决议（2021年3月4日梧州市第十四届人民代表大会第八次会议第二次全体会议通过）；梧州市第十五届人民代表大会第一次会议关于政府工作报告的决议（2021年9月29日梧州市第十五届人民代表大会第一次会议第四次全体会议通过），关于梧州市人民代表大会常务委员会工作报告的决议（2021年9月29日梧州市第十五届人民代表大会第一次会议第四次全体会议通过），关于梧州市中级人民法院工作报告的决议（2021年9月29日梧州市第十五届人民代表大会第一次会议第四次全体会议通过），关于梧州市人民检察院工作报告的决议（2021年9月29日梧州市第十五届人民代表大会第一次会议第四次全体会议通过）；梧州市第十四届人民代表大会常务委员会关于批准2020年市本级决算的决议（2021年7月30日梧州市第十四届人民代表大会常务委员会第三十八次会议通过），关于召开梧州市第十四届人民代表大会第八次会议的决定（2021年1月8日梧州市十四届人大常委会第八十次主任会议通过），关于接受谢凌云辞去梧州市人大常委会主任职务请求的决定（2021年7月30日梧州市第十四届人民代表大会常务委员会第三十八次会议通过），关于接受黄中贤辞去梧州市监察委员会主任职务请求的决定（2021年8月23日梧州市第十四届人民代表大会常务委员会第三十九次会议通过），关于接受滕志华辞去梧州市中级人民法院院长职务请求的决定（2021年8月23日梧州市第十四届人民代表大会常务委员会第三十九次会议通过），关于接受黄昱辞去梧州市人民检察院检察长职务请求的决定（2021年8月23日梧州市第十四届人民代表大会常务委员会第三十九次会议通过），关于蔡可辉为梧州市监察委员会代理主任的决定（2021年8月23日梧州市第十四届人民代表大会常务委员会第三十九次会议通过），关于陈影为梧州市中级人民法院代理院长的决定（2021年8月23日梧州市第十四届人民代表大会常务委员会第三十九次会议通过），关于召开梧州市第十五届人民代表大会第一次会议的决定（2021年9月17日梧州市第十四届人民代表大会常务委员会第四十次会议通过）；关于梧州市第十五届人民代表大会第一次会议列席人员的决定（2021年9月17日梧州市第十四届人民代表大会常务委员会第四十次会议通过），关于接受方芳辞去自治区第十三届人民代表大会代表职务请求的决定（2021年9月17日梧州市第十四届人民代表大会常务委员会第四十次会议通过）；梧州市第十五届人民代表大会常务委员会关于设立梧州市第十五届人民代表大会常务委员会代表资格审查委员会的决定（2021年11月12日梧州市第十五届人民代表大会常务委员会第一次会议通过），关于接受杨志勇辞去自治区第十三届人民代表大会代表职务请求的决定（2021年12月14日梧州市第十五届人民代表大会常务委员会第二次会议通过），关于批准2021年市本级预算调整方案的决议（2021年12月14

2021 年 9 月 29 日下午，在市十五届人大一次会议第三次全体会议上，新当选的市长、副市长向宪法庄严宣誓

市人大常委会办公室　供图

日梧州市第十五届人民代表大会常务委员会第二次会议通过），关于开展第八个五年法治宣传教育的决议（2021 年 12 月 14 日梧州市第十五届人民代表大会常务委员会第二次会议通过）。

【人事任免】　2021 年，市人大常委会坚持党管干部原则和人大依法行使任免权有机统一，严格执行任免国家机关工作人员的法律规定和程序规范，确保党组织推荐的人选通过法定程序成为地方国家政权机关的领导人员。全年依法任免国家机关工作人员 144 人，补选自治区人大代表 2 名，组织 5 批共 66 名新任命的地方国家机关工作人员举行颁发任命书和宪法宣誓仪式。9 月 29 日，梧州市第十五届人民代表大会第一次会议选举产生梧州市第十五届人大常委会组成人员 41 名；其中，选举黄中贤为梧州市人大常委会主任，黎永益、李桂珍（女）、徐远洲、姜云飞、叶剑强、曾健勇为梧州市人大常委会副主任，阳永煊为梧州市人大常委会秘书长。依法选举钟畅姿（女）为梧州市市长，王永超、苏颖（女）、李广勇、杨桢、范洪亮、劳高进为副市长。依法选举蔡可辉为梧州市监察委员会主任、陈影为梧州市中级人民法院院长、曾军宁为梧州市人民检察院检察长。

2021 年市人大及人大常委会选举任免地方国家机关工作人员情况表

表 3

时间	机关类别	任命或批准		免职		辞职	
		姓名	职务	姓名	职务	姓名	职务
2021 年 1 月 18 日，梧州市十四届人大常委会第三十五次会议表决通过	市人大常委会主任会议			吕春松	梧州市第十四届人民代表大会社会建设委员会副主任委员		
	市政府			杜　诚	梧州市发展和改革委员会主任		
	市中级法院	周猛	梧州市中级人民法院审判委员会委员	张光霖	梧州市中级人民法院审判委员会委员、审判员		
		谭巧华（女）					
		李友齐					
		黎江玲（女）					
		卢元元（女）	梧州市中级人民法院行政审判庭副庭长	卢元元（女）	梧州市中级人民法院刑事审判第二庭副庭长		
		李　勉	梧州市中级人民法院刑事审判第二庭副庭长				

续表 3

<table>
<tr><th rowspan="2">时间</th><th rowspan="2">机关类别</th><th colspan="2">任命或批准</th><th colspan="2">免职</th><th colspan="2">辞职</th></tr>
<tr><th>姓名</th><th>职务</th><th>姓名</th><th>职务</th><th>姓名</th><th>职务</th></tr>
<tr><td rowspan="7">2021年3月31日，梧州市十四届人大常委会第三十六次会议表决通过</td><td rowspan="3">市政府</td><td>王永超</td><td>副市长</td><td>吴浩岭</td><td>副市长职务</td><td rowspan="4" colspan="2"></td></tr>
<tr><td>何予平</td><td>副市长</td><td rowspan="2" colspan="2"></td></tr>
<tr><td>王　鹏</td><td>梧州市发展和改革委员会主任</td></tr>
<tr><td>市中级法院</td><td>陈国飞</td><td>梧州市中级人民法院行政审判庭副庭长</td><td>陈少培</td><td>梧州市中级人民法院行政审判庭庭长、审判员职务</td></tr>
<tr><td rowspan="3">市检察院</td><td>金兆军</td><td>梧州市人民检察院副检察长、检察委员会委员、检察员</td><td>石世安</td><td>梧州市人民检察院副检察长、检察委员会委员</td><td>金兆军</td><td>批准辞去苍梧县人民检察院检察长职务</td></tr>
<tr><td>罗华庆</td><td>批准任命为苍梧县人民检察院检察长</td><td>罗华庆</td><td>梧州市人民检察院检察委员会委员、检察员</td><td rowspan="2" colspan="2"></td></tr>
<tr><td colspan="2"></td><td>陈荣昌</td><td>梧州市人民检察院检察员</td></tr>
<tr><td rowspan="11">2021年7月30日，梧州市十四届人大常委会第三十八次会议表决通过</td><td>个人</td><td colspan="4"></td><td>谢凌云</td><td>辞去梧州市人大常委会主任职务</td></tr>
<tr><td rowspan="4">市政府</td><td>邱振宇</td><td>梧州市自然资源局局长</td><td>吴情操</td><td>梧州市自然资源局局长</td><td rowspan="10" colspan="2"></td></tr>
<tr><td>赖彩东</td><td>梧州市交通运输局局长</td><td>韦　坚</td><td>梧州市交通运输局局长</td></tr>
<tr><td rowspan="2" colspan="2"></td><td>梁金昌</td><td>梧州市人民政府秘书长</td></tr>
<tr><td>陈　坚</td><td>梧州市退役军人事务局局长</td></tr>
<tr><td>市中级法院</td><td colspan="2"></td><td>严家鹏</td><td>梧州市中级人民法院审判员</td></tr>
<tr><td rowspan="5">市检察院</td><td rowspan="5">陶建武</td><td>梧州市人民检察院检察员</td><td>杨柳青（女）</td><td rowspan="2">梧州市人民检察院检察委员会委员</td></tr>
<tr><td rowspan="4"></td><td>覃祖瑜</td></tr>
<tr><td>陈少荣</td><td rowspan="3">梧州市人民检察院检察员</td></tr>
<tr><td>覃家兴</td></tr>
<tr><td>梁昌记</td></tr>
<tr><td rowspan="4">2021年8月23日，梧州市十四届人大常委会第三十九次会议表决通过</td><td rowspan="4">市人大常委会主任会议</td><td>梁健</td><td>梧州市人大常委会副秘书长、办公室副主任</td><td>梁健</td><td>梧州市人大教育科学文化卫生和民族委员会副主任委员</td><td rowspan="4" colspan="2"></td></tr>
<tr><td>贝丽明（女）</td><td>梧州市人大常委会副秘书长、办公室副主任</td><td>马涌涛</td><td>梧州市人大常委会副秘书长、办公室副主任</td></tr>
<tr><td rowspan="2" colspan="2"></td><td>胡亚伟</td><td>梧州市人大常委会副秘书长、办公室副主任</td></tr>
<tr><td>严锦辉</td><td>梧州市人大常委会研究室主任</td></tr>
</table>

续表 3

时间	机关类别	任命或批准		免职		辞职	
		姓名	职务	姓名	职务	姓名	职务
2021年8月23日，梧州市十四届人大常委会第三十九次会议表决通过	市政府	李传杰	梧州市人民政府秘书长				
		劳高进	梧州市公安局局长				
		徐军	梧州市科技局局长	覃汝胜	梧州市科技局局长		
		赵春雷	梧州市工业和信息化局局长	梁钦	梧州市工业和信息化局局长		
		黄杰梅（女）	梧州市民族宗教事务委员会主任	覃宏岩	梧州市民族宗教事务委员会主任		
		易铭良	梧州市民政局局长	高洁凤（女）	梧州市民政局局长		
		梁达斌	梧州市司法局局长	赖定全	梧州市司法局局长		
		崔磊	梧州市住房和城乡建设局局长	钟锋	梧州市住房和城乡建设局局长		
		韦贤康	梧州市农业农村局局长	黄保绪	梧州市农业农村局局长		
		卢宽（女）	梧州市文化广电体育和旅游局局长	陈刚	梧州市文化广电体育和旅游局局长		
		雷兵	梧州退役军人事务局局长				
	市监察委	蔡可辉	梧州市监察委员会副主任				
		罗国华	梧州市监察委员会副主任	张俊	梧州市监察委员会副主任		
		欧海昌	梧州市监察委员会委员	刘志刚	梧州市监察委员会委员		
		黎琳（女）	梧州市监察委员会委员	莫倚列	梧州市监察委员会委员		
	个人					黄中贤	辞去梧州市监察委员会主任职务
	市人大常委会主任会议	蔡可辉	梧州市监察委员会代理主任				
	市中级法院	陈影	梧州市中级人民法院副院长、审判委员会委员、审判员	吴大平	梧州市中级人民法院审判员		
		潘家绪	梧州市中级人民法院副院长、审判委员会委员、审判员	萧夏	梧州市中级人民法院审判员		
		陈文萍（女）	梧州市中级人民法院审判委员会委员、审判员				
	个人					滕志华	辞去梧州市中级人民法院院长职务
	市人大常委会主任会议	陈影	梧州市中级人民法院代理院长				

续表 3

时间	机关类别	任命或批准		免职		辞职	
		姓名	职务	姓名	职务	姓名	职务
2021年8月23日，梧州市十四届人大常委会第三十九次会议表决通过	市检察院	曾军宁	梧州市人民检察院副检察长、检察委员会委员、检察员	李进源	梧州市人民检察院副检察长、检察委员会委员		
		何凯兵	梧州市人民检察院副检察长、检察委员会委员、检察员	杨柳青（女） 陆华梅（女）	梧州市人民检察院检察员		
						何凯兵	批准辞去藤县人民检察院检察长职务
						郭梓勤	批准辞去蒙山县人民检察院检察长职务
						蓝兴瑞	批准辞去梧州市万秀区人民检察院检察长职务
						周军	批准辞去梧州市长洲区人民检察院检察长职务
	个人					黄昱	辞去梧州市人民检察院检察长职务
2021年9月17日，梧州市十四届人大常委会第四十次会议表决通过	市人大常委会主任会议	程祥	梧州市人大常委会研究室主任	覃必元	梧州市人大常委会选举联络工作委员会主任职务		
		梁思恩（女）	梧州市人大常委会选举联络工作委员会主任	黎琼龙	梧州市人大常委会研究室副主任职务		
		蒋荣江	梧州市人大常委会研究室副主任	蒋荣江	梧州市人大监察和司法委员会副主任委员职务		
	市中级法院			黄炳雄	梧州市中级人民法院副院长职务		
				滕志华	梧州市中级人民法院审判委员会委员职务		
				谭巧华（女）	梧州市中级人民法院刑事审判第二庭庭长、审判委员会委员、审判员职务		
	市人大常委会主任会议	通过《梧州市第十四届人民代表大会常务委员会代表资格审查委员会关于梧州市第十五届人民代表大会代表的代表资格审查报告》，确认360名梧州市第十五届人民代表大会代表的代表资格有效					

续表 3

时间	机关类别	任命或批准		免职		辞职	
		姓名	职务	姓名	职务	姓名	职务
2021年11月12日，梧州市十五届人大常委会第二次会议表决通过	市人大常委会主任会议	通过梧州市第十五届人民代表大会常务委员会代表资格审查委员会，组成人员如下： 主任委员：徐远洲 副主任委员：梁思恩（女，壮族） 委　员：（9人，按姓氏笔画为序） 李健雄、李海清、吴治华、邱家云、陈刚、赵春宝（壮族）、程祥、温　伦、蒙泽江（女，壮族）					
2021年12月14日，梧州市十五届人大常委会第二次会议表决通过	市政府	李传杰	梧州市人民政府秘书长				
		王　鹏	梧州市发展和改革委员会主任				
		覃映霞（女）	梧州市教育局局长				
		徐　军	梧州市科学技术局局长				
		赵春雷	梧州市工业和信息化局局长				
		黄杰梅（女）	梧州市民族宗教事务委员会主任				
		劳高进	梧州市公安局局长				
		易铭良	梧州市民政局局长				
		梁达斌	梧州市司法局局长				
		覃震西	梧州市财政局局长				
		秦晓宁（女）	梧州市人力资源和社会保障局局长				
		邱振宇	梧州市自然资源局局长				
		封　雷	梧州市生态环境局局长				
		崔　磊	梧州市住房和城乡建设局局长				
		赖彩东	梧州市交通运输局局长				
		潘一清	梧州市水利局局长				
		韦贤康	梧州市农业农村局局长				
		张　远	梧州市商务局局长				
		卢　宽（女）	梧州市文化广电体育和旅游局局长				
		宁金沛	梧州市卫生健康委员会主任				

续表 3

时间	机关类别	任命或批准		免职		辞职	
		姓名	职务	姓名	职务	姓名	职务
2021 年 12 月 14 日，梧州市十五届人大常委会第二次会议表决通过	市政府	雷　兵	梧州退役军人事务局局长				
		李旭长	梧州市审计局局长				
		黄上进	梧州市市场监督管理局局长				
		周　雄	梧州市统计局局长				
		宋彤宇	梧州市林业局局长				
		张崇贵	梧州市乡村振兴局局长				
		黎小媚（女）	梧州市医疗保障局局长				
		梁兴	梧州市城市管理监督局局长				
		岑小莲（女）	梧州市行政审批局局长				
		刘朝林	梧州市人民政府国有资产监督管理委员会主任				
	市中级法院	朱卓慧（女）	梧州市中级人民法院审判委员会委员	石忠贵	梧州市中级人民法院副院长、审判委员会委员、审判员职务		
		谢　康	梧州市中级人民法院刑事审判第二庭庭长	周松贤	梧州市中级人民法院审判委员会委员职务		
		卢元元	梧州市中级人民法院行政审判庭庭长	谢康	梧州市中级人民法院刑事审判第一庭副庭长职务		
	市检察院	罗华庆	批准任命为苍梧县人民检察院检察长	石世安	梧州市人民检察院检察员职务		
		魏钟生	批准任命为岑溪市人民检察院检察长	覃祖瑜	梧州市人民检察院检察员职务		
		叶耀隆	批准任命为藤县人民检察院检察长				
		韦焕成	批准任命为蒙山县人民检察院检察长				
		陆华梅（女）	批准任命为梧州市万秀区人民检察院检察长				
		郭梓勤	批准任命为梧州市长洲区人民检察院检察长				
		梁　琪（女）	批准任命为梧州市龙圩区人民检察院检察长				

重要会议

【人民代表大会会议】

梧州市第十四届人民代表大会第八次会议 2021年3月2日在市文化展览中心开幕。会议由大会主席团常务主席、执行主席全桂寿主持。大会主席团常务主席、执行主席谢凌云、蒋海东、黎永益、李桂珍、徐远洲、苏建中、程权、叶剑强，执行主席阳永煊在主席台前排就座。会议表决通过了关于政府工作报告、梧州市国民经济和社会发展第十四个五年规划和2035年远景目标纲要、梧州市2020年国民经济和社会发展计划执行情况与2021年国民经济和社会发展计划、梧州市与市本级2020年预算执行情况和2021年预算、市人大常委会工作报告、市中级人民法院工作报告、市人民检察院工作报告的决议。在梧州市工作的自治区第十三届人大代表，市政协第十二届委员会委员，列席市政协十二届六次会议的自治区政协第十二届委员会委员，市其他厅级领导，市十四届人大八次会议副秘书长，市人大常委会副秘书长，市人大常委会办事机构、工作机构负责人等列席大会。3月4日上午，梧州市第十四届人民代表大会第八次会议圆满完成各项议程，在市文化展览中心闭幕。

梧州市第十五届人民代表大会第一次会议 9月27日上午在市文化展览中心开幕。会议由大会主席团常务主席、执行主席蒋连生主持。大会主席团常务主席、执行主席钟畅姿、黄中贤、黎永益、李桂珍、徐远洲、姜云飞、叶剑强、曾健勇，执行主席阳永煊在主席台前排就座。市十五届人大一次会议实有代表360名，出席开幕会的代表有350名，符合法定人数。9月29日下午，市十五届人大一次会议举行第三次全体会议。大会执行主席蒋连生、钟畅姿、黄中贤、张惠强、邓旭升、文东福、卢新华、尤易武、覃学海、杜诚、赖启第在主席台前排就座。市政协主席黄振饶在主席台就座。会议由大会主席团常务主席、大会执行主席张惠强主持。大会应到代表360名，实到代表355名，超过全体代表的三分之二，符合法定人数。按照大会选举办法，表决通过了总监票人、监票人名单。经过无记名投票选举，产生梧州市第十五届人大常委会，产生梧州市新一届国家机关领导人员。钟畅姿当选为梧州市市长，黄中贤当选为梧州市第十五届人大常委会主任。大会还表决通过了梧州市第十五届人民代表大会各专门委员会组成人员人选名单。根据市十五届人大一次会议主席团关于宪法宣誓的组织办法，大会主席团组织举行了宪法宣誓仪式。会议分别表决通过了关于政府工作报告的决议、关于市人大常委会工作报告的决议、关于市中级人民法院工作报告的决议、关于市人民检察院工作报告的决议。9月29日下午，梧州市第十五届人民代表大会第一次会议圆满完成各项议程，在市文化展览中心闭幕，市委书记蒋连生在闭幕式上讲话。

【2021年梧州市人大常委会会议】

2021年，梧州市人大共召开常委会会议8次，常委会主任会议23次，审议通过法规案1件，听取和审议市“一府一委两院”专项工作报告19项，作出决议决定15项，汇总整理常委会会议审议意见16份。

市十四届人大常委会第三十五次会议 1月18日召开，

2021年9月29日下午，在市十五届人大一次会议第三次全体会议上，中共梧州市委书记蒋连生（右）和黄中贤（左）握手，祝贺他当选新一届市人大常委会主任　　市人大常委会办公室　供图

审议并表决通过有关报告和人事任免事项等。市人大常委会主任谢凌云主持会议。市人大常委会副主任黎永益、李桂珍、徐远洲、苏建中、程权、叶剑强，秘书长阳永煊等市人大常委会组成人员34人出席会议，符合法定人数。副市长卢新华，市监察委员会、市中级人民法院、市人民检察院负责人，市人大常委会副秘书长，市人大各专委、常委会各办事机构和工作机构负责人，市纪委监委派驻市人大机关纪检监察组组长列席会议。会议听取市人大常委会办公室关于市十四届人大八次会议筹备工作情况的报告；听取和审议市人大常委会代表资格审查委员会关于个别代表的代表资格的报告（草案）；审议并通过市十四届人大常委会第三十五次会议补选自治区第十三届人大代表办法；审议市人大常委会工作报告（草案）、市十四届人大八次会议议程（草案）、市十四届人大八次会议主席团和秘书长名单（草案）、市十四届人大八次会议议案审查委员会组成人员名单（草案）；审议市人大常委会主任会议关于补选自治区第十三届人大代表的议案，以及有关人事任免案。会议表决通过市人大常委会代表资格审查委员会关于个别代表的代表资格的报告；原则通过市人大常委会工作报告（草案），决定提请市十四届人大八次会议审议；表决通过市十四届人大八次会议议程（草案）、市十四届人大八次会议主席团和秘书长名单（草案）、市十四届人大八次会议议案审查委员会组成人员名单（草案），将提请市十四届人大八次会议预备会议审议；表决通过有关人事任免事项。会议依法补选于洁、陆宁为自治区第十三届人大代表。当天，梧州市十四届人大常委会召开第八十二次主任会议，听取常委会第三十五次会议分组召集人关于各项议案审议情况的汇报。

市十四届人大常委会第三十六次会议 3月31日召开，会议听取和审议有关报告，表决通过有关报告和人事任免事项等。市人大常委会主任谢凌云主持会议。市人大常委会副主任黎永益、李桂珍、徐远洲、苏建中、程权，秘书长阳永煊等市人大常委会组成人员31人出席会议，符合法定人数。副市长卢新华、何世恰，市监察委员会、市中级人民法院、市人民检察院负责人，市人大常委会副秘书长，市人大各专委、常委会各办事机构和工作机构负责人，市纪委监委派驻市人大机关纪检监察组组长，以及市政府有关部门负责人列席会议。会议听取和审议市十四届人大常委会代表资格审查委员会关于个别代表的代表资格的报告（草案）；听取和审议市人民政府关于2020年度法治政府建设工作情况的报告、关于2020年度环境状况和环境保护目标完成情况的报告。会议表决通过市十四届人大常委会代表资格审查委员会关于个别代表的代表资格的报告；会议审议通过市人大常委会2021年工作要点；表决通过了有关人事任免事项。市十四届人大常委会第三十六次会议结束后，市人大常委会举行颁发任命书仪式和宪法宣誓仪式，市人大常委会主任谢凌云向受任命人员颁发任命书。随后，受任命人员进行了宪法宣誓。

市十四届人大常委会第三十七次会议 5月28日召开，传达学习贯彻习近平视察广西时的重要讲话和重要指示精神，听取和审议有关报告。市人大常委会主任谢凌云主持会议。市人大常委会副主任黎永益、徐远洲、苏建中、程权、叶剑强，秘书长阳永煊等市人大常委会组成人员30人出席会议，符合法定人数。市委常委、常务副市长王永超，市监察委员会、市中级人民法院、市人民检察院负责人，市人大常委会副秘书长，市人大各专委、常委会各办事机构和工作机构负责人，市纪委监委派驻市人大机关纪检监察组组长，以及市政府有关部门负责人列席会议。会议听取和审议市人大常委会法工委关于备案审查工作情况的报告，市人民政府关于2020年度国有资产管理情况的综合报告、梧州市知识产权工作情况的报告、梧州市农业机械化促进工作情况的报告、梧州市退役军人服务保障体系建设情况的报告，审议《梧州市六堡茶文化保护条例（草案）》。在审议各项报告以及法规案中，与会人员结合实际提出了许多富有建设性的意见建议。会议要求，要认真研究梳理有关意见建议，合理采纳，加强对接沟通抓落实，促进相关工作提质增效。

市十四届人大常委会第三十八次会议 7月29日举行第一次全体会议，听取和审议有关报告。7月30日上午，举行第二次全体会议，表决通过有关决议、决定和人事任免事项。完成各项预定议程后，市十四届人大常委会第三十八次会议闭幕。市人大常委会副主任李桂珍受委托主持会议。市人大常委会副主任徐远洲、苏建中、程权、叶剑强，秘书长阳永煊等市人大常委会组成人员出席会议。会议经过表决，通过了市人大常委会关于批准2020年市本级决算的决议、关于接受谢凌云辞去梧州市人大常委会主任职务请求的决定，通过有关人事任免事项。副市长何世恰，市监察委员会、市中级人民法院、市人民检察院负责人，市人大常委会副秘书长，市人大各专委、常委会各办事机构和工作机构负责人，市纪委监委派驻市人大机关纪检监察组组长，以及市政府有关部门负责人列席会议。随后，市人大常委会举行颁发任命书和宪法宣誓仪式，新获任命人员接受任命书，并进行宪法宣誓。

市十四届人大常委会第三十九次会议 8月23日召开，审议并表决通过有关决定和人事任免事项。市人大常委会副主任黎永益受委托主持会议。市人大常委会副主任李桂珍、徐远洲、苏建中、程权、叶剑强，秘书长阳永煊等33名市人大常委会组成人员出席会议，符合法定人数。市人大常委会党组书记黄中贤，市人大常委会党组成员姜云飞、曾健勇，副市长李备战，市监察委员会、市中级人民法院、市人民检察院负责人，市人大常委会副秘书长，市人大各专委、市人大常委会各办事机构和工作机构负责人，市纪委监委派驻市人大机关纪检监察组组长列席会议。会议审议并表决通过有关人事任免事项。会议表决通过了有关决定，接受黄中贤因工作变动辞去市监察委员会主任职务，接受滕志华因工作变动辞去市中级人民法院院长职务，接受黄昱因工作变动辞去市人民检察院检察长职务；决定蔡可辉为市监察委员会代理主任，陈影为市中级人民法院代理院长。

市十四届人大常委会第四十次会议 9月17日召开，听取和审议有关报告，表决通过有关报告和人事任免事项等。市人大常委会副主任黎永益受委托主持会议。市人大常委会副主任李桂珍、徐远洲、苏建中、叶剑强，秘书长阳永煊等市人大常委会组成人员出席会议，符合法定人数。市人大常委会党组书记黄中贤，市人大常委会党组成员曾健勇，副市长苏颖，市监察委员会副主任、代理主任蔡可辉，市中级人民法院、市人民检察院负责人，市人大常委会副秘书长，市人大各专委、市人大常委会各办事机构和工作机构负责人，市纪委监委派驻市人大机关纪检监察组组长，市政府有关部门负责人，市人大法制委员会委员列席会议。

会议听取和审议了市监察委员会关于开展整治群众身边腐败问题工作情况的报告，市人大常委会执法检查组关于检查《广西壮族自治区乡村规划建设管理条例》实施情况的报告、关于检查《广西壮族自治区柑橘黄龙病防控规定》实施情况的报告，市人民政府办公室关于市十四届人大八次会议代表建议、批评和意见办理情况的报告，市人大常委会选举联络工委关于市十四届人大八次会议代表建议、批评和意见办理工作情况的报告，梧州市第十四届人民代表大会常务委员会代表资格审查委员会关于梧州市第十五届人民代表大会代表的代表资格审查报告（草案）；审议了梧州市人民代表大会常务委员会关于召开梧州市第十五届人民代表大会第一次会议的决定（草案），梧州市人民代表大会常务委员会关于梧州市第十五届人民代表大会第一次会议列席人员的决定（草案），市十五届人大一次会议议程（草案），市十五届人大一次会议主席团和秘书长名单（草案），市十五届人大一次会议议案审查委员会组成人员名单（草案），市人大常委会工作报告（草案），《梧州市六堡茶文化保护条例（草案）》（三审），《梧州市人大常委会关于接受方芳辞去自治区第十三届人民代表大会代表职务的决定（草案）》，以及有关人事任免案；听取了市人大法制委员会关于《梧州市六堡茶文化保护条例（草案）》审议结果的报告，市人大常委会办公室关于市十五届人大一次会议筹备工作情况的报告。

会议经表决，通过梧州市第十四届人民代表大会常务委员会代表资格审查委员会关于梧州市第十五届人民代表大会代表的代表资格审查报告、梧州市人民代表大会常务委员会关于召开梧州市第十五届人民代表大会第一次会议的决定、梧州市人民代表大会常务委员会关于梧州市第十五届人民代表大会第一次会议列席人员的决定、《梧州市六堡茶文化保护条例》、市人大常委会工作报告（草案）、市十五届人大一次会议议程、市十五届人大一次会议主席团和秘书长名单（草案）、市十五届人大一次会议议案审查委员会组成人员名单（草案）、关于接受方芳辞去自治区第十三届人民代表大会代表职务请求的决定，通过有关人事任免事项。

市十五届人大常委会第一次会议 11月12日召开，听取和审议市人大常委会执法检查组有关报告，表决通过有关议案。市人大常委会主任黄中贤主持会议并讲话。市十五届人大常委会副主任李桂珍、徐远洲、姜云飞、叶剑强、曾健勇，秘书长阳永煊等市人大常委会组成人员38人出席会议，符合法定人数。副市长范洪亮，市监察委员会、市中级人民法院、市人民检察院负责人，市人大常委会副秘书长，市人大各专委、市人大常委会各办事机构和工作机构负责人，市纪委监委派驻市人大机关纪检监察组组长，市政府有关部门负责人列席会议。会议把学习贯彻中央人大工作会议精神列为第一议程，随后听取和审议了市人大常委会执法检查组关于检查《广西壮族自治区民族教育促进条例》实施情况的报告、关于检查《广西壮族自治区人民代表大会常务委员会关于大力宣传普及应急安全常识提高公众应急防护意识和能力的决定》实施情况的报告，审议市人大常委会主任会议关于补选徐海荣、黄中贤为自治区第十三届人大代表的议案和关于提请审议设立梧州市第十五届人民代表大会常务委员会代表资格审查委员会的议案，表决通过了有关事项。经过法定程序，会议依法补选徐海荣、黄中贤为自治区第十三届人大代表，决定设立梧州市第十五届人民代表大会常务委员会代表资格审查委员会。

市十五届人大常委会第二次会议 12月13日召开，听取和审议有关报告。市人大常委会主任黄中贤主持会议。市十五届人大常委会副主任黎永益、李桂珍、徐远洲、姜云飞、叶剑强、曾健勇，秘书长阳永煊等市人大常委会组成人员出席会议，符合法定人数。副市长劳高进，市监察委员会、市中级人民法院、市人民检察院相关负责人，市人大常委会副秘书长，市人大各专委、市人大常委会各办事机构和工作机构负责人，市纪委监委派驻市人大机关纪检监察组组长，市人大常委会办公室二级、三级调研员，部分市人大代表，市政府有关部门负责人列席会议相关议程。12月14日，市十五届人大常委会第二次会议举行第二次全体会议，表决通过有关事项。完成各项预定议程后，市十五届人大常委会第二次会议闭幕。市人大常委会主任黄中贤主持会议并讲话。会议经表决，通过《梧州市人民代表大会常务委员会关于批准2021年市本级预算调整方案的决议》《梧州市人民代表大会常务委员会关于开展第八个五年法治宣传教育的决议》《梧州市人大常委会关于接受杨志勇辞去自治区第十三届人民代表大会代表职务的决定》，通过有关人事任免事项。

2021年11月12日，梧州市十五届人大常委会第一次会议第一次全体会议召开 蒋云浩 摄

【2021年梧州市人大常委会主任会议】 2021年，梧州市召开市人大常委会主任会议23次，主任会议根据职责范围，为每一次人大常委会的召开做好各项准备工作，以保证会议取得圆满成功。主任会议及时讨论、决定常委会机关日常的各项重要工作，以保证常委会各职能部门工作的正常运转。

人大监督

【概况】 2021年，市人大常委会听取审议国民经济和社会发展计划执行情况报告，聚焦重点领域开展专题调研，确保会议批准的计划得到全面贯彻执行。听取审议决算报告、预算执行情况报告、审计工作报告，审查批准决算。加强对预算执行监督，发挥人大预算联网监督作用，对政府预算调整事项进行调研，审查批准预算调整方案。听取审议关于审计查出突出问题整改情况的报告，聚焦民生资金项目、重大政策落实、政府投资项目监管等方面问题进行询问，首次开展满意度测评，推动政府及职能部门抓紧抓实审计整改，确保审计查出突出问题得到有效解决。认真履行对国有资产管理的监督职责，连续三年审议国有资产管理情况的综合报告，推动完善国有资产管理体系，更好发挥国有资产支撑地方经济社会发展基础作用。开展茶产业发展工作情况专题调研，提出针对性的意见和建议。开展知识产权工作情况专题调研，推动解决保护知识产权的有关问题。开展2020年度环境状况和环境保护目标完成情况专题调研。聚焦法治梧州建设，连续4年听取市人民政府关于法治政府建设工作情况的报告，推动各级行政机关不断提升法治政府建设工作水平。开展公共文化服务体系建设情况、农业机械化促进工作情况、社会保险工作情况、退役军人服务保障体系建设情况、苍海大道交通安全情况等专题调研，推动有关部门加快补齐民生领域和社会事业短板。首次听取审议市监察委员会关于整治群众身边腐败问题工作情况的报告，推动整治群众身边腐败问题向纵深发展。听取审议市中级人民法院关于全市人民法院民事审判工作情况的报告、市人民检察院关于梧州市检察机关控告申诉检察工作情况的报告。听取审议"七五"普法工作情况报告，督导落实普法责任制。首次检查自治区柑橘黄龙病防控规定实施情况，督促各级政府及相关部门紧扣防控规定落实法律责任。检查自治区乡村规划建设管理条例实施情况，推动加强村庄规划管理和民房建设管控。检查自治区民族教育促进条例实施情况，推动民族工作高质量发展。检查固体废物污染环境防治法实施情况，用法治手段支持和助力生态文明建设。检查《广西壮族自治区人民代表大会常务委员会关于大力宣传普及应急安全常识提高公众应急防护意识和能力的决定》的实施情况。

【代表建议、意见办理】 2021年，梧州市十四届人大八次会议及闭会期间，市人大代表联名或单独提出代表建议共83件，发展规划方面的9件，占建议总数10.84%；财政经济方面的21件，占建议总数25.3%；农经环境方面的13件，占建议总数15.66%；城建环境方面的12件，占建议总数14.46%；教科文卫方面的13件，占建议总数15.66%；社会管理方面的15件，占建议总数18.08%。代表们关注的主要问题有：乡村振兴发展、疫情防控与民生保障、城市综合管理能力提升、城乡路网提质建设、革命老区扶持建设等。市人大常委会第九十一次主任会议将《关于加强我市工业遗产保护和利用的建议》等7件代表建议列为市人大常委会重点督办建议，由常委会副主任牵头，带领相关专委进行重点督办。截至8月，83件代表建议已全部答复代表，办结率为100%。从答复情况看，代表所提问题已经解决或基本解决的（A类）28件，占建议总数的33.73%；正在解决或已列入计划解决的（B类）49件，占建议总数的59.04%；待日后解决的（C类）6件，占建议总数的7.23%。从总体上看，各承办单位对建议办理工作比较重视，办理工作扎实有效，办理质量不断提高，市人大代表对2021年代表建议办理工作表示满意。9月26日—29日，梧州市十五届人大一次会议召开，新一届市人大代表积极履职，联名或单独提出代表建议共99件。根据代表建议办理工作有关办法，99件代表建议已全部依时交办。

【执法检查】 2021年，梧州市人大常委会组成执法检查组，对法规、条例在梧州市的实施情况开展执法检查。6月16日，市人大常委会执法检查组到藤县，对《中华人民共和国固体废物污染环境防治法》的贯彻实施情况进行检查。6月18日，市人大常委会执法检查组到岑溪市开展《中华人民共和国固体废物污染环境防治法》执法检查，深入花岗岩矿山、石浆堆放场实地调研，并召开座谈会听取汇报，了解岑溪市贯彻落实固体废物污染环境防治法情况和存在问题。8月17日，市人大常委会执法检查组到南渡镇盘古村，开展《广西壮族自治区乡村规划建设管理条例》执法检查。执法检查组先后到扶贫新村、牛蛙基地、泰国蜜柚种植基地进行调研。8月18日，市人大常委会执法检查组到藤县，就《广西壮族自治区乡村规划建设管理条例》的贯彻实施情况开展执法检查。执法检查组先后来到太平镇柴咀村、濛江镇那塘村，实地检查乡村规划编制落实、产业发展和建设管理等情况。9月3日，市人大常委会执法检查组到藤县，对《广西壮族自治区柑橘黄龙病防控规定》在该县的贯彻实施情况开展

2021年9月3日，市人大常委会副主任叶剑强（前排左三）率执法检查组到藤县新庆镇高田沙田柚种植示范区，实地检查了解柑橘黄龙病防控情况　　市人大常委会办公室　供图

执法检查。在新庆镇高田沙田柚种植示范区实地检查，详细了解藤县柑橘黄龙病防控等相关情况。10月13日，市人大常委会执法检查组到岑溪市开展《广西壮族自治区人民代表大会常务委员会关于大力宣传普及应急安全常识提高公众应急防护意识和能力的决定》执法检查活动。执法检查组先后深入到岑溪市消防救援大队、马路镇伟正花岗岩矿、马路中学实地检查，了解岑溪市对决定的贯彻、宣传和应急安全常识普及等情况。10月27日，市人大常委会执法检查组到藤县宁康乡开展《广西壮族自治区民族教育促进条例》执法检查工作。在宁康幼儿园、中心校，执法检查组实地察看了校园布局、基础设施、功能室等，了解宁康幼儿园、中心校的标准化建设、少数民族学生比例、教师队伍建设、开展民族团结教育和少数民族优秀传统文化教育等情况。11月，市人大常委会执法检查组对《广西壮族自治区民族教育促进条例》（以下简称《条例》）实施情况开展执法检查。执法检查组首先召开市政府相关部门工作协调会，听取市政府办、市委编办、市发改委、市教育局、市科技局、市民族委、市财政局、市人社局、市文广体旅局、市科协等部门关于《条例》落实情况的汇报，随后到蒙山县、藤县、苍梧县、万秀区以及梧州职业学院实地查看，广泛听取各单位人员对实施《条例》的意见和建议。同时，委托岑溪市、长洲区、龙圩区人大常委会检查本行政区域内民族教育促进条例实施情况。

代表工作

【调研与视察】 2021年，梧州市按照自治区人大工作部署，受自治区人大常委会委托，8月和12月，市人大常委会组织部分住桂全国人大代表和自治区人大代表，分别开展以“推动经济高质量发展”为主题的专题调研、以乡村振兴等群众普遍关心关注的突出问题作为重点内容的集中视察，并向自治区人大常委会报送了高质量的调研报告与视察总结。同时，委托各县（市、区）人大常委会认真组织开展市人大代表的专题调研与集中视察活动。

【代表履职平台示范点建设】 2021年，梧州市结合人大换届年工作实际，提前谋划、统筹推进，明确要求县级人大常委会将加强人大代表联络站建设列入重要工作日程，与换届选举工作同步推进。7月制订下发全市各级代表进站履职主题活动方案。8月，做好自治区领导进驻站点的遴选推荐工作；9月，成立指导组，对联络站优化布局、五级代表重新编组、示范点联络站建设等工作开展专项调研指导；10月，督促指导各县（市、区）全面开展联络站年度主题活动。截至年底，全市318个人大代表联络站全部组织开展了“改善城乡人居环境，提高人民生活品质”主题活动，有6389位五级人大代表参加活动，参与率为99.8%。经归纳整理，共收集意见建议1099件，其中联络站重点建议528件；收集《广西壮族自治区固体废物污染环境防治条例（草案）》修改意见99条。6389位代表和2109位群众参加了联络站满意度测评，对上年重点建议办理情况满意的为99.72%，基本满意的为0.28%；对代表联络站活动开展情况满意的为99.67%，基本满意的为0.33%；联络站工作得到人大代表和群众充分肯定。

【代表履职培训】 2021年，梧州市把抓好新一届人大代表培训列入重要工作议程，提前谋划、认真安排。10月18日—30日，在市委党校举办两期新任代表履职培训班，组织160名新当选的市人大代表参加培训。常委会党组书记、主任黄中贤作培训动员并作专题辅导。培训课程内容丰富、紧扣需求，学习效果明显、反响热烈。组织开展2016—2021年度市县乡三级人大代表"履职之星"评选，共推选市级人大代表"履职之星"28名、县级人大代表"履职之星"113名、乡镇人大代表"履职之星"268名。

【省际人大区域合作】 2021年，梧州市着力突出特色，创造性地开展代表工作，探索形成五级代表联动履职、粤桂省际人大合作等独具特色、具备复制推广价值的创新工作机制与办法。梧州市五级代表统一编组、联动履职的经验做法上升为广西人大工作品牌，在全自治区推广实施。同时，结合自治区"东融"战略，着力推进人大工作跨区域合作，从2017年万秀区人大常委会与广东省肇庆市封开县签署合作协议开始，市县乡三级人大通过建设省际代表联络站、开展定期互访、互派驻站代表等举措，促进粤桂两地人大信息互通、资源互享、工作互动。8月，市人大常委会与肇庆市人大常委会举行合作协议签字仪式，围绕推进地方立法、代表监督、乡村振兴、县乡人大工作和建设等内容，全面建立省际人大区域合作关系。

【换届选举】 2021年，梧州市认真组织指导做好2021年市县乡三级人大换届选举工作，全市各乡镇于7月26日前完成新一届乡镇人大代表选举；7月28日前完成新一届乡镇人大一次会议召开工作，选举产生一届乡镇人大、政府领导班子。7月31日前，7个县（市、区）完成新一届县级人大代表选举工作。8月24日—27日，各县（市、区）陆续召开新一届县（市、区）人大一次会议，圆满完成大会各项议程，顺利选举产生新一届县级国家机关领导人员和市第十五届人大代表。9月26日—29日，市十五届人大一次会议召开，选举产生了梧州市新一届国家机关领导人员，全市人大换届选举各项工作完成。整个换届选举过程，坚持做到领导有力、组织到位，部署周密、严格依法。全市共登记选民260.89万人，实际参加投票选举的选民为240.27万人，选民参选率为92.09%。全市选举产生新一届乡镇人大代表4624名、县级人大代表1706名、市人大代表360名；选举产生新一届乡镇人大、政府领导人员404名，新一届县级人大常委会、"一府一委两院"领导人员311名，选举产生新一届市人大常委会组成人员、"一府一委两院"领导人员51名。梧州市新一届市县乡人大代表结构进一步优化，各界代表比例更加合理，更好地体现了人大代表的广泛性和代表性。在召开的市县乡新一届人大一次会议上，依法选举新一届乡镇人大、政府领导人员404名，选举新一届县级人大、"一府一委两院"领导人员311名，选举任命梧州市新一届国家机关工作人员85名，党委的人事安排意图得到充分拥护与贯彻落实。新当选的新一届国家机关工作人员普遍年富力强、文化程度高、政治素质好，具备较强工作能力、富有开拓进取精神。

（市人大常委会办公室）

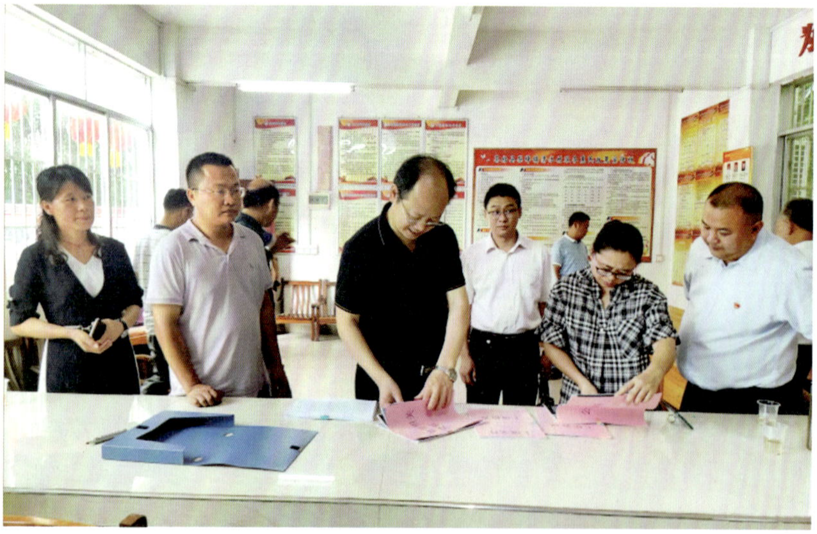

2021年6月28日下午，市人大常委会副主任徐远洲（前排左三）率指导组到苍梧县梨埠镇通过查阅资料、听取汇报、开展座谈等方式调研指导人大换届选举工作　　市人大常委会办公室　供图

编审：曾　强　编辑：魏珍珍

梧州市人民政府

综　　述

【概况】　2021年，梧州市人民政府全面落实中共梧州市委打造“一极三城”、建设“四个梧州”战略部署，以起步提速、开局争先的奋斗姿态，全力稳增长、促改革、调结构、惠民生、防风险、保稳定，全市经济稳中有进、稳中提质的态势不断巩固，圆满完成了全年各项目标任务，实现了“十四五”良好开局。年内，梧州市成立工业振兴指挥部，选派89名工业振兴特派员，推动“5+2”产业（“5”即：再生资源、高端金属新材料、建筑材料、食品医药和电子信息，“2”即：数字经济、文旅康养）全产业链发展。75.8%的工业行业实现增长，工业税收增长24.9%，被评为2021年上半年广西工业投资工作先进市。组建面向大湾区靶向招商指挥部和7个招商专班，新引进三类500强企业11家，500强项目17个，投资超100亿元项目1个，招商引资区外到位资金完成620亿元。“三企入桂”项目协议履约率、资金到位率、项目开工率、竣工投产率明显提高。组织13.8万名脱贫人口外出务工，脱贫户新增贷款2.24亿元，4235户17741名监测对象解除返贫致贫风险，脱贫攻坚成果持续巩固。深入实施乡村振兴五大提升行动，推动46个乡村振兴改革集成试点村建设，实施项目1297个，农业农村投资完成210亿元。粮食播种面积、单产和总产量实现“三增”，水果、蔬菜、家禽、水产品产量稳中有升。11类62个为民办实事项目全面完成，财政支出78%以上用于民生领域。新建、改扩建各类学校529所，岑溪市、藤县、蒙山县、长洲区成为自治区学前教育集团化办园改革试点县（市、区），万秀区成为自治区幼小科学衔接实验区。市政府切实提高政府服务效能，深入推进“提质效促落实”专题行动，全市性政府会议压减7%、政务公文减少14%，梧州市作为自治区唯一设区市在全国政府秘书长和办公厅主任会议上作经验交流。至年底，市政府推动出台地方性法规2项、政府规章1项；自觉接受人大监督、政协民主监督，办理建议83件、提案125件，办复率达100%。

【经济发展】　2021年，梧州市地区生产总值1369.73亿元，比上年增长10%，增速排全自治区第三。梧州市规模以上工业总产值和工业增加值分别增长31.4%和15.0%，对广西工业增加值增长贡献率13.9%，排广西第一。工业投资增长46%，获评为自治区上半年工业投资工作先进市。建筑业总产值增长11.3%。农林牧渔业总产值322.66亿元，比上年增长9.7%，排广西第七位。社会消费品零售总额增长11.4%，排广西第三位。新增规模以上工业企业91家、广西战略性新兴产业企业22家，8家企业入选广西工业龙头企业，高新技术企业保有量突破100家。全年固定资产投资增长21.6%，排全区第五位。财政收入134.84亿元，比上年增长9.4%，其中税收增长12.5%，首次突破百亿元大关。

【社会民生】　2021年，梧州市11类62个为民办实事项目全面完成，财政支出78%以上用于民生领域。劳动保障监察、拖欠农民工工资举报投诉案件结案率均达100%。累计救助各类困难群众333万人次，发放救助金8.63亿元。常态化新冠疫情防控、食品药品安全形势总体平稳。各类生产安全事故起数、死亡人数、受伤人数同比分别下降28.1%、12.1%、45.7%。地灾防治连续5年实现“零伤亡”。梧州市政治安全和社会治安大局稳定。

【营商环境优化】 2021年，梧州市深化“放管服”改革，939项事项审批效率达到或超过大湾区先进水平，1268项事项审批效率达自治区一流水平，212项事项实现“跨省通办”，784项事项实现广西通办，5740项事项实现“免证办”，9985项事项实现“掌上办”，“金牌就业管家”服务模式、“码”上告知改革列入广西改革典型经验并推广。企业投资项目承诺制直接落地承诺书被评为全国信用承诺书示范样本。54个项目“拿地即开工”，总投资321亿元。公共资源电子交易平台交易项目1352项，为企业节约资金1.65亿元。市城投集团获得AA+主体信用评级。梧州成为广西3个直接融资改革创新试点市之一，获评广西金融生态优秀市。天然气大用户市场化改革实现企业配气价格下降41%。市场主体突破17万户。

（市政府办公室）

重要会议

【市政府常务会议】 2021年，梧州市人民政府召开常务会议18次，做出应对新冠肺炎疫情稳发展、促进城市基础设施升级改造、加强生态环境管控、规划水域岸线保护与利用、促进梧州六堡茶高质量发展、促进教育科技文化提升发展等重大决定。

2021年梧州市人民政府常务会议情况表

表4

会议时间	会议名称	会议内容
1月14日	市十四届人民政府第106次常务会议	传达学习全国、全自治区新冠疫情防控工作电视电话会议精神，传达学习自治区主席蓝天立到梧州调研讲话精神和自治区副主席秦如培、李彬到梧州调研讲话精神，以及自治区人民政府办公厅印发的《“奋战一季度 加力开新局”的实施方案》《自治区人民政府关于梧州市奋战一季度经济工作的会商纪要》等文件精神，传达学习《自治区人民政府办公厅关于进一步支持粤桂合作特别试验区（广西片区）高质量发展若干政策的通知》精神；通报当前梧州市新冠疫情情况，审议《梧州市人民政府2021年立法工作计划（送审稿）》《梧州珍宝巴士有限公司融资租赁项目方案书（送审稿）》
1月28日	市十四届人民政府第107次常务会议	传达学习中央农村工作会议、自治区农村工作会议、自治区农业工作会议精神，传达学习全国巩固拓展脱贫攻坚成果同乡村振兴有效衔接工作会议、全国扶贫开发工作会议以及自治区设区市扶贫办主任会议精神，传达学习自治区第十三届人民代表大会第四次会议精神；审议《政府工作报告（讨论稿）》《梧州市2020年国民经济和社会发展计划执行情况与2021年国民经济和社会发展计划草案报告（送审稿）》《梧州市国民经济和社会发展第十四个五年规划和二〇三五年远景目标纲要（草案送审稿）》《梧州市城建投资发展集团有限公司非公开发行公司债券承销商招标方案（送审稿）》《梧州市东泰国有资产经营有限公司金融服务方案（送审稿）》《江苏金融租赁股份有限公司融资租赁方案（送审稿）》《中远海运租赁有限公司项目方案书（送审稿）》《东航国际融资租赁有限公司融资服务方案（送审稿）》《东航国际融资租赁有限公司融资方案建议书（送审稿）》《远东宏信产品方案（送审稿）》《广西梧州临港能源开发有限公司改组运营管理方案（送审稿）》《广西梧州日成林产化工股份有限公司退城进园易地搬迁技改项目投资协议（送审稿）》《广西顺风钛业有限公司退城进园易地搬迁技改项目投资协议（送审稿）》《梧州市全市与市本级2020年预算执行情况和2021年预算草案（送审稿）》，讨论研究停止执行退还再生资源企业随税征收教育附加费及地方教育附加费相关事宜，研究讨论《梧州市乡村振兴示范区（田园综合体）创建意见（试行）（送审稿）》
2月5日	市十四届人民政府第108次常务会议	传达学习《广西壮族自治区2021年春节及全国“两会”期间重要民生商品保供稳价工作方案》精神，听取梧州市一季度生态环境保护工作情况汇报，听取梧州市对照国家对广西义务教育均衡发展评估验收反馈意见落实整改工作情况汇报，审议《梧州市推行企业投资项目承诺制直接落地改革实施方案（送审稿）》《“一带一路产业发展中心”项目实施方案（送审稿）》《我市推荐第九批全国民族团结进步示范区示范单位名单（送审稿）》

续表 4

会议时间	会议名称	会议内容
3月3日	市十四届人民政府第109次常务会议	研究讨论市人大代表、政协委员所提的涉及《政府工作报告》的14条修改意见、《梧州市国民经济和社会发展第十四个五年规划和二〇三五年远景目标纲要（草案）》的5条修改意见、《关于梧州市2020年国民经济和社会发展计划执行情况与2021年国民经济和社会发展计划草案的报告》的6条修改意见以及《关于梧州市全市与市本级2020年预算执行情况和2021年预算草案的报告》的3条修改意见
3月11日	市十四届人民政府第110次常务会议	传达学习全国脱贫攻坚总结表彰大会精神，传达学习《关于构建推动广西高质量发展现代化统计体系的实施方案》精神，听取2020年度法治政府建设工作情况汇报，审议《梧州市农村承包土地经营权抵押贷款管理办法（试行）（送审稿）》、万秀区人民政府办公地址变更事宜、梧州市城建投资发展集团有限公司向柳州银行股份有限公司梧州分行申请不超过3亿元订单融资的事项
4月24日	市十四届人民政府第111次常务会议	传达贯彻中央生态环境保护督察组下沉梧州市督察有关精神
5月14日	市十四届人民政府第112次常务会议	传达学习全国新冠病毒疫苗接种工作电视电话会议、自治区疫情防控和疫苗接种工作会议精神，传达学习自治区党委常委、自治区副主席黄世勇到梧州调研时的指示精神，传达学习市委书记全桂寿拜会海关总署工作对接会精神，听取梧州市近期疫苗接种工作、梧州市2021年1月—4月信访工作情况、梧州西江水域涉嫌走私活动情况汇报，审议《梧州市国企改革三年行动实施方案（2020—2022年）（送审稿）》《梧州市控制性详细规划调整管理规定（试行）》《梧州市六堡茶文化保护条例（草案审查稿）》，审议市产投集团向梧州市区农村信用合作联社申请1.75亿元综合授信的融资模式，以及市城投集团发行不超过15亿元债券，市城投集团下属市城投公司、市东泰公司与渝农商金融租赁有限责任公司联合国建融资租赁(广州)有限公司开展不超过3.5亿元融资租赁业务，市城投集团下属市城投公司、市资产集团向燕鸟融资租赁（深圳）有限公司开展不超过2亿元融资租赁合作业务等三项融资模式
6月2日	市十四届人民政府第113次常务会议	听取2021年1至5月全市禁毒工作情况、梧州市第七次全国人口普查工作完成情况汇报，审议《梧州市城区社会停车场及配套综合提升（二期）PPP项目投资协议、合资协议、项目合同（送审稿）》、广西梧州粤桂合作特别试验区投资开发有限公司拟非公开发行不超过10亿元公司债券事宜、市城投集团下属梧州市城建公共交通有限公司向远东国际租赁有限公司申请1.7亿元融资资金事宜、市产投集团向中国邮政银行梧州分行申请3亿元综合授信融资事宜
6月17日	市十四届人民政府第114次常务会议	传达学习习近平关于应急管理和安全生产的重要论述及习近平对湖北十堰市张湾区艳湖社区集贸市场燃气爆炸事故做出的重要指示精神、国务院总理李克强批示要求和自治区党委书记鹿心社、自治区主席蓝天立批示要求，传达学习习近平对职业教育工作的重要指示精神，传达学习《中华人民共和国未成年人保护法》，传达学习《中华人民共和国生物安全法》，传达学习《中共中央办公厅、国务院办公厅关于坚决遏制“两高”项目盲目发展的通知》，传达学习《中共中央办公厅、国务院办公厅关于常态化开展扫黑除恶斗争巩固专项斗争成果的意见》精神，听取梧州市应急管理和安全生产工作、近期梧州市维护稳定工作情况汇报，审议《关于加快推动产业高质量发展的实施意见（送审稿）》《梧州市城市水利规划（2021—2035年）修订版（送审稿）》《梧州市城市规划管理技术规定（修订版送审稿）》

续表 4

会议时间	会议名称	会议内容
7月1日	市十四届人民政府第115次常务会议	传达学习李克强关于促进粮食生产稳定发展提高粮食安全保障能力的讲话精神，传达学习全国乡村振兴系统建设和工作推进电视电话会议精神，传达学习自治区党委、政府主要领导关于梧州高质量发展的指示精神，审议《梧州市国家综合性消防救援队伍优待保障实施细则（送审稿）》《梧州市消防安全责任制实施意见（送审稿）》《梧州市关于全面推行林长制的实施方案（送审稿）》，研究梧州市城市建设投资开发有限公司与珠海中汇兴融资租赁有限公司联合中交融资租赁有限公司1亿元融资租赁合作业务事宜、梧州市城建投资发展集团有限公司和梧州市东泰国有资产经营有限公司作为联合承租人向深圳前海桂金融资租赁有限公司申请1亿元融资资金事宜
7月14日	市十四届人民政府第116次常务会议	传达学习中央、自治区关于林长制工作部署要求，听取梧州市推行林长制工作情况汇报，审议《梧州市"三线一单"生态环境分区管控实施意见（送审稿）》《梧州市人民政府关于划转和下放一批行政许可事项的决定（送审稿）》《共同推动"梧贸通"融资创新业务试点实施方案（送审稿）》，研究调整梧州市本级公办幼儿园保育教育、梧州市城市道路车辆停放服务收费标准事宜，以及市城投集团下属梧州市第一建筑安装工程有限公司向柳州银行梧州分行申请3亿元国内保理额度事宜
8月25日	市十四届人民政府第117次常务会议	传达学习习近平在中共中央政治局会议上关于上半年经济形势和下半年经济工作的重要讲话精神，及全国全自治区关于碳达峰碳中和及能耗双控有关工作要求，听取梧州市第二轮中央生态环境保护督察反馈问题整改工作阶段性进展情况汇报，审议《关于继续实施疫情防控期间房地产扶持政策的通知（送审稿）》《梧州市推进装配式建筑发展有关优惠政策（送审稿）》《梧州市进一步规范医疗行为促进合理医疗检查的实施意见（送审稿）》，研究市城投集团下属梧州市东泰国有资产经营有限公司向农业发展银行梧州分行申请2亿元水利建设贷款事宜、市城投集团向广西北部湾银行梧州分行申请不超过5亿元ABS或ABN业务授信额度事宜
9月28日	市十四届人民政府第119次常务会议	研究讨论《政府工作报告》修改意见，研究市金投公司投资广西农村合作金融机构风险统筹基金和申请流动资金贷款有关事宜
11月4日	市十五届人民政府第1次常务会议	传达学习中央和自治区民族工作会议精神，传达学习《政府督查工作条例》精神，传达学习《广西壮族自治区人民政府关于加快建立健全绿色低碳循环发展经济体系的实施意见》精神，听取梧州市民族工作情况、梧州市高质量发展综合绩效评价指标情况、梧州市第三次国土调查成果汇报，研究市财政局、市生态环境局关于批准生态环境机构垂直管理改革经费保障等有关事宜，以及梧州市城市建设投资开发有限公司与中政融资租赁（深圳）有限公司联合中交融资租赁有限公司开展2亿元融资租赁合作业务事宜、梧州市第一建筑安装工程有限公司向北部湾银行梧州分行申请不超过2.5亿元的授信额度事宜、梧州市城建城市运营集团有限公司与远东国际融资租赁有限公司开展1亿元融资租赁合作业务事宜、梧州市城建投资发展集团有限公司与北部湾金融租赁有限公司联合广州西亚融资租赁有限公司开展3亿元融资租赁合作业务事宜、梧州市东泰国有资产经营有限公司向桂林银行梧州分行申请不超过1.62亿元贷款事宜、梧州市城建投资发展集团有限公司发行不超过3亿美元境外美元债事宜，审议《梧州市桂江河道采砂规划报告2021—2025（送审稿）》《梧州市推行乡镇"一枚印章管审批"改革实施方案（送审稿）》《京南水电站防洪抢险应急预案（送审稿）》《梧州市综合交通运输发展"十四五"规划（报批稿）》《梧州市城市养犬管理条例（草案审查稿）》
12月7日	市十五届人民政府第2次常务会议	传达学习国务院办公厅《2030年前碳达峰行动方案》精神，审议《梧州六堡茶产业高质量发展三年行动计划（2021—2023年）（送审稿）》《梧州市支持六堡茶产业发展若干政策（送审稿）》

续表 4

会议时间	会议名称	会议内容
12 月 9 日	市十五届人民政府第 3 次常务会议	听取梧州市 2021 年发展壮大村级集体经济工作情况汇报，审议《梧州市产业用地节约集约管理办法（送审稿）》《梧州市全面推进城镇老旧小区改造实施细则（送审稿）》《梧州市中国旅行社转企改制工作方案（报批稿）》《关于进一步深化科技体制改革推动科技东融促进梧州高质量发展的若干措施（送审稿）》《科技强梧三年行动实施方案（2021—2023 年）（送审稿）》《梧州市企业国有资产监督管理办法（修订稿）》《梧州市火灾事故调查处理规定（送审稿）》《关于进一步推动全市殡葬改革促进殡葬事业发展的实施方案（送审稿）》《梧州市城市棚户区改造项目房屋征收与补偿安置工作补充意见（送审稿）》《关于进一步加强和完善市本级征地拆迁工作机制的若干意见（试行）（送审稿）》，研究梧州高新技术产业开发区向农业发展银行梧州分行申请广西梧州六堡茶智能化加工基地项目前期贷款事宜、梧州市苍海朗悦建设发展有限公司 100% 股权转让方案事宜、梧州市商贸物流开发建设投资有限公司向农业发展银行梧州分行申请 4.8 亿元贷款及使用其中 1.1 亿元到位贷款资金相关事宜、市城投集团下属梧州江滨国际大酒店有限公司与国药控股（中国）融资租赁有限公司联合湖北思科威投资管理有限公司开展 1 亿元融资租赁合作业务事宜
12 月 23 日	市十五届人民政府第 4 次常务会议	听取梧州市信访工作情况汇报，审议《梧州市推进工业振兴三年行动实施方案（2021—2023 年）（送审稿）》，研究组建梧州市港务投资集团有限责任公司有关事宜、市城投集团下属东泰公司向农业发展银行梧州分行申请 12 亿元林场项目贷款事宜
12 月 27 日	市十五届人民政府第 5 次常务会议	传达中央经济工作会议精神，自治区党委十二届二次全会暨全区经济工作会议精神，自治区和梧州市 2022 年经济工作务虚会精神，传达学习《中共中央　国务院关于加快构建新发展格局的意见》精神，审议《梧州市城市建设规划审查领导小组会议议事规则（修订稿）》《北流河干流梧州市水域岸线保护与利用规划（报批稿）》《蒙江干流梧州市水域岸线保护与利用规划（报批稿）》《梧州市病媒生物预防控制管理办法（草案送审稿）》《梧州市教育事业发展“十四五”规划（送审稿）》《梧州市教育提升发展三年行动方案（2021—2023 年）（送审稿）》《梧州市文化和旅游产业融合发展三年行动方案（2022—2024 年）（送审稿）》，以及梧州市深化开发区体制机制改革实施方案和系列配套方案的送审稿，研究市城投集团下属梧州珍宝巴士有限公司与海通恒信国际融资租赁股份有限公司开展 1 亿元融资租赁合作业务事宜，听取西堤公园提升项目进展情况汇报

【政府其他会议】　2021 年，梧州市人民政府召开党组会议、其他会议，传达学习习近平重要讲话精神，研究部署市政府系统党史学习教育工作、党建工作，部署实施“三年三工程”活动，落实河长制工作等，并对全市在招商引资工作中取得突出成绩的县（市、区）和园区进行表彰。

2021 年梧州市人民政府其他会议情况表

表 5

会议时间	会议名称	会议内容
2 月 22 日	市政府党组会议	传达学习习近平在省部级主要领导干部学习贯彻中共十九届五中全会精神专题研讨班上的重要讲话精神、习近平在听取十九届中央第六轮巡视汇报时的重要讲话精神，传达学习十九届中央第六轮巡视反馈视频会议、中央第二巡视组巡视广西反馈意见以及中央第二巡视组巡视广西反馈意见整改动员部署大会、自治区推进工业振兴大会精神，研究讨论《梧州市 2021 年开展“三年三工程”活动实施方案（送审稿）》

续表 5

会议时间	会议名称	会议内容
3 月 22 日	市政府党组（扩大）会议	深入学习中共中央印发《关于在全党开展党史学习教育的通知》精神，传达学习习近平在党史学习教育动员大会、中央政治局第二十七次集体学习、2021 年春季学期中央党校（国家行政学院）中青年干部培训班开班式、十九届中央纪委五次全会上的重要讲话精神，贯彻落实自治区党委书记、自治区人大常委会主任鹿心社在自治区省级领导和厅级主要负责人学习贯彻中共十九届五中全会精神专题研讨班开班式上的讲话精神，动员部署市政府党组和市政府办公室系统党史学习教育工作
4 月 29 日	市政府党组（扩大）会议	传达学习习近平视察广西时的重要讲话和重要指示精神，以及在“领导人气候峰会”和博鳌亚洲论坛上的重要讲话精神，传达学习第二轮中央生态环境保护督察下沉梧州市督察指示精神，传达学习国务院第四次廉政工作会议、自治区党委常委（扩大）会议、自治区领导干部大会、市委常委会（扩大）会议精神，学习《自治区人民政府办公厅关于印发〈“攻坚二季度　实现双过半”实施方案〉的通知》精神，研究部署政府系统党建工作
6 月 4 日	全市经济运行分析调度电视电话会议	听取梧州市 2021 年 1 至 5 月经济运行工作汇报，研究部署 2021 年上半年任务工作，确保实现上半年“双过半”目标
6 月 10 日	2021 年全市投资促进大会	会议通报 2020 年度梧州市招商引资专项考评结果，对在专项考评取得突出成绩的县（市、区）和园区进行表彰
11 月 2 日	市政府党组会议	深入学习《自治区党委办公厅关于适应建设壮美广西需要进一步建设坚强有力领导班子的若干意见》和《自治区纪委关于党的十九大以来查处的自治区党委管理干部违反中央八项规定精神问题情况的通报》精神
11 月 17 日	2021 年梧州市总河长会议	深入学习贯彻习近平生态文明思想，听取梧州市河长制工作落实情况，研究部署今后一个时期梧州市全面深化河湖长制工作

（市政府办公室）

政事纪略

【城市建设】　2021 年，梧州市全面实施城市基础设施十大提升工程，综合整治农贸市场、老旧小区等 200 多个节点，改造和修缮背街小巷 30 条。实施 38 项城市提质重点工程，完成投资 25.5 亿元。实施广西公园城市试点项目 42 个，完成投资 8.9 亿元。高旺大桥实现通车，贯通和改造提升城市道路 21 条，建设地下管网 285 千米，新增海绵城市达标面积 4.48 平方千米、城市绿道 16.3 千米。城市生活污水集中收集率由 45.89% 提升至 61.41%。开工改造老旧小区 151 个 110 万平方米，新开工棚户区改造 7136 套，完成既有住宅加装电梯 121 部。新增公共停车位 1700 个。万达商业广场、百盛购物中心开业运营。河西防洪堤主体工程基本完成，可抵御百年一遇洪水。西堤公园全面开放，成为市民休闲、健身的打卡地。

【文化建设】　2021 年，梧州市完成科技成果转化 115 项，新增国家级创新平台 1 个、广西工程技术研究中心 4 个、广西智能工厂示范企业 4 家、广西知识产权优势培育单位 37 家，神冠集团获认定为广西数字化车间。高新技术企业突破 100 家，碧清源荣获广西科技进步奖一等奖。新建、改扩建各类学校 529 所，岑溪市、藤县、蒙山县、长洲区成为自治区学前教育集团化办园改革试点县（市、区），万秀区成为自治区幼小科学衔接实验区。修缮提升 43 处党史教育基地，推出 10 条红色旅游精品线路，全年接待游客人数增长 1.62 倍，旅游总消费增长 1.58 倍。岑溪市、藤县、蒙山县获评广西特色文艺之乡。龟苓膏配制技艺入选国家级非遗名录。环梧州市区红色体育旅游线路获评中国体育旅游十佳精品线路，藤县舞狮获评“2021 中华体育文化优秀民族项目”，石表山风景区获评“2021

中国体育旅游精品景区”。梧州市运动员全年参加自治区20个体育比赛（锦标赛），共获40枚金牌、48枚银牌、62枚铜牌。

【环境保护】 2021年，梧州市不折不扣落实中央环保督察反馈问题整改，矿山整改取得阶段性成效，清理固废1200万吨、废土2300万立方米，复绿172万平方米。强化生态保护和修复，实施“美丽梧州”国土绿化提质项目123个，植树造林193.3平方千米。深化污染防治攻坚，空气优良天数比率达99.5%，排广西第一；国家地表水考核断面水环境质量全国排名第十三；建设美丽幸福河湖7条。绿色低碳发展成效显著，创建国家级绿色工厂4个。循环经济产业形成年超1000万吨再生资源加工处理能力，全年总产值突破600亿元。

【第十八届梧州宝石节】 2021年12月3日—5日，由中国珠宝玉石首饰行业协会、中国—东盟博览会秘书处、梧州市人民政府共同举办的第十八届梧州宝石节在江滨国际大酒店开幕。举办“一带一路”国际宝玉石艺术设计大奖赛启动仪式暨宝玉石文化产业发展论坛（包含“一带一路”国际宝玉石艺术设计大奖赛启动仪式、首届全球华潮宝玉石文化产业发展论坛、广西“桂玉”文化产业发展论坛、全球宝玉石艺术品区块链AI溯源平台发布会、2021—2022国际宝玉石品牌盛典）、西江经济带合作与发展论坛、宝玉石文化艺术展（包含梧州珠宝展、梧州工艺美术作品展、广西“桂玉”精品展、梧州宝石“潮”文化艺术荟、云上宝石艺术节、“全民美拍时尚宝石”网络达人秀、宝玉石饰品设计大赛及新品发布会）、梧州六堡茶文化展示（包含梧州六堡茶展、第三届中国（广西）六堡茶斗茶大会）五大项活动。宝石节期间签约项目16个，投资总额112.02亿元，涉及六堡茶加工、新能源、再生资源、智能制造等领域。

（市政府办公室）

外事和港澳台事务

【概况】 2021年，梧州市协助驻外使领馆妥善处理涉及梧州市在缅甸、马来西亚、加纳公民的领事保护案事件4件，处置外国公民在梧州市发生的意外事件1件。针对部分国家治安案件高发特别是梧州市公民在东南亚国家伤亡事件时有发生的情况，通过在微信公众号推送安全提醒、张贴海报、印发海外安全常识宣传册等方式，积极开展预防性领事保护宣传。联合市委政法委、市公安局及各县（市、区）外事部门，广泛开展反对偷渡、电信诈骗、网络赌博、邪教等违法犯罪行为的宣传教育。组织开展“4·15”全民国家安全教育日宣传活动，通过宣传展板、宣传手册、知识竞答等形式扩大宣传范围，提升市民知晓率，呼吁广大群众关注海外利益安全保护。

年内，梧州市深化梧州与港澳台侨的交流合作，出台《梧州市服务台胞“四心工程”工作方案》，梧州市与台湾地区同胞通过视频连线的方式建成“同心林”，举办桂（梧州）台（台湾）各民族同唱《我们都是一家人》歌曲线上交流活动，引进台湾高级人才支持梧州建设，岑溪市人民政府、广东省海峡两岸交流促进会农业委员会共同举办推进海峡两岸乡村振兴农业合作发展交流会；邀请海外侨领侨商到梧州参观考察，接待缅甸广西总商会、巴西巴中友好合作协会，推动六堡茶和人造宝石产业在海外的发展。

【外事管理】 2021年，梧州市落实自治区新冠疫情期间谨慎评估出访必要性的要求，非特殊紧急任务建议延后安排，降低疫情风险，同时服务好特殊紧急任务出访。2021年度没有安排因公出访团组。市外事部门协调有关单位全面摸清外籍人员底数（包括外籍留学生数据、出境务工和学习人员底数），落实社区、学校和用人单位、定点酒店责任，加强涉外管理。年内，深入县（市、区）、机场、车站、码头等开展督导调研10余次。做好“三非”人员查控处置等有关涉外工作。通过梧州发布、梧办先锋等公众号发布《致海外梧州市民防疫和安全提醒》通告（中英双语）；及时转发外交部领事司《惩治境外回国检测造假》新闻播报等信息，进一步强化群众防控意识。春节期间，通过电视台、公交站亭、电影院、机场、车站等投放宣传片和海报，配合外交部、自治区外事办做好春节期间“非必要、非紧急、不出国”预防性领事保护宣传。按照“自愿申请、知情同意、自担风险”的原则，推动各高等院校、各县

（市、区）组织在梧州的外籍人士接种疫苗，积极对接自治区落实外籍人员疫苗自费方案。年内，组织17名梧州学院在校留学生接种疫苗，各县（市、区）组织77名外籍人士接种疫苗。

落实好疫情期间外国人来华复工复产签证邀请函申办政策，全面助力企业平稳有序复工达产。面向涉外企业宣传推广APEC商务旅行卡政策，主动对接上级部门，加快推进APEC商务旅行卡办理进度；研究制定简化企业人员因公临时出国（境）审批手续方案，持续为暖企助企提供政策制度保障。全年为嘉禾盛德金太阳再生资源公司等办理APEC商务旅行卡6张。组成工作专班，主动服务梧州市重点企业、重点园区和重点项目。深入园区15家涉外企业开展调研，摸排企业存在的困难和问题，为企业提供外事政策咨询和帮助；协助解决涉外项目外籍工程师到梧州的来华航班预订、签证申请等问题，妥善解决外籍人员入境隔离、跨区域转运、到梧州健康监测等事宜。全年帮助11批27名外籍工程师较快获得来华邀请函。

【接待与访问】 2021年，梧州市积极办好第十八届宝石节外事活动。邀请老挝驻南宁总领事馆总领事维拉萨·宋蓬、缅甸驻南宁总领事馆总领事觉梭登率团出席。在做好新冠疫情防控工作的前提下，做好礼宾和翻译工作，安排外宾出席宝石节开幕式及启动仪式、到梧州宝石文化博物馆和骑楼城参观等活动，完成开幕式字幕等近8000字的文字翻译工作。

【外事合作与交流】 2021年，梧州市积极推动自治区级非物质文化遗产“梧州蛇伤疗法”走出去，支持市中医医院开展“一带一路”东南亚蛇伤骨干医师培训班项目，从对外联络、来华手续、翻译等方面提供服务与协助。强化中医药国际科研合作，从培养中医药翻译人才、组织国际学术会议等方面争取自治区外事办支持，继续推动梧州市加快组建广西东盟生物毒素研究中心、与中科院昆明动物研究所共建国际生物毒素研究中心，推动生物毒素研究等方面的科技创新、产业发展与国际合作。5月19日—21日，乌干达驻广州总领事馆副总领事史蒂文一行5人到梧州，参观考察梧州市木材加工、农机、六堡茶及人工宝石产业，并就下一步合作进行深入交流。6月29日，中国（梧州）—摩洛哥线上对接会（六堡茶专场）在梧州和摩洛哥两地举行。对接会上，梧州市六堡茶企业与摩洛哥企业采取“一对一”沟通交流方式，部分企业达成合作意向，两地以茶会友，进一步开辟六堡茶合作新领域。7月30日，2021中国广西—以色列科技创新合作论坛在南宁举办，梧州市组织中恒集团、碧清源环保投资有限公司、茂圣茶业有限公司等重点企业参展参会。12月1日，梧州市外事办公室应邀参加泰王国驻南宁总领事馆在南宁举行的泰国国庆招待会。

（市外事办公室）

【港澳台合作与交流】 2021年3月12日，梧州市与中国台湾地区花莲县共同举办种植“同心树”活动。市台湾同胞投资企业协会、市台湾同胞联谊会、市黄埔亲属后代联谊会等团体代表60多人，在位于长洲区倒水镇旭村的台资（合资）企业东方美人茶基地种植樱花、茶苗等近1000株；与此同时，台湾花莲县新城乡民众在当地的“同心林”扩种桂花、七里香、雪茄花各500株（这一“同心林”是2013年桂台两地基层民众在花莲县新城乡须美溪畔公园设立的）。两地通过视频连线，“云上”分享共同种下“同心树”。5月24日，香港特别行政区政府驻广西联络

2021年12月2日，市委书记蒋连生（右）会见应邀到梧州参加第十八届梧州宝石节的老挝驻南宁总领事馆总领事维拉萨·宋蓬（左）

市外事办　供图

处主任吴嘉俊代表考察团一行到梧州考察，与梧州市就进一步加强对接合作、实现共赢发展进行深入交流。市委书记全桂寿参加会见。考察团一行分别到广西梧州茶厂有限公司、雅士电业（广西）有限公司、广西碧清源环保投资有限公司、中山纪念堂、粤桂合作特别试验区（梧州）等参观考察，了解梧州市园区建设、工业项目、文旅产业发展等情况。澳门中协爱心慈善会捐资70万元在岑溪市波塘镇合水中心小学建成中协爱心学生宿舍楼4层并投入使用，于6月在合水中心小学举行澳门中协爱心学生宿舍楼落成揭幕仪式，解决了该校学生住宿难题。

年内，梧州市打通“台企入梧”通道，推动粤桂特别合作试验区桂台青年创业基地建设，支持梧州学院签约引进2名台湾地区高级人才，成立新能源材料公司进驻桂台青年创业基地。至年底该基地已成功引进创伤养护敷料、石墨及碳素制品制造研发生产、新能源材料等一批台资（合资、合作）企业项目。10月，梧州台企广西琰鼎新能源材料有限公司在第十届中国创新创业大赛新材料、新能源、新能源汽车、节能环保全国赛中，获得全国优秀企业奖（节能环保初创组）。这是梧州台企在全国性创新创业大赛中获得的首个大奖。

（市委统战部）

【友好城市工作】 2021年，梧州市将做好国际友城工作作为推进对外开放合作、深化对外友好交流的重要平台之一，纳入梧州市“十四五”规划，提出“深化与英国纽波特市、泰国庄他武里府、瑞典本茨弗什市等国际友城合作交流，扩大海外‘朋友圈’”的目标任务。在市委外事工作委员会的总体框架下，将友城工作纳入市委外事工作委员会议事日程、列入梧州市外事工作要点，进一步加强党对友协工作的集中统一领导。在2021年新年到来之际，及时向各友城发送新年贺卡，表达美好祝愿；在庆祝中华人民共和国成立72周年到来之际，老挝川圹省省委书记、省长本占·西翁潘代表老挝川圹省委、省政府向梧州市发来贺信，祝愿梧州市和梧州市人民在新的征程上取得更大的辉煌；市委书记蒋连生、市长钟畅姿亲致回复信函，期望梧州市与老挝川圹省以中老建交60周年为契机，不断强化沟通联络，开启友城合作新篇章，共同推动中老命运共同体建设不断走深走实。12月2日，市委书记蒋连生会见老挝驻南宁总领事馆总领事维拉萨·宋蓬一行，双方就进一步深化两地友好关系、探讨交流合作等方面交换意见，为持续巩固友城关系奠定坚实基础。第十八届梧州宝石节筹备期间，梧州市及时致函各友城联络员，告知梧州宝石节举办概况，并以互联网直播形式与各友城共同分享宝石节盛况。严格落实“三个一批”季度报告制度，按时缴纳年度友城会费、完善友城缔结材料上报清单，不断加强对友城工作的规范指导；强化友协干部队伍建设，选派干部到苍梧县驻村工作2年，积极扎根脱贫攻坚一线，助力乡村振兴建设；选派干部到市委党史学习教育领导小组办公室协助工作，进一步强化“三服务”能力建设。按照全国对外友协工作部署，重点打造“五色参访路线”。配合开展“我眼中的中国—美丽乡村”全球短视频征集大赛活动。第十八届梧州宝石节期间接待老挝驻南宁总领事馆一行，参观考察梧州六堡茶文化园、泗洲岛乡村风貌建设，长洲区农村股改馆、党史馆等。做好“新时代中国特色社会主义壮美广西红色之旅——2021境外媒体看广西”参访团组在梧州期间的采访工作，宣传推介梧州红色资源、六堡茶生态旅游建设。

（市外事办公室）

政务服务

【概况】 2021年，梧州市行政审批局（简称市行政审批局）承接梧州市22个部门196项审批事项，集中推进市公安局、市民政局、市自然资源局、市交通运输局、市林业局、梧州市税务局等22个部门4407项依申请政务服务事项进驻梧州市政务中心集中办公，实行“一窗受理，一次告知，并联审批，限时办结，统一送达”的一站式服务模式。

【项目勘验】 2021年，梧州市试行企业预约勘验，由“我们主动约勘验”变为“企业预约勘验”，把勘验的主动权交给企业。项目的审批时限由原来的5个工作日压缩至2小时，实现审批用时大幅缩短。同时，增设预约勘验岗，建立预约勘验登记台账。开展项目专题报告技术审查，询价环节由原来的2个工作日压缩至2—4小时，评审前的筹备环节由原来的3—

5个工作日压缩至1—2个工作日，提高了项目专题报告技术审查效率与审查成果。

【行政审批】 2021年，梧州市与粤闽鲁赣4省10个城市签订“跨省通办”协议，梳理出“门诊费用跨省直接结算”等“跨省通办”高频事项212项。推行“通办+”服务，拓展“异地代收代办”，形成“跨省通办”叠加承诺审批、套餐服务共48项。累计办结“跨省通办”事项近5万件，群众办件满意度达99.9%。实施承诺制直接落地改革，企业只要获得土地并签订承诺书后即可开工建设，低风险项目可“先建后验”。年内有21个项目走承诺制直接落地，项目总投资70.7亿元。累计推动总投资额超302亿元49个项目快速落地。工业投资获自治区人民政府办公厅通报表扬并获5000万元资金奖励。落实“出生即入户”微改革，将新生儿出生医学证明、预防接种证、出生登记、医保登记、缴费、社保办理6个事项整合为“一件事”，实行“一站式”办理。推出“跨省通办+出生即入户”套餐服务，解决异地就业群众“往返跑”问题。完成便民利民“微改革”14项，政务服务事项实现“免证办”5740项，政务服务事项实现“掌上办”9985项。推动“证照分离”“一业一证”改革落地，在涉及市、县两级共108项“证照分离”改革事项落地后，制定《梧州市推行“一业一证”改革试点实施方案》，明确改革目标任务、实施主体、实施步骤、保障措施，对行业综合许可证中涉及的多个申请事项，实行“一次告知、一套材料、一窗受理、一同核查、并联审批、一证准营”。10月，市行政审批局正式发出梧州市首张行业综合许可证。

【公共资源交易】 2021年，梧州市公共资源交易领域进入全流程电子化智能化时代，由线下向线上转变革新，应用“广西公共资源交易平台系统（梧州）”“梧州市政采云平台全流程电子招投标系统”，推动市本级以及岑溪市、藤县、蒙山县三个县级公共资源交易平台实现房屋建筑工程、市政基础设施工程、交通运输工程、水利工程、政府采购等项目网上招标投标“全流程电子化交易”，完善“电子保函平台”、“电子监管系统”、“CA全区交叉互认”、“桂交易移动CA数字证书”APP、“远程异地评标系统”、“网上开标评标系统”、“远程异地专家抽取”等功能，系统全过程留痕可查，便于监督管理。年内进入梧州市本级及各县级公共资源交易平台完成交易的公共资源交易项目1592项，交易总金额170.44亿元，累计节约资金2.59亿元，免收投标保证金约9200万元。建立完善投标和履约担保机制，投标保证金退还时限由4个工作日压缩至2个工作日内完成，办结时限提速50%。免收房建和市政建设工程类项目投标保证金，降低政府采购项目投标保证金和履约保证金。实行免报名、简流程、降成本、零接触、少跑腿、降风险的便民利企创新举措，优化招投标营商环境。

2021年9月24日，梧州高新区盈田智能制造产业园受惠于企业投资承诺制落地政策，快速落地并建成投入使用

市行政审批局　供图

【政策法规与监督管理】 2021年，梧州市全面贯彻落实行政执法公示、执法全过程记录、重大执法决定法制审核“三项制度”。通过门户网站和信用中国向社会公示行政许可决定信息共19717条，抽查行政许可案卷265个，配备11台执法音像记录设备对行政许可的整个过程进行实时跟踪记录。11月，市行政审批局市场服务审批科被自治区司法厅、自治区法学会评为2016—2020年广西法治建设先进集体。

市行政审批局完成重大行政决策和行政许可合法性审查10件。推动法律顾问团队融入日常审批工作，建立法律顾问定期值班、坐班机制。23次组织顾问律师到市行政审批局办公场所驻点进行现场解答，法律顾问对市行政审批局所涉相关法律事务出具的专业法律审核意见60份。

【政务公开】 2021年，梧州市印发《梧州市政府信息主动公开制度（试行）》《梧州市政府信息公开协调制度（试行）》《梧州市政府信息公开审查制度（试行）》《梧州市政府信息公开工作年度报告制度（试行）》《梧州市政府信息依申请公开工作制度（试行）》5项制度，加强公文公开属性源头认定管理，规范标注公文和办理笺公开属性，严格实行政策解读“三同步”，各级各部门网站发布政策解读信息1614条。完成44个网站的IPV6升级改造，完成建设政府信息公开专栏，规范设置政府信息公开指南、政府信息公开制度、法定主动公开内容、政府信息公开年报等栏目，全部实现专栏专用。稳步推进政府网站与211个政务新媒体融合发展。依托政务大厅、政务服务分中心、图书馆、档案馆建设政务公开专区，共建成市县乡村四级政务公开专区140个，实现政府公报及政策文件、政务服务事项二维码线上线下双线公开。严格实行“每周自查、每月抽查、季度通报、年度报告”长效工作机制，全面加强公开情况检查整改，将政务公开工作纳入全市绩效考评指标。编制完成市、县、乡、村四级政务公开标准事项65224项，其中创编村（居）务公开标准事项44846项。

【信息化建设】 2021年，梧州市建设启用梧州市政务服务微信小程序。在公众号推出梧州市政务服务小程序，设置“问答式”智能引导、“口语化”搜索引擎、“预约式”现场勘验和“出生即入户”等功能。建设梧州市审管互动信息系统，深化相对集中行政许可权改革，优化审管信息双向反馈机制，通过数据汇聚整合、数据提纯加工和人工审核修正的方式，形成信息完整的审批结果信息，及时将办结的审批信息传输给监管部门。

（市行政审批局）

2021年12月10日，市行政审批局推出“码”上告知服务，公众通过手机扫码即可获知办理地点、办理时间、需交材料等信息

市行政审批局 供图

机关事务管理

【概况】 2021年，梧州市对全市机关办公用房集中统一管理，科学调配办公用房。建立重大活动公务车辆制度，加强公务用车管理。全年完成重要活动和公务出行用车保障约9000车次，无一交通安全事故。对市直机关食堂进行扩建改造，并引入“智慧食堂”系统，改善机关食堂就餐环境。承办大型重要活动进行300多场共约6万人次的会议服务，实现“零差错”。市机关后勤中心作为2021年度全自治区机关事务工作成绩突出的集体受到自治区机关事务管理局通报表扬。

【办公用房管理】 2021年，梧州市对全市机关办公用房集中统一管理，深入一线开展走访调研，走访党政机关事业单位169家，对151家单位开展逐层逐室测量办公用房使用面积，并重新核算其办公用房使用面积，共腾退办公用房543.97平方米，科学调配约572.85平方米办公用房。

【公务用车管理】 2021年，梧州市在强化公务用车管理的同时，建立重大活动公务车辆

"一清单，三注意，五必问"制度，每次出车前对车辆安全、清洁及物品放置等情况按照清单检验标准逐项检查。全年完成重要活动和公务出行用车保障约9000车次，无一交通安全事故。对市本级公务车辆采用委托管理与集中管理模式，有93辆应急和机要通信公务用车以委托管理的模式，交由49个基层一线单位部门进行委托管理，平台集中管理车辆34辆，既达到了统一管理、加强监管、节约成本的目的，又简化派车手续，提高调度效率。对市本级每一台公务车辆建立档案，做好车辆登记证书、保险单据等相关资料归集存档。收集托管车辆单位驾驶员准驾车型、驾龄等基本信息，建立梧州市机关单位驾驶员信息库，为重大活动车辆调度、驾驶员征调工作提供保障。每周定期不定期抽查公务用车运行轨迹、加油卡使用情况，杜绝公车私用、私车公养。

2021年8月28日—31日，会务人员开展中国共产党梧州市第十四次代表大会各项会前准备工作　　市机关后勤中心　供图

【机关食堂管理】　2021年，市机关后勤中心成立菜品研发工作领导小组，每周推出新品，解决领导干部职工众口难调和味觉疲劳的问题。引入"智慧食堂"系统，自动核算价格、人脸识别结算，智能分析出入库和人流量等各项数据。定期进行消杀工作，加强餐具、桌椅等消毒，严格把关食材的采购和接收。在机关食堂维修改造期间，建立机关食堂微信订餐群，通过统计订餐情况和就餐人数，及时做好食材配送计划和餐前准备工作，协调外单位借用食堂进行烹制，逐份打包，连续4个月保障市联合办公大楼干部职工用餐，提供午、晚"暖心餐"约3万份。

【维修改造工作】　2021年，市机关后勤中心对市联合办公大楼中央空调进行改造，从"水塔式"单一供冷到"模块式"冷暖供应，解决冬天供暖问题，降低能耗。利用市联合办公大楼原内花园对机关食堂进行维修改造，整体面积扩大3倍，改造后的机关食堂可供500人同时就餐。

【新冠疫情防控工作】　2021年，市机关后勤中心对管辖的5栋办公大楼进行消杀，对出入口严格执行测温和扫码。落实会议管理"十严格"，为四套班子和一线工作人员充足配备各类防疫物资，对市本级应急和机要通信公务用车严格落实消毒防疫措施。

【服务品牌创建】　2021年，梧州市打造车队零事故安全标兵岗、安保队伍铜墙铁壁卫士岗、保洁队伍先锋岗、会议服务金牌微笑岗、服务科标准化管理示范岗、电工队伍技术尖兵岗"六个示范岗"后勤服务品牌。年内，保障自治区党委常委班子到梧州开展党史学习教育红色研学研讨活动、市"两会"等大型重要活动300多场、约6万人次的重要会议服务，实现"零差错"；治理市联合办公大楼广场社会噪声污染，广场环境噪声由原来的90分贝降到60分贝以下；承办广西机关事务管理工作（桂东南片区）经验交流现场会议。

（市机关后勤中心）

编审：曾　强　编辑：魏珍珍

中国人民政治协商会议梧州市委员会

综　述

【概况】　2021年，梧州市政协围绕年度协商计划和点题协商内容，组织政协全体会议、专题议政性常委会会议、主席会议，以及专题协商会等重点协商活动，并形成协商成果报中共梧州市委、市政府。聚焦人民群众关心的急难愁盼问题，围绕巩固扫黑除恶成果、推进法治乡村建设等内容开展专题协商会协商。针对民生保障过程中出现的机动车年检收费、无人抚养儿童、基层严重精神障碍患者医疗救治管理等新问题，开展相机协商和微协商。年内，完成18个专题的调研、协商和民主监督工作，向市委、市政府提交各类建言18篇，组织开展40多次相机协商。开展以中共党史为主要内容的“四史”学习，以及统一战线历史、人民政协历史学习，挖掘梧州市红色资源，利用好现场教育基地，编印党史学习教育辅助读本，以集中学习探讨、现场参观感悟等形式开展。年内，到农村、社区、企业广泛宣讲90多次，办实事好事120多件。结合“书香政协”活动，开展市政协党组会议引领学、主席会议和政协常委会会议专题学，组织专委会和界别联系实际交流学、委员培训班集中学的学习体系，学习习近平新时代中国特色社会主义思想，重点跟进学习中共十九届六中全会精神、习近平在庆祝中国共产党成立100周年大会重要讲话和视察广西“4·27”重要讲话、重要指示精神。

【围绕中心大局建言资政】　2021年，梧州市政协围绕抓好常态化新冠疫情防控、做好“六稳”“六保”工作、推进乡村振兴、增进人民群众福祉等方面工作，以及群众关切的热点问题，深入调查研究，提交各类报告、提案、大会发言、社情民意信息390多篇，其中向自治区政协十二届四次会议提交提案26件，获立案19件，提案《关于出台再生资源产业扶持政策，支持循环经济产业发展》由自治区领导重点督办，自治区政府办公厅出台政策《关于支持梧州循环经济产业园区高质量发展的若干措施》。报送的1条社情民意信息获全国人大常委会副委员长、农工党中央主席陈竺的重视和采纳，向自治区政协办公厅报送社情民意信息48篇，上报数和采用数在自治区14个设区市政协分别排在第四位和第二位，其中《关于出台增加自治区增值税留成比例专项政策扶持再生资源产业高质量发展的建议》等20多篇信息，助力梧州争取更多的政策和要素支持。

召开经济运行调研分析座谈会，重点探讨梧州循环经济产业发展问题、临港经济发展和梧州港建设情况，向市委、市政府报送分析报告。年内，组织委员和机关工作人员成立9个“协商专班”，研究“助攻”方案，落实“助力”措施。开展“引企入梧”“乡村振兴”“基层治理”三大委员行动，围绕梧州再生资源等五大产业建设，成立委员工作专班，以“协商大篷车”的形式，就招商引资、营商环境提升和联系重大项目、企业等工作开展一线协商。年内，工作专班开展“点上协商”“一线协商”180多次，帮助企业解决40多个实际问题。发出“乡村振兴　委员行动”倡议，召开经验交流会，总结经验，推进履职，助推“乡村振兴　委员行动”工作在梧州扎实开展，取得成效。用好“求同茶室”平台，以协商专班形式深入茶园和茶企，组织“茶事”协商，推动茶产业六大环节开展构建利益共同体的尝试和探索。深化“东融”战略，聚焦产业振兴和珠西经济带合作发展的关键问题，深入调查研究，重点抓好《提振“内循环”对接“外循环”建设西江黄金水道多式联运强市》《关于发展梧州特色食品工业推进乡村振兴》等重点提案办理，以及《推进茶叶交易平台的建立，走出六堡茶产业融资困境》《巩固扫黑除恶成果，推进法治乡村建设》《进一步深化东融，加速推进梧州卫生健康发展》《加大对外宣传力度，提升我市城市形象的建议》《不断提高综合竞争能力，做大做强我市陶瓷产业的建议》《建设六堡茶科研基地，筑牢六堡茶产业发展根基》等协商议题的调研，深入协商，集中议政。

落实主席会议成员工作分工和联系界别工作，加强日常走访看望和履职联系。落实专门委员会联系界别和组织界别制度，鼓励和支持界别委员加强与界别群众联系。重视党派团体和界别的诉求，鼓励和支持党派团体及界别对全市中心工作和政协内部事务提出建议。通过网络联系，与港澳委员密切沟通，鼓励和支持他们在推动“爱国者治港”、促进两地经济合作交流中发挥积极作用。

【市政协委员构成】 截至2021年12月31日，政协第十三届梧州市委员会共29个界别，委员总数313人。29个界别中有中国共产党25人、中国国民党革命委员会8人、中国民主同盟9人、中国民主建国会9人、中国民主促进会8人、中国农工民主党8人、中国致公党8人、九三学社8人、无党派人士9人、中国共产主义青年团6人、总工会10人、妇女联合会10人、青年联合会6人、工商业联合会20人、科学技术协会5人、归国华侨联合会7人、文化艺术界8人、科学技术界20人、社会科学界3人、经济界25人、农林界11人、教育界15人、体育界2人、新闻出版界2人、医药卫生界10人、社会福利和社会保障界3人、少数民族5人、宗教界3人、特别邀请人士50人（其中特邀港澳人士16人）。313名委员中，中共党员有120人，占38.3%；非中共党员有193人，占61.7%。研究生学历88人，占28.1%；大学学历170人，占54.3%；大专学历41人，占13%；中专学历12人，占3.8%。妇女98人，占31.3%；少数民族23人，占7.3%。高级职称80人，占25.6%；中级职称24人，占7.7%。

【政协委员履职服务及平台建设】 2021年，梧州市政协开展“以案为鉴强警示　清廉家风扬正气”家庭家教家风建设主题活动，召开全市政协系统党的建设工作经验交流会，制定出台并组织实施《政协梧州市委员会关于加强和促进人民政协凝聚共识工作的实施意见》。统筹推进换届工作，做好十二届市政协委员履职考评，审议推荐提名名单。制定界别召集人制度，完善委员管理考核机制，加强委员履职服务，在自治区政协委员联络工作经验交流视频会议作重点发言。建立健全“求同茶室”和委员联络站，完善“1+7+N”向基层、向一线延伸的履职平台，加强市、县两级政协联动履职，把协商议事现场搬到基层。完善反映社情民意信息工作机制，改进社情民意信息出刊方式，增编信息专报、转送件和打印稿。新修订或完善了《中国人民政治协商会议梧州市委员会提案工作实施办法》等10多项规章制度。根据市委主要领导要求，制定《市政协重点提案和“一号提案”遴选与督办试行办法》《市政协提案工作联动机制》，获自治区政协副主席彭晓春充分肯定。

【承办“李济深与人民政协”座谈会】 2021年10月30日—31日，梧州市承办由民革中央、自治区政协主办的“李济深与人民政协”座谈会及“书香政协　民革书屋”等系列活动。全国政协副主席、民革中央常务副主席郑建邦、自治区政协主席孙大伟到梧州出席座谈会并讲话，自治区政协副主席刘正东主持座谈会。全国政协常委、副秘书长、民革中央副主席兼秘书长李惠东，自治区政协秘书长王西冀参加座谈会，包括李济深、郭沫若等10多位革命先辈的后人在内的全国11个省（自治区）140多人参加活动。座谈会共收到各类文章20多篇，对进一步研究李济深的革命实践，加深对党的统战工作、人民政协工作的理解提供了新的理论和史料支持。会议还组织民革企业家开展投资考察梧州行、“书香政协　民革

2021 年 10 月 30 日，由民革中央、政协广西壮族自治区委员会主办的“李济深与人民政协”座谈会在梧州市举行

市政协办公室　供图

书屋”捐赠，以及“观故居·走多党合作之路”等系列活动，促成民革中央企业家联谊会与梧州市人民政府签订了战略合作框架协议。《人民政协报》《团结报》等运用纸媒及网络宣传平台，刊发各类文章（视频）30 多篇，“学习强国”等媒体、平台纷纷转载，引起积极而广泛的反响。

重要会议

【全体委员会议】

市政协十二届六次会议　2021 年 3 月 1 日—3 月 3 日，市政协十二届六次会议在市文化展览中心举行。市政协主席黄振饶，副主席莫永东、黄荣森、李贞梅、蓝明月、韦宁、曹垂龙、李彤华、冼秋莲，秘书长周晓飞出席会议。

市委书记全桂寿在开幕会上讲话。会议听取和审议黄振饶代表常委会所作的工作报告、莫永东代表常委会所作的提案工作情况报告。会议期间，委员们列席市十四届人大八次会议，听取并讨论市长钟畅姿所作的政府工作报告，讨论《梧州市国民经济和社会发展第十四个五年规划和二〇三五年远景目标纲要（草案）》以及市中级人民法院工作报告、市人民检察院工作报告及其他报告。会议通过常委会工作报告决议、政治决议和提案审查情况报告。

会议共收到提案 165 件。经提案委员会审查，决定立案 125 件，其中集体提案 41 件，委员提案 84 件，未予立案的 40 件。会议征集到大会发言材料 18 篇，其中安排 13 名委员在大会上发言。发言内容包括科学规划的建议、基础设施提升的建议、公共设施完善的建议、人居环境提升的建议、城市生态修复的建议、历史文化保护的建议、产业发展的建议、提升城市管理水平的建议、乡村产业振兴的建议、教育提质的建议等。

市政协十三届一次会议　9 月 25 日—28 日，市政协十三届一次会议在市文化展览中心举行。会议选举产生政协第十三届梧州市委员会主席、副主席、秘书长和常务委员。黄振饶当选主席，莫永东、李贞梅、蓝明月、韦宁、曹垂龙、李彤华、冼秋莲、钟锋当选副主席，林树锋当选秘书长，韦优等 63 人当选常务委员。

市委书记蒋连生在开幕会上发表讲话。受第十二届市政协常委会委托，第十二届市政协主席黄振饶向大会作政协第十二届梧州市委员会常务委员会工作报告，第十二届市政协副主席莫永东向大会作第十二届市政协关于提案工作情况的报告。会议期间，委员们列席梧州市第十五届人民代表大会第一次会议，听取并讨论市长钟畅姿所作的《政府工作报告》，讨论市中级人民法院、市人民检察院工作报告及其他报告。会议通过常委会工作报告决议、政治决议、提案工作情况报告决议和提案审查情况报告。

会议期间，共收到提案 76 件。经提案委员会审查，立案 57 件，并案处理 3 件，不予立案 16 件（其中转为社情民意信息和意见建议 8 件）。立案提案中，委员个人及联名提案 47 件，集体提案 10 件。

【常委会会议】　2021 年，市政协常委会共召开 7 次会议，其中，第十二届常委会召开 5 次，第十三届常委会召开 2 次。

2021 年梧州市政协常委会会议议程一览表

表 6

时间	会议名称	会议内容
1 月 28 日	市政协十二届常委会二十四次会议	一、传达学习自治区“两会”精神 二、审议市政协十二届六次会议的有关材料： （一）审议通过市政协十二届六次会议议程（草案）、日程（草案） （二）审议通过提请市政协十二届六次会议审议的常委会工作报告（草案），并确定报告人 （三）审议通过提请市政协十二届六次会议审议的提案工作情况报告（草案），并确定报告人 （四）审议通过市政协十二届六次会议秘书长、副秘书长名单 （五）审议通过市政协十二届六次会议分组及召集人名单 （六）审议通过邀请参加十二届六次会议的市领导及列席人员名单
3 月 3 日	市政协十二届常委会二十五次会议	一、听取各讨论组综合汇报审议市政协常委会工作报告、提案工作情况报告、“一府两院”报告的情况及《梧州市国民经济和社会发展第十四个五年规划和二〇三五年远景目标纲要（草案）》的情况，以及有关决议的情况 二、听取提案组汇报提案审查情况 三、审议各项决议草案：审议通过关于常委会工作报告的决议（草案）、市政协十二届六次会议政治决议（草案）、市政协十二届六次会议提案审查情况报告（草案） 四、审议通过有关人事事项
5 月 20 日	市政协十二届常委会二十六次会议	一、围绕“推进茶叶交易平台的建立，走出六堡茶产业融资困境”议题开展专题协商：市政协经济委主任在会上作协商议题情况说明；邀请市茶产业发展中心、市金融投资公司、农业发展银行梧州分行、广西农信社梧州办事处、梧州中茶茶业有限公司负责人在会议上作情况介绍；传达学习贯彻习近平视察广西时的重要讲话和指示精神； 二、组织与会政协常委到市党群服务中心开展“学党史　感党恩”党史学习教育活动
8 月 27 日	市政协十二届常委会二十七次会议	会议通过有关人事事项
9 月 23 日	市政协十二届常委会二十八次会议	一、学习贯彻市第十四次党代会精神 二、市委统战部副部长向市政协常委作关于政协第十三届梧州市委员会委员、常委提名推荐情况说明 三、审议提交市政协十三届一次会议有关材料： （一）审议通过召开市政协第十三届一次会议的决定（草案） （二）审议通过政协第十三届梧州市委员会委员人选建议名单（草案） （三）审议通过中国人民政治协商会议第十三届梧州市委员会主席、副主席、秘书长和常务委员候选人建议名单（草案） （四）审议通过中国人民政治协商会议第十三届梧州市委员会第一次会议主席团常务主席和常务主席会议主持人建议名单（草案） （五）审议通过中国人民政治协商会议梧州市委员会常务委员会工作报告》报告人建议名单（草案） （六）审议通过《中国人民政治协商会议梧州市委员会常务委员会关于提案工作情况的报告》报告人建议名单（草案） （七）审议通过中国人民政治协商会议第十三届梧州市委员会第一次会议主席团、主席团会议主持人和秘书长建议名单（草案） （八）审议通过中国人民政治协商会议第十三届梧州市委员会第一次会议各次大会执行主席及主持人建议名单（草案） （九）审议通过中国人民政治协商会议第十三届梧州市委员会第一次会议副秘书长建议名单（草案） （十）审议通过中国人民政治协商会议第十三届梧州市委员会第一次会议提案审查委员会主任、副主任和委员建议名单（草案）

续表 6

时间	会议名称	会议内容
9 月 23 日	市政协十二届常委会二十八次会议	（十一）审议通过中国人民政治协商会议第十三届梧州市委员会第一次会议分组及召集人名单（草案） （十二）审议中国人民政治协商会议第十三届梧州市委员会第一次会议大会秘书处各组负责人名单（草案） （十三）审议中国人民政治协商会议第十三届梧州市委员会第一次会议列席人员名单（草案） （十四）中国人民政治协商会议第十三届梧州市委员会第一次会议议程（草案）、日程（草案） （十五）审议通过中国人民政治协商会议梧州市委员会常务委员会工作报告（草案） （十六）审议通过中国人民政治协商会议梧州市委员会常务委员会关于提案工作情况的报告（草案） （十七）审议通过中国人民政治协商会议第十三届梧州市委员会第一次会议选举办法（草案）
9 月 29 日	市政协十三届常委会一次会议	一、审议通过政协第十三届梧州市委员会常务委员会关于设置专门委员会的决定，梧州市第十三届委员会设置六个专门委员会：提案法制委员会、经济委员会、教科卫体委员会、文化文史和学习委员会、联谊委员会、农业农村委员会 二、审议通过有关人事事项 三、会议通报主席、副主席工作分工
12 月 30 日	市政协十三届常委会二次会议	一、会议传达学习十九届六中全会精神、自治区第十二次党代会精神 二、邀请市政府副市长通报 2021 年梧州市经济社会发展情况，书面通报关于市政协十三届一次会议以来提案办理情况 三、邀请市中级人民法院院长、市人民检察院检察长分别通报 2021 年中级法院工作情况、2021 年市人民检察院工作情况 四、会议围绕“进一步做好事实无人抚养儿童保障工作”议题开展专题协商：市政协教科卫体委员会主任就“关于进一步做好事实无人抚养儿童保障工作的建议”的前期调研情况作说明；市民政局、市检察院、市公安局、藤县民政局建言献策；审议通过《关于进一步做好事实无人抚养儿童保障工作的建议》 五、审议提交市政协第十三届二次会议的有关材料：审议通过市政协第十三届二次会议议程（草案）、日程（草案）；审议通过邀请出席市政协第十三届二次会议的市领导及列席人员名单（草案）

【主席会议】 2021 年，梧州市政协召开主席会议 11 次，其中，第十二届委员会召开 8 次、十三届委员会召开 3 次。主要在常务委员会闭会期间，讨论处理常务委员会重要的会务工作，讨论常务委员会召开的日期、议程，审议提交常务委员会会议的文件等，以及审议专题调研、协商和民主监督课题等内容。

2021 年梧州市政协主席会议议程一览表

表 7

会议时间	会议名称	会议内容
1 月 12 日	市政协十二届委员会三十四次主席会议	一、传达学习自治区政协关于印发《关于加强和促进人民政协凝聚共识工作的意见》的通知精神 二、审议提请市委常委会审议的市政协十二届六次会议相关材料：审议通过市政协第十二届六次会议议程（草案）、市政协第十二届六次会议日程（草案）、市政协第十二届六次会议列席人员名单（草案）、市政协第十二届六次会议常委会工作报告（草案）、市政协第十二届六次会议提案工作报告（草案） 三、审议 2021 年度专题调研、协商、民主监督课题

续表 7

会议时间	会议名称	会议内容
1 月 28 日	市政协十二届委员会三十五次主席会议	一、传达学习自治区“两会”精神 二、会议确定于 2021 年 1 月 28 日召开市政协十二届第二十四次常委会会议，审议通过第二十四次常委会会议议程 三、审议提请市政协常委会第二十四次会议审议的有关材料：审议通过政协十二届六次会议的会议议程（草案）、日程（草案），市政协十二届六次会议审议的常委会工作报告（草案）、提案工作情况报告（草案）并确定报告人，市政协十二届六次会议秘书长、副秘书长名单（草案），市政协十二届六次会议分组及召集人名单（草案），邀请参加十二届六次会议的市领导及列席人员名单（草案）
1 月 29 日	市政协十二届委员会三十六次主席会议	一、会议决定市政协十二届六次会议延期召开 二、部署春节慰问有关工作
2 月 22 日	市政协第十二届委员会第三十七次主席会议	审议通过召开市政协十二届六次会议议程（草案）、日程（草案）
3 月 3 日（市政协十二届六次会议期间）	市政协十二届委员会三十八次主席会议	一、审议通过常务委员会工作报告决议（草案） 二、审议通过大会政治决议（草案） 三、审议通过市政协十二届六次会议提案审查情况报告（草案） 四、审议通过有关人事事项
4 月 12 日	市政协十二届委员会三十九次主席会议	一、传达学习全国政协副主席卢展工在梧州市调研讲话精神 二、传达学习自治区党委书记鹿心社在梧州调研讲话精神及全区政协系统“引企入桂　委员行动”工作推进会精神 三、审议《政协梧州市委员会 2021 年工作要点（征求意见稿）》 四、审议《政协梧州市委员会关于加强和促进人民政协凝聚共识工作的实施意见（征求意见稿）》 五、审议《政协梧州市委员会关于报送市政协十二届六次会议委员建议的报告（征求意见稿）》 六、审议《政协十二届梧州市委员会第六次会议重点提案目录（征求意见稿）》 七、部署近期有关工作
8 月 25 日	市政协十二届委员会四十次主席会议	审议通过提请政协第十二届梧州市委员会常务委员会第二十七次会议的相关材料 一、审议通过有关人事事项 二、会议确定召开政协第十二届梧州市委员会常务委员会第二十七次会议的日期 三、审议通过第二十七次常委会会议议程（草案） 四、审议通过《进一步规范机动车年检收费的建议》《加强基础设施建设　提升农村水利服务保障效能》《推进梧州藤县同城化发展的政策建议》《关于“加大对外宣传力度　提高我市城市形象”的意见和建议》《建设六堡茶科研基地　筑牢六堡茶产业发展根基》《加强农业科技队伍建设的建议》等调研报告 五、审议通过《梧州市政协委员 2020 年度履职情况》
9 月 23 日	市政协十二届委员会四十一次主席会议	会议审议提交市政协第二十八次常委会会议审议通过的相关材料 一、审议通过十三届市政协委员人选建议名单（草案）、十三届市政协主席、副主席、秘书长和常务委员候选人建议名单（草案） 二、审议关于召开市政协十三届一次会议的决定（草案）、市政协十三届一次会议议程（草案）、市政协十三届一次会议日程（草案）、市政协十三届一次会议大会秘书处各组负责人名单（草案）、市政协十三届一次会议列席人员名单（草案） 三、审议通过常委会工作报告的报告人建议名单（草案）、提案工作情况报告的报告人建议名单（草案）

续表 7

会议时间	会议名称	会议内容
9 月 23 日	市政协十二届委员会四十一次主席会议	四、审议通过市政协十三届一次会议各次大会执行主席和会议主持人建议名单（草案）、十二届市政协常委会工作报告（草案）、十二届市政协常委会提案工作情况报告（草案） 五、审议通过市政协十三届一次会议主席团、主席团会议主持人和秘书长建议名单（草案）、市政协十三届一次会议主席团常务主席和常务主席会议主持人建议名单(草案)、市政协十三届一次会议副秘书长建议名单(草案）、市政协十三届一次会议分组及召集人建议名单（草案） 六、审议通过选举办法（草案） 七、审议通过市政协十三届一次会议提案审查委员会主任、副主任和委员建议名单（草案） 八、审议通过《关于“巩固扫黑除恶成果，推进法治乡村”的建设》《关于“进一步主动融入大湾区　加速推进梧州卫生健康高质量发展”的建议》等调研报告 九、九、确定召开政协第十二届梧州市委员会常务委员会第二十八次会议的日期和议程（草案）
9 月 29 日	市政协十三届委员会一次主席会议	会议审议提请政协第十三届梧州市委员会常务委员会第一次会议审议通过的有关材料： 一、审议通过政协第十三届梧州市委员会常务委员会关于设置专门委员会的决定（草案） 二、审议通过政协第十三届梧州市委员会副秘书长，办公室、研究室、委员联络工作办公室主任、副主任名单（草案） 三、审议通过政协第十三届梧州市委员会主席、副主席工作分工（草案） 四、协商确定召开政协第十三届梧州市委员会常务委员会第一次会议的日期和议程（草案）
12 月 2 日	市政协十三届委员会二次主席会议	一、传达学习自治区第十二次党代会精神 二、审议通过《关于“进一步加强我市爱国主义统战遗迹保护和利用”的意见和建议》《关于全面深入推进梧州大健康产业发展打造粤港澳大湾区康养首选目的地的建议》等调研报告 三、协商确定市政协各专委会联系委员名单（草案） 四、审议通过《政协梧州市委员会提案工作联动机制》 五、审议通过《政协梧州市委员会重点提案和“一号提案”遴选与督办办法（试行）（草案）》 六、审议通过《市政协十三届一次会议重点提案》

主要工作

【协商议政】 2021 年，梧州市政协根据中共梧州市委办公室《关于印发〈梧州市 2021 年度政党会议协商计划〉和〈2021 年梧州市政协协商计划〉的通知》，制订《梧州市政协 2021 年协商计划实施方案》并组织实施。市政协除组织全体委员会议协商外，还围绕六堡茶产业、法治乡村建设、卫生健康、城市形象宣传等议题，组织开展专题议政性常委会协商 2 次、专题协商会协商 2 次、对口协商会协商 2 次、界别协商会 1 次。在市政协十二届六次会议期间，开展重点提案办理协商 9 次。会后，经综合整理向市委、市政府报送了《关于市政协十二届六次会议委员意见建议的报告》，在“经济发展和城市建设”等六个方面提出 30 条意见建议。市政协十三届一次会议期间，委员们通过提案、联组讨论等形式，对梧州市经济社会发展及其他工作提出了意见和建议。会后，经综合整理向市委、市政府报送《市政协十三届一次会议委员意见建议的报告》，在“经济高质量发展”等六个方面提出 24 条意见建议。市政协第二十六次专题议政性常委会会议，形成《建设梧州六堡茶交易平台创新金融支持六堡茶产业发展的建议》。市政协专题协商会议形成《严厉打击黑恶势力以及“保护伞”实现乡村安定有序和谐稳定兴旺发展——关于巩固扫黑除恶成果，推进法治乡村建设的建议》《创新管理机制　谋划合作路径　发挥资源优势——关于“进一步主动融入大湾区加速推进梧州卫生健康高质量发展”的建议》。市政协对口协商会议形成《关于“加大对外宣传力度　提高我市城市形象”的意见和建议》。市政协界别协商会形成《建设六堡茶科研基地　筑牢六堡茶产业发展根基》《关于提振“内循环”对接“外循环”建设西江黄金水道多式联运强市的提案》等事关梧州市经济发展、社会进步、群众关注的9件重点提案，分别由市政协主席、副主席领衔督办，组织提案人与承办单位面对面座谈，开展提案办理协商，推动重点提案办理及落实。市政协十三届二次常委会会议，形成《关于进一步做好事实无人抚养儿童保障工作的建议》。市政协十三届一次会议重点提案联合督办会议，围绕10件重点提案集中协商和督办，进一步促进提案办理。

【民主监督】　2021年，《梧州市政协2021年民主监督活动方案》经市政协十二届三十四次主席会议研究，报市委同意后实施。针对动车年检收费、园区闲置土地处置、事实无人抚养儿童关爱和保护、文化市场监管、政务服务数字化建设、农业科技队伍建设等经济发展及群众关心的问题，由市政协主席会议成员率队，通过抓好“五个专题”（专题学习培训、专题宣讲、专题调研、专题协商、专题监督），分五个阶段组织推进民主监督活动。加强与相关单位、部门联系沟通，了解实情，以问题为导向，组织深入研讨，为市委、市政府及相关部门提出监督性意见建议。形成《加强农业科技队伍建设的建议》《进一步规范机动车年检收费的建议》《关于加快处置园区闲置土地的建议》《补短板　增实效　净化社会文化环境——关于加强梧州市文化市场监管的调研协商报告》等调研报告，上报市委、市政府参考。

【视察调研】　2021年，梧州市政协根据市委书记、市长的点题确定年度调研课题，组成专题调研组，紧扣农村基础设施建设、梧州藤县同城化建设、大健康产业、爱国主义统战遗迹保护和利用、牟子历史文化研究、农业特色产业发展6个课题，深入开展调研、视察，形成6篇专题调研报告，经主席会议审议后报送市委、市政府参考。市政协围绕“东融”战略的实施，以“产业兴市　三企入梧”委员行动为抓手，印发工作方案，对再生资源、医药食品、电子信息等五大产业建设，分别成立由副主席任组长的委员工作组，参与招商引资、营商环境提升和联系重大项目、企业等工作，组织全市80%以上的政协委员参与到“引企入梧”相关工作中，120多名委员直接参与重大项目建设，聚焦项目审批、资金筹措、征地拆迁、规划调整、政策落实等问题开展调研协商活动。9月8日，市政协组织住梧州市的自治区政协委员到赤水港、梧州循环经济产业园区，围绕“打造亿吨西江门户枢纽港，促进我市高质量发展”主题开展考察活动。考察团在参观和座谈中提出，构建“水公铁空”多式联运体系对于有效降低物流成本，进一步发挥区位优势，助力梧州市早日实现工业强市的目标至关重要，要加快推动梧州市构建综合立体交通网，协调解决土地规划、能耗短缺、

2021年12月13日，市政协以“协商大篷车”的方式组织开展委员视察活动，到岑溪市茶园、茶山、茶企实地视察并召开协商会，助推梧州市六堡茶产业高质量发展。图为市政协主席黄振饶（左二），副主席李彤华（左三）、冼秋莲（左一）与企业技术人员、政协委员们一起探讨茶苗育种、育茶技术改进等问题　　市政协办公室　供图

企业用电等方面的问题，为全力打造亿吨西江门户枢纽港积极出谋划策。12月13日，市政协以“协商大篷车”的方式开展委员视察活动。政协委员先后到岑溪市筋竹镇云龙村万亩生态茶园、南渡镇六梭村天龙六堡茶苗圃基地、南渡镇百福山生态茶园开展调研。在百福山生态茶园召开“协商大篷车”岑溪茶园建设协商会，市农林界、经济界、科学技术界的政协委员，围绕改进育苗技术、提升茶园产量、引进龙头企业等内容积极建言献策，市农业科研部门、市自然资源部门、市金融部门和机构有关负责人对有关问题进行及时回应。12月23日，市政协组织开展委员视察调研活动，以“协商大篷车”的形式在藤县召开茶园建设协商会。政协委员先后到藤县金鸡镇旺国茶园、象棋镇罗文村道家六堡茶园，调研有关茶园建设规划、茶树栽培技术、茶企营销融资、茶文旅融合发展等情况，围绕梧州市“建设百万亩茶园”发展目标，积极建言献策。

【提案工作】 2021年，梧州市政协在召开十二届六次会议、十三届一次会议前，组织提案工作小组深入基层调研，发现提案线索，印发提纲，指导和协调做好提案调研和撰写。市政协十二届六次会议期间，征集到提案165件。经审查，立案125件（其中合并处理6件），不予立案40件（其中转为意见建议21件），立案率为75.8%。立案提案中，委员个人及委员联名提案84件，占67.2%；集体提案41件，占32.8%。

市政协十三届一次会议期间，征集到提案76件。经审查，立案57件（其中并案处理3件），立案率为75%；不予立案16件（其中转为社情民意信息和意见建议8件）。立案提案中，委员个人及联名提案47件，占82.5%；集体提案10件，占17.5%。梧州市政协十二届六次会议、十三届一次会议结束后，市政协提案法制委员会及时与市督考办沟通对接，把大会提案转交承办单位办理。各承办单位根据提案的建议，结合年度工作积极承办提案。截至2021年年底，十二届六次会议和十三届一次会议立案的提案全部办复。

梧州市政协十二届六次会议后，遴选9件提案列为重点提案；市政协十三届一次会议后，遴选10件提案为重点提案，均得到高质量办理。如《关于招商引资“靶向”发力，把梧州打造为“湾企入桂”集聚区的建议》，市面向大湾区靶向招商指挥部将有关建议融入《梧州市面向大湾区靶向招商实施方案》中，面向大湾区精准招商。注重筛选市委、市政府重视、社会关注、群众关心的提案，由市政协领导领衔，集中开会督办，推进落实解决。如民进市委会提出的《提振“内循环”对接“外循环”建设西江黄金水道多式联运强市》提案，被列为市领导督办的重点提案之一，市政协组织调研组会同相关职能部门，到梧州海关、赤水港码头、藤县中和陶瓷产业园等地，调研西江黄金水道交通运输、物流成本和道路规划等，召开重点提案办理协商座谈会，组织提案人和承办单位面对面协商，就提案办理的存在问题互动交流，提出意见建议，确保提案办复落实见效。

【社情民意信息工作】 2021年，梧州市加强和改进社情民意信息工作，增编《社情民意信息专报》《社情民意信息转送件》《社情民意信息打印稿》，增强信息报送的针对性。实行“双月通报、年度考核”制度，对各单位报送的信息每两个月通报一次，将反映社情民意信息列为市政协委员年度履职考核内容。年内，收到社情民意信息162件，编办《社情民意信息》36期，向自治区政协和市委、市政府以及相关部门转送社情民意信息122件，其中报送自治区政协办公厅48篇，信息上报数和采用数在自治区14个设区市政协分别排在第四位和第二位。《西部地区严重精神障碍患者的救治管理问题应引起重视》信息获全国人大常委会副委员长、农工党中央主席陈竺的重视和采纳，并转化为个人建议提交全国政协；《关于出台增加自治区增值税留成比例专项政策扶持再生资源产业高质量发展的建议》等多条信息，助力梧州市争取到自治区更多的政策和要素支持。

【政协宣传】 2021年，梧州市办好梧州政协网和《梧州政协》会刊，通过主流媒体和政协系统平台，加强日常履职宣传。年内，有1500多篇履职稿件在政协系统各级媒体、网站上刊发，在《人民政协报》《广西政协报》和“学习强国”等媒体、平台刊发稿件330多篇次（同比增加15%），其中，广西政协网投稿、用稿数在自治区14个设区市政协排名第二，在《人民政协报》《广西政协报》和“学习强国”等媒体、平台上刊发稿件40多篇次，是广西唯一获2021年度《人民政协报》宣传发行先进单位的市（县）级政协组织。市政协获2021年度广西政协报刊宣传工作先进单位特等奖，机关2人获评为先进个人。机关4人获2020年《广西政协报》优秀通讯员。5月8日，由自治区政协办公厅与广西广播电视台联合制作的全媒体协商节目《桂在协商》到梧州市录制，市政协组织住梧州的自治区政协委员和市、城区政协委员及政府部门负责人，围绕“地方戏曲文化传承与发展”主题，讲述政协委员为推动梧州传统戏曲文化传承与发展贡献智慧和力量的故事。7月16日，市政协主席在自治区政协宣传思想工作座谈会上作题为《推进宣传思想工作与履职工作有机结合深度融合》重点发言。

【文史资料】 2021年，梧州市做好政协文史馆内容更新、充实，补充和完善文史馆的展出内容和实物资料，整理政协原有文史资料建档归档。在中国共产党成立100周年、辛亥革命110周年的重大历史节点，通过承办“李济深与人民政协”座谈会及“书香政协　民革书屋”等系列活动，征编革命先辈后人和专家学者所撰写的各类文章20多篇，以及与李济深有关的“亲历、亲见、亲闻”史料，记录留存统一战线和人民政协故事。编印梧州文史资料第三十辑《梧州国民学堂与辛亥革命》。组织政协委员开展以中共党史为主要内容的“四史”学习，以及统一战线历史、人民政协历史学习，组织编印约35万字的《同心同行——献给中国共产党百年华诞》政协委员党史学习教育辅助读本。协助自治区政协办公厅做好脱贫攻坚工作纪事文史资料征编工作，组织市政协各单位、各县（市、区）政协征稿，共征集选送43件文史资料，生动记录和展现了梧州市各级脱贫攻坚工作情况，弘扬脱贫攻坚精神。

2021年10月31日，“书香政协民革书屋”揭牌捐赠仪式在李济深故居举行，全国政协常委、副秘书长、民革中央副主席兼秘书长李惠东（右六），自治区政协副主席刘正东（右五），市长钟畅姿（右四），政协第十二届全国委员会委员李小满（左五）参加揭牌仪式

市政协办公室　供图

【委员培训】 2021年，梧州市结合第十三届政协委员的培训工作要求，于11月17日举办市政协第十三届委员培训班，组织市政协委员及市政协系统全体干部到市委党校开展为期1天的培训，市政协主席作开班动员，并就“如何充分发挥委员主体作用”主题进行授课。培训班深入学习习近平在庆祝中国共产党成立100周年大会重要讲话以及纪念辛亥革命110周年大会重要讲话，动员部署学习宣传中国共产党十九届六中全会精神。梧州市委党校教师、梧州市政协机关有关人员分别进行“中共党史和人民政协史”主题授课，并交流分享工作经验。市政协和市政协机关班子成员分别为县（市、区）政协委员培训班授课，岑溪、藤县等政协委员参加培训学习，进一步增强了委员履职的责任感和使命感。

【政协理论研究】 2021年5月—7月，梧州市政协开展“中国共产党领导的多党合作和政治协商制度”论文征集活动，共征集到论文28篇，并将优秀论文向自治区政协推荐，有7篇论文入选自治区政协理论研究成果汇编，入编数在全自治区14个设区市政协排名第二。

（市政协办公室）

编审：曾　强　编辑：魏珍珍

纪检监察

综　　述

【概况】 2021年，中共梧州市纪律检查委员会、梧州市监察委员会机关（简称市纪委监委机关）出台《市县两级监委向本级人大常委会报告专项工作的总体方案》，制定市县两级报告专项工作的实施方案，顺利实现市县两级监委首次向本级人大常委会报告专项工作全覆盖。指导全市66个乡镇（街道）以单一派出方式设立监察办公室。中共梧州市第十四届纪律检查委员会第一次全体会议选举产生了中共梧州市第十四届纪律检查委员会领导班子。抓好换届风气监督，确保市、县、乡、村四级班子换届圆满完成。市纪委监委有24个派驻（出）纪检监察组，抓实抓细日常监督，全市纪检监察机关运用“四种形态”处理5420人次。持续深化“一站（组）两网”建设，“线下”重点深化“一站（组）两网”建设，“线上”重点打造“梧在督”智慧监督系统。全市廉洁文化建设多姿多彩。加强廉洁文化阵地建设，重点打造梧州勤廉园，以及200多个廉洁文化主题“微基地”“微展区”。全市开展各类警示教育428场次，发出典型案例通报259次。全市纪检监察机关立案1352件，处分1520人，立案查办涉嫌受贿行贿案件43件，查办留置案件36件，移送检察机关起诉24人。全市共查处群众身边腐败和作风问题351起，给予党纪政务处分190人。出台《关于强化严管厚爱激励干部担当实干的工作方案》，共为4人容错纠错。

【纪检监察体制改革】 2021年，梧州市县两级监委完成向本级人大报告工作。严格落实宪法和监察法要求，坚持自上而下，稳妥有序开展监委向本级人大常委会报告专项工作，出台《市县两级监委向本级人大常委会报告专项工作的总体方案》，制订市县两级报告专项工作的实施方案，各级监委立足监察机关政治特色，把准职责定位，科学选题，组建工作专班，扎实开展报告起草、修改和调研等工作，2021年年底顺利实现市县两级监委首次向本级人大常委会报告专项工作全覆盖。围绕人大常委会反馈审议意见，把意见办理与监察监督、查办案件、推动治理结合起来，对报告专项工作领域突出问题剖根析源，推动治理制度完善，释放监督治理效能。全面推进监察监督和派驻监督工作。指导全市66个乡镇（街道）以单一派出方式设立监察办公室，2021年3月5日前全部完成挂牌工作，与乡镇纪委合署办公，配备专职监察员并履行监察职责，引导乡镇（街道）监察机构干部正确履职、规范用权，监督触角不断向基层拓展，成为人民群众家门口的监督哨。

年内，市县两级派驻机构改革稳步推进，派驻机构干部培养力度加大，不断创新监督方式，拓展监督渠道，对党员干部和监察对象作风建设、履职担责等方面的问题，加强线索日常管理和处置。全年全市派驻（出）机构共立案183件，同比上升7%，其中市本级派驻机构处置问题线索180件，同比增长22.4%。

市纪委监委机关与南方电网超高压输电公司梧州局等单位加强联动协作，创新开展党风廉政建设和反腐败协作；与中央纪委国家监委驻中国农业发展银行纪检监察组联合查办农发行梧州分行原行长汤松违纪违法案；出台与广东省毗邻市县跨区域反腐败协作机制试点方案，推动苍梧县、岑溪市纪委加强与毗邻广东省内县市开展反腐败协作试点；与司法部门建立常态化反腐败协作机制，促使外逃2年8个月的涉嫌行贿人宁某某到市监委投案。

重要会议

【中共梧州市第十三届纪律检查委员会第七次全体会议】 2021年2月2日召开。会议由梧州市纪律检查委员会常务委员会主持。出席的市纪委委员41人，列席201人。全会总结过去一年纪检监察工作实践中形成的认识，实事求是分析纪检监察工作和干部队伍建设存在的主要问题，要求采取有力措施加以解决。全会强调，2021年是中国共产党成立100周年，是实施“十四五”规划、开启全面建设社会主义现代化新征程的第一年，做好纪检监察工作尤为重要和迫切。2021年工作的总体要求是：坚持以习近平新时代中国特色社会主义思想为指导，深入贯彻中共十九大和十九届二中、三中、四中、五中全会精神，全面落实十九届中央纪委五次全会和自治区纪委十一届七次全会部署，增强“四个意识”、坚定“四个自信”、做到“两个维护”，坚持稳中求进工作总基调，立足新发展阶段，贯彻新发展理念，融入新发展格局，以推动高质量发展为主题，坚定不移全面从严治党，坚持和完善监督体系，忠实履行党章和宪法赋予的职责，有力推动党中央、自治区党委决策部署落地落实，充分发挥监督保障执行、促进完善发展作用，一体推进不敢腐、不能腐、不想腐，深化纪检监察体制改革，扎实推进规范化法治化和干部队伍建设，为顺利实施“十四五”规划、全面建设社会主义现代化开好局提供坚强保障，以优异成绩庆祝中国共产党成立100周年。

【全市纪检监察系统落实中央巡视反馈意见整改推进会】 2021年3月17日召开。会议传达学习上级有关会议精神，总结前一阶段全市纪检监察机关落实中央第二巡视组巡视广西反馈意见整改工作情况，研究部署下一步工作。市委常委、市纪委书记、市监委主任黄中贤主持会议并讲话。会议指出，全市纪检监察机关把整改工作作为当前一项重要的政治任务及时动员部署，增强落实落细整改工作的自觉性，制定总方案及工作细案，保障整改工作有据可依、有序推进，推动落实取得了阶段性的成效。会议强调，要进一步强化责任担当，严格对照两个方案的工作要求，精准处理好阶段性工作和长期性工作的关系，一步一步抓实整改；要及时跟进检查，查漏补缺，负责落实整改工作各项措施的牵头部门要督促各配合部门做好相关工作，确保各项整改任务精准完成；要突出整改效果，上下联动、左右配合，在确保质量的同时，完成一件销号一件，见底清零，确保中央巡视反馈意见整改任务全面落实。

【梧州市纪检监察工作推进会】 2021年5月27日召开。会议传达学习自治区纪委监委近期召开的相关工作会议及片区巡回培训班精神，分析形势任务，研究部署推进纪检监察“十项重点任务”的措施办法。市委常委、市纪委书记、监委主任黄中贤出席会议并讲话。会议要求，要继续抓好中央巡视反馈意见整改工作，持续深化整改、确保问题销号，抓好统筹结合、扩大整改成果，坚持边整边完善、抓好建章立制，确保巡视整改见到更大成效。要强化审查调查安全意识，深化思想认识、细化安全措施、强化责任落实，坚守“双安全”“零事故”目标。要加强和改进宣传工作，把握宣传重点、加大宣传力度，全面提高纪检监察宣传工作质效。要切实抓好市

2021年5月27日梧州市纪检监察工作推进会现场

市纪委监委机关　供图

县纪委换届工作，选优配强各级纪委班子，加强换届纪律，营造风清气正的换届环境。要毫不松懈强化跟进监督，聚焦疫苗接种工作强化监督，持续巩固新冠疫情防控成果。要统筹推进专项工作，坚持系统集成抓整治，坚持行之有效的工作方法，坚持问题目标和结果导向，不断增强群众的获得感、幸福感、安全感，为“十四五”开好局、起好步提供坚强保障，以优异成绩庆祝中国共产党成立100周年。

【中共梧州市第十三届纪律检查委员会第八次全体会议】 2021年8月26日召开。会议由市第十三届纪律检查委员会常务委员会主持会议。出席会议的市纪委委员39人，列席8人。全会审议通过了中国共产党梧州市第十三届纪律检查委员会向中国共产党梧州市第十四次代表大会的工作报告，同意将报告提请中国共产党梧州市第十四次代表大会审查。全会强调，全市纪检监察机关要高举中国特色社会主义伟大旗帜，坚持以习近平新时代中国特色社会主义思想为指导，深入贯彻落实习近平在庆祝中国共产党成立100周年大会上的重要讲话和对广西工作系列重要指示精神，牢牢把握新发展阶段、新发展理念、新发展格局，坚持稳中求进的工作总基调，坚持严的主基调，以推动高质量发展为主题，坚定不移全面从严治党，更加突出政治监督，聚焦中心工作强化作风建设，保持反腐败高压态势，不断实现不敢腐、不能腐、不想腐一体推进战略目标，努力取得更多的制度性成果和更大的治理成效。

【中共梧州市第十四届纪律检查委员会第一次全体会议】 2021年8月31日召开。中共梧州市纪律检查委员会委员应到39人，实到39人。全会选举产生中共梧州市第十四届纪律检查委员会书记、副书记和常务委员会委员，报中共梧州市第十四届委员会第一次全体会议审议通过。蔡可辉当选为市纪委书记，胡献林、罗国华、韦优当选为市纪委副书记，蔡可辉、胡献林、罗国华、韦优、陈海深、郭昆传、梁初立、欧海昌、霍佳当选为新一届市纪委常委。会议审议通过了中共梧州市第十四届纪律检查委员会第一次全体会议公报。

【2021年市委反腐败协调小组成员会议】 2021年12月7日召开。中共梧州市委常委、市纪委书记、市监委主任蔡可辉主持会议并作总结讲话。市委常委、组织部部长文东福，市中级人民法院党组书记、院长陈影，市人民检察院党组书记、检察长曾军宁等出席会议。会议传达学习《关于进一步推进受贿行贿一起查的意见》《查办党员和公职人员涉嫌违纪职务违法职务犯罪案件协作配合工作机制》等文件精神，研究建立追逃追赃工作协调机制，规范职务犯罪案件的证据、协调案件衔接等问题，进一步明确反腐败工作责任、强化反腐败工作协作联动，推动梧州市反腐败工作再上新台阶。会议强调，要完善协作机制，凝聚反腐败工作合力，加强案件通报、线索移送，案件移送审查起诉后及重大争议协商问题的协作配合。要坚持严的主基调，推动反腐败工作向纵深发展，坚持“三不”一体推进，严肃查处腐败案件，持续加强国有资产监管，抓好国有企业廉洁风险防控，健全追赃工作机制，稳步推进追逃防逃追赃工作。

党风廉政建设

【政治监督】 2021年，市纪委监委机关制订《梧州市以“一清单两监督三研判四运用”工作机制推动政治监督“四化”的工作方案》，聚焦“两个维护”，围绕贯彻落实习近平重要指示批示精神以及中共中央、自治区党委和市委重大决策部署扎实开展监督，全市纪检监察机关发现并督促整改问题1240个，约谈1829人，谈话提醒1350人。强化对“一把手”和领导班子监督，全市纪检监察机关查处“一把手”案件77件，查处同级管理干部案件163件，同比增长42.9%。抓好换届风气监督，确保市、县、乡、村四级班子换届圆满完成。

【日常监督】 2021年，市纪委监委机关持续落实“两个责任”清单制，督促各级党组织和纪检组织常态化落实“两个责任”。聚焦实施“东融”战略、推进工业强市、产业兴市、重大项目建设、常态化新冠疫情防控等重点工作开展日常监督，督促各级党组织履职担责、主动作为。全市纪检监察机关参加监督单位民主生活会或专题组织生活会420次，在监督检查中发现违纪违法问题线索1731条，提出纪检监察建议144份。坚持惩前毖后、

2021年7月6日，蒙山县纪委监委开展"系民心、听民声、纾民困"活动现场　　林志清　摄

治病救人，精准运用监督执纪"四种形态"（经常开展批评和自我批评、约谈函询，让"红红脸、出出汗"成为常态；党纪轻处分、组织调整成为违纪处理的大多数；党纪重处分、重大职责调整的成为少数；严重违纪涉嫌违法立案审查的成为极少数），全市纪检监察机关运用"四种形态"处理5420人次，第一、第二、第三、第四种形态占比分别为71.4%、24.9%、1.8%、1.8%。

【跟进靠前监督】　2021年，市纪委监委机关统筹开展其他专项监督，用好"抓系统、系统抓"工作机制，紧盯责任落实，推进各类专项整治同步开展。聚焦工程领域建设腐败突出问题和环节，排查发现问题线索61条，立案查处23件，召开警示教育会109次，建章立制119项。深化开展违建别墅清查整治，聚焦中纪委交办3件顶风违建别墅问题线索核查处置，立案查处3人。紧盯全市供销合作社系统腐败问题开展自查自纠，排查发现问题线索36条，立案6件、党纪政务处分3人，开展以案促改7次，建章立制81项。推动党内监督与各类监督贯通协同。实施贯通协同党和国家监督"4+9"轮辐式监督模式，坚持以党内纪律监督、监察监督、派驻监督、巡察监督"四项监督"为主导，通过"两制度一平台"，引领人大监督、民主监督、行政监督、司法监督、审计监督、财会监督、统计监督、群众监督、舆论监督"九大监督"，形成发现问题、整改纠偏、深化治理、严明纪法的工作闭环，激发各类监督主体活力，有效破解近年来党内"四项监督"和国家"九大监督"资源分散、合力不强和质效不够高的问题。

【"一站（组）两网"全覆盖监督网络构建】　2021年，市纪委监委机关联合有关监督主体开展监督160多次，反馈并督促整改问题600多个，促成各类监督主体提交问题线索59条。持续深化"一站（组）两网"建设，"线下"重点深化"一站（组）两网"建设，"线上"重点打造"梧在督"智慧监督系统，建立党风政风监督、民生资金项目监督两个子系统，设置主体责任落实、监督责任落实、"4+9"监督贯通、民生资金、民生项目等模块，依托互联网技术实现"智慧监督"，全市通过"一站（组）两网"收集发现问题线索716条，协助办案392件。

【廉政文化精品创建年活动】　2021年，市纪委监委机关制订"廉政文化精品创建年"活动方案，下发"廉政文化精品工程"创建指导目录，加强廉洁文化阵地建设。重点打造梧州勤廉园，指导梧州职业学院建设"清莲园"、梧州市人民医院建设"医路清风"等廉洁文化阵地，以及分布在机关单位、居民小区、村头巷尾、公园广场等场所的200多个廉洁文化主题"微基地""微展区"，推动廉洁文化建设载体化。创作一批有影响力的廉洁文化产品，策划制作《广西第一任纪委书记陈漫远二三事》《敢把刑庭当讲坛的廖梦樵》等党史故事专题片；结合清廉家风建设系列活动，策划制作警示教育音频作品2部；策划制作"老纪说案"系列漫画、"节气说纪"系列微视频；结合勤廉榜样选树宣传活动，摄制广西勤廉榜样高兴华等五位勤廉先进人物专题片。

执纪问责

【"以案促改立制"】　2021年，市纪委监委机关在全市创新开展“六个一”（一案一通报、一建议、一谈话、一警示、一整改、一评议）以案促改立制工作。印发《关于推动警示教育常态化制度化的指导意见》，推动警示教育常态化。针对藤县原县长覃仕平严重违纪违法问题制作警示教育片，以案示警、以案为鉴。年内，全市开展各类警示教育428场次，召开专题民主（组织）生活会31次，发出典型案例通报259次。以制度规范纪检监察建议的实施运用，针对重点领域存在的廉政风险和制度漏洞，制发纪检监察建议264份，同比上升2.52倍，实现了量质并举，充分发挥出提醒纠偏、源头治理的作用。全年建立纪检监察工作制度35项，持续推动纪法贯通，“三不”一体推进的制度机制日益完善。

【容错纠错机制推动实施】 2021年，全市各级纪检监察机关坚持严管厚爱结合、激励约束并重，精准运用容错纠错机制，激发干事创业内生动力。市纪委监委机关出台《关于强化严管厚爱激励干部担当实干的工作方案》，收集容错典型案例，编印《容错纠错政策文件和典型案例汇编》，加大政策法规和典型案例的宣传力度，督促各级党组织、纪检组织学用政策，增强“会容”和“容好”的能力和水平。开展容错纠错机制专项调研督导，探索建立纪检监察机关、组织部门以及其他具有问责职能的部门容错纠错事项会商协调机制，破解容错纠错机制落实中的瓶颈问题，推动政策措施落地见效，激励保护干部担当作为，营造风清气正的政治生态和良好发展环境。全年全市各级纪检监察机关共为4人容错纠错。

案件查办

【惩治态势保持高压】 2021年，全市各级纪检监察机关共立案1352件，处分1520人，立案查办涉嫌受贿行贿案件43件，查办留置案件36件，移送检察机关起诉24人。强化“室组”联动监督、“室组县”联合办案。深化市县两级派驻机构改革，发挥派驻监督探头作用，全年全市派驻机构立案190件，实现立案全覆盖。坚持惩前毖后、治病救人，精准运用监督执纪“四种形态”，全市纪检监察机关运用“四种形态”处理5420人次，第一、第二、第三、第四种形态占比分别为71.4%、24.9%、1.8%、1.8%。

【纠治“四风”】 2021年，全市纪检监察机关坚持纠“四风”树新风，持之以恒落实中央八项规定精神，坚持盯节点、抓重点、破难点，深挖细查“四风”隐形变异问题，聚焦违规公款吃喝和违规收送礼品礼金等重点“节日病”，开展监督检查900多次，查处“四风”问题125个，党员和公职人员酒驾醉驾问题254起。做好基层减负工作，开展“指尖上的形式主义”专项整治，清理关停（注销或解散）移动互联网应用程序和网络工作群109个。坚持树新风扬正气，严查干部不担当、不作为、慢作为等问题，查处部门监管不力、干部失职失责问题102起，处分103人。开展“听一次忏悔录、开一次座谈会、签一份承诺书、发一封倡议书、讲一堂廉政课、立一条好家规”清廉家风建设活动，引导全社会弘扬清廉家风。激励干部担当作为，开展回访教育903人次，对诬告陷害行为“零容忍”，为31名干部澄清正名，容错纠错4人。持续整治群众身边腐败和作风问题，聚焦群众急难愁盼问题，结合党史学习教育“我为群众办实事”实践活动，探索开展“群众点题、部门答题、纪委监委监督”。聚焦部门职责，发挥派驻监督优势，督促11个责任部门围绕10项整治重点，开展“一领域一专项”整治，推动责任落实到位。全年全市共查处群众身边腐败和作风问题351起，给予党纪政务处分190人，发出监察建议书21份，督促解决群众问题386个，共督促职能部门行业系统开展警示教育370次，召开民主生活会84次，完成建章立制110项。

【专项治理】 2021年，全市各级纪检监察机关推进巩固拓展脱贫攻坚成果同乡村振兴有效衔接专项监督，坚持“书记抓、抓书记”“室组地”“村找、镇查、县改、市立”工作机制，实行专班专抓。开展巩固拓展脱贫攻坚成果同乡村振兴有效衔接专项监督“八个专项行动”，聚焦资金项目落地运行、干部作风建设，用好“梧在督”监督模式，扎实推进有效衔接专项监督。年内，全市纪检监察机关共收到扶贫领域和乡村振兴问题线索65条，立案107件，查处问题135件135人。

2021年4月24日，市纪委监委机关驻市生态环境局纪检监察组与驻市住建委纪检监察组一起，深入城郊接合部排污排涝口，监督检查环保整治项目整改落实情况　　吕晓艺　摄

【查办涉黑涉恶腐败问题和“保护伞”】　2021年，市纪委监委机关常态化推进扫黑除恶“打伞破网”，聚焦“四大行业领域”开展专项整治，拓展运用扫黑除恶和“打伞破网”中行之有效的制度机制，健全完善纪检监察机关与政法机关、行业主管部门定期沟通协商、信息共享、情况通报、问题线索移交反馈等机制，强化协同联动。严格落实“一案三查”，严肃执纪问责，积极开展案件回访评查，及时回访案件关联人和被害人。全年全市排查发现问题线索34条，立案审查调查15人。

（市纪委监委机关）

巡察监督

【概况】　2021年，中共梧州市委巡察工作领导小组办公室（简称市委巡察办）围绕“四个落实”（落实党的方针路线、中央重大决策部署要求，落实全面从严治党战略部署，落实新时代党的组织路线，落实上级巡视巡察及审计反馈问题整改）和市县巡察“三个聚焦”（聚焦基层贯彻落实党的路线方针政策和党中央决策部署情况，聚焦群众身边腐败问题和不正之风，聚焦基层党组织软弱涣散、组织力欠缺问题）的监督重点，扎实做好巡察整改“后半篇文章”，使巡察切实发挥“发现问题、形成震慑，推动改革、促进发展”的作用。年内，市本级巡察移交问题线索32条，截至2022年4月，已立案10件，谈话提醒17人。建立健全巡察监督与纪律、监察、派驻和组织监督的协作机制。对涉粮主管单位（市发展改革委）开展专项巡察。印发《关于在巡察组设立纪律监督员的通知》，探索在巡察组设立纪律监督员制度。

市委巡察

【十四届市委第一轮巡察工作】　2021年10月—11月，市本级巡察机关对涉粮主管单位（市发展改革委）开展专项巡察，苍梧县、岑溪市、藤县、蒙山县相应对本地涉粮主管单位开展专项巡察。本轮巡察的监督重点：坚持政治巡察“再监督”定位，从业务看政治、从问题看责任，紧盯相关被巡察党组织职能责任和权力腐败问题，聚焦领导班子和“关键少数”，深入了解贯彻落实党中央关于粮食安全决策部署情况，突出对党委（党组）和政府属地管理主体责任、业务主管监管部门监管责任的政治监督，延伸查找基层粮库“靠粮吃粮”问题，着力发现粮食收购、销售、存储等环节存在的腐败问题和不正之风，深入查找制度漏洞和短板，充分发挥巡察标本兼治战略作用，推动根治粮食购销系统性腐败。该轮市县巡察发现突出问题182个，移交问题线索46条。

【巡察工作成效】　2021年，市委巡察办扎实开展十三届市委第十二轮巡察和十四届市委涉粮问题专项巡察“二反馈三通报二公开”（巡察情况分别向被巡察党组织和主要负责人反馈，向市党政分管领导、被巡察党组织上级主管部门、纪检监察部门和组织部门通报，整改情况在党内公开、向社会公开）工作，纪检监察部门、组织部门和巡察机构派员参加巡察反馈会和整改专题民主生活会。扎实推进巡察再反馈工作，对市教育局、市民政局等9个巡察反馈一年内党组织主要负责人岗位调整的单位，再次向新任党组织书记反馈巡察意见，推动问题逐个“销号”，接力推动整改落实15个未完成任务。对政法系统巡察整改情况进行回访验收，进一步压实管党治党政治责任。统筹协调纪检监察机关和组织部门履行巡察整改日常监督责任，市纪委、监委机关建立“一清单两监督三研判四运用”政治监督机制，对十三届市委第十一轮、十二轮21个被巡察单位整改情况进行监督检查，截至2022年4月，巡察反馈具体问题459个，被巡察单位完成整改451个，整改完成率98.3%。市委组织部结合“一联三促”加强整改跟踪，到被巡察单位调研26次，指出整改存在问题和工作建议42个，常态化开展提醒谈话200多人次、诫勉8人次，通过抓早抓小，防止小毛病变成大问题。全面梳理共性问题，向有关职能部门通报，提出意见建议，督促进行系统整治，扎紧制度“笼子”，如向市财政局通报十三届市委第十二轮巡察发现的3家公立医院违规采购问题，市财政局对相关问题调查核实后，对上述违规问题在全市进行通报批评，并作出行政处罚，及时堵塞制度漏洞；向市委组织部通报公立医院党建共性问题，督促加强党建工作，落实公立医院党委领导下的院长负责制。精准分类处置问题线索，纪检监察机关对反映领导干部问题线索优先研办，组织部门对选人用人突出问题严肃处理。2021年市本级巡察移交问题线索32件，截至2022年4月，已立案10件，谈话提醒17人。

建立健全巡察体制机制

【推进与其他监督贯通融合】 2021年，制定下发《关于建立健全市委巡察机构与市纪委监委有关部门协作配合机制的实施办法》《关于进一步加强市委巡察机构与市委组织部协作配合的实施办法》，建立健全巡察监督与纪律、监察、派驻和组织监督的协作机制，明确巡前、巡中、巡后协作配合的职责分工、重点任务、工作措施，形成系统集成、协同高效的监督工作机制。市纪委监委机关和市委组织部全年向巡察机构提供政策文件、信访举报等信息资料29份，抽调干部25人，协助核实领导干部个人事项报告。

【加强纪律作风建设】 2021年，印发《关于在巡察组设立纪律监督员的通知》，探索在巡察组设立纪律监督员制度；继续实施巡察组作风和纪律情况“后评估”机制，组织开展十三届市委第十二轮和十四届市委第一轮涉粮问题专项巡察，被巡察单位干部群众对巡察组工作作风进行评估，加大对巡察干部的日常监督力度。

（市委巡察办）

编审：曾　强　编辑：林桂宇

民主党派　工商联

中国国民党革命委员会梧州市委员会

【概况】　2021年2月4日，中国国民党革命委员会梧州市第十五次代表大会召开，圆满完成市委会换届工作，中国国民党革命委员会梧州市委员会（简称民革市委会）设主委1名，副主委4名（驻会1名，兼职3名），有专职干部6名。年内持续深入开展“三走访活动”，做好李济深故居——梧州民革党员之家的建设、提升、利用工作，被评为“民革全国优秀党员之家”。专职副主委邓富学、民革苍梧县委会主委廖东海分别获得“民革全国机关工作先进个人”和“民革全国助力脱贫攻坚工作先进个人”称号。9月28日，梧州市政协十三届一次会议举行第二次全体会议，主委钟锋当选为梧州市政协副主席。截至年底，发展新党员6名，共有党员232名；有基层支部9个、联络小组1个。党员中当选为自治区政协委员1名、民革自治区委委员6名（其中常委1名）、监督委员会委员1名，梧州市人大代表1名、梧州市政协委员14名（其中副主席1名、常委3名），县（市、区）人大代表1名（其中常委会委员1名）、县（市、区）政协委员27名（其中常委会委员6名）。

【思想建设】　2021年，民革市委会深入学习习近平“七一”重要讲话精神和习近平视察广西时的重要讲话、重要指示精神。通过召开学习会、座谈会、主委会议等形式，提高全市民革党员的政治思想素质；开展“不忘合作初心，继续携手前进”“观故居，走多党合作之路”学习实践活动；学习和传承民革优良传统，树牢“四个意识”、坚定“四个自信”、做到“两个维护”，继承和发扬孙中山爱国、革命、不断进步精神，积极践行“四新、三好”要求，不断夯实共同思想基础；弘扬“海纳百川，力争上游”的新时代梧州精神，坚持将作风建设与中心工作有机结合，“一盘棋”谋划，“一体化”推进。3月8日—10日，协助民革自治区委在梧州开展“书画描绘新农村·献礼建党100周年”2021年书画采风活动及党史学习教育专题活动。

【重要会议】　2021年2月4日，中国国民党革命委员会梧州市第十五次代表大会召开。中共梧州市委书记全桂寿，自治区人大财经委副主任、民革自治区委会副主委李拥军，中共梧州市委常委、统战部部长钟碧珍等领导

2021年10月30日，举行梧州市人民政府、民革中央企业家联谊会战略合作框架协议签约仪式

民革市委会　供图

到会指导。钟锋当选为民革梧州市第十五届委员会主任委员，邓富学、闭小冰、谢崇利、陈东升当选为副主任委员，邓富学当选为秘书长。10月29日—30日，协助民革中央、自治区政协在梧州举办“李济深与人民政协”座谈会。座谈会期间，民革中央企业家联谊会与梧州市人民政府签订了战略合作框架协议，为深化民革中央企业家联谊会与梧州市的经济合作搭建新平台。民革中央、自治区政协在梧州举办“李济深与人民政协”系列活动后，梧州市政协、民革市委会向民革中央上报《关于“李济深与人民政协”座谈会活动情况的汇报》，获全国政协副主席、民革中央副主席郑建邦的肯定性批示，此项工作还获得2021年度自治区绩效加分。

【组织建设】　2021年，民革市委会主要领导高度重视组织工作，不定期召开班子会议或常委会会议，专题研究组织建设工作，及时解决出现的问题或困难；建立、完善民革常委联系支部工作制度，促进基层支部各项活动的开展；完善党员干部参加组织学习、活动的制度，促进党员干部队伍管理工作规范化、制度化和程序化；加强与党员所在单位的沟通、联系，强化动态管理；组织党员参与年度重点课题调研，提升其调查研究、综合分析和写作能力。年内，持续深入开展“走访新党员活动”“走访骨干党员活动”和“走访县（市、城区、高校）统战部活动”的“三走访活动”，进一步加强与新党员、骨干党员及其所在单位和统战部门的沟通与联系，了解党员思想和工作状况，争取相关方的大力支持，帮助民革党员更快成长和进步。按照党员发展程序，物色和发展党员注重素质、保持特色、严格把关，多角度、多渠道发现年轻、有一定代表性的中高级知识分子，成熟一个发展一个。全年发展党员6名，其中1名为副处级干部，为近五年首例副处级干部党员。另外，发展条件成熟的入党积极分子2名。

【参政议政】　2021年，民革市委会撰写建议获得民革自治区委肯定。向民革自治区委上报的《广西首个民革中央企业家联谊会地方联络处在梧州市成立》《加强梧肇两地民革组织的合作交流提升服务经济社会发展的能力和水平》《挖掘叶挺独立团旧址与李济深故居红色文化元素，促进文化东融》获得民革自治区委主委巫家世的肯定性批示，上报的《三级民革组织联动，推助六堡茶产业发展翻新篇》获民革自治区委副主委黎琳的肯定性批示。年内，主委、副主委分别牵头深入基层，开展“梧州市新经济、新业态的发展情况”“抓住生产和销售关键环节发展我市面向粤港澳大湾区的现代农业”“关于加大易地扶贫搬迁户后续扶持及管理力度的建议”等课题调研工作，形成调研报告，在全市政党协商会议上汇报调研成果，为中共梧州市委、市政府决策提供参考。12月19日，主委钟锋率队到富川县开展“少数民族地区乡村振兴”“培育壮大农旅融合新业态，促进农业产业提档升级”专题调研，为促进农村一、二、三产业融合发展，支持和鼓励农民就业创业，拓宽增收渠道，大力提振农村经济建言献策，调研成果《培育壮大农旅融合新业态，促进农业产业提档升级》获得自治区民革参政议政成果三等奖。民革自治区委、民革梧州市委和民革苍梧县委三级民革组织联动，与当地中共镇委、镇政府协调，在六堡镇党员教育基地载入民革与六堡茶渊源的内容，讲好民革故事，助力六堡茶产业提质升级，为六堡茶产业发展献计出力。3月，民革自治区委负责人率领由农业专家及相关部门人员组成的调研组，会同民革梧州市委会、苍梧县委会人员赴六堡镇、村、合作社、制茶企业、销售门市部等开展调研，详细了解六堡茶产业链构成，工艺创新、品牌打造、网点布局等，为更好地促进六堡茶的发展掌握第一手的材料、更好地开展六堡茶产业发展参政议政。12月8日，民革市委会组织经济支部、院校支部党员和机关干部等赴钦州学习调研，对六堡茶如何与钦州坭兴陶产业的有机结合开展研究，促进六堡茶产业和坭兴陶产业的共同融合发展。

【社会服务】　2021年，中国国民党革命委员会开展“博爱·牵手”社会服务工作，帮助困难党员，帮扶贫困户、贫困学子。民革中央、中山博爱基金会为患病困难党员教师陈继长送支5万元慰问金，民革中央主席万鄂湘发去慰问信，民革市委会主委锋带队看望陈继长，解决陈继长的燃眉之急，传递民革组织的关爱。民革市委会还为城东镇7户贫困户送去脱贫攻坚温暖包，组织卫生支部党员到扶典村开展“送健康下乡”活动，深入苍梧县六堡镇开展“乡村卫生室提质升级”调研工作以及“送法律下乡”活动等。民革市委会邀请民革中央企业家联谊会到梧州参加“民革企业家梧州行”考察调研活动，细致做好各项接待工作，主动与民革党员企业家加强对接，民革中央企业家联谊会在梧州成立联络处，为深化民革中央企业家联谊会与李济深家乡梧州市的经济合作搭建新平台、开创新模式。同时，引导党员企业家积极投身社会公益事业与乡村振兴建设，为梧州市经济社会发展做好事、实事。

（民革市委会）

中国民主同盟梧州市委员会

【概况】 2021年2月4日，召开中国民主同盟梧州市第十七次代表大会召开，选举产生民盟梧州市新一届委员会。年内，中国民主同盟梧州市委员会（简称民盟市委）向市政协十二届六次会议提交大会发言1份、集体提案10份，完成民盟自治区委及梧州市重点课题。全市盟员423人，年内发展盟员13名；设万秀、长洲、岑溪3个总支部，3个总支共下设18个支部。盟员担任自治区政协委员1人；担任市人大代表1人、市政协委员19人；担任县人大代表1人、各县（市、区）政协委员36人。年内，民盟市委会获得民盟中央“中共党史学习教育先进集体”称号、民盟中央群言杂志社2021年度优秀发行单位奖和全市综合绩效考评工作一等奖；主委韦放获得民盟中央“民盟脱贫攻坚先进个人”称号。

【重要会议】 2021年2月4日，召开中国民主同盟梧州市第十七次代表大会，会议听取并审议民盟梧州市第十六届委员会工作报告，选举产生民盟梧州市新一届委员会，通过了有关决议，确定此后五年的工作目标和工作任务。韦放当选为主任委员，周云英、杨诚、梁光伟、莫飞鹏当选为副主任委员，任命董琼芝为秘书长。4月8日，召开中国民主同盟梧州市第十七届委员会第二次全体委员会议。会议传达学习全国、全自治区、全市“两会”精神和民盟自治区第十三届委员会第五次全体会议精神、2021年全自治区盟务工作会议精神，进行党史、盟史主题教育动员，部署当年工作，并到革命老区平浪村现场参观学习。

【思想建设】 2021年，民盟市委会领导班子带头学习党史，组织盟员200多人次到广西特委、地委旧址等红色基地现场学习，民盟市委会领导开展3场主题宣讲，在民盟市委会微信公众号推出“学党史 温盟史 悟初心”专栏；创作梧州中共和民盟合作故事剧本《山城曙光》，撰写《白云山下迎朝晖》等一批反映中共与民盟合作的研究论文，组织盟员举办主题书画展2场，创编《与党同心》等主题微视频3部，创作感党恩颂盟情歌曲《采茶声声颂党情三部曲》《同心同脉》；组织盟员参加民盟自治区委和梧州文联书画展、民盟自治区委文艺演出；承办梧州统战迎国庆贺中秋茶话会文艺演出，民盟市委会获得优秀组织奖。年内，民盟市委会编发《梧州民盟·换届专刊》1期，微信公众号登载原创文章58篇，近60篇稿件被《广西民盟》等各类媒体采用。

【组织建设】 2021年，民盟市委会发展13名高学历、高素质人士加入民盟。在职盟员中有厅级干部2名、处级干部10名、科级干部33名。组织盟内学习培训，推荐10多名盟员参加广西统战专干学习班、民盟广西自治区委专干学习班、梧州市党外代表人士培训班，有50多名盟员中的政协委员参加各类履职学习培训。组织盟员参加“同心圆梦”梧州市统一战线庆祝中国共产党成立100周年民族团结进步体育运动会，获得气排球比赛第四名。

【参政议政】 2021年，民盟市委会向市政协十二届六次会议提交大会发言1篇，集体提案10件；《招商引资“靶向发力”把梧州市打造为“湾企入桂”集聚区》被列为重点督办提案。近20名各级政协委员获评为优秀政协委员，10多件提案获评为优秀提案。民盟市委会完成民盟自治区委重点课题“关于提升广西电子信息产业数字化发展的建议”、市年度重点课题“关于我市电子信息产业发展的调研”、政党协商课题“关于推动我市文化和旅游融合发展新业态的建议”“关于发展湾区农业助力乡村振兴的建议”。《关于我区电子信息产业发展的调研》被选为自治区政协全会集体提案，《关于完善我区社会求助体系的提案》被自治区政协列为重点督办提案，获自治区领导重点督办。

2021年5月10日—12日，民盟梧州市委会主委韦放（前排左三）率课题组一行到南宁市，在民盟南宁市委会的协助下就“提升广西电子信息产业数字化发展”课题开展调研　　民盟南宁市委会　供图

年内，民盟市委会向中共梧州市委报送政策建议4份，向盟自治区委报送社情民意信息58条，向梧州市政协报送社情民意信息15条，获评为盟自治区委2021年度反映社情民意信息工作和参政议政工作先进单位；1篇咨政论文获得自治区党委统战部门举办的“广西党外代表人士建言献策大赛”优秀成果奖，2件提案及其转化落实成果载入自治区政协《新时代广西政协提案汇编》。

【社会服务】 2021年，民盟市委会到中共梧州学院统战部、岑溪市委统战部、苍梧县委统战部、长洲区委统战部、龙圩区委统战部及中共梧州市二中支部开展“风雨同舟同心行　凝心聚力促发展”走访谈心活动，实地走访一批盟员企业，对二中教学楼的存在问题提交相关部门助力解决；多次到“同心·农村教育烛光行动”共建点和挂点扶贫村开展乡村振兴调研，为帮扶户增收致富出谋献策。联合龙圩区政协、龙圩区委统战部到少数民族聚居地龙圩区广平镇思化村开展“中华民族一家亲　共筑乡村振兴梦”活动；在万秀区南中社区、龙圩区新地镇龙窝村，盟员企业岑溪市三堡农业科技公司、梧州市好事圈广告公司、广西广宏咨询公司梧州分公司建成民盟自治区委参政议政调研基地5个，组织盟员开展“同心社区”活动20多场，到梧州市党群服务中心开展专题讲座3场。

（民盟市委会）

中国民主建国会梧州市委员会

【概况】 2021年，中国民主建国会梧州市第十三次代表大会召开，选举产生民建梧州市新一届委员会。年内，中国民主建国会梧州市委员会（简称民建市委会）深入开展调研，积极建言献策，承担民建自治区委议政调研课题和中共梧州市委重点课题。开展履职能力建设工作，在全自治区履职能力建设总结会上作经验交流发言。年末，民建市委会下设万秀区、长洲区、龙圩区和苍梧县4个总支，20个支部（其中总支下辖12个支部）；共有会员403人，其中男248人、女155人；平均年龄52.07岁，40岁以下91人、占22.5%，会员中大专以上学历348人、占86.3%，中高级职称143人、占35.5%；非公经济人士152人、占37.7%，经济界人士277人，占68.7%；政府、司法部门任职会员60人，占14.8%；在职会员中处级以上8人、占2.0%，科级38人、占9.4%；担任各级人大代表、政协委员67人（次），占16.7%。民建梧州市第十三届委员会由25名委员组成，其中常委9名，常委中设主委1名、副主委4名、秘书长1名。

【思想建设】 2021年，民建市委会组织全市会员学习贯彻中共十九大及十九届系列全会精神，学习领会习近平新时代中国特色社会主义思想，强化会员思想政治教育工作，主要通过召开学习会、座谈会、现场参观学习等形式扎实开展中共党史学习教育，让会员进一步增强接受中国共产党领导的主动自觉，坚定中国特色社会主义理想信念。民建市委会利用微信公众号、会刊、宣传栏等宣传阵地，宣传报道基层组织学习动态和会员学习心得体会。全年编印换届专刊1期、《梧州民建》会刊2期，向自治区内外网站及刊物报送宣传文稿434篇（次），其中向民建自治区委网站供稿62篇，获采用49篇，用稿率79%。

【组织建设】 2021年，召开民建梧州市第十三次代表大会。选举产生第十三届委员会，梁夏英当选主任委员，林森辉、苏庆红、李德军当选副主任委员。成立梧州学院支部，召开梧州学院支部第一次会员大会，选举产生第一届支部委员会；召开梧州学院支部成立座谈会，自治区政协副主席、民建自治区委主委钱学明应邀到会指导，梧州市政协主席黄振饶、梧州学院党委书记韦仕珍、梧州市政协副主席冼秋莲、梧州学院党委副书记曹迎等出席会议。在梧州市各县（市、区）四套班子换届选举中，会员王冰、范竞全分别当选龙圩区副区长及苍梧县政协副主席，共有2名会员分别获提拔为正处级、副处级领导干部。民建市委会做好市及县（区）两级人大代表及政协委员推荐工作，全市会员中有63人（次）担任新一届各级人大代表、政协委员；同时，加强市委会班子成员、专干以及骨干会员培训力度，选派市委会班子成员、机关专干及骨干会员240人次，分别参加各级部门举办的各类培训班。全年发展新会员15名，绝大部分拥有大专以上学历（其中博士研究生1人，研究生1人，本科9人，大专3人），其中经济界12人、占比80%。截至12月，全市共有会员403人。

【参政议政】 2021年，民建市委会承担中共梧州市委重点课题“大力发展赛事经济 提升梧州城市竞争力”调研任务，年内形成调研成果报送。发动会员参加民建自治区委议政调研课题招投标工作，中标1个课题，2个课题入选自治区党委重点调研课题子课题。全年共计提交市政协大会发言2篇，集体提案7件，担任市政协委员的会员提交个人提案18件，其中获重点督办提案6件（全市仅10件）。年内，报送社情民意信息17条，获采用7条（次），其中获自治区党委统战部采用1条、民建自治区委采用2条、市政协选报市委市政府4条，报自治区政协办公厅4条；会员王学良参加广西党外代表人士建言献策大赛，报送文章获得优秀成果奖（全自治区共评出25篇）；围绕年度政党协商议题“关于我市新经济新业态发展的意见建议”“大力发展面向湾区农业 助力乡村振兴”，民建市委会深入开展调研，积极建言献策，会上所提意见建议得到中共梧州市委、市政府主要领导的积极回应和充分肯定。

【社会服务】 2021年，民建市委会多次到定点帮扶村岑溪市梨木镇云开村开展政策宣讲、动态监测以及捐资助学等帮扶工作，助力云开村推动产业振兴、实施乡村建设、改进乡村治理，推进巩固拓展脱贫攻坚成果同乡村振兴有效衔接工作。为苍梧县梨埠镇及岑溪市梨木镇4名大学新生成功申请到2021年“思源·国悦教育基金”及“思源·盛邦助学金”，每人获助学金8000或7000元不等，共计3万元。年内，主委梁夏英、副主委林森辉分别带队上门慰问80岁以上高龄老会员，以及民建机关退休专干，送上慰问金和慰问品。民建市委会基层组织及会员开展社会服务活动：万秀总支赴夏郢镇旺村小学开展为旺村库区学子办实事活动；藤县支部赴金鸡镇沙冲小学开展“六一”慰问活动；企业委员会联合梧州联溢化工有限公司，为河南洪涝灾害受灾地区卫辉市上乐村镇捐赠消毒剂原液；会员黎坚斌、卢沛婵、殷晓春、黄鹤、谢春英、聂初云、张朝良等通过不同方式参与到捐资助学、帮助残疾人士、口腔义诊以及为社区提供法律服务等社会服务活动中。

【作风建设】 2021年，民建市委会开展履职能力建设工作，

2021年6月1日，民建梧州市委联合梧州市皮肤病防治院、岑溪市人民武装部、岑溪市统计局赴岑溪市梨木镇云开小学开展“童心向党·放飞梦想”六一儿童节慰问活动　　民建市委会　供图

该项工作总结材料获自治区政协副主席、民建自治区委主委钱学明肯定批示。在全自治区履职能力建设总结会上，民建梧州市委会首个作经验交流发言。年内，民建市委会获得2020年全市作风兴市工作先进单位称号，专干莫彩燕获得全市“力争上游”好干部先进个人称号。

（民建市委会）

中国民主促进会梧州市委员会

【概况】 2021年，中国民主促进会梧州市第十三次代表大会召开，选举产生民进梧州市新一届委员会。在梧州市十五届人民代表大会上，中国民主促进会梧州市委员会（简称民进市委会）主委苏颖当选为梧州市人民政府副市长。民进市委会下设机关、职教、文化等11个基层支部。会员主要分布在高等教育、普通教育、职业教育、文化艺术、医疗卫生、法律、非公经济企业、政府机关等部门和单位。至12月，共有会员285人，平均年龄52.2岁，全年发展率为2.8%。会员中，在职会员192人，非在职会员93人，具有中级以上职称191人，占会员总数67%。会员担任自治区人大代表1人，自治区政协委员1人，市级人大代表1人，市政协委员15人（其中常委5人），城区政协委员19人（常委4人）。民进梧州市委会先后获得民进全国社会服务暨脱贫攻坚工作先进集体、民进全国反映社情民意信息工作先进集体，民进自治区委会参政议政工作、反映社情民意信息工作、参政党理论研究工作先进单位等多个奖项；机关干部梁文林、胡康分别获民进全国社会服务暨脱贫攻坚工作先进个人、民进全国反映社情民意信息工作先进个人。

【思想建设】 2021年，民进市委会围绕庆祝中国共产党成立100周年，继续深化“不忘合作初心，继续携手前进”主题活动，开展“永远跟着中国共产党走”系列活动，民进市委会常委分别到各支部宣讲中国共产党百年奋斗历程和全国“两会”精神；到市党群活动中心、“中共广西第一个农村党支部”所在地凤凰村、桂林全州、兴安湘江战役纪念馆，与南宁民进市委会一起到李济深故居开展现场教学；在梧州民进会员之家开展集体学习5次，开展社会主义学院处级班干部与民进会员读书交流活动1次，“品读经典·守正初心”活动2次，利用QQ群、微信群开展中共党史知识问答；组织退休会员和老专干，通过撰写诗歌，发表感受等形式，推动会员互动、交流；以基层支部为单位开展向中国共产党“一句话表白”活动，录制祝福短视频；组织40多名会员参加梧州市统一战线庆祝中国共产党成立100周年民族团结进步体育运动会，10多名会员参加中共梧州市委组织的庆祝中国共产党成立100周年歌咏比赛。承担民进自治区委会参政党理论研究课题2项。民进市委会共完成9篇理论成果，其中2篇获得自治区政协优秀论文，1篇获得全自治区统一战线理论政策研究创新成果三等奖。

【组织建设】 2021年2月7日，中国民主促进会梧州市第十三次代表大会召开，中共梧州市委书记全桂寿、中共梧州市委统战部部长钟碧珍，民进自治区委副主委蒋庆霖、民进自治区委组织部部长欧阳杰等领导出席大会，民进市委会主委苏颖代表第十二届委员会作题为《凝心聚力　携手前进　为谱写发展新篇章而努力奋斗》的工作报告。选举苏颖、陈炎超、梁汉樱、陈莹杰、贝丽明为第十三届委员会领导班子成员，新一届委员会设置思想建设、组织建设、参政议政、民主监督、社会服务5个领导小组。3—7月，开展基层支部换届工作，对部分支部进行撤并，设置梧州学院等支部，支部数量调整为11个。在梧州市十五届人民代表大会上，苏颖当选为梧州市人民政府副市长；市县两级政协换届后，15位会员担任梧州市十三届政协委员（其中担任常委5人），19位会员担任各城区政协委员（其中担任常委4人）。12月28日，召开工作述职会和民主生活会。年内，民进市委会开展“爱满民进勤走访”活动，班子成员全年到老前辈、老领导、中青年会员中宣讲政策、征求建议共30次，并积极开展三八妇女节、教师节、重阳节慰问、烘焙课、健康讲座等活动。

【参政议政】 2021年，民进市委会围绕民进反映社情民意信息主题年活动，共开展学习交流活动5次、专题讨论活动6次，培训会员100多人次。全年收到社情民意信息素材55条，有37条信息分别获全国政协、自治区

2021 年 11 月 14 日，民进市委会到苍梧县六堡镇山坪村以爱心帮扶、义诊、推荐就业、调研“四合一”的方式开展社会服务

民进市委会　供图

政协、自治区党委统战部、市政协，民进中央、民进自治区委采用。《关于加快西江黄金水道港航能力建设》发言素材，获选为自治区政协十二届四次会议大会发言。在自治区政协会议上提交委员提案 1 件。6 月形成代表民进自治区委会的政协协商发言材料 1 篇。在市政协十二届六次会议上，提交大会口头发言 1 篇，书面发言 2 篇，《开展西江黄金水道多式联运基础设施建设大会战的建议》获选为大会 1 号发言，提交集体提案 10 件，委员提案 12 件，2 件提案分别作为市政协主席、副主席督办的重点提案。在市政协十三届一次会议上，共提交集体提案 2 件，委员提案 2 件，2 件提案作为大会重点提案。承担民进自治区委邀标课题《建设高端林业技术合作平台　促进巩固脱贫攻坚成果有效衔接》。承担中共梧州市委重点课题《关于打造梧州乡村振兴“精品示范型”村庄的调研》，全年形成民进中央全国政协提案素材 3 件，提交自治区党委统战部素材 2 件，提案素材 2 件。

【社会服务】　2021 年，民进市委会围绕乡村振兴工作，开展“春联万家”活动。年内共为苍梧县岭脚镇金田村、夏郢镇思安村、六堡镇山坪村，帮扶生活困难户 42 户，共捐赠物资 5000 多元。开展送医、送就业、送《中华人民共和国民法典》、发放防疫物资等活动 4 次。会员积极参与送法律知识、心理知识、急救知识、文化进校园等活动。民进爱心企业家为思安村捐赠价值 3.7 万元的 20 套太阳能路灯，为蒙山县蒙山镇捐赠爱心助学款 1.5 万元。

（民进市委会）

中国农工民主党梧州市委员会

【概况】　2021 年，中国农工民主党梧州市第十次代表大会召开，产生新一届梧州市委员会。新一届市委会组成人员呈现年轻化、高知化特点。截止到 12 月 31 日，中国农工民主党梧州市委员会（以下简称农工党市委会）共有 12 个基层组织，分别为市人民医院支部、市红会医院支部、市中医院支部、市工人医院支部、市中西医结合医院支部、市妇幼保健院支部、广西桂东人民医院支部、市疾控与卫生监督支部、机关支部、教育支部、综合支部和法务支部。全年发展党员 8 名，通过组织关系转入 2 名。全市农工党员人数为 292 人，其中在职 185 人、占 63.36%，退休 107 人、占 36.64%；具有高级专业技术职称的 72 人，占 24.66%；副科级以上干部 30 人，占 11.27%。市委会共有委员 21 名，其中主任委员 1 名、副主任委员 4 名（其中专职副主委兼秘书长 1 名）、常委 9 名，设置参政议政专门工作委员会。会员中担任市人大代表、政协委员 13 人（其中常委 2 人），县（市、区）人大代表、政协委员 25 人（其中人大常委会副主任 1 人，政协副主席 1 人，人大、政协常委 6 人）。

【思想建设】　2021 年，农工党市委会以习近平新时代中国特色社会主义思想为指导，深入开展中共党史学习教育，举办中共党史学习教育宣讲暨基层组织负责人培训班，市委会领导带头学、带头讲，为基层党员上党课。结合时政举办专题学习会，学习中共十九届六中全会精神、习近平视察广西重要讲话精神和自治区十二次党代会精神。开展“学党史、悟思想、办实事、开新局”

活动，组织基层支部开展主题活动和现场教育8次，邀请党员专家作专题宣讲3次，开展巩固脱贫攻坚成果活动4次，开展为民办实事活动5次，增强“四个意识”、坚定“四个自信”、做到“两个维护”，达到学史明理、学史增信、学史崇德、学史力行预定目标。全年组织报送理论研究4篇，其中1篇获农工党全国三等奖和广西二等奖，3篇获农工党广西三等奖。

【组织建设】　2021年，农工党市级组织换届圆满成功。2月，农工党梧州市第十届代表大会召开，选举产生新一届委员会包括9名常委和21名委员，其中11名为新提名委员，更替率达52.38%。新一届市委会组成人员中，副高以上职称9人，占42.86%，在职研究生以上学历6人，占28.57%。平均年龄46.2岁，整体呈现年轻化、高知化特点。领导班子结构进一步优化，实现了“开好一次大会、写好一篇报告、选好一个班子”的工作目标。全年发展党员8名，通过组织关系转入2名。平均年龄40.2岁。其中博士1名，博士后1名，硕士1名，副高以上职称3人，有效改善党员年龄、学历、知识和职业结构。做好两级人大政协推荐工作，梧州市及各县（市、区）人大、政协换届。市委会积极向人大、政协和市委统战部推荐人才，一批优秀党员当选新一届人大代表、政协委员，13人当选市人大代表、政协委员，其中常委2人；25人当选县（市、区）人大代表、政协委员，其中人大常委会副主任1人，政协副主席1人，人大、政协常委6人。总数达到38人，比上一届成功推荐人数多11人。

【参政议政】　2021年，农工党市委会参加全市政党协商专题座谈会，围绕“促进梧州市新经济新业态发展”“发展面向湾区农业”议题作专题发言。协商中，市委会参会领导紧密围绕议题，把握主要问题、分析存在情况、提出新的思路，建言献策得到市委、市政府主要领导充分肯定。向政协梧州市十二届六次会议提交口头发言、书面发言各1篇，集体提案4件，委员提案9件。刘萍代表市委会作《发展林下经济，促进梧州中医药产业发展》口头发言。向政协梧州市十三届一次会议提交集体提案3件，委员提案1件。集体提案立案率为100%。提案《关于加大我市公立精神病专科医院建设的建议》《关于加快推进梧州综合保税区前期建设和专业人才队伍建设的的建议》列入市政协重点督办。市委会重点调研成果《发挥梧州六堡茶在广西千亿元茶产业体系中主导作用》获农工党自治区优秀调研报告一等奖。农工党市委会坚持把反映社情民意信息作为履职的重要方式，全年向农工党自治区委报送社情民意信息34条，向市政协报送社情民意信息6条。其中1条次获全国政协采纳，3条次获得农工党中央采纳，8条次获自治区党委统战部采纳，5条次获农工党自治区委采纳。《关于加大西部地区公立精神病专科医院建设的建议》获全国人大常委会副委员长、农工党中央主席、中国红十字会会长陈竺批示。市委会获农工党全广西反映社情民意信息工作先进集体和梧州全市统战信息工作先进单位表彰，张崇贵、刘萍、郑浩获得农工党全广西反映社情民意信息工作先进个人。

【社会服务】　2021年，农工党市委会到挂点村龙圩区广平镇平山村、藤县金鸡镇平山村开展巩固脱贫攻坚成果工作活动4次，向龙圩区广平镇平山村建议完善木榨花生油坊项目建设，发展壮大集体经济，该项目辐射带动农户扩大花生种植规模，面积达23.33公顷，保证油坊花生油产量年均2万千克；建议藤县金鸡镇平山村拓宽思路保障中恒中药材产业发展，推进中恒中药材种植产业扶贫创新示范基地建设，完成租地200公顷目标；到万秀区夏郢镇卫生院开展“2021年环境与健康宣传周”活动暨助力村卫生室提质升级活动，全国人大代表、农工党梧州市委会副主委、市妇幼保健院副院长甘楚林为30多名村医进行医技和疫情防控业务培训；组织党员到蒙山县长坪瑶族乡开展民族团结助力乡村振兴活动，为村民们义诊义治送医送药，发放药品价值约1000元，受益群众约190人次。年末，市委会获农工党中央授予“脱贫攻坚民主监督工作先进集体”称号。

（农工党市委会）

中国致公党梧州市委员会

【概况】　2021年，中国致公党梧州市第九次代表大会召开，大会选举产生中国致公党梧州市第九届委员会，有21名委员，常委9名，主委1名、副主委4名（其中专职1名）。中国致公党梧州市委员会（简称致公党市委会）管辖一个县级市的委员会——岑溪市委会，以及苍梧县支部、龙圩区支部、万秀区总支（机关支部、万秀综合支部、万秀医卫支部、万秀教育支部、科技支部）、长洲区总支（长洲教育一支、长洲教育二支、长洲医卫支部、法律财经支部），共12个市属基层组织。截至12月底，全年发展新党员13人，有党员289人，其中高级职称61人、中级职称110人；中上层人士225人；党外代表人士101人；退休88人；归侨28人、侨属52人、侨眷31人；港澳属41人、台属8人、其他侨海关系11人，其他123人。2021年9月底，梧州市致公党2人当选梧州市人大代表，15人当选梧州市政协委员（常委4人）；4人当选县（市、区）人大代表，35人当选县（市、区）政协委员（副主席1人，常委4人），当选总人数50人（6人同时兼市、县级人大代表或政协委员）。届内市、县级人大代表、政协委员、梧州市政协常委总人数皆创历史新高。

【重要会议】 2021年2月7日，中国致公党梧州市第九次代表大会在梧州江滨大酒店举行，大会选举产生中国致公党梧州市第九届委员会，其中主委1人，副主委4人（1人专职），常委9人，委员23人，圆满完成换届工作，顺利实现新老交替和政治交接。5月7日，致公党自治区委在梧州江滨大酒店举办庆祝中国共产党成立100周年暨纪念辛亥革命110周年理论研讨会，致公党自治区委主委夏宁、致公党中央党史研究与党务工作委员会秘书长陈颂原出席会议，梧州近30名党员参加会议，致公党梧州市委会作地方组织代表发言。5月18日，致公党市委会在梧州市文化中心万秀厅召开第九届委员会第二次全体委员（扩大）会议，市委委员、各总支、支部负责人、新党员等32人参加了会议。会议学习贯彻习近平在广西考察时的重要讲话精神，主委黄继宗进行致公党史专题讲课，向新党员颁发入党证书，带领新党员进行入党宣誓。7月30日上午，致公党市委会召开九届五次常委（扩大）会议，深入学习贯彻习近平在庆祝中国共产党成立100周年大会上的重要讲话精神。9月10日，致公党市委会召开九届六次常委（扩大）会议，传达学习中共梧州市第十四次代表大会精神。11月24日，致公党市委会主委黄继宗主持召开常委（扩大）会议，专题学习中共十九届六中全会精神以及中央、全自治区、全市民族工作会议精神。12月17日上午，致公党市委会在梧州市党群服务中心政治生活馆召开致公党梧州市第九届委员会第三次全体（扩大）会议。主委黄继宗，副主委苏杨华、邓行智、李钧文、钟灿等40人参加了会议。会议学习中国共产党第十九届中央委员会第六次全体会议精神、中国共产党广西壮族自治区第十二次代表大会精神及中央2021年经济工作会议精神。

【思想建设】 2021年，致公党市委会分别组织动员全市致公党员学习习近平在中共党史学习教育动员大会、在广西考察、在庆祝中国共产党成立100周年大会、在纪念辛亥革命110周年大会上的重要讲话精神、全国“两会”精神、《中国共产党统一战线工作条例》、《各民主党派中央关于纪律处分工作座谈会纪要》、《各民主党派中央关于建立健全述职和民主评议制度座谈会纪要》、中共梧州市第十四次代表大会精神等，组织党员干部撰写学习体会10多篇。通过微信公众号发布宣传文章70多篇，投稿到致公党自治区委网站、梧州政协网站、《梧州日报》、《广西致公》、《统战工作》等网站报刊80多篇，近90%的稿件得到采用。此外，向中共自治区委统战部、致公党自治区委投稿统战理论、庆祝中国共产党成立100周年文章等15篇。4月6日，致公党市委会召开学习会议，学习习近平在党史学习教育动员大会上的重要讲话精神和全广西、全市党史学习教育动员大会精神，传达学习全国、全市“两会”精神，学习《中国致公党纪律处分办法（试行）》、梧州换届纪律文件精神，传达全市统战部长会议精神。4月28日，市委会组织成员到“广西、梧州中共党组织成长的光荣之路”主题展厅、“广西革命老区第一村”平浪村参观学习，全市近40名党员代表参加活动。5月14日、18日，致公党市委会组织党员干部先后到岑溪市党群服务中心党史党建馆、梧州市党群服务中心党史教育馆开展党史学习教育活动，感受岑溪、梧州人民义无反顾跟随中国共产党投身革命的伟大情怀以及艰苦奋斗、无私奉献的革命精神。6月10日，致公党市委会联合民盟市委会、九三学社市委会到中共梧州地委、广西特委旧址陈列馆开展中共党史学习教育暨红色歌曲大家唱活动。7月9日，致公党梧州市委会举办新委员和骨干党员培训班，市委会主要领导为党员讲学，培训班组织学员们到位于万秀区夏郢镇凤凰村的中共广西第一个农村支部纪念馆开展现场教学。10月13日，致公党市委会召集常委、机关专干召开学习会议，学习习近平在纪念辛亥革命110周年大会上的重要讲话精神，传达学习梧州市第十五届人大一次会议和梧州市政协十三届一次会议精神。10月15日，致公党自治区委在梧州市举办“学习十九大，弘扬好传统”致公讲堂。致公党自治区委副秘书长、宣传部部长李华强主持讲堂，邀请自治区党委讲师团特聘教授（专家）、广西社会主义学院教务部主任艾新强作宣讲，致公党梧州市委会近40多名党员参与聆听宣讲。

【组织建设】　2021年，致公党市委会发展新党员13人，党员总人数289人，党员总人数在全自治区致公党设区市组织排名第五。提拔1名正处级干部、1名副处级干部、3名正科级干部，任命3名骨干党员为市委会副秘书长。选派党员干部到中央、广西社会主义学院，以及梧州、北海等地学校培训学习13人次。推荐1名处级干部、2名副处级干部分别到梧州市中恒集团、梧州高新区、梧州市非公办挂职锻炼。市委会先后与致公党贵港、来宾、钦州、防城港、贺州、桂林、江门等市委会联谊，在参政议政、组织建设、学习宣传、机关建设等方面进行了座谈交流，对标这些市委会的先进做法，查找差距，不断提高自身工作质量和成效。同时，通过以上这些活动，积极向外界宣传梧州，加强商贸来往，共同推进梧州发展。此外，市委会探访梧州市致公党归侨、侨眷、老党员、患病党员、有家庭困难党员等近30人次。组织老党员开展学习参观活动3次，感受梧州发展的新气象，表达组织对老党员的关怀。2月，致公党梧州市监督委员会完成换届。新一届监督委组织市委会党员干部开展廉政教育，协助市委会按程序规定完成换届工作，监督规范市委会推荐致公党员担任各级人大代表、政协委员的工作程序，配合市审计局对市委会就审计过程中发现的问题进行督促整改。修订《中国致公党梧州市监督委员会工作规则》，进一步完善内部工作制度。5月22日—23日，“同心圆梦”梧州市统一战线庆祝中国共产党成立100周年民族团结进步体育运动会在梧州学院体育馆举行，市委会选拔40多名致公党员参加全部7个比赛项目，最终获得了最佳组织奖、集体跳绳第四名，五人六足女子组第七名、男子组第八名。10月，市委会为首批4家“致公党员之家”授牌，实现了基层组织活动场所从无到有的转变，增强党员的归属感。12月17日下午，致公党市委会召开领导班子中共党史学习教育专题民主生活会。会议由市委会主委黄继宗主持，副主委苏杨华、邓行智、钟灿出席会议，致公党自治区委会监督委员会委员、广西交通投资集团财务有限责任公司董事、副总经理何成杰及中共梧州市委统战部一级调研员滕文应邀到会指导。

【参政议政】　2021年年初，梧州致公党政协委员向市政协第十二届六次会议提交提案9件，立案7件，立案率近80%。大会发言材料《关于提升我市城市精细化管理水平的建议》入选市政协会议，得到社会各界人士好评。此外，党员干部撰写社情民意信息20多条，其中3条获致公党中央采纳，6条获中共自治区党委统战部采纳，11条获致公党自治区委采纳。致公党市委会确定“进一步推进我市康养产业与旅游产业深度融合发展的建议”“关于提升西江黄金水道航运能力的对策与建议”分别作为市委会承担的2021年中共梧州市委、致公党自治区委的重点调研课题。至11月，两个课题已经完成调研报告并上报。4月25日，致公党员、万秀区政协委员黄坚毅应邀参加市公安局万秀分局队召开的队伍教育整顿“顽瘴痼疾”征求意见座谈会。6月9日，苍梧县政法队伍教育整顿第二次征求意见座谈会在新县城政务综合大楼大会议室在召开，致公党员律师张石应邀出席座谈会。6月24日，致公党市委会在梧州市民主党派大楼五楼会议室召开参政议政培训会，会议邀请致公党自治区委研究室副主任林辉为梧州市致公党员就如何撰写提案、议案、社情民意信息等授课。7月19日，中共梧州市委书记蒋连生主持召开2021年第一次政党协商座谈会，听取加快梧州市新经济、新业态发展的意见建议。致公党市委会主委黄继宗参加座谈会，代表致公党作关于做强做大六堡茶产业的发言。8月23日，中共梧州市委常委何世恰主持召开由部分党外代表人士参加的座谈会，就市委市政府工作、统一战线工作、新一届市政协委员推荐提名工作等听取意见和建议。致公党钟灿、林豪荣在座谈会上作发言。10月28日，致公党市委会在岑溪市党群服务中心举办2021年参政议政培训班，各县（市、区）人大代表、政协委员、参政议政骨干等40多人参加培训学习。11月9日，蒋连生主持召开2021年第二次政党协商座谈会，听取梧州市发展面向粤港澳大湾区农业，助力乡村振兴的意见建议。主委黄继宗在会上代表致公党发言，发言中提到如何发展面向湾区农业的建议，得到蒋连生的高度评价。

【社会服务】 2021年，致公党市委会积极响应号召，动员全体机关人员开展"我为城市建设出份力"文明交通劝导志愿服务活动50人次，参加社区清洁卫生行动9次，开展扶贫走访慰问贫困户活动3次，开展为企业服务活动12次。另外，市委会组织筹集约10万元投入到乡村振兴中。4月，致公党梧州市委会、岑溪市委会分别获致公党自治区委抗击新冠疫情先进集体表彰；黄继宗、钟灿、李钧文、吴哲、黄坚毅、吴智华、关昊、欧美群、梁宏燕、刘鹤、李生勇、罗卓艳、陈柱文13人获得致公党自治区委抗击新冠疫情先进个人表彰。9月，市委会响应致公党中央关于集中开展消费帮扶，助力重庆市酉阳县乡村振兴工作的号召，特别制作购买指南，发动全市致公党员筹集近8000元进行消费帮扶，该举措得到致公党中央高度赞赏。梧州市委会被致公党中央评为"脱贫攻坚先进集体"。10月18日，市委会牵头组织机关专干、致公党企业家前往万秀区夏郢镇开展助力乡村振兴暨教育帮扶爱心活动，为当地群众办实事好事。为夏郢镇里秀村小学修建生活用水井一口，捐助教学电脑2台，两者价值2万多元。向位于夏郢镇的梧州第十九中学捐赠价值近2万元的LED电子屏一块，乒乓球桌8张。11月8日—10日，致公党自治区委组织致公党法律界专业人士和骨干党员赴桂林市兴安县华江瑶族乡和龙胜各族自治县泗水乡开展普法宣传活动，梧州市委会苏杨华、张建武、黄坚毅、黎丽等参加此次活动。12月16日，致公党梧州市委会、岑溪市委统战部到岑溪市归义镇石坡村开展民族团结活动，参加活动村民有40多人。其间，致公党员梁宏燕结合自身工作经验为石坡村村民讲授疫情防控医疗知识，致公党员黄释渔为村民上了一堂法律知识讲座。

（致公党市委会）

九三学社梧州市委员会

【概况】 2021年，九三学社梧州市第四次代表大会召开，会议选举产生九三学社梧州市第八届委员会。至年末，九三学社梧州市委员会（简称九三学社市委会）下设万秀河东、万秀河西、长洲、苍梧、龙圩、退休支社6个基层组织，年内发展新社员17人。至年底，共有社员203人，平均年龄52.34岁。其中在职社员152人，占社员总数74.9%；离退休社员51人，占社员总数25.1%。社员中，高级职称62人、占30.5%，中级职称91人、占44.8%；九三学社市委会设主委1人（兼职），副主委4人（其中驻会副主委1人），常委9人，委员21人。有自治区政协委员3人，市人大代表2人（市人大常委会副主任1人）、政协委员19人（其中政协副主席1人、常委8人），县（市、区）级人大代表4人（人大常委会副主任1人）、政协委员28人（政协副主席3人、常委9人）。

【思想建设】 2021年4月20日，九三学社市委会召开中共党史学习教育动员部署会。会议传达九三学社中央关于在全社开展中共党史学习教育的通知，集中学习习近平在党史学习教育动员大会上的讲话精神。班子成员率先垂范，积极领学，组织社员参加主题宣讲会、主题培训班。以梧州市红色资源为依托，带动全市基层组织分别组织社员到中山纪念堂馆、李济深故居、广西特委旧址陈列馆、广西第一个农村党支部等，学中共党史、学社史、学先进、唱红歌、温初心、谈体会。同时，引导社员积极参加庆祝中国共产党成立100周年活动。通过"五史"（中共党史、新中国史、改革开放史、社会主义发展史、多党合作史）知识竞赛、书画摄影展、运动会、唱红歌、观看中共中央庆祝建党100周年大会直播实况等多种活动形式，不断掀起学思践悟热潮。九三学社梧州市长洲支社获得九三学社中央“五史”知识竞赛优秀组织奖。九三学社市委会向社中央、社自治区委、市政协提交理论研究征文7篇。其中，获九三学社庆祝中国共产党成立100周年征文活动一等奖1篇，获社自治区委2021年度理论研究优秀征文一等奖2篇、二等奖2篇、三等奖2篇。

2021年3月27日，九三学社梧州市委专家交流服务睿奕工作站在广西睿奕新能源股份有限公司揭牌　　九三学社市委会　供图

【组织建设】　2021年2月3日—4日，九三学社梧州市第四次代表大会召开。会议学习中共十九届五中全会精神、《中国共产党统一战线工作条例》，听取和审议李桂珍代表九三学社梧州市第七届委员会作题为《打造新时代合格的参政党地方组织　在全面建设社会主义现代化国家新征程中砥砺前行》的报告，审议并通过《九三学社梧州市第七届委员会报告决议》《九三学社梧州市第四次代表大会决议》。会议选举产生九三学社梧州市第八届委员会委员21名，常务委员9名；曹垂龙当选主任委员，卢莹、李晖萍、李玉华、陈阜东当选副主任委员。九三学社市委会积极为后备干部成长创条件、铺台阶、搭舞台，注重推荐德才兼备的骨干社员挂职锻炼。全年推荐梧州市党外干部挂职实践锻炼2人。

【参政议政】　2021年，在政协梧州市十二届六次会议、十三届一次会议期间，九三学社市委会及担任政协委员的社员积极建言献策，共提交集体提案7件、个人提案7件、委员联名提案1件。其中《关于积极构建我市与粤港澳大湾区区域协同创新发展格局的建议》作为大会发言。市委会整合社内外力量，完成社自治区委参政议政中标课题“乡村振兴背景下广西优势特色农业产业‘东融’发展路径研究”；同时，承担中共梧州市委重点调研课题“关于促进我市特色农业‘东融’发展的思考和建议”。按照全年政党协商计划，市委会扎实做好协商专题的选题、调研、提炼工作，分别就“梧州市新经济、新业态发展”“面向湾区农业，助力乡村振兴”等专题提出建议，助推中共梧州市委、市政府的科学决策。加强社情民意信息工作，全年共向九三学社自治区委、市政协上报社情民意信息26条，获中共自治区党委统战部采用1条、九三学社广西自治区委采用9条、市政协采用5条。

【社会服务】　2021年3月27日，广西睿奕新能源股份有限公司揭牌成立九三学社在梧州市第一个专家交流服务工作站。通过搭建交流平台，运用社内专家的智力优势，创新社会服务载体，丰富社会服务形式。九三学社市委会发动全市社员助力广西村级卫生室提质升级，为进一步提升村级卫生室医疗服务水平，巩固拓展脱贫攻坚成果积极参与众筹活动。截至5月21日，全市社员共捐款5555元。10月27日，与九三学社自治区委联合开展民族团结宣传暨卫生科技法律“三下乡”活动。由九三学社自治区委副主委葛春启率队到岑溪市大垌村，开展民族团结宣传、医疗帮扶义诊和科技法律咨询活动。活动现场，九三学社医卫界专家对就诊村民进行询问检查，给予诊疗意见，并免费发放药品。来自科技、法律界别的九三学社社员，还为村民提供了科技、法律、政策等方面的免费咨询，并向村民开展民族团结知识宣传，发放宣传资料一批。九三学社市委会每月组织全体机关干部开展文明交通劝导志愿服务活动，不定期开展清洁大扫除活动，助力梧州市创建全国文明城市。

（九三学社市委会）

梧州市工商业联合会

【概况】 2021年，梧州市工商联真抓实干打造“五好”（政治引领好、队伍建设好、商会发展好、作用发挥好、工作保障好）工商联，实现“五好”县级工商联全覆盖；扎实推进工商联所属商会建设，全方位指导商协会开展星级党组织创建活动；成立梧州市纳税人权益维护中心，开展“集中服务月”“万所联万会”“春雨润苗”及专题普法讲座等活动，为民营企业、小微企业服务。截至12月，梧州市工商联系统共有会员4795名，其中企业会员2247名、团体会员118名、个人会员2430名。

【重要会议】 2021年3月12日下午，梧州市工商联召开党史学习教育动员大会，深入学习贯彻落实习近平在中共党史学习教育动员大会上的重要讲话精神，传达贯彻落实中共中央、自治区和梧州市党史学习教育动员大会精神，对市工商联开展党史学习教育进行动员部署。6月4日，梧州市工商联党总支部召开党总支部换届选举党员大会，党员大会审议并通过李文海代表上一届工商联党总支部委员会所作的工作报告，通过无记名投票方式，选举产生新一届党总支部委员会委员。

【组织建设】 2021年，市工商联深入践行“书记在现场”工作法，会领导分别带队赴各县（市、区）工商联，对存在困难多、问题突出的县级工商联进行实地调研指导，与当地党委、政府、统战部门协调解决工商联组织人员配备、经费、办公环境、商会建设等方面存在的问题。经过不懈努力，梧州市7个县（市、区）工商联获得自治区工商联认定为2020—2021年度广西“五好”县级工商联，岑溪市、藤县、万秀区、长洲区4个县（市、区）工商联获得全国工商联认定为2020—2021年度全国“五好”县级工商联，全市再次实现“五好”县级工商联全覆盖。年内，市工商联发动各直属商协会80多名会员参加“同心圆梦”梧州市统一战线庆祝中国共产党成立100周年民族团结进步体育运动会；建立商协会月轮值交流活动制度，梧州湖南商会、梧州玉林商会、梧州市外商投资协会承办轮值活动，通过交流观摩、专家论坛、亮点分享、成果展示等创新活动，以点带面推进各商协会的规范化建设，形成比学赶超的良好氛围；落实乡镇、街道商会登记管理，乡镇街道商会登记率达72.9%，高于全自治区平均水平。梧州市岑城商会在全自治区乡镇（街道）商会建设推进会做先进交流发言，龙湖镇商会获评为2021年度广西工商联诚信建设先行商会；有22家商协会获梧州市两新党工委表彰，其中岑溪市南渡商会党支部获评为五星级党组织，市女企业家协会等6个党支部获评为四星级党组织，市饮食业商会等15个党支部获评为三星级党组织。自治区工商联党组、自治区两新组织党工委联合举办广西百名表现突出中共党员民营企业家表扬活动，全市有7名中共党员民营企业家获得表扬。

【参政议政】 2021年，梧州市工商联重点收集整理民营企业在生产经营过程中遇到的困难和问题，先后开展《民营企业政策落实情况和运行状况调查》《企业运行状况和涉企政策落实情况调查》《民营企业运行状况调查》《上规模民营企业调查》《万家民营企业评营商环境调查》等问卷调查，积极组织基层工商联和入库企业共同完成了800多份问卷，形成《新时期发挥年轻一代民营企业家作用的研究》《梧州市“万企帮万村”与“万企兴万村”有效衔接的实践与思考》《当好“东融”主力军，重塑梧州工业新辉煌》《积极培育新个体经济，带动就业创业》《精准对接粤港澳大湾区农产品市场需求 夯实乡村振兴产业基础》等调研报告，供党委、政府和职能部门决策参考。

【舆论宣传】 2021年，梧州市工商联认真做好舆论宣传。一是制定《梧州市工商联网络意识形态工作制度》《梧州市工商联舆情处理工作机制》，把意识形态工作纳入年度工作考核中；二是加强舆论阵地建设，建立《梧州市工商联新闻发布管理制度》《梧州市工商联新闻发言人制度》，健全《梧州市工商联网络问政制度》《梧州市工商联微信平台信息审核发布制度》，充分发挥市工商联微信公众号的作用，向非公经济人士，宣传党的路线方针政策，弘扬新时期优秀企业家精神。全年在“梧州市工商联”微信平台发布信息100多篇，在《人文中国（海外版）》《华声晨报》《广西区工商联信息》《梧州日报》《梧州统战》等媒体发表文章70多篇，切实加强舆论政治宣传。

【会员服务】　2021年，梧州市工商联紧密围绕“两个健康”（非公有制经济健康发展和非公有制经济人士健康成长）主题，结合民营企业的难点堵点问题，集中力量为民营企业和民营经济人士办实事、做好事、解难事。市工商联、市检察院联合开展“集中服务月”“检察院开放日”活动，为企业提供《中华人民共和国民法典》《优化营商环境条例》《劳动合同法》《企业所得税》等法律宣传，帮助企业提高依法依规经营能力；与市司法局共同开展“万所联万会”活动，组织45个律师事务所共98名律师作为全市81个工商联所属商（协）会的法律顾问，在有关商协会设立服务岗开展对接工作，为广大会员企业和非公经济人士保驾护航；与市司法局、市律师协会、市人力资源社会保障局、市总工会、市企业与企业家联合会等单位到园区、商协会、企业开展专题普法讲座活动9场，参加活动会员企业1230家。

市工商联成立梧州市纳税人权益维护中心，联合市税务局开展2021年助力小微企业发展“春雨润苗”专项行动。各级税务机关提供66名专业师资党员“育苗师”与全市81个商（协）会对接。6月开始，开展小微企业税费专题培训，实行“滴灌式”宣传辅导，详细解读常见税费优惠政策，帮助纳税人熟悉业务办理流程。举办“春雨润苗”税费政策大辅导纳税人学堂43场，培训纳税人2980名，回答纳税人疑难问题120条。结合联户进企活动、个税汇算清缴工作，组织党员先锋服务队上门为企业提供热点政策宣传辅导、重点业务现场辅导132户次，为企业“送政策、优体验、助成长”，让各项减税降费支持政策和创新服务举措及时惠及企业纳税人。

【联谊活动】　2021年9月7日，广西重庆商会会长杨俊一行14人到梧州市藤县考察六堡茶产业项目，并就其他相关项目合作广泛交换意见。以此次考察为契机，通过推动“万企兴万村”项目，进一步加强两地沟通交流合作；借助商会平台，发挥企业自身优势，力争早日达成项目投资，助力乡村振兴。11月19日，南宁市工商联党组成员、副主席，南宁市工商业行业党委书记蔡丽蓉率调研组到梧州开展两新组织党建工作交流活动。调研组一行前往广西北部湾国际港务集团有限公司、广西丰业集团有限公司、广西神冠胶原生物集团有限公司参观两新组织党建阵地，通过实地调研，进一步加深两新组织党建工作交流。12月24日，佛山市广西梧州商会成立大会暨梧州市大湾区投资推介会在广东省佛山市举行，市工商联党组书记莫江珊，市工商联主席钟雁出席大会。佛山市广西梧州市商会由在佛山梧州籍企业家自愿发起，在梧州市人民政府的支持关心下顺利筹建，为梧州在佛山的创业人士与当地政府部门联系架起桥梁，为梧州实施“东融”战略、面向大湾区靶向招商打造重要平台，为在佛山创业人员搭建与家乡沟通的纽带。

【社会公益】　2021年3月，梧州市工商联在广西特色农业核心示范区——摩天茶海举行梧州市“万企兴万村”行动启动仪式。梧州市3个城区工商联、梧州江西商会、梧州桂平商会、万秀区龙湖镇商会等26个单位及商（协）会组织200多人种下6000株原种六堡茶苗。截止到

2021年3月11日，梧州市“万企兴万村”行动启动仪式在广西特色农业核心示范区——摩天茶海举行　　市工商联　供图

12月，7个县（市、区）工商联均已启动“万企兴万村”行动，111家民营企业签订了村企共建协议，对推动全市民营企业参与乡村振兴起到了正向引导作用。市工商联和村企共建单位——梧州中成达新材料有限公司到龙圩区大坡镇新安村对新安村农业产业发展、乡村建设规划等方面进行详细了解，给予资金支持；市工商联联合太平人寿保险梧州中心支公司开展“情系童心　与爱同行”儿童节慰问活动；长洲区工商联积极发动会员募集资金12.5万元支持平浪村打造革命老区红色教育基地，捐建了面积达110平方米的木质宣传长廊；万秀区工商联17家民营企业认捐2.82万元助力乡村卫生室提质升级；龙湖镇商会组织发动30家商会企业筹集爱心资金25.4万元，市饮食业商会到岑溪安平镇举办“暖民心、解民忧”为困难群众送温暖扶贫捐赠活动，捐赠价值2500元的粮油一批、扶贫慰问金5000元；市装饰建材协会到苍梧县梨埠镇凤仪村开展“感党恩　跟党走　鱼水情　军民建”八一建军节慰问活动；梧州潮汕商会向沙头镇参田村特困户爱心捐款2.78万元建设解困房；珠海市广西商会赴藤县藤州镇礼秀小学、天平镇新兴小学开展“助力乡村教育振兴”活动，共向2所小学师生捐赠了约10万元助学金和160多份书包文具，向优秀教师发放了慰问金和慰问品。结合实际开展消费扶贫工作，截至12月全市共有134家会员企业参与扶贫产品销售，177家企业参与采购，扶贫产品购买金额达7884万元。

【服务经济发展大局】 2021年，梧州市工商联认真履行梧州市“民企入桂”牵头单位职责，与市投促局等部门合力推进工作。在大量调研、沟通工作基础上，“民企入梧项目落实”行动工作专班（市工商联）印发《梧州市2021年“民企入梧项目落实”行动实施方案》。梧州市2020年“民企入梧”签约项目49个，投资总额776.46亿元，根据签约的项目，市工商联与市投促局研究制作项目落实逐月进展情况表，以“四率”为目标，按计划推进2021年“民企入梧”项目落实。1—12月，履约总数49个，新增履约项目7个，协议履约率增量14.29%；新增到位资金111.32亿元，增量14.34%；开工项目36个，新增开工项目5个，增量10.2%；新增竣工项目14个，增量30.61%。

（市工商联）

编审：曾　强　编辑：林桂宇

群众团体

梧州市总工会

【概况】 2021年，梧州市总工会（简称市总工会）下辖财贸工会、教育工会、市直机关工会3个产业工会，全市有基层工会5629个，工会会员34.99万人。新建基层工会73个，发展会员8000人。有市职工技术学校、市工人文化宫、市职工技术协作中心3个直属事业单位。年内，市总工会开展“基层工会组织建设年”活动，举办全市企业民主管理培训班5期。各级工会组织全市职工开展职业技能竞赛及培训，开展丰富多彩文体活动，联合多部门设立多元“双网”解纷中心，着力构建新时代和谐劳动关系。

【基层工会组织建设】 2021年，市总工会开展“基层工会组织建设年”活动，突出抓好以货车司机、快递员、网约车司机、外卖送餐员等新就业形态群体工会组建工作。通过开展“百日攻坚”行动、党建带工建、联建联创和工会机关干部赴基层蹲点指导等方式，推进“美团外卖”、快递行业和网约车建立工会。年内，全市共新建基层工会73个，新发展会员8000人。其中：单独百人以上企业建会24个；新就业形态群体涵盖单位数25家，职工入会数2800人。在西江主要港口、商贸物流聚集区、高速路服务区等货车交通聚结点，建成“司机之家”7个，工会服务向基层延伸，实现餐饮、休息、停车、安保、宣传教育、配套服务6项功能。

【民主管理】 2021年，市总工会加强企事业单位职工代表大会制度建设，发挥民主管理作用，继续将“‘聚合力、促发展’职工代表提案在行动”和职工代表培训计划作为企事业单位开展“公开解难题、民主促发展”主题活动的主要内容，指导各企事业单位开展不同形式的优秀职工代表提案征集活动和职工代表培训，不断健全以职工代表大会为基本形式的企事业单位民主管理体系。市总工会在做好新冠疫情防控工作的前提下，全年举办全市企业民主管理工作职工代表师资培训班2期、梧州市企业民主管理法规进园区培训班3期。

【维权机制建设】 2021年，市总工会联合市中级法院，推动网络平台信息资源共享与网格化社会治理机制无缝衔接，打造“双网”解纷机制平台，实施多部门共同开展劳动纠纷化解工作。结合梧州市劳动争议纠纷调解工作的实际，设立专门的多元“双网”解纷中心，发挥“工会＋法院”诉调对接机制在化解劳动纠纷、引导职工依法维权和维护职工合法权益中的重要作用，构建“工会＋法院 +N”联动工作机制。依托法院网络系统安装到全市987个行政村（社区）以及市信访局、市司法局、市人力资源社会保障局、市住房城乡建设局、市劳动人事争议仲裁院等相关部门、单位的视频设备，与原有的梧州市网格化社会治理机制相衔接，构建和完善维护职工合法权益的多元“双网”解纷工作平台。同时多元“双网”解纷平台网络延伸至重点工业园区、企业、院校等，逐步实现多元“双网”调解网络体系全覆盖，将职工维权的阵地前移到基层，延伸到职工身边，推动矛盾纠纷有效吸附在当地、化解在萌芽，构建新时代和谐劳动关系。

【困难职工帮扶】 2021年，全市各级工会按照《广西困难职工档案管理办法》要求，及时通过“广西工会困难职工信息管理系统”受理申请、信息核查、公告公示、审批认定和依规做好建档立卡。全年全市有在档困难职工211户，其中深度困难职工101户、相对困难职工110户。市各级工会运用“生活救助、医疗救助、金秋助学”等一系列帮扶手段，用好用足中央、自治区的帮扶政策，实现帮扶工作常态化。全年全市救助生活困难职工343户，发放帮扶资金208.39万元；救助医疗困难职工84户，发放帮扶资金64.50万元；困难职工子女助学156户，发放帮扶资金74.43万元。全年工会组织送温暖慰问366人次，发放送温暖资金26.56万元。通过工会组织的常态化帮扶，当年83户困难职工实现脱困。市各级工会还开展为困难职工“点亮微心愿”活动，为在档困难职工实现“微心愿”63个。结合自治区总工会“工会进万家”和市总工会“我为职工办实事”活动，对梧州市建档困难职工251户开展慰问，共计发放慰问金15.06万元。联合中国移动通信集团广西有限公司开展“学党史　强信念　跟党走　为职工办实事”夏送清凉主题关爱活动，为梧州市249户建档困难职工送上了价值4.98万元的慰问品。

【职业技能竞赛及培训】　2021年10月，市总工会组织梧州市20名选手，参加由自治区总工会等8家单位联合主办的第七届全自治区职工职业技能大赛7个工种比赛，获得第七名和第九名各1个，梧州市总工会获优秀组织奖。年内，市总工会与市城市管理监督局联合举办2021年自治区住房和城乡建设系统职工职业技能大赛（园林绿化行业），分别与相关部门共同举办气象行业天气预报职业技能竞赛、全市电力系统技能大赛、梧州市第二届营养职业技能大赛、第七届六堡茶技能劳动竞赛、广西交通运输行业船闸职工职业技能大赛等职工劳动技能赛事近20场(次)。11月19日—23日，市总工会、市人力资源社会保障局、市茶产业发展服务中心联合举办2021年梧州市“茶船古道杯”六堡茶茶艺师技能大赛，参加选手160名，比赛通过百度平台、梧州电视台“最老友”APP进行线上直播，累计超过320万人观看，评论留言4.2万条，点击曝光率超过1500万次。全年全市累计培训职工职业技能2万多人次，投入经费近100万元。

【劳模工匠选树】　2021年，市总工会严格按照要求和评选条件，制定“梧州工匠”培育选树规划，与市工业和信息化局、市人力资源社会保障局和市科技局联合开展“梧州工匠”推荐宣传学习活动，组织开展全国和广西五一劳动奖和工人先锋号的评选推荐工作。2021年，全市获得全国五一劳动奖章1名、全国工人先锋号2个，广西五一劳动奖状4个、广西五一劳动奖章4个、“广西工匠”4名、广西工人先锋号6个；授予梧州五一劳动奖状27个、梧州五一劳动奖章98名和梧州工人先锋号46个，命名梧州市“劳模和工匠人才创新工作室”5家、重点产业和特色产业中的“梧州工匠”15名。

【职工文体活动开展】　2021年，结合弘扬劳动精神、劳模精神和工匠精神，市总工会开展庆“五一”系列活动，组织梧州市的全国及广西劳动模范、五一劳动奖章获得者、广西工匠等先进人物和部分企业一线职工代表100多人参观中共梧州地委、中共广西特委旧址，以重温入党誓词、快闪联唱革命歌曲等形式，引领广大职工学党史、感党恩、跟党走、建新功。4月底，市总工会主办“党旗红　劳动美”2021年梧州市职工文艺会演。5月中旬，市总工会举办以“凝聚前行力量　传承拼搏精神”为主题

12月27日，2021年梧州工匠命名暨先进事迹报告会在梧州工匠学院举行

市总工会　供图

的2021年梧州市职工运动会，近1200名运动员及教练参加。由自治区总工会举办的“中国梦·劳动美——永远跟党走 奋进新征程”2021年庆祝“五一”国际劳动节特别节目在梧州设置分会场，梧州市劳模工匠、职工代表以快闪联唱的形式演绎《妈妈教我一支歌》《我们走在大路上》《歌唱祖国》。以庆祝中国共产党成立100周年为契机，市总工会与中共梧州市委宣传部、市委党史研究室、中国南方电网超高压输电公司梧州局、梧州日报社联合举办“铭记党恩 永跟党走”2021年梧州市万名职工学党史知识竞赛暨“常学力行守信念，八桂职工跟党走”百万职工学党史网络学习实践活动，决赛在市党群服务中心举行，通过“梧州零距离”APP直播决赛现场，超过20万人在线观看。12月18日，市总工会举行2021年“劳动创造幸福”暨创建中华诗词之市全市职工朗诵比赛，有57名（组）选手参加比赛。

【就业指导和服务】 2021年，市总工会落实就业创业措施，与市人力资源社会保障局、梧州职业学院和梧州工匠学院联合举办多形式的职业技能、创业、家政培训班，包括“育婴”技能、“宝石鉴定”技能、“梧州河粉精制”和“六堡茶采制茶”等技能培训，新增“家庭生活照料”培训项目。年内依托梧州工匠学院持续开展“送培创工程”活动，共培训1440人。联合市人力资源社会保障局、市民政局、梧州学院、团市委、市企业联合会等单位部门，开展“就业援助月”专项活动、“民营企业招聘月”活动专场招聘会、“金秋招聘月”活动暨农村劳动力转移就业招聘会（粤桂试验区专场）、“金秋招聘月”活动暨助力高校毕业生在梧州就业双选会、民营企业招聘会等专场招聘会7场，邀约以进驻粤桂试验区为主的雅士电业（广西）有限公司、梧州国光科技发展有限公司以及食品、教育、能源、化工、酒店等行业72家民营企业（含梧州市重点企业26家）进场招聘，提供岗位6550多个，现场洽谈近4000人次，发放用工信息、培训资料1万多份。“暖流行动”期间，各级工会分发用工信息材料7000多份，同时通过广播、电视、报纸、工会宣传阵地等发布用工岗位信息及用工培训资料。

（市总工会）

共青团梧州市委员会

【概况】 2021年，共青团梧州市委员会（简称团市委）下辖梧州市青少年宫、梧州市团校2个事业单位，以及梧州市青年志愿者协会、梧州市青年企业家协会、梧州市希望公益服务中心和梧州市阳光青少年心理服务中心4个青年社会组织。全市有各级团组织6141个、共青团员10.76万人，发展团员8370名；全市有少先队大队1523个、少先队员34.85万人，少先队辅导员有10706人；全市注册青年志愿者47.64万人。年内团市委聚焦主责主业，围绕打造“一极三城”、建设“四个梧州”，打造“西江青年先锋”团建品牌，切实提升引领力、组织力、服务力和大局贡献度。

【基层组织建设】 2021年，梧州市有14—35周岁青年109万人，团员10.76万人，其中学生团员6.03万人。团市委下辖各级团组织6141个，其中团的领导机关7个、团委239个、团工委49个、团总支16个、团支部4341个、毕业生团组织1483个和待接转团支部6个。全市团的领导机关团干部52人，挂职团干部14名，基层团干部9175人。全市少先队员有34.85万人，其中初中7.1万人、小学27.75万人；建立少先队大队1523个，其中初中121个，小学1402个，有少先队中队9523个；全市少先队辅导员有10706人，其中初中辅导员1805人、小学辅导员8901人。梧州市注册青年志愿者47.64万人，占全市注册志愿者总数71.17%。

【青少年思想政治教育】 2021年，团市委组织开展面向团员青年形式多样的党史学习教育，深入基层开展小范围、互动式党史宣讲87场，覆盖团员青年超8.1万人次；举行梧州市“青年大学习·一起学党史”知识竞赛等活动6场；开展少先队红色研学争章活动，累计有7000多名少先队员参与。动员270多万人次开展“青年大学习”网上主题团课学习。邀请团中央基层建设部副部长到梧州为大学生宣讲党史知识；联合广州团市委组织两地青年走进广州青年运动发展历程展馆、广西第一个团支部纪念馆等场所开展学习。

年内，团市委发挥互联网

媒体作用，开设“梧州青年学党史”专栏，网络议题阅读点击量超10万，“梧州共青团”微信公众号粉丝超30万，视频号日均播放量超4200多次，单条视频平均播放量1.2万多次，新媒体影响力居自治区前列。党史学习教育成效明显，被《中国青年报》等团中央媒体报道26次，被《梧州日报》、梧州市广播电视台等市级主流媒体报道41次；拍摄的“红领巾爱学习”网上主题队课在全国少工委微信平台推出，观看次数超120万次；组织开展的红歌快闪活动在共青团自治区委微信公众号头条刊载。

【团建工作】 2021年，团市委推进藤县、万秀区做好第二轮全国县（市、区）域共青团基层组织改革试点工作，建立基层团组织规范化运行、对标定级的常态化机制，相关经验做法在自治区会议上获团自治区委点名表扬。年内举办“青春引擎”村级团干部培训班，累计培训951人次；指导举办梧州市教育系统团干素质拓展专题培训班，推动梧州学院团委承办广西高校团委书记研修班，将行动学习法引入2021年新任村（社区）团组织书记示范培训班，切实提升各级团干部的履职能力。团市委科学制订发展团员调控工作指引，严格团员发展程序，全年全市累计发展新团员8370名。严格落实团干部协管职责，建立健全基层团组织按期换届提醒督促机制，提高基层团干部的配备率、在岗率，确保年内市、县两级团的领导机关干部和领导班子整体配备率、在岗率均达到95%以上。完善团员信息和电子档案，加强“学社衔接”工作，推动学校领域团组织对毕业生团员档案100%完成相关标注，校外团组织做到“应接尽接”。

【青联和少先队工作】 2021年，团市委开展青联委员走基层活动2场，向农村基层学校捐赠价值8万多元的学习用品。承办广西青联委员“学党史、强信念、跟党走”青年走基层宣讲活动和民族团结进步创建活动，向蒙山县夏宜瑶族乡民族学校赠送教学用具、文具用品，向夏宜瑶族乡六海村村委赠送民族团结及党史书籍。探索与粤港澳台青少年交流合作，与广东省广州团市委联合开展“广梧合作 共创未来”青年交流活动，就创新创业合作、投资兴业、服务青年发展等主题进行交流。服务青年婚恋交友，组织联谊活动2场，250多名单身青年参与现场活动。

2021年4月30日，“学党史、强信念、跟党走”2021年梧州市新团员入团仪式在梧州职业学院举行　　团市委　供图

年内，团市委贯彻落实中共中央和自治区关于全面加强新时代少先队工作的意见，推动出台市级分工方案，梧州市被列为自治区2个深化新时代广西少先队改革示范市之一。规范建立学校少工委，全市乡镇及以上符合建队条件的456所中小学校100%成立少工委。加快构建阶梯式成长激励体系，县级、校级少工委全面开展一星、二星章评选工作。市县两级少先队总辅导员配备率100%，大队辅导员享受学校中层领导干部待遇落实100%。在自治区首创将每年10月12日作为少先队辅导员节。团市委组织梧州市少先队员与新疆乌鲁木齐市少先队员开展“手拉手、心连心，民族团结一家亲”活动，书信往来200多封，拍摄小视频50多个，联合开展大型连线主题队会2次。

【服务大局】 2021年，团市委深化“共青团与人大代表、政协委员面对面”工作，形成调研报告8篇、模拟政协提案165件。动员和引领青年积极投身“东融”战略，4月初，组织青年企业家代表到广州开展交流活动。5月，邀请广州欢聚集团SHOPLINE团队在梧州市科技创业服务中心举办跨境电商商机对接会，梧州市100余名青年企业家参会，10多家企业现场达成初步合作意向。服务宙斯、车便捷、美团等青年新经济企业，协助解决场地、资金等问题，助力企业发展壮大。

年内，团市委开展青年助力创建全国文明城市短视频大赛，参赛作品1个月内播放量超30万次。开展“城市更新——青年在行动”公共设施清理整治行动、持续深化城市更新行动，引导青少年关注群众关心的热点难点问题，对市区乱摆卖、乱停放、乱搭盖等违规行为进行劝导；加强文明出行宣传引导，营造文明向上氛围。实施乡村振兴“青年领头雁”培养计划，线上实名培训567人次；开展乡村振兴产业人才储备工作，联系服务230多名产业人才。开展“希望工程圆梦行动”、中小学生爱心义卖公益行动、“一个阅览室 一支小牙刷”“希望厨房”等活动，募集爱心物资156万元，资助1041个贫困学生，为1316名农村建档立卡儿童、留守儿童提供“爱心暖包”。

【青年志愿者服务】 2021年，梧州市普遍建立县级青年志愿者协会，搭建起以共青团为枢纽，社会公益组织为骨干，机关企事业单位、学校青少年广泛参与的全市志愿服务队伍。全市青少年成立志愿服务队40多支，常态化开展生态环保、垃圾分类、新冠疫情防控等志愿服务活动，参与志愿者超1.5万人次。组织近千名青年志愿者服务梧州宝石节、警察马拉松赛等重大赛会活动，开展“便捷出行·为您指路”“吾爱梧城，你我共建”文明巡逻、文明交通劝导等志愿服务活动，得到社会各界广泛赞誉。

【中长期青年发展规划】 2021年，梧州市市本级和7个县（市、区）将青年发展工作纳入本级国民经济和社会发展第十四个五年规划，出台2021年重点工作任务；苍梧县、长洲区做好自治区级中长期青年发展规划试点工作。12月10日，梧州市召开实施中长期青年发展规划工作联席会议暨全面加强新时代少先队工作推进会。各联席单位聚焦青年学习成才、就业创业、身心健康、婚恋交友等迫切需求，为残疾青少年、农村留守儿童提供关爱服务，为新兴青年群体成长发展搭建筑梦圆梦平台。

【青年就业创业】 2021年，团市委联合人力资源社会保障部门组织招聘会2场，累计50家企业参与，现场接待洽谈1000多人次，发放有关宣传资料1800余份；梧州市开展青年电商创业实训营、青年创业创新沙龙、青年创业创新大赛等活动7场。团市委联合科技部门组织梧州市创业创新大赛，发动70多支创业队伍参赛，推荐优胜参赛队伍参加全国、自治区级创业大赛，获得广西赛区三等奖2家，优胜奖10家，获“全国优秀企业奖”1家。帮助全市3681名青年解决就业创业难题。

【青少年维权】 2021年，梧州市围绕农村留守儿童，中考、高考考生等重点青少年群体开展青少年心理危机干预和安全自护教育活动50多场、心理团辅20多次，受益学生2万多人。完善梧州市未成年人司法保护工作机制，采用社会化、项目化运作方式，投入金额14.3万元，助推未成年人检察工作和司法保护社会支持体系建设。中山小学等4个集体被评为广西青少年维权岗。

（团市委）

梧州市妇女联合会

【概况】 2021年，梧州市妇女联合会（简称市妇联）召开梧州市妇联十六届四次、五次执委会，完成常委的选举和执委人员替补。全市县级妇联完成换届3个，组建新领域妇联组织9个，完成村级妇联组织换届。年初顺利通过自治区“两纲”“两规划”终期评估检查。年内扎实开展各项妇女儿童工作。全市获评“全国巾帼现代农业科技示范基地”1个，获全国巾帼文明岗3个，获全国巾帼建功先进集体1个，获全国巾帼建功标兵1个，获全国妇联系统劳动模范1个。

【重要会议】 2021年3月26日，市妇联召开十六届四次执委会议，回顾总结2020年全市妇女工作，安排部署2021年工作任务；替补梧州市妇联十六届执委，选举常委。9月8日，市妇联召开十六届五次执委会议，审议替补梧州市妇联十六届执行委员人选名单（草案），审议补选梧州市妇联十六届常务委员候选人名单（草案），审议选举梧州市出席广西妇女第十四次代表大会代表人选名单（草案），审议梧州市妇联十六届五次执委会选举办法（草

2021 年 9 月 8 日，梧州市妇联十六届五次执委会召开

市妇联　供图

案），选举梧州市出席广西妇女第十四次代表大会代表。

【组织建设】　2021 年，梧州市持续开展基层妇联改革“破难行动”，市妇联以开展专题座谈会和调研的形式，了解换届工作准备情况，督导全市村（社区）“两委”（村中共支部委员会和村民自治委员会）和妇联组织换届工作，确保完成村（社区）“两委”女性干部比例目标任务。上半年全市完成村级妇联组织换届，并实现全市村（社区）妇联主席 100% 进入村（社区）“两委”班子。年内县级妇联完成换届 3 个，组建新领域妇联组织 9 个。联合“双报到”社区、挂点村等单位，将民族团结进步创建工作融合到重要节假日中开展。

【“两纲”“两规划”终期评估检查】　2021 年 4 月 28 日—30 日，自治区“两纲”（《中国妇女发展纲要（2011—2020 年）》和《中国儿童发展纲要（2011—2020 年）》）、“两规划”（妇女发展规划和儿童发展规划）终期评估检查第二组到梧州市开展 2011—2020 年妇女儿童发展“两纲”“两规划”终期评估检查工作。市妇联收集、汇总、整理梧州市“两纲”“两规划”监测数据，整理终期评估工作台账，做好相关工作总结。自治区评估检查组通过听取汇报，查阅台账、座谈、现场查看、入户访谈等方式，了解梧州市“两纲”“两规划”推动落实及指标完成情况，为新一轮“两纲”“两规划”制订提供科学依据。截至 2020 年年底，梧州市在妇女发展七大领域 76 个指标中，76 个指标均达标，达标率 100%；儿童发展规划五大领域 46 个指标中，46 项均达标，达标率 100%，纲要规划目标任务实现。

【维权关爱】　2021 年，市妇联加强与公检法等相关部门的沟通协调，联合有关部门对涉妇女儿童重大案事件开展预防化解工作，及时处理风险隐患；联合开展“枫桥连心”回访活动，对多名司法救助对象家庭进行回访慰问；依托“12338 巾帼维权家园”和惜缘婚姻家庭辅导室做好来信来访工作，全年接待信访办结率 100%。

年内，市妇联利用网络新媒体、微信公众号等平台，推出巾帼维权家园专栏，开展法律法规宣传。“12338”热线归并到梧州“12345”政务服务便民热线，实现 24 小时动态响应妇女儿童诉求。印制妇女儿童维权宣传小册子 2000 多份。开展“三八”妇女维权周系列宣传和普法维权“五进”活动，发放宣传资料 23600 多份。

【妇女干部培训】　2021 年，市妇联为加强换届后村（社区）“两委”女干部和村（社区）妇联主席、执委引领和服务妇女的能力，指导开展“领头雁”专项培训 16 期，培训 920 多人次。上半年召开作风兴市会议，制定作风兴市工作目标清单和问题清单，开展学用促发展活动 6 次。年内 7 名村级妇联主席获得广西“最美基层妇联干部”称号，苍梧县大中村妇联主席、大中村大中合作社总经理袁夏梅获得全国妇联系统劳动模范。

【宣传工作】　2021 年，市妇联利用本地红色资源，“线上 + 线下”开展“四史”（党史、新中国史、改革开放史、社会主义发展史）宣传教育。拍制党史学习教育专题片《妇联主席说党史》11 集。新时代文明实践讲习所开展党史集中学习 5 场、党史现场教学 7 场、党史学习教育系列活动 20 多场。创新“以百带千连万”宣讲方式开展“桂姐姐”讲党史活动1000场。组织开展颂党恩喜迎中国共产党成立100周年暨三八妇女节植树、“走红色教育基地　展巾帼风采”等群众性主题活动。同时利用宣传栏、板报、“三微一端”（微博、微信、微视和客户端）等新媒体常态化宣传。依托“桂姐姐宣讲队”、妇女之家、新时代文明实践所等阵地，线上线下开展“桂姐姐”宣讲，宣传先进妇女典型。

【服务妇女群众】　2021年，市妇联开展“春风行动”促就业活动，给妇女群众送政策、送岗位、送培训。在妇女专场招聘会中，当天进场群众达5100多人，接洽2734人次，初步达成就业意愿619人，发放各种宣传资料11050多份；在民营企业招聘月活动中，接洽134人次，咨询230人次。举办家政培训“大篷车”进村（社区）活动12场，吸引1200多名妇女参加。举办家政技能大赛，约100人参加育婴等7个项目比赛，21人分别获得一、二、三等奖。市巾帼服务中心每天及时更新用工信息，截至11月30日，接待咨询2987人，求职1201人，家政1096人，发布家政信息291条，达成295人，解决了部分城乡妇女劳动者的就业难题。市妇联组织全市884个“儿童之家”开展“迎新春送温暖、稳岗留工”专项行动，为农民工留守子女开放服务。开放室内室外活动场所400多场次，服务村儿童、留岗务工子女4000多人次。

年内，市各级妇联培育“巾帼科技示范基地”，深化“乡村振兴巾帼行动”，大力培育“妇字号”经营主体，引领妇女参与乡村产业发展。岑溪市糯垌镇坚果标准化生产技术示范基地获评“全国巾帼现代农业科技示范基地”。梧州市获全国巾帼文明岗3个，获全国巾帼建功标兵1个，获全国巾帼建功先进集体1个。

（市妇联）

梧州市科学技术协会

【概况】　2021年5月18日，梧州市科学技术协会（简称市科协）召开九届一次常委会会议和九届二次全委（扩大）会议，审议通过《梧州市科学技术协会事业发展“十四五”规划（2021—2025年）》。年内获自治区全民科学素质和基层科普行动计划资金共144万元，实现项目43个。市科协青少年科技教育工作得到广西科协肯定，在全自治区科普工作会议上做典型发言。藤县被评为2016—2020年度全国科普示范县总结评估优秀单位，并入选2021—2025年度第二批全国科普示范县（市、区）创建单位名单。梧州市建成自治区首家科普示范幼儿园。此外，还建成全市首家青少年近视防控科普教育基地、首个科普示范村、首个国家级科技企业孵化器科普示范基地等。梧州高中被评为2021年度国家防震减灾科普示范学校。市科协联合市市场监督管理局、神冠集团打造科普示范公园——潘塘公园和神冠科普生态茶花园。截至年底，市科协所属学会（协会、研究会）27个、企业科协177个，市辖7个县（市、区）和3个园区（梧州高新技术产业开发区、粤桂合作特别试验区、梧州循环经济产业园区）成立有科协组织。

【入选中国科协第二批地方科协深化改革试点项目】　2020年，市科协“以‘党建带科建’为统领推动地方科协系统全局性改革”试点被列入中国科协第二批地方科协深化改革试点项目。2021年，市科协先后组织课题组和有关企业负责人赴粤港澳大湾区、自治区内设区市和各县（市、区）调研，并签订合作协议，初步建成八大科技“东融”合作交流平台。5月10日，梧州市召开全面深化改革新闻发布会，“党建带科建”试点项目的阶段性成效成为着眼破解制约发展突出问题创新推出的一批有利长远的改革措施之一。5月11日，市科协的深化改革试点项目通过中国科协和广西科协专家组中期评估，并获高度肯定评价。5月19日，市科协在市委全面深化改革委员会会议上作汇报发言。市科协深化改革经验文章在《中国改革报》、中国科协改革进行时公众号、广西改革网等媒体上刊登。

【基层科协和学会建设】　2021年，市科协继续以“党建带科建”推动基层科协组织建设。9月底，市科协科技社团党委成立，通过科技社团党委团结引领全市科技工作者。各级科协、学会（研究会）立足“科技工作者之家”的定位要求，发挥联系党和科技工作者的桥梁纽带作用。市科协着力选树、宣传先进典型，以党员先进典型引领基层科协组织改革。组织开展2021年度“最美科技工作者”评选，选出“最美科技工作者”20名，其先进事迹在《梧州日报》上进行专版宣传。组织优秀科技工作者参加2021年广西"最美科技工作者"、第二届广西创新争先奖（含杰出工程师奖）、2021年"科创中国·广西"企业创新达人等评选活动。梧州市2位候选人参评广西"最美科技工作者"，5名科技工作者被评为2021年"科创中国·广西"企业创新达人。市科协组织创新达人结合科技人才故事、党史学习教育开展多场宣讲活动。

市科协在传统会议召集模式基础上，更多采取网上"建家交友"模式，让科技人员在网上申请入会，加强"科技工作者之家"平台建设。在科协系统、各学会、各科普教育示范基地、科普示范学校等处发布《关于科技工作者入驻网上"科技工作者之家"平台情况的通报》，推动入驻工作。截至年底，全市已有1650多名科技工作者入驻。

【科技工作者状况调查】 2021年，梧州市设立自治区科技工作者状况调查站点3个：梧州市老科技工作者协会、梧州高级中学、梧州市长洲区科学技术协会。市科协作为区域责任部门，制订管理制度，加强对各站点信息上报工作进行督促指导。3个站点全部按要求完成调查问卷及站点信息报送工作，多篇信息被广西科协采用。2名科技工作者状况调查站点工作人员被自治区科协评为"优秀调查员"。年内市科协组织全市科技工作者参加自治区"百年风华·众心向党"科界回响信息征集活动，汇集新时代科技工作者爱党爱国的坚定回响。

【"全国科技工作者日"系列活动】 2021年5月，市委、市政府印发《梧州市庆祝"全国科技工作者日"系列活动方案》。5月24日—28日，长洲区科协深入社区开展"听民意、学党史"庆祝"全国科技工作者日"系列活动。5月25日和28日，市委副书记、市长钟畅姿，市委常委、组织部部长张惠强，市委常委、副市长李备战先后走访慰问一线科技工作者代表。5月26日，梧州市庆祝"全国科技工作者日"大会召开，四套班子分管联系领导出席，通报表扬20名梧州市"最美科技工作者"并进行颁奖。5月30日，以梧州市委、市政府名义在《梧州日报》上公开发表《致全市科技工作者的一封信》。

【学术交流和学会活动】

学术交流活动 2021年3月20日，梧州市医学会泌尿外科学分会举办2021年泌尿肿瘤高峰论坛，邀请国内泌尿系专业知名专家授课。市直各综合医院、专科医院和卫生服务中心，县（市、区）医院从事泌尿外科专业的科室骨干共60多人参加。5—6月，市科协与市市场监督管理局、市茶产业发展中心联合举办茶产业发展研讨会2期。此外，市科协还与广西企业科协联合会、市老科协、市中医学会、市六堡茶研究会、市园林动植物研究所、市风景园林学会、市金融办等学术团体和单位共同举办专题培训班。

科技"东融"合作交流 年内，市科协组织广西碧清源环保投资有限公司、市创新创业协会相关负责人到广东工业大学轻工化工学院调研，与广东工业大学轻工化工学院签订战略合作协议。市科协与中农振兴产业研究（深圳）有限公司签署战略合作协议，这是广西首个设区市科协与大湾区高科技企业签订战略合作协议。

专家学者建言献策 年内，市科协组织科技工作者参与2021年度梧州市科技工作者建言献策活动，征集建议主题包括服务创新驱动发展类、服务公民科学素质提升类、服务科技工作者类、其他类等，对梧州市科技、经济、社会、文化、生态等各项建设发展中的重大问题、全面深化改革的热点问题、关系人民群众切身利益的突出问题提出有决策咨询价值的建议。对评选出的具有较大决策参考价值的建议，通过《科技工作者建议》或政协提案等渠道，报送市领导和有关部门，服务决策参考。

学会"提质增效"项目申报 年内，市科协择优推荐7个项目报送自治区科协，经过自治区评审，市中医学会2021年广西首届运动医学与关节镜技术学术论坛项目、国家级科技企业孵化器科技创新协同组织建设项目、国家级科技企业孵化器内企业（园区）科协建设项目3个项目获得项目资金，共计3万元。

【科普活动】 2021年3月5日，市科协组织科普志愿者参加梧州市学雷锋志愿者集中活动。此外，先后组织参加"全国科普日"、科技卫生文化"三下乡"、"科技活动周"、"全国科技工作者日"等重要时间节点的科普宣传活动，发放科普宣传资料1万多份，科普环保袋1000多个，展出科普挂图（展板）500幅（次）、科普展具200件（次），参与学生、群众达2万多人次。同时在梧州科协网站和微信公众号中设立专栏对科普政策和知识进行宣传。

【青少年科技活动】 2021年2月20日，中共梧州市委、市政府召开全市青少年科技创新成果表扬暨青少年科技教育工作会议，对全市2019—2020年度青少年科技创新教育先进单位和优秀科技竞赛项目予以通报表扬。5月22日，梧州市代表队参加第十九届广西青少年机器人竞赛暨东盟国家及粤港澳青少年机器人邀请赛，获得一等奖12个、二等奖28个、三等奖80个，奖项总数居自治区前列。斩获比赛冠军3项，比上一届增加2项，有2个项目被推荐参加第二十届中国青少年机器人竞赛，为历届参赛最佳。10月16日—17日，市科协组织梧州市18位学生，代表广西首次赴深圳参加第三届深港澳人工智能大赛暨AI科普嘉年华，与来自深圳、香港、澳门、台湾的500多支青少年队伍同台竞技。经过角逐，广西（梧州）代表队获得2个一等奖、4个二等奖、4个三等奖。赛后，市科协组织梧州代表队师生和深圳市珊蒂泉外国语学校开展广东·深圳、广西·梧州首次“两省两市”青少年科技创新教育“东融”研学交流活动，并签订合作协议。

（市科协）

梧州市归国华侨联合会

【概况】 2021年，梧州市有归国华侨联合会组织5个，其中市级侨联组织1个、县（市）侨联组织4个。全市有归侨2040人，侨眷近15万人。年内，梧州市归国华侨联合会（简称市侨联）在凝聚侨心、汇集侨智、发挥侨力、参政议政、海外联谊、对外宣传、维护侨益、为侨服务等方面着力，同时引领侨界学党史、唱红歌，庆祝中国共产党成立100周年，参与民族团结进步创建工作，参与公益慈善事业，履职尽责，推动新时代梧州市侨联事业发展。

【服务侨商企业】 2021年，市侨联走访慰问梧州市侨商会，与部分侨商企业代表进行座谈交流，征询梧州市打造“一极三城”、建设“四个梧州”的好建议；探讨新冠疫情对生产销售的影响，从危机中寻找商机。六堡茶是中国黑茶家族中唯一的“侨销茶”，远销东南亚各国。市侨联多次前往六堡镇与当地瑶族群众探究“茶”与“侨”的结缘史，共谋发展六堡茶产业；年内，到侨商企业茂圣茶业有限公司，共同探讨如何发挥六堡茶的“侨销茶”优势，克服新冠疫情对该企业生产销售的影响。此外，还先后前往新粤西楼食品公司、三牛牧业公司、协进陶瓷等侨商企业，详细了解企业经营情况和面临的困难，协调相关单位进行解决。另外，主动向泰国湖南商会副会长推介梧州市招商项目，陪同他到市投资促进局、市商贸物流园区和高新区实地考察，全力做好牵线搭桥工作。还开启以侨引侨招商模式，福建省侨商因梧州市侨商的推介，前往蒙山县进行农业生态养殖项目考察。

【帮助困难归侨侨眷】 2021年，梧州市落实华侨事业费帮助困难归侨侨眷专款发放工作，通过市、县两级侨联进行全面摸底调查、筛选和公示，最终把25万元救助资金发放到全市246户困难归侨侨眷手里。年内，市侨联走访困难归侨侨眷、归侨侨眷代表人士、有突出贡献的华商代表、新侨代表、驻村扶贫点困难户等25户，为他们送上12500

2021年5月14日，市侨联到苍梧县六堡镇山坪村和瑶族群众交流，共同学习习近平视察广西时的重要讲话和重要指示精神

市侨联 供图

元的慰问金和价值4000元的慰问品。同时，帮助归侨侨眷提升职业技能、增强致富本领。市侨联投入培训资金3万元，在岑溪市水汶镇举办劳动技能培训班2期，培训归侨侨眷140多人。此外，市侨联还前往蒙山县夏宜瑶族乡开展宣讲民族政策和为瑶胞义诊送药活动，给瑶乡7名困难的瑶胞送去慰问金2100元，进一步密切与少数民族群众的关系。

【联谊交往】 2021年，市侨联举办全市侨界庆祝中国共产党成立100周年文艺演出、“党员心声大家谈”、“党史知识大家答”、“红色歌曲大家唱”、侨界人士书画、摄影作品展等系列活动，进一步密切海内外侨胞情谊。在新冠疫情防控的严峻形势下，通过侨友们与海外侨胞网上互动，激发海外侨胞热爱故乡的热情。新冠疫情隔不断侨胞助学的爱心，受马来西亚的岑溪籍华侨吕才佳委托，市侨联给岑溪中学6名品学兼优的家庭困难高中生发放助学金人民币3170元（马币2000元）。此事在中国侨联、广西侨联网上登载。

年内，市侨联先后前往钦州市侨联、玉林市侨联开展对标先进学习考察活动，考察中国—马来西亚钦州产业园区，学习他们在服务侨商企业、基层侨联建设、“侨胞之家”建设等方面的先进经验和做法，年内新建广西三牛牧业公司、苍梧县侨联“侨胞之家”2个。

【参政议政】 2021年，市侨联组织召开侨界新任人大代表、政协委员和侨联委员参政议政能力提升研讨会，就如何提升参政议政能力开展培训，就如何找寻有价值的议案、提案及社情民意信息线索进行交流，提升履职能力。梧州市“两会”期间，侨界政协委员撰写的《关于进一步提高我市儿童青少年健康素质的建议》和《关于发展梧州特色食品工业推进乡村振兴的建议》先后在政协全体委员会议上发言。另外多篇建议获得立案。全年市侨联向中国侨联、自治区侨联、市政协、市委统战部、《华声晨报》等部门及媒体报送并被采纳信息超过60条，比上年增加1倍多。

【公益慈善活动】 2021年，市侨联与中国华侨公益基金会、梧州爱尔眼科医院联合开展“侨爱心·光明行”公益活动，全年救助符合协议条件的困难眼疾患者1000例，每例资助1000元，共为困难归侨侨眷和群众减免医疗费用100万元。年内先后组织2次送医送药下乡义诊活动，前往蒙山县夏宜瑶乡和岑溪市水汶镇为当地1000多名群众进行义诊，送上价值2万多元家庭常用药品400多份。

（市侨联）

梧州市文学艺术界联合会

【概况】 2021年，梧州市文学艺术界联合会（简称市文联）下属文艺家协会11个，分别为作家协会、音乐家协会、美术家协会、书法家协会、摄影家协会、戏剧曲艺家协会、舞蹈家协会、文艺志愿者协会、电视艺术家协会、文艺评论家协会、民间文艺家协会。全年在册登记会员1906人。其中，国家级会员75人，自治区级会员604人。年内，市文联召开第九次代表大会，选举产生新一届委员会和新一届领导班子。成立广西地市级文联中首个行业党委——中共梧州市文艺家协会行业委员会。围绕庆祝中国共产党成立100周年，组织文艺家创作文艺作品，弘扬梧州各界拥党爱国精神。组织文艺惠民活动，打造各类特色文艺志愿服务品牌，其中“文艺进校园”志愿服务项目获得1个国家级奖项，2个自治区级奖项。

【文学艺术界联合会第九次代表大会】 2021年3月12日，市文联召开第九次代表大会，参会代表233人。大会总结过去6年的工作，确定今后5年的目标和任务，修订完善《梧州市文学艺术界联合会第九次代表大会关于梧州市文联第八届委员会工作报告的决议》《梧州市文学艺术界联合会章程（修订案）》，选举产生市文联新一届委员会和新一届领导班子。文联第九届领导班子为：主席张文辉，副主席潘彤、苏爱清、岑小户（兼）、张绪潮（兼）。市委书记全桂寿，自治区文联党组成员、副主席石才夫出席开幕大会并讲话，市委副书记、市长钟畅姿出席开幕大会。

【文艺党建】 2021年3月，市文联成立中国共产党梧州市文艺家协会行业委员会（功能型党委），隶属中共梧州市直属机关工作委员会管理，接受中共梧州市文学艺术界联合会党组直接领导，是广西地市级文联中唯一成立的行业党委。市文艺家协会行业党委共设委员7名。其中：

设书记1名，由市文联分管领导担任；设副书记2名，分别由市文联组联部负责人、市民间文艺家协会主席担任。在市文联党组的领导下，构建“分级负责、分类管理、分片兜底”文艺家协会行业党建工作体系，推进文艺家协会党的组织和工作有效覆盖，按照“成熟一个，建立一个”的思路，切实发挥文艺家协会党组织的政治核心作用，推动梧州市文艺家协会实现“党建强、发展强”目标。市文联打造的“党旗辉映文艺润心”党建品牌获得2021年度梧州市直属机关党委优秀党建工作品牌，中共梧州市文学艺术界联合会支部委员会获得2021年市直属机关党委“五星级”党支部。

【文学创作】 2021年，围绕庆祝中国共产党成立100周年，市文联及市作家协会组织会员撰写各种体裁纪念文章100多篇，反映梧州市100年来在中国共产党领导下发生翻天覆地的变化，铭记历史，坚定跟党走的信心。年内，市文联举办2021年梧州市全民阅读活动暨“绿书签行动”启动仪式和《茶船古道》图书分享会，开展“建党百年话巨变”主题征文征集活动和“感党恩，跟党走，共话民族团结进步”征文活动，举办“讴歌百年路 诗话新征程”诗词作品征集编印活动，出版《讴歌百年路——梧州市庆祝中国共产党成立100周年诗词作品选》，并召开读书分享会，进一步扩大该诗词作品选的影响力。

【艺术活动】 2021年，围绕庆祝中国共产党成立100周年重大主题，市文联联合市有关部门，策划组织一系列大型文艺活动。举办“百年华章 鸳江如画”美术书法摄影作品展览征集活动，进行为期10天的巡回展览，相关作品结集成册；举办“百年风华 诗颂党恩”2021年梧州市小学生诗词朗诵大赛，推动优秀传统文化和党史教育进校园；举办广西宗教界“爱党爱国爱社会主义”主题教育书画展梧州市现场创作活动，市文联副主席潘彤为四恩禅寺设计形象标识，弘扬梧州市宗教界拥党爱国精神；举办“最美梧州”摄影大赛获奖作品展览，展出100件反映梧州秀美风光的作品。

市摄影家协会承办的第十届全国农民摄影大展农民摄影讲习所活动之一在梧州市举行，特邀中国摄影金像奖获得者、摄影家、农民摄影讲习导师康泰森在活动中分享创作经验，提供摄影指导。广西摄影家协会副秘书长吴燕云出席活动。

【文艺交流与采风】 2021年，市文联注重加强区域合作、提升学习成效，与柳州市文联联合开展党史学习教育，两地文艺家代表共同上专题党课学党史、创作文艺作品、唱红色歌曲、访红色基地，促进梧州市、柳州市文艺事业协同发展。市文联组织文艺家围绕“风华百年、蓝焰闪耀”主题，深入梧州市消防救援支队进行消防救援文化作品创作采风活动。潘彤国画作品《守护》入选由应急管理部消防救援局主办的“‘精彩火焰蓝’深入学习贯彻习近平重要训词精神消防救援文化作品创作展”，被中国消防博物馆永久收藏。

【文学艺术作品征集展览评奖活动】 2021年，市文联组织梧州市文艺家参加各类国家级文艺展演展览。梧州市有2幅作品入选第十届全国农民摄影大展，其中1幅摄影作品获评委推荐奖（最高奖）；有2幅书法作品入选2021“中国书法年展”全国篆书、隶书、篆刻作品展。在“永远跟党走”庆祝中国共产党成立100周年·2021广西艺术作品展

2021年7月30日，梧州市双拥工作领导小组办公室、梧州市文学艺术界联合会联合举办“文艺进军营 双拥共创建”活动 市文联 供图

览中，梧州市30件作品入展，其中2件作品获得优秀奖(最高奖)。此外，市文联还组织多个主题性文艺精品创作和展示活动，收到书法、美术、摄影、文学、音乐等优秀文艺作品达800多件。

【文艺惠民和文艺志愿服务活动】 2021年，市文联打造“文艺进校园”志愿服务项目，组织文艺工作者走进全市中小学校。以梧州市第十一中学为广西“粤剧进校园”试点，点面结合开展“戏曲进校园”主题活动。创新探索传统文化传承与学校教学内容相融、传统传承方式与现代传播方式相融的“二融”模式，由市级文联牵头、县级文联配合，市、县、村三级文艺志愿者队伍深入苍梧、岑溪、藤县、蒙山等中小学，举办牛歌戏、牛娘戏、下俚歌、广场舞、诗词、楹联创作等文艺培训班80多场次，培训人数3000多人次。该项目被评为全国首届学雷锋文艺志愿服务“时代风尚”最美文艺志愿服务项目、2021年广西学雷锋志愿服务先进典型项目，获得广西文艺花山奖·创新奖，在《中国改革报》《广西日报》等媒体上报道。此外，打造诗词“八进”(进机关、进农村、进校园、进社区、进企业、进景区、进军营、进街道)、“文化进万家”等特色文艺志愿服务品牌，文艺成果惠及群众。全年市文联组织文艺志愿者开展各类文艺志愿服务60场，受益群众达1万人次。

年内，市文联结合党史学习教育，举办“党旗引领聚合力 同心润泽文明花”文艺志愿服务公益课堂，每月2次为梧州市广大党员群众提供文学、音乐、美术、书法、摄影、戏曲、舞蹈、民间文艺等艺术门类的公益培训。市文联联合相关协会组织诗词创作者走进乡镇村屯、校园课堂、基层一线开展采风创作、培训教学等活动35场次，助力梧州市创建“中华诗词之市”。

（市文联）

梧州市残疾人联合会

【概况】 2021年，梧州市残疾人联合会（简称市残联）下属有2个事业单位，分别是市残疾人劳动就业指导中心和市残疾人用品用具供应站。设立盲人协会、聋人协会、肢残人协会、智力残疾人及亲友协会、精神残疾人及亲友协会5个残疾人专门协会。年底，梧州市持证残疾人有69526人，其中：视力残疾6591人，占残疾人总数9.5%；听力残疾3423人，占残疾人总数4.9%；言语残疾1582人，占残疾人总数2.3%；肢体残疾31917人，占残疾人总数45.9%；智力残疾8289人；占残疾人总数11.9%；精神残疾13059人，占残疾人总数18.8%；多重残疾4665人，占残疾人总数6.7%。

【残疾人康复服务】 2021年，梧州市有6536名残疾人获得基本康复服务，占全市有需求的残疾人85%以上。其中，基本辅具适配服务950名。787名残疾儿童进入各定点机构进行康复训练。

【残疾人教育资助】 2021年，梧州市义务教育残疾儿童在校人数3683人。梧州市发放残疾人助学金37.2万元，受益残疾学生554人，其中义务教育480人、中高等教育74人。

【残疾人培训和就业】 2021年，全市新增城乡残疾人技能培训799人，为计划完成数的1.09倍。全市用人单位安置残疾人就业1266人，收取残疾人就业保障金5604.27万元。29名自主创业残疾人获得一次性扶持补助，补助资金共14.5万元。323名个体户和灵活就业的贫困残疾人获得基本养老保险补贴，补贴资金共148.15万元。

【残疾人维权】 2021年，市残联继续实行律师每周五驻会办公，为残疾人提供法律援助绿色通道。法治创建工作连续4年获得自治区残联通报表扬。年内协调有关部门妥善维护盲人权益，平息盲人在全国“两会”期间集体赴京上访苗头。全年妥善处理残疾人信访、网络问政102件次，办结率为100%。

【残疾人扶助救困】 2021年，市残联实施阳光助残基地项目，投入275万元项目资金（其中自治区资金270万元、藤县配套5万元），在7个县(市、区)建设助残基地8个（其中岑溪市2个，其他县级各1个），带动1141名残疾人发展生产；根据残疾人需求和身体状况，结合当地农村优势产业和就业形势，投入经费18.5万元，对全市370名农村残疾人开展实用技术培训；实施“阳光家园计划”——残疾人托养服务项目，统筹中央和自治区资金

380.85 万元，为全市 2539 名符合条件的智力、精神和重度肢体残疾人提供托养服务；实施困难残疾人家庭无障碍改造项目，争取上级资金 222 万元，为全市 555 户困难重度残疾人家庭实施无障碍改造。另外，市残联党总支部组织党员干部 4 次到藤县埌南镇黎寨村和龙圩区龙圩镇新利村开展帮扶活动，以“送党课”“访残情”“办实事”为载体，“学、访、送、帮”相结合，为 51 户次结对帮扶困难残疾人家庭送上慰问金、生活和生产物资近 1 万元。

2021 年 5 月 16 日，60 多名广东、广西残疾人到长洲区平浪村红色革命基地，坐着轮椅排列组合各种造型，齐唱《没有共产党就没有新中国》《我和我的祖国》等歌曲　　市残联　供图

【全国助残日系列活动】　2021 年 5 月 16 日全国助残日期间，市残联和市肢残人协会一起组织广东、广西“脊髓伤者希望之家”的残疾人及感恩志愿团队的志愿者，在长洲区平浪村红色基地开展“学党史　感党恩”红色歌曲快闪活动。60 多名来自两广各地的残疾人坐轮椅排列组合出各种造型，齐唱《没有共产党就没有新中国》《我和我的祖国》等红色歌曲。5 月 17 日，梧州市副市长、市残工委主任何世恰走访慰问残疾人职工和家庭。17—18 日，自治区残联党组书记、理事长黄丽娟率队到梧州市，在市委书记全桂寿陪同下先后到市残疾人“阳光家园”日间照料中心、市聋儿语训中心、市残联、市残疾人康复服务中心、岑溪市安平镇富宁村扶贫基地、岑溪市特讯电子科技有限公司走访调研，并走访慰问全国脱贫攻坚先进个人廖木森。助残日期间，累计送上慰问品和慰问金 2 万元，受益残疾人 196 人。

【残疾人文化体育】　2021 年 7 月，市残联组织残疾人开展“爱国诗词朗诵　歌颂建党百年”诗词朗诵比赛，评出一等奖、二等奖、三等奖各 1 名，优秀奖 5 名。同时组织 130 余名残疾人到梧州神冠数字影城观看（听）党史教育电影《革命者》。年内，市、县两级残联实施残疾人文化进家庭“五个一”项目，组织 30 户残疾人家庭参与文化活动。组织优秀节目参加第十届自治区残疾人艺术会演，钟莉的钢琴独奏《夜曲》获得三等奖。

年内，市残联投入专项资金 8 万余元采购残疾人举重、旱地冰壶项目等一批残疾人专用训练器材，组织工作队分别到各县（市、区）进行残疾人运动员苗子筛查，到各集训点慰问备战全国第十一届残运会的梧州籍运动员。参加自治区残联备战全国第十一届残运会暨第八届特奥会集训的梧州市运动员有 4 人。10 月，39 岁的岑溪市老将刘清梅在全国第十一届残运会上获得 T46 级女子 1500 米、800 米和 T47 级女子跳远 3 枚铜牌。

【残疾人社会保障】　2021 年，市财政投入 50 万元，为梧州市 3 个城区残疾人提供免费乘坐市内公交车服务。至 12 月，全市办理金晖公司、珍宝巴士公司免费乘车卡的残疾人有 3983 人。全市发放困难残疾人生活补贴 2.82 万人，全年累计发放资金 2774 万元；发放重度残疾人护理补贴 3.38 万人，全年累计发放资金 3263 万元。

（市残联）

梧州市社会科学界联合会

【概况】　2021 年，梧州市社会科学界联合会（简称市社科联）组织开展课题研究 13 项，获得自治区社科联立项课题 1 项；联合市委宣传部召开梧州市宣传理论界座谈会 2 次；承办梧州市第四届社科普及活动周；深入苍梧县六堡镇瑶族乡村开展调研；市社科联培育打造的六堡茶非遗文化社科基地被评为中华优秀传统文化传承发展工程广西“十佳案例”之一，升格为广西社会科学普及基地。年末，市社科联业务主管的社会科学类社会组织有22个，社会科学普及基地11个。

【学术活动】 2021年3月，市社科联以“建党百年的理论与实践——庆祝中国共产党成立100周年”为主题组织开展课题研究。7月，对11个重点课题和2个一般课题予以立项。9月，经自主申报、专家集中评审、市社科联党组讨论通过和公示，13个立项课题通过结项评审并颁发证书。

5月18日—21日，广西社科联、梧州市社科联、梧州市三城区社科联党史学习教育暨民族团结全员培训班在梧州市举行。培训班邀请中共自治区委党校教授陈学璞上党史专题课，开展红色教育基地现场教学，通过走进少数民族地区唱红歌等沉浸式体验教学方式，传承红色精神。

7月9日，中共梧州市委宣传部、市社科联联合召开梧州市宣传理论界庆祝中国共产党成立100周年座谈会。市纪委监委机关、市委组织部、市委统战部、市委政法委、市中级法院、市检察院、市委政研室等10多个单位的宣传理论工作者，围绕习近平在庆祝中国共产党成立100周年大会上的重要讲话精神，结合各自工作实际和宣传理论实践谈心得体会。

12月1日，中共梧州市委宣传部、市社科联联合召开梧州市宣传理论界学习中共十九届六中全会精神座谈会。梧州市宣传理论界部门代表及梧州市社科专家代表近20人参加会议，围绕学习习近平重要讲话精神及全会《中共中央关于党的百年奋斗重大成就和历史经验的决议》的体会与感受作主题发言。

【科普工作】 2021年5月17日—23日，市社科联承办梧州市第四届社科普及活动周，以“学习百年党史征程　践行梧州使命担当”为主题，线上线下同步开展。市社科联在《梧州日报》上开辟“‘梧家’社科人谈建党百年”专栏，每天邀请自治区、粤港澳大湾区梧州籍社科人士以及梧州市社科专家，介绍中国共产党成立100年来梧州社科领域研究成果，展示梧州风格的社科文化。同时推出以“梧州社科界邀您看建党百年的梧州社科文化”为主题的线上社科普及宣传板块，以“梧家”社科人的视角制作“看红色纪念馆”“品鉴红色货币”“茶船古道茶飘香”等“云上”系列，同步推送社科专题线上有奖知识问答。

6月11日，市社科联组织“梧家”战队到南宁参加由广西社科联主办的“以词为媒　传播党史”广西首届社会“热词”党史知识竞赛，与自治区内其余13个设区市选派的战队经过6轮角逐，夺得第一名。

11月，市社科联培育打造的六堡茶非遗文化社会科学普及基地入选中华优秀传统文化传承发展工程广西“十佳案例”，该基地升级为广西社会科学普及基地。至年底，梧州市社会科学普及基地数达11个。

2021年，梧州市中青年社科专家彭菲娅入选广西第二批社会科学普及专家名单，这是梧州市首名女社科专家入选自治区社会科学普及专家库。

【调研活动】 2021年12月20日—22日，广西社科联、梧州市社科联、苍梧县社科联及基层社科类社会组织、社科基地的社科专家和社科志愿者，到苍梧县六堡镇山坪村和塘平村开展“社科同行进瑶乡”“党旗领航·社科服务进茶乡”主题活动，深入乡

2021年12月21日，广西六堡茶非遗文化社会科学普及基地举行挂牌仪式　黄烨　摄

村了解村史、“茶船古道”的历史渊源。广西社科联副主席刘俊代表自治区、市、县三级社科联向苍梧县六堡镇山坪村农家书屋捐赠社科读物400多册，给村里少数民族代表送上慰问品。同时，在苍梧县六堡镇塘平村的国家级非物质文化遗产六堡茶制作技艺生产性保护示范基地，为新成立的广西社会科学普及基地挂牌。

【学会管理】 2021年4月，市社科联下发年检通知，把社团年度党建工作和意识形态工作情况纳入年检范围，同时对逾期未报送年检材料的部分市本级社科类社会组织下发提醒函和告知函。8月，市社科联组织成立中共梧州市社会科学界联合会社会组织委员会，优化和理顺梧州市社科类社会组织党建管理体制，加强党对梧州市社科类社会组织领导。11月，市社科联结合年检、新冠疫情防控、党史学习教育等重点工作对8个社科类社会组织进行实地调研指导。

2021年，市社科联累计下发约50份文件至各社科类社会组织。结合红色研学、乡村振兴、市第十四次党代会精神等内容，举办“关注党员成长·激发组织活力”大培训3场，培训约70人次；围绕党史学习教育举办宣讲活动3场，共计60余人参加。

【科研成果】 2021年9月，市社科联编印中国人民志愿军梧州籍老战士的回忆录《跨过鸭绿江的梧州儿女》一书，通过记录梧州籍志愿军老战士的战斗故事，进一步丰富梧州市的红色史料，具有存史价值。年内，市社科联联合梧州市本地及广东高校专家共同申报的《新形势下梧州市推动粤桂合作与东融发展的路径选择研究》课题获得自治区社科课题立项。

（市社科联）

梧州市红十字会

【概况】 2021年，梧州市有梧州市红十字会（简称市红十字会）及7个县级红十字会，市本级有专职人员11人，县（市、区）有专职人员7人、兼职人员5人。苍梧县、岑溪市、蒙山县红十字会组织均是独立法人社团，藤县、万秀区、长洲区、龙圩区红十字会挂靠在当地卫健局。全市有红十字会团体会员单位27个，会员269人。红十字志愿者3200人。有梧州市红十字会“三献”志愿服务队、中国红十字会捐献造血干细胞志愿服务总队梧州市分队、中国红十字无偿献血志愿服务总队广西梧州市分队、梧州市红十字心理救援队、梧州市红十字应急救护培训志愿服务队、梧州市红十字搜救救援队6支志愿者队伍。全年全市红十字系统接收社会捐赠款物474.16万元，支出415.28万元，惠及11600多人。

【搜救救援队伍建设】 2021年，梧州市红十字搜救救援队投入6.3万元采购声呐、干式潜水衣、桨板等装备一批，组织4期培训演练，内容有桨板技能培训、声呐技术应用暨潜水救援实战演练、无线电应用、SRT和水域绳索技能训练等，队伍水下搜救能力得到较大提升。此外，红十字搜救救援队还加入到梧州市志愿护河的队伍中去，发挥民间公益力量治水护河作用。

【应急救援救灾】 2021年5月，梧州市红十字搜救救援队协助市河长办公室处置永新嘉利有限公司锅炉导热油泄漏西江事件。在“7·21”河南洪灾发生后，市红十字会派出3名红十字搜救救援队骨干队员前往河南省鹤壁市浚县，开展为期10天的“红十字卫生防疫消杀行动”，完成25个村庄的防疫消杀工作，消杀面积达330万平方米，3.3万余人受益。年内，梧州市红十字心理救援队参与市第十四中学初二学生非正常死亡事件和市第十六中学学生自杀事件的救援，对130名师生进行心理干预，稳定学生情绪，传授学校教师应对突发事件的处理方法。承接自治区人民检察院项目，对旺甫中心小学保安伤人事件涉事19名学生进行心理干预，帮助其重新构建安全感。

【日常心理援助】 2021年，梧州市红十字心理救援队承担梧州市未成年人心理健康中心日常工作，开展心理健康进企业进学校活动39场，举办关爱特殊儿童、关爱未成年人心理健康讲座4期，5634人受益。12月，承接市总工会“构建职工心理健康服务体系工作”政府购买服务项目，面向全市职工开通24小时职工心理援助热线，开展心理健康知识讲座、心理健康“微课堂”、户外拓展、个体辅导和非专业心理队伍建设等，共开展心理健康知识讲座16场，户外拓展1场。

【社会募捐】 2021年，市红十字会筹集价值16.20万元物资开展“红十字博爱送万家”活动，慰问困难家庭580户；筹集医疗费380.83万元，帮助2746名困难群众治愈白内障、青光眼疾病；筹集42万元社会善款，帮助乡村地区及学校安装太阳能路灯76盏、空调2台，打井7口，更新课桌椅280套，资助贫困生10人。参与岑溪市大业镇大献村的联系帮扶工作，人均帮扶脱贫户3户，定时走村访户慰问和调研，及时了解联系的脱贫户家庭生产生活情况，共商防贫对策。

【人道救助】 2021年3月5日，依托桂林银行梧州支行农村普惠金融综合服务点，市红十字会启动“博爱小站”建设，以“人道救助＋应急救援＋志愿服务＋金融服务”模式，向公众提供红十字先天性心脏病、白血病、白内障、唇腭裂等人道救助项目政策咨询，普及群众性应急救护培训技能和预防性侵、预防溺水等知识，协助开展突发灾难（事故）应急救援。9月5日“中华慈善日”期间，市红十字会利用腾讯99公益活动平台，发动11523人次线上、线下捐款313.67万元。全年市红十字会累计筹集器官捐献困难救助金和慰问金136万元，救助捐献家庭68户；帮助95名生活困难的白血病、先天性心脏病患者向中国红十字总会申请大病救助金162.5万元。

2021年10月21日，市红十字会联合自治区红十字会在梧州学院举办“生命接力　救在身边”——广西人体器官捐献工作十周年宣传活动

市红十字会　供图

【救护培训演练】 2021年，梧州市红十字应急救护队举办群众性应急救护培训和青少年防溺水培训演练248场次，10.83万人受益；举办“做学校的急救英雄”——梧州市小学生救护员技能邀请赛1期。年内，市红十字会进驻党群服务中心、新时代文明实践中心，开展应急救护培训12场次，受益群众530人次；开展红十字救护员持证培训工作，培训14期，通过考核526人；举办梧州市红十字应急救护师资培训班1期，培训新师资40人；组织内部培训8期，参训人员250人。

【红十字“三献”】 2021年，市红十字会做好“三献”（无偿献血、造血干细胞捐献、人体器官捐献）工作。联合市中心血站在“3·5”学雷锋纪念日、“5·8”世界红十字日、“6·14”世界献血者日宣传无偿献血和造血干细胞捐献知识；联合自治区红十字会在梧州学院举办“生命接力　救在身边”——广西人体器官捐献工作十周年宣传活动。全年发展201名造血干细胞捐献志愿者加入中华骨髓库，实现造血干细胞捐献2例，实现人体器官捐献68例，捐献大器官232个，捐献眼角膜96枚，梧州市人体器官捐献工作位居广西前列。

【艾滋病防治】 2021年，市红十字会组织开展“防艾一元捐”活动，收到社会各界捐款4.9万元，支出986元购买慰问艾滋病患者物资。在“5·8”世界红十字日、“12·1”世界艾滋病日开展防艾宣传活动，普及预防艾滋病知识。

（市红十字会）

编审：陈范生　编辑：赖红柳

法　治

人大立法

【概况】 2021年，梧州市人大常委会运用地方立法手段，架构社会治理体系，提升社会治理能力。组织相关部门和专家召开座谈论证会，在深入研究各方意见和充分协商的基础上，形成市十五届人大常委会五年立法规划和2022年立法工作计划草案，为做好今后五年立法工作明确目标任务。在立法中践行全过程人民民主，严格执行立法工作操作规范、立项审查、专家论证、公开听取意见等相关制度，扩大社会各方有序参与立法，确保科学立法、民主立法、依法立法。同时，讲好梧州立法故事，传播人大立法声音，运用多种渠道、多种形式及时宣传、报道、解读地方性法规。年内，审议法规案2件，颁布地方性法规2部。

【立法计划项目】 2021年3月11日，市人大常委会印发《梧州市人大常委会2021年立法工作计划》，全年审议法规案2件，分别为《梧州市六堡茶文化保护条例》《梧州市城市养犬管理条例》；预备项目1件，为《梧州市城市绿化条例》。

【法规审议】 2021年年初，梧州市人民政府提请市人大常委会审议《梧州市六堡茶文化保护条例（草案）》。市人大常委会启动初次审议，并在《梧州日报》、梧州人大网和微信公众号等媒体平台全文公告，向社会征求意见。同时，组成立法调研组，深入各县（市、区）、乡镇、村组开展实地调研，与茶业商会、农家茶协会、茶企、茶农等进行座谈，广泛听取意见和建议；实行开门立法，赴广西南宁、江苏镇江、湖南安化、云南普洱和临沧等地考察学习先进立法经验。此外，还将条例草案发往自治区人大立法机构征求意见，委托组织开展自治区层面专家论证。通过持续不断地调研、考察、论证，多次修改完善法规草案。9月17日，市第十四届人大常委会第四十次会议审议表决，全票通过《梧州市六堡茶文化保护条例》。11月20日，经广西壮族自治区第十三届人大常委会第二十六次会议批准，条例于2022年1月1日起施行。

年内，市人大常委会启动养犬管理立法工作。在条例草案起草之初，市人大常委会即派员提前介入，组织市人大环境与资源保护委员会及常委会法制工作委员会同市司法局、市公安局、市城市管理监督局等部门相关业务人员先后到武汉、烟台、南宁等城市开展养犬管理立法调研活动。12月13日，市第十五届人大常委会第二次会议初次审议市人民政府提请审议的《梧州市城市养犬管理条例（草案）》。

【法规颁布】 2021年，市人大常委会颁布《梧州市农贸市场管理条例》《梧州市六堡茶文化保护条例》2部地方性法规。市人大常委会把立法工作同普法工作有机结合起来，以互联网思维、全媒体视角，统筹传统媒体和新兴媒体开展立法宣传。及时召开新闻发布会，全面介绍条例的立法背景、制定过程及主要内容，阐释条例实施相关问题。撰写宣传稿件，刊登在《广西人大》《广西法治日报》《梧州日报》《西江都市报》等传统媒体上。制作《立法护航　六堡茶再启新征程》宣传片，用足用活网站、微信、移动客户端等新兴媒体，拓展立法宣传的广度和深度。继续参与各类普法宣传活动，并充分发挥市人大常委会在社区的基层立法联系点作用，以制作宣传板报、派发小册子等多种形式宣传地方性法规。做到广播有声、电视有影、报纸有文、网络有质、微信有图，使地方性法规深入民心、家喻户晓，以增强社会各方面对地方立法的了解和参与，让立法机关依法履职的过程成为引导社会舆论、凝聚各方共识、普及法律知识的过程，增强全社会法治观念，增强各方面立法认同，为地方性法规正确、有效实施营造良好的社会氛围。

（市人大常委会办公室）

政法委与综治

【概况】 2021年，中共梧州市委政法委（简称市委政法委）按照“四个三”（开展党史学习教育、政法队伍教育整顿、作风兴市三项活动，推进信访积案化解、治安问题整治、极端案事件防范三大行动，拓展群众安全感、治安问题解决率、政法队伍执法满意度三个提升，力争一流政法环境、一流政法队伍、一流政法业绩三个一流）工作思路，推进更高水平平安建设，社会治安形势明显好转，人民群众的获得感、幸福感、安全感持续增强，第四季度群众安全感达到98.53%，政法队伍执法满意度94.83%。年内，长洲区被命名为“平安中国建设示范县(区)”，梧州市扫黑除恶办案专班获全国扫黑除恶先进集体，市委政法委被中央宣传部、司法部、全国普法办评为“2016—2020年全国依法治理创建活动先进单位”。

【维护社会安全稳定】 2021年，梧州市深入贯彻国家安全总体观，捍卫国家政治安全。牢固树立底线思维，坚持把防范各类重大风险作为工作主战场，强化源头排查防范，做好特殊人群服务管理工作，严防个人极端案事件发生。推进重大涉稳问题化解防控，化解自治区认定的19起重大涉稳问题。统筹推动化解涉访房地产、坟山纠纷、涉众型经济案件等一批涉稳隐患。先后组织开展中央交办涉法涉诉积案集中清理、涉法涉诉重点人员排查稳控工作，依法处理涉法涉诉案件1400余件，办理中央第一批集中交办涉法涉诉积案600余件。创新开展“六联共调”工作法化解基层矛盾纠纷，全市共排查矛盾纠纷4322件，及时调解处理比率达94.39%。持续推进社会稳定风险评估机制，全市53个项目经风险评估后得以实施。抓好重复矛盾纠纷专项治理，全力化解矛盾纠纷，确保全国、全自治区“两会”、中共十九届六中全会等重要敏感节点“零上访”工作目标。

【社会综合治理】 2021年，梧州市初步形成党委领导、政府负责、社会协同、公众参与、法治保障的社会治理体制。强化“五治”（政治、法治、德治、自治、智治）融合，把政治引领贯穿于社会治理全过程，全面推进“三官一律”（法官、检察官、警官、律师）进村（社区）。推进法治乡村建设，打通法律服务“最后一公里”。全市541家公共法律服务中心共办理公证事项3745件，法律援助案件3278件，仲裁案件83件，完成司法鉴定4262件。完成“一村一法律明白人”培育，落实“法律明白人”2942名。年内推进市域社会治理现代化试点，加快推进“数字平安梧州”建设和雪亮工程的深度运用，推动市综治中心实体化建设，全市视频共享平台已联网共享56000多路视频资源，全市85%的行政村（社区）完成综治视联网建设。

【扫黑除恶常态化】 2021年，梧州市坚持以党建引领常态扫黑除恶斗争，成立扫黑除恶办案工作专班，以“思想不松、机构不撤、力度不减、标准不降”的工作要求，常态化推进扫黑除恶，破获九类涉恶案件213起，逮捕（直诉）505人，破获涉恶团伙34个269人，被查控涉黑恶财产处置到位约7.7亿元。同时创新战法，全面清缴枪患，侦破公安部督办的“1·16”买卖枪支专案，连续发起4次全市、全自治区和全国集群战，共抓获315人，缴枪367支，缴获子弹1万余发，爆炸物6507克。梧州市扫黑除恶办案工作专班被评为全国扫黑除恶专项斗争先进集体。

【执法监督】 2021年，梧州市政法机关以开展政法队伍教育整顿为契机，组织干警多轮填报违反防止干预司法“三个规定”（《领导干部干预司法活动、插手具体案件处理的记录、通报和责任追究规定》《司法机关内部人员过问案件的记录和责任追究规定》《关于进一步规范司法人员与当事人、律师、特殊关系人、中介组织接触交往行为的若干规定》）情况自查事项表，全面摸排筛查，政法部门每季度组织定期排查，共排查违反防止干预司法“三个规定”问题123件。开展案件质量评查活动和案件专项执法检查，共评查3068件案件，发现问题案件202件，瑕疵案件906件，均已全部完成整改。开展“有案不立、压案不查、有罪不究”专项整治，牵头集中清理犯罪嫌疑人、被告人未依法收押和判处实刑罪犯未依法交付执行刑罚专项行动，集中清理纠正38人。加强个案监督和协调，共牵头协调有较大影响、群众反映强烈的案件26件次。

【政法队伍教育整顿】 2021年，梧州市按照“筑牢政治忠诚、清除害群之马、整治顽瘴痼疾、弘扬英模精神” 4项任务要求，推动政法系统队伍教育整顿工作。市委政法委开展政治轮训、理论中心组学习、晨读夜校等政治教育1450场次，充分利用梧州在广西党史上“18个第一”等红色资源，采取书记上专题党课、组织干警到红色教育基地等方式开展党史学习教育1810场次；选树原副市长、公安局局长匡伯彪和6名政法英模、20名平安卫士等一批先进人物，开展英模事迹报告会、“学英模、守初心”政法英模事迹巡回宣讲164场次。在教育整顿中，对主动向组织说明问题的901名干警分别运用监督执纪“四种形态”（开展批评和自我批评、约谈函询，党纪轻处分、组织调整，党纪重处分、重大职务调整，严重违纪涉嫌违法立案审查）做出处理。排查出的980件顽瘴痼疾全部完成整改，建立健全相应的制度341项。推出便民举措599项，为334名困难涉案群众发放国家司法救助金580余万元。处理调整一批违纪违法干警，立案审查调查100名政法干警，给予党纪政务处分100人。中央督导组两次到梧州市督导均给予充分肯定，政务新媒体平台中央政法委长安剑和自治区政法队伍教育整顿领导小组办公室工作简报共计刊发梧州市经验做法13次。

【首推“首席法律咨询专家”制度】 藤县从2020年开始在全国率先探索试行“首席法律咨询专家制度”，建立起“党委领导、政府主导、部门联动、首席把脉、专家会诊、各方参与”的“六位一体”工作模式，为重大公共决策论证、重大公共风险防控、重大矛盾纠纷调处、重大信访积案化解“四个重大”提供优质高效法律服务。2021年，首席法律咨询专家团队为县委、县政府就“四个重大”等问题的处理出具法律咨询意见书65份，提供法律建议226条，成功处置重大信访案件45件。将矛盾纠纷吸附在基层、化解在一线，筑牢了“第一道防线”。吸引广东、新疆、四川、福建、甘肃等全国多个省（市）政法委、法学会到藤县交流学习。2021年4月20日，全国推进首席法律咨询专家制度工作现场会在藤县召开，藤县经验在全国推广。10月15日，《民主与法制时报》在头版头条对推行工作进行了报道。

2021年4月27日，中央第十二督导组到梧州市公安局督导政法队伍教育整顿工作 市公安局 供图

【服务发展大局】 2021年，市委政法委围绕“东融”战略实施，坚持“一线工作法”，组织“政法为民服务团” “三官一律”到企业、项目建设现场调研，解难题2100余个，为梧州市人民政府462项涉法事项提出法律意见932条，对205份政府规范性文件开展审查或修正工作。推动法治政府建设和法治梧州建设规划出台。推进重点领域地方立法，推动《梧州市宝石加工环境污染防治条例》和《梧州市农贸市场管理条例》出台实施。以优化营商环境为出发点，出台7项专项实施方案，建立涉企案件“立审执”（立案、审理、执行）绿色通道，精准提供法治服务，通过破产重组推动资产盘活，帮助广西化工进出口梧州公司、广西金沙江陶瓷有限公司和藤县新中陶陶瓷有限公司等化解危机、转型

升级，处理了一批楼盘“烂尾”案件。

【社会主义法治教育】 2021年，梧州市发挥学校法治教育的主导作用，全面落实法治副校长制度，组织“法治副校长”“法治辅导员”讲法治课，构建政府、学校、社会、家庭共同参与的青少年法治教育格局，不断增强青少年法治意识、规则意识，在中小学集中开展“学宪法 讲宪法”“宪法晨读”等活动，加大青少年宪法知识宣传。在村（社区）推进“法律明白人”培育工程，充分发挥“法律明白人”和村（居）法律顾问的作用，利用法治夜校、普法宣传栏和农村书屋等开展培训，推动健全政治、法治、德治、自治、智治的基层社会治理方式。结合党史学习教育、政法队伍教育整顿、新冠疫情防控工作开展《中华人民共和国国旗法》《中华人民共和国国家安全法》《中华人民共和国传染病防治法》等法律法规宣传；开展国家工作人员学法用法考试，不断提高国家工作人员学法用法能力和水平。2021年，全市共75077人参加全自治区国家工作人员学法用法考试，考试通过率99.65%。

（市委政法委）

法治政府建设

【概况】 2021年，梧州市各级政府履行法治政府建设主体责任，围绕建设更高水平法治梧州总体要求，全面落实法治政府建设各项任务，加快构建职责明确、依法行政的政府治理体系。梧州市党政主要负责人履行推进法治建设“第一责任人”职责、法治政府建设整改落实情况书面督察和实地督导，以督察促整改，推动全市37项整改任务工作落地见效。2021年度梧州市“法治建设”绩效指标任务考评在自治区排名中并列第一。

【健全机制建设】 2021年，梧州市在建设健全机制上不断努力，提升法治保障能力。一是健全新冠疫情防控机制，在法治轨道上统筹推进疫情防控工作，制订完善疫情应急处置工作预案，编写疫情常态化防控相关防护指南，筑牢粤桂通道疫情防线。二是建立健全脱贫攻坚与乡村振兴衔接联动机制，出台《关于实现巩固拓展脱贫攻坚成果同乡村振兴有效衔接的实施办法》。持续优化公共法律服务，推动法律服务资源向基层延伸，助力乡村振兴。三是健全应急预案体系。制定出台安全生产事故、自然灾害救助等专项应急预案，以及与其配套的矿山生产安全、烟花爆竹、洪涝灾害、森林火灾等10类突发事件应急预案，加快构建运行有效的应急法治体系。

【提高立法制规质量效率】 2021年，梧州市落实立法工作向中共梧州市委请示报告制度，市政府立法年度计划和各重大立法草案均报市委审批，把中共领导贯彻落实到立法工作全过程。严格执行立法工作操作规范、立项审查、专家论证、公开听取意见等相关制度，扩大社会各方有序参与立法，确保科学立法、民主立法、依法立法。加强重点领域立法，公布《梧州市农贸市场管理条例》和《梧州市六堡茶文化保护条例》地方性法规2件、《梧州市病媒生物预防控制管理办法》政府规章1件，正式施行《梧州市宝石加工环境污染防治条例》，持续推进自治区立法项目《广西壮族自治区粤桂合作特别试验区条例》立法工作。同时，开展涉及行政处罚、野生动物保护和改革开放政策等领域的行政规范性文件专项清理工作，对192份行政规范性文件开展清理，拟保留143件，拟废止41件，拟不列入现行有效目录8件。

【规范决策程序】 2021年，梧州市落实《广西壮族自治区重大行政决策程序规定》，全面规范从决策调研到集体讨论决定的系列事项程序，对提交市政府的公共政策措施、经济社会发展规划等重大事项全部进行会前合法性审查，共为462项涉法事项、27件政府规范性文件提出法律意见1000多条，保障重大行政决策依法依规进行。在市政府门户网站“政民互动”开设意见征集栏，对高中收费标准、城市供水等20个涉及群众切身利益的重大行政决策事项，采取听证会、向社会公开征求意见等多种方式广泛听取意见。率先在全国先行先试“首席法律咨询专家”制度，聘任121名法律顾问，成立六堡茶产业法律服务团，推动法学会会员和律师等专家参与公司破产重整、产业发展、公共设施项目等政府法律事务，发挥法律专家在依法决策中的作用。

【综合执法改革】 2021年，梧州市持续推进综合执法改革，推动市县两级市场监管、生态环境保护、文化市场、交通运输、农业和城市管理、自然资源等“5+2”领域综合行政执法改革，将综合行政执法改革工作扩展下沉到各乡（镇），构建权责明确、执法高效、监管规范的综合行政执法体制。创新“全员办案”机制、“按单执法”、质量提升“一站式”服务等举措。年内，梧州市基层市场监管治理模式获得国家市场监管总局肯定推广，“鱼滑非法添加硼砂系列案”“红星二锅头商标侵权案”入选国家市场监管总局“铁拳”行动典型案例。

【优化法治营商环境】 2021年，梧州市在广西首创承诺制改革，推行行政审批事项以告知承诺制方式替代具体证明工作，市、县两级共公示告知承诺制事项326项。实现51个总投资超304.71亿元的重大项目“拿地即开工”。上半年梧州市工业投资获自治区政府办公厅通报表扬并获5000万元资金奖励。《广西梧州市企业投资项目承诺制直接落地承诺书》被评为“全国信用承诺书示范样本”。与粤闽鲁赣4个省10个市签订“跨省通办”协议，212项事项实现“跨省通办”。创新推出48个“通办+”服务事项，形成“一件事一次办”审批新模式，784项事项实现全自治区通办。全面梳理电力管理、生态环境、市场监管、城市管理4个领域20项轻微违法行为，制定出台免罚清单，对轻微违法行为实施包容审慎监管，进一步优化全市营商环境。

【规范性文件审查】 2021年，梧州市司法部门审查拟出台的市政府行政规范性文件26件，出具审查意见42份，及时纠正利用规范性文件条款违法增加公民、法人和其他组织义务23处，对拟出台的政府文件提出涉法意见建议100余条。市司法局代表市政府向自治区政府、市人大常委会报备规范性文件6件，审查备案各县（市、区）政府、市政府部门制定公布的行政规范性文件22件，通过备案审查程序纠正规范性文件1件，及时纠正梧州市网络预约出租汽车经营服务管理中关于网约车驾驶员准入条件与中央精神不符的内容。2021年，行政诉讼附带审查行政规范性文件败诉率为0。

【行政执法监督】 2021年，梧州市人民政府加强行政执法监督，市司法部门深化行政执法“三项制度”（行政执法公示制度、行政执法全过程记录制度、重大执法决定法制审核制度）组织实施，对12个执法部门进行行政执法工作情况监督检查，着力解决行政执法不作为、慢作为、乱作为和违法执法等问题。开展“行政执法不规范、粗暴执法”专项监督检查，严格规范公正文明执法。

【政务诚信建设】 2021年，梧州市人民政府推进政务诚信建设，健全政府守信践诺机制，印发《梧州市守信联合激励和失信联合惩戒措施清单》，实现信用奖惩协调联动。开展双随机抽查546项，将4643家企业列入严重违法失信企业名单，归集失信行为信用数据4098条，信用承诺履约践诺238条，进一步提升政府公信力。

【行政复议和行政诉讼】 2021年，梧州市推动行政复议体制改革，健全完善改革相关配套制度，推进行政复议规范化建设。履行集中行使行政复议职权，全年全市各级行政复议机关共审结行政复议案件396件（其中市本级行政复议案件253件），办案数同比增长1.43倍（其中市本级同比增长2.61倍）；参加行政诉讼268件（其中市本级82件）。全市各级已审结行政应诉胜诉率保持在90%以上。

（市司法局）

公 安

【概况】 2021年，梧州市有县级以上公安机关8个，其中地市级公安机关1个，县级公安机关4个，城区公安分局3个。另有梧州市森林公安局直属梧州市公安局。全市在编民警2769人。年内，市公安机关组织学习匡伯彪等英雄模范先进事迹、弘扬英模精神，涌现出76个先进集体、2名全国公安机关英雄模范、645名先进个人。17个警种26项工作在全自治区公安会议上作经验发言，其中“政治建警”“从严治警”等工作经验在中央政法委《长安》、公安部《公安内参》上刊发。

【刑事案件侦查】 2021年，全市刑事案件立案10062起，破案3653起，总刑拘3355人，总逮捕2639人，同比分别上升3%、7%和9%。全市八类严重暴力犯罪案件立案291起，破案278起，破案率96%。命案12起，同比下降33%，创历史新低，实现连续5年下降、连续5年全破；24小时侦破“5·21”藤县大黎镇致一家4人死亡的故意杀人案以及“5·24”岑溪市大业镇2名未成年女童被故意伤害致死案。扫黑除恶、打电诈、打枪爆、警犬技术、侦破八类恶性刑事案件、“团圆”行动6项“梧州经验”在全自治区推广。刑事技术绩效连续6年排名全自治区第一。刑侦绩效综合得分连续4年排名全自治区前列。

【经济案件侦查】 2021年，全市公安部门立案侦查经济犯罪案件160起，破案56起，刑事拘留111人，逮捕51人，移送起诉81人。全年查处非法集资案件2起，打击处理2人，非法集资发案数同比下降50%，陈积案化解率72.72%。会同金融、政监等部门对私募企业进行联合检查行动4次，出动警力30人次，对“柳州憧憬”“汝成”“民创”等公司涉嫌非法集资案件及时协同做好源头稳控。联合税务部门，侦破“鑫乾商贸有限公司涉嫌虚开发票案”“10·23”虚开发票案，破获团伙3个，捣毁窝点3个，抓获12人。侦破“2·9”非法经营案，破获为跨境网络赌博提供非法资金结算业务的犯罪团伙3个，抓获11人。成功收网杜某某等人组织、领导传销活动案，破获团伙1个，捣毁窝点7个，抓获涉案人员30余人，冻结涉案资金9145万元。全市公安机关立案查处合同诈骗、职务侵占、挪用资金、侵犯知识产权等经济犯罪案件20起，抓获犯罪嫌疑人20名。全市获公安部经侦局核批发起云端线索26条。12月10日，刘某某等人出售、伪造货币线索经公安部经侦局部署惩治，河南省商丘市经侦部门破获伪造货币窝点1个，抓获犯罪嫌疑人2名，缴获假人民币100多万元。全年为经侦及各警种提供资金查控服务2300多批次，账户7000余个。分析发现落地“10·26”开设赌场案，抓获嫌疑人20名，冻结资金7100万元，查处房产26处；“8·21”开设赌场案，抓获嫌疑人4名，冻结资金650万元。

【治安管理】 2021年，全市受理治安案件9449起，同比下降6%；查处4581起，查处率48%。其中，行政拘留2919人，惩治处理5565人，警告78人。全市接报涉赌警情878起、涉黄警情156起，查办黄赌案件1269起，惩治处理2495人，其中行政拘留1833人、刑事拘留662人、逮捕424人。“一村一警务助理”及社区警务工作，有警务助理861人，进村服务群众9.43万人次，法律宣传40950人次，治安防范26.43万人次，化解各类矛盾纠纷59420起，收集信息9982条。管治旅馆业及娱乐场所，纳管旅宿业575家、娱乐场所96家，行业系统后台上传信息103.9万条，信息上传率99.5%。指导监督全市公立中小学校、幼儿园、大中院校等2281所学校，落实人防、物防、技防措施，对全市152家加油站、199家寄递物流公司开展安全管理检查工作。排查涉爆单位75家、剧毒和易制爆化学品从业单位93家、爆破项目点39个，涉爆人员552人，发现整改安全隐患168个。全市涉枪案件35起（全部是刑事案件），抓获违法犯罪人员37人；破获违法犯罪团伙1个；收缴枪支43支、子弹533发。

【禁毒工作】 2021年，全市共侦破毒品刑事案件286起，逮捕359人，受理移送起诉489人，查处2078人，强戒917人，新发现411人，缴获毒品25.04千克、制毒物品5.88吨。

缉毒执法 侦破“1·9”“9·23”寄递物流渠道特大毒品运输案件，破获多条横跨滇桂的贩毒通道和1个长期盘踞在长洲区长洲岛的贩毒团伙，共抓获犯罪嫌疑人20人，查处吸毒人员41人，冻结毒资近20万元。率先破获自治区首起国家新列管后的氟胺酮案件，协助侦破部级“2021—91号”毒品目标案件，缉毒战果获公安部贺电表扬。

重点整治 以藤县为主攻方向，统筹各方力量、整合各方资源，举全市之力对1个国家级、2个自治区级、11个市级“预警通告地区”和39个市级“重点关注地区”进行专项治理，推进“禁毒摘帽”工程，通过落实“市、县、乡（镇）、村”4级书记抓禁毒、禁毒约谈、捆绑督导等工作机制，全市城市生活污水检测、外流贩毒人数同比实现“双下降”，藤县从全自治区毒品问题“重点关注地区”降为“预警通告地区”，重点整治工作取得阶段性成效。

管控收戒 严格落实吸毒人员分级分类管控措施，全市戒断3年未复吸人数从2020年的7930人增加至2021年的8934人。严格抓实戒治管控，对特殊涉毒病残人员应收尽收，推动岑溪市、藤县建立专门收治病残吸毒人员的古塘病区和特殊医区，完善系列管理规章制度，实现吸毒人员“零肇祸、零失控、零滋事”目标。

禁毒宣传 以青少年毒品预防教育为主阵地，推广应用“全国青少年毒品预防教育数字化平台”，学校接入率和学生注册率均达100%，全市在校学生参加全国青少年禁毒知识竞赛在全自治区排名第五，获自治区禁毒委、教育厅通报表扬。通过发布悬赏公告、发动群众举报涉毒线索，全市共抓获网上涉毒在逃嫌疑人20人，落实举报奖励专项经费112.4万元，禁毒工作成效先后获得各级权威媒体转载报道13次，各级新媒体播发禁毒消息158条，在社会上引起了强烈的反响。

【户政管理】 2021年，市公安局深化户籍管理制度改革，以合法稳定就业和合法稳定住所为基本条件，按照在实际居住地登记户口的原则，全面放开城镇落户限制，实现“零门槛”入户。全面深化户政服务“放管服”改革，提升户政窗口服务质效，全面推行“跨省通办”业务，实现全国跨省异地换、补领身份证，推行户口迁移“跨省通办”。推行新生儿“出生即入户”便民微改革，做强做实“一站式”服务，在全市37个点安置“三合一”自助机37台。全年全市办理出生入户3.52万人，死亡注销2.22万人，迁入2.34万人，迁出3.44万人，办理跨省异地身份证1966张，“跨省通办”迁入业务265笔，迁出业务2070笔，办理“出生即入户”业务58起。

【流动人口管理】 2021年，市公安局加强流动人口服务管理，优化居住证办理流程，精简办理手续，全面取消申领居住证提供相片的规定，下放居住证制作权，各县（市）公安分局配置居住证制作机，本地制作居住证，缩短居住证的制作时限，3个工作日内制证完成，对紧急用证当日制发。全年新登记流动人口1.75万人，办理居住证8300张。全市有流动人口15.8万人，累计办理居住证10万张。

【出入境管理】 2021年，市公安局出入境管理支队深化“放管服”改革，开展“我为群众办实事”活动。开启“1+2+3”服务模式：专门设置1个服务站点；配备2台全自助设备；精准服务年满60周岁以上老年人群，军人及军烈士家属、劳模英模、先进工作者、“三八”红旗手等先进群体，学龄前儿童、身患残疾行动不便人士、环卫工人等需要关爱3类人群。年内收集群众意见建议，在实施国家移民局便利老年人办理出入境证件6项措施的基础上，持续设立外籍人才工作居留许可受理专窗，为在梧州市就业的25名外国人士提供一站式一窗办结服务。

【道路交通管理】 2021年，市公安局交警部门投入1900多万元，新建“电子警察”点位255处，在龙圩区农村事故多发路段增设20套道路让行安全警示系统，路段事故同比减少35%；创新摩托车“车驾管”业务下乡“就近办”“便捷办”服务，设置9个服务站，覆盖全市20多个偏远乡镇，实现摩托车注册登记、检验、报废、驾驶人考试4项工作“全部下乡”，形成闭环式管理，惠及群众近50万人；启用首个“阶梯式”停止线避免“鬼探头”交通事故；持续推动道路交通事故调解法院、检察院、交警大队、司法局、保险公司“五位协同”，有效化解因交通事故经济赔偿引发的纠纷和社会矛盾。出台利民便民惠民举措12项，推广“一站式”办理和“不见面”审批服务惠及群众41.84万人次。推出摩托车移动检测线送检到乡镇服务1034次，年检摩托车27493辆，推出摩托车驾驶证“一日通”，组织送考下乡144次，8054名多群众在家门口考试，5472人当天领证。年内获群众赠送锦旗120面，感谢信5封。

全年全市查处各类交通违法行为89.79万起，发生死亡道路交通事故205起、造成224人死亡、78人受伤、直接经济损失33.21万元，同比分别下降17.34%、17.65%、23.53%、38.63%。全市道路交通亡人事故起数、亡人数双双下降至近4年来最低值，获得市委、市政府、自治区公安厅交警总队的肯定。11月5日，2021年自治区政务服务“跨省通办”暨自治区通办现场推进会在梧州市召开，与会人员实地观摩梧州市车辆管理所政务服务分中心。

【监所管理】 2021年，全市公安监所严格落实新冠疫情防控措施，实现公安监所疫情零感染工作目标。15个公安监所累计共新收押7879人，其中新收刑事拘留人员3993人，新收行政拘留人员3424人，新收戒毒人员462人，实现全市公安监所安全零事故，其中蒙山县看守所和苍梧县看守所实现45年安全零事故，再次刷新自治区公安监管场所安全零事故的最高纪录。蒙山县看守所在中国共产党成立100周年全自治区公安监所安全工作视频会议上做经验发言。

全市公安监所整治顽瘴痼疾，梳理“减假暂”案件1131起，排查出问题案件27起、瑕疵案件372起，全部完成清理整改。完成看守所女性在押人员集中羁押监管；规范投劳送戒工作，确保1764名罪犯安全顺利交付监狱执行刑罚，300余名吸毒人员交付司法戒毒所执行强制隔离戒毒。通过教育感化获取各类违法犯罪线索269条，协助破获各类案件316起，拘留所化解社会矛盾35起。

【公安改革工作】 2021年，市公安局坚持改革强警，从优化结构、内部选拔、分类培养等方面入手，加强公安改革创新人才库建设，17个警种26项工作在全自治区公安会议作经验发言，其中《探索政治建警从严治警新路径》《梧州市“四个结合”推进护校安园》等工作经验在中央政法委《长安》、公安部《公安内参》上刊发。5月24日，国务委员、公安部部长赵克志在广西调研时主持召开校园安全工作座谈会，市公安局是唯一在会上介绍经验的发言单位。创新警税联合惩治涉税犯罪作战模式，成立“梧州市警税联合作战中心”，侦破鑫乾商贸有限公司涉嫌虚开发票案、“10·23”虚开发票案，破获犯罪团伙3个，捣毁窝点3个，涉案金额达9.1亿元。市公安局“鹰击”反诈系统获评广西公安基层技术革新专项活动一等奖。

【专项行动和专项斗争】 2021年，全市公安刑侦部门参与“云剑—2021”“亮剑—2021”系列扫黑除恶专项行动。由自治区扫黑办、公安厅联合挂牌督办，指定梧州市公安局管辖的以王某某、黄某某为首的恶势力犯罪团伙，在主犯“零口供”的情况下，侦破黑社会性质组织案。全市新增破获九类涉恶案件213起，逮捕（直诉）505人，破获涉恶团伙34个269人。创新战法全面清缴枪患，侦破了部督“1·16”买卖枪支专案，连续发起4次全梧州市、全自治区、全国集群战，共抓获315人，缴枪367支，缴获子弹10000余发，爆炸物6507克，创近5年来单案打击历史新高，获自治区副主席周成方批示肯定。优化机制提质全警反诈，全市电诈案件破案615起、刑拘1264人、提请批准逮捕339人、起诉381人，同比分别上升27%、89%、1.11倍和1.21倍；侦破流水资金达35亿元的“跑分”专案，得到公安部副部长杜航伟的批示肯定。全市涉案损失50万元以上电诈案件破案率76%；“百万”电诈案件破案率90%。组织开展“团圆”行动，找回失踪、解救被拐儿童33名，侦破涉拐案件5起（其中部督1起，厅督3起）；抓获犯罪嫌疑人7人，组织认亲活动11场次，其经验率先在全自治区会议推广。

年内，市公安局网络安全保卫支队开展“净网2021”专项行动，依法严厉惩治各类网络违法犯罪活动，配合全市公安机关侦破网络犯罪案件965起，抓获犯罪嫌疑人1544人。其中，网安部门自主侦办涉黑客、利用信息网络、侵犯公民个人信息、帮助考试、帮助信息网络犯罪等刑事案件69起，共起诉犯罪嫌疑人172人。市公安局特巡警支队参与反恐处突、街面巡防、服务群众、实战练兵、定点看护、要人警卫等工作，参与巡逻防控出动警力1750人次，参与处置重大警情20起，其中群体性事件

2021年9月2日晚，梧州市公安局组织开展全市社会治安大清查统一行动。图为公安干警在检查服务行业　　市公安局　供图

3起；牵头开展公安武警联勤15次，出动武装巡逻警力4176人次；共接处理警情485起，其中治安案件30起、交通事故19起、服务群众等其他警情436起；完成各类安保任务26次，出动警力275人次。

【重大活动安全保卫】 2021年，全市公安机关完成中国共产党成立100周年、各级“两会”、元旦、春节、壮族“三月三”、清明节、劳动节、重阳节、国庆节、第十八届梧州宝石节、省部级领导到梧州视察等安全保卫工作39次，制订各类安保方案50项。完满完成各项勤务19批次，其中三级警卫任务5批次、省部级领导到梧州市视察警卫任务14批次。

（市公安局）

检　察

【概况】 2021年，梧州市检察机关根据中央第十二督导组及自治区第四驻点指导组反馈意见，制订整改工作方案并全部整改落实，新建、完善检察工作机制76项，加强内控管理、强化监督制约。开展政治轮训226次、警示教育70余次。结合顽瘴痼疾专项整治、线索查办等查纠内容，制订66项查纠整改任务目标，进行挂单销号式清查，完成整治顽疾问题30个。年内，选树广西“三八”红旗手卢军、广西法治建设先进个人李雪莲、自治区十佳检察官莫火月等先进典型，营造学习英模、争当英模氛围。全年全市检察机关办理各类案件5316件，同比上升21.79%。60项案件质量主要评价指标排全自治区前三的有22项，占比36.67%，居全自治区第三。获评全国、全自治区检察机关精品、优秀和典型案例19件。公益诉讼、控告申诉等工作相继在全自治区检察机关相关会议上介绍经验。全市检察机关获自治区级以上表彰奖励的集体31个、个人188人（次），梧州市人民检察院（简称市检察院）获得全国检察机关“文明接待室”、全国检察机关（控申）优秀办案团队、全国检察机关扫黑除恶专项斗争优秀集体、全国巾帼文明岗等称号，苍梧县人民检察院、藤县人民检察院获评全自治区先进基层检察院。

【审查批捕和审查起诉】 2021年，梧州市检察机关贯彻落实总体国家安全观，主动在巩固发展民族团结，打造“一极三城”、建设“四个梧州”中担当作为。批准逮捕各类犯罪嫌疑人2286人、提起公诉2841人。严厉惩治危害国家政治安全的违法犯罪行为，依法惩治邪教犯罪。常态化开展扫黑除恶斗争，起诉自然资源、交通运输等领域涉黑恶犯罪41人，依法办理自治区扫黑办督办、自治区人民检察院指定管辖的王某球、黄某端等多人涉黑犯罪案件。一体推进对重点地区、突出问题的常态打击整治，起诉故意杀人、抢劫等严重暴力犯罪485人；依法惩治毒品犯罪，起诉339人。积极参与“断卡”专项行动，起诉电信网络诈骗犯罪及关联犯罪327人。依法惩治涉新冠疫情防控犯罪，服务统筹推进疫情防控常态化。

【查办和预防职务犯罪】 2021年，梧州市检察机关与纪委监委机关建立工作联席会议制度，受理移送各类职务犯罪31人，起诉29人。依法对自治区人民检察院指定管辖的南宁市中级人民法院原副院长余万庆以涉嫌受贿罪、徇私枉法罪提起公诉。依法办理广西南宁高新技术产业开发区党工委原书记张先进（副厅级）涉嫌受贿罪一案，经过公诉人对犯罪行为性质和应承担法律责任进行充分阐述、论证及法庭教育，被告人当庭表示悔罪认罪认罚，该案旁听庭审的市、县政法干部100多人，起到“审理一案、教育一片”的良好效果。开展“司法工作人员职务犯罪侦查百日攻坚”专项行动，立查并起诉司法工作人员相关职务犯罪案件2件2人。

【刑事检察】 2021年，梧州市检察机关开展“两有一压”专项整治，监督立案100件、撤案90件，纠正漏诉222人。提前介入重罪、有影响的刑事案件47件（次），确保侦查活动依法、及时开展。与公安机关共同设立侦查监督与协作配合办公室，提高侦查监督质效。坚持客观公正立场，对不构成犯罪或证据不足的决定不批捕745人、不起诉144人。认真履行刑事审判监督职责，依法提出抗诉，法院采纳2件。加强刑事执行活动检察监督力度，纠正刑事执行活动违法行为79件，纠正监外执行和社区矫正活动违法行为42件。开展“减假暂”专项监督活动，监督纠正问题案件42件。开展“两未”专项活动，清查纠正犯罪嫌疑人、被告人应收押、应交付执行34人，积极回应人民群众反映强烈的“纸面服刑”等问题。

【民事检察】 2021年，梧州市检察机关推进民法典贯彻实施，建立健全民事检察一体化机制，依法办理民事监督案件129件；以抗诉、提请抗诉、再审检察建议等方式对民事生效裁决予以监督11件。充分运用检察建议跟踪问效和协作整改机制，对民事执行监督案件提出检察建议24件，法院采纳率100%，助推解决执行难问题。持续深化虚假诉讼监督，办结虚假诉讼监督案件5件，提出监督意见4件，移送涉嫌犯罪线索1件。

【行政检察】 2021年，梧州市检察机关依法办理行政监督案件28件，同比上升12%。深化行政争议实质性化解，以公开听证的方式化解行政矛盾纠纷11件，其中讼争10年以上的7件。开展土地执法查处领域行政非诉执行专项监督，与市自然资源局建立健全协作配合机制，结合办案制发4件检察建议均获采纳。

【公益诉讼检察】 2021年，梧州市检察机关建立完善公益诉讼联席会议、信息共享、案情通报等机制，深入推进“公益诉讼守护美好生活”“建党百年 强军拥军”等专项监督活动，依法办理公益诉讼案件339件，同比上升35.06%。持续深化跨省（区）办案协作配合和工作交流，与容县、北流及广东省封开县等地检察机关建立公益诉讼跨区域协作配合工作机制，推动两省人大代表联合监督，更好地保护西江流域生态环境。积极稳妥拓展公益诉讼案件范围，办理公共安全、个人信息、特殊群体保护等新领域案件37件，推动协同综合治理。在全自治区检察系统率先掌握无人机测绘及三维建模技术，充分运用信息化手段推进公益诉讼案件快速取证工作，开创“科技＋公益诉讼检察”新模式。

2021年3月15日，市检察院开展“公益诉讼”回头看活动，实地走访六堡镇“茶船古道”，助力六堡河生态环境保护

市检察院 供图

【未成年人检察】 2021年，梧州市检察机关持续落实“一号检察建议”，制定侵害未成年人案件强制报告制度实施细则，起诉侵害未成年人犯罪186人，同比上升32.86%。对罪行较轻并有悔罪表现的涉罪未成年人作附条件不起诉51人。开展在押未成年人监管活动专项检察和未成年人社区矫正活动巡回检察，纠正混管混押混教等违法监管行为15件次。加强监护监督，发出督促监护令31件。开展法律监督专项行动，办理未成年人公益诉讼案件18件，制发诉前检察建议14件。联合公安、市场监督局等部门开展密室脱逃、剧本杀场所监管专项活动，经验做法获最高人民检察院推介。深入偏远山区40余所“麻雀学校”（学生数量过少）关爱留守儿童。创建“叶子花开”未成年人检察工作品牌，“叶子花开”未成年人检察服务团队向85名未成年人发放司法救助金95.3万元；常态化开展法治宣讲200余场次，惠及师生近3万人。与公安、民政、教育、妇联等7个部门建立未成年被害人“一站式”救助中心工作机制，形成全面综合保护合力。联合广东省江门市人民检察院就校园安全和未成年人合法权益保护问题向梧州市教育部门制发的检察建议，获评全国社会治理类优秀检察建议。

【检察体制改革】 2021年，梧州市检察机关持续深化司法体制综合配套改革，加强检察官员额管理，健全选任、退出、增补常态化机制；完善梧州市检察机关《案件质量评查办法（试行）》《检察官业绩考评实施细则（试行）》等制度，倒逼检察官压实司法责任、提升办案质效；落实领导干部直接办案的制度要求，领导带头办理重大复杂敏感案件、新类型案件和在法律适用方面具有普遍指导意义的案件103件；构建以数据为中心的业务指导管理机制，强化办案环节流程监控，确保内部监督不缺位。积极推进执法司法制约监督机制建设，与辖区公安机关共同设立侦查监督与协作配合办公室，实现监督端口前移；深化检察官与法官、警察、律师同堂培训，形成统一的执法司法理念。

2022年2月23日，市检察院检察长曾军宁（中）带服务队到梧州三条钢带制品有限公司了解企业生产经营情况，协调解决制约经营发展问题　　市检察院　供图

【外部监督】　2021年，梧州市检察机关主动向市人大及其常委会报告工作，向市政协通报工作情况，对人大代表、政协委员提出的69条意见建议逐条办理、认真整改、及时反馈。加强与人大代表、政协委员经常性联系，邀请参与司法救助、公开听证、观摩庭审等269人次。落实“全过程人民民主”，主动邀请人民监督员参与各类检察监督活动219人次，实现“四大检察”“十大业务”监督全覆盖。依法保障律师执业合法权利，积极提供检察电子阅卷服务，邀请律师参与认罪认罚案件办理1885件。探索建立检律会商机制，邀请律师代表参加检察理论沙龙活动，推动检律关系健康发展。深化检务公开，每季度公布检察机关主要办案数据，及时发布重要案件信息。打造融媒体创意工场“采编制播一体化”，以检察新闻宣传及时回应社会关切。

【服务发展大局】　2021年，梧州市检察机关围绕实施“东融”战略、工业振兴等工作大局，组织开展“诚心诚意听民声，我为民企办实事”系列活动，研究制定服务保障六堡茶产业发展的检察服务措施。依托“枫桥连心”工作品牌推动司法救助助力乡村振兴，向151名因案导致生活困难的群众发放救助金282.1万元，蒙东杨司法救助案入选最高人民检察院典型案例。助力做好梧州山、岛、江、湖4篇“文章”，起诉破坏生态环境资源犯罪218人，办理生态环境和资源保护领域公益诉讼案件247件，依法追缴生态环境损害修复等费用994.17万元。深入开展“治违禁控药残促提升”专项行动，严惩冷链食品走私、制售有毒有害食品、制售假药劣药等犯罪。严厉惩治涉窨井盖等城市设施刑事犯罪，主动与公安、住建、城管、工信等部门完善城市建设安全管理机制。持续做好“群众信访件件有回复”工作，开展涉法涉诉信访积案化解攻坚活动，积极开展检察听证，着力解决群众实际问题。结合办案制发各类检察建议164件，推动市域社会治理现代化。

（市检察院）

法　院

【概况】　2021年，梧州市两级法院受理案件37656件、办结34060件，同比分别上升12.36%、8.56%，其中梧州市中级人民法院（简称市中级法院）受理案件4708件、办结4307件，同比分别上升12.76%、11.29%。结案总数、人均结案数均创历史新高，审判质效核心指标稳中向优，上诉案件、再审案件发改率（按从优到劣排序）均排名全自治区法院第二，其中市中级法院审结的上诉案件无一发回重审，一审民事案件调解率排名全自治区中级法院第一。法定审限内结案率92.44%，同比提升4.68%，长期未结案件数同比下降52.17%。员额法官人均办案163.2件，比上年增加21.2件。破产审判、服务营商环境、防范化解风险工作成效获自治区改革办、自治区政法委推介肯定，行政审判、刑事认罪认罚从宽、一站式诉讼服务、执行工作在全自治区法院会议上介绍经验，53个集体192名个人获市级以上表彰，其中长洲区人民法院获评为全国维护妇女儿童权益先进集体、岑溪市人民法院获得“全国青少年维权岗”称号。

【刑事审判】 2021年，全市两级法院一审审结刑事案件2064件、判处罪犯2868人，同比分别上升10.08%、4.21%。常态化开展扫黑除恶斗争，审结黎意斌等涉黑涉恶犯罪案件11件，收缴黑财9.93亿元；审结“杀猪盘”电信诈骗、非法集资、网络传销、“套路贷”案件34件，涉案金额5亿多元；审结毒品案件247件，判处5年以上有期徒刑至死刑88人；审结职务犯罪案件25件27人；审结拐卖、遗弃、性侵等案件99件，惩治挑战法律和伦理底线的犯罪行为。坚持罪刑法定、疑罪从无、证据裁判，全年建议检察机关补充侦查85件174人，裁定准予撤回起诉5件6人，保障无罪的人不受刑事追究。依法对情节轻微、认罪认罚的517名犯罪分子判处缓刑、拘役、管制或单处附加刑。

【民商事审判】 2021年，全市两级法院审结民商事案件19461件，涉案金额326.95亿元。审结民间借贷、金融借款纠纷案件4225件，涉案金额18.76亿元，遏制民间借贷高息化、投机化倾向，降低企业融资成本。审理“益禾堂”“一点点”等商标侵权案件27件，规范市场秩序。审结房地产纠纷案件1658件，促进房地产市场、产业健康发展；助力解决群众安居问题，藤县人民法院妥善处理藤县永利公司、广西壮乡公司商品房买卖合同系列纠纷案，为400多户购房者一揽子解决争议。审结家事纠纷2726件，调解1088件，472个家庭经调解破镜重圆。坚持“特殊、优先保护”理念，加强对老年人、妇女、儿童权益保护，依法妥善审理未成年人抚养、监护、探视权案件182件。

2021年6月24日，梧州市中级人民法院召开“6·26”国际禁毒日新闻发布会，通报全市法院毒品犯罪案件审判工作情况

市中级法院　供图

【行政审判】 2021年，全市两级法院审理“三大纠纷”（土地、山林、水利纠纷）、房屋拆迁、劳动保障等行政纠纷案件208件，维护行政相对人合法权益，支持、促进依法行政。坚持打击与保护并重，依法审查农村违法占用耕地非诉行政案件44件，严守耕地保护红线，切实保障粮食安全。严把城市房屋征拆法律关，促进城市更新与居民生活品质提升协调同步、相得益彰，让市民共享发展红利。加强与各级政府和司法行政、自然资源、生态环境、住建、水利等行政机关协调联动，完善多元化解联动机制，共同预防、化解行政争议。

【执行工作】 2021年，全市两级法院网络拍卖查控时间较上年缩短40%，执结10256件、执行到位金额24.13亿元，保持执行工作高水平运行。年内开展涉党政机关执行案件专项清理并在全自治区率先实现年度清零目标。开展治理拖欠农民工工资、金融债权清收等专项行动，兑付农民工工资800多万元，为金融机构追回资金3.5亿元。市中级法院联合市金融办、市银保监局、驻梧州市金融机构召开工作座谈会，加强沟通协作，提高涉金融债权执行工作效率。长洲区人民法院执行财产举报平台上线运行。加强联合惩戒，严打恶意规避执行行为，司法拘留61人，刑事处罚6人，219名失信人慑于法律权威主动履行义务。开展专项整治，大力查纠整改不及时查封解封、超标的查封、乱查封，违规评估拍卖财产，执行信访化解不力等执行领域突出问题。

【立案信访】 2021年，梧州市构建线上、线下相结合的诉讼服务体系，诉讼事务“就近办、网上办、掌上办，一次办好”。推进涉法涉诉信访案件实质性化解，出台完善制度118项，解决群众反映强烈的年底不立案等突出问题112个，推出诉讼便民措施80项，为群众办实事项目385个，多快好省解决群众诉求，全年妥善处置来信来访510件次。

【审判监督】 2021年，梧州市健全执法办案廉政风险防控机制，制定防止干预司法“三个规定”（《领导干部干预司法活动、插手具体案件处理的记录、通报和责任追究规定》《司法机关内部人员过问案件的记录和责任追究规定》《关于进一步规范司法人员与当事人、律师、特殊关系人、中介组织接触交往行为的若干规定》）实施细则和审判流程节点管理办法等11个规范性文件，贯彻落实《全区法院领导干部“八小时以外”活动监督管理办法（试行）》，选任廉政监督员、执法监督员，构建全方位制约监督体系。依法接受人大及其常委会监督，落实梧州市十五届人大一次会议决议和市人大常委会审议意见，向常委会专项报告民事审判工作和代表意见建议办理情况，贯彻落实反馈意见。两级法院院长参加“混合编组、履职为民”代表进站履职活动，加强与基层代表联系，听取意见。走访各级人大代表87人次，邀请人大代表视察法院、旁听庭审、监督执行349人次。加强代表提案、建议办理工作，代表建议全部办结。自觉接受政协民主监督。主动向政协通报工作情况，加强与民主党派、工商联和无党派人士沟通联系，虚心听取意见建议。政协委员提案全部办结。依法支持和配合监察、检察监督。深入贯彻监察法和《中共中央关于加强新时代检察机关法律监督工作的意见》，配合检察机关履行监督职责，认真办理检察建议，审理抗诉案件8件，依法改判3件。主动邀请各级检察院检察长列席法院审判委员会会议，共同维护司法公正。高度重视舆论监督。持续深化司法公开，畅通舆论监督渠道。

【社会治安综合治理】 2021年，梧州市深入推进多元化纠纷解决机制建设，依托覆盖全市社区、行政村的“网络+网格”多元双网调解平台，诉前化解矛盾纠纷6610件。建立健全家事案件法律心理双干预、家事调查员、离婚冷静期等制度，全力推进社会家庭和谐稳定。推进未成年人审判一体化，组建少年法庭、未成年人审判团队，为少年儿童健康成长撑起“法治蓝天”。

【围绕中心服务大局】 2021年，市中级法院牵头推动解决岑溪市泰森新纺织产业集聚区项目用地保障、配套建设问题，指导藤县人民法院、龙圩区人民法院打造“一企一法官”“非公经济统战工作站”等司法服务品牌，实现“陶瓷之都”“城市矿山”法律服务全覆盖，精准助力园区、企业发展壮大。配合市政府开展不动产登记历史遗留问题专项化解行动，助力城市更新。万秀区人民法院审理涉“骑楼城”“万达广场”棚户区改造、征地拆迁案件，组建法律服务队保障富民、工厂一路等片区棚户区改造工作，8000多户群众迁新居。审理涉梧信高速、高旺大桥等重大项目施工合同纠纷，保障交通基础设施建设加快推进。实施服务企业高质量发展专项行动，召开民营企业家座谈会，深入金升铜业、百裕世纪、金茂钛业、联志玩具等企业走访调研，帮助企业解决困难。开展“尽可能一次性解决纠纷”活动，缩短办案时间，降低诉讼成本，帮扶复工复产。完善涉企案件“立审执”绿色通道，尽可能减少诉讼对企业的影响，尽可能减轻企业负担，让企业生产经营吃下“放心丸”。

【物质装备建设】 2021年，梧州市完成法院专网升级改造，推进电子卷宗随案同步生成和深度应用，在看守所建设远程视频提讯室，实现网络化、智能化。苍梧县人民法院完成院址整体搬迁。龙圩区人民法院审判综合楼、苍梧县人民法院六堡法庭、蒙山县人民法院黄村法庭如期封顶。苍梧县人民法院旺甫法庭、岑溪市人民法院大业法庭启动迁址工作。法庭布局不断优化，群众在“家门口”打官司更方便快捷。

【基层建设】 2021年，市中级法院对基层法院开展常态化司法巡查，明查案件、暗访作风；每季度到基层法院调研，重视业务指导，重视完善基层工作机制。重视指导基层法院班子建设，通过召开基层法院党组书记述责述廉会点评基层法院党组工作，对基层法院领导班子成员进行民主评议和绩效评估，加强基层法院贯彻落实上级法院和市委工作部署情况的检查，帮助解决班子建设中的困难。

【重大案件】

黎某某等12名被告人重大涉黑案 2007年以来，黎某某在梧州市范围内实施高利放贷活动，通过纠集社会闲杂人员、刑满释放人员追讨债务，形成有明确的组织者、领导者，骨干成员基本固定的黑社会性质组织。该组织通过实施敲诈勒索、非法拘禁、寻衅滋事、骗取贷款、诈骗等违法犯罪活动或其他手段获取经济利益，用以维持、支持组织发展壮大和实施违法犯罪活动。该组织借助国家机关工作人员的包庇、纵容，通过采取向他人低息借款再对外高利放贷的方式破坏民间借贷秩序；在追讨债务过程中，使用跟踪、滋扰、威胁、辱骂、强拿硬要、限制人身自由、获取公民个人定位信息等恶劣手段致使借款人心生恐惧，个别被害人背井离乡。至案发，以黎某某为首的黑社会性质组织，通过组织成员担任所成立或收购的10余间空壳公司的法人代表或股东，伙同他人以虚构经营项目的方式向梧州市内多家商业银行申请商业贷款共2.69亿元，有组织地实施21起违法犯罪活动和14起违法行为。2021年8月24日，梧州市中级人民法院依法对黎某某等12名被告人重大涉黑案一审公开宣判，判决首犯黎某某犯组织、领导黑社会性质组织罪等10项罪名，数罪并罚，决定执行无期徒刑，剥夺政治权利终身，并处没收个人全部财产，处罚金人民币2045.5万元；其余11名被告人根据所犯罪行，分别被判处3—23年不等有期徒刑，并处没收个人全部财产或罚金。

新中陶公司破产案 广西新中陶陶瓷有限公司（以下简称新中陶公司）于2008年12月18日注册成立，注册资本1200万元。2018年以来因经营不善、资金链断裂等原因停止生产经营。截至2020年4月，新中陶公司作为被执行人的执行案件35件，执行标的约2亿元，案件受理费约1600万元。4月30日，新中陶公司以不能清偿到期债务为由申请移送执行转破产审查。藤县人民法院受理案件后，指导管理人对新中陶公司的资产、负债及经营情况进行全面调查、审核，并协助管理人接管新中陶破产财产，快速指导、监督管理人进行资产评估、债权审核，并及时召开债权人会议，表决通过《广西新中陶陶瓷有限公司破产财产变价方案》《破产分配方案》。2021年3月4日，广西宏胜陶瓷有限公司以1.86亿元拍下新中陶厂区等大部分资产。3月23日，新中陶公司另外两宗土地分别以2500万元和1095万元的价格成交。根据破产分配方案，在扣除税费、破产费用、管理人报酬后，优先偿还抵押债权，剩余的普通财产为231.47万元，全部用于清偿职工债权、社保债权、税款债权，其中职工债权、社保债权获得100%清偿。6月29日，藤县人民法院裁定终结新中陶公司破产清算程序，涉及的执行案件全部实体终结，彻底退出执行程序。至此，曾是藤县现代建陶产业的开拓者、广西建陶行业标杆的新中陶公司由宏胜陶瓷公司收购，涅槃重生。

（市中级法院）

司法行政

【司法行政机构概况】 2021年，梧州市司法局机关下设园区司法所1个派出机构，梧州市法律援助中心、广西壮族自治区梧州市公证处、梧州仲裁委秘书处、梧州市人民政府法律事务中心4个事业单位。梧州市司法行政系统有市司法局1个，县（市、区）司法局7个，乡镇、街道司法所66个。全市司法行政机关在职人员有298人，其中市司法局52人，县（市、区）司法局107人，乡镇、街道司法所139人。律师事务所36家，公职律师办公室1家，执业律师396人。公证处5家，执业公证员12人。鉴定机构3家，执业司法鉴定人员33人。基层法律服务机构13家，基层法律工作者91人。设立全市人民调解委员会1118个（其中乡镇58个、街道8个，村861个、社区153个），全市共配备人民调解员6424名。法律援助机构8个，专职法律援助工作人员24人。

【公共法律服务】 2021年，梧州市利用司法行政原有基础设施，打造和升级市、县（市、区）、乡镇（街道）和村（社区）四级公共法律服务实体平台。通过优化公共法律服务中心布局，整合律师、公证、法律援助、司法鉴定、仲裁、人民调解、普法宣传等各类公共法律服务资源集中进驻，打造“一站式”“窗口化”“规范化”综合性公共法律服务实体平台。全市建成1个市级公共法律服务中心、7个县级公共法律服务中心、65个乡镇（街道）公共法律服务工作站和541个公共法律服务工作室，实现了实体平台普及化目标。各县（市、区）充分利用县司法局、乡镇司法所有限资源，建立健全各项服务制度，制作办事流程图和岗位监督牌，并上墙公示，接受群众监督。服务工作中心（站）点放置有服务指南、申请表格、文书样本、宣传资料、报纸杂志等，方便群众随时取阅。梧州市本级公共法律服务中心、7个县级公共法律服务中心和70%的乡镇公共法律服务工作站（20个乡镇）配备了自助服务终端机、自助查询机，市级公共法律服务中心还配备了智能法律服务机器人，提升公共法律服务信息化、智能化水平。

【社区矫正】 2021年，梧州市遵循《中华人民共和国社区矫正法》，全面成立市、县两级社区矫正委员会。依托广西干部网络学院开展社区矫正法的网络学习宣传，强化成员单位工作合力。做好新冠疫情防控工作，保持全市社区矫正对象零感染、零疑似病例、零安全事故的“三零”目标。开展重点社区矫正对象摸排管控，通过联合检查、专项督导等方式，整治安全隐患，消除监管风险，营造安全稳定的社会环境。做好清理判处实刑罪犯未依法交付执行刑罚专项活动，3名社区矫正对象被收监执行，维护刑罚权威。年末，全市在册社区矫正对象654人，全年接收519人，解除矫正506人，没发生影响社会安全稳定事件。

【安置帮教】 2021年，全市司法行政机关对刑满释放人员和解除社区矫正人员做好安置帮教工作，对辖区内安置帮教对象逐人逐户走访，对重点对象进行实地走访和约谈，做到对所辖重点刑满释放人员底数清、情况明、去向准，掌握其思想动态和生活状况等。走访活动中，突出对六类重点对象排查，对排查出来的对象做到“五清楚”（基本情况、行动去向、生活状况、社会关系、现实表现清楚）。对涉黑、涉赌、涉毒及有其他特殊情形的刑满释放人员，做到重点监控和个案预警，各县（市、区）司法局加强与公安派出所、村（社区）沟通联系，对有重新违法犯罪倾向的刑满释放人员，及时将情况报送司法、公安等部门，加强帮教稳控。全年全市共衔接刑满释放人员1921人。其中，重点人员303人，重点人员接送率100%；安置1913人，安置率为99.6%；帮教1921人，帮教率为100%。

【人民调解】 2021年，全市各级司法行政机关对纠纷化解做到排查在先，关口前移，基层司法所人员、人民调解员等深入乡（镇）、村（社区）开展走访调查，做到常态排查化解和重点排查化解相结合，在常态排查化解基础上做好重点排查化解，针对重大节庆、重要时间节点前后，将易发多发纠纷案件列入排查重点，做好工作预案，成立工作专班，及时掌握分析研判纠纷信息，一案一策，落实精细化解，切实将纠纷问题化解在基层，吸附在当地。市司法局出台《关于规范人民调解案件补贴工作的指导意见》，为开展人民调解提供物质保障和制度保障。全年全市共调解矛盾纠纷4749件，成功调解4642件，调解成功率为97.7%，全市没有因人民调解处理不及时转化为民商事和刑事案件情况发生，全年全市矛盾纠纷及时调处率94.39%。

【普法宣传与教育】 2021年，梧州市总结全市“七五”普法规划实施情况，制定并实施“八五”普法规划。制定全市年度普法依法治理工作要点，明确年度普法重点内容和各部门普法责任。开展宪法、民法典学习宣传教育。结合党史学习教育、政法队伍教育整顿、新冠疫情防控工作开展《中华人民共和国国旗法》《中华人民共和国国家安全法》《中华人民共和国传染病防治法》等法律法规宣传。全市开展国家工作人员学法用法考试，提高国家工作人员学法用法能力和水平。全年全市75077人参加广西国家工作人员学法用法考试，考试通过率99.65%。年内，建立健全政治、法治、德治、自治、智治基层社会治理方式，全面落实法治副校长制度，推进“法律明白人”培育工程，全市落实“法律明白人”2942名。

【法律援助】 2021年，梧州市率先在广西建立未成年人法律援助和社会保护合作机制，为8名未成年人提供合作服务。率先在广西出台法律援助十项便民措施，增强困难群众获得感、幸福感，包括律师值班、经济困难免审、受理承诺、全城通办、立等可取、主动服务、承办律师“点援”、异地协作、调解前置、案件全程。率先在广西实现法律援助事项跨省通办，通过推行特色事项承诺制、优化办事流程、提升服务实效等措施提供法律援助跨省通办48件，促进司法行政服务“跨省通办”提质升档，不断提升政务服务群众满意度。梧州市法律援助中心获广西壮族自治区妇女联合会授予“广西三八红旗集体”称号。全年全市办理各类援助案件3278件，共帮助3278位受援人挽回经济损失3405.6万元，接待群众来信来访来电11108人次。

【公证业务】 2021年，市司法局机关开展“我为群众办实事”活动，推出6项公证便民措施：在服务大厅开设“绿色通道”窗口、提供66项公证事项网上申请服务、办理99项“最多跑一次”公证、率先落实4项“跨省通办”公证、对特殊群众减免公证费、对老弱病残不能亲自办理的群众提供预约上门服务；开展公证参与人民法院司法辅助工作；新冠疫情期间，多次为企业办理证据保全公证，助力企业复工复产；多次开通绿色通道，为群众排忧解难。全年全市公证处办理各类公证事项2225件。

【律师事务】 2021年，围绕梧州“十四五”规划重大工程项目，梧州市的律师主动提供专业法律服务，参与新冠疫情防控、法律援助、“我为群众办实事”活动和村（社区）法律顾问工作，开展律师行业突出问题专项治理。全年全市律师办理刑事案件1088件，民事案件7513件、行政、非诉讼案件565件，法律援助案件3284件；担任694家企事业单位、机关法律顾问；全市213名律师担任686条村（社区）的法律顾问，村（社区）法律顾问共出具法律意见451份（次），开展法治教育宣传332次，为群众提供法律咨询7200多人（次），共化解基层矛盾纠纷465件，审查法律文书211份。落实“万所联万会”机制，搭建33家律师事务所与各级工商联直属81家商会“一对一”的结对模式，通过开展法律讲座、提供法律咨询，帮助商会、企业防范和化解经营过程中的法律风险。

【司法鉴定】 2021年，梧州市司法鉴定机构和司法鉴定人开展年度能力验证工作，开展司法鉴定行业警示教育活动。市司法鉴定行业开展司法鉴定援助工作，为弱势群体提供高效、便捷的法律援助服务。全年全市3家鉴定机构共办理鉴定案件4261件，司法鉴定业务量呈稳定上升趋势。年内，对涉及鉴定机构和鉴定人行政许可事项的申请，经对照法律法规，由专人初审，结合鉴定机构实际情况仔细把关，上报自治区司法厅。全年共受理司法鉴定变更登记申请5件，延续登记申请10件，执业登记申请2件。

【国家统一法律职业资格考试】 2021年，国家统一法律职业资格考试梧州考区客观题考试实行2批次考试，时间分别为10月16日和10月17日。客观题考试梧州考区报名人数为924人，实际参考735人，参考率79.6%。主观题考试于11月21日上午在红岭大厦进行，主观题考试报考365人，考试人数为356人，参考率97.5%。结合新冠疫情防控工作，考试期间做到扫码出入、测量体温、全程佩戴口罩，每场考试后均对考场进行消杀，并继续使用“人脸识别”考务安全管理系统和落实“净考”政策，考场秩序良好，考试纪律严明，无违法违纪、无因为组织实施不力造成不良社会影响的情况发生。国家统一法律职业资格考试梧州考区全年客观题考试成绩合格人员259人，其中正常合格198人，放宽合格61人；主观题考试成绩合格人员131人，其中正常合格108人，放宽合格23人。

仲　　裁

【概况】 2021年，梧州仲裁委员会、梧州市劳动争议调解组织和各级仲裁机构本着与时俱进、开拓创新的精神，树立现代仲裁理念，推行仲裁法律制度，不断完善调解与仲裁的有机衔接，探索“人民调解+仲裁”的纠纷治理模式，灵活、快捷、高效地仲裁各类权益纠纷。至12

月，梧州仲裁委员会受理民商事案件83件，总标的额5253.90万元；审结仲裁案件75件（含上年未结案件）。全市仲裁机构受理劳动人事争议案件1634件，结案1643件（含上年未结案件9件）。

【民商事仲裁】 2021年，梧州仲裁委员会受理案件83件，总标的额5253.90万元，实收仲裁费43.72万元。受理案件涉及商品房买卖、建设工程施工、物业服务、民间借贷、买卖合同、租赁合同等纠纷。审结仲裁案件75件（含上年未结案件）。其中，裁决结案48件，占审结案件64%；调解结案18件，占24%；撤诉方式结案9件，占12%。金融仲裁受理金融案件3件，占受理案件3.6%，审结金融案件3件（含上年未结案件）。

（市司法局）

2021年，梧州市劳动人事争议仲裁委在线视频调解某文旅娱乐公司拖欠工资争议案，45日的仲裁审限压缩至7日，双方达成分期补发工资协议。图为11月1日，梁某某等20人给市仲裁委赠送锦旗致谢 市人力资源社会保障局 供图

【劳动人事争议仲裁】 2021年，梧州市劳动争议调解组织、各级仲裁机构在处理劳动人事争议时秉持“特案特办，群案先办”的办案原则，全市仲裁机构共处理案件1808件，其中立案受理1634件，不予受理案件174件。结案1643件（含上年未结案件9件），其中仲裁机构通过调解方式结案814件，裁决828件（含终局裁决174件）；基层调解组织处理案件1630件，调解结案1630件；结案率100%，调解成功率74.67%，同比分别提高0.47个百分点、4.5个百分点，分别为计划完成数的1.11倍、1.24倍。梧州市劳动人事争议仲裁委探索在线调解、在线庭审等“无接触”远程调解模式，提供“暖心”调解仲裁服务。1—10月，梧州市仲裁院通过线上调解成功案件136件，降低企业应诉难度，维护职工合法权益。

（市人力资源社会保障局）

编审：陈范生 编辑：赖红柳

军　事

中国人民解放军广西梧州军分区

【概况】　2021年，中国人民解放军广西壮族自治区梧州军分区（简称梧州军分区），全面规范党组织建设，认真抓好民主集中制学习培训。扎实做好“四反”（反渗透、反心战、反策反、反窃密）隐蔽斗争工作，加强舆情管控引导，部队始终保持纯洁巩固。年内，万秀区人武部被中央军委国防动员部表彰为军事训练先进单位，藤县人武部被广西军区表彰为先进团级党委。

【思想政治建设】　2021年，梧州军分区深入学习贯彻习近平强军思想，构建团以上党委中心组带机关“1+1+4”季度组学模式，学习习近平最新讲话、中共十九届六中全会和庆祝中国共产党成立100周年大会等重要会议精神。坚持把党史学习教育和两项主题教育一起抓，组织开展庆祝中国共产党成立100周年系列活动，开展“爱读书、读好书、善读书”活动，到红色教育基地中共梧州地委·广西特委旧址陈列馆研学。

【应急训练演练】　2021年，梧州军分区开展民兵“全年度、部队式、基地化”轮训模式。及时修订完善应急预案，组织“现实问题”研究。每季度组织基础课目考核，完成年度基干民兵训练；承担基干民兵群众性实战化练兵比武竞赛“梧州赛区”保障任务，在比武中取得优异成绩。抓好军地联合勘察活动，参与梧州市防汛救灾军地联合演练、国防动员演训等活动，遂行任务能力明显提升。

【制度机制建设】　2021年，梧州军分区严格落实双重领导、双向兼职、党委议军、军事日等工作制度，在加强领导、完善制度、加大投入、督导落实上下功夫。建立协调联动、双向选岗、实绩考核、“阳光安置”、权益保障5项安置机制，出台军转干部优岗、转业士官优岗、军属安置优待等规范性文件。

【国防动员工作】　2021年，梧州军分区及时修订完善方案计划，调整领导小组成员，每季度组织“专业办”合署办公，规范工作机制。完成资源数据采集、更新和审核，拍摄制作重点潜力多媒体片，梧州市国防资源底数明晰，为遂行各类行动提供数据支撑。完成上级赋予梧州市的新兵征集任务，兵员质量有新的提升。

【后勤装备综合保障】　2021年，梧州军分区按照上级部署和有关法规标准要求，强力推进经济适用住房超面积整改项目及产权办证遗留问题整治。落实军网商城等网上平台运行机制，开展采购行业领域大清查、大整肃活动。调整装备仓库管理模式，仓库正规化建设更加规范高效。落实装备设施编配需求，接收配发多件套装备和弹药。

【基础设施建设】　2021年，梧州军分区以基层建设三年规划为依托，做好抓基层打基础保稳定工作。加强基层专武干部能力建设，组织多轮集中培训，按程序规定开展资格认证。加强部队正规化建设，召开现场观摩会，规范基层武装部、各类库室建设，完成综合训练场外场、水上演训场建设，所属人武部全部完成改建、新建，搬迁入住。

（梧州军分区）

中国人民武装警察部队广西总队梧州支队

【概况】 2021年，中国人民武装警察部队广西壮族自治区总队梧州支队（简称武警梧州支队），深入贯彻习近平强军思想，弘扬伟大建党精神，紧跟总队党委决策部署，圆满完成中心任务，部队建设稳中有进、稳步向好。年内，武警梧州支队完成联勤武装巡逻、武装押解、“大庆”安保等各类临时性勤务240余起，巡逻组成功处置社会事故案件2起、车祸及火灾险情2起。

【思想政治建设】 2021年，武警梧州支队扎实开展主题教育、党史学习教育以及经常性思想教育，采取“理论学起来、官兵走出去、活动联起来”等方法，与市党史学习教育办公室开展联学联建活动，分5个阶段、5个波次，梯次推进党史知识竞赛、党史红色故事分享会、“砥砺初心铸忠诚”庆“七一”表彰大会、“不负韶华、无悔青春”圆梦军营成才分享会和“颂歌献给党”主题歌咏比赛。严密组织“密切官兵关系、杜绝打骂体罚”教育整顿。评选表彰先进典型9人，完成7个军史场馆整改及5个中队“书香军营”建设。1名指导员被总队评为“十佳”政治教员。

【突发事件处置】 2021年，武警梧州支队结合“卫士2021—广西”演习活动，拟订方案，协同公安、国安等部门建立情报共享研判机制，做好强敌挑衅下的维稳准备；深入推进战备体系建设，健全完善战备值班力量，常态组织不打招呼战备突击检查，有效提升“两个不经、一个保持”战备水平；协调升级执勤目标“智慧磐石”工程，成功处置3起执勤险情，37处执勤隐患得到有效整治。苍梧、蒙山中队执勤目标连续45年安全无事故，支队固定目标连续27年安全无事故。

2021年4月28日，武警梧州支队组织官兵到广西第一个团支部纪念馆参观见学　　武警梧州支队　供图

【军事训练】 2021年，武警梧州支队每季度组织首长机关集中训练，以上率下广泛掀起练兵热潮。持续纠治和平积弊和军事训练领域不正之风，每季对干部训练成绩排名，与评优评先挂钩。组建体能不及格警士集训班，补齐警士能力短板。举办军人体育运动会，表彰军事训练典型5人，张贴“龙虎榜”，牢固树立训练出彩、不训练出局的鲜明导向。年内，承办“桂东片区”第一季度魔鬼周集训，严密组织特战排驻训、教练员集训，利用驻训与公安特警开展居民地反劫持、公共交通工具反劫持以及快反射击等高难科目联训交流活动，分批次组织勤训轮换，经验做法得到总队转发推广。投入40余万元建设支队网络学习室，军职教育整体参学率、结课率持续排名总队前三，参加总队参谋业务集训获得团体第一名。

【部队管理】 2021年，武警梧州支队推进预防自杀、酒驾醉驾、涉枪涉弹、保密“三清”和“表述不规范”等重难点问题专项整治，严密组织暑期百日安全竞赛活动，探索推开手机进班模式，部队安全底基持续巩固。多次邀请驻地交警、供电局电工、红十字会队员和心理咨询师进营区开展宣讲培训，增强官兵安全常识。投入34万余元完成营区监控死角、高层护窗护网、军械库兵器室安全隐患整治、执勤中队东侧山体滑坡等34处隐患治理，夯实部队安全基础。年内，武警梧州支队获评2020年度武警部队安全工作先进单位。

2021年10月1日，梧州市各界在市政广场集会举行升国旗仪式，武警梧州支队派出的国旗护卫队展现武警风采，圆满完成升旗任务

武警梧州支队　供图

【基层建设】 2021年，武警梧州支队认真贯彻落实武警部队、广西总队党委文件精神，压实“主官带两头、常委一帮一”责任链条，坚持“一队一案、一队一策”精准发力，藤县、执勤中队被总队评为“四铁”（铁一般信仰、铁一般信念、铁一般纪律、铁一般担当）先进单位，藤县中队、执勤中队应急班荣立集体三等功。支队加强《军队党的建设条例》等党建法规学习贯彻，召开党委班子民主生活会和党史学习教育专题组织生活会。扎实开展加强政治整训和“廉政三进”（廉政文化进军营、廉政课程进院校、廉政提醒进家门）活动，严肃处理3起违规违纪问题，全面肃清不良影响，认真汲取典型案例教训，大力纠治基层“微腐败”，部队风气建设持续向好，年终考核党委班子测评满意率100%。年内，选送技术骨干及技术学兵集中培训99人，发展党员25人，选晋警士79人。

【后勤保障】 2021年，武警梧州支队聚焦现代化后勤装备建设目标，强力推进资产大清查、新教导队征地、新冠疫情常态防控3项工作，完成资产清查、机关和基层车库等安全隐患整治及智能化升级改造，帮助基层解决烘干房、采购直饮水机、安装防滑地板等现实问题20余项，推进卫生队搬迁、招待所扩建。开展覆盖式“巡医送诊”，组织全体官兵接种新冠疫苗，确保疫情“不输入、零感染”。开展“进部属门、见家属面、解家庭难”活动，协调解决官兵家属随军及子女入学入托事宜，协调安置转业待安置干部。着眼官兵最忧心的现实困难，大力为官兵办好实事，慰问“两优一先”（优秀党务工作者、优秀共产党员、先进基层党组织）及生活困难党员74人，持续做好2名长期住院官兵的关心关爱工作，增强官兵获得感。

（武警梧州支队）

人民防空

【概况】 2021年，梧州市人民防空办公室（简称市人防办）高效完成人防工程建设及维护任务，完成指挥体系建设、训练和演练、战时人口疏散地域建设、通信和警报等工作，提升人防部门的组织指挥能力、通信预警能力、快速反应能力、应急救援能力和整体抗毁能力，重点提升对重要经济目标的防护。

【工程建设与维护】 2021年，梧州市按要求完成2021年人防工程建设任务。依法开展人防工程质量监督工作，认真把控人防工程质量，监督在建防空地下室项目。人防工程继续实行联合验收备案，提高验收备案工作效率。抓好专项治理整改任务落实，扎实开展以案促改，加强制度建设，织密制度笼子，努力构建“不敢腐、不能腐、不想腐”的长效机制，着力提升治理能力和水平。成立人防工程产权体制改革研究工作小组，稳步推进相关工作，构思人防工程产权制度改革实施方案。

【指挥体系建设】 2021年，梧州市对部分市、县（区）、镇（街道办事处）人民防空指挥机构进行完善和加强，并灵活运用“走、藏、消、防、抗、扰”等多种战法对方案进行完善，做到内容全面、重点突出、一案多情多法。加强专业力量体系建设，组建人防专业队伍，为平时应急和战时防空提供保障。开展目标防护能力体系建设，完成市本级重要经济目标单位开展目标防护试点建设。

【训练和演练】 2021年，梧州市围绕人防使命任务，按纲施训，组织人防机关训练演练、人防通信保障训练、人防专业队伍训练演练等活动，并结合“9·18”防空警报试鸣活动，组织群众开展人防疏散演练，通过联合演练、联合训练等方式探索应急与应战体系融合发展之路。

【战时人口疏散地域建设】 2021年，梧州市区完成3个街道、4个社区的人口疏散和7个标准人口疏散与接收安置试点村的建设任务，达到了“点对点、户对户”的疏散安置要求。

【通信和警报】 2021年，梧州市坚持定期维护维修人防机动指挥通信系统、地面指挥中心控制信息系统、防空警报系统、北斗导航系统、无线短波电台、无人机等设备，落实设备维护保障，保证设备设施完好率，不断提高遂行任务能力。全面检测维护防空警报系统及警报器，确保梧州市警报装备始终保持良好工作状态。组织参加“9·18”自治区统一防空警报试鸣等活动，警报鸣响率、音响覆盖率均达98.5%。为梧州市的警报器安装防误响系统装置，确保防空警报不发生误响乱响事件。

（市住房城乡建设局）

退役军人事务

【概况】 2021年，梧州市健全完善市、县、乡、村四级1068个退役军人服务机构职责，提升标准化、规范化、实体化、精准化、亲情化“五化”水平。全市73个乡镇（街道）及4个服务300名退役军人以上的村（社区），100%完成全国示范型退役军人服务中心（站）创建任务。召开中共梧州市退役军人事务领导工作小组会议，将退役军人年度重点工作列入督查督办事项，推进解决退役军人相关事务问题。扎实推进“法律政策落实年”活动，开展“满意组织、满意维权、满意优抚、满意就业、满意双拥、满意尊崇”六大专项行动，退役士兵档案管理、英烈权益保护等多项重点工作获自治区推广。乡镇（街道）服务站独立设置、部分退役士兵保险接续、退役军人移交安置、优抚对象数据精准核对、军地合署办公等多项工作取得明显成效。市退役军人局获评2021年“建行杯”广西首届退役军人创业创新产品展销会暨第二届退役军人创业创新大赛先进单位，1名退役军人获得退役军人事务部、中央军委政治工作部授予的“退役军人服务保障先进个人”称号。

【军转干部安置】 2021年，梧州市坚持落实“阳光安置”机制，根据各单位编制使用情况、历年军转干部接收情况及机构改革等因素，科学编制安置计划，切实增强安置计划可行性，严肃军转干部安置工作纪律。年内，梧州市接收安置军队转业干部6人，军队转业干部安置率100%，做到部队、接收单位和军队转业干部“三满意”。

【退役士兵安置】 2021年，梧州市健全协调联动、双向选岗、实绩考核、“阳光安置”、权益保障等5项安置机制，完成符合政府安排工作条件的18名

2021年11月6日，梧州市职业学院、梧州市职业教育中心、梧州市退役军人事务局联合举行2021级退役军人等五类学生新生开学典礼

市退役军人事务局　供图

退役士兵安置，并完成系统录入，退役士兵100%安置到行政机关、参公单位和全额事业单位，转业士官待安置期间做好保险接续工作。

【退役士兵就业创业】 2021年，梧州市落实11家市级退役军人承训机构，开设62门特色培训课程，建立梧州市退役军人就业创业导师库及管理暂行办法，及时准确发放自主就业退役士兵一次性经济补助金。组织退役士兵参加适应性培训、职业技能培训，自愿参训率达100%。全方位开展线上线下精准就业服务，组织专场招聘会、直播带岗等活动，助力退役军人稳岗就业。市退役军人就业创业孵化基地已入驻退役军人企业14家，退役军人创办实体经济584家、建立农村专业合作社59家。

【退役士兵保险接续】 2021年，梧州市持续推进创新优化流程、采集数据、查找档案、推进审核、服务保障"五个精准"措施，推出上门服务、远程查询等6项贴心服务，完成部分退役士兵保险接续收官工作，受理、审核符合政策退役士兵基本养老和基本医疗保险接续或补缴，缴费比例达到97%，在自治区排名第四。

【优待抚恤】 2021年，梧州市启动社会救助和保障标准与物价上涨挂钩联动机制，连续5年提高重点优抚对象抚恤和生活补助标准，及时准确发放各类优抚资金。梧州市5000多名重点优抚对象全部参加各种城乡医疗保险，参保率达100%。开展"老兵永远跟党走·把党的关爱送到老兵心中"主题慰问活动，走访慰问优抚对象2.8万人次，发放慰问金（慰问品）450多万元，帮扶特殊困难优抚对象家庭130多户，兜牢困难退役军人基本生活保障底线。享受国家定期抚恤补助优抚对象确认核对工作在自治区4个试点地区中位列第一。持续开展"你守护国家，我守护光明"康复行动，免费为830多名退役军人及军烈属实施白内障治疗专项服务。

【英烈褒扬】 2021年，梧州市各级服务机构扎实开展新兵入伍"四尊崇"、老兵退役返乡"五关爱"、日常关怀"六必访"，服务保障"七到位"。市各级政府上门为现役军人家属报送立功喜报563份，其中梁怀芝、袁允家、李绘、李玉燕4人立二等功，发放奖励金4万元；梧州籍现役军人立三等功共49人，发放奖励金14.7万元。梧州市建立英雄烈士保护部门联动机制，切实保护英雄烈士及烈属合法权益。年内，走访慰问烈士遗属200多户，送上慰问金9.94万元，实现走访慰问全覆盖；梧州市34处烈士纪念设施维护改造完成，全面提升93处县级及以下烈士纪念设施科学保护、依法保护、协同保护水平；梧州市组织开展"致敬英烈·为烈士寻亲"活动，创新网络式工作平台、互联式寻亲渠道、全环式核对信息、亲情式关怀慰问、立体式弘扬精神"五式"新方法，为安葬在朝鲜、东三省及其他地方的38名梧州籍烈士（因公牺牲军人、病故军人）找到亲属；开展"守护·2021清明祭英烈"活动、烈士公祭活动暨向英雄烈士敬献花篮活动，引导"致敬先烈·缅怀先人"网上云祭扫，取得良好的社会效果。

（市退役军人事务局）

双拥共建

【概况】 2021年，梧州市深入贯彻落实习近平强军思想，贯彻

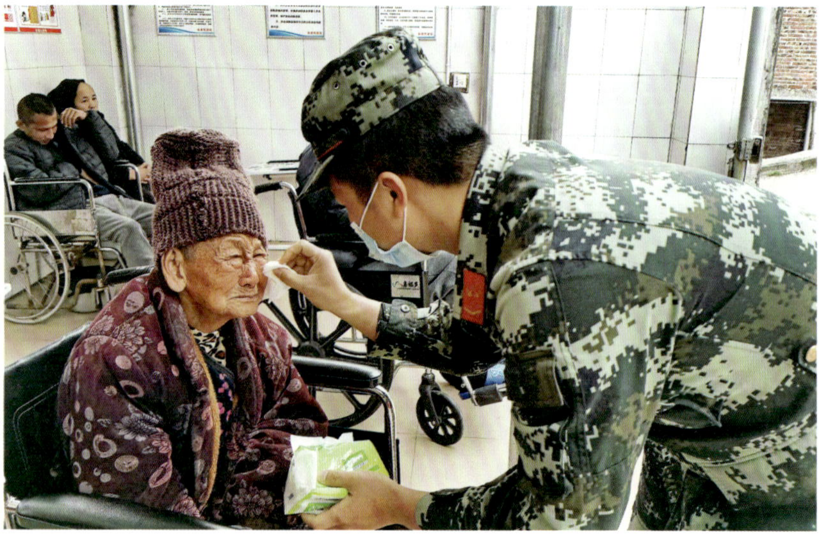

2021年3月3日，武警梧州支队官兵到驻地托老所开展学雷锋活动

武警梧州支队　供图

落实中共中央、国务院和自治区党委、政府关于双拥工作的决策部署，形成“党委领导、军地齐抓、部门共管、行业配合、社会参与”的工作格局，开展国防教育进军营、进机关、进学校、进社区、进企业、进家庭“六位一体”活动，广泛宣传先进典型，推动全市形成关心国防、支持双拥的浓厚氛围，凝聚起军民携手、共创新一轮双拥模范城的强大合力。市各级地方政府聚焦强军兴军目标，全力以赴做好国防和部队建设服务保障工作，军地协作取得显著成效，军政军民关系得到进一步巩固和发展。

【拥政爱民】 2021年，梧州军分区积极对接乡村振兴，在帮组织、帮产业、帮教育、帮销售、帮设施、帮乡风等方面使劲用力，积极协调投入资金改善帮扶学校教学条件、整治村容村貌，挂钩村脱贫攻坚成果有效巩固，没有出现返贫情况。武警梧州支队对定点帮扶的藤县同心镇沙村小学由村分校进行援建，年内该校入选全国百所“武警爱民学校”；2月8日，支队官兵到藤县沙村慰问困难群众；4月26日，到沙村小学由村分校捐赠校服130套。

3月3日，武警梧州支队官兵走进驻地长者托老所，开展“学雷锋、送温暖、献爱心”活动，通过赠送水果、与老人谈心、打扫托老所卫生等方式，为孤寡老人送去温暖。9月，梧州军分区、武警梧州支队、梧州边防检查站领导分别带队先后到梧州学院、市第一中学、市工厂路小学等学校开展教师节慰问活动。11月17日，武警梧州支队开展军营开放日活动，200余名驻地师生走进营区，共同参与升国旗、实用攀登、刺杀等课目演示，进一步增进军民感情。

（梧州军分区　武警梧州支队）

【拥军优属】 2021年，梧州市全力构建“党委领导、军地齐抓、部门共管、行业配合、社会参与”的双拥工作新格局。召开双拥工作领导小组全体会议，健全双拥工作运行机制，建立军地互提需求、互办实事“双清单”制度，部署落实全年双拥工作，小组成员由原来的41个增加到50个。印发梧州军分区政治处主任兼任市退役军人局事务副局长文件，落实市级军地合署办公制度，有力推动有关重难点问题解决。车站、医院等公共服务单位对现役军人实行优先优待，公交、旅游景点对现役军人免费。春节、八一建军节等重要节日，市四套班子领导带队走访慰问驻广西及驻梧州部队和市消防救援支队，送上慰问品（金）价值186万元。市财政持续加大经费保障力度，在财政较为困难的情况下，筹措双拥专项资金超千万元用于补助驻梧州部队演练、抢险、基地运维等项目，7个县（市、区）人武部新营院规范化建设全部完成。年内，落实安置随军家属6名，优先安排33名军人子女和17名消防救援人员子女就近择优入学，实现随军未就业家属生活补助发放全覆盖。统筹开展“情系边海防官兵”拥军优属活动，入户慰问现役边海防官兵家庭，帮助解决实际困难，赠送应急救护包等慰问品（慰问金）价值16.7万元。组织开展以发扬爱国主义精神、激发军民双拥热情、服务强国强军目标为主题的走访慰问系列活动，积极创作推出“老兵红心永向党”主题宣传片、“百名老兵念党恩”系列微视频，出版“红色传奇”丛书、原创歌曲专辑、原创诗词作品等爱国主义教育系列文艺作品，梧州市双拥办推送的双拥主题标识获得2021年全国双拥主题文艺作品征集评选活动全国双拥标识一等奖。

（市退役军人局）

编审：曾　强　编辑：魏珍珍

数字梧州建设

信息基础设施建设

【数据共享交换平台建设】 梧州市于2019年建成市级数据共享交换平台，实现与国家、自治区、市、县（市、区）四级数据共享交换。截至2021年年底，数据共享交换平台已完成梧州市的人口、法人基础数据库框架搭建，汇集全市38万多家企业法人和个体（其中企业法人8万多家、个体工商户/个体经营者30万多家、集团公司70多家）的26项基础数据，基本覆盖全市市场主体。全市共有276个单位在系统平台上发布数据，数据资源共享目录达2970多条，发布数据资源3505个，接口调用达1.2万次。数据共享交换平台完成与自治区共享交换平台级联，全市共完成465次资源申请，市发展改革委协助梧州市各部门获取公安部、自治区交通厅、自治区大数据发展局等上级部门的多种数据资源，促进梧州市政务服务工作质量提升，夯实优化营商环境工作基础。

【大数据产业基地打造】 梧州大数据生态基地［大数据产业生态（梧州）基地］是国家信息中心授权建设运营的国家级大数据基地，是以大数据清洗加工为核心的大数据创新创业生态基地，由梧州大数据双创基地、大数据展厅、大数据清洗加工车间3个物理空间构成。主要依托国信优易大数据资源及技术优势，打造专门服务于大数据汇集、清洗加工、挖掘分析、技术咨询和培训等服务的大数据清洗加工支撑服务平台，承接数据存储及相关的数据清洗、加工等业务需求。基地汇聚大数据生态链合作伙伴，为各级政府提供大数据行业应用解决方案，根据大数据产业基地发展需求，引进大数据领域高端人才，开展面对珠江—西江经济带的大数据应用研究。同时结合梧州本地化政策落实，引入高品质大数据创新团队，利用大数据智能算法对区域数据、政务数据、产业数据进行分析和挖掘，实现大数据在区域经济环境、政府决策、产业升级、产品创新等多方面的应用，探求解决方法和路径，提升梧州市大数据基地总市值，推动大数据与地方产业的深度融合，利用“大数据+农业”“大数据+工业”促进地方传统产业的转型升级。至2021年年底，建成1套年数据处理量可满足全国约40%需求的大数据清洗加工服务平台及底层支撑平台，3个大数据物理空间已完成前期建设并投入使用。基地进驻的企业有广西恩吉科技有限公司、华为技术有限公司、梧州市云谷新能源科技有限公司、浙江富矿科技有限公司、北京华通人商用信息有限公司、中科点击（北京）科技有

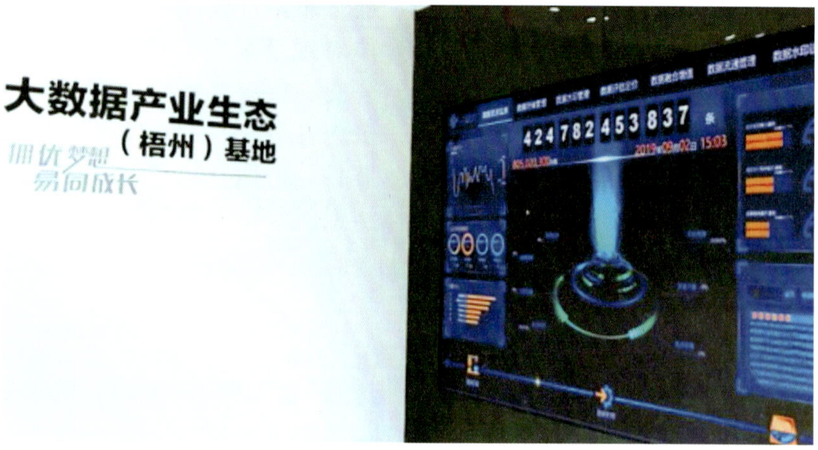

2021年，大数据产业生态（梧州）基地

自治区大数据发展局　供图

限公司、骑迹科技有限公司7家。

【大数据推动“互联网+政务服务”发展】 2021年，借助广西数字政务一体化平台，梧州市政务服务事项网上可办率已达99%，全年网上办理率达到90%。“一窗通办”改革、审批改革、服务改革持续推进，全市的政务服务提速82.1%。推进政务服务事项“跨省通办”，先后与粤闽鲁赣4个省共10个市签订“跨省通办”协议，实现梧州市212项政务服务事项可在上述10个市办理，以及10个市共1307项政务服务事项可在梧州市办理，推动跨省政务服务实现业务通、系统通、数据通、证照通、用户通。依托广西数字政务一体化平台，梧州市完成全市8332个办事指南“二维码”制作，推出“码”上告知服务，实现办事指南线上线下一致率100%，编制完成覆盖率100%；推动办事指南通俗易懂、一扫便知，各级政务服务办事指南印制费用下降70%。该改革经验被自治区深改办、发改委列为2021年第一批改革典型经验向全自治区推广。依托广西数字政务一体化平台和新媒体平台，推出“问答式”智能引导和“口语化”搜索引擎，助力群众办事服务简易化、精准化。推出简化流程、同城通办、全程代办等举措，设置“惠企服务专区”，从业务咨询、网上申报到整套的资料整理、打印，全程为申请人提供帮助，平均办结仅需1个小时。建设智能审批系统，上线港口内进行危险货物的装卸、过驳作业许可，企业登记信息查询，道路运输从业人员资格证件换（补）发，船舶营业运输证注销登记证明书发放4项智能审批服务事项，累计完成303件审批业务。梧州市搭建电子印章公共服务平台向企业免费发放单位专用印章、财务专用章、发票专用章、法定代表人名章、合同专用章5枚印章。

梧州市“12345”政府服务热线于2020年6月上线运行，2021年完成“12312”（全国统一商务领域举报投诉咨询服务电话）、“96119”（火灾隐患举报投诉电话）等6条热线整合，全市收到“12345”政府服务热线工单99585件，人工接听受理量98765件，送审工单量33118件。按时办结率91.72%，处理满意率98.59%。年内加快打造政府服务一号对外总客服。

电子政务

【电子政务管理体制】 2021年，梧州市根据自治区大数据发展局关于《进一步加强全区电子政务外网和政务云建设运维管理工作实施方案》等有关文件要求，围绕一云承载、一网通达、一池共享、一事通办、一体安全的“五个一”要求，坚持统一标准、统一建设、统一管理的原则，规范梧州市电子政务外网和政务云建设运维管理工作，进一步提升政务信息基础设施支撑服务能力和应用水平。制订《梧州市电子政务外网网络安全应急演练工作方案》，完善《梧州市电子政务系统安全事件应急预案》《梧州市电子政务系统安全事件管理规定》《梧州市电子政务业务系统运行维护手册》《梧州市电子政务系统备份与恢复管理规定》等制度性文件。

【电子政务网络建设】 2021年，梧州市推进行政机关及事业单位的二层机构接入政务外网，全年新增接入62个单位（含市本级和3个城区），截至2021年年底，政务外网覆盖949个单位，覆盖率达90%，为政务部门的业务协同和共享提供安全可靠的网络环境。10月，广西公共安全视频图像传输网在梧州市政务外网节点部署完毕并通过调试，实现自治区、市、县三级联网。该视频网的建成，缓解政务外网的传输压力，同时也整合各政务部门的视频专网，节省各级财政的建设及运维资金。梧州市的公共安全视频监控建设联网应用共享平台迁移到该视频网运行。至12月，梧州市完成市政府专网市级节点和县级节点核心设备的升级。

【电子政务应用系统建设】 2021年，梧州市新增纵向业务系统有广西预算管理一体化平台、全自治区工信部门高清视频会议系统、广西退役军人事务视频会商系统、全自治区农业农村部门视频会议系统。依托梧州市电子政务外网运行的国家、自治区纵向业务系统70多个。

11月27日，市委办公室、市政府办公室联合发文启用党政机关综合办公平台。该平台由自治区政府办公厅统一建设，实现跨区域、跨部门、跨层级协同办公，截至2021年年底，全市使用电子公文传输功能的单位有756个，使用全流程业务（OA系统）的单位23个。年内，梧州市数据共享交换平台完成梧州市的人口、法人基础数据库框架搭建。

平台的建成破除了政务部门间的数据壁垒，梧州市各部门申请并获取自治区大数据发展局、自治区公安厅、自治区市场监管局和梧州市住房公积金管理中心等部门共享的数据资源授权，建设“爱梧州”APP、智慧社区、信用梧州等一批移动端便民惠民服务窗口。

【政府网站建设】 2021年，梧州市信息中心重点加强政府网站与政务新媒体内容质量监管工作，组织全市各有关单位建立完善政府网站与政务新媒体信息发布审核机制，强化信息发布审核，提高信息内容质量。同时采购第三方专业服务，通过技术手段，对全市政府网站与政务新媒体实行7×24小时不间断监测，及时发现政府网站与政务新媒体出现的重大表述错误问题，并第一时间通报相关责任人进行处理，避免政府网站与政务新媒体因表述错误问题引发负面舆情。

市信息中心于5月、10月分别组织开展2次全市政务新媒体突出问题排查整治工作，重点排查政务新媒体名称不规范、一个单位同一平台开设多个账号以及“僵尸号”“睡眠号”等政务新媒体问题，注销无人维护的政务新媒体账号8个，整改命名不规范的政务新媒体账号6个。全市206个政务新媒体已全部在全国政务新媒体管理系统和广西政务新媒体矩阵管理系统登记备案。

【安全检查】 2021年，市信息中心组织相关安全运维团队做好国家、自治区公安部门开展的“护网行动”迎检和防守工作，在4月广西“护网2021”网络安全攻防实战演习暨第七届广西网络安全技术大赛中，梧州市信息中心获得“优秀防守单位”称号。在“七一”中国共产党成立100周年庆典活动期间，市信息中心加强值班值守，全力做好梧州市的政务外网和信息系统安全防范和监控，保障网络安全。平时也强化日常政务网络的安全态势监控，保障依托政务外网运行的重大关键信息系统和政务数据安全。

年内开展2021年度梧州市政务外网与政务云的安全应急演练及培训工作，相关政务外网接入单位和上云系统单位代表参加演练活动，检验了网络与信息安全综合应急的有效性和应急处置能力，推动健全梧州市网络与信息安全运行应急工作机制。

智慧城市建设

【城市公共服务统一入口打造】 2021年，梧州市运用上年建成的“爱梧州”APP城市公共服务平台一期，实现政务服务“一网通办”，连接47个办事机构，查办1453项业务，并推出“食堂云”线上点餐、17家医院线上预约挂号、公积金服务，以及水费、电费、燃气费查询缴费等15项业务功能。“爱梧州”APP城市公共服务平台被认定为第二批数字广西建设标杆引领重点示范项目（企业、平台）。

【公共安全监管平台建设】 2021年，梧州市运用上年建成的全自治区首个气瓶安全监管追溯管理服务平台，将全市约80万个液化气钢瓶全生命周期数据纳入平台大数据管理。截至2021年年底，累计向梧州市投入33.9万只智能化钢瓶进入市场流转，服务市民超310万人次。梧州市公共安全视频监控建设联网应用项目（简称梧州市“雪亮工程”）已投入使用，建立综治、公安应用分平台，整合联网全市各类共40130路视频资源，提供4000路高清视频同时转发，共汇聚6万多路社会视频，开通账号123个，共享给20个单位，推送国家和自治区重点监控点位8427路，推送部分在线率达到98%，出图率达到95%。

【全民健康信息平台建设】 2021年，全民健康信息平台接入全市80多家医疗卫生机构，其中完成信息系统医疗服务数据接入的市一级以上公立医院有27家，互联互通率达93%。实施居民电子健康卡建设，实现全市就诊“一卡通”。梧州市处方信息共享平台，实现医疗机构处方信息、医保结算信息和药品零售消费信息的互联互通、实时共享，成为全国第一个实践国家处方信息共享政策的城市，平台覆盖梧州市13家医疗机构（其中市直医院上线率100%）和56家药店，共享药品品种数达到3500多种，通过平台外延的处方超44万多张，处方取药率达到90%以上，覆盖12万多名患者。

【校园互联网建设】 2021年，梧州市1713所中小学（含中职学校、农村教学点）中，已接入互联网学校为1694所，占比98.89%，13639个普通教室中有12451个实现多媒体化，占比91.29%。“名师空中课堂”开设6个课程，涵盖初高中的6个年级，惠及市本级16所中学。“智慧安防大数据管理平台”已建成，实现了各项目学校摄像头在校内与市教育局中心的双重联网、校园一键报警、监控数据统一管理等目标。建成梧州市校园食品安全监管与业务一体化平台，全面统计分析学校食堂食品安全基础数据，实时、动态监管学校食堂食品安全生产环节，实现学校食堂在线管理和监督，为应急处置、风险防控等科学决策提供依据，为全市1000所学校约20万师生提供食品安全保障。

（市发展改革委）

数字经济

【电子信息产业】 2021年，梧州市电子信息产业规模以上工业总产值77.13亿元，同比增长45.8%，创历史新高。项目完成投资18.39亿元，招商引资到位资金8.37亿元，超额完成全年规模以上工业总产值增长15%、招商引资到位资金7亿元的目标任务。新签约项目9个，其中8个项目实现当年签约当年开工建设，开工率达88.8%。长粲科技、亿凯电子科技、亿博智能科技、菲玛特科技、微磁科技、若科电子6家企业成功申报入库规模以上企业。新增梧州长粲科技开发有限公司、广西亿博智能科技有限公司、梧州市华昇电声科技有限公司3家电子信息规模以上企业。至年底，有规模以上企业共35家。梧州市电子信息产业集群化发展初具规模。

行业结构和布局 2021年，梧州市电子信息制造业处于产业链上游、中游，以提供半成品为主，电子元件及电子专用材料制造企业13家，电子器件制造企业4家，通信设备制造企业5家，电池制造企业5家，其他电子设备制造企业8家，产品涵盖显示屏、电池、主板PCB、扬声器、配件、电子元器件等，主要分布在粤桂合作特别试验区（梧州）、梧州高新区、循环经济产业园区及岑溪市。其中，粤桂合作特别试验区（梧州）重点发展智能终端设备、智能电子元器件、智能电声产业，梧州高新区重点发展信息终端、光通信、智能制造产业，循环园区重点发展电子线路板（PCB）产业，岑溪市重点发展通信器材、电子元器件等产品。

技术改造 2021年，广西欣亿光电科技有限公司实施高端智能半导体LED芯片封装二期项目，依托自主研发专利技术的高可靠固晶焊接工艺、高一致性LED光源模组等核心技术，建设198条高端智能半导体LED芯片封装生产线，提升制备高性能、高反射率、低成本、寿命长、节能环保的高品质LED产品，可实现进口产品替代，并加快建设配套标准供应链的半导体智能产业园项目，进一步延伸产业链。梧州国光科技发展有限公司建设智能音响及扬声器自动化生产线提质增效技术改造项目，建成扬声器生产线16条，智能音响系统生产线4条，实现年产能达到扬声器3500万只和智能音响101.2万套的生产能力，产品性能达到国内先进水平。梧州三杰电子科技发展有限公司实施TFT-LCD液晶显示屏全自动化生产技改项目，在原有生产线的基础上扩建一条生产线，通过引进国内外先进的TFT-LCD液晶显示屏全自动生产线，扩大生产产能，提升生产效率，项目建成后实现年产80万片TFT-LCD液晶显示屏。

项目建设 2021年，粤桂合作试验区雅士电业（广西）有限公司经厂房改造装修、配套设施建设，购置高精尖电子生产专业设备一批，建成电子组装生产线11条、SMT自动生产线2条，年产能50万套（件）的东盟智

2021年9月17日，长粲科技项目（触控盖板、摄像头模组生产制造项目）实现带负荷试投产成功。图为该项目（一期）在调试设备进行试生产

市发展改革委 供图

能家居电子设备生产基地；国光供应链基地项目加速集聚，带动华昇电声配件等企业加快入驻，进一步扩大粤桂试验区电子信息产业规模。梧州高新区聚焦信息终端、高端储能、光通信等设备制造产业集群发展，引进香港长桑集团智能制造项目，总投资10亿元人民币，建设年产6000万块的触摸盖板生产线、年产1000万块的摄像头模组等智能终端产品相关配件生产线，项目实现当年开工建设、当年投产。同时，高新区加快推进盈田智能制造产业园、新一代电子信息产业园等“园中园”项目建设，加速高新区电子信息产业集聚。

重点企业 2021年，梧州市电子信息产业主要有梧州国光科技发展有限公司、广西宇球科技有限公司、广西欣亿光电科技有限公司、广西超速电子科技有限公司、雅士电业（广西）有限公司、梧州长桑科技开发有限公司等重点企业。

【智能制造行业】 2021年，梧州市工业和信息化局制定《梧州市工业和信息化发展“十四五”规划》，把智能制造等内容落实到其中的重点章节。组织相关云资源服务企业、行业专家代表开展2021年梧州市“智能制造服务进企业”活动。推荐企业参与工业和信息化部组织开展的工业互联网试点示范项目、工业互联网行业平台等申报工作，以“强龙头、补链条、聚集群”为目标，打造“点、线、面”三位一体的发展体系，积极推动互联网、大数据在研发设计、生产制造、供应链协同等环节的应用，提升企业研发、生产、管理和服务智能化水平。梧州市推荐2家企业申报工业互联网行业平台建设项目，推荐1家企业基地工业互联网数字协调建设项目申报工业互联网试点示范项目（网络化集成创新应用），推荐工业化和信息化深度应用项目（两化融合管理体系贯标方向）申报新一代信息技术与制造业融合发展试点项目。引进的香港长桑集团智能制造项目，浔江实业智能制造精密机械加工项目实现投产。推动产业链上中下游、大中小企业融通创新，引导企业在医药食品、船舶机械、六堡茶、人工宝石等方面打造一批国家、自治区工程研究中心、企业技术中心等创新平台或载体，培育一批行业内标杆企业和制造业单项冠军。加大信息化基础设施建设，推进4G通信深度覆盖，加快布局5G通信，提升通信基础设施支撑能力。推动互联网、大数据、人工智能和实体经济深度融合，支持企业实施信息化、智能化改造，加大力度推进“企业上云”，引导企业建设数字化车间和智能工厂，推动梧州工业向智能制造发展。

梧州康恒再生能源有限公司、广西桦源环保科技有限公司、广西协进建材科技有限公司、梧州市永达钢铁有限公司4家企业获评为2021年广西智能工厂示范企业。广西神冠胶原生物集团有限公司获评为2021年广西数字化车间。

【软件和信息技术服务行业】 2021年，梧州市深入实施电信普遍服务试点工作。加快农村及偏远地区4G网络建设，电信普遍服务试点项目共计29个，有效解决电信服务领域发展不平衡、不充分问题，进一步提高偏远自然村4G网络覆盖率，提升电信服务供给质量。加快5G基础建设，截至12月，全市累计完成建设5G基站2284座，其中2021年完成建设5G基站1073座。随着5G基站的建设开通，有效提升万秀、长洲、龙圩等主要城区核心商业区建筑、交通枢纽（含各类隧道）、各大院校等数据热点区域，行政机关、医院、学校、商业楼宇、住宅小区以及岑溪市、苍梧县、藤县、蒙山县各县（市）主要城区的5G覆盖水平。开展运营商支持企业上云暨网络营销沙龙活动，实现“企业上云”100%。年内，推荐广西蒙娜丽莎新材料有限公司的陶瓷行业工业互联网平台项目和广西梧州中恒集团股份有限公司的中医药行业工业互联网平台项目2家企业申报2021年工业互联网行业平台建设项目；推荐广西蒙娜丽莎基地工业互联网数字协调建设项目申报2021年工业互联网试点示范项目；推荐广西蒙娜丽莎工业化和信息化深度应用项目，申报2021年新一代信息技术与制造业融合发展试点项目。锂霸新能源公司锂离子动力电池智能生产车间信息化升级改造项目、欧神诺公司生产信息集成管理系统项目、忠德科技公司粤桂云数据中心建设（一期）项目、神冠公司肠衣机器视觉检测和自动分类系统研发及产业化项目、车便捷环保科技公司智慧人车生活大数据云服务平台建设等项目获得工业和信息化发展专项资金（信息化项目）支持共计280万元。召开以企业“上云用数赋智”为主题的梧州市工业互联网培训会，开展陶瓷行业数字化升级培训活动，推动平台服务公司在梧州市率先重点打造中小企业数字化转型升级成功项目案例。

广西车便捷数字科技股份有限公司自主开发车便捷（大数据汽车服务平台），车便捷智能汽服站点遍布广西、广东、云南等13个省市，截至2021年年底，车便捷共享平台建立共享洗车站点1619个、平台共享营收7000多万元。金箍棒公司运营梧州宝石商城吸引9000多家商家在平台上注册，为中小微宝石企业提供1000多万交易服务和担保融资。云砼网已实现上线矿山数量10个、营销服务商10个、物流服务商9个、终端用户8个、船舶6930条、车辆273辆，累计线上交易额10033万元。梧州宙斯科技公司建设“船旺运输”APP打造智慧航运价值生态链，平台在线船东注册签约数占西江流域船舶数50%，线上交易额达11亿元。

（市工业和信息化局　市发展改革委）

电　　信

【中国电信梧州分公司】　2021年，中国电信股份有限公司梧州分公司（简称中国电信梧州分公司），下辖长洲区、万秀区、龙圩区3个区域分公司及藤县、岑溪、苍梧、蒙山4个县（市）分公司。5月17日电信日，广西公众信息产业有限公司梧州分公司正式挂牌成立。全年完成固定资产投资14390万元，本地交换接入设备总容量为15.26万线，宽带接入端口总容量为91.76万个（含H、B、LAN）。全年移动用户总数达到104.66万户；宽带用户总数达到44.55万户；固话用户总数达到14.39万户。全年实现业务收入63025万元。完成净利润8293万元；收入EBITDA率完成35.38%。

启动农村区域5G SA网络开通发布活动　年内，该公司持续推进“深耕乡村市场，助力乡村振兴”工作，通过前后端联动，加强网络覆盖情况及建设进度与计划信息确认，强化渠道执行指引与督促，全面启动农村区域5G SA网络开通发布活动。活动前期，梧州各县分公司与当地政府、工信局、村委等单位走访沟通，获取当地政府与村委对发布活动工作的支持。活动期间进行政府和村委嘉宾发言、5G应用业务展示、千兆宽带体验、5G手机功能开通及指导、免费上门网络检测等内容，让当地政府及村民对5G网络应用深入了解，抓住营销商机推动活动提质增效。

深化共建共享合作　该公司按照集团和自治区公司关于“全面深化共建共享合作”的工作安排，加强与中国电信联通分公司和中国铁塔梧州市分公司的深入沟通交流，进一步深化合作，进一步提升铁塔费用利用效率、提升配套维护质量，为打造梧州本地网4/5G精品网络奠定基础。2月25日，该公司网络运营部总经理陈坚一行前往中国联通梧州分公司，参加2021年电联4/5G共维共优全国工作部署会，会议针对双方共建共维共优工作涉及的网络运营降本增效、用户体验优化提升、立体网络场景覆盖等重点工作深入交换意见。2月26日，该公司无线网络优化中心总经理廖铭轩一行前往中国铁塔梧州市分公司，就2021年双方业务合作方向进行沟通，会议针对铁塔产品服务费优化、室分建设需求、配套维护等方面问题进行深入讨论，双方在年内优化运营成本、加强配套维护管理达成一致。

开展“我为群众办实事·爱心翼站小课堂”活动　5月17日，该公司新兴三路营业厅青年文明号联合该公司团委、网络与信息安全管理部、市公安局反诈中心，组织开展“我为群众办实事”实践活动，在新兴三路营业厅举办“爱心翼站”天翼大讲堂。活动邀请市公安局反诈中心干警对普遍存在的网络诈骗案例、骗局手段、反诈技巧进行详细讲解，并播放案例视频、发放宣传单。现场青年志愿者为中老年群体提供手机使用辅导帮助，并指导现场人员扫码注册“金钟罩”，让大家在接到防诈电话时，多一份警示，也使来宾对电信多一份信任。

开展中国共产党成立100周年云网安全保障演练　6月12日，为落实“七一”重保期间通信保障工作，检验通信保障队伍响应速度、抢修技能、保障能力，该公司开展庆祝中国共产党成立100周年云网安全保障演练。演练由网络运营部牵头组织各专业中心、各县分公司及通信线路应急施工队共60余人参与演练，分别进行干线光缆及本地网波分环路光缆线路中断应急抢修响应、光缆线路应急抢修技能实操、基站应急开通实操、4G路由器应急开通专线电路、卫星电话应急调通等场景的模拟演练。梧州分公司副总经理要求各单位通过演练比拼实现人员技能交流提升，对演练中发现的应急通信保障存在的不足之处，要总结经验，及时完善应急预案，落实预检预修等

2021年6月12日，中国电信梧州分公司开展庆祝中国共产党成立100周年云网安全保障演练　　龙范敏　覃晓莹　供图

基础工作，确保“七一”重保期间通信稳定畅通。

“爱心驿（翼）站”揭牌成立　9月14日，该公司“爱心驿（翼）站”正式揭牌成立。揭牌仪式上，梧州市总工会授予该公司新兴三路电信营业厅“爱心驿站”牌匾，标志着梧州市首批电信营业厅“爱心驿（翼）站”专区正式对外开放，是该公司落实党史学习教育“我为群众办实事”实践活动的有效体现。年内，该公司完成5家门店专区建设，组建有36名爱心服务大使的工作队伍，先后与当地公安、社区开展专题活动10余场，为400多名特定人群开设专场服务；实现自有营业厅无障碍服务等内容加载，有效解决老年人等群体智能技术运用及户外工作者缺乏休憩补给等难点。

机房建设管理　年内，该公司根据自治区公司标杆机房建设管理规范要求，促进机房现场管理标准化、规范化、电子化，提高机房环境基础设施智慧运营能力。网络运营部协同网络操作维护中心组织各维护单位专业人员，围绕机房安全、消防、环境等基础管理工作开展本地网第一阶段BCD类机房整治落实情况交叉检查。通过机房检查标准宣讲与交流、机房问题现场沟通及明晰整改建议、存在问题整改督促跟进等环节，强化各维护单位的机房基础管理工作规范、工作意识与执行落实，提升机房管理对接人员的专业技能，提升基础维护质量。

（中国电信梧州分公司）

【中国移动广西公司梧州分公司】　2021年，中国移动通信集团广西有限公司梧州分公司（简称中国移动梧州分公司）辖城区、藤县、岑溪、苍梧、蒙山5个分公司，全年客户规模超157万户，其中5G客户超33万户，4G客户超111万户，宽带客户超45万。全年累计上缴税收近2200万元。

通信能力　年内，该公司推进“数智化乡村振兴计划”，扩大农村无线覆盖，快速提升农村家庭宽带网络应用能力，使50户及以上村屯覆盖率到达99.38%，行政村农村4G网络覆盖率达到95%以上。同时，5G网络建设加速，首批近300个700MHz5G基站建成开通，基本实现市、县城区以及重点乡镇、重点区域覆盖。该公司特别打造“5G+党史学习教育”，加强梧州市党建服务中心、中共广西特委旧址、中共广西第一农村党支部多贤支部纪念馆等红色教育基地的网络质量，确保红色教育基地的通信需求。

实施“5G+”计划　年内，该公司推进数智化转型，让人民群众共享高品质数字化幸福生活。深入实施“5G+”计划，加快落地移动5G应用场景、5G精品项目，与广西中水智能科技有限公司合作打造5G+物联网项目，助力智慧水务发展；与梧州桂骏机动车驾驶员服务有限公司打造自治区首个“5G智慧驾校”项目，推动5G垂直行业应用在梧州智慧交通领域进一步发展。该公司协助“数字梧州”建设，集中力量服务党政、教育、公检法机构、行业DICT项目，协同地方政府打造自治区标杆项目。同时，打造有行业影响力、有核心竞争力的服务，推动DICT产品应用，为近30万用户提供魔百和、近40万用户提供视频彩铃、近5万用户提供和彩云服务。在新冠疫情一级响应期间，用信息技术助力“抗疫”，重点保障梧州市核心医疗单位，为市、县二级疫情防控指挥部免费搭建“云视讯”视频指挥调度系统。

服务与保障　年内，该公司深入开展“心级服务”活动，为客户打造“舒心、贴心、暖心”

服务体验。聚焦客户投诉热点分析解决问题，提升重要场景区域网络；开展不知情定制专项治理，惩治侵害客户权益行为；升级营业厅服务项目，开展适老化关爱服务，设立“爱心青空间”关爱专区；创新开展“总经理走进N+1”主题活动。全年开展家庭宽带义诊等各类为群众办实事大型主题联合营销活动超700场，零距离倾听客户心声，解决客户问题335个。该公司联合公安机关、监管部门推进惩治电信网络诈骗、“断卡”行动深入开展，加强网络和信息安全服务保障，完成第一批900多个号码处理，排查风险号码4.7万户，协助公安机关提供线索16次。

社会责任 年内，该公司持续推进贫困地区网络建设，提前完成第六批电信普遍服务试点工程建设任务，行政村4G网络覆盖率达95%以上。持续开展定点帮扶，选派4名党员干部任驻村工作队员，完成乡村振兴消费扶贫22.88万元，为计划完成数的1.09倍。同时，数智乡村建设覆盖行政村650个，家庭宽带有线网络村屯覆盖率75%、住户覆盖率90%。

（中国移动梧州分公司）

【中国联合网络通信有限公司梧州市分公司】 2021年，中国联合网络通信集团有限公司梧州市分公司（简称中国联通梧州分公司），是中国联合网络通信集团有限公司在梧州行政区域建立的市级分支机构。融合业务全面覆盖各城区、县（市）及乡镇、行政村。全年该公司实现主营业务收入1.35亿元，实现了融合业务发展增长的阶段性目标。

经营规模 年内，该公司在实现增长方式转变、内部改革、服务力提升、企业品牌深化运营等方面得到提升。梧州辖区范围内共拥有移动通信用户和宽带用户共计42万户，740多个服务网点覆盖梧州辖区各县（市、区）、乡镇和自然村落。

服务质量 年内，该公司根据客户需求完善各项服务措施和提供个性化服务，以实际行动践行中国联通的8项服务承诺、10项服务举措，推出网上营业厅、短信营业厅、手机营业厅等电子渠道服务，使客户通过网络享受到新联通更方便、快捷、先进的服务。该公司在全业务区建设了完善的组织结构体系和服务体系，建立了遍布城乡的营销服务网络，并且建立了手机营业厅、微信服务号和网上网下的各类型综合网点。

网络建设 年内，该公司加快移动通信网络建设步伐，加大固定宽带网络建设力度，推进固定和移动网络的宽带化，在全业务区范围内实施的W网普及工程全面建成，乡镇、村落的4G网络覆盖率达到96%，宽带业务的光改工程推进到市区及各县乡镇，5G网络完成全年投资计划。

（中国联通梧州分公司）

【中国铁塔股份有限公司梧州市分公司】 中国铁塔股份有限公司梧州市分公司（简称中国铁塔梧州市分公司）是由中国移动、中国电信、中国联通和中国国新共同出资设立的大型通信基础设施综合服务企业，主要从事通信铁塔等基站配套设施和室内分布系统的建设、维护和运营。2021年，中国铁塔梧州市分公司获得广西五一劳动奖状，并被评为梧州市文明单位。

经营规模 年内，该公司推动资源共享，减少重复建设，新建地面微站社会资源利用率100%，支撑5G基站低成本快速部署交付。截至年底，统筹建设铁塔项目5000多个，解决历年建设难点超过300多个，建设量超过过去30多年行业累计建设总量。该公司拥有6000多座4G/5G铁塔类站址资源，资产规模超5亿元。

4G/5G基础设施建设 年内，该公司统筹全市4G/5G基站建设，累计获取塔类需求1500多个，新增楼宇室分立项面积600多万平方米，建设5G基站1000多座，为计划完成数的1.07倍；同时获取乡村振兴项目25个，自治区内名单制和总部名单制骨头站实现清零。

共享共建 年内，该公司通过统筹协调，实现各类室分场景共享共建，有效降低运营商成本开支。在商业室分方面，由该公司统筹建设梧州高旺万达商业区通信基站及室分系统的电源配套部分，有效化解与客户在5G建设方案方面的矛盾。在隧道室分方面，通过自治区、市、区域三方联动，场租下降5倍，全年全部完成7个隧道配套交付和客户主设备开通。该公司深化电信资源共享，全市新建通信铁塔共享率从12%提升至70%以上，累计相当于节约土地资源15.4公顷，减少重复投资近2亿元。该公司还利用自有资源及统筹社会资源，将铁塔共享延展到电源电力、维护服务、社会资源综合利用等“综合共享”，为电信企业降本增效。

（中国铁塔梧州市分公司）

无线电监管

【概况】 2021年，广西壮族自治区梧州市无线电监测中心共启用固定监测站11个，监测时长41687小时；派出移动监测车171车次，监测时长2350小时。年内，主动发现和排查不明信号31个，共出动监测车13车次，监测设备39套次，派出技术人员42人次。

【无线电监测】 2021年，梧州市共建设有11个固定无线电监测站，覆盖万秀区、长洲区、龙圩区及岑溪市城区、藤县城区、蒙山县城区的无线电监测站点，并对梧州机场、梧州南站、西江黄金水道的内河航道特殊环境实现针对性覆盖，部分站点监测频段可达6GHz。年内共启用固定监测站11个，监测时长41687小时；派出移动监测车171车次，监测时长2350小时。对水上、航空、铁路、广播电视等重要业务频段开展专项监测12次，每月持续开展打击“黑广播”、取缔“伪基站”重点监测，全年电波秩序良好。

【无线电频率、台站管理】 2021年，梧州市全年征收无线电频率占用费8.53万元。梧州市无线电监测中心走访设台单位24家，检测无线电发射设备52台。办理单位设台许可3件，审批无线电频率2个。业余设台、核发执照33份，分配呼号16个，发放AB类操作证33份，注销电台执照6份，核验业余车载台、对讲机33台。开展无线电AB类业余操作证考试1次；18人参加考试，12人通过。

【行政执法和稽查】 2021年，梧州市无线电监测中心组织执法人员学法用法培训4次，开展行政执法1次，没收违法设备1套。主动发现和排查不明信号31个，共出动监测车13车次，监测设备39套次，派出技术人员42人次。梧州市地处广东广西边界，为守好广西东大门，监测中心根据地理位置定制省界特色移动监测路线，严防走私物品出桂入粤，共派出监测人员48人次，出动监测车辆12车次，启动无线电监测设备36套次，移动监测里程2400多千米，未发现有私自架设中继台天线和用于走私的非法无线电信号。全年开展监督检查6次，其中联合梧州市市场监督管理局开展联合监督检查2次，检查企业4家。经现场核查，被检查的企业均未发现有违规生产、销售无线电发射设备的行为。

【无线电安全保障】 2021年，梧州市无线电监测中心发挥“电波卫士”作用，全年完成元旦、春节、全国“两会”、中国共产党成立100周年等重要节庆和活动保障任务10次，完成各类考试保障27次。保障期间，合计排查可疑信号46个，未发现利用无线电设备扰乱通信秩序行为。

【无线电干扰申诉及处理】 2021年，梧州市无线电监测中心处理干扰申诉5起，包括公众移动通信1起，民用航空2起，船舶紧急救援1起，卫星1起。其中，梧州西江机场GPS导航定位设备受干扰事件引发多个政府部门关注，中共梧州市委信息科要求该中心提供相关内参资料。该中心牵头组织梧州市国家安全局、梧州西江机场等部门召开工作协调会，执法行动获得市国安局和中共梧州市委的积极支持。此次干扰排查，首创空中飞行监测排查模式，技术人员乘坐中航飞行学校教练机开展空中监测，有效缩小了排查范围。另外，在进行船舶紧急救援频率干扰排查时，仅用30分钟锁定干扰源，专业、高效的行事风格受到海事局、船舶用户的好评。

（梧州市无线电监测中心）

2021年3月9日，梧州市无线电监测中心技术人员在白云山监测非法境外广播

梧州市无线电监测中心　供图

编审：邓桂豪　编辑：甘国成

经济管理

宏观经济调控

【概况】 2021年，梧州市发展和改革委员会（简称市发展改革委）按照中共梧州市委、市政府工作部署要求，以“起步就要冲刺、开局就要争先”的攻坚姿态，统筹新冠疫情防控和经济社会发展，圆满完成发展改革各项目标任务，全市经济社会发展呈现稳中有进、稳中提质的良好态势，主要经济指标均较好地完成预期目标，实现了“十四五”良好开局。全年地区生产总值同比增长10%，两年平均增长9.1%，增速排名保持在全自治区第一方阵。全年自治区、市两级重大项目数量与总投资额均创历史新高并超额完成年度目标任务，获得中央预算内资金、政府专项债券额度分别排全自治区第一位、第二位。年内，梧州市固定资产投资同比增长21.6%，排名全自治区第五，建筑安装投资同比增长27.5%，增速排名全自治区第三。全市自治区层面统筹推进重大项目完成投资126.6亿元，超额24.6%完成年度投资计划，同比增长20.3%。开竣工方面，实现新开工37项，超额23.3%完成开工计划；竣工15项，超额15.38%完成竣工计划。

【年度计划编制】 2021年，市发展改革委在梳理总结2020年全市经济社会发展取得成绩、研究剖析存在困难问题、深入分析2021年发展形势和机遇挑战的基础上，组织编制完成《关于梧州市2020年国民经济和社会发展计划执行情况与2021年国民经济和社会发展计划》，经梧州市第十四届人民代表大会第八次会议审议通过并组织实施。梧州市2021年经济社会发展主要目标是地区生产总值同比增长9%以上，固定资产投资同比增长17%以上，财政收入同比增长5%以上，社会消费品零售总额同比增长15%以上，外贸进出口总额同比增长6%以上，城镇居民人均可支配收入同比增长8.5%，农村居民人均可支配收入同比增长10%，城镇登记失业率控制在5.5%以内。

全年全市经济社会发展呈现稳中有进、稳中提质的良好态势，主要经济指标均较好地完成预期目标，实现了“十四五”良好开局。全年地区生产总值同比增长10%，两年平均增长9.1%，增速排名保持在自治区第一方阵。其中，第一产业增加值同比增长8.5%，第二产业增加值同比增长12.2%，第三产业增加值同比增长9.1%。规模以上工业总产值、增加值分别同比增长31.4%、15%，建筑业总产值同比增长11.3%，固定资产投资同比增长21.6%，财政收入同比增长9.4%，社会消费品零售总额同比增长11.4%，外贸进出口总额同比增长25.3%，城镇居民人均可支配收入、农村居民人均可支配收入分别同比增长7.5%、11.4%。

【经济运行监测】 2021年，市发展改革委围绕工业增产增效、三产提质提速、农业稳产增收等七场“硬仗”，及时出台“奋战一季度　加力开新局”“攻坚二季度　实现双过半”“拼搏三季度　全力提进度”“冲刺四季度　打好收官战”等180条系列稳增长政策措施。建立市发展改革委宏观经济运行监测分析调度工作制度，赴各县（市、区）和园区调研指导工作，加强督促落实，并做好协调服务。持续开展经济运行精准调度，全年组织召开各类经济运行分析调度会20余次，深入分析当前经济运行存在的突出矛盾和潜在风险，研究提出支撑经济较快增长的过硬措施，不断提升经济工作的前瞻性、针对性和有效性，确保各项预期目标任务的顺利完成，推动全市经济保持良好的增长态势。

【“十四五”规划编制实施】2021年，市发展改革委编制完成《梧州市国民经济和社会发展第十四个五年规划和二〇三五年远景目标纲要》，经梧州市第十四届人民代表大会第八次会议审议通过并以市政府名义印发实施。制订并报市委办、市政府办印发实施《梧州市“十四五”规划建议及纲要主要目标和重点任务分工方案》，进一步明确各单位职责分工，确保各项任务落到实处。同时，统筹推进梧州市重点专项规划编制工作，强化专项规划向上衔接，争取将更多的梧州重大事项和重点工程项目纳入上级专项规划。

【固定资产投资管理】2021年，市发展改革委建立重大项目日调度和投资旬调度工作机制，打好项目投资仗。制订《梧州市扩大有效投资三年攻坚行动方案（2021—2023年）》和《梧州市重大项目建设三年行动方案（2021—2023年）》，深化“书记在现场”工作法，持续推进全市重点项目厅级领导一对一联系服务，建立“137”问题解决机制，大力推行企业投资项目承诺制直接落地改革，深入推进“三年三工程”活动，推动重大项目加快建设进度。制订扩大有效投资三年攻坚行动“五大领域”投资超千亿实施方案，围绕工业、基础设施、新型城镇化、农业农村和现代服务业领域创新工作机制和方法，细化具体项目落地落实，形成项目开工一批、竣工一批、储备一批的良性循环。年底，梧州市固定资产投资同比增长21.6%、排名全自治区第五，建筑安装投资同比增长27.5%、排名全自治区第三，为梧州市高质量发展打下坚实基础。

【项目建设资金筹措】2021年，梧州市共争取上级资金24亿元，涉及保障性安居工程配套基础设施、水安全保障、服务业发展、高标准农田建设、国家水网骨干工程专项、普惠养老城企联动建设、水安全保障工程、托育服务建设、公办养老服务机构、动植物保护能力提升、公共卫生等医疗卫生服务体系建设、以工代赈、城市排水防涝设施、农村人居环境整治、应急救灾等项目。

【投融资工作】2021年，梧州市向自治区争取获得政府新增债券50.59亿元，重点安排用于农村公路、易地搬迁、城市基础设施建设、土地收储、棚户区改造、产业园区建设等领域的重大项目。围绕城市基础设施、产业配套基础设施等领域进行项目包装，积极引入社会资金，其中梧州临港经济区配套基础设施PPP项目、梧州市苍梧县新县城基础设施建设PPP项目、梧州市城区社会停车场及配套综合提升PPP（一期）（二期）项目均已开工建设，总投资近54亿元。推动外资项目增资进资。经国务院同意，国家发展改革委和财政部批准梧州职业学院利用北欧投资银行贷款建设粤桂新校区（二期）与设备采购项目。该项目总投资约8.13亿元人民币，其中利用北欧投资银行贷款5000万欧元。持续推进亚行贷款广西梧州健康与年龄友好城市发展项目前期工作。

【重大项目建设】2021年，列入自治区层面统筹推进重大项目139项，总投资2073.3亿元，年度计划投资101.58亿元，项目总投资创历史新高。其中，新开工项目30项，年度计划投

2021年，自治区层面统筹推进重大项目岑溪市产城融合及乡村振兴扶贫产业园项目，已建成5万平方米标准厂房、11层服务中心大楼、配电房以及道路广场等配套设施　　陈基业　何安琪　供图

资 23.4 亿元；续建项目 46 项，年度计划投资 66.99 亿元；竣工投产项目 13 项，年度计划投资 11.19 亿元；预备项目 50 项。全年全市自治区层面统筹推进重大项目完成投资 126.6 亿元，为年度计划投资的 1.25 倍，同比增长 20.3%。开竣工方面，实现新开工 37 项，为计划开工数的 1.23 倍；竣工 15 项，为计划竣工数的 1.15 倍。

为加快推进项目前期工作，做好重大项目储备和谋划，2021 年市财政安排资金 1955.24 万元用于市本级建设项目前期工作，充分发挥了前期经费对项目储备、项目推进的重要作用。

（市发展改革委）

国有资产监督管理

【概况】 2021 年，梧州市人民政府国有资产监督管理委员会（简称市国资委），根据梧州市人民政府授权，依照《中华人民共和国公司法》《中华人民共和国国有资产法》等法律法规以及市人民政府有关规定，履行出资人职责，加强国有资产监督管理，确保国有资产保值增值。梧州市国资委深入实施国企改革三年行动，将完善中国特色现代企业制度、积极稳妥深化混合所有制改革、健全市场化经营机制等 8 个方面的重点改革任务细化为 159 个改革小项。同时指导各国资监管企业制定该企业的国企改革三年行动实施方案和 2021 年工作任务表，做到国企改革行动“一企一方案”全覆盖。全年完成改革任务 112 项，占比 70.44%，完成 2021 年国企改革三年行动任务 70% 以上。

【国有资产经营管理制度完善】 2021 年，《市国资委监管企业推行经理层成员任期制和契约化管理工作方案》出台，打破国有企业经理层职务铁交椅，建立符合市场规律管理方式，实现职务“能上能下”，收入“能增能减”，充分激发经营管理人才的活力和创造力。《梧州市国资委履行出资人职责企业专职外部董事薪酬管理办法》和《梧州市国资委履行出资人职责企业兼职外部董事报酬管理办法》制定实施，加强专职外部董事和兼职外部董事薪酬管理，进一步完善国有企业法人治理结构，全面推进监管企业外部董事制度化、规范化。《梧州市国资委关于加强国有企业债务风险管控工作的通知》的下发，加强企业债务风险管控，坚决守住不引发区域性、系统性金融风险的底线；将企业债务风险防范工作纳入企业负责人年度经营考核目标，要求各监管企业严格落实主体责任，全面梳理分析企业的存量债务构成情况，认真研判国内融资市场形势和走向，加强债务风险监测，提高风险的预判能力。市国资委结合国企改革三年行动方案要求，对市一级监管企业制订“一企一策”授权放权清单草案，实现授权与监管相结合、放活与管好相统一，既增强了企业自主经营活力，又确保国有资产保值增值。

【国有企业经营管理】 至 2021 年 12 月，市属 7 家国资监管国有企业资产总额 613.36 亿元，比上年同期增长 8.9%；负债总额为 332.88 亿元，比上年同期增长 7.87%；所有者权益为 280.48 亿元，比上年同期增长 10.15%；资产负债率 54.27%，比上年末下降 0.52 个百分点；实现营业收入 26.75 亿元，与上年同期比增长 44.1%。全年完成监管企业融资事项共 36 次，审批金额达 75.737 亿元，为监管企业的经营发展提供资金保障。梧州市国有企业资产总额、所有者权益稳步增长，营业收入大幅增长，国企脱虚向实改革初见成效。各监管企业认真落实“六稳”“六保”任务，精心推进城市提质工程，在扎实做好民生保障、全力投入新冠疫情防控、积极助力乡村振兴等方面彰显国企本色。

【国有企业改革遗留问题处理】 2021 年，市国资委协调市财政局、市人力资源社会保障局等部门，妥善解决 9 名广西佛子矿有限公司佛子冲铅锌矿子弟学校退休教师退休待遇问题。落实 25 名国有企业职教幼教退休教师 2019 年和 2020 年应发放待遇补助资金 34.1 万元。指导东晖公司制订公司制改制方案。5 月，全面完成桂平船厂公司制改制工作。指导东晖公司配合破产管理人做好市侨柏公司、外经土畜产公司、外经服务公司的资产移交、申报债权，以及召开债权人会议、财产分配会议等工作，相关资产已挂网成功拍卖。年内，各监管企业全部完成全民所有制改革工作。

（市国资委）

财　政

【概况】　2021年，梧州市财政局加强财政收支管理，深化财政改革，强化财政监督。全年梧州市财政总收入296.92亿元，比上年减少21.37亿元、下降6.7%，其中一般公共预算收入78.87亿元，比上年增加2.87亿元、增长3.8%；财政总支出277.86亿元，比上年减少28.86亿元、下降9.4%，其中一般公共预算支出259.05亿元，比上年减少29.41亿元、下降10.2%。收入和支出相抵，年终滚存结余19.06亿元，扣除结转下年度继续使用的专款19.06亿元，净结余0元。

【财政收支】　2021年，全市财政总收入296.92亿元，主要构成为一般公共预算收入78.87亿元，比上年增加2.87亿元、增长3.8%；转移性收入（不含债务转贷收入）201.68亿元，比上年减少25.05亿元、下降11.1%；债务转贷收入16.37亿元，比上年增加8066万元、增长5.2%。在全市一般公共预算收入78.87亿元中，税收收入完成43.30亿元，比上年增加2.13亿元、增长5.2%；非税收入完成35.57亿元，比上年增加7411万元、增长2.1%。全市财政总支出277.86亿元，主要构成是一般公共预算支出259.05亿元，比上年减少29.41亿元、下降10.2%；上解上级支出2.27亿元，比上年增加576万元、增长2.6%；调出资金4392万元；债务还本支出16.06亿元，比上年增加3442万元、增长2.2%。

2021年梧州市一般公共预算支出结算表

表8

预算科目	决算数（万元）	比上年增减	同比增长率
一、一般公共服务支出	221880	增加3496万元	1.6%
二、外交支出	0	0	0
三、国防支出	7697	增加2893万元	60.2%
四、公共安全支出	136815	减少5.50亿元	−28.7%
五、教育支出	529843	增加3455万元	0.7%
六、科学技术支出	26545	增加8224万元	44.9%
七、文化旅游体育与传媒支出	24886	减少5914万元	−19.2%
八、社会保障和就业支出	351179	减少1.41亿元	−3.9%
九、卫生健康支出	314099	减少1.28亿元	−3.9%
十、节能环保支出	76838	增加3.55亿元	85.9%
十一、城乡社区支出	173915	减少28.23亿元	−61.9%
十二、农林水支出	344596	增加1301万元	0.4%
十三、交通运输支出	64095	减少1.76亿元	−21.5%
十四、资源勘探工业信息等支出	92646	增加4.85亿元	109.9%
十五、商业服务业等支出	10841	增加1110万元	11.4%
十六、金融支出	19643	增加1.63亿元	487.4%
十七、援助其他地区支出	0	0	0
十八、自然资源海洋气象等支出	20441	减少2300万元	−10.1%
十九、住房保障支出	86247	减少2.05亿元	−19.2%
二十、粮油物资储备支出	5402	减少6499万元	−54.6%
二十一、灾害防治及应急管理支出	19980	增加4085万元	25.7%
二十二、预备费	0	0	0
二十三、其他支出	3839	减少270万元	−6.6%
二十四、债务付息支出	58923	减少1664万元	−2.7%
二十五、债务发行费用支出	181	增加7万元	4.0%
支出合计	2590531	减少29.41亿元	−10.2%

【非税收入管理】 2021年，梧州市全口径政府非税收入完成116.53亿元，比上年减收21.9亿元，下降15.8%。其中：纳入公共财政预算管理的非税收入完成35.58亿元，比上年增收7410万元，增长2.1%，占公共财政预算收入的45.1%，占比比上年降低0.7个百分点；政府性基金收入完成80.74亿元，比上年减收20.01亿元，下降21.4%；国有资本经营预算收入完成2190万元，比上年减收6434万元，下降74.6%。

【财政支出管理】 2021年，市财政局进一步加强财政支出管理。一是继续推进预决算公开。向社会公开全市与市本级的预算执行情况和预算草案，以及市本级预决算、“三公”（行政、事业单位等因公出国、公务用车、公务招待）经费总预决算。预决算公开主体扩大为部门及其所属单位，市本级各部门、部门所属单位分批次按时按质完成预决算公开；公开方式是在梧州市本级预决算公开平台进行集中公开，并保持长期公开状态；各部门各单位建有门户网站的，同时在门户网站公开，并永久保留。二是加强一般性支出压减。出台《梧州市财政局关于压减2021年市本级一般性支出和非急需非刚性项目支出的通知》，严控一般性支出，梧州市本级2021年部门预算一般公共预算安排的“三公”经费按5%的比例压减，除重点、刚性和急需项目支出外，其他一般性项目支出按10%的比例压减；年初收回资金6228万元，年中收回资金1549万元，年终压减单位项目资金5092万元，总金额1.29亿元。三是完善部门预算编制。运用预算管理一体化平台编制部门预算，不断整合预算编制、预算执行、决算和报告、政府采购、资产管理等预算管理环节，并按照财政部统一财政预算管理规范与标准，进一步提高预算管理的规范化、标准化和自动化水平。四是兜牢全市“三保”（保工资、保稳定、保增长）底线。建立“三保”预算编制审核机制，从源头足额保障“三保”支出，年初市本级对县（市、区）“三保”支出预算进行初审并上报自治区财政厅审核备案，确保各级财政部门优先、足额安排国家标准的工资预算，不存在工资预算缺口、安排不足的情况；完善“三保”风险应急机制，结合全市实际情况，各级均印发“三保”风险应急预案，确保兜牢全市“三保”底线；加强“三保”风险监控，市本级严格要求各级财政部门按照有关规定，按月在地方财政运行监测报表系统上报“三保”有关数据，同时动态监测各级“三保”预算执行情况，加强对各级“三保”情况的分析研判，确保全年不发生“三保”风险。

【基本建设项目资金管理】 2021年，梧州市本级完成财政性投资评审项目66个，比上年减少34个，下降34%；送审金额20.87亿元，比上年增加4.05亿元，增长24.1%；审定金额为18.33亿元，比上年增加3.68亿元，增长25.1%；综合核减金额2.54亿元，比上年增加0.37亿元，增长17.0%；综合核减率为12.2%。年内，梧州市完成EPC项目25个，送审金额8.01亿元，审定金额6.81亿元，核减金额1.21亿元，核减率15.1%。全年全市经建口共获得上级补助21.64亿元，其中中央预算内资金18.15亿元，排名全自治区第一，并获2020年度扩大有效投资工作先进市奖励资金2500万元，主要用于城区防洪堤建设等水利项目、保障性安居工程配套基础设施，以及乡村风貌提升等；争取上级防洪堤资金9.92亿元，拨付8.3亿元，支持梧州市主要支流、西江干支流和重点中小河流整治。市财政预算安排续建项目建设资金2亿元支持重点项目建设，主要用于城市基础设施提升改造工程、城市建设提质年项目、玫瑰湖文化综合楼项目以及其他历年续建项目等，其中，城市重要交通要道高旺大桥实现全面通车，市财政预算安排城建资金支出计划1.76亿元，统筹用于市本级城市基础设施道路维修维护、绿化、环卫、路灯及桥梁检测等，市财政预算安排重点项目前期费1亿元，支持项目做好前期工作。梧州综合保税区获国务院批复设立，争取到上级专项补助5000万元并拨付到位，并提前下达综合保税区前期工作经费100万元。

【财政监督检查】 2021年，市财政局开展直达资金专项检查。检查发现各县（市、区）存在“资金不按规定用途使用、政府采购实物与合同不符、抗疫物资储备与合同约定存放数量不相符、支出进度与项目建设进度不相符、资金支出进度滞后”等问题，检查组针对上述问题提出了具有针对性的意见建议。市财政局为落实中央第二巡视组对广西巡视的反馈意见，对市水利局、梧州高中、市招生考试院等13个市直单位开展重点检查，纠正违规吃喝和违规发放津贴补贴的问题，规范各单位财务管理。根据市纪委关于工程建设领域腐败问题专项治理工作方案，市财政局会同市纪检监察部门，选择13个市直主管部门及其下属单位的2019—2020年度35个工程项目实施重点检查，针对发现部分单位“项目工程预算未送审、个别项目未进行招投标、采购文件设置不规范”等问题，提出整改建议。同时，开展市直预算单位实有资金账户专项检查，收回资金602万元，减少了沉淀资金，提高资金使用效率；开展预决算公开情况专项检查，组织各县（市、区）财政部门对各级预算单位2019—2020年度预决算的公开情况进行全面自查和交叉互检，并对市直单位进行线上全面检查和实地抽查，实地抽查万秀区、长洲区、龙圩区、高新技术产业开发区、粤桂合作特别试验区（梧州）、梧州循环经济产业园区，重点紧盯3个园区独自公开错漏较多的问题，反复沟通指正，确保预决算公开的及时性、完整性、规范性、真实性。

年内，梧州市结合实际情况，印发《梧州市财政局 梧州市农业农村局等七部门关于印发〈进一步加强惠民惠农财政补贴资金“一卡通”管理工作实施方案〉的通知》《梧州市财政局关于规范全市惠民惠农财政补贴政策清单管理工作的通知》等文件，收集市直相关部门的惠民惠农财政补贴政策清单，汇总成《梧州市本级惠民惠农财政补贴资金政策清单》，并于6月30日前在市财政局官方网站公布。市财政局按照自治区财政厅部署，对自治区本级安排给长洲区、梧州高新区、粤桂合作特别试验区和梧州循环经济产业园区的部分2018—2020年新增政府专项债券资金、2020年工业和信息化发展专项资金开展重点检查，涉及金额9.16亿元。检查发现，在资金使用上存在不及时拨付资金、不按规定支出、项目建设进度缓慢以及项目实施效果与申报目标有差距等问题，对发现的问题，提出整改要求，并抓好整改落实工作。根据财政部和自治区财政厅要求，市财政局对藤县和长洲区共2家政府投融资平台企业，开展2020年度企业会计信息质量情况检查，主要检查企业会计核算是否严格执行会计准则、会计制度，对收入、成本费用的确认是否真实，是否存在编制虚假报表、调节粉饰利润等会计造假行为；重点关注企业是否存在虚构业务收入、利用政府信用违规举债、名股实债、循环注资、少计提资产减值或者折旧等行为。通过检查发现，企业普遍存在会计核算不够规范、负债率偏高、运营能力差，行政管理“影子”依然存在等问题。对存在的问题，提出了整改建议，并及时上报上级主管部门。另外，市财政局根据市本级各部门及各县（市、区）报送的自查自纠材料统计，开展对动用财政资金违规兴建楼堂馆所等问题进行自查自纠工作，未发现有违规现象。

【政府采购管理】 2021年，《梧州市财政局关于全市推行使用政府采购电子标系统的通知》等文件印发。自10月31日起，除涉密项目以外的市级(含城区)所有政府采购项目均实行全流程电子化采购，不再进行线下交易活动。市本级成功开展电子标的项目79个，采购金额1.93亿元；继续全面实行政府采购意向公开，提高采购透明度，市本级全年累计发布采购意向公开722条。完成2021—2022年市本级预算单位印刷服务、2022—2023年物业管理服务、车辆维修和保养服务、机动车保险服务定点采购工作，共招录28家定点供应商，进一步规范政府采购行为，提高采购效率。同时，市本级政府采购改变以往通过公开招标分批招录供应商的方式，全面推行以承诺入围方式征集网上超市供应商。市本级审核进入“政采云”平台的供应商约1100家，上架商品6万多件。市政府采购管理部门年内继续推行投诉纠纷调解机制。受理投诉案件3件，对投诉事项认真进行审查，做出驳回投诉的处理决定；通过调解成功处理投诉纠纷案件4件，化解采购人和供应商之间的矛盾，提高了采购效率。年内，对5家采购人开展监督检查，并对采购人做出警告、罚款的行政处罚；对2名采购人代表、2名评委专家做出罚款处罚决定，共上缴罚款14.75万元；随机抽取检查了4家社会代理机构，检查采购项目共计20个，针对检查发现的问题，向被检查对象发出《政府采购监督检查整改通知书》，要求其限期整改。2021年，梧州市本级完成政府采购预算7.42亿元，实际采购金额7.17亿元，节约资金2500万元，节约率3.4%。

年内，梧州市扎实做好采购脱贫地区农副产品工作，助力乡村振兴。各县（市、区）财政部门和各预算单位登录“832平台”（全国贫困地区网络销售平台），按照不低于食堂食材采购总额的10%进行预留份额填报，全市约800个预算单位填报了预留份额，采购总额约4377.73万元，预留比例10.5%，年度预留份额460.61万元；已完结交易总额599.44万元，为年度预留份额的1.3倍。

【会计管理】 2021年，在新冠疫情下，市财政局周密部署，完成2021年度全国会计专业技术资格考试组织及考务管理工作，并做好2021年注册会计师考试巡考工作，各项考试秩序良好，没有发生违纪违规现象。梧州市考区报考会计专业技术资格考试人数为7197人，增长4.2%。其中，初级考生5364人、下降1.4%，中级考生1814人、增长25.5%，高级考生19人、下降9.5%；全市综合出考率为61.7%，其中初级综合出考率为72.3%、中级综合出考率为49.6%、高级综合出考率为89.5%。注册会计师考试，梧州考区（含梧州、贺州两市）报名参加考试考生836人，下降17.2%，平均出考率47.6%。市财政局举办2021年梧州市优秀会计人才培训暨财政系统干部培训班，自治区财政厅对梧州市2021年会计人才培训工作奖补专项工作经费绩效考评满分。梧州市还继续组织市本级会计人员参加网络继续教育培训，共4021人次。年内，会计学会第七次会员代表大会召开，选举产生新一届理事会及常务理事会领导机构，结束了梧州市会计学会超过17年没有举行换届选举的历史。

【行政事业单位内部控制报告编报】 2021年，梧州市开展全市行政事业单位内部控制报告编报及编报质量“回头看”核验工作。全市行政事业单位内部控制报告编报质量等次在良以上的单位有1441家，占比96.1%，增长49.7%；根据《广西壮族自治区财政厅关于开展2020年度行政事业单位内部控制报告编报工作的通知》，完成2020年度梧州市本级292家行政事业单位内部控制编报，汇总全市行政事业内部控制编报单位总数为1499家。

（市财政局）

税　务

【概况】 2021年，国家税务总局梧州市税务局（简称梧州市税务局）主要负责增值税等17个税种和社保费等15个非税收入的征收管理。全市税务系统共组织税费收入174.11亿元，市政府考核口径税收收入101.31亿元，同比增收11.27亿元，增长12.5%；税收总量首次突破100亿元大关，税收在财政收入中的占比由2020年的73%提升到2021年的75.1%，税收质量结构不断优化，量增质优完成组织收入任务；严厉打击涉税违法行为，维护税收秩序，全年稽查查补税款（含罚款、滞纳金）24107.47万元，入库税款8779.89万元。年内，梧州市税务局获得4项省部级荣誉、41项地市级荣誉、238项县处级荣誉。

【税费征管】 2021年，全市税务系统共组织税费收入174.11亿元，市政府考核口径税收收入101.31亿元，同比增收11.27亿元，增长12.5%；征收社保费收入62.9亿元，同比增收17.49亿元，增长38.5%；征收残疾人就业保障金、地方教育附加及工会经费等非税收入5.32亿元，同比增收2.05亿元，增长62.7%；职业年金入库3.54亿元，同比增收3886万元，增长12.3%。税收总量首次突破100亿元大关，税收在财政收入中的占比由2020年的73%提升到2021年的75.1%，税收质量结构不断优化，量增质优完成组织收入任务。

【税收稽查】 2021年，全市税收管理部门严厉惩治涉税违法行为，维护税收秩序，全年稽查查补税款（含罚款、滞纳金，下同）24107.47万元，入库税款8779.89万元。成立警税联合作战中心，实行税警双方制度化、信息化、常态化联合办案，全年办理案件232件，涉及金额16449.06万元、税额1808.5万元，准期回复率100%。加强与检察院、法院、海关、人民银行等部门合作，重拳打击虚开专票案、涉黑涉恶偷税案等重大涉税案件，全年共立案检查案件37件，入库税款累计2886.33万元。

【税收信息化建设】 2021年，梧州市税务局成立梧州税务一体化调度指挥中心，建设以服务纳税人缴费人为中心的智慧税务，通过信息管理、预警分析、统筹调度等手段，对各项业务工作建立统一指挥、反应灵敏、协调有序、运转高效的工作机制。完善行政管理信息系统，完善休假、工资辅助管理、实物管理和纪检一体化监督管理模块功能，进一步提升行政管理质效。

【重点税源监控】 2021年，梧州市税务局实施税源分级分类管理，成立不锈钢行业、房地产行业、建筑行业、中直企业和城投集团五大类企业管理小组，实施专业化、精细化管理，五类行业全年入库税收31.02亿元，同比增长30.52%。加强行业税收管理，长洲区税务局（再生物资回收与批发行业）、藤县税务局（砂石开采行业）成为广西百县行业税收“四精”擂台赛擂主，作为广西行业税收管理范本。全面规范16个费种157项业务征管的流程管理，对政策执行、流程办理、系统操作等10个方面要求进行细化优化，形成操作性强、可供借鉴的《梧州市社会保险费和非税收入征管业务指南》，该项工作获得国家税务总局王军局长的表扬性批示。依托非税收入征管信息互联互通平台，推进信息资源共享共用，整合新划转非税收入业务流程，初步构建起职责清晰、流程顺畅、征管规范、协作有力、便民高效的非税收入征缴体制机制。

【税收执法】 2021年，梧州市深入开展税收法治建设，开展税务规范性文件合法性审核、合规性评估和公平竞争审查，推进税务执法依据合法、统一和规范，印发14份现行有效的税务规范性文件。建立“公职律师+执业律师”法律顾问制度，共有13名公职律师，2名执业律师担任法律顾问。完善权利救济和纠纷化解机制。在全市税务系统范围全面推行税收执法信息公示、执法全过程记录、重大执法决定法制审核“三项制度”工作。

【纳税服务】 2021年，梧州市税务局持续开展“我为纳税人缴费人办实事暨便民办税春风行动”。在全自治区首个实现新生儿入户“一次办”，率先实现参保缴费“一窗办”；积极推动增量房网签数据全市共享，实现增量房交易线上办理。打造重点税源企业个性化服务品牌，加强税企互动，开展“总对总”税企互动2次、市级高层互动5次，服务对接精准直达。为1户集团企业量身定制发放税收风险防控与服务手册，获首届“广西大企业税务精细服务优秀案例评选”第三名，名列二等奖。深入推进“非接触式”办税，不断推广优化网上办税功能，205项涉税服务事项实现网上办理。助力3290户守信纳税人获得贷款63.62亿元，户数和金额分别同比增长27.96%、40.99%。持续优化税费服务，搭建云税平台问计问需、创建离厅式微型自助设备，在长洲区丰业社区和万秀区西环社区设置自助“微税厅”。开展助企发展“春雨润苗”行动，建立党员联络机制，选派47税收育苗师结对扶持85个商会。梧州市税务局获评为2020年“成建制进驻市政务服务中心四星级窗口部门”；政务服务“好差评”满意率保持100%。

【税法宣传】 2021年，梧州市税务局围绕“税收惠民办实事 深化改革开新局”主题，开展全国第三十个税收宣传月活动。聚焦减税降费、优化税收营商环境等重点，全年在中央级别媒体发表高质量稿件34篇、地方主流媒体发表181篇。5部宣传视频在省级以上比赛获奖（3部获国际奖项）。其中，微电影《红色税月》

2021年4月1日，梧州市税务局围绕税收宣传月主题“税收惠民办实事 深化改革开新局”举办为茶企茶农办实事活动

陈宇 摄

获北京国际电影节·第二十八届大学生电影节“中国税收”特别单元“最佳微电影作品”奖，以及自治区庆祝中国共产党成立100周年主题电视短片大赛优秀作品奖，得到国家税务总局局长王军肯定性批示。严格抓好税务网站、微信公众号等新媒体管理，打造“又红又专”税收宣传阵地。

（梧州市税务局）

金融监管

中国人民银行梧州市中心支行

【概况】 2021年，中国人民银行梧州市中心支行加大金融支持实体经济发展的效能，有效提升防范化解区域金融风险的能力，持续深化区域金融改革，助力打赢新冠疫情防控和经济社会发展两场“硬仗”，统筹实现各项工作高质量发展，为梧州“产业兴市”“东融”发展战略提供金融支撑。中国人民银行梧州市中心支行认真按照中共中央、国务院以及人民银行关于金融支持稳企业保就业各项决策部署，多措并举、精准施策，引导金融机构持续改善普惠小微企业融资服务，推动辖区普惠小微企业贷款实现量增、面扩、价降、质优。年末，梧州市人民币存贷款余额3060.56亿元，同比增长11.49%。2021年，中国人民银行梧州市中心支行获得中国人民银行脱贫攻坚先进集体、中国人民银行广州分行“先进基层党组织”、梧州市民族团结进步单位等称号。

【货币政策贯彻执行】 2021年，人民银行梧州市中心支行始终坚持把服务地方经济社会发展放在首位，切实发挥牵头把总作用，全面贯彻落实稳健的货币政策，强化逆周期调节，用好用足再贷款再贴现政策和两项直达实体经济的货币政策工具，着力优化金融调控与金融服务各项措施，扎实推进金融支持巩固拓展脱贫攻坚成果和乡村振兴有机衔接、稳企业保就业、“七个千亿”融资工程、中小微企业金融服务能力提升工程、“贷动小生意，服务大民生”金融支持个体工商户发展专项活动、民营普惠小微企业融资“集中攻坚”行动、房地产贷款集中度管理、防范金融风险、“桂惠贷”等各项工作，实现货币信贷总量均衡合理增长和企业综合融资成本稳中有降，区域信贷结构和信贷营商环境进一步优化，为梧州市“十四五”经济发展良好开局提供有力的金融保障，梧州市被评为自治区金融生态优秀市。认真落实两项直达实体经济货币政策工具激励措施，督促金融机构对到期普惠小微贷款“应延尽延”、信用贷款“应贷尽贷”，累计向辖内地方法人金融机构发放央行零利率激励再贷款资金4.17亿元，激励其投放普惠小微信用贷款10.43亿元。2021年末，梧州辖区人民银行系统向8家地方法人金融机构发放的再贷款余额（平均利率为2.17%）为25.5亿元，创历史新高。落实人民银行优惠存款准备金率政策，地方法人金融机构增加可贷资金36.8亿元。持续深化贷款市场报价利率改革，1—12月辖区金融机构一般贷款加权平均利率为4.97%，同比下降57个基点。

【反洗钱工作】 2021年，人民银行梧州市中心支行认真履行反洗钱工作职责，协调各部门、动员社会相关各方共同反洗钱。先后与执法及金融监管部门建立反洗钱监管协作机制，联合出台《关于加快推进梧州市洗钱入罪工作的意见》。洗钱入罪工作成效显著，推动6起案件以《中华人民共和国刑法》191条洗钱罪立案、起诉和审判，其中2起已判决。年内开展反洗钱执法检查1次，对29个义务机构开展年度分类评级，对4个法人义务机构开展洗钱和恐怖融资风险评估。积极配合司法部门开展扫黑除恶专项斗争，组织金融系统摸排线索，协查案件，持续开展打击利用离岸公司和地下钱庄转移赃款专项行动、打击传销、非法集资、逃税骗税、走私、电信诈骗、跨境赌博以及禁毒等专项工作，依法严惩洗钱及相关犯罪活动。全市开展反洗钱政策知识宣传433次，覆盖55万人，有效营造全社会共同参与、打击洗钱违法犯罪活动的良好氛围，切实防范金融风险，促进地方经济健康发展。

【人民币管理】 2021年，人民银行梧州市中心支行认真履行人民币管理工作职责，在梧州市建立整治拒收人民币现金商业银行网格化管理工作机制，为动态整治拒收人民币现金工作提供有力支撑。强化银警联动机制，推动假币监测打击制度化，共组织反假货币宣传活动52场，多媒体宣传15次，举办讲座5场，共发放宣传资料18500份。加大原封新券的供应，做好残损人民币回笼，持续优化流通中人民币整洁度。2021年流通中人民币整洁度均值为63.49%，比上年提高14.05个百分点。

【外汇管理】 2021年，梧州市银行代客结售汇88399万美元，同比增长39%。其中，结汇46534万美元、同比增长50%，售汇41865万美元、同比增长29%；结售汇顺差4669美元，上年同期为逆差1445万美元。全年全市涉外收支13.43亿美元，同比增长52%。其中，涉外收入67479万美元、同比增长63%，对外支出66825万美元、同比增长43%，收支顺差654万美元，上年同期为逆差5293万美元。年末，梧州辖区企业外债余额2957万美元，同比增长1.19倍。资本项目行政许可业务22笔，同比增长83%。外商投资企业外汇经营状况实际申报135家，同比持平。全年全市跨境人民币业务实际收付结算额达26.91亿元，同比增长47.13%；人民币收支资金占跨境收支总额的31.85%。经常项下及直接投资人民币结算量为15.61亿元，同比增长48.95%；资本项目跨境人民币结算实际收付结算额达11.3亿元，同比增长17.46%。

【征信管理】 2021年，人民银行梧州市中心支行持续深化征信服务窗口标准化建设，推动征信业务高质量发展。全年提供个人信用报告查询89294笔，企业信用报告查询2671笔。指导接入机构累计为个人调整还款安排或征信记录715人次，为企业调整还款安排或征信记录465家，其中小微企业占比86.88%。农村信用体系建设步伐持续加快，辖区共计采集60.39万户农户信息，入库率95.4%，同比提高4.74个百分点，创历史新高。评定信用农户39.67万户，创建信用村612个、信用镇（乡）43个，信用户、信用村、信用镇的创建面分别为62.68%、71.08%、74.14%，达到三个50%的工作目标。征信助力供应链中小微企业融资发展效能提升，贯彻落实动产融资统一登记政策，便利小微企业融资。2021年年末，全辖办理动产和权利担保登记857笔，同比增长2.74倍。联合梧州市财政局、梧州市工业和信息化局积极推广线上“政采贷”融资模式和核心企业系统对接融资模式，成功推动全区政府采购系统与应收账款融资平台对接后首笔线上“政采贷”业务在梧州落地。推动2家核心企业与平台完成系统对接上线，新增促成2条规模以上应收账款融资供应链。截至2021年末，全辖促成应收账款融资135笔、金额46.38亿元，融资额同比增长31.02%。

2021年8月20日，广西第二个地市级银行外汇业务和跨境人民币业务展业自律机制在梧州市成立。会上，自律机制成员行共同签署《梧州市银行外汇业务和跨境人民币业务自律公约》

何婷　供图

【金融执法】 2021年，人民银行梧州市中心支行认真贯彻落实金融执法职责，持续提升行政执法水平和执法效能。深入推进“放管服”改革，进一步优化行政许可流程，实现账户许可当日办结，全年累计核发行政许可账户6752户，不予受理766户，不予核发273户。严格依法开展行政执法检查和实施行政处罚，按照“双随机抽查”方式抽取2家地方性法人银行机构分别开展综合执法检查和反洗钱业务专项检查，对日常监管中发现1家银行业金融机构的违法违规行为进行调查，执法检查（调查）投入工作量280人次，合计发现违规问题30个。全年累计对违规机构和个人予以罚款103.6万元，罚款全部入缴国库。

（人民银行梧州市中心支行）

中国银行保险监督管理委员会梧州监管分局

【概况】 2021年，中国银行保险监督管理委员会梧州监管分局（简称梧州银保监分局）推动辖管银行机构加大实体经济支持力度，全年梧州银行业各项贷款余额1461.60亿元，同比增长17.45%。引导辖管银行机构支持粤桂合作特别试验区基础设施、产业项目建设，年末试验区内投放贷款余额36.08亿元，比年初增加6.08亿元，增长20.26%。支持高新技术企业发展，为辖区高新技术企业累计发放“技改贷”27笔共3.71亿元、“科创贷”65笔共6.25亿元。做好信用风险防范化解，督促银行加大不良贷款处置力度，辖区银行业全年处置不良贷款同比增长15.95%。开展案防督导，组织各银行保险机构开展案件风险排查和案防自评及案防制度清理，召开案件防控工作会议130次，确保清理不留死角。

2021年4月25日，梧州银保监分局组织召开推进生猪活体抵押贷款试点工作座谈会暨试点工作领导小组第一次会议　卢常欢　供图

【支持实体经济发展】 2021年，梧州银保监分局推动辖管银行机构加大实体经济支持力度，支持梧州市打造广西“东融”枢纽门户城市。引导辖管银行机构支持粤桂合作特别试验区基础设施、产业项目建设。12月末，试验区内投放贷款余额36.08亿元，比年初增加6.08亿元，增长20.26%。压实小微企业金融服务供给能力提升。截至年末，梧州辖区普惠型小微企业贷款余额229.10亿元，较年初增长20.56%。年内全辖区银行业累放普惠型小微企业贷款平均利率为5.17%，比上全年累放贷款利率低0.52个百分点；全辖区银行业累计承担或减免信贷相关费用766.25万元。梧州银保监分局创新指导藤县信用联社将当地生猪养殖龙头企业原本持有的政策性农业保险保单作为基础质押物，发放贷款5000万元。同时，强化对脱贫人口扶持力度，向脱贫户和边缘易致贫户发放利率优惠、财政贴息的小额信贷，推动“防贫保”拓宽普惠覆盖面。截至12月末，辖区脱贫人口小额信贷余额7.59亿元，惠及脱贫户16435户；保险机构累计为351名边缘户及脱贫监测户提供总金额1831.9万元的综合保险保障服务。主动对接市科技局、市科协，实地走访本地科技企业，批复设立1家科技支行，为辖区高新技术企业累计发放“技改贷”27笔共3.71亿元、“科创贷”65笔共6.25亿元。

【保护消费者权益】 2021年，梧州银保监分局从有利于化解矛盾纠纷的角度出发，按照“能化解的当场化解，不能当场化解的先引导，不愿接受引导再转办”的原则处理消费投诉件，明确和细化信访、举报、消费投诉处理工作流程，建立分工科学、权责清晰、协调顺畅、高效运转的工作机制，提高信访、举报、消费投诉工作处理质效。针对辖区损害消费者合法权益的沉疴顽疾，通过采取座谈研讨、研判法律法规、召开消费者保护工作会议、风险提示和举证责任倒置等组合拳，切实保障消费者合法权益。年内，在岑溪市人民法院诉讼服务中心设立银行调解委员会岑溪工作站，灵活运用岑溪法院“云间”庭审、“云间”调解等线上诉讼服务功能，创新诉调对接方式，打造诉调对接示范亮点，构筑多元化解平台。

【防范化解金融行业风险】 2021年，梧州银保监分局督促银行加大不良贷款处置力度。辖区银行业全年处置不良贷款同比增长15.95%。研判落实延期还本付息政策中的潜在风险，要求辖区银行机构依法合规提足拨备，做好风险处置预案，辖区银行业整体信用风险防控能力良好。规范整治重点领域、业务风险。整治保险业市场乱象。督促辖区人身险机构对照治理重点深入开展自查自纠。化解房地产贷款风险及次生风险。与政府部门联动，参与房地产项目风险防范化解专项工作，维护金融市场稳定。强化政府融资债务风险监测分析，配合政府依法合规推进隐性政府债务化解。常态化推进扫黑除恶工作。与公安部门联动合作，开展2021年反欺诈专项行动。多措并举推进内控合规建设。开展“内控合规管理建设年”活动。以问题导向、风险导向原则选取各类机构通过采取走访督导、调阅材料等形式进行监管评估，消除风险隐患，落实好内控合规主体责任。推进“案件专项治理年”活动。不定期开展案防督导，组织各银行保险机构开展案件风险排查和案防自评及案防制度清理，召开案件防控工作会议130次，确保清理不留死角。

【整治金融市场乱象】 2021年，梧州银保监分局开展“内控合规管理年”“案件专项治理年”活动，通过对市公安局的来函复函，并查询中国裁判文书网、纪委监委网站的公开信息，对辖区银行应报未报案件信息进行对照抽查，抽查机构覆盖率达100%，梳理银行机构存在应报未报、已报未结案件，进一步压实银行机构内控合规及案防责任意识，有效提升行业规范。开展互联网贷款业务调查。及时组织辖区银行机构开展互联网贷款业务评估调查，在机构自评的基础上，开展现场调查，并督导机构及时完成问题整改，责成对相关人员进行内部问责。梧州银保监分局制订《梧州辖区商业银行信用卡业务监管抽查工作实施方案》，牵头做好信用卡业务评估。

【深化金融改革】 2021年，梧州银保监分局推动并批复6家银行机构在苍梧县石桥镇设立网点7个，为苍梧县新县城建设提供有力金融支持。推进农村中小金融机构改革化险，9月30日，藤县农商行筹建正式获得自治区局批复，并稳步推进其他未改制机构改革工作。深化车险综合改革，持续压降车险费用成本。至12月末，车险综合成本率从第一季度的104.34%压降至92.20%，下降12.14个百分点，比全自治区平均水平（94.70%）低2.50个百分点。

【提升监管效能】 2021年，梧州银保监分局通过会议、调研、监管约谈或提示、检查等方式督促银行保险机构贯彻落实宏观经济金融政策，引导梧州金融行业高质量发展。依法对不当关联交易、实际控制企业及其关联企业授信超集中度等案件实施行政处罚。持续推进行政处罚不规范行为专项清理工作，做实自查自纠，压实问题整改。按季度召开梧州银行业保险业非现场监管联席会议（暨风险分析会），全面总结非现场监管工作，及时分析研判银行保险风险状况。成立现场检查委员会，制定现场检查委员会工作规则，有效解决现场检查过程质量控制以及“应立未立”“应罚未罚”“选择性执法”等问题。制定《现场检查工作规程》《涉刑案件管理工作规程》，细化现场检查和涉刑案件处置各工作环节要求和步骤。开展重大信息虚假问题专项行动。全面覆盖辖内46家银行保险机构，对自查发现问题及“回头看”问题进行整改问责。

（梧州银保监分局）

梧州市金融工作办公室

【概况】 2021年，梧州市金融工作办公室（简称市金融办）主动加强与人民银行梧州市中心支行、梧州银保监分局等驻梧州中央金融监管部门的协调配合，不断增强地方金融监管合力，严厉打击非法集资等非法金融活动，推动地方法人金融机构提升风险管控能力，确保全市无高风险机构；按照“摸清底数、处置风险、注入资本、转换机制”的思路，深化农村信用社改革改制；扎实推进防范化解金融风险各项工作，全市金融运行稳中向好，地方法人金融机构、网络借贷压力释放，保险业、债券兑付、资本市场、防范非法集资等重点领域风险有效防控，非法金融活动有效控制，支持实体经济取得成效。4月，自治区金融生态建设评价工作厅际联席会议办公室公布2020年度各设区市金融生态建设综合评价结果，梧州市被评为金融生态优秀市。

【政府性融资担保体系建设】 2021年，市金融办构建“4222”新型政府性融资担保业务，由担保机构、再担保机构、银行金融机构和国家融资担保基金公司，在一笔授信业务中，分别按照40%、20%、20%、20%的比例承担代偿风险责任，在此新型担保模式下，担保机构增强了授信申请人的增信能力和可持续发展能力，明显提高了小微企业贷款可获得性。全年全市“4222”新型政府性融资担保业务279笔，发生额13.15亿元。首创推出“见贷即保”模式下的农业信贷担保新产品“集贷保”。“集贷保”采取信用“互认”、总量担保、降费让利等新模式提高银行贷前审核主体责任意识，由农担机构单独担保，按传统担保贷款费用的十分之一收取担保费用；银行以贷款风险审查为主，农担机构以政策合规性审查为主，3天内出担保函及放款通知书，银行最快1天完成审批并发放贷款，实现批量担保、批量放贷。全年“集贷保”业务在保笔数2300笔，发生额6.88亿元。

【互联网金融风险专项整治】 2021年，梧州市网上参与广西憧憬金融公司梧州分公司投资共有600余人，涉及投资额6000余万元。广西憧憬金融公司自2020年初开始出现偿付危机，市金融办累计接待投资者来访约300人。市金融办高度重视，一方面安抚投资者情绪，引导其通过合法途径维护自身权益；另一方面主动与柳州市互联网金融风险专项整治工作领导小组办公室对接，了解掌握平台风险处置进展情况。2021年8月5日，根据属地管理的原则，柳州市公安局正式发布《关于柳州市憧憬金融服务有限公司涉嫌非法吸收公众存款案报案登记的公告》，按“统一立案、统一受理”规定，梧州市公安部门为投资者开通报案登记渠道，在完成登记后移交柳州市公安部门集中受理。梧州市稳妥有序化解网络借贷风险，未引发群体性维稳事件。

【企业债券证券风险防范】 2021年，市金融办增强主动服务意识，与债券发行主体加强沟通联系，对梧州市存量企业债券进行摸底，通过项目筛查、风险排查等方式，分析研判，提前介入，跟踪协调，防范化解企业债券领域风险。梧州市企业债券风险防范情况较好，到期本息均如期足额兑付，未发生违约情况。年内，梧州市完善地方政府与监管部门信息共享机制，强化风险预警能力，对天夏智慧退市等重大违法违规风险，建立快速反应和应急处置机制，提前介入，研究潜在风险防范化解方案，妥善应对。天夏智慧平稳退市，未引发涉众涉稳事件。

【防范和处置非法集资】 2021年，梧州市组织开展全市防范和处置非法集资“铸剑2021”专项行动，对易发生非法集资风险的国龙财富中心和旺城广场等写字楼进行全面排查，累计摸排公司近200家，将“数享易购”等3家公司列为重点关注对象。对非法集资犯罪活动保持高压态势。全年梧州市公安部门立案涉嫌非法集资刑事案件4起，涉及集资参与人数和集资金额分别为230人、5300万元。市金融办贯彻落实《防范和处置非法集资条例》，加大宣传教育力度，持续开展“学法用法护小家　防非处非靠大家”主题宣传活动，“七进”等宣传活动470场次，参与群众9.8万人次；通过网络宣传发布原创作品41篇，点击阅读量3.4万次，互动宣传覆盖7.3万人次，发送短信1.95万条，发放宣传品4.18万份。

（市金融办）

2021年6月15日，在潘塘公园法治广场举行的防范非法集资志愿服务活动中，市金融办副主任曾林阳（左一）向群众发放宣传资料和解读政策　　周宏江　摄

审　计

【概况】 2021年，梧州市各级审计机关着眼于审计工作“全面覆盖”“权威高效”的要求，立足“审计监督首先是经济监督”

定位，自觉在服务全市改革发展大局中谋划和推进审计工作，为“十四五”开好局、起好步提供强有力的经济监督保障。年内共完成审计项目（调查）105个，促进增收节支、挽回（避免）损失和核减投资额约10.44亿元；提出审计建议304条，促进健全规章制度40多项。年内，梧州市审计局先后获2020年度全自治区审计机关优秀计算机项目一等奖、2021年全自治区审计机关审计创新应用评选一等奖、第九届全自治区审计机关计算机审计成果演示评选一等奖、2020年度全自治区审计信息和新闻宣传工作成绩突出集体等称号。

【财政金融审计】 2021年，市审计局重点关注财政预算编制、财政资金分配使用、财政存量资金整合、财政资金绩效等情况，开展市本级预算执行及其他财政收支情况审计。并向市人大常委会报告审计工作情况及整改情况，服务人大预算审查监督。运用大数据对市财政局等295个市本级预算单位进行全覆盖审计。开展落实中央“过紧日子”要求专项审计，力促每一笔钱都用在刀刃上。选派业务骨干参加财政直达资金使用情况专项检查，并跟踪落实发现问题的整改情况，紧盯资金使用“最后一公里”。

【政策跟踪审计】 2021年，市审计局聚焦“六稳”“六保”工作、易地扶贫搬迁后续扶持政策、社会保险基金、防范化解重大风险等重点，实行重大政策措施落实情况跟踪审计定期联系制度，稳步推进重大政策措施落实跟踪审计。全年累计抽查90个部门单位、109个项目，涉及财政资金220.17亿元。组织开展岑溪市易地扶贫搬迁后续政策措施落实和资金管理使用情况审计。运用大数据审计对从教育、人社、民政等部门取得的各项数据进行分析对比筛查，重点审查搬迁家庭劳动力实现就业、应享尽享低保和养老政策等情况，抽查筋竹镇等7个乡镇共8个行政村，入户调查农户40户，抽查项目21个，共审计易地扶贫搬迁资金20217.25万元，查出个别产业项目效益不佳等问题23个。部分搬迁群众未及时纳入返贫致贫监测和帮扶范围、个别产业项目效益不佳等问题立行立改10个，有效保障搬迁群众根本利益，确保脱贫攻坚与乡村振兴有效衔接。

【农业资源环保审计】 2021年，市审计局扎实开展全市土地整治专项资金管理使用情况专项审计调查。以摸清“十三五”期间土地整治项目投入财政资金、融资借款及引入社会资本情况、土地指标入库和增减挂钩收益情况等为目标，审计发现土地整治项目建设管理及资金使用不规范、土地整治项目未实现预期效益以及部分土地整治专项资金结存较大等问题，涉及管理不规范问题金额2813.10万元。对全市7个县（市、区）土壤污染防治情况进行专项审计调查。审计发现生活垃圾填埋场运营管理不规范，企业铅、砷、铬金属含量超标对环境造成风险隐患等问题，督促基层加大土壤污染预防与源头管控、危险废物固体废物管控力度，树立“绿水青山就是金山银山”意识，推动生态文明建设再上新台阶。

【固定资产投资审计】 2021年，市审计局围绕重大建设项目，以推动提高政府投资项目经济性、效率性、效益性为目标开展审计。年内组织实施政府投资审计项目27个，涉及医院综合楼、廉租房六期工程、智能立体车库等基础建设，审计金额约19亿元，助力梧州城市功能不断完善，城市品质高质量提升。

2021年3月26日，梧州市审计局在开展全市“双百双新”产业项目实施情况专项审计调查中，组织审计组实地核查生物医药产业推进情况

市审计局　供图

扎实开展全市“双百双新”产业项目实施情况专项审计调查。深入粤桂合作特别试验区等产业园区主阵地，走访企业28个，重点关注产业项目在申报入围、前期工作、建设实施、竣工投产等方面的情况，了解政策落实中的难点堵点，助推重点产业、新兴产业补链强链延链，壮大实体经济根基。专项开展广西梧州苍海国家湿地公园生态建设项目征地拆迁补偿款审计，运用大数据审计分析比对，揭示改变地类性质提高补偿标准、重复补偿、超面积补偿等问题。

【社会保障审计】 2021年，市审计局加大对社保基金的审计力度，贯彻落实国家关于稳就业、深化医疗体制改革等各项决策部署和政策要求，聚焦社保基金、医疗卫生行业，向多个部门、医疗机构等单位采集相关数据，审计查出定点医疗机构违规收费、重点人群未能全面参保、被征地农民未能及时享受养老保险补贴等问题，涉及问题金额557.35万元，762名重点人群参保情况受到关注，基本权益得到保障。

【经济责任审计】 2021年，市审计局在全市共审计36名领导干部，查出负有领导责任问题金额7549万元，推动领导干部守法守纪、履职尽责。7个市属园区主要领导干部经济责任审计全面铺开，及时预警金融、资源、投资等风险隐患。落实《经济责任审计工作联席会议制度》，如期召开梧州市2021年度经济责任审计工作联席会议，召集各成员单位研究年度经济责任审计工作和项目安排，齐抓共管的长效机制不断探索完善。

【专项资金审计】 2021年，市审计局扎实开展广西岭南风情文化旅游周和广西（梧州）粤剧节活动经费管理使用情况审计调查。审计调查发现部分支出不符合在专款列支、个别活动项目未经政府采购、购买服务未取得发票等问题。开展2017—2019年梧州市本级党费收缴、管理、使用情况专项审计。对各党（工）委下辖的146个党组织进行抽查，进一步促进党费管理工作规范化、制度化，更好地发挥党费在基层党组织建设中的作用和效益。

【其他审计】 2021年，市审计局全年组织开展全市内部审计情况统计工作2次，覆盖全市范围内近700个单位。印发《关于做好我市内部审计资料备案工作的通知》，明确梧州内部审计相关资料备案的内容、程序、形式和时限等各项要求，同步开展动态指导监督，夯实审计机关有效利用内部审计成果的制度基础。开展内审人员跟班学习，共抽调内审机构人员3人参加市本级审计项目，实战锻炼拟定内部审计参考文书格式和资料备案制度等前期工作，一定程度破解审计机关力量薄弱、内审机构人员素质不高等难题。全市内部审计工作机制逐步完善，全市有41个单位已明确履行内部审计职能的内设机构，设置专职机构的17个。年内，市审计局持续做好全市30余项审计常用业务数据更新，确保电子数据资源“集中存储、分类管理、动态更新、依权使用、安全保密”。融合各项重点审计工作，实施审前预分析、带专题进项目，加强非现场审计与现场审计的资源配置和协调衔接，实现审计资源、审计思路和审计结果共享。融合三级联动与自主分析研判，对市财政支付系统、工商数据、养老保险等100多万条数据进行关联分析，自行建立分析模型16个，分析研判疑点3908条，为一线审计人员现场工作提供靶向支持，提高现场审计及核查实效。获2021年审计创新应用评选一等奖以及第九届全自治区审计机关计算机审计成果演示一等奖。

（市审计局）

统　计

【概况】 梧州的统计部门工作主要由梧州各级人民政府统计机构和国家统计局派出的机构（国家统计局梧州调查队）组成。2021年，市统计局围绕市委、市政府中心工作，以服务梧州市高质量发展为主题，以提高统计数据质量为中心，以推进统计现代化改革为主线，深化统计改革创新，强化统计分析服务，加强统计法治监督，落实统计执法普法常态化，推动梧州市企业电子统计台账改革试点，扎实推进统计信息化建设，努力构筑统计网络安全网，为统计局网络运行提供了安全、稳定、可靠的良好环境。国家统计局梧州调查队负责开展流通和消费价格统计调查、住户收支与生活状况调查、工业生产者价格调查、采购经理调查、主要畜禽监测调查、农产品价格调查、中间消耗统计调查等国家统计局及广西调查总队布置的常规性调查业务及开展专项调查业务。年末，市统计局网络信息报送工作被自治区统计局评为一等奖，国家统计局梧州调查队先后获得中共梧州市委市直机关“五星级”党支部、国家统计局广西调查总队经济类课题评比二等奖等荣誉。

【统计制度改革】 2021年，市统计局和7个县（市、区）统计部门均联合本级党委政法委印发出台基层统计网格化服务管理工作方案，成立领导小组，明确工作责任，落实每月100—150元工作补助，为开展统计网格化工作提供有效的机制保障。在全市1003个村（社区）中，选拔配备1083名统计网格员，其中“80后”（1980年1月1日至1989年12月31日出生的人群）占60%、高中以上学历达到79%，市各级统计部门组织其开展“线上+线下”精准培训，充实基层统计队伍。

【统计法治建设】 2021年，市各级统计部门落实统计执法普法常态化。统计执法人员做到持证上岗、亮证执法、依法行政、严格执法。开展统计执法检查，全年市、县两级共开展统计执法检查119家。积极推动统计法律法规进党校。连续3年将统计法律法规纳入党校主体班的培训课程，进一步提高领导干部自觉抵制统计造假、弄虚作假，坚决遏制数字腐败的意识和能力。多层次开展统计普法活动。开展全市范围内统计法律法规宣传活动5次，发放宣传资料和宣传品超5000份。下沉企业、乡村、社区普法宣传50余次，普法人次超500次。

2021年3月19日，市统计局党组书记、局长周雄受邀到市委党校进行统计法律法规相关知识专题授课　　邓碧珩　供图

【企业电子统计台账建设】 2021年，市统计局大力推动梧州市企业电子统计台账改革试点。选取藤县作为梧州市企业电子统计台账的试点县，扩大试点范围，试点数量从自治区下达的98家任务自主扩大到藤县全部联网直报在库在营企业182家。截至12月30日，182家试点企业全部完成安装，安装率达到100%。其中，工业50家，建筑业30家，批发零售业企业36家，住宿餐饮业企业6家，服务业企业7家，房地产开发经营业企业53家。经市、县两级统计机构共同努力，梧州市按时完成2021年度企业电子统计台账试点工作，并取得了阶段性成效。

【统计信息化建设】 2021年，市统计局扎实推进统计信息化建设，努力构筑统计网络安全网。各项统计信息化工作稳步推进，全年共计投入统计信息化建设资金20万元，推进全市统计部门网络安全基础设施建设、乡镇全面覆盖统计专网、网络安全攻防演练、云网资源统筹认定等重点工作，市统计局门户网站在各季度全自治区政府网站信息交叉互评互检中成绩合格，网站信息安全得到进一步加强，无重大网络信息安全事故出现。按照国家《网络机房建设标准》A级标准进行设计与建设的机房，使用面积40平方米，分为供配电、UPS、温度管理、防雷接地、门禁安防、火灾报警、气体灭火、综合布线、网络核心设备、KVM、动力环境监控等10多个子系统，为统计局网络运行提供安全、稳定、可靠的良好环境。推进全市统计网络安全建设，构筑全市统计专网网络安全体系，完成县级统计部门网络安全基础设施建设，利用防火墙、日志审计系统、漏洞扫描系统等设备，在全年各大重要活动时期，高效监测全市统计专网数据的安全运行，发现异常做到精准定位，杜绝网络安全威胁的入侵，保障统计数据的安全报送。升级维护部门网站，配合完成全自治区数字政府一体安全检查工作，完成部门内网网站等级保护测评备案工作。按照《政府信息公开条例》等相关要求，及时更新发布统计工作政务信息，共发布和转载各类政务信息460余条，完成既定任务。

【统计宣传】 2021年，市统计局大力开展统计普法宣传活动，充分发挥法治宣传教育在依法统计、依法治统工作中的基础作用，努力构建不敢假、不能假、不想假的良好统计生态。5月10日—17日，组织统计法制宣传周活动，市统计局会同市委宣传部围绕“学党史强担当，统计为民服务”主题，联合印发统计法治宣传周工作方案，在全市范围组织开展为期一周的统计法治宣传活动。媒体与户外宣传并举，分别在5月和9月在市区户外LED大屏播放统计宣传视频，并通过到人员密集场所摆摊设点、送法入企、组织统计法治和业务培训等方式，把统计普法宣传引向深入。组织“中国统计开放日”活动。以“赓续红色血脉奋进统计未来”为主题，“线上”+“线下”双管齐下组织第十二届“中国统计开放日”活动。“线上”开展“党史+统计法”知识竞赛答题活动、在市统计局网站设立专栏进行宣传。“线下”通过展板宣传、送法入企业、部门、社区、村镇等方式宣传“十三五”时期梧州市经济社会发展成就、统计法律法规知识、《中华人民共和国宪法》《中华人民共和国民法典》；并设置统计知识咨询台，现场发放宣传资料和宣传品500余份。组织“统计法颁布日”宣传活动，通过在市政广场摆摊设点，悬挂横幅、发放宣传资料，组织统计知识有奖问答，移动LED车载视频滚动播放统计法治宣传动漫片等方式，向市民群众大力宣传统计法律法规等相关知识。

【统计服务】 2021年，市统计局围绕经济社会发展重点、热点、难点问题，坚持“第一手情况”“第一道研判”“第一时间报送”，加强调查研究，强化统计分析，提升统计监测和咨询服务水平，及时完成统计分析和统计专报信息报送任务，为各级党委政府提供精准的决策参考和优质的统计服务。全年报送中共梧州市委、市政府主要领导统计信息45期，获市委、市政府主要领导批示17篇次、其他市领导批示6篇次。全年共印发《梧州市统计信息月报》11期2200册、《2021梧州统计年鉴》350册；全年统计信息分析被市委采用得分577分，被市政府采用24篇，被自治区统计局信息网采用171篇，网络信息报送工作被自治区统计局评为一等奖。年内，进一步规范网上信息发布机制，重点加强市局内、外网络信息发布，实时更新进度数据和信息分析，圆满完成《2021年统计公报》发布工作；全年局外网发布工作动态、统计信息、统计分析等共368篇，其中《梧州市主要经济指标》11期、统计分析（信息）52篇。

（市统计局）

社会调查与监测

【专项调查】 2021年5月，国家统计局梧州调查队为贯彻落实中共中央国务院印发《中长期青年发展规划（2016—2025年）》实施方案，推进中长期青年发展规划工作落实，加快建立青年发展监测数据库，通过开展青年发展状况专项抽样调查分析，进行青年发展状况调查，加强对青年发展状况的研判。12月，通过收集网购用户网上购物情况、网上购物评价等网上购物消费习惯信息，进行网购用户调查，客观反映网上购物对实体销售的影响程度，科学测算网络购物替代率等重要参数数据，进一步完善网上零售统计调查方法体系。

【常规调查】 2021年，国家统计局梧州调查队调查居民消费价格指数，调查内容包括：食品烟酒、衣着、居住、生活用品及服务、交通通信、教育文化娱乐、医疗保健、其他用品及服务8大类、268个基本分类的商品与服务价格。2021年梧州市居民消费价格总水平同比上涨0.8%，涨幅比上年同期低2.2个百分点。调查城镇低收入居民基本生活费用价格指数，调查内容包括食品烟酒、衣着、居住、生活用品及服务、交通通信、教育文化娱乐、医疗保健、其他用品及服务等8大类。调查商品零售价格指数，调查内容包括：食品、饮料烟酒、服装鞋帽、纺织品、家用电器及音像器材、文化办公用品、日用品、体育娱乐用品、交通通信用品、家具、化妆品、金银饰品、中西药品及医疗保健用品、书报杂志及电子出版物、燃料、建筑材料及五金电料等16个大类，197个基本分类的商品零售价格。2021年梧州市商品零售价格指数为101.4。

2021年7月9日，国家统计局梧州调查队到田间地头为记账户收割夏粮、打谷、晒谷　　汤琳娜　供图

梧州市的居民消费价格指数、城镇低收入居民基本生活费用价格指数和商品零售价格指数是在梧州市3个城区247个价格调查点进行价格调查的基础上，根据国际规范的流程和公式分别计算得出。

年内，国家统计局梧州调查队进行工业生产者价格调查，工业生产者价格包括工业企业产品第一次出售时的出厂价格和企业作为中间投入的原材料、燃料、动力购进价格。调查内容包括报告月调查日的工业生产者出厂价格和购进价格，以及相应的基期价格。梧州市在市区及三县一市共抽选调查样本（企业）78个。此外，还进行住户收支与生活状况调查、采购经理调查、主要畜禽监测调查、农产品价格调查、中间消耗统计调查以及粮食和畜牧业生产全面统计等常规调查。梧州市采购经理调查样本共142家企业。主要畜禽监测调查内容包括梧州市主要畜禽（猪、牛、羊、禽）存栏、出栏出售价格等情况，该项调查范围为大型养殖场户、抽中的中小型养殖场户及调查小区的散养户。农产品价格调查统计范围为抽中的农业生产经营单位，为季度报表，农产品价格、出售数量与金额等资料采用抽样调查的方法取得，样本数量为14个。粮食和畜牧业生产全面统计覆盖辖区7个县（市、区），涉及60个乡镇（街道），约830个村（居）委会。

（国家统计局梧州调查队）

物价管理

【概况】　2021年，梧州市价格工作贯彻落实中央“六稳”“六保”要求，重要民生商品保供稳价，深化价格改革工作实现新突破，确保全市价格基本稳定。据国家统计局梧州调查队提供的数据显示，2021年，梧州市居民消费价格总水平同比上涨0.8%，同比涨幅与全自治区0.9%比低0.1个百分点，比全国0.9%低0.1个百分点，比2020年同比降低2.2个百分点，在全自治区14个设区市中排第九位，全市价格调控工作取得明显进步。从调查的八大类消费品及服务价格来看，总体呈现“6升2降”的运行态势。其中衣着、居住、生活用品及服务、交通通信、教育文化娱乐、医疗保健等6大类消费品及服务价格同比分别上涨1.5%、0.7%、1.5%、3.3%、2.2%、1.0%；食品烟酒、其他用品及服务价格等2大类消费品及服务同比分别下降0.9%、0.4%。

【价格管理】　2021年，梧州市价格工作贯彻落实自治区，市委、市政府的决策部署，坚持稳中求进工作基调，坚持新发展理念，深化价格改革，完善价格政策，规范价格管理，扎实推进各项价格管理工作。贯彻落实重要商品、服务和要素价格改革，拟订《印发梧州市2021年降成本工作要点》《梧州市住宅物业服务收费管理细则》等相关管理原则、方法和标准。贯彻落实重点行业、重要工农产品、重要商品、公用事业和服务价格的政策，严格按照有关审批程序，审慎出台定调价项目，拟订和调整部分出租车运费、天然气价格联动、太和公园观光车票价等市列名管理的商品、服务价格标准。贯彻落实自治区“奋战一季度加力开新局”而制定的各项政策，降低水价、电价、气价，减轻企业负担，助推企业发展，有序开展梧州市清理取消城镇供水供电供气行业不合理收费专项治理行动，清退不合理收费100多万元，全年减少供水供电供气收费3000多万元。开展口岸收费管理，降低进出口相关收费，其中李家庄码头重箱按海关查验要求搬移（转查验专区）、海关查验过H986两项收费降幅分别为40呎标准柜35%每箱，20呎柜26.7%每箱，进一步优化营商环境。

【收费管理】 2021年，梧州市为促进梧州市营商环境，减轻市民群众出行负担，自9月1日起下调了梧州市道路停车收费标准，经测算，收费标准降低后，车主停车费支出减少约23%。根据国家、自治区行政事业性收费统计报告制度工作要求，梧州市顺利完成2020年行政事业性收费统计工作，梧州市全市（含三县一市）行政事业性收费单位184个，收费部门15个，收费项目47个，行政事业性收费总额42342.86万元，比2019年的44430.51万元减少2087.65万元，降幅4.7%。

【重要民生商品保供稳价】 2021年，梧州市物资价格管控部门按照自治区确定的年度价格调控目标，做好粮油肉蛋菜等重要民生商品保供稳价工作，强化重要民生商品和大宗商品市场价格监测分析，建立完善重要民生商品价格监测机制，确保梧州市重要民生商品价格保持平稳运行。年内，统筹指导全市各部门全力以赴抓好春节、中秋、国庆以及中国共产党成立100周年等重要时段重要民生商品保供稳价工作，做好猪肉保供稳价和新冠疫情期间生活物资保供稳价工作，定期组织召开联席会，开展价格形势分析研判和工作协调，确保各项措施落到实处；会同相关部门联合制订《关于完善梧州市政府猪肉储备调节机制 做好猪肉市场保供稳价工作实施方案》等政策文件，采取措施调节猪肉市场价格，保供稳价。全年梧州市居民消费价格总水平同比上涨0.8%，完成了全年居民消费价格指数同比涨幅3%左右的控价目标。

【商品价格监测】 2021年，梧州市价格管控部门开展粮油肉蛋菜等重要民生商品价格监测，对梧州市新兴市场37个食品价格建立每日一报制度，并在广西价格监测平台上发布；开展食品、消费品、生产资料、服务价格和劳动力价格的常规监测，按时将监测数据上报自治区价格监测分局；开展广西扶贫产业特色农产品价格监测工作，对梧州市八角、砂糖橘价格进行监测，并按时上报自治区价格监测分局，在重大节假日期间，完成重要民生商品和服务价格应急监测任务，共上报价格数据27000多条；组织开展成本调查工作，对梧州市上半年生猪、下半年生猪、全年生猪、肉鸡、豆角、大白菜、萝卜7个农产品开展生产成本收益情况调查，按时将成本调查数据上报自治区价格成本调查监审分局，为国家和自治区制订农业价格政策提供成本参考依据。

【成本监审（调查）及价格调研】 2021年，梧州市价格管控部门完成梧州市学科类校外培训成本调查、公办高中生均教育培养成本、公办高中生均住宿成本等3个成本监审（调查）项目，共核减不合理成本费用459.39万元。年内，开展价格调研工作，为价格决策服务。加强对居民消费价格运行情况分析研判，做好月度分析，刊登在《梧州价格信息》上；加强市场价格运行情况的监测预警，关注市场价格动态，及时撰写分析、调研报告，提出建议及对策，为市委、政府价格决策提供参考；全年有12篇稿件被市委信息科、市政府信息科和市发展改革委公众号采用。

【价格认定】 2021年，刑事案件较上年数量上升，案件金额较大，其中涉黑类案件仍占部分。梧州市价格管控部门正确把握政治站位、不断提高政治觉悟，高度重视刑事案件的认定工作，高效高质配合公安部门对重大涉黑涉恶案件的涉案资产价格认定工作，为司法机关办理刑事案件提供了科学、公正、有效的价格依据。完成各类刑事案件涉案财物价格认定工作共412宗，价格认定金额共2.96亿元。二手不动产涉税财物价格认定个案全年完成183宗，认定总金额达1.71亿元，认定个案类别包括二手住宅、商铺、商住综合楼、乡镇自建房、土地、厂房，车库车位等。年内，协同梧州市税务局更新升级《梧州市存量房价格数据库》，实现梧州市区范围内动态监测存量房价格。全年完成各类国有资产报废处置价格认定工作共68宗，价格认定金额共1107万元；完成各类行政部门价格认定工作共31宗，价格认定金额共3319万元。

（市发展改革委）

市场监督管理

【概况】 2021年，梧州市市场监督管理局坚持保安全、惠民生、提质量、促发展，创新基层市场监管治理模式获得国家市场监督管理总局肯定推广。梧州市市场监管局（知识产权局）获得全国知识产权系统先进集体称号，梧州市市场监管局投诉举报指挥中心获得全国市场监管卫士集体荣誉称号、获荐为全国药品监管系统先进集体。“鱼滑非法添加硼砂系列案”“红星二锅头系列假酒案”入选市场监管总局“铁拳”行动典型案例。梧州市“质量工作”、事中事后监管工作获得自治区“真抓实干”督查激励通报表扬；梧州市2020年度广西消费者满意度测评中排名第二，在全自治区食品安全工作评议考核中获评A级。认证认可、保健食品专项整治、知识产权战略等13项工作在全区市场监管系统专项会议上做经验交流发言。“梧州市江河电子科技有限公司涉嫌生产销售假冒他人商标电子烟产品案”被列入广西“铁拳”行动4起典型案例之一。查处侵犯“田七”注册商标专用权案被自治区市场监管局选为专利商标行政保护典型案例。

压实创建全国文明城市工作责任，推进农贸市场改造提升和综合治理，部门获2020年度“三年三工程”活动先进单位、梧州市创建文明城市工作先进单位、梧州市“力争上游”先进集体三等奖等多项荣誉。聚焦全市中心工作和全年任务，建立食品安全、药品安全、工业产品质量安全、公平竞争等4项自治区考评指标“任务清单”，明确细化措施、责任人和完成时限，合力化解各类要素制约，为梧州市争取创新加分5分。推行“一窗受理、同步办理”的方式，年内全市新登记市场主体2.8万户，全市市场主体总量达到17.2万户，同比增长19.65%；12315投诉举报中心全年共接到各类投诉、举报、咨询共计13948件，同比增长11.17%；成功调解消费投诉1499件，为消费者挽回经济损失515多万元。

【市场主体登记管理】 2021年，推行“一窗受理、同步办理”的方式，简化企业办理环节，整合市监、公安、税务、社保、医保、住房公积金中心、人民银行梧州市中心支行等部门资源和力量，实现企业设立登记、刻制印章、申领发票、住房公积金缴存登记开户、社保、医保开户、银行基本账户开户等实现0.5个工作日办结。年内，全市新登记市场主体2.8万户，全市市场主体总量达到17.2万户，同比增长19.65%。

【个体私营经济扶持与监管】 2021年，梧州市与自治区政务一体化平台完成对接，发出企业免费电子印章。建设启用社会公共服务电子印章系统，并将企业印章应用于广西数字政务一体化平台，实现证明材料在各部门之间电子化流转。全面取消企业银行账户许可，规范设立企业基本账户办事流程，将办理时间压缩至1—2小时内办结；中国银行引入“智能柜台”（移动版），企业开设银行账户实现企业信息自动化采集，缩短企业登记时间。

【信用监督管理】 2021年，全市运用广西“双随机、一公开”监管平台部署开展双随机抽查546项，抽查检查对象7133户。全市运用广西“双随机、一公开”监管平台部署开展部门联合抽查42次，依自治区统一部署开展联合抽查31次，抽查检查对象539户，检查结果全部按要求录入并向社会公示。依据《市场监督管理严重违法失信名单管理办法》，万秀区市场监管局办理的广西首个“使用有毒、有害非食品原料加工食品列入严重违法失信名单案”，入选国家市场监管总局典型案例。梧州市连续两年被自治区人民政府认定为落实事中事后监管等相关政策措施社会反映好的地方。

7月，梧州市市场监督管理局等8部门印发《2021年梧州市优化营商环境市场监管能力指标实施方案》的通知，巩固和完善“双随机、一公开”模式，实现“双随机、一公开”监管覆盖率100%。7月28日，印发《梧州市“双随机、一公开”监管部门联席会议办公室关于印发〈梧州市政府部门联合抽查事项清单（2021版）〉等4个文件的通知》，涵盖19个牵头部门、23个参与部门，联合随机抽查事项28项。各级各部门对照通知要求，建立涵盖160384户市场主体的监管对象名录库，以及涵盖各部门共3233名执法人员的执法检查人员名录库。

【商标广告管理】 2021年，全市累计商标有效注册量15767件，全自治区排名第六位，同比增长18.99%。全市拥有驰名商标2个，累计23个商标获得马德里国际商标注册。年内，梧州市成功注册“梧州砂糖橘”“梧州六堡茶”“藤县粉葛”“苍梧沙头迟熟荔枝”4个地理标志证明商标；拥有“梧州龟苓膏”“六堡茶”“梧州腊肠”“岑溪古典鸡”4个地理标志产品保护。全年全市共办理商标侵权假冒违法案件65起，案值181.6万元；成功处理了专利侵权纠纷案件1件，办理专利假冒案件4件。其中，查办的“假冒白酒案”入选国家市场监督管理总局“铁拳”行动典型案例；“假冒电子烟案”被列为广西“铁拳”行动四起典型大案要案之一。全市完成商标质押融资0.5亿元，商标质押总额位列全自治区第二名，梧州知识产权质押融资经验获得全自治区推广。

年内，市场监管部门突出医疗、药品、保健食品、房地产、金融投资理财等关系人民群众健康安全和财产安全的重点领域，加大案件查处力度，全年共监测医疗、药品、保健品、汽车、房地产、酒类、宝石等各类广告总条数8795条、35.05万条次，办理广告违法案件8起，行政约谈130次，处置包括群众投诉举报、相关部门移送的各类涉嫌违法广告线索390件，处理率均达到100%。

【标准化工作】 2021年参与制定并获批发布《脂松香》等4项国家标准，《六堡茶茶艺规范》等5项广西地方标准获批立项。加快标准化试点示范建设，推动企业运用标准化方式组织经营和服务。梧州江滨国际大酒店有限公司、广西碧清源环保投资有限公司2家企业获批自治区级服务业标准化试点项目。

加强企业产品和服务标准自我声明公开和监督，46家企业共上报160项标准，涵盖184种产品。开展对标达标提升专项行动，鼓励企业主动制定、实施先进标准。为钢铁、水泥等8个产业、19家企业、25个产品实现精准对标，其中在所发布的产品对标结果中，关键技术指标全部优于及部分优于国际标准的比例约40%。

培育新型标准“领跑者”企业，2021年度广西企业标准“领跑者”排行榜及榜单中，梧州市入围5项。广西梧州制药（集团）股份有限公司的Q/WZZY 004—2021《注射用血栓通（冻干）》被列入2021年度广西企业标准“领跑者”优秀榜单，成绩位居全区前列。

【认证认可和检验检测监管】 2021年，全市拥有各类有效认证证书979张，新增认证证书318张，同比增长率为51.31%。大力推进香港优质“正”印认证、绿色产品认证、低碳认证、广西优质认证等高端品质认证，助力地方特色产业发展，各类高端产品认证证书92张，同比增长1.04倍，全自治区排名第二。其中，有机认证27张，香港优质“正”印认证38张，香港绿色认证1张，低碳认证6张，广西优质认证9张，绿色产品认证11张，实现梧州市绿色产品认证“零”的突破，同时这也是广西首张中国绿色产品认证证书，绿色产品认证数全自治区排名第一。开展小微企业质量管理体系认证提升行动，指导帮扶8家小微企业通过质量管理体系认证。

2月底前，市场监督管理部门完成认可及检验检测服务业统计工作，对全市77家检验检测机构的上报数据进行审核，完成率为100%。采取“双随机、一公开”方式组织全市开展检验检测机构监督检查工作，共检查检验检测机构36家，发现问题80余条，对发现的问题提出具体整改意见并限期督促整改。对1家检验检测机构作出责令整改并立案处罚的决定，处罚金额1.6万元。

【计量监督管理】 2021年，全市在用社会公用计量标准81项，建立计量标准119台（套）。其中，法定计量机构81台（套），建立在部门、企事业单位的最高计量标准38台（套），可为全市企事业单位提供157项计量检测服务，基本覆盖民生、工业企业生产和科研大部分计量检测的基本需求。集贸市场（超市）、加油站、眼镜销售店、出租车服务公司、液化气充气站等在用计量器具合格率为96.5%，全年免费检定强制检定计量器具共35160台每件，减免收费约330万元。开展定量包装商品净含量和过度包装商品监督检查，共抽查了51家生产企业的262批次样品，整体合格率99.6%。开展日常计量执法检查，责令三家超市、三家海鲜酒店停止使用22台超期未检衡器，责令2家超市下架净含量不符合要求的定量包装商品，责令四家超市在经营场所停止使用非法定计量单位“斤”，全年共查处计量违法案件30起。开展本地区量值传递，组织3家法定计量检定机构和5家企业开展弹性元件式一般压力表量值比对，主持考核单位给出各参比实验室的能力验证结果是满意。搭建梧州市陶瓷产业计量测试联盟，把建筑陶瓷产业“一站式”服务平台工作理念落实到实际工作中，为企业及时解决生产中计量、特种设备等技术和检测问题，为企业提供有效的技术手段和准确可靠的计量器具。推动行业诚信计量建设，引导本市17个瓶装液化石油气充装企业在《梧州日报》上向广大群众公开承诺定量足量充装。加强梧州市重点耗能企业能源计量基础工作，推动节能减排工作深入开展，全市共有2个重点耗能企业通过能源计量审查。

【合同监督管理】 2021年，全市有49家企业提交“守合同重信用”企业公示申请，梧州冰泉豆浆馆有限责任公司、广西壮族自治区梧州茶厂等47家企业获“2020年度广西‘守合同、重信用’公示企业”称号。根据“双随机、一公开”任务安排，检查房地产行业公司2家，开展校外培训机构利用不公平格式条款侵害消费者权益违法行为集中整治，检查校外培训机构69家，未发现利用合同格式条款免除自身责任、加重消费者责任、排除消费者法定权利等违法行为。处理合同类消费投诉1起，并由诉转案对1个合同违法市场主体作出行政处罚。

【法规建设与宣传】 2021年，加强法治宣传，统筹开展“民法典宣传月”“宪法宣传周”“知识产权宣传周”“全国安全用药月”“聚力为民办实事，食盐安全进万家”“质量月”及校园食品安全“十号行动”等系列法治宣传活动，在打造法治市监同时推动形成全社会学法用法守法的良好局面。参与地方性法规立法工作，梧州市市场监管局牵头起草的《梧州市农贸市场管理条例》经自治区十三届人大常委会第二十二次会议批准，于2021年5月1日起正式施行，同时配套制定《梧州市市场监管领域轻微违法行为免罚清单（试行）》和《梧州市农贸市场管理条例》行政处罚裁量基准，进一步规范全市农贸市场经营。年内，市场监管部门创新基层市场监管治理模式获得国家总局肯定推广，获全国知识产权系统先进集体称号、获评为2016年—2020年全自治区依法治理创建活动先进单位，“鱼滑非法添加硼砂系列案”“红星二锅头系列假酒案”入选国家市场监管总局“铁拳”行动典型案例。

【价格监督检查和反不正当竞争】 2021年，重点开展新冠疫情期间防疫用品及生活必需品价格监管、重大节假日前市场价格巡查、医疗服务收费、转供电环节收费、水费价格、燃气价格、机动车检验检测、行业协会商会收费、殡葬服务收费、房地产中介服务收费、口岸收费、行业协会商会收费、商业银行收费、超市收费、养老服务机构收费、教育收费、粮食市场共17个专项监督检查。加强价格违法行为查处力度，共办理及指导办理各类价格投诉举报134件，已办结128件。共立价格违法案件5件，结案4件。

加大对节日市场的巡查，制定节假日等重要时间价格监管工作方案，对各节假日人流量大的公园和旅游景点、车站等进行检查，累计出动200多人次，未发现节假日期间趁机哄抬物价和欺诈消费者的价格违法行为。全年全市市场监管部门及公安机关开展打传执法行动共181次，出动执法人员2565人次，出动执法车辆517车次，检查涉嫌活动场所534处，捣毁传销窝点8个，抓获涉传人员86人，教育遣返传销人员14人。2021年，市公安部门立案22件，破案19件，刑拘25人次，逮捕1人次，移送起诉2人。

【网络交易监管】 2021年，全年检查网店（站）5026批次，删除无效网店（站）数据675条，系统内有效网店（站）数据共计2111条，其中网站数据849条、网店数据889条、微信公众号数据373条，数据量同比增长6.9%；进行网络取证20批次，分别对21家电商企业进行约谈及整改，受理处置网上投诉举报17件，督促平台下架涉嫌禁售商品8批次。

梧州市网店（站）保有量：网站849个（梧州市区626个、苍梧县2个、岑溪市113个、蒙山县31个、藤县77个）；网店889家（分布：梧州市区695家、苍梧县6家、岑溪市85家、蒙山县30家、藤县73家，占比：淘宝（含天猫）316家，占35.5%；京东28家，占3.2%；其他平台545家，占61.3%。）；网络餐饮经营户2500户。

（市市场监督管理局）

质量安全监督管理

【概况】 2021年，梧州市实施质量强市战略，开展质量提升行动。选取陶瓷砖、不锈钢、人造板、茧丝绸、六堡茶和食品相关产品等6个重点产业进行质量提升，为企业解决技术研发、检验检测、标准化建设和认证认可等问题。开展工业产品质量安全风险隐患排查和专项整治行动，对42家获证企业进行监督检查，完成工业产品监督抽查326批次，其中涉及生产领域141批次，流通领域185批次，总体合格率为94.79%。加强对食品生产企业监督检查，全市各级监管部门共出动510人次，检查企业309家，检查覆盖率达到85.4%。开展对全市药品零售企业和使用单位进行全面监督检查。全年完成市辖区内药品75批次抽样检验工作，其中2批次不合格，合格率97.3%。

【质量强市战略实施】 2021年，推进全市质量工作，以国家、自治区质量工作考核、各县（市、区）质量督查考核、各县（市、区）质量工作绩效考核、质量工作督查激励为抓手，充分发挥指挥棒作用，推动各级各部门重视质量。聚焦产业振兴，深入开展质量提升行动。以藤县中和陶瓷园区为重点区域，选取陶瓷砖、不锈钢、人造板、茧丝绸、六堡茶和食品相关产品6个重点产业深入开展质量提升。深入开展质量文化普及宣传教育，营造人人关心质量的良好文化氛围，组织开展全市质量月等宣传活动30余场。围绕梧州市重点产业，创新打造梧州藤县中和陶瓷园区质量服务“一站式”平台，优化园区企业质量基础服务供给，为陶瓷企业解决技术研发、检验检测、标准化建设和认证认可等问题。平台建立以来，梧州市市场监管局先后为20多家陶瓷企业开展把脉问诊和实地帮扶，累计为陶瓷企业服务500多人次，解决问题难题86个，免费培训质量管理及检验人员300余人次。持续完善梧州市六堡茶产业质量服务“一站式”平台，优化平台服务模式（“1+11+N”即1个总站、11个分站、N项服务内容），涵盖六堡茶全产业链种植、加工、研发、计量、标准化、检测、品牌建设等17项服务内容，为企业在线申请产品检测2896批次、计量器具检定3880多台次、特种设备检验286台次，办理各项业务提速50%以上，为企业减免检验检测费用819.2万元，帮助企业解决质量问题218个，助推六堡茶产业高质量发展。

【产品质量安全监督检查】 2021年，坚持问题导向，严格质量监管，围绕民生，守牢质量安全底线，深入食品相关产品、电线电缆、家用燃气器具、化肥、非医用口罩、儿童学生用品和老年用品、危险化学品8类重点产品隐患排查等工业产品质量安全风险隐患排查和专项整治行动。年内，共对42家获证企业进行监督检查，完成工业产品监督抽查326批次，其中涉及生产领域141批次，流通领域185批次，总体合格率为94.79%，较上年提升2.92%，其中生产领域和流通领域产品合格率分别为95.74%、94.05%，较上年分别提升2.08%和3.98%。开展对不合格产品进行处理工作，立案查处监督抽查不合格产品21批次。

【食品安全监管】

食品生产安全监督 2021年，全市共有获证食品生产企业362家，其中食品添加剂生产企业9家，长期停产或季节性停产70家；食品生产加工小作坊登记1869家，其中小油坊673家。全市各级监管部门共出动510人次，检查企业309家，检查覆盖率达到85.4%，完成食品生产企业风险分级359家，信用动态评定359家。督促企业建立自查制度，自查报告率达到98.67%。对企业食品安全管理人员开展考核，覆盖率达100%，合格率达97.19%。开展让人民群众吃上“放心芝麻油”“酿造酱油”专项行动，指导厨添鲜等2家企业在“食安抽考”APP录入酿造酱油专项行动”模块相关信息，公示企业覆盖率达100%。年内共对全市682家获证小油坊实施全覆盖抽检1015批，花生油黄曲霉素抽检合格率为95.4%，在实施智慧监管的万秀区、长洲区、龙圩区合格率达98.95%。

食品流通安全监督 加强进口冷链食品监管，防范新冠病毒通过进口冷链食品输入风险。持续组织开展进口冷链食品常态化专项执法检查，以“1个冷库+2个干部”的模式对全市冷库逐一进行排查。截至2021年12月31日，梧州市全辖区共排查冷库2207家次。梧州市辖区内共有冷库367家，其中食品加工企业31家，餐饮企业97家，食品销售企业冷库239家。配合推进广西冷链食品质量安全追溯系统建设，组织开展“八桂冷链通企业端”培训，指导企业推广使用“八桂冷链通”。原地封存证明文件不齐全的冷冻肉品10.9吨，立案查处案件25件，撤案1件，已结案24件。结合农贸市场食品安全规范化管理建设开展蔬菜干制品质量安全整治工作，落实网格化监管制度，对批发市场、商场超市、食杂店等食品经营单位开展监督检查，出动执法人员523人次，检查市场总数398家次，其中批发市场1家次，农贸市场47家次，商场超市等蔬菜干制品经营企业350家次，未发现违法违规行为。抽检调味品、蔬菜干制品、干制食用菌73批次，其中八角1批次，干辣椒等调味品5批次，黄花菜等蔬菜制品10批次，木耳、冬菇等干制食用菌14批次，腐竹等豆制品43批次，结果除了该批八角二氧化硫含量每千克达553毫克以外，其他检品的参数均在正常范围内。

餐饮业食品安全监管 2021年，全市有持证餐饮单位共14108家，完成“明厨亮灶”的餐饮单位8079家，“明厨亮灶”完成率为57.27%，其中持证学校食堂1204家，学校食堂“明厨亮灶”1191家，“明厨亮灶”覆盖率达98.9%；学校食堂“互联网＋明厨亮灶”627户家，“互联网＋明厨亮灶”覆盖率达52%。

推动智慧监管和食品安全社会共治。全市4149家餐饮企业从业人员通过线上培训考核，培训率为81.91%。“随机查餐厅”直播活动3期总浏览量超过24万人次。开展“食品安全宣传周”，组织十大食品安全典型案例评选、《梧州日报》小记者食品安全教育实践主题活动、商家公开承诺守护食品安全等活动。

对全市9262家进行风险分级管理。风险等级评为A级的餐饮服务经营者4268家，小餐饮3342家；风险等级评为B级的餐饮服务经营者163家，小餐饮33家；风险等级评为C级的餐饮服务经营者2家；风险等级评为D级的餐饮服务经营者1141家，小餐饮313家，风险分级覆盖率为95.57%。

2021年1月14日，市市场监管局执法人员在某商场检查进口冷链食品　　市市场监管局　供图

开展新冠疫情防控和春季、秋季学校食品安全专项检查。检查学校食堂1204家，检查学校周边餐饮单位289家。高、中考期间，检查高、中考考点学校食堂共385家，驻点保障125家，食品快速检测2586批次，检测结果全部合格，保障了37万人次就餐安全，圆满完成2021年高、中考期间食品安全保障工作。

加强网络餐饮服务食品安全监督管理，规范网络餐饮服务经营行为。2021年，2900家餐饮企业入驻“美团”和“饿了么”平台，全年交易额超2.83亿元，同比增长25%。年内，对辖区网络餐饮服务第三方平台进行线上和实地检查，共检查入网餐饮服务提供者2540家次。

为春节、中秋节、国庆节、第十八届梧州宝石节等重大节庆活动提供食品安全保障267多次，开展快速检测8777批次，共保障30多万人次的食品安全。根据《农村集体聚餐活动食品安全监督管理实施方案》，严格落实50人以上农村集体聚餐食品安全分类报备指导制度。全年共举办农村集体聚餐2227餐次，开展聚餐指导957次，保障13.7万人次就餐安全，全市未发生较大以上食品安全事故。

特殊食品和食盐安全监管 2021年，梧州市完成特殊食品及食盐抽检工作，抽检特殊医学用途配方食品专项抽检任务6批，保健食品51批、婴幼儿配方奶粉12批，食盐7批。年内，对保健食品监管保持高压态势，开展保健食品行业专项清理整治行动，共出动执法人员6807人次，检查“保健”类店铺6085家，对违法违规的经营户进行立案调查，检查发现问题116条，已责令整改102家，共立案、结案27起，涉案金额162万多元，为群众挽回损失22万余元。整顿和规范婴幼儿配方乳粉经营行为，与企业签订《婴幼儿配方乳粉经营者食品安全承诺书》520份，要求企业购进婴幼儿配方乳粉时，必须索证索票，对购进的每批婴幼儿配方乳粉的包装标识进行查验、核对且绝不购进、销售无中文标签、未按规定注册的婴幼儿配方奶粉等。在专项整治中，发现违法经营无中文标识、未按规定注册婴幼儿配方乳粉案件6起，没收涉案的婴幼儿配方奶粉65罐。年内，以"聚力为民办实事，食盐安全进万家"为主题的广西食盐质量安全八桂行宣传活动，向公众普及科学的食盐消费知识；举办"食盐监管执法实务培训班"，提升食盐执法人员监管水平。

【药品安全监管】 2021年，市市场监督管理局指导各县（市、区）市场监管局对全市药品零售企业和使用单位进行全面监督检查。全年完成市辖区内药品75批次抽样检验工作，其中2批次不合格，合格率97.3%。根据《自治区药监局关于启用八桂药店智慧监管系统对在零售药店购买"四类"药品人员信息实施登记管理的通知》要求，组织各县（市区）市场监管局运用"八桂药店智慧监管系统"，强化对零售药店新冠疫情防控工作的监管，对零售药店销售止咳、退热、抗病毒、抗菌素等"四类"药品实施网络登记上报。做好疫苗流通监管，年内对全市6家疾控机构、182家新冠病毒疫苗接种单位实施全覆盖检查，共检查疾病控制机构28家（次）、疫苗接种单位309家（次），核查涉及XG的AEFI个案报告194例（含14例疑似接种重点疫苗严重异常反应事件），质量安全实现零事故；持续开展疫苗质量管理评估，更新完善MC板块自评报告，持续更新完善疫苗流通环节程序文件，做好迎接WHO评估工作。开展药品不良反应及药物滥用监测工作，年内完成上报数2291例，为全年总任务数1846例的1.24倍，新的、严重的占报告总数56.74%；药物滥用监测完成775例，为任务数的1.29倍。

【食品药品稽查】 2021年，全市完成食品一般程序案件754件，完成药品、医疗器械、化妆品一般程序案件344件。开展药品流通环节、含麻黄碱类等特殊药品复方制剂、药品网络销售违法违规行为等专项整治行动，共检查药品经营使用单位3975家次，查处药品违法违规行为171起，罚没款约22.1万元；全市未发生药品聚集性或严重不良事件。各级市场监管部门共组织检查食品生产主体800户次、食品销售主体3037户次、餐饮服务主体2116户次、批发市场、集贸市场等各类市场294户次，检查网络食品交易第三方平台提供者3个，组织监督抽检1235批次，已检验完成1027批次，检验结果不合格为16批次，组织开展食品生产经营者培训230人次，组织开展食品安全宣传9次，查处假冒伪劣食品案件184件，假冒伪劣食品销毁3.83吨，处罚没款125.66万元。

【医疗器械化妆品流通监管】 2021年，市市场监督管理局对全市的生产、经营企业进行了安全信用等级评定或重新评定，共有145家经营企业、9家生产企业参加评定，被评为守信企业139家，基本企业12家，失信企业2家，严重失信1家。开展元旦春节期间医疗器械监管专项检查，对辖区内医疗器械生产、经营和使用各环节进行了大排查，共出动执法人员40多人次，检查了医疗器械经营企业20家。全力做好新冠疫情防控医疗器械质量监管，切实加强对体外诊断试剂、呼吸机、医用防护服和医用口罩、新冠病毒检测试剂等防疫用械在经营和使用环节的监督检查，共检查使用单位10家次，检查经营企业100多家次。开展医疗器械生产企业、经营企业、使用企业日常监督检查，全系统共检查第一类生产企业12家次，无菌、植入医疗器械批发企业40多家次，检查医疗器械零售企业700多家次，三级医院10家次，其他医疗使用单位163家次，出动执法人员2000多人次，责令整改企业4家。开展避孕套质量安全管理和打击非法经营装饰性彩色平光隐形眼镜行为专项整治，全系统共检查避孕套经营企业530家，检查隐形眼镜经营企业76家，发现眼镜经营企业违法问题3个，立案查处违法案件3件，结案2件，抽检避孕套1批次。开展医疗器械质量安全风险隐患排查治理工作，全系统共检查第一类医疗器械生产企业12家次，医疗器械经营企业891家，医疗器械使用企业163家，出动执法人员1500多人次，责令整改企业4家次，排查风险隐患 24 个，消除风险隐患 24 个，立案 15 件，警告 7 家，罚款 11.75 万元，没收违法医疗器械 148 批次。开展可用于医疗美容的医疗器械监管专项整治工作，全系统共检查医疗器械经营企业 98 家、使用单位 181 家，查处违法案件 1 件，立案 1 件，罚款 0.5 万元。开展医疗器械、化妆品、不良事件监测，全市医疗器械不良事件报告数为 642 例，为全年预计数的 1.1 倍；化妆品不良反应上报数为 683 例，全年任务为 610 例，完成全年任务。开展儿童化妆品专项检查工作，全系统专项检查共检查化妆品经营企业 193 家，其中母婴专卖店 33 家，商场 7 家，其他化妆品经营企业 153 家，出动执法人员 300 多人次，查处化妆品违法案件 4 件，结案 2 件，涉案货值 0.1 万，没收违法产品 7 批，罚没款 0.6 万元。

【特种设备安全监察】 2021 年，梧州市特种设备锅炉 675 台，压力容器 4324 台（不含气瓶），电梯 8862 台，起重机械 2943 台，游乐设施 41 台（套），场（厂）内机动车辆 1421 台，压力管道 405.18 千米。全年新增特种设备 2330 台，在职持证特种设备安全监察人员共 236 人。加强安全监督工作，开展专项监察行动 11 项，出动执法人员 2274 人次，检查特种设备使用单位 885 家，抽查特种设备 2655 台，发现安全隐患 306 处，完成整改 306 处，下达特种设备安全监察指令书 149 份，查处典型特种设备违法案件 27 起。开展电梯安全专项整治，抽查电梯使用单位 203 家次，涉及电梯 583 台，排查安全隐患 257 处。开展预防一氧化碳中毒及气瓶两站（充装站、检验站）专项整治行动，检查企业 37 家次，涉及特种设备 48 台，全年实现特种设备安全零事故。

（市市场监督管理局）

口岸管理

【概况】 2021 年，梧州市成立梧州口岸疫情防控专项指挥协调工作组，统筹协调，形成防控合力，落实落细“外防输入、内防反弹”防控政策，严格执行人、物、环境同防，做到闭环管理，联合开展对新冠疫情联防联控实战演练，积极应对全球疫情造成的影响，确保口岸稳定运行。持续优化口岸营商环境，全力推进“两步申报”改革向纵深发展，推广关税保证保险、自报自缴、汇总征税和电子支付等多元化税收担保模式，推广国际单一窗口应用，巩固压缩进出口整体通关时间工作成效。年内进口整体通关时间 4.98 小时，同比压缩 28.96%，出口整体通关时间 16.67 小时，同比压缩 52.38%。落实免除查验没有问题的外贸企业吊装移位仓储费政策，帮助企业减低成本，做好口岸综合岗保障工作。梧州海关是国家的进出梧州关境监督管理机关，监管场所包括李家庄码头监管区、梧州循环经济产业园区货运堆场、梧州高新区国际快件监管中心。至 2021 年，梧州海关连续 16 年保持“全国文明单位”称号，梧州海关党委连续 3 年获评南宁关区优秀处级领导班子，梧州海关综合业务科被评为“第 20 届全国青年文明号”集体。

（市商务局　梧州海关）

【海关监管】 2021 年，梧州海关共监管梧州口岸进出口货运量为 61 万吨，同比下降 1.4%，其中进口 19.1 万吨，下降 6.4%，出口 42.1 万吨，增长 1.0%；货物进出口总值 85.7 亿元人民币，增长 7.8%，其中进口 62.8 亿元，增长 15.1%，出口 22.9 亿元，下降 8.2%。进出口报关单（结关）总数 10949 份，下降 9.3%。监管进出口集装箱 37145 标准箱，下降 6.5%。集装箱箱载货物 53.94 万吨，下降 12.7%。监管运输工具 662 艘次，下降 13.1%，其中监管进出境船舶 605 艘，监管境内转关船舶 57 艘。监管进出境人员 4302 人次，减少 14.6%，其中进境人员 1923 人次，出境人员 2379 人次。

【查缉走私】 2021 年，梧州海关专业缉私、全员打私、综合治理共同发力，始终保持高压严打态势。深入落实打击走私“国门利剑 2021”行动，年内立案查办各类走私违法犯罪案件 32 起，案值 520.58 万元，涉税 85.49 万元，其中立案侦办走私犯罪案件 4 起，案值 248.67 万元，涉税 73.3 万元，1 起为“GN2125”专案。

【关税征管】 2021 年，梧州海关入库税款累计 8.85 亿元，增长 68.6%；审价累计 91 宗，补税 2291.3 万元，增长 3.3 倍。税收征管指标评估得分排名关区第一。为企业办理担保金额累计

4.7亿元，增长27%，缓解了企业资金压力。

【出入境检验检疫】

进出境货物检验检疫 2021年，梧州口岸共检验进出境货物5566批、同比下降20.1%，货值11.17亿元、下降43.8%。其中：进境货物512批、下降62.0%，货值0.71亿元、下降93.2%；出境货物5054批次、下降10.1%；货值10.46亿元、下降10.1%。

进出境动植物检疫 2021年，梧州口岸共检疫进出境动植物及其产品1241批、同比下降16.1%，货值1.54亿元、下降4.0%。其中：出境动植物及其产品1229批、下降9.4%，货值1.49亿元、增长47.7%；进境动植物及其产品12批、下降90.3%，货值0.04亿元、下降92.8%。全年截获有害生物2728种次、增长18.76%，其中检疫性有害生物352种次、增长5.39%。在全国首次截获5种次有害生物，在广西首次截获4类昆虫。

出入境卫生检疫 2021年，梧州口岸出入境健康检查2211人次、同比增长9.05%，全年在出入境人员中检出传染病84例，其中梅毒7例、肺结核1例、HIV感染者1例、病毒性肝炎75例。另外，检出乙型肝炎表面抗原阳性151例。抓好新冠疫情防控工作，严格落实海关总署、南宁海关疫情防控要求，规范执行“三查三排一转运”及“14+7+7”“一天一检”“一周双检”等管理要求，做好往来港澳船舶登临检疫、船员采样工作。年内，船员采样873人次，结果均为阴性。

进出境食品及化妆品检验 2021年，梧州口岸共检验进出境食品及化妆品2139批、同比下降15.2%，货值6.0亿元、下降22.2%。其中：进境食品及化妆品20批次、下降91.2%，货值0.14亿元、下降93.7；检验出境食品化妆品2119批次、下降7.7%，货值5.86亿元、增长6.4%。

进出境工业品检验 2021年，梧州口岸共检验进出境工业品1955批、同比下降29.4%，货值2.47亿元、下降73.1%。其中：进境479批、下降51.2%，货值0.52亿元、下降93.0%；出境1476批、下降17.4%，货值1.95亿元、增长7.2%。

2021年2月24日，梧州海关关长何剑森（左二）在位于梧州综合保税加工区内的梧州兴扬智能科技有限公司调研　　梧州海关　供图

【海关科技】 2021年，梧州海关牵头完成的《六堡茶斗茶规范》获广西科学技术成果登记；实验室通过国家级实验室复评和扩项评审；研发的“一种香料标准品惰性容器”获得国家知识产权局颁发实用新型专利证书，填补了香料标准品惰性容器包装的国内空白；完成了中国食品土畜进出口商会委托的2项团体标准主持起草工作，14项团体标准参与起草工作。

【服务地方经济】 2021年，梧州海关落实“六稳”“六保”部署要求，出台《梧州海关关于支持梧州市外贸高质量发展的重点工作及措施》。进、出口整体通关时间同比分别压缩28.96%、16.67%。大力支持六堡茶出口，全年共出口836.4万元，增长5.2%。优化加工贸易监管，推动梧州市加工贸易增长62.2%。全年梧州市外贸进出口80.8亿元人民币，增长25.3%，增速高于广西平均水平。8月7日，梧州综合保税区获国务院正式批复设立，成为广西第五个综合保税区。梧州海关积极开展调研和沟通交流，指导制订《梧州综合保税区监管体系工程建设实施方案》并获南宁海关批复同意，推动梧州综合保税区高标准建设、高质量发展。

（梧州海关）

编审：邓桂豪　编辑：甘国成

经贸合作

投资布局

【概况】 2021年，梧州市依托粤桂合作特别试验区（梧州）、梧州高新技术产业开发区、梧州循环经济产业园区、梧州市不锈钢制品产业园区、梧州临港经济区、藤县工业集中区（含中和陶瓷园区）等载体，全面融入粤港澳大湾区，打造广西桂东南工业“东融”先导区，加快发展再生资源、食品医药、装备制造、节能环保、新材料、电子信息、陶瓷和钛白粉等产业。

【投资结构】 2021年，梧州市第一产业投资同比增长1.26倍，占全部固定资产投资3.8%。其中，畜牧业投资增长1.54倍，林业投资增长97.7%，渔业投资增长1.21倍，农业投资增长77.9%。

第二产业投资增长35.8%，占全部固定资产投资比重的46.2%，拉动全市投资增长14.8个百分点，工业投资同比增长46%，占全市固定资产投资比重42%。其中，制造业投资在工业投资中比重达85.2%；电力、燃气及水的生产和供应业在工业投资中比重达9.8%。

第三产业投资增长7.4%，占全市固定资产投资比重的50%，拉动全市投资增长4.2个百分点。占第三产业投资比重较高的三大行业是房地产开发投资，交通运输、仓储和邮政业投资，水利、环境和公共设施管理业投资，所占比重分别是34.8%、18.2%、15.1%，投资增速分别是0.1%、12.1%、77.5%。

【产业布局】

粤桂合作特别试验区（梧州）

重点布局发展电子信息、先进装备制造、新材料等产业。其中，江南片区发展电子信息、高端装备、新能源（节能环保）产业，江北片区发展食品医药；社学片区发展先进装备制造产业。推进岭南食品特色园区等专业园区建设。布局建设国光产业供应链基地、国光产业基地、新能源产业基地等龙头项目；布局建设电声产业园项目、国光电子产业园项目、应急产业园项目、忠德粤桂大数据产业基地等补链延链项目。将试验区打造成为自治区融入粤港澳大湾区的重要平台。

梧州高新技术产业开发区

重点布局发展食品医药、新一代信息技术、先进装备制造。加强与粤港澳大湾区电子信息、医药制造等产业对接，建设梧州市医药产业园、新膜技术应用公共创新服务平台等，建设广西梧州市·盈田智能制造产

2021年8月27日，国光梧州产业基地

粤桂合作特别试验区信息中心　供图

业园等龙头项目，以及广西梧州医药健康产业园暨国家级应急医疗物资保障基地、三鹤六堡茶生态产业园等补链延链项目。打造成为粤港澳产业转移创新驱动示范区。

梧州循环经济产业园区（梧州市经济技术开发区） 发展再生资源、电子信息等，建设梧州市再制造产业示范基地、生态铝产业园、绿色表面处理基地等平台，着力提高产业精深加工能力和配套水平，构建形成完善的再制造产业链和配套体系。布局年无害化处置70万吨含铅废物综合利用、年处理80万吨含铅锑锡再生综合利用、年处理25万吨含铜废物资源化利用、年产10万吨再生锌生产加工等龙头项目，布局建设年产60万吨再生铝棒铝锭铝液、铝合金模板生产加工等补链延链项目。着力建成国家循环经济示范园区。

梧州市不锈钢制品产业园区 以绿色生态、再生资源为导向，重点布局发展不锈钢热轧卷板、冷轧薄板、不锈钢圆棒材等。布局建设永达钢铁升级改造、鑫峰不锈钢全连轧绿色生产线等龙头项目，布局建设天乾再生资源加工公司固废治理、城投集团钢结构及配套生产等补链延链项目。打造成为广西钢铁产业高质量发展示范基地。

梧州临港经济区 按照“港产城”一体化发展思路，重点布局发展新材料、装备制造、装配式建筑材料等产业，引进技术含量高、附加价值高的新兴产业。布局建设梧州市千万吨钢铁基地、建华建材建筑工业化基地及高端PC混凝土制品项目、新型环保建材产业基地及基础设施建设项目、智能制造基地及基础设施建设项目、植物纤维综合利用项目等龙头项目，布局建设重型起重机械及钢结构生产等补链延链项目。打造成为港产城联动发展的示范生态产业新城。

藤县工业集中区 重点发展绿色陶瓷及建材产业、绿色化工产业（钛白粉新材料）、林产林化、船舶制造等主导产业。布局藤县中和陶瓷产业园、梧州绿色化工新材料产业园两个主园区。

藤县中和陶瓷产业园 建设蒙娜丽莎二期、欧神诺第二生产基地、宏宇陶瓷项目，重点引进诺宝、金丝玉玛、旭日（白兔）、金牌、唯美（马可波罗）等国内知名一线陶瓷品牌企业及其配套项目，完善延伸陶瓷产业链，推动陶瓷产业转型升级，进一步打造高端智能绿色陶瓷产业集群。

梧州绿色化工新材料产业园 重点发展钛白粉新材料、林浆纸一体化产业、绿色环保涂料、美白日化、精细化工装备制造、轻化工等产业，打造成为全国集中生产钛白粉的产业园区。加快推进园区基础设施建设，推动顺风钛业整体搬迁技改项目和建晖（广西）林浆纸一体化项目加快建设。

万秀工业园区 重点布局发展林产林化、大健康、纺织服装等产业。建设梧州纺织品智造供应链环保产业园、梧州松脂生态产业园、蜂产业加工园区等“园中园”。布局建设志冠年产4.5万吨胶原原料、胶原蛋白肠衣生产线智能化升级改造、建筑废弃物资源化利用、梧州日晖塑料制品、云峰药业扩建等补链延链项目。打造成为西江经济带精品特色园区。

长洲工业园区 重点发展电子信息、金属新材料、先进装备、纺织服装等产业。重点企业有领冠电子（梧州）有限公司、梧州三条钢带制品有限公司、梧州奥卡光学仪器有限公司3家。

（市发展改革委）

对外经济贸易

【进出口贸易】 2021年，梧州市进出口总额80.81亿元，比上年的63.26亿元增长25.3%，占梧州市地区生产总值1369.37亿元的5.9%。其中，出口总额40.59亿元，比上年的31.44亿元增长29.1%；进口总额40.22亿元，比上年的31.83亿元增长21.7%。

【贸易运行情况】 2021年，梧州市进出口贸易方式仍以一般贸易为主，加工贸易增速较快。一般贸易方式进出口52.8亿元，同比增长12.2%，占同期全市进出口总值的65.3%。加工贸易进出口28亿元，同比增长62.2%，占同期全市进出口总值的34.7%。全年通过外贸综合服务平台出口3.5亿元。

招商引资

【概况】 2021年，全市投资促进系统贯彻落实关于开展“三企入桂项目落实　行企助力转型升级”行动工作要求，开展

2021年11月17日，梧州市召开全市靶向招商工作动员落实大会　　李妍　供图

驻点招商、靶向招商。全市完成招商引资到位资金638.47亿元，超额2.98%完成全年目标任务。其中：来自大湾区投资项目303个，占招商引资项目总数58.16%；完成到位资金314.17亿元，占全市到位资金49.21%；制造业项目267个，占招商引资项目总数51.25%；完成到位资金317.95亿元，占全市到位资金的49.80%。

【招商引资渠道拓宽】 2021年，市投资促进局创新融合驻点招商和产业链靶向招商行动，按照市第十四次党代会确定的今后五年重点打造“5+2”产业体系，以自治区驻点招商行动为“棋盘”，精准实施产业链靶向招商：依托京东招商平台，制作“5+2”产业链全景图、目标企业图谱，按图索骥，多渠道实现精准“落子”。

【招商引资项目】 2021年，市招商部门实行清单化服务，159个项目均量身定制档案，每月定期跟踪项目进度，明晰难点和堵点，抓住问题要害逐项攻克。贯彻“一个项目、一名联系推进领导、一套班子、一抓到底”的重大项目推进机制和分级分期协调机制，全过程、全环节跟踪服务重点项目，定期动态通报和红蓝灯监测助推项目建设进度。坚持主动函询、主动对接、主动下沉，以“孺子牛”精神全力服务项目落地。全年，梧州市完成“三企入桂”项目协议履约率增量为11%，进度为100%；资金到位率增量为16.37%，为计划进度的1.09倍；项目开工率增量为16.98%，为计划进度的1.54倍；竣工投产率增量为28.3%，为计划进度的2.57倍。

【促进重点产业投资】 2021年，市招商部门按照县域和园区重点发展产业，利用招商引资大数据平台，寻找目标企业，靶向对接，开展延链、补链精准招商活动。精准对接全国知名行业商协会41家、会员企业1521家、举办“行企助力转型升级”行动专场推介活动25场次。新签约项目173个，投资总额851.69亿元。其中，新签项目投资超10亿元28个，投资总额563.79亿元，占投资总额的66.20%；制造业项目92个，投资总额459.63亿元，占投资总额的53.97%；引进500强企业共12家，投资项目20个，投资总额212.17亿元，占投资总额的24.91%。

【重大招商活动】 2021年3月28日，梧州市电子信息产业链交流会暨半导体高峰会议举行。会上，梧州市进行投资环境推介，并举行一季度招商引资项目集中签约，现场签约项目11个，涉及电子信息、再生资源、建材环保、生物医药、新材料等多个产业，总投资超过670亿元。

9月10日下午，第十八届中国—东盟博览会举行项目集中签约仪式，梧州市共有8个项目现场集中签约，投资总额达60.75亿元。其中，外资项目3个，投资总额3962万美元；内资项目5个，投资总额58.17亿元。梧州市此次集中签约项目涉及科创、文化、环保、新能源等领域。

9月26日上午，“共建新时代中国特色社会主义壮美广西——2021年全国知名行企助力广西重点产业发展大会”在南宁召开。会上，梧州市签约投资合作项目共11个，投资总额74.46亿元，其中集中签约项目5个，投资总额65.76亿元，涉及智能制造、新能源、食品医药、大健康等产业。签署战略合作协议2个。

12月3日，第十八届梧州

2021 年 12 月 10 日，梧州市驻点招商工作推进会召开

李妍　供图

宝石节开幕式现场举行项目签约仪式，共签约项目 16 个，总投资 112.02 亿元，其中有 12 个项目参加开幕式现场签约，涉及再生资源、新能源、高端装备、医疗卫生、六堡茶产业等多个领域。

【区域合作】　2021 年，梧州市成立驻点招商办公室，统筹驻点招商各项工作，组建 1 个市本级招商队、6 个小分队和 8 个产业链工作专班，精心选派熟悉招商工作的处级领导和业务骨干带领队员前往广东佛山、东莞等地实施常态化驻点，以产业链靶向招商为突破口，围绕重点产业，着力引进一批投资合作项目。市委组织部从全市精准择优选派 49 名干部编入招商队伍，参与驻点招商，其中 40% 的干部是首次参加招商工作，但均是所在单位的中坚力量。把优秀干部选派到产业发展、招商引资一线，切实解决招商部门选人难的问题。同时，依托行业协会专业优势，把驻点招商干部派到广东省制造业协会、深圳智能制造行业协会、佛山市建材行业协会等商协会挂职锻炼，帮助干部熟悉产业动态和发展趋势，解决招商专业能力不足的问题。

（市投资促进局）

【利用境外投资】　2021 年，梧州市新增境外投资项目 21 个，同比下降 36%，累计境外投资合同金额 9951 万美元，比上年的 7001 万美元增长 42.1%。实际利用境外投资金额 6267 万美元，比上年的 3473 万美元增长 80.4%。境外直接投资主要来自中国香港地区的项目。

2021 年，梧州市利用“一带一路”国家外资，新增项目 2 个，同比增长 100%；累计合同外资额 22 万美元，比上年的 15 万美元增长 46.67%。实际利用外资额 0 美元。梧州市利用东盟国家外资，新增项目 1 个，同比增长 1 个项目；累计合同外资额 21 万美元，实际利用外资额 0 美元。

2021 年，梧州市利用港澳台地区投资，新增项目 18 个，同比下降 35.71%；累计合同金额 9720 万美元，比上年的 6870 万美元增长 41.48%。实际利用金额 6267 万美元，比上年的 3095 万美元增长 1.02 倍。直接投资行业中生产型企业项目 5 个，非生产型企业项目 17 个；生产型企业利用资金 4031 万美元，非生产型企业利用资金 2236 万美元。制造业项目 9 个，利用资金 896 万美元；电力、热力、燃气及水生产 2 个，利用资金 3135 万美元；科学研究和技术服务业 2 个，利用资金 882 万美元；租赁和商务服务业 2 个，利用资金 36 万美元；批发和零售业 2 个，利用资金 1318 万美元。

（市商务局）

2017—2021 年梧州市利用境外投资情况表

表 9

年份	批准签订的合同			实际利用境外投资	
	项目数（个）	境外投资金额（万美元）	金额比上年增长（%）	金额（万美元）	金额比上年增长（%）
2017	10	12948.6	−9.4	1086.64	159.97
2018	9	2512.86	−80.6	1207.35	11.3
2019	19	3380	34.51	3404	182.03
2020	33	7001	952.9	3473	2
2021	21	9951	42.1	6267	80.4
合计	92	35793.46		15437.99	

产业园区和创新示范区

粤桂合作特别试验区

【概况】 2021年，粤桂合作特别试验区（梧州）坚决贯彻落实自治区“东融”和市委“产业兴市、工业强市”“再造一个工业梧州”的战略部署，以产业发展为核心，以改革创新为主线，持续深化开放合作，围绕电子信息、新能源、高端装备制造等主导产业全面开展精准招商。国光、宇球、碧清源、香港雅士等一批大湾区企业落户试验区，电声产业园、中盟中小企业园、岭南食品工业小镇等重点产业项目加快建设，主导产业集聚发展已初具规模。规模以上工业产值增速、固投总量、新增“上规入库”（将达到规模统计标准的法人单位和产业活动单位纳入企业统计联网直报平台）工业企业数等主要经济指标均在全市园区中名列前茅，新增“上规入库”工业企业10家，创历史新高，干部职工以新气象新作风展现新作为。累计完成规模以上工业产值65亿元，同比增长1.01倍；固定资产投资89.7亿元，同比增长12%；招商引资到位资金58亿元；外贸进出口总额6.5亿元；完成财政收入2.48亿元，同比增长1.14%，其中税收收入2.53亿元，同比增长1.2%。累计注册企业600多家。

【投资环境建设】 2021年，各片区主干交通路网、给水排水、标准厂房等设施基本完善，形成外联内通交通路网。累计建成道路25条、68.5千米，通用标准厂房约100万平方米；派出所、小学等配套建成使用，建成人才公寓2000多套。在提升试验区市政、配套等硬环境的同时，大力优化软环境，提高服务质量，制定出台关于贯彻落实《〈广西壮族自治区人民政府办公厅关于进一步支持粤桂合作特别试验区（广西片区）高质量发展若干政策〉实施方案及细则》，为企业落户发展提供优质保障，加快高质量发展步伐。推进跨省通办、全自治区通办、同城通办，提升政务服务能力。为各重点企业和项目安排服务队和网格员，对企业实施“一站式”保姆服务，分别为广西远成医药有限公司、广西俄技长城实业有限公司等180多家企业在企业设立注册、税务登记、银行开户等方面提供全过程指导，新引进的修正药业、应急产业园等重大项目迅速顺利落地；解决企业办证、用工、住宿、出行、配套设施完善等方面问题170多项。

【项目建设】 2021年，树立“项目为王”的理念。试验区把引进新的重大项目作为“头号工程”，以服务项目企业落地为核心，加快企业厂房建设，以推进片区基础设施配套建设为重点，落实“三年三工程”等项目建设。年内旺步棚改项目完成消防验收及交付；盈田项目职工宿舍完成装修、地面硬化，标准厂房二期4#–9#厂房基本完成；江北标准厂房3号、4号楼完成封顶；江北3号路完成管网建设，5号路进行管网施工；完成江北1号路西段临时供水工程，完成思扶变电站土方平整。列入市层面“三年三工程”重大活动项目56项，完成年度投资28.5亿元，37个产业项目加快建设，德胜力、大昌、花城、华慧云等14个项目竣工投产，斯比特新能源汽车电子生产项目、微磁高性能软磁铁氧体电子产品项目等15个项目新开工。聚焦市委市政府“一号工程”——梧州综合保税区建设，完成《梧州综合保税区监管体系工程建设实施方案》及《信息化建设实施与海关用房室内装修专题方案》编制，全面开展基础设施施工、信息化设施施工、产业策划咨询、运营合作主体等方面工作对接，完成项目建议书、项目可研批复等前期工作；同步加快招商引资，入驻保税加工类项目13个，在谈项目3个。

【招商引资】 2021年，粤桂合作特别试验区（梧州）在广州设立驻点联络处，围绕试验区四大主导产业，开展粤港澳大湾区招商引资、考察企业、洽谈项目等合作。强化以商招商、协会招商，积极对接中国家用电器商业协会、广东省制造业协会、广东省物流行业协会、广州市台商投资企业协会、东莞市台商投资企业协会等6家商协会，与东莞荣兴五金制品有限公司、东莞广声五金塑胶制品有限公司、双盈塑胶宝业有限公司、东莞旭声电子旭有限公司、东莞联美五金有限公司等71家企业保持较好的沟通联系。年内签约各类项目32个，合同投资额约198.2亿元。

【产业发展】 2021年，粤桂合作特别试验区聚焦电子信息、高端装备制造、新能源新材料和新经济四大主导产业精准招商，初步形成“三个片区、四大产业”格局。累计注册企业600多家，投产工业企业55家（来自大湾区企业34家）。江南片区重点布局电子信息、新能源与节能环保、装备制造等产业，加快促进产业链及产业集群培育。其中，国光科技、兴扬智能、宇球科技、雅士电业、芯百特、三杰科技等企业相继投产，初步形成以电声电子产业为龙头，上下延伸芯片、电子元器件、电源、显示器、电池以及下游的消费类电子及智能终端产品行业，产业链初具雏形。重点以碧清源纳米陶瓷膜水处理项目建成为依托，引入相关的光伏、新能源电池等项目，形成节能环保生产基地。江北片区主要发展食品加工、医药产业。其中，梧州岭南食品工业小镇发挥亚洲最大胶原蛋白肠衣生产企业神冠控股（集团）公司的“龙头”作用，已入驻龙山酒业、冠鸥米面、胶傲胶原等一批食品加工企业。社学片区以高端装备制造产业为主，建材产业为辅。紧密对接台湾智能制造产业园项目和佳明高端智能机械装备制造项目，项目落地意向及片区产业发展定位进一步明晰。

【企业落户】 2021年，落户粤桂合作特别试验区的企业有新能源汽车电子生产项目，总投资2亿元，使用厂房16500平方米，建设新能源汽车电子生产基地，主要生产各类高低频变压器及电感线圈，建成全部达产后，预计可实现年产值3亿元以上；城市综合管廊预制新材料制造生产项目，总投资1亿元，占地2.24公顷，建成全部达产后，预计年产值达1.5亿元；特种设备租赁+培训基地项目，总投资2亿元人民币，用地六七公顷，建设特种设备租赁、运营、培训一体化的综合应用基地，正式运营后年产值达3亿元；发泡包装新材料生产项目，投资总额1亿元人民币，使用5000平方米厂房建设发泡包装新材料生产基地，建成达产后，预计年产值达8000万元以上；年产1000吨食品、药用司盘80、吐温80项目，计划投资0.5亿元，建设600吨司盘80、400吨吐温80的食品添加剂生产线，使用厂房约2000平方米，建成达产后预计可实现年产值3000万元；黑茶·六堡陈茶发展基地项目，投资1亿元，建设优质黑茶加工、仓储、茶窖、窖藏、展示交流基地，建成达产后在2023年可实现年产值约1亿元。

2021年9月5日，广西碧清源环保投资有限公司

粤桂合作特别试验区信息中心　供图

【国光电子产业园】 2021年，国光电子产业园项目是由国光电器股份有限公司（股票代码002045）子公司梧州国光投资管理有限公司投资建设项目总用地面积约73.93公顷，分为国光产业基地（32.33公顷）和国光产业供应链基地（41.6公顷）。其中，产业基地主要承接国光电器产业转移，一期用地约23.67公顷，计划投资15亿元，总建筑面积约14万平方米。该项目已建成建筑面积约12.3万平方米，全年产值为7亿元，拥有生产线39条，员工1200多人。国光产业供应链基地主要承接国光电器5—7家供应商转移。项目总投资规模25亿元，达产后年总产值约100亿元，实现各项税收约4亿元。供应链基地项目一期用地约32公顷，计划投资10亿元，总建筑面积约12万平方米。该项目已建成建筑面积约10.8万平方米，主要建设厂房及配套设施。截至年底，入驻供应链基地的梧州市德胜力电声科技有限公司、梧州世瑞金属制品有限公司、广西大昌保温节能科技有限公司、梧州市华昇电声科技有限公司、梧州市花城包装科技有限公司和梧州市东磁电子有限公司6家企业已相继投产。

（粤桂合作特别试验区（梧州）管委会）

梧州高新技术产业开发区

【概况】 广西梧州高新技术产业开发区位于梧州中心城区北部，东至梧州市环城高速一带，南至桂江北岸，西至桂江东岸，北至思良江南岸。规划面积16.02平方千米，已开发面积9.5平方千米。前身为成立于2000年的梧州市外向型工业园区。2018年，通过科技部专家组现场验核评定，努力升级为国家级高新区。2021年，全力推进规划面积6.52平方千米的生物医药产业园（高新区二期）建设。

【投资环境建设】 2021年，梧州高新技术产业开发区大力开发高新区二期，以生物医药产业园、医疗器械产业园、盈田智能制造产业园等“园中园”模式，聚力发展医药食品、电子信息和智能制造三大主导产业，完善现代服务业，形成产业集聚发展。

【项目建设】 2021年，梧州高新技术产业开发区列入市统筹重大项目25项，项目总投资181.92亿元，年度计划投资28.1亿元。其中，新开工项目13项，续建项目7项，竣工项目2项，预备项目3项。完成年度投资约32.32亿元，超额15%完成年度任务目标。广西梧州·盈田智能制造产业园项目、北区污水厂扩容改造项目、年产150万台高效节能空调项目、梧州市培文学校等6个项目已建成投产。三禾添百利技改、同润铜业、三和新材料、金木马淀粉车间辅助、年产24亿米胶原蛋白肠衣生产线智能化控制技术改造等项目不断扩大产能，形成产值、税收的新增长点。

【招商引资】 2021年，梧州高新技术产业开发区开展产业链招商，大健康医药以中恒、昭衍、锐瑟、赛琪、三鹤等企业为龙头，谋划、投建生物医药产业园；盈田智能制造产业园以盈田空调和香港长桑集团为代表的优势项目，加快由组装制造环节向研发、设计等产业链高端环节延伸。面向粤港澳大区开展招商引资，以招引大健康、智能制造、新材料、新一代信息技术等产业为核心，由园区主要领导带队外出招商和驻点招商，促成思特美实业、巨陆新材料等项目签约落地。

【产业发展】 2021年，梧州高新技术产业开发区已经形成大健康产业为引领，电子信息、高端装备制造、新材料快速成长，现代服务业加速提升的产业发展态势。有中恒集团、神冠集团、丰业集团、昭衍新药评价、盈田智能制造、住电线束等行业佼佼者，建成全国最大的中药现代化科技生产基地，拥有“中华”和“中恒”两大商标品牌，以及血栓通、中华跌打丸等享誉全国的拳头产品。“十三五”期间，高新区产业发展成效显著，规模以上工业总产值以10%的平均增速逐年稳步提升。全年，完成固定资产投资48.71亿元，同比增长17.95%；完成规模以上工业总产值173.29亿元，同比增长11.22%；完成财政收入5.826亿元，完成市下达财政任务；招商引资到位资金59亿元，同比增长15.1%；完成利用外资1039.59万美元，同比增长48%。

【企业落户】 2021年，梧州高新技术产业开发区累计已引进各类企业394家。其中，规模以上工业企业45家，高新技术企业24家，在建项目23个，园区人口总数1.2万人。梧州高新区重点企业有中恒集团、神冠胶原生物集团、广西五一管业股份有限公司、梧州市万顺锻压机床厂有限公司、广西睿奕新能源股份有限公司、广西盈田创旺智能科技有限公司、梧州长桑科技开发有限公司等。

（梧州高新技术产业开发区管委会）

梧州循环经济产业园区

【概况】 2021年，梧州循环经济产业园区基本形成以再生铜、再生铝、再生铅锌、再生钢铁及不锈钢、再生塑料、再制造、电子信息和宝石九大产业为主的循环经济产业链，布局了160万吨再生铜、150万吨再生铝、165万吨再生铅、15万吨再生锌、70万吨再生钢铁、200万平方米的线路板、300万台汽车零部件再制造的产能规模，成为广西循环经济发展的主力军，也成为国内唯一的在园区内形成全产业链闭路循环、资源量超560万吨的国家级循环经济产业园区。年内，被商务部认定为国家外贸转型升级基地，被自治区工业和信息化厅认定为广西2021年特色园区（高端金属新材料特色产业园）。

【投资环境建设】 2021年，梧州循环经济产业园区内表面处理项目有序推进，年内表面处理项目12栋标准厂房及2栋办公楼主体已封顶，完成约14.4万平方米厂房建设，其中4栋厂房可提供客商进场装修。完善道路建设，园区横一路横二路及其附属工程、横二路横三路及其附属工程、园区规划置业十一路及二期东区污水处理厂项目、园区至苍海新区进城大道项目等全部开工建设，完成约2000米道路路基及管网建设、4000米道路土方工程、33.33公顷场地平整工作。

【项目建设】 2021年，梧州循环经济产业园区完成41个项目的立项手续，完成6个项目的节能审批、4个项目的社会稳定性风险评估报告审批，确保每年25万吨富稀贵金属物料综合回收及安全处置项目等10多个新项目前期工作有序开展。推进金升年产30万吨再生铜冶炼工程恢复生产升级改造项目等3个“双百双新”项目建设，完成投资6亿元，超额9.09%完成全年任务。推进震宇年处理80万吨含铅锑锡再生综合利用项目等11个自治区重大项目建设，完成投资7.5亿元，超额4.16%完成全年任务。

【招商引资】 2021年，梧州循环经济产业园区实现签约项目20个，总投资105.62亿元。其中，湾企项目共12个，总投资40.5亿元；民企项目共8个，总投资65.12亿元。完成年度招商引资到位资金62.47亿元，超额5.88%完成全年任务目标，被评为2021年度自治区投资促进工作先进集体。

【产业发展】 2021年，梧州循环经济产业园区成功推动骆驼、鸿图公司列入国家“专精特新”“小巨人”企业库，国龙、泽和公司列入自治区“专精特新”中小企业培育库，金升公司列入2021年度广西民营企业一百强，金升、骆驼、永鑫等公司列入2021年度广西民营企业制造业一百强，金升、骆驼2家公司列入广西工业龙头企业，金升公司还成为梧州市首家产值突破百亿元的企业。争取到自治区政府《关于支持梧州循环经济产业园区高质量发展若干措施的通知》10条专项支持政策。

【企业落户】 2021年，梧州循环经济产业园区共38家企业入园。其中已开工建设的企业有广西西江特种设备制造有限公司、广西华铝有色金属有限公司、广西锐异资源循环工程技术有限公司、梧州宏利金属制品有限公司等。

（梧州循环经济产业园区管委会）

2月25日，梧州市2021年第一季度重大项目集中开竣工暨金翔年产20万吨低氧铜杆项目投产仪式在梧州循环经济产业园区召开

梧州循环经济产业园区管委会 供图

梧州市苍海新区

【概况】 梧州市苍海新区位于浔江南岸，规划总面积200平方千米，核心区面积101平方千米，总人口80万人，是广西重点发展的四大城市新区之一。2021年是“十四五”规划开局之年，苍海新区全面对接粤港澳大湾区，全力推动大健康文旅产业集聚发展。全年苍海新区固定资产投资完成33亿元，同比增长13.8%；“三年三工程”重大项目投资完成27.76亿元，同比增长71.4%；招商引资到位资金完成26.29亿元，同比增长9.95%。

【核心区建设】 苍海核心区是苍海新区的核心，规划面积101平方千米，人口50万，分苍海西片区、东片区和苍海南片区。至2021年年底，累计建成道路43.3千米，新建道路11.7千米，

2021 年 7 月 5 日，新建成的古凤公园鸟瞰图　　王金龙　摄

苍海核心区、以梧州南站为核心的城西片区交通路网逐步完善。累计建成雨污管网 87 千米，新建雨污管网 14 千米、管廊建设 2.3 千米，开工建设 3 个污水提升泵站。完成苍海国家湿地公园试点建设，古凤公园及 10 千米滨湖绿道建成开放，“一湖两岸”公园体系加快成型。年内，苍海国家湿地公园先后获得“广西美丽幸福河湖”“广西生态环境科普基地”等称号。引进美食、咖啡茶饮、酒吧、书屋、创意工坊、亲子娱乐等夜间休闲商业，点亮苍海“夜经济”。

【投资环境建设】 2021 年，苍海新区优化土地保障、征地拆迁、资金保障、生态环境，多方位提升园区投资环境、营商环境。优化国土空间布局，实施《梧州市苍海片区（西岸）古凤片区控规调整》《梧州市苍海片区（东岸）控制性详细规划》国土空间规划优化调整工作，优化整理存量土地 191.33 公顷，完成基础设施、城市公共配套用地保障 44.8 公顷，提供城市开发发展用地 92.27 公顷。优化生态环境，推进山水苍海与自然相生、湿地与城市共融的湿地公园试点建设，启动梧州市苍海片区污水提升泵站及配套管网工程建设，完成广西梧州市苍海湿地公园生态建设项目恢复工程西南岸线景观一期项目建设。优化完善审批管理体系，创新“承诺制 + 并联审批”模式，“一窗受理”，优化建筑工程施工许可、应建防空地下室新建民用建筑项目防护设计审查、建设工程抗震设防要求告知等审批事项办理流程，加强事中事后监管服务。全年共为企业办理 33 项行政许可事项。

【项目建设】 2021 年，苍海新区推进自治区、市两级重大项目建设 28 个，包括新开工项目 12 个、续建项目 13 个、预备项目 3 个，全年完成项目投资约 31 亿元。抓好基础设施项目，核心区“五纵五横”路网加快推进，铁路北路改线、滨湖东路、龙湖路等 5 个项目竣工。推动民生项目建设，苍海人才城完成 7 栋主体，棚户区（城中村）改造项目完成 6 栋主体，会展中心、桃园酒店、龙圩区妇幼保健院和凯景大酒店完成场地平整，苍海中石化加油站完成基础施工，红十字会医院苍海医院、梧州市高健酒店、梧州市妇产医院等民生项目抓紧推进。加速产业项目投产运营，雪立方滑雪馆建成运营。

【招商引资】 2021 年，苍海新区招商引资到位资金 26.29 亿元，超额 5.16% 完成全年任务。新签项目总投资约 25.2 亿元。京东（梧州）数字经济产业园引进企业 91 家，“一带一路”产业发展中心通过以商招商引进总部经济为主科技生态链企业 15 家。

（市苍海新区管委会）

【京东（梧州）数字经济产业园】 2021 年 7 月 23 日，梧州市在苍海新区内建成京东（梧州）数字经济产业园，出台《京东（梧州）数字经济产业园企业引入和扶持试行办法》，9 月再次进行修订，重点支持电子商务发展。在特色营销类资源、电商服务类资源、企业综合服务类资源、技术服务类资源 4 个方面进行扶持，加快推进数字经济集聚发展，打造梧州数字经济发展核心集聚地和发展平台。推动传统产业与线上营销相结合，帮助企业拓宽销售渠道，增加产品销量和品牌影响力。该产业园自 7 月下旬开展业务以来，已累计吸引 91 家企业进驻，其中 9 家已实现“上规入库”。该产业园全年营业额合计 12.5 亿元。建成京东（梧州）数字经济展示中心，作为梧州市城市品牌传播窗口、城市投资发展共建平台、招商引资服务平台和智慧城市科普教育基地。

（市发展改革委）

梧州市不锈钢制品产业园区

【概况】 梧州市不锈钢制品产业园区成立于2010年，位于洛湛铁路北侧、马梧高速平浪出口、西江黄金水道桂江、平浪作业区旁，是梧州市建设国家级“城市矿产”示范基地，初步形成“冶炼—热轧—酸洗—冷轧—制品”的不锈钢再生循环全产业链。2021年，市不锈钢制品产业园区被列为自治区重点培育的500亿园区之一。全年园区工业总产值完成217.2亿元，同比增长92.4%；生产用电22.05亿千瓦时，同比增长54.6%；税收完成18.5亿元，同比增长94.7%；固定资产投资完成26.1亿元，同比增长1.04倍。

【投资环境建设】 2021年，市不锈钢制品产业园区组建项目攻坚队对接服务企业，帮助企业解决一批长达10年的老大难问题，园区企业办证难题100%化解。破解用地难题，协调解决年度急需开工建设的七大重点项目新增城乡建设用地规模92公顷纳入梧州市过渡期城镇开发边界，并多次召开党工委（扩大）会议，研究解决永达1780毫米高端轻工板材项目等项目用地和规划问题；积极培育企业“上规入库”，园区原有上规模企业8家，2021年培育上规模企业5家；通过落实承诺制推进项目建设，鑫峰100万吨高品质不锈钢连续固溶酸洗生产线建设时间节省6个月。积极推进天然气市场化改革，园区内实现天然气“双路”供应的“多气源一张网”格局，全年为试点用户累计节省成本达1500万元以上，并且得到更多的气源以及更稳定的天然气供应。

年内，做好轻工园标准厂房一期7.33公顷和二期5.93公顷项目政府专项债券的申报工作，获得2021年发行政府专项债券2.15亿元；轻工园基础设施开发项目获批列入2020年第四批自治区统筹推进重大项目；投资1000万元的园区水厂二期扩建项目按期开工建设并投入使用；总投资7000万元的园区道路提升工程一期项目于2021年10月开工建设。

2021年7月31日，梧州市不锈钢制品产业园区鸟瞰图

陈凡　摄

【项目建设】 2021年，建成园区高端不锈钢精深加工全产业链条。6月，金海1050毫米全连轧项目开工建设，可满足客户对高端不锈钢带的需求。10月，鑫峰100万吨固溶酸洗项目竣工投产，标志着鑫峰公司形成了炼钢、热轧到酸洗的产业链。鑫峰30万吨制管项目于同时开工，将形成30万吨高端不锈钢制管加工能力。永达1780毫米高端板材项目于也同时开工建设，可生产国内宽幅位居前列的高端不锈钢制品前段板材。市不锈钢制品产业园区拥有3条产能超过100万吨生产能力的热轧生产线、3条工艺先进技术行业领先的固溶酸洗生产线以及一批冷轧制管项目。年内园区的主要建设项目还有金海24万吨冷轧项目、金海制管项目、永达30万吨钢渣微粉化加工项目。其中，永兴高端不锈钢制品酸洗项目、永达不锈钢轧钢圆棒材项目分别于3月、4月建成投产或试产。

【招商引资】 2021年，市不锈钢制品产业园区综合运用产业链招商、驻点招商、以商招商等方式，开展补链延链强链招商，借力佛山市金属材料行业协会，走访佛山市再辉不锈钢制品有限公司、佛山市群发不锈钢有限公司、广上不锈钢有限公司、广东集才不锈钢水管有限公司等一批专精特新的“小巨人”企业，宣传推介该园区。3月

12日，不锈钢园区招商团队参加佛山市2021年不锈钢水管装备高峰论坛会议，搭建自治区工信厅与佛山市金属材料行业协会招商桥梁，协助自治区工信厅与佛山市金属材料行业协会签订《高端不锈钢精深加工产业（粤桂）联合发展委托招商合作协议书》。

2021年，园区签约项目投资额目标为28亿元，园区完成63亿元，为年度投资总额的2.25倍。新签约项目8个，并与佛山市三三得钢业有限公司、佛山市再辉不锈钢有限公司2家企业达成投资意向。

【产业发展】 2021年，市不锈钢制品产业园区有3家不锈钢龙头企业，具有300万吨不锈钢生产能力，是国内最大的不锈钢产业基地之一，产业集聚规模位居全国前列，产品涵盖不锈钢板、棒、线等，可以满足企业的不同需求。正加快建设特色轻工产业园，承接和引进佛山、江门、阳江等不锈钢装饰制品、不锈钢管、水暖卫浴器材、五金制品等企业及项目。将逐步整合西江流域不锈钢贸易流，适时建立集不锈钢原材料交易、不锈钢管展销、不锈钢制品展销为一体的“不锈钢交易市场”，并培育成为西江流域重要的不锈钢价格形成中心、产品交易中心、产品展示中心、物流集散中心和信息发布中心。

【龙头企业】

梧州市永达钢铁集团 始建于1998年，集废旧金属回收、冶炼、轧制、产品深加工生产、销售一体，拥有永达钢铁、永达特钢、中永兴不锈钢制品公司三家生产企业以及四家废旧金属回收公司，具备年产180万吨建筑用普碳钢和100万吨再生不锈钢制品能力。集团是《模拟海洋环境钢筋耐蚀试验方法》《钢筋混凝土用耐蚀钢筋》《钢筋混凝土用不锈钢钢筋》三项国家标准起草单位之一及《电弧炉短流程炼钢标准化》工作组成员单位。集团秉承“质量第一，顾客至上，科学管理，持续发展”的企业宗旨，以做强做大永达品牌、打造上市企业集团为目标，多次被政府有关部门评为“广西壮族自治区强优工业企业”“突出贡献企业”和“纳税大户”。2021年2月，被中共梧州市委、梧州市人民政府授予“突出贡献工业企业”称号。2021年实现工业产值102亿元，同比增长1.07倍；用电12.08亿千瓦时，同比增长67.3%，税收完成7.21亿元。

梧州市鑫峰特钢有限公司 占地40公顷，是不锈钢制品产业园区的核心企业，也是梧州市承接广东产业转移动的重点项目之一，公司拥有年产100万吨不锈钢生产能力，2021年被中共梧州市委、梧州市人民政府授予“突出贡献工业企业”称号，并进入广西民营企业一百强榜单。该公司装备先进，同时配套建设有供电、给排水、供热、环保、消防等系统，是拥有完整不锈钢短流程产业链（初炼、精炼、热轧、固溶酸洗、冷轧）的不锈钢集团化企业。主要从事高品质不锈钢产品的制造，主营各种材质、各种规格的国际不锈钢热轧卷板（带）、不锈钢冷轧带。其已建成的950毫米不锈钢全连轧绿色生产线及100万吨高品质固溶连续酸洗生产线技术均处于国内行业领先水平。鑫峰100万吨高品质固溶连续酸洗生产线已竣工投产，可新增产值5亿元，增加利税1亿元，新增就业岗位200个，实现经济效益、社会效益和环境效益同步和谐发展，并彻底改变梧州市没有优质不锈钢酸洗带的历史，为梧州市后续引进高档不锈钢冷轧及制品项目打下坚实的基础，对促进园区的快速发展具有深远意义。2021年，鑫峰特钢有限公司实现工业产值59.4亿元，同比增长67.5%；用电5.21亿千瓦时，同比增长42.7%，税收完成7.03亿元。

梧州市金海不锈钢有限公司 占地面积38.5公顷，该公司可年产100万吨不锈钢热轧带、80万吨不锈钢冷轧带、20万吨不锈钢管材，主营各种材质、各种规格的国标不锈钢热轧卷板（带）、不锈钢冷轧带，是全球唯一短距离拥有最完整不锈钢产业链的不锈钢集团化企业。金海不锈钢公司生产工艺较为完整，拥有装备先进的生产线和操作系统，以及配套齐全的供配电、给排水、供热系统、环保、消防等设施。公司正在进行升级转型，实施3项重大产业项目，将750毫米不锈钢热轧生产线升级为1050毫米不锈钢绿色环保热轧生产线，建成自动化程度高、装备先进、产品优质的全连轧生产线；升级改造金海年产24万吨冷轧项目，达产后年产值28亿元；投资8亿元建设金海50万吨制管及彩瓦项目。2021年，公司进入广西民营企业一百强榜单，并实现工业产值53.6亿元，同比增长1.15倍；用电4.76亿千瓦时，同比增长81.7%，税收完成3.98亿元。

（市不锈钢制品产业园区管委会）

梧州市商贸物流园区

【概况】 梧州市商贸物流园区位于洛湛铁路北侧，毗邻红岭商业区，北靠梧州环城高速，西邻桂梧高速梧州段，区域位置得天独厚，极具发展潜力。园区总规划面积1150.9公顷，旨在打造一个商贸企业集聚、交易市场活跃、物流设施先进、商贸物流信息汇集、居住和商业功能完善的现代商贸物流新城区，是梧州市人民政府实施“东向”战略，全力打造西江上游经济带商贸物流节点城市的重要载体。

【投资环境建设】 2021年，市商贸物流园区重点推进园一路Ⅱ标、园三路北段、园三路市政桥梁等道路建设，推动经二路、经三路、园二路、园六路建成通车。先后完成8个10千伏供电线路移改工程、10个变配电工程、1个给水加压泵站和3个污水加压泵站等配套基础设施建设工程。重点提升产业项目集中的经三路、经四路、经五路及附属交通岛的绿化工程、路灯工程，完善园区硬件设施，有效提升园区形象。

【项目建设】 2021年，市商贸物流园区通过一线督查、定期调度等方式对重点项目进行全程督导，加快推进重大项目建设，先后共有6个项目获“五网”建设大会战信息网项目或自治区层面统筹推进重大项目“红榜”表扬。其中红星美凯龙·梧州市国家家居博览中心1—8号楼、10号楼已完成主体建设；中农联·梧州国际农产品交易中心已完成1期共14栋商铺建设，具备运营条件；梧州市西江明珠海河鲜商贸城（百润·百鲜城）已有14栋楼完成主体封顶；大参林梧州大健康养生基地办公楼完成主体封顶。

2021年7月，大参林梧州大健康养生基地项目落地园区，图为项目办公大楼　　市商贸物流园区管委会　供图

【招商引资】 2021年，市商贸物流园区管委会组织人员赴广东、福建等地，围绕物流配送、乡村振兴、文旅发展等业态，开展主动招商。新签约梧州新光建材物流基地、大参林梧州医药智慧物流仓储和梧州教育装备产业市场等项目7个，合计引进投资金额约26.5亿元。

【产业发展】 2021年，市商贸物流园区业态已涵盖家居建材、农副产品批发零售、肉类加工、冷链物流、汽车贸易、医疗康养、教育咨询等领域，总投资额超100亿元。全年园区实现招商引资到位资金16.7亿元，完成税收6600多万元。其中，产业项目梧州市锋明肉类食品加工配送基地一期1标段竣工运营，梧州市粮库迁建完成且投粮入库，梧州市保安金融服务中心建成投入使用。广西康龙医疗服务有限公司、广西顾庭建筑工程有限公司、广西梧州市勤工俭学教育投资有限责任公司、广西梧州羽宸教育咨询有限责任公司等10多家公司入驻东融电商大厦。

【项目落户】 2021年，市商贸物流园区新落户项目有梧州市西江明珠海河鲜商贸城（百润·百鲜城）、大参林梧州大健康养生基地、梧州市商用卡车交易中心、梧州市盐品配送贸易中心、梧州市综合性特殊教育学校、梧州新光建材物流基地、梧州市长洲区民政养老福利中心、梧州国际教育培训中心及高端品牌幼儿园、广西康龙医疗服务有限公司、广西顾庭建筑工程有限公司、广西梧州市勤工俭学教育投资有限责任公司、广西梧州羽宸教育咨询有限责任公司、梧州市永达龙海物流有限公司、广西联伟职业技能培训学校有限公司等。

【市商贸物流开发建设投资有限公司】 2021年，梧州市商贸物流开发建设投资有限公司经与中国农业发展银行对接沟通，获得4.8亿元贷款额度，实现到位贷款资金1.1亿元。年内统筹推进园区园一路Ⅱ标、园三路北段、园三路市政桥梁等重点道路建设，推动经二路、经三路、园二路、园六路建成通车；重点提升产业项目集中的经三路、经四路、经五路及附属交通岛的绿化工程、路灯工程，完善园区硬件设施，有效提升园区形象。8月，原梧州市市场建设管理中心完成转企改制纳入该公司管理，在原有职能部门的基础上增设市场管理部，专门负责落实南中、大东等6个市场的管理经营维护工作。至年底，该公司自有物业东融电商大厦累计引进企业10余家，年租金等收入约130万元。全年实现资产总额31.24亿元，同比增长7.73%。负债总额16.74亿元，同比下降5.73%。所有者权益14.50亿元，同比增长29%。资产负债率54%，同比下降7个百分点。营业收入9070.87万元，同比增长2.9倍。利润总额16.26万元，同比下降8.98倍。在岗职工72人，较上年底增多42人。

（市商贸物流园区管委会）

梧州临港经济区

【概况】 梧州临港经济区于2019年3月设立，2021年1月获自治区A类产业园区认定，园区位于梧州市主城区与藤县同城化建设中间区域，距离市中心27千米，首期规划面积51.28平方千米，远期规划面积160平方千米，是梧州市打造珠江—西江经济带区域性商贸中心、物流中心、航运中心和亿吨西江门户枢纽港的核心区。2021年，临港经济区实施“1年招商引资强基础、2年项目建设见规模、3年产业集聚出效益、4年打造300亿园区”发展战略（简称“1234”战略），完成固定资产投资40.06亿元，同比增长32.4%；工业投资33亿元，同比增长32%；规模以上工业总产值10.25亿元，同比增长92.4%；招商引资到位资金36.5亿，同比增长17.7%；税收收入为6713.57万元，同比增长1.04倍。

【投资环境建设】 梧州临港经济区是珠江—西江经济带集“铁路、水运、高速公路、航空港、输气管道、开放口岸”六维交通运输方式于一体的产业经济区。2021年，梧州临港经济区不断完善基础设施与配套项目建设，提升园区发展“硬环境”，全力推动园区城镇化配套、码头配套、园区道路、综合管廊类、物流区域仓储类、标准厂房类等项目建设，推动制造业与港航物流业深度融合，进一步拉长壮大产业链。园区不断加快推进基础设施建设，搭建水、公、铁、空多式联运的综合服务平台，构建多式联运体系，提高港区集疏运能力，提升港口码头的服务水平和效率，为多式联运核心区建设奠定坚实基础。

【项目建设】 2021年，梧州临港经济区聚焦重大项目建设，成立工业企业“惠企服务直通车”志愿服务队，专门推进企业“破难解困”。建立了“一套服务标准、一个服务平台、一支服务队伍、一套服务数据”“四个一”机制，按照“一专班一企、一包到底”的原则，帮助解决物流、招工用工、上下游产业链等方面的难题。园区列入自治区层面统筹推进重大项目12个，总投资204.57亿元，年度计划投资46.25亿元。赤水港码头二期、临港经济区配套基础设施PPP项目及钢铁基地专用道。

【招商引资】 2021年，梧州临港经济区精准对接国家、自治区产业政策与投资重点方向，围绕冶金机械与建材环保两大重点产业链，精准开展招商引资工作，由园区主要领导带队前往河北、粤港澳大湾区等地开展招商洽谈，大力推进“三企入梧”。3月19日，梧州临港经济区与广东简一集团在广东佛山联合举办招商引资专题推介会，吸引上百家企业出席招商活动，园区与艾勒可科技等6家企业达成了初步合作意向。年内，园区签约项目5个，投资总额约51.2亿元。

【产业发展】 2021年，梧州临港经济区重点发展高端金属新材料、环保建材产业和港航物流业，推动先进制造业和现代服务业融合发展，建设产业特色鲜明、要素利用率高、生态环境优良、配套完善的自治区级重点园区。打造成为对接大湾区的产业

2021年9月18日，梧州市城投晟昊杭萧建筑科技有限公司工人正在作业　　梧州临港经济区管委会　供图

融合先行试验区、桂东地区先进制造业及综合物流基地为主的港产城联动发展的示范生态产业新城。

【企业落户】　2021年，梧州临港经济区签约项目5个，投资总额约51.2亿元。年底有企业19家，其中规模以上企业5家。园区有多家行业龙头企业签约入驻，吸引带动其上下游配套产业到梧州投资，其中有高端陶瓷的领军企业简一陶瓷有限公司、全国住宅建筑产业化的翘楚杭萧钢构集团、亚洲规模最大的单体线材生产企业迁安九江公司、亚洲规模最大的管桩生产企业建华建材集团等。

（梧州临港经济区管委会）

梧州陶瓷产业园区

【概况】　2021年，梧州市陶瓷产业以藤县陶瓷产业园区为工业重点，陶瓷产业链25家企业，藤县陶瓷产业规模以上年产值超86亿元，累计产量超3.5亿平方米；梧州市陶瓷产业全年产值96.9亿元，其中欧神诺、蒙娜丽莎、新舵为前三名企业，年产值分别为18.3亿元、14.3亿元、7.6亿元。

【投资环境建设】　2021年，藤县陶瓷产业园区规划建设有商业配套区、住宅区、行政中心、博物馆、学校、医院等配套设施，并且非常注重环保，还专门预留了生态景观区。园区给予每个企业的厂房用地长度都是在1250米左右，满足企业从原料到产品的一个流水线作业，大大节省企业的生产成本。园区的电力供应充足，已经建成110千伏变电站3座，新增投资1.2亿元的220千伏禤州变电站年内建成投入使用；新增投资1000万元的园区专用工业用水水厂为企业生产提供保障；坐落在园区的天然气站已经建成，天然气代替燃煤之后，园区的环境质量提升到一个新的高度。园区十分注重品牌的建立，全力加快陶瓷配套产业及商业物流中心建设，把园区建设成为全国重点建筑陶瓷生产商贸综合基地。

【项目建设】　2021年，市工业管理部门推动陶瓷园区蒙娜丽莎、欧神诺、协进、PPP项目（一期）等6个项目列入自治区统筹推进重点项目，推动南田环保材料、元盛新材料等多个配套项目开（复）工建设，以及“梧州中和国际陶瓷交易中心”项目建设。年内，陶瓷园区成功签约项目10多个。

【招商引资】　2021年，梧州市驻粤港澳大湾区第六小分队梧州陶瓷产业园区（藤县）小分队，紧盯目标任务，走访对接实力雄厚的企业357家，拜访商协会12家，组织参加各类招商推介活动3批次，组织签订了一批产业合作项目，陶瓷园区引进资金超27亿元，全年招商引资到位资金23亿元。

【产业发展】　2021年，梧州市调整陶瓷产业结构，开展专项整治行动，全面推动淘汰类、限制类、能效水平差、环保不达标、手续不齐全等“小散乱”企业关停整改、技改升级或兼并重组。鼓励发展市场前景较好的陶瓷岩板、陶瓷大板、薄砖等产品，扶持发展泡沫陶瓷、陶瓷透水砖等工业废物和低品位原料开发的陶瓷砖产品，支持高端大理石瓷砖产品发展壮大。实施陶瓷技改工程。全面推广炉窑余热利用、厂区光伏一体发电等节能技术应用，推动行业“煤改气”、建筑陶瓷薄型化等工程，重点支持实施广西新舵陶瓷有限公司陶瓷生产线升级改造项目、广西宏

2021 年 6 月，广西欧神诺陶瓷有限公司生产车间

市市场监管局　供图

胜陶瓷有限公司智能化生产线技改项目、广西欧神诺陶瓷有限公司陶瓷工业窑炉及配套设备节能降耗技术改造项目、广西欧神诺陶瓷有限公司生产信息集成管理系统项目、广西蒙娜丽莎新材料有限公司 LNG 气站技改项目、广西永盈建材有限公司窑炉生产线技改项目、广西佳和美陶瓷有限公司节能减排技改项目等，实现技改项目 20 项以上，投资 10 亿元以上。加强创新平台建设。加快推动藤县中和陶瓷产业园公共服务平台建设，提升陶瓷产业园区基础创新能力，强化与广东企业协同创新、产品应用设计创新、商业模式创新等。重点支持广西产研建筑陶瓷技术研究院建设，重点突破负离子瓷砖、防静电瓷砖、防辐射瓷砖、太阳能瓷砖等产品技术瓶颈。

【企业落户】 2021 年，陶瓷产业园区已引进陶瓷企业 20 家、陶瓷配套企业 26 家；已投产陶瓷企业及配套企业 17 家，拥有蒙娜丽莎、欧神诺、宏宇、简一等一批一线品牌的陶瓷生产企业。全市陶瓷产业重点企业主要有广西蒙娜丽莎新材料有限公司、广西欧神诺陶瓷有限公司、广西新舵陶瓷有限公司、广西瑞远陶瓷有限公司、广西佳和美陶瓷有限公司等。

【大业集中区】 2021 年，岑溪大业陶瓷集中区是自治区第一批陶瓷集中区的产业园区，规模以上重点生产企业有岑溪市新建球陶瓷有限公司、岑溪市新闽粤陶瓷有限公司、广西梧州市远方陶瓷有限公司、岑溪市联创陶瓷有限公司、岑溪市华腾陶瓷有限公司 5 家。其中，岑溪市新建球陶瓷有限公司、岑溪市远方陶瓷有限公司、岑溪市联创陶瓷有限公司，对工艺设备及节能进行技术改造，采用自主研发釉彩生产工艺，形成新增中高档内墙釉砖年生产规模约 4800 万平方米；购置陶瓷研发设备一批，建设企业技术中心；陶瓷产业集中区沿国道 324 线和 207 线规划布局，包含筋竹、大业、归义、马路、糯垌、安平 6 个功能片区，规划总面积 1247.33 公顷，重点生产外墙砖、内墙砖、地面砖、各种卫浴洁具等产品。

【中和集中区】 2021 年，藤县中和陶瓷集中区是自治区 27 个重点园区之一，藤县中和陶瓷产业园于 2009 年开始建设，入驻企业中已经投产的企业有蒙娜丽莎、欧神诺、新舵、瑞远、新中陶、宇豪、宝富利、宏俊、佳和美、禾康、碳歌、奥达佳等 17 家，产品主要以建筑陶瓷为主，有微晶砖、抛釉砖、抛光砖、仿古砖、瓷片、外墙砖等品种，拥有“欧神诺”“卓德”“新舵”等驰名品牌，年生产瓷砖可达 2.26 亿平方米，成为全国最大几个生产建筑陶瓷园区之一。

（市工业和信息化局）

编审：曾　强
编辑：赖红柳　甘国成

交通　邮政

公　路

【概况】 2021年，梧州市公路总里程8399.73千米，其中高速公路503.41千米。全市完成公路客运量496.79万人次、客运周转量45588.09万人千米，同比分别下降55.32%、50.48%；完成公路货运量6458.77万吨、货运周转量44.80亿吨千米，同比增长14.11%、23.93%；完成公路客货运周转量45.26亿吨千米，同比增长22.08%。全年全市有道路货运业户7823户，其中危险化学品运输企业21家。全市共有客运站19家，从事道路旅客运输业户共40户，客运班车537辆，开行客运班线达269条，客运班线年平均日发班次1260班次。

年内，梧州市完成交通固定资产投资71.68亿元，其中重大交通项目完成投资61.26亿元。公路重大交通项目完成投资按项目分类，高速公路项目40.02亿元，路网项目5.30亿元，农村公路项目6.09亿元。11月，藤县继蒙山县（2019年获命名）和长洲区（2120年获命名）之后被命名为“四好农村路”（建好、管好、护好、运营好）自治区示范县。全市农村公路项目建设无安全生产事故发生。巡游出租汽车企业在广西设区市率先开通“95128”约车服务电话。

【公路交通基础设施建设】

高速公路建设 2021年，苍梧至容县高速公路、广宁至苍梧至昭平（广西段）高速公路、柳州—平南—岑溪公路（平南至岑溪北段）3条高速公路开工建设。信都至梧州高速公路二期工程基本实现半幅贯通，累计完成路基填方97%、挖方99%，路面底基层78%、基层74%，桥梁工程76%，隧道工程94%。贺州至巴马高速公路（蒙山至象州段）梧州段已完成路基工程，加快开展桥梁、路面工程施工。S204/S206蒙山至金田（蒙山至平南大鹏段）建成通车，岑溪糯垌至平南四灵、蒙山至金秀公路、藤县西江二桥及引道工程等一批国省干线及路网项目加快推进。

农村公路建设 2021年，梧州市农村公路项目共252个，项目总投资14.13亿元。其中，县乡道联网路（含乡乡通二三级项目和乡村振兴项目）项目18个，11.93亿元；农村公路危桥改造项目5个，3350万元；农村公路村际联网路项目173个，7924万元；农村公路路面大中修工程项目45个，5083万元；

2021年11月，蒙山至金田公路（蒙山至平南大鹏段）建成通车
陈宁　供图

梧州年鉴

通村硬化路和窄路加宽项目 11 个，5552 万元。全年累计完成投资 6.10 亿元，为年度投资目标任务 5.22 亿元的 1.17 倍，超额完成年度投资目标任务。

乡乡通二三级公路建设 2021 年，根据《自治区农业农村厅 2021 年度设区市绩效考评指标考核实施方案》，交通运输部门负责牵头实施“四好农村路”高质量发展，要求全市 2021 年新增 4 个乡镇通二三级公路。年内，苍梧县木双镇、藤县同心镇、宁康乡、蒙山县长坪瑶族乡和万秀区夏郢镇 5 个乡镇实现通二三级公路，超额完成 2021 年度绩效考评目标任务。

创建“四好农村路”自治区示范县 2021 年，市交通管理部门多举措推动“四好农村路”自治区示范县创建工作，6 月 28 日，由市政府办公室印发梧州市农村公路“路长制”实施方案，全面建立和推行“路长制”。全市 7 个县（市、区）也先后出台农村公路“路长制”实施方案。11 月 11 日—12 日，全市“四好农村路”建设工作现场会在蒙山县召开。蒙山县、长洲区和藤县分别获得 2019 年、2020 年、2021 年“四好农村路”自治区示范县称号。

公路资产清查 2021 年，根据《财政部交通运输部关于组织开展 2021 年公路资产专项清查的通知》等有关规定，梧州市以 12 月 31 日为公路资产专项清查工作基准日组织开展专项清查工作。梧州市财政局、梧州市交通运输局联合督促各管护单位填制完成《2021 年广西公路资产专项清查信息表》，并通过行政事业资产管理信息系统完成公路资产卡片的登记，对完成清查但尚未入账的公路资产及时按规定登记入账。梧州市交通运输局作为公路资产的行业主管部门，主要负责该辖区公路资产清查数据审核，对辖区内的公路资产入账核算和登记资产信息卡等工作进行指导，负责撰写该辖区的公路资产清查报告并报同级财政部门统稿。

【公路养护】 2021 年，根据全国自然灾害普查工作的要求，按照《梧州市交通运输局自然灾害综合风险（农村公路）水路承载体普查工作实施方案的通知》部署，梧州市各级交通运输部门充分利用第三方技术力量支持，全面开展自然灾害综合风险普查、系统录入、风险点审核上报等工作。年内，全市农村公路 6115.88 千米、隧道 1 座、桥梁 668 座的普查任务全部按时完成，市交通运输局通过委托第三方技术公司开展数据复核、完善及编写专业报告上报工作。10—11 月，市交通运输局委托第三方技术公司，采用自动化检测方式，对全市农村公路技术状况进行抽样检测，共抽检 1251 千米，占总里程的 20.4%。2021 年梧州市农村公路路况指标为：县道优良路率、中等路率以上、差路率分别为 47%、85%、4%；乡道优良路率、中等路率以上、差路率分别为 39%、82%、8%；村道优良路率、中等路率以上、差路率分别为 29%、76%、10%。以上指标均达到自治区交通运输厅下达的年度农村公路路况计划指标要求。年内，全市农村公路没有发生较大的水毁灾害，基本保持畅通。12 月，自治区交通运输厅、发展改革委、财政厅、地方金融监管局、广西银保监局印发下达《广西普通公路灾毁保险实施方案》，市交通运输局积极推进农村公路灾毁保险工作，督促各县（市、区）开展农村公路参保里程摸底调查，指导各县（市、区）购买农村公路灾毁保险。截至年底，全市交通运输部门管养的农村公路总里程为 6902.91 千米。其中，

2021 年 10 月 12 日，广西正高工程技术有限公司在对梧州市农村公路技术状况进行检测　　市公路建设养护和运输发展中心　供图

省道 14.46 千米，县道 875.06 千米，乡道 1915.77 千米，村道 4097.63 千米。按公路技术等级分，二级公路为 60.891 千米，三级公路为 276.32 千米，四级公路为 6449.18 千米，等外公路为 116.52 千米；按公路路面类型分，有铺装路面（高级）里程为 4969.28 千米，简易铺装路面（次高级）里程为 131.92 千米，未铺装路面为 1801.71 千米。

【农村公路安全生产】　2021 年年初开始，市交通运输局就贯彻落实上级关于农村公路安全生产工作文件精神，召开专题会议，制定重大节假日及重点时段期间安全生产专项整治行动方案，结合工作实际开展"平安公路"、"安全生产月"、节假日及重点时段生产检查督导等专项行动，全年市各级交通运输部门共出动检查人员 148 人次，累计检查农村公路 532 条（段）、桥梁 505 座、在建工程 252 个，发现安全隐患 46 处，落实整改 46 处，并督促整改到位。全年全市农村公路项目建设无安全生产事故发生。

【信息管理】　市交通运输局提前谋划，于 2019 年建成智慧交通项目，2020 年完成市城区巡游出租汽车运营设备的提档升级，运营车辆监督平台上线率达 100%，为"95128"约车服务平台开通夯实了硬件基础。2021 年 6 月，组织本地巡游出租汽车企业完成数据接入工作，在广西的设区市中率先开通"95128"电话。年内，对接自治区交通运输厅科教处信息中心及梧州市大数据发展局，认真落实梧州市"12328"交通运输行业社会公益性服务监督热线电话与"12345"政务服务便民热线电话归并工作，编制上报梧州市"12328"热线归并工作方案。12 月 26 日，在自治区层面上完成切割，顺利归并。截至 12 月 31 日，梧州市"12328"岗位共受理各种电话和平台转办的业务（包括原"12328"热线、"3860561"电话和市级平台）共 2367 件，均已全部按规定处理，回访率 90% 以上，绝大多数群众表示满意。市交通运输部门每月定期巡查重点车辆动态监控系统平台并通报各时间段车辆考核明细表，及时提醒辖区"两客一危"（从事旅游的包车、三类以上班线客车和运输危险化学品、烟花爆竹、民用爆炸物品的道路专用车辆）营运企业对照问题整改，确保企业车辆入网率、上线率排名全自治区前列。自治区交通厅通报 1—12 月梧州市重点营运车辆动态监控系统运行情况，梧州市平均考核得分为 98.42 分，位居全自治区中上游水平。年内，市交通运输局及时跟踪被国务院交通运输部和自治区交通运输厅通报的相关企业，严格落实整改，全年累计跟踪被自治区交通运输厅通报的企业 56 家，收集上传企业整改报告 60 余份。

【农村客运发展】　2021 年 1 月，苍梧县城乡公交车正式运营，开通公交线路 9 条。其中，县城内 3 条、县城至各乡镇 5 条、城际线路 1 条。线路覆盖县内公务办公点、医院、学校、商业、旅游景点以及全县 9 个乡镇，并与梧州市区连接，为城乡居民出行提供便利。11 月，开通 211 路（南宁百货至新地镇）和 212 路（新地镇至回龙村），提升了龙圩区农村地区公交线路的覆盖率。截至年底，梧州市 58 个乡镇和 861 个行政村持续保持通客车。其中，251 个行政村通公交客运，543 个行政村通农村客运，57 个行政村通预约响应租车，10 个行政村通岛际水路客运。

2021 年，优化调整多条公交线路及公交站名，开通 9 条定制公交校园专线和 2 条万达公交专线、开通 211 路（南宁百货至新地）和 212 路（新地镇至回龙）公交线，调整 26 路、51 路和高铁快线，恢复 22 路公交线至下冲小区停靠。做好城市客运和道路运输行业年报工作，督促指导全市（含各县市）的城市公交和出租汽车企业登录"一套表"系统进行填报；审核市辖区企业填报的内容并将全市的数据上报。做好梧州市名录库系统整理和月报统计等工作，组织各县（市、区）交通运输局负责名录库整理和道路客运月报统计相关工作人员、各道路旅客运输企业统计工作人员进行专项培训协助做好梧州市新能源汽车推广应用统计，跟踪全市新能源汽车推广应用工作进展。

完成 2021 年度农村客运承运人责任险补助资金发放，分别于 5 月和 8 月将自治区和市本级的 2021 年度农村客运承运人责任险补贴资金足额发放到各经营者。发放梧州市 2021 年节能减排补助资金，梧州市共收到 2021 年节能减排补助资金 3123.16 万元，经市人民政府批准后，已全部发放到各相关企业。向各县（市、区）交通运输局下拨2021年度农村客运可持续发展补贴91.31万元。向城建公交公司下拨2021年公交车公益性补助资金590万元。

【货运管理】

“两类人员”从业资格考试 截至2021年12月17日，梧州市道路运输“两类人员”（道路运输企业主要负责人和安全生产管理人员）应考尽考企业共计208家，应考人数516人，参考率和通过率均达到100%，完成上级部门的部署任务。另外，市交通运输局共组织道路危险货物运输驾驶员从业资格考试报考人员412人次，合格共262人次；组织道路旅客运输驾驶员从业资格考试报考人员81人次，合格共65人次。

危险化学品道路运输安全整治 2021年，市交通运输局发布《关于开展危险化学品道路运输安全集中整治工作的通知》，开展全市危险化学品道路运输安全集中整治行动，全年共检查危险运输企业129家。同时，市交通运输局还利用微信公众号，加大整治工作宣传力度。

常压液体危险货物罐车治理 2021年6月起，市交通运输局开展常压液体危险货物罐车治理工作，组织落实、协调罐车道路运输证配发、介质签证工作，督促指导危险货物道路运输企业使用符合新标准要求的罐车。结合罐车年度审验，督促运输企业将所属罐车委托罐体检验机构进行定期检验，检出需整改企业16家，年内全部完成整改企业。

道路运输车辆检验检测改革 2021年，根据《交通运输部办公厅关于优化道路运输车辆技术管理便利开展车辆技术等级评定工作的通知》和《广西壮族自治区交通运输厅办公室关于贯彻落实优化道路运输车辆技术管理便利开展车辆技术等级评定工作的通知》，市交通运输局贯彻落实“三检合一”有关决策部署，及时下发文件到相关检测机构和道路运输企业，切实传达上级文件要求及相关精神。与交通政务窗口对接，指导协助道路运输企业做好技术等级评定周期的调整。

【交通安全管理】 2021年，市交通运输部门组织开展春运期间、新冠疫情防控期间安全生产大检查，复工复产、“两会”期间、汛期和重要活动期间安全生产检查等。组织开展安全生产专项整治三年行动、道路运输安全隐患大排查大整治百日攻坚行动、“坚守公路水运工程质量安全红线”、行业消防安全工作、危险化学品安全生产集中整治、“平安工地”考核监督抽查、自然灾害综合风险公路水路承灾体普查等专项行动和“渡运安全月”“安全生产月”和“安全生产万里行”等活动。开展庆祝中国共产党成立100周年安全生产工作调研督导，成立督查组，对各地交通运输部门开展安全生产检查情况进行督导检查，确保梧州市交通运输行业安全平稳。

全年全市交通运输部门共出动人员约25643人次，排查道路运输企业约1838家次，排查农村公路约1052条（段），桥梁约524座（次），项目施工现场约954处（次），港口码头企业约174家（次），水路运输企业约166家（次），渡口约683个（次），船舶约988艘（次）。共查处非法营运车辆156台，超限超载车辆888台，非法改装车辆298台，其他违法违规案件246起；共罚款1376.22万元，卸货33859.83吨。

【路面稽查执法】 2021年，结合扫黑除恶、“打非治违”部署，市交通运输综合行政执法部门开展交通站场秩序综合整治、桂粤两地三市“东融”联合执法专项行动，在辖区主要道路、学校、医院客（货）集散地和城区下辖乡镇周边区域，统筹开展客货运经营秩序综合整治。按照“逢节必守”的原则，在法定节假日、重要活动期间，重点督查主要交通站场、枢纽内出租车、网约车、公交车、旅游车等客运车辆营运秩序。全年共出动执法人员12550人次，查处非法营运案件55件（非法营运小客车51件、非法营运货车4件），网约车违规案件36件，班线车违规案件12件，包车违规案件12件，出租车违规案件39件，危险货物运输违规案件13件。

年内，市交通运输综合行政执法部门联合公路养护机构组织制定普通国省干线执法与养护联动工作制度，开展月度定期巡查，恶劣天气强化巡查，重点对高边坡、沿江临崖、地质灾害易发和低等级公路路段等进行隐患排查和治理。通过路警联勤、日常与专项、不定点与不定时相结合等方式，在重要国省干线和辖区高速公路入口开展货车超限超载运输行为路面执法，形成每月“逢5”开展联合执法工作机制，保持对货车违法超限超载运输行为的严打高压态势。全年累计开展路域巡查223天次，出动执法人员13230人次，检测货运车辆18000余次，查处违法超限运输车辆283辆次（“百吨王”5辆次），依法监督卸载货物8758.3吨，持续将全市高速公路入口货车超限率控制在0.5%以下。

【交通应急管理】 2021年，市交通运输部门推进交通运输系统安全与应急管理体系建设，委托第三方完成梧州市交通运输安全责任体系顶层设计、交通运输系统安全生产责任制、安全生产监督管理工作规范、交通运输权责清单、安全生产监督管理办法、安全生产检查指南以及应急预案汇编的编制。组织制订《梧州市春运高速公路突发事件应急预案》《梧州市交通运输行业恶劣天气应急预案》《梧州市交通运输局2021年防洪预案》等各项应急预案，及时更新补充应急队伍人员，建立企业应急车队，进一步提升市交通运输部门突发事件处置能力。组织做好春运、全国“两会”“五一”、国庆、汛期等重大活动及重点时段安全和应急保障工作，完善应急物资储备，开展应急培训，及时启动应急响应。“渡运安全月”“安全生产月”期间，组织行业企业开展油品泄漏、消防、防溺水等应急演练，落实应急值班值守，及时报送各类信息。

【交通扫黑除恶专项斗争】 2021年，按照自治区交通运输厅、市扫黑办要求，市交通运输部门组织制订常态化扫黑除恶专项斗争方案，对交通运输行业常态化扫黑除恶斗争进行具体安排，明确工作重点、工作任务、实施步骤、措施和责任，确保各项工作有序开展。年内，加大力度严厉查处无证、无资质、超资质范围从事道路运输经营违法行为，着力整治道路运输市场经营秩序。市各级交通运输部门加强对高铁站、火车站、汽车站等车站周边路段，以及大型批发市场周边，校园、医院周边等重点区域非法营运行为的查处，开展桂粤“两地三市”协同执法行动，严查跨省非法营运车辆。加强整治出租汽车拒载、拼车、不按计价器收费、在非指定区域揽客等违法违规经营行为，整治违规投放、违规停放共享单（电）车行为。在梧州南站及金晖汽车站，开展巡游出租汽车驻点巡查工作，在梧州南站每天8时至24时安排执法人员轮班值守，从严整治出租车违规行为，高铁站非法进站揽客现象有所减少，出租汽车行业经营日渐规范，服务水平持续提高。严格执行路警联合执法常态化制度化要求，在每月全自治区统一行动日，保持高压态势，各单位齐抓共管联合治超，严查违法超限运输车辆和货运源头，加快推进治超非现场执法工作，努力营造安全畅通道路运输环境。开展非法码头整治和净江专项行动，加强非法码头、装卸作业点的巡查工作，加强持证码头的事后监管和在建码头的事中监管工作，督促企业严格按照行业政策法规要求规范生产运营，依法打击非法码头、装卸作业点等违法违规行为，及时对疑似非法装运的船只进行劝离教育，查扣参与非法码头装卸涉事车辆，及时制止非法码头建设。加强非法水上运砂等违法行为的排查，约谈长期逃避海事监管的水运企业。加强对工程建设单位的督导检查和项目沿线群众的走访，重点排查整治在工程建设推进过程中强揽工程、垄断工程材料供应、损害公路水路铁路设施、操纵工程围标串标、为违法犯罪人员充当“保护伞”等涉黑涉恶行为，以及在工程建设过程中煽动闹事、使用暴力、威胁、恐吓等非法手段，恶意阻断施工道路、违法阻挠正常建设施工的行为。按照“谁主管、谁负责”原则，紧盯道路运输、水路运输、超限超载治理、工程建设等重点领域，持续排查跟踪涉黑涉恶线索，加强群众反映强烈、问题突出的各类线索摸排工作，广泛收集行业乱象问题，集中治理。

【交通综治维稳】 2021年，市交通运输各部门高度认识当前维稳安保的重要性，深入一线开展稳控摸排和安全生产监督检查工作。积极掌握从业人员思想动态，对苗头性、倾向性信息进行广泛收集整理，对排查发现的矛盾纠纷，妥善做好化解工作；建立工作台账，逐件明确责任，限期办结。畅通信访举报渠道，通过“12328”交通运输行业社会公益性服务监督电话，及时接收群众投诉举报、建议和信息咨询，切实解决群众出行难题，维护行业良好运行秩序。年内，市交通运输局高度重视行业领域个人极端行为治理防范工作。督促企业建立实施驾驶员聘用制度，对驾驶员的聘用条件和聘用流程作出相应的规定（如要求三年内无重大事故和犯罪记录等），并对驾驶员进行岗前安全培训，经各项考核合格才予录用，严格把好驾驶员入口关。督促企业建立安全生产培训和教育学习制度，明确驾驶员的月度培训内容，包括学习安全生产法律法规政策、上级文件要求、安全行车操作规程等，提高驾驶员的从业素质。重点关注从业人员身心健康。采用集中授课的形式，召集水路运输、道路运输、公交、驾校等企业相关人员约70人，开展心理关爱服务和应急救护技能培训，邀请自治区脑科医院专家和红十字会医疗专家讲授专业知识，促进从业人员身心健康。

【新冠疫情防控】 2021年，全市各级交通运输部门毫不松懈抓好新冠疫情防控，建立健全防控机制，坚持“外防输入”总策略，坚守各入梧道口抗疫一线，在火车站、机场、客运站等交通运输站场和高速路口协调设置联合检疫站100余个，出动疫情防控检查人员1600多人次，排查车辆6000多辆次、船舶500多艘次、从业人员7200多人次，落实应急客运车辆332辆、货运车辆287辆。为医疗应急和重要生产生活物资优先通行，提供“点对点、一站式直达”定制客货运输服务15趟次，服务510余人次。

【机动车维修行业】 截至2021年年底，全市共有机动车维修业户1123户。其中，汽车维修业户284户，摩托车维修业户612户；一类汽车维修业户4户，二类汽车维修业户67户。机动车维修人员3073人，累计完成机动车维修业主要工作量42.83万辆（台）次。汽车综合性能检测机构15家，相关工作人员115人，完成检测量合计46654辆次。

【驾驶员培训行业】 截至2021年年底，共有机动车驾驶员培训机构40家，机动车驾驶员培训人员1761人。其中，教练员1600人，管理人员157人。累计培训50866人次，培训合格45351人次。教学车辆合计1302辆，机动车驾驶模拟器155台。

2021年梧州市开行客运班线及年平均日发班次情况表

表10

班线类别	客运班线数量（条）	年平均日发班次
省际	80	133
市际	57	175
县际	41	247
县内	91	705
合计	269	1260

2021年梧州市各县（市、区）主要交通指标一览表

表11

指标名称	苍梧县	岑溪市	藤县	蒙山县	万秀区	长洲区	龙圩区
公路管养里程（千米）	1254.074	1409.7	218（县道）	706.371	200.048	169.112	254.182
营运载货汽车（辆）	692	2214	3093	185	979	1155	2597
营运载客汽车（辆）	40（民用）	246	129（民用）	45	16	7（民用）	56（民用）
民用运输船舶（载货吨）	66513	0	1218193.36	0	5315	0	0
公路客运量（万人次）	66.7	2596.42	51	1943	711.11	273.09	76
公路货运量（万吨）	540	98.77	4346.8	300	9.7877	1184.98	906.68
水路货运量（万吨）	132.2	0	3560.25	0	0	0	0
水路客运量（万人次）		15.45					

（市交通运输局）

桂东公路管理

【概况】 2021年，桂东公路发展中心管养公路里程共1547.14千米。其中，国道8条共996.09千米，分别是G207、G241、G321、G323、G324、G355、G358、G538；省道9条共542.96千米，分别是S201、S203、S204、S302、S304、S310、S503、S505、S508；乡道3条共8.09千米。2021年在全区公路系统年终绩效考评中获一等奖。建成G321蒙山至荔浦宫粉紫荆大道等美丽公路。

【公路建设】 截至2021年12月31日，G355蒙山至金秀公路蒙山段项目累计完成投资6344万元，占计划总投资的93%；S310岑溪糯垌至平南四灵公路（梧州段）项目累计完成投资43091万元，占计划总投资的75%；S304梧州至藤县藤州镇公路累计完成投资32715万元，占计划总投资的46%；S201苍梧京南至梧州人和港公路累计完成投资26100万元，占计划总投资的70%；藤县西江二桥及引道工程累计完成投资18676万元，占计划总投资的12%；水汶至吉太公路累计完成投资9700万元，占计划总投资的87%。

【公路绿化】 2021年，累计投入61.61万元进行公路绿化建设，建成321国道蒙山至荔浦宫粉紫荆大道等美丽公路。其中，投入16万元在G321线K441+322—K459+932段种植宫粉紫荆2000株；投入45.6075万元在G324线K1345+630—K1366+958段种植宫粉紫荆1850株、大腹木棉350株、国庆花650株、凤凰木650株，进一步提升国省干线公路绿化美化水平。

【公路养护】 2021年，桂东公路发展中心梧州辖区计划养护大中修工程项目39个，总投资9324万元。截至11月底，扣除2021年路基大中修工程26个因资金未到位延期到2022年计划实施外，其余工程已全部完成计划施工任务，完成计划投资8999万元，完成计划投资率100%。完成2020年第八批公路灾毁恢复重建工程项目3个，2020年危旧桥改造工程3个，安保工程项目2个，2020年路基大中修工程3个，2020年桥涵大中修工程2个。

【安保工程】 2021年，生命安全防护提升工程（岑溪段、藤县段），总投资104万元，已完成104万元，完成率100%，已通过竣工验收。全年危旧桥梁改造工程（先养后补）项目共19座桥梁，G358线黄冲桥改造工程正在对接交由地方政府实施，梧州片区已开展施工作业的危旧桥梁改造工程（先养后补）项目共14座，合计改造桥梁长度918.70米，总投资2518万元。截至年底，完工14座，完工率100%；完成支付2518万元，完成率100%。

（桂东公路发展中心）

水　　路

【概况】 2021年，梧州境内西江航运干线航道里程101千米，桂江航道里程77千米，梧州境内航道总里程266千米。梧州港分为中心港区、藤县港区、苍梧港区3个港区。截至年底，全市已建成千吨级以上泊位33个。其中，3000吨级泊位6个，2000吨级泊位10个，1000吨级泊位17个，拥有李家庄作业区和赤水作业区两个口岸开放作业区。全市共有港口企业21家。其中，中心港区16家，藤县港区5家；共有水路运输企业44家。其中，市辖区19家，藤县24家，苍梧县1家。

全年全市水运建设项目累计完成投资46326万元，其中，赤水作业区二期工程项目完成投资15100万元；贵港至梧州3000吨级航道工程一期完成投资1909万元，二期工程完成投资29217万元。

【内河运输】 2021年，梧州市累计完成水路货运量4691.1万吨、货物周转量139.85亿吨千米，同比分别增长27.21%和29.18%；完成港口货物吞吐量6003.51万吨，同比增长35.93%；完成集装箱吞吐量83.75万标准箱，同比增长9.65%，占全广西内河集装箱吞吐量的70.6%，继续位列广西内河港口集装箱吞吐量第一。港口货物吞吐量、水路货运量均稳居全广西内河港口第二。各项水运指标稳中有进，保持稳定增长态势。

全年长洲枢纽船闸货物通过量达1.52亿吨，同比增长0.78%，占全自治区内河港口货物吞吐量1.98亿吨的76.8%，其余23.2%即0.46亿吨货物在长洲水利枢纽坝上区间运输，不经过长洲水利枢纽船闸。

【水运管理】 2021年，梧州市启动西江黄金水道通航突发应急响应累计293天，市交通运输部门会同海事、航道等成员单位开展应急响应巡航及24小时值班值守，及时、高效处置坝下搁浅等险情事故，维护船舶通航秩序。全年共出动超过600余人次进行应急巡航值班，查处违法船舶623艘次，确保西江黄金水道（梧州段）通航秩序总体良好，无较大的通航突发事故发生。年内，市交通运输局认真落实汛期防汛备汛工作，持续跟进港口总规修编工作，扎实开展2021年水路运输及其辅助业核查，全力做好自然灾害综合风险水路承灾体普查和船舶碰撞桥梁隐患治理三年行动工作，持续开展新冠疫情防控和安全生产工作，做好水路运输市场信用评级以及全市渡口基础数据调查核实等。7月5日开始，会同市行政审批局、农业农村局组成联合工作小组，共同开展2021年度渔船检验工作，梧州市在册渔船共1073艘（市辖区519艘、苍梧县150艘、岑溪市24艘、藤县380艘）全部检验完毕。

【水运项目建设】 2021年，梧州港藤县港区赤水圩作业区二期工程（2个3000吨级泊位）累计完成投资1.51亿元，为自治区交通运输厅下达年度投资任务1.5亿元的1.01倍，超额完成年度目标任务。

贵港至梧州3000吨级航道一期工程于2021年12月14日通过交工验收，12月28日启动试运行，试运行期1年，成为广西内河首段3000吨级航道。二期工程2021年累计完成投资2.92亿元，为年度投资目标任务2.5亿元的1.17倍，超额完成年度目标任务。

推进项目前期工作。赤水圩作业区码头三期工程涉及的赤水规划修订正按自治区层面反馈的意见进行修改完善，环境影响报告书已报请市政府呈报生态环境部。赤水圩作业区四期工程已获项目用地选址、社稳、立项等批复，通航条件论证、岸线使用申请已先后召开审查会。长洲五线船闸工程，计划新建1座3000吨级船闸，项目总投资约35亿元，设计单位已完成工程可行性研究报告。广西首个水上服务区——梧州水上支持保障中心，计划投资2亿元，设计工作已全面铺开，设计单位已完成选址比选报告。西江航运干线航道应急抢通救助基地项目在市领导的大力支持和各相关部门积极配合下，已选址完毕。

【运输能力】 2021年，梧州市拥有货运船舶618艘、156.75万载重吨，与上年同期比，船舶增加121艘，增幅24.35%，载重吨增加53.62万吨，增幅51.99%。船舶平均吨位2536吨每艘，平均吨位比上年同期增加461吨每艘，单船最大吨位为5682载重吨。1000吨级以上船舶556艘、152.645载重吨，分别占船舶总艘数和总吨位的90%和97%。全市新增运力（含建造和购买船舶）189艘63.85万载重吨，运力总投资约10.27亿元。运力更新加快，船舶大型化趋势明显。年内，梧州—香港、梧州—广州、梧州—珠海3条“五定班轮”货运航线共完成190航次。

【港口建设】 赤水作业区二期

2021年，李家庄码头作业现场　　林斯雅　供图

工程项目于2020年10月21日开工建设，2021年累计完成投资1.51亿元，为自治区交通运输厅下达年度投资任务1.5亿元的1.01倍。该项目已完成陆域工程和水工码头工程，继续开展市政管网工程、房建工程建设。

贵港至梧州3000吨级航道二期工程2021年累计完成投资2.92亿元，为年度投资目标任务2.5亿元的1.17倍；自开工以来累计完成投资7.47亿元，占二期投资11.27亿元的66.30%。

赤水作业区三期工程新建8个3000吨级通用泊位，设计年通过能力972万吨，估算总投资8.30亿元，项目业主为广西翅冀码头有限公司。项目于2020年4月获自治区发改委核准批复。梧州市开展了赤水圩作业区规划调整方案及环评等工作，《梧州港藤县港区赤水圩作业区规划调整报告》于2021年4月18日由市人民政府报自治区交通运输厅。4月22日，自治区交通运输厅复函表示支持规划调整工作。经与市政府、自治区交通运输厅等部门多次汇报对接，12月9日，以市政府名义向生态环境部报送《梧州港藤县港区赤水圩作业区规划调整环境影响报告书》。

【绿色交通】　2021年，市水运管理部门做好运力结构调整，加快推进船型标准化建设。加快淘汰老旧船舶，引导企业建造大吨位、节能环保、高效新船型，使梧州市水路运力结构持续优化，运输服务能力大大提升。推广LNG动力船型。全市有4艘纯LNG动力船可以有效发挥能耗、船型、整体性能等方面的优越性，船舶运行的燃料成本降低20%，重船航速比普通柴油船快1—2节，机舱干净无油污等。提升港口和船舶油污水接收处置能力。全市21家港口企业已完成船舶污染物接收合作协议签订，完成率达100%。生活污水及含油污水接收设施，覆盖率为100%。21家港口企业生活污水及含油污水接收设施已与转运处置设施有效衔接，衔接率为100%。

【非法码头整治】　2021年，市交通运输局建立“常态巡查、随机检查”相结合的长效化监督管理机制，重点整治查处港口码头的安全隐患和违法违规港口作业行为，通过采用无人机侦察、多部门联合、休息日突击检查等方式开展梧州市港口码头监管。制订《梧州市非法码头（装卸作业点）专项打击行动工作方案》，统一部署非法码头重点整治任务。4—5月间以及10月中下旬，每天开展非法码头夜间执法巡查工作，切实加强对非法码头、装卸作业点违法违规装卸作业行为的稽查惩治力度。全年共查处非法码头装卸行为10起，罚款共55万元。

【水运安全管理】　2021年，根据《梧州市城市防洪应急预案（2021年）》的要求和分工，市交通运输部门召集水上交通安全二队有关成员单位人员开展桂江片河段水上浮动设施安全度汛各项工作，并派员参与水上交通安全一队（海事部门牵头）开展西江片河段水上浮动设施安全度汛有关工作。主汛期共出动人员67人次，投入经费3万元。检查各类浮动设施、运输船舶32艘次，发出《梧州市港区浮动设施撤离通知书》4份，责令整改通知书1份，指导迁移水上浮动设施1艘。针对各水上浮动设施的锚牢设备配备和人员值班工作情况，对于不符合要求的单位（业主）则要求他们限期撤离；对允许就地锚牢的单位（业主）进行安全检查，细致检查各水上浮动设施的锚泊设施、应急设备、人员配备等情况，对发现的隐患问题责令业主限期整改；同时对各水上浮动设施业主进行汛期安全隐患防汛工作教育，传达防汛应急响应和市内水域浮动设施迁移的工作内容，要求做好人员24小时值班值守和设施设备锚牢工作，密切留意当前水情变化，如有紧急情况立即报告应急、海事和交通部门；加强巡航，以应对各类可能发生的突发情况。

【港口新冠疫情防控】　2021年，市水运管理部门建立健全水运行业新冠疫情常态化防控体系；根据疫情变化与相关部门要求，及时将最新防疫要求传达告知企业；采取定期与突击相结合的形式，多次开展行业疫情防控督查检查，督促港航企业落实疫情防控措施；推进港口水路运输从业人员新冠疫苗接种工作，实现“应接尽接”；向全市各港口码头和航运企业发布《关于做好水路运输疫情防控工作的通知》，严格要求各企业落实疫情防控各项措施。年内，督导中储粮码头业主研究梳理有关问题措施，将企业主体责任落实到位，强化对进口粮食的监管意识，加强对进口粮食流通环节和货物流向的跟踪管控，健全疫情防控长效机制，确保码头、人员、货物安全。

要求企业开展自查自纠，结合企业自身实际情况，开展码头作业和新冠疫情防控工作，切实堵塞港区范围的管理漏洞，确保港航行业疫情防控安全。发现疫情立即组织有资质的消杀公司对相关场所进行全面消杀，并督促码头业主公司严格落实各项疫情防控措施，积极配合有关部门加强疫情防控工作。元旦、春节期间，对9家港航企业进行突击检查。根据各企业实际，以“一企一策”的要求督促企业马上整改，并安排专门科室对企业整改落实情况进行实地检查复查。

（市交通运输局）

水上交通安全监督管理

【概况】 2021年，梧州海事局监管辖区船舶进出港22.2万艘次，货物吞吐量8781.5万吨。其中，集装箱吞吐量达83.75万标箱；服务口岸船舶外贸运输货物56.69万吨。长洲船闸安全通过船舶14.31万艘次，货物通过量1.52亿吨，创历史新高。组织船员考试89期，累计为地方培训合格船员6709人；共办理船舶登记2270件，办理船舶抵押权登记230艘次，助力企业抵押融资81253万元。

【通航管理】 2021年，梧州海事局科学实施重点水域、重点时段安全监管措施，完成庆祝中国共产党成立100周年、春运、“三月三”、国庆等重要时段，汛期台风、寒潮大风等极端天气，“渡运安全月”等活动期间的应急保障和安全监管工作，实现重点监管期间内零伤亡、零沉船、零污染。9月6日，长洲水利枢纽滞航船舶超过1000艘，梧州海事局及时启动预案，有效疏导待闸船舶，消滞保畅效果得到自治区党委副书记刘小明现场肯定。

6月，梧州海事局起草《长洲水利枢纽坝下航段3000吨级航道工程施工期间通航安全管理规定》并推动落实，对违反该规定的75艘船舶进行处罚；累计为施工单位施工船员开展内河基本安全培训260余人次，推动2处汛期应急锚地建设；严格按照安检窗口期对赤水二期码头施工船舶及新入船舶进行体检，杜绝了三无船舶参与施工的行为，不定期巡航检查，督促施工方落实安全生产主体责任；启动单向或双向通航机制，利用海事、交通、航道、长洲水电公司和长洲船闸公司五方联席会议机制做好坝上坝下航段通航秩序维护工作。全年安全通行15.3万艘次船舶，实现航行畅通和施工安全“双保障”。

梧州海事局在辖区范围内全面组织开展水上交通安全专项整治三年行动，与相关部门签订《深化水上安全管理合作实施细则》，联合印发《开展防范商渔船碰撞专项行动方案》，共同开展商渔船（排）碰撞治理；开展风险隐患排查和治理，辨识和评估水上交通安全风险12项，其中较大风险1项。排查水上交通安全隐患19项，完成整改16项。推动纳入自治区级挂牌督办隐患1项，完成整改1项；推动梧州市安委办印发《船舶碰撞桥梁隐患治理三年行动实施方案》；开展无线电专项整治，制订《梧州海事局关于2021年水上无线电秩序管理专项整治工作方案》，与相关部门签订《水上无线电管理工作合作协议》，并开展联合执法2次，排查船舶55艘，纠正各类无线电管理缺陷9项，查处水上无线电违法船舶2艘，查获干扰水上无线电通信秩序信号源1处。

年内，在全局范围开展新旧办公终端替换工作，全面推进广

2021年10月13日，梧州海事局开展台风前船舶锚缆设施检查

张雨杨　供图

西海事智慧监管系统应用，全年共开展电子巡航5458次，发现问题545项；利用“海事之眼”查处违法行为8起，海事监管进一步向“陆海空天”一体化靠拢。

【船舶管理】

强化航运公司监管 2021年，梧州海事局组织召开2期典型事故案例集中警示教育活动，组织两广海事在梧州开展2021年西江干线航运公司安全警示教育活动，集中开展水上交通安全宣传教育“进企业”和典型事故案例“双进”活动，推动航运企业落实安全生产主体责任；修订《航运公司安全隐患排查治理管理制度》，督促指导辖区航运企业建立运行安全管理制度；建立健全公司定点联系人制度，做好安全诚信公司、船舶及行业标杆的树培，指导非体系航运公司加强管理，推行航运公司安全管理制度模板，建立企业间相互沟通交流平台，畅通信息发布及业务交流的渠道。

规范船舶监督管理 2021年，梧州海事局加强与船检机构的联系，推进船舶检验19规则实施；全年开展船舶吨位复核71艘。推动将泗洲岛“三无”船舶非法载客游玩重大安全隐患列入自治区挂牌督办，大力推动长洲区政府落实渡口整改方案，成功拆除了泗州岛周边的非法水上载客平台，规范渡口渡运，从根源上制止了该水域船舶非法载客行为。

优化新冠疫情期间船舶监管 2021年，梧州海事局强化横向联动，与相关部门建立联防联控，签订《口岸突发公共事件联防联控合作备忘录》，按照职责开展船舶出入境协同监管，做好港澳线船舶船员换班工作，配合好后续的管控和处置工作；利用海事协同管理平台、广西智慧海事、海事之眼等信息系统，做好线上港澳线船舶入境审批和查验工作，保障船舶通关效率；推行港澳航行船舶智能分类查验，对船舶实施差异化监管，在疫情期间为减少人员接触，对高风险等级船舶实施登轮查验，中、低风险船舶一律施行线上查验；督促航运公司建立疫情防控相关制度，严格落实疫情防控主体责任，为船舶购置口罩、手套、体温计、消毒剂等必要的防护用品。

【船员管理】 2021年，梧州海事局推动梧州市人民政府修订《关于进一步加强全市渡口渡船安全管理工作的通知》，加强相关渡运人员的业务培训和管理及渡口渡船管理人员的安全知识宣传和业务培训；明确义渡、半义渡渡工月工资不低于1800元，从源头抓好渡工因为收入低而缺岗脱岗的安全隐患。

口岸查验人员施行新冠疫情常态化防控，一一核对船舶进出港船员名单，堵住港澳线船员在返回中途下船或在其他口岸监管点下船私自返回梧州的漏洞；通过微信群和船舶查验窗口，指导船员使用《船舶船员新冠肺炎疫情防控操作指南》；加强口岸船舶航前防疫宣传，发放疫情宣传册。2021年，梧州海事局共核查船员1076人次，服务76名口岸船舶船员换班，未发生船员疫情失控情形；全年开展船员考试89期、6709人次，新入职合格船员1350名。截至年底，辖区有注册船员24230人。

【危防管理】 2021年，梧州海事局共监管529艘次57.8万吨危险品安全营运，保障220艘次748.8吨（1647.3立方）LNG安全加注，期间未发生水上船载危险货物污染、安全事故。

船载危险货物安全监管 2021年，梧州海事局推进港口码头开展防治船舶污染应急能力建设，提升社会力量应对船舶污染事故的处置能力。拓宽船舶载运危险货物比对数据，提高精准选船水平，规范危险货物申报、装载和运输；提升辖区危险化学品码头、运输船舶防污染应急处置能力，组织码头、航运企业开展溢油及消防等应急演练；结合水上交通安全三年行动专项整治工作，指导企业开展安全隐患排查和整改。

船舶大气污染防治 2021年，梧州海事局继续组织实施船舶大气排放控制区工作。联合市相关部门开展成品油非法经营专项整治行动，严厉查处船舶非法储存、运输成品油行为。对450艘船舶船用燃油开展现场检查，抽取145艘船的燃料油样品送检，依法对27艘使用含硫量超标的船舶进行处理。联合相关部门对水上加油站开展联合执法行动2次，检查水上加油站4个，督促水上加油站使用合格、合规油品。

船舶水污染防治 2021年，梧州海事局持续开展船舶污染物排放专项整治行动，深入推进辖区400总吨以下内河船舶水污染防治改造。强化船舶安全与防污染监管，查处船舶非法排放生活污水6起，罚款3万元。全面推行海事一体化信息平台危防业务模块上线运行，规范船舶污染物接收单位接收作业、船舶油料供受作业行为，强化应急资源的配置与管理。推动破解海事监管难题，将非法砂石船、餐饮趸船、水上船舶修造拆解点和长期停航的“僵尸船”等影响水上交通安全和污染防治的突出问题纳入整改清单，推动藤县河长办完成了西江干线藤县段河岸堆放遗弃、废弃船舶等问题的整改。

【应急反应】 2021年，梧州海事局推动市政府办印发《〈梧州市贯彻落实广西壮族自治区人民政府办公厅关于加强海上搜救工作的通知任务分解表〉的通知》，编印了《梧州海事局水上搜救应急预案操作手册》。指挥中心实行24小时值守，全年值班期间未发生过任何错接、漏报的责任事故。全年辖区共发生水上交通险情事故219起，梧州海事局共组织搜救行动193次，救助遇险船舶302艘、人员549人，搜救成功率97.3%；协调水上搜救成员单位参与人员溺水、跳桥、船舶碰撞、触礁、搁浅等险情处置39起。2021年度，梧州海事局一名职工获得广西应对突发事件突出贡献先进个人。

（梧州海事局）

航道建设与管理

【概况】 梧州航道养护中心隶属自治区交通运输厅、自治区港航发展中心，负责履行辖区西江航运干线（郁江、浔江、西江）贵港至梧州290.5千米、桂江昭平至梧州150.8千米（总共441.3千米里程）的航道及航道设施的养护和应急处置、航标设置和维护（军用航标和渔业航标除外）、养护航道的信息收集和服务、辖区船闸运行的具体协调调度等工作职责。

西江航运干线贵港至梧州Ⅱ级航道一期工程贵港枢纽至长洲枢纽段266.5千米库区航道于2021年12月28日投入试运行。二期工程长洲枢纽至界首段24千米天然航道正在建设中，计划于2022年年底完工。该航道是广西内河航道等级最高、科技含量最高、航运最繁忙的航段，广西内河90%的运量通过该段航道。

【航道建设】 2021年，梧州航道养护中心受自治区港航发展中心委托，全力推进西江航运干线贵港至梧州3000吨级航道工程建设，全年累计完成投资4.07亿元，为全年投资目标任务的1.23倍。该工程分两期建设，一期工程贵港枢纽至长洲枢纽段266.5千米库区航道，于2018年12月29日开工建设，2021年12月28日实现试运行；二期工程长洲枢纽至界首段24千米天然航道，于2019年12月25日开工建设，计划于2022年年底完工。西江航运干线贵港至梧州3000吨级航道工程，全长290.5千米，投资估算19.58亿元，工期42个月，设计航道尺度4.1米×90米×670米（航深×航宽×弯曲半径）。工程建成后，将打造成广西内河航道中最高等级的“水上高速公路”，实现3000吨级船舶从贵港直达粤港澳地区。

【航道维护】 2021年，全年辖区航道维护水深均达到技术规范要求，全年无航道维护责任安全事故。加强航道扫测，开展疏浚维护及航道应急抢通工作。对容易淤积滩段勒修滩、福登滩、平南大成航段、相思洲右滩4个重点航段，进行了3.2平方千米面积的水深测量，疏浚抢通工程量19000多立方米，保障航道安全畅通。坚持航道开发与环境保护并重，2021年桂江航道工程完成9个品种共24万尾鱼苗的

2021年12月28日，西江航运干线贵港至梧州3000吨级航道一期工程3000吨级航道正式启用并投入试运行 林迪 摄

鱼类增殖放流，保持流域水生生态平衡和可持续发展。配合贵港至梧州3000吨级航道工程建设指挥部对已完成的单位工程滩段按技术标准要求进行现场扫测、验收。完善航道基础保障系统。完成藤城航道站趸船水电安装以及2021年度站房维修任务，为航道维护工作提供便利、安全的条件。

2021年8月27日，航标员正在擦拭航标艇上的灯器

梧州航道养护中心 供图

【航标维护】 2021年，辖区设置各类标志492座，发光标志407盏，全年共维护航标18.49万座天，发光标志16.38万盏天，标志和灯光维护正常率均为100%。为船舶安全航行提供精准导航，辖区航道安全畅通，没有发生航道航标维护责任海损事故。加强水位信息发布。密切关注长洲枢纽、大藤峡枢纽的水位变动信息，按规范要求做好水位通告、航道通告等航道信息发布及报送工作，累计发布航道通告42份，提醒船舶注意水位变化，避免发生安全事故。做好贵港至梧州3000吨级航道工程施工航道航标维护。通过调整航道航标以及实施航道转移等措施，创造良好通航条件，二期工程恢复施工后（10月1日—11月25日）实施航道调整累计达18次，全年为贵梧3000吨级航道工程施工全线临时增设120座助航标志，保障了施工与通航安全。利用施工空档期，及时恢复长洲枢纽坝下至桂江河口航段双向通航，提升航道通过能力，满足货物水路运输的巨大需求。做好贵梧3000吨级航道一期工程试运行前航标配布等准备工作，组织编绘并公布新建航道航标配布图，配合完成144座新示位标的启用、70座水上侧面浮标抛设，并首次在广西内河航道推广使用大浮鼓侧面标，更好发挥助导航功能。推进桥区水上航标接收工作，密切关注在建桥梁的建设情况，及时接收符合接收条件的桥梁桥区水上航标。总结桂江辖区航道试用新型航标的使用经验，定制采购航标专用材料，完成桂江航道示位标维修工程，进一步提高航标维护质量和正常率。

【航道行政执法】 2021年5月30日，自治区交通运输综合行政执法局挂牌成立，在机构改革过渡期间，根据上级要求，梧州航道养护中心不间断开展行政执法工作，依法保护航道资源。全年开展航道行政巡查101航次，发责令改正通知书4份，依法对4起损坏助航标志危害航道设施的行为进行行政处罚，共计罚款4000元，及时纠正违法行为。强化贵港至梧州3000吨级航道二期工程施工弃碴处置项目监管。成立专项执法组，加大巡查密度，采取水下地形测量的措施，及时纠正废渣处置超挖超深行为；与水利、海事等部门建立联合执法机制，严防严打借航道整治工程之机从事非法采砂行为，整治不按施工方案施工、不按指定区域抛卸废渣等影响航道通航安全的行为。配合做好河长制工作，开展梧州辖区内桂江河段“乱占、乱采、乱堆、乱建”问题排查，将排查出的65个问题录入报表，按时报送梧州市河长制办公室。配合自治区交通运输厅做好行政许可审批和行政确认审核的现场勘验等基础性工作，全年共完成11项。落实与航道有关的施工项目监管职责，督促在建桥梁梧州仁义大桥等、已建桥梁梧州西江三桥等以及有关跨河工程设施的建设业主和施工单位，按法规规定做好桥区航道疏浚、设置和维护临时助航标志、组织施工遗留物清理和验收，督促有关单位落实安全保障措施。

【船闸监督管理】 2021年，长洲枢纽上游来水量减少，枢纽下游航道水深小于设计最低通航水深共157天，长洲一线二线船闸间歇性暂停运行27次共654小时，船舶超限载吃水导致搁浅碍航，航道整治施工影响，长洲枢纽航段船舶滞航时长293天。梧州航道养护中心面对史上最严峻通航形势和压力，采取加强水情信息收集和预报，指导船闸科学调度，对重载船舶减载接驳给予办理报到过闸手续，加强待闸船舶联合巡查、严厉查处违规船舶，落实船舶出港“双限”应急措施，加强船闸监管优化船闸维修计划和协调加大下泄流量等硬措施，克服重重困难，确保船舶过闸安全有序，有效缓解严峻的通航形势。长洲枢纽船闸货物通过量再创新高，全年达1.52亿吨，已连续2年超过1.5亿吨，累计过货量位居全国天然河流第一。指导督促辖区各船闸业主编制通航建筑物运行方案，及时跟踪办理进度，辖区7座船闸通航建筑物运行方案获自治区交通运输厅批复，完成率100%。

【航道信息化建设】 2021年，梧州航道养护中心依托贵港至梧州3000吨级航道工程，对贵港至梧州原有的航道管理信息系统、电子航道图系统、航标遥控遥测系统、自动水位站系统、航道视频监控系统、船闸联合调度系统等航道信息化管理平台进行优化升级重建，进一步提高信息化管理水平。该系统优化升级后，对航道、航标、滩险、管理部门等基础信息进行电子化管理，同时对与航道业务相关的航道航标巡查、船机设备管理和运行、管理报表、行政执法、航道通告发布等在计算机信息化方面进行规范化管理。对依托贵梧Ⅱ级航道工程建设的航标遥控遥测系统进行优化，保持广西内河航道信息化领先水平。对辖区300多个助航标志安装航标遥控遥测RTU，建设有6个差分站，实现西江航运干线贵港至梧州界首段和桂江莲花大桥至桂江河口段的航标远程测控。电子航道图系统完成了辖区西江航运干线贵港至梧州界首段和桂江昭平至桂江河口段的电子航道图制作入库和更新，全部实现航道图的数字化管理。自动水位站系统对原有贵梧Ⅱ级航道工程及桂江航道（莲花大桥至桂江河口）工程建成的25个自动水位站点进行升级、重建，增设3个自动水位站点。其中，西江干线16个，桂江沿程12个，实现对辖区航道水位的远程遥测，有效地提高了水位（水深）测报的准确性和及时性。

年内，建成的航道定点视频监控点9个（贵港大秦码头、桂平羊栏滩、江口鲫鱼滩、平南西江大桥、龙圩水道、梧州洗马滩、鸡笼洲滩、桂江河口、大利口码头段），船闸定点视频监控点6个（昭平电站、下福电站、金牛坪电站、京南电站、旺村枢纽、长洲枢纽）。丰富了航道航标维护管理、航道行政执法、船闸运行监督管理的手段，实现了管理的可视化。广西西江开发投资集团有限公司开发的西江船闸联合调度信息系统，主要用于该公司所管辖的长洲、桂平、大藤峡（4月1日起试运行）、贵港、西津、邕宁、老口、金鸡、鱼梁、那吉、桥巩、红花共12个梯级，16个船闸，除此之外广西其他船闸采用的是自治区港航发展中心开发的船舶过闸联合调度系统。上述系统均能够实时查看船闸调度情况，查询待闸船舶信息等。

梧州航道养护中心探索无人机巡航等新技术应用，科研论文《无人机在航道管理中快速判定应用研究》入选2021年度广西交通运输“科技示范”创新典型案例。

【港航信息化工程】 2021年，贵港至梧州3000吨级航道建设工程信息化工程正在建设中，该工程已完成部分信息化系统的更新优化，新建感知网络应用系统、业务应用系统、港航信息服务一体化平台3大应用系统。感知网络应用系统中的视频网络通信系统正在安装调试；水文流量通信网络正在建设；虚拟专用网移动终端（办公用）、虚拟专用网移动终端（移动巡检用）、航标遥测遥控终端网络（北斗）、简易视频通信、水位遥测遥报终端网络等建设工作正在进行中。业务应用系统中的应用软件设计、数据库设计、航道管理系统、航标远程监控系统等各业务系统已完成。港航信息服务一体化平台正在组织第一轮内部试运行。该工程计划在2022年正式投入运行。

（梧州航道养护中心）

航　空

【航线布局】 2021年2月26日，中国民用航空中南地区管理局批复，梧州西江机场增开梧州—武汉—济南航线，班期为每周一、二、四、六，3月28日正式开航。因受新冠疫情影响，民航市场受到一定程度冲击，东方航空公司向梧州市提出增加西安—梧州—三亚航线补贴的诉求。在不考虑增加该航线补贴资金的前提下，市交通运输部门最终决定改与长安航空公司合作，成功争取降低航线补贴。与上一航季相比，梧州—北京大兴每班降补5000元，每班往返补贴9.5万元；西安—梧州—三亚航线每班降补5000元，每班往返补贴9.5万元。

【业务发展】 2021年，梧州西江机场夏航季新增济南—武汉—梧州航线，冬春换季加密至每天一班，机场在飞航线增至6条，通达10个城市，实际周时刻量增至84个。通航航线方面，在继续执行梧州—南宁、梧州—桂林、梧州—珠海短途运输航线基础上，8月初新增梧州—河池通航航线。结合机场保障能力，对部分航线的时刻进行优化调整，避免多个航班同一时间进港，以此提升机场航班服务保障水平，提升旅客乘机体验。加强与航空公司、目的地机场合作，重点打造一票到底、行李直挂中转联程产品，争取年内将目的地城市南京、上海、武汉、北京逐步推广实施“一次支付、一次值机、一次安检、行李直挂、无忧中转”的后续中转便利化服务，与广西南宁海瑶航空货运代理有限公司合作，完善机场货运功能。全年机场保障航班3578架次，同比增长23.04%，旅客吞吐量27万人次，超额35%完成集团公司下达的任务，同比增长21.18%。

【开通广西首条跨省通航短途运输航线】 2021年，市交通运输部门主动和广西通航公司、珠海机场紧密对接，争取市财政航线培育补贴专项资金，助力开展广西“金桂飞”通航短途运输项目，成功开通广西首条跨省通航短途运输航线梧州—珠海，同时开启梧州—桂林、梧州—北海、梧州—南宁、南宁—桂林、4条自治区内通航短途运输航线的串飞环飞，获得国内各相关行业主管部门及多家媒体的关注和报道，进一步促进梧州市与珠海市乃至粤港澳地区的商贸、旅游及人文等领域的合作交流。全年该项目合计往返飞行459架次，总飞行时间721小时，运输旅客1546人次，是民航中南地区管理局唯一持续运营的短途运输项目，飞行小时数在民航局中南地区管理局排名第一。

【梧州西江机场旅客吞吐量】 2021年，梧州西江机场稳步推进航线开发及市场营销工作。3月底，新增济南—武汉—梧州航线，在飞航线增加至6条，通航城市增至10个；10月底，对部分航线时刻进行优化调整，并加密了优质航线班次，运输生产发展势头良好。西江机场全年保障航班3558架次，旅客吞吐量达26.26万人次，同比增长17%，自治区内增幅排名第四。累计旅客吞吐量突破70人，创历史新高。

【安全生产管理】 2021年，梧州机场深入推进全国安全生产专项整治三年行动计划，确保“集中攻坚”阶段顺利进行。制定下发《梧州机场“三个敬畏”知行合一常态化工作方案》，按要求开展运输航空安全运行风险管控“百日攻坚”活动，确保机场航空安全。开展机场机坪设备安全专项整治。扎实开展机场“安全生产月活动”。制定下发《梧州机场安全从业人员工作作风建设规定（暂行）》，开展机场安全从业人员工作作风建设。制订下发《梧州机场“十四五”平安民航建设方案》，开展梧州机场平安民航建设相关工作。更新安全信息与预警平台检查单库模板，制定相关导入检查单清单。接受集团对梧州机场法定自查工作开展情况检查，总计检查SID项1300余项，基本覆盖局方法定自查库内容，检查出不符合项123项、建议项54项。继续完善整改措施汇总表，按照整改责任人、整改时限等进行跟踪验证整改闭环。

在推进SMS体系建设基础上，建立健全安全风险分级管控和隐患排查治理双重预防机制，健全风险防范化解机制，提高安全生产水平，确保安全生产。以法定自查为抓手，全面开展危险源识别及安全隐患排查行动，及时查找漏洞并进行风险管控、隐患排除工作。结合SMS体系管理开展机场新版使用手册的修订工作。修订机场航空安保方案、SeMS手册、航空安保质量控制方案等。修订下发梧州机场安保事件信息管理规定。修订梧州机场跑道防侵入方案等。机场公司每半个月汇总各项整改进度，整体把握各项整改工作进程，使各项隐患整改得到有效推进并及时闭环，确保机场安全平稳发展。机场联合梧州市无线电委员会、国安局及机场派出所等单位，成功排除1处机载GPS干扰源隐患，确保飞行安全。

年内，梧州西江机场开展机场全员“三基”（抓基层，打基础，苦练基本功）建设和“三个敬畏”（敬畏生命、敬畏规章、敬畏职责）专题宣传教育，以完善三级培训教育机制为抓手，采用线上线下两种方式，抓好基层员工培训教育。机场实施外派培训共计87人次，已取得资质、技能及执照类证书共68个；结合“4·9”事件整改工作，扎实开展安全信息、应急管理、防跑道侵入、机坪安全及保密管理等全员培训工作，共计627人次参加培训；组织机场全体员工进行安保知识、民航法定自查知识、新版安全生产法等培训并考核，切实提升员工基本功。

全年安全生产保障正常飞行11.1万架次，同比增长27.68%。其中，航班运输飞行3771架次，珠海中航飞行学校10.67万架次，其他通航667架次。机场杜绝了劫机和炸机事件，杜绝了等级航空地面事故和航空维修事故，杜绝了人为责任原因的火灾事故和地面交通事故，杜绝了航空安全严重差错以上事件，机场总体安全运行形势平稳可控。

【飞行员培训】 2021年，梧州市积极与中航飞校对接，共同做好飞行员培训工作。12月19日，助推中航飞行学校新校区正式落成启用，促使梧州市通航产业实现新跨越，进一步带动梧州市通航、飞行培训等产业快速发展。全年，中航飞校共安全组织365个飞行日，累计实现飞行36383小时，安全起落63040架次，毕业飞行学员182人，新入校飞行学员274人，连续10年被民航中南地区管理局评为“航空安全责任考核达标单位”，业内飞行量中南地区第一。

【新冠疫情防控】 2021年，梧州西江机场在新冠疫情防控常态化形势下，严格落实防疫措施，对接梧州市疫情防控工作领导小组的要求，安排医疗机构在机场出口附近设置便民核酸采样点。组织相关部门人员定期检查各部门岗位、驻场及外包单位防控措施的落实，确保机场场区范围内工作人员健康状态良好；加强与航空公司协调，严格落实熔断停运机制。根据疫情发展情况，结合自治区防疫新要求，将每天一班的航班减调至每周二、四、六执飞。没有出现疫情防控的疏漏和责任事件。

（市交通运输局）

铁　路

【铁路投资】

柳广铁路柳州至梧州段 柳广铁路柳州至梧州段线路自柳州铁路枢纽进德站引出，经武宣、桂平、平南、藤县、苍梧，引入梧州站。新建正线全长237.8千米，设计时速160千米，项目总投资336.07亿元，设进德、穿山、象州、武宣、东乡、桂平北、平南北、濛江（藤县北）、旺屋、梧州等10座车站。2020年12月，项目可研报告获批复。12月26日，自治区副主席费志荣组织召开项目开工现场会，宣布柳广铁路柳州至梧州段正式开工建设。

南深铁路玉林至岑溪（粤桂省界）段 南深铁路玉林至岑溪段线路自玉林北站引出，沿洛湛铁路向东至容县，跨洛湛铁路、国道G324后设容县南站，再跨国道G241，沿洛湛铁路南侧过岑溪，设岑溪东站后至省界。新建正线111千米，设计时速350千米，总投资184亿元，设玉林北、容县南、岑溪东3个车站。2020年12月26日，项目开工现场会在岑溪市召开，宣布南深铁路玉林至岑溪（桂粤省界）段正式开工建设，计划2024年12月建成通车。

岑罗铁路 广西岑溪至广东罗定铁路线路东起春罗地方铁路罗定站，西端与洛湛铁路岑溪站连接。新建正线全长78.4千米，设计时速120千米，项目总投资71.73亿元，设岑溪、大业、罗定3个车站。2020年4月，广东、广西两省（自治区）成立项目联合筹备组，明确岑罗铁路作为全新的项目开展前期工作。

【途经梧州铁路】

益湛铁路 洛湛通道重要组成部分——益湛铁路永州至玉林（茂名）段，全长576千米，其中梧州境内174千米。2004年12月15日开工建设，2009年7月1日开通货运，9月9日开行旅客列车。益湛铁路施工时期曾使用洛湛铁路名称。全线等级为国铁Ⅰ级，旅客列车设计运行时速140千米，梧州境内自北向南设石桥北（会让站）、梧州站（中间站）和梧州西（预留站）3站。该线功能定位是客货共运，货运为主，主要承担梧州市南北向的客货运输。

南广客运专线 南广客运

专线始自广西南宁的南宁站、经贵港、梧州，广东省云浮、肇庆佛山至广州南站线路全长577.1千米，其中梧州段87千米。2008年11月9日动工建设，2014年4月18日广西段通车运行，12月26日全线通车。南广客运专线为双线电气化国家Ⅰ级铁路，列车设计速度250千米，南广线沟通了整个南北，是两广铁路交通经济大动脉，桂粤两省（自治区）最便捷的快速通道，动车每日130多趟途经梧州。

赤水港铁路专用线　赤水港铁路专用线位于梧州市藤县塘步镇境内，自益湛铁路的孔良站北端接轨，往北行至琅垌村附近设赤水站，出站到达设计终点后通过其他运输方式边接赤水港码头作业区。总长4.56千米，国铁Ⅲ级，是连接赤水港口码头和益湛铁路的赤水港区货运专用铁路支线。于2013年12月正式动工建设，2016年10月18日建成并举行开通仪式，专用线路连接洛湛铁路与梧州临港经济区、物流园区及梧州港赤水圩作业区，为梧州港临港经济区对外运输的主要铁路运输通道。赤水铁路的开通运营，标志着梧州正式迈入“铁水联运”的时代。

（市交通运输局）

【梧州南站】　梧州南站是南广高铁专线上的一个客运站，站址位于梧州市龙圩区，隶属中国铁路南宁局集团有限公司梧州车务段管辖。梧州南站为二等站，其建制级别为正科级。梧州市区（含龙圩区）设有4个人工代售点。2021年，梧州南站每天接发动车135列。旅客可乘坐动车直达南宁、柳州、桂林、北海、广州、深圳北、香港西九龙、珠海、贵阳北、昆明等地。年内，梧州南站强化做好特定旅客专属服务。针对梧州地区有部分中学生外出到桂林、柳州、南宁上学的情况，为解决此类学生或家长周末来往于家校之间乘车、购票难的问题，车站利用微信建立“动车专属服务群”，服务学生家长及社会人士，为广大群众提供出行便利。

【梧州火车站】　梧州火车站是益湛（益阳—湛江）铁路永岑（永州—岑溪）段最大的一个中间站，中心里程为益湛铁路K712+412M，核定等级为二等站，建制级别为正科级。梧州站既办理客运业务，同时也办理货物运输业务。中国铁路南宁局梧州车务段负责承办旅客运输业务，中国铁路南宁局梧州货运中心负责承办货物运输业务。2021年，途经梧州站办理业务的客车4对，可直达南宁、湛江、北京西、上海南、武昌、济南等地。全年发送旅客29.2万人，完成客运收入2634.9万元；车站旅客发送量较上年增加2.1万人，客运收入较上年减少195.5万元。发送货物主要是胶合板、瓷砖、煤、玉米，到达货物主要是集装箱、钢铁、化肥、石粉等；年累计发送13.72万车、737.25万吨，到达20.03万车、1134.51万吨，到发品名均以集装箱为主；孔良营业部货场面积37.06万平方米，货1线办理散堆装货物、集装箱，货2线、货3线办理散装货物，货4线、货5线办理集装箱。年累计发送36033车、230.78万吨，发送品名以煤炭为主，到达3581车、22.33万吨，到达品名以集装箱为主。

【运输量】　2021年，梧州市管辖范围内高速铁路营业里程：K303+258—K359+295，总计里程：56千米+037米；普速铁路营业里程：646千米+500米–798千米+782米，总计152千米+282米；梧州市境内铁路运营总里程267千米。区域内铁路日运行客货列车共175趟。其中，南广线客运135趟，益湛线客运8趟，货运32趟。全年梧州境内铁路旅客发送量287.3万人次。其中，梧州南站发送旅客258.1万人，日均发送旅客7070人次。梧州南站客流较上年增加17.6万人，日均发送旅客增加480人，客运收入完成2.27亿元。梧州火车站全年发送旅客29.2万人，完成客运收入2634.9万元；车站旅客发送量较上年增加2.1万人，客运收入较上年减少195.5万元。益湛铁路年货运量达1871.7万吨，其中装车数13.7万辆，卸车数20.0万辆。赤水港铁路专用线煤炭发送车数3.6万辆，发送吨达228.2万吨。

【安全管理】　2021年，南宁铁路局梧州车务段拓宽安全管理思路，加强安全管控，严格核查管理人员履职真实性和有效性，每周开展常态和专项履职检查；制定车站日、周、月、季工作内容和流程，帮助管理人员规范履职；加强对关键环节监控履职状态盯控；制定新任职人员岗前培训办法，建立岗前培训评价制度，做好岗前培训后期服务；下发安全预警和安全整改通知书，做好持续帮扶工作。

【新冠疫情防控】　2021年，南宁铁路局梧州车务段强化铁路与地方新冠疫情防控工作相融合，联系地方政府及其防控部门，加快干部职工疫苗接种速度；多次走访地方政府部门，协调解决车站进出站口落实测温、扫码验码工作。年内，下发疫情防控指导及要求等文件12份，分发口罩10000个、手套8000双、洗手液150瓶、酒精100瓶；组织开展2次疫情防控应急演练；开展疫情防控督查，印发专题通报4期，考核相关责任人员35人。

（南宁铁路局梧州车务段）

邮政服务业

【邮政行业情况】 2021年，梧州市邮政快递业主要品牌注册企业30家，涉及中国邮政、EMS、顺丰、三通一达、极兔、京东等11个品牌，其中，国有企业1家，民营企业10家。全行业拥有各类营业网点650处（邮政公司及快递企业网点），其中设在乡镇及以下的235处。全行业平均每一营业网点服务面积为19.36平方千米，平均每一营业网点服务人口为0.52万人。全行业从业人员约2600人。年内，全市共有邮政普遍服务网点78个。其中，自办77个，代办1个；城市15个，农村63个。

全年全市邮政行业业务总量累计完成60066.22万元，同比增长6.3%。邮政行业业务收入（不包括邮政储蓄银行直接营业收入）累计完成67459.93万元，同比增长11.1%。

【行业运行】 2021年，梧州市邮政管理局落实“快递进村”工作，逐步打通“工业品下乡，农产品进城”的双向渠道，探索推进“驻村设点、邮快合作、快快合作、交邮合作、快销合作”等多种合作模式，推进快递进村工程。梧州市快递进村覆盖率达95.8%以上。建设综合便民服务站（即快递进村、邮快合作行政村站点），加快与民营快递的合作。年内，梧州市邮政分公司补建综合便民服务站站点329个，代投数量累计14.12万件，代投收入累计7.07万元。

年内，梧州市邮政管理局立足本市资源，优化服务电商内容，加强与有关单位协作，发挥比较优势，找准、做大特色产业。积极推动“一地一品”建设和快递服务现代农业；精准对接需求，多方合作推进“快递进厂”。全年全市电商件1023.99万件，占快递业务总量的51%，根据电商商品均价计算，通过寄递渠道运输的电商件总值约3.95亿元。电商件的主要产品为以六堡茶、时令水果为代表的农副产品和以龟苓膏为代表的轻工业产品，其中六堡茶寄递18.23万件，龟苓膏89.13万件。

梧州市58个乡镇政府所在地行政村的投递频次均能实现每周5班，占比为6.61%；非乡镇政府所在地行政村的投递频次能实现每周5班及以上的163个，占比为18.6%；非政府所在地行政村投递能够实现每周3班的656个，占比为74.8%。2021年，市邮政管理局共检查行政村通邮情况102个次，实地走访发现投递员均能按时将报刊、信件投递到村委，未发现信件、包裹等积压的情况。

年内，梧州市邮政管理局引导邮政企业建立健全乡镇物流配送体系，优化农村投递邮路，重点推动信息化功能的“邮乐购”站点建设。截至年底，梧州市累计建成577个邮乐购站点，已覆盖辖内65%以上的行政村。推进农村邮政综合服务平台建设，全市开办警邮业务网点8个，共收寄警邮业务快递邮件26.06万件；梧州各市（县）邮政分公司分别与本地政务服务中心签订合作协议，累计收寄政务类邮件6795件。

【行业监管】 2021年，梧州市邮政管理局通过“现场检查”“非现场检查”的方式，对梧州市邮政普遍服务网点开展检查。其中，“现场检查”邮政普遍服务营业场所27个次，邮政普遍服务投递处理场所20个次；“非现场检查”邮政普遍服务网点32个次。全年共计检查邮票16套次。联合禁毒部门开展寄递渠道禁毒百日攻坚行动，检查寄递企业29家次，集中组织培训2次，企业自发培训25次，查处违法违规行为10起。配合公安部门开展电信网络诈骗突出问题专项整治，切断非法“两卡”（手机卡、银行卡）进入寄递渠道。联合烟草部门开展“惊雷”卷烟市场清理整顿行动，查获涉嫌违法卷烟三百余条，价值近10万元。联合消防部门开展行业消防安全检查，强化安全防范措施落实。运用“双随机”系统抽查梧州辖区快递品牌31个网点，重点对寄递企业运营情况进行检查。整顿快递市场秩序。下达责令改正通知书6份，落实重大执法决定法制审核制度。推进行业绿色发展，促进快递包装绿色、减量、可循环。

年内，做好庆祝中国共产党成立100周年活动期间以及其他重大活动、节日期间寄递渠道安全及服务保障工作，确保行业安全平稳运行。建立联合监管机制，联合公安、国安等部门开展安全监管督导检查，查堵涉枪涉爆、涉黄涉非、危险化学品等禁寄物品。做好保障寄递服务，做好消费者咨询服务、投诉处理、消费提示等工作。全年对9家企业共12项违规行为落实了行政处罚。

【行政审批及备案】 2021年，梧州市邮政管理局共收到行政审批2个。其中，设置局所1个，撤销局所1个。收到备案37个。其中，暂停营业2个，恢复营业2个，变更经营性质14个，变更局所名称7个，变更营业时间7个，变更区域属性1个，就近迁址4个。全年办结快递业务许可申请核查5起，平均办结时间为7.3个工作日，快递业务经营许可证变更审批38起，平均办结时间为6.3个工作日，快递末端网点备案平均办结时间1.7个工作日。

【优化行业环境】 2021年6月，梧州市快递行业工会联合会举行职工集中入会仪式，推动行业品牌企业入会，依法维护职工合法权利，拓展快递职工发展空间。为快递员设立爱心驿站、关爱站等服务阵地17个。为快递员群体协调公租房、廉租房等保障房11套，解决了部分快递员的基础生活保障。督促企业保障快递员基本劳动报酬。督促企业落实与快递员签订劳动合同，保障快递员的合法收入。加强对快递企业员工欠薪情况的督导检查，没有发现用人企业不按时足额支付或拖欠员工工资现象。

年内，先后开展春节、五一慰问，与人大代表、政协委员面对面、“永远跟党走”主题拓展、消防应急学习等活动，了解快递从业青年发展诉求，提高快递从业人员的幸福感。做好推进快递从业人员职业技能培训“246”工程。选择合适的职业技能培训方式，提升邮政快递行业从业人员职业技能。梧州市邮政管理局全年培训邮政快递业从业人员300人次。

【新冠疫情防控】 2021年，梧州市邮政管理局强化企业主体责任，加强新冠疫情防控措施，加强防疫宣传培训，做好防疫物资储备。督促各邮政快递企业严格遵照《疫情防控期间邮政快递业生产操作规范建议》等行业疫情防控基本制度进行生产作业，协调做好疫苗接种工作和员工培训工作。全年一线从业人员数量2887人，完成第一、二针数比例达99.8%，加强针比例达78.8%。

（梧州市邮政管理局）

中国邮政集团有限公司梧州市分公司

【概况】 中国邮政集团有限公司梧州市分公司是中国邮政集团公司辖属的设区市邮政公司（简称中国邮政集团梧州市分公司），依法经营各项邮政业务，承担邮政普遍服务义务，受政府委托提供邮政特殊服务，有从业人员1400余人。2021年，全市邮政业务总收入完成3.5亿元，总收入同比增长7.4%。

【体制改革】 2021年，中国邮政集团梧州市分公司寄递事业部与企业内设部门进行职能融合管理，坚持“一个企业、一个组织、一套体系”的原则，将各级寄递事业部的综合职能与各级邮政分公司相应部门的职能融合，实行综合职能横向融合管理；保持各级寄递事业部国内特快专递、快递包裹、国际业务、物流业务纵向垂直专业化管理。构建统一、精简、高效、专业的管理模式。城区营业局、城区寄递事业部实行一体化运营，并更名为城区分公司。

【通信服务能力】 截至2021年年底，中国邮政集团梧州市分公司全辖区有78个普遍服务网点，50个邮政代理金融网点，21个离行式自助服务银行，92台金融自助设备（CRS），延伸至村一级有577个邮乐购站点，414个人工邮件自提点，110个邮筒（箱），152条城区投递道段和116条农村投递道段，全年运行邮路总里程约3420千米。全年收寄函件20.23万件、快递包裹922.04万件、国内特快专递150.98万件，国际小包0.05万件、国内汇票0.69万笔，收投报纸2399.54万份、杂志95.32万份。完成投递函件355.89万件、普通包裹1.36万件、快递包裹1253.3万件、国内特快专递190.73万件、国内汇票2.48万笔。

【普遍服务和特殊服务】 邮政的普遍服务和特殊服务业务范围

广泛，包括信函、包裹、汇兑、党报党刊发行、党政军机要通信、义务兵邮件、盲人读物等。2021年，中国邮政集团梧州市分公司到辖区各行政村直接通邮率达100%，县以上城市党政机关《人民日报》当日见报率达100%。客户综合满意度91.1分，邮政服务申诉处理满意率100%。机要通信业务连续24年实现质量全红，运行安全保密无事故。

【代理金融和代理保险】 2021年，中国邮政集团梧州市分公司利用宣传与服务优势达成与商户合作的异业联盟模式，以及助力乡村振兴、实现助农创销的网点+农品基地等模式，实现代理金融业务的可持续发展。代理保险从经营产品向经营客户转变，根据客户需求不断丰富代理产品种类，大力发展客户需求不断增长的养老险、健康险和意外险等业务。加强内控合规机制建设，对标最新监管标准和要求、行业运行机制和先进做法，建设与梧州市发展相适应的风险内控案防体系。全年实现收入2.27亿元，同比增长11.8%，余额市占率9.95%。

【寄递业务】 2021年，中国邮政集团梧州市分公司聚焦社区团购项目及生鲜市场开发，推进“销售+配送”合作模式，提升项目整体盈利能力。“多多买菜”“美团配送”社区同城仓配项目落地运作。推进构建县乡村三级快递物流体系建设，地方以“一中心三支点”“电子商务进农村综合示范项目”、第三方电商物流配送公司合作搭建物流网络，更好地发挥邮政网络和渠道等优势，不断提升服务能力和邮政快递运营效率。全年寄递业务实现收入4888万元，收入市占率13.2%。

【集邮与文化传媒】 2021年，中国邮政集团梧州市分公司举行《中国共产党成立100周年》纪念邮票揭幕暨《梧州百年红色印记》党史学习册发行仪式。举行“庆祝中国共产党成立100周年”主题集邮展览，增强梧州集邮文化交流。年内，以“线上媒体+全媒体宣传”整合模式服务地方政府，打造了税务、禁毒、防艾等政务项目，政务媒体项目实现新拓展。立足“桂邮传媒”的独家媒体平台，健全完善本地网点LED、政讯通等邮政独家资源，为政务类客户提供独家优质的媒体宣传服务。在世界读书日期间，开展2021年“阅读百年史 奋进新征程”图书惠民巡展活动5场。全公司上下以强烈的责任感、高度的使命感切实做好《习近平谈治国理政》第三卷图书发行服务工作。

2021年11月3日，中国邮政集团梧州市分公司的工作人员在将传送带上的包裹归类 杨扬 摄

【农村电商】 2021年，中国邮政集团梧州市分公司探索农村电商模式，在全市范围补建329个综合便民服务站点，叠加邮务、金融、寄递业务，通过业务联动，打造电商、金融、寄递、增值等生态协同的农村电商平台。参与地方电子商务进农村综合示范项目，夯实农村物流基础设施。通过“邮乐网”电商平台、“乡村振兴馆”建设、“邮掌柜”批销平台以及内外资源，全力扩大农产品销售规模，聚焦解决农村市场“销售难”问题。年内，苍梧县沙头迟熟荔枝，岑溪市火龙果、蜜瓜，藤县蜜梨、蜜柚，蒙山县蜂蜜、脐橙、生姜等农产品通过梧州邮政电商渠道实现销售量超50万元。

（中国邮政集团梧州市分公司）

编审：曾 强
编辑：赖红柳 甘国成

农 业

综 述

【农业农村经济概况】 2021年，梧州市农业经济运行稳健，全年农林牧渔业总产值增长9.7%，全自治区排名第七；第一产业增加值196.09亿元，增长8.5%，全自治区排名第七，创22年来新高。农村居民人均可支配收入16331元，名义增长11.4%，排全自治区第一。全年粮食种植面积达14.04万公顷，同比增速0.44%，产量70.46万吨，同比增速1.22%，面积、产量、单产实现“三增”。生猪生产全面恢复，全年生猪出栏148.27万头，增长36.7%。蔬、果、肉、鱼产量实现较快增长，全年蔬菜及食用菌产量307.4万吨，同比增长6.3%，水果产量106.77万吨，同比增长13.9%，肉类总产量22.03万吨，同比增长17.29%，水产品产量全年完成8.31万吨，同比增长3.28%。

【农业科技】 2021年，梧州市各级农业部门通过开展冬春农业科技大培训活动，组织种子、农技、土肥、植保、水果、畜牧、水产等专业技术人员到各镇开展技术宣传培训工作，以“文化、卫生、科技”三下乡、“科技活动周”以及现代农业科技示范推广等为载体，共举办各种技术培训班、技术讲座、现场会198期，发放书籍、小册子等各种技术资料5620份，明白纸2.05万份，培训农民7900人。全市围绕特色产业开展高素质农民培育培训工作，共培训高素质农民1391人。其中，完成高素质农民培育普及行动691人，完成高素质农民培育提升行动700人。全年全市推荐选派348名乡村科技特派员服务有技术服务需求的农民合作社、农业企业和家庭农场等农村种养经营实体，累计开展实地科技服务15507天，服务农林种养基地、小微企业和农户2516个，举办科技培训班1081期，培训40756人次，引进新品种610个，解决技术问题3822个。

年内，在藤县、蒙山县、龙圩区、长洲区4个县（区）实施基层农技推广体系改革与建设补助项目。实施农技推广补助项目6个，举办农技骨干人员脱产培训班8期，累计培训县、镇两级农技人员185人次，遴选推介主推技术16项，建设农业科技示范展示基地10个。全年联系科技示范主体288户，技术指导员全年下乡巡回进行技术指导与服务1.95万次，科技示范主体辐射带动农户1.1万户。项目开展有效提升基层农技推广服务效能，达到预期效果。

【农民合作经济组织建设】 2021年，梧州市新注册成立农民合作社180家，累计2849家，评选认定各级农民合作社示范社228家，其中国家级示范社4家、自治区级示范社36家、市级示范社188家；新注册成立家庭农场253家，累计825家，评选认定各级示范家庭农场共42家，其中自治区级示范家庭农场8家、市级示范家庭农场34家。全市农民合作经济组织引导流转土地2.82万公顷，带动40.5万农户发展优质稻、名优水果、六堡茶、油茶、蔬菜、蜂蜜、食用菌以及畜牧、水产养殖等特色优势产业，土地流转率达到30.4%，畜禽养殖规模化率达到68.5%，农业机械化率达到66.8%。

【农业产业化龙头企业建设】 2021年，梧州市评选认定市级以上农业产业化重点龙头企业97家，其中国家级龙头企业5家，自治区级龙头企业18家，市级龙头企业74家。年内新增国家级龙头企业2家，自治区级龙头企业6家，市级龙头企业17家。全市种养类龙头企业39家，深加工类龙头企业23家，种养与加工结合的龙头企业35家。农业产业化重点龙头企业发挥龙头带动作用，引导土地流转，发展适度规模经营，促进全市特色优势产业高质量快速发展。

【农村能源生态建设】 2021年，梧州市完成自治区本级财政补助农村能源建设项目23个，并取得良好效益。其中：养殖粪污处理项目5个，建设沼气池容积1800立方米，有机垃圾消纳能力13350吨，惠及村民6741人；农村公厕沼气净化处理项目3个，建设沼气池容积180立方米，有机垃圾消纳能力1215吨，惠及村民465人；沼肥综合利用示范设施建设项目3个，建设沼气池容积675立方米，有机垃圾消纳能力4325吨，惠及村民1098人；太阳能公共照明示范村项目5个，安装数量226盏，项目年节约电能29136千瓦时，惠及村民5160人。

【农业灾害】 2021年，梧州市旱灾主要发生在苍梧县、岑溪市、蒙山县、万秀区等，因旱受灾农作物面积2440公顷，其中粮食作物受灾面积13.33公顷、经济作物受灾面积2426.67公顷；果园受灾面积5480公顷。因灾损失粮食4500吨、经济作物（蔬菜）2854.2吨、水果10601.5吨，种植业直接经济损失3302.89万元。洪涝灾害主要发生在苍梧县、岑溪市等，受灾农作物面积106.67公顷，其中粮食作物受灾面积86.67公顷、经济作物受灾面积20公顷；果园受灾面积3.33公顷。因灾损失粮食177.9吨、水果50吨，种植业直接经济损失30万元。年内自治区下达梧州市农业生产救灾资金（自然灾害）190万元，用于台风、洪涝、干旱等灾害后农业生产恢复有关支出。

种植业

【粮食作物】 2021年，梧州市粮食播种面积14.04万公顷，同比增长0.44%。水稻播种面积10.33万公顷，其中早稻播种面积52450公顷，晚稻播种面积50873.33公顷。粮食产量70.46万吨，同比增长1.22%，其中早稻产量32.22万吨，同比增长0.68%。

【水果】 2021年，水果种植总面积60480公顷，同比增长3.2%。其中：砂糖橘种植面积3.2万公顷（金秋砂糖橘种植面积866.67公顷），与上年持平；沃柑种植面积2333.33公顷。改造和新种果园面积3626.67公顷，比上年下降0.22%，其中柑橘改造和新种面积2160公顷（金秋砂糖橘新种面积86.67公顷）、沃柑面积666.67公顷、柚类面积466.67公顷。水果总产量106.77万吨，同比增长13.9%，其中砂糖橘73万吨（金秋砂糖橘6000吨）、沃柑2.8万吨。全市承担自治区水果新品种区域试验项目1个。

【蔬菜】 2021年，梧州市蔬菜（含食用菌）种植面积10.80万公顷，同比增长7.75%；年产量307.4万吨，同比增长6.31%，为自治区下达303.63万吨年任务的1.01倍。其中，叶菜类31426.67公顷、87.35万吨，白菜类15300公顷、49.83万吨，甘蓝类1373.33公顷、4.47万吨，根茎类15533.33公顷、58.92万吨，瓜菜类10580公顷、30.64万吨，豆类（菜用）5893.33公顷、11.96万吨，茄果类6720公顷、16.16万吨，葱蒜类4533.33公顷、9.23万吨，水生菜类3486.67公顷、9.58万吨，食用菌0.89万吨。

【中药材】 2021年，梧州市中药材种植主要栽培品种20多个，种植面积4253.33公顷（农业部分），年新植面积2593.33公顷；收获产量为2.04万吨，同比增长8%，产值2.76亿元。其中种植面积相对较大的有葛根、生姜、砂仁、山药、巴戟天。

【桑蚕】 2021年，梧州市桑园面积4060公顷，产茧2900吨，同比增长1.11倍。蒙山县、藤县是梧州市蚕桑主产地区，主栽品种为农桑14号、桂桑5号等。全年累计发种7.06万张，鲜茧收购均价46.70元每千克。养蚕乡镇10个，养蚕村数71个，养蚕户数10623户。蚕桑专业合作社2个，合作社农户数80个。建设小蚕共育室16个，小蚕共育率达54.6%，方格蔟应用率达60.7%。农业农村部门组织开展培训班31期，培训1165人次。

【农田建设】 2021年，梧州市高质量完成高标准农田建设面积5133.33公顷（同步开展高

2019年开始，岑溪市在三堡镇、糯垌镇、岑城镇、安平镇、波塘镇建设约2300多公顷高标准农田。图为2021年4月20日拍摄的三堡镇高标准农田建设区 市农业农村局 供图

效节水灌溉266.67公顷），年内新开工建设高标准农田9000公顷（同步开展高效节水灌溉533.33公顷），共投入资金2.05亿元，分6个项目分别在苍梧县、岑溪市、藤县、蒙山县、长洲区和龙圩区实施，完善各项目区农田基础设施。全年全市发放耕地地力补贴资金约8586.91万元，核实发放面积约54940公顷，受益农户有45.49万户。

畜牧业

【概况】 2021年，梧州市肉类总产量22.03万吨，同比增长17.29%，畜牧业产值63.15亿元，增速19%。全市生猪出栏148.27万头，同比增长36.7%；家禽出栏5602.8万只，同比下降3.37%。牛出栏1.9万头，同比增长3.5%；羊出栏2.18万头，同比增长8.0%。全市蜜蜂数为33万群，蜂蜜产量1.2万吨，蜂蜜产值4.1亿元。全市蜂群约占全广西蜂群总数20%以上，养蜂量和蜂蜜产量均居广西首位。

【畜牧生产】 2021年，藤县双胞胎畜牧有限公司60万头生猪全产业链项目一期、岑溪市汉世伟食品有限公司现代化生猪养殖农业产业化项目二期达产，新增生猪产能15万头，梧州温氏家禽有限公司苍梧和龙圩肉鸡产业园项目陆续达产，全年温氏家禽出栏800万只。温氏蛋鸡养殖项目一期投产运营，蛋鸡存栏60万只，年生产鲜鸡蛋9000吨，年产值1亿元。年内，蒙山县开展高效优质蜂产业发展示范区创建，梧州甜蜜家有限公司成功申报国家级农业产业化重点龙头企业，并成功创建自治区级农业产业核心示范区。梧州市形成以蒙山县为主的蜜蜂养殖基地、以万秀区为主的蜂蜜产品加工基地的发展格局，蜂产业已成为梧州市助农脱贫增收的特色优势产业和农业农村经济新的增长点。4月23日—24日，由中国养蜂学会、中国蜂产品协会、广西农业农村厅、梧州市人民政府共同主办的2021年中国蜂业博览会暨全国蜂产品市场信息交流会在梧州市召开。

年内，市农业农村部门推广生猪政策性农业保险，全市完成能繁母猪保险6.87万头，完成育肥猪保险77.37万头。加快传统养殖向规模化、标准化和绿色生态养殖转型升级，实施畜禽标准化现代生态养殖。梧州市累计267个规模养殖场获得自治区畜禽现代生态养殖认证，认证比例达90%。推进畜禽粪污综合化利用，全年全市年畜禽粪污产生总量367.10万吨，资源化利用量343.79万吨，畜禽粪污综合利用率93.65%，畜禽粪污资源化综合利用规模养殖场粪污处理设施装备配套率100%，大型规模养殖场粪污处理设施装备配套率100%。

【畜牧产品质量安全监管】 2021年，市农业农村部门按属地管理、分级负责的原则，加强畜牧产品质量安全监管工作。在畜牧产品质量安全专项整治行动中，全市出动执法人员600余人次，车辆150余台次。畜牧产品监督抽样191批次，送自治区检测，检出不合格样品5个批次，不合格样品查处率100%；生猪尿液快速监测6697批次，合格率100%。

【动物防疫】 2021年，梧州市动物防疫工作重点是继续抓好非洲猪瘟防控和高致病性禽流感等主要动物疫病春秋季强制免疫月活动和常年免疫工作。市农业农村部门出台文件制订防控工作方案，压实各级政府和有关部门责任，落实分片包村包场包户监管，全市7099个养殖场（户）全部落实包场防疫责任人。对符合条件的养殖场户全面推行强制免疫“先打后补”，推动常年免疫，做到应免尽免，畜禽群体常年免疫密度维持在90%以上。强化岑溪市筋竹镇、大隆镇，龙圩区大坡镇和万秀区城东镇的4个指定通道公路动物卫生监督检查站值守工作，严格防控。全市建成6家A级畜禽运输车辆清洗消毒中心并正常运营。推动兽医社会化服务改革工作，藤县全面实施政府购买兽医社会化服务，受到自治区表扬，获得农业农村部肯定。

2021年，全市无非洲猪瘟等区域性重大动物疫情发生。禽流感、口蹄疫等主要动物疫病在春秋两防期间全市应免免疫密度均达100%，主要动物疫病免疫抗体监测合格率达85%以上。全年全市开展动物疫病监测44101份，全部完成自治区和市下达的监测任务。其中：免疫抗体监测24481份，免疫抗体监测合格率85.75%以上；非免疫抗体监测3851份（包括监测布病抗体样品2770份，检出4份阳性；监测猪伪狂犬病gE抗体样品793份，2份阳性。阳性动物均已进行无害化处理）；病原学监测15769份（包括监测非洲猪瘟病原样品12173份，检出阳性139份，已按规定处置和上报。监测口蹄疫病原样品563份、H5亚型高致病性禽流感病原样品996份、猪瘟病原样品482份、小反刍病原样品270份、新城疫病原样品480份、牛结节性皮肤病毒78份、塞内卡病毒81份，均为阴性；猪圆环病毒2型病毒24份，检出5份阳性；猪蓝耳病原样品622份，检出阳性1份。阳性样品已按规定处理）。

渔　业

【概况】　2021年，梧州市水产养殖面积6516公顷，同比增长0.37%，其中池塘面积3524公顷、山塘水库2613公顷、河沟257公顷、其他122公顷。全市水产品产量8.31万吨（其中养殖产量7.87万吨、捕捞产量0.44万吨），同比增长3.28%。网箱养殖经过部分整治清理，养殖面积约51.74万平方米，减少5.23%，网箱鱼产量达到2.07万吨。年内，梧州市申报2020年度渔业油价补贴政策调整一般性转移支付资金生产类项目，苍梧县获项目资金230万元，蒙山县获项目资金200万元，龙圩区获项目资金600万元。

【渔业生产】　2021年，梧州市持续发展稻田综合种养，发展稻螺（鱼）综合种养面积为410公顷，螺(鱼)产量达到1800吨。建成有稻渔综合种养示范基地12个。广西梧州田中农业有限责任公司和梧州市兴民富硒农业科技有限公司以联合体的形式成功创建稻渔综合种养类国家级水产健康养殖和生态养殖示范区。市渔业行业主管部门利用陆基工厂化循环水养殖造价低、见效快、节能减排的优势，推广陆基工厂化循环水养殖，引导梧州市宏威渔业发展有限公司、梧州市金柏林农业发展有限公司、广西蒙山鼎盛农业发展有限公司等企业及合作社投资，完成陆基圆池85个（约3200立方米）并投产，主要养殖草鱼、罗非鱼、塘角鱼、赤眼鳟、斑点叉尾鮰等鱼类。

年内，梧州市贯彻执行养殖水域滩涂规划，对在养殖规划区内符合养殖生产条件的养殖户，给予依法核发养殖证。全市核发水域滩涂养殖证247本，核发网箱养殖面积53万多平方米，发证完成率95.7%。同时，全面推进非法网箱的清理整治工作。全年全市对江河、水库养殖网箱进行清理整治共17.29万平方米，其中苍梧县拆解24637.5平方米（包括浔江段拆解24517.5平方米、桂江段拆解120平方米），岑溪市黄华河拆解758平方米，藤县浔江拆解9806.82平方米、迁移34364平方米，蒙山县瓦冲水库拆解300平方米，万秀区西江拆解7300平方米，长洲区桂江饮用水保护区拆解28775平方米，龙圩区拆解67000平方米。

【渔业执法】　2021年，梧州市整治江河渔业安全生产秩序，全市开展惩治非法捕捞执法巡查370次，出动执法人员1950人次，出动执法船艇370（艘）次、执法车辆60（车）次。查获涉嫌电鱼行为43起（嫌疑人弃船、弃物而逃），收缴“三无”船舶36艘，收缴电鱼工具43套，行政处罚1起，罚款2500元；移交公安机关立案侦查2起，追究刑事责任4人，其中一案涉案人员钟某某因犯非法捕捞水产品罪，判处有期徒刑7个月，没收作案工具并

2021年年底，梧州市农业农村部门、公安部门联合开展河面执法巡查　　市农业农村局　供图

处罚生态补偿金17.93万元。

【渔业人工增殖放流】　2021年，梧州市执行中央农业资源及生态保护补助资金水生生物增殖放流任务，全年投放合格鱼苗128.4万尾，其中青鱼35.38万尾、鳙鱼46.30万尾、赤眼鳟36.62万尾、光倒刺鲃10.1万尾。

【渔业产品质量安全监管】　2021年，市、县（市、区）两级渔业行业主管部门共同完成对全市水产品质量安全监管工作。全市完成淡水养殖鱼类苗种疫病监测采集及检测样品83个，完成水产苗种产地检疫300多批次。深入30多家重点水产养殖户开展水产品质量安全检查50余次，出动执法人员102人次。全年市渔业行业主管部门在全市监测水产品样本96批次，其中水产品成鱼样品84批次、苗种样品12批次；县级渔业行业主管部门快速检测140批次。抽检水产品检测合格率100%，全市没有发生水产品质量安全事件。

（市农业农村局）

六堡茶产业

【概况】　2021年年初，市茶产业发展中心组织撰写的《梧州市构建全产业链现代茶产业体系推动六堡茶产业高质量发展》在自治区党委办公厅《工作情况交流》2021年第一期上刊发。自治区农业农村厅印发《加快推进广西六堡茶及特色优势茶产业高质量发展的实施方案》，明确把梧州六堡茶作为核心重点打造，提出大力支持梧州把六堡茶产业做大做强。年内，梧州市财政安排218.20万元财政资金支持茶产业发展。“梧州六堡茶”成功注册地理标志证明商标，六堡茶公用品牌价值32.34亿元，居广西茶叶第一位，被评为“2021年中国茶叶最具品牌发展力品牌”。至年底，全市有茶园面积8800公顷，年产六堡茶2.5万吨，综合产值约110亿元，税收入库8278万元。有SC认证茶企66家，其中农业产业化国家重点龙头企业2家、自治区级农业龙头企业7家、规模以上企业8家、出口备案企业13家，茶叶专业合作社122家。

【产业发展情况】　2021年，梧州市探索“茶+康养+旅游”模式，培育集生产加工、市场交易、技术研发、产品展示、茶旅融合等功能为一体的特色优势产业集群，推动六堡茶一、二、三产融合发展。通过建设六堡茶产业（核心）示范区、国家特色小镇等产业发展载体，带动茶农致富、茶企增效。苍梧县国家现代农业（六堡茶）产业园获得项目经费1亿元。苍梧县“六堡茶船古道”田园综合体入选2021年自治区田园综合体，获得经费3000万元。六堡茶国家地理标志产品保护示范区已获得国家知识产权局批准建设，梧州市实现国家级现代农业产业园、国家地理标志产品保护示范区、自治区级田园综合体零的突破。梧州市有国家农村产业融合发展示范园、中国特色农产品优势区、国家特色小镇、广西梧州六堡茶产业发展集聚区、梧州六堡茶文化创意产业园各1个，自治区四星级现代农业核心示范区2个，自治区级有机六堡茶综合标准化示范区2个。六堡茶生态旅游区共接待游客61.1万人次，产值约10亿元。梧州市天誉茶业有限公司等茶企也在加快融合创新，市天誉茶业公司已不再单纯生产六堡茶，在保持六堡茶传统特性基础上，开发六堡茶速溶茶、六堡茶蛋糕、六堡茶保健品、六堡茶文创等200多种产品，不断延伸六堡茶产业链，推动六堡茶“出圈”发展。梧州市六堡茶网店由2020年的63家增长至2021年的105家，增长率66%。其中，广西梧州茶厂有限公司的“三鹤”六堡茶在2021年度网络销售金额首次突破1000万元，通过天猫、京东、拼多多、抖店等电商平台，该产品销售额同比增长2倍以上。该公司全年销售额为4.22亿元，营业收入同比增长74.37%，利润收入同比增长87.43%，缴税同比增长70.83%。

年内，中共梧州市委、市政府设立市六堡茶产业发展指挥部，制定《梧州市六堡茶产业发展指挥部工作制度》《梧州市六堡茶产业发展指挥部会议制度》《六堡茶全产业链发展目标和工作重点（2021—2023年）》等相关制度。每周简报反馈工作，为市委、市政府掌握产业发展动态和科学决策提供参考依据。12月8日，市委、市政府召开茶产业发展动员部署大会，启动生态茶园建设大会战。年底，市委、市政府印发《梧州六堡茶产业高质量发展三年行动计划（2021—2023年）》，制定《梧州市支持六堡茶茶园建设政策》等政策法规。《梧州市六堡茶文化保护条例》于2022年1月1日起施行。为六堡茶产业高质量发展提供政策保障。

【行业管理】 2021年，六堡茶产业执行从茶种到茶杯的全产业链标准体系，市茶产业发展中心从源头拉好准绳、定好规范，面向茶农、茶企宣传贯彻生产标准，实行全产业链品质管控，实现标准种植、规范生产、全程可溯。依托现代化茶叶生产线，实现六堡茶发酵全程不落地，清洁化、机械化、自动化、可视化加工，确保90%以上的六堡茶执行标准化生产。六堡茶通过了欧盟430多项农药残留限量指标检测，出口欧盟。制定《六堡茶仓储管理规范》《六堡茶感官审评方法》《六堡茶鲜叶采摘技术规程》《出口六堡茶加工规程》4项广西地方标准，至此有六堡茶国家标准1项，广西地方标准18项，实现从茶苗到茶杯全程标准化生产。

2021年12月8日，梧州市在长洲区摩天茶海召开茶产业发展大会茶园建设现场会。当天，与会人员在摩天茶海种植区种上茶苗

市茶产业发展中心 供图

年内，梧州茶厂有限公司获批农业产业化国家重点龙头企业，梧州市天誉茶业有限公司、梧州六堡茶股份有限公司获批自治区级农业龙头企业。“非遗”传承人祝雪兰获得“全国脱贫攻坚先进个人”，在全国“两会”上向国务院总理李克强汇报六堡茶产业助力脱贫攻坚，获得总理肯定。“茶船古道·新丝路”六堡茶行销全球活动获得自治区对外传播项目类二等奖，广西梧州茶厂有限公司首批获得中国茶品牌五星认证、获评全国企业品牌建设典范企业，梧州市天誉茶业有限公司获评为自治区脱贫攻坚先进集体。广西梧州茂圣茶业有限公司评为2021年度广西工业龙头企业。

【品牌宣传】 2021年，茶船古道·六堡茶品牌宣传登陆北京地铁1号线，“茶船古道”六堡茶成为澳门质量品牌国际认证联盟成立大会指定用茶。广西梧州六堡茶股份有限公司发挥国有企业平台、资源优势，加强品牌宣传策划，讲好“茶船古道”故事，不断提升产业附加值。市知识产权局、市市场监督管理局以“非遗+”增添茶产品文化底蕴，通过宣传介绍六堡茶制作技艺，推动传统产业与网络经济相融合。《经济日报》刊发了《做大产业链要有全产业链思维》《“茶船古道”又飘茶香——广西梧州市六堡茶产业发展调查》2篇专题报道，《广西日报》刊发了《梧州茶旅融合凑响乡村振兴乐章》（头版）、《茶旅融合香更浓——梧州市促六堡茶产业高质量发展》2篇通讯，《广西政协报》专版报道《六堡茶产销量两旺发展形势喜人》。编写专著《图说茶船古道》，播出六堡茶文化植入式短剧《外来媳妇本地郎》之“有茶有真相”电视剧。举办2021年“茶船古道杯”梧州市六堡茶茶艺师技能大赛、第三届中国（广西）六堡茶斗茶大会、“一品六堡　天下梧茶”梧州六堡茶展销会、六堡茶民间斗茶大会等大型茶事活动。

【服务茶企】　2021年，中国农业银行广西分行与梧州市签署协议，推出“六堡茶农贷”“六堡茶商贷”和“六堡茶企贷”等金融产品，助推茶企升级，建立“龙头茶企+茶园合作社+金融支持”发展模式，明确5年为六堡茶产业提供100亿元金融服务。年底六堡茶贷款授信9453.6万元，比年初增加3266.4万元。“六堡茶贷”在六堡镇17个行政村100%全覆盖，服务茶商、茶农数量超100户。梧州税务系统实施“春雨润苗”专项行动，将税费优惠政策“大礼包”送到茶企，为茶农、茶企增资减负。2021年，广西梧州茶厂享受税费优惠政策减免税费560万元。

【科研培训】　至2021年，“广西六堡茶‘八新双增’关键技术研究与产业化示范”重大科技专项投资17916万元，其中自治区财政资金4000万元，各级财政、企业需配套13916万元。项目围绕六堡茶全产业发展需求，从六堡茶茶树品种、茶园低改，高效生态栽培，加工关键技术，陈化仓储关键技术，六堡茶活性成分分析，质量安全评价与控制

9月3日，2021年梧州市茶树栽培技术培训班在江滨国际大酒店举办　　市茶产业发展中心　供图

技术研究六大板块共19个子课题，解决六堡茶产业发展存在问题，实现新品种（选育新品种1—2个，新品系6个）、新技术（种植、加工新技术3项）、新模式（茶园生态栽培新模式、仓储新模式等4个）、新设备（六堡茶加工或深加工产品生产线2条）、新产品（特殊香气、滋味产品，深加工产品及高值化产品9个）、新标准（包括行业标准、地方标准及国家标准）、新专利（发明专利、实用新型专利）、新体系（生产全程动态监测体系）8个科技创新目标，产量、产值“双倍增”，综合产值达100亿元。全年全市发表有关六堡茶SCI论文3篇，中文论文24篇，出版《六堡茶种质资源图谱》专著1部，获得实用新型专利17件，获六堡茶种质资源数据查询与交流交换平台V1.0等软件著作权20件。通过专家审定的广西地方标准4项，通过立项的5项。立项涉茶科研项目12项。申请发明专利《带有温度控制和翻堆功能的六堡茶发酵箱》等5项。“广西六堡茶产业发展动态监测与创新服务能力提升”获得国家科研立项，并获得中央引导资金100万元资助。广西科技项目“六堡茶种质资源创新平台建设”通过验收。

年内，举办梧州市茶产业机械化与高质量发展、梧州市茶树栽培技术、六堡茶茶园高效栽培管理、茶树苗木繁育技术等7场专题培训班，培训人数3500人次。市茶产业发展中心制定印发相关技术规程，开展科技服务工作，开展茶树高效栽培技术等现场培训，累计培训科技人员、乡村科技特派员、茶农等1000余人次。

（市茶产业发展中心）

林　业

【概况】　2021年，梧州市完成林业总产值751.2亿元（林业

部门统计口径），比上年增加46.6亿元、增长6.6%。其中：第一产业产值176.8亿元，比上年增加17.5亿元、增长11.0%；第二产业产值509.3亿元，比上年增加18.5亿元、增长3.8%；第三产业产值65.1亿元，比上年增加10.6亿元、增长19.4%。全市松脂产量14.71万吨，比上年增长3.5%；干八角产量32360吨，比上年下降6.6%；桂皮产量11694吨，比上年下降20.67%；油茶籽产量8968.59吨，比上年增长5.16%。年内，梧州市林业局（简称市林业局）在抓好新冠疫情防控的同时，全力推进复工复产，重点开展森林资源培育、森林资源管理和保护、林业生态扶贫、林产高质量发展等工作，发展林业经济，助推乡村振兴。市林业局被中共广西壮族自治区委员会、自治区人民政府授予“全区脱贫攻坚先进集体”称号，岑溪市森林病虫害防治检疫站被国家林业和草原局生物灾害防控中心评为先进国家级中心测报点。

【营林生产】 2021年，梧州市完成植树造林19333公顷，其中植苗造林面积2596公顷、速生丰产林造林面积4294公顷、萌芽更新造林面积12443公顷；完成森林抚育40869公顷；完成桉树纯林改造233.33公顷；完成义务植树678万株。其中，全市完成油茶新造林面积900公顷，油茶低产林改造355.33公顷。完成油茶“双高”示范园3个，“双高”示范点5个。完成2020年度下达中央财政造林补贴项目面积556.3公顷，包括苍梧县253.3公顷、岑溪市169.7公顷、长洲区133.3公顷。完成2020年度下达珠江防护林项目面积253.33公顷，包括岑溪市66.67公顷、藤县120公顷、龙圩区66.67公顷。完成2021年度森林抚育补贴项目333.33公顷（苍梧县）。完成湘桂岩溶地区石漠化综合治理项目营造林106.67公顷（蒙山县）。

年内，全市完成育苗5226万株，其中容器苗4694.9万株、裸根苗531.1万株。实际出圃1649万株（容器苗1626万株，良种1317万株），其中油茶苗419.28万株。良种使用率为79.87%。良种油茶育苗面积49.19公顷，生产培育良种油茶苗木1818.1万株，出圃419.28万株，可供应2022年造林的油茶大苗323.41万株。新发（含延续）林木种子生产经营许可证13个，累计持证苗圃达122个。市林业部门向蒙山县长坪瑶族乡的瑶族群众赠送良种杉木苗8万株。制订《2021年梧州市打击制售假劣林草种苗和侵犯植物新品种权专项行动实施方案》，对全市范围内从事生产经营造林苗木的苗圃开展苗木质量抽检和侵犯植物新品种权专项行动执法检查。年内全市共开展林木种苗行政执法检查专项行动8次，检查各类苗圃168个次、苗木交易市场8个，抽样检查造林苗木98个苗批、种子2个种批、造林地块30个，均达到合格标准。

10月23日，广西第二届花卉苗木交易会召开，梧州市参会作品获得三金二银二铜的成绩，市林业局被自治区林业局授予“优秀组织奖”。全年全市完成花卉产业产值13.29亿元。

年内，梧州市继续实施“美丽梧州”国土绿化提质三年行动，完成乡村振兴绿色产业、城乡绿化提升、生态文化建设、主要通道林相改造、重要道路和节点美化五大行动11类工程项目123个，为计划102个的1.21倍；折合绿化面积240.58公顷，累计投入资金17784.40万元。从2019年实施行动至2021年，累计完成485个项目，投入资金近10亿元，折绿化面积6353公顷。另外，完成村屯绿化美化景观提升村屯8个，占计划任务8个的100%，投入资金95.15万元，种植各类绿化苗木14902株。

【林业有害生物防控】 2021年，梧州市林业有害生物发生面积62853公顷，比上年减少4146公顷，同比下降6.6%；成灾面积2384.5公顷，比上年增加715.5公顷，同比增长30%；成灾率为2.7‰，控制在指标4.2‰以内。无公害防治作业面积36733 公顷，无公害防治率达到98.4%；上年预测2021年林业有害生物发生面积73266.7公顷，实际发生面积62853公顷，测报准确率为95%；实施产地检疫面积142.8公顷，调运检疫木材5669.7万立方米，产地及调运检疫率100%。

年内，全市林业管理部门完成松材线虫病春秋季监测普查，累计普查面积68.79万公顷，监测率100%。对市区白云山景区、锦屏山、广信森林公园以及苍梧县、岑溪市部分重点乡镇实施飞机喷药防治媒介昆虫松墨天牛，作业面积累计3000公顷。开展疫木检疫执法专项行动，清理居民点疫木，组织排查木材加工企业、木材市场以及通信、公路、铁路、水电、建筑等部门（系统）工程项目征、占用林地采伐松科植物情况，复检或补检调入梧州市的松科植物及其制品。全市累计检查涉木企业248家，复检19批次，查处违规案件13起。

【林下经济】 2021年，梧州市实现林下经济产值143.89亿元，全市有28.6万户农户77.1万人从事林下经济，人均增收3700多元。年内，林下种植中药材基地有5个入选梧州市第一批中药材示范基地名单；有2个项目被列入自治区林下经济示范项目，1个项目列入广西乡村振兴产业发展基础设施公共服务能力提升三年攻坚行动方案2021年实施计划，共获得补助资金380万元。12月，岑溪市金健蜜蜂养殖林下经济示范基地被国家林业和草原局认定为第五批国家林下经济示范基地。

【林业改革】 2021年7月，《梧州市关于全面推行林长制的实施方案》印发，全面推行林长制，全市设立各级林长、副林长1385名，建立市、县、乡、村4级林长组织体系，设置林长公示牌1315块。把森林督查、林地保护管理、自然保护地管护等党政协同监管的职责任务分解下达到县级林长任务清单。以林长制为抓手，推动油茶“双千”计划、中央环保督察涉林案件整改、国家储备林建设、松材线虫病疫情防控、森林火灾风险普查工作等一批难点、重点工作。至年底，自治区总林长办下达梧州市的林长任务清单5项任务，以及市制订的林长年度任务总清单12项任务全部完成。

梧州市继续探索林地流转新模式，推进集体林地所有权、承包权、经营权“三权分置”改革试点工作，促进林权有序流转，有效利用闲置的林地资源。苍梧县引导农民依法采取转包、出租、互换、转让及入股等方式流转林地，整合林地资源，在六堡镇、狮寨镇、梨埠镇、国有天洪岭林场、国有白南林场重点打造六堡茶产业发展和林茶结合的乡村生态旅游示范样板，累计流转林地面积4.87万公顷。年内，苍梧县集体林地“三权分置”改革工作被国家林业和草原局列入第二批《林业改革发展典型案例》。

项目建设

【国家储备林基地项目】 2021年，苍梧县、藤县、岑溪市、蒙山县列入广西国家储备林基地项目建设重点县，均成立了国有投融资平台公司。苍梧县的国家储备林项目建设主体为苍梧县人民政府。藤县森茂林业发展有限公司获得银行融资6.94亿元，其中国家开发银行1.9亿元、农业发展银行5亿元，共收储林地6000公顷，已实施储备林项目1440公顷，其中一般树种906.7公顷、珍贵树种533.3公顷，年内完成广西木材战略储备基地建设项目，新造黑木相思林200公顷。岑溪市农业农村投资有限公司获得农业发展银行融资贷款1.5亿元，收购成熟油茶林60公顷，新造油茶林133.3公顷，桉树抚育施肥80公顷。蒙山县永安文化旅游开发有限责任公司获得农发行融资贷款7000万元。全年全市完成国家储备林基地造林3460公顷。

【中央财政和自治区财政林木良种补贴项目】 2021年，梧州市实施林木良种补助项目5个，分别为2021年中央财政林木良种补助藤县大芒界种子园良种基地项目和岑溪市软枝油茶种子园良种基地项目，2021年自治区财政林木良种补助藤县大芒界种子园建设项目、苍梧县国有天洪岭林场良种基地项目和岑溪市软枝油茶种子园苗木培育项目。以上项目共获得中央财政资金116.99万元，自治区财政资金94.06万元。

【梧州市广信森林公园项目】 2021年2月，允升塔登山道景观提升项目完工并对外开放，春节期间接待游客约6.3万人次。年内完成炳蔚塔取水点改造工程，开展部分公园道路建设以及防火瞭望平台场地平整，实施火流岭林相改造项目（一期），种植黄花风铃木3400株、宝巾花2220株以及黄槐512株，印发《梧州市广信森林公园规划范围集体林地管控工作方案》，推进集体林地流转。全年共完成年度投资5130万元，

【森林防火重点项目】 2021年，完成西江流域项目营房及附属设施建设、墙体外立面全部装修，1—3层楼房石材干挂、玻璃幕墙完工。项目概算投资资金使用率100%。根据《广西壮族自治区林业局关于同意变更梧州市西江流域森林火灾高风险区综合治理建设项目部分建设内容的

批复》，将藤县部分建设内容调整用于市本级采购森林防火物资，并由市本级统筹发放各县（区）林业主管部门。

（市林业局）

水　利

【概况】 2021年，梧州市水利系统践行“节水优先、空间均衡、系统治理、两手发力”治水思路，推进水利工作。河西、河东防洪堤达标加固项目主体工程完工，达到50年一遇的防洪标准。实施水利惠民项目2个，年度完成投资3084万元，为计划数的1.95倍。全市累计完成中央水利投资计划15.4亿元，全市水利行业固定投资完成16.48亿元，同比增长1.25倍。完成水土流失治理面积73.52平方千米。全市用水总量、用水效率和重要江河湖泊水功能区水质达标率等控制目标全面完成。全年全市遭受10轮强降雨侵袭，无一人员伤亡。在2021年度广西山洪灾害防御工作评价、水利安全生产工作评价、水土保持目标责任考核中，梧州市均获优秀等次。

【水利项目建设】 2021年，梧州市获得自治区下达乡村振兴水利基础设施建设投资16.72亿元（其中中央预算内资金11.45亿元、地方配套资金5.27亿元），同比增长97.6%。西江干流治理工程及城区在建防洪工程、中小河流治理工程、小型水库工程设施维修养护、山洪灾害防治项目、农村饮水安全工程维修养护等项目有序推进，全市累计完成中央水利投资计划15.4亿元。全市水利行业固定投资完成16.48亿元，同比增长1.25倍。河西、河东防洪堤达标加固项目主体工程完工，河西、河东片区达到50年一遇的防洪标准。开展藤县大任水库灌区续建配套与节水改造，完成年度投资1255万元；为民办实事项目中小河流治理类完成护岸建设5.5千米；蒙山县古皂中型水库工程、壬山水库工程加快建设，蒙山县古皂中型水库工程完成年度投资17135万元；壬山水库工程完成年度投资1800万元。水土保持工作完成水土流失治理面积73.52平方千米。11月3日—4日，2021年全自治区加快水利工程建设现场推进会在梧州市江滨大酒店召开，市水利局在会上作重大水利项目建设典型经验介绍。11月3日下午，与会代表参观了蒙山县古皂水库工程以及西江干流治理工程梧州市城区河东堤达标加固工程建设现场。

【水行政执法】 2021年，梧州市利用河湖长制平台，在扫黑除恶形势下，从严惩治，疏堵结合，规范河道采砂秩序，缓解砂石供需矛盾，确保防洪、通航、水生态安全。执法人员对重点区域开展水陆两线联合巡查，对非法采砂发现一起、整治一起。全年开展水行政执法巡查812次，出动执法人员3056人次，全市立案查处水事违法案件23起，罚没金额107.58万元，捣毁非法采砂点69处，清理非法采砂船34艘。联合公安机关在龙圩区惩治非法采砂团伙1个，通报检察机关提起公益诉讼，成为全市首起非法采砂公益诉讼典型案例，起到震慑及警示作用。推进航道疏浚废渣回收利用项目，确保项目合法有序进行，全年完成疏浚废渣回收处置145万立方米，缓解砂石供需矛盾，助推西江黄金水道建设。

【水旱灾害防御】 2021年汛期，梧州市降雨偏少，上游来水不足，4—9月，辖区内各主要

2021年8月29日，梧州市水行政执法人员在浔江河段检查过往运砂船舶　　市水利局　供图

河流出现明显洪水不多，除6月底浔江支流安平河苍梧县岭脚水文站出现一场超过警戒水位洪水外，辖区内其余各江河均未发生超警洪水。全年全市遭受10轮强降雨侵袭，造成苍梧县、藤县、蒙山县、龙圩区20个乡（镇、街道）不同程度受灾，受灾人口20210人，紧急转移人口5人；农作物受灾面积638.86公顷；损坏护岸30处，损毁塘坝6座，损坏灌溉设施37处，水利设施直接经济损失1743万元，因洪涝灾害造成的直接经济损失共2746万元，无人员伤亡情况发生。在防御强降雨和洪涝灾害中，全市水利系统派出专家指导组82人次，减少受灾人口2390人，防洪减灾经济效益98万元。全年全市共发布山洪灾害风险警报8次，县级预警短信254次，发布预警短信7万多条，启动预警广播42次，紧急转移50人次。

7—9月，受持续高温少雨天气影响，全市降雨量大部分偏少1—4成，其中蒙山县偏少超过7成。受降雨偏少影响的河段来水量偏少4—8成，造成岑溪市、藤县、蒙山县3个县（市）14个乡镇出现干旱。旱情较重的岑溪市，调用义昌江水联合赤水水库进行供水，发挥水利工程群组调度效益，缓解城区20余万人的供水需求；同时，采用大功率水泵应急抽水措施，并结合水库原有基流与低水位库容水量实施联合供水方案，解决了马路镇区及黄岭水库下游约3万人的饮水问题。

【水利行业监管】　2021年，梧州市水利部门推动水利监督标准化、规范化发展，实施全年11个大项26个专项监督指导，组织开展38次监督指导工作，派出134组次，投入人员560人次，将各督查、检查等行业监管发现的问题全部纳入“梧州市行业监管发现问题整改情况台账”开展月调度、闭环销号等动态管理，问题的到期整改率为100%。全年开展警示约谈1次，约谈单位4个，发出各类预警信息23份。水利招投标领域依法立案查处违法案件2起，行政处罚9人、市场参建主体1个，为全自治区水利行业招投标领域内一个项目同时出现两个违法主体首例案件。　　（市水利局）

农业机械化

【概况】　2021年，梧州市拥有各类农业机械29.93万台，农业机械总动力145.61万千瓦。其中，拖拉机拥有量1.36万台，拖拉机配套农具4355台，耕整机械（含微耕机）13.23万台，水稻插秧机791台，谷物联合收割机1664台，机动脱粒机5.43万台，农用排灌动力机械2.21万台，谷物烘干机141台，农副产品初加工机械3.86万台。全市有水稻机械化育秧中心（工厂）4座，农机户总数13.77万户，乡村农机从业人员14.29万人。

【农业机械化作业水平】　2021年，全市累计投入近22.96万台次的各类农机具到农业生产中，累计完成机耕作业27.20万公顷，机播（插）作业面积38820公顷，机收作业面积13.23万公顷。全市农作物综合机械化水平达到54.40%，主要农作物综合机械化水平达到66.99%，其中水稻生产综合机械化水平达到75.11%。

【六堡茶生产机械化推广】　2021年，苍梧县六堡镇建成32.33公顷的传统六堡茶生产全程机械化示范基地。全年全市新增茶树修剪机60台，采茶机131台，茶叶加工机械232台，助推梧州六堡茶提质增效、扩量发展。年内依托项目实施，梧州市茶产业机械化与高质量发展培训班和2021年广西茶园新技术新装备“田间日”培训班先后举办，推广梧州市六堡茶生产机械化应用。

【农机教育培训】　2021年，梧州市农业机械化服务中心（简称市农机中心）围绕农业机械化管理、技术和作业服务三支人才队伍建设，以农机操作、维修保养、新型农机装备应用等实用技术为重点，依托优势特色农作物生产全程机械化创新示范基地建设项目、基层农技推广体系改革与建设补助项目，通过举办培训班、现场演示会、实地指导等形式开展农业机械化实用技术培训工作。全年组织举办农机化业务培训班2期，培训300人次。其中，农机干部60人次，农机技术人员100人次，农机合作社、农机大户等农机从业人员140人次。

【新机具技术引进、试验】　2021年，梧州市依托基层农技推广体系改革与建设补助项目，围绕本地农业优势特色产业发展需求，在藤县建成两个试验示范基地，以找准“小切口”，强化服务“三农”为出发点，由市农机中心牵头，以中共党员为骨干力量，组成“农机部门＋家庭农场＋土专家”为模式的工作专班，研发优、特农产品机械化生产急需的机具。该工作专班与基层农机部门一道深入田间地头，了解粉葛生产技术规程，与葛农、农机手反复沟通，与农机制造企业交流，探讨耕作、采收机具的材质选择和构造等关键环节，通过多次试验，研发出粉葛起垄机和粉葛收获机，破解了粉葛生产关键环节的难题，提高了生产效率。

2021 年 7 月 29 日，梧州市农业综合行政执法支队到龙圩区新地镇开展农机安全生产检查　　市农业农村局　供图

【基层农机技术推广服务】 2021 年，全市各级农机部门上下联动，在“春耕”“双抢”等关键农时，组织协调农机干部、技术人员 3832 人（次）下沉到乡、村田间地头指导机手检修、保养、调试各类农机具 11.11 万台（套），培训农机手 335 人、农机技术人员 200 多人，引导农机技术人员、农机经销商、农机维修网点做好农机作业服务支持，发动农机专业合作社和农机大户开展水稻机耕、机械化育秧、机收等农机作业服务，保证主要农时机械化生产顺利进行，提高农机效益，促进农业丰产丰收。全年全市农机社会化组织累计服务农户超 14316 户，作业服务面积超 7986.67 公顷。

【农机补贴】 2021 年，梧州市农机购置补贴政策实施本着阳光、公正、公开的原则，按照各级农机购置补贴有关政策文件和实施方案规范要求，严把宣传关、流程关、内容关、核验关、兑付关、信息公开关，对符合购置补贴条件的农机具实行应补尽补。全市年度累计使用各级农机购置补贴资金 1013.88 万元，为 2021 年农机购置补贴绩效目标资金任务 850 万元的 1.19 倍，补贴各类农机具 6478 台（套），涉及 12 个大类 19 个小类 30 个品目，惠及 5878 户农户（农业生产经营组织），拉动社会投入资金 2678.35 万元。年内，梧州市首度发放农机报废补贴，全市依规受理农机报废补贴申请 3 台，兑付补贴资金总额 2.55 万元。

（市农机中心）

【农机安全监管与质量检查】 2021 年，梧州市以确保农机安全生产为目标，履行农机安全监管职责，全年没有发生农机重大安全事故。全市完成拖拉机和联合收割机安全技术检验 3614 台，注册登记拖拉机（联合收割机）254 台，核发拖拉机（联合收割机）驾驶证 355 本。加快淘汰存量变型拖拉机，推进农机报废更新补贴工作，鼓励和引导农业机械以旧换新和升级换代，全市共注销变形拖拉机 1576 台。

年内，全市累计出动检查 483 次，出动检查人员 1911 人次，深入田间地头对拖拉机及其驾驶员无证驾驶、车辆逾期未年检、超载限载、假牌假证等方面进行重点检查，将安全隐患消除在萌芽状态。重点对果园轨道运输机和微耕机进行质量调查，检查农机经销企业、农民用户在销在用产品质量情况，未发现假冒伪劣农机产品。通过“3·15”、“安全生产月”、“质量月”、驾驶员培训考试等宣传教育活动，累计开展农机安全生产教育 257 次，发放农机安全生产宣传资料 3 万余份，发送宣传短信 3000 余条。

（市农业农村局）

编审：邓桂豪　编辑：赖红柳

工　业

综　述

【概况】　2021年，梧州市规模以上工业总产值完成1508.1亿元，同比增长31.4%，高于全自治区8.5个百分点，在自治区排名第六位；规模以上工业增加值475.3亿元，同比增长15%，高于全自治区6.4个百分点，在自治区排名第四位。全市工业投资完成333亿元，同比增长46.9%；技改投资144亿元，同比增长41.7%。全市五大产业规模以上工业产值达1339.7亿元，同比增长33.6%，拉动全市规模以上工业总产值提高29.4个百分点。其中，再生资源产业增长44.4%，高端金属新材料产业增长20%，建筑材料产业增长25.5%，食品医药产业增长12.6%，电子信息产业增长64.5%。全市工业用电量72.56亿千瓦时，同比增长22.2%；工业税收29.81亿元，同比增长24.9%。全年全市新增上规模工业企业90家，其中新建投产上规模企业40家，全年实现新增产值103亿元，拉动全市产值增长9个百分点。共有规模以上工业企业553家，上规模企业净增60家。梧州市因2021年推动工业稳增长成绩突出，2022年1月获得广西推进产业振兴三年行动指挥部通报表扬。

年内，梧州市持续开展工业振兴年活动，继续推行四套班子厅级领导挂点联系重点企业和重大项目制度，选派89名干部担任市、县两级工业振兴特派员，组建工业振兴特派员办公室，服

2021年梧州市工业企业获得自治区级以上认定一览表

表12

获认定称号	获认定企业
第三批国家级专精特新“小巨人”企业	广西欣亿光电科技有限公司 骆驼集团华南蓄电池有限公司 梧州市鸿图精密压铸有限公司
国家级绿色工厂	广西五一管业股份有限公司 广西欧神诺陶瓷有限公司 广西梧州制药（集团）股份有限公司 骆驼集团华南蓄电池有限公司
第一批广西工业龙头企业	梧州金升铜业股份有限公司 骆驼集团华南蓄电池有限公司 广西梧州茂圣茶业有限公司 广西金茂钛业有限公司 广西梧州制药（集团）股份有限公司 广西欧神诺陶瓷有限公司 广西蒙娜丽莎新材料有限公司 广西三威家居新材股份有限公司
广西第一批制造业单项冠军示范企业	梧州市三禾添佰利五金加工有限公司 广西碧清源环保投资有限公司 广西梧州制药（集团）股份有限公司 广西金茂钛业有限公司 广西神冠胶原生物集团有限公司 梧州中茶茶业有限公司
广西智能工厂示范企业	梧州康恒再生能源有限公司 广西桦源环保科技有限公司 广西协进建材科技有限公司 梧州市永达钢铁有限公司
自治区级企业技术中心	梧州市同润铜业有限公司技术中心 广西梧州龙鱼漆业有限公司技术中心 广西欧神诺陶瓷有限公司技术中心
广西数字化车间	广西神冠胶原生物集团有限公司车间

务工业发展。抓好抓实“双百双新”项目（“双百”项目是指投资超过百亿元或产值超过百亿元的重大产业项目，“双新”项目是指新产业、新技术项目），全市25个“双百双新”项目完成投资54.2亿元，超额33.7%完成全年投资目标。梧州市被评为自治区上半年工业投资工作先进市，获得5000万元奖励。全市各园区申报2021年地方政府专项债项目，其中各园区基础设施建设项目共获得自治区财政厅批复下达专项债额度33.7亿元，排自治区第一位。

【工业园区经济】 2021年，梧州市属5个工业园区共有规模以上企业111家，累计完成工业总产值868.77亿元，同比增长39.4%，占全市规模以上工业总产值比重57.6%，完成工业增加值252.3亿元，同比增长53.2%，占全市规模以上工业增加值比重53.08%。其中：粤桂合作特别试验区有规模以上企业27家，完成工业总产值65.05亿元，同比增长1.05倍；梧州高新技术产业开发区有规模以上企业41家，完成工业总产值173.28亿元，同比增长11.38%；梧州循环经济产业园区有规模以上企业31家，完成工业总产值403.47亿元，同比增长26.73%；梧州市不锈钢制品产业园区有规模以上企业8家，完成工业总产值217.22亿元，同比增长92.72%；梧州临港经济区有规模以上企业4家，完成工业总产值9.75亿元，同比增长98.98%。

【县、区域工业经济】 2021年，梧州各县（市、区）规模以上企业共242家（工业园区的数据），累计完成工业总产值336.16亿元，同比增长38.4%，占全市规模以上工业总产值比重22.3%，完成工业增加值101.06亿元，同比增长40.1%，占全市规模以上工业增加值比重21.26%。其中：苍梧县工业园区有规模以上企业27家，完成工业总产值24.64亿元，同比增长1.57倍；岑溪市工业集中区（含大业陶瓷园区）有规模以上企业156家，完成工业总产值154.04亿元，同比增长28.94%；藤县工业集中区（含中和陶瓷产业园）有规模以上企业42家，完成工业总产值135.64亿元，同比增长41.35%；蒙山县工业集中区有规模以上企业15家，完成工业总产值16.7亿元，同比增长17.2%；广西梧州长洲工业园区有规模以上企业2家，完成工业总产值5.13亿元，同比增长42.5%。

【产业转型升级】 至2021年，梧州市通过不断推动工业产业转型升级，带动工业高质量发展，构建再生资源、医药食品、冶金机械、建材环保、电子信息五大重点产业集群，成功创建全国首批国家级循环经济示范城市、成功获批第二批国家工业资源利用基地，梧州循环经济产业园区获评国家级绿色产业示范基地、自治区级再制造产业示范基地。梧州市鼓励企业绿色创新发展，梧州制药、五一管业等4家企业获批国家级绿色工厂，骆驼集团华南蓄电池有限公司获得自治区绿色制造体系建设绿色工厂示范称号，五丰丝绸有限公司2个产品、欧神诺陶瓷3个产品入选国家级绿色制造示范绿色设计产品名单。推动绿色认证，全市共获低碳产品认证6个，中国绿色产品认证5个，中国绿色建材产品认证6个，环境标志产品认证10个，中国绿色产品认证、中国绿色建材产品认证数在自治区排名第一。全市拥有双钱、中华跌打丸、三鹤牌、龙山4个“中华老字号”品牌，六堡茶、龟苓膏获得国家地理标志产品保护，胶原蛋白肠衣产量居世界第一；建成南方地区最大的冷轧钢带生产基地和全国第五、西南地区最大的建筑陶瓷生产基地，藤县获“中国陶瓷产业基地·藤县”称号，藤县中和陶瓷产业园获“广西壮族自治区2021年特色产业园区”称号；藤县是全国钛白企业第二大集中区，岑溪市是全国最大的花岗岩生产基地之一。

【工业项目投资】 2021年，梧州市有重大工业项目228项，总投资达2676亿元，年度完成投资229亿元，超额8.29%完成年度计划。推进绿色轻工年产200万吨1780毫米高端制品前端生产线项目（一期）、金海热轧1050毫米轧线技改项目等项目开工，促成100万吨高品质不锈钢连续固溶酸洗生产线项目、年产36万吨优特钢、五金制品项目等项目竣工，推进岑溪泰森纺织产业集聚示范区项目、藤县欧神诺陶瓷生产项目等续建项目加快建设。全年全市完成工业投资同比增长46%，工业投资完成总量排全自治区第二，综合排名全自治区第一；技改投资同比增长40.9%。

【技术创新】 2021年，梧州市工业管理部门组织企业申报高新技术企业培育、千企技改、创新研发平台资助、企业加大研发经费投入自治区财政奖补等专项资金补贴，鼓励企业采用新设备、新工艺、新材料、新模式实施技术改造，加快创新平台和载体建设，通过技改推动企业化解过剩产能、加快传统产业转型升级，打造开放式创新生态系统。通过引导企业自主创新，至2021年年底，已有梧州神冠蛋白肠衣有限公司、梧州三鹤药业股份有限公司等9家企业获认定为广西技术创新示范企业；梧州神冠蛋白肠衣有限公司、广西梧州制药（集团）股份有限公司等47家企业被认定为自治区级企业技术中心；广西松脂股份有限公司等10家企业被认定为自治区级研发中心；广西梧州日新塑料实业有限公司等8家企业被认定为自治区产学研用一体化企业。梧州神冠蛋白肠衣有限公司等3家企业获得自治区优秀新产品奖。

【“专精特新”企业】 梧州市促进中小企业走专业化、精细化道路，大力培育全市“专精特新”（专业化、精细化、特色化、新颖化）中小企业，使中小企业成为推动经济高质量发展的重要支撑。至2021年，全市有自治区级以上“专精特新”中小企业33家，有国家级“专精特新”“小巨人”企业7家。

2021年梧州市“专精特新”中小企业情况表

表13

国家级“专精特新”“小巨人”企业				
序号	属地	企业名称	主导产品名称	企业简介
1	粤桂合作试验区	广西碧清源环保投资有限公司	纳米平板陶瓷膜一体化污水处理设备	广西碧清源环保投资有限公司成立于2013年，自主研发的纳米陶瓷膜污水处理工艺技术先后获得相关专利30多项，获广西科技进步奖一等奖，多次列入国家发改委、工信部、水利部、自治区科技厅等推荐目录和《国家水体污染控制与治理重大科技专项推介技术成果汇编》。“纳米平板陶瓷膜污水处理技术及一体化设备”经中国环保产业协会组织专家鉴定达到国际先进水平，2021年产值约5亿元
2	高新技术产业开发区	广西睿奕新能源股份有限公司	锂原电池（组）ER14250	广西睿奕新能源股份有限公司是2011年落户于广西梧州工业园区，拥有25000平方米的现代化锂亚电池生产厂房，为广西唯一一家环保高能型能源企业、国内第三大锂亚电池生产企业，已成为具有国际先进技术水平的全球锂原电池主要供应商之一。公司于2016年第二次被认定为国家高新技术企业，并于2018年被认定为广西工程技术研究中心。国内市场占有率70%以上，产品销往欧洲、美洲、中东、东南亚等多个国家和地区，主要产品年出口总量达到1800万元，质量和信誉获得客户的一致好评和认可。2021年产值约10亿元
3	高新技术产业开发区	梧州市三禾添佰利五金加工有限公司	TCT直刀	梧州市三禾添佰利五金加工有限公司成立于2006年6月，占地6.07公顷。主营业务为硬质合金刀具、排钻以及高精度金刚石刀具的生产销售，产品标准规格3000多个，国家知名品牌3个，在同行中名列前茅。企业有近26年的木工刀具生产历史，是国内规模较大的木工铣刀生产厂家，在国内同行业处于领先地位，可实现进口精密刀具的替代。企业拥有核心技术的自主知识产权，拥有3项授权发明专利、17项授权实用新型专利、4项外观专利。2021年产值约2.4亿元

续表 13

国家级“专精特新”“小巨人”企业				
序号	属地	企业名称	主导产品名称	企业简介
4	高新技术产业开发区	广西梧州双钱实业有限公司	龟苓膏	中恒集团旗下的广西梧州双钱实业有限公司创建于1993年，主要产品为龟苓膏、龟苓宝、龟苓膏粉、六堡茶、堤兴陶、即食粥类、饮料和固体饮料，是广西区域最大的龟苓膏生产基地。拥有专利19项，其中发明专利9项，外观设计专利7项，实用新型专利1项，软件著作权2项，是广西高新技术企业、自治区农业产业化重点龙头企业、“AAA”级标准化良好行为企业、中国质量诚信企业，“双钱”牌龟苓膏连续获“广西名牌产品”称号；2007年被评为“广西非物质文化遗产”，2008年双钱龟苓膏获梧州市人民政府批准使用中华人民共和国地理标志保护产品专用标志；2010年双钱龟苓膏获首届中国非物质文化遗产博览会银奖；2011年“双钱”商标获“中华老字号”称号，2017年获自治区认定“企业技术中心”，2018年获“梧州市非物质文化遗产保护传承基地”“中国企业品牌创新成果”称号。2021年产值约2.4亿元
5	高新技术产业开发区	广西欣亿光电科技有限公司	LED 封装贴片	广西欣亿光电科技有限公司成立于2016年，主营业务为LED封装产品SMD贴片系列的生产销售和新产品开发，是国内产量最大的LED封装产品SMD贴片（SMD0603LED）生产厂家，公司技术水平为国内先进，核心技术已获得1项发明专利授权，9项实用新型专利授权，另有1项发明专利已公开。2021年产值约1.4亿元
6	循环经济产业园区	骆驼集团华南蓄电池有限公司	铅酸蓄电池	骆驼集团华南蓄电池有限公司成立于2012年7月，是骆驼集团股份有限公司控股全资子公司，专门从事蓄电池研发、生产、销售及服务的综合性企业，占地面积28.67公顷，年生产能力达600万千伏安时，是中国华南地区最大的蓄电池生产企业之一，是广西唯一为广西建设“千亿汽车城”提供配套服务的蓄电池生产企业，是上汽通用五菱、江铃股份、江铃控股、北汽等品牌汽车的主要蓄电池配套单位。公司拥有有效专利26项，发明专利12项，实用新型专利13项，外观设计专利1项，2018年获得广西高新技术企业百强，2021年产值约30亿元
7	循环经济产业园区	梧州市鸿图精密压铸有限公司	铝合金压铸件	梧州市鸿图精密压铸有限公司为香港鸿图集团2011年投资成立的第三家内地分公司，厂房占地面积近12万平方米，有员工900余人，是一家集研发、生产、销售为一体的高新技术企业，主营业务是铝合金精密压铸及精密模具制造，拥有有效专利20余项，入选广西瞪羚企业培育库入库企业，2021年产值约2.8亿元

自治区级“专精特新”中小企业				
序号	属地	企业名称	主导产品名称	企业简介
1	苍梧县	广西梧州三鹤药业股份有限公司	五淋化石丸、花蛇解痒胶囊、六味地黄丸	广西梧州三鹤药业股份有限公司成立于1964年，为原梧州市人民制药户改制前成的民营股份制企业，2016年5月16日在全国中小企业股份转让系统（又称”新三板”）成功挂牌，是梧州市第一家挂牌的工业企业，是集研、产、销于一体的现代化制药企业，拥有79个国药准字产品批文，获授权专利38项，其中发明专利21项，先后获评国家高新技术企业、2020年工信部工业企业知识产权运用试点单位、自治区企业技术中心、广西知识产权优势（培育）企业、自治区技术创新示范企业，2021年产值约6000万元

续表 13

自治区级“专精特新”中小企业				
序号	属地	企业名称	主导产品名称	企业简介
2	苍梧县	广西强寿药业集团有限公司	益智康脑丸、解毒通淋丸、牛至肝康丸	广西强寿药业集团有限公司成立于1981年，是一家集研发、临床、生产和销售为一体的现代化企业。主要从事民族药研究及中成药、化学药、保健食品、中药饮片、中药配方颗粒、消毒剂等生产销售。拥有国家专利30多项，注册商标60余个，是广西拥有知识产权最多的中药企业之一，先后被认定为“高新技术企业”“广西著名商标”“广西专利试点企业”“广西知识产权优势企业”“2021年广西民营百强企业”“2021年广西民营制造百强企业”等。2021年产值约2.1亿元
3	岑溪市	优耐电子（岑溪）有限公司	电感线圈、磁芯、磁铁芯	优耐电子（岑溪）有限公司成立于2008年，属外商独资企业。公司拥有实用新型专利2项，软件著作权8项，主要生产应用于手提电脑、手机、数码相机、车载品及其他家用电器的电感线圈元器件及组件，产品符合欧盟环保标准，产品60%出口日本、美国、欧洲地区及中国台湾地区，40%在境内销售。2021年产值超8000万元
4	藤县	广西藤县广峰钛白有限公司	搪瓷钛白粉	广西藤县广峰钛白有限公司成立于2006年，是一家集研发、生产、销售搪瓷钛白粉的高新技术企业，年产搪瓷钛白粉3万吨。公司从事经营生产14年，主营产品搪瓷级钛白粉纯度高，各项质量指标稳定，可广泛应用于陶瓷釉料、玻璃熔块、陶瓷色料等行业。2021年产值约3.2亿元
5	藤县	广西藤县通轩立信化学有限公司	松香改性增黏树脂	广西藤县通轩立信化学有限公司是台湾通轩实业有限公司的大陆子公司。成立于2001年，生产能力为10000吨，注册资金546.79万美元。公司主要产品有：反应型增黏树脂、水性反应型增黏树脂乳液、水性增黏树脂、萜烯酚树脂、稳定型酯化松香、油墨用高分子量松香酚醛树脂、真空电镀油增附着力树脂、精加工歧化松香、精制浅色松香、液体树脂、无铅焊料树脂、烷基酚醛树脂等。广泛用于粘胶、油墨、接枝氯丁胶、涂料、颜料表面处理、橡胶、焊料等行业。公司拥有7项发明专利，历年被评为“全县优秀企业”“全县十强企业”“A类管理企业”“安全生产优秀单位”“中小企业创新科技服务网示范单位”“A级纳税人”等称号。2021年产值8425.6万元
6	藤县	广西蒙娜丽莎新材料有限公司	建筑陶瓷	广西蒙娜丽莎新材料有限公司成立于2018年5月28日，是蒙娜丽莎集团股份有限公司在梧州市投资建设的全资子公司，是一家集建筑陶瓷制品的生产、研发、销售于一体的高新技术企业。从事建筑陶瓷制品的研发、生产及销售，主要产品有：干粒镜面瓷砖、干粒釉面砖、全通体玻化瓷质砖、仿古砖、抛釉砖、渗墨抛光砖、干粒仿石等。拥有授权发明专利7件，实用新型专利9件；受理中的发明专利5件，实用新型专利10件；获得生产智能控制系统相关软件著作权2件。2021年产值约13.8亿元
7	藤县	广西欧神诺陶瓷有限公司	抛釉砖	广西欧神诺陶瓷有限公司成立于2017年11月，是佛山欧神诺陶瓷有限公司全资子公司，主要产品有抛釉砖、抛光砖、微晶玉石砖、瓷片以及各系列相配套的配件产品，占地63.33公顷，规划年产量5000万平方米，拥有6项发明专利，7项实用新型专利，成立3年来已成为广西高新技术企业、广西贫困地区工业龙头企业、广西壮族自治区党建示范单位，2021年产值约18.5亿元
8	蒙山县	蒙山县五丰丝绸有限公司	双绉、斜纹绸、素绉缎、弹力缎等真丝绸缎	蒙山县五丰丝绸有限公司是于2010年7月注册成立的一家以生产真丝绸为主，集设计、开发、生产、销售、工业旅游于一体的私营丝绸深加工企业，注册资本3000万元。主要产品有双绉、弹力缎、斜纹绸、素绉缎等。公司拥有专利3项，其中发明专利2项，实用专利1项。公司先后获评自治区扶贫龙头企业、自治区产学研一体化示范企业、自治区工业企业品牌培育示范企业、自治区农业产业化重点龙头企业、自治区文化产业示范基地、自治区高新技术企业、全国民族特需商品定点生产企业、国家民贸民品“千家培育”企业。2021年产值10250.1万元

续表 13

自治区级“专精特新”中小企业				
序号	属地	企业名称	主导产品名称	企业简介
9	蒙山县	广西梧州市明阳生化科技有限公司	木薯变性淀粉	广西梧州市明阳生化科技有限公司成立于2010年9月，属国有企业，由广西农垦明阳淀粉发展有限公司投资成立，占总地面积约18.87公顷，拥有52年的淀粉生产历史，获得5项发明专利，是全国最大的集研制、生产、销售、应用技术服务于一体的变性淀粉生产企业，拥有广西唯一国家级重点实验室和一家省级专业从事淀粉与淀粉衍生物研究的淀粉化工工程技术研究中心，先后被认定为“农业产业化国家重点龙头企业”“国家扶贫龙头企业”“高新技术企业”“广西农业产业化重点龙头企业”“广西战略性新兴产业企业”。2021年产值约5亿元
10	蒙山县	广西蒙山梧华林产科技有限公司	胶印油墨类树脂	广西蒙山梧华林产科技有限公司原名广西蒙山县东方松脂制造有限公司，于2010年7月由杭华油墨股份有限公司收购更名，主要从事松香、松节油、树脂及深加工产品的研发、生产、销售。生产能力：松香15000吨每年；松节油2400吨每年；改性松香树脂8000吨每年。主要产品为酚醛树脂、聚酯树脂，主要销往杭华油墨股份有限公司、印度尼西亚、日本、韩国等。公司拥有2项发明专利。2021年产值约1.5亿元
11	万秀区	广西梧州龙鱼漆业有限公司	涂料	广西梧州龙鱼漆业有限公司成立于2003年01月15日，始建于1960年，拥有超过60年的制漆经验，拥有18项发明专利，是华南最具历史和影响力的制漆企业之一，曾多次被评为“清洁文明工厂”“环境保护先进单位”“企业管理先进单位”，其产品获得“广西名牌产品”称号，具备年产2万吨涂料和1万吨松香树脂的生产能力，产品包括“龙鱼”牌和“好丽士”牌酚醛漆、环氧地坪漆、聚氨酯漆等等。2021年产值超6000万元
12	万秀区	广西梧州日新塑料实业有限公司	塑料晒架	广西梧州日新塑料实业有限公司是自治区内专业生产家庭日用塑料制品规模较大、品种多且拥有自营进出口权的民营企业，拥有发明专利2项，实用专利11项，外观设计专利3项，主导产品有塑料衣夹、等各类家庭日用制品共300多个品种，产品畅销欧洲、美国、日本、非洲、东南亚等国家和地区，以及中国台湾等地。2021年产值约1.3亿元
13	万秀区	梧州市飞卓林产品实业有限公司	松香树脂、松香酯乳液	梧州市飞卓林产品实业有限公司成立于2005年5月，是集产品研发、生产、贸易于一体的松香深加工专业企业，占地4000平方米，拥有3条松香树脂生产线和3条松香乳液生产线，产品主要为松香树脂和松香乳液两大类，包括七个系列60多个规格品种，广泛应用于胶黏剂、造纸、油漆、助焊剂等产业，出口10多个国家和地区，拥有发明专利4项，实用专利1项，被认定“广西著名商标”“自治区级企业技术中心”“高新技术企业”“自治区级农业产业化重点龙头企业”。2021年产值超7000万元
14	万秀区	广西众昌树脂有限公司	改性松香树脂	广西众昌树脂有限公司成立于2003年，厂区面积1.2公顷，主导产品是环保型浅色松香树脂，年生产可达1.8万吨，广泛应用于胶黏剂、印刷油墨、油漆、涂料、电子助焊剂等行业，是集松香树脂产业研发、生产和销售于一体的专业性综合型企业，拥有发明专利39项，实用新型专利1项，拥有自治区级企业技术中心，并获得了科学技术进步奖、广西壮族自治区科学技术成果登记证书、先进单位、优秀科技型企业的荣誉称号，被认定为高新技术企业，2021年产值约4000万元

续表 13

自治区级“专精特新”中小企业				
序号	属地	企业名称	主导产品名称	企业简介
15	万秀区	广西梧州茂圣茶业有限公司	六堡茶	广西梧州茂圣茶业有限公司成立于2004年，是广西首家六堡茶民营企业，也是规模较大的六堡茶民营企业，拥有6项国家发明专利，10项实用新型专利，10项外观设计专利，2019年10月获得“农业产业化国家重点龙头企业”称号，产品于2006年在国际茶博会上获首个黑茶类金奖，2008年进驻北京老舍茶馆，2010年成为上海世博会中国六堡茶唯一特许产品，2013年获得了国家质检总局生态原产地产品保护，2015年获意大利米兰世博会百年世博中国名茶金骆驼奖，2018、2019年公司获中国茶业百强企业和中国茶叶最受消费者认可十强企业称号，2019年被推评为首届中国茶产业T20峰会成员单位。2021年产值约2.7亿元，企业品牌价值达3.57亿元，排名全国茶企第四十二位
16	万秀区	广西梧州甜蜜家蜂业有限公司	蜂产品	广西梧州甜蜜家蜂业有限公司成立于2003年3月，主营业务是蜜蜂养殖、蜂产品收购、加工、销售、研发及应用。“公司＋协会(合作社)＋农户＋基地二产业化”的经营模式是公司发展的方向，拥有养蜂场127家，含移动机械化养蜂车120辆，拥有超过27940群蜜蜂，年产蜂蜜7652吨（其中成熟蜜占30%，巢蜜占35%），蜂王浆15吨，蜂花粉30吨，蜂胶0.8吨，拥有核心自主知识产权3项，全部为实用专利，是广西最大的养蜂及蜂产品加工龙头企业，是全国蜂产品行业龙头企业。2021年产值1.1亿元
17	万秀区	梧州黄埔化工药业有限公司	合成樟脑、合成冰片	梧州黄埔化工药业有限公司前身为“广州黄埔化工有限公司”，于2010年在梧州市注册成立，为广州工业投资控股集团有限公司属下国有全资企业。主导产品为合成樟脑和合成冰片，其中“白雪”牌冰片在1980年、1986年获广东省优质产品称号，1982年获国家化工部优质产品称号。梧州黄埔拥有樟脑及冰片国内外客户近260家，拥有1项发明专利、6项实用新型专利、2项外观设计专利，为自治区级林业产业化重点龙头企业。2021年产值超2亿元
18	龙圩区	广西梧州港德硬质合金制造有限公司	非标异型硬质合金大制品	广西梧州港德硬质合金制造有限公司始创于1994年，占地面积2.67公顷，2000年承接原国有企业梧州市硬质合金厂，是中国钨业协会硬质合金分会的理事单位。港德公司是国内制造硬质合金大制品的领跑者，主要产品是非标硬质合金毛坯、耐磨件、硬质合金球齿等，广泛应用于钢铁、化工、航空、机械制造等行业，拥有发明专利3项、外观设计专利43项、自主品牌24个。2021年产值约7000万元
19	龙圩区	广西昭信平洲电子有限公司	电感	广西昭信平洲电子有限公司是广东昭信集团股份有限公司全资控股子公司，成立于2006年12月7日，占地54457平方米，员工总数1400余人。主营电感器件和滤波器产品，公司唯一合作方为日本TDK株式会社（OEM模式），电子元器件年生产能力5亿只，服务于全球终端客户有博世、大陆集团、伟世通、天合汽车集团、华为、三星、松下等600多家企业；产品主要应用于汽车、智能手机、电脑硬盘、家用电器、工业设备和医疗设备等领域，2021年产值约1.5亿元
20	龙圩区	梧州市天誉茶业有限公司	六堡茶	梧州市天誉茶业有限公司，成立于2011年3月，是一家集广西名茶（六堡茶）的种植、研发、深加工及销售为一体的民营企业，主营业务为：生产并销售六堡茶散茶、紧压茶、各式精品茶。在2014年5月30日成为梧州市第四家使用六堡茶地理标志产品“专用标志”的企业，拥有注册商标“熹誉”和“臻誉”，已申请专利40项，获得授权10项。2021年产值约7000万元

续表13

自治区级“专精特新”中小企业				
序号	属地	企业名称	主导产品名称	企业简介
21	龙圩区	广西顺风钛业有限公司	钛白粉	广西顺风钛业有限公司是中国最早生产钛白粉的专业厂家之一，占地面积12公顷，公司具有50多年化工生产、30多年钛白粉生产历史。公司先后获得2项发明专利，19项实用新型专利，共21项专利授权，产品广泛应用于涂料、油漆、塑料、橡胶、油墨，以及化学纤维和造纸等。2018年通过高新技术企业认定，并在近年获得“广西高新技术企业百强”、“广西民营企业制造业100强”、抗击新冠疫情“先进民营企业”、“突出贡献工业企业”、国家化工行业生产力促进中心钛白分中心“理事单位”、“广西诚信纳税人”等称号，并获得自营进出口业务资格。2021年产值74018万元
22	高新技术产业开发区	梧州三和新材料科技有限公司	泡沫镍、导电海绵、导电布	梧州三和新材料科技有限公司成立于2003年，占地4公顷，拥有员工170余人，专注于高新电子产品用电磁屏蔽、绝缘保护、导电导热材料，氢能源制氢材料等领域的研究，主营产品有导电海绵、导电布（导电无纺布）、泡沫镍、泡沫铜、泡沫镍钼，是高新技术企业，广西创新型企业、自治区级企业技术中心、多孔金属人才小基地。是国际知名的生产发泡镍等泡沫多孔金属的重要基地之一，公司拥有专利11项，其中发明专利4项，实用专利7项。2021年产值约7500万元
23	高新技术产业开发区	广西五一管业股份有限公司	塑料管道制品	广西五一管业股份有限公司成立于1965年5月1日。2021年，有员工639人，是一家集PVC、PE、PP-R等系列塑料管道产品的研发、生产和销售的企业；累计有效发明专利2项，实用新型专利14项，拥有“刚柔”品牌旗下成熟的种类齐全产品线，覆盖PVC、PE和PP-R三大系列，共计超过4800个品种。先后获得“高新技术企业”“广西名牌产品”“广西壮族自治区级优秀质量管理小组”“全区质量管理小组优秀企业”等称号和广西五一劳动奖状，2019年获得全国塑料制品标准化技术委员会颁发“荣誉证书”，2017—2019年连续获评为A级纳税企业。2021年产值约6.4亿元
24	高新技术产业开发区	广西桦源环保科技有限公司	水处理设备	广西桦源环保科技有限公司成立于2012年4月18日，是一家专业从水处理环保、节能的解决方案设计开始，到设备制造、安装、调试、售后服务及配套材料供应的高新技术企业，是广西地区规模较大的水处理设备及环保设备的制造企业，先后获得2项发明专利、18项实用新型专利，2021年产值约2亿元
25	循环经济产业园区	梧州市泽和高分子材料有限公司	粉末涂料助剂	梧州市泽和高分子材料有限公司2015年成立，母公司广州市泽和化工材料研究开发有限公司自2004年成立以来，拥有2项发明专利，致力于粉末涂料助剂，尤其是粉末涂料消光剂的研发、生产与销售，两条自动化粉末涂料助剂生产线，属于全世界第一条粉末涂料助剂全自动生产线。该公司已成为国内粉末涂料消光剂的主要供应商之一，所生产的消光剂产品处于行业领先地位，畅销国内粉末涂料市场。2021年产值约9000万元
26	循环经济产业园区	广西梧州国龙再生资源发展有限公司	国龙PET	广西梧州国龙再生资源发展有限公司于2012年3月正式注册成立，占地面积21.07公顷，是一家集塑料制品制造、包装材料的加工和销售、再生物资回收与批发、食品包装材料生产、销售于一体的企业，拥有有效发明专利3项，为国内首家做到从废塑料回收—清洗—瓶片—造粒—产品—销售的循环再生闭环发展商业模式的再生塑料企业，主要生产再生塑料颗粒（片材）、再生塑料制品等，主要客户包括达能、保洁、联合利华、家乐福、华联超市等国内外知名企业

（市工业和信息化局）

机械（船舶）产业

【概况】 梧州市修造船及海洋工程装备产业在全自治区排行第二位，部分海洋工程装备产业及船用机械产品达到全国先进水平。其中，中船华南船舶机械有限公司自主研发的船用起重机安装在中国第一艘国产航空母舰山东舰上，为中国海军建设做出贡献。藤县有广西金达造船有限公司、藤县顺舟造船有限公司、藤县濛江新兴船舶修造厂、藤县海泰船舶有限责任公司、藤县濛江金星船舶修造厂、梧州市钰诚造船有限公司6家造船企业，其中规模以上造船企业5家，主要以钢质船生产为主。钢质一般船舶二级Ⅱ类资质2家，三级Ⅱ类资质4家。6家造船企业共有船台150多个，总造船能力达到80万综合吨。2021年，藤县规模以上造船企业完成产值12.14亿元，同比增长47.4%。梧州市机械产业规模以上企业51家，全年完成工业总产值145亿元，同比增长13.28%。

【行业结构和布局】 梧州市机械制造产业发挥西江航运优势，依托中船桂江造船有限公司、中船华南船舶机械有限公司等龙头企业，重点发展港口机械产品，引进培育一批专业化、特色化的船舶企业和配套企业，健全完善船舶产业链。依托梧州市万顺锻压机床厂有限公司等龙头企业，大力发展大型智能数控机床、起重机械、挖掘机械等高附加值机械产品，延伸机械制造产业链。

【项目建设】 2021年，梧州市三禾添佰利五金加工有限公司汽车航天航空人造金刚石高精度刀具项目主体建设完成，进行内部装修，大部分相关生产设备完成采购；深圳市斯比特电子有限公司新能源汽车电子生产项目，使用厂房约2.4万平方米，建设新能源汽车电子生产基地，主要生产各类高低频变压器及电感线圈；广西浔江实业有限公司智能制造精密机械加工项目5栋厂房建设完成，1号厂房进入试生产阶段，2号办公及宿舍楼完工，3、4号厂房在安装设备。

梧州市鸿图精密压铸有限公司是一家研发、设计、制造体系完善的精密压铸制造企业。图为2021年12月22日，鸿图精密压铸有限公司工人在压铸生产线前工作 杨扬 摄

【重点企业】 2021年，梧州市机械（船舶）产业主要有中船桂江造船有限公司、中船华南船舶机械有限公司、梧州市鸿图精密压铸有限公司、梧州市万顺锻压机床厂有限公司、广西浔江实业有限公司、梧州市三禾添佰利五金加工有限公司、广西盈田创旺智能科技有限公司等重点企业。

（市工业和信息化局）

生物医药与医疗器械产业

【概况】 梧州医药产业有着良好的区位、气候条件，药用动植物资源丰富，是岭南中草药的主要产地之一，形成一批企业品牌和产品品牌，有以中华跌打丸为重点的“中华”品牌、以注射用血栓通（冻干）为重点的“中恒”品牌、以妇炎净胶囊为重点的“健牌”品牌、以五淋化石丸为重点的“三鹤”品牌等。

2021年，梧州市规模以上医药制造业企业全年完成工业总产值68.12亿元，同比增长0.6%。全市药企拥有生产批准文号的产品523个，生产产品剂型14种，产品的治疗范围包括跌打、心脑血管、妇科、呼吸、泌尿系统、保健等领域，其中有13个产品获得国家中药保护品种，29个产品为全国独家生产品种。

【行业结构和布局】 2021年，梧州市有规模以上医药制造企业12家，其中以中医药生产为主的医药生产企业10家。行业整体以中成药为主，原料药、化学药为辅，生物制药则处于空白状态，中成药产值约占行业总产值的85%。医药产业主要布局梧州高新技术产业开发区。医药制造业重点发展心脑血管中药注射剂、中成药制剂和现代中药、血栓通、新型疫苗、抗体、血液制品等特色民族药；医疗器械重点发展口罩、防护服、额温计等公共卫生防疫物资。

【项目建设】 2021年，梧州高新技术产业开发区（二期）生物医药产业园市政基础设施工程建设项目，唯一隧道工程已全线贯穿。中恒集团［梧州制药（集团）股份有限公司］停止建设制药新基地三期［粉针剂车间（三期）及固体制剂车间（二期）］项目和新药科研开发中心及中试基地建设项目，广西（国家级）应急医疗物资保障梧州基地一期项目年度投资超额完成。梧州三鹤药业股份有限公司棚改异地搬迁建设项目向银行申请贷款，其规划总平面图获市自然资源局批复同意。

【重点企业】 2021年，梧州市生物医药与医疗器械产业主要有广西梧州制药（集团）股份有限公司、广西梧州三鹤药业股份有限公司、广西强寿药业集团有限公司、梧州黄埔化工药业有限公司、广西嘉进药业股份有限公司等重点企事业。其中：梧州制药（集团）股份有限公司是中恒集团子公司，年内该公司生产的注射用血栓通在湖北集中采购应标中选。中恒集团公司在“2020年度中国中药企业TOP100排行榜”居第十九位；广西强寿药业集团有限公司在“2021广西民营企业100强”榜单中排名第六十六位，在“2021广西民营企业制造业100强”榜单中排名第三十三位。

（市工业和信息化局）

食品产业

【概况】 梧州市食品产业具一定知名度的品牌有神冠蛋白肠衣、龙舟腊肠、冰泉豆浆晶、三鹤六堡茶、双钱龟苓膏、甜蜜家蜂蜜等。其中，胶原蛋白肠衣产量世界第一，蜂蜜制品产量亚洲第一，龟苓膏生产基地规模全国第一，豆浆晶类固体饮料产能全国第一，六堡茶茶叶品牌价值居广西第一。此外，梧州作为中国“六堡茶之乡”“八角之乡”“砂糖橘之乡”“粉葛之乡”和“三黄鸡之乡”，有纸包鸡、河粉、鸡仔饼、葱油鱼、田螺等岭南特色美食。2021年，梧州市推荐7项特色食品项目申报国家、自治区科技计划项目，推进特色食品产业科技创新与成果转化。全年全市规模以上食品制造企业完成工业总产值71.15亿元，同比增长27.4%。按照统计划分，食品行业细分为农副食品加工业、食品制造业、酒、饮料和精制茶制造业，其中（精制茶制造业）六堡茶产业8家规模以上企业完成产值15.16亿元，同比增长20%。

【行业结构和布局】 梧州市食品产业经过多年的发展，逐渐形成六堡茶、龟苓膏、纸包鸡、三黄鸡、粉葛、河粉等当地种植养殖资源型食品加工业，蜂蜜、腊肠、豆浆、蛇酒等岭南特色食品加工业，蛋白肠衣等食品精深加工业。食品产业链涵盖“种植养殖—食品加工—储存—贸易及物流”等方面。种植主要有茶叶、粉葛、砂糖橘、八角等，养殖主要有三黄鸡、蛇、龟等。食品加工方面全市约有280家食品加工企业，其中六堡茶、龟苓膏、豆浆、腊肠生产成为梧州市名片式食品加工业。产业主要布局在万秀区、梧州高新技术产业开发区。

【产业创新平台建设】 2021年，神冠集团成立广西神冠胶原蛋白技术研究院，与华中科技大学联合组建合成生物学技术研发中心，实现胶原蛋白技术升级与创新运用，促进胶原蛋白产品多样化，助力企业转型升级。全年全市共推荐7项特色食品项目申报国家、自治区科技计划项目。其中，广西梧州甜蜜家蜂业有限公司的“广西蜂产品技术中心创新能力建设”，获得2021年中央引导地方科技发展专项资金支持，下达研发资金120万元。天誉茶业有限公司与梧州市食品药品检验所联合组建的广西速溶六堡茶工程技术研究中心被认定为广西工程技术研究中心。

【重点企业】 2021年，梧州市食品产业主要有广西神冠胶原生物集团有限公司、广西梧州茶厂股份有限公司、梧州中茶茶业有限公司、广西梧州茂圣茶业有限公司、广西梧州双钱实业有限公司、广西志冠实业开发有限公司、梧州日晶食品有限公司、广西梧州甜蜜家蜂业有限公司、广西梧州冰泉实业股份有限公司等重点企业。其中，广西神冠胶原生物集团有限公司在“2021广西民营企业制造业100强”榜单中排名第五十四位；因该公司在亚洲地区胶原蛋白肠衣销售量第一名，上榜“2021广西最具竞争力民营企业”榜单。

（市工业和信息化局）

宝石产业

【概况】　梧州市是世界最大的人工宝石生产、集散和交易中心，享有“世界人工宝石之都”之美誉，是中国珠宝玉石首饰特色产业基地之一。2021年，梧州市以合成立方氧化锆、玻璃、合成碳化硅等为主的人工宝石年产量超1000亿粒，占全国产量的80%、全球产量的70%以上；综合产值约40亿元，宝石产业纳税额922.8万元。全市宝石行业共注册企业287家、注册个体户779家。宝石产品注册商标675个，其中广西著名商标2个（旭平和黎蒙）。

【行业结构和布局】　2017年，为进一步推动梧州宝石产业集聚发展，梧州市与正威国际集团签署战略合作框架协议，建设梧州（正威）国际宝玉石文化创意产业园。2021年12月3日，梧州（正威）宝玉石文化创意产业园项目在梧州循环经济产业园区举行开园仪式。该项目是以“政企合作、产城融合”模式打造的新兴产业集聚区。一期项目A区已建成贵金属智造产业园、宝石智造产业园、智能珠宝/3D共享中心、电镀产业园、生活办公配套区等，打造宝玉石完整产业链生态圈。至年底，已有旭平首饰、中成珠宝等30多家珠宝玉石企业签约入园，园区入驻率达到85%以上。

梧州市制定规划，加快宝石产业转型升级，计划到2025年形成“一核一区一中心”的空间格局。“一核”指规划以梧州正威国际宝玉石文化创意产业园作为宝石产业发展核心区，以宝石及饰品智能制造为重点，形成宝石及饰品的产业集聚区，构建产、学、研、金、物、居、旅、商、贸、总十大产业板块，形成宝玉石精深加工、国际品牌研发生产、宝玉石资源交易、珠宝文化创意旅游的生态产业链。“一区”指规划沿莲花山片区、梧州学院、骑楼城、苍海新区、古凤时光小镇、梧州正威国际宝玉石文化创意产业园等打造宝石文化创意体验区。“一中心”指规划将世界上最大的人工宝石交易集散中心——梧州宝石城和宝石大厦作为销售配送中心。

【研发创新】　2021年，旭平首饰股份有限公司坚持研发创新，年度投入研发费用664万元，同比增长13%。9月，该公司与梧州学院合作成立的宝石现代产业学院被确定为广西普通本科高校示范性现代产业学院。宝石现代产业学院集产、学、研、转、创、用于一体，推动在新产品研发设计、产品质量提高、生产技术及工艺改良等方面不断实现技术创新。

【项目建设】　梧州（正威）国际宝石文化创意产业园项目占地面积约200公顷，分两期建设，总投资100亿元。项目一期规划工业用地约66.67公顷，分A、B、C、D四个区，共建设厂房67栋，面积约59.6万平方米，厂房建设总投资约18亿元。截至2021年12月，一期A区28栋厂房主体全部建设完成，配套设施正在建设中。

【重点企业】　2021年，梧州市宝石产业主要有旭平首饰股份有限公司、梧州市黎蒙珠宝有限公司、梧州市星亿珠宝有限公司、梧州市华玺珠宝有限公司、梧州市星宇珠宝有限公司、广西金箍棒电子商务有限公司等重点企业。

（市工业和信息化局）

林产林化产业

【概况】　2021年，梧州市林产化学产品制造产值44.7亿元；木材加工造纸产值293.5亿元，比上年增长15.1%；人造板产量332.2万立方米，比上年增加24.6万立方米，增长8.0%；松香加工13.01万吨，比上年增长37.7%。

全市完成木材加工产业产值83.22亿元，为任务的1.04倍；规模以上木材加工企业46家，产值达41.7亿元；全市引进林产项目15个，总投资25.52亿元，其中9个项目当年投产。出台《梧州市木材加工业高质量发展三年行动方案（2021—2023年）》《梧州市促进林产工业高质量发展措施实施细则》。2021年中国定制家居产业链趋势峰会在梧州召开，国内300多家定制家居产业链企业参会，为全市林产工业高质量发展搭建交流合作平台。苍梧县建设现代林业产业园，已平整场地466.67公顷，进驻企业14家，2021年产值约2.4亿元。

【行业结构和布局】 2021年，梧州市林产主要产品有纤维板、胶合板、拼板、刨片（单板）、锯材等，其中纤维板质量及产量均居广西前列，知名品牌有“三威”“绿桂”等。林化产业以松脂加工为主，松脂、松香生产历史悠久，是梧州市特色传统优势产业之一，林化产业主要产品有松香、松节油、歧化松香、精制松香、氧化松香、油墨用树脂等多种林产化工和精细化工产品，产品主要以出口为主。梧州松脂生产无论在产量、质量、品种等方面均处于国内领先地位。林产林化产业主要布局在藤县、苍梧县和岑溪市。其中，藤县、岑溪市以发展基材、单板等前中端产品为主，苍梧县发展家具、定制家居等终端产品为主。

【技术改造】 2021年，广西三威家居新材料股份有限公司无醛板生产技改项目，通过改造原有部分设备，改良工艺流程，加大环保投入，提高清洁节能生产水平。项目技改后在原有一条年产30万立方米中高密度纤维板生产线基础上，通过技改形成年产无醛板8万立方米；智能化改造项目，企业实现机械化上料、机器人分拣、产品自动包装、蒸汽回收等。苍梧县三丰木业公司纤维板生产线高效节能环保增产改造项目，购进大功率打片机、削片备料工段电控系统，制胶反应釜、砂光机、除尘系统等，使生产线更高效、环保、节能。梧州市飞卓林产品实业有限公司水性松香增黏乳液车间技术改造项目，将技术成果产业化，实现3种乳化工艺的全配置，年生产能力达到2500吨。

【项目建设】 2021年2月25日下午，梧州三威人造板有限公司年产30万立方米高端环保中纤板项目在苍梧县东融扶贫产业园奠基动工。11月15日，广西国旭东腾人造板有限公司年产35万立方米中高密度纤维板项目实现首板下线。该项目被列为自治区层面统筹推进重大项目和广西“双百双新”产业项目。改扩建厂房面积6万平方米，新增建设1条年产35万立方米中高密度纤维板生产线。主要产品为18—40毫米高端镂铣板、地板基材、家具板、线条板、喷粉板等。项目达产后年产值可达6亿元以上，解决300人就业问题。

【重点企业】 2021年，梧州市木材加工产业主要有广西三威林产工业有限公司、广西梧州桂森林产品发展有限公司、梧州市旺林木业有限责任公司、广西苍梧县三丰木业有限公司、广西藤县东林人造板有限公司、藤县鸿发木业有限公司等企业，大部分以生产纤维板、胶合板等人造板材为主。林化产业主要有广西日成林产化工股份有限公司、广西梧州荒川化学工业有限公司、梧州黄埔化工药业有限公司等大型林产化工企业。

（市工业和信息化局、市林业局）

新能源电池产业

【概况】 2021年，梧州市新能源电池产业尚处于起步阶段，主要以蓄电池、新能源锂电池为主。蓄电池工业总产值27.01亿元，同比增长12.15%；新能源锂电池工业总产值12.44亿元，同比增长6.14%。龙头企业骆驼集团华南蓄电池有限公司（含骆驼集团华南再生资源有限公司）工业总产值28.51亿元。

【行业结构和布局】 2021年，梧州市新能源电池产业以蓄电池、新能源锂电池为主。骆驼华南蓄电池有限公司、广西锂霸新能源科技有限公司主要产品包括汽车蓄电池及零部件的制造、高技术绿色电池及新能源电池。年内推进重点区域充电设施建设，特别是工业园区建设充电基础设施，鼓励具备一定规模的充电设施运营商将分散的集中式充电站统一为售电主体，参与电力市场交易。

规划以粤桂合作特别试验区（梧州）、梧州循环经济产业园区为载体，依托广西兴合力智能制造有限公司、广西龙精电子科技有限公司、广西睿奕新能源股份有限公司等龙头企业，上游加快发展电池正负极材料、电解质、电池隔膜、电芯制造、模组制备等产业，下游重点发展新能源汽车启动电池、消费电子产品电池、能源领域电池等产品，同时结合循环经济，发展储能供电及电池回收梯次利用业务，延伸锂电池产业链。探索开发氢能燃料电池产业，推动梧州市电池器材产业集群发展。

【项目建设】 2021年，骆驼集团华南再生资源有限公司15万吨废旧铅酸蓄电池回收项目技术改造项目竣工。天能动力国际有限公司的梧州市天能智能制造绿色产业园建设项目开工，规划总投资约200亿元，用地面积约220公顷。其中，一期总投资约120亿元，占地约120公顷，规划建设智慧能源区、智能制造区、服务产业区、循环经济产业研发中心、循环经济产业展览展示、产业配套项目区、行政办公区、生活配套区八大板块；二期拟投资80亿元，占地约100公顷，将结合天能集团其他板块，进一步建设新能源产业园，导入电池新材料、锂电、氢能燃料电池等动力电池生产制造及其他上下游产业。

【重点企业】 2021年，梧州市新能源电池产业主要有广西锂霸新能源科技公司、骆驼集团华南蓄电池有限公司、广西新华电池股份有限公司、广西兴合力智能制造有限公司、广西龙精电子科技有限公司、广西睿奕新能源股份有限公司等重点企业。其中，骆驼集团华南蓄电池有限公司在“2021广西民营企业制造业100强”榜单中排名第五十五位。　　（市工业和信息化局）

再生资源产业

【概况】 梧州市发挥自身优势，依托梧州循环经济产业园区和市再生不锈钢制品产业园区，培育壮大龙头企业，延伸产业链，推动再生资源产业集群化、绿色化、规模化发展，在全国范围内形成发展绿色经济引领产业升级的“广西梧州样本”。2021年，全市再生资源产业实现规模以上工业产值622.2亿元，同比增长44.4%。上榜“2021广西民营企业100强”的企业有3家，上榜“2021广西民营企业制造业100强”的企业有6家［包括骆驼集团华南蓄电池有限公司（再生资源有限公司）］。

【行业结构和布局】 梧州市再生资源产业主要集中在梧州循环经济产业园区和市再生不锈钢制品产业园区。已形成以再生铜、再生铝、再生塑料、再生不锈钢、再制造、再生铅、再生锌等为主，覆盖“回收—拆解—粗加工—精深加工—终端产品及贸易一体化”的再生资源产业链条。至2021年，梧州市再生资源产业处理能力约1000万吨。其中再生铜约120万吨，再生铝约150万吨，再生铅约165万吨，再生锌10万吨，再生不锈钢铁约550万吨，再制造25万件（台／套），再生塑料约42万吨。

【项目建设】 2021年，梧州市通过精准招商，引进并开工建设一批再生资源产业补链延链强链重大项目。同时，评选推荐广西震宇环保科技有限公司等6家企业申报工业资源综合利用基地建设专项资金项目，自治区批复同意此6个项目及资金分配方案，并下达梧州市工业资源利用基地建设扶持资金1000万元。年内，金翔铜业年产20万吨低氧铜杆项目、浔江实业智能制造精密机械加工

2021年9月8日，钢材有序进入梧州市鑫峰特钢有限公司酸洗车间进行处理。该车间年内投产，有助于完善梧州市不锈钢制品中下游产业链　　陈凡　摄

等重大项目实现投产。

【重点企业】 2021年，再生资源产业主要有梧州金升铜业股份有限公司、梧州市鑫峰特钢有限公司、梧州市中成达新材料有限公司、骆驼集团华南再生资源有限公司、梧州毅马五金有限公司、广西梧州国龙塑料化工有限公司、梧州市永达特钢有限公司、梧州市金海不锈钢有限公司、广西力合城市矿产再生资源科技有限公司、嘉禾润再制造投资有限公司等重点企业。其中：梧州金升铜业股份有限公司、梧州市鑫峰特钢有限公司和梧州市中成达新材料有限公司在“2021广西民营企业100强”榜单中分别排名第二十二、三十八和八十八位；梧州金升铜业股份有限公司、梧州市鑫峰特钢有限公司、梧州市中成达新材料有限公司、梧州市同润铜业有限公司和梧州市永鑫环保科技有限公司在“2021广西民营企业制造业100强”榜单中分别排名第十二、十九、四十三、五十六和九十八位；梧州金升铜业股份有限公司精炼摇炉废杂铜工艺列入国家关键共性技术并获得中国有色工业科学技术奖一等奖；骆驼集团华南再生资源有限公司拥有世界先进废旧铅酸蓄电池处理技术、广西汽车总装领域市场占有率接近100%；梧州毅马五金有限公司是全国最大的管桩用端板生产企业；广西梧州国龙塑料化工有限公司是全国唯一一家建立利废塑料完整产业链、技术达到世界领先水平的企业；嘉禾润再制造投资有限公司拥有全国首家回用件循环利用分拣试点牌照。

（市工业和信息化局）

纺织、服装产业

【概况】 梧州市承接东部产业转移，引进岑溪泰森新纺织产业园、万秀天纺纺织智造供应链环保产业园、无水印染产业园等产业项目，纺织产业进一步延链补链并呈现集聚发展态势。蒙山县引进的“中丝成”丝绸深加工项目填补了广西丝绸中下游产业链空白。2021年，21家纺织服装产业规模以上工业企业（其中：纺织印染企业1家；蚕丝绸企业8家；棉、纱、纤维纺织企业12家）实现总产值14.6亿元。

【行业结构和布局】 梧州市纺织行业主要生产桑蚕、缫丝、绢纺、炼白、印染、服装、家纺深加工、棉纺织品、化纤纺织品等产品。2020—2021年，梧州市纺织服装主要布局在岑溪泰森纺织基地、万秀天纺纺织智造供应链环保产业园（桦阳纺织园）、无水印染产业园、蒙山县茧丝绸产业园等。蒙山县茧丝绸产业园拥有茧丝绸生产企业有13家，其中缫丝厂1家、织绸厂5家、绢纺厂2家、炼白印染服装厂1家（在建）、丝被厂1家、针织服装厂3家，共拥有剑杆织机254台套，约占全自治区43%。2021年，蒙山县茧丝绸产业园规模以上工业总产值实现5.57亿元，全年创税收516.46万元，吸纳农民工就业1093人（其中贫困户劳动力约100人），年支付员工工资约3280万元。

【技术改造】 2021年，梧州永新嘉利印染有限公司无水少水常温染整自动化生产线技改扩建项目，总投资3500万元，淘汰低效率浴比（1∶12）大型高温高压染色机、定型机，更新自动节能高效率浴比（1∶3.5）小型高温汽液机和定型机、洗毛机、整理机等设备，建成后产能实现年染棉、化纤、混纺等织物3000吨。

【项目建设】 岑溪泰森纺织基地项目整体规划分4期建设。其中：一期规划开发36.67公顷，投资10亿元，主要建设织造、印染以及污水处理厂、仓储物流一期工程以及相关配套基础设施；二期规划开发46.67公顷，投资10.5亿元，主要建设织造、印染以及污水处理厂、仓储物流二期工程以及相关配套基础设施；三期规划开发46.67公顷，投资7.5亿元，主要建设高端纺纱、织造、印染以及相关商业配套设施；四期开发56.67公顷，投资12.5亿元，主要建设纺纱二期、印染二期、物流中心等。2021年，该项目主要建设一期，厂房主体结构基本完工，设备陆续进厂。

广西中丝成丝绸科技有限公司茧丝绸产业链及混纺产品炼染生产建设项目总投资3亿元，占地面积8.67公顷，总建筑面积约8万平方米。其中，厂房面积约5500平方米，生产性配套用房约2.5万平方米。建成投产后可年产化纤、棉麻染色、印花布2亿米，绢丝绸、真丝绸炼白、印染、印花3000万米，丝绵球、丝绵布400吨，丝绵、蚕丝被500吨，白厂丝、捻线丝300吨。2021年完成投资2800万元。

【重点企业】 2021年，梧州市缫丝生产企业主要有广西华虹蚕丝股份有限公司，年加工生产缫丝350吨；绢纺生产企业主要有广西中丝成丝绸科技有限公司、广西华虹绢纺有限公司，年产绢纺350吨，约占全国10%，广西100%。真丝绸生产企业主要有广西华虹丝绸家纺科技有限公司、梧州天泽科技股份有限公司、蒙山县五丰丝绸有限公司、广西蒙山金富春新材料有限公司、蒙山县华顺纺织有限公司5家企业。2021年，5家企业生产真丝绸共900万米，约占全自治区45%。棉、涤纶、印染行业主要有梧州永新嘉利印染有限公司、梧州永驹制衣有限公司、广西梧州市百裕实业有限公司等重点企业。

（市工业和信息化局）

石材产业

【概况】 梧州市石材产业以岑溪红品牌为代表，是梧州市支柱产业。形成了矿山开采、板材加工、石浆废料综合利用、产品运销等较为完整的产业链。年开采花岗岩荒料80多万立方米，年产花岗岩板材3000多万平方米。主要产品有岑溪红板材、三堡红板材、黑芝麻石板材、异形板材、石材工艺品等。2021年5月，中央第七生态环境保护督察组通报典型案例，指出岑溪市花岗岩矿山问题后，岑溪市立行立改，高位推动花岗岩矿山生态环境问题整改，创建花岗岩绿色矿山17座。至年底，梧州市有石材（含机制砂石）产业链企业135家，年产值120.9亿元。

【行业结构和布局】 梧州市石材产业以南部（岑溪）石材循环生态产业园为载体，依托岑溪市恒昌石材有限公司、岑溪天马石业股份有限公司、岑溪市开云石业有限公司等龙头企业，培育形成石材机械生产、装修设计、产品护理、检验检测和网上交易等完整的产业链条。支持石材企业强强联合、同业整合、兼并重组，成立大型石材企业集团。推动恒昌石材、开云石业、天马石业等龙头企业做大做强，形成辐射带动、示范引领效应，壮大石材产业集群。引进人造石加工、异型石材加工企业，加快产业链横向扩张，推动人造石生产线建设，重点发展大理石、花岗岩、水磨石、合成石等石材（建材）产品，引进广东、福建高端石材制造企业，生产建筑装饰石、花园景观观赏石和花岗岩艺术石等产品生产项目。加快石材产业规范化发展，提高产业集中度，发挥产业集聚效应，逐步使石材工业从低附加值向高附加值升级，从粗放型向集约型升级，推动石材产业向集聚、集群、集约化方向发展，建成中国南部区域花岗岩临矿工业区、石材集散中心。

【技术改造】 2021年，梧州市鼓励企业选用智能化加工设备，利用信息化和智能化技术对整个矿山开采进行绿色化、智能化改造，提高石材开采荒料率和达标率，提高生产效率。重点支持南部（岑溪）石材循环生态产业园、伟正绿色石材加工区等重大项目建设，以推进重大项目为抓手，推动一批产业链延链企业落地。鼓励企业采用节能节材加工技术，完善废弃物综合处理配套设施，实现废料、废渣综合利用和水循环利用。鼓励企业利用边角余料生产路缘石、石材马赛克，利用石粉、石渣制成新型填充粉体材料和建材产品，提升产业资源利用水平。推动机制砂石行业有序发展。按照“矿山开采、骨料加工、商混生产、固废综合利用、水泥预制品”的“五位一体”全产业链模式，打造沿西江流域新型机制砂石产业集群，实现机制砂石产业集聚高质量发展。

【项目建设】 为延长产业链条，实现花岗岩废料变废为宝，岑溪市引进一批花岗岩废料综合利用项目，把花岗岩废石加工成钾钠长石粉、机制砂、建筑用石等产品，实现资源高效利用。至2021年，建设综合利用加工区2个，引进固废综合利用企业36家，建成并投产固废企业34家、项目2个，全部建成投产后年处理废石（浆）能力达3000多万吨。7月，南部（岑溪）石材循环生态产业园建设项目进入开工建设阶段。该项目属梧州市级重点项目，同时也被列为自治区层面统筹推进重点项目，总投资约35亿元。11月12日，岑溪伟正石材有限公司新型工业化（花岗岩石材）绿色循环经济产业示范区项目试产。该项目总占地面积134.67公顷，总建筑面积72万平方米。

【重点企业】 2021年，梧州市石材产业主要有广西岑溪千山石业有限公司、岑溪市闽辉石业有限公司、岑溪市光南花岗岩石材厂、岑溪市超达石业有限公司、岑溪市超德石业有限公司、岑溪市恒昌石材有限公司、广西岑溪天马石业股份有限公司、岑溪市开云石业板材厂、岑溪市开创石业板材厂等重点企业。

（市工业和信息化局）

稀土产业

【概况】 梧州市稀土资源分布广泛、储存丰富。梧州市稀土产业企业有4家，广西有色金属集团梧州稀土开发有限公司和中铝广西岑溪稀土开发公司属于国家和自治区管理，广西鼎立新材料有限公司由于财务问题，该项目处于破产封存状态，等待盘活。3月，原广西西骏新材料有限公司更名为广西域潇西骏稀土功能材料有限公司，每年5000吨稀土氧化物冶炼分离异地升级技术改造项目已投产。该公司为延长产业链，增加附加值，筹措资金，新建年产3000吨稀土金属及合金异地升级技术改造项目，已建成试产。全年梧州市稀土产业产值4亿元，同比增长3.4倍。从业人数250人。

【行业结构和布局】 梧州市稀土产业依托中铝广西梧州稀土开发有限公司、广西西骏新材料有限公司等龙头企业，重点发展稀土永磁材料、发光材料、储氢材料、催化材料等稀土功能材料，提升稀土的资源价值，推动稀土产业可持续发展。稀土矿山开采方面，由于稀土产业的开采权和分离权受到国家的严格控制，岑溪市退出稀土回收项目后，申请糯垌镇稀土矿业权。稀土冶炼、分离加工方面，稀土冶炼、分离加工主要有稀土化合物、稀土氧化物、单一稀土金属、稀土中间合金4个类别，广西域潇西骏稀土功能材料有限公司主要是生产稀土氧化物。稀土应用新材料生产方面，梧州市将重点发展稀土永磁材料、发光材料、储氢材料、催化材料等稀土功能材料，重点发展稀土人工宝石、稀土电器元件以及高端稀土陶瓷材料等项目，用项目推动稀土产业发展，丰富稀土产业业态，完善产业链，加快完善岑溪市稀土新材料产业基地的基础设施和配套建设。

【研发创新】 2021年，广西域潇西骏稀土功能材料有限公司获得西安西骏新材料有限公司转让的稀土领域自主知识产权发明专利5项、稀土冶炼废水环保综合回再收利用自主发明专利1项，稀土废料综合回收自主发明专利1项。该公司积极开展企业与大专院校、科研院所技术合作交流活动。针对关键技术和共性技术难题，组织联合攻关。

【技术改造】 广西西骏年产5000吨稀土氧化物冶炼分离异地升级技术改造项目于2021年1月通过环评验收，6月通过消防验收。主要建设稀土分离生产车间及其他环保治污、办公、生活等配套设施，总建筑面积约3万多平方米。采用的岑溪地区离子型稀土矿碳酸盐免溶法直接进行“溶剂萃取模糊＋联动全分离法”，在保证高收率的同时，注重工艺技术的环保与节能。项目运行达产后使用当地离子型稀土矿和各类稀土富集物为原料的冶炼分离生产体系，年生产10余种稀土产品折氧化物5000吨。

该公司为延长产业链，增加附加值，使用已投产的年分离稀土氧化物5000吨生产线产出的多种单一和混合稀土氧化物为原料进行稀土金属再加工生产，积极筹措资金，新建年产3000吨稀土金属及合金异地升级技术改造项目生产线。产品方案为以原有工程产出的氧化镧、氧化铈、氧化镨、氧化钕、氧化钐、氧化钆、氧化镝为主要原料，通过熔盐电解工艺产出镨钕合金、镧铈合金、金属镧、金属铈、钆铁、镝铁，通过真空还原工艺产出金属钐。项目建设规模为年产稀土金属及合金3000吨，生产品种为镨钕合金、镧铈金属、金属镧、金属铈、钆铁合金、镝铁合金、金属钐。

【项目建设】 2021年，岑溪市加快推进新材料科技产业园项目、中铝广西岑溪稀土开发有限公司岑溪市糯垌稀土矿矿产资源开发利用项目以及广西域潇西骏稀土功能材料有限公司年产3000吨稀土金属及合金项目建设。新材料科技产业园位于岑溪市马路镇。规划用地49.07公顷，总投资10亿元。项目全部建成达产后，预计可实现年产值30亿—50亿元，利税5亿元以上。年产3000吨稀土金属及合金项目总投资12468.83万元，建筑面积4752平方米，主要建设内容包括电解车间、真空还原车间及配套的公用辅助设施。已建成试产。项目实现达产后，工业产值可实现50%左右的增长。

【重点企业】 2021年，梧州市稀土产业主要有广西有色金属集团梧州稀土开发有限公司、中铝广西岑溪稀土开发公司和广西域潇西骏稀土功能材料有限公司3家重点企业。

（市工业和信息化局）

钛白、陶瓷产业

【概况】 梧州市的钛白产业最集中的地区是藤县，也是全国钛白企业第二个集中区，钛白粉年产量约占全国的10%，获“中国钛白之乡”称号。2021年，梧州市有5家钛白粉生产企业，分别是广西金茂钛业有限公司、梧州广峰钛白有限公司、广西雅照钛白有限公司、梧州佳源实业有限公司和广西顺风钛业有限公司。钛白粉产品广泛应用于涂料、塑料、油墨、造纸、橡胶等行业。全市钛白粉企业累计产值达33亿元。陶瓷产业链25家企业，产值96.9亿元。上榜“2021广西民营企业100强”的企业有2家，上榜“2021广西民营企业制造业100强”的企业有3家。

【行业结构和布局】 围绕新材料产业园的规划建设，依托广西金茂钛业有限公司、广西顺风钛业有限公司、藤县广峰钛白有限公司、广西雅照钛白有限公司、梧州佳源实业有限公司5家钛白粉生产制造企业，以生产钛白粉为重点，加快科研创新投入，提高钛白粉的生产效率与质量，逐步将钛白粉向中高端产品发展，进一步提升产品品质，不断做大做强，提升产品的核心竞争力，为下一步引进涂料、塑料、造纸、油墨、日用化工、化妆品、化纤等产业，加快产业高质量发展奠定基础。

【技术改造】 藤县钛白产业园区的金茂钛业、广峰钛白等4家钛白企业加大技改和设备升级投入，产能及生产技术水平进一步提升，持续加大酸钛联营生产技术投入，推进10万吨钛白粉及40万吨硫酸技改项目，企业节能减排成效明显。把生产硫酸过程中产生的热量用于生产钛白粉，每年可节省8万吨燃煤，排放废气中的二氧化硫含量控制在国家标准的四分之一。同时，把铁渣、七水硫酸亚铁、红石膏等工业废弃物实行厂内回收，加工生产成净水剂、水泥缓凝剂等环保工业品后销售给下游企业，实现“变废为宝”。

陶瓷产业积极引进原料加工、色料、釉料、固废处理、生产物流等配套企业，延长上下游产业链。采取切实管用的政策措施克难攻坚，实现陶瓷产业招商大突破、大发展。

【项目建设】 藤县新材料产业园区（拟更名为梧州绿色化工新材料产业园）规划1533.33公顷，位于藤县县城南面，距县城约10千米。园区产业布局规划以钛白粉为主，发展钛白粉上下游产业链的绿色化工产业园区。于2020年4月开工建设。园区建成后，将实现年产钛白粉80万吨、硫酸320万吨，带动上下游产业产值650亿元、税收50亿元，创造就业岗位2万多个。

推动陶瓷园区蒙娜丽莎、欧神诺、协进、PPP项目（一期）等6个列入自治区统筹推进的重点项目；推动南田环保材料、元盛新材料等多个配套项目开复工建设及“梧州中和国际陶瓷交易中心”项目建设。成功签约项目10多个，引进资金超27亿元。全年招商引资到位资金23亿元。

【重点企业】 2021年，梧州市钛白产业主要有藤县金茂钛白

2021年5月，广西欧神诺陶瓷有限公司生产的陶瓷砖获得中国绿色产品认证证书。图为欧神诺陶瓷公司生产车间　市市场监管局　供图

有限公司、藤县广峰钛白有限公司、藤县雅照钛白有限公司、藤县佳源实业有限公司、广西顺风钛业有限公司5家重点企业；陶瓷产业主要有广西蒙娜丽莎新材料有限公司、广西欧神诺陶瓷有限公司、广西新舵陶瓷有限公司、广西瑞远陶瓷有限公司、广西佳和美陶瓷有限公司等重点企业。其中：广西欧神诺陶瓷有限公司、广西金茂钛业有限公司在“2021广西民营企业100强”榜单中分别排名第七十一、九十七位；广西欧神诺陶瓷有限公司、广西金茂钛业有限公司和广西顺风钛业有限公司在“2021广西民营企业制造业100强”榜单中分别排名第三十七、四十八和七十七位。

（市工业和信息化局）

移动智能终端产业

【概况】 2021年，梧州市人民政府工业管理部门成立电子信息产业链长工作专班，编制梧州市移动智能终端产业全景图，加快推进移动智能终端产业发展。全市新增电子信息规模以上企业3家，分别是梧州长桑科技开发有限公司、广西亿博智能科技有限公司、梧州市华昇电声科技有限公司。至年末，全市规模以上电子信息企业有35家；梧州市移动智能终端产业（电子信息制造业）完成规模以上工业总产值91亿元，同比增长64.5%。

【行业结构和布局】 2021年，梧州市移动智能终端产业处于产业链上游、中游，以提供半成品为主，产品涵盖显示屏、电池、主板PCB、扬声器、配件、电子元器件等，主要分布在粤桂合作特别试验区（梧州）、梧州高新区、循环经济产业园区及岑溪市。其中，粤桂合作特别试验区（梧州）重点发展智能终端设备、智能电子元器件、智能电声产业；梧州高新区重点发展信息终端、光通信、智能制造产业；循环园区重点发展电子线路板（PCB）产业；岑溪市重点发展通信器材、电子元器件等产品。

【技术改造】 2021年，广西欣亿光电科技有限公司实施高端智能半导体LED芯片封装二期项目，依托自主研发专利技术的高可靠固晶焊接工艺、高一致性LED光源模组等核心技术，建设198条高端智能半导体LED芯片封装生产线，提升制备高性能、高反射率、低成本、寿命长、节能环保的高品质LED产品，可实现进口产品替代，并加快建设配套标准供应链的半导体智能产业园项目，进一步延伸产业链。

梧州国光科技发展有限公司建设智能音响及扬声器自动化生产线提质增效技术改造项目，建成扬声器生产线16条，智能音响系统生产线4条，实现年产能达到扬声器3500万只和智能音响101.2万套的生产能力，产品性能达到国内先进水平。

梧州三杰电子科技发展有限公司实施TFT-LCD液晶显示屏全自动化生产技改项目，在原有生产线的基础上扩建一条生产线，通过引进国内外先进的TFT-LCD液晶显示屏全自动生产线，扩大生产产能，提升生产效率，项目建成后实现年产80万片TFT-LCD液晶显示屏。

【项目建设】 2021年，粤桂合作试验区雅士电业（广西）有限公司经厂房改造装修、配套设施建设，购置高精尖电子生产专业设备一批，建成电子组装生产线11条、SMT自动生产线2条，

2021年10月13日，雅士电业（广西）有限公司在生产智能家居产品。该公司产品主要销往欧洲、北美、日本及东南亚，全年实现产值7.5亿元

陈凡　摄

年产能50万套件的东盟智能家居电子设备生产基地；国光供应链基地项目加速集聚，带动华昇电声配件等企业加快入驻，进一步扩大粤桂试验区电子信息产业规模。

梧州高新区聚焦信息终端、高端储能、光通信等设备制造产业集群发展，引进香港长燊集团智能制造项目，总投资10亿元人民币，建设年产6000万块的触摸盖板生产线、年产1000万块的摄像头模组等智能终端产品相关配件生产线，项目实现当年开工当年投产。同时，高新区正在加快推进盈田智能制造产业园、新一代电子信息产业园等“园中园”项目建设，加速高新区电子信息产业集聚。

【重点企业】 2021年，梧州市移动智能终端产业主要有梧州国光科技发展有限公司、广西宇球科技有限公司、广西欣亿光电科技有限公司、广西超速电子科技有限公司、雅士电业（广西）有限公司等重点企业。

（市工业和信息化局）

电力工业

【概 况】 2021年，梧州市电力工业产值约85.6亿元，占全市规模以上工业总产值的5.68%。全市全社会用电量首次突破百亿大关，达110.80亿千瓦时，同比增长16.85%，其中工业用电量72.56亿千瓦时，同比增长22.2%。重点企业有广西电网有限责任公司梧州供电局、广西新电力投资集团藤县供电有限公司、国家电投集团广西长洲水电开发有限公司、广西新电力投资集团岑溪供电有限公司、广西新电力投资集团梧州供电有限公司。

长洲水利枢纽工程是长洲水电公司开发建设的项目之一，该枢纽总装机容量为630兆瓦，年发电量30.143亿千瓦时，总投资约73亿元人民币，是国家“西电东送”计划和广西实施西部大开发战略的重点项目。

梧州市静脉产业园的生活垃圾焚烧发电项目分两期建设，建成后日处理生活垃圾总规模为2000吨。项目建成后能有效控制二次污染。其中，一期建设包括垃圾焚烧发电厂、灰渣填埋场、炉渣综合利用场、污水处理中心及综合管理中心。生活垃圾焚烧发电项目（一期）于2020年6月投入运营，日处理生活垃圾能力达1000吨，年最大发电量为1.6亿度。可缓解全市生活垃圾处理压力，改善和提升环境质量奠定坚实基础。同时，也可实现垃圾变废为宝，实现生活垃圾处理的无害化、减量化、资源化，具有良好的经济效益、社会效益和生态效益。

藤县生物质能发电项目坐落在塘步镇古佩村一带，由南方电网综合能源有限公司投资建设，于2021年上半年陆续投产运营，项目建有2×15兆瓦抽汽凝汽式汽轮发电机组，配每小时2×75吨生物质燃料锅炉，年发电量2亿千瓦时，生产电量接入广西电网，主要燃料为农作物秸秆、木材加工剩余物，总投资3.15亿元，该项目需征地约13.33公顷。

（市工业和信息化局）

【广西电网有限责任公司梧州供电局】 梧州供电局为广西电网有限责任公司的地市级分公司。2021年，梧州供电局营业面积1.26万平方千米，服务人口354.69万人，拥有客户120.45万户，客户装接容量991.67万千瓦，市场占有量为98.07%，梧州供电局售电结构以趸售及大工业为主，分别占47.73%、39.93%，其他占12.34%。

2021年，梧州网区全社会用电量110.80亿千瓦时，其中：第一产业为0.90亿千瓦时、第二产业73.75亿千瓦时、第三产业14.34亿千瓦时、城乡居民生活用电21.81亿千瓦时，它们占全社会用电量比重分别为：0.81%、66.57%、12.94%、19.68%。在第二产业中工业用电72.56亿千瓦时，2021年新增工业用电13.18亿千瓦时，同比增长22.20%。该区域供电最高负荷190.7万千瓦，同比增长13.51%；最大日电量0.39亿千瓦时，同比增长14.71%。

梧州供电局资产总量38.82亿元，同比增长6.27%；共有35千伏及以上变电站36座，总容量510.45万千伏安。其中，220千伏12座（容量324万千伏安）、110千伏24座（容量186.45万千伏安），110千伏及以上公共线路1490.37千米，35千伏及10千伏公用线路1733.68千米。2021年，梧州电网形成以500千伏梧州、贺州变电站（含超高压公司资产）为电源点，220千伏电网为辐射性不完全双环网结构，110千伏电网在市区“单侧电源单T、双侧电源单T”结构、县域为主“双侧电源单回链、双侧电源单T”的网络。

12月22日，苍梧县首座220千伏3C绿色变电站投入营运。年内，220千伏奇容站、220千伏万顺线、110千伏竺祺站、三云站等主网新改扩项目相继投产，投产主网项目创历年之最。

年内，梧州供电局获得广西五四红旗团委、2019—2020年度自治区脱贫攻坚先进集体、2016—2020年自治区普法工作先进单位、自治区模范职工小家等称号。（汤颖兰）

【超高压输电公司梧州局】 2021年，超高压输电公司梧州局（以下简称梧州局）管理的500千伏梧州变电站向梧州市送电39.4亿千瓦时，约占梧州市全社会用电总量40%，是同期向广西送电的1/6。梧州局安全生产局面和指标保持平稳，主要生产指标包括安自、保护正确动作率和快速切除率连续24年保持100%，主设备可用系数均优于考核值。率先拆除昆柳龙工程全部线下房屋，统一建设有序推进。合规经营不断加强。预算执行率100%，资金计划准确率98%。梧州局维护保持主网架畅通，助力西电东送全年输送清洁能源2206亿千瓦时。落实重大风险防控措施，未发生重大风险事件。

2021年，梧州局获全国电力行业设备管理与技术创新成果特等奖1项，自治区级发明专利奖2项，这是建局以来首次获得的发明专利奖。梧州局获广西应对突发事件突出贡献先进集体；陈飞获广西应对突发事件突出贡献先进个人；黄学能获评“广西工匠”；贤柱英获评广西工会先进工作者。梧州局组织参加省部级各类竞赛获奖7项，包括2人获广东省职业技能竞赛二等奖，广西壮族自治区无人机职业技能竞赛个人三等奖，广西军区无人机竞赛个人第一、六名，团体第二名，南方电网公司应急救援比武团体二等奖。

（超高压输电公司梧州局）

2021年6月11日，梧州市永达钢铁集团负责人给梧州供电局送锦旗 何华文 摄

【地方水电工程】 梧州市水力资源丰富，主要河流有西江、浔江、桂江、北流河、濛江河、黄华河等，水力资源理论蕴藏量约为149.7万千瓦，可开发量108.9万千瓦。至2021年年底，建成水电站153座，装机容量100.24万千瓦，占可开发量的93%。其中，大型水电站1座，装机63万千瓦；中型水电站3座，装机15.42万千瓦；小型电站146座，装机21.82万千瓦。在建的水电站工程3座，装机2.51万千瓦。

（市水利局）

【广西长洲水电开发有限公司】 国家电投集团广西长洲水电开发有限公司（以下简称长洲水电公司）为国家电投集团广西电力有限公司（以下简称广西公司）下属企业，主要负责长洲水利枢纽工程的建设和运营管理及新能源项目的开发工作。至2021年年末，长洲水电公司全年水电、光伏发电量32.2亿千瓦时，连续安全生产5177天，实现“零轻伤、零障碍”的安全目标。

年内，长洲水电公司结合项目所在地地理位置、光资源等情况，合理选用农光互补的开发模式，签订金鸡、新庆、和平光伏项目开发协议。以综合智慧能源为总领，结合集团公司“三新”（新产业、新业态、新模式）产业规划，签订多个综合智慧能源项目开发协议。以抽水蓄能、分布式项目为突破点，签订苍梧县、贵港覃塘区抽水蓄能项目合作开发协议。充分排查藤县清洁能源项目资源情况，与藤县人民政府签订藤县“十四五”期间水

2021 年，长洲水利枢纽外江上游鸟瞰

广西长洲水电开发有限公司 供图

风光“多能互补”一体化基地项目合作开发协议，推动储备项目纳入地方规划。

长洲水电公司持续打牢安全基础，保持“零轻伤、零障碍”安全记录，未发生环境污染事故及环保未达标问题。在关注员工安全的同时，贯彻“保安全、保电价、保电量”的目标，坚持新冠疫情防控、复工复产两手抓，两手都要硬；发挥疫情防控工作领导小组防疫统领作用，筑牢疫情防控工作体系，完成年度各项目标任务。长洲水电公司通过广西应急管理厅复审，获“2021 年全区安全文化建设示范企业”称号。同时，长洲水电公司党委运行党支部获国家电力投资集团有限公司（以下简称集团公司）“示范党支部”称号，长洲水电公司团委被集团公司授予“五四红旗团委”称号。长洲水电公司获广西质量管理与设备监理协会颁发“2020—2021 年度先进单位”称号，以及广西公司颁发的“中国共产党成立 100 周年红旗党支部”称号。

（广西长洲水电开发有限公司）

【国电梧州水电开发有限公司】

梧州国能水电开发有限公司为国家能源投资集团有限责任公司下属发电企业，主要负责旺村水电站的建设发展和运营管理工作。2021 年，旺村水电站完成集控中心升级改造，全年发电量 2.29 亿千瓦时。4 月，完成电站防汛应急预案的编制，获梧州市防汛抗旱指挥部办公室批复及备案。根据防汛相关工作要求，重新修编水库调度方案，落实和部署防汛应急措施，汛期安全形势平稳。9 月，旺村水电站大坝经大坝中心现场评定为甲级坝。根据库坝实际情况，重新修订了大坝、水工、水库等方面相关规程和管理制度，进一步规范大坝安全管理，保证水库和大坝安全。该公司响应国家“碳达峰、碳中和”战略目标，贯彻集团公司安全生产标准化建设，发展新能源开发项目，年内取得梧州国能水电开发有限公司旺村水电站水光互补光伏发电项目批复。12 月，该项目开工建设。

（董龙平）

编审：邓桂豪　编辑：周巧玲

商贸服务业

综　　述

【概况】 2021年，梧州市在现代商贸方面，顺应居民消费升级大趋势和新冠疫情期间涌现出来的新需求，大力培育数字消费、智能消费、康养消费等新兴消费增长点，通过线上线下深度融合，塑造消费新业态新模式，激发服务消费新动能；在现代物流方面，以构建"公—铁—水—空"多式联运体系为依托，开展临港经济区物流产业空间布局方案、多式联运枢纽规划方案等编制工作，完善各港口码头技术装备水平，提升信息化能力，推动服务业集聚区提档升级；在电子商务方面，依托京东（梧州）数字经济产业园、梧州飞天电商众创园等园区，加快发展特色农副产品、人工宝石、纺织服装等优势消费品电商业务，引入B2B工业品电商平台，逐步形成特色工业品的电商渠道网络；结合乡村振兴主题，深入推进岑溪市、苍梧县电子商务进农村综合示范县建设，打造农村直供的新型农产品供应链。苍梧县获批2021年国家电子商务进农村综合示范项目。梧州市社会消费品零售总额全年实现316.33亿元，同比增长11.4%。批发业销售额增长50.83%、零售业销售额增长15.32%、住宿业营业额增长24.45%、餐饮业营业额增长30.58%。外贸进出口总额80.81亿元，同比增长25.3%。全市全年实际利用境外资金6267万美元，同比增长80.4%。

【梧州高旺万达广场开业】 2021年11月19日，梧州高旺万达广场开业。梧州高旺万达广场是梧州市重大项目之一，总建筑面积140万平方米，计划总投资90亿元，全年完成投资额12亿元。其中，梧州万达广场商业综合体建筑面积12.71万平方米，设置超1000个停车位，投资约8.13亿元，是梧州首家自然景观与商业中心紧密结合的超大体量全客层城市综合体。

【假日经济】 春节期间，2021年1月22日晚，梧州六堡茶商城在淘宝直播间开展"年货特惠秒杀专场"直播，拉开了"梧州市33消费节（第二季）——2021梧州网上年货节"活动的序幕。活动由市商务局主办，除了梧州六堡茶商城直播带货活动，还举办"足不出户放心购""水果直播带货""云上餐饮嘉年华"等多项活动。"壮族

2021年11月19日，梧州高旺万达广场外景图

梧州万达　供图

2021 年梧州市社会消费品市场增长情况表

表 14

	1—3 月	1—6 月	1—9 月	1—12 月
社会消费品零售总额	30.5%	20.7%	14.8%	11.4%
批发业	44.3%	51.5%	66.3%	50.8%
零售业	36.9%	20.7%	17.3%	15.3%
住宿业	76.1%	50.5%	31.5%	24.5%
餐饮业	72.6%	46.5%	39.8%	30.6%

三月三”期间，4 月 14 日—5 月 14 日，在苍海旅游区集中展示梧州市“桂风壮韵浓”“相约游广西”“民族体育炫”“和谐在八桂”四大板块，在玫瑰湖景区举办夜间经济专场活动，以及上线开展 2021“壮族三月三·八桂嘉年华”梧州首届云车展。“十一”国庆黄金周期间，梧州市举办中农联 2021 梧州市农产品产销对接暨品牌汽车展销会等多场促销活动，进一步增强假日消费集聚效应，激发消费热情，扩大消费规模。

批发零售业

【市场运行】 2021 年，梧州市消费市场运行情况良好，社会消费品零售总额实现 316.33 亿元，同比增长 11.4%，两年平均增长 2.5%. 按经营单位所在地分，城镇社会消费品零售额 269.34 亿元，增长 11.5%；乡村社会消费品零售额 40.7 亿元，增长 10.7%. 按消费类型分，商品零售额 281.23 亿元，增长 10.2%；餐饮收入 35.1 亿元，增长 21.9%。基本生活消费平稳。限额以上单位日用品类、饮料类、粮油食品类商品零售额分别比上年增长 22.3%、11.7%、2.5%。升级类消费需求持续释放。限额以上单位化妆品类、珠宝类、文化办公用品类商品零售额分别比上年增长 38.7%、25.6%、18.2%；中西药品类增长 23%，家具类增长 74.5%，通信器材类增长 21.9%，建筑及装潢材料类增 12.7%，石油及制品类增长 23.9%，汽车类增长 2.4%。

【批发业】 2021 年，梧州市批发业实现销售额 396.12 亿元，同比增长 50.8%，增速居全自治区第二。年内，批发业销售额增长强劲，1—3 月，同比增长 44.3%；1—6 月，同比增长攀升到 51.5%；1—9 月，同比增长更是飙升到 66.3%，比 1—3 月增加 22 个百分点，比上年 1—9 月 7.5% 的增长率多 58.8 百分点。

【零售业】 2021 年，梧州市零售业实现销售额 217 亿元，同比增长 50.8%，增速居全自治区第九。年内，零售业扭转了上年销售额下降的局面，1—3 月，同比增长 36.9%，实现首季开门红。后面三个季度增速虽然放缓，但仍保持两位数值增长。1—6 月、1—9 月、1—12 月分别比上年增长 20.7%、17.3%、15.3%。

住宿餐饮业

【住宿业】 2021 年，梧州市住宿业营业额实现 8.58 亿元，同比增长 24.5%，增速居全自治区第四。全市住宿业实现大幅度增长，1—3 月、1—6 月分别比上年增长 76.1%、50.5%（梧州市上年受新冠疫情影响，1—3 月、1—6 月住宿业营业额分别比 2019 年同期下降 19.62%、9.4%），全年仍保持 24.5% 高增长率。

【餐饮业】 2021 年，梧州市餐饮业实现营业额 42.88 亿元，同比增长 30.6%，增速居全自治区第三。全市餐饮业营业额一直保持强势增长，1—3 月、1—6 月餐饮业营业额分别比上年同期增长 72.6%、46.5%，全年仍保持 30.6% 的增长势头。全市限额以上餐饮业营业额实现 12.18 亿元、同比增长 44.2%。

市场建设

【专业市场布局】 2021 年，梧州市区河东、河西两大商圈格局进一步巩固，红岭、龙圩商圈基本形成。全市各类商品交易市场198个，其中农贸市场100个（万秀10个、长洲8个、龙圩9个、岑溪17个、苍梧11个、藤县34个、蒙山11个）、农产品批发市场（含专业市场）5个、大型零售网点的业态类型71个（其中大中型超市26个，购物中心18个，百货连锁超市有27家）、工业品市场10个（其中建材装饰材料市场5个、工业品综合或其他类市场3个、工艺品市场1个、金属材料市场1个）、二手车交易市场9个、大型商贸物流综合市场有3个。营业额超亿元以上商品交易市场31个。

【市场秩序建设】 2021年，梧州市商务部门以“讲好诚信故事 弘扬诚信文化”为主题，重点围绕商品消费、出行消费等行业，启动“诚信兴商宣传月”，联合梧州市12个部门开展“司法工信”“信用梧州”“信用交通”“诚信经营激发文旅市场活力”“着力构建安全、诚信的进出口营商环境”“依法诚信纳税”“放心食品超市自我承诺”“合规使用外汇、诚信发展经济”“诚信赢未来、贸易新发展”等主题宣传活动。宣传贯彻中共中央、国务院重大决策部署。宣传贯彻习近平关于社会信用体系建设的重要指示精神；宣传贯彻国务院常务会议、国务院推进政府职能转变和“放管服”改革协调小组全体会议关于加强信用体系建设的决策部署。宣传贯彻《优化营商环境条例》《国务院办公厅关于加快推进社会信用体系建设构建以信用为基础的新型监管机制的指导意见》等法规制度文件。宣传梧州市信用体系建设的主要做法和成效。宣传各级各部门实施信用承诺、信用公示、信用分类分级监管、信用修复的经验及做法。推广“信用中国”（梧州）、国家企业信用信息公示系统（梧州）以及行业主管部门建立的各类信用信息系统，鼓励企业和个人维护自身信用，宣传家政服务行业信用体系建设。树立诚信经营典型、弘扬诚信经营理念，进一步营造公平竞争氛围、提振市场消费信心。

电子商务

【概况】 2021年，梧州市继续推进电子商务工作，依托京东（梧州）数字经济产业园、梧州飞天电商众创园等园区，围绕电子信息、设备制造、冶金机械、再生资源、木材、砂石建材等传统制造业，引入B2B工业品电商平台，逐步形成特色工业品的电商渠道网络；组织各县（市、区）申报电子商务进农村综合示范项目，打造农村直供的新型农产品供应链，重点提升六堡茶、砂糖橘、葛根等本地农特产品在全国的知名度和销量。为推广和应用电子商务破解农村物流难题。引入电商服务平台，开展形式多样的网上促消费活动。至年底，全市网店（站）保有量849个，其中梧州市区626个、苍梧县2个、岑溪市113个、蒙山县31个、藤县77个；网店889家，其中梧州市区695家、苍梧县6家、岑溪市85家、蒙山县30家、藤县73家；网络餐饮经营户2500户。梧州市网店分布情况：淘宝（含天猫）316家、占35.5%，京东28家、占3.2%，其他平台545家、占61.3%。

【引入电商服务平台】 2021年，京东（梧州）数字经济产业园建成开园，与梧州飞天电商众创园（2017年开园）等电商服务园区共同发展梧州特色农副产品、人工宝石、纺织服装等优势消费品电商业务，打造梧州数字经济发展核心集聚地和发展平台。梧州市商务局依托商务部在广西举办的两个专场之一“电子商务公共服务惠民惠企行动——走进广西梧州活动”和“京东（梧州）数字经济产业园 中国特产·梧州馆招商会暨广西梧州名特优产品触线上网对接会”，组织梧州市生产、销售企业选用由阿里巴巴、京东等首批10家公共服务平台合作商推出的惠企让利服务套餐，服务内容涵盖数据分析、电商培训、诚信建设、人才招聘等。企业通过电子商务公共服务平台享受免费服务，推动企业完善电商渠道网络。开设京东线上梧州特产馆，发动、组织梧州市六堡茶、米粉、龟苓膏、豆浆等名优产品（企业）进驻“中国—东盟市长论坛精品推荐”电子商务平台及发布经贸供需信息，参加2021中国—东盟丝路电子商务论坛中国—东盟博览会优选好物节直播电商活动，成功推动梧州市名特优产品进入全国直播带货大V直播间，为生产企业拓宽网络销售渠道。推动梧州市大润发、步步高、梦之岛、中石油、中石化、车便捷、泰丰源等商场、超市、石油、汽车重点商贸企业参与“33 消费节”，拓宽网络销售渠道，同步开展形式多样的网上促消费活动。

【电子商务进农村示范工程】2021 年，市商务局组织苍梧县、藤县及蒙山县申报国家电子商务进农村综合示范项目。经商务部、自治区商务厅审定，苍梧县获批 2021 年国家电子商务进农村综合示范项目。

年内，持续推动岑溪市电子商务进农村综合示范建设。为推广和应用电子商务破解农村物流难题，打通农产品“上行”网络销售渠道，促进工业品下乡和农产品进城，推动产业转型升级，促进县域经济发展，年内岑溪市推进电子商务进农村综合示范项目建设，各项工作进展顺利。项目建设完成 1 个市级电子商务公共服务中心和 1 个市级仓储物流配送中心，建设完成 14 个镇电子商务服务中心，40 个村级电子商务服务站，开发完成 1 个“岑溪市电子商务公共服务中心”线上电商公共服务平台，完成岑溪市农产品质量安全追溯系统上线，与 8 家企业签署了溯源服务合同，为 14 款产品发行溯源码，选定“岑风溪味”作为岑溪市区域公共品牌，开设 1 家岑溪特产馆微店，完成 32 场培训，累计人数 1324 人次。

【打造网络直播带货经济】2021 年，梧州市开展砂糖橘、迟熟荔枝、六堡茶、火龙果、富硒大米、古典鸡等近百种名特优农产品等电商促销活动。举办“广西 33 消费节（第二季）2021 广西网上年货节—2021 梧州网上年货节”、开展 2021 梧州网上年货节——砂糖橘直播带货活动、“靓荔苍梧　上堡之约”——2021 年第四届沙头迟熟荔枝电商直播、2021 年中国农民丰收节直播带货助农促销等活动，特设电商专区，邀请网红主播到现场进行直播带货，为梧州市六堡茶、火龙果、富硒大米、古典鸡等近百种名特优农产品进行线上推广及销售，加快推进农业现代化提档升级，进一步拓宽农特产品销路，加强特色农产品上行。网上年货节期间，共发动 857 企业参与，带动线上销售额达 2000 多万元。

2021 年 10 月 27 日，藤县象棋镇新芹村达德堂家庭农场负责人欧跃功（左），在藤县红柚果场合作社现场开展直播带货，促销沙田柚
彭进龙　摄

会 展 业

【概况】　2021 年，梧州市比较专业的会展场馆主要有梧州毅德城会展中心、梧州市文化展览中心等。梧州市会展业尚处于起步阶段。年度重大项目梧州会展中心（市民中心）位于苍海新区，总投资 21.2 亿元，分别由苍海大厦、金融中心、创业中心、酒店、公寓、商业六部分功能组成，总建筑面积约 29 万平方米。11 月上旬，项目定位研究比选方案完成。年内重要展会有 2021 年中国蜂业博览会暨全国蜂产品市场信息交流会、2021 梧州市农产品产销对接暨品牌汽车展销会、第十六届梧州市房地产展销会、第十八届梧州宝石节宝玉石文化艺术展、“一品六堡　天下梧茶”梧州六堡茶展销会、第五届中国（岑溪）石材建材博览会等。

【2021 年中国蜂业博览会暨全国蜂产品市场信息交流会】　4 月 23 日—24 日，由中国养蜂学会、中国蜂产品协会、广西壮族自治区农业农村厅、梧州市人民政府共同主办的 2021 年中国蜂业博览会暨全国蜂产品市场信

息交流会在梧州市召开，博览会在梧州市政广场举办，共设蜂产品展区、蜜蜂文化展区、蜂机具展区、包装材料及加工设备展区、特装展区、广西风采展区6个展区，展出产品丰富多样，涵盖各类蜂产品、蜂日化产品、蜂机具、蜜蜂文化等，集中展示蜂业当前最新的产品、技术和成果。来自安徽、湖北、江西、新疆、云南等24个省（自治区）的173家企业参展，全国各地蜂业界专家、学者、企业代表约1560人参加会议。

【中国（梧州）摩洛哥六堡茶专场线上对接会】 2021年6月29日，中国（梧州）摩洛哥线上对接会（六堡茶专场）在梧州和摩洛哥同时举行，梧州和摩洛哥以茶会友，开拓在六堡茶合作的新领域。在梧州会场，通过云连线，向摩洛哥推介梧州的资源优势、产业优势、政策支持。会上，梧州六堡茶企业与摩洛哥企业一对一深入洽谈，进一步沟通合作意向。

【2021梧州市农产品产销对接暨品牌汽车展销会】 2021年10月1日—3日，2021梧州市农产品产销对接暨品牌汽车展销会在中农联梧州国际农产品交易中心举行，此届展销会由梧州市商务局、市农业农村局、长洲区人民政府及市商贸物流园区管委会主办，中农联（梧州）建设开发有限公司承办，汽车、农产品、美食、电商的联展模式，分为农副产品、品牌汽车和地方美食三大展区，占地面积近5万平方米，参展商家130余家。

【第十六届梧州市房地产展销会】 2021年11月5日—7日，以“住在梧州·乐享生活”为主题的第十六届梧州市房地产展销会在梧州市政府广场举行，由市住房城乡建设局主办，市自然资源局、万秀区人民政府、长洲区人民政府、龙圩区人民政府协办，市房地产业协会承办。

【“桂品出乡·国潮梧州”好物节活动】 2021年10月16日晚，桂品出乡·“国潮梧州”好物节活动在梧州市文化中心三楼启动，该活动结合“红色八桂魅力广西”2021桂品出乡线上促消费系列活动开展，由自治区商务厅、梧州市人民政府主办，梧州市商务局承办，梧州市茶产业发展服务中心、梧州市产业投资发展集团有限公司、天猫美食协办，组织19家六堡茶、冰泉豆浆、双钱龟苓膏、纸包鸡、龙山酒等“梧字号”企业参加，吸引了27家中央、省、市新闻媒体进行到场报道。

10月1日，2021梧州市农产品产销对接暨品牌汽车展销会现场

陈彦如　供图

【第十八届梧州宝石节宝玉石文化艺术展】 2021年12月3日—5日，第十八届梧州宝石节宝玉石文化艺术展在梧州毅德城主会场举行，共设置展位59个，50多家国内企业参展。同时举办“云上宝石节”，新增东盟小语种直播区、“全民美拍　时尚宝石”达人秀展区，“云直播”观看人数超过100万人。展会上，广西“桂玉”文化和梧州宝石“潮”文化展携手亮相；展会期间，珠宝、玉石、首饰等展品实现成交意向额2280万元，其中现场成交额137万元，跨境电商直播观看人数2.6万人次。

【“一品六堡　天下梧茶”梧州六堡茶展销会】 2021年12月3日—5日，第十八届梧州宝石节期间，作为节会的重要活动，“一品六堡　天下梧茶”梧州六堡茶展销会在梧州毅德城会展中心二楼举行。共有52家六堡茶企业、合作社组团参展，其中苍梧县企业（合作社）15家，市外茶叶、茶具企业5家。除了梧州六堡茶，市外其他品类的茶叶也在展销会上“亮相”，江苏宜兴、广西钦州等地的陶瓷茶具也在展销会现身，1000多款风味各异的茶叶和外形独特的茶具集中展销。

【第五届中国（岑溪）石材建材博览会】 2021年12月8日—12日，第五届中国（岑溪）石材建材博览会在岑溪市明华城举办。此届石博会以“生态赋能 活力石都”为主题，设置石材建材产品展销会、石材机械装备展销会、金砂玉工艺展、岑溪市名特优产品展销会、“石都宝宝”中小学生才艺展、汽车展销会、岑溪市房地产家装展销会7个展区和石材企业“云上展”。有289家全国企业参展，并举办全国石材矿区绿色融合发展交流会、绿色矿山创建研讨会等。

（陈彦如）

物流业

【概况】 2021年，梧州市继续打造一批辐射范围广、标准化水平高、综合服务能力强的专业物流园区，进一步增强物流园区集聚效应，提升整体物流运行效率，依托“三圈一带”交汇节点区位优势，发挥西江黄金水道作用，重点发展内河港口物流，加强“公—铁—水—空”多式联运建设，建设辐射玉林、贺州、贵港等桂东地区与云浮等粤西地区的桂粤区域性物流枢纽，打造现代化区域性物流中心城市。

（市发改委）

【货物运输】 2021年，全市完成公路货运量6458.77万吨、货运周转量44.80亿吨千米，同比增加14.11%、23.93%；累计完成水路货运量4691.1万吨，同比增长27.2%；货物周转量139.85亿吨千米，同比增长29.18%，增速排名全自治区第三。全年完成港口货物吞吐量6003.51万吨，同比增长35.93%；集装箱吞吐量83.75万标准箱，集装箱吞吐量占全自治区内河集装箱吞吐量的70.6%，继续位列广西内河港口集装箱吞吐量第一。出港货物4993万吨，其中从藤县港区下行经过长洲水利枢纽船闸的货物1480万吨，从中心港区下行的货物3513万吨，主要货种为矿建材料、非金属矿石等基础性材料，全部运往粤港澳大湾区或经粤港澳大湾区各港口中转。同时，桂林、贺州等桂东南地区以及湖南地区的煤炭、金属矿石、粮食、碳酸钙产品也通过梧州港中转。

南宁铁路局梧州货运中心负责承办梧州市境内铁路货物运输业务。2021年，溢湛铁路市境内年货运量达1871.76万吨，其中装车数13.72万辆，卸车数20.03万辆。发送货物主要是胶合板、瓷砖、煤、玉米，到达货物主要是集装箱、钢铁、化肥、石粉等，以集装箱为主。赤水港铁路专用线年货运量3.96万吨，其中装车数36033辆，卸车数3581辆。发送货物以煤炭为主，到达货物以集装箱为主。煤炭发送车数3.6万辆，发送吨达228.2万吨。

【仓储】 2021年，梧州火车站货场面积11.81万平方米，有6条货物线。其中，货1线办理成件货物，货2线办理集装箱、散堆装货物，货3线办理成件包装货物、集装箱，货4—6线办理集装箱。铁路孔良营业部货场面积37.06万平方米，5条货物线。其中，货1线办理散堆装货物、集装箱，货2线、货3线办理散装货物，货4线、货5线办理集装箱。水运的梧州港码头仓库堆场面积约43万平方米，其中仓库面积约2万平方米，堆场面积约41万平方米。主要的仓储企业有梧州衡远港务有限公司、赵氏华通物流、翁氏八达等。

（市交通运输局 南宁铁路局梧州车务段）

【快递物流】 2021年年末，梧州市快递行业拥有快递服务汽车155辆，比上年末增长13.14%。全市快递服务网路256条；快递服务网路长度（单程）19050千米。全市快递服务企业业务量累计完成2371.12万件，同比增长7.77%；快递业务收入累计完成36999.36万元，同比增长31.51%。其中，同城业务量累计完成329.80万件，同比增长1.27倍；异地业务量累计完成2036.91万件，同比下降0.65%；国际及港澳台4.41万件，同比下降6.87%。

年内，中国邮政集团梧州市分公司探索苍梧县、藤县、岑溪市3大重点建设县的组网模式，优化调整县乡邮路18条，全市18条县乡邮路100%实现逐日班正常运行，三大重点县累计补建三级物流体系村级站点275个，可用站点达703个，站点覆盖率100%。与梧州市委组织部、梧州市邮政管理局联合印发《关于推进基层党建引领“快递进村”助推乡村振兴试点工作实施方案》，选定8个乡镇、2个行政村作为试点，为下一步全面建设三级物流体系奠定良好基础。快递进村覆盖率87.15%。截至12月底，全市开展邮快合作站点90个，累计代投业务邮件35.59万件，其中邮政35.21万件，社会快递3820件。

（中国邮政集团梧州市分公司）

【物流园区建设】 2021年，在梧州市商贸物流园区，红星美凯龙·梧州国际家居博览中心、中农联·梧州国际农产品交易中心、西江明珠海河鲜商贸城等项目有序推进，为园区打造为立足桂东南、辐射粤西、链接珠三角和北部湾的现代服务业集聚高地夯实基础；中通快递桂东（岑溪）智能科技电商快递产业园内，布局有快运分拣车间、智能化快件分拣中心、云仓中心等主体工程及公共服务设施，园区于年底开始试运营。

【物流网项目建设】 2021年，市商务局指导梧州市烽明肉类加工物流配送基地项目、中农联·梧州国际农产品交易中心农商互联等两个项目申请获得农商互联完善农产品供应链资金项目补贴650万元，进一步推动农产品供应链提质增效，提升农产品流通效率。梧州市18个物流网项目年度计划投资26.74亿元，实际完成年度计划投资30.26亿元，超额13.16%完成年度计划投资，完成自治区商务厅下达梧州市年度投资目标任务22.56亿元的1.34倍，超额完成自治区商务厅下达的全年绩效目标任务，绩效目标完成率排全自治区第一。

（陈彦如）

供销合作

【概况】 梧州市供销合作社联合社（简称市供销社）直管广平、大坡、新地、龙圩、倒水、夏郢6个基层供销社；原9家直属企业由市供销社资产经营中心统一管理。2021年，全市供销系统销售总额61.49亿元，同比增长18.3%；购进总额55.96亿元，同比增长18.9%；农副产品购进20.31亿元，同比增长18%；消费品零售额31.08亿元，同比增长20.7%；售给农民的农业生产资料12.09亿元，同比增长19.5%；再生资源购进1.85亿元，同比增长25.2%；利润总额851万元，同比增长15.94%。

2021年11月3日，在梧州市强卓快递有限公司分拣车间内，快递自动分拣机正在高效运作　　杨扬　摄

【体制创新和机制转换】 2021年，市供销社推动各乡镇供销社，联合当地村委共同发展村供销社，加快构建覆盖面广、适应性强的为农服务体系，实现供销服务到村上，不断增强为农服务能力，在促进乡村振兴中发挥有效作用。全年全市新建村供销社35个，累计已建成68个村供销社。

【项目建设】 2021年，市供销社扩大农业农村有效投资项目建设，推动苍梧县沙头镇壮大养殖专业合作社和梨埠镇沙地恒达养猪场2个养殖场合作建设项目，2个项目总投资760万元，其中吸纳村级集体经济资金入股400万元，2个项目已经完工投产，每年可为村级集体经济增收30多万元。

【扶持农村优势产业】 2021年，市供销社通过实施“十百千”培育壮大工程，构建更加完善、高效、规范的行业基层组织体系，打造服务农民生产生活的综合平台，增强联合带动能力，创新经营服务行业，不断提升农民群众的获得感、幸福感和安全感。在全市创建了1个“十强县”、2个“百佳镇”和10个“千家村供销社”；新增建设村供销社35个。村级供销合作社以基层供销社的综合服务社为支柱，以当地村“两委”为基础，升级建设为农功能完善、服务设施完备的村级供销合作社，通过创新供销社建社模式，利用系统和制度的优势，以合作经济组织和经营网点为平台，支持产业发展，助力乡村振兴战略，实现基层供销社与村“两委”、农村经济能人合作共赢。

2021年4月30日，苍梧县“乡村振兴 消费助农”供销大集暨狮寨镇青梅文化宣传周活动现场　　市供销社　供图

【专业合作经济组织培育】2021年，市供销系统继续推进“三社联动”的工作机制，以项目强社，促进梧州市供销改革事业健康快速发展，构建“共享优势资源、共营合作项目、共建发展平台”模式。沙头镇壮大养殖专业合作社禽畜养殖场由苍梧县供销社下属企业苍梧县兴运资产投资管理有限公司牵头建设，其中村级集体经济资金入股200万元。该项目占地约2公顷，规划建设猪舍4栋约4000平方米，附属建筑约250平方米，沼气池1200立方米，集液池850立方米，年出栏量约5000头的肉猪饲养生产基地。该项目10月通过竣工验收，预计可带动村集体经济收入16万元以上。

【农资供应和农产品购销】2021年，全市供销系统重点做好农产品流通工作，在全市组织举办9场“供销大集”农产品促销展示活动，吸纳33家涉农主体加入农产品流通平台，促进农产品销售313万元。促进梧州市农产品产销对接，增加农民销售收入，同时提高了“供销大集”知名度。其中于4月30日在苍梧县狮寨镇政府广场召开，由市供销社主办，苍梧县供销社与狮寨镇政府联合承办的苍梧县“乡村振兴 消费助农”供销大集暨狮寨镇青梅文化宣传周活动，为苍梧县9个镇及狮寨镇13个村、社区设置专门的展销位，主要展品为青梅、低改八角、原生态六堡茶、蜂蜜、竹笋干、野生灵芝、梅子酒、糯米酒、咸鸭蛋、烟熏腊肉、家酿米酒等多种本地特色农副产品，活动第一天农产品销售收入就达50多万元。全年全市供销系统销售各类化肥46.70万吨，农药8550.87吨，农膜1457吨。

【组团参加交易会】2021年11月5日—7日，市供销社组团参加2021年粤桂协作消费对接活动暨第二十届广西名特优农产品（广州）交易会。梧州市参展的23家企业和130多种产品，落实涉农项目签约5.96亿元，农交会期间销售金额37.8万元，意向性签约项目17个，有效推动本地农业企业开拓粤港澳大港湾市场。（市供销社）

粮食流通

【概况】2021年，梧州市储备粮轮出2.2万吨，收购轮入2.2万吨，确保地方储备粮管理常储常新。按照“合理布点、全面覆盖、平时自营、急时应急”的原则，落实有粮食应急供应点71个，应急加工点16个，可按紧急需求完成日加工300吨大米任务，为紧急动用应急储备粮做好保障准备。华新农业加入“广西香米”联盟，成为全区“广西香米”联盟28家成员企业之一。梧州市粮食局粮油监督检测站新业务楼已顺利通过自治区粮食和物资储备局的检查验收并于2021年6月投入使用。

年内梧州市积极落实新修订的《粮食流通管理条例》，强化粮食流通事中事后监管，严肃查处违法违规行为，先后开展自治区政策性粮油库存检查、粮食流通“亮剑2021”专项执法检查行动、安全生产大检查及夏粮收购检查等多个专项检查，全年开展专项执法检查6次，检查企业41个次，出动检查37人次，保障全市粮食安全。加强对收购环节、储存环节以及销售出库环节的质量监管，年内共完成粮食库存环节质量安全监测任务14份，收获环节安全风险监测任务86份，确保梧州市政策性粮食质量安全可控。

【粮食收购】 2021年，全市完成自治区储备粮订单粮收购3803吨（其中普通早中稻3500吨，优质稻303吨），收购实绩比上年增加数量645吨，自治区储备粮订单粮收购普通早籼稻收购价为每千克2.54元、普通中晚籼稻每千克2.56元、优质早籼稻每千克2.72元、优质晚籼稻每千克3.08元。并在此收购价格基础上，按普通稻谷每千克0.24元、优质稻每千克0.4元对列入储备粮订单粮直补收购计划的粮食进行补贴。全年累计共兑付给售粮农户补贴款96.12万元（足额拨补到位，未发现存在抵扣其他各种款项的行为）。完成市县储备粮收购22095吨（其中苍梧县2770吨、藤县4526吨、岑溪市2599吨、蒙山县2691吨、市本级9509吨）。

（市发展改革委）

烟草专卖

【概况】 2021年，梧州市销售卷烟同比增长0.22%，单箱销售额同比增长6.37%，卷烟销售收入同比增长6.65%，税利总额同比增幅8.27%，税金入库同比增长7.49%；卷烟零售终端建设、卷烟诚信互助小组建设、文明吸烟环境建设稳步推进。

【专卖管理】 2021年，梧州市烟草专卖局协同公安、市监、海关、商务、教育部门全力开展卷烟市场清理整顿行动，整治名烟名酒店、港货店、高档礼品店售假售私行为，打击电子烟、无证经营卷烟行为；协调交通、邮政管理部门打击互联网及物流寄递、走私卷烟等违法行为，遏制非法卷烟在物流运输、快递行业蔓延；始终保持卷烟打假打私高压态势，严厉惩治各类涉烟违法行为。全年查处涉烟违法案件366起；查获非法卷烟1731.58万支；查获烟丝烟叶7.77吨；协同查办的涉烟案件共刑拘26人，逮捕20人，判刑34人。12月24日，梧州市烟草专卖局联合梧州市公安机关破获“1·12”组织、运输、销售走私卷烟案，总案值超亿元，达到国家烟草专卖局一级重大案件标准，该案为梧州市至今破获案值最大的全链条销售走私卷烟网络案件，有力遏制了制售假烟违法活动，确保了卷烟市场的稳定有序。

（市烟草专卖局）

食盐商业

【概况】 2021年，广西盐业集团梧州分公司学习领会习近平考察广西以及习近平“七一”重要讲话和重要指示精神，在党史学习教育中传承红色基因，汲取奋进力量，紧扣“盐品结构调整，完善终端网络建设“的目标

1月26日，2021年全市卷烟市场清理整顿工作会议召开

黄晓峰　供图

要求，结合重点工作，利用桂山、桂盐的品牌优势，增强服务意识，提高服务质量。全年完成盐品购进6135.22吨；全年盐品销售5201.28吨。

【食盐购销存】 2021年，购进累计完成6135.22吨，其中食盐购进5927.22吨。销售总盐品累计完成5202.22吨，完成年计划7800吨的66.68%，其中梧州市城区1047.33吨、岑溪市1150.33吨、苍梧县1037.77吨、藤县1634.79吨、蒙山县332吨。在销售的总盐品中，直接食用盐销量累计完成4148吨，完成年计划6220吨的66.69%，同比下降32.92%、减少2036吨；加工用盐销量累计完成692.23吨，为年计划600吨的1.15倍；小工业用盐销量累计361.05吨，完成年计划600吨的60.18%，同比下降8.5%、减少33.45吨。年末，盐品库存2776.24吨（含储备盐1154吨），其中直接食用盐库存2586.14吨，加工用盐94.93吨，工业盐库存95.18吨。库存结构合理，食盐可保证分公司销区3个月的销量。

【销售网络】 2021年，广西盐业集团梧州分公司保障梧州市食盐市场秩序稳定和供应稳定。销售人员在做好新冠疫情日常防护的基础上，加强访销，加大对商超、零售终端等重点民生商品供应场所的食盐品种销售布局，确保供应的食盐品种齐全，价格稳定。在销售策略上，在品种盐销售上下功夫。持续加大500克海藻碘盐铺市力度，并逐步实现井矿海藻盐向海盐型海藻盐的过渡，提高品质海湖盐的销售占比。加大品种盐投放面，要求每个零售商购盐品务必保证基本品种齐全，单次购进需包含品种盐（海藻盐或自然晶盐）、普通精制盐。结合不同区域实施不同的销售策略。对城区市场消费层次比较高的片区，加大高附加值品种盐宣传力度和销售比例，以保质增效为主；对受到低价外省盐冲销严重的农村市场，适当放宽品种盐销售比例，以普通盐抵御市场冲击，以保市增量为主。多方位细化高附加值盐品的宣传，全方位抢占市场。全年食盐终端实际配送点2397个，其中零售终端客户数2157个，加工用盐客户数143个，工业盐客户数97个。（胡 红）

【食盐安全监管】 2021年，市市场监督管理局完成食盐抽检工作，抽检食盐7批。

10月29日，开展以“聚力为民办实事，食盐安全进万家”为主题的“广西食盐质量安全八桂行·梧州站”宣传活动，向公众普及科学的食盐消费知识。11月2日，举办“食盐监管执法实务培训班”，提升食盐执法人员监管水平。

（市市场监督管理局）

石油商业

【概况】 2001年，梧州石油行业克服国内经济下行压力增大，成品油市场竞争激烈的困难，围绕高质量发展，多措并举，维护梧州的成品油市场稳定，实现了利税增长。中石油梧州分公司年内实现销售收入8.6亿元，比上年的6.87亿元增长25.2%；缴纳税款1183万元，比上年的315万元增加868万元，增长2.75倍。中石化梧州分公司全年销售成品油31.15万吨，同比增长0.81%；非油品销售额1.71亿元，同比增长9.9%。

【中国石化销售股份有限公司广西梧州石油分公司】 中国石化销售股份有限公司广西梧州石油分公司（简称中石化梧州分公司）位于梧州市新兴二路193-1号，是中国石化销售股份有限公司的全资地市级子公司。该公司主营汽油、柴油、煤油（含航空煤油）、润滑油脂、化工产品，船舶、场地设施租赁，定型包装食品等非油品销售。该公司下辖梧州本部片区及苍梧、藤县、岑溪、蒙山4个县（市）分公司，拥有在用油库1座、加油（气）站61座。2021年，国际油价震荡起伏，国内资源先松后紧，全球新冠疫情持续蔓延、反复，世界经济复苏缓慢，国内经济下行压力增大，成品油市场竞争激烈，多元化、多样化竞争局面进一步加剧。在复杂严峻的形势下，该公司全年销售成品油31.15万吨、同比增长0.81%；天然气947.3万立方米，同比下降33%；非油品销售额1.71亿元，同比增长9.9%。

（中石化梧州分公司）

【中国石油广西梧州销售分公司】 中国石油天然气股份有限公司广西梧州销售分公司（简称中石油梧州分公司）主要负责梧州地区的成品油销售、非油品业务、加油站网络开发和工程建设管理等。2021年，该公司销售收入8.6亿元；缴纳税款1183万元，同比增加868万元，增长2.75倍。该公司维护梧州地区的成品油市场稳定，实现了利税增长，直接或间接带动地区就业300余人。促进竞合共赢，定期与中石化梧州分公司沟通交流，达成共识，构建辖区市场“防火墙”，共同维护辖区价格稳定。截至年底，该公司资产总计为2.96亿元，在营加油站36座，员工总人数304人；站点市场占有率约20.7%，零售市场份额约25%。

年内，中石油梧州分公司领导班子带头开展安全检查，挂点高风险加油站。全员签订《HSE安全责任书》，层层落实安全责任。宣传贯彻《中华人民共和国安全生产法（2021新修版）》，学习新的安全管理标准，不断提高安全管理意识。评估加油站各类风险，形成HSE危险源分级防控清单。建立隐患项目共享表单，实时更新并跟踪整改进度，全年无重大安全隐患。常态化抓好新冠疫情防控，认真落实地方政府的各项防疫要求，组织员工抓好疫苗接种，做到应接尽接。持续强化数质量监管，组织所属加油站进行接卸油专项培训，杜绝“三违”和舞弊行为。做好重大时期值班值守工作，确保油站安全平稳运行。该公司参与成品油非油经营市场整治专项行动，配合各县（区）政府，落实包保责任，强化协作联动，采取堵点打源的方式在主要进梧高速、国道设卡、设点，全面切断非法油品流通链条、阻断非法油品进入梧州，累计配合政府设卡检查23次，出动人员56人次，破获黑加油站、黑窝点53个，查封油罐96个，查扣31辆油罐车（非法改装车），查获非法成品油525吨。

（中石油梧州分公司）

中介服务业

【广告业】 2021年，广告行业新增市场主体212户，同比增长9.2%，市场主体总量为1474户。突出医疗、药品、保健食品、房地产、金融投资理财等关系人民群众健康安全和财产安全的重点领域，加大案件查处力度。全年共监测医疗、药品、保健品、汽车、房地产、酒类、宝石等各类广告，监测广告总条数8795条、35.05万条次，办理广告违法案件8起，行政约谈130次，处置包括群众投诉举报、相关部门移送的各类涉嫌违法广告线索390件，处理率均达到100%。

（市市场监管局）

【律师服务】 2021年，梧州市律师主动承担社会责任，围绕梧州重大工程项目，主动提供专业法律服务，助推打造“一极三城”，加快建设“四个梧州”。全力参与新冠疫情防控、法律援助、“我为群众办实事”活动和村（社区）法律顾问工作，开展律师行业突出问题专项治理，大力提升律师整体素质，推动律师行业健康快速发展。全市213名律师担任686个村（社区）的法律顾问，共出具法律意见451份（次），开展法治教育宣传332次，为群众提供法律咨询7200多人（次），共化解基层矛盾纠纷465件，审查法律文书211份。落实“万所联万会”机制，搭建33家律师事务所与各级工商联直属81家商会“一对一”的结对模式，通过开展法律讲座、提供法律咨询，帮助商会、企业防范和化解经营过程中的法律风险。截至12月31日，梧州市有律师事务所36家、公职律师办公室1家，共有执业律师395名。其中，社会律师289名，法律援助律师24名，公职律师61名，公司律师10名，兼职律师11名。全市律师办理刑事案件1088件，民事案件7513件，行政、非诉讼案件565件，收入6777.91万元。全市律师担任法律顾问694家，其中党政机关、人民团体顾问55家、企业顾问196家、事业单位顾问67家、其他法律顾问376家。

【公证服务】 2021年，开展“我为群众办实事”活动，持续推出六项公证便民措施：在服务大厅开设“绿色通道”窗口、提供66项公证事项网上申请服务、办理99项“最多跑一次”公证、率先落实4项“跨省通办”公证、对特殊群众减免公证费、对老弱病残不能亲自办理的群众提供预约上门服务；开展公证参与人民法院司法辅助工作；新冠疫情期间，多次为企业办理证据保全公证，助力企业复工复产；多次开通绿色通道，为群众排忧解难。全年市公证处共办理各类公证事项2225件。

（市司法局）

【会计服务】 2021年，市财政局在新冠疫情下，周密部署，完成2021年度全国会计专业技术资格考试组织及考务管理工作，并做好2021年注册会计师考试巡考工作，各项考试秩序良好，没有发生违纪违规现象。会计专业技术资格考试，梧州市考区报考人数为7197人，增长4.2%，其中初级考生5364人，下降1.4%，中级考生1814人，增长25.5%，高级考生19人，下降9.5%；全市综合出考率为61.7%，其中初级综合出考率为72.3%，中级综合出考率为49.6%，高级综合出考率为89.5%。注册会计师考试，来自梧州考区（含梧州、贺州两市）的836名考生报名参加考试，下降17.2%，平均出考率47.6%。年内，开展会计人员培训工作。举办2021年梧州市优秀会计人才培训暨财政系统干部培训班，并获得自治区财政厅对梧州市2021年会计人才培训工作奖补专项工作经费绩效考评满分的好成绩，并列全自治区第一；全年还继续组织市本级会计人员4021人次参加网络继续教育培训。至12月31日，全市有代理记账机构56家，比上年增加7家。全市完成年度备案56家，比上年增加15家。全市代理记账机构专职从业人员共209人，比上年增加66人，增长46.15%。全年代理记账业务收入合计993.69万元，比上年增加167.64万元，增长20.29%。

（市财政局）

【人力资源服务】 2021年，梧州市重点打造"金牌就业管家"服务品牌，建立一批人力资源保障服务基地，将就业服务进一步向基层延伸。先后在长洲区倒水镇、藤县同心镇、万秀区龙湖镇、苍梧县旺甫镇相继建立了人力资源保障服务基地。根据《梧州市就业补助资金管理使用实施细则》，经营性人力资源服务机构协助农村劳动力和登记失业人员到本市企业就业的，按每人800元的标准给予就业创业服务补助；为梧州市重点企业输送产业工人的，按每人500—1500元的标准给予输送单位就业创业服务补助。做好人力资源服务机构事中事后监管，以及经营性人力资源服务机构年度报告公示和备案等工作。截至年底，梧州市共有44家人力资源服务机构，其中取得行政许可并备案的经营性人力资源服务机构31家，比上年的增加23家。经营性人力资源服务机构有从业人员2430人，全年营业收入共17377.99万元。

（市人力资源社会保障局）

【拍卖】 2021年，梧州市新增拍卖行业相关市场主体15户，同比增长1.14倍，市场主体总量为39户。年内，根据"双随机、一公开"监管联合抽查工作要求，抽查拍卖企业2家，文物商店1家，抽查企业依法申请取得从事拍卖业务的许可，具备经营资格，开展拍卖活动符合《拍卖法》等有关法律规定；检查发现1家拍卖企业未按规定公示应该公示的信息，现场指导该企业落实整改。

（市市场监管局）

居民服务业

【家政服务行业】 截至2021年年底，家政服务行业共有市场主体937户，2021年度新增259户，同比增长37.04%。

【养老服务业】 2021年，市民政局健全养老服务体系，全市已建立市级养老服务指导中心1个，街道综合养老服务中心7个，力争满足大多数老年人居家和社区养老服务需求。开展城区特殊困难老人居家购买服务、政府购买老年人精神卫生和老年人肢体康复医疗服务等，针对不同类型的特殊居家老年人提供养老顾问和健康管理等不同服务。同时，推进市第三社会福利院养护康复楼建设等养老服务项目。截至2021年年底，全市登记备案在运营的养老机构43家，公办1家，民办（含公建民营）42家，机构总床位数4608张。全市养老机构护理型床位数2753张，占59.74%；街道综合养老服务中心覆盖率达到75%；全市已创建3个AAA级广西老年人宜居社区。

（市民政局）

【理发、沐浴、美容服务业】 截至2021年年底，理发、沐浴、美容服务业共有市场主体2546户，年度新增市场主体741户，比上年增长4.66%。年内，全市共检查美发场所153家次，出动执法人员300多人次，发现未建立化妆品购进台账等问题企业44家次；发放《化妆品安全监管告知书》153份；抽检染发剂24批次，不合格2批；立案查处美容机构使用违法化妆品案件1起；全年检查化妆品经营使用企业346家次，共查处化妆品违法案件62起，罚款20.16万元。

（市市场监管局）

编审：邓桂豪
编辑：赖红柳　甘国成

旅游业

综　　述

【概况】　2021年，梧州市接待旅游总人数3815.94万人次，旅游总消费416.66亿元。全市拥有旅游景区（点）70多处。其中，国家AAAA级旅游景区15个，分别是骑楼城—龙母庙景区、军事体育文化园景区、白云山景区、中山公园、玫瑰湖公园、苍海旅游区、李济深故居、六堡茶生态旅游景区、岑溪天龙顶山地公园、岑溪市东山文化公园、藤县石表山景区、蒙山永安王城、蒙山水韵瑶寨、蒙山梁羽生公园、蒙山天书侠谷景区；AAA级旅游景区15个，广西四星级（含）以上乡村旅游区16家，广西四星级（含）以上农家乐21家，广西四星级汽车营地3家，三星级汽车营地1家，四星级酒店4家，三星级酒店16家，旅行社26家。

【旅游规划与项目建设】　2021年，梧州市编制《梧州市文化和旅游发展"十四五"规划》《梧州市文化和旅游产业融合发展三年行动方案（2022—2024年）》《梧州市关于做好"红色"文章加快打造桂东南红色教育基地的实施意见》等规划。围绕打造岭南文化名城、建设文明梧州的目标，中共梧州市委、市政府成立文旅产业融合发展指挥部，从全市各有关单位抽调15名业务骨干全脱产在指挥部各工作专班供职，推进旅游规划落地。年内，建立梧州市文化和旅游产业融合发展三年滚动项目库，策划重点文旅产业融合项目41个。全年推进自治区统筹重大文化旅游项目8个，年度完成投资17.12亿元；推进大健康和文化旅游产业工程项目52个，年度完成投资64.54亿元。谋划梧州市锦屏山庄、广西粤剧博物馆、粤菜博物馆、天书侠谷景区旅游合作等10个项目，新开工蒙山县大健康文旅综合体、六堡山坪瑶乡六堡茶田园综合体等6个项目，推进梧州市骑楼城保护与综合整治项目（一期）工程、梧州市三总府文化旅游博览区、苍海新区大健康旅游产业新城等14个重大文旅续建项目。

【旅游接待与收入】　2021年，梧州市接待旅游总人数3815.94万人次，同比增长20.43%，恢复至2019年同期的90.41%；旅游总消费416.66亿元，同比增长25.83%，恢复至2019年同期的88.52%。全市接待国内游客人数3815.74万人次，同比增长20.46%，恢复至2019年同期的90.9%；国内旅游消费416.65亿元，同比增长25.88%，恢复至2019年同期的89.89%；全市接待入境过夜游客人数1900多人次，同比下降75.5%。国际外汇消费44.70万美元，同比下降77.7%。

旅游资源

旅游景区

【梧州骑楼城－龙母庙景区】　位于梧州市万秀区。由骑楼城、龙母庙和历史文化长廊3个部分组成。20世纪20年代，梧州商埠局拆古城墙拓宽街道，原来的坊式房逐渐被骑楼建筑取代，在河东老城区留下连绵成片的骑楼建筑群。骑楼街共有骑楼街道22条，总长7千米，最长的达2530米，骑楼建筑560幢。骑楼建筑主要为适应南方潮湿多雨及多洪易涝的气候特点而设计建造，一般为三四层楼房。体现水都风韵的清水墙，西式风格的铁栏观景阳台、罗马柱、圆拱形窗，融合中国传统风格和欧洲古典建筑风格。梧州地处三江水口，20世纪以前，常年受洪水的侵袭，居民为在河水上涨时出入方便，在临街砖柱上镶嵌高低铁环各一只，作为洪水浸淹街道时拴船之用，在楼房二层设立水门，方便洪水期上下船，这是梧州骑楼城的特色。龙母庙位于桂江东岸、桂林路北端，始建于北宋初年，明万历、清康熙、雍正年间重修，占地面积5000多平方米，由牌坊、前殿、中殿、后宫、行宫、龟池等组成。龙母是西江河神，历代皇帝都有敕封。广东德庆悦城、梧州龙母庙在龙母信众中最负盛名。每年农历五月初八和八月十五日为龙母诞和龙母升仙日，粤港澳等地游客组团前往朝拜。利用河东防洪堤鸳江大桥至龙母庙段内壁建成的梧州历史文化长廊，约1.5千米，游客通过游览长廊便可一日读懂梧州4000年文明历史。2021年，景区接待游客155万人次，营业收入581万元。

【梧州白云山公园景区】 位于梧州市万秀区东北面，古称大灵山、大云山。1981年建成公园。白云山是各种乔灌木和观赏植物混交的亚热带雨林式森林公园。有白云山、龙船冲和云龙花园三个景区，占地面积约355公顷，由旗山、鼓山二山组成，海拔367米，是梧州市区最高山峰。雨后初晴，清云缭绕，随风飘忽，偶露俏容，此为梧州八景之一的“云岭晴岚”。从山下的梧州冰泉豆浆馆修有一条长3.7千米的游览公路直达山顶。园内有伏虎岩、双清亭、半山亭、蘑菇亭、猴趣亭、云翠谷、羊餐馆等。山巅有云峰亭一座，登亭远眺，遥连五岭，俯瞰三江，市区风光尽收眼底。东山坡下之龙泉冲，怪石嶙峋，瀑布奔泻，松径幽深，山溪潺流，别具野趣，称为“龙泉飞瀑”；有龙吟亭、观瀑阁、探幽桥、二龙戏珠浮雕等景点。白云山南坡面临西江，林壑幽美，建有以人工饲养和繁殖珍稀动物黑叶猴为主的云龙花园。佛教圣地四恩寺位于半山腰。2021年，景区免费开放，接待游客92.15万人次。

2021年7月15日，梧州骑楼城一景　　市文广体旅局　供图

【梧州市军事体育文化园景区】

坐落在西江南岸梧州国家体育训练基地东侧，设置有海陆空三军装备展览及体验区、国防教育展厅、阅兵广场、军体基地、真人CS野战区、户外拓展训练区、军事宿营区、野炊烧烤区等场所，拥有占地3000平方米的专业户外拓展训练基地，由高空组合区、攀岩挑战区、游戏比赛区、趣味运动场等组成，可开展各类拓展培训项目100多个。也是梧州市开展国防爱国教育和打造军事文化旅游品牌的重点项目。2021年，景区接待游客2.3万人次，营业收入126万元。

【梧州苍海旅游区】 位于梧州市南岸，占地215公顷。苍海公园如城市的公共绿肺，为现代都市人提供一隅放松身心的休闲场所。清晨漫步期间，草木葱茏，让人神清气爽。夕阳西下，落日余晖深远唯美，流水潺潺行人闲步，让人联想到“小桥、流水、人家”的元曲意境。位于苍海旅游区内的园博园齐聚广西各地园艺特色。以“西江明珠，岭南新韵”为主题，梧州园博园充分展现“西江明珠、岭南重镇、千年古城、百年商埠”的独特魅力，携着一碧呈现世界神奇美丽的流韵，吸引着四方游客走进苍海，走进一幅美丽的风情画卷。2021年，旅游区接待游客93.4万人次，营业收入326.8万元。

【梧州市玫瑰湖公园景区】 位于梧州市长洲区，与长洲岛隔江相望，三龙大道从玫瑰湖风景区通过。玫瑰湖景区原是一片低水位的农田，1976年龙新村筑起拦河大堤，低水田改建成为大型综合性水产养殖场，即玫瑰湖养殖场。1992年，玫瑰湖和长洲岛一起发展成为全市新兴旅游风景区—农业生态环境旅游区，让游客在田园风光中尽情享受大自然的恩赐。2021年，玫瑰湖公园免费开放，接待游客132.7万人次。

【梧州市中山公园景区】 坐落于万秀区河东城区中心，古称茶山，是梧州市最早建成的公园。民国13年（1924）梧州商埠局拆除旧城墙以扩大城区，正式把北山开辟为公园，定名为北山公园，占地面积约为25.29公顷。民国19年（1930）10月，中山纪念堂落成并与北山公园连成一体，公园遂改名为中山公园，沿用至今。公园主要的景点有中山纪念堂、大平台景区、后山竹林景区、明秀园、韦拔群纪念馆、半山凉亭、集碑亭等景点。公园内的动物园，虎、豹、猴、鸟品种繁多，蛇趣园集观赏、购买、品尝蛇肉、蛇制品于一体，后来动物园搬到太和花园。2021年，中山公园免费开放，接待游客19万人次。

【梧州六堡茶生态旅游景区】 位于苍梧县六堡镇，桂东大桂山脉的延伸地带。六堡镇出产的茶，在清代嘉庆年间，以特殊的槟榔香味被列为全国名茶之一，享誉海内外。当年"茶船古道"通过水路将六堡茶销往海外。六堡镇区的主要景点有六堡牌坊、六堡茶产业园、观光茶园、茶街以及"茶船古道"起点合口码头，游客在此可感受六堡茶文化，开启六堡茶寻根探秘之旅。在六堡生态旅游区，除了可以买到正宗产地六堡茶，还可在苍梧六堡茶文化旅游节期间观赏到"茶船古道"历史重现的盛景和非物质文化遗产展演，还可穿戴起民族服装，到各茶园参与采茶活动，学习六堡茶传统工艺制作，体验摘茶制茶的乐趣。2021年，景区免费开放，接待游客61.1万人次。

【梧州李济深故里文化旅游景区】 位于梧州市龙圩区大坡镇料神村。清光绪十一年（1885年）李济深诞生于此。故居建于民国14年（1925年），是二层楼房四合院建筑体，占地面积3040平方米，大小厅房53间，四角有炮楼。大门口嵌着一块大理石，上面刻着胡耀邦亲笔题写的"李济深故居"5个大字。故居瓦面建有墩子式的人行道，与四角上的炮楼相通，是一座进可攻、退可守的建筑物。门前塘边有一六角亭，院后山有苍翠的树林。前面广场立有一座威严的李济深铜像，像高4米，坐落在青山绿水环抱中。有古色古香的古戏台，戏台为仿古宫廷式建筑，戏台广场面积680平方米。1984年被定为广西文物保护单位，1995年被列为广西壮族自治区爱国主义教育基地，1996年11月被列为国家级文物保护单位。2021年，景区免费开放，接待游客28.5万人次。

2021年9月5日，树木葱茏的中山公园　　市文广体旅局　供图

【梧州天龙顶山地公园景区】 位于岑溪市南渡镇吉太社区，占地1600公顷，天龙顶主峰海拔1211米，梧州第一高峰、桂东南第二高峰，由于独特的地理条件形成全国罕见的"低海拔云海"奇观，是欣赏"奇峰草甸"景色的好去处。天龙顶山地公园内有高峰湖泊、溪谷瀑布、天龙草甸等美丽风光，有龙脊仙桥、冰川遗址、田园水韵等自然景观，提供观赏、攀登、野营、徒步穿越、山地自行车、瑜伽健身、农家乐、特色餐饮等山地旅游活动，是具有旅游观光、休闲度假、户外运动等多功能的复合型景区。2021年，景区接待游客8.34万人次，营业收入202.60万元。

【岑溪市东山文化公园景区】 位于岑溪市市区，是中国第一个利用原山资源规划开发建设的全山景公园，是一座以健身活动和生态游憩为主要功能的休闲文化公园。公园内以古韵、廉歌、孝音、儒风四个主题公园为主体，有公园广场、假山凉亭、孔庙、登山石阶、观景亭、生态茶坊和东山阁等景观，是观光旅游、寻古探幽的好去处。2021年，景区免费开放，接待游客14.38万人次，

【藤县石表山休闲旅游景区】 位于藤县象棋镇道家村，总面积约1600公顷。是中国丹山、碧水、沙滩、村落组合最完美的地方之一，包括思罗河漂流景区、石表山寨景区、石龙大峡谷、道家古村和道家沙滩公园等。鬼斧神工的丹霞景观，古朴天成的村落，融合了钟灵毓秀的自然山水和历史的人文厚重感，景区构成了天人合一、山水互依的诗画美景。11月26日，藤县石表山景区获评2021年中国体育旅游精品项目。2021年，景区接待游客12.92万人次，营业收入779.11万元。

【蒙山县永安王城景区】 位于蒙山县蒙山镇，是全国重点文物保护单位。永安王城景区以太平天国封王建制地遗址区为中心，以湄江为纽带，太平天国封王建制地内的古城墙、天王发布诏令处和武庙均被列为国家重点保护文物，恢宏的王府城墙，隆重的封王大典，演绎出太平天国的文化脉络，体现了景区深厚的文化内涵。2021年，景区免费开放，接待游客46万人次。

【蒙山县长坪水韵瑶寨景区】 位于蒙山县城东北部蒙山县长坪瑶族乡，距县城27千米。长坪水韵瑶寨也是广西五星级乡村旅游区。原始森林包围着村落，泉水汇成小溪穿寨而过，山环水绕风景绝美。景区内有风雨桥、心形桃花岛、小木屋等特色建筑，瑶寨农家乐里还可品尝到独具特色的瑶寨美食。长坪瑶族乡拥有浓郁的瑶族风情，是中国少数民族特色村寨，也是广西特色景观旅游名村、广西“森林人家”和瑶族文化的重要研究基地。景区内吃、住、行、游、玩、购、娱等旅游配套设施完善，是一个集瑶族文化体验、休闲度假、风味餐饮、文化娱乐于一体的瑶族风情旅游区。2021年，景区免费开放，接待游客6.6万人次。

【蒙山县梁羽生公园景区】 位于蒙山县城东南，321国道旁。原址为鳌山宝塔（即文笔塔），因宝塔建于山顶，山似巨鳌，故名鳌山宝塔。主塔始建于清乾隆二十七年（1762年），嘉庆年间续建，1985年重建。塔分五层，呈六角形，每层各有塔檐，塔顶用琉璃瓦盖成，顶尖为莲花托葫芦形陶制品。塔门两边有一对联，为蒙山县籍的中国香港新派武侠小说作家梁羽生（原名陈文统）1987年2月回乡所作。宝塔脚下的小山坡，有一清幽古寺——永安寺。2005年，蒙山县人民政府投入700多万元，将鳌山宝塔所在的小山辟为梁羽生公园。由梁羽生的好友、中国香港新派武侠小说大师金庸题写园名。2021年，景区接待游客21.4万人次，营业收入50.8万元。

2021年7月24日，长坪水韵瑶寨全景　　市文广体旅局　供图

【蒙山县天书侠谷景区】 位于蒙山县城东5千米处，因谷口巨大的“天”字和谷内清潭上的“天书奇石”而得名。天书侠谷风景区分布在蜿蜒长约10多千米的峡谷内，景区内奇石千姿百态，碧水潺潺，风光旖旎。景区以“中华侠义文化体验旅游峡谷”为总体定位，有丹枫桥、金刀寨、“天”字崖、洗剑潭、游侠广场、天女潭、丹心亭、七剑亭、母猴抱子、八部天书、蟾蜍看天书、玉梦清潭等主要景点。2021年，景区接待游客23.4万人次，营业收入58.7万元。

旅游线路建设

【红色体育旅游线路】 2021年4月，梧州市文化广电体育和旅游局（简称市文广体旅局）发布红色体育旅游线路10条。

线路一：中山公园—中共梧州地委·广西特委旧址陈列馆—骑楼城—龙母庙景区—梧州市革命烈士纪念碑—珠山景区（英领事署旧址）、梧州市博物馆。线路介绍：红色火种，沿着西江逆流而上，由梧州向广西各地传播，终成为燎原的革命烈火。梧州的这些红色景点都在市区内，游客游玩可以选择自行车或者电动车，在感受梧州红色历史文化的同时，也可以进行登山、健步走等体育运动。

线路二：粤桂·花园里农家乐—粤桂合作特别试验区瞭望塔—允升塔—梧州军事体育文化园—炳蔚塔—苍海旅游区—合景·启迪冰雪小镇—李济深故里文化旅游区—泗洲岛乡村旅游区。线路介绍：有山、有水、有红色历史故事，在游玩之余还可以进行滑雪、足球、登山等体育运动。景点之间相距较远，游客游玩可以选择自驾游。

线路三：白云山冰泉豆浆馆—中共广西第一个农村支部纪念馆—镇安村田园观光休闲景区—仙迹桃花岛乡村旅游区—龙岩山公园—石桥中心小学中共地下党支部旧址。线路介绍：“未尝冰泉豆浆，不算到过梧州。”清晨，从一杯冰泉豆浆开始一天的旅程，远离城市的喧嚣，感受乡村的宁静。

线路四：西炮台公园—梁羽生公园—长坪水韵瑶寨景区永安王城景区—天书峡谷。线路介绍：蒙山为游人辟出一方武侠天地。“千古文人侠客梦，百年江湖影成空”。登山远眺，看一看新派武侠小说开山祖师曾经看过的风景。

线路五：袁崇焕故里文化景区—石表山休闲旅游风景区—道家村乡村旅游区。线路介绍：听一听袁崇焕的故事，看一看石表山的自然风光，感受道家村的风土人情，感受生活的美好。

线路六：岑溪市东山体育健身公园—天龙顶国家山地公园—石庙山风景区。线路介绍：天龙顶山地公园是欣赏“奇峰草甸”景色的好去处，游客可以看到低海拔云海奇观。

线路七：炳蔚塔—苍海公园—合景·启迪冰雪小镇—李济深故里文化旅游区—广平镇调村大革命时期梧州农民运动陈列馆。线路介绍：炎炎夏日，游客欣赏完公园的美景，再来一场清凉的滑雪运动。

线路八：白云山冰泉豆浆馆—中共广西第一个农村支部纪念馆—镇安村田园观光休闲景区—仙人湖旅游景区—六堡茶生态旅游景区—仙迹桃花岛乡村旅游区—龙岩山公园—石桥中心小学中共地下党支部旧址。线路介绍：驱车到市郊，欣赏沿途的风景，感受大自然的气息，在青山绿水间体验乡村生活。

线路九：珠山烈士墓园—中共梧州地委·广西特委旧址陈列馆—大同酒店—中共广西第一个农村支部纪念馆。线路介绍：聆听革命路上的感人故事，感受“团结奋斗、不胜不休”的革命精神，接受红色精神洗礼，继承革命文化传统。

线路十：泗洲岛乡村旅游区—广西革命老区第一村平浪村—农耕文化园—摩天茶海农业示范区—富万村乡村旅游区。线路介绍：乡村田园，小桥流水，村落人家，炊烟映着落霞，岁月静好；游客在这里还可以戏水、摘果。

【入选2021年中国体育旅游十佳精品线路】 2021年11月，在中国体育文化博览会和中国体育旅游博览会上，由市文广体旅局组织策划申报的环梧州市区红色体育旅游线路从全国报送的168个线路项目中脱颖而出，入选2021年中国体育旅游十佳精品线路。这条线路是：南广高铁梧州南站—苍海旅游区/合景启迪冰雪小镇—李济深故居—梧州体训基地—中共广西早期革命活动旧址（中共梧州地委·广西特委旧址陈列馆、大同酒店旧址等）—中国骑楼城—中山纪念堂—玫瑰湖公园/三祺城—中恒体育场/游泳跳水馆—长洲水利枢纽/泗洲岛乡村旅游区。该线路以“串联成链”的方式，将周恩来、孙中山、李济深等名人在梧州的革命活动足迹串联起来，覆盖6个国家AAAA级旅游景区和3个免费或低收费大型体育场馆，可进行足球、滑雪、水上、户外等多项运动，融合党建、文旅、体育和大健康等众多元素。因其体育项目资源丰富、设备设施配备齐全、沿途适游性强，以及各元素融合度高等优势，成为广东、广西地区民众开展红色教育、体育旅游的热门选择。该线路自获评2021年中国体育旅游十佳精品线路后，接待游客人数约13.6万人次，旅游收入约1亿元。

旅游业态

【乡村旅游】 2021年8月20日，六堡茶休闲农业与乡村旅游示范点、岑溪市糯垌镇绿云村村民合作社、广西梧州市思良江休闲农业与乡村旅游示范点、泗洲村乡村旅游区入选广西休闲农业与乡村旅游示范点。10月18日，绿云村被评为广西五星级乡村旅游区。11月6日，绿云村、泗洲村、沙地村、大中村创建成为广西乡村旅游重点村。2021年，梧州市有创建广西四星级（含）以上乡村旅游区1个，四星级（含）以上农家乐3家。全市有乡村旅游区17家、农家乐30家。其中，广西四星级（含）以上乡村旅游区16家，广西四星级（含）以上农家乐21家。

【生态旅游】 2021年，梧州市有6家旅游区被评定为广西生态旅游示范区，分别是蒙山县水韵瑶寨景区、岑溪市天龙顶山地公园、藤县蝴蝶谷生态旅游度假区、梧州石表山景区、蒙山县天书侠谷生态旅游区、梧州市白云山生态旅游区。4月20日，甜蜜家生态蜂业园、梧州市太和公园创建成为国家AAA级旅游景区。

【红色旅游】 2021年，梧州市挖掘开发市内红色文化资源，全力把梧州市打造成为继百色市、桂林市之后广西第三个全自治区重要红色教育基地——桂东南红色教育基地。梧州市财政筹集资金2695万元，修缮提升梧州市党史教育基地。年初，中共梧州市委发布《关于做好全市党史教育基地修缮提升工作的通知》，落实工作机构，成立革命文物修缮提升工作专班。由市委宣传部门统筹，倒排工期，完成了中共梧州地委旧址、大同酒店旧址修缮工程，完成了中共梧州地委旧址—中共广西特委旧址陈列馆、大同酒店场景复原和陈列布展、韦拔群烈士生平陈列馆陈列布展等重点项目。6月21日，自治区党委常委班子党史学习教育第二次专题学习、专题读书班暨自治区党委理论学习中心组2021年第三次专题学习在梧州市举办。第二季度，举办“感党恩 跟党走”红色之声——梧州市红色旅游景区、革命历史纪念场馆讲解词（导游词）创作大赛，共收到讲解词作品84篇，经地方党史专家评审，评选出一等奖2名、二等奖3名、三等奖5名、优秀奖10名。

旅游开发

【旅游市场开发】 2021年1月，市文广体旅局联合市茶产业发展服务中心、广东广视传媒公司到苍梧县六堡镇等地拍摄《外来媳妇本地郎》梧州专集“有茶有真相”。3月20日晚，该剧

2021年5月29日，在“红色热土 壮美广西”2021广西全域旅游大集市上的梧州市“红色旅游”展位　　市文广体旅局　供图

在广东广播电视台珠江频道播出，剧情结合梧州六堡茶文化，给不少观众留下深刻印象。当晚《外来媳妇本地郎》收视率和市场份额均居广东全省第二、广州地区第一。该剧的播出起到宣传梧州特色文化，开发潜在旅游客源的作用。

年内，在“倡导就地过节，非必要不离梧”的新冠疫情防控措施下，市文旅部门拓展市内近程旅游消费空间，引导市内各景区、景点提升服务质量，有序开展线上、线下优惠促销活动，推出景区免门票、门票半价、特色产品折扣等优惠促销，使“梧州人游梧州”的热度持续不减，休闲乡村游、农家乐、红色教育基地打卡等短途线路备受市民群众欢迎，“微度假”“微旅游”成为市民假期旅游的主基调和新趋势。

【区域旅游合作组织】 10月20日，市旅游管理部门组织梧州市文旅企业参加2021年“桂迎湘江客·共赏西江水”广西西江生态旅游带宣传推广联盟（湖南）推介活动，从多角度宣传推介梧州市文化旅游资源，特别是特色产品、精品线路。通过加入西江生态旅游带宣传推广联盟，实行“抱团”发展模式，实现旅游产业统一品牌、统一形象、整合推广、整合营销，各方互为客源，互为旅游目的地，以达到提升整体优势、提高产品丰厚度、提升游客有效受益度的目的。

【旅游商品开发】 2021年，梧州市着力改善大中村、沙地村、绿云村、黎垌村、古河村、广平调村、新马村等广西乡村旅游重点村旅游基础公共服务设施，六堡茶生态旅游景区、仙迹桃花岛乡村旅游区等结合当地情况，利用已有资源开展旅游电商活动。市文化旅游管理部门开展送文艺精品下基层等活动，丰富乡村旅游业态。利用梧州旅游微信公众号，打造一批游客必吃美食和必买食品类旅游商品，推介传统的龟苓膏凉茶铺、冰泉豆浆馆、大东酒家等梧州餐饮业老字号；重点培育冰泉豆腐花、冰泉豆浆晶、冰泉女人豆浆粉、双钱龟苓膏、六堡茶等梧州手信品牌。通过参加2021广西全域旅游大集市等活动，推广梧州特色美食冰泉豆浆、纸包鸡、香芋鸭、蒙山土窑烧鸡、藤县葛根月饼等。

旅游管理

【旅游行业管理】 2021年，市旅游管理部门完善新冠疫情防控工作，强化新冠疫情防控服务及指引，加强检查力度，全面落实防控措施，确保旅游场所安全稳定。继续落实“放管服”决策，不断优化营商环境。开展平安文化市场建设，营造文明旅游环境，推进文明旅游。5月，市文广体旅局组织开展旅游厕所质量等级评定工作。评定AAA级景区旅游厕所4家、AA级景区旅游厕所2家。全年对旅游经营企业进行抽查286家次，均未发现违规行为。

【旅游从业人员培训】 2021年5月，市文广体旅局派员参加自治区文化和旅游厅组织的2021年自治区旅游民宿管理人员素质提升培训班。培训结束后，市文广体旅局立即将民宿业标准化建设与发展趋势、乡村旅游与民宿打造、乡村民宿的管理与服务提升等培训内容传达至各县（市、区）文广体旅部门，指导民宿业从基础设施、服务提升等方面提档升级。6月24日—25日，梧州市举办红色旅游发展暨讲解员队伍建设业务培训班，文旅系统干部职工、红色旅游讲解员代表等80多人参加培训。培训采用专题授课、案例分析、教学实训等多种形式开展，邀请自治区及梧州市相关领域专家学者进行授课，内容包括梧州历史文化与红色旅游发展、红色旅游创新发展、红色旅游讲解词撰写、红色旅游讲解员讲解技巧及队伍建设等。

【旅游饭店管理】 2021年，梧州市旅游饭店星级评定委员会完成对6家星级旅游饭店的复核工作，经评审5家星级旅游饭店通过评定复核，1家星级旅游饭店因装修申请延期复核。截至12月，全市有星级旅游饭店30家，其中四星级旅游饭店4家，三星级旅游饭店16家，二星级旅游饭店10家。

【旅游安全管理】 2021年，市文广体旅局印发《2021年全市文广体旅系统安全生产工作要点》等文件，重点抓国家A级旅游景区落实“预约、限流、错峰”等新冠疫情防控要求，以及高危运动项目的旅游安全监管；进一步加强对旅游景区渡口安全管理，游船、渡船安全技术和安全设施，应急预案制定演练等情况的监督检查。重点督促各旅行社对旅游产品、线路进行安全评估，与游客签订旅游合同，给游客买保险。检查各旅行社是否按照“三证一单”要求租用旅游车辆，是否开好行前说明会。加强导游、领队人员、游客旅游安全教育，详细告知游客文明旅游的相关事项和应尽义务，带团导游领队要担负起文明督导责任。重点指导星级旅游饭店、提供餐饮住宿的国家 A 级旅游景区、旅游度假区、星级乡村旅游区（农家乐）安全质量检查。

【假日旅游管理】 2021 年，市文广体旅局每逢重要节假日或敏感期，主持召开全市文广体旅系统假日市场工作视频会议，对梧州市旅游假日市场工作进行部署落实，压实假日市场安全生产职责，抓好安全风险隐患排查，加大假日市场的安全监管。落实企业主要负责人对本单位安全生产主体责任，压实安全责任、管理、投入、培训和应急救援“五到位”。市文化市场综合行政执法支队全力坚决做好常态化巡察监管，在重要时间节点和敏感时期，进一步加大巡察频次和监管力度，确保压实监管责任。

旅游节庆活动

【“33 消费节”（第二季）·冬游活动】 2021 年 1 月 23 日至 2 月中旬，梧州市举办“33 消费节”（第二季）·冬游活动——新春房·车旅游消费节的活动。1 月 23 日，梧州市“33 消费节”（第二季）·冬游活动——新春房·车旅游消费节在梧州军事体育文化园开幕。活动由市文广体旅局主办，梧州体育训练基地、广西军博园文化传播有限公司、梧州市岭南文化旅游开发有限公司、梧州市岭南体育文化发展有限公司承办。游客可以到房车内参观了解房车、房车生活、房车旅游和房车酒店文化。另外，展销会同时展出配套的户外运动装备、露营设施和梧州特产等。活动期间，自治区外游客凭身份证享受免首道门票优惠，自治区内游客享受门票市价 5 折优惠。

【2021 年梧州市文博旅游艺术活动周】 5 月 18 日，2021 年梧州市文博旅游艺术活动周开幕，正式发布梧州市 10 条红色旅游精品线路，并组织游客代表及体育运动爱好者到红色旅游线路打卡体验。统筹文旅行业力量，成立梧州市文化和旅游新媒体联盟，聚力宣传梧州红色文化。发放《梧州——广西革命的摇篮》宣传小手册，搭建梧州市红色旅游精品线路宣传展架，邀请广西旅游广播平台红色主播现场直播推介梧州市红色旅游线路；设计定制“梧州——广西革命的摇篮”个性茶杯，体现梧州市红色文化与六堡茶旅游融合理念，在开展红色教育主题等活动及六堡茶宣传推广活动中发放。《人民日报海外版》对梧州市多种形式开展红色旅游宣传推介的做法及成效作了专题报道。

【参展“红色热土 壮美广西”2021 广西全域旅游大集市】 2021 年 5 月 29 日，“红色热土 壮美广西”2021 广西全域旅游大集市在桂林市中心广场开幕。梧州市文旅管理部门协调市辖 7 个县（市、区）组织 28 家文旅企业参展。共设展位 10 个，重点展示推介梧州市最新的红色旅游精品路线和各县（市、区）特色文化旅游产品、特色美食。其中“梧州——广西革命的

2021 年 5 月 18 日，参加文博旅游艺术周活动的体育爱好者组成梧州红色旅游线路打卡团，在市中山公园景点打卡拍照

市文广体旅局 供图

摇篮”展区设置打卡背景墙，吸引现场众多市民游客拍照留念。不少人在展区了解梧州市最新的红色旅游精品路线，对梧州独特的红色精神和红色文化产生兴趣。梧州的美食产品在现场展示制作技艺，消费者现场观摩、品尝和购买。六堡茶、纸包鸡、猪油饼、蒙山棒打猪肉丸、藤县米饼等美食让现场消费者赞不绝口。美食特产陈北水纸包鸡、蜜汁葛根饼、冰泉豆浆等在“品八桂香红美食”展区美食评比大赛中获奖。

旅游公共服务

【旅游推介会】 2021年，市文广体旅局组织梧州市文旅企业参加自治区文化和旅游厅于4月7日、4月8日、4月9日分别在北京、武汉、广州举办的“壮族三月三”文化旅游专场推介会，以及于4月10日—11日在江苏省南京市玄武湖公园举办的“壮族三月三·相约游广西”公众促销活动，推介梧州文化旅游资源，开展文化旅游商品促销，提升梧州文旅品牌的知名度和影响力。10月15日—17日，组织参加2021中国—东盟博览会旅游展。通过艺术展示、歌舞表演及文化旅游产品的展示和推广，全方位推介梧州市丰富多彩的文旅资源和别具一格的岭南风情，助力打造岭南特色文化名城。市文广体旅局展团获得2021中国—东盟博览会旅游展“最佳组展奖”。

【成立梧州市文化和旅游新媒体联盟】 2021年5月18日，在市文广体旅局的倡导下，梧州市岭南文化旅游开发有限公司、梧州市旅游行业协会、广西军博园文化传播有限公司、梧州市皇豆文化传媒有限公司、梧州市唯客体育传媒有限公司、梧州海虹影视文化传媒有限公司、广西映粤文化传播有限公司、梧州市影域文化传播有限公司8家机构联合发起成立“梧州市文化和旅游新媒体联盟”，并举行联盟成立仪式。

（市文广体旅局）

编审：邓桂豪　编辑：赖红柳

金融业

综　述

【概况】　2021年，梧州市共有银行业金融机构18家，其中政策性银行1家，国有大型银行6家，城市商业银行3家，农村信用合作金融机构5家，村镇银行3家。18家银行机构在全市设置网点390个。全市有28家保险公司146个网点覆盖辖区。另外还有证券公司营业部7家、期货公司营业部2家、小额贷款公司10家、政府性融资担保机构4家、民营典当行2家，新增1家地方法人持牌金融组织——广西粤桂国际茶业交易中心。年末，全市金融机构人民币存贷款余额3060.56亿元，其中存款余额1598.96亿元、贷款余额1461.60亿元。全市金融机构累计投放“桂惠贷”优惠利率贷款129.72亿元，惠及全市4616户大中小微型企业、小微业主、个体工商户、新型农业经营主体等各类市场主体，直接帮助市场主体降低融资成本2.55亿元。梧州市原保费收入34亿元，累计赔付支出12.81亿元。梧州市小额贷款公司贷款年末余额2.98亿元，试点开始2021年年底累计发放贷款26.98亿元（不含已注销机构）。政府性融资担保业务考核口径发生额36.16亿元，考核口径发生户数4702户，综合完成率183.2%，排名全自治区第二。全市2家典当行年末典当余额1721万元，同比增长38.4%。

【金融改革创新】　2021年，梧州市在全自治区首创性开发地方性保单融资业务“梧贸通”。向自治区争取中央外经贸发展专项资金政策支持，市金融办与市商务局共同印发《共同推动“梧贸通”融资创新业务试点实施方案》，针对外贸企业融资困难和贸易风险问题精准施策，创新地转变了传统贷款要求实物资产抵质押的要求。截至年底，授信目标企业20户，授信目标金额1.2亿元。10月，梧州市入选广西直接融资改革创新试点城市。作为全自治区3个试点城市之一，梧州市在未来3年，将以产业发展为目标，以绿色创新为导向，以企业上市为主线，以债券发行为辅助，以股权投资为牵引，以完善服务为支撑，以风险防范为保障，通过立足梧州市再生资源、高端金属新材料、建筑材料、食品医药、电子信息等重点产业，以粤桂合作特别试验区为核心引擎，辐射带动辖内各县（市、区）全方位发展，力争形成可持续、可复制、可推广的制度成果和经验模式。

【多层次资本市场对接】　2021年，梧州市在境内外上市的企业共有2家，分别为在上海证券交易所上市的中恒集团和在香港证券交易所上市的神冠控股公司。在全国中小企业股份转让系统（新三板）挂牌的企业共2家，分别为梧州旭平首饰股份有限公司和梧州三鹤药业股份有限公司。在广西北部湾股权交易所展示托管或挂牌企业共91家，其中挂牌14家，展示55家，托管22家。年内，梧州市重点培育上市后备企业在库11家，进入自治区上市（挂牌）后备企业资源库6家，其中广西重点拟上市企业3家，占全自治区15%，数量排全自治区第三位。广西三威家居新材股份有限公司、广西睿奕新能源股份有限公司在广西证监局辅导备案。市财政金融管理部门为重点拟上市公司争取自治区千企技改、工程扶持、自治区技术创新示范企业认定奖励、自治区统筹支持工业振兴（“专精特新”中小企业）项目等各类奖补资金。根据已出台的《梧州市关于加快推进企业上市（挂牌）工作的若干措施》及配套的实施细则等扶持政策，对企业上市（挂牌）、债券融资、股权投资以及有贡献的中介机构等涉及资本市场的各个方面均给予奖补，充分调动梧州市企业上市（挂牌）和中介机构辅导企业的积极性，促进企业做大做强。截至年末，为广西三威家居新材股份有限公司、广西睿奕新能源股份有限公司、广西五一管业股份有限公司、广西金茂钛业有限公司、广西碧清源环保投资有限公司、广西梧州国龙再生资源发展有限公司、广西梧州三鹤药业股份有限公司7家拟上市重点企业争取上级奖补资金1013.65万元。

【政金企融资对接平台搭建】 2021年，市金融办牵头组织召开各类经济金融运行分析会、政金企融资对接活动等5次。其中，梧州市金融支持2021年“三年三工程”活动重大项目建设暨“桂惠贷”政策宣讲融资对接活动，现场12家企业与银行机构集中签约，授信总额32.53亿元；市金融办与税务、金融监管部门共同举办梧州市2021年银税互动暨诚信企业信用融资推广发布会，向参会中小企业介绍减税降费、提升纳税服务成效和相关惠企信用快贷政策和产品。全年全市各级各部门开展政金企融资活动8场次，参与企业112家，签约项目29个，活动促成贷款36.51万元，受益企业62家。

【信贷营商环境优化】 2021年，梧州市以“搭建“政、银、企”三位一体的融资服务平台为支撑，通过“工业振兴特派员+金融顾问”组团“点对点”金融服务的形式，根据企业实际融资需求，帮助设计有效、便捷、合理、经济的一揽子融资解决方案，并为企业融资提供全程服务，提高银企信息对称度，提高企业信贷支持获得率，助力企业做强、做大。以“政府性融资担保+财政贴息”多政策结合，加大跨部门政策协调力度，发挥“几家抬”合力，打出金融、财政、担保等政策“组合拳”，建立逐渐完善的“产业保”体系，引导政府性融资担保机构为产值新增潜力大、暂遇困难的企业增信担保；引导金融机构精准对焦小微企业和“三农”主体，将政府性融资担保机构单户担保额1000万元以下（含1000万元）的年化担保费率（含再担保费）降至1%以下，单户担保额1000万元—2000万元（含2000万元）的年化担保费率（含再担保费）降至1.5%以下，以降低小微企业、个体工商户和“三农”主体融资成本。2021年度政府性融资担保业务实际发生额27.4亿元，考核口径发生额36.16亿元，考核口径发生户数4702户，综合完成率183.2%，排名全自治区第二。以“定点+扩面”多维度结合，通过构建完善市、县（区）、乡（镇）三级线上线下宣传联动机制，充分发动行业主管部门、金融机构、新闻媒体、行业协会、社会组织等各方力量，依托全市银行、担保等20家金融机构349个营业网点，全方位、多角度开展“桂惠贷”政策宣传、解读、培训上万人次。紧盯“三年三工程”“双百双新”“五网大会战”“新基建”等重点行业领域，围绕小微企业、民营企业、“三农”领域、重点招商引资企业等重点群体开展差异化宣传，不断提升市场主体对“桂惠贷”的知晓度，让“桂惠贷”发挥出真正的帮扶作用，进一步助力梧州市优化营商环境。

（市金融办）

4月21日，梧州市金融支持2021年“三年三工程”活动重大项目建设暨“桂惠贷”政策宣讲融资对接活动签约仪式在江滨国际大酒店举行　韦雨利　摄

WUZHOU YEARBOOK

2021年梧州市金融机构人民币信贷收支表

表15

栏目	年末余额（万元）
一、各项存款	15989598
（一）境内存款	15955900
1. 住户存款	11026493
（1）活期存款	4769487
（2）定期及其他存款	6257006
2. 非金融企业存款	2858159
（1）活期存款	1555768
（2）定期及其他存款	1302391
3. 广义政府存款	2036817
（1）财政性存款	133525
（2）机关团体存款	1903292
4. 非银行业金融机构存款	34430
（二）境外存款	33698
二、各项贷款	14616048
（一）境内贷款	14613888
1. 住户贷款	7137210
（1）短期贷款	953043
消费贷款	520810
经营贷款	432233
（2）中长期贷款	6184167
消费贷款	4863156
经营贷款	1321011
2. 非金融企业及机关团体贷款	7476678
（1）短期贷款	1599698
（2）中长期贷款	5488881
（3）票据融资	388066
（二）境外贷款	2160

（人民银行梧州市中心支行）

银　行

【概况】　2021年，梧州市银行业金融机构有18家，包括中国农业发展银行梧州分行、中国工商银行股份有限公司梧州分行、中国农业银行股份有限公司梧州分行、中国银行股份有限公司梧州分行、中国建设银行股份有限公司梧州分行、交通银行股份有限公司梧州分行、中国邮政储蓄银行股份有限公司广西壮族自治区梧州市分行、广西北部湾银行股份有限公司梧州分行、柳州银行股份有限公司梧州分行、桂林银行股份有限公司梧州分行、梧州市区农村信用合作联社、藤县农村信用合作联社、广西蒙山农村商业银行股份有限公司、广西岑溪农村商业银行股份有限公司、广西苍梧农村商业银行、广西藤县桂银村镇银行股份有限公司、岑溪市北部湾村镇银行有限责任公司、苍梧深通村镇银行有限责任公司。全市银行业金融机构营业网点390个，其中市区153个，县域237个。另外，行业管理组织有广西壮族自治区农村信用社联合社梧州办事处，行业自律组织有梧州市银行业协会。年末，梧州市人民币存贷款余额3060.56亿元，同比增长11.49%，高于全自治区平均增速1.7个百分点，连续33个月高于全自治区平均增速。各项贷款余额1461.60亿元，比上年增加217.13亿元，同比增长17.5%。各项存款余额1598.96亿元，比上年增加98.24亿元，同比增长6.55%。

【中国银行股份有限公司梧州分行】　2021年，中国银行股份有限公司梧州分行下辖县支行3个，营业网点16个，本外币各项存款余额102.58亿元，比年初增加2.48亿元，增长2.48%；本外币各项贷款余额70.61亿元，比年初增加10.72亿元，增长17.9%。该行落实“六稳”“六保”工作任务，推动普惠、民营、绿色等服务国家战略业务发展，加大对“东融”交通基础设施重点工程、粤港澳大湾区产业转移项目、重大能源设施建设以及“亿吨级”西江黄金水道港口码头项目的支持力度，助力广西东大门建设。在产品创新上，根据当地特色产业，创新推出“梧州茶商贷”金融产品，用实际行动助力自治区政府“打造千亿茶产业”目标，为梧州六堡茶提质增效、茶农增收致富注入“金融活水”。在客户服务上，持续优化体制机制、丰富宣教形式、提高队伍专业能力，全面提升消费权益保护工作质效；设置“养老服务示范点”、完善网点配套适老服务设施、增加线上金融适老服务设置等，提升适老化服务水平。在防范和化解金融风险上，做好不良贷款化解工作，加强重点领域管控力度，强化合规风险源头治理，牢牢守住不发生系统性风险底线。该行获评2021年度梧州市银行业金融机构综合评价A级、2021年度外汇管理评估A级、2021年度代理梧州市本级财政国库集中支付业务优秀市级分行。

（中国银行梧州分行）

【工商银行梧州分行】 2021年，工商银行梧州分行把握梧州深度融入大湾区机遇，建好广西东大门的区域发展特色和定位，主动对接东部产业转移、支持乡村振兴，主攻创新领域和薄弱环节。重点关注在资产注入、增资扩股、收购股权等过程的资金需求和业务机会，灵活运用理财直投、融资租赁、并购贷款、营运贷款等表内表外融资方式挖掘城市基础设施、公共事业等领域的项目资源，年末，实现贷款余额86.37亿元，比年初增加6.91亿元。服务工商企业、支持实体经济发展，通过专业联动实现优势资源共享，以线上＋线下方式，以经营快贷、个人经营贷款、e抵快贷、数字供应链等重点产品为抓手，瞄准目标客户，推进普惠金融业务创新发展，年末，工商银行梧州分行普惠贷款实现监管口径双达标，超额3.96%完成人民银行定向降准口径全年任务，超额3.23%完成银保监口径普惠贷款全年任务；支持百姓安居和消费需求升级，提前做好城区和县域房企的市场拓展、准入和按揭资源的储备，截至年末，工商银行梧州分行个人贷款余额为66.69亿元，比年初增加7.89亿元。

（工商银行梧州分行）

【中国建设银行梧州分行】 2021年，建设银行梧州分行下辖县支行3个，全辖区有营业网点17个（县支行网点5个，城区网点12个）。年末，一般性存款余额112.31亿元；各项贷款余额117.08亿元。

年内，建设银行梧州分行累计为539家企业到期的债项办理延期3个月，合计贷款金额3.2亿元；无还本续贷2.67亿元，共380户。累计投放普惠客户“桂惠贷”82笔，共计1.26亿元，为客户节约融资成本超220万元。实现新产品授信401户，金额达5000万元。授信藤县耕地提质项目1.8亿元，推广八桂系列贷种，裕农快贷授信共76户，金额457万元；“裕农通”服务点覆盖813个行政村，坚持“线上＋线下”持续走进乡村拓展民生服务，通过裕农通业主缴费合计达12万笔，累计发放“乡村振兴裕农通卡”2.3万张；向苍梧县六堡镇九城村道路照明工程、藤县藤州镇古达村道路硬化等工程捐款近50万元。打通长洲区法院“一案一户”政融支付渠道，助力传统支付智能化；搭建梧州市第十六中学、第十八中学、职业学院和藤县教育局等建融慧学平台，开启学生缴费新模式；开发金融产品“梧贸通”“关银一KEY通”，以及实现梧州分行首笔国际商业转贷款业务、首笔委付贷业务、落地首笔人民币利润再投资业务。成立六堡茶产业专班，专项负责研究对茶企、茶商、茶农等全流程金融支持政策，探索搭建六堡茶产业链平台，初步建成苍梧县塘坪村党建金融示范点。支持本地农产品在自有电商平台、云上广C小程序等推广销售，

2021年，中国银行梧州分行深入群众开展“3·15”金融消费者权益保护宣传活动　何婷　供图

其中六堡茶、龟苓膏、冰泉豆浆等产品在善融扶贫兴农交易额达450.1万元。

（建设银行梧州分行）

【中国农业银行股份有限公司梧州分行】 2021年，中国农业银行梧州分行各项存款230.47亿元，比年初增加11.66亿元，增长5.33%；各项贷款余额为171.44亿元，比年初增加24.17亿元，增长16.29%。年内，该行紧扣重大项目建设和产业振兴等重点领域，累计投放贷款金额86亿元，同比多投放32亿元。扎实推进普惠金融发展，全行监管口径普惠金融贷款比年初增加3.65亿元，为计划完成数的1.28倍，增速高于全行各项贷款增速16.21个百分点，实现监管达标。持续深化“三农”金融服务，打造县域金融服务领军银行，助力跑好脱贫攻坚和乡村振兴“接力赛”，全行县域贷款余额125.2亿元，其中涉农贷款余额81.1亿元，比年初增加9.17亿元，增长13.3%。因该行支持农业信贷担保工作出色，获得国家农业信贷担保联盟有限责任公司致信感谢。年内，有57个单位、86名员工获得自治区及以上级别表彰。

（农业银行梧州分行）

【中国农业发展银行梧州分行】

2021年，中国农业发展银行梧州分行下辖苍梧、岑溪、藤县、蒙山等4个县（市）支行。年末，各项存款余额17.58亿元，日均存款20.78亿元，比上年日均增加2.40亿元；各项贷款余额131.45亿元，比年初增加44.25亿元，增长50.75%。全年新获批贷款项目22个，项目涉及农业农村基础设施建设、林业保护领域和“六堡茶”“生猪养殖”等龙头企业、特色产业，审批金额104.16亿元；营销储备项目25个，拟申请贷款额度159.83亿元，持续增强信贷业务发展后劲。全年投放各项贷款54.41亿元，贷款净增44.25亿元，为上级行下达贷款净增任务13.5亿元的3.28倍。信贷质量良好，不良贷款保持为零。该行各项贷款增量、增速名列梧州市金融机构“双第一”。

年内，该行发放粮食贷款0.92亿元，收购储备和调控订单粮食3266万千克（原粮）；发放基础设施类贷款42.94亿元，重点支持产业园区、农村路网、水利建设、乡村风貌提升、民办学校建设等领域；发放现代农业产业类贷款10.28亿元，完善农村流通体系建设，推动现代农业园区、文化旅游、林业资源开发等新业态发展建设；发放0.33亿元支持一批优质民营企业，推进六堡茶种植、生猪养殖等产业发展；实行减费让利政策，发放“桂惠贷”贷款共计7.66亿元，累计减免小微企业贷款利息等费用0.1亿元。

（农业发展银行梧州分行）

【中国邮政储蓄银行梧州市分行】 中国邮政储蓄银行梧州市分行是中国邮政储蓄银行股份有限公司的二级分支机构，2021年，有内设部门13个，下辖4个县级支行，65个营业网点。截至2021年年末，资产总额161亿元，同比增长4.80%；各项存款余额151亿元；各项贷款余额近53亿元。

年内，该行持续开展的农村信用体系建设，以农户小额贷款接力扶贫小额信贷，实现脱贫攻坚与乡村振兴有效衔接，涉农贷款结余近25亿元，普惠型涉农贷款结余8亿元，建设信用村157个。加大普惠金融投放力度，优化普惠贷款结构，持续做好“商贷通抵押类”“极速贷”等产品优化，以线上小微易贷为抓手，着手推动“流水贷”等新产品，达到“扩户增量”的目的，普惠型小微企业贷款余额达15亿元，投放“桂惠贷”超6亿元。建立完善绿色银行政策制度体

2021年11月25日，农业发展银行梧州分行党委书记陈侃（右二）在粤桂合作特别试验区对接项目　　农业发展银行梧州分行　供图

系，梳理绿色授信政策，明确绿色信贷支持方向、重点领域、准入标准和管理要求，持续鼓励各级机构因地制宜发展绿色金融，绿色贷款余额接近4亿元。建立健全防范化解重大风险的制度体系，制订风险管控考核方案，持续做好风险预警工作，将日常风险防控与攻坚战工作相结合，强化风险防控效果，连续保持重大风险事件和案件零发生的良好态势。

（邮政储蓄银行梧州市分行）

【交通银行股份有限公司梧州分行】 2021年，交通银行股份有限公司梧州分行（简称交通银行梧州分行）有营业网点4家，分别为营业部、新兴支行、恒祥支行、新湖支行，其中，河东区1家，河西区3家；拥有自助服务区（点）3家；资产总额达52.74亿元，人民币各项存款余额49.73亿元，人民币各项贷款余额48.29亿元。年内，被评为中国银行业文明规范服务四星级营业网点的有新兴支行；获得国家级银行营业网点服务认证的有营业部、新兴支行。

年内，交通银行梧州分行继续做好社保、公积金、财政资金、地方政府专项债资金承接以及重大项目资金对接工作；加强公私联动力度，加快拓展代发客户进程，为客户提供全方位结算服务，持续推进负债管理落地；全年新增贷款投放18.23亿元。充分利用交通银行总行金融业务中心优势，发挥本行全牌照及离在岸一体化服务作用，成功办理梧州市首笔美元“跨境直贷”业务，投放跨境直贷3905万美元，带动7810万美元结售汇业务量。充分发挥金融服务实体经济的前沿作用，引导企业通过《广西壮族自治区加快建设面向东盟的金融开放门户若干措施》优惠政策，获取跨境信贷融资资金补助260万元。

（交通银行梧州分行）

【梧州市区农村信用合作联社】 2021年，梧州市区农村信用合作联社有营业网点29个，金融综合服务点4个。年末，各项存款余额127亿元，各项贷款余额108.07亿元。

年内，梧州市区农信社贯彻落实“桂惠贷”各项政策，对符合授信条件的客户给予合理的融资支持，确保“桂惠贷”政策落到实处。截至年末，发放财政贴息贷款17.1亿元，通过“桂惠贷”政策为企业降低融资成本约3500万元，投放金额在全市21家金融机构中排第二名。支持梧州市实施“东融”战略，截至年末，涉及“东融”信贷资金达11.47亿元。其中：支持粤桂合作特别试验区企业18户，支持信贷资金7.6亿元；支持辖区外贸外资企业20户，累计信贷资金3.87亿元。推进实施乡村振兴战略，年末涉农贷款余额50.18亿元、普惠型涉农贷款余额7.23亿元。加速进行农村集体经济组织账户开立工作，100%代理农村资产、资金、资源交易平台，至年末共开立村级账户59个（100%覆盖）、开立小组账户471个。推广“4321”“4222”新型银政担保业务，重点营销单户授信额度500万元以下小微企业。普惠型小微企业年末贷款余额16.91亿元。创新绿色金融产品，助推梧州全面“东融”绿色发展。截至年末，发放绿色信贷6500万元，比年初增4485万元，增长2.22倍。

（梧州市区农信社）

【桂林商业银行梧州分行】 2021年，桂林商业银行梧州分行共设立9家管理型支行，1家县域二级支行，45家社区/小微支行，335家农村金融综合服务

2021年6月25日，梧州市区农信社与粤桂合作特别试验区联合开展主题党日活动，向试验区及园区企业进行现场授信，金额超3亿元

梧州市区农信社　供图

点。该行落实“桂惠贷”政策，是首个投放梧州“见贷保+桂惠贷”业务的银行。截至年末，桂林商业银行梧州分行“桂惠贷”累计投放414笔22.45亿元，惠及中小微企业及小微企业主、个体工商户312户，节约融资成本4593万元。

年内，该行探索创新绿色金融发展新模式，全年绿色信贷业务涉及企业14家，年末贷款余额23.06亿元；支持乡镇支柱产业做大做强，重点扶持岑溪市石材、苍梧县六堡茶以及蒙山县蔬果种植产业，总授信近3亿元，实现了支持“一县一品一产业”全覆盖；准入的六堡茶、八角、澳洲坚果产业富农贷总授信1.53亿元，累计放款1200万元，共有90名农户受益；支持乡村振兴战略新举措，设立13个服务乡村振兴示范点，通过龙头企业示范引领帮助更多农户增收致富；打造乡村振兴直播平台，针对驻村第一书记、服务点站长推荐的特色农产品开展了12场直播。通过直播平台、赶圩活动等渠道，累计助销农产品达到10万千克，销售额约40万元，其中蒙山支行为蒙山县长坪瑶族乡助销生姜5万千克，为农户带来12万元收入，事迹得以在《广西日报》上刊载。

（桂林商业银行梧州分行）

【柳州银行梧州分行】 2021年，柳州银行梧州分行下设营业部1个、传统支行2家、小微支行3家、社区支行1家、县支行2家和离行式自助银行1个。资产总额46.28亿元，主营业务收入18516.34万元，中间业务收入99.61万元，年末存款余额（含表内理财）27.95亿元，各项贷款余额46.13亿元。

（柳州银行梧州分行）

【广西北部湾银行梧州分行】 2021年，广西北部湾银行梧州分行在梧州市长洲区、万秀区、龙圩区及藤县、蒙山、苍梧设立了营业网点、社区（小微）支行及离行式自助银行。6月，设立的苍梧支行实现广西北部湾银行梧州分行在梧州县域服务网络全覆盖。年末，北部湾银行梧州分行资产总额98.31亿元，各项存款余额70.99亿元，各项贷款余额62.92亿元。对梧州市各级园区（含入园企业）、政府平台公司（及其集团子公司）授信总额（贷款+投融资业务）为49.42亿元，用信余额为46.47亿元。全年缴纳税款2580.84万元。

（北部湾银行梧州分行）

2021年12月28日，柳州银行藤县宏达广场小微支行开业

柳州银行梧州分行 供图

保 险

【概况】 2021年，梧州辖区保险主体机构28家，下属分支机构116家。其中，财产保险公司主体机构14家，分支机构52家；人身保险公司主体机构14家，分支机构63家；持证保险专业中介机构5家。全年梧州保险业实现原保费收入34亿元，规模排名居全自治区第八位，同比增长6%，增速排名全自治区第六位。其中财产保险公司原保费收入11.22亿元，规模排名全自治区第九位，同比下降14.8%，增速排名全自治区第十三位；人身保险公司原保费收入23.09亿元，规模排名全自治区第七位，同比增长20.58%，增速排名全自治区第二位。年内梧州保险业累计赔付支出12.81亿元。其中，财产保险公司累计赔付支出7.05亿元，人身保险公司累计赔付支出5.75亿元。

【保险纠纷案件调解】 2021年，梧州保险行业人民调解委员会通过受理法院委派、保险公司和当事人申请调解的案件开展多元化调解工作，充分运用人民法院调解平台、多元调解微信小程序，实现了“信息多跑路、群众少跑路”，为当事人提供更加高效、便捷的诉调服务。全年梧州保险行业人民调解委员会参与、指导调解案件466件，涉案金额5412万元，其中梧州保险行业人民调解委员会直接调解案件109件，成功调解78件，引导当事人对人民调解协议向法院申请司法确认案件22件，涉案金额1935万元。调解成功率同比增长5.2%，涉案金额同比增长84%，调解协议司法确认申请数量同比增长4.7%。定期邀请万秀法院法官授课，提升调解员专业能力，为涉保纠纷“支招”。2021年，协会李子健被司法部评为“2020年全国模范人民调解员”。

【车险快处快赔】 2021年，梧州银保监分局和梧州市交警支队修订出台《2021年梧州市公路和农村地区道路交通事故快处快赔工作实施方案》，梧州保险行业协会与市交警支队协调变更龙圩区、藤县快处快赔点服务网点，规范网点场地建设、事故处理流程，确保快处快赔服务机制规范运行。全年快处快赔服务网点共处理事故案件5464件，同比增长6.32%，处理事故车辆11012辆，估损金额976.77万元。梧州保险行业协会配合市交警支队在梧州南、梧州东高速出口、藤县、夏郢服务区设置快处快赔服务站，为过往发生轻微交通事故车辆提供责任划分和保险理赔咨询办理等一站式服务，做好2021年重大节假日高速公路轻微事故快处工作，共处理事故案件81件，处理事故车辆170辆。

（梧州保险行业协会）

【中国人民财产保险股份有限公司梧州市分公司】 2021年，中国人民财产保险股份有限公司梧州市分公司（简称人保财险梧州市分公司）辖内共有10家县级经营机构。其中，城区经营机构5家，分别为万秀支公司、蝶山支公司、市分公司营业部，另有社保业务部和个人贷款保证保险业务部2个专营机构；县域机构5家，分别为龙圩支公司、藤县支公司、岑溪支公司、蒙山支公司、苍梧营销服务部。年内，人保财险梧州市分公司全年保费收入4.41亿元，市场份额占39.36%，其中车险保费收入1.99亿元，社保保费收入1.51亿元，商业非车险保费收入0.55亿元，政策性农险保费0.39亿元。全年支付各类赔款3.29亿元，其中健康险赔款1.64亿元，政策性农业保险赔款0.27亿元。缴纳增值税等各类税收3736.68万元，其中增值税580.84万元，代收代缴车船税2939.38万元，个人所得税116.48万元。

（人保财险梧州市分公司）

【中国人寿保险股份有限公司梧州分公司】 2021年，中国人寿保险股份有限公司梧州分公司下辖万秀、长洲、苍梧、岑溪、藤县、蒙山6个支公司，有34个农村代理网点，另有兼业代理机构279个。全年实现保费收入8.4亿元，市场份额占据梧州保险行业首位。

（中国人寿保险梧州分公司）

【中国太平洋财产保险股份有限公司梧州中心支公司】 2021年，中国太平洋财产保险股份有限公司梧州中心支公司下辖苍梧、藤县、岑溪3个支公司和蒙山、龙圩区、太平镇3个营销服务部，2个“三农”金融服务室。该公司全年实现保费收入1.57亿元，业务规模居梧州市财产保险市场第二位。

（太平洋财产保险梧州中心支公司）

【中国太平洋人寿保险股份有限公司梧州中心支公司】 2021年，中国太平洋人寿保险股份有限公司梧州中心支公司拥有长洲、岑溪和藤县在内的3个四级机构。全年规模保费突破2.16亿元。其中，新增保费4575.83万元，续期保费17040.35元。全年累计支付赔款和给付支出3242.48万元。

（中国太保寿险梧州中心支公司）

【中国大地财产保险股份有限公司梧州中心支公司】 2021年，中国大地财产保险股份有限公司梧州中心支公司在梧州市下辖1个支公司、5个营销服务部。全年保费收入3175.96万元，同比下降15.56%，赔款支出1868.39万元。

（大地财产保险梧州中心支公司）

【天安财产保险股份有限公司梧州中心支公司】 2021年，天安财产保险股份有限公司梧州中心支公司在岑溪、藤县及苍梧县设立分支机构。该公司全年共收保费2141.4万元，同比下降

2.83%。其中，车险保费 1873.45 万元，非车险保费 267.95 万元，全险种的综合成本率 90.77%，实现利润 198.17 万元。

（天安财产保险梧州中心支公司）

【华安财产保险股份有限公司梧州中心支公司】 2021 年，华安财产保险股份有限公司梧州中心支公司下设岑溪支公司、龙圩支公司、藤县支公司。全年保费收入 5141.63 万元，理赔支出 2877.54 万元。

（华安财产保险梧州中心支公司）

【中国平安财产保险股份有限公司梧州中心支公司】 2021 年，中国平安财产保险股份有限公司梧州中心支公司（简称“平安产险梧州中支公司”）不含税保费 1.51 亿元。其中，车险保费 1.19 亿元，非车险保费 3224 万元。车险保费基本和上一年持平，非车险保费呈上升趋势。全年车险有效报案量 1.57 万笔，已赔款 7764 万元，已报告赔付率 62.6%，结案率 93.9%；非车报案 1681 笔，立案金额 448.96 万，报案注销 155 笔，结案 1503 笔，结案金额 403.59 万，结案率 89.4%。

6 月，平安产险梧州中支公司助力平安产险藤县支公司开展政策性农险新业务，农险业务累计保费收入 252.15 万元；农险理赔报案 525 笔，已决赔付金额 36.04 万元。年内，平安产险梧州中支公司助力小微企业度过难关，推出雇主责任保险 A 款、平安乐业福及平安建设工程施工合同履约保证保险，惠及 80 家制造业民营企业，总保额超 13.03 亿元，累计实收保费 58.96 万元。向有保险需求的用户提供线上自助办理服务，期间参加线上活动及服务的车险客户 32.04 万人次、使用服务的客户数 5.47 万人，其中保险绿色服务通道及防疫系列活动访问人次累计超过 2.4 万人。推行“客户线上自助理赔 + 理赔人远程视频查勘”无接触理赔服务，涵盖“自助报案”“远程视频查勘”“实时单证上传”“电子签名”“OCR 识别支付”等，客户登陆“平安 E 企宝”即可线上自主完成投保确认；线上报案，理赔资料齐全，3 个工作日即可获得赔款。

（平安产险梧州中支公司）

【中国平安人寿保险股份有限公司梧州中心支公司】 2021 年，中国平安人寿保险股份有限公司梧州中心支公司是中国平安保险（集团）股份有限公司的分支机构，全年保费收入 8038.49 万元，赔付给付合计 603.08 万元。

（平安人寿梧州中心支公司）

【北部湾财产保险股份有限公司梧州分公司】 2021 年，北部湾财产保险股份有限公司梧州分公司设有龙圩支公司、苍梧支公司、藤县支公司、岑溪支公司、蒙山支公司，太平营销服务部，城区有 4 个业务销售团队。全年累计实现保费收入 1.1 亿元，市场规模排名全市第四，累计赔付总支出 6022.5 万元，上缴税款 775.7 万元。该公司获 2021 年度广西投资集团先进基层党组织、2021 年度广西金投集团先进基层党组织和 2021 年度北部湾保险先进基层党组织称号，并获 2021 年北部湾保险党委系统“五星党支部”称号。

（北部湾财产保险梧州分公司）

【中国人民人寿保险股份有限公司梧州分公司】 2021 年，中国人民人寿保险股份有限公司梧州分公司下设苍梧、岑溪、藤县、蒙山 4 个支公司。全年实现规模保费收入 1.41 亿元，在当地寿险市场份额居前三位。

（人民人寿保险梧州分公司）

【泰康人寿保险有限责任公司梧州中心支公司】 2021 年，泰康人寿保险梧州中心支公司下辖本部营销服务部、龙圩营销服务部、藤县营销服务部、岑溪营销服务部。全年实现规模保费收入 8453.39 万元。其中个险新契约规模保费 1180.78 万元，同比下降 20.06%；续期规模保费 6168.31 万元，同比下降 6.54%。截至年底，理赔共计金额 570 万元，理赔件数 656 件，理赔共计 541 人次。

（泰康人寿保险梧州中心支公司）

【新华人寿保险股份有限公司梧州中心支公司】 2021 年，新华人寿保险股份有限公司梧州中心支公司在市长洲区、龙圩区以及岑溪市设立支公司 3 个，营销人员 804 人。全年规模保费收入 1.29 亿元，同比增长 7.5%；累计支付理赔款 791.42 万元，同比下降 1.07%。

（新华人寿保险梧州中心支公司）

证　券

【概况】　2021年，梧州市共有证券机构营业部7家、期货机构营业部2家，分别为：国海证券股份有限公司梧州奥奇丽路证券营业部、招商证券股份有限公司梧州冬湖路证券营业部、华泰证券股份有限公司梧州西堤三路证券营业部、安信证券股份有限公司梧州西堤三路证券营业部、国海证券股份有限公司梧州大学路证券营业部、国海证券股份有限公司梧州岑溪市义洲大道证券营业部、国海证券股份有限公司梧州藤县藤州大道证券营业部、国海良时期货有限公司梧州营业部、瑞达期货股份有限公司梧州营业部。年内，梧州市证券市场交易活跃度上升，仅国海证券股份有限公司梧州奥奇丽路证券营业部、招商证券梧州冬湖路营业部新增开户数达24944户；华泰证券梧州西堤三路证券营业部全年实现交易量701.79亿元，其中A股交易量522.56亿元，分别比上年增长10.1%、3.25%。

（市金融办）

【国海证券】　2021年，国海证券股份有限公司梧州奥奇丽路证券营业部为企业、机构、个人及政府客户提供证券、基金、期货、私募投资基金等多元化业务体系的金融服务。新增总开户数（资金账户）3492户，全年实现A股交易量414.06亿元。

5月15日，该营业部组织开展主题为“心系投资者，携手共行动——守初心担使命，为投资者办实事”的投资者教育宣传活动，组织开展防范打击非法集资、非法证券期货等系列投教宣传活动，参与梧州市人民银行组织的反洗钱系列等宣传活动，累计向公众投资者派发投教育宣传资料2775份，发布投教宣传文章视频累计36篇，帮助梧州市市民提高识别能力，培育理性投资、风险自担的正确理念，维护本地证券市场秩序。年内，被广西证券期货基金业协会授予“2021年优秀经营机构”称号，已连续4年获得该称号。

（国海证券梧州奥奇丽路证券营业部）

【华泰证券】　2021年，华泰证券梧州西堤三路证券营业部践行公司科技赋能下的财富管理与机构业务“双轮驱动”战略，运用数字化业务体系与模式下精准赋能的业绩提升工具，托管资产31.19亿元，金融产品销售21.02亿元，同比增长37%。营业部全年总交易量701.79亿元，其中A股交易量522.56亿元，在广西辖区所有证券业会员单位中排名第十七位。

（华泰证券梧州西堤三路证券营业部）

【招商证券】　2021年，招商证券梧州冬湖路营业部为投资者提供财富管理计划和投资顾问分级服务，开展各项客户服务活动，在传统业务上积极普及和推广手机交易、网上交易，招商证券主推的行情交易APP“智远一户通”处于业内领先水平。在机构业务上，招商证券为梧州企业进行新三板上市、发行城投债、股票质押、资产证券化（ABS）等业务。年内，招商证券梧州营业部占市场份额20%，托管资产新增1亿元；客户新增21452人，交易量85.82亿元。被梧州市长洲区税务局评定为A级纳税人。

（招商证券梧州营业部）

小额贷款　融资担保　典当

【概况】　2021年，梧州市有10家小额贷款公司。其中，5家处于正常经营状态，5家长期处于停业状态。有4家融资担保机构，均为国有企业性质。其中，市属国有担保公司1家，自治区直属担保公司驻梧州分支机构3家。有2家民营典当行。新增1家地方法人持牌金融组织——广西粤桂国际茶业交易中心。

【小额贷款】　2021年，梧州市小额贷款公司共10家。其中：岑溪市3家，藤县2家，蒙山1家，万秀区2家，长洲区2家；5家处于正常经营状态，5家长期处于停业状态。注册资本共3.21亿元。年末，梧州市小额贷款公司贷款余额2.98亿元，年内累计发放贷款5928.6万元，同比增长73.5%，试点开始至今累计发放贷款26.98亿元（不含已注销机构）。

【融资担保】　2021年，梧州市融资担保公司共4家。其中，法人机构1家，注册资本3亿元；分支机构3家。全年政府性融资担保业务考核口径发生额36.16亿元，考核口径发生户数4702户，综合完成率183.2%，排名全自治区第二。（市金融办）

梧州市金融投资有限公司 2021年，梧州市金融投资有限公司（简称市金投公司）下辖2家全资子公司、2家控股子公司、3家控股公司，核心企业是梧州市小微企业融资担保有限公司（简称小微担保公司）。市金投公司全年主营融资担保业务实际在保449笔共20.57亿元。营业收入3337.42万元，实现利润总额591.25万元。年内，小微担保公司充分利用担保业务录入国担基金监管系统，筑牢政银担风险防范机制，加强银行机构、再担保机构、政府性融资担保机构的团结合作，共同防范化解担保企业风险。截至12月末，“4321”模式在保余额2.87亿元，“4222”模式在保余额14.45亿元，“总对总”的“3232”模式在保余额191.20万元。围绕自治区实施工业振兴三年行动和中共梧州市委、市政府大力推动实体经济发展决策部署，通过融资担保支持梧州市五大特色产业县域及园区发展。市金投公司为小微企业提供融资政策性担保在保合计348笔，金额148131.2万元；支持农业产业在保合计33笔，金额16368万元。围绕梧州市的特色产业，创新融资担保产品，逐渐完善“产业保”体系，如六堡茶产业保、石材产业保、木材产业保、“造船保”等。

（市金投公司）

【典当】 2021年，梧州市典当行共2家。其中，梧州市方俐典当有限公司注册资本800万元，岑溪市广源典当有限公司注册资本1000万元。年末，全市典当行典当余额1721万元，同比增长38.4%。

【地方各类交易场所】 2021年年底，广西文投文化产权交易中心从南宁市整体迁入梧州市，并更名为广西粤桂国际茶业交易中心，落户粤桂合作特别试验区（梧州）。交易中心主营六堡茶、宝玉石现货非标准化合约或仓单、可转让提单等提货凭证的交易服务。这是梧州市从市外引入的首家地方法人持牌金融组织，也是梧州市市属国有企业绝对控股的金融企业。梧州市为全自治区继南宁、柳州、玉林之后，第四个拥有持牌交易中心的设区市。

（市金融办）

编审：邓桂豪　编辑：甘国成

建筑业 房地产业

综 述

【概况】 2021年，梧州市建筑业呈增长态势，实现总产值81.18亿元，同比增长11.3%；建筑业企业房屋施工面积318.43万平方米，同比增长16.8%；全市建筑业增加值占地区生产总值比重6.6%，拉动地区生产总值增长6.3%；全年在库建筑业企业109家，比上年增加19家，增长21.1%。梧州市房地产业呈萎缩状态，年底全市有房地产开发企业225家，比上年房地产开发企业341家减少116家；商品房销售面积391.35万平方米、同比下降1.0%，其中住宅面积358.57万平方米、同比下降3.1%。

【建筑市场管理】 2021年，梧州市落实企业主体责任，完善安全生产责任制，加大整顿和规范建筑市场秩序力度，不断加强建筑市场监管工作。促进建筑业持续发展，规范建筑市场监管机制。扶持从事建筑类施工的单位申办施工资质，申报对外承包工程等资格；建立企业跟踪服务制度，完善配套政策和扶持措施，促进建筑业做大做强做优；狠抓招投标源头监管，严格市场准入清出制度和企业资质动态监管，加强事中事后监管；规范建筑市场秩序，营造竞争有序的市场环境。严管重罚、从严查处各类建设施工违法违规行为，重点对全市在建工程项目根治欠薪各项制度落实情况进行全面检查，在源头上规范工程项目的监督管理，确保欠薪隐患早发现、问题早处置、历史陈案早办结。落实建设单位责任，严格依法发包工程，严厉打击非法施工、违法发包、建设单位指定分包等违法行为；规范工程承包行为，严禁转包、违法分包和挂靠。严厉打击转包、扩大劳务分包、违法分包、挂靠等违法行为，明确了建设单位不得将工程款直接拨付给没有合同关系的单位和个人；加强建筑劳务管理，规范劳务用工行为。全面落实用工单位的用工责任及落实“一金七制”；加强诚信体系建设，严肃查处违法违规行为。主动公开市场主体诚信信息，严肃查处建设单位、施工单位违法违规行为。

【房地产市场监管】 2021年，梧州市放宽预售资金监管。有序释放房地产行业企业账户内预售监管资金50%，项目销售价格总额的预售资金重点监管额度暂按5%执行。在降低预售资金重点监管额度的基础上，对于纳入梧州市企业一套表统计库、实行国家统计联网直报的建筑业企业施工的开发项目，房地产开发企业可以申请项目销售价格总额的预售资金重点监管额度暂按3%执行。监管额度降5%后，419个监管项目释放资金39.26亿元，本地建筑企业（降3%）64个监管项目释放资金8.54亿元，两项共释放47.8亿元。

年内，梧州市实行新建商品住房销售价格备案制度。坚持“房住不炒”定位，印发《关于实行新建商品住房销售价格备案制度的通知》，规范商品住房销售行为，引导房地产开发企业合理定价，促进梧州市房地产业平稳健康发展。对梧州市范围内的新建商品住房（保障性住房和限价房、安置房等享受政府优惠政策的住房除外）全部实行房地产开发项目销售价格备案制度。当商品房实际成交价格偏离备案价格，上下浮动幅度超过10%时，商品房网上销售系统将自动锁定交易，无法进行网上签约。全年共受理86家开发企业共511个销售项目商品住房的价格备案，大多数项目备案价格每平方米都在4900元以上。

建筑业

【概况】　2021年，梧州市大力推进建筑业产值稳增长工作。完善建筑业发展协调机制，着力推动建筑业转型升级，培育发挥龙头企业带动作用，支持企业拓宽市场布局，提升本地企业资质，同时积极吸引省外优秀企业落户，为梧州市建筑业高质量发展添砖加瓦。推进建筑业健康有序发展。坚持“房住不炒”定位，全面落实稳地价稳房价稳预期的长效管理调控机制，实施房地产行业扶持政策，实施商品住房价格备案制度，规范市场交易行为，坚决防范化解房地产市场风险，保持房地产市场平稳运行。全年梧州市实现建筑业总产值81.18亿元，同比增长11.3%，全市建筑业增加值占地区生产总值比重为6.6%，拉动地区生产总值增长6.3%。建筑安装工程投资增长27.5%。在库企业数量增多，全年在库建筑业企业109家，比上年增加19家，增长21.1%。

【施工图设计文件审查】　2021年1月1日起，原则上梧州市所有房屋建筑和市政基础设施新建项目均须使用信息系统完成施工图审查，不再进行线下审查备案。按照联合审图要求，将消防、人防等技术审查并入施工图设计文件审查，施工图审查机构不再单独收取消防设计审查等专项费用。建设单位自行委托施工图审查机构，按要求通过广西数字化施工图联合审查管理信息系统进行施工图审查，实行施工图设计文件无纸化申报、审查。施工图审查备案、消防设计审查、人防设计审查等审批不再收取纸质图纸或文件作为证明材料，提高了图审效率，促进审批提速增效。同时为保障建设工程图审质量，加强事中事后监管，对经联合审图合格的施工图设计文件开展抽查工作，对抽查中发现存在问题的项目及时进行通报和处理。

2021年10月30日，汇洋新时代广场超高层写字楼封顶，该建筑整体高度为150米，刷新梧州建筑物高度　市住房城乡建设局　供图

【工程招投标管理】　2021年，梧州市全年开展房屋建筑和市政基础设施工程的开评标活动97个，工程造价约53.84亿元。市外施工企业中标43项，中标金额34.6亿元，占全年招标工程项目总额的64.3%；市内施工企业中标17项，中标金额18.15亿元，占全年招标工程项目总额的33.7%。年内，梧州市全面推进电子化招投标，要求进入梧州市公共资源交易中心开展交易活动的房屋建筑和市政基础设施工程的施工、检测、监理类项目采用全流程电子化招投标的方式，避免招标人、招标代理机构、投标人在开标前暗箱操作，有效维护招投标的公平竞争。加大招投标事中事后查处力度，严厉打击串通投标、弄虚作假等违法违规行为，维护建筑市场秩序。完善信用信息的分级管理制度，推动建筑市场信用评价结果在招标投标活动中规范应用。

【工程质量管理】　2021年，市建筑管理部门结合“智慧工地”平台，引入数字化工地监管模式，将建筑工地现场视频监控、塔式起重机及垂直运输机械安全监控等统一纳入监管平台；组织全市建设、施工、监理单位在岑溪市汇洋广场项目部召开“安全月”文明施工现场观摩会，示范带领，以点带面，提升全市建筑工地整体水平；运用各种形式加大安全生产宣传力度，狠抓安全生产责任措施落实，督促指导建筑市场各方责任主体加强对从业人员的安全教育培训，防范建筑施工生产安全事故发生，促进梧州市安全生产形势持续稳定好转。年内，梧州市获得自治区级评选文明工地6个，评选出市级文明工地47个。

【工程造价管理】 2021年，梧州市住房和城乡建设局做好建设工程造价管理工作，参与审核政府建设项目33个，审核工程造价约30亿元；参与梧州市第三人民医院应急医院项目建设工程造价管控工作。向有关部门提供梧州市房屋建筑工程综合造价指标、审核工程造价、提供建设工程新材料信息价等有关工程造价专业技术和资料。定期编制和发布地方性建筑材料价格信息的工作，按时发布1—12月《梧州市建设工程造价信息》共12期，印制4800本；为定期反映市场价格变动情况，发布了2021年上、下半年广西梧州市房屋建筑工程及市政工程造价指标指数共84个；发布4个实例工程。耐心解答各类造价咨询疑问共170多人次；开展梧州市建设工程"三价备案"工作，全年完成118项工程造价成果文件；及时刊登有关工程造价方面的政策性文件约20份；完成梧州市工程造价咨询企业信用评价工作。梧州市建设工程造价站获得2021年度全自治区建设工程造价系统先进单位。

【工程建设监理】 2021年，市住房和城乡建设局对所监理的房屋和市政公用工程开展春节前安全生产排查工作、房建市政工程安全生产隐患排查整治；接受自治区级、市级建筑市场暨建筑工程质量安全层级检查、全市房建市政工程复工复产安全防范工作检查等，所监理的房屋和市政公用工程质量、安全没有发生重大质量、安全监理责任事故，工程的质量安全处于受控状态。监理企业强化质量安全管理，引导施工企业抓好项目质量安全工作，鼓励和支持施工企业争创市、自治区级安全文明标准化工地和优质工程。监理企业增强自身竞争力，利用住建部对监理资质审批试点下放到自治区住建厅的有利机遇，有两家监理企业房屋建筑工程监理资质成功升级为甲级，为企业扩大经营创造了有利条件。为适应市场环境要求，有的监理企业开展了全过程工程咨询业务，这是一种全新的经营模式，也是一种有益的尝试，不断提高企业的社会竞争力。

【工地扬尘治理】 2021年，市建筑管理部门对全市房屋建筑和市政基础设施在建项目进行全覆盖巡查。全年共检查工地2950个（次），发出安全隐患整改通知书328份、发出停工整改通知书251份，实施动态扣分726份。加大建筑工地监管力度，对全市三大片区的房屋建筑和市政基础设施在建项目进行巡查，重点对建筑工地土石方场地平整施工等阶段进行严控，督促各方参建主体严格落实规范标准，全面做好各项扬尘管控措施。稳步推进密闭化运输车辆管理。联合市交通运输局、市公安局交警支队、市城市管理监督局在市辖区内持续开展密闭化运输管理工作现场联合执法行动。梧州市环城高速以内已全面使用新型环保密闭运输车。2021年度梧州市空气质量保持全面达到国家二级标准，优良率为99.5%，高出年度考核目标4.5个百分点；$PM_{2.5}$年均浓度为26微克每立方米，低于年度考核目标5微克每立方米；空气质量优良率、$PM_{2.5}$平均浓度分别排名全自治区第一、第三。梧州市有9个项目获得2021年广西建设工程"真武阁杯"奖（最高质量奖），15个建筑工地获评2021年广西建设工程施工安全文明标准化工地。

2021年，中建五局梧州医疗基地项目获评自治区安全文明标准化工地，并通过自治区建筑业绿色施工示范工程过程验收　　中恒集团　供图

【房屋白蚁防治管理】 2021年，市住房和城乡建设局以“互联网+”科学防蚁为思路，提升白蚁防治工作科技含量，以白蚁智能监测控制技术试点应用为突破口，坚持有效履行白蚁防治管理职能，落实白蚁防治施工与质量管理措施；持续提升科学防治水平和工程施工质量，严格按公共服务协议的约定按工程进度完成预防施工和15年包治期的回访复查工作；持续完善白蚁防治质量管理体系；开展白蚁科普知识和防治业务宣传，提升社会各界对白蚁防治工作的关注度。签订新建预防项目43个，项目涉及建筑面积约225万平方米；开展白蚁预防回访复查101项，复查面积约315万平方米；安装白蚁智能监控装置累计4965套，监控面积约803万平方米。

【安全生产】 2021年，市建筑管理部门以抓好安全生产为重点，全年开展春节前安全生产排查工作、全市房建市政工程安全生产隐患排查整治、全市建筑市场暨建筑工程质量安全层级检查、全市房建市政工程复工复产安全防范工作检查、市建设工程质量检测市场暨检测机构检测行为专项检查、市建设工程质量检测机构桩基检测专项检查、市建筑工地防汛安全风险隐患排查、违法建设和违法违规审批专项清查、市级建筑工程质量安全层级检查等工作，筑牢全市房建市政工程建筑施工安全生产底线。对查处安全生产责任不落实，安全标准不执行的企业项目，纳入“严管重罚”工程名单，严格执行安全生产动态扣分制度，应扣尽扣，并进行全市通报批评。全年全市房建市政工程建筑施工生产安全事故起数、死亡人数实现“双下降”，未发生较大及以上事故，全市住房和城乡建设系统安全生产形势保持平稳。

（市住房城乡建设局）

房地产业

【概况】 2021年，梧州市房地产业呈萎缩状态，全市有房地产开发企业225家，比上年房地产开发企业341家少116家。其中，市本级92家，岑溪市43家，藤县66家，蒙山县16家，苍梧县8家。房地产开发投资完成136.82亿元，全自治区排名第六。商品房销售面积391.35万平方米，全自治区排名第五。全市房地产业增加值占地区生产总值比重为9%，拉动地区生产总值增长3.4%。

【商品房销售】 2021年，梧州市（含三县一市）商品房供给40325套（宗），面积315.79万平方米。其中，商品住房19503套，面积236.06万平方米；非住宅商品房20822宗，面积79.73万平方米。

市本级申办商品房预售数据入网25990套（宗），面积188.46万平方米。其中，商品住房11361套，面积130.71万平方米，同比下降40.71%；非住宅商品房预售数据入网14629宗，面积57.75万平方米，同比上升35.02%。三县一市申办商品房预售数据入网14335套（宗），面积127.33万平方米。其中，商品住房8142套，面积105.35万平方米，同比下降54.40%；非住宅商品房6193宗，面积21.98万平方米，同比上升16.23%。

梧州市（含三县一市）商品房网签销售，商品房成交30566套（宗），面积311.27万平方米，同比下降19.77%。其中，商品住房成交22949套，面积277.28万平方米，同比下降17.35%，成交金额128.70亿元，同比下降20.52%，均价4641.29元每平方米，同比下降3.84%；非住宅商品房成交7617宗，面积33.99万平方米，同比下降34.73%，成交金额16.66亿元，同比下降46.55%。

市本级商品房成交16870套（宗），面积159.32万平方米，同比下降17.35%。其中：商品住房成交12178套，面积138.21万平方米、同比下降14.34%，成交金额66.34亿元、同比下降21.85%，均价4800.17元每平方米、同比下降8.76%；非住宅商品房成交4692宗，面积21.11万平方米、同比下降36.10%，成交金额10.23亿元、同比下降51.98%。三县一市商品房成交13696套（宗），面积151.95万平方米、同比下降21.34%。其中：商品住房成交10771套，面积139.07万平方米、同比下降20.19%，成交金额62.36亿元、同比下降19.06%，均价4483.39元每平方米、同比上升1.33%；非住宅商品房成交2925宗，面积12.88万平方米、同比下降32.41%，成交金额6.43亿元、同比下降34.80%。

【商品房二级市场管理】 2021年，梧州市（含三县一市）二手住房成交1604套，面积19.43万平方米、同比下降36.47%，成交金额6.07亿元、同比下降44.76%，成交均价3123.17元每平方米。

市本级二手住房成交1036套，面积10.79万平方米、同比下降47.14%，成交金额3.74亿元、同比下降54.40%，成交均价3466.28元每平方米。三县一市二手住房成交568套，面积8.64万平方米、同比下降15.05%，成交金额2.33亿元、同比下降16.36%，成交均价2694.59元每平方米。

【房地产中介服务】 2021年，梧州市开展专项整治全面排查阶段工作，掌握梧州市房地产中介机构的基本情况，规范梧州市房地产中介市场秩序，维护群众合法权益。年内，在梧州市住房和城乡建设局备案登记的房地产经纪机构共36家。

【房地产展销】 为刺激购房需求，提升房地产业投资和消费的市场预期信心，促进税收，2020年12月31日—2021年1月3日和2021年11月5日—7日分别举办了由梧州市住房和城乡建设局主办，梧州市自然资源局、梧州市万秀区人民政府、梧州市长洲区人民政府、梧州市龙圩区人民政府协办，梧州市房地产业协会承办的第十五届、第十六届梧州市房地产展销会。两届房展会期间共销售商品房378套，销售面积约3.99万平方米，销售金额2.2亿元。

【直管公房管理】 2021年，市本级直管公房879幢，27.25万平方米。其中，住宅24.26万平方米，非住宅2.99万平方米。配合梧州市棚户区（富民、工厂、新兴、百花冲、河东一期片区）改造工程，城区政府在市本级各棚改片区征收直管公房8.18万平方米，已完成搬迁2250户。2021年，增加河东二期棚户区改造项目，征收河东片区直管公房8.67万平方米，共3316户，已完成搬迁2067户。全年直管公房租金收缴706万元。其中，住宅租金收缴278万元，非住宅租金收缴428万元。年内，检查直管公房安全共2361幢（次），其中AB级774幢（次）、C级971幢（次）、D级616幢（次）；完成直管公房日常修缮1115宗，修缮工程资金约148万元。

【房屋安全鉴定管理】 2021年，市房产管理部门完善房屋安全鉴定备案制度，完成了房屋安全鉴定工作市场化的改造。房屋鉴定从房管部门剥离，交给市场、企业来完成，房屋安全鉴定相关费用由行政事业性收费变成企业自行收取。企业欲从事房屋安全鉴定，应当具备相应的专业技术人员、检测仪器设备和办公场地等条件，并在市房产管理部门备案。年内，已有6个房屋安全鉴定机构进行备案，共完成13份房屋安全鉴定工作。

【资金管理】 2021年，为确保商品房预售资金优先用于工程建设，梧州市本级签订《梧州市商品房预售资金监管协议》的监管项目130个，申报预售资金监管总额104.55亿元，监管面积163.63万平方米，申报重点资金监管额度3.97亿元。监管账户资金10.37亿元，已拨付重点资金10.60亿元（837宗），已提取非重点资金63.96亿元，核退资金0.40亿元（270宗），已解除监管项目49个。

全年有10家银行与市住房保障和房产管理中心签订《存量房交易资金监管合作协议》，已开设10个“梧州市住房保障和房产管理中心”的监管账户。有5家银行开展存量房资金监管业

2021年11月5日，第十六届梧州市房地产展销会现场

市住房城乡建设局　供图

务，已签订《存量房交易资金监管协议》228份，监管资金1.04亿元，已划拨资金0.64亿元，监管账户资金余额0.4亿元，解除资金监管121宗。

梧州市建立安全、稳定、智能的住宅专项维修资金综合管理平台，签订《梧州市住宅专项维修资金监管协议》的监管楼幢229幢（共21794套），面积172.86万平方米；办理缴交维修资金10801宗，归集金额1.38亿元；提取维修资金申请658宗，支付金额0.052亿元。维修资金账户余额15.12亿元（含增值收益0.61亿元）。

【物业管理】　2021年，梧州市“四位一体”统筹推进网格党建、小区党建、物业党建、业委会党建，构建完善党组织领导的多方联动物业服务管理工作格局，提升党建引领城市基层治理水平，打造红色物业行业党建基地。在全自治区率先建设行业主管部门党建阵地，建设800平方米的市红色物业党群服务中心，协同各方力量参与城市治理，融合小区党建、行业管理、纠纷化解、志愿服务等“一站式”服务窗口，切实解决群众关心关切的“关键小事”，有效破解物业管理难题。织密物业行业组织体系。在全市率先组建物业服务行业党委，采取“五抓”（抓底数、抓覆盖、抓规范、抓示范、抓融合）方式，促进梧州市物业企业党支部从6个发展到13个，实现中共组织和工作在物业行业全覆盖。推行信用信息备案。建立红色物业服务行业综合信息智慧管理平台，推进物业服务行业信用体系建设，录入物业信息3956条，覆盖市本级173个小区和105家物业企业。建立考核评价机制。建立住建、街道、社区、居民对物业企业“四位一体”考核评价机制，评出自治区级“美好家园”优秀小区5个、优选物业企业15家，星级物业企业党组织5个。助力老旧小区改造。针对老旧小区管理难题，在全自治区率先创建小区物业管理委员会制度，助力盘龙城小区、松脂厂生活小区等8个老旧小区改造示范点建设。

（市住房城乡建设局）

编审：邓桂豪　编辑：甘国成

城市建设

城市规划

【概况】 2021年，梧州市制订城市建设“十四五”规划，持续优化城市路网，加强路桥及配套设施建设，全面改造、提升城市主干道和快速路，完善苍海片区、临港经济区路网，建成西江四桥、五桥、六桥，强化梧州南站、梧州站、西江机场等重要综合交通枢纽的串联，实现主城区与外围功能组团融合发展。同时，建设一批高品质城市公园、街边游园、街心绿地，增加城市总体绿量。结合各类公园、道路绿化及沿河沿江绿廊建设，推进绿道网建设。规划新一代信息基础设施建设，对标粤港澳大湾区，围绕数字梧州建设，聚焦新一代信息基础设施、算力基础设施、创新基础设施三大领域，建设集约高效、经济适用、智能绿色、安全可靠的新型基础设施。

年内，完成规划设计条件通知书、项目规划批复、加装电梯、办理建设工程规划许可证、建设工程放线验查等事项共885份，比上年的256份增长2.46倍。

【规划管理】 梧州市自然资源局依据城乡规划法等法律法规以及梧州市城市总体规划、控制性详细规划和优化营商环境百日攻坚要求，将建设项目规划选址办理时间缩短到2天，建设工程规划许可证核发办理时间缩短到3天，建设项目规划核实办理时间缩短到5天，达到全自治区最短时间。

2021年度共完成规划设计条件（预）通知书共计137份，批复建设项目修建性详细规划117份，办理建设工程规划许可证（建筑类）共265份，收取市政配套费4014.21万元，核发建设工程规划许可证（非建筑类）28份，办理建设工程放线验查共75份，办理规划条件核实120份，完成住宅加装电梯审批发证143份，成功完成加装电梯95部。

（市自然资源局）

市政建设

【城市基础设施建设】 2021年，梧州市统筹推进城市提质工程重点项目38项，完成投资25.5亿元，为年度计划的1.14倍。推动西江四桥项目建设取得关键性进展，并实现全面通车。有序推进全市建成区范围内海绵

2021年，基础设施整体改造提升后的新湖一路

市住房城乡建设局　供图

城市建设工作，累计新建改造“五网”—地下管网285千米，累计完成投资10.91亿元，为年度目标任务的1.41倍。重点建设公共停车场2个，新增泊位1700余个，江滨国际大酒店—文化中心地下停车场（含扩建）工程已完成并投入试运行，累计上线运行泊位900个。基础设施整体改造提升大中路、建设路、白云路等21条道路，吉塘路等5条道路修建按计划有序推进，持续消除市民出行堵点和痛点。

（市住房城乡建设局）

【排水渠管护维修建设】 2021年，市城市管理监督部门负责市区56条道路的市政排水设施、长洲区和万秀区184.20千米排水渠的日常巡查管护维修工作，疏通排水渠18千米，清理检查窨井1170座，清理雨水口1948座，维修井座、更换破损窨井盖共108座，维修雨水口96座。龙圩区、红岭片区更换雨水篦子92套，增设雨水口6座，更换窨井盖82套，维修松动窨井盖周边132座，清理雨水口1947座，雨水口消毒50座，疏通污水井95座，新增污水井2座，埋设管道108米，清理明渠杂草淤积34375米，清运杂草垃圾、渣土158.9平方米，疏通管道813米。

【项目建设】 2021年，梧州市第三污水处理厂项目一期工程完成建设。梧州市第三污水处理厂PPP项目通过招投标明确社会资本方为兴源环境科技股份有限公司，该项目位于红岭北侧物流园区北侧杉木宕地块，一期生活污水处理规模2.5万立方米每天，二期处理规模5万立方米每天，三期处理规模7.5万立方米每天，总处理规模达到15万立方米每天，项目用地11.74公顷。一期工程总投资约2.1亿元，项目业主为梧州兴源水美水务有限公司，施工单位为中国建筑一局（集团）有限公司。该项目配套管网已完成铺设约9千米，进入培菌相关工作。

（市城市管理监督局）

公用事业

【城市供水】 2021年，梧州市加大对供水管网的建设力度，共计敷设DN80以上管道长度16.42千米，其中DN80管道924米、DN100管道1397米、DN150管道2795米、DN200管道3077米、DN300管道2672米、DN325管道2180米、DN400管道2792米、DN600管道576米、DN1200管道6米。

粤海江河水务有限公司完成产值8472万元，售水总量5722.76万立方米。其中，生活用水3123.41万立方米，工业用水（含建筑用水）1106.87万立方米，经营用水1292.37万立方米，行政用水172.08万立方米，特种用水28.03万立方米。产销差率10.17%，供水耗电率268千瓦时每立方千米，管网压力合格率100%，水质综合合格率100%，管网修漏及时率97.09%。

东泰国有资产经营有限公司水务分公司营收2191.87万元，售水总量1508.40万立方米。其中，生活用水747.50万立方米，生产经营用水373.70万立方米，公共服务用水385.90万立方米，特种用水1.3万立方米。

（市城市管理监督局）

【公共交通】 2021年，梧州市有城市公交企业10家，其中市辖区2家、苍梧县1家、岑溪市1家、藤县5家、蒙山县1家。全市有公交车1035辆，折合标准车1073标台。其中，市

2021年8月12日，岑溪至梧州城际公交专线开通试运营。图为全新的新能源公交车整装待发　　市交通运输局　供图

辖区公交车596辆，折合标准车635.6标台。全市有公交线路111条，线路总长度2552.8千米。其中，市辖区公交线路57条，线路总长度844.3千米。全年全市客运量6714.1万人次，营运里程4652.5万千米。其中，市辖区全年客运量5076.5万人次，营运里程2013.8万千米。

【出租汽车】 2021年，梧州市有巡游出租汽车公司7家，其中市辖区4家、岑溪市1家、藤县1家、蒙山县1家。全市有巡游出租车849辆，其中市辖区723辆、岑溪市62辆、藤县54辆、蒙山县10辆。全年载客车次388.2万车次，客运量889.1万人次，营运里程4412.6万千米，载客里程3175万千米。全市有网络预约出租汽车企业12家，共有办证网络预约出租汽车624辆。 （市交通运输局）

【城市燃气】 2021年，梧州市民用城市燃气累计开户10.79万户，非居民用户747户。新增天然气供气小区29个，开通供气小区总数304个。累计销售天然气13879.38万立方米。液化石油气供应量为9936吨，截至2021年年底，梧州敷设天然气管道约362.05千米。

【城市路灯】 2021年，梧州市城市管理部门维修更换主次干道路灯共1260盏，维修小街小巷路灯共2320支；对全市路段路灯故障查找并修复线路故障点1344处，维修更换路灯线路20230米，处理架空线故障384处，接居民报修电话918次，出动维修人员5290人次，出动专业车辆1058台班。

年内，针对市民反映的塘源路路灯光照度不足进行增亮补亮工作，对塘源路的灯架和灯泡进行更新，亮度不足、年代久远的灯泡更换为照明效果更好的LED节能灯。共维修或加装灯具59套，加装灯架14套，加装灯臂6支，拉电缆160米、铝芯线430米，拆除危水泥杆1支。市城市管理部门安排工作人员对背街小巷一部分使用年限较长，外观残旧的灯架进行换新，亮度不足、年代久远的灯泡更换为照明效果更好的LED节能灯。更换的背街小巷包括工厂一、二路，蝶山二路一、二级，山地里，狮子山，维新里等，共更换马路弯灯架494套。同时，对全市各城区路灯及线路进行安全隐患排查，重点检查路灯的稳定性和线路老化问题，整改广西特委旧址、中共梧州地委、广西特委旧址陈列馆、大同酒店周边、蝶彩小区横跨马路架空线105处，整理杂乱架空线和重新拉设电缆3380米。

（市城市管理监督局）

园林绿化

【概况】 2021年，梧州市以创建生态宜居城市为目标，开展城市建设提质年活动。加大城市绿化养护投入，加快绿化重点工程建设。截至2021年年底，梧州市城市建成区面积68.68平方千米，建成区绿化覆盖率为41.58%，绿地率为40.04%。梧州市城市建成区人均公园绿地面积13.15平方米。

【城区绿化及管理】 2021年，梧州市加大城市道路绿化、美化和彩化力度，完成城区绿化提升。玫瑰湖泵房绿化提升、中恒体育馆绿化提升、梧州监狱边坡绿化提升、西江大桥沿江边绿化提升、鸳江大桥两侧防撞墙绿化提升、西江南岸边坡防撞墙绿化提升、云龙大桥北桥人行道防护栏绿化提升、平浪小区旧加油站绿化改造提升、西江大桥转盘

2021年，建成后的迎宾路（西段）街心小游园

市住房城乡建设局 供图

边坡绿化改造提升（二期）、西江大桥南桥头至林科所边坡复绿（二期）、西江机场进场大道道路绿化提升、西江三桥中分车带防撞墙绿化提升等项目共种植宫粉紫荆、凤凰木等乔木约6000株，宝巾花、红继木等灌木约29.32万平方米，藤本、草皮21.76万平方米，植物成活率95%以上。

全年全市完成城市主次干道绿地、小游园建设约114万平方米，完成9.3万余株行道树管护工作，修剪公共绿化乔木约2万株次，修剪灌木7.5万株，修剪公共绿化色块、草坪约296万平方米，补植乔（灌）木约1万株，补植色块约2万平方米，应急处理断吊枝、危树约880株。

【公园管理】 2021年，梧州市建成区范围内有公园12个，分别是玫瑰湖公园、潘塘公园、中山公园、河滨公园、云龙公园、太和公园、榜山公园、西堤公园、白云山风景名胜区、允升塔景区、梧州市园博园、苍海公园，其中前8个公园属梧州市城市管理监督局管护。

太和公园于2020年6月启动国家AAA级旅游景区创建工作，对园区游客中心、公共厕所、标识系统等旅游基础设施进行提升改造，细化园容管理，服务设施及公园景观得到较大提升。2021年4月20日，经梧州市旅游资源规划开发质量评定委员会组织评定，太和公园达到国家AAA级旅游景区标准，被评定为国家AAA级旅游景区。

年内，玫瑰湖公园和潘塘公园的园林绿化养护及设施维护分别招标购买社会服务，中标单位均为广西全俱物业服务有限公司；玫瑰湖公园物业管理招标购买社会服务，中标单位为梧州友源物业服务有限公司。中山公园内韦拔群烈士纪念馆重新修缮，更名为韦拔群烈士事迹陈列馆。陈列馆外新增一座2米高的韦拔群全身雕像，韦拔群头骨出土处的纪念碑也重新进行设计、修筑。

云龙公园依托2021年自治区财政（住房城乡建设类）补助市县项目资金，投入20万元，实施立体绿化示范项目。种植石斛、驱蚊草、迷迭香、猫须草、金银花、茉莉花等立体绿化示范种植植物共约2500株，面积约1000平方米，安装自动喷淋系统2套。另外，云龙公园还组织种植构树苗、粉花夹竹桃、龙血树、蓝星花等植物约5000株，进行花化、彩化和绿化。

【市花市树培育管护】 2021年，梧州市城市管理监督局继续充实宝巾花品种库，全年共扦插水红、大红、紫花等各色宝巾约24000扦条、对约9200盆宝巾实行重点管控，精心管理，做好花期控制及重大节日供花工作。加强玫瑰湖公园、市政广场等宝巾花长效管护示范点的日常养护及做好促花控花工作，为各公园、广场增添亮丽色彩。年内，市太和公园和市园林绿化工程处建立时花生产基地，制订时花生产培育工作计划，共生产孔雀草、一串红、四季海棠等时花93万袋，种植在市政府导向岛、奥奇丽路导向岛、新兴三路等重要节点、路段，精心打造四季有花、色彩鲜明的街道景观。

【单位庭院绿化】 梧州市城市管理监督局联合市提质办印发《关于做好2021年市区立体绿化美化的通知》，全市18个单位实施立体绿化建设，共计投入约757万元，种植炮仗花、宝巾花、使君子等各类立体绿化植物约10万余株，美化庭院。2021年，梧州市新增立体绿化面积3.45万平方米。

（市城市管理监督局）

市政市容管理

【概况】 2021年，梧州市市政市容管理进一步规范化、现代化。全年维修更换主次干道路灯1260盏；处理生活垃圾29.66万吨，处理餐厨废弃物26984.14吨；新增生活污水处理能力5.68万吨每日，全市生活污水处理总能力达30.92万吨每日；整治流动摊档、商铺占道经营等违章行为约360多起；通过智慧城管平台，全年累计为民办实事、办成事1921件。

【市政设施维护】 2021年，梧州市旧城区维修工程量为修补沥青路面2006.5平方米，维修砼路面2468.2平方米，修补人行道3399平方米，疏通排水渠18千米；龙圩区、红岭片区修补破损车道路面8362.5平方米，修补破损人行道地面砖507.9平方米，疏通管道813米。对坑洼桥面及时修复，对损坏的桥梁附属设施及时围挡，对鸳江大桥、云龙大桥、火山隧道口半路半桥、火山油库通道桥、林校路口附近小桥、麻湾油库半路半桥、下小河桥、紫竹西跨线桥、钱鉴跨线桥、东环路高架桥的桥架结构进行检测，确保桥梁结构安全。

【城市生活垃圾管理】 2021年，市城市管理监督部门督促各城区环卫部门做好道路清扫、保洁及“牛皮癣”清理，大气污染防治洒水抑尘，生活垃圾收集运输以及环卫设施管理维护等工作。3个城区的环卫站共出动日常清扫保洁人员37.92万人次，上门收集垃圾16.37万人次；突击清理工作共出动人员40664人次，清理建筑垃圾、大件垃圾、淤泥、碎石、杂草等垃圾11908.5吨，清除卫生死角37701处，出动清扫车67193车次，总用水57.67万吨。

2021年，梧州市静脉产业园生活垃圾焚烧发电厂共接收处理生活垃圾29.66万吨，发电量18611.44万千瓦时；梧州市餐厨垃圾处理厂共处理餐厨废弃物26984.14吨，渣料运至发电厂处置约5097.45吨，餐厨废弃物全部合理利用处理。该市实现建成区范围生活垃圾零填埋全部焚烧处理，无害化处理率为100%。

【城市污水处理】 自2019年梧州市开展城镇污水处理提质增效三年行动工作起，通过新建、改造污水处理设施及其配套管网等措施，稳步推进梧州市城镇污水处理提质增效工作。至2021年，城市生活污水处理厂平均进水生化需氧量（BOD）浓度达到108.79毫克每升，较2018年同期城市生活污水处理厂平均进水生化需氧量（BOD）浓度每升61.56毫克增长了77%。

2021年，梧州市推进镇级污水处理设施投入运营和义昌江水质提升工作，新增生活污水处理能力5.68万吨每日，全市生活污水处理总能力达30.92万吨每日，基本能将生活污水集中处理，提升全市人居环境。

【生活噪声、油烟、扬尘污染管理】 2021年，市城市管理监督部门督促指导各城区政府加大道路清扫保洁、洒水频次，对空气质量监测点周边2千米范围、城乡接合部等重点、难点区域进行彻底清洁。抽调精干人员组成3个巡查组开展各城区道路扬尘治理巡查工作，按3人一组的方式逐条人工冲洗监测点2千米范围内的街道，全面清理清洗城市区域主次干道及城乡接合部道路积土积尘，污染严重路段要采取高压冲洗等方式彻底清理路面污染物。同时做好城市道路扬尘污染治理工作。全市共有洒水抑尘车辆73辆，市区道路机械化清扫率为84.37%。城区环卫站洒水抑尘车辆出动46054车次，用水量约45.56万吨。每天对3个城区主要街道及梧州市4个空气质量监测点周边扬尘治理工作进行巡查，督促指导城区加强道路洒水、清洗、喷雾工作。要求各城区环卫站做好“错峰时段”洒水工作，避开车流人流高峰期，合理安排洒水作业。

2021年，市城市管理监督局办结餐饮油烟投诉案件288件，联合各城区执法大队巡查监控餐饮服务业单位1430余次，督促店主定期清洗油烟净化器500余次，责令未安装油烟净化器设备的店铺安装油烟净化设备218起。

【违法占道管理】 2021年，市城市管理监督部门督促指导各城区城管执法大队做好辖区市容市貌管控工作，对各城区小街小巷市容进行日常督查考核31次，发现问题126起，并及时向各城区城市管理监督局反馈。此外，还对发现的影响市容观瞻的违章行为及时现场纠正，并配合城区

梧州静脉产业园是全国首个“一园一企”项目，垃圾循环利用，变废为宝。图为2021年6月梧州静脉产业园外景

市城市管理监督局　供图

执法大队整治影响市容观瞻的违章行为，共整治流动摊档、商铺占道经营等违章行为360多起，实现对市区主要街道的市场周边跨门占道、流动摊贩占道的有效整治。

【户外广告整治】 2021年，各个城区城管执法大队对市区背街小巷乱张贴小广告、乱拉横幅、乱摆放落地广告牌等广告乱象进行整治，共清理乱张贴小广告2300多张、横幅280多条、拆除霓虹灯130处，清理落地广告灯箱300多块，下达责令改正通知书50多份。11月起，市城市管理监督部门依托市城市管理数字平台，采取非接触性执法模式治理乱张贴广告行为。由市城市管理信息中心采集乱张贴小广告证据，根据证据对市区内乱张贴小广告行为人进行处罚。截至2022年2月，已教育、处罚乱张贴小广告行为40起，罚款金额8550元，有效遏制市区乱张贴小广告行为。

【规范完善城市管理执法】 2021年，梧州市推进法治政府建设，加强城市管理重点领域立法。市城市管理监督局完成了《梧州市城市绿化条例（送审稿）》立法起草工作，提出了厨余垃圾管理、户外广告和招牌设置管理、生活垃圾分类管理等申请立法项目意见建议，制定《梧州市城市管理领域轻微违法行为免罚清单（试行）》；开展市场周边环境、密闭车辆、建筑工地、道路扬尘和全国文明城市治理等各个专项整治行动，规范执法，提高全市城市管理行政执法水平。年终，梧州市城市管理执法行政水平评分在全自治区排名由第四名上升到第三名；邓国平获评2021年度住房和城乡建设部巩固深化“强基础、转作风、树形象”专项行动表现突出个人。市城市管理监督局在自治区住房和城乡建设厅举办的2021年城市管理执法队伍技能大比武中获得团体三等奖。

【智慧城管】 2021年，通过“梧州啄木鸟”微信公众号、“12319”城管服务热线全天候服务，探索“探头站岗、鼠标巡逻+信息采集服务+群众上报”“数字城管+啄木鸟党员先锋队”等模式，打造点对点的快速高效投诉处理评价流程，全年累计为民办实事、办成事1921件。新建75路视频监控，数据推送到“雪亮工程”平台。梧州市数字化管理平台通过网络安全隔离设备，实现在电子政务外网环境下接入“雪亮工程”平台的5410路视频资源，实时查看梧州市各路口、路段、商圈等关键点位的市容环境问题，有利于精准快速地调度城管队伍进行治理，对城管现场执法进行全过程监督并提供证据支持。梧州市数字化管理平台累计受理并办结城市管理问题14.05万件。

“数管平台+街长制”是梧州市打造的数字化城市管理与基层治理深度融合的“梧州特色”城市管理模式。依托数字管理平台统一指挥调度、考核，街长团队协同快速联动的网格化监督指挥处置体系，全年累计解决街道、社区城市管理问题超6万件。以国家推荐标准为基础，参照行业推荐标准，按照数字化大城管和“数管平台+街长制”模式相结合，起草《梧州市智慧城市管理指挥手册（2021年试行版）》，分为事件类和部件类共计13个大类和182个小类，对城市管理部件、事件的分类名称、立案条件、处置时限、结案条件、责任主体、处置规程等内容进行详细阐释，《梧州市智慧城市管理指挥手册（2021年试行版）》对数字化城市管理具有指导性作用，为梧州市数字化管理平台日常运行提供依据和保障。

（市城市管理监督局）

编审：邓桂豪　编辑：周巧玲

乡村建设

综　述

【概况】 2021年，梧州市聚焦“守底线、抓衔接、促振兴”工作主线，扎实推动巩固拓展脱贫攻坚成果同乡村振兴有效衔接，建档立卡脱贫户“两不愁三保障”及饮水安全成果得到切实巩固，没有发生规模性返贫，实现“十四五”良好开局。坚持将巩固拓展脱贫攻坚成果作为过渡期内农村工作的首要任务，落实“四个不摘”（不摘政策、不摘责任、不摘帮扶、不摘监管），保持“两不愁三保障”及饮水安全主要帮扶政策总体稳定，牢牢守住不发生规模性返贫的底线，扎实推进脱贫攻坚工作体系向乡村振兴平稳过渡。抓好易地扶贫搬迁后续扶持，建立健全乡村振兴重点帮扶县（藤县）支持机制。全面加强衔接资金项目管理，多措并举推进乡村振兴，深入实施乡村振兴特色产业、稳岗就业、人居环境、基础设施、公共服务五大提升行动，有力推动乡村振兴取得新进展，农业农村现代化迈出新步伐。藤县成立梧州首个县级村集体投资有限公司，镇级村集体投资有限公司有17个，为村级集体经济发展模式提供样板参考。培育“百年百队·千场万人”牛娘颂党恩等3个文明实践志愿服务品牌，并入选《广西新时代文明实践工作方法31例》。龙圩区念念目望稻渔综合种养现代化示范区打造广西首个中国科学院和中国工程院“两院”院士稻渔种养工作站，依托“双院士”技术优势，持续发展“稻+螺+鱼”等多种模式，“稻+螺+鱼”模式入选广西稻渔生态综合种养十大模式。

【村级集体经济收入】 2021年，梧州市纳入村级集体经济收入统计口径的行政村892个，稳定收入均达5万元以上；收入达10万元以上的行政村322个，收入达20万元以上的行政村108个，收入达50万元以上的行政村33个，村级集体经济总收入12060.01万元，同比增长11.91%。

【农村智慧党建平台】 2021年，梧州市在村（社区）搭建起农村智慧党建平台，为农村党员群众提供党建、政务、电商等服务，方便党员群众“网上办事”、对外销售农产品。通过农村智慧党建平台搭载“返乡登记”小程序，帮助村（社区）实现新冠疫情防控信息登记信息化，推动乡

2021年9月5日，念念目望稻渔综合种养现代化示范区收割机在收割水稻

市乡村振兴局　供图

村治理有效开展。智慧党建平台覆盖村级党组织941个，农村党员6.5万人，助力农产品销售近2300万元，惠及脱贫户1800多户。

【农村厕所革命整村推进】2021年，梧州市开展农村厕所革命整村推进项目建设。自治区下达梧州市农村“厕所革命”整村推进项目28个，惠及农户1170户，整村推进项目已完工16个，其余12个已开工建设。苍梧县获得农村人居环境整治专项中央预算内资金2000万元，项目进入施工阶段，完成投资1820万元，完成投资进度91%，完成资金支出1780万元，完成资金支出进度89%。

（市乡村振兴局　市委组织部）

村镇建设

【概况】　2021年，梧州市着力提升乡村风貌，致力改善人居环境，840个行政村建设有村级公共服务中心，完成132个农村供水工程的维修养护，完成农村危房改造任务，持续推进村镇垃圾处理设施、村屯公共照明等基础设施建设。组织完成58.9万户农村房屋安全隐患排查，农村危房改造完成909户，农房风貌改造完成8850栋。

【村镇基础设施建设】　2021年，梧州市新建镇级生活垃圾中转设施3处、村级垃圾处理设施4处，完成110个村屯公共照明项目。市交通运输部门坚持做好农村公路建、管、养工作，推动乡村公路加快建设。至年底，梧州市农村公路养护总里程为6902.91千米。梧州市致力建设“四好农村路”（建好、管好、护好、运营好），继蒙山县、长洲区先后于2019、2020年获评“四好农村路”自治区示范县(区)后，藤县获得2021年“四好农村路”自治区示范县（区）称号。

【乡村风貌提升】　2021年，梧州市扎实推进农村人居环境提升行动，加大“两高两道”沿线农房特色风貌塑造引导，完成8850栋农房风貌改造、建设精品示范村庄10个，全域6612个村庄基本整治。万秀区充分发挥群众主体作用，把乡村风貌改造作为实施乡村振兴战略的重要抓手，聚焦重点、攻克难点，精准推进全域乡村风貌提升。截至10月，万秀区“两高两道”沿线村庄农房风貌塑造项目开工583栋，开工率59.13%；竣工136栋，竣工率13.79%。长洲区计划完成“两高两道”沿线风貌整治建设任务675栋，开工537栋，竣工260栋；全域基本整治型村庄建设任务260个，竣工260个。长洲区倒水镇大同村六角坪组是广西第二批乡村风貌提升基本整治型村庄，年初启动改造后，村里19栋房子换上由灰白橙为主色的“新衣裳”。该村组还大力打造红色文化墙、彩绘田园风光外墙等，乡村风貌明显提升。

【农村危房改造】　2021年，梧州市继续实施农村危房改造，组织完成农村危房改造909户，持续巩固“两不愁三保障”成果。根据政策变化及时更新保障对象，继续沿用网格化管理的举措，统筹镇村两级力量，进一步加强脱贫人口住房安全动态监测并逐步探索长效机制，保障农村群众住有安居。

【农房管控】　2021年，梧州市受理农房建房申请1467宗（不包含易地扶贫搬迁农房申请宗数），核发宅基地审批证书1145宗，报建率91.74%；核发乡村建设规划许可证1073宗，

2021年10月17日，长洲区倒水镇大同村的楼房整齐划一

杨扬　摄

发证率91.10%；质量抽检246宗，质量抽检率23.59%。

（市住房城乡建设局）

乡村振兴

【概况】 2021年，梧州市成立市农村工作（乡村振兴）领导小组和实施乡村振兴战略指挥部，下设13个专责小组，重组挂牌成立市、县乡村振兴机构。出台《关于实现巩固拓展脱贫攻坚成果同乡村振兴有效衔接的实施办法》（以下简称《实施办法》）等相关政策文件18个，形成“1+17”政策体系（即《实施办法》+各相关行业部门政策措施）。对市级148个定点帮扶单位帮扶村进行优化调整，择优选派808名驻村第一书记和工作队员参与新一轮巩固脱贫攻坚成果同乡村振兴有效衔接帮扶工作，出台驻村工作队管理办法，系统组织岗前培训，打造一支“升级版”驻村帮扶队伍。年内，梧州市深入实施乡村振兴五大提升行动，推动46个乡村振兴改革集成试点村建设，实施项目1297个，农业农村投资完成210亿元。截至2021年年底，梧州市无建档立卡脱贫户家庭义务教育阶段子女失学辍学问题。

【产业振兴】 2021年，梧州市重点遴选水稻、砂糖橘、六堡茶、中药材、生猪、三黄鸡、蜂产业、稻渔（螺）等17种县级“5+2”特色产业，加快培育新型农业经营主体，完善联农带农机制，推进现代农业产业标准化、规模化、集约化发展，覆盖脱贫户5.88万户。梧州市形成多个规模较大的特色优势农业产业化基地，建有砂糖橘32000公顷、茶园12000公顷、粉葛3333公顷，肉桂、八角香料林基地10万公顷，有蜜蜂约33万群，蜂群总数和蜂蜜产量多年位居全自治区第一。年产柑橘类水果86万吨、粉葛12万吨、六堡茶2.5万吨、松脂14.7万吨、八角3.2万吨、桂皮1.2万吨、蜂蜜1.2万吨、水产品8.5万吨、三黄鸡5700万只，是全国最大的六堡茶生产加工基地、八角林基地和松脂生产基地。

【文化振兴】 2021年，梧州市开展文明村镇、道德模范、星级文明户等评选推荐活动，带动和弘扬社会新风，促进农村精神文明建设。年内，梧州市县级以上文明村镇603个，占梧州市919个村镇的65.61%。藤县大黎镇、龙圩区新地镇2个镇为梧州市文明镇，岑溪市糯垌镇绿云村等8个村为梧州市文明村。苍梧县六堡镇大中村等2个村入选第十一批全国“一村一品”示范村镇，长洲区长洲镇泗洲村等2个村入选第八批全国民主法治示范村。苍梧县狮寨镇岛朝村唐继平家庭等10个家庭获得梧州市星级文明户。梧州市倒水中心小学等7所“乡村复兴少年宫”试点升级建设，并全面投入使用。发挥梧州市861个行政村（社区）“一约四会”（即村规民约、红白理事会、道德评议会、村民议事会、禁毒禁赌协会）作用，针对红白事大操大办等问题，组织群众一起评、一起议，引导和监督群众婚事新办、丧事简办，有效遏制奢侈浪费、盲目攀比的奢靡之风，减轻群众负担。把下俚歌、山歌、六堡茶技艺、狮舞等内容列入乡村学校日常教学，在各村新时代文明实践所（站）广泛开展非物质文化遗产传承等活动。发挥农村文化广场基层文化阵地作用，开展新时代文明实践文化惠民活动，创编粤曲《法治梧州更文明》、山歌《做个懂法梧州人》、莲花板《法治创建谱新篇》、牛歌戏《扫黑除恶助脱

2021年4月20日，藤县和平镇粉葛藏葛大棚

市乡村振兴局 供图

贫》等数十个文艺作品深入农村展演。年内，开展农村电影公益放映活动，播放电影10322场，受益群众达28.56万人次。以“我们的中国梦”——文化进万家、“我们的节日”“永远跟党走”、送文艺精品下基层、戏曲进乡村等群众性文化活动为载体，开展文化惠民演出活动488场次；组织开展线下培训约200场，培训约5000人次；开展线上培训、展览90多次，培训人数7000人次，点击率为31248人次；开展讲座、美术、书法等文化活动46场次，参与人数为53100人次。完成906家农家书屋出版物补充更新工作，每个农家书屋村点补充更新图书品种95种，共86070册，价值约180万元，6个农家读书角列入自治区示范点建设。

【人才振兴】 2021年，梧州市出台《梧州市宣传思想文化体育领域急需紧缺人才引进培养办法（试行）》，给乡村振兴、教育提升和产业发展等梧州市中心工作制定人才工作支持措施，把培养本土人才作为硬指标、硬要求写入文件。开展分类认定高层次人才1700多名，逐步落实职称聘任等待遇。实施“梧桐英才计划”，按重点产业、重点领域需求，编制人才需求目录，组织开展人才面试和专场招聘活动，引进急需紧缺人才、产业人才和教育卫生领域人才1000多名。

【组织振兴】 2021年，梧州市村（社区）“两委”换届从2020年12月23日启动，到2021年2月8日全面完成。本次村（社区）“两委”换届民主推荐人选13188人，综合各方面表现确定12906名候选人预备人选，1001个村（社区）选举出8425名“新班子”。新一届村（社区）“两委”班子呈“一降四升”特点：村干部平均年龄约42.9岁，比上届下降约2.5岁；女性2604人，占比达到30.9%，比上届提升4.4%；高中及以上学历6269人，占比74.4%，比上届提升18%；党员6960人，占比82.61%，比上届提升14.8%；其中，村（社区）党组织书记队伍平均年龄约44.2岁，比上届下降约5.6岁，大专及以上学历达203人，比上届提升约34.1%，从机关事业单位遴选31人担任村（社区）党组织书记。7月28日，完成乡镇党委、人大、政府换届选举，顺利选举产生703名班子成员。新一届乡镇领导班子成员平均年龄约36.1岁；35岁以下干部385人，占总数的54.8%；大学本科及以上学历653人，占总数的92.9%，其中研究生学历81人，占总数的11.5%；有女干部160人，占总数的22.8%；有少数民族干部60人，占总数的8.5%；乡镇工作经历干部651人，占总数的92.6%。有367人为新进班子干部，其中64人为“五方面人员”（乡镇事业编制人员、到村任职过的选调生、优秀村党组书记、第一书记、驻村工作队员）。乡镇党政正职共116人，平均年龄约38.6岁，大学本科以上学历113人，35岁以下27人，有111人具备乡镇工作经历。梧州市乡镇有206名班子为工学、理学专业，189名班子为农学、经济学、管理学专业，86名班子为法学专业，有281人熟悉基层治理工作，297人熟悉乡村振兴工作，队伍专业化水平进一步提升。3月，梧州市全面部署新一轮驻村干部选派工作，统筹向267个脱贫村和1个易地扶贫搬迁安置社区选派驻村工作队员。自治区、市、县三级选派808名工作队员，其中，工作队长4人，党组织第一书记268人，工作队员536人。新任驻村工作队员中有党员496人，占61.4%；年

4月3日，梧州市2021年村（社区）“两委”换届选举工作总结会召开　　市乡村振兴局　供图

龄在 35 岁以下的有 274 人，占 33.9%；大学本科以上学历 497 人，占 61.5%。

【生态振兴】 2021 年，梧州市推进农村生活污水整治。完成自治区下达梧州市 2021 年的 14 个行政村农村环境整治、17 个行政村农村生活污水治理、1 个国家监管农村黑臭水体整治任务。谋划部署 2022 年黑臭水体整治任务。推进农村生活污水治理项目建设，争取上级资金 2450 万，建设 16 套污水处理设施、1 个黑臭水体整治。加强已建污水处理设施运营维护，正常运行率达 100%。推动镇级污水厂完善配套管网，辐射周边农村地区。完成对藤县 13 个镇级污水处理厂配套管网工程项目建议书的批复。组织藤县大黎镇污水处理厂配套管网工程、藤县东荣镇污水处理厂配套管网工程等 18 个项目申报 2022 年污染治理和节能减碳专项中央预算内投资计划补助资金。

巩固脱贫成果

【概况】 2021 年，梧州市严格落实“四个不摘”，聚焦“守底线、抓衔接、促振兴”工作主线，实现了高标准起步、高质量开局。成立市农村工作（乡村振兴）领导小组和实施乡村振兴战略指挥部，下设 13 个专责小组，挂并调整市、县两级扶贫工作机构，重组挂牌成立市、县乡村振兴机构，采取措施巩固脱贫成果。至年底，梧州市 4235 户 17741 名监测对象解除返贫致贫风险，建档立卡脱贫户“两不愁三保障”及饮水安全成果切实巩固提升，累计组织 13.77 万名脱贫人口外出务工，脱贫人口小额信贷新增贷款 2.41 亿元，筹措衔接资金 8.63 亿元，实施巩固脱贫攻坚成果和乡村振兴项目 1521 个，探索了一批乡村产业发展、乡村建设、乡村治理的有效模式。

【扶贫收尾工作】 2021 年，梧州市开展乡村振兴机构组建工作，6 月底前完成市本级以及 7 个县（市、区）乡村振兴机构挂牌工作，推动工作重心进入巩固拓展脱贫攻坚成果和全面推进乡村振兴，并结合“学党史办实事促发展”要求，组建工作组深入基层开展“一对一”调研指导 70 多次，对巩固拓展脱贫攻坚成果同乡村振兴有效衔接工作进行督导。组织各县（市、区）于 6 月开展防贫监测对象集中排查，重点排查出因病因灾因意外事故等刚性支出较大或收入大幅缩减导致基本生活出现严重困难户，按应纳尽纳原则，及时纳入。对市级 148 个定点帮扶单位帮扶村进行优化调整，择优选派 808 名驻村第一书记和工作队员参与新一轮巩固脱贫攻坚成果同乡村振兴有效衔接帮扶工作，出台驻村工作队管理办法，系统组织岗前培训，打造一支“升级版”驻村帮扶队伍，不断夯实人力保障基础。

【推动感恩教育常态化】 2021 年，梧州市结合脱贫攻坚收官之年与乡村振兴衔接工作，全面总结脱贫攻坚光辉成就。通过“晒幸福账单，话发展成就，讲奋斗故事，谋乡村振兴”四举措强深入开展“脱贫感党恩，奋进新起点”系列活动 806 场次，并在 8 月下旬起组织开展学习宣传贯彻习近平“七一”重要讲话精神宣讲活动 25 场，以学习宣传贯彻习近平“七一”重要讲话精神为契机，丰富拓展党史学习教育内涵，全方位讲好梧州脱贫攻坚“好故事”。年内，自治区级以上媒体报道梧州市乡村振兴工作 476 篇（次），编印《行之有效 动则有方——梧州市脱贫攻坚媒体报道典型材料汇编》《不让一个老乡掉队——梧州市脱贫

2021 年 5 月 13 日，梧州市脱贫攻坚（乡村振兴）工作队工作总结暨新选派工作队员动员会召开　　市乡村振兴局　供图

攻坚工作回眸》，开展“小康工程”图片影像收集、中国正能量2021“五个一百”网络精品评选展播作品征集等活动。

【脱贫攻坚先进典型选树】2021年，梧州市开展脱贫攻坚表彰奖励，广西梧州中恒集团股份有限公司、中共藤县天平镇新马村总支部委员会、蒙山县住房和城乡建设局、中共梧州市长洲区倒水镇委员会等4个集体，廖木森、祝雪兰、覃硕涌、周亚仙、黄美芳5人获全国脱贫攻坚先进集体和先进个人称号，苍梧县扶贫开发办公室、侯晨获全国乡村振兴（扶贫系统）先进集体和先进个人称号。同时，梧州市40个集体、53人获自治区级脱贫攻坚先进集体和先进个人称号，50个集体和80人获梧州市级脱贫攻坚表彰。筛选龙圩区大坡镇交村村、苍梧县六堡镇大中村、长洲区长洲镇泗洲村等乡村振兴“四个一批”（一批农村人居环境整治、一批乡村建设、一批乡村整治、一批移风易俗）典型案例38个及“五大振兴”（产业振兴、人才振兴、文化振兴、生态振兴、组织振兴）典型村案例10个，培育市级示范点46个，县级示范点34个，以点带面地宣传和践行社会主义核心价值观，不断提高乡村社会文明程度。

（市乡村振兴局）

编审：邓桂豪　编辑：魏珍珍

生态建设

生态环境质量

【大气环境质量】 2021年，梧州市区环境空气优良天数比率为99.5%，环境空气质量日报总天数为365天。其中：达到优的天数为180天，占总天数的49.31%；达到良好的天数为183天，占总天数的50.14%；轻度污染2天，占总天数的0.55%。二氧化硫（SO_2）年均浓度12微克每立方米，二氧化氮（NO_2）年均浓度26微克每立方米，可吸入颗粒物（PM_{10}）年均浓度53微克每立方米，细颗粒物（$PM_{2.5}$）年均浓度26微克每立方米，一氧化碳（CO）24小时平均第95百分位数浓度1.3毫克每立方米，臭氧（O_3）日最大8小时平均第90百分位数浓度117微克每立方米。环境空气质量综合指数为3.4，同比上升5.3%。梧州市区及各监测点6项污染物浓度均达《环境空气质量标准》（GB 3095—2012）二级标准要求。

【水环境质量】 2021年，梧州市水环境质量持续保持优良。国家考核梧州市地表水水环境质量的8个监测断面与自治区绩效考核梧州市地表水水环境质量的3个监测断面、7个县级及以上城市饮用水水源地、23个自治区级及以上级别重要水功能区考核断面的水质达标率均为100%，高于国家及自治区水环境质量考核实现"两个百分百"的目标要求。生态环境部发布国家地表水考核断面水环境质量状况，梧州市2021年1月—12月在全国地市级及以上城市中排名第十一位，年终获自治区绩效加分。

2021年梧州市环境空气质量监测情况表

表16

监测项目	分析方法	最低监测浓度	监测系统
SO_2	紫外荧光法	≤2微克/升	连续自动监测
NO_2	化学发光法	≤2微克/升	
O_3	紫外吸收法	≤2微克/升	
CO	非分散红外吸收法	≤0.5毫克/升	
$PM_{2.5}$	β射线	—	
PM_{10}	β射线	—	

【声环境质量】 2021年，梧州市各功能区声环境状况：居住、文教机关区（1类区）市区昼间达标率为100%，夜间达标率为50%；居住、商业、工业混杂区（2类区）市区昼间达标率为96.9%，夜间达标率为100%；工业区（3类区）市区昼间达标率为100%，夜间达标率为100%；交通干线两侧区域（4a类区）市区昼间达标率为100%，夜间达标率为25%；铁路两侧区域（4b类区）市区昼间达标率为100%，夜间达标率为100%；梧州市市区昼间达标率为98.5%，夜间达标率为79.4%，昼夜总达标率为89%。年内梧州市区域声环境质量：市区平均等效声级为56.3分贝（A），质量等级为"三级"，对应评价为"一般"；市区道路交通噪声年均等效声级为68.8分贝（A），质量等级为"二级"，对应评价为"较好"。

（市生态环境局）

自然资源管理与规划

【概况】 2021年，梧州市国有建设用地供应总量为1772.17公顷，其中商服用地48.93公顷、工业仓储用地666.58公顷、普通商品住房用地183.97公顷、公共管理与公共服务用地174.08公顷、交通运输用地692.03公顷、水域及水利设施用地6.58公顷。市自然资源局坚持在推动自然资源事业高质量发展大局中，推动13项业务指标进入自治区前列，设区市牵头指标（永久基本农田保护）排名全自治区第一，增减挂钩项目、永久基本农田核实整改工作、地质灾害防治工作、绿色矿山创建任务等5项重点工作获全自治区通报表扬。《多举措化解不动产登记历史遗留问题》在广西2021年度“我为群众办实事”实践活动优秀基层案例评选中获一等奖。

【国土空间规划】 梧州市推进总体规划，编制完成14个前期重大专题研究，生态保护红线成果已上报国家；有序推进永久基本农田和城镇开发边界划定，市、县级国土空间规划已形成初步方案，国土空间规划“一张图”实施监督信息系统基本建成。梧州市各片区控制性详细规划的编制和报审，先后完成《梧州市红岭、龙新片区控制性详细规划（2013版）》《梧州市老城区电力廊道专项规划》《梧州市苍海片区控制性详细规划》《梧州市南岸城西片区控制性详细规划》等多个片区的编制或调整，为项目落地提供坚实的基础。2021年，完成村庄规划编制并通过专家审查22个，聘请乡村规划师29个，覆盖42个乡镇，全市覆盖率73%。保障赤水沿江大道（滨江南路段）工程、梧州市长洲区倒水桂江公路大桥项目等28个单独选址项目用地合规性。

【耕地保护和开发整治】 2021年，梧州市完成“十三五”耕地保护责任目标考核、国务院大督察中耕地“非农化”“非粮化”迎检工作、2021年度耕地保护专项督察工作、补充耕地项目的新增耕地的耕地质量等级评价和征地成片开发方案编制工作，完成“三调”（全国第三次国土调查）中14000多个设施农业用地管理和上图入库。在耕地占补平衡动态监管系统入库8个旱改水项目，合计入库水田规模144.28公顷；入库1个整治项目，入库耕地数量21.01公顷。

【土地利用计划指标保障】 2021年，梧州市贯彻落实指标跟着项目走、精准配置、分级分类保障的原则，保障各类项目用地。全年全市安排新增建设用地计划指标591.79公顷，其中已批市级计划指标263.89公顷、国家及自治区专项指标327.90公顷，增减挂钩指标39.76公顷。

【耕地提质改造和补充耕地】 2021年，全市实施旱改水项目立项36个，立项面积1012.79公顷。其中：苍梧县4个，立项面积51.53公顷；岑溪市18个，立项面积688.50公顷；藤县6个，立项面积172.94公顷；蒙山县3个，立项面积57.42公顷；万秀区1个，立项面积12.83公顷；长洲区2个，立项面积6.24公顷；龙圩区2个，立项面积23.33公顷。立项耕地开垦项目25个，立项面积1835.34公顷。其中：苍梧县2个，立项面积204.64公顷；藤县16个，立项面积1274.52公顷；蒙山县1个，立项面积91.91公顷；万秀区1个，立项面积41.68公顷；长洲区1个，立项面积8公顷；龙圩区4个，立项面积214.59公顷。

【建设用地管理】 2021年，全市获批建设用地49宗（含批次用地和单独选址项目），其中自治区人民政府批复3宗、属委托设区市人民政府审批土地征收43宗、属授权设区市人民政

2021年，梧州市藤县太平镇健安村耕地提质改造项目完成，庄稼长势喜人

市自然资源局　供图

府审批农用地转用2宗（只转不征）。全市获批建设用地770.34公顷。其中梧州市重大项目用地完成19个自治区统筹推进项目用地报批，合计面积442.60公顷，主要保障梧州建筑新材料科技产业园项目、粤桂合作特别试验区社学片区社学大道工程（梧州工业新城进城道路工程）、梧州市苍海片区棚户区（城中村）改造项目、梧州摩天岭六堡茶海项目、广西梧州高端不锈钢制品轻工园区基础设施项目、苍梧县新县城输水管道及净水厂工程项目、南部（岑溪）石材循环生态产业园三堡园区基础设施项目等重大项目用地。

【土地储备与出让】 2021年，梧州市供地321.23公顷，土地出让金总收入64.33亿元。其中：出让土地43宗，面积158.48公顷，收入17.29亿元；签订划拨协议19宗，面积162.08公顷，收入13.49亿元；追缴历年挂牌出让欠交出让金16.86亿元、违约金2.44亿元；追收23宗划拨土地欠款收入14.24亿元。2021年，全市共收储土地31宗，收储面积112公顷。年内，梧州市通过自行管理、委托管理和“以租代管”模式进行管理储备土地（房屋）157.06公顷，年租金376.5万元，既避免储备土地权益受到侵害，也充分发挥储备土地管理的社会效益。

【自然资源要素保障】 2021年，梧州市发挥政策优势，坚持自然资源要素保障“十条措施”为全市产业发展提供一条龙保姆式服务，贯彻落实自治区打造千亿元茶产业和梧州市做强做大六堡茶产业的工作要求，印发六堡茶产业发展之自然资源政策指引，利用有限资源发挥最大成效。强化精准供用，预支用地规模2333.33公顷、配置计划指标1166.67公顷、获批建设用地766.67公顷，解锁价值约48亿元的大部分耕地占补平衡指标，为全市306个重大项目保驾护航。综合运用“多审合一”“一地一策”等措施盘活全市存量土地1366.67公顷，近五年平均供地率达72.83%。

【国土空间生态修复】 2021年，梧州市组织实施长洲区倒水镇富万村、藤县天平镇新马村等5个村全域土地综合整治项目，岑溪市糯垌镇绿云村、塘坡村全域土地综合整治项目成功申报入库，分别获得800万元和900万元自治区国土事业专项奖补资金；2020年立项的藤县象棋镇道家村全域土地综合整治项目，完成70%工程量以上，已拨付资金183.90万元、预算支出率23%。

2021年，自治区下达梧州市创建绿色矿山任务6座，已完成创建8座，为任务数的1.33倍；市本级绿色矿山应创建任务16座，已完成创建17座，为任务数的1.06倍。

【自然资源调查】 2021年，梧州市开展自然资源综合监测监管试点工作，核实处置任务图斑1632个，核实处置工作完成率100%。12月24日，《梧州市第三次国土调查主要数据公报》发布，这是全自治区设区市率先公开发布的“三调”主要数据成果。“三调”以2019年12月31日为标准时点汇总数据。从2018年9月起，梧州市600多名调查人员先后参与调查工作，全面采用优于1米分辨率的卫星遥感影像制作调查底图，广泛应用移动互联网、云计算、无人机等新技术，运用“互联网+调查”机制，形成全市82.13万个调查图斑数据，全面查清全市国土利用状况。

【不动产登记管理】 2021年，依据《自然资源部关于加快解决不动产登记若干历史遗留问题的通知》《广西壮族自治区自然资源厅办公室关于印发全区不动产登记领域开展“我为群众办实事”实践活动工作方案的通知》要求，梧州市集中化解不动产“登记难”问题。通过容缺承诺制，全年共为市辖区7个小区4022套住房办理不动产登记，因历史遗留问题无法办证的湖光水岸、阳光半岛二期、建兴豪苑、皇朝福邸等小区不动产“登记难”问题迎刃而解。化解不动产历史遗留问题比例达47%。农村不动产权籍调查基本实现全覆盖。市本级宅基地“房地一体”总宗数10.24万宗，应发证宗地数38010宗。汇交权调库93781宗，入库率91.56%；已登簿数34300宗，发证率90.24%。农村“房地一体”不动产登记的目标任务完成。另外，还完成梧州市白云山风景名胜区、梧州苍海国家湿地公园、岑溪市大山顶森林公园、岑溪市吉太森林公园等7个自然资源单元的统一确权登记，并已完成地籍调查主体工作。全年全市不动产登记中心共受理办结登记业务17.84万宗，颁发不动产权证书88068份，颁发不动产权证明48377份，代征非税登记费用709.91万元。

年内，“梧州市不动产登记”手机APP上线，实现不动产登记业务24小时不见面、零次跑、全流程掌上办理。市辖区内不动产抵押登记“一站式”服务全覆盖，实现抵押登记业务“就近办理”“一窗通办”。不动产登记办结时限压缩至0.5个工作日，企业间登记办结时限压缩至1小时，办结提速率达97.5%。商品房预售、抵押涉及的不动产预告登记、不动产抵押登记、不动产登记资料查询等业务实现全广西、跨省通办。市不动产登记中心、市自然资源局采取提前介入、并联办理、主动对接等多项工作措施，使“交房即交证”“交地即交证”工作模式常态化开展，购房者在收房时同步申请办理不动产登记，领取不动产权证书；土地使用权人取得宗地交付书当天即可取得不动产权证书。市不动产登记中心联合市邮政公司推出梧州市区不动产权证书免费邮寄服务，市民在申请办理不动产登记业务时可选择免费邮寄服务，核发的不动产权证书直接寄给申请人。全年免费为群众邮寄证书约3800本。

【矿产资源管理】 2021年，梧州市落实中央环保督察发现问题整改，排查全市矿山210余次，发出整改通知43份。年内应完成自治区级绿色矿山创建任务6座，全年完成创建8座，超额33%完成任务；市本级绿色矿山应创建任务16座，全年完成创建17座，超额6%完成任务。全市出让5宗新立采矿权，出让收益金入库2.77亿元。通过梧州市公共资源交易平台，对建设用地内砂石资源拍卖成交价为2.62亿元，为工程建设项目范围内砂石处置提供范本。

【自然资源执法监督】 2021年，梧州市组织开展扫黑除恶常态化治理、自然资源卫片（卫星拍的照片）执法、土地例行督察、无人机航拍查控打违以及对“大棚房”“违建别墅”“农村乱占耕地建房”等问题的专项整治工作。利用航拍无人机实现日常抽查检查、远程隐蔽摸排、空中拍摄取证，制作非法采矿监管“一张图”，提升执法效能；建立全时备勤制度，科学部署精干执法力量24小时备勤出动，排查非采矿点30个，实施打击28次，取缔非采矿点30个，出动执法人员740余人，立案查处非法采矿案8起，没收矿产品146.83吨，封存矿产品82178.58吨，恢复土地原状3处，移送公安涉嫌刑事线索3条，查扣机械17台，管控嫌疑人12人；核查土地、矿产、林业、规划等各类违法线索663条，据之立案查处287件，办结213件，收缴罚没款2065.82万元。开展扫黑除恶，运用“人巡+技巡”“地面+空中”等科技执法手段，加大惩治非法盗采工作力度。惩治“沙霸”“矿霸”等自然资源行业领域专项整治经验在自治区政法委《社会综合治理信息》和全国扫黑办推广。惩治野生动物交易行为，落实“清风行动”“绿网·飓风2021”专项行动，处理活死体动物48条（只），收缴泡制酒23罐。检查市民笼养画眉等鸟（笼）52只、经营鸟类店铺7间、售卖捕鸟工具店铺3间，没收捕鸟网658张6450米、捕鸟工具8套。落实耕地保护制度，组织开展自然资源卫片执法，核查图斑5852个，监测面积5934.27公顷；发现违法图斑1517个，占地面积1077.88公顷，涉及耕地面积153.33公顷（其中永久基本农田面积69.33公顷），按流程督促各地开展查处整改；组织

2021年12月14日，市自然资源局党组成员、副局长莫东钊（右一）在碧桂园西江府楼盘为业主颁发不动产证书，实现“交房即交证” 黄桃 摄

2021年10月28日，市自然资源管理部门依法拆除万秀区城东镇河口村革新组违建房屋24处　陈睿　摄

对卫片发现的104个违法占用永久基本农田图斑进行整改，复耕面积5.81公顷，违法状态全面消除，在设区市绩效考评中获得满分及加分，连续2年位居全自治区首位。开展农村乱占耕地建房问题专项整治，发现农村乱占耕地建房新增问题13宗，涉及耕地面积0.16公顷（永久基本农田0.14公顷），已全部拆除复耕。入户宣传保护耕地等内容32.82万户，组织各地发放宣传资料36.26万份，持续营造良好舆论氛围。

【法治建设】　2021年，市自然资源局推进法治建设第一责任人职责，将法治建设与自然资源业务同部署，完善党组工作规则、局工作规则，落实重大决策集体讨论决定机制；健全法律顾问制度、公职律师制度；合法性审查规范性文件6份；更新权责清单，转变政府职能；严格行政执法"三项制度"，规范公正文明执法；编制自然资源政策文件汇编；办理行政复议15宗、行政诉讼20宗、民事诉讼7宗、劳动人事仲裁1宗，维护司法权威；落实行政机关工作人员学法用法制度，开展普法宣传11场次。　（市自然资源局）

森林资源管理及保护

【森林资源】　2021年，梧州市林业用地面积96.07万公顷，占全市土地总面积的76.37%。其中，区划为公益林（地）17.22万公顷，商品林（地）78.85万公顷。梧州市林业用地中，有林地面积82.03万公顷，国家特别规定灌木林地2.85万公顷，未成林造林地面积2.26万公顷，无立木林地面积7.59万公顷，宜林地面积0.95万公顷。森林面积94.79万公顷，森林覆盖率为75.35%，森林蓄积量7465万立方米。

【林地占用征收管理】　2021年，市林业部门审查上报并通过自治区审批同意长期使用林地的工程项目累计121个，林地面积累计809.62公顷。其中重大项目21宗，林地使用面积累计419.80公顷。运用"人巡＋机巡"的模式巡查监管林地资源，实现市、县、镇三级监督和执法常态化，全市共巡查伐区8965个，巡查项目186个，查处违法案件23起。

【林木采伐管理】　2021年，市林业部门严格执行林木采伐管理办法和林木采伐公示公开制度，深化林木采伐"放管服"改革，推广林木采伐APP、在线申请，林农个人采伐不超15立方米实行告知承诺审批制度，将林木采伐许可证发放下延至21个乡镇并辐射周边乡镇。林木采伐年度限额405.14万立方米，实际使用限额345.29万立方米；签发林木采伐许可证5.46万份、采伐面积4.42万公顷、采伐蓄积356.45万立方米，分别比2020年增长40.18%、19.05%、25.36%。

【森林督查】　2021年，市林业部门对上年国家林业和草原局下发梧州市疑似变化图斑3987个进行核查，共核查出违法图斑237个：其中行政案件图斑162个，查结162个，结案率100%；刑事案件图斑75个，移交森林公安75个，移交率100%。完成2021年度森林督查暨森林资源管理"一张图"年度更新工作和自治区级以上公益林优化落界、核实落界天然商品林成果衔接整改工作。

【生态公益林管护和天然商品林停伐管理】　2021年，梧州市有国家级公益林16.47万公顷、自治区级公益林0.75万公顷，发放生态公益林补偿资金4131.19万元；天然林停伐管护面积0.61公顷，兑付管护资金104.76万元。年内，自治区下达中央财政生态护林员补助资金945万元，聘请生态护林员1066名。

【林业工作站标准化建设】2021年，自治区于2019年下达的藤县濛江镇、东荣镇林业工作站标准化建设项目通过自治区林业局验收。2020年下达的4个标准站项目中，已完成建设任务项目1个，完成主体工程建设项目3个。全市58个乡镇林业工作站中有25个国家标准林业工作站。

【破坏森林资源行为惩治】2021年，梧州市开展“绿网·飓风2021”专项行动，全面清理排查涉林重点和敏感问题，共出动人员1847人次、车辆519台次，开展各类宣传活动20次，发放宣传资料34000余份，梳理排查各类涉林项目262个，排查全市10个自然保护地，开展各类野生动物专项执法检查10次，对280多处野生动物繁育利用场所进行执法检查。完成第二轮中央生态环境保护督察涉林案件整改13个。

【森林防火】2021年，梧州市开展森林防火宣传，发放宣传资料6万多份。市各级林业部门组织村巡逻队413支，巡逻人员1201人，动员生态护林员962人，对各县（市、区）的农村山林进行火源隐患排查，排查火源隐患8825处，发现火源42处，治理42处。完成森林火灾风险普查工作。重点项目西江流域森林火灾高风险区综合治理建设项目基本完工。全年全市发生森林火灾3起，过火面积110.34公顷，受害森林面积17.95公顷，森林火灾受害率为0.02‰，控制在0.78‰的指标内，没有发生重特大森林火灾和人员伤亡事故。

【野生动植物保护】2021年，梧州市开展野生动物救助和疫源疫病监测防控工作。年内累计救助野生动物223只（条），放归自然159只（条），移送到野生动物救护中心进行救助65只（条）；依法接收处置执法部门查获移交野生动物制品179件。做好国家监测站日常监测和监测数据信息的上报工作，年内无野生动物疫源疫病发生。指导各县（市、区）对蛇类转型药用的养殖户做好调查和政策宣传、蛇类产业转型情况数据统报工作，做好部分上访养蛇户的政策解释和思想疏导工作，做好产业转型蛇场现场核查工作；督促各县（市、区）对不合格养蛇场开展处置补偿工作。配合自治区林业局完成以食用为主的涉及眼镜蛇等野生动物物种的行政许可文书及对应的繁殖证、经营证的核销工作，共注销梧州市繁殖证53个、经营证52个。

开展“世界湿地日”“爱鸟周”“野生动植物宣传月”等宣传活动。结合党建活动、乡村振兴工作、森林防火工作等，到各县（市、区）开展生物安全法、湿地知识和野生动植物保护宣传活动。全市共发布电子宣传标语10多万条，发放宣传资料5万多份，接受宣传教育群众100多万人。（市林业局）

湿地和自然保护区建设

【自然保护地整合优化及监管】2021年，梧州市开展全市10个自然保护地整合优化工作，明确保护范围和界线，进一步解决历史遗留问题。年内开展苍梧飞龙湖国家森林公园总体规划（2021—2030年）及其相关建设项目报审工作，进行小娘山、吉太、大山顶森林公园范围和界线确定；开展“绿网·飓风”“绿盾”等专项行动及自然保护地和湿地问题整治工作调研，对自然保护地问题全面核查；开展自然保护地人类活动遥感监测图斑、森林督查图斑及上级下发卫片图斑的现场核查、问题整改，对涉及17个自然保护地的违法行为立案查处。

【苍海国家湿地公园湿地保护与修复】2021年，梧州市通过人类活动图斑及卫片核查，对存在违法建房、违法填土等问题依法依规向生态环境等部门反馈及处理。开展外来有害生物清理，累计清理水葫芦约22000立方米，投入清理资金约105万元。推进苍海国家级湿地公园二期项目建设，完成中村小学生活污水处理站项目、苗木移植项目、荷塘湿地项目、湿地巡护道路项目、湿地围蔽项目（一期）、湿地监控系统项目建设及验收工作。

【白云山风景名胜区管护】白云山风景名胜区为自治区级风景名胜区、国家AAAA级旅游景区。2021年完成白云山景区提升项目，包括完成市树园观景眺台建设工作，开辟新观景点；开展景区大门整体景观和设施改造；完成下半山到四恩寺路口电力线路提升改造。加强景区森林资源管理，开展景区规划范围巡查，对非法占用林地草地、破坏森林资源等违法行为加强巡查监督。做好景区防灾减灾工作。加强景区有害生物防治，开展景区松材线虫病枯死松木处理项目，清理松材线虫病枯死松木1847株。加强森林防火体系建设，开展森林防火宣传教育、火源管控、防火巡护、隐患排查治理，推进景区防火基础设施建设，在大冲防火带火路铺装水管。抓好安全生产工作，组织开展景区安全生产应急救援培训，向职工及应急抢险队员普及防灾避险、疏散安置、应急救援技能等应急处置知识。全年无重大安全生产事故发生。

（市林业局）

水资源管理及水环境治理

【水资源管理和水生态保护】2021年，梧州市用水总量、用水效率和重要江河湖泊水功能区水质达标率等控制目标全面完成，水资源节约集约和安全利用水平显著提升。全市用水总量11.47亿立方米，低于年度用水总量（15.55亿立方米）控制目标4.08亿立方米；农田灌溉水有效利用系数提高到0.516。用水总量稳中有降，稳定可控，万元国内生产总值用水量、万元工业增加值用水量分别比上年下降11.20%、23.27%，用水效率和效益不断提高。岑溪市、藤县、蒙山县和龙圩区4个县（市、区）完成节水型社会达标建设，建成率57%，超额完成自治区建设目标。大力推进取用水管理专项整治行动，多次获得自治区水利厅“红榜”通报表扬。梧州市首家节水教育基地在粤海环保发展有限公司污水处理厂建成。

（市水利局）

【饮用水水源地保护】2021年，梧州市在不断巩固市县两级饮用水水源地环境问题清理整治成果的基础上，继续深入推进乡镇及以下“万人千吨”级别水源地环境问题清理整治，并全面推进千人以上农村集中式饮用水水源保护区划定工作。截至2021年年底，全市9个县级及以上城市集中式饮用水水源地新增发现18个环境问题，其中生活面源污染类问题4个、畜禽养殖类问题1个、工业污染类问题2个、农业种植类问题1个、网箱养殖类问题4个、其他类问题6个；24个乡镇及以下“万人千吨”级别水源地中，有16个已完成环境问题清理整治；完成全市87个千人以上农村集中式饮用水水源保护区划定工作，获自治区生态环境厅表扬。2021年水质监测结果显示，梧州市市区、县级、乡镇和农村“千吨万人”级别饮用水水源地水质基本达到地表水Ⅲ类标准，居民饮用水安全得到有效保障。

【农村水体整治】2021年年初，自治区下达梧州市14个行政村农村环境整治、17个行政村农村生活污水治理、1个国家监管农村黑臭水体整治的任务，均于年内完成整治任务。已建的污水处理设施正常运营维护，运行率达100%。

2021年，梧州市排查出9个黑臭水体，其中5个纳入国家监管清单。梧州市制定农村黑臭水体整治计划，针对纳入国家监管的黑臭水体，已编制黑臭水体治理实施方案并落实。年内完成万秀区毓秀村黑臭水体整治，岑溪市大业社区义昌江旧河段黑臭水体整治项目已开工建设。

（市生态环境局）

【河湖长制工作】2021年，梧州市推动落实河湖长制各项工作任务，完善河湖长制组织体系，压实河湖管护责任，全市1288名河湖长累计开展巡河6.25万人次。全市排查确认江河湖库“四乱”（乱占、乱采、乱堆、乱建）问题共139个，已完成整改销号132个。推进美丽幸福河湖建设，2021年完成苍梧县六堡河（六堡镇塘平村大朗组至不倚村枧田组段）、岑溪市黄华河（水汶镇段）、藤县马河（濛江镇那塘村盘古段）、蒙山县长坪河（长坪瑶族乡长坪村假槽组至深田组段）、万秀区三合口水库、长洲区雅尖河、龙圩区上小河（新地镇都梅村段）7段（条、个）美丽幸福河湖建设工作，全部通过自治区评定纳入广西第二批美丽幸福河湖名录。全市河湖管理范围划定基本完成，规模以上河湖岸线保护与利用规划编制初步完成，其中完成297条流域面积50平方千米以下河流的管理范围划定工作；完成蒙江、北流河等7条流域面积1000平方千米以上河流及1个流域面积1平方千米以上湖泊岸线保护与利用规划；超额完成流域面积1000平方千米以下14条（个）重点河湖岸线保护与利用规划。建立健全联合执法长效机制，加强河湖执法监督。探索建立“河湖长+”机制，率先在全自治区挂牌成立梧州市人民检察院派驻市河长制办公室联络室，自该机制建立以来，市县两级检察机关累计受理河湖水生态环境保护公益诉讼案件线索47条，据之立案45件，发出检察建议13件。

（市水利局）

污染防治

【主要污染物总量控制】 2021年，梧州市继续通过排污许可制度控制主要污染物排放总量。完成申领排污许可证的排污单位491家，按照排污许可证规定提交2020年度执行报告的排污单位371家，执行报告提交率和内容规范性审核率均达100%；完成排污许可证质量审核208家，提前完成生态环境部及广西壮族自治区生态环境厅下发的排污许可监管指标任务，全面完成固定污染源排污许可证质量、执行报告规范性审核“双百”任务目标。市环保部门组织开展春季大气污染防治攻坚行动，以工业企业大气污染综合治理和柴油货车污染治理为重点的夏季臭氧攻坚行动，以工地扬尘治理和露天禁烧、餐饮油烟等大气面源污染治理为重点的秋冬季攻坚专项行动，全市挥发性有机物（VOCs）减排61.5吨，NOx减排108吨。运用秸秆禁烧智能监控系统和市、县（区）、乡镇（街道）、村居（社区）、生产经营单位五级网格化监管机制，提高秸秆焚烧火点处理率，梧州市秸秆焚烧火点处理率为91.3%。以“护饮水、保好水、治差水”为主线，以流域控制单元为基础，投入近8.7亿元，持续推进水生态环境治理。2021年，梧州市污染地块安全利用率为100%，完成自治区下达的农用地安全利用任务。开展梧州市2021年危险废物规范化管理督查考核工作，对全市基本正常生产的64家重点危险废物产生单位、全部持有危险废物经营许可证的危险废物经营单位（8家）进行考核。12月，自治区生态环境厅通报梧州市该项工作考核结果评级为“A”。

【水污染防治】 2021年，《梧州市2021年度水污染防治工作方案》印发实施，重点开展工业集聚区水污染防治、城镇生活污染防治、重点流域水环境综合治理、饮用水水源环境保护专项行动、疫情防控期间医疗废水消毒处理、水主要污染物总量减排工程项目和中央水污染防治专项资金项目建设等工作。至年底，承接园区工业废水的梧州市第一污水处理厂、梧州市第二污水处理厂、塘源污水处理厂、梧州市华鸿污水处理厂、岑溪市华鸿污水处理厂、藤县漓源污水处理厂均完成编制“一厂一策”方案，梧州市第三污水处理厂PPP项目、梧州市第一污水处理厂和梧州市第二污水处理厂提升优化产能项目、桂江段取水点上移工程项目、岑溪市第二污水处理厂等项目建设完工，87个农村千人以上集中式饮用水水源保护区划定工作完成，开展玫瑰湖生态修复工程、入河排污口规范化建设、藤县和万秀区农村污水治理等中央水污染防治专项资金项目建设，对全市定点医院、隔离场所和相关城镇污水处理设施实施全覆盖式的监管。

自治区生态环境厅下达梧州市2021年水生态环境总量减排指标，重点工程项目化学需氧量、氨氮减排量分别为419吨、24吨。经减排排查核算，以及按照生态环境部审核意见修改，梧州市最终上报市第一污水处理厂提升优化产能项目作为2021年梧州市的水减排项目，初步核算产生的化学需氧量减排量、氨氮减排量分别为1417.51吨、126.65吨，对照自治区下达的总量减排指标，化学需氧量、氨氮减排量分别超目标2.38倍、4.27倍。

【工业“三废”排放及处理】 2021年，纳入梧州市2021年度环境统计年报的重点调查工业企业共184家。重点调查企业工业取水量4034万吨，燃料煤消耗91.64万吨，工业废水处理量9162万吨，工业废水排放量2087万吨，其中化学需氧量排放量374吨、氨氮排放量36吨；废气二氧化硫排放量2504吨、氮氧化物排放量5275吨、颗粒物排放量3040吨、挥发性有机物（VOCs）排放量1951吨；一般工业固体废物产生量196.13万吨，工业固废综合利用率77.49%（以上“三废”数据均为初步数据）。

【大气环境管理】 2021年，梧州市超额完成自治区下达的优良天数比率和细颗粒物（$PM_{2.5}$）浓度两项指标考核任务，在全自治区设区市排名分别为第一名和第三名，环境空气质量均全面达到国家二级标准，全年累计发出环境空气质量6次预警，3次污染天气Ⅲ级应急响应，轻度污染2天，与上年持平，未出现中度污染及以上天数。

年内，梧州市推动“天地车人”一体化机动车管控平台项目建设，该平台利用遥感、黑烟抓拍等技术，对道路中行驶的车辆进行实时检测及数据汇总，为移动源污染治理提供技术支撑。至年底，全市完成1009台非道路移动机械编码登记和牌照发放，首创“机械尾气抽测—超标排放处罚—超标机械油品抽测”的非道路移动机械管理模式，该模式得到自治区生态环境厅的肯定并在全自治区推广，市环境管理部门在2021年全自治区柴油货车污染治理工作培训班上作典型发言。（市生态环境局）

能源建设与节能减排

【能源建设】 2021年，梧州市大力开发利用新能源和可再生能源，水电、太阳能、生物质能、风能等项目发展迅速。全市建成水电站152座，总装机容量98.34万千瓦。年内，梧州市生活垃圾填埋场沼气发电项目、梧州市静脉产业园区生活垃圾焚烧发电项目、藤县生物质发电项目3个生物质发电项目建成并网发电；国家电投长洲水电公司20兆瓦光伏发电项目、高新区9兆瓦光伏电站项目、蒙山县集中式16兆瓦光伏扶贫电站3个光伏发电项目建成并网发电。华润电力新能源梧州六堡一期风电项目、华能电力岑溪青山坪风电项目、中广核梧州岑溪大隆风电项目等风电项目、国电投集团苍梧岭脚风电项目4个风电项目建成并网发电。藤县陆贝风电项目一期、西江机场林光互补光伏发电项目、旺村水电站水光互补光伏发电项目、藤县桃花150兆瓦光伏发电项目、蒙山县新圩林光互补光伏发电项目、藤县和平农光互补光伏发电项目、藤县新庆农光互补光伏发电项目加快建设。全市有天然气长输管道4条，共263.2千米。其中：西气东输二线广州至南宁支干线梧州段长95千米建成通气，设梧州分输站1座；西气东输二线苍梧至贺州支线梧州段建成通气，该项目长140千米，自梧州分输站起至贺州末站止；梧州天然气管网专供管道建成通气，管道连接西气东输二线苍梧至贺州支线，全长14千米，设长洲、万秀、苍梧3座分输站为梧州市区输气，总供气能力5.47亿立方米。藤县城镇燃气连接管道14.2千米，设藤县分输站1座，设计年输气量13亿标准立方米。天然气利用覆盖梧州市市区、藤县和岑溪市市区，燃气管道通达市区和藤县，全市城镇燃气企业运营燃气管道540.16千米，具备86.5万立方米储气能力。岑溪天然气管道支线工程加快建设。全年全市新增220千伏变电站1座，新增变电容量12万千伏安，新建220千伏线路长度约18.81千米；新增、扩建110千伏变电站6座，新增110千伏变电容量39.9万千伏安，新建110千伏线路长度70.95千米，新建35千伏线路长度21千米，新建10千伏线路长度约139.5千米，新增10千伏配变容量6.24万千伏安，0.4千伏线路1129千米。

【能源发展规划】 2021年，梧州市制定“十四五”规划，5年内着力推进重大能源设施建设，完善能源产供储销体系，建设智慧能源系统，提升输配电能力，持续优化能源结构，构建稳定可靠、惠民利民、绿色清洁、安全高效、多能互补的“能源网”。

加快城乡电网改造 推进配电网建设与改造升级，全面提高城乡电网供电的可靠性和稳定性，实现城乡供电服务一体化。积极构建高效、绿色电网，加快推进梧州第二座500千伏变电站等项目建设，实现县城220千伏变电站全覆盖和乡（镇）35千伏变电站全覆盖，10千伏及以上电压等级供电线路覆盖所有县级及以上工业园，大幅提升配电自动化、配电通信网络覆盖率指标，提升城镇输配电能力。加快完成农村供电能力提升项目建设，持续提升农村电网网架水平。推动各县（市、区）“两率一户”指标均优于国家要求。

提升天然气供应保障能力 推进天然气管网互联互通，改革天然气管网运营机制，大力推广天然气应用。提升天然气管网覆盖面，实现“县县通”管道天然气，推动天然气进乡入村。完善市级专属管道、县级支线管网、城镇燃气管网、液化天然气接收站等附属设施。大力促进天然气在工业、民用等领域的应用，提高天然气在能源消费中的比重。增强储气能力，加快推进一批天然气大管网、LNG 门站等“储、供、销”基础设施建设。全力构建形成“全市一张网”的天然气供应格局。

完善能源供应结构 加快开发利用风能、太阳能、生物质能、氢能等可再生能源，不断提高可再生能源消费占比。重点在苍梧县、藤县、岑溪市等地建设一批风电工程，因地制宜发展光伏。重点推进藤县新材料产业园热电联产项目等。推进建设智慧能源系统，开展综合供能服务站建设。加强“能源网”项目建设要素保障，提升新能源消纳和存储能力。强化能源监测预警，保障能源运行安全。

（市发展改革委）

【建筑节能】 2021 年，市住房城乡建设局印发《梧州市建筑节能减排和绿色建筑创建行动方案》，梧州市城市规划区内新建民用建筑项目在设计阶段全面执行绿色建筑节能强制性标准，执行率 100%；在施工阶段执行节能强制性标准比例 100%。全年全市新增节能建筑面积约 318.39 万平方米，总节能量约 4.79 万吨标准煤。年内，市住房城乡建设局向自治区住建厅申请建筑节能减排专项资金，9 个项目共获得自治区财政厅下拨节能减排（建筑节能）专项资金预算 730 万元。藤县第九小学教学楼项目按绿色建筑三星级标准进行设计，并通过住建厅组织评审的绿色建筑三星级预评价。年内，梧州市推动工业废渣和建筑垃圾资源化综合利用，消纳工业废渣和建筑垃圾 150 万吨，开发生产发泡陶瓷保温墙板、蒸压加气混凝土砌块、再生市政设施用砖和再生预制构件等新型墙材。折合超 30 亿块标砖的新型墙体材料——碳歌板材远销粤港澳大湾区、重庆、大连等地区。出台《梧州市可再生能源建筑一体化应用技术管理规定（试行）》《2021 年梧州市推进装配式建筑年度实施方案》《梧州市装配式建筑发展专项规划（2020—2025 年）》《梧州市装配式建筑有关优惠政策》等政策性文件。全市累计采用太阳能光热装置的建筑物总建筑面积 393.06 万平方米，累计建筑太阳能光电装机容量 3.44 兆瓦；落实装配式建筑项目 20 个，面积超过 50 万平方米；蒙山县蒙山镇甘棠村获得自治区 2021 年装配式装配农房示范村镇称号。

（市住房城乡建设局）

【节能降耗】 2021 年，梧州市机关后勤服务中心组织市直 40 多个单位、各县（市、区）机关后勤服务机构开展 2020 年能源资源消费统计数据会审工作，对 2020 年能耗总量达 155 吨标煤及以上的 30 多个公共机构开展能耗数据核查工作，确保数据的准确性。5 个项目获批成为自治区本级财政节能减排（建筑节能）专项资金补助项目，共获得自治区财政资金 630 万元，计划开展节能改造面积 20.7 万平方米。年内，市机关后勤服务部门动员各级党政机关、事业单位带头节约用电，落实中央空调、办公设备、景观照明、机关办公场所 4 层（含）以下楼层停止使用电梯等节电措施，实现全年党政机关“能耗双降”目标，为全市工业用能提供有力支撑。市机关后勤服务中心与市行政审批局开展“垃圾分类 你我同行”支部联学联建活动，提高群众对垃圾分类的认知度和参与度。梧州市第一批市级公共机构生活垃圾分类示范点开始建设，同时开展自治区级公共机构生活垃圾分类示范点遴选工作。

（市机关后勤中心）

环境监管

【环境影响评价】 2021 年，梧州市本级审批环境影响报告书（表）51 个；自治区层面统筹推进梧州市新开工项目 30 项、“双百双新”产业项目 23 项，推进项目全部完成环评审批，完成率 100%；《梧州市“三线一单”生态环境分区管控实施意见》印发，发布“三线一单”生态环境分区管控实施意见，被列为广西“三线一单”成果应用唯一的试点市；《梧州市生态环境局关于印发实施梧州市环境管控单元生态环境准入及管控要求清单（试行）的通知》印发，强化“三线一单”生态环境分区管控。依申请政务服务事项纳入网上办理的建设项目环境影响评价文件审批共 22 项，实现“一网通办、一门服务、一次办成”。市生态环境管理部门推进规划环评监测数据的公开，指导监督区域管理机构开展区域环境现状评估工作；加强对在梧州市辖区开展环评业务的编制单位及编制人员的管理和考核；实施信用管理，对环评文件开展技术复核工作，对弄虚作假情况及编制质量情况差的编制单位及相关编制人员进行通报及予以失信记分；对影响审批结论的，提出相应整改措施；落实“一处失信、全国受限”的跨地区失信惩戒机制。

【环境执法监察】 2021年，梧州市生态环境局严格执行生态环境执法公示制度、执法全过程记录制度、重大执法决定法制审核“三项制度”实施方案，不断健全以“双随机、一公开”监管为基本手段、以重点监管为补充、以信用监管为基础的新型监管机制；制定年度抽查工作计划，及时公开抽查情况和抽查结果，对发现的问题线索一查到底；强化按日连续处罚、查封扣押、限产停产、移送行政拘留等环境保护法配套手段的综合运用，保持配套办法实施力度和案件数量整体稳定，发挥典型案件警示作用，不断提升配套办法实施效果。全市环境执法系统共检查各类污染源和环境隐患单位2000多家次，立案查处环境违法案件117件，处罚金额约1220万元；在查处的案件中适用新环保法配套办法案件19件，其中查封扣押3件，移送公安机关行政拘留2件，涉嫌环境污染犯罪7件。年内，梧州市生态环境局实行污染源自动监控，对重点污染源企业安装在线监控设备288套。列入2021年梧州市重点排污单位的有74家，列入国家平台考核基数的企业有66家，监控点有98个。全年梧州市国发平台污染源自动监控数据传输有效率为98.71%，达到自治区生态环境厅要求的95%及生态环境部要求的75%的考核标准。非现场执法环保用电智能监测平台安装并联网的企业有9家。

【环保专项行动】 2021年，梧州市生态环境局重点开展砖瓦行业专项整治行动、县级饮用水水源保护区专项整治、梧州市汽车维修行业环境专项整治、梧州市码头专项检查、梧州市固体废物专项整治、环境风险隐患专项检查、“小散乱污”企业集中整治、采石场集中整治、大气污染防治“百日攻坚战”、打击危险废物违法行为、全面达标排放排查等专项行动。全市出动执法人员4360人次，排查企业1632家次，在排查中对存在问题的企业逐一提出整改要求并立案查处。

（市生态环境局）

编审：邓桂豪　编辑：周巧玲

科学技术

综　述

【概况】　2021年，梧州市科技计划项目立项197项，获得自治区科技计划项目立项20项，取得省部级以上登记科技成果209项（全部为应用技术成果）；全年共组织实施省级科技项目16项，安排市级科技项目197项，市级科技项目总投资3888.84万元。全年获得授权专利数1914件，比上年增长48.6%。每万人口发明专利拥有量为3.5件，比上年增长21.5%。完成科技成果转化116项，新增国家级创新平台1个、广西工程技术研究中心4个、广西智能工厂示范企业4家、广西知识产权优势培育单位37家。年内，以科技人才助推梧州经济发展，引育自治区级及以上高层次人才团队1个。梧州市本级财政投入科技经费739.04万元，获自治区科技经费3622.55万元。广西碧清源环保科技有限公司项目“城镇污水深度处理关键技术及再生利用一体化装备开发与应用”获广西科技进步奖一等奖。

【科技人才队伍建设】　2021年，梧州市继续做实做深科技“东融”，促进人才集聚。通过推动广东、广西两省（自治区）设立“粤桂科技合作联合基金”，重点支持粤桂合作特别试验区内各类人才开展重大技术联合攻关、高新技术企业引进和孵化。连续两年举办粤桂创新创业大赛、粤桂试验区科技招商推介会等活动，吸引313个优质科技人才项目参与，构建起“大赛（推介会）+科技成果转化”的创新资源入口。8月，市政府主办2021年第十届中国创新创业大赛广西赛区梧州市选拔赛暨第六届梧州市创新创业大赛，共组织全市70个项目参赛，8个初创组项目和7个成长组项目共15个项目参加自治区产业复赛，为历届创新大赛参与企业最多、进入复赛企业数量最多。10—12月，在广东省深圳市举办广西梧州市创新创业大赛大湾区邀请赛，30个参赛团队角逐粤桂合作特别试验区专场赛、梧州高新区专场赛和梧州循环经济园区专场赛，3个专场赛各评选出一等奖1名、二等奖2名、三等奖3名。11月16日，2021年粤桂合作特别试验区科技招商暨人才引进推介会在深圳市举行，有20多家知名金融和大湾区优秀科创企业代表参加，10家以上大湾区科创企业和创新创业团队达成落户意向。年内，以科技人才助推梧州经济发展，引育自治区级及以上高层次人才团队1个。

梧州市实施外国人工作许可证、工作类居留证“一窗受理、一口办结”，实行A类高端外国人才无犯罪记录“告知+承诺”制，承诺A类外籍高层次人才居留、工作许可证平均压缩至5个工作日内办结。全年办理外国人来华工作许可业务23件，其中A类外国人来华工作许可办理业务量为6件，办结实际时限均为1个工作日。

【科技计划项目与经费投入】　2021年，梧州市科技计划项目共立项197项，其中工业项目19项、农业项目13项、医疗卫生项目165项；获得自治区科技计划项目立项20项。梧州市本级财政投入科技经费739.04万元，重点投向高新技术企业申报认定、科技成果转化、自治区科技企业孵化器认定、国家科技企业孵化器认定等。获得自治区科技经费3622.55万元，其中科技重大专项资金达600万元、厅市会商项目资金200万元、创新创业大赛后补助220万元。

【政策法规与环境建设】　2021年，为深入实施创新驱动发展战略，贯彻落实自治区《关于进一步深化科技体制改革推动科技创新促进广西高质量发展的若干措施》和《自治区党委办公厅自治区人民政府办公厅关于印发〈科技强桂三年行动方案（2021—2023）〉通知》的决策部署，中共梧州市委办公室、市人民政府办公室印发《关于进一步深化科技体制改革推动科技东融促进梧州高质量发展的若干措施》和《科技强梧三年行动实施方案（2021—2023年）》，大力推进以科技创新为核心的全面创新，加快实施百企科技创新工程、产品创新工程、创新平台建设工程、新兴产业培育工程、乡村振兴科技创新工程、科技“东融”合作工程、创新创业人才集聚工程、科技创新主体建设工程八大科技创新工程，培育新产业、新动能，实现以科技创新推动梧州高质量发展，把梧州打造成“东融”枢纽门户城市；计划到2023年，梧州市全社会研究与试验发展（R&D）经费投入强度突破0.99%，规模以上工业企业中有研发活动企业占比突破15%，高新技术企业数量达140家，全市引育自治区级以上高层次创新人才5人以上，技术合同成交额总额累计突破36亿元，转化科技成果累计150项以上，高新技术企业年工业总产值突破280亿元，创新梧州建设取得重大突破，科技支撑产业高质量发展能力明显增强。

（市科技局）

科技研究与开发

【概况】 2021年，梧州市完成高新技术企业备案51家，保有量达104家。全年全市乡村科技特派员累计开展实地科技服务15507天，服务农林种养基地、小微企业和农户2516个，举办科技培训班1081期、培训40756人次，引进新品种610个，解决技术问题3822个。

【高新技术及产业】 2021年，梧州市完成高新技术企业备案51家，保有量达104家。高新技术企业实现营业收入205.79亿，实现利润总额23.06亿元，上缴税费总额12.48亿元。累计拥有国家级创新平台1个、广西工程技术研究中心4个、广西智能工厂示范企业4家、广西知识产权优势培育单位37家；全市26家高新技术企业获自治区认定后补助经费190万元；13家企业获研发经费增量奖补经费931.74万元。42家高新技术企业获高新技术企业研发专项奖补748.29万元。

2021年梧州市高新技术企业名单一览表

表17

广西梧锅锅炉制造有限公司	蒙山县至元科技实业有限公司
广西桦源环保科技有限公司	广西兴合力智能制造有限公司
广西睿奕新能源股份有限公司	广西伟安人防设备有限公司
梧州三和新材料科技有限公司	广西梧州茶厂有限公司
中船华南船舶机械有限公司	梧州三条钢带制品有限公司
广西茶仔龙科技股份有限公司	国家电投集团广西长洲水电开发有限公司
中船桂江造船有限公司	广西梧州冰泉实业股份有限公司
广西桂东灵长类开发实验有限公司	广西普德新星电源科技有限公司
骆驼集团华南蓄电池有限公司	梧州市中茗茶业有限公司
广西众昌树脂有限公司	苍梧博世科环保设备制造有限公司
广西雅照钛白有限公司	梧州日晶食品有限公司
岑溪市三堡农业科技有限公司	广西龙精电子科技有限公司
广西三威林产工业有限公司	梧州科润润滑科技有限公司
广西奥顺仪器有限公司	广西梧州市国弘科技有限公司
广西梧州华锋电子铝箔有限公司	梧州中晋科技有限公司

续表 17

广西嘉进药业股份有限公司	广西蒙娜丽莎新材料有限公司
梧州市三禾添佰利五金加工有限公司	梧州渺渺科技有限公司
梧州市鸿图精密压铸有限公司	梧州宙斯科技有限责任公司
广西梧州双钱实业有限公司	广西蛋壳城矿环保科技发展有限公司
广西梧州三鹤药业股份有限公司	广西藤县绿色田园葛业有限公司
广西梧州港德硬质合金制造有限公司	广西净雨环保科技有限公司
广西藤县通轩立信化学有限公司	百裕世纪（集团）有限公司
广西碧清源环保投资有限公司	广西力合城市矿产再生资源科技有限公司
梧州奥格森科技股份有限公司	广西沙沙岛实业有限公司
广西梧州六堡茶股份有限公司	广西艾陶新型材料科技有限公司
广西梧州龙鱼漆业有限公司	广西协进建材科技有限公司
广西梧州茂圣茶业有限公司	雅士电业（广西）有限公司
广西梧州市微磁科技有限公司	梧州市恒驱达科技有限公司
广西维尚品现代农业科技发展有限公司	广西藤县泳沣生物科技有限公司
藤县加裕电子科技有限公司	广西华虹丝绸家纺科技有限公司
梧州市同润铜业有限公司	广西梧州光大安防有限公司
广西车便捷环保科技股份有限公司	广西五一管业股份有限公司
广西梧州日新塑料实业有限公司	藤县翔兆混凝土有限公司
蒙山县五丰丝绸有限公司	广西高新美管业科技股份有限公司
广西碳歌环保新材料股份有限公司	广西梧州圣源茶业有限公司
广西梧州制药（集团）股份有限公司	广西锂霸新能源科技有限公司
梧州市金正原电子科技有限公司	广西梧州市港圣堂保健食品有限公司
广西梧州日成林产化工股份有限公司	广西欣亿光电科技有限公司
广西梧州市明阳生化科技有限公司	广西睿奕科技开发有限公司
梧州奥卡光学仪器有限公司	梧州黄埔化工药业有限公司
广西光联通信科技有限公司	广西丰冠新能源科技有限公司
广西金茂钛业有限公司	梧州中茶茶业有限公司
梧州神冠蛋白肠衣有限公司	广西梧州运龙港船机械制造有限公司
梧州市飞卓林产品实业有限公司	广西忠德科技集团有限公司
优耐电子（岑溪）有限公司	广西恒安消防检测有限公司
广西新舵陶瓷有限公司	梧州市天誉茶业有限公司
梧州市泽和高分子材料有限公司	广西西投商品混凝土有限公司
广西顺风钛业有限公司	广西欧神诺陶瓷有限公司
广西华虹绢纺有限公司	藤县生隆建材贸易有限公司
广西岑溪天晟茶业股份有限公司	梧州市澳拿科技有限公司
梧州信昌金属制品有限公司	广西玉兰制药有限公司
梧州市同创新能源材料有限公司	岑溪市南洋电子科技有限责任公司

（市科技局）

农业科技发展

【六堡茶科技重大专项】 广西科技重大专项“广西六堡茶‘八新双增’关键技术研究与产业化示范”项目实施在品种选育、智能化加工、六堡茶物质成分分析和康养机理研究方面取得了标志性进展。其中：适制六堡茶品种选育子课题2021年完成收集野生、群体种茶树资源180份，选取多样性样品60份；初步评选出长势旺盛，制红茶汤色红浓，滋味醇厚或浓强的单株5个；开发快速育苗技术1项，实现扦插后50天可移栽；通过现场查定育苗基地3个，面积30.07公顷，其中母本园2.47公顷，繁育优质六堡茶苗2167.78万株，直接经济效益超过400万元；开展现代及传统工艺六堡茶加工技术研究开发窖藏六堡茶产品，生产六堡茶140吨；应用传统工艺生产线生产传统工艺六堡茶630吨；研制中空颗粒型速溶六堡茶。

【农业科技项目建设】 2021年，广西梧州甜蜜家蜂业有限公司申报的《广西蜂产品技术中心创新能力建设》和梧州学院申报的《广西六堡茶产业发展动态监测与创新服务能力提升》2个项目获2021年中央引导地方科技发展专项支持；苍梧六堡茶业星创天地和龙圩区念念目望稻渔综合养殖星创天地被认定为广西农业星创天地，广西苍梧农业科技园区被认定为自治区级农业科技园区，岑溪农业科技园区被批准筹建，岑溪市“副市长+副县长+一县一业”试点工作制度被科技厅批准创建。2021年度市本级财政支持农业技项目13项，研究内容包括肉牛选育扩繁、肉鸡高校养殖技术和水肥一体化技术等。

2021年2月4日，农业科技人员到藤县东荣镇龙公村现场给村民传授香瓜苗管护技术 罗金霞 摄

【科技特派员服务】 2021年，梧州市推荐选派321名乡村科技特派员为乡村合作社、农业企业和家庭农场提供技术指导、技术培训和技术示范服务和开展科技创新创业工作。全年累计开展实地科技服务15507天，服务农林种养基地、小微企业和农户2516个，举办科技培训班1081期，培训40756人次，引进新品种610个，解决技术问题3822个。年内，强化重点帮扶县藤县科技特派员服务工作。按照“一县一团，一乡镇一员”方式，在藤县成立粉葛产业科技特派团，对藤县17个乡镇各选派1名科技特派员分别服务藤县一个主导产业及其各乡镇的一个主要产业，实现科技特派员乡镇全覆盖、辐射全部行政村的目标。

（市科技局）

科技成果管理

【概况】 2021年，梧州市组织验收科技计划项目104项，完成科技成果登记209项，完成并通过审核科技成果转化116项，技术交易额达2177.95万元。年内，全市共推荐5项科技成果申报广西科技进步奖，获广西科学技术奖科学技术进步类二等奖和技术发明类二等奖各1项。全年通过重大科技成果转化项目116项，其中市本级科技成果转化后补助项目共计44项、补助经费415.04万元。

【优秀科技成果】 梧州制药（集团）股份有限公司牵头完成的注射用血栓通（冻干）技术升级研究及产业化项目获2021年度广西科学技术奖科学技术进步类二等奖，该项目首次揭示“注射用血栓通”活性成分的较优配比，为“注射用血栓通”精准临床定位提供科学依据。项目由广西梧州制药（集团）股份有限公司、天津中医药大学、浙江大学、中国科学院上海药物研究所共同完成。项目以“注射用血栓通（冻干）技术升级研究”为目标，通过开展注射用血栓通（冻干）物质基础及质量标准研究，进一步明确药效与不良反应物质；进行药代动力学研究，揭示注射用血栓通活性成分的作用，优化给药方案，提高临床合理用药水平；开展系统的安全性评价工作，提高产品安全性，降低不良反应。项目遵循科学性、整体性和实用性的基本原则，围绕“注射用血栓通（冻干）技术升级研究”构建的目标进行相关的创新性研究，项目于2016年完成技术研究工作，取得较好的成果，共发表相关论文27篇，其中SCI收录12篇，申请发明专利16项，授权专利11项，获计算机软件著作权1件，形成企业内控标准3件。该项成果在生物医药领域广泛应用，产品覆盖31个省份348个城市。

广西欧神诺陶瓷有限公司牵头完成的数字化喷墨打印功能建筑陶瓷制备技术与应用项目获2021年度广西科学技术奖技术发明类二等奖。该项目为建筑陶瓷功能化与数字化装饰技术。该项陶瓷制备技术的防滑功能产品摩擦系数、抗菌功能产品抗菌率和抗菌持久性均远优于国标水平。项目完成单位自2017年开始，针对建筑陶瓷功能化与数字化装饰技术等相关的行业共性瓶颈问题，通过对数字化陶瓷喷墨打印用墨水材料和功能材料的基础研究与应用研究，开发一系列深受市场认可的数字化环保功能陶瓷产品，如防滑功能陶瓷砖、自清洁陶瓷砖和抗菌功能陶瓷砖。由于数字化喷墨打印技术的精准化控制，项目研发的功能陶瓷产品在技术性能和生产成本方面优势显著。项目获得多项自主知识产权，共申请发明专利11项，已授权11项，发表论文4篇。项目技术在广西欧神诺陶瓷有限公司、佛山市迈瑞思科技有限公司获得推广和应用，生产销售陶瓷产值3亿多元，新增税收5300万元，新增利润1.09亿元，经济和社会效益显著。

（市科技局）

【专利与知识产权】 2021年，全市专利授权量1914件、同比增长48.6%，全自治区排名第三名。其中，发明专利86件，同比增长8.9%。每万人口发明专利拥有量为3.5件，比上年增长21.5%。截至年末，全市有效发明专利988件，全自治区排名第六名，同比增长11.89%。全市共获得中国专利奖7项，广西专利奖1项；获批广西知识产权优势培育单位共有37家，获评国家级知识产权示范企业1家、国家级知识产权优势企业4家，广西高价值专利培育示范中心1个。（市市场监管局）

科学技术普及

【概况】 2021年，梧州市组织“全国科普日”、科技卫生文化“三下乡”、“科技活动周”、“全国科技工作者日”等重要时间节点的科普宣传活动，共发放科普宣传资料1万多份，科普环保袋1000多个，展出科普挂图（展板）500幅（次）、科普展具200件（次），参与学生、群众达2万多人（次）。

【“全国科技工作者日”系列活动】 2021年5月28日，市委市政府召开梧州市庆祝“全国科技工作者日”大会，市四套班子领导出席会议，通报表扬梧州市最美科技工作者20名。在《梧州日报》上公开发表《致全市科技工作者的一封信》，同时在《梧州日报》上对梧州市20名“最美科技工作者”进行宣传。市领导分组慰问了一线科技工作者代表。

【参加第三届深港澳人工智能大赛暨AI科普嘉年华】 2021年10月16日—17日，梧州市组织18位优秀学生首次代表广西赴深圳参加第三届深港澳人工智能大赛暨AI科普嘉年华，与来自“两岸四地”（深圳、香港、澳门、台湾）的500多支青少年队伍同台竞技，开创了广西和梧州市青少年与深港澳青少年科技同台竞技交流的先河。广西（梧州）代表队获2个一等奖、4个二等奖、4个三等奖。梧州代表队师生和深圳市珊蒂泉外国语学校开展广东·深圳、广西·梧州首次“两省两市”青少年科技创新教育“东融”研学、交流活动，并签订合作协议。这是广西学校首次“东融”对接大湾区、搭建青少年科技创新教育交流合作平台。

【构建双创服务体系】 2021年，梧州市科技创业服务中心新引进入孵企业28家，在孵企业

76家；全年通过国家高新技术企业认定3家，获得科技型中小企业认定12家，申请知识产权企业8家共136件（其中发明专利和实用新型专利共22项、商标114项）；协助10家企业申领科技创新券共计100万元；在孵企业产值突破8000万元，创业带动就业2300多人。全年开展双创相关培训活动25场次，累计培训人员1800余人。

梧州市科技创业服务中心先后与上海大学、桂林电子科技大学、梧州学院、梧州职业学院、市退役军人事务局等单位构建产学研合作，挂牌成立梧州市科普示范基地、梧州学院教学科研实习基地、梧州职业学院科创孵化基地、梧州市退役军人就业创业孵化基地等多个平台。积极深化产学研用平台，促进梧州市科技企业的科技成果转化。

【科技培训】 2021年，梧州市科技活动中心联合梧州市电视台播出“澳洲坚果保果技术培训”和“六堡茶种植栽培及病虫害防治技术培训”两大科普宣传片，普及种养殖优势特色产业技术知识，强化科普宣传。积极筹备六堡茶产业发展教育科普基地，开展基地初期建设，举办“广西六堡茶创新制法实操培训研修班”，通过基地建设推动项目实施，发挥基地辐射带动作用。组织自治区内专家到梧州市辖区藤县、苍梧、岑溪等各县（市、区）开展培训工作，主要开展六堡茶政策宣传、种植技术、管护要领、病虫害防治以及澳洲坚果等方面培训，已开展实地培训班7期，培训人次达333人。

（市科技局）

科技平台

【概况】 2021年，梧州市推动15个创新研发平台建设，其中有12个获自治区科技厅立项支持。市级工程技术研究中心新增9家、累计49家；4家自治区级工程技术研究中心通过现场核验。全市国家级创新平台数量达到9个。

【工程技术研究中心建设】 2021年，梧州市认定梧州建筑管桩端板工程技术研究中心、梧州资源循环利用工程技术研究中心、梧州漆包线工程技术研究中心、梧州铁硅铬合金磁芯工程技术研究中心、梧州石墨负极材料工程技术研究中心、梧州儿童益智玩具工程技术研究中心、梧州透水砖工程技术研究中心、梧州腌腊制品工程技术研究中心、梧州变性淀粉工程技术研究中心9家市级工程技术研究中心，累计市级工程技术研究中心共49家。广西纳米陶瓷膜水处理工程技术研究中心、广西锂原电池工程技术研究中心、广西无醛纤维板工程技术研究中心、广西速溶六堡茶工程技术研究中心4家自治区级工程技术研究中心通过现场核验。

【创新研发平台建设】 2021年，通过自治区科技厅－梧州市人民政府厅市会商确定的政府主导创新平台有5个，龙头企业研发平台有10个，其中12个平台获得自治区科技厅立项支持。年内推荐市科技创业服务中心创建“国家中小企业公共服务示范平台”，该中心首次参加国家科技企业孵化器年度评价取得优秀等次，与高新区共同成立广西梧州高创科技企业孵化器有限公司，孵化器服务能力显著提升；推荐粤桂众创空间申报自治区级众创空间并获备案认定；推荐梧州再制造科技企业孵化器申报自治区级科技企业孵化器。广西蒙娜丽莎新材料有限公司正式加盟广西产业技术研究所，组建广西产研建筑陶瓷技术研究院。粤桂合作特别试验区孵化器获评自治区级科技企业孵化器，梧州飞天众创空间、拥军众创空间获备案为自治区级众创空间。全市国家级创新平台数量达到9个。

（市科技局）

科技交流与合作

【粤桂协同创新发展】 2021年，梧州市继续深入推进《加快粤桂合作特别试验区协同创新发展行动计划》实施，围绕粤桂协同创新任务清单，加快粤桂协同创新打造科技“东融”标杆。依托华南技术转移中心粤桂试验区分中心，为粤桂试验区的企业发布技术需求并解决技术难题，实施开展企业中长期科技工作规划等8期科技赋能主题培训及1期创交会系列活动之粤桂合作特别试验区优质项目成果线上对接活动，共700多人次参与活动及培训。依托东盟技术转移中心粤桂试验区创新服务站，围绕试验区科技型企业培育、创新平台搭建、资质和项目申报、科技咨询等工作开展常态化科技服务，2021年重点服务企业40多家，指导3家企业申报并通过国家高新技术企业备案。推动粤桂试验区完成高新区可行性研究报告、高新区建设和发展总体规划、高新区规划环评等申报自治区级高新区的报告材料，经市人民政府审定后上报自治区人民政府，加快构建珠江—西江创新经济走廊，努力打造可持续发展的区域创新合作典范。

【参展中国北京国际科技产业博览会】 2021年9月，梧州市组团参加第二十四届中国北京国际科技产业博览会，梧州参展企业广西梧州国龙再生资源发展有限公司和广西中科爱锐科技有限责任公司的参展项目分别展示“废塑料回收循环再利用”和“‘平战共用’便携式DR及远程医疗影像系统”，展现梧州市高新技术企业研发成果，促进高新技术产业的转移对接。

【参展中国杨凌农业高新科技成果博览会】 2021年10月，广西梧州圣源茶业有限公司的龙腾盛世系列六堡茶和岑溪市金特澳洲坚果发展中心的澳洲坚果（夏威夷果）饮料等特色产品在第二十八届中国杨凌农业高新科技成果博览会上展示，充分展示现代科技农业发展成就，进一步扩大梧州市特色农业的知名度和影响力。该届杨凌农高会以“科技创新引领乡村振兴”为主题，重点展示农业高新技术领域的先进技术和产品，并组织高端论坛、重点论坛、科技交流等专题活动。 （市科技局）

气　　象

【概况】 2021年，梧州市气象局有气象台、气象探测中心、气象信息与技术保障中心、气象科技服务中心、防雷减灾中心和财务服务中心6个直属单位，下辖苍梧县气象局、岑溪市气象局、藤县气象局、蒙山县气象局4个县（市）气象局。新建六要素山洪源头气象站6个、航道及重要水域气象站2个。年内，为农业、生态文明和重大社会活动做好气象服务，开展全市气象灾害防御专项检查行动，依法查处违法行为。

梧州市各地2021年度平均温度为蒙山县21.0℃、藤县22.7℃、梧州市区22.6℃、苍梧县22.5℃、岑溪市22.2℃；与历年相比，蒙山县偏高1.1℃，藤县、梧州市区偏高1.4℃，苍梧县偏高1.0℃、岑溪市偏高0.5℃。年极端最低气温-1.6℃，出现在苍梧县（1月12日）；年极端最高气温39.0℃，出现在蒙山县（8月3日）。各地年总降水量为蒙山县1024.4毫米、藤县999.0毫米、梧州市区1102.9毫米、苍梧县976.7毫米、岑溪市1182.8毫米；与历年同期相比，各地偏少2—4成。月最大降水量233.4毫米（蒙山县，5月），日降水量最大值85.9毫米（梧州市区，6月22日）。各地年日照总时数为蒙山1521.9小时、藤县2074.2小时、梧州市区2080.4小时、苍梧县1702.4小时、岑溪市1692.6小时；与历年相比，藤县、梧州市区偏多2成，其余各地接近常年。其中，2月全市各地日照时数偏多1.2—2.7倍。

【2021年主要气候事件】 2020年10月1日—2021年2月8日，梧州市降雨量与历年同期相比偏少6—8成。气象干旱严重，大部地区气象干旱达到中旱。

2020年12月29日—2021年1月13日，梧州市遭受2次寒潮天气灾害。2021年1月1

2021年4月7日，自治区党委书记、自治区人大常委会主任鹿心社（前排中）到粤桂科技创新服务中心，了解粤桂两省（自治区）科技合作情况　　黄克　摄

日08时，全市最低气温在-2.4—5.1℃；1月6日20时起，48小时内各地日平均气温下降7—10℃，8日各地日平均气温均在4℃以下，为入冬以来最低值。11日上午，梧州市区出现了冰粒，苍梧县的六堡镇、狮寨镇，蒙山县的长坪瑶族乡等地出现了冰粒及雨夹雪，12—13日大部地区出现了霜冻或冰冻天气，各地最低气温在-4.0℃—0.6℃。

5月23日—24日，藤县北部、苍梧县北部及蒙山县出现中到大雨，局部暴雨到大暴雨。6月22日—24日，梧州市大部出现大到暴雨，藤县古龙镇、同心镇，苍梧县岭脚镇，龙圩区新地镇，万秀区夏郢镇、城东镇出现大暴雨。8月18日16—19时，受强对流云团影响，岑溪市岑城镇、糯垌镇、大业镇等出现短时强降雨，最大降雨量出现在岑城镇天星村91毫米。

7月1日—8月2日，梧州市降雨量与历年同期相比偏少5—9成，平均气温与历年同期偏高0.4—1.5℃。尤其是7月上中旬持续性高温少雨天气，气象干旱严重，大部地区气象干旱达中旱到重旱程度，使缺水源的大田无水灌溉。

7月21日，受7号台风“查帕卡”减弱后的热带低压环流云系影响，梧州市北部出现了小到中雨，南部中到大雨，局部暴雨。受6号台风“烟花”台风槽北抬影响，7月28日上午8—10时藤县岭景镇、象棋镇出现大到暴雨、局部大暴雨天气，最大雨量出现在岭景镇新村107.6毫米。

【气象服务】

公众气象服务 2021年1月12日起，由梧州市气象局全程自主录制的气象影视节目正式开播。9月1日，蒙山县气象影视节目由该局录制，在蒙山电视台播出。开通“梧州微天气”微信公众号（服务号），实现气象预警通过微信实时发送，并由市委政法委组织全市网格员关注接收。全年共计创作气象短视频60多个，在各新媒体平台累计播放量达到104万多。

气象为农服务 年内，梧州市各级气象部门围绕农作物的种植关键期及关键农时，为市各级农业部门、粮食生产大户提供春耕春播、夏收夏种、秋收秋种气象服务，配合市各级农业部门推进乡村振兴战略，施行本地果蔬、六堡茶等特色气象为农服务，其中针对藤县八角产业实施人工增雨灭尺蠖虫行动，有效助力八角产业增产增收。同时，开展农产品气候品质评定，助力蒙山县“羽生牌”砂糖橘获评广西气候好产品称号。

生态气象服务 梧州市气象局与环保局签订长期合作协议，共同做好污染天气空气质量预警预报工作，为保护和改善大气环境质量、保障群众身体健康提供公共服务；开拓性地联合自治区气象科学研究所开展专项生态气象服务，年内共发布生态专项气象服务材料2期。针对降雨量大幅减少，空气质量差、气象森林火险等级高、江河来水不足、电力供应紧张等局面，积极开展人工增雨作业。

重大社会活动气象服务 年内，市各级气象部门为庆祝中国共产党成立100周年、重要领导到梧州、梧州宝石节、高考等重大活动以及新冠疫情防控、非职业性一氧化碳中毒、西江流域洪水、防范中小学生溺水等工作提供准确优质的气象服务。

【人工影响天气】 面对2021年降雨异常偏少的严峻形势，梧州市各级人工影响天气机构勇于担当、主动作为，共开展人工增雨作业66次，人民网、《广西日报》等主流媒体对此做了宣传报道。12月14日，梧州市气象

2021年2月5日，梧州市气象局举行梧州市气象影视节目开播仪式

陈嘉谊 摄

局和广东省肇庆市气象局、云浮市气象局共同签署人工影响天气合作框架协议，建立粤桂三市人工影响天气合作机制，重点在于三地气象部门将根据需求联合开展人工影响天气作业、共同研发新一代人工影响天气业务服务平台，并推动科研成果业务转化，形成人影业务新业态，提升梧州及广东周边的气象灾害整体防御能力。梧州市成为广西首个与广东开展人工影响天气合作的设区市，打造广西气象部门“东融”示范项目。

【学术交流与培训】 2021年11月25日，由梧州市科协和梧州市气象局主办的梧州市首届气象防灾减灾论坛举行，市交通运输局、市水利局、市农业农村局、市应急管理局、市城市监督管理局、市林业局、市海事局、市自然资源局、市水文中心等气象灾害指挥部主要成员单位相关负责人分别围绕气象灾害在交通运输、农业生产、林业、城市内涝、防汛抗旱以及应急管理等领域的影响及防御进行了交流研讨。12月21日，梧州市气象局与梧州职业学院共同签订合作框架协议，就共同开展项目合作、成果转化、人才培养等方面建立局校合作新模式，促进地方特色产业发展和职业技能人才培养。12月27日，梧州市气象局与广西西江开发投资集团有限公司船闸运行管理部签订气象防灾减灾服务合作框架协议，就航道气象信息综合显示、灾害性天气预警等重点领域开展技术合作，共同加强西江航道梧州段防灾减灾工作。

【行政执法】 2021年，全国首个极端气象灾害防御地方政府规章《梧州市极端气象灾害防御管理办法》列入2022年市政府立法计划。梧州市气象局在全市范围内开展2021年气象灾害防御专项检查行动，是全自治区气象部门最早实施气象灾害防御专项执法的市局。依法查处蒙山县、岑溪市有关企业未办理雷电防护装置设计审核和竣工验收手续违法行为。开展庆祝中国共产党成立100周年活动期间防雷与升放气球安全监管专项安全教育约谈及检查。与市公安局联合开展2021年全市民用爆炸物品储存场所防雷安全专项执法检查。

2021年11月25日，梧州市气象局和市科协联合举办梧州市首届气象防灾减灾论坛 陈嘉谊 摄

【气象现代化建设】 2021年，梧州市气象局新建设六要素山洪源头气象站4个，航道及重要水域气象站2个，提升灾害易发区及重要航道气象灾害影响的监测能力；完成制氢房重建、制氢设备更新改造工作，开展新一代天气雷达双偏振技术改造升级和标准统一，增强观测能力建设；搭建本地多模式降水产品本地化全流程检验及模式后处理工具，通过建立模型获得客观预报产品，加强数值预报模式的解释应用，得到不同影响系统模式预报性能的差异特征，为开展预报预警工作提供有力参考。年内，以苍梧县气象局为试点，建成梧州—苍梧市县一体化业务流程，有效集约市县预报预警、综合观测、装备保障等基础性业务，提升市县气象服务工作效率。

【科普宣传】 2021年，梧州市各级气象部门在“3·23”世界气象日、“5·12”防灾减灾日等节点，开展一系列具备行业特色的气象科普活动，开发具有本地特色、形式新颖的科普宣传作品。其中：科普短视频《暴雨防御六连诀》获第十届全国气象科普作品音视频类三等奖；《追踪者》获全国气象短视频比赛湖南分赛区三等奖；梧州市气象局联合梧州市逸夫小学拍摄《小米粒的故事》，获全国青少年科学影像节活动优秀作品奖；《天气预报怎能乱“爆”》获全自治区气象法治动漫微视频作品征集展示活动评选结果二等奖。

（梧州市气象局）

水　文

【概况】 2021年，梧州水文中心下设县域水文中心站4个，分别管辖梧州、大化、藤县、太平、象棋、金鸡、京南、河步、岑溪、南渡10个基本水文站，24个中小河流水文（位）站，150个雨量站，7个蒸发站和4个地下水监测站。年内，因防汛抗旱工作成绩突出，梧州水文中心被水利部评为全国水旱灾害防御工作先进集体。

【水文情报预报】 2021年，梧州辖区4月1日正常入汛。全年汛情偏轻，主要江河洪水量级小；江河来水偏枯，大部分地区出现阶段性水文干旱。中小河流浔江支流安平河6月23日17时50分岭脚水文站出现最高水位50.05米，超警戒1.05米，是2021年梧州市唯一出现超警戒水位河段。西江梧州水文站于6月30日7时以6.89米水位开始起涨，于7月5日1时出现全年最高水位15.35米的洪水，涨水段历时4天17小时，最高水位低于警戒水位3.15米，水位涨幅8.46米，为西江梧州城区河段全年最大涨幅洪水；桂江京南水文站于5月20日1时以19.18米水位起涨，5月21日6时出现23.33米的最高水位，低于警戒水位0.67米，涨水段历时约29个小时，水位涨幅4.15米，为桂江京南镇河段全年最大涨幅洪水。北流河、蒙江没有出现较明显的洪水过程；辖区内全年不受台风影响。因降雨严重偏少，全年江河来水量偏少3—8成，受夏季高温少雨影响，下半年发生秋冬连旱，大部分地区出现中度水文干旱。

梧州水文中心全年发送水情信息126.8万条，洪水期间启动水文测报应急响应2次，共编发各类水文信息专报99期，水雨情信息短信2.99万条，洪水蓝色预警3份。7月，西江梧州水文站出现年最大洪水期间，梧州水文中心提前3天做出准确预测，为梧州市的防汛减灾提供科学决策依据，最大程度减少人民生命财产损失。

【水环境监测】 2021年，梧州水文中心对梧州辖区25个国家重点水质站、7座水库、4个养殖网箱和周边水域监测点，以及30个农村供水工程进行水质监测。全年向市、县两级政府及河长办报送水资源质量月报60期；汇总水库水质状况、农村供水工程水质状况及网箱水质状态编制报送水资源监测信息专报3期；汇总整理11个县级行政区界断面水质水量信息并编制《梧州市河长制水文信息月报》，全年向市河长办报送12期。

【水质状况】 2021年，国家重点水质站分布于浔江、西江、桂江、黄华江、东安江、北流河、蒙江、茶山河、义昌江、赤水河等江河，所监测项目按《地下水环境评价标准》（GB/T 3838—2002）评价，水质类别均达到Ⅲ类水及以上。

【应急测报】 2021年3月初，梧州辖区内开展实战性应急测报演练，5个应急小组奔赴各自指定的5个监测断面完成洪水过程流量测验，30分钟内全部完成数据审核和发报；5月中旬，梧州水文中心组织参加全自治区水文部门在桂林组织的特大洪水测洪演练。6月初，蒙江发生洪水，该中心派出应急队到蒙山水文中心站应急测报，完成各项测报任务。

【水文监测】 2021年3月初，按上级部门要求做好各项常规水文备汛工作，抓好水文测验质量管理。11月，自治区水文中心组织水文测验质量交叉检查，梧州水文中心获优秀等次。

梧州辖区年降水量在963.0—552.5毫米之间，平均年降水量为1252.6毫米，暴雨中心位于蒙江上游一带，年降水量最大的是蒙山金垌站（1552.5毫米），年降水量最小的是六桂站（963.0毫米）。

2021年，梧州辖区天气主要受冷暖气流和台风影响，洪水主要出现在5—7月和10月。5月中旬，受冷暖气流影响，大化站和京南站分别出现年最高水位；6月，受冷暖气流影响，太平站、象棋站和河步（二）站分别出现年最高水位；7月，受冷暖气流影响，藤县站和梧州（四）站分别出现年最高水位；10月上旬，受第十七号台风“狮子山”、十八号台风“圆规”影响，辖区内普降暴政雨，区域内部分水文站出现中高洪水位，金鸡（二）站、南渡站和岑溪站出现年最高水位。桂江及西江下游区径流主要由降水形成，天然年径流分布与降水量分布基本一致，年径流深变化在237.1—734.4毫米之间，年径流深最小的是河步（二）站（237.1毫米），年径流深最大的是京南（坝下二）站（734.4毫米）。径流量一般随集水面积的增加而递增。由于降水时空分配不均匀，导致年内径流也不均匀，各水文站连续最大4个月径流量占年径流量的50%以上。

年内该区域各站输沙量变化与洪水变化基本相应，输沙量主要集中在4—10月，其他月份输沙量很小。从年输沙模数看，最大是蒙江的太平站15.7吨每平方千米，最小是北流河的金鸡（二）站5.11吨每平方千米。受长洲水利枢纽的影响，梧州（四）站的输沙量与上游来沙量不相应。

全年水面蒸发均值961.4毫米，年水面蒸发量最大的是金鸡站（1043.5毫米），最小的是档口步水文站（840.8毫米）。

【水文资料整编】 2021年，梧州水文中心完成梧州水文资料审查并达到优秀等级。完成10个基本水文（位）站，24个专用水文（位）站、150个降水站及6个蒸发站的水文资料编审工作，年度资料均达到优秀等级。

【水文基础设施建设和科研】 2021年，广西水资源监测能力（二期）工程梧州中心项目建设完成；大江大河水文监测（二期）濛江水位站工程档案顺利通过验收；广西水文巡测站技术改造工程梧州中心项目通过合同工程完工验收；广西国家基本水文站提档升级（一期）工程梧州中心项目按计划开工建设，同时配合自治区水文中心完成广西国家基本水文站提档升级改造（二期）工程、广西水文应急监测能力建设工程、广西行政区界水文监测站网建设工程、广西水文雨水情遥测系统数据通信模块升级改造工程4个项目的实施方案、初步设计等前期工程编制工作。科研项目成果《变化环境下西江黄金水道水沙演变规律研究与应用》获得第六届广西天湖水利科学技术奖一等奖。

（梧州水文中心）

编审：邓桂豪　编辑：周巧玲

教　育

综　述

【概况】　2021年，梧州市教育经费总投入68.65亿元，比上年的67.29亿元增长2.01%；教育经费总支出70.20亿元，比上年的68.77元增长2.08%。4月21日，广西广播电视大学梧州市分校更名为梧州开放大学。全年梧州市新建、改扩建各类学校529所，岑溪市、藤县、蒙山县、长洲区成为自治区学前教育集团化办园改革试点县（市、区），万秀区成为自治区幼儿园与小学科学衔接实验区。全市有学校1623所。其中，幼儿园948所，小学513所（另有小学教学点1214个，其中50人及以下教学点649个），中学139所（初中102所、高级中学15所、完全中学14所、九年一贯制学校5所、十二年一贯制学校3所），特殊教育学校4所，中职学校11所，技工学校4所，示范性综合实践基地1所，高等教育学校3所。全市中小学、幼儿园、中职学校在校生74.11万人，大专以上在校生35921人。全市中小学、幼儿园及中职学校共有教职工52046人，专任教师43417人；高等教育共有专任教师1334人。

全年全市报名参加普通高考人数31908人。其中，统考24628人，本科对口中职自主招生、高职对口中职招生（含2+3直升）、高职院校单独招生、退役士兵专升本等分类考试7280人；报考“3+文科综合”10748人，“3+理科综合”13880人。本科上线人数13697人，其中一本上线人数3004人；专科上线人数23515人。成人高考报名人数15044人；两次高等教育自学考试报名人数共3747人，报考9013科次。报名参加初中毕业会考人数47638人，参加初中学业水平考试人数44325人。报名参加高中学业水平两次考试人数共50818人，报考24.71万科次。其中上半年报考人数25608人，报考12.16万科次；下半年报名人数25210人，报考12.55万科次。两次报名参加全国中小学教师资格笔试人数37971人；两次报名参加面试人数4421人。

（市教育局）

2021年梧州市各类学校教育发展情况表

表18

学校类别	招生人数（万人）	在校生人数（万人）	毕业生人数（万人）
普通高等院校	1.60	3.63	0.73
各类中等职业教育（不含技工）	1.48	3.92	0.83
普通高中	2.59	7.37	2.07
普通初中	4.71	14.25	4.71
普通小学	5.63	33.44	4.76

（市统计局制表）

素质教育

【美育教育】　2021年，市教育局开展传统文化传承活动，先后举办梧州市中小学生艺术展演活动、师生戏曲表演大赛、合唱大赛等系列活动。全市有8所学校获第三批全国中小学校中华优秀传统文化传承学校称号，打造传统特色学生艺术实践工作坊28个，举办戏曲、诗词、书法、武术、舞狮文化进校园活动1346场。在广西首届中小学生戏剧展演活动中，梧州市中小学参赛节目获4项金奖、4项银奖，市教育局获市级行政部门优秀组织奖，梧州市综合成绩排全自治区第一。在第九届广西基层群众文艺会演中，市教育局组织的参赛声乐节目《映山红》和舞蹈节目《黎明盛开的洁霜》均获二等奖。在广西第七届中小学生艺术展演活动中，梧州市中小学生参赛的艺术表演节目分别获声乐类和戏剧类节目的第一名、舞蹈类和戏剧类节目的第二名，市教育局获优秀组织奖。市教育局合唱团获梧州市庆祝中国共产党成立100周年歌咏比赛金奖。

【体育教育】 2021年6月，梧州市教育局组织学生参加广西青少年校园足球夏令营最佳阵容选拔活动，16名学生入选全国青少年校园足球夏令营。10月，组织参加广西第七届“千里杯”校园足球联赛（中学组），获得高中男子组第八名、高中女子组第七名、初中男子组第五名。11月，组织参加自治区中学生啦啦操、健美操比赛，分别获得高中组和初中组校园规定套路亚军。梧州市第一中学、梧州市第六中学和梧州市龙圩中学3所学校获评广西体育特色示范学校。

【科技教育】 2021年6月，市教育局组织梧州市学生参加自治区学生军事训练比赛，获高中组团体总分第三名，其中在军事对抗、定向越野和无线电侧向项目中获一等奖；战场救护和文艺会演获二等奖，市教育局获最佳组织奖。11月，组织参加第六届广西青少年科技运动会，获团体总分第三名，市教育局获优秀组织奖。在全国科普日活动中，梧州市教育局获2021年全国科普日活动优秀组织单位。

【卫生教育】 2021年，市教育局印发《梧州市综合防控儿童青少年近视实施方案》《梧州市综合防控儿童青少年近视工作评议考核办法（试行）》等文件，将儿童青少年近视防控工作纳入地方政府综合考核指标。梧州市中小学生近视率总体为48.82%，比上年下降2.68个百分点，达到每年下降0.5个百分点的要求。开展试点县（市、区）建设和特色学校创建工作，长洲区入选首批全国儿童青少年近视防控适宜技术试点区（县），梧州市第一中学、梧州市第二实验小学、梧州市寺冲小学3所自治区儿童青少年近视防控特色学校坚持改革创新，突出以点带面，发挥典型示范引领作用。5月，在自治区中小学生“5·25”心理健康教育活动月中，全市中小学校以“自强不息，心向未来”为主题，以中小学生心理危机干预预防工作为主线开展活动；梧州市第七中学获心理危机应对图文小贴士创作一等奖，2所学校获心理健康教育特色项目三等奖，1所学校获生命教育主题班会三等奖。年内开展中小学专兼职心理健康教育师资培训，全年分层培训500多人，全面提升心理健康教育师资水平和学校心理健康服务能力。

2021年11月16日，市第十一中学学生在课后服务社团活动时间练习粤剧《易安词话》，为参加全自治区中小学生艺术展演做准备
陈凡 许筱颖 摄

年内，市教育局、市卫生健康委联合印发《2021—2023年梧州市学校卫生规范化建设工作实施方案》，建立健全各项卫生管理制度和长效工作机制，力争3年内全面有序规范全市学校教学和生活环境、传染病防控、生活饮用水安全、突发公共卫生事件处置以及常见病、地方病和多发病卫生管理等工作，保障广大师生的健康权益。将艾滋病防控知识纳入学校教育教学计划，全市中小学校艾滋病防控知识开课率100%，在校青年学生当年艾滋病预防知

识知晓率情况达到100%。梧州市教育局获评为自治区防治艾滋病攻坚工程（2015—2020年）突出成绩集体。

（市教育局）

规范语言文字工作

【普通话培训测试】 2021年，梧州市普通话培训与测试工作站全年共测试3723人，其中学生2618人、教师和社会考生1105人。梧州市教育部门注重中职学校考生普通话培训和测试工作，对中职学校的测试一直坚持上门培训和测试，减少在校生外出考试的安全风险。规范测试工作的纪律要求，强调测试工作人员必须严格执行，保证测试工作严肃、公正、顺利进行。全年普通话培训测试工作实现收费制度规范，培训形式规范，测试程序规范，测试工作人员管理规范，档案工作管理规范。

【推广普通话宣传活动】 2021年9月18日，市教育局在长洲区倒水镇富万村举行第二十四届全国推广普通话宣传周暨语言文字规范化示范乡村建设启动仪式，并开展梧州市推普乡村行乡村干部、青壮年农民“普通话+技能”培训活动。推广普通话宣传周活动期间，各县（市、区）教育部门组织各种活动推广使用普通话。

【语言文字工作督导评估】 2021年4月，市教育部门组织人员分别对岑溪市、蒙山县进行语言文字工作督导评估。12月，对藤县、龙圩区、苍梧县分别进行语言文字工作督导评估。专家们实地考察各县（区）学校用语用字环境，查阅了学校语言文字工作资料，随机抽查教师、学生进行语言文字知识问卷，采用谈话的方式了解学生、教师们对语言文字法律法规知识的掌握，严格按照语言文字评估细则和标准进行全面的检查。至年底，市教育部门按计划完成县域语言文字工作督导评估任务。

（市教育局）

基础教育

【学前教育】 2021年，市教育局通过加快公办幼儿园项目建设、办好小学附属幼儿园和附设幼儿班、公办幼儿园开办分园等措施增加公办幼儿园学位；市本级持续投入奖补，引导和鼓励社会力量开办普惠性民办幼儿园，扶持普惠性民办园不断改善办园条件。全市新增公办幼儿园7所、广西多元普惠幼儿园25所。推进示范园建设，扩大优质教育资源，新增市级示范园3所。统筹推进学前教育集团化办园改革和幼儿园与小学科学衔接工作，岑溪市、蒙山县、长洲区、藤县获确定为自治区学前教育集团化办园改革试点县（区），万秀区获确定为自治区幼儿园与小学科学衔接实验区，万秀区10所幼儿园（小学）获确定为试点园（校）。

【义务教育】 2021年，市教育局推动中小学实施课后服务，做好“一减一增”文章，大力推动“双减”提质增效。在减轻作业负担方面，全市630所义务教育学校“建立作业公示制度、出台作业管理办法、作业时间控制达标、考试管理符合规定、制度化开展校本教研、出台教学管理规程”六大指标均达到100%。全市应开展课后服务的学校（寄宿制学校、村小学、教学点不纳入统计范

5月22日，“百年风华 诗颂党恩”2021年梧州市小学生诗词朗诵大赛在梧州市图书馆开赛。图为6月5日，市振兴小学参赛队在决赛中表演朗诵《永远跟党走》 何鎏 摄

围）共104所，100%开展了课后服务，参与课后服务学生占开展课后服务学校学生总数的85.31%，参与课后服务工作的教师参与率为96.27%。在“家长对校内减负提质满意度调查”中，参与调查的家长22.4万人，满意率达95.81%。

【普通高中教育】　2021年，通过改善普通高中办学条件，消除普通高中大班额，全面提升普通高中办学水平。加快市十六中、十七中建设进度，秋季学期开始招收普通高中学生。扶持和指导民办普通高中办学，新增2所民办学校招收高中生。全市超额完成普通高中招生任务，高一学生达25973人，为招生任务的1.19倍。通过新建、改扩建学校，增加学校班额等办法，严格控制高一年级出现新的大班额，全市普通高中大班额比例大幅度下降，56—65人大班额比例为12.15%，65人以上超大班额比例1.13%。市八中申报自治区示范性普通高中立项学校通过自治区评估验收。梧州高中、梧州一中等5所学校获评为普通高中新课程新教材实施自治区级示范学校。

【特殊教育】　2021年，市教育局加强4所特殊教育学校、3个特殊教育资源中心以及普通学校资源教室的校舍建设和设施配备，做好适龄残疾儿童少年入学安置工作。逐一核查未入学适龄残疾儿童少年数据，做好“一人一案”、分类安置入学，保障适龄残疾儿童接受义务教育。加强特殊教育干部管理，开展特教学校、普通学校随班就读、送教上门教师培训，开展特殊教育课堂教学改革，探索信息技术在特殊教育教学中的应用，举办2021年梧州市中小学特殊教育信息技术与学科教学深度融合优质课评比，提升教师专业水平。全市义务教育阶段适龄残疾儿童少年总数为3685人，其中在校残疾学生3683人（在特殊教育学校就读399人、在普通学校随班就读及特教班就读2253人、送教上门838人、在学前教育机构126人、在康复或其他机构67人），适龄残疾儿童少年义务教育入学率达到99.95%。

【教学科研】　2021年，市教育局组织参加广西教育科学规划年度规划课题的申报工作，经上级评审，共有32项获得立项，其中A类课题3项、B类课题12项、C类课题17项，B类课题的立项率达80%以上。按照“拓宽思路、提高层次、突出重点、深入普及”的要求，开展全市中小学校课题指导与申报立项工作，共收到课题263项，其中常规课题116项，小课题147项。

（市教育局）

中等职业教育

【规模和结构】　2021年，梧州市有中等职业学历教育学校15所，其中市本级11所（含4所技工学校、3所民办学校），县级4所。有中等职业教育在校生33271人（不包括技工、民办学校），其中女生10975人。

【设施设备】　2021年，梧州市中等职业学校校园总面积125.70公顷，建筑面积58.13万平方米，生均值17.47平方米；实训实习工位数1.87万个，生均0.75万个；心理辅导室1230平方米。设备总价值3.11亿元，生均值0.75万元；纸质图书总册数128.57万册，生均值38.64册。

【教师队伍】　2021年，梧州市中等职业学校教职员工共1333人，其中专任教师1160人。全市职业学校生师比为25：1。学历结构所占比例为：本科及以上学历957人，占82.50%；硕士以上学历76人，占比6.55%。职称结构所占比例为副高及以上占13.88%，中级占34.57%，初级及以下占51.55%。“双师型”教师占专任教师人数比例为51.29%。

【校企合作】　2021年，梧州市中等职业学校共招生1.45万人，为招生任务1.31万人的1.11倍。全市中职学校应届毕业生为6931人，其中升入高等院校学习3499人、占50.48%，通过多渠道推荐就业为3369人、就业率为99%。就业毕业生中：第一产业343人，第二产业1079人，第三产业1947人；本地就业1325人，占39%；异地就业2044人，占61%。梧州市中等职业学校有农林牧渔类、土木水利类、加工制造类、轻纺食品类、交通运输类、信息技术类、医药卫生类、休闲保健类、财经商贸类、旅游服务类、文化艺术类、体育与健身类、教育类、司法服务类、

藤县中等专业学校将舞狮运动作为特色教学搬进课堂，学生可以学习舞狮动作，制作狮头、狮身和狮裤等，拓宽就业门路。图为2021年1月15日，学生及工人在该校龙狮扎作艺术馆制作舞狮狮头

黄群礼　韦潇懿　摄

公共管理与服务类及其他16个专业大类。其中，自治区级示范专业有梧州市第二职业中等专业学校“计算机及应用”“电子电器应用与维修”“模具制造技术”“信息技术”专业，梧州财经学校“会计”专业，梧州市卫生学校“护理”“药剂”专业，苍梧县中等专业学校“汽车运用与维修”专业，岑溪市中等专业学校“模具制造技术”“电机电器应用与维修”专业，藤县中等专业学校“电子电器应用与维修”专业11个。

【教学科研】　2021年，全市中等职业学校立项各级课题27项，结项课题29项。自治区级教改课题立项21项，获科研经费39万元；发表期刊论文127篇，论文获国家级奖励4人次。公开出版教材40部。

（市教育局）

成人教育

【梧州开放大学】　2021年4月21日，梧州市人民政府正式同意广西广播电视大学梧州市分校更名为梧州开放大学。7月9日，举行“梧州开放大学”更名揭牌仪式，广西开放大学党委书记周鸿，副校长董塔健，市委常委、常务副市长王永超为该校揭牌。年内开设国家开放大学开放教育本、专科（含成高“单考单招”）专业，包括文、经、理、工、法等学科5个，法学、计算机应用、会计学、行政管理、汉语言文学、电子商务、药学、学前教育、畜牧兽医等20多个专业。通过与县（市、区）组织部门及第三方办学机构合作办学的模式扩大招生，实行一年两季招生。全年学历招生共530人，为全年招生任务的1.77倍；非学历培训招生2099人，为全年招生任务的1.4倍。在社区开办包括声乐、舞蹈、形体、瑜伽和电子琴等培训班共42个班次，受到社区居民热捧。2021年，梧州开放大学学历教育在校学生949人，非学历培训学生数2099人。继续与广西开放大学、市委组织部合作开办村“两委”干部中专班，在校学生196人。有教职工23人，专职教师13人，有高级职称2人、中级职称12人。

（梧州开放大学）

【职业培训】　2021年，市人力资源和社会保障局围绕梧州市“5+2”支柱产业、主导产业发展方向和经济社会紧缺人才需求，以“双千结对技能提升行动”为抓手，全面提升企业职工、高校毕业生、失业人员等城乡各类劳动者职业技能水平。通过提高培训针对性，强化企业作为培训主体的作用，着力推进“政府搭台，校企合作，精准培训”双千结对培训合作机制，精准匹配企业培训需求，为企业解决人才培训和技能素质提升等方面的难题。全市累计开展各类补贴性职业培训3.86万人次，完成全年任务的142.87%。其中开展企业新型学徒制培训1223人，为全年任务的1.11倍；高技能人才培养1390人，为全年任务的2倍；职业培训补贴支出5857.28万元，为全年任务的1.09倍。

（市人力资源和社会保障局）

【自学考试】　2021年4月和

10月，梧州市自学考试分2次报考共3747人、9013科次。其中：4月的考试报考人数1756人4171科次，设1个考区（梧州市区）1个考点38个考场；10月的考试报考人数1991人4842科次，设1个考区（梧州市区）2个考点45个考场。

（市教育局）

高等教育

梧州学院

【概况】　2021年，梧州学院占地面积81.92公顷。拥有教学科研仪器设备总值2亿元，纸质图书106.60万册，电子期刊538.46万册。有各类学生20301人，其中本科生17109人、普通高职（含专科）学生807人、留学生130人、预科生182人、成人教育2073人。学院有本科专业56个，高职高专专业22个，涵盖哲学、经济学、法学、教育学、文学、农学、理学、工学、管理学、艺术学等学科门类；有自治区级虚拟仿真实验教学中心2个、自治区级工程技术研究中心1个、自治区工程研究中心1个。梧州学院有教职工966人，其中专任教师765人，具有硕士以上学位的专任教师567人，具有高级职称的专任教师268人。

【教育经费收入与支出】　2021年，梧州学院财务总收入49650.09万元。其中，财政拨款26163.76万元（中央财政拨款6077.05万元，自治区财政拨款6184.19万元，市财政拨款8433.88万元，政府债券5468.64万元），教育事业收入8608.55万元，科研事业收入725.75万元，经营收入675.64万元，债务预算收入11931.94万元，其他收入1544.46万元。财务总支出53041.36万元。其中，事业支出43447.75万元（教育支出10008.35万，科研支出1120.76万元，行政管理支出19375.26万元，后勤保障支出12916.81万元，离退休经费26.57万元），经营支出687.28万元，债务还本支出5367.43万元，其他支出3538.90万元。

【申硕攻坚】　2021年，梧州学院获批立项建设新增硕士学位授予单位（硕士A类），获自治区专项建设资金320万元。成立工作专班，启动申硕攻坚工作，引进博士、教授24人，建成3个人才工作室。修订《梧州学院教职工攻读博士学位管理办法》，支持鼓励教职工提升学历，自培博士4名。

【科研工作】　2021年1月12日，梧州学院召开第七次科研工作大会，总结2019—2020年科研工作，表彰一批科研工作先进集体和个人，通过《梧州学院高水平科研业绩奖励暂行办法》等4个制度。学院纵向课题立项64项，其中国家级6项，省部级15项，地厅级43项，科研经费2355.9万元，获专利授权62件。2021年度国家社科基金项目获批5项，获批数量创新高。“机器视觉与智能控制重点实验室”获批为广西重点实验室，获专项经费100万元。广西六堡茶产业发展动态监测与创新服务能力提升项目获批资助经费100万元。

【教学工作】　2021年，梧州学院5个专业入选自治区级一流专业，2个专业入围国家级一流专业评审。小学教育专业通过第二级专业认证，数字媒体技术等6个本科专业被认定为自治区级一流本科专业建设点。“流行饰品材料及工艺”“岭

2021年11月17日，梧州学院召开申硕攻坚人才引进工作布置会　　陈丹　摄

南特色产品国际贸易流程虚拟仿真实训”“国际金融”3门课程被认定为自治区级一流本科课程。年内立项建设5个校级现代产业学院，宝石现代产业学院和六堡茶现代产业学院被认定为自治区本科高校第一批示范性现代产业学院。举办梧州学院首届教师教学创新大赛和第六届梧州学院青年教师教学竞赛，2名教师获得首届自治区高校教师教学创新大赛优秀奖。高等教育本科教学改革工程立项20项，其中重点项目2项、一般A类项目7项、一般B类项目11项。开展校级教学成果等次评定，3项成果获自治区级教学成果二等奖。

2021年5月16日，梧州学院校友会海南校友联络处（梧州学院海南校友会）成立大会在海南省举行　　李远林　供图

【学生工作】　2021年，自治区高校思政课教学巡察工作专家组对学院思政课建设予以肯定，梧州学院4门课程入选自治区高校思政示范课程。全学院有思政课专职教师52人，其中教授3人、副教授14人、博士19人。学院入选首批自治区高校“一站式”学生社区综合管理模式建设试点。设置勤工助学岗位680个，发放酬金241.4万元，发放在校生物价补助444万元，给予家庭经济困难学生慰问及补助198.32万元，资助学生38473人次。学院做好新冠疫情防控常态化下学生毕业就业工作，延期毕业学生同比下降10个百分点，连续8年被评为自治区普通高校毕业生就业创业工作突出单位。年内，学生在各类竞赛中获得多个奖项，原创舞蹈《长鼓悠悠》在全国第六届大学生艺术展演活动中获舞蹈组（甲组）一等奖和优秀创作奖，受邀参加闭幕式表演；合唱《春怨》《The Water Dance Of Lluvia》获声乐组（甲组）一等奖。1名学生入选2021年度广西“自强之星”学生励志典型人物。在第七届中国国际“互联网+”大学生创新创业大赛“数广集团杯”广西赛区比赛中，梧州学院学生获金奖1项、银奖1项、铜奖45项，获奖数量创历史新高。

【校园建设】　2021年，北片区食堂及篮球场、排球场、羽毛球场、气排球场19个项目建成并投入使用，北片区二期、三期项目建设稳步推进。积极推进留学生公寓、教师公租房、教职工限价商品房建设，推进校园信息化建设，开展校园网IPv6部署改造、北片区二期配套网络接入和主校区教学办公区域校园网全光网络改造等项目。完成改造南门东侧人行通道、建设教师课间休息室等为师生办10件实事项目，完成明理楼卫生间改造、图书馆基础设施改造等党史学习教育“我为群众办实事”实践活动项目。

【校园安全工作】　2021年，完善新冠疫情防控常态化工作机制和联防联控机制，制定疫情防控系列文件，对全校约1.7万人开展多次全面排查，组织大规模疫苗接种3次，学院未发生疫情。加强疫情防控条件保障，严格校园出入管理及离返校审批。人防技防物防水平上台阶。大力防范电信网络诈骗，涉生诈骗案件下降。开展校园机动车秩序专项整治、消防安全检查整治、校园周边治乱等专项活动，110视频监控指挥中心投入使用，校园安全和谐稳定。

【交流合作】　2021年，梧州学院与广西大学签订《广西大学—梧州学院硕士研究生联合培养协议书》，建设研究生联合培养中心。梧州学院与广东财经大学签署友好合作框架协议，成立第一个自治区外校友联络处梧州学院校友会海南校友联络处、第一个省级校友会梧州学院海南校友会。成立第一个二级学院校友会、第一个海外校友联络处，梧州学院校友会在自治区内各设区市基本实现全覆盖。

（梧州学院）

梧州职业学院

【概况】 2021年，梧州职业学院（梧州市职业教育中心）占地面积39公顷，建筑面积28万平方米，教学仪器设备总值约9600万元，图书近40万册。该学院设立电子信息工程学院、机械与电气工程学院、建筑环保工程学院、卫生健康学院、教育学院、商学院、马克思主义学院、继续教育学院8个教学单位，共有医药卫生、经济管理、机电、汽车、建筑、教育等方面专业30个。年底，有全日制高职学生12372人，高职教职员工447人。

【举办党史讲座】 2021年6月29日，梧州职业学院邀请广西陶行知研究会会长、天津大学经济学教授陈洛开展主题为“一个百年建党史 一个世纪音乐路——简述中国共产党领导的音乐文化运动”的党史讲座。有300多人参加这次讲座。

讲座中，陈洛以时代为经纬，以音乐为坐标，结合曲目导赏、史实解说、片段播放等形式，从《国际歌》引入，从少年之歌、青年之歌、党歌、军歌到国歌，从《东方红》《祖国颂》《春天的故事》到《新走进新时代》，一首首红色歌曲，串起一条波澜壮阔的时代线索，深入浅出地阐释了音乐在国际共产主义运动和中国革命建设发展历程中发挥的作用。在场党员伴随音乐一起重温中华民族走向伟大复兴的辉煌历程，感悟中国共产党人的初心和使命。

【乡村产业振兴教育培训】 2021年5月，梧州职业学院筹建乡村产业振兴学院，按照乡村振兴、乡村产业振兴基层专业人才素质需求，构建专业人才培养体系，打造乡村振兴“金课”。年内，申报设立茶叶生产与加工技术专业，为梧州市六堡茶产业的发展培养和输送技术技能人才；在全校所有专业学生中选出98名优秀学生作为培训对象，举办为期18天的第一届“乡村振兴助理”培训班，并派往镇（乡）、村实习担任“乡村振兴助理”；整合“村党组织+第一书记+梧州职业学院”资源，梧州职业学院驻藤县和平镇新平村第一书记梁耀光组织建立工作组，发起《建设和平粉葛研学营销中心项目》计划；梧州市委组织部、梧州市退役军人事务局在梧州市职业教育中心联合开办“梧州市退役军人乡村振兴后备人才培训班”1期（每年均开办1期）。

【交流合作】 2021年，梧州市职业教育中心联合京东（梧州）数字经济产业园，策划组织“梧州线上春茶节”网络培训。辅导学生参加“我为梧州六堡茶代言”短视频大赛，多平台宣传“六堡茶”。

（陈婵涓）

梧州医学高等专科学校

【概况】 2021年，梧州医学高等专科学校占地面积111公顷，已完成建筑面积20余万平方米。该校对标本科院校建设医学基础实训中心、临床技能实训中心、中医康复实训中心、现代信息教育中心、药学实训中心、医学检验实训中心、护理实训中心7个实验实训中心，一期购置教学科研仪器设备约3515万元，仪器设备更新率100%。该校图书馆有纸质图书、电子图书约60余万册。该校有梧州市红十字会医院和中西医结合医院等3所附属医院、7所非直属附属教学医院及其他实习单位20家。至年底，该校有专业14个，在校高职学生总数5527人；教师总数393人，其中专任教师330名、外聘教师63人，“双师型”素质教师207人，教授51人、副教授156人，高级职称教师占52.67%、硕博士学历教师占35.37%。

【教学工作】 2021年，梧州医学高等专科学校组织学生参加第七届中国国际“互联网+”大学生创新创业大赛广西赛区选拔赛。该校教师参加梧州市教育系统党史学习教育理论宣讲比赛获一等奖，学生先后在自治区、市各项学科竞赛中获一等奖2个、二等奖8个、优秀奖12个。该校学生参与“希望工程·圆梦行动”、寒假假期社会实践活动、高铁南站志愿活动、红会医院志愿活动、桂东医院志愿活动等30余次。

【科研工作】 2020—2021年，梧州医学高等专科学校教师先后获批立项“广西教育科学规划课题”和教改课题等9项、广西高校中青年教师科研基础能力提升项目等23项，立项数量在广西2020—2021年新建高校中排名第一。2021年，该校组织申报项目19项，校级科研项目立项29项，配套科研经费50余万元。有关学校思想政治工作培育建设的《从习近平关于弘扬传统文化的讲话中思考武术文化未来发展》课题，被推荐参加国家级立项评审。

【人才培养】 2021年，梧州医学高等专科学校坚持人才强校战略，深入推进“硕士化工程”“优秀青年培引工程”等系列人才计划和工程。教师先后获得梧州市教育系统党史宣讲比赛、党史知识竞赛一等奖、三等奖，在全自治区“感党恩、跟党走”系列活动中获自治区三等奖1项、优秀奖3项，市级三等奖1项、“优秀指导老师”1项；学生先后在自治区、梧州市各项学科竞赛中获一等奖2个、二等奖8个、优秀奖12个。该校设立“彬生奖金”，评出10名品学兼优学生每人奖励1万元。

【创新创业教育】 2021年，梧州医学高等专科学校制定并实施《梧州医学高等专科学校创新创业教育实施方案》，开展以“筑梦助飞 创新广西”为主题的大学生创业支持大赛，提前培育、积极指导学生参与学校和自治区级“互联网+”“挑战杯”和“创青春”等创新创业大赛。

（梧州医学高等专科学校）

教育管理

【教育经费】 2021年，梧州市教育经费总投入68.65亿元，比上年的67.29亿元增长2.01%，其中公共财政预算安排的教育经费为52.50亿元、比上年的52.11亿元增长0.74%。教育经费总支出70.20亿元，比上年的68.77元增长2.08%，其中公共财政预算安排的教育经费支出为58.82亿元、比上年的60.24亿元下降2.35%。其中，人员支出41.55亿元，公用经费支出17.25亿元，其他支出189万元。

【学校安全管理】 2021年，市教育局制定梧州市中小学幼儿园安全工作标准，在全市教育系统推广实施，逐步构建学校安全管理长效机制。11月4日，市教育局在2021年广西中小学安全稳定工作交流会暨应急演练现场观摩会上，就推行梧州市中小学幼儿园安全工作标准情况作书面发言。指导各县（市、区）成立中小学幼儿园安全防范专项行动工作专班，将中小学幼儿园安全防范专项行动资金纳入年度财政预算，投入专项资金12024.8万元。全市所有中小学幼儿园专职保安员配备率、封闭式管理率、一键紧急式报警和视频监控系统建设达标率、护学岗设置率均达到100%，构建人防、物防、技防“三位一体”安全保障体系。市教育局在2021年自治区中小学幼儿园校园安全防范专项行动推进会上就专职保安聘请工作做经验交流发言。梧州市安全教育平台开展常态化教学、常态化学习及应急疏散演练等各项数据都排在全自治区首位。全市有52.93万名学生参与平台学习，14874名教师使用平台进行日常安全教育，防溺水、交通安全、消防安全等8个专题的活动，使用率高达93.96%，共发送周末（节假日）家校安全提醒150.11万条，阅读量高达863.08万人次。在2021年广西中小学幼儿园安全教育“精彩一课”评选活动中，选送的16个安全教育视频课均获奖，其中一等奖占5名（全自治区共20名），占比25%。指导各县（市、区）对中小学校长、幼儿园园长进行安全教育全员培训共计5543人次。实施校园安保队伍培训21次，参与安保人员4349人次。中小学校落实每月开展一次应急疏散演练1058所，占比100%；幼儿园落实每季度开展一次应急疏散演练808所，占比100%。

【教育督导】

督政工作 梧州市人民政府2020年度履行教育职责评价得分为85.4分，在全自治区14个设区市中排名第七，是自2018年开展政府履行教育职责评价工作以来的最好名次。所辖7个县（市、区）有6个县（市、区）评价结果获优秀等次，其中藤县、蒙山县、长洲区、万秀区、苍梧县、龙圩区分别排名全自治区第九、十七、三十一、三十三（万秀区、苍梧县并列）、五十九名，进入自治区第一方阵。2021年，全市所有县（市、区）顺利通过义务教育基本均衡发展国家评估验收（复查），实现全市基本均衡的县（市、区）比例达到100%的总体目标，是梧州市教育发展史上新的里程碑。同时，制定《梧州市县域义务教育优质均衡发展督导评估指导性规划》，进一步明确目标任务，指导各县（市、区）做好义务教育优质均衡发展创建及评估工作。全市7个县（市、区）全部参加国家义务教育质量监测工作，实现全覆盖。2021年是国家义务教育质量监测第三周期的第一年，监测学科为数学、体育、心理健康，全市参加相关学科测试的样本校143所，学生4164人，参加问卷调查的校长、教师约1554人。通过制订出台《梧州市实施2021年国家义务教育质量监测工作方案》，分阶段、分类别培训和现场督查及指导，深入学校摸排问题强化整改等方式，保障质量监测工作顺利进行。在实施2021年国家义务教育质量监测工作中表现优异，被教育部基础教育质量监测中心授予"市级优秀组织单位"称号。

督学工作 2021年，市教育局组建"教育督导服务队"，聚焦教育基层急难愁盼问题，积极开展教育教学督导服务活动。《"教育督导服务队"排忧解难促发展》典型案例被自治区党委教育工委评为全区教育系统新时代文明实践中心（所）创新工作典型案例。举办2021年梧州市教育督导能力提升培训班，提高专、兼职督学教育督导能力水平。推动督学责任区建设，2021年3月顺利完成市直管学校第三届责任督学换届工作。加强督学责任区制度化建设，建立督学责任区工作计划，形成每月督导清单，同时以"1+X"的形式开展督学工作。每月围绕8个固定督导事项，增设一项重点督导事项，加强对学校的全方面督促指导。责任督学积极开展"双减"、五项管理、校园安全等督导工作，在规范学校办学行为中发挥作用。

专项督导 2021年，市教育部门聚焦教育热点、难点问题，把"双减""五项管理"工作作为督导工作的"一号工程"。同时，全市各级教育督导部门把"五项管理""双减"纳入督学责任区挂牌督导内容，纳入党史学习教育中"为民办实事"督学实践活动。坚持"一月一督一报告"，在每月进校督导中加强对学校推进"五项管理"及"双减"工作的指导，把牢改革方向。组织各级责任督学到各责任区学校检查"五项管理"和"双减"的工作落实情况，确保监督指导工作全覆盖。

年内，市教育督导部门组成防范中小学生溺水和中小学（幼儿园）安全防范工作督查组，分7个工作小组深入各县（市、区）、直管学校及有关中职学校进行检查。责任督学按照中小学、幼儿园校园安全实地督导要点开展督导工作，对发现的问题列出责任整改清单，落实责任人，责任督学跟踪督导，限期完成整改。实现全市中小学、幼儿园安全专项督查责任督学实地督导全覆盖。结合校园安全工作和防溺水工作，根据专项督导、常态化督导情况，各县（市、区）落实校园安全工作情况，定期对工作进展进行通报，全年共发出提醒函5次，约谈县级政府1次。

市教育督导部门根据新冠疫情防控形式，围绕寒假、暑假期间和开学前节点，制订督导方案，年内围绕学校落实《校园疫情防控"十严格"》《梧州市2021年寒（暑）假前后学校疫情防控工作方案》等方面，组织开展疫情防控专项督导。对57所学校寒（暑）假前疫情防控措施落实情况进行了督导检查。

【教师队伍建设】 市教育局、市委编办协同建立"梧州市中小学编制周转池"，制订《梧州市教育局直管中小学教职工编制"周转池"使用方案》。2021年，梧州市中小学教职工周转池中有3087名编制，其中市本级390名、各县（市、区）2697名。年内，建立梧州市教育局直管中小学编制"周转池"工作推进会召开。同时，通过新闻报道对"周转池"制度进行宣传推广。各学校制定本校"聘用教师控制数"人员转事业编制的具体方案。经过学校核准岗位、自愿报名、择优公示推荐、现场面试考核等各个环节，有24名使用聘用教师控制数人员进入到转编录用环节。

通过远程连线（现场考评）的线上招聘、组织现场直接面试、公开考试招聘等多种招聘方式结合，及时解决梧州市教育局部分直管学校教师及教辅人员紧缺问题。全年全市中小学招聘教师1438名。

制定《梧州市教育局直管学校绩效考核办法（试行）》《梧州市中小学（幼儿园）教师激励办法（试行）》等，通过引进高层次教育人才、柔性引才、放宽紧缺学科引才、培养奖励名师名校长、建立特色名师工作坊、建设教育人才小高地、职称评审奖励、乡村教师生活补助、参照公务员机关绩效考评奖发放年度绩效增量、奖教机制、校长书记专项考核补助、教师健康体检等措施，激励教育工作者爱岗敬业、积极进取、奋发有为。组织主题为“赓续百年初心，担当育人使命”的2021年度“为教师亮灯”公益活动。9月10日晚参与亮灯活动的机关单位、企业单位、各中小学校、商场超市、宾馆饭店、医院药房等超过1480家，全城亮灯展示超2380处。

实施《梧州市中小学教师支教走教实施方案》，采取自治区安排、建立对口支援、动态走教、教育行政部门按需安排等多种形式，组织城市学校与县级或乡村学校签订对口支援协议，搭建城市学校与乡村学校、城市学校校长与乡村学校校长、城市学校教师与乡村学校教师帮扶支援平台，全年有12所市级学校与17所薄弱学校、乡村学校签订“校对校”对口支援协议，全市有410名教师参加自治区安排的支教走教。

【学生资助】 2021年，梧州市学生资助管理中心把降低办理大学新生资助项目成本列入“我为群众办实事”实践活动的为民办实事清单，秋季学期在市直管高中试运行大学新生入学资助项目线上管理平台，符合申报条件的学生扫码登录平台，在线填报申办信息、上传有关资料后，即可完成申办。该平台运行后，极大提升资助工作精准度、便捷度，受到学校、受助学生的一致好评。

梧州是全自治区唯一有市级生源地信用助学贷款办理点的设区市。年内，该中心依托“梧州学生资助”微信公众号平台，通过分时段预约、健康码上传、信息登记、首续贷分流、诚信云教育等功能设置，有效解决人员拥挤、防疫困难、办理等待时间长等难点堵点问题，获得上级肯定和群众认可。《以小切口解决群众急难愁盼问题》入选广西2021年度“为民办实事”优秀评选案例，并获得99864票的群众支持。同时，在“梧州学生资助”微信公众号开设云端诚信微课堂，也得到上级学生资助管理部门肯定，相关经验做法在自治区推广。该中心还通过《梧州日报》连载获全自治区“最美资助人”和“自强之星”的工作人员和学生典型，展现资助工作者风貌，弘扬贫困学子自强励志的榜样力量。 （市教育局）

编审：邓桂豪　编辑：周巧玲

文 化

文化场馆

【图书馆】 2021年，梧州市有公共图书馆5家。其中，地市级图书馆1家，县级图书馆4个市辖县（市）各1家。公共图书馆建筑面积2.01万平方米，图书总藏量121.48万册（件），包括有学术论文、期刊、电子图书等数据库资源供读者查阅使用，向公众免费开放。5家图书馆共接待读者82.36万人次，其中书刊文献外借4.42万人次、13.41万册次。组织各类讲座91场次，举办展览53场次，举办培训班84次。

梧州市图书馆总面积约1.38万平方米。至年底，新增图书1.14万册，馆藏文献66.27万册，共接待读者68.03万人次。10月1日起，梧州市图书馆正式开通诚信免押办证服务。支付宝芝麻信用分在550分以上读者，可以线上办理梧州市图书馆诚信借书证。梧州市图书馆被自治区妇联评为广西三八红旗手（集体）；在2021年广西公共图书馆业务技能大赛中，梧州市图书馆代表队获“图书排架”项目一等奖、“图书编目”项目三等奖、“信息检索”和“信息技术”项目优秀奖。在自治区文化和旅游厅举办的“党旗高高飘扬·走读广西”活动中，梧州市的亲子阅读活动案例获优秀创新案例奖。

【博物馆】 2021年，由文化和旅游部门管理的博物馆有2家，分别是梧州市博物馆和岑溪市博物馆。梧州市博物馆为二级国家博物馆，馆址位于梧州市珠山顶河滨公园内，占地1.7公顷，建筑面积8000平方米，展厅面积1800平方米。文物藏品数量为7528件（套），其中国家一级文物11件（套）、二级文物239件（套）、三级文物1954件（套）。年内，梧州市博物馆举办临时展览3场次，5个开放接待点累计接待团体628个，参观人数31.7万人次，其中青少年团体105个、3.38万人次；宣教活动共举办20余次；完成博物馆陈列提升工程等项目3个。年内完成全市党史教育基地陈列提升工作，分别为中共梧州地委·广西特委旧址辅助陈列馆《起点——中国共产党广西早期组织在梧州》展览、韦拔群烈士事迹陈列馆陈列布展、大同酒店旧址基本陈列展览3个红色教育主题展览陈列项目，吸引各界党员干部参观学习16.3万人次。结合元宵节、端午节、中秋节等中国传统节日，常态化开展传统文化教育活动。拓展博物馆教育途径，与学校开展系列活动，累计开展各类进校园活动6次。梧州市文化宣传部门从全市各校选拔30位优秀的红领巾讲解员，经系统培训学习后，在各党史学习教育基地为观众开展志愿讲解工作。同时，结合临时展览开展“铜镜之美，照鉴古今”“共赏粤剧风华　传承非遗文化”“体验‘海’之欢乐，感受‘海’之魅力”3个主题社会教育活动。依托馆藏精品文物打造博物馆宣传品牌课程，以短视频的方式，在梧州市博物馆微信公众号推送“文物微课堂”系列课程，呈现博物馆精品文物，传播效果良好。

岑溪市博物馆于2015年1月挂牌成立，2017年8月将岑溪城市规划展馆改建为岑溪市博物馆，建筑面积约2500平方米，位于岑溪市东山公园东山阁下，陈列岑溪建设成就展、民族民俗展、历史名人展、历史文物展、百年英烈临展，2021年，有馆藏文物3000多件，其中国家一级文物1件、二级文物44件、三级文物194件。全年参观人数约1.5万人。

梧州学院博物馆是以梧州

学院为依托的大型综合类高校博物馆，位于梧州学院北校区，总建筑面积5000平方米，于2013年相继建成，并陆续向社会公众免费开放。下设西江商贸文化、西江流域民间文献中心和宝石文化3个分馆，涵盖“西江商贸文化”“西江流域民间文献”和“宝石文化”三大基本陈列，另设有“宝石与艺术设计教学成果”等专题陈列，形成基本陈列、专题陈列和临时展览互为补充的陈列体系。年末，梧州学院博物馆有馆藏文物及展品5000余件。

【文化馆（站）】 2021年，梧州市有地市级文化馆1个（梧州市群众艺术馆），县级文化馆7个（万秀区文化馆、长洲区文化馆、龙圩区文化馆、苍梧县文化馆、岑溪市群众艺术馆、藤县文化馆、蒙山县文化馆），乡镇综合文化站59个。梧州市群众艺术馆及7个县级文化馆总面积合计18922平方米。全市文化馆（站）全年累计组织文艺演出活动1211场次、举办文艺培训班707场次、举办展览136场次、组织公益性讲座134场次。

梧州市群众艺术馆下设市地方戏剧研究发展中心和市艺术研究院，馆址位于梧州市三龙大道文化大厦内，剧场占地面积2149.16平方米，有各功能教室5400平方米，群众文化及文化艺术展厅1165平方米，总建筑面积13660.76平方米。设有剧场、展示厅、排练厅、培训教室、制作室、文化艺术展览厅、服装制作室、文化遗产展示厅等13个室内文化活动场所，室外文化活动场所面积超1000平方米。梧州市群众艺术馆河东旧馆址改造成河东免费开放活动基地，开展公益性群众文化活动，面积1874.52平方米。年内，梧州市群众艺术馆辅导梧州市群艺合唱团参加2021年全国“唱支山歌给党听”大家唱群众歌咏活动——四季合唱音乐会“冬之约”获二等奖，参加中国黄河合唱周合唱比赛获老年组一等奖；选送的节目《我的祖国》入选“党旗高高飘扬·文兴广西”2021年广西广场舞展演（自治区原创红歌广场舞优秀作品展演）暨广西“魅力北部湾”系列群众文化活动优秀节目；莲花板说唱《生命的呼唤》入选第十六届马街书会优秀曲艺节目展演，受到专家学者一致好评。

2021年4月2日，万秀区文化馆在南中社区举办“我们的中国梦”——文化进万家传统节日壮族“三月三”文化活动

市文广体旅局 供图

【美术馆】 2021年，梧州市美术馆总面积约600多平方米，主要分为展览区、办公区两个区域。美术馆收藏的书画作品共55幅，以自治区内及梧州市书画家当代作品为主。年内展览8场次，参观人数2400人次。

6月29日，李灵机美术馆开馆仪式暨“美色苍海”作品展在梧州市苍海新区展示中心一楼举行，李灵机是中国美术家协会会员、国家一级美术师，李灵机美术馆是梧州市首家以个人名字命名的美术馆。“美色苍海”作品展展出了李灵机个人作品以及其他苍海新区文艺志愿者作品约100幅，涉及骏马、人物、花卉等多种题材。

（市文广体旅局）

【新华书店】 2021年，梧州市新华书店有限公司（简称市新华书店）投入1000多万元资金对各连锁门店进行升级改造，其中龙圩连锁店升级改造后经营面积有1600平方米，成为梧州市经营面积最大的新型图书卖场。4月28日，市新华书店在市党群服务中心增设“红湾”主题阅读体验区，共接待各地党委政府、机关、社会团体等参观学习达100多场次，阅读人数超过1万人次。此外，市新华书店参与全市20多个“红湾”主题阅读体验区试点单位建设工作，均获核验通过。全年全市各新华书店利用节假日开展阅读分享、新华小店长、让利促销、文化惠农等活动共100多场次。

年内，全市各新华书店组织人员到乡镇或社区开展流动售书服务共60多次，实现乡镇全覆盖流动供应服务；按时完成全市范围内906个村点的农家书屋配送。全年全市新华书店主营业务收入约21783万元。其中，教材销售8873万元，教辅销售11235万元，一般图书（含党政类重点文献、党史学习教育学习材料等）销售1675万元。

（市新华书店）

【农家书屋】 2021年，梧州市66个镇（乡、街道）1014个行政村有农家书屋906间，每个农家书屋配备书籍3000多册，将少年儿童阅读丛书作为重点配备图书。5—8月，市文化宣传部门在全市开展“新时代乡村阅读季”活动，组织下乡赠书，并做好农家书屋补充更新出版物工作。同时，在乡村人流量较大的地方建设21个农家读书角，盘活农家书屋图书资源利用率。市新华书店负责农家书屋图书配送工作，全市906家共补充更新图书品种95种86070册，价值约180万元。各村点农村书屋全时对外开放，定期开展党史主题阅读活动、亲子阅读活动、“绿书签行动”和“知识版权日”宣传周、“扫黄打非”主题阅读活动等，通过读书分享、朗诵比赛、书香交流会等形式，营造多读书、读好书的良好氛围。

（市委宣传部）

公共文化活动

【阅读推广活动】 4月23日是世界读书日，梧州市举行2021年全民阅读活动暨“绿书签行动”启动仪式。结合党史学习教育活动，打造形式多样的红色阅读和分享平台，打造“红湾”主题阅读区，开辟红色阅读专区，利用公众号定期推出“红色图书推介”专栏，组织开展喜迎中国共产党成立100周年“童心向党”红色经典朗诵比赛、“喜迎建党100周年 亲子阅读红色故事”等活动。完善乡村阅读阵地建设，更新补充农家书屋出版物，盘活农家书屋图书资源利用率。以阅读分享会、创作交流研讨会、作品朗诵等方式，组织本土作家、文学爱好者、青少年等参加街道、农家书屋阅读推广活动，阅读分享梧州市作家2021年创作、发表、出版的纪实文学《茶船古道》、散文集《生命中的风景》、散文集《凤凰栖处是吾乡》、长篇小说《黎明前夕》等文学作品。

（市委宣传部）

【“我们的节日”主题活动】 2021年，结合元旦、春节、元宵节、“壮族三月三”、清明节、端午节、中秋节、重阳节等传统节日，市文化部门组织梧州市演艺有限责任公司、梧州市群众艺术馆、万秀区文化馆、长洲区文化馆、龙圩区文化馆及苍梧县文化馆、藤县文化馆、岑溪市群众艺术馆、蒙山县文化馆等单位在市区各大广场、社区、乡镇、乡村开展“我们的节日”主题活动168场次，惠及群众78386人次。活动形式包括猜灯谜、写春联、文艺演出、展览等，为传统节日营造喜庆、热烈的节日氛围。

【“我们的中国梦”——文化进万家活动】 2021年，市文化部门组织梧州市演艺有限责任公司、梧州市群众艺术馆、万秀区文化馆、长洲区文化馆、龙圩区文化馆及苍梧县文化馆、藤县文化馆、岑溪市群众艺术馆、蒙山县文化馆等单位在市区各大广场、社区、乡镇、乡村共开展“我们的中国梦”——文化进万家主题活动467场次，惠及群众17.50万人次。演出活动将人民群众喜闻乐见的节目送到群众家门口，演出戏剧、曲艺、声乐、器乐、舞蹈等多种艺术门类文艺作品，包括歌舞《歌唱祖国》、小组唱《那一年的春风》、广西南曲《青山永驻爱民心》、粤剧《抉择》（选段）等节目，丰富了人民群众的精神文化生活。

【戏曲进乡村进校园活动】 2021年，市文化部门组织梧州市演艺有限责任公司、梧州市群众艺术馆、万秀区文化馆、长洲区文化馆、龙圩区文化馆及苍梧县文化馆、藤县文化馆、岑溪市群众艺术馆、蒙山县文化馆等单位开展戏曲进校园进乡村活动，共开展戏曲进校园进乡村文艺演出、展览、培训、调研超过500场次，惠及群众、师生约20万人次。通过文艺演出、展览、讲座、教学培训、交流互动等多种形式，向学生传授梧州本地戏曲艺术——粤剧、牛娘戏、牛歌戏、鹿儿戏等优秀戏曲文化知

2021 年 12 月 29 日，庆祝梧州粤剧团建团 70 周年粤曲晚会在梧州市文化展览中心举行　　市文广体旅局　供图

识，主要包括戏曲脸谱知识、戏曲的曲目类型以及戏曲各种行当人物的唱法、身段、服饰、道具等相关知识。深入梧州乡镇、乡村开展“我们的中国梦”——文化进万家活动暨广西濒危剧种基层文化惠民演出活动 275 场，演出鹿儿戏、牛娘戏、牛歌戏等地方戏曲剧种，节目包括鹿儿戏《女村委主任》、牛歌戏《淑女养弃儿》、牛娘戏《戏缘》等，惠及群众约 17 万人次。

【庆祝梧州粤剧团建团 70 周年活动】　2021 年 12 月 29 日，庆祝梧州粤剧团建团 70 周年粤曲晚会在梧州市文化展览中心举行，邀请两广粤剧艺术家到梧州市演出，演出粤曲联唱《云山鸳水红豆韵》、粤曲独唱《荔枝颂》、经典粤剧《女驸马》（选段）等 9 个节目。晚会上，举行梧州粤剧团名誉团长欧凯明聘任仪式，梧州市人民政府聘任中国戏剧梅花奖“二度梅”获得者欧凯明为梧州粤剧团名誉团长。播放梧州粤剧团专题片《粤剧明珠七十风华》，举行梧州粤剧团建团 70 周年颁授仪式，向 18 位为梧州粤剧做出卓越贡献的粤剧从业人员代表颁授荣誉称号。晚会观众约 500 人。

（市文广体旅局）

文学艺术

【文学创作】　2021 年，梧州市作家协会围绕中国共产党成立 100 周年、推进乡村振兴、县域经济发展等中心工作，策划开展专题创作活动，用文艺作品反映梧州市的发展变化。年内作协会员在国家级文学刊物上发表文学作品 23 篇，在省级刊物发表文章 80 多篇，市级报刊发表文章 130 多篇。蒙土金散文集《凤凰栖处是吾乡》由经济出版社出版；盘妙彬现代诗《少年推窗》在国家级刊物《诗刊》头条诗人栏目刊登；9 篇诗词作品在学习贯彻习近平“七一”重要讲话精神“党员心声大家谈”暨“四史”学习教育主题征文比赛中获得优秀奖。笔名为“小楼听雨”的彭仕燊，在万读小说网站发表的作品《今夜花开》获得该网站年度最佳畅销奖。（市文联）

【音乐、舞蹈创作】　2021 年，梧州市文艺工作者共创作声乐作品 35 个、器乐作品 6 个、舞蹈作品 38 个。王广国创作的弦乐四重奏《童趣》在中国音乐家协会主办的全国音乐类核心期刊《音乐创作》上发表；王广国创作的歌曲《感谢有你》入选陕西省“唱支山歌给党听——庆祝中国共产党成立 100 周年歌曲展播”，入选全国“唱支山歌给党听——颂党歌曲大联唱”活动，并在国家民委官方微信公众号、中国民族报活动专区展播；秦伟编创的舞蹈《走呦走呦》入选第十三届全国舞蹈展演；歌曲《感谢有你》《将酒敬百年》获“永远跟党走奋进新征程”广西职工文艺展演三等奖，并作为优秀节目在广西电视台全程直播展演；歌曲《那一年的春风》《裙摆摆》在自治区党委宣传部主办的“永远跟党走”第九届自治区基层群众文艺会演中获声乐类一等奖，黎钲园编创的舞蹈《刺桐花》、邓海燕编创的舞蹈《同心船歌》获舞蹈类优秀奖；秦伟编创的舞蹈《长鼓悠悠》获第十一届广西音乐舞蹈比赛舞蹈类创作一等奖，谭健韬创作的歌曲《瑶山党支部》获声乐类创作三等奖；同时，舞蹈《长鼓悠悠》获 2021 年“红绣球”广西舞蹈创作作品展演活动作品奖。

【戏剧、曲艺创作】　2021 年，梧州市文艺工作者共创作戏剧作品26部、曲艺作品13部。梧州市演艺有限责任公司与广西戏剧院合作排演的大型壮剧《苍梧之约》获第十届广西文艺创作铜鼓奖。大型现代粤剧《抉择》参加"永远跟党走"庆祝中国共产党成立100周年广西优秀舞台艺术作品展演暨第十一届广西戏剧展并获金奖。在"永远跟党走"第九届自治区基层群众文艺会演中，鹿儿戏《女村委主任》获戏剧类二等奖，广西南曲《粤西红棉》获曲艺类二等奖。曲艺《生命的呼唤》入选由中国曲艺家协会、河南省文联举办的"第十六届马街书会"优秀节目展演；曲艺《涅槃重生》获评中国曲艺家协会评为"庆祝中国共产党成立100周年"优秀曲艺节目，并在由中国曲艺家协会主办的《曲艺》（2021年6月）杂志上发表；粤剧《抉择》《小乔》《云盖英魂》，牛娘戏《戏缘》，音乐剧《我们的001》分别在由中共广西党委宣传部和广西文化和旅游厅举办的"第十一届广西剧展小戏小品展演"中获奖。

（市文联　市文广体旅局）

2021年11月19日，壮剧《苍梧之约》在梧州市文化中心上演，剧中场景道具很好地展现了时代风貌　何鎏　摄

【影视创作】　2021年，电视纪录片《红色丰碑》入选自治区党委宣传部庆祝中国共产党成立100周年文艺作品重点扶持项目；公益广告《一心》获"恰是百年风华——庆祝中国共产党成立100周年主题电视短片大赛"二等奖、"壮丽航程写新篇——庆祝中国共产党成立100周年全区新媒体作品大赛"优秀奖；新媒体H5作品《庆百年华诞为党旗增辉》、公益广告《红色火种播撒八桂》入围"恰是百年风华"2021年广播电视公益广告大赛。

（市文联）

【美术、书法、摄影创作】2021年，潘彤漫画作品《初心》获中国国际动漫节"永远跟党走——红色动漫致敬百年风华"主题动漫作品征集活动优秀作品奖，漫画作品《健康—康健》入选2021日本埼玉县国际动漫节漫画展览并收录入作品集向全球发行，漫画作品《垃圾分类》入选中国新闻漫画研究会主办的第四届全国水墨漫画大赛；管政国画作品《家园静好》入选《抱石风骨·首届中国画双年展》；黄朝南国画作品《雪落无声》入围第三届"神圣长白"全国中国画作品展；覃志柳书法作品《道德经》（四章）、冯永浩书法作品《董香光〈画禅室随笔〉选抄》入选2021"中国书法年展"全国篆书、隶书、篆刻、行书、草书作品展；梁云书法作品《千峰万派联》入选第四届全国青年书法展；黄明钊摄影作品《喜迁新居》、罗本友摄影作品《我的英雄妈妈回来了》入选第十届全国农民摄影大展，并获评委推荐奖（最高奖）；霍雨锋摄影作品《砖厂里的女工》入选由中国文学艺术界联合会、中国国家博物馆和中国摄影家协会联合主办的"希望的田野——脱贫攻坚共享小康全国摄影展"，在中国国家博物馆展出。

梧州市群众艺术馆书法作品《毛泽东词念奴娇井冈山》《李济深诗桂林书感三绝》，摄影作品《乡村振兴示范村梧州绿云村》入选第十二届"魅力北部湾"广西群众美术书法摄影作品展，李昕怡作品《青山秀色》《李家四群》《夕阳琴韵》（中国画）入选九三学社自治区委庆祝中国共产党成立100周年书画摄影作品展，罗汉任国画作品《安享幸福》入选广西美协主办的"发现雁山"广西美术作品展。在"永远跟党走"庆祝中国共产党成立100周年·2021广西艺术作品展览中，梧州市30件作品入选，其中秦思红的版画《轮椅上的脱贫战》和冯永浩的书法作品《习近平同志〈论中国共产党〉选抄》2件作品获优秀奖（最高奖）。

"永远跟党走"庆祝中国共产党成立100周年·2021广西艺术作品展览
梧州市入选作品一览表

表19

作　者	作品题目	艺术类别	获得奖项
秦思红	轮椅上的脱贫战	美术／版画	优秀奖
潘　彤	红辉映照西江起点之港	美术／国画	
梁翠珍	送别	美术／版画	
吴　军	勋章	美术／版画	
陈宇园	喜迎红军	美术／版画	
冯桂强	首位广西籍中共党员——黄日葵	美术／色粉	
冯永浩	习近平同志《论中国共产党》选抄	书法／行书	优秀奖
梁雄杰	党旗赋	书法／隶书	
李运锋	浮舟沧海、立马昆仑	书法／隶书	
玉文清	中国共产党史摘抄	书法／行书	
黄建山	延安整风运动的意义	书法／楷书	
林邑迁	李大钊《新纪元》	书法／楷书	
韦松强	陈毅革命诗抄	书法／隶书	
廖升豪	庆祝建党一百周年文四篇	书法／楷书	
梁德信	建党百年贺诗	书法／篆书	
刘锦华	守住一颗心　走好一条路	书法／楷书	
陆　炜	陆炜印迹	书法／篆刻	
陈炎权	陈毅元帅诗	书法／隶书	
覃华德	习近平论党史选抄	书法／小楷	
黄　春	李大钊颂	书法／隶书	
黄传溪	毛泽东诗词四首	书法／隶书	
周炎祥	又到粉葛丰收时（组照）	摄影	
何华文	安居乐业（组照）	摄影	
胡　永	鸵鸟养殖创新业（组照）	摄影	
李梓良	香云纱染（组照）	摄影	
林细伟	陶瓷工业生产线（组照）	摄影	
苏杰生	扶贫车间（组照）	摄影	
张　新	天空之桥	摄影	
梁　昆	天路	摄影	
陈少林	抗击疫情进行时（组照）	摄影	

（市文联　市文广体旅局）

【文艺评论研究】　2021年，文学评论《干部形象的自我重塑——黄自林小小说〈地气〉〈一扇农家的门〉评述》（作者李伟明）获广西文联《新时代广西文艺"出名家出名作"的探索与实践研究》项目经费扶持；论文《纸本数码中国画"影版绘"的探索与实践》（作者潘彤）发表在《中国书画》期刊（2021年12期），论文《以艺术之形塑品德之魂——"课程思政"视域下的舞蹈学专业课程教学改革探究》（作者蒙妍）发表在《大众文艺》期刊（总518期），论文《蒙山水韵瑶寨瑶族传统歌舞艺术永续发展研究》（作者蒙妍）发表在《艺术品鉴》期刊（2021年5期）上。

（市文联）

文化遗产保护

【梧州市文物局成立】 2021年7月2日，梧州市文化广电体育和旅游局加挂梧州市文物局牌子，梧州市文物局揭牌仪式在文化大厦举行。梧州市文物局的成立，标志着梧州市文物事业进入新的发展阶段。新组建的市文物局承担着新职责、新任务、新使命，主要职责为负责全市文物、博物馆事业发展；指导协调文物资源调查，文物保护和考古工作，文物资源资产管理、文物合理利用和文物安全工作。截至2021年，全市有各级文物保护单位208处，其中全国重点文物保护单位6处、自治区级文物保护单位26处、市县级文物保护单位176处；有博物馆（纪念馆）15家、文物收藏单位22家，有可移动文物68771件。

【文物保护单位修缮维护】 2021年，梧州市推进百年献礼工程，完成中共梧州地委旧址、大同酒店旧址、韦拔群烈士生平陈列馆修缮及陈列布展等重要党史教育基地修缮项目建设。修葺一新的党史教育基地，先后接待自治区党委常委班子、自治区党委宣传部等单位。年内推进各项文物保护工程，完成中共早期革命活动旧址（中共梧州地委旧址、中共广西特委旧址）、大同酒店旧址（一期）修缮工程，稳步推进梧州海关旧址、陆顺德故居等文物修缮工程，同时启动英领事署修缮工程、美孚石油公司旧址、广西大学梧州旧址修缮工程前期工作。

梧州特产龟苓膏　　　　市文广体旅局　供图

【非物质文化遗产宣传展示】 2021年，龟苓膏配制技艺被列入第五批国家级非物质文化遗产代表性项目名录，着手申报建立梧州市首个自治区级传统工艺工作站——龟苓膏配制技艺传统工艺工作站。新增自治区级非物质文化遗产代表性项目代表性传承人12人，公布第三批梧州市级非物质文化遗产代表性项目代表性传承人名单40人。截至年底，梧州市有国家级非物质文化遗产代表性项目3项、自治区级40项、市级92项，有国家级非物质文化遗产代表性项目代表性传承人2人、自治区级53人、市级177人。

年内，组织举办梧州市2021年“文化和自然遗产日”非遗宣传展示暨首届梧州“非遗购物节”活动，参与活动约1万人次。市文化部门组织非遗项目、非遗商家参加第十六届中国义乌文化和旅游产品交易博览会、“广西非遗美食大赛”、“壮族三月三·八桂嘉年华”文化旅游活动、“文化和自然遗产日”非遗宣传展示广西主场城市活动暨广西“非遗购物节”活动等展会、活动4场。同时，举办茶船古道实物展览。通过图文资料介绍、茶船古道相关实物展示、茶文化体验等形式，推广应用“茶船古道”课题调研成果，打好“非遗牌、特色牌”，宣传推广六堡茶文化。

（市文广体旅局）

社会科学

【社科普及】 2021年5月17日—23日，市社科联承办的梧州市第四届社科普及活动周以“学习百年党史征程　践行梧州使命担当”为主题，线上线下同步开展。市社科联在《梧州日报》开辟“梧家”社科人谈中国共产党成立100周年专栏，每天邀请自治区、大湾区梧州籍社科人以及梧州市社科专家，介绍中国共产党成立100年来梧州社科领域研究成果，展示梧州风格的社科文化。同时，推出“梧州社科界邀您看建党百年的梧州社科文化”为主题的线上社科普及宣传板块，以“梧家”社科人的视角制作“云上”系列“看红色纪念馆”“品鉴红色货币”“茶船古道茶飘香”等，每天同步推送社科专题线上有奖知识问答，向群众普及中国共产党成立100年来梧州社科文化的发展历程。

【社科活动】 2021年5月，梧州市实行市、县（市、区）联动，市社会科学普及工作联席会议各成员单位、社科类社会组织、社会科学普及基地分别组织相应活动，展示梧州市近年开展社科普及活动的亮点和社科研究成果，逐步让本地红色文化、历史文化、特色文化等优秀哲学社会科学成果深入民心，为梧州打造新发展格局战略支点提供社科理论支撑。

【课题研究】 2021年3月，市社科联组织各有关单位，各县（市、区）社科联，梧州市社科联所属各社科类社会组织，以“建党百年的理论与实践——庆祝中国共产党成立100周年”为主题开展课题研究，引导社科工作者从中共百年奋斗历程中汲取前进的智慧与力量，在学懂弄通做实上下功夫，为梧州市打造新发展格局战略支点提供社科理论支撑。7月，市社科联对11个重点课题和2个一般课题予以立项。9月，经自主申报、专家集中评审、梧州市社科联党组讨论通过和公示，13个立项课题通过结项评审并颁发证书。年内，市社科联携手梧州本地及广东高校专家共同申报的《新形势下梧州市推动粤桂合作与东融发展的路径选择研究》课题获自治区社科课题立项。 （黄　烨）

史志档案

【党史征编研究】 2021年，中共梧州市委党史研究室编纂的《中国共产党广西梧州历史·第二卷（1949—1978）》由中共党史出版社出版发行，全书分4编19章约26万字，内容是记述1949年11月梧州解放至1978年12月中共十一届三中全会召开29年间，中国共产党团结带领梧州各族人民进行社会主义革命和建设的历史进程。梧州党史第二卷的出版发行，获得党史学习教育中央第七指导组的肯定。年内，市委党史研究室收集和筛选各县（市、区）、市直各有关单位报送改革开放以来主要经验成就综述材料，编纂《中国共产党广西梧州历史（第三卷）》。同时，编纂完成26万字的《中国共产党梧州历史百年大事记（1921—2021）》，内容是记录1921—2021年间梧州市委组织的重大活动、召开的重大会议、开展的重要工作、取得的重要成绩以及县（市、区）重要工作等；做好《脱贫攻坚口述史·广西卷》重要决策、重大事件和先进人物3个栏目梧州稿件的组稿工作，其中重要决策栏目的采访稿《梧州市决战决胜脱贫攻坚战综述——访梧州市委书记蒋连生》、重大事件5篇、先进人物5篇报送自治区党委党史研究室；继续做好梧州市的改革开放口述史工作，年内上报5篇改革开放口述史稿件；做好《中共广西区委执政纪事·2021》工作纪事栏目梧州市委年度工作纪事文章稿件的撰写工作，完成《坚持产业兴市、作风兴市统筹推进梧州经济社会提速发展》专题研究文章，会同市委党建办推荐的“党建经验”3个典型材料及相关图片，报送自治区《中共广西区委执政纪事》编辑部。

年内，市委党史研究室加强对各县（市、区）的业务工作指导。为《中国共产党苍梧历史·第二卷（1949—1978）》进行第一轮审稿并反馈审读意见；为《中国共产党蒙山历史·第二卷（1949—1978）》进行第一、第二轮审稿工作并反馈审读意见，组织由自治区党委党史研究室专家组成的评审组进行评审，指导蒙山县进一步完善书稿。

2021年，市委党史研究室结合党史学习教育活动，向全市200多个单位赠送《中国共产党梧州历史（第一卷）》400余本，作为全市党史学习教育指定读本。市委党史研究室领导班子作为梧州党史学习教育宣讲团成员，为全市20个单位作党史学习教育专题辅导，全年共组织开展党史学习教育宣讲近30场，覆盖各基层党组织3000余名党员干部。编写《汲取党史智慧凝聚“东融”力量——中共广西地方组织早期在梧州的革命运动图册》，为自治区党委常委班子党史学习教育第二次专题学习、专题读书班暨自治区党委理论学习中心组2021年第三次专题学习做好资料准备工作。同时配合市委宣传部、市直机关工委邀请自治区党委党校教授陶建平为全市副处级以上干部作党史学习教育专题辅导。联合梧州广播电视台开展《奋斗百年路 启航新征程》《红色丰碑》《党徽耀西江》等中国共产党成立100周年系列专栏和主题报道，配合做好庆祝中国共产党成立100周年主题采访活动。协助自治区文广体旅局编写《广西红色旅游景点讲解词》和《广西红色故事》涉及梧州党史内容。配合市委组织部、市委宣传部等20余个单位做好梧州党群服务中心、大同酒店旧址纪念馆等展览场馆展陈内容审核工作。

（市委党史研究室）

【地方志工作】 2021年，梧州市地方志编纂委员会办公室（简称市志办）整理2005—2020年《梧州年鉴》编目，为制定第三轮志书编目做准备；并为编修《六堡茶志》做好调研、资料收集等前期工作；指导《梧州市工人医院志》开展续志编修，到市工人医院就《梧州市工人医院志（2003—2022）》编纂进行专题授课，配合市委宣传部做好《记录小康工程》编修工作；深入市辖4个县（市）开展调研，了解村史村情，开展历史文化名镇名村和传统村落史志编纂前期工作。年内，全市8部地方综合年鉴全部完成“一年一鉴，公开出版”目标任务，其中《梧州年鉴（2021）》以高质量编目设计获广西推荐申报中国年鉴精品工程项目，提升综合年鉴编纂质量。

9月26日，由市志办主持编撰的《〈梧州府志〉（崇祯版）白话文导读本》举行编撰项目启动仪式，计划通过3年时间，由梧州学院教授、博士组成专业团队对《梧州府志》（崇祯版）进行意译编撰，形成20万字白话文导读本。9月底，市志办内部刊物《史志梧州》（季刊）创刊，面向党政机关、企事业单位和社会各界宣传梧州历史、名人望族、名胜古迹、风土风物等，旨在吸纳各行业人才共同发掘梧州历史文化，探索开门修志用志的新途径，年内编发了2期。

（市志办）

2021年11月11日，市志办调研组实地走访、查看岑溪市筋竹镇云龙村清末民初建筑群——莫氏三大故居保存情况 市志办 供图

档案工作

【概况】 2021年，中共梧州市委召开全市档案工作会议，提出要以政治建设和改革创新推动档案工作提质增效转型升级，实现档案事业高质量发展。全市档案部门共开展专题展览10场次，观展约1.30万人次；市、县、城区档案部门和企业、乡村、社区联合举行5场“档案话百年”专题展览和档案法制宣传活动；开展档案行政执法检查12次，检查单位134个；举办业务培训班28期，参训人员1193人次；有3个重大建设项目竣工档案通过专项验收，有1家企业档案目标管理通过自治区级认定，有1个机关综合档案室晋升为特级档案室；共完成脱贫攻坚文书及“四大类”档案接收进馆55.11万件、项目档案1.05万卷、照片档案6642张、录音录像档案138GB、目录数据78.31万条；完成新冠疫情防控文书档案接收进馆1.98万件、照片档案5796张、录音录像档案9.97GB、目录数据2.57万条；市、县两级综合档案馆接收档案案卷1.68万卷，归档文件58.27万件；完成纸质档案数字化43.09万件，55.03万页，其中市档案馆8000件、3.2万页；对2020年度的纸质档案数字化光盘1134张进行异地备份；市、县两级综合档案馆共开放档案1.11万卷11.10万件，接待查档人员1.03万人次，提供档案利用1.48万多卷（件）。

【“十四五”规划编制】 2021年，市档案部门对标中共中央办公厅、国务院办公厅印发的

《“十四五”全国档案事业发展规划》和中共广西壮族自治区党委办公厅、自治区人民政府办公厅印发的《广西壮族自治区档案事业发展“十四五”规划》《中国共产党梧州市委员会关于制定国民经济和社会发展第十四个五年规划和二〇三五年远景目标的建议》，深入开展调研，广泛征求各方意见，前瞻性谋划思考，编制《梧州市“十四五”档案事业发展规划(征求意见稿)》。确定全市“十四五”时期档案工作总体目标、重点任务和主要举措。全文发往市各有关单位、各县（市、区）档案局、档案馆征求修改意见。根据14个单位反馈的修改意见对“规划”征求意见稿进行修改补充完善，再组织相关专家进行论证修改，最终形成《梧州市“十四五”档案事业发展规划》上报市委、市政府。

【重大建设项目档案和企业档案管理规范化建设】 2021年，市档案部门强化项目跟踪管理，建立常态化档案抽查、核验机制，及时了解掌握项目进展情况，协调解决建档中存在的困难问题。分管领导和业务人员主动与建设项目单位加强业务联系，结合新修订的《中华人民共和国档案法》，对标规范要求开展业务指导，确保重大建设项目档案收集齐全完整、整理规范科学、利用安全高效。年内对接广西梧州·盈田智能制造产业园、梧州市静脉产业园生活垃圾焚烧发电厂第一、第二污水处理厂、梧州市西江三桥、西江四桥、粤海环保发展有限公司、神冠控股（集团）有限公司、建工集团等企业和重点项目，开展“送档”服务，及时解决项目档案整理规范建档难问题，提高企业档案管理水平。对临港经济区、产投公司等急需开展整理归档工作的单位，由企业档案员自带文件材料到馆跟班学习培训，档案部门安排业务骨干现场进行指导。自治区统筹推进的重大建设项目梧州市静脉产业园生活垃圾焚烧发电厂及配套路网工程和市、县统筹推进的重大建设项目市防汛应急抢险物资综合储备中心工程、苍梧县西中水库除险加固工程竣工档案通过专项验收。粤海江河水务有限公司企业档案目标管理通过自治区级认定。

【档案资源建设】 2021年，市档案局在《梧州日报》等媒体上发布《梧州市档案馆关于征集中国共产党建党100周年档案资料的公告》，面向社会各界开展建党100周年档案资料征集活动。市、县两级综合档案馆接收档案案卷1.68万卷，归档文件58.27万件。其中，市档案馆接收档案案卷99卷，归档文件4.63万件，照片档案253张，实物档案5件；征集进馆资料60种127册。市档案馆接收《梧州市抗日战争时期人口伤亡和财产损失》课题档案进馆；征集到梧州粤剧团原副团长、国家二级演员张福伟创作的粤剧花脸脸谱作品138张，《粤剧花脸艺术影像》1册；共采集反映梧州地方特色的视频档案（本地新闻）371期，累计完成2254期。市政协原副主席、市中华文化促进会主席陈澄波将其担任全国政协委员所获《中国人民政治协商会议第九届全国委员会委员名录》《中国人民政治协商会议第十届全国委员会委员名录》《中国人民政治协商会议第十一届全国委员会委员名录》3本资料捐赠给市档案馆，梧州中医世家韦镇寰将其公开出版的《一代神医》《医暇闲笔》《名医孙逸仙》《中国名老中医梁剑波传》《神针王》《满医传奇王修身传》《岭南韦氏中医世家》《郑观应》《民国名医》《盛世儒医》《黄飞鸿演义》《龙腾天下》《广东十虎》《飞鸿掌故录》《少年孙中山》《伟人孙中山》《晚年孙中山》《孙中山与李济深》等作品捐赠给市档案馆。

【精准扶贫和新冠疫情防控档案归集】 2021年，全市脱贫攻坚档案和新冠疫情防控档案整理、目录数据及档案接收进馆任务基本完成。全市共完成脱贫攻坚文书及“四大类”（国家机关、社会组织、家庭、个人）档案接收进馆55.11万件、项目档案1.05万卷、照片档案6642张、录音录像档案138GB、目录数据78.31万条；完成疫情防控文书档案接收进馆1.98万件、照片档案5796张、录音录像档案9.97GB、目录数据2.57万条。其中市本级完成脱贫攻坚文书及“四大类”档案接收进馆8947件、照片档案95张、目录数据9042条；完成疫情防控文书档案接收进馆1169件、照片档案540张、目录数据1709条。

【党史学习教育文件材料收集归档】 2021年，市委党史学习教育领导小组办公室、市档案局印发《关于进一步做好党史学习教育文件材料收集归档工作的通知》，要求除国家和自治区明确的 8 个方面归档材料外，还要将党史学习教育开展过程中形成的具有保存价值的宣传报道材料及特殊载体材料（含照片、录音、录像、电子数据等）纳入归档范围。要严格按照档案整理规范进行系统整理、分类、编目、归档，并结合实际进行纸质档案数字化；各级党史学习教育巡回指导组在完成巡回指导工作后，要将形成的文件材料向同级党史学习教育领导小组办公室移交归档，市、县党史学习教育领导小组及其办公室撤销时，要及时将开展党史学习教育形成的档案向同级综合档案馆移交。

【机关单位档案管理】 2021 年，市档案部门加强对各机关单位专兼职档案人员的档案法制教育培训，利用举办档案业务培训等时机，向广大档案从业人员宣传解读新《中华人民共和国档案法》，组织全市档案人员参加国家档案局举办的全国性档案法知识竞赛活动，依据新修订的《中华人民共和国档案法》，进一步完善单位档案管理制度，激发档案法制活力，切实把档案法律制度转化为档案治理效能。组织各协作单位对本级 143 个立档单位 2020 年度文件材料归档质量进行年度检查，全部达到合格以上标准要求。市公安局综合档案室通过了自治区的评审验收，晋升为特级档案室。

【退役士兵档案管理】 2021 年，市档案馆与市退役军人事务部门共同对 1957—2016 年全市范围的退役士兵个人案卷、转递登记、士兵名册等档案材料 1863 卷进行整合和数字化，建立退役士兵档案专题数据库，数据资源双方共享。这种管理模式得到广西退役军人事务工作领导小组办公室的肯定并在全自治区推广。

【档案政务服务】 2021 年，市档案部门深化“放管服”改革，打造与大湾区接轨的营商环境。对标先进地区，对档案服务事项进行流程再造。简化流程，减少时限，开通在线申请和网上办理功能。“重大建设项目档案验收”等 6 项档案依申请办理的审批事项实现 100% 网上办理，实现 6 项事项审批效率达到或超过粤港澳大湾区先进水平。2021 年办理的 2 个重大建设项目档案验收，由于提前介入指导，准备充分，实现当天申报，当天办理完毕。

【档案保管保护】 2021 年，梧州市落实“一把手”作为档案安全工作的第一责任人制度，完善消防设施，筑牢信息安全屏障，不折不扣地抓好档案安全工作，做到档案安全零失误、零差错、零事故。增强保密和防灾意识，确保档案安全开放利用。开展档案馆保密检查，加强计算机非涉密排查，落实保密责任，防范计算机和网络泄密隐患，及时整改发现的问题。加强人员保密教育和保密知识学习，学习新型通信方式微信、QQ 等安全知识，提高全馆干部保密意识和保密技能。对馆藏 2020 年度的纸质档案数字化数据进行安全容灾备份，将档案数字化光盘 1134 张（共 412 万页纸质档案数字化成品）上报自治区档案馆进行异地备份。完成密级文件标注 8.89 万份，完成到期档案鉴定初审 15.5 万件，复审 15.5 万件。长洲区档案局联合区消防救援大队和区机关后勤服务中心开展了消防安全演练。

【档案执法检查】 2021 年，市档案局组织检查组对法定监督范围内的 10 个单位进行《中华人民共和国档案法》新修订实施后的首次档案行政执法检查。重点检查各单位档案工作责任制和管理制度落实情况，档案库房、设施、设备配置使用情况，档案工作人员管理情况，档案收集、整理、保管和提供利用情况，档案信息化建设和信息安全保障情况，对所属单位和本单位各部门档案工作监督和指导 6 个方面情况。市档案部门对检查情况进行通报，并跟踪整改落实情况，保证整改落实到位。年内，自治区档案局对梧州市本级和苍梧县 2019 年以来档案行政执法工作的主要措施和成效进行现场检查，并将行政执法存在问题、整改重点作了书面反馈。全年市、县两级档案部门共开展档案行政执法检查 12 次，检查单位 134 个。

【档案查阅利用】 2021 年，全市档案部门以开展党史学习教育为契机，把“我为群众办实事”实践活动与档案服务结合起来，强化建档服务、整合民生档案资源、打破数据壁垒、连通档案“信息孤岛”，推进档案数字化、建立专题档案数据库和全市专题档案目录数据中心，使档案查阅进一步便捷化，提升群众在档案利用方面获得感和满意度。全年市、县两级综合档案馆共开放档案1.11万卷，11.10万件；接待查档人员1.03万人次，提供档案利用1.48万卷（件）。其中，市档案馆开放档案2234卷，2.23万件；接待查档人员1500人次，提供档案利用3024卷（件）。

落实各项便民措施和服务承诺 完善查档首问负责制，简化查档手续，提供延时查档、预约查档、信函查档服务，进一步优化查档服务环境，落实“暖心查档+电子查档+免费查档”各项服务措施。提供人性化服务，在档案阅览室添置老花镜和放大镜，配备电脑、查档指南，真正做到便捷简约、便民利民，提升档案利用服务效能。

实现婚姻档案“一站式”查档 市档案馆对市本级和城区档案馆的婚姻档案全文数据和目录数据进行收集、整理、汇总，建成全市婚姻档案专题数据库。数据库汇总了1953—2017年结婚、离婚、补办、撤销登记4类共18.3万卷档案，涉外婚姻档案2864卷。群众在全市任何一家综合档案馆都可以查到相关婚姻档案，实现了“一站式”查档。

提高职工档案查全率、查准率 将分散保存在市档案馆、市人力资源社会保障局等单位的下岗企业职工、退休职工、失业职工、已故职工的档案目录数据进行系统收集、分类，建立全市职工档案目录数据库和数据中心，共收录全市上述职工档案13.1万卷，为档案利用者提供精准便捷的查档服务，提高查全率、查准率。

为群众提供假日便民查档服务 市档案馆实施每周六轮流值班制度，为市民群众提供假日查档服务，为工作日无法到档案馆查档、调档的企业、外出务工人员、异地查档人员提供便利，最大限度满足群众查档利用需求。

利用馆藏档案为烈士寻亲 市档案馆和广西英烈褒扬事业促进会联手，用馆藏档案为一名梧州籍抗美援朝烈士梁卫文找寻到失散近70年的亲人。市档案馆的一名工作人员在网上发现一条烈士寻亲信息，立即将寻亲相关信息与馆藏烈士档案进行比对，并多次奔赴烈士家乡寻访，多方调查了解和搜寻相关依据凭证。经对接查证，确认梧州籍烈士梁卫文和需寻亲的烈士梁征文是同一人。

【档案业务培训】 2021年，梧州市档案部门联合市发展和改革委员会在高新技术产业园区举办全市建设项目档案业务培训班。来自各县（市、区）档案部门、发展改革部门的业务骨干，各园区及梧州市自治区层面、市层面统筹推进建设项目的主管部门、建设单位、施工单位、监理单位共100多名专（兼）职档案人员参加培训并实地观摩开发区建设项目档案管理。其间组织部分企业档案人员到梧州粤海环保发展有限公司现场参观，互相学习借鉴，增强档案人员的业务操作能力。年内，全市档案部门举办业务培训班28期，参训人员1193人次，其中市本级2期450人次。

【综合档案馆业务建设评价情况整改】 2021年，市档案部门将自治区评价反馈问题整改与深化改革、完善制度结合起来，坚持问题导向，制订《市档案馆业务建设评价情况整改方案》《市档案馆2021年重点工作任务落实分解表》，形成作风兴市目标清单、问题清单“两个清单”。方案制订后，从局馆领导班子做起改起，层层压实责任，推动整改任务分解到岗到人。践行“书记在现场”工作法，强化过程管理，解决重点和难点问题，推动评价反馈问题整改到位。

【档案宣传】 2021年，梧州档案微信公众号开通运行，设置“档案动态”“档案服务”2个栏目，通过文字、图片、音频、视频等多种形式，宣传档案法律法规、传递档案工作信息，展现档案文化魅力。这是梧州市档案部门为扩大档案工作社会影响力而建立的一个宣传平台。年内，全市档案部门持续加大新修订的《中华人民共和国档案法》的宣传力度，组织开展2021年国际档案日主题宣传活动。市、县（市、区）档案部门、市城市建设档案馆干部职工和企业、乡村、社区档案工作者一起，开展档案“六进”（进广场、进机关、进社区、进园区、进企业、进乡村）活动。在市潘塘公园法制广场、新华社区、梧州高新产业园区、南方电网超高压公司梧州局、苍梧县沙头镇分别举行5场“档案话百年”专题展览和档案法宣传活动。全市档案部门利用馆藏红色资源和党史资料，通过展览陈列、新媒体传播、编研出版档案史料、开展公益讲座等方式，用档案讲好中国共产党人百年坚守初心使命的奋斗历程，解读百年大党何以风华正茂的成功密码。“梧州档案信息网”和“梧州档案”微信公众号开辟“党史学习教育”“建党百年”等专栏，刊载革命英烈事迹、推介党史知识、介绍梧州在中共广西党史上的“18 个第一”等红色故事。至年底，梧州市档案部门在《中国档案报》刊发文章信息 10 篇（条），《中国档案》杂志 3 篇（条），《中国档案网》35 篇（条），《中国档案资讯网》9 篇（条），《广西档案》杂志 14 篇（条），《广西档案网》32 篇（条），《梧州日报》5 篇（条），《梧州档案信息网》刊发文章信息 113 篇（条）。

【庆祝中国共产党成立 100 周年档案图片展】 2021 年 7 月 1 日，由中共梧州市委办公室、市档案馆、梧州日报社主办的“迎建党百年　看沧桑巨变——梧州市庆祝中国共产党成立 100 周年档案图片展”在市联合办公大楼北广场展出。市委书记蒋连生、市长钟畅姿、市人大常委会主任谢凌云、市政协主席黄振饶四套班子领导集体参观了图片展。展览以 100 个版面 700 多幅图片多角度全景式展现梧州在中国共产党成立 100 年里的光辉历程，分为“新民主主义革命时期”“社会主义革命和建设时期”“改革开放和社会主义现代化建设新时期”“中国特色社会主义新时代”4 个部分。将中国共产党成立、中华人民共和国成立、改革开放以及中共十八大以来各个历史时期梧州的政治、经济、社会、文化、医疗卫生等重大事件、重大决策、重大举措、重要文献、重大成果直观地呈现在市民面前，全面生动展现了 100 年来在中共领导下梧州人民践行初心使命波澜壮阔的革命史、艰苦卓绝的奋斗史、可歌可泣的光荣史。年内，照片档案编研成果《迎建党百年　看沧桑巨变——梧州市庆祝中国共产党成立 100 周年档案图片选辑》出版。

（刘　德）

大众传媒

广播电视

【概况】 2021 年，梧州市推进“壮美广西·智慧广电”工程建设，构建广播电视台全媒体内容生产和传播网络体系；深入推进基于“一村一屏”技术平台的智慧乡村综合信息传播系统建设，提升网络综合覆盖水平和业务承载能力。建成全媒体信息站（室）5 个，完成任务量 100%。年末，全市有广播电视台 38 座，1000 瓦以上电视发射台和转播台 2 座；公共广播节目 6 套，公共电视节目 7 套；有线广播电视用户 39.39 万户，有线电视入户率 97.5%；数字电视用户 38.41 万户。广播节目综合人口涵盖率为 98.2%，电视节目综合人口涵盖率为 99%。梧州市广播电视台推出栏目 47 个，举办大型全媒体直播 90 场；拥有手机客户端（APP）、微博、微信、抖音、网站等网络新媒体平台、账号 9 个，全台融媒体矩阵平台总用户量 55 万人。在中央级主流媒体刊播稿件 19 篇，自治区主流媒体刊播稿件 380 多篇；向“学习强国”平台供稿 187 篇，采用 105 篇。年内，梧州市广播电视台被自治区广播电视局授予 2021 年度“全区广播电视媒体融合先导单位”称号，被广西广播电视台授予 2020 年度“通讯报道先进集体”称号，被中国广播电视产业联盟、中国报刊产业联盟、中国广播电视艺术交流协会授予“2020 传媒中国年度十大综合传播力城市台”称号，被抖音公益团队授予“银龄时代·爱心合作方”称号。

【梧州市融媒体中心成立】 2021 年 6 月 30 日，梧州市融媒体中心在梧州市广播电视台挂牌

2021 年 6 月 30 日，梧州市广播电视台高清电视和融媒体项目完成。图为全新的梧州广播电视播控中心　　梧州市广播电视台　供图

成立。梧州市广播电视台高清电视和融媒体项目完成，成为广西首家所有电视频道（3 个）一次性同时实现高标清同播的广播电视台。梧州市广播电视台融媒体平台以融媒体指挥调度中心、“最老友”手机客户端、“西江在线”网站等融媒体平台为核心，同步配套建设高清综艺演播厅 1 个、高清融媒体演播室 1 间、4K 演播室 1 间、可视化广播直播室 2 间、4K/5G 电视直播车 1 辆、30 站点高清非编网 1 个，新购一批 4K 摄像机、航拍器、4G/5G 背包、无线图传、便携式一体机等先进设备，实现各种媒介资源、生产要素有效整合，提升节目的制作能力和媒体宣传能力。

【健全全媒体矩阵】 2021 年，梧州市广播电视台形成集电视、广播、网站、手机 APP、微信、抖音为一体的全媒体发布平台。与“广西云”“广西视听”保持紧密联系的同时，注册央视矩阵号、触电新闻号、新华社现场云、人民网快拍等，拓展传播渠道。充分利用“最老友”APP、可视化广播，拓展“新闻 + 政务服务商务”功能。开启以广播、电视、手机 APP 全媒体阵容报道。梧州市广播电视台与第三方合作商城开办的可视化广播节目《1075 严选商城》，每周在广播滚动播放商品信息，逢周三上午 11 时 30 分至 12 时主播直播带货。梧州市广播电视台在自治区广电机构评比中获得媒体融合先导单位的第一名，工作案例《梧州市城市形象片“1+4+15”策划与融合传播模式》被收入《全国广电媒体融合实战案例蓝皮书》向全国推广。

【重点栏目与大型活动宣传】 2021 年，梧州市广播、电视、网络统一开设“在习近平新时代中国特色社会主义思想指引下”专栏，先后推出《庆建党百年　谱八桂新篇》等 15 个分栏目，采写相关报道共 300 多篇。做好习近平重要讲话、重要指示批示精神和重要会议等宣传报道，转载、转发、推送中央主流媒体重点稿件，同时策划推出一批重点报道、理论评论和新媒体作品。围绕中国共产党成立 100 周年，完成庆祝中国共产党成立 100 周年大会、颁授“七一勋章”仪式、《伟大征程》文艺晚会的转播工作；开设“深入学习贯彻习近平总书记在庆祝中国共产党成立 100 周年大会上的重要讲话精神”“奋斗百年路　启航新征程——牢记初心使命　争取更大光荣”“小康圆梦”3 个专题，刊发相关稿件 33 篇；制作 5 条关于习近平在庆祝中国共产党成立 100 周年大会上讲话标语，在各平台刊播。围绕中共十九届六中全会，开设“党的十九届六中全会在京召开”专栏，转发、转载中央级媒体重要稿件。在全媒体平台刊播梧州市学习贯彻落实中共十九届六中全会精神稿件。最老友 APP 还转发中央、自治区主要媒体稿件。各平台高密度播发自治区宣传部制作宣传海报计 1000 多幅（次）；推送公益广告短视频《金句来了！》等。市广播电视台组织策划“庆祝建党 100 周年暨梧州市 2021 年中国梦·劳动美五一国际劳动节主题晚会”，完成包括自治区第十二次党代会、市第十四次党代会、市“两会”等重大报道，第一时间将会议精神传达到基层。为创建文明城，梧州市广播电视台全媒体平台同步开设《践行社会主义核心价值观》《党史学习教育》《我们的节日》《雷锋在身边》《作风兴市　创新争先》《乡村振兴》《曝光台》《城乡环境大扫除　干干净净迎新春》《中央生态环境保护督察在广西》等 10 多个专栏，推送如《我说新时代梧州精神》系列报道，以及《一小时志愿服务　提升城市文明形象》《新时代文明讲堂进社区　讲党史做公益》等稿件 1000 余篇；聚焦梧州市

2021 年 6 月开播至年底，“老友帮”栏目播出稿件 100 多条，为 200 多名需要帮助的群众实现微心愿。图为 8 月，实现微心愿的残疾人士向“老友帮”栏目组赠送锦旗　　梧州市广播电视台　供图

脱贫攻坚、民族团结、生态文明建设、开放合作等方面内容，采写相关稿件在各平台播发。电视、网站、手机客户端开设《扫黑除恶》《政法在线》专栏，全媒体刊播《2021年梧州“平安卫士”人物展播》等一系列电视作品，弘扬社会正气。全年在全媒体平台及时发布新冠疫情防控政策和信息等资讯。在“三月三”、国庆、春节等假日期间和汛期等重要时间节点，通过多种形式向群众提供疫情防控、交通、天气等信息；在“最老友”APP平台搭建整合水电和燃气缴费、天气、交通出行、违章查询等功能，为群众提供全方位的生活信息服务。

【对外宣传】 2021年，梧州市广播电视台在中央级主流媒体刊播稿件19篇，其中创作拍摄的《大美中国·瞰秋》在中央电视台一套播出，分别在中央电视台的大美V视、文明网等客户端推出；自治区主流媒体刊播稿件380多篇，其中广西卫视《广西新闻》头条出现梧州元素11次；在广西广播电视台庆祝中国共产党成立100周年宣传中，梧州市广播电视台署名联合采访制作了3个专题，在广西广播电视台各栏目播出；向“学习强国”平台供稿187篇，采用105篇；开设社教类节目《东融之窗》，播出广西广东部分城市台的党史故事和其他历史地理人文节目，达到相互宣传城市形象目的。其中梧州市广播电视台制作的20集系列纪录片《红色丰碑》作为交流节目在广西广东部分城市台播出。

【大型音影视作品】 2021年，由中共梧州市委宣传部、市委党史研究室与市广播电视台联合推出的大型党史纪录片《红色丰碑》，记录早期革命先驱活跃在西江流域，以热血和生命为代价开创革命事业的红色故事。该片被列入自治区党委宣传部2021年度文艺创作重点跟踪项目，先后在梧州电视台、广西卫视、广西科教频道、广西云、广西视听、最老友客户端播出。网络纪录片《红色丰碑》获自治区2021年度优秀网络视听作品扶持奖；短视频《红色丰碑》获2021传媒中国年度融合传播城市广播电视融媒产品十佳。8月18日，由梧州市广播电视台制作，以歌颂中国共产党“统一战线”政策和民主建国历史为内容的广播剧《肝胆相照 大道同行》在广西广播电视台文艺广播频道和梧州市广播电视台交通音乐之声2个频率同日启播，20天后在“学习强国”平台推出。

（梧州市广播电视台）

报 刊

【概况】 2021年，梧州日报社构建符合融媒发展的内部管理机制，加快推进建设“一中心两平台多链接全联动”的媒体深度融合发展格局。旗下有报纸《梧州日报》《西江都市报》，杂志《西江月》和网络平台梧州零距离网，以及新媒体平台微博、微信、客户端（APP）、抖音、微视频等。《梧州日报》每周7刊，对开8版，彩色印刷，平均日发行量4.5万份，年总印张2700万印张；《西江都市报》每周5刊，4开8版，彩色印刷，平均日发行量3000份，年总印张120万印张。梧州日报社下属单位及子公司有西江月文艺杂志社、梧州中圣文化传播有限公司、梧州零距离网络有限公司、梧州日报印务有限责任公司、梧州市正向新媒体投资管理有限公司和广西军博园文化传播有限公司。年内调整完善产业布局，基本构建起小记者联盟与梧州军博园产业链、图书刊物出版和数码快印产业链的“双链条”发展格局。

【重要新闻报道】 2021年，在中国共产党成立100周年的宣传报道中，梧州日报社策划推出“千年古郡 红色印记”等系列专题专栏，以还原革命事件经过和采访烈士的后人等方式宣传全市43个党史教育基地；7月1日，推出84个版的《光辉历程 伟大事业——庆祝中国共产党成立100周年特刊》，全面展示梧州作为广西革命策源地和广西东大门深厚的红色历史文化底蕴与时代发展内涵，以及梧州流传的红色故事；在“奋斗百年路 启航新征程”主题报道中，开设10多个专栏，刊登、刊播庆祝中国共产党成立100周年的主题报道2000多篇（次）；在党史学习教育宣传中，推出《传承红色基因 汲取奋进力量——我市扎实开展党史学习教育剪影》等10多个专版，刊登党史学习教育相关主题报道2500多篇（次）。此外，分别在全媒体重要版面页面推出“深入学习宣传贯彻党的十九届六中全会精神”等栏目，刊发《坚定理想信念 谱写发展新篇》等稿件150多篇。

年内，《梧州日报》《西江都市报》和梧州零距离网分别在重要版面页面开设“产业兴市 作风兴市”“东融门户 潮涌梧州”“敢冲善拼 奋力赶超——高质量开展”“三年三工程”活动等重点栏目，推出一系列重点报道，全年刊发稿件350多篇（次）。12月9日，《梧州日报》《西江都市报》用7个整版，对梧州市启动六堡茶生态茶园建设大会战进行全方位报道。从12月11日起，推出“坚定信心 全力以赴 推进六堡茶生态茶园建设大会战”专栏，全面反映全市各级各部门围绕“打造百万亩茶园”目标推进开展各项工作的情况，刊发稿件近30篇。《梧州日报》《西江都市报》全年共计刊登民生问题稿件近400篇，推动塘源旺步安置地百户居民停水、南堤路骑楼城夜间光线不足、竹湾小学周边道路拥挤等40多个民生热点问题得以解决；开展“我为群众办实事 零距离问政进社区”活动，派出全媒体记者到各县（市、区）现场征集市民群众的报料和求助信息，并进行跟踪采访报道。全年共收集群众报料线索100多条，帮助群众解决夜宵店油烟味倒灌进居民楼、民房漏水、寻找牺牲烈士、路树遮挡采光等多个报料求助。

【《西江月》杂志】 2021年，《西江月》（季刊）杂志共出版4期。围绕中国共产党成立100周年、乡村振兴、创建“中华诗词之市”等主题，分别推出专刊专号。其中第一期推出脱贫攻坚专号，刊发《圆梦新居》等一批以脱贫攻坚为主题的作品，展示梧州市脱贫攻坚工作取得的成绩；第三期推出庆祝中国共产党成立100周年专号，刊发《爷爷的长征》等一批红色题材作品，向中国共产党百年华诞致敬；第四期推出诗词专号，刊登梧州市各诗词学会、诗社等团体或个人的作品，助力梧州市创建“中华诗词之市”。全年共刊登作品294篇，其中散文29篇，小说10篇，诗歌255首。（梧州日报社）

网络媒体

【概况】 2021年，梧州市有网络媒体3家，分别是梧州日报社、梧州市广播电视台、岑溪新闻网。梧州日报社的网络媒体开设有网站1个，手机客户端1个，微信公众号3个，新浪微博号3个，微信视频号1个，抖音号1个。梧州市广播电视台网络媒体以其新媒体部为主，开设有网站1个、手机客户端2个，微信公众号3个，微信公众视频号1个，新浪微博号1个，抖音号2个。岑溪新闻网开设有岑溪新闻网网站、微信公众号、视频号、今日头条号。10月20日，国家互联网信息办公室更新《互联网新闻信息稿源单位名单》，梧州日报社旗下的《梧州日报》和梧州零距离网站名列其中。（市委宣传部）

【梧州市广播电视台网络媒体】 2021年，梧州市广播电视台新媒体平台包括“梧州西江在线网”1个网站，“最老友”“1075开吧”2个手机客户端，“梧州新闻”“民生1075”“梧州好生活”3个微信公众号，“民生1075”1个微信公众视频号、“梧州市广播电视台”“民生老友记”2个抖音号，“梧州市广播电视台”1个官方微博，形成集电视、广播、网站、手机客户端、微信、抖音为一体的全媒体发布平台。新媒体平台总用户数量达到75万。同时，与“广西云”、“广西视听”保持紧密联系，注册了央视矩阵号、触电新闻号、新华社现场云、人民网快拍等，有效拓展了传播渠道。全年新媒体平台发起90场移动直播；制作近2000条短视频在新媒体平台抖音号、微信视频号发布。其中抖音号阅读量100万以上的有140条、500万以上的25条、1000万以上的2条。融媒体报道亮点频出，在梧州市第十四次党代会上，实现首次“党代表通道”新媒体直播、《面对面——党代表访谈》可视化广播直播，4K超高清演播厅电视录播以及新媒体客户端集中发力，仅半个月，发布新闻报道160多条，广播电视音频、视频节目2200分钟，新媒体平台发稿310多条，全网点击量108.2万次。年内，梧州市广播电视台被抖音公益团队授予“银龄时代·爱心合作方”，最老友手机客户端获“2021传媒中国年度融合传播城市广电优秀融媒平台20佳”。

（梧州市广播电视台）

【梧州日报社网络媒体】 2021年，梧州日报社网络媒体包括“梧州零距离”1个网站，“梧州零距离”1个手机客户端，“梧州日报”“西江都市报”“梧州零距离”3个微信公众号，“梧州日报”“西江都市报”“梧州零距离网”3个新浪微博号，“梧州零距离”1个微信视频号，“梧州零距离网”1个抖音号。全年新媒体平台发起移动直播28场，制作1936条短视频在新媒体平台抖音号、微信视频号发布。年内，梧州日报社组织全媒体稿件《红色火种传遍八桂大地》，参与中国地市报研究会、中国地市报人编辑部联合主办“百年奋斗路·百城访初心”庆祝中国共产党成立100周年大型全媒体报道活动，在全国100多家地市党报及其所属新闻网站、客户端、微信公众号刊播。通过长卷、手绘画作、创意海报、H5、短视频等形式，在各网络平台推出云观梧州红色展馆、庆祝中国共产党成立100周年海报等原创融媒产品100多条，阅读量累计1000多万。其中，H5作品《红旗漫卷起西江　星火燎原涌赤浪》、短视频《千年古郡　红色印记｜百年小楼，见证烽火岁月》分别获得广西“壮丽航程写新篇——庆祝中国共产党成立100周年全区新媒体作品大赛”一等奖、三等奖。“茶船古道·新丝路”六堡茶行销全球网络直播项目获2021年度全国地方党媒融合发展创新优秀项目（创新数字经济发展类）。　　（梧州日报社）

文化产业

【印刷业】　2021年，梧州市登记在档的印刷企业95家，其中新增印刷企业11家。注销、停产、不再从事印刷业务的企业18家。全市上报年度报告企业数量88家，较上年增加5家，其中86家准予年度核验；7家企业未按时参加年度核验，列为重点监管对象。全市印刷企业从业人员1031人，较上年增加55人；营业收入17849.53万元，增加1574.56万元；利润总额1782.98万元，减少349.13万元；工业总产值16224.3万元，比上年增加1242.11万元；研发投入199.71万元，比上年增加178.71万元。全市无印刷产值5000万元以上印刷企业。

【电影放映】　2021年，梧州市有电影院18家，其中市区10家、岑溪市2家、藤县4家、蒙山县2家。年内常态化开展广场公益电影放映活动，全年累计播放爱国主义教育电影140场，全市农村电影公益播放10322场。

【演艺娱乐】　2021年，全年梧州市区有娱乐场所46家，其中歌舞娱乐场所38家、游艺娱乐场所8家、网吧31家；全市有表演艺术团体147个。市区举办营业性演出14场，其中涉外营业性演出1场、涉港营业性演出4场。年内梧州市落实新冠疫情期间营业性演出监管，进一步规范市场秩序。对娱乐场所坚持有序恢复、防控为先、预约限流的总体要求，采用“三强化”措施，即“强化事前介入”“强化宣传引导”“强化现场监管”。

2021年梧州市演艺责任有限公司营业性演出情况表

表20

演出时间	演出地点	观看人数（人）	演出主题	备注
4月26日	梧州市人民艺术剧院	1343200	“粤剧文化广场”主题活动暨“我们的中国梦”——文化进万家活动粤剧《卖花女》	含线上参与人数
4月27日	梧州市人民艺术剧院	989700	“粤剧文化广场”主题活动暨“我们的中国梦”——文化进万家活动粤剧《五子闹公堂》	含线上参与人数
4月28日	梧州市人民艺术剧院	943900	“粤剧文化广场”主题活动暨“我们的中国梦”——文化进万家活动粤剧《唐明皇与杨贵妃》	含线上参与人数
4月29日	梧州市人民艺术剧院	943500	“粤剧文化广场”主题活动暨“我们的中国梦”——文化进万家活动粤剧《唐伯虎点秋香》	含线上参与人数
8月23日	江滨国际大酒店	300	聚粤商智慧　助八桂腾飞　梧州广东商会——周年庆典大会	
9月19日	红星美凯龙国际家具博览中心	300	梧州红星美凯龙演出·梧州市“我们的节日”迎中秋传家风活动	
10月16日	梧州市粤剧保护与传承基地	50	接待旅行社旅游团（交通银行东莞西中支）	
10月22日	梧州市粤剧保护与传承基地	50	接待旅行社旅游团（交通银行柳州分行）	

续表 20

演出时间	演出地点	观看人数(人)	演出主题	备注
10 月 23 日	梧州市粤剧保护与传承基地	50	接待旅行社旅游团(交通银行友爱中支)	
10 月 25 日	梧州市粤剧保护与传承基地	50	接待旅行社旅游团(江西昌盛大药房有限公司)	
12 月 3 日	梧州市六堡茶展示厅	300	第三届中国(广西)六堡茶斗茶大会	

2021 年梧州市城区营业性演出情况表

表 21

演出时间	演出地点	观看人数(人)	演出内容
4 月 16 日	梧州市文化中心 3 楼	500	橙喵动漫展
7 月 3 日—17 日	梧州市文化中心大剧院	830	儿童剧《白雪公主》
7 月 31 日	梧州市文化中心 2 楼	500	橙喵动漫展
9 月 24 日—25 日	梧州市文化中心大剧院	832	儿童剧《冰雪奇缘之雪宝大冒险》

【文化产业品牌创建】 2021 年，市文广体旅局制定《梧州市文化和旅游发展“十四五”规划》和《梧州市文化和旅游产业融合发展三年行动方案(2022—2024 年)》，加大文旅资源整合力度，推动全市文旅产业高质量发展。加强与自治区文旅厅对接，指导各县(市、区)争创国家级、自治区级文化旅游品牌。2021 年，新增自治区文化“双创”示范企业 1 家，以品牌创建促进全市文旅产业链补链延链。

文化市场管理

【市场监管】 2021 年，梧州市坚持常态化新冠疫情防控。要求各文娱场所严格落实疫情防控管理措施，做实做细实名登记、体温测量，“二码联查”。开展行业安全生产专项大检查。营造“人人讲安全、处处讲安全”的良好氛围，助推文旅行业安全生产落实落细。开展娱乐场所专项整治行动。加强互联网上网服务营业场所监管。查处网吧违规接纳未成年人、未按规定时间保存登记内容、记录备份等违法行为。规范营业性演出经营活动。强化营业性演出活动监管。加强对营业性演出活动的巡查和监管，严查未按规定办理审批备案手续、含有禁止内容、使用劣迹失德艺人等违法违规行为。集中开展网络文化市场监管。落实舆情监管处理，充分发挥社会监督。

【综合执法】 2021 年，梧州市组织开展文化和旅游市场专项整治及联合行动 15 个，全年立案 43 件，行政罚没收入 9.2 万元。累计出动执法人员 8500 余人次，检查文化和旅游市场经营单位、场所 5300 余家次。全年文旅市场安全平稳有序，为庆祝中国共产党成立 100 周年营造良好的文化市场环境。上报文化市场综合执法信息 48 条。其中“疫情英雄系列短视频”被学习强国采用，“广西梧州捣毁两处出版物发行窝点”等 4 篇“扫黄打非”工作信息收录全国“扫黄打非”网。

【扫黄打非】 2021 年，梧州市文化管理部门开展“清源”专项行动，查堵违禁出版物。对梧州市印刷企业开展专项整治行动，立案查处 3 件。开展“护苗”专项行动，深化惩治有害和非法少儿出版物及信息。组织执法人员对书刊店、复印打字店、文具玩具店、综合用品商店等进行检查，立案查处 2 起，共收缴违法出版物 345 本，其中有害少儿出版物 102 本，盗版教辅教材 125 本。开展惩治非法印刷、发行“六合彩”资料窝点联合专项行动。捣毁非法印刷、发行“六合彩”资料窝点 26 个，查获非法出版物六合彩资料 6200 余份。

(市文广体旅局)

编审：陈范生　编辑：赖红柳

卫生健康

综　　述

【概况】　2021年，梧州市有卫生机构1685家，其中医院51家（公立医院28家，民营医院23家）；综合医院21家，中医类医院6家，专科医院17家，中西医结合医院1家，妇幼保健院6家；三级医院6家，二级医院22家，一级医院12家，未评级11家；基层医院机构1610家（乡镇卫生院64家，社区卫生服务中心（站）11家，村卫生室907家，门诊部43家，诊所、卫生所、医务室585家），疾病预防控制中心6家，卫生计生监督机构8家，采供血机构1家，计划生育技术服务机构4家，专科疾病防治机构4家，医学科学研究机构1家。全市医疗卫生机构有床位18046张，其中医院床位13678张、基层医疗卫生机构床位3543张，妇幼保健院804张、专科疾病防治院21张，全市每千常住人口住院床位数为6.39张。全市卫生技术人员22338人，其中执业（助理）医师7089人、注册护士10411人，每千常住人口拥有卫生技术人员7.92人、执业（助理）医师数为2.52人、注册护士数为3.7人。

【深化“三医联动”改革】2021年，市卫生健康委以紧密型医联体建设为抓手建立具有梧州特色的分级诊疗制度、以医保医药改革重构医疗利益格局、以智慧医疗手段重构就医就诊格局，推动“以治病为中心”向“以健康为中心”转变，深化医疗、医保、医药联动改革。在推动公立医院高质量发展和深化医疗保障制度建设方面，市卫生健康委指导梧州市24家二级及以上医疗机构全部开展现代医院管理制度建设，医院管理制度进一步完善。在推进DRG付费国家试点工作中，以准、真、同、活、实、新“六字措施”力促“三降一升”，即次均费用、患者自付比例、平均床日的同比降幅分别为10%、9%、16%，CMI指数同比升幅为12%。针对人民群众“看病贵”等焦点问题，梧州市推动药品和高值医用耗材集中带量采购扩面减负。梧州市各有关医疗机构已签订药品和高值医用耗材购销协议总额超过1.94亿元，其中药品为1.2亿元，高值耗材为7400万元。中选药品覆盖糖尿病、高血压、抗肿瘤和罕见病等治疗领域，平均降价约52%。按实际采购量计算，实施药品和高值医用耗材集中采购后，预计全市每年可减少群众医药费用负担1.2亿元。在健全完善药品供应保障制度方面，强化国家基本药物配备使用，梧州市成为国家基本药物综合试点城市，2021年上半年梧州市三级、二级和基层医疗机构的国家基本药物配备使用金额占比分别为34.15%、44.54%、66.55%，均达到基本药物使用相关政策要求。通过加强对各医疗机构短缺药品信息直报和核实处置工作，完善分级应对机制。在强化人才队伍建设方面，市卫生健康委采取到医学高等院校招聘、依托梧州市引进急需紧缺人才目录招聘、面向社会公开招聘、与自治区内外先进医疗科研机构合作交流等方式引进人才，全年引进卫生人才1326人（其中柔性引进副高以上高层次人才7人），接收安置农村订单定向培养医学生27名、“三支一扶”支医医学生3名到各医疗卫生健康单位工作。此外，还与暨南大学、右江民族医学院合作共建临床医学研究生培养基地、实施农村订单定向免费培养医学生计划、实施人才孵育工程，并且从完善编外人员管理、提高乡村医生待遇等十个方面提高基层人员待遇保障水平。

2021年12月25日，梧州援助防城港市东兴市的医务人员在当地开展核酸检测采样工作

市卫生健康委　供图

【“智慧医疗”工程】　2021年，梧州市全民健康信息平台等3个信息化系统被评为“数字广西建设标杆引领重点示范项目”，梧州市卫生健康委获评2020年度全区数字广西建设突出贡献奖单位。梧州市推广电子健康卡，已有34家医疗机构上线，发卡量近118万张，实现跨机构、跨区域医疗健康服务一码通用。处方信息共享平台稳定运行，接入全市13家医院和36家医保定点药店，共享药品品种数达4294种，通过平台外延的处方达55万张，覆盖15万名患者。医学影像云胶片全面普及，已有22家医疗机构上线运行，实现影像数据全电子化、影像信息资源共享、检查诊断结果互通互认，服务超250万人次，云胶片使用比例达86%以上。人工智能技术与家庭医生签约服务、基本公共卫生服务融合应用，在城区7个社区卫生服务中心实现智能语音输入和智能语音随访等服务，服务53万多人次。全民健康信息平台进一步完善，平台接入全市77家医疗机构，互联互通率93%，共采集医疗数据9300万条，建立居民健康档案678万份，“健康梧州”的预约挂号、疫苗预约、处方外延、健康档案和云胶片调阅等惠民应用进一步加强。

【支援市外新冠疫情防控工作】　2021年，梧州市积极响应国家和自治区的号召，全市共派出医护人员143名支援防城港市，支援边境新冠疫情防控工作，圆满完成自治区交给的各项任务。

疾病防控

【新冠疫情防控】　2021年，梧州市全力做好新冠疫情防控工作。全年报告境外输入无症状感染者1例。妥善处置非法入境无症状感染者疫情、确诊病例治愈后复阳疫情各1起、“三非”阳性病例经过梧州市服务区疫情1起、涉疫冷链食品、邮件快递等疫情6起；排查处置密切接触者61人，次密接者1006人。全市组建了由公卫、公安、大数据发展局、政法委人员组成的联合流调队，共140组，468人；组建2支各9人的市级核心流调队伍，进一步提升梧州市流调溯源能力。全年共派出支援边境防控的流调、消杀等专业人员共30人。有序推进新冠病毒疫苗接种，截至12月31日，全市3岁以上人群第一剂覆盖率92.02%；全市3岁以上人群完成全程接种覆盖率88.56%。

【艾滋病攻坚工程】　2021年，梧州市第二轮防治艾滋病攻坚工程圆满收官，第三轮防治艾滋病攻坚工程顺利启动。截至年底，梧州市按现住址累计报告艾滋病感染者及患者6476例，累计存活感染者和患者3880例，累计报告死亡2596例。城镇居民艾滋病预防知识的知晓率为100%、农村居民艾滋病预防知识的知晓率为99%、流动人口艾滋病预防知识的知晓率为100%、在校青年学生艾滋病预防知识的知晓率为100%。以现住址为统计口径，艾滋病病毒感染者/患者随访检测比例为94.69%，单阳家庭治疗比例达到97.76%。孕产妇艾滋病、乙肝、梅毒检测率为100%；艾滋病母婴传播率为1.47%。完成对51498份献血样本艾滋病核酸检测，检测率100%。对海洛因成瘾者、美沙酮、针具交换、强制戒毒和社区戒毒等方面的综合干预覆盖率达99.44%。艾滋病病毒感染者抗病毒治疗覆盖率达93.25%，排名全自治区第一。

【疾病预防控制】 2021年，梧州市共报告法定传染病18种36689例，与上年同比上升55.56%。无甲类传染病报告，乙类传染病报告发病10种11820例，发病率与上年同期相比，报告发病数上升1.18%；死亡168例，上年同期死亡126例。丙类传染病报告发病8种24869例，与上年同期相比，报告发病数上升1.09倍，死亡0例（上年同期无死亡）。全市无鼠疫、霍乱等重大传染病发生。报告32起突发公共卫生事件，共报告发病1734例，无死亡。全年无输入性疟疾病例和本地病例。积极开展鼻咽癌早诊早治项目，梧州市和岑溪市项目点均获2020年度国家级鼻咽癌早诊早治项目优秀项目点称号。截至2021年12月31日，在册严重精神障碍患者规范管理率90.19%。开展死因监测和肿瘤登记工作，全市死因监测共报告19518例，报告粗死亡率为6.34‰。

医疗卫生

【诊疗情况】 2021年，梧州市医疗卫生机构总诊疗人次为1407.23万人次（门、急诊1346.8万人次），其中，医院607.6万人次、基层医疗卫生机构671.19万人次、专业公共卫生机构（含妇幼保健院）128.45万人次；入院人数57.4万人，出院57.06万人次，住院患者手术为13.02万人次，出院患者平均住院日为8.1天，病床使用率75.26%，医师日均担负诊疗人次为7.7人。年内，梧州市工人医院医疗集团成立检验及病理诊断中心、医学影像诊断中心、心电诊断中心等三大共享中心，实现检查检验结果互认项目数稳步增长，促进优质医疗资源下沉基层、降低患者医疗费用负担，让基层群众能在家门口享受三甲医院的医疗服务。上半年，梧州市第二人民医院住院服务、病床使用率同比分别增长52.21%、16.82%，梧州市第三人民医院手术量增长18.5%。

【乡（镇）村医疗卫生机构概况】 全市乡镇卫生院64家（58个乡镇均有标准化乡镇卫生院），其中乡镇中心卫生院20家。乡镇卫生院有职工5394人，其中卫生技术人员306人。在编人数2911人，其中全额编制79人、差额编制2832人。乡镇卫生院共有执业医师（执业助理医师）1489名、全科医生396名，每家乡镇卫生院均有1名执业医师，除2家卫生院外均有全科医生。882个行政村均有村卫生室，其中政府办村标准化卫生室877间（其中5个村为县级医院或乡镇卫生院所在地可不设立政府办的村卫生室）。乡村医生共2279名，每间村卫生室均有至少1名合格的乡村医生。全市无乡村两级机构人员“空白点”，达到医疗卫生人员“三合格”要求。乡镇卫生院和村卫生室全部实行乡村卫生服务一体化管理。启动优质服务基层行活动，4家乡镇卫生院达到推荐标准，27家乡镇卫生院达到基本标准，3家乡镇卫生院被评为社区医院。

【社区卫生服务机构概况】 2021年，全市有社区卫生服务中心10家，其中万秀区5家、长洲区4家、龙圩区1家；社区卫生服务中心均为独立法人单位，其中政府办1家、医院办8家、民营1家。没有社区卫生服务站。社区卫生服务中心有职工332人，其中卫生技术人员306人。医院派驻83人、自有编制136人（全额编制8人、差额编制128人）、其他人员113人。社区卫生服务中心主要开展基本公共卫生服务、基本医疗服务、中医康复服务等。有4家社区卫生服务中心开展了住院服务，有床位56张，以康复治疗为主。开展了优质服务基层行活动，其中万秀区东兴社区卫生服务中心达到国家推荐标准、长洲区兴龙社区卫生服务中心达到国家基本标准。

【医联体建设】 2021年，梧州市组建医联体51个，其中城市医疗集团5个、三二医联体8个、县域医共体16个、专科联盟15个、远程医疗协作网5个、其他医联体2个，形成网格化医联体建设管理框架。全市共73家乡镇卫生院及社区卫生服务中心参与医共体建设，实现各县（市、区）乡镇卫生院全覆盖。并建立按季度对全市医联体开展考核的工作制度。春节期间，梧州市5家医疗集团牵头医院充分发挥医联体联动防控作用，织密新冠疫情防控网，对12个县级医院及9个基层医疗机构开展驻点对口帮扶工作。其间派出由管理、医疗、护理、检测、院感等专家人员组成的帮扶团队到基层进行指导，加强春节期间驻点值班值守工作，共同筑起春节期间疫情“防控墙”。

【公共卫生项目建设】 2021年7月1日，梧州市人民政府印发《梧州公共卫生防控救治能力建设三年行动实施方案（2020—2022年）》，计划投入38.72亿元，全面提升公共卫生和医疗机构预防救治能力。年内，中央投资项目与自治区投资项目稳步推进。梧州市中医医院改扩建工程项目，总投资1.5亿元，获得中央2021年度计划投资5000万元，已支付中央预算内资金3770万元，资金支付率75%。该项目住院医技综合楼已完成主体封顶，进入室内初步装修阶段。自治区2021年下达梧州市12个卫生健康项目，截至12月31日，已开工12个，开工率100%；自治区下达资金8153万元，实际完成投资7570万元，完成率92.85%。另外，梧州市公共卫生防控救治能力建设三年行动部分项目（即列入自治区三年行动计划项目）获得自治区相关财政补助资金36453万元。

【基本公共卫生服务项目】 2021年，梧州市以家庭医生签约服务为抓手开展基本公共卫生服务项目，实行先签约后服务，杜绝有签无约的行为发生。家庭医生签约服务以贫困人口、慢性病患者、老年人、妇女、儿童等为重点，签约居民120.18万人，签约率39.06%；重点人群签约率71.84%，脱贫人口及监测对象签约30.78万人，做到应签尽签。累计建立规范化管理电子健康档案283.12万份，建档率92.01%；65岁及以上老年人城乡社区规范健康管理服务人数21.13万人，65岁及以上老年人城乡社区规范健康管理服务率为68.25%；规范化高血压患者健康管理15.17万人，规范化管理率80.99%；规范化2型糖尿病患者健康管理5.12万人，规范化管理率80.74%；规范管理严重精神障碍患者16567人，规范化管理率90.90%。按规定开展健康教育、预防接种、儿童和孕产妇管理、传染病和突发公共卫生事件处理、中医药管理、卫生监督协管等。

【无偿献血】 2021年，梧州市医疗机构临床用血全部来自无偿献血。全年全市开展社会参与无偿献血公益活动20多场，无偿献血51653人次，采集血液1701.09万毫升，供应临床血液3131.14万毫升。全市每千人口献血率18.31‰。年内办理群众用血报销1915人次，报销血量190.31万毫升，金额231.49万元，电话回访23732人次。给596名地贫患者提供专项血液210.81万毫升，解决梧州市地中海贫血患者“用血难”问题。完善便民服务体系，梧州市27家医疗机构中已有24家医疗机构25个点位开展用血直免工作，献血服务得到献血者的广泛认可。全市医疗机构定期开展血液安全技术核查及合理用血监督检查，科学合理用血纳入各单位的年度目标考评指标。

【健康扶贫与乡村振兴相衔接】 2021年，成立了市卫生健康委巩固拓展健康扶贫与乡村振兴有效衔接领导小组，牵头制订巩固拓展健康扶贫与乡村振兴有效衔接工作方案。加强基层医疗机构和医疗卫生人才队伍建设，实现每个县有二级医院、乡镇有标准化卫生院、行政村有政府办的标准化村卫生室。接收村卫生室订单定向医学生毕业85人并分配到相应的村卫生室，全市乡村和易地扶贫搬迁集中安置点医疗卫生机构和人员“空白点”动态清零。持续开展30个病种大病专项救治，在县域内实行先诊疗后付费和一站式结算，减轻脱贫人口和监测对象的医疗负担。贫困人口、监测对象家庭医生签约服务签约率100%，做到应签尽签，通过规范实施基本公共卫生服务对高血压、糖尿病、结核病、严重精神障碍患者进行履约，履约率100%。

妇幼保健

【概况】 2021年，梧州市夯实三级妇幼保健健康管理网络，全年孕产妇死亡率、婴儿死亡率、5岁以下儿童死亡率分别为0、2.23‰、3.10‰，分别排在全自治区第一、第二、第一位。

【出生缺陷综合防治】 2021年，梧州市深入开展以三级预防为重点的新生儿出生缺陷综合防治工作，全市出生缺陷发生率146.08每万，婚检率99.93%，产前筛查率91.57%，重症地贫胎儿医学干预率100%，基因诊断补助率和产前诊断补助率都达到100%，新生儿疾病筛查率99.43%，新生儿听力筛查率

99.73%。继续实施地贫防控“五项免费服务”，进一步提高惠民力度。2021 年 5 月 23 日，全国人大常委会副委员长陈竺再次到梧州调研指导，充分肯定梧州市地中海贫血防治工作取得的突破性进展，并做出重要性批示。梧州市工人医院和市人民医院分别完成各 5 间移植仓建设。7 月，梧州市工人医院北山院区成功开展首例造血干细胞移植；9 月，梧州市人民医院开展首例儿童地中海贫血骨髓移植。

【3 岁以下婴幼儿照护服务】 2021 年，梧州市在自治区内首个推出“新生儿出生即入户”便民微改革工作，市卫生部门与多个部门合作，采取联办模式为新生儿一次性办好出生医学证明、预防接种证、户口簿、社保卡和医保卡等证件，减少群众办事环节、办理时间和跑动次数。大力促进 3 岁以下婴幼儿照护服务发展工作，探索形成了婴幼儿照护服务指导中心、医育结合、托幼一体、社区联动、农村托育服务等多种婴幼儿照护服务模式。年底全市提供托育服务的机构 82 家，可提供托位 5131 个，机构数和托位数分别比 2019 年增加了 60 家和 3241 个。另外，幼儿园托班可提供托位 2598 个，全市可以提供托位 7729 个，每千人口拥有 3 岁以下婴幼儿托位数达 2.74 个。争取到中央预算内投资 580 万元用于 9 个普惠托育机构的改扩建工作，新增 580 个普惠托位。婴幼儿照护服务工作得到上级领导的肯定，承办“2021 年广西婴幼儿照护服务政策宣传月启动仪式暨现场推进会”，并做经验介绍发言。

【2021 年婴幼儿照护服务质量提升研讨会】 2021 年 12 月 19 日，市卫生健康委举办 2021 年梧州市婴幼儿照护服务质量提升研讨会，邀请自治区婴幼儿照护服务专家就推动婴幼儿照护服务高质量发展，托幼一体化、托育园发展的趋势与机遇，托育机构的设置、备案和管理规范及工作能力提升等进行深入研讨。市妇幼保健院儿童群体保健科负责人、各县（市、区）部分开展或拟开展托育服务的机构负责人共 90 余人参加研讨。

爱国卫生与健康促进

【概况】 2021 年，梧州市开展抗疫爱卫“五大清洁行动”及卫生创建工作，全市共创建自治区卫生乡镇 47 个、自治区卫生村 224 个、自治区卫生先进单位 579 个。全市 54 个单位通过自治区卫生单位、卫生镇、卫生村复（评）审，全市共有无烟党政机关 95 个。年内，梧州市全面开展健康素养监测工作，全年全市居民健康素养水平为 21.93%。截至 12 月 31 日，累计创建健康促进社区（村）123 家，健康促进家庭 774 家，健康促进医院 50 家，健康促进机关 76 家，健康促进学校 102 所，健康促进企业 29 家；蒙山县、岑溪市、长洲区 3 个县（市、区）成功创建自治区级健康促进县。

【爱国卫生月活动】 2021 年 4 月是第三十三个爱国卫生月，宣传主题是“文明健康 绿色环保”。梧州市紧紧围绕爱卫会活动主题，结合全国文明城市创建各项工作任务，组织开展“三个一”活动，集中进行城乡环境、市场环境、交通秩序、市容环境及公共场所卫生 5 项整治行动。一是开展一次“文明健康始于心”科普活动，4 月 9 日在市新时代文明实践中心举行 2021 年梧州市“文明健康始于心”气象科普文明实践志愿服务活动；二是开展一次“绿色家园齐守护”共建活动，围绕爱国卫生月活动，市爱卫办、市委组织部通过开展党员活动日、社区双报到开展党员活动日及深化“双报到”活动，积极参与到“爱国卫生月”活动中来，以实际行动践行“绿色家园齐守护”共建活动。4 月 9 日，市卫生健康系统各单位集中安排党员干部到双报到社区开展环境卫生集中整治活动，大家统一行动，集中整治城中村、城乡接合部、背街小巷等重点区域环境卫生，清理垃圾、杂草、小广告、积水，清除病媒滋生环境；三是开展一次“低碳环保践于行”群众实践活动。梧州市税务局开展“绿色出行，低碳生活，党员进社区共建文明城市”的骑行主题党日活动，践行低碳环保理念，宣传环保知识，引领市民低碳出行。并在每周五为集中清理小街小巷路边垃圾、小张贴、小广告及一切可视范围内杂物和积存的垃圾。提升城乡环境整治水平，引导群众践行文明健康绿色环保生活方式。

【健康促进工作】 2021 年 1 月，自治区卫生健康委公布 2020 年自治区级健康促进县

（市、区）技术评估结果，长洲区、岑溪市通过自治区考核评估。至此，梧州市有蒙山县、岑溪市、长洲区3个县（市、区）成功创建自治区级健康促进县。6月30日，市卫生健康委组织市疾控中心、长洲区卫生健康局开展健康知识送乡村活动，普及健康科学生活方式，不断提高城乡居民健康素养水平。此次活动围绕健康生活方式、饮食健康理念等方面的内容，传播健康生活和科学养生的知识，同时对村民在生活中存在的一些误区进行纠偏，对疾病治疗及预防应注意的问题进行强化。当天工作人员还通过发放健康知识宣传材料、知识问答等多种形式，让群众增长科学健康知识、增强生活卫生常识、提高自我防护意识，受到村民们好评。12月7日，市卫生健康委举办2021年全市健康教育技能暨健康科普专家培训班，旨在提升全市健康教育人员健康科普传播技能。培训班邀请自治区有关专家就健康科普各项技能进行授课，各县（市、区）及市直卫生健康单位负责健康教育工作人员、部分健康科普专家共90余人参加。

【2021年健康素养监测】 2021年8月，梧州市2021年健康素养监测工作全面启动，市疾病预防控制中心对监测工作开展技术指导、质量控制、数据核查，各县（市、区）卫生健康局重点做好现场调查的组织协调和督导工作，各监测点调查员携带掌上电脑开展入户调查工作，调查监测点覆盖7个县（市、区），不少于63个社区（村），调查样本量不少于3465个。监测工作启动前，市卫生健康委于8月17日—19日举办2021年梧州市居民健康素养监测培训班。各县（市、区）卫生健康局分管领导，县级疾病预防控制中心、城区各监测单位健康素养监测技术骨干，以及市卫生健康宣传教育中心、市疾病预防控制中心负责监测工作人员等约100人参加了培训班。

2021年11月18日，“我为群众办实事——梧州市卫生健康委2021年健康知识普及公益宣讲活动”在市第十六中学举办

市卫生健康委　供图

卫生监督

【概况】 2021年，梧州市卫生监督工作查处案件总数507件，同比增长39.7%，罚没金额222.96亿元，同比增长61.9%。市卫生计生监督所案件查处数（207件）位列自治区设区市第一；全市监管行业案件查处数在自治区排名前列的有：计划生育第一，职业卫生第二，放射诊疗、医疗卫生第三。全市国家双随机监督抽检任务数653家，广西双随机监督任务数161家，梧州市双随机监督任务数10家，完结率均100%。

【学校卫生监督】 2021年，梧州市开展学校新冠疫情防控专项行动、“蓝盾春风”学校卫生综合专项行动、学校饮用水卫生专项检查、中高考考点学校专项检查等。市卫生管理部门指导县级卫生机构处理学校突发公共卫生事件2件，依法查处违法违规行为17件。下半年，梧州市在全自治区率先推动学校卫生监督规范化建设。至年底，全市已检查学校152所，达标数84所，其中优秀6所、一般78所。

【职业卫生监督】 2021年，梧州市举办全市职业病防治知识培训班3期，对全市680余家企业的负责人和管理员进行培训。市卫生部门组织人员深入企业送法上门，受益职工3000余人。并持续加强职业卫生监督检查，依法查处违法违规行为72起，罚款金额68.24万元。全市8个卫生监督机构均实现职业卫生案件“零罚款”，完成自治区下达的工作任务。年内，市卫生部门主动对接、提醒和上门服务，助力企业“信用修复”和新冠疫情期间复工复产，对符合条件的4个失信企业全部予以了失信修复。

【新冠疫情常态化监督】 2021年，市卫生部门对标国家指南，重点加大对定点隔离酒店、定点医院、疫苗接种点、核酸检测点、发热门诊、节会活动场所、消毒产品企业等重点单位重点环节的巡查力度和频次。举办新冠疫情卫生监督应急处置演练，达到了检验预案、磨合机制、锻炼队伍的预期目标。全市累计检查基层医疗机构及民营医院30457家次，下达监督意见书910份，查处案件190起，其中涉及违规接诊新冠相关症状患者的案件14起。检查公共场所1825家、学校962家、生活饮用水142家，查处案件152起。

【医疗机构依法执业】 2021年，市卫生部门组织开展全面依法治院工作评价自查和医疗机构依法执法自查工作，梧州市6家三级医疗机构全部启用“广西医疗机构依法执业自查系统”进行依法执业自查，有2家医疗机构通过了自治区全面依法治院核验。依法执业能力提升重点培训了全市二级以上医疗机构依法执业分管领导、法制监督员等140人。以“把脉问诊”新模式，对照依法执业质控清单，开展“领导带队，层级联动，专家指导，专业融合”依法执业专项检查，列出整改清单召开反馈会限期整改，对没及时整改的将进行立案处罚。已完成市本级及3个城区二级及以上公立医疗机构11家的督导检查。

【卫生行政许可】 2021年，全市接待各类咨询、来访的个人及单位咨询5000余人次，发放护士执业证书1165本。所有受理件都在承诺时限内办结，办结率为100%，无不良投诉。依法申请政务服务事项共62项，已在广西数字政务一体化平台认领62项，进驻服务大厅比例达到100%，“一窗”分类受理比例达到100%。办理速度对标全区第一的事项共51项，区内已对标先进事项占比82%，对比大湾区城市办理时限事项占比92%。认真贯彻落实“证照分离”改革措施，直接取消审批事项1项，优化审批服务事项3项。推进电子化注册管理、强化电子证照数据汇聚，护士电子证照共申领3434个，应用率达96.03%；医师电子证照共申领1938个，应用率达94.49%；符合申领电子证照的医疗机构共42个，已申领电子证照的医疗机构40个，应用率达95.24%。

（市卫生健康委）

2021年11月1日，梧州市卫生管理部门在市工人医院进行依法执业督导检查　　市卫生健康委　供图

药品管理

【集中带量采购】 2021年，梧州市药品和医用耗材集中带量采购进入常态化、制度化开展阶段，总体呈现“价降、量升、质优”态势。在梧州市落地的集中带量采购药品包括GPO第二批、国采第四批、国采第五批、重庆省际联盟常用药及短缺药带量采购等共6批次，中选药品覆盖糖尿病、高血压、抗肿瘤和罕见病等治疗领域。梧州市各有关医疗卫生机构签订中选药购销合同总额共2.34亿元，比上年增长2.95倍，涉及药品通用名331个。梧州市集中清理带量采购药品欠款专项行动成效显著，结算率达92.8%，线上结算率达94.5%，均排名全自治区第一，获自治区药

品集团采购工作小组办公室通报表扬。梧州市主要连锁药店，如大参林、百姓、众康等也先后主动加入药品集中带量采购。2021年起，梧州市增加医用耗材集中带量采购，包括国家冠脉支架、陕西人工晶体、广东球囊、新型冠状病毒（2019-nCoV）检测试剂联盟地区集中采购等共5类，中选产品大幅降价，动辄上万元的冠脉支架更是直接进入“百元时代”，中选价最高不到800元。

【医疗服务价格调整】 2021年，自1月15日起，梧州市执行修订后的《广西医疗服务价格》（第二部分），对公立医疗机构开展的部分医疗服务项目的内涵、计价单位、除外内容、计价说明等进行修订和重新规范，但不涉及价格调整。新冠病毒检测医疗服务项目价格持续降低，单人检测价格每人次从最高不得超过60元（不含试剂等耗材）降到40元（含试剂等耗材），采取多人标本混合检测的每人次从不得超过20元（含试剂等耗材）降至10元（含试剂等耗材）。梧州市进一步改进和规范新增医疗服务项目价格管理工作，临时新增医疗服务项目由三甲公立医疗机构向梧州市医保局提出申请，按季度审核汇总报自治区医保局统一发放临时收费代码，实施主体由三级甲等公立医疗机构扩大至三级、二级公立医疗机构。2021年第四季度起，梧州市开展医疗服务价格指数填报，调查范围包括门诊诊查费（副主任医师及以上）等132个医疗服务价格项目。

【药品供应保障】 2021年，梧州市各有关医疗机构已签订药品和高值医用耗材8批次678品规，购销协议总额达2.98亿元，中选药品平均降价约52%。全市三级、二级、基层公立医疗机构的国家基本药物配备使用金额总体占比分别为34.2%、44.5%、66.6%。89家医疗机构完成了短缺药品直报系统登录绑定上报，市、县两级管理部门对短缺信息应对处置率达100%。开展处方外延，梧州市13家医疗卫生机构和36家医保定点药店已接入处方信息共享平台。

【医保药品目录】 2021年，从3月1日起，梧州市执行《广西基本医疗保险、工伤保险和生育保险药品目录（2021年）》，其中西药1277个，中成药1470个（含民族药93个），协议期内谈判药品221个（含西药162个、中成药59个），共计2968个。西药、中成药和协议期内谈判药品分甲乙类管理，西药甲类药品395个，中成药甲类药品242个，其余为乙类药品；协议期内谈判药品按照乙类支付。中药饮片除已明确基本医疗保险、工伤保险和生育保险基金准予支付的892个外，同时规定了不得纳入基金支付的饮片范围；基金准予支付的892个品种分甲乙类管理，其中甲类776个、乙类116个。限工伤保险基金准予支付费用的品种有8个，限生育保险基金准予支付费用的品种有4个；工伤保险和生育保险支付药品费用时不区分甲、乙类。11月1日起，中药配方颗粒纳入基本医疗保险、工伤保险和生育保险支付范围。

（市医保局）

中医中药事业

【梧州市中医药大会召开】 2021年1月8日，中共梧州市委、市政府召开全市中医药大会。市委书记全桂寿、自治区中医药管理局局长姚春出席会议并讲话，市长钟畅姿主持会议。会议以电视电话会议形式召开，设市主会场和各县（市、区）分会场。会议通报了梧州市中医药发展情况，岑溪市人民政府、市农业农村局、市中医医院、梧州中恒集团股份有限公司分别作经验交流发言。会议提出要全力创建全国中医药综合改革示范区，努力走出一条具有梧州特色的中医药高质量发展之路。会后，梧州市初步拟订《梧州市创建国家中医药综合改革试验区实施方案》，提出以“建立合理完善的政府主导、市场驱动的中医药事业发展协调机制”为改革主题，将开展中医医疗服务“四个一”建设、中医健康服务产业“1234”工程、中药材基地建设、百亿中药制造产业建设等项目。

【中医药服务体系】 2021年，梧州市中医药系统在健全中医药服务体系、夯实基层中医药服务基础、推动国家中医药综合改革试验区创建、打造国际生物毒素研究中心、建设中医特色重点医院、增设中医专业招生等方面持续发力，均取得新进展新成效，在自治区政府举办的全区中医药工作会议、自治区卫生健康委举办的年中工作会议、自治区中医药局举办的定制药园推进会议3个全区性会议上作典型发言，中医药项目绩效评价获得自治区中医药局优秀表扬并得到项目资金嘉奖。与中科院共建生物毒素研究中心工作取得实际性进展，签订协议，完成实验室等一期建设，开展前期科研项目研究合作。梧州市中医医院获得中医特色重点医院（中医药传承创新工程）建设项目，启动了总投资15000万元的改扩建工程，在中医药服务能力提升、特色优势发挥、优势学科建设、人才队伍培养等方面各项指标均达到中医特色重点医院项目建设单位要求。增设中医学、中医养生保健2个中医专业，有中医学专业在校生147人，中医专业教师62人。其中，高级职称专业教师21人、占33.87%，具有研究生以上学历的专业教师30人，具有“双师型”素质的专业教师38人。

【中医人才建设】 2021年4月21日—23日，市卫生健康委在蒙山县举办中医中药中国行——2021年梧州市“壮族三月三”中医药健康文化主题活动暨梧州市中医药高级研修班。来自全市各中医（中西医）医院、综合医院、妇幼保健院及蒙山县乡镇卫生院、村卫生室的80多人参加了活动和培训班。在主题活动上，进行中药院内制剂宣传和展示，开展义诊咨询。高级研修班进行梧州蛇伤疗法及常用中草药辨识、院内制剂的应用推广、痛症的针灸取穴思考等理论培训，安排实地参观砂仁道地药材种植基地，并跟随广西名老中医余培南教授到野外采集野生中药材，传授辨识和使用野生中药材知识。11月24日—26日，市卫健委、农业农村局、林业局在藤县石表山中医药健康示范基地联合举办了梧州市中医研修班暨道地药材生态种植及质量保障培训班，来自全市医疗卫生、林业、农业系统和有关中医药企业、中医药“三个一批”示范基地的80多名人员参加培训。培训班邀请自治区中医药管理局、自治区绿色食品发展站、自治区文化和旅游厅产业融合发展研究中心的领导和专家进行授课，对广西中医药产业发展及“三个一批”示范基地建设政策、道地药材发展趋势与广西中药材基地建设、广西中医药健康旅游产业发展等政策进行解读，提高对中医药相关产业的认识和发展方向的了解，并对梧州市第一批中药材示范基地进行授牌。此次培训班还组织与会人员跟随广西名老中医余培南教授到野外采集野生中药材，传授辨识和使用野生中药材知识；举办梧州市中药材识别竞赛，参赛选手采用望、闻、触等方法来判断是何种药材，写出药名、科属、药性、功能主治，鉴别要点等，加强对野外中药材的认识。梧州市已连续5年举办中医药研修班，培训近400人次，通过理论讲述和跟随余培南教授采药、认药，实践与理论相结合，加强中医药人才实用技能、中药材辨识和使用等方面的培养。

医政管理

【医护服务质量管理】 2021年，梧州市开展改善医疗服务行动计划活动，推行预约诊疗服务，优化服务流程，缩短群众就医等候时间。全市预约诊疗约71万人次。全市二级以上医疗机构开展优质护理服务活动，规范诊疗行为，提高医疗质量安全和服务。市直3家三级综合医院（市工人医院、市红十字会医院和市人民医院）对口支援县级医院5家（藤县人民医院、苍梧县人民医院、岑溪市人民医院、蒙山县人民医院、平南县第二人民医院）。创建平安医院，梧州市23家二级以上公立医疗机构均按照标准配备配齐装备，配备率达100%。通过全面提升医疗质量安全，推动了医疗机构和谐稳定发展，取得了明显成效。

【医患纠纷调解】 2021年，梧州市医院机构内部受理的医疗投诉数量为148起。医疗机构自行处理的医疗纠纷数量53起，产生赔偿10起。市卫生行政部门受理并处理医疗纠纷或医疗事故29起，产生赔偿7起，法院受理的医疗纠纷11起，全面整治医疗乱象，推进扫黑除恶专项斗争，净化行业环境。

【医疗服务违法违规专项整治】 2021年，梧州市各级卫生计生监督机构共检查各类医疗卫生机构30457家次，依法查处违法违规行为248起，合计罚没款138.15亿元。

【新冠疫情防控医疗救治工作能力建设】 2021年，梧州市有市工人医院等19家医疗卫生机构可开展核酸检测工作，已实现辖区内公立二级以上综合医院以及传染病专科医院、疾控中心及县域内至少1家县级医院具备核酸采样和检测能力。其中具备核酸检测能力并从事新冠核酸检测工作的人员总数为237人，实时荧光定量PCR扩增仪42台，新冠核酸检测的提取仪32台，应急状态下，合计单日最大核酸检测能力（管/天）为34658人份。持续提升新冠肺炎医疗救治能力。全市设置了梧州市第三人民医院等6家新冠肺炎定点医疗机构及梧州市人民医院等4家后备医疗机构，用于收治新冠肺炎患者床位共342张（含负压病房49间、负压病床74张、重症床位134张），负压救护车14辆，负压担架床11张，配置有121台成人有创呼吸机、26台儿童有创呼吸机、1000多台心电监护仪、13台便携式超声诊断仪、11台床旁血液净化机等急救设备，有呼吸科医师40人，感染性疾病科医师42人，重症科医师46人，为可能出现的疫情及危重症患者的应急处置做好了应对准备。

【医学科技】 2021年，梧州市有自治区级临床重点专科（西医类）14个，分别是市工人医院肾内科、神经外科、临床护理、血液内科、创伤外科（培育）、老年病学科（培育）；市红十字会医院急诊科、神经内科、康复医学科、妇科、口腔科；市人民医院老年病学科、医学影像及医学检验科（均为孵育项目）。有市级I类临床重点专科24个、重点孵育专科2个，II类临床重点专科7个、重点孵育专科4个。梧州市全年科研项目立项共217项，其中获国家级科研立项1项，省部级2项，厅级专项资金5项，自筹经费75项，市级申报立项134项目；国内医学期刊上共计发表科技论文近600篇，其中有90多篇在国家级核心刊物上发表；获科技奖励162项，其中厅级一等奖1项，二等奖1项，三等奖10项；获得专利数150项。

【医学教育】 2021年，全市卫生系列高级职称申报786人，其中正高116人，评审通过人67人，通过率58%，副高670人，评审通过399人，通过率60%。卫生专业技术资格（初、中级）考试考生人数3571人。其中初级士303人，考试通过115人，通过率38%；初级师1758人，考试通过820人，通过率47%；中级1612人，考试通过753人，通过率47%。全国执业医师资格考试报名考生1293人，其中，参加全国执业医师资格考试医学综合考试第一试的考生847人；二试考试考生362人。执业护士资格考试考生1405人，合格804人，通过率54.88%。参加“2021年全区住院医师规范化培训和助理全科医生培训结业考核考试”和“2021年全区中医住院医师规范化培训和中医类别助理全科医生培训结业考核考试”的考生共110人，其中西医类别（临床、口腔、公卫）74人、中医类别36人；合格108人，其中西医类别（临床、口腔、公卫）73人、中医类别35人，通过率分别为98.6%、97.2%；医师定期考核一般程序考核业务水平测评1892人，合格1887人，通过率99.7%。市红十字会医院与暨南大学共建教学医院和临床医学研究生培养基地，年内共有医生在读33人，护理（包括院外学员）在读77人，不断为梧州市培养硕士研究生高层次医学人才。

（市卫生健康委）

编审：陈范生　编辑：林桂宇

体　育

综　述

【体育设施建设】　2021年，梧州市争取自治区及以上体育项目资金1645万元用于建设为民办实事篮球场3个、健身步道1个、全民健身中心1个和全民健身路径2个。争取大型体育场馆免费低收费开放补助资金680万元，用于支持梧州市游泳跳水馆、梧州市体育馆、梧州市中恒体育场、岑溪市体育馆、藤县体育馆，蒙山县体育馆日常运营开放，实现大型体育场馆低收费开放普惠民生全覆盖。年末，全市有体育场地8350个，实现新增体育场地面积43.7万平方米，体育场地总面积超过628万平方米，人均体育场地面达到2.22平方米。城市社区初步形成15分钟健身圈，乡镇、行政村实现公共体育健身设施100%全覆盖。

【体育人才队伍建设】　截至2021年12月，梧州市体育系统职工117人，其中专职教练员43人；全市发展体育指导员386人；年度向上输送运动员36人，年度注册运动员1709人。梧州市本级体育类事业单位人才队伍构成情况：专业技术人员28人、占40.6%，管理人员34人、占49.3%，工勤人员7人、占10.1%；研究生学历6人、占8.7%，大学本科学历48人、占69.6%，大专学历9人、占13%，高中及以下学历6人、占8.7%；高级职称2人、占7.1%，中级职称10人、占35.8%，初级职称16人，占57.1%。

【体育社团】　2021年，梧州市新增体育协会（俱乐部）20个，全市有各级体育社会组织160个，社会体育指导员5300多人，指导体育协会换届、年检和加强体育社团建设工作。

群众体育

【概况】　2021年，梧州市广泛开展全民健身运动，线下开展全民健身运动的同时，在线上拓展互动健身。新冠疫情期间，线上推送居家健身、全家健身，推介太极拳、八段锦等居家科学健身视频1000余次。2021年全民健身日线上“科学健身知识知多少”答题活动等市级以上体育赛事活动40多项，参与人数达10万人次。疫情向好后，组织有序开展户外健身、场馆健身，全市老年人体育协会、足球协会以

2021年9月11日—12日，第六届广西万名全民健身志愿者服务百县千乡万村活动暨梧州市“美好社区”体育骨干健身气功八段锦社会指导员和裁判员培训班在梧州市中恒体育场举办

市文广体旅局　供图

及体育俱乐部等组织开展各类小规模户外活动。全年举办县级以上运动会8次，开展群众体育赛事活动400多场次，参与人数超15万人次，全民健身活动参加人数111万人；举办运动技能、健身知识讲座28场次，培训人员5000多人次。

【万秀区入选首批全国县域足球典型】 2021年5月27日，国家体育总局公布首批101个全国县域足球典型，梧州市万秀区榜上有名。梧州市历来重视足球场地设施建设，梧州体育训练基地因拥有18个连成一片的足球场而闻名全国足球圈。梧州市通过打造“梦想成真·一带一路”国际（梧州）青少年足球邀请赛等足球品牌体育赛事活动，推动基层足球运动发展，营造浓厚的足球运动文化氛围。市文广体旅局与中共万秀区委、区政府通过公建民营、民建民营等方式，引导社会力量参与足球场地建设，并积极举办丰富多彩的社会足球活动，营造有利于足球发展的良好氛围。

重要体育活动

【市民运动会】 2021年1月1日—2日，2021年梧州市市民运动会少年儿童围棋迎春赛在市体育馆举行，来自各县（市、区）共721名少年儿童参赛，年龄最小参赛选手仅4岁；赛事设围棋考级组、升级组、考段组、1段组、2段组、高段组，按《2002年围棋竞赛规则》进行比赛。5月1日—2日，“我要上全运”2021年梧州市市民运动会“中国体育彩票杯”第三十八届青年运动会暨第三届围棋棋王争霸赛在长洲区希望之星围棋文化服务中心举行，80多名围棋爱好者参赛，棋手年龄最大70岁、最小8岁。5月22日—6月3日，2021年梧州市市民运动会“中国体育彩票杯”第三十八届青年运动会篮球比赛在市体育馆举行，来自各县（市、区）45支队伍约400多名篮球运动爱好者参赛，藤县篮球协会队、梧州市日立中央空调队、万泰大酒店队分获男子组赛冠、亚、季军；躬肯健队、藤县篮球协会队、梧州学院队分获女子组赛冠、亚、季军。5月28日—30日，“我要上全运”2021年梧州市市民运动会“中国体育彩票杯”第三十八届青年运动会气排球比赛在市综合训练馆举行，设置桂标男、女子组和国标男、女子组4个组别，49支来自全市各企事业单位、青年团体的队伍500多名运动员参赛。7月10日—11日，2021年梧州市市民运动会“中国体育彩票杯”少年儿童围棋锦标赛在市综合训练馆举行，分为考段组、高段组及各年龄组，有近1000名选手参赛。9月，2021年梧州市市民运动会青少年游泳比赛暨“美好社区”趣味游泳项目比赛在市游泳跳水馆举行，赛事设男女50/100米蛙泳、男女50/100米自由泳和青少年趣味接力赛（小学蛙腿、初中自由泳、高中蛙泳），近100名游泳爱好者参赛。12月12日，2021年梧州市市民运动会冬泳技能挑战赛暨水上运动安全救护技能赛在市游泳跳水馆举行，赛事设青少年游泳接力赛、卧垫刨泳（男女分组）、50米自由泳等项目，共100多人参赛。12月25日—26日，2021年梧州市市民运动会市直机关羽毛球团体赛在梧州市体育场羽毛球馆举行，9支参赛队伍共100多名机关干部运动员参加比赛，市公安局、市文广体旅局、税务局分获冠、亚、季军。

【职工运动会】 2021年4月10日，梧州市医疗保障系统2021年“农行杯”职工运动会

2021年9月19日，2021年梧州市市民运动会青少年游泳比赛暨“美好社区”趣味游泳项目比赛领奖现场　　市文广体旅局　供图

在市综合训练馆举行，来自全市医保部门、定点医药机构及银行共16支参赛队伍先后参加四人板鞋、气排球、拔河、接力赛和跳绳5项比赛。市政府副市长苏颖出席运动会开幕式。5月15日—16日，2021年第一届“建行杯”梧州市职工运动会在市综合训练馆举行，设置气排球、乒乓球、羽毛球等比赛项目，近1200名运动员及教练参赛。10月15日—17日，梧州航道养护中心举办第二届职工运动会，设有男子篮球、气排球、乒乓球（团体赛）、游泳（4×50米接力赛）等比赛项目，各科室及各下属单位共100人参加比赛。

【民族团结进步体育运动会】 2021年5月22日—23日，“同心圆梦”梧州市统一战线庆祝中国共产党成立100周年民族团结进步体育运动会在梧州市体育馆（梧州学院体育馆）举行，这是梧州市首次举办全市性民族团结进步体育运动会。设置气排球男女子混合赛、乒乓球混合团体赛、“起步提速”（板鞋竞速）、“同心圆梦”（投绣球）、“迈步新征程”（5人6足竞速）、“同心向上”颠球、集体跳绳7个项目，来自全市统一战线的40支队伍、700多名队员参赛。

竞技体育

【概况】 2021年，《梧州市文化广电体育和旅游局关于印发梧州市体育竞赛裁判员管理办法实施细则（试行）的通知》《梧州市足球改革发展部门联席会议制度》《梧州市足球改革发展2021年工作要点》等政策文件印发，推动梧州竞技体育事业改革发展。全年全市注册运动员1709人，向上输送运动员36人。运动员在参加全国比赛中夺得金牌3枚，参加自治区级比赛夺得金牌40枚、银牌48枚、铜牌62枚。在梧州市举办的自治区级以上竞技体育赛事5次。

【重要体育赛事】 2021年，梧州市承办2021年全国青少年男子足球U17邀请赛、2021年“玛丽莱杯”全国青少年足球精英赛广西预选赛、2021梦想成真·五一快乐足球周、2021年中国中学生足球协会杯（初中男子甲级）、“2021梦想成真·南粤足球明星入校园公益活动”、2021“未来杯·梦想星”青少年足球邀请赛暨2020—2021梦想成真海外留学公益选拔计划——南区终选活动等赛事活动，吸引来自上海、广州、深圳、浙江、云南、重庆、湖南、河北等全国各地170多支参赛队伍，3800多名足球小将齐聚梧州。

【体育成绩】 2021年，梧州市林智鹏（男，跳水）、林馨盈（女，武术套路）、刘泳杰（女，体操）、黄丽侨（女，体操）、黄昭（男，体操）5名优秀运动员代表广西参加第十四届全运会，获2个第四名和1个第五名。其中，梧州市武术运动员林馨盈助广西时隔20年再次闯进全运会武术项目决赛，跳水运动员林智鹏自2005年以来首次进入男子双人跳板前8名，助广西体育实现新突破。梧州籍蹼泳运动员张舒婷参加2021年全国蹼泳锦标赛、全国蹼泳冠军赛获得3枚金牌。梧州市运动员参加2021年全自治区20个体育比赛（锦标赛），共获40枚金牌、48枚银牌、62枚铜牌。

2021年4月14日—17日，2021年“玛丽莱杯”全国青少年足球精英赛广西预选赛在梧州体育训练基地举行。共14支U12球队参赛，最终由广西骏菱飞速黄队夺得代表广西进军总决赛资格。图为比赛现场　　市文广体旅局　供图

学校体育

【概况】 2021年，梧州市各级各类学校开齐开足体育课程，组织开展各类体育活动，丰富、创新体育教育载体、手段，不断促进学生身心健康全面发展。3月，梧州市2021年春季学期中小学校体育教育工作会议召开，总结2020年学校体育教育工作，布置2021年学校体育教育任务；《梧州市2021年初中学业水平考试体育考试方案》印发。4月，市教育局联合市卫生健康委、市文广体旅局印发《梧州市综合儿童青少年近视工作评议考核办法（试行）》，将综合防控儿童青少年近视工作纳入各县（市、区）人民政府工作考核，评议考核结果经市人民政府同意后通报，作为各县（市、区）相关部门党政领导班子和有关领导干部综合考核评价、干部奖惩使用的参考。年内，开展体育学科教学研讨活动2次。12月，联合市文广体旅局印发《梧州市深化体教融合促进青少年健康发展改革任务落实清单》，主要从“加强学校体育工作”“完善青少年体育赛事体系”“加强体育传统特色学校和高等学校高水平运动队建设”“深化体校改革”“大力培养体育教师和教练员队伍”等方面促进青少年健康发展。

【体育师资培训】 2021年5月—8月，市教育部门分两阶段以线上线下形式组织教师参加2021年广西中小学体育教师足球专项培训班。9月11日—12日，由梧州市文化广电体育和旅游局、梧州市教育局主办的2021年梧州市青少年田径教练员培训班暨全民健身冠军大讲堂在梧州市中恒体育场举行，全市各县（市、区）中小学校体育教师、市教育局直管中学体育教师以及各体育社会组织从事田径运动训练的体育教师近120人参加培训。

【青少年校园足球特色学校创建】 2021年，梧州市重视未成年人足球运动发展，以足球特色教育为突破口，持续深入开展校园足球特色学校创建活动，通过典型带动、整体推进、全面发展，提升校园足球普及水平、竞技水平。藤县中学、龙圩中心小学入选2021年度全国青少年校园足球特色学校名单，岑溪市英才幼儿园、岑溪市安平镇富宁新农村幼儿园、藤县太平镇中心幼儿园、藤县教育集中区幼儿园、长洲区倒水镇中心幼儿园入选2021年度全国足球特色幼儿园名单。梧州市累计有国家级足球特色学校35所，足球特色幼儿园9所。校园足球特色学校实现小学、初中、高中学段全覆盖，培养起各学段相互衔接的青少年球员发展梯队。同时，将课堂教学作为校园足球普及的主抓手，依托各级培训建立起足球教师、教练员、裁判员队伍，邀请优秀足球教练员走进校园，按照校园足球教学指南等有关标准，进一步规范校园足球课程教学内容、方法、模式等，并探索建立足球特长学生分流制，根据学生发展潜力、文化课成绩等，实施分流培养，让学生分类成才。整合多个部门的优势资源，精心打造小学、初中、高中三级校园足球竞赛体系，以赛促训、以赛提质，提高梧州市校园足球普及程度、竞技水平。梧州市已连续多年举办全市中小学生运动会足球比赛，参赛队伍数量、选手人数呈现逐年上升态势。

【“奔跑吧·少年”儿童青少年主题健身活动】 9月，2021年梧州市“奔跑吧·少年”儿童青

2021年11月4日，梧州市振兴小学的学生在操场上开展足球兴趣小组活动　陈凡　摄

少年主题健身活动启动。活动期间，有条件的城区、街道、学校利用社区周边或学校场地举办小型示范活动，利用各县（市、区）丰富的少数民族传统体育资源充实活动内容，延长活动周期和增加参与度；通过承办和组队参加2021年广西青少年单项体育系列比赛，举办市级青少年单项体育系列比赛，开展“我为群众办实事”系列体育公益课堂进校园活动，举办系列青少年体育夏冬令营活动和开展体育类系列研学活动等，广泛引导儿童、青少年参与体育锻炼。至年末，全市参加活动人数累计约5.5万人次。在2021年广西“奔跑吧·少年”中小学体育系列校际联赛中，藤县第三中学举办“奔跑吧·少年”系列田径赛事，梧州市新兴小学举办“奔跑吧·少年”中小学体育系列校际联赛暨梧州市新兴小学全员趣味运动会，梧州市保安小学举办“奔跑吧，少年——梧州市保安小学童心向党运动会”，让学生在校园体育竞技中了解运动、体会运动趣味，减轻学生对电子产品的依赖以及改善新冠疫情期间长期不运动的习惯，促进青少年身心健康发展。

【梧州市中小学生运动会】2021年3月，市教育部门开始筹备2021年梧州市中小学生运动会。4月正式举办，相继进行足球、跳绳、排球、篮球、田径等比赛，参加学校覆盖市、县、镇三级。4月9日—16日，在梧州高级中学、梧州市第十五中学举行足球比赛，分高中男子组、高中女子组、初中男子组、初中女子组，评选出18个获奖单位、16位优秀教练员、5位优秀裁判员。4月23日，在梧州市第一中学举行跳绳比赛，分高中男子组、高中女子组、初中男子组、初中女子组、小学男子组、小学女子组，评选出20个获奖单位、29位优秀教练员、4位优秀裁判员。9月27日—30日，在梧州高级中学举行排球比赛，分高中男子组、高中女子组、初中男子组、初中女子组，评选出24个获奖单位、22位优秀教练员、4位优秀裁判员。10月18日—22日，在梧州市第一中学举行篮球比赛，分高中男子组、高中女子组、初中男子组、初中女子组、小学男子组、小学女子组，评选出40个获奖单位、35位优秀教练员、6位优秀裁判员。11月25日—26日，在梧州市第十五中学举行田径比赛，分高中男子组、高中女子组、初中男子组、初中女子组、小学男子组、小学女子组，评选出24个获奖单位、18位优秀教练员、16位优秀裁判员。（市教育局）

体育产业

【概况】2021年，梧州市推进大健康和文化旅游产业投资项目建设，促进文化旅游产业进一步与体育产业融合发展，推出环梧州市区红色体育旅游线路，获评国家体育总局体育文化发展中心“2021中国体育旅游精品线路”，藤县石表山风景区获评国家体育总局体育文化发展中心“2021中国体育旅游精品景区”，藤县舞狮获评“2021中华体育文化优秀民族项目”。年末，全市有大健康和文化旅游产业项目52个，项目总投资64.54亿元。

【体育彩票】2021年，梧州市体育彩票累计完成销售额13792万元，年度任务11386万元，超额21%完成任务；截至12月31日，在售实体店318个，实体店总数在自治区排位第三。

【大健康产业项目】2021年，梧州市突出抓“大健康＋旅游”产业发展，依托苍梧县、岑溪市、藤县、蒙山县4个“中国长寿之乡”品牌，以及梧州市广信森林公园项目、启迪鸿星合景冰雪小镇、苍海国家湿地公园等大健康旅游项目，以大健康、大文旅、大商贸为产业框架，以旅游、休闲、度假为核心功能，融合健康医疗、休闲运动等产业发展，形成大健康旅游特色体系。年内，全市统筹推进梧州市骑楼城保护与综合整治项目一期工程、大参林梧州大健康养生基地项目、苍梧县六堡茶特色小镇旅游扶贫项目等大健康和文化旅游产业项目52个，总投资64.54亿元，同比增长38.43%。其中，新开工项目27个，完成投资为27.33亿元，同比增长20.54%。重大项目44个，完成投资为61.62亿元，同比增长31.53%。大健康和文化旅游制造业项目5个，完成投资为85562万元，同比增长40.87%。

（市文广体旅局）

编审：陈范生　编辑：赖红柳

社会生活

人口家庭

【概况】 2021年，梧州市户籍人口为354.69万人，人口自然增长率为3.97‰。全市办理结婚登记17126对，离婚登记4344对。梧州市开展亲子阅读红色故事活动、儿童关爱服务“四送”（送家风故事，送家教服务，送法治安全，送社会关爱）活动、寻找“最美家庭”活动等，全市有6户家庭获评2021年广西“最美家庭”。市政府将农村计划生育家庭奖励扶助和特别扶助列入为民办实事项目，作为年内主要任务和重点工作。全力推进人口监测与家庭发展工作，应对人口老龄化。不断完善配套政策，推进婴幼儿照护服务工作，实施三孩生育政策，聚焦优化生育政策促进人口长期均衡发展。

【人口变动情况】 2021年，梧州市出生32252人，出生率为8.88‰，同比上年减少3765人，出生率下降1.04‰。死亡17828人，人口自然增长率为3.97‰。出生人口中一孩出生10722人，一孩占比33.24%，同比减少0.59个百分点；二孩出生12835人，二孩占比39.8%，同比减少6.58个百分点；多孩出生8695人，多孩占比26.96%，同比增加7.17个百分点；男孩17043人、女孩15209人，出生人口性别比112.06。年末，全市户籍人口354.69万人，常住人口282.67万人。 （市卫生健康委）

【婚姻登记】 2021年，全市办理国内结婚登记16980对、离婚登记4342对、收养登记95例，办理涉外结婚登记146对、离婚登记2对，无涉外收养登记。

（市民政局）

【关爱家庭活动】 2021年，市妇联搭建家庭教育平台，开展亲子阅读红色故事活动，共征集到200多个作品，精品节目在市妇联微信公众号连载播出30多期。优秀作品选送自治区妇联参赛，市妇联获“最佳组织奖”，43个作品获奖。发挥“家长学校”“儿童之家”在家庭教育方面的引导作用，与3家社会组织签约，采用政府购买服务方式，持续在全市48个社区（村）开展志愿服务。

年内，梧州市开展儿童关爱服务“四送”活动。全年举办活动2088场次，参与志愿者2068人，结对帮扶5953人，受益家长和儿童38679人。走访慰问60名贫困学生、留守儿童，捐赠知识书包和爱心物资。“六一”期间，市四套班子领导深入行政村，慰问500名留守儿童和贫困学生。持续开展“春蕾计划”等暖心项目，神冠控股（集团）捐款30万元资助全市1000名困难女童，儿童基金会捐赠500套“Hello小孩”学习文具大礼包。“春蕾计划——佑未来护成长”项目落户蒙山县西河镇中心小学，共获女童关爱礼包500套及线下青春期公益课堂等服务。在“春蕾计划”公益项目捐款活动中，募集善款47万多元。在重要节日开展亲子系列公益活动，吸引200多组家庭参与。开展免费家政技能培训30409人。持续开展“巾帼健康行动”。开展妇女“两癌”防治知识宣传活动378场次。全年全市有96580余名女性参保16.16万份关爱女性健康“两癌”保险，有92名患“两癌”妇女获得重疾赔付，总赔付金额460万元。

【家庭文明创建行动】 2021年，梧州市开展寻找“最美家庭”活动，评选出市级先进家庭62户，其中6户获评2021年广西“最美家庭”。年内，在全市范围内开展礼遇最美家庭系列活动；广西家庭教育委员会梧州成员开展家风家教大巡讲活动，举办家风家教主题宣传月活动，开展“好家庭好家风好家教”进军营活动等。梧州市5个广西“环保妈妈”示范点的农闲妇女、村级“环保妈妈志愿服务队”参与“三清三拆”（三清即清理村巷道及生产工具、建筑材料乱堆乱放，清理房前屋后和村巷道杂草杂物、积存垃圾，清理沟渠池塘溪河淤泥、漂浮物和障碍物；三拆即拆除危旧房、废弃猪牛栏及露天厕所茅房，拆除乱搭乱建、违章建筑，拆除非法违规商业广告、招牌等）和垃圾分类知识普及等活动。（市妇联）

【生育管理】 2021年，梧州市贯彻落实中共中央关于优化生育政策的各项决策部署。将人口监测、奖励扶助和医养结合等工作纳入年度卫生健康系统综合目标管理考核，实现三孩生育登记网上办理。年末，受理生育登记22146份、审批再生育633份、独生子女父母光荣证808份，及时办理率98%、90%、98%。开展全员人口信息清理，重点清理独生子女家庭、人口重复、死亡人口、户口迁移等信息，完成补录、去重、纠错、完善信息关联等工作。

按照“老人老办法”的原则，对全面两孩政策调整前的独生子女家庭和农村计生双女家庭，继续落实现行各项奖励扶助制度和优惠政策。兑现国家和自治区各项奖励扶助政策，全年共兑现2395.06万元，惠及8843人。落实农村计生家庭子女考生中考、高考加分政策，全市有416名考生获中、高考加分。全年全市为计生家庭购买爱心保险和计生特殊家庭综合保险4183份，保费75.9万元。同时，继续落实计生特殊家庭联系人制度，继续为计划生育特殊家庭成员开通就诊“绿色通道”，关爱计划生育特殊家庭。全市1271名计生特别扶助对象全部落实双岗联系人制度，全部签订家庭医生签约服务，全部开通就医“绿色通道”。

年内，通过召开政策研讨会和举办培训班等形式，传达学习《中共中央国务院关于优化生育政策促进人口长期均衡发展的决定》精神。结合“7·11”世界人口日、“9·26”世界避孕日等重大节日，开展形式丰富的婚育新风进万家宣传活动，进一步提高群众对计划生育政策知识的知晓率和满意度。全市借助传统宣传载体和新媒体，结合乡村振兴、计生协会、廉政建设、基层卫生、医疗改革等工作，开展人口家庭相关宣传72次（场），发表有关宣传稿件103篇（次）。

（市卫生健康委）

2021年5月15日，主题为“礼遇最美家庭　弘扬新时代家风”的梧州市百家“最美家庭”喜迎中国共产党成立100周年活动在市党群服务中心举行　　市妇联　供图

劳动就业

【概况】 根据自治区人民政府《关于调整全区最低工资标准的通知》精神及时调整梧州市最低工资标准，2020年3月1日起，梧州市本级最低月工资标准由1680元调整为1810元，小时最低工资标准由16元调整为17.5元；苍梧县、岑溪市、藤县、蒙山县为三类地区，最低月工资标准由1300元调整为1430元，小时最低工资标准由12.5元调整为14元。

2021年，梧州市以打造“金牌就业管家”品牌为抓手，积极拓宽就业渠道，以“开局就是决战，起步就是冲刺”的奋斗姿态，打好“稳就业、扩就业”的硬仗，全市各项就业工作目标均超额完成，就业形势平稳向好。全市城镇新增就业33561人，为自治区年度目标任务 24000 人的 1.4 倍，同比增长 12.93%。全市城镇登记失业率为 2.38%，比年度目标 4.5% 低 2.12 个百分点。农村劳动力新增外出务工 61168 人。

【人才建设】 2021 年，对建设期满 1 年的 26 个市级人才小高地进行年度考核评估，经各人才小高地建设载体单位自评、行业主管部门审核、评委会考核评议等程序，5 个市级人才小高地获优秀等次，11 个市级人才小高地获良好等次，10 个市级人才小高地获合格等次。全市有国家博士后科研工作站 2 个，广西博士后创新实践基地 3 个，自治区级人才小高地 2 个，市级人才小高地 32 个；享受国务院政府特殊津贴 16 人，广西“新世纪十百千人才工程”第二层次人选 7 人，广西特聘专家 6 人。

【人才交流与服务】 2021 年，全市举办高校毕业生及各类人才现场招聘会等各类专场招聘会 15 场，进场招聘的企事业单位有 550 家，提供招聘岗位 23449 个，入场求职人数 3299 人。11 月中旬，市人力资源管理部门组织梧州市卫生健康系统 24 家用人单位前往右江民族医学院和桂林医学院举行校园宣讲会，以及参加校园招聘会，提供招聘岗位 1295 个，达成就业意向 556 人，现场签约 132 人。

围绕梧州市高质量发展目标，实施产业发展人才引进培育专项工程。做好年度产业人才申报认定工作，公示认定产业人才 72 名，全年发放产业人才补贴 112.26 万元。全年全市接收应、历届高校毕业生及各类流动人员档案 5124 份，其中接收应届大中专毕业生档案 4323 份。流动人员档案转出 2056 份，其中线上办理 689 份；流动人员职称认定 91 人，职称申报 180 人；流动人员党支部党员关系转出 93 人。年内加强流动人员档案信息化建设，完成档案数字化 5483 份，完成流动人员档案信息采集 47384 份。

2021 年，梧州市高层次人才“一站式”服务平台受理高层次人才分类认定材料 2881 份，受理产业人才申报 76 人，办理高层次人才子女入学 90 人（已安排入学），受理购房补贴申请 28 人，人才城购房 96 人，协调人才配偶工作安置 1 人。

11 月 13 日，全市 2021 年金秋招聘月活动暨助力高校毕业生在梧州就业双选会在梧州学院体育馆举行　市人力资源社会保障局　供图

【干部培训】 2021 年，梧州市事业单位新录（聘）用人员培训 1250 人次，专业技术人员公需科目继续教育培训 6.2 万人次。全市完成公务员公共科目笔试 8961 人（其中选调生 280 人），面向社会公开考试招聘事业单位（非中小学教师岗位）人员笔试 10051 人次，广西二级建造师执业资格考试 1930 人次，执业药师职业资格考试 1584 人次。

【专业技术人员与职称管理】 2021 年，梧州市人力资源管理部门组织开展工程、卫生、中小学、中职 4 个系列副高级职称自主评审、自主审批工作，对 4096 人进行评审，其中 2146 人取得高级职称。全市 14 个职称系列 39 个评委会组织开展专业技术职称评审工作，共 8025 人申报评审，其中 5003 人通过评审并取得相应职称，其中取得高级职称 2315 人，取得中级职称 1644 人，取得初级职称 1044 人。共有 1294 名大中专院校毕业生通过职称认定取得相应职称。截至 12 月，梧州市拥有专业技术人员 127129 人，其中高级 13368 人、中级 48375 人、初级 65386 人。

【机关事业单位工资制度改革】 2021 年，年度考核累计 2 年称职及以上的机关工勤人员晋升工资档次，上年年度考核合格及以上的事业单位工作人员晋升薪级工资，全年完成审核机关事业单位人员正常增资 1 万多人次。同时，调整全市各县（市、区）乡镇工作补贴，全年调整全市事业单位工作人员 2.8 万多人次。

【事业单位人事制度改革】 2021 年，梧州市纳入岗位设置管理工作的事业单位 2002 个，在册人员 52044 人。已核准岗位设置方案的事业单位 2002 个，完成 100%。其中，市直 214 个，县（市、区）1788 个。已签订聘用合同的人员为 52044 人，签订比例 100%。年内，梧州市的事业单位面向社会公开考试招聘工作人员指标 736 人，报名参加招聘考试 10051 人。年末，全市事业单位在编人员 52044 人。其中，管理岗位 5278 人，专业技术岗位 44607 人，工勤岗位 2134 人。专业技术岗位人员按专业技术职务划分，高级职称专业技术职务 7909 人、中级 20450 人、初级 16248 人。

【就业和再就业】 2021 年，梧州市实现城镇新增就业 33561 人，其中失业人员实现再就业 9902 人，为自治区年度目标任务 5600 人的 1.77 倍，同比增长 56.55%；就业困难人员实现就业 3841 人，为自治区年度目标任务 1500 人的 2.56 倍，同比增长 2.89%。梧州市就业局势基本稳定。

【人力资源市场建设】 2021 年，全市人力资源市场举办线上线下招聘活动 414 场，组织企业 4564 家次，提供岗位 25.49 万个。市本级人力资源市场协助 197 家企业招聘用工 16867 人，其中协助 79 家重点企业招工 9480 人。

【就业培训与职业技能鉴定】 2021 年，围绕乡村振兴战略技能培训需求，梧州市先后推出“农村妇女素质提升计划”、农民工“春潮行动”等专题，通过走访调研、问卷调查等形式对返乡务工人员、易地搬迁集中安置点劳动力等重点就业群体开展职业技能培训需求摸底，总结出一批需求量大、就业创业前景好的实用型技能培训项目制作成“技能培训菜单”，以“送培下乡”的方式大规模开展培训。联合就业部门加强培训后就业创业跟踪服务，以“培训一人、就业一人”为工作出发点，引导广大的农村劳动力技能就业、就近就地就业。全年共针对农村转移就业劳动者开展就业技能培训 624 场，累计培训 2.37 万人次，发放就业技能提升补贴、生活费补贴共 3162 万元，以技能提升推动农村劳动力更高质量就业，助力乡村振兴。全年全市通过职业技能鉴定（考核）获得职业资格证书（技能等级证书）21743 人，其中高级技师 8 人、技师 84 人、高级工 1365 人、中级工 5183 人、初级工 15103 人。

【劳动保障监察】 2021 年，梧州市劳动保障部门加大对《中华人民共和国劳动法》《中华人民共和国劳动合同法》及《广西壮族自治区企业工资集体协商条例》贯彻实施力度，想方设法推进劳动合同制度和集体合同制度在全市的贯彻落实。共对 56 家劳务派遣经营企业进行年度核验工作，重点审查劳务派遣企业裁减员工的操作规程和行为，对涉及侵害劳动者合法权益的行为及时制止。完成全市 349 家（部级 231 家，自治区级 118 家）样本企业薪酬调查工作。牵头做好梧州市本级国有企业负责人基本年薪基数认定工作，于 12 月 27 日印发《关于认定 2021 年度梧州市本级国有企业负责人基本年薪基数的通知》，2021 年度梧州市本级国有企业负责人基本年薪基数为 62344 元。全年全市培育并认定中船华南船舶机械有限公司等 9 家企业为当地的劳动关系和谐单位（其中 AAA 级 7 家，AA 级 1 家，A 级 1 家）。全市劳动关系总体和谐平稳，没有重大的停工罢工、集体上访事件发生，劳动关系规范有序、和谐稳定的局面得到巩固。

年内，全市各级劳动保障监察机构主动检查用人单位 1301 家，处理全国根治欠薪线索反映平台转送的线索 725 条，线索办结率 97.84%；处理自治区劳动保障监察预警信息 572 条，预警信息化解率 100%；协调解决劳动保障监察案件 17 件次，为 2019 名劳动者追回工资 1850 万元，全市劳动保障监察举报投诉案件结案率 100%，拖欠农民工工资举报投诉案件结案率 100%，办理重大劳动保障违法行为社会公布案件 4 件，未发生“三个严禁”（严禁政府投资工程项目因拖欠工程款导致欠薪、严禁因欠薪引发 50 人以上群体性事件、严禁因欠薪引发极端事件）情况。

【企业退休人员社会化管理】 2021 年年底，全市实行社会化管理服务的企业退休人员达 14.71 万人，社会化管理率为 97.53%；直接进入社区管理的退休人员 12.94 万人，社区管理率为 88%。

（市人力资源社会保障局）

库区移民

【概况】 2021年，梧州市有水库移民及淹没影响涉及人口54.74万人，分布在7个县（市、区）56个乡镇，涉及各类水库（水电站）334座，累计纳入大中型水库移民后期扶持人数65501人。2021年度发放长期补偿资金1927万元。年内，蒙山县古皂水库工程建设征地工作进展顺利；旺村水利枢纽工程竣工移民安置验收工作计划通过自治区审定；大中型水库移民扶持项目共投资8853.78万元，用于建设水库移民整村提升工程等项目。

【水库工程建设征地】 2021年4月18日，蒙山县古皂水库工程开始动工建设，工程建设征地范围包括水库淹没区和工程建设区，建设征地涉及土地总面积为98.42公顷。水库淹没影响土地面积42.07公顷（已扣除库坝区重叠部分），其中耕地1.19公顷（一般耕地0.79公顷、基本农田0.4公顷），园地0.75公顷，林地35.57公顷，草地0.08公顷，交通运输用地0.36公顷，水域及水利设施用地4.02公顷，其他土地0.10公顷；水库淹没影响零星果木62株（丛），淹没影响涉及坟墓5座；淹没影响涉及机耕路1.40千米，淹没影响输水管线4.15千米。工程建设区涉及土地面积为56.35公顷，根据用地使用时序的先后顺序，避免重复征收，将上游施工围堰与库区重叠的3.05公顷按永久征收统计，故其中：永久征收面积为24.05公顷，临时征用面积为32.30公顷，工程建设区涉及储物房和果园管理房等房屋面积440.35平方米，木棚19.32平方米，围墙345.82平方米，水池56.36立方米，工程建设影响零星果树木264株（丛），影响坟墓39座，380伏输电线路0.97千米，路灯7个，涉及农村道路1.13千米，机耕路1.61千米，10千伏输电线路0.71千米，架空光缆1千米，水利渠道0.04千米。该工程不涉及搬迁人口、不涉及压覆矿产及文物。

【移民安置】 长洲水利枢纽工程、旺村水利枢纽工程库区实施淹没耕地长期补偿安置方案。2021年度发放长期补偿资金1927万元。12月8日，自治区水库和扶贫易地安置中心审定旺村水利枢纽工程竣工移民安置验收工作计划。旺村水利枢纽工程竣工移民安置验收采取分类验收的办法，验收分类包括农村移民安置、专项设施迁建或复建、防护工程建设、水库库底清理、移民资金使用管理、移民档案管理、水库移民后期扶持政策落实措施、建设用地手续办理等8大类，计划于2022年开展移民安置验收工作。

【水库移民扶持】 2021年，全市有经核定登记的大中型水库移民后期扶持人数65501人。自治区拨付大中型水库移民后期扶持补助资金3485.46万元。水库移民扶持项目投资9848.78万元，其中大中型水库移民扶持项目投资8853.78万元，库区移民发展专项资金995万元。安排建设水库移民整村提升工程，移民村屯道路硬化、村屯亮化等基础设施建设及移民增收项目。年内，依托学校培训水库移民劳动力347人。其中，农业实用技术培训300人，职业技能培训47人。 （市发展改革委）

2021年11月11日，自治区水库和扶贫易地安置中心在梧州市召开旺村水利枢纽工程竣工移民安置验收工作计划审查会

陈基业　何安琪　供图

收入与消费

【概况】 2021年，梧州市城镇居民人均可支配收入37185元，比上年增加2594元，增长7.5%，超过自治区平均增速0.1个百分点，与2019年相比，两年平均增长5.3%，保持稳步增长态势。梧州市农村居民人均可支配收入16331元，比上年增加1671元，名义增长率为11.4%，与2019年相比，两年平均增长10.1%。梧州市居民消费价格总水平（CPI）同比上涨0.8%，涨幅比上年同期低2.2个百分点，低于广西平均水平0.1个百分点，在全自治区14个设区市CPI涨幅从高到低排序中居第十位。其中，食品价格下降3.0%，非食品价格上涨1.7%，消费品价格上涨0.5%，服务价格上涨1.3%。八大类商品及服务价格呈“6升2降”态势。其中，交通通信类价格上涨3.3%，教育文化娱乐类价格上涨2.2%，衣着类价格上涨1.5%，生活用品及服务类价格上涨1.5%，医疗保健类价格上涨1.0%，居住类价格上涨0.7%，食品烟酒类价格下降0.9%，其他用品及服务类价格下降0.4%。

（国家统计局梧州调查队）

【消费者权益保护】 2021年，梧州市市场监督管理局12315投诉举报中心共接到各类投诉、举报、咨询13948件，同比增长11.17%。其中：投诉3406件，同比上升89.01%；举报1274件，同比下降39.99%；咨询9268件，同比下降7.5%，整体办结率为98.94%；诉转案90件，同比增长33.33%。立案182件，占举报的24.86%；成功调解消费投诉1499件，为消费者挽回经济损失515万元。妥善处置涉众型预付式消费纠纷10起，涉诉金额520多万元。其中7起消费维权案件入选自治区12315投诉举报信息专刊典型案件。

在“3·15”消费者权益日，市场监督管理部门组织开展“守护安全　畅通消费”年主题宣传和促进市场主体信用承诺、诚信经营系列活动。

（市市场监管局）

居民收入

【城镇居民收入】

工资性收入 2021年，梧州市城镇居民人均工资性收入21416元，比上年增加1326元，增长6.6%，拉动城镇居民收入增长3.8个百分点，占城镇居民可支配收入的比重为57.6%。主要增长因素：一是经济健康发展，年内梧州市工业持续较快增长，固定资产投资增势稳健，消费市场持续稳定恢复，流通领域总体活跃，新兴服务业发展较好。二是增资政策不断落实，最低工资标准提高，机关事业单位绩效发放增加。市本级最低月工资标准由1680元调整为1810元，增长7.7%；小时最低工资标准由16元调整为17.5元，增长9.4%。三是发放各类就业补贴，稳定和促进就业。人力资源社会保障部门全年累计为全市11548家用人单位节约用工成本1.31亿元；全市累计实现城镇新增就业33561人，同比增长12.9%。

经营净收入 2021年，梧州市城镇居民经营净收入5739元，比上年增加844元，增长17.2%，占城镇居民可支配收入的比重为15.4%。主要增长因素：一是批零住餐业平稳增长，全市各部门抓住市场复苏良机，充分挖掘市场消费潜力，借力“33消费节—春夏消费”等活动，利用节假日刺激住宿餐饮等行业消费。年内，梧州市社会消费品零售总额实现316.33亿元，同比增长11.4%；住宿和餐饮业营业额实现51.46亿元，增速38.4%。二是旅游经济恢复良好，全市全年累计接待国内旅游人数3815.74万人次，比上年增长20.5%；实现国内旅游消费416.65亿元，比上年增长25.9%。

财产净收入 2021年，梧州市城镇居民人均财产净收入2645元，比上年增加155元，增长6.2%，拉动城镇居民收入增长0.4个百分点，占城镇居民可支配收入的比重为7.1%。城镇居民财产性收入主要来源于城中村集体经济分红、房屋租金、存款利息、理财收入等方面。此外，住户存款保持稳步增长，至12月末，住户存款余额1102.65亿元，同比增长11.9%，各大银行出台多种个性化的理财产品，促进居民增收。

转移净收入 2021年，梧州市城镇居民人均转移性收入7385元，比上年增加269元，增长3.8%，拉动城镇居民收入增长0.8个百分点，占城镇居民可支配收入的比重为19.9%。梧州市机关事业单位退休人员人均月基本养老金提高，由调整前4782.31元调整到4958.77元，月人均增加基本养老金176.46元，增长3.7%；企业退休人员人均月基本养老金由调整前2634.91元调整到2770.68元，月人均增加基本养老金135.77元，增长5.2%。

【农村居民收入】

工资性收入 2021年，梧州市农村居民人均工资性收入7289元，增长14.8%。首先，市政府推进乡村振兴战略，依托自身资源优势，引进多家自治区农业龙头企业，有效落实各项强农惠农政策，助推大批农民工回乡创业。如苍梧县利用六堡茶产业品牌优势，有效带动当地剩余劳动力就业，茶园农民人均增收1000多元。其次，各项促就业稳岗位政策取得成效，年内举办面向贫困低收户、返乡农民工等群体的专场招聘会376场，其中线上招聘会199场、线下招聘会177场，提供4321家次企业就业岗位24.46万个次，举办“直播带岗”3场，发布岗位信息218条，提供37家次企业就业岗位2249个次。全市农村居民常住劳动力中，从业结构为其他雇员的劳动力人数增长23.1%，年内从事当地非农务工日工资水平为112.1元，比上年同期的94.2元增加17.9元，增长19.0%。

经营净收入 2021年，梧州市农村居民人均经营净收入5116元，占人均可支配收入比例为31.3%，增长11.0%。首先，市金融部门支持返乡农民工创业政策见效。为帮扶返乡农民工创业，持梧州市常住户口且在市内自主创业、合伙创业的农民工，可获市金融部门授予额度最高不超过20万元个人贷款，且贷款流程便捷；合伙创业人数贷款额度则更高，助推因新冠疫情等因素返乡农民工自主创业。其次，当地农产品量足价稳，市场购销两旺。全年梧州市柑橘类水果产量增长15.0%，收购价格在11月末最高峰时达9元每千克。由于错峰上市及销售工作到位，农副产品电商带货等活动得力，线上线下销售渠道畅通，水果产销稳定，农民收益得到保障，收入大幅增加。再次，旅游效益经济回升。年内，梧州市推广“旅游+科技”“旅游+文化”“旅游+农业”等产业融合模式，推动旅游业、商贸业、建筑业等行业发展壮大，加上疫情暂缓旅游业回暖，实现了恢复性增长。

2021年11月5日，国家统计局梧州调查队副队长潘榕（右二）带队到劳动力调查样本户家中开展问卷调查 汤琳娜 供图

财产净收入 2021年，梧州市农村居民人均财产净收入397元，占人均可支配收入2.4%，增长18.5%。首先，在乡村振兴战略的推动下，梧州市城镇化速度加快，农村集体经济不断壮大，农村土地经营权流转活跃，居民分红收入不断增加。其次，金融机构存款、理财营销力度大，吸引储蓄资金回流，产生利息理财收入。至10月末，住户存款余额1086.76亿元，同比增长12.7%。

转移净收入 2021年，梧州市农村居民人均转移净收入3529元，占人均可支配收入的21.6%，增长4.8%。首先，随着市人力资源和社会保障部门各项惠民惠企政策落实，农民工伤、失业保险费率阶段性降低，社保补贴按时足额发放，民生保障力度逐步加大。其次，农业补贴政策落实到位。截至11月，自治区下发稻谷生产补贴2692万元，已发放到位662.3万元，发放率达24.6%。自治区下发实际种粮农民一次性补贴2427万元，已发放到位2371.8万元，发放率达97.7%。

（国家统计局梧州调查队）

居民消费价格

【食品烟酒价格】 2021年，食品烟酒类价格比上年同期下降0.9%，影响CPI下降约0.3个百分点。其中，食品类价格同比下降3.0%；茶及饮料、烟酒、在外餐饮价格同比分别上涨0.3%、1.7%、3.3%。14个食品调查小类价格呈现“9升5降”。重要民生商品中，畜肉类价格下降19.4%、禽肉类价格下降5.3%；食用油价格上涨8.9%、豆类价格上涨6.9%、水产品价格上涨6.7%。

畜肉类价格 比上年同期下降19.4%，其中猪肉、其他畜肉及副产品、畜肉制品价格分别下降31.0%、14.4%、5.5%。同比指数下降主要是因生猪产能恢复，生猪出栏有所加快，价格下降。

豆类价格 比上年同期上涨6.9%，其中豆制品、干豆价格分别上涨7.8%、4.2%。主要原因是年内受北方多地强降雨影响，不利于豆类生长，产量有所减少，个别月份市场黄豆出现阶段性供应紧张的局面，价格上涨。原材料黄豆价格上涨，豆制品油豆腐、腐竹、豆腐皮等价格随之上涨。

水产品价格 比上年同期上涨6.7%，其中淡水鱼、虾蟹类价格分别上涨18.0%、7.0%，海水鱼、其他水产品及制品价格分别下降1.8%、2.8%。主要受淡水鱼价格上涨因素影响。近年各地出于环保目的，不断扩大禁限养区范围，大面积拆除围栏和网箱等大宗淡水鱼养殖设施，导致淡水鱼养殖面积减少，产量走低，价格随之上涨。

【工业产品价格】 2021年，工业品价格比上年同期上涨1.9%，影响CPI上涨约0.6个百分点。主要影响因素：一是受新涨价因素影响。上半年，受铝、铜等原材料价格上涨影响，家电空调、冰箱等零售价格提升。9月，受实行限电政策影响，建筑材料水泥价格飙升，新涨价因素共同作用影响CPI上涨。2021年，电冰箱同比上涨3.0%，空调器同比上涨8.4%，水泥同比上涨11.8%。二是受能源价格飙升影响。国际市场原油价格涨价，国内汽油、柴油价格随之上涨。2021年，汽油价格同比上涨17.3%，柴油价格同比上涨19.1%。

【服务价格】 2021年，服务类价格比上年同期上涨1.3%，影响CPI上涨约0.5个百分点。主要影响因素是新冠疫情防控局面良好，居民生产生活秩序逐步恢复，节日服务项目消费需求有所复苏。受春节、清明、“三月三”、“五一”、暑假、国庆等节日假期因素影响，旅游出行服务需求较上年明显增加，交通费和旅游价格明显上涨。加上春节等节假日效应抬升部分服务行业用工成本，服务价格随之上涨。2021年，飞机票、旅行社收费、交通工具租赁费价格分别比上年同期上涨12.0%、10.2%、2.4%。

（国家统计局梧州调查队）

社会保险

【概况】 2021年，梧州市着力抓改革、促扩面、防风险、保发放，覆盖城乡的社会保险体系进一步完善，待遇水平稳步提升，经办服务能力不断增强，社会保险制度平稳运行，保障能力持续提升。全市基本养老保险参保人数185.33万人，失业保险参保人数19.66万人，工伤保险参保人数24.53万人；全市城乡居民基本医疗保险参保人数287.5万人，城镇职工基本医疗保险参保人数35.8万人。

2021年2月3日，退休人员在银行工作人员的指导下办理社会保险业务　　市人力资源社会保障局　供图

【养老保险】 2021年，全市基本养老保险参保人数185.33万人，其中企业职工基本养老保险参保人数39.40万人（领取待遇14.21万人），机关事业单位养老保险参保9.78万人（领取待遇3.17万人）；城乡居民社会养老保险参保140.53万人（领取待遇32.6万人）。年内，全市统一调整增加企业和机关事业单位退休人员基本养老金。此次调整惠及退休人员16.91万人，其中机关事业单位退休人员人均月基本养老金由调整前4782.31元调整到4958.77元，月人均增加基本养老金176.46元，增幅3.7%；企业退休人员人均月基本养老金由调整前2634.91元调整到2770.68元，月人均增加基本养老金135.77元，增幅5.2%，实现“十七连调”。7月1日起，城乡居民基本养老保险自治区基础养老金最低标准从原来的每人每月121元提高至每人每月131元，涉及梧州市城乡居民退休人员32万人。

【失业保险】 2021年，全市失业保险参保人数19.66万人，其中企业11.97万人、事业单位7.65万人、其他0.04万人；全年领取失业保险待遇2.25万人。年内继续实施阶段性降低失业保险费率政策，为全市11548家用人单位缴纳失业费减负11197.74万元。继续实施普惠性失业保险稳岗返还政策，全市发放普惠性失业保险稳岗返还资金1338.26万元，惠及企业4210户、职工93307人。继续放宽技能提升补贴申领条件，发放职业技能提升补贴1127.55万元，惠及职工9027人次。继续实施失业保险保障扩围政策，发放失业补助金1510万元，惠及原已参加失业保险的失业人员15071人。

【工伤保险】 2021年，全市工伤保险参保人数24.53万人。全年享受工伤保险待遇1110人。严格按照工伤保险规定审核和支付待遇，待遇拨付率100%。全年全市认定工伤1145件，不予认定15件，不予受理3件。组织6次劳动能力鉴定会，对447名工伤职工和病退申请者进行工伤和病退劳动能力鉴定（其中工伤鉴定336人，因病和非因工伤劳动能力鉴定111人）。年内，继续实施阶段性降低工伤保险费率政策，为全市11842家用人单位缴纳工伤保险费减负1897.75万元。调整工伤保险待遇，调整项目包括伤残津贴、生活护理费及供养亲属抚恤金，涉及工伤人员及供养亲属250人，调整补发工伤保险待遇33.18万元。

（市人力资源社会保障局）

医疗保障

【城乡居民基本医疗保险】 2021年，全市城乡居民基本医疗保险参保287.5万人。全年享受城乡居民基本医疗保险待遇78.62万人，全年城乡居民基本医疗保险就医234.30万人次，医疗总费用32.68亿元。城乡居民基本医疗保险筹资标准在上年基础上增加30元，每人每年280元。城乡居民基本医疗保险各级财政人均补助标准在上年基础上新增30元，每人每年580元。城乡居民基本医保财政补助资金实行分级负担，中央财政每人每年补助464元，地方财政每人每年补助116元。地方财政补助部分，自治区财政对设区市和非贫困县的每人每年补助均为58元，设区市和非贫困县财政每人每年补助58元；自治区财政对脱贫县（市、区）每人每年补助87元，贫困县（市、区）财政每人每年负担29元。自治区直属高校大学生参加属地城乡居民医保的，地方财政每人每年补助116元。

对城乡居民医保在集中参保期内参保缴费的，以及新生儿、农村低收入人口（含特困人员、孤儿、事实无人抚养儿童、低保对象、认定有效期内的低收入对象、脱贫不稳定且纳入相关部门农村低收入人口监测范围的人口和乡村振兴部门认定的返贫致贫人口）等特殊群体，不设待遇享受等待期，从参保当月起享受新发生的基本医疗保险待遇。

【城乡居民大病保险】 2021年起，自治区统一城乡居民大病保险政策，大病保险人均筹资标准每人每年为108元，大病保险起付线为8000元，个人负担政策范围内医疗费用超出起付线以上部分由大病保险资金按比例分段支付，0—5万元支付60%，5万—10万元支付70%，10万元以上支付80%，年度大病保险最高支付限额50万元。全年全市筹集大病保险资金30240万元，享受大病保险待遇17.75万人次，大病保险待遇应赔付34838万元。

【高血压、糖尿病门诊用药保障】 2021年，国家医疗保障局确认梧州市为“两病”（高血压、糖尿病）门诊用药保障专项行动示范城市，梧州市制订开展城乡居民“两病”门诊用药保障专项行动示范性城市活动实施方案，加强“两病”门诊用药配备和使用管理，确保“两病”用药配得齐、开得出，提升“两病”规范化管理水平。年内，落实“两病”门诊用药保障机制，高血压用药13.26万人次，支出保障降压药费用1697万元；糖尿病用药12.79万人次，支出保障降糖药费用2418万元。

【城镇职工基本医疗保险和生育保险】 自2020年开始，生育保险和职工基本医疗保险合并实施。生育保险作为一项社会保险险种仍然保留，两项保险合并实施不增加单位和个人缴费负担，职工生育期间的生育保险待遇不变。2021年，全市城镇职工基本医疗保险参保35.8万人。全年享受城镇职工基本医疗保险待遇34.05万人，全年城镇职工基本医疗保险就医93.81万人次，医疗总费用9.62亿元。1月起，梧州市城镇职工基本医疗保险门诊特殊慢性病病种由24种增加到32种。全年全市生育保险参保23.01万人。享受职工生育待遇7458人次，为参保职工支付生育医疗费用4616人次，支出1446万元，生育津贴2842人次，支出3788万元。

【DRG付费改革国家试点】 2021年1月，梧州市20家二级及以上公立定点医疗机构实施按疾病诊断相关分组（DRG）付费，使用《国家医疗保障疾病诊断相关分组（CHS-DRG）分组方案（1.0版，7月1日起切换为1.0修订版）（基于医保疾病诊断和手术操作分类与代码2.0版）》，实际分组后，神经内科核心疾病诊断相关分组（ADRG）共362组，DRG共589组；二级费率7269、三级费率9487。梧州市DRG付费改革国家试点工作经国家交叉评估验收为优秀等次，在101个试点城市中被评为国家DRG付费示范点，相关工作举措获《中国改革报》刊登推介。8月，梧州市获得2021年广西病案信息（医保DRG付费）编写竞赛团体一等奖。9月，梧州市将胫腓骨骨折等纳入特色中医DRG付费改革试点病种。12月，梧州市医保局在第一届中国CHS-DRG/DIP付费大会作经验交流；实行DRG付费的二级医疗卫生机构新增6家，梧州市首次将非公立医疗机构纳入DRG付费范围。全年全市实施DRG付费的医疗机构有26家，按DRG付费的住院患者30.64万人次。

（市医保局）

住房保障

【概况】 2021年，梧州市出台全面推进改造城镇老旧小区实施细则，开工改造老旧小区151个，惠及居民13494户，改造面积110.73万平方米，为目标任务的1.13倍。全市棚户区改造新开工7136套，基本建成10193套。全市住房公积金实缴人数15.55万人，缴存额22.81亿元；全市受理并审核通过住房保障家庭960户，保障家庭轮候库归集约2600户。年内完成住房城乡建设部全国贯标版公租房系统在梧州市本级上线部署，实现梧州市公租房管理数据全国联网。市本级直管公房879幢27.25万平方米。

【住房公积金管理】 2021年，梧州市住房公积金实缴人数15.55万人，缴存额22.81亿元；提取人数6.76万人，提取额16.80亿元；发放公积金贷款8.63亿元，实现增值收益0.76亿元。1月，梧州市住房公积金管理中心开通租房提取住房公积金业务。2月5日，《梧州市个人自愿缴存住房公积金业务实施细则（试行）》出台，对灵活就业人员住房公积金的缴存、提取及贷款业务做出明确规定。3月，开通正常退休提取住房公积金等8项“跨省通办”事项，并额外陆续开通住房公积金个人登记开户等4项“跨省通办”服务。6月，实现组合贷款提取住房公积金网上办理。11月，开通购房提取住房公积金业务。至年末，开通网上业务大厅、手机APP、微信公众号、爱梧州APP、广西政务一体化平台、广西政务APP、支付宝等7个网上业务办理渠道。

年内，在全市推广使用全国住房公积金小程序，职工可以通过小程序查询个人住房公积金账户信息、办理异地转移住房公积金账户，并与邮政公司合作，为借款人提供重要资料邮寄服务，免除借款人贷款后再一次到市住房公积金管理中心取资料的麻烦，实现“只跑一次”的服务承诺。

（市住房公积金管理中心）

【住房保障家庭】 2021年，全市受理并审核通过住房保障家庭960户，保障家庭轮候库归集约2600户，抽号住房分配952户。新增租赁补贴发放审核154户，超额2%完成自治区年度下达梧州市住房保障家庭租赁补贴发放任务。市本级享受租赁补贴的保障家庭累计308户，合计发放租赁补贴51.6万元。

【直管公房管理】 2021年，梧州市本级直管公房879幢，27.25万平方米，其中住宅24.26万平方米，非住宅2.99万平方米。全年直管公房租金收缴706万元，其中住宅租金收缴278万元、非住宅租金收缴428万元。检查直管公房安全共2361幢（次），其中AB级774幢（次）、C级971幢（次）、D级616幢（次）；完成直管公房日常修缮1115宗，修缮工程资金约148万元。配合梧州市棚户区（富民、工厂、新兴、百花冲、河东一期片区）改造工程，各城区政府在市本级各棚改片区共征收直管公房8.18万平方米，完成搬迁2250户。另外，新增加的河东二期棚户区改造项目征收河东片区直管公房8.67万平方米3316户，完成搬迁2067户。

【住房保障信息系统建设】 2021年，梧州市完成住房城乡建设部全国贯标版公租房系统在市本级上线部署，实现梧州市公租房管理数据全国联网，联网汇交市本级公租房房源信息17903套、租户信息36000条信息数据，协调市辖县（市）推进系统上线应用，加强公租房保障信息化管理水平。年内，住房保障信息系统办理住房保障查询证明，由5个工作日提速为立等办结，共办理证明202份，查询490人次；向自治区住建厅、梧州市住房保障办公室、梧州市民政局等部门提供公租房系统建设进度、公租房保障信息统计等数据应用，统计公租房保障对象分类统计13万人次；发布公租房资格公告14批次，共887人次；发布公租房分配公告13批次，共829人次；完成城市困难群众脱困解困信息常态化台账排查，对照公租房实物配租和租赁补贴信息，累计查询困难群众5.6万人次；完成自治区党委组织部、自治区住建厅和市委组织部查询领导干部个人住房信息任务204批次，共计查询3357人次，房屋2972套。

【房屋安全鉴定管理】 2021年，梧州市房产管理部门完善房屋安全鉴定备案制度，完成房屋安全鉴定工作市场化的改造。全年有6家房屋安全鉴定机构进行备案，共完成13份房屋安全鉴定工作。

（市住房城乡建设局）

2021年4月21日，住房和城乡建设部公积金监管司到梧州市住房公积金管理中心调研“跨省通办”事项及政务服务工作

市住房公积金管理中心　供图

社会救助

【概况】 2021年，梧州市全面落实最低生活保障、特困救助供养、临时救助、残疾人“两项补贴”、孤儿和事实无人抚养儿童政策，对符合条件的脱贫人口及时给予社会救助，有效开展脱贫攻坚兜底成果与乡村振兴有效衔接，切实做好困难群众基本生活保障工作。全年低保、特困、临时救助累计救助254.2万人次，发放救助资金7.77亿元；残疾人“两项补贴”、孤儿和事实无人抚养儿童保障累计救助78.8万人次，发放资金8614.85万元；全市使用医疗救助资金资助参加基本医疗保险30.57万人次，资助金额5721.57万元；全市住院医疗救助8.29万人次，救助支出10338.39万元；全市

门诊医疗救助15.57万人次，救助支出1823.68万元。

【城市最低生活保障】 2021年，梧州市城市最低生活保障标准为家庭人均月收入低于760元。凡持有梧州市非农业常住户口的城市居民，共同生活的家庭成员月人均收入低于梧州市城市居民最低生活保障标准且家庭财产状况符合条件的，均可以申请城市居民最低生活保障救助。截至12月，全市城市低保对象有16622人，全年累计救助城市低保对象20.61万人次，累计发放城市低保补助金8510.66万元。全市城市低保月人均补助达413.03元，超过自治区要求的城市最低生活保障资金补助标准（每人每月390元）。

【农村最低生活保障】 2021年，梧州市农村最低生活保障标准为家庭人均年收入低于5340元。凡持有梧州市常住户口的农村居民，共同生活的家庭成员年人均收入低于梧州市农村居民最低生活保障标准且家庭财产状况符合条件的，均可以申请农村居民最低生活保障救助。享受农村居民最低生活保障待遇的家庭，按照其家庭困难程度分档（A、B、C三档）按月发放最低生活保障金。将完全丧失劳动能力或生活自理能力，家庭生活常年陷入困难的特别困难家庭，列为重点保障户（A类）；因年老、残疾、患重特大疾病或长期慢性病等原因，部分丧失劳动能力或生活自理能力，家庭人均收入低于当地低保标准且家庭财产符合有关规定的比较困难家庭，列为基本保障户（B类）；因其他原因造成家庭人均收入低于当地保障标准且家庭财产符合有关规定的一般困难家庭，列为一般保障户（C类）。截至12月，梧州市农村低保对象共16.18万人，全年累计救助农村低保对象197.82万人次，累计发放农村低保补助金47356.32万元。全市农村低保月人均补助达239.40元，超过自治区要求的农村最低生活保障资金补助标准（每人每月235元）。

【特困救助供养】 2021年，梧州市按照当地城乡低保标准的1.3倍落实特困供养人员的基本生活费，按照当地最低工资标准的60%、30%的标准分别落实全失能、半失能特困人员的照料护理费，确保特困供养人员的基本生活，确保特困人员“平日有人照应、重病有人看护”。截至12月底，全市城市特困人员1107人，农村特困人员26125人。全年累计救助城市特困人员11671人次，发放城市特困救助供养金1628.59万元，城市特困救助供养标准达到月人均989元。累计救助农村特困人员31.49万人次，发放农村特困救助供养金19284.31万元，农村特困救助供养标准达月人均582元。全面完

2021年梧州市城市最低生活保障情况表

表22

县（市、区）	低保对象数（人）	累计救助数（人次）	累计发放补助金（万元）
苍梧县	408	4915	213.08
岑溪市	5784	71220	2897.94
藤县	2668	33762	1352.73
蒙山县	1252	15172	594.65
万秀区	3163	38995	1586.06
长洲区	2214	27107	1117.36
龙圩区	1133	14883	748.85
总计	16622	206054	8510.66

2021年梧州市农村最低生活保障情况表

表23

县（市、区）	低保对象数（人）	累计救助数（人次）	累计发放补助金（万元）
苍梧县	19077	239820	5723.24
岑溪市	41119	516796	12285.03
藤县	73045	870037	20606.83
蒙山县	11659	144732	3439.73
万秀区	2671	32936	818.31
长洲区	2227	26696	655.96
龙圩区	12047	147148	3827.22
总计	161845	1978165	47356.32

成城乡特困人员生活自理能力评估工作，被认定为完全或部分丧失生活自理能力的城乡特困人员1356人，发放城乡特困人员护理补贴956.42万元。全年累计为城乡特困救助供养对象发放丧葬补贴共计458.85万元。

（市民政局）

【城乡医疗救助】 2021年，梧州市对30.57万脱贫人口、农村低收入人口使用5721.57万元医疗救助资金资助参保，实现“应保尽保”。全面落实基本医保、大病保险、医疗救助三重制度保障，对9.03万脱贫人口、农村低收入人口支付11101.36万元大病保险费用，对23.86万脱贫人口、农村低收入人口实施门诊、住院医疗救助，救助资金12162.07万元，做到“应享尽享”。其中，全市住院医疗救助8.29万人次，救助支出10338.39万元；全市门诊医疗救助15.57万人次，救助支出1823.68万元。全年对高额医疗费用支出的人员实行动态防贫监测和预警，市医保部门向乡村振兴、民政等部门推送相关信息10.64万人次，有效防范化解梧州市因病返贫致贫现象发生，做到“应帮尽帮”。

（市医保局）

【临时救助】 2021年，市民政部门对因遭遇突发事件、重大疾病、突发公共卫生事件等其他特殊原因导致基本生活暂时出现严重困难、需要立即采取救助措施的家庭和个人，或因教育、医疗等生活必需的刚性支出突然增加超出家庭承受能力，靠自身和家庭无力解决，其他社会救助制度暂时无法覆盖或者救助之后仍有困难的家庭或个人给予应急性、过渡性的基本生活保障。全年对困难群众实施临时救助31182人次。其中，万秀区1305人次，长洲区384人次，龙圩区221人次，苍梧县5873人次，藤县13313人次，蒙山县3574人次，岑溪市6512人次。发放临时救助资金936.25万元。其中，万秀区47.87万元，长洲区70.56万元，龙圩区21.95万元，苍梧县115.82万元，藤县313.42万元，蒙山县169.77万元，岑溪196.86万元。

【流浪乞讨人员救助】 2021年，梧州市民政部门与市公安、卫健、交通、城管等部门加强协作，持续探索推进跨省救助源头共治试点，与广州市救助管理站市区分站携手建立信息库实现信息共享、定期跟踪回访机制、返乡受助人员稳固当地机制，解决反复救助问题，增强救助成效。同时，通过政府购买社会工作服务的形式，为梧州市3个城区的流浪乞讨人员和临时庇护人员提供个案服务、心理疏导、务工辅导、法律援助等社工服务，帮助流浪乞讨救助人员正常回归家庭、回归社会，有效保障流浪乞讨救助人员合法权益。探索建立“街头流浪乞讨人员迅速发现”机制。6月19日，梧州市救助站开展“‘6·19’全国救助管理机构开放日”宣传活动，社工和群众一起参与活动。动员环卫工人、社区网格化管理员参与救助志愿行动，创新打造“社工+社区网格员+环卫工人+志愿者”救助模式。全年全市救助生活无着的流浪乞讨人员3515人次，安置77人。

【慈善捐赠】 2021年，梧州市慈善企业、爱心人士向河南省洪灾地区进行捐助，捐赠款物价值合计约800万元。9月5日中华慈善日之际，梧州慈善总会通过新媒体平台宣传《中华人民共和国慈善法》，开展捐赠慰问、志愿服务等系列活动。10月，

2021年6月19日，梧州市救助站开展“‘6·19’全国救助管理机构开放日”宣传活动，社工和群众在探讨遇到流浪乞讨人员的几种做法

市民政局 供图

中华慈善总会发布《关于开展2020年全国慈善会系统“基层慈善工作者、慈善人物、爱心企业、爱心企业家”暨“中华慈善品牌”项目宣传推荐活动的决定》，梧州中恒集团股份公司入选“爱心企业”榜单。年内，梧州市民政部门联合广州医科大学附属第一医院、李家杰珍惜生命基金会、梧州慈善总会开展“救心行动”先心病困境儿童救助项目。截至年底，已为24名先心病患儿进行手术治疗，慈善救助资金约49.7万元。全年全市慈善组织执行项目22个，救助帮扶500多人，受惠群众6000多人。

（市民政局）

社会福利

【概况】 2021年，梧州市民政部门持续建设各级社会工作服务站，发展壮大社会工作人才队伍。实施一系列未成年人保障措施，重点加强流浪乞讨儿童、农村留守儿童、残障儿童生活照顾及康复服务等关爱帮扶工作。在全市范围推进一批社会福利服务项目，通过民政项目实施成效持续保障和改善民生，不断提升“一老一少”（老年人、青少年）福利保障工作。截至年末，梧州市有市本级社会福利机构3个，市、县两级未成年保护中心5个，落实乡镇（街道）督导员66人、村(居)儿童主任1041人。

【社会工作】 2021年，梧州市投入社会工作服务站建设专项资金468.96万元，推动各县(市、区）民政局建立乡镇（街道）社会工作服务站，为辖区服务对象提供社会救助、养老服务等专业社会工作服务，打通服务群众“最后一米”。至年底，梧州市社会工作服务站覆盖30%的乡镇（街道）。年内，引进6名社会工作专业高层次(紧缺)人才，同时鼓励动员全市基层干部及相关人员359人学习社会工作专业知识，参加社会工作职业资格证考试，发展壮大梧州市社会工作人才队伍。

【未成年人保障措施】 2021年，市民政局联合市社会福利院制定《儿童福利机构传染病防控规范》地方标准，为全自治区提供标准范本。有序开展未成年人新冠疫苗接种工作，确保“应接尽接”。组织专业心理专家和医务人员开展各类心理团体辅导活动和健康教育讲座30多场次，受益师生3000多人次。市民政部门联手学校、家庭，加强基础教育保障，持续开展控辍保学工作。推进“清朗·暑期未成年人网络环境整治”和管控涉未成年人自杀有关信息专项治理。持续实施“爱心义卖”“春蕾计划”等公益品牌项目，汇聚社会各界爱心力量关爱未成年人健康成长。至年底，累计3年筹集爱心款项350余万元，帮扶困境青少年4200多名。全年全市发放孤儿补助金894.43万元，救助孤儿692人。救助事实无人抚养儿童2198人，救助金额1634.82万元；发放福彩圆梦助学资金108.34万元。1—12月，未成年人纳入城乡低保范围约5.65万人，累计发放低保救助金17132万元；纳入特困供养范围约1200人，累计发放特困供养金829.27万元。

【残疾人补贴发放】 2021年，梧州市发放残疾人“两项补贴”（困难残疾人生活补贴和重度残疾人护理补贴）金额6037.25万元。其中：发放困难残疾人生活补贴2774.19元，惠及困难残疾人28298人；发放重度残疾人护理补贴3263.06万元，惠及重度残疾人33811人。

（市民政局）

社会福利项目

【梧州市福利护理院项目】 2021年，梧州市获中央预算内投资2160万元，用于支持福利护理院项目建设。该项目总投资5176.62万元，建设地址位于万秀区富民三路11号。建设框架结构护理院1栋，规划总建筑面积9889.04平方米，其中地上建筑面积8617.82平方米、地下建筑面积1271.22平方米，建设床位数180张。打造“医养结合”型的养老新模式，解决老年人养老及就医问题。为梧州市老年人提供一个以养老为主、医疗为辅的机构，既能让老年人享受到养老服务，又能得到专业医疗保障，提升老年人的生活质量；在提升养老机构利用率的同时，分流老年慢性病患者，缓解梧州地区医院床位紧张的压力。

【梧州市居家和社区基本养老服务提升行动项目】 2021年，梧州市获中央专项彩票公益金1775万元，用于开展梧州市居家和社区基本养老服务提升行动项目。根据民政部办公厅、财政部办公厅《关于组织实施2021年居家和社区基本养老服务提升行动项目的通知》要求，梧州市被确定为中央专项彩票公益金支持的实施居家和社区基本养老服务提升行动项目地区。该项目按照“政府引导、专业支持、家庭参与”的原则，探索开展家庭养老床位建设，推动专业养老服务向老年人床边延伸，让老年人居家享受专业化的照护服务，不断提升老年人的获得感、幸福感。

【未成年人社会保护社工服务项目】 梧州市2021年度未成年人社会保护社工服务项目总投资43万元，主要是以社会工作服务站为依托，为全市转介的流浪乞讨、家庭贫困、重病重残、监护缺失、失学辍学以及遭受权益侵害的困境未成年人提供心理辅导、行为矫正、资源链接等专业社工服务。年内，梧州市在全自治区首创未成年人法律援助和社会保护合作机制，将实现法律援助和社会保护的有机结合，减少未成年人刑事案件的发生，保护未成年人合法权益，引导未成年人积极健康成长。在苍梧县石桥镇泗岐村开展村级试点工作，建立“村居—乡镇—区县—市级”分级转介机制，进一步完善“社工＋儿童主任＋第一书记＋志愿者”模式，探索在党建引领下“儿童福利＋乡村振兴”融合发展模式。通过调研了解泗歧村困境儿童面临的问题，找准实际需求，促进救助成效。通过购买社会服务的形式，鼓励社会组织加入未成年人保护行列，引进专业社工机构开展农村留守儿童、困境儿童关爱保护工作。全年全市未成年人保护项目服务各类留守困境未成年人557人次，受益人群超过1000人次。

（市民政局）

社会福利机构

【梧州市社会福利院】 梧州市社会福利院始建于1946年12月，占地1.58公顷，总建筑面积2.4万平方米，建有生活服务楼、儿童福利楼、颐养楼、儿童福利中心和老年养护楼，是一所集收养、医疗、康复、教育和娱乐为一体的综合性社会福利机构。服务对象主要是梧州市城区低保特困人员、孤残儿童及弃婴，同时面向社区开展自费收养业务，是梧州市市级示范福利机构、梧州市医疗门诊和慢性病医保定点机构，也是梧州市唯一的广西五星级、国家四级养老机构。2021年，市社会福利院有员工172人，有服务床位450张，其中老人床位300张、儿童床位150张。服务对象总人数约400人，其中住院服务对象346人。

【梧州市福利医院】 梧州市福利医院(梧州市第二社会福利院)成立于1986年，位于梧州市富民二路太和里63-1号，总占地面积约1.04公顷，建筑面积1.6万平方米。是以精神治疗康复为特色，集教学、预防、治疗、康复和养护于一体的市级精神专科医院。建有综合、住院、老年康智养护3幢大楼。拥有DR影像、心理CT、经颅磁刺激仪、团体生物反馈仪、计算机认知功能治疗仪和磁振热治疗仪等医疗设备。是梧州市流浪乞讨人员中精神病患者救治定点医疗机构。主要是收养治疗本市无劳动能力、无经济来源、无法定抚（赡）养人的“三无”精神病患者及社会肇事肇祸严重影响社会稳定和街头流浪的精神病患者。2021年，市福利医院有工作人员78人，其中专业技术人员48人。核定床位75张，实际开放床位160张。有精神障碍住院患者157人。其中，“三无”和社会肇事肇祸严重影响社会稳定及街头流浪精神病患者85人，民政部门安置精神障碍患者69人，民政部门救助精神障碍患者3人。

【梧州市福利康复医院】 梧州市福利康复医院（梧州市第三社会福利院）成立于1985年，专长是按摩治疗和按摩保健。盲人按摩是医院的特色专科项目，主要针对颈椎病、腰椎病和肩关节痛等痛症的康复治疗，有近50年专业经验。设有内科、妇科、中医科、按摩理疗科、康复护理科等诊疗科室。2021年，市福利康复医院结合梧州市创建全国第五批居家养老和社区养老服务改革试点地区，承担为全市老年人和残疾人提供居家养老、日间照料、康复护理、基本医疗、预防保健和教育培训等公益职责。同时，继续建设市第三社会福利院养护康复楼项目，投资总额约2580.21万元，建筑面积4930平方米。设置床位100张，其中医养结合床位40张、养老护理床位60张。（市民政局）

老龄事务

【概况】 2021年，梧州市户籍人口354.69万人，其中60岁及以上老年人 50.43 万人，占全市人口总数的 14.22%。市政府部门贯彻“党政主导、社会参与、全民关怀”的老龄工作方针，推进医养结合，建立完善老年健康服务体系，提高老龄人口健康服务能力，营造全社会共同关注老年人的良好氛围，提升老年人获得感、幸福感、安全感。全市登记备案在运营的养老机构 43 家，机构总床位数 4608 张。街道综合养老服务中心覆盖率达到 75%，全市创建 AAA 级广西老年人宜居社区 3 个。长洲区蓝天幸福颐养院申报自治区中医药特色医养结合示范基地成功，万秀区枣冲社区和藤县城西社区获得全国示范性老年友好社区称号。

【老年人健康】 2021 年，梧州市发挥中医药特色优势，推广中医养生养老相结合，全市 100% 的社区卫生服务中心、乡镇卫生院和 75% 以上的村卫生室推广使用中医药服务。全年全市 65 岁及以上老年人健康管理率为 63.45%，其中 65 岁以上老年人中医药健康管理率为 69.09%。同时，加强综合性医院老年医学科建设，全市 7 家二级以上公立综合医院 5 家设置了老年病专业，设置比例达 71.42%。

【老年人维权】 2021 年，梧州市社区律师进社区（村）为老人及其亲属开展普法讲座活动 56 场，受益老年人 2500 余人。市卫生健康部门联合相关部门在市老年大学举办老年消费教育活动，引导老年群众理性消费；有 250 多名老年大学学员参加，发放宣传资料 3800 多份。全年医养结合机构开展新冠疫情防控工作指导 3 次，医疗机构到签约的养老机构举办健康知识培训班 20 次，参训老年人 800 余人。

【老年人活动】 9 月，梧州市结合庆祝中国共产党成立 100 周年，开展以“实施积极应对人口老龄化国家战略，乐享智慧老年生活”为主题的 2021 年“敬老月”活动，组织对获得“光荣在党 50 周年”纪念章的中共老党员以及计划生育特殊家庭老年人等进行走访慰问。年内实施“健康敲门”活动，市卫生部门组建医疗队伍联合市委老干部局对市区 50 多名离退休干部开展“一对一”免费上门义诊和慰问活动，拓展家医签约服务内涵，当好老年人的健康守护人。 （市卫生健康委）

【养老服务】 2021 年，梧州市依托国家居家和社区养老服务改革试点工作，着力推进具有梧州特色的“一屏、六站、百项服务、万人受益”养老服务体系。全市建立市级养老服务指导中心 1 个，街道综合养老服务中心 7 个，力争满足大多数老年人居家和社区养老服务需求。通过政府购买服务，鼓励企业、社会组织及个人参与品牌化、连锁化、规模化经营，不断完善“六站”养老服务设施，依托“一屏六站”（“一屏”指核心的综合服务和监管枢纽，“六站”指街道综合养老服务中心、养老服务站点、日间照料中心、长者食堂、护理站和嵌入式长者照护之家），开展城区购买特殊困难老人居家服务、政府购买老年人精神卫生服务和老年人肢体康复医疗服务等，针对不同类型的特殊居家老年人提供养老顾问和健康管理等不同服务。强化项目建设，推进市第三社会福利院养护康复楼建设等养老服务项目。截至年底，全市登记备案在运营的养老机构 43 家，其中公办 1 家、民办（含公建民营）42 家，机构总床位数 4608 张。全市养老机构护理型床位数约 2753 张，占 59.74%；街道综合养老服务中心覆盖率达到 75%；全市创建 AAA 级广西老年人宜居社区 3 个。

（市民政局）

民政事务

【社会组织管理】 至 2021 年年底，全梧州市在民政部门登记的社会组织有 1423 个，其中社会团体 713 个、民办非企业单位 710 个；新增登记社会组织 192 个，其中社会团体 38 个、民办非企业单位 154 个；注销登记 49 个，其中社会团体 17 个、民办非企业单位 32 个。市本级登记的社会组织 281 个，其中社会团体 207 个、民办非企业单位 74 个；全年新增登记社会组织 16 个，其中社会团体 4 个、民办非企业单位 12 个；注销登记 9 个，其中社会团体 4 个、民办非企业单位 5 个。全市应参加 2020 年度检查的社会组织 1215 个，完成年检 935 个，年检率为 76.95%；市本级应参检 267 个，完成年度检查 237 个，年检率为 88.76%。年内，全市社会组织坚持中共领导，围绕党史学习教育，开展“我为群众办实事”实践活动，召开梧州市行业协会商会重点工作推进会，在行业协会商会减免企业费用71.92万元，惠及355个企业；聚焦巩固脱贫攻坚和乡村振兴有效衔接搭建产销平台，推销农产品超过6000万元；推进社会组织开展“邻里守望”关爱行动，汇集养老服务需求25.1万次，开展实体服务5.8万次；聚焦改革，推行社会组织年检立等办结“微改革”，社会组织年检的时限由2天办结变成立等办结，促进营商环境提升。年内，梧州市女企业家协会被民政部评为2021年全国先进社会组织。

2021年7月27日，梧州市女企业家协会举行支援河南抗洪救灾捐款仪式，向河南捐赠救灾款221.76万元　　市民政局　供图

【社区管理】　2021年2月8日，梧州市1001个村（社区）完成换届选举，实现100%的村（社区）“两委”完成换届选举、100%的村（社区）选出党组织书记、100%的村（社区）依法依规依程序组织选举、100%的村（社区）不发生因换届引发群体性事件、100%的村（社区）实现“一岗双责”的“五个百分之百”目标。根据自治区《关于做好村规民约和居民公约工作的实施意见》精神，梧州市加强对乡村（社区）制订务实管用的村规民约和居民公约工作指导，各地以新一轮村（社区）“两委”换届为起点，对本地村规民约、居民公约工作进行全面系统梳理。经市司法局审查同意，推荐万秀区城东镇河口村等11个村开展优秀村规民约征集活动，经自治区民政厅组织评定，梧州市的长洲区大塘街道幸福社区居民公约入选全自治区十佳居民公约。

年内，梧州市贯彻落实《广西壮族自治区民政厅关于加强和规范村务公开民主管理工作的意见》精神，各县（市、区）规范村务公开的内容、形式、时间、程序、档案；加强民主管理，及时完善村级组织工作规则，健全村民委员会换届后工作移交制度、加强村级财务管理、深化民主评议干部工作。推进治理“万能章”工作，推进《全区基层群众性自治组织出具证明事项清单》应用，除保留的证明事项清单和自治区民政厅明确的例外情形之外，基层群众性自治组织原则上不再出具其他证明材料；对于保留的基层群众性自治组织出具证明事项，由索要证明的各相关行业主管部门以办事指南的形式细化证明的具体式样、办理程序和操作规范，明确出具时限、办理用途、具体流程及法律法规依据，并提供统一规范的表单样本，印发至本系统统一使用。同时，做好民政系统扫黑除恶专项斗争。根据自治区民政厅和梧州市扫黑除恶办要求，惩治把持基层政权行为，防止黑恶势力操控基层政权，惩治“村霸”和宗族恶势力。

【区划地名管理】　2021年，万秀区人民政府驻地地址变更，优化行政区划设置，加快推进梧州市城镇化步伐。全市12条道路命名获批，清理整治不规范地名3条。市民政部门发掘地名中蕴含的丰富自然地理知识和精神内涵，发掘梧州市地名中承载的中共光辉历程、革命传统和红色故事，经过自治区民政厅审核筛选，梧州市2篇红色地名故事、2份海报获得自治区民政厅推广宣传。全年全市开展地名文化宣传活动进社区（村）10次、进机关5次、进校园1次，受众约800人次。

年内，梧州市民政局联合桂林市民政局完成梧州与桂林两市毗邻县行政区域界线联检和平安边界建设工作，按要求开展乡镇界线联检。5月14日，梧州市民政局会同肇庆市民政局在两广边界大旺村合办“粤桂线（梧州－肇庆段）平安边界创建暨‘记住红色地名　赓续红色基因’地名文化宣传活动”。

【殡葬管理】　2021年，梧州市加强生态文明殡葬宣传引导，全面开展殡葬业价格秩序、公益性安葬设施建设经营专项整治工作，宣传推行文明节俭治丧、节地生态安葬、文明低碳祭扫，营造良好的殡葬改革社会新风。全年梧州市殡仪馆和藤县殡仪馆共火化遗体4541具。清明节期间做好新冠疫情防控和安全祭扫工作。全市采取预约、错峰、限流等措施，降低祭扫人流密度，减少祭扫现场人员聚集，并落实多种防护防控措施确保清明祭扫平安有序，全市各殡葬服务机构共接待现场祭扫群众约21.78万次，网络祭扫13.5万人次。4月8日，广西第九届节地生态安葬启动仪式暨梧州市第三届公益节地生态花坛葬活动在梧州市长青园公墓举行，自治区民政厅和中共梧州市委、市政府领导出席启动仪式，这次活动约有300位逝者以生态葬的形式回归自然。县级殡仪馆、公益性公墓建设情况：截至2021年年底，岑溪市殡仪馆进入装修和设备采购阶段，苍梧县殡仪馆完成选址和项目建议书工作；蒙山县殡仪馆、公益性公墓和市本级公益性公墓项目建议书获得批复；苍梧县公益性公墓完成选址，岑溪市、藤县公益性公墓开展前期工作。

（市民政局）

民族宗教事务

【概况】 梧州市是以汉族为主的多民族聚居地区，主要世居少数民族有壮族、瑶族。在常住人口中，除汉族和世居少数民族外，还有苗族、侗族、仫佬族、毛南族、回族等34个民族成分。2021年年末，全市有各族人口353.96万人，少数民族人口9.91万人，占总人口2.80%，其中瑶族4.69万人、壮族4.53万人。梧州市有佛教、道教、天主教、基督教等宗教派别，各宗教都分别在信徒聚居地设有宗教活动场所。全市批准登记的宗教活动场所21个，其中佛教寺庙8个、天主教堂7个、基督教堂点6个。市级宗教团体5个，即梧州市佛教协会、梧州市天主教爱国会、梧州市天主教教务委员会、梧州市基督教三自爱国运动委员会、梧州市基督教协会。在宗教部门备案的宗教教职人员46人。全市信仰宗教人数约3.2万人。信教群众的宗教信仰自由得到法律的保护，过着正常的宗教生活，与其他宗教信徒和其他不信教的群众和睦相处。

【民族乡建设】 2021年，蒙山县长坪瑶族乡下辖5个行政村，40个村民小组，总人口1020户3027人，瑶族人口占全乡总人口的87%以上。借助农村综合性改革试点项目，投入340万元完成长坪村、东护村少数民族村寨修缮保护，六坪村六兰组的人饮工程修缮，修建六坪村白竹组至蓑衣冲组道路、长坪瑶族乡南垌至仙回道路，完成六坪村范水组至葫芦江组道路硬化。国庆节期间，长坪瑶族乡举办为期6天的民俗活动“魅力长坪·修路节”，举行舞狮迎客、拦路酒、竹竿舞、簸箕宴、射箭、划艇、篝火晚会等活动，活动首日迎客约达1.5万人次。

蒙山县夏宜瑶族乡下辖6个行政村，64个村民小组，总人口2311户6884人，瑶族人口占全乡总人口的88%以上。年内开展丰富多彩、形式多样的民俗风情文艺活动，推动少数民族文化传承发展。重视民族文化挖掘和保护，开设瑶语、瑶绣等民族教学特色班，组建民间艺术团，加强对民族文化传承人、民族文化乡土人才培训。夏宜瑶族乡获得2021年自治区级民族团结进步示范单位称号。

【民族团结进步创建】 2021年，梧州市坚持以铸牢中华民族共同体意识为主线，民族工作全面提质增效。4月，组织开展“壮族三月三·和谐在梧州”民族团结进步宣传月系列活动，其中举办全市民族文艺会演、民族团结进步体育运动会、民族团结进步成果展、民族团结进步征文比赛4项重点活动。推进民族团结进步示范创建和“同心文化载体”建设，创新开展进景区、进“两新”组织、进服务窗口、进医院、进产业、进家庭等民族团结进步创建“七进”工作。年内共评审命名59个市级民族团结进步示范区示范单位，获第五批自治区民族团结进步示范区示范单位13个；组织建设51个“同心文化载体”。年内制订承接自治区对设区市民族团结进步专项工作绩效考评责任分解工作方案和对市本级考评工作方案，明确各项考评指标牵头单位和责任单位，推动各部门主动谋划和创新开展民族团结进步创建工作，拓展民族团结进步创建工作在全市的覆盖面。同时，启动全国民族团结进步示范市创建工作，推动新时代党的民族工作高质量发展。全年获得上级少数民族发展资金809万元，重点投入到产业发展、农田水利、通屯道路等24个项目，惠及各族群众3万余人。

【宗教场所安全监督】 2021年3月起，梧州市开展宗教活动场所消防安全标准化管理创建工作，并开展宗教活动场所规范化建设和和谐寺观教堂创建活动。市宗教工作部门督促指导宗教活动场所落实消防安全管理制度，落实消防安全主体责任。2021年，梧州市获寺观教堂维修经费35万元，分别是岑溪市糯垌镇绿云天主教堂10万元，长洲区东华佛堂5万元，蒙山县永安寺20万元，维修项目全部完工，确保宗教活动场所安全。

【依法管理宗教事务】 2021年，市宗教工作部门依法管理宗教事务，确保宗教领域和谐稳定。年内开展整治非法宗教活动，化解和防范非法宗教势力渗透；梧州市各宗教团体开展“爱党爱国爱社会主义”主题教育活动，全市宗教界开展“梧州市宗教界庆祝中国共产党成立100周年座谈会”、宗教活动场所举行升国旗仪式、主题教育书画展现场创作等系列活动，进一步坚定宗教界永远跟党走的信心和决心；6月，开展宗教政策法规学习月活动，全市民族宗教工作部门、宗教教职人员和广大信教群众参与学习党的民族宗教政策法规。开展“宗教慈善周”活动，各宗教团体开展各种形式的慈善活动，共捐赠资金7.18万元，在社会上传递正能量。

（市民宗委）

编审：陈范生　编辑：赖红柳

应急管理

综　述

【应急预案体系建设】 2021年3月，《2021年梧州市水利局洪水防御工作预案》印发。同时，梧州市应急管理局（简称市应急局）牵头组织修订《梧州市城市防洪应急预案》，4月由梧州市人民政府办公室印发。2019—2021年，梧州市累计修订自然灾害类、安全生产类等专项应急预案共11个，推动应急预案"五化"（应急预案体系化、应急预案文本简明化、应急预案管理智能化、应急预案执法规范化、应急预案演练实战化）建设，建立健全梧州市应急预案体系，为梧州市防灾减灾救灾工作提供有力保障。

【应急救援能力建设】 2021年，市应急局开展应急处置物资和力量调查摸底，将全市储备的通信广播、工程设备、生命救助等12个大类54个细项共100多万个（件）单品，以及309支应急救援队伍共7458名队员、530个应急避难（避险）场所录入应急指挥平台。同时接入视频会商研判系统，实现上下互通、左右互联实时在线会商研判，全面提高应急指挥平台的信息化水平。

年内，市应急局督促指导各部门、各企业及时修订应急预案5000余份，组织开展年度森林火灾政企联合演练、年度实战化培训演练、危险化学品泄漏应急演练和地震应急桌面演练、防汛抗洪等专项应急演练3000多场次，有40多万人参加，进一步强化各级各部门快速反应、联动响应、协同作战和高效救援的应急能力。全年启动市应急局机关内部三级应急响应14次，并建立健全多源信息获取体系，提升应急协调联动能力，做好预警发布工作。全网发布6条预警信息，其中防汛防台风预警信息1条，森林火灾预警信息5条，提醒市民做好应急防范工作。

【宣传教育】 2021年，市应急局先后在全市范围内广泛开展"5·12"防灾减灾日、"防汛宣传季"、"安全生产月"、"森林防火季"等一系列宣传活动，共发放宣传手册、书籍等资料约30万份，设点摆摊向7万多名群众开展宣传和咨询，制作展板、海报、横幅5000多块（条），播放视频、公益片4000条次，推送公众号、抖音视频2万多条。

（市应急局）

2021年5月19日，梧州市在长洲区倒水镇交通渡口码头开展军地抗洪抢险救援应急演练　　市应急局　供图

防灾减灾救灾

【自然灾害应对处置】 2021年，梧州市进行汛前全方位、多层次安全风险隐患排查，累计排查隐患点638处、水利工程安全隐患57处、农村地区切坡建房地灾风险隐患4674户。全年梧州市各地先后遭受洪涝、台风、干旱、低温冷冻、生物灾害等自然灾害15次，7个县（市、区）44万余人次不同程度受灾，农作物受灾面积1.1万公顷，倒损房屋36户86间，直接经济损失1.8亿多元。灾害发生后，全市各级累计投入抢险救援人力720人次，紧急避险转移452人、紧急转移安置115人，减少受淹人口2010人，减少受淹面积1.9平方千米，将灾害损失降到最低程度，实现洪涝灾害连续4年零伤亡，洪涝灾害直接经济损失、受灾人数、农作物受灾面积分别较上年下降32.16%、68.09%、81.38%。梧州市向上级争取资金用于开展救灾工作，年内争取中央、自治区下拨梧州市各类自然灾害救灾资金892.8万元、衣被类物资3310件（套），用于受灾群众的转移安置、因灾倒损房屋重建和维修、冬春生活救助，共救助受灾群众约5.8万人。

【地质灾害预防与治理】 2021年，《梧州市2021年度地质灾害防治方案》印发，落实防灾责任单位、责任人和监测人覆盖全市623个地质灾害隐患点，425个地质灾害易发村屯，11000多处切坡、临坡建房点。全年全市发生地质灾害23起，市自然资源局组织23场次地质灾害应急调查并出具突发地质灾害初步调查意见，无人员伤亡。年内，全市完成地灾治理项目9个，地质灾害防治知识宣传培训10场2100人次、防灾演练8场2800人次，夯实“人防”的基础；完成全市地质灾害专业监测设备安装144处（其中市区87处）；完成市区地质灾害监测网建设和预警预报系统平台建设，提升“技防”的水平。

全年全市获中央及自治区地灾补助资金共3626万元（应急治理资金除外），其中中央资金848万元，自治区资金2778万元。上级专项资金用于23个地灾防治项目；专项资金299万元进行全市特大型地质灾害前期勘查、地质灾害培训、防治演练、群测群防等11个地灾防治项目；专项839万元用于梧州市区建成区重点区域地质灾害调查评价、监测预警等4个项目；2488万元用于8个地质灾害治理工程项目建设。

（市自然资源局）

【森林防火灭火】 2021年，全市共发生森林火灾3起，过火面110.34公顷，受害森林面积17.93公顷，森林火灾受害率0.019‰，损失林木845立方米，损失幼林0.03万株，无重、特大森林火灾和人员伤亡。全市森林防灭火部门坚持科学安全调度扑火力量，形成部门和县际协同联动，快速支援的应急响应机制，组建有综合森林消防队伍1支，专业队伍7支，基层队伍57支，危化、电力、电信专业救援队伍3支，社会救援队伍4支，枕戈待旦力求做到迅速响应、调度到位。

（市应急局）

【物资储备】 2021年，梧州市实行本地和异地协议代储方式，储备冻猪肉及生猪（活体），发放猪肉储备补贴资金，制定并执行《梧州市本级猪肉储备管理

2021年9月24日，梧州市自然资源部门到市第二中学宣传普及地质灾害防治知识 姜泓旭 摄

办法》。按照“区市共建，市级管理，物资共储”的要求，市防汛抗旱物资储备中心建有一栋应急抢险物资仓库，储备有救生衣、编织袋、铁铲、土工布、移动手提照明灯，以及抽排水设备等抢险物资，同时还储备帐篷、折叠床、毛巾被以及棉胎、棉被等一批救灾物资，为梧州市抢险救灾提供物资保障。年内，市物资价格管控部门做好猪肉保供稳价和新冠疫情期间生活物资保供稳价工作，会同相关部门联合印发《关于完善梧州市政府猪肉储备调节机制 做好猪肉市场保供稳价工作实施方案》等政策文件，于10月前已提前完成自治区下达梧州市的冻猪肉和生猪收储任务。

（市粮食和储备局）

【气象防灾减灾服务】 2021年，梧州市气象局建立健全月报、旬报、周报、日报乃至6小时、3小时、1小时的递进式、精细化决策气象服务体系。全年有效应对12次强降雨过程和台风、干旱、寒潮等重大天气过程。全市气象部门启动重大气象灾害应急响应6次、重大气象信息报告党政主要负责人15次。在应对“6·23”强降雨过程中，6小时内3个台站连续发布暴雨红色预警，并通过电话、传真、微信群叫应各级政府及各基层组织，其中苍梧县六堡镇理冲村接到叫应后立即组织近300人成功撤离，有效避免人员伤亡。在“12·15”蒙山县森林灭火气象保障服务过程中，梧州市气象局出动市县业务人员24小时蹲守现场做好保障，实现灭火救灾“零伤亡”，其先进事迹刊登在12月24日《中国气象报》上。

（梧州市气象局）

地震灾害防范

【概况】 2021年，梧州市多部门联合落实《梧州市地震监测设施和地震观测环境保护规定》，推进地震监测设施和地震观测环境保护“一站一策”建设工作。梧州市地震灾害风险普查工作启动，城市活动断层探测与地震危险性评价项目实施，推进苍海公园地震应急避难场所规划建设，逐步完善全市防灾避险体系。至年底，防震减灾科普宣传工作再次获得中国科协通报表扬，梧州高级中学被中国地震局认定为国家级防震减灾科普示范学校，此在梧州市尚属首次；地震监测中心地震台站监测设施及观测环境保护“一站一策”建设工作经验在全自治区推广；市地震监测中心联合非重点地区各设区市提交的年度地震趋势会商报告获全自治区评比一等奖；2021年度地震应急指挥中心运维工作获全自治区质量考核综合第二名。

【地震监测预测】 2021年，市地震监测中心全力推进广西地震烈度速报与预警系统项目和广西地震背景场观测网络项目（梧州项目）续建和运行维护有关工作。梧州市按照“法规先行、部门联动、举措有力、凸显实效”的工作思路，不断完善地震监测设施和地震观测环境保护工作。梧州市多部门联合落实《梧州市地震监测设施和地震观测环境保护规定》，通力合作扎实推进地震监测设施和地震观测环境保护“一站一策”建设工作，形成“委托有专人看护维护、设置有符合本地语言环境的公示（公告）栏、购置有维修工具和手册”等“三有”管理机制，因地制宜解决地震监测台站设施运维、管理和地震观测环境保护等突出问题，将地震监测台站打造成集地震监测与科普宣传相结合的开放型综合科普阵地，确保侵占、损坏、破坏地震监测设施和地震监测环境

2021年12月18日晚，梧州市气象局业务人员在蒙山县森林火灾现场指挥部开展气象应急服务 陈嘉谊 摄

的事件“零发生”，同时保障地震监测仪器设备运行稳定，信息数据采集和数据传输持续、稳定，为未来快速地震预警奠定坚实基础。梧州市地震监测中心年内参与广西2021年地震趋势会商，联合非重点地区各设区市提交地震趋势会商报告并获全自治区评比一等奖。

【防震设施建设】 2021年，市地震监测中心全面启动梧州市地震灾害风险普查工作，结合实际实施城市活动断层探测与地震危险性评价项目，形成全市辖区内4条主要区域性断裂带重点段落探测成果，筹划项目二、三期后续工作内容，确保梧州市地震灾害风险普查更加翔实科学，为在规划和建设中合理地利用土地资源，提高城市防震减灾能力，有效预防地震灾害的损失提供翔实的地震地质数据支撑。组织贯彻落实《中国地震动参数区划图》（GB 18306—2015），严格把关施工图设计文件执行建设工程抗震设防设计标准，不断提高梧州市建设工程抗震防灾能力。适时开展建设工程项目抗震设防“双随机、一公开”抽查，强化重大工程项目落实地震安全性评价情况进行监管服务，形成良好的依法抗震设防法治环境。结合实际合力推进苍海公园地震应急避难场所规划建设，逐步完善全市防灾避险体系，为群众在地震等突发灾害事件后的应急避险提供有效保障。

【科普宣传】 2021年，市地震监测中心会同应急、教育、科技、科协等部门共同落实《梧州市新时代防震减灾联合科普工作

2021年5月12日，市地震监测中心主任万桂勇（前排左二）率队在长洲区大塘街道开展防灾减灾日宣传活动　　陈懿轩　供图

办法》，组织召开2021年度防震减灾科普宣传工作研讨会，形成“学党史促科普开新局，提升民众防震减灾意识”的宣传主题。结合“我为群众办实事”等活动，采用“电视播放、网络推送、短信服务”和“报纸专版、标语海报、知识讲座、现场巡展”的线上线下防震减灾科普宣传模式，充分利用各重要时段，扎实开展防震减灾科普“六进”（进社区、进企业、进机关、进学校、进农村、进媒体）宣传活动。年内开展防震减灾科普知识讲座逾150场，开展防震减灾科普知识现场展板宣传220场（次），市区（县城）逾200个主要交通路口定期播放防震减灾标语，送防震减灾科普宣传海报到120个行政村张贴；通过日常志愿服务活动、“双报到双联系”以及媒体宣传，防震减灾科普传播的受众超过300万人次。梧州市2021年全国科普日防震减灾科普教育活动被中国科协评为“2021年全国科普日优秀活动”，梧州市防震减灾科普宣传教育活动已经连续4年获得中国科协或自治区科协通报表扬。12月，梧州高级中学获评为国家级防震减灾科普示范学校，实现梧州市国家级防震减灾科普示范学校零的突破；另有梧州市第八中学和长洲区倒水中心小学2所学校获评为自治区级防震减灾科普示范学校，梧州市自治区级防震减灾科普示范学校达到12所。　　（晏廷皆）

安全生产监督管理

【概况】 2021年，梧州市发生各类生产安全事故250起，其中道路运输事故211起、死亡103人、受伤184人，工贸事故22起、死亡22人、受伤3人，建筑施工事故10起、死亡13人，金属和非金属矿山事故2起、死亡2人，工矿商贸其他事故3起、死亡2人、受伤1人，其他事故2起、死亡2人，化工、

烟花爆竹等行业未发生事故。事故起数同比下降28.37%、死亡人数同比下降12.73%、受伤人数同比下降45.66%，没有发生重特大事故，重大节假日、重大活动以及特殊时期期间安全生产形势平稳。年内，梧州市安全生产行政执法机构监督检查各类生产经营单位1738家次，查处安全生产违法违规行为1233项，制作下发各类执法文书2895份，查处重大事故隐患30项，责令停产停业整顿生产企业3家，提请关闭生产经营单位3家；安全生产行政处罚215次，监督监察罚款324.50万元，事故处罚732.89万元，总罚款数1057.39万元。

【专项整治】

非煤矿山整治 2021年9月13日，梧州市自然资源局和梧州市应急管理局联合印发《关于印发梧州市矿山安全生产专项整治三年行动集中攻坚方案的通知》，落实中央第七生态环境保护督察组指出问题整改工作，对全市砂石采矿权设置不合理，未严格按照安全设施设计、矿产资源开发利用方案（开采设计）开采导致出现“半边山、一面墙”现象等问题，以及超层越界等违法违规行为开展专项整治集中攻坚行动，推动建立健全公共安全隐患排查和安全预防控制体系，坚决杜绝重特大事故发生。年内，梧州市安全生产管理部门抓好三年行动集中攻坚、地下矿山外包工程专项整治和露天矿山“一面墙”高陡边坡治理等工作，推进“双重预防”机制建设和信息化建设，督促企业进一步落实安全生产主体责任。全年全市检查金属非金属矿山612家次，责令停产整顿19家次，并对企业及主要负责人处以113.5万元的行政处罚。

危险化学品整治 2021年，梧州市安全生产管理部门结合“强监管严执法年”、危险化学品重大危险源企业专项检查、硝酸铵等危险化学品安全风险隐患专项治理、非法违法“小化工”专项整治等专项行动，组建安全生产专家组，对梧州市危险化学品、化工、制药、烟花爆竹企业开展会诊式“安全检查”，共检查企业73家（次），发现事故隐患490项，查处违法违规行为56起，处罚违规企业5家次，查处1家非法特大生产储存燃料油加工厂、20个非法经营储存成品油的窝点及5个流动车辆加油站，查获车辆9辆，立案处罚3起，罚款20万元，移送司法机关2起。

烟花爆竹整治 2021年，梧州市安全生产管理部门开展烟花爆竹安全专项整治三年行动、烟花爆竹打非专项行动，共组织“打非”行动49次，排查烟花爆竹经营企业229家次，关闭非法经营窝点7处，没收非法产品6376箱，立案查处7家涉非法经营店铺，吊销1家烟花爆竹店许可证，处罚39人次，经济处罚15.45万元。

工贸行业整治 2021年，梧州市安全生产管理部门开展全市工贸行业安全生产“强监管严执法年”专项行动、立式圆筒形钢制焊接储罐和涉粉尘爆炸企业专项整治等工作，共检查工贸企业471家次，作出行政处罚98次，查处隐患689项，行政处罚718.24万元。

【安全生产月暨安全生产梧州行活动】 2021年6月是第二十个全国“安全生产月”。6月8日，梧州市举行2021年“安全生产月”暨“安全生产梧州行”活动启动仪式。活动中，市安全委员会各成员单位和企业代表专题学习了《生命重于泰山——学习习近平总书记关于安全生产重要论述》电视专题片，通过集中学习持续推进习近平关于安全生产重要论述入脑入心、见行见效，切实转化为落实安全生产责任的自觉行动，践行“两个至上”。6月前后，市市场监督管理局、市行政审批局、市交通运输局、市国资委、市城镇集体工业联社、梧州市烟草公司、苍梧县林业局、龙圩区教育局等部门单位制订方案开展相应管理系统或行业“安全生产月”和“安全生产梧州行”活动。其中，市城镇集体工业联社组织联社系统各企业到锚链厂开展安全生产应急演练，同时进行安全生产“大讲堂”活动，让干部职工全面学习了应急知识，提高协同应对生产安全事故的能力。（市应急局）

消　防

【消防管理】 中共梧州市委、市人民政府将消防工作纳入市委常委会、市政府常务会议事范围，主要领导主动听取消防汇报、做出批示、带队检查，协调解决突出问题、发展难题，形成党委政府常议常抓消防工作的良好局面。2021年2月4日，市长钟畅姿代表梧州市在全自治区安全生产和消防工作会议上做消防安全工作先进经验交流发言，“梧州街长制”消防安全综合治理工作在全自治区推广。7月2日，市政府常务会审议并通过《梧州市消防安全责任制实施意见》；12月9日，市政府常务会审议并通过《火灾事故调查处理规定》，有力加强全市消防安全责任制和规章建设。年初，落实上年政府为民办实事项目共计培训党政机关等十类消防安全管理人1500人次。

梧州市贯彻落实国务院办公厅《消防安全责任制实施办法》和《广西壮族自治区消防安全责任制实施细则》，以消防安全整治三年行动为主线，开展冬春火灾防控、重点支柱产业、易地扶贫搬迁点、自建房、农村房屋、涉疫场所、革命文物、夏季火灾防控等专项火灾隐患整治工作，确保消防安全委员会实体化运行。全市确定消防安全重点单位548家，分别为长洲区90家、万秀区89家、龙圩区82家、苍梧县25家、藤县85家、岑溪市114家、蒙山县63家；火灾高危单位64家，分别为长洲区10家、万秀区11家、龙圩区10家、苍梧县4家、藤县8家、岑溪市15家、蒙山县6家。全年市消防救援支队检查单位6399家，发现火灾隐患7469处，督促整改火灾隐患7132处，下发《责令改正通知书》3649份，下发行政处罚决定书91份，下发临时查封决定书8份，罚款62.66万元。其中，共排查革命文物建筑13家，排查发现火灾隐患18处；排查涉疫场所及疫苗接种场所106家，发现火灾隐患58处，排查营利性自建房共计14904栋（其中高风险房屋1086栋，中风险房屋1344栋，低风险房屋12474栋）；农村房屋消防安全隐患96栋；易地扶贫搬迁36点，扶贫点安置人数11098人。联合公安交警、城市管理、住建等部门印发《关于建立打通“生命通道”联合执法机制的通知》，四部门定期开展联合会商、联合执法，解决堵塞、占用消防车道的老大难问题。联合执法检查26次，督促整改各类火患40余处，处罚单位1家，处罚个人35人次，联合交警部门处罚违章停车8辆。

【灭火救援】 2021年，市消防救援支队围绕中国共产党成立100周年系列活动等重大消防安保工作，始终保持火灾隐患整治高压态势，全力防范化解重大安全风险，预防和遏制较大以上火灾事故发生。全年全市消防救援队伍共接警出动1532起，其中火灾扑救629起、抢险救援480起、社会救助225起、公务执勤178起、其他20起，无反恐排爆事件；共出动队伍1631队次，出动车辆3706辆次，出动人员20661人次，抢救被困人员248人，疏散被困人员181人，抢救财产价值1092.35万元，保护财产价值6684.23万元，参战人员无伤亡。其中火灾629起，死亡1人，受伤10人，重伤1人，轻伤9人，直接财产损失713.23万元，过火面积7830.3平方米，受灾户数626户，受灾人数476人，成功处置“10·4”岑溪市水汶镇洪水救援、“11·14”龙圩区科丽能环保有限公司火灾、“12·7”万秀区西江二路商铺火灾、“12·17”蒙山新圩镇山火等多个急难险重任务，完成全自治区全市“两会”、第十八届梧州宝石节等多项消防安保。年内市消防救援支队受表彰集体有10个，立功消防救援人员7名，受嘉奖消防救援人员84名。万秀区水上消防救援站入选自治区“最美搜救人”名单，银湖南路特勤站获评自治区青年文明号。

【实训演练】 2021年，市消防救援支队始终紧盯实战需求，聚焦“全灾种、大应急”综合救援职能，组建水域救援专业队，开展全员岗位大练兵，常态化开展“高低大化”、地震、水域、涉疫、实战拉动演练。坚持战训大讲堂、典型案例研讨等制度，围绕梧州市常见灾害类型，以及作战训练安全等课题，开展业务学习、战例剖析、专业技术培训和战术攻关，推行“全员普训，随机抽考”训考模式，固化冬季、夏季训练机制，分层级、分岗位开展达标训练。年内，开展数字预案制作、水域救援、地震救援、激流救援、冲锋舟艇驾驶、抗洪抢险、潜水救援以及航空索降应急救援等专项培训。

建强水域救援大队以及灭火救援专业队，配齐专业器材装备，全年支队开展实战演练不少于8次，大队开展不少于12次，队站开展不少于60天；健全专业培训体系，分级分批组织开展指挥长，指挥员轮值轮训；推动队站满编执勤，基层队站执勤人员不少于30人；加强与相关部门单位，以及蓝天救援队等社会救援力量的资源共享、队伍联训、应急联动，形成作战合力；大力推进专职消防队伍建设，优化站点布局，开展乡镇政府专职消防队达标建设，乡镇专职消防队完成达标建设100%；年内分级制订“六熟悉”（熟悉辖区交通道路、消防水源情况，熟悉消防安全重点单位数量、分类和分布情况，熟悉消防安全重点单位建筑物结构和使用情况，熟悉消防安全重点单位重点部位情况，熟悉消防安全重点单位内部消防设施和消防组织情况，熟悉辖区主要灾害事故类型和处置对策、基本程序）手册和重点单位灭火救援预案305份，开展“六熟悉”1555次，实战演练713次。

【基础设施建设】 2021年，市消防救援支队投入3920万元集中采购新配备水域救援装备器材共10947件（套），水域救援车辆10辆，消防冲锋舟1艘；投入624万元集中采购新配备消防车辆1辆及个人防护装备2850件（套）。年内，支队“5站1基地”建设项目纳入梧州市人民政府2021年“三年三工程”作为市重点工作推进，总投资约9300万元。训练基地项目已立项，河东消防救援站、高新技术产业开发区消防救援站项目进入土地划拨阶段，循环经济产业园区消防救援站、岑溪二站办理项目前期手续，藤县二站办理不动产权证，藤县太平小型站由县政府代建。

【消防安全宣传教育】 2021年，梧州市开展消防宣传“五进”（进学校、进社区、进企业、进农村、进家庭）工作，将消防安全教育纳入文明城市创建、义务教育、普法教育、国民素质教育、城乡科普教育范畴，指导全市的消防安全宣传教育。市消防救援支队利用消防科普教育活动、消防站开放日活动等开展消防宣传共计81次。制作的《14个液化气罐！保住了！》《惊险！梧州突然刮阵风，两名工人被挂高楼外荡秋千》《吓人！村庄惊现大蟒蛇》《男孩脚被卡自行车后轮》和《蒙山县一男子深山采灵芝失联消防员徒步7公里成功救援》作品先后被中国消防微博、广西消防微博、广西电视台、梧州电视台、西江都市报、梧州零距离网等媒体采用、转发。

（市消防救援支队）

应急处突

【应急值守】 2021年，梧州市应急管理局严格落实值班值守制度，扎实做好安全生产、自然灾害突发事件信息的研判、处理和报送工作，提升应急指挥组织领导能力。对标“全灾种、大应急”任务需求，以重大灾害事故应对处置工作为引领，建立24小时“1+2+8”的应急值守备勤模式，即1名带班局领导+2名科级值班长+8名不同专业领域值班员（2名周末值班员、1名防火值班员、1名防汛值班员、1名技术值班、1名司机、2名专职值班员），全面规范值班值守工作内容、工作流程、值班人员职责，逐步实现值班工作由凭经验向“程序化”“规范化”“标准化”转变，确保全年各重大节庆和重要时段应急值班值守工作到位。

【突发事件处置】 2021年，市应急局接到各类应急处突话务总量约1900个，其中接群众报警、投诉、举报等电话200个，接公安110转警电话及各县（市、区）应急局上报突发事件电话170个；接到各类突发事件信息700多条，接收办理传发各类文件260余份。

全年全市发生影响较大的安全生产、自然灾害等相关突发事件有：1月9日，蒙山县西河镇水秀村国道321线古湄电站路段发生1起较大道路交通事故，造成5人死亡；9月4日，G6517柳梧高速梧州段K25+600米柳州往梧州方向，发生一起较大道路交通事故，造成3人死亡；10月20日，中通快递桂东（岑溪）智能科技电商快递产业园发生一起较大高处坠落事故，造成3人死亡；12月2日，万秀区塘源环城高速公路发生一起较大道路交通事故，造成4人死亡；12月15日，蒙山县新圩镇貌仪村发生一起森林火灾，涉灾山林面积约50.67公顷。

在各类突发事件处置过程中，应急响应和各项应急联动机制能够按照规定迅速联动，协调各部门按照职责及时调派应急队伍和救援设备及资源进行应急处置，最大限度减轻突发事件造成的损失和影响。全年全市未发生重大及以上生产安全事故或自然灾害类突发事件。

（市应急局）

【卫生应急】 2021年，市卫生健康委牵头制订《梧州市新冠肺炎突发疫情应急处置工作预案》《梧州市全员新型冠状病毒核酸检测组织实施工作预案》等文件。深层次培训队伍，全市开展多种形式的培训约300次，涉及培训人员近万人。市各级卫生部门持续开展卫生应急救护知识技能“五进”（进社区、进农村、进学校、进机关及企事业单位、进家庭）活动，全年累计派出医疗专家6870人次，进入950多所学校，开展培训、主题活动等1010场次，普及40.10万人次。高效处置突发事件，应急医疗救援及时有效。全年全市共上报和处理各类突发应急事件57起，累计救治1442人；完成各类大型活动医疗保障任务，全年共计参与83次，派出医务人员638人、121车次，有效地保障活动人员的生命健康安全。

（市卫生健康委）

【水文应急测报】 2021年3月初，梧州水文中心开展辖区内实战性应急测报演练，5个应急小组奔赴各自指定的5个监测断面完成洪水过程流量测验，30分钟内全部完成数据审核和发报；5月中旬，完成全自治区水文在桂林组织的特大洪水测洪演练。6月初，蒙江发生洪水，梧州水文中心派出应急队到蒙山水文中心站应急测报，完成各项测报任务。6月23日，浔江支流安平河岭脚水文站出现超警戒水位1.05米洪水，梧州水文中心提前3小时发布洪水蓝色预警，提请沿江区域有关单位及社会公众加强防范，及时避险。

（梧州水文中心）

【土地山林水利纠纷调查处理】 2021年，梧州市共调处土地、山林、水利“三大纠纷”案件402起（包括历年积案43起）。其中，土地纠纷案件216起，占全部纠纷案件的53.73%；山林纠纷案件174起，占43.28%；水利纠纷案件12起，占全部纠纷案件的2.99%。调结385起（其中土地纠纷207起，山林纠纷167起，水利纠纷11起），调结率为95.8%；其余均按要求做好稳控工作，没有发生因“三大纠纷”调处不力而引发严重危害社会稳定的重大群体性事件和因“三大纠纷”调处不力而致使纠纷转化为恶性刑事案件。各级调处机构年内共处理群众来信172件，接待来访群众1241人次。市调处办对群众来访来信反映问题均依法受理办理，并将办理结果及时反馈群众。在纠纷调处中，各基层调处机构注意创新工作方式方法，坚持推行一线调处、“321”三级调解等工作方法，在广大城镇村屯大力开展普法教育，教育帮助基层群众“依法处纠”“依法解纠”，取得相当的成效，为全市社会繁荣稳定的局面提供了助力。

（市政府调处办）

编审：陈范生　编辑：周巧玲

县（市）区

苍梧县

【概述】 苍梧县位于梧州市北部。地处北纬23°25′51″—24°10′19″，东经110°50′55″—111°39′46″之间，洛（阳）湛（江）铁路，包茂高速公路、柳梧高速公路，国道207线、321线、355线和浔江、桂江过境。辖9个镇，县人民政府驻石桥镇，行政区域面积2782平方千米。2021年年末人口41.42万人，其中农村人口29.27万人，有壮族、瑶族等少数民族人口4242人。人口自然增长率3.9‰。耕地面积1.19万公顷，农田有效灌溉面积1.09万公顷，经济作物种植面积1.76万公顷，林地面积23.13万公顷。社会用电量11.58亿千瓦时。农业机械总动力27.99万千瓦。等级公路里程1455.51千米，其中二级以上公路167.57千米。主要旅游景区（点）有六堡茶生态旅游景区、仙迹桃花岛乡村旅游区、飞龙湖国家森林公园等，其中六堡茶生态旅游景区为国家AAAA级旅游景区。全年接待游客234.99万人次。重要矿产资源有铅、锌和花岗岩等。著名地方产品有六堡茶、松脂、八角、肉桂、砂糖橘、香蕉、迟熟荔枝、龙眼等。是广西商品粮基地、中国八角之乡、全国诗词之县、全国十大魅力茶乡、自治区级生态县、全国法治县（市、区）创建活动先进单位和全国八大产脂县之一。

2021年，实现地区生产总值67.68亿元，其中第一产业增加值28.22亿元，第二产业增加值17.38亿元（工业增加值8.72亿元），第三产业增加值22.07亿元。财政收入7.62亿元，其中公共财政预算收入4.99亿元；公共财政预算支出24.63亿元。全社会固定资产投资增速35.5%。社会消费品零售总额13.88亿元。外贸进出口总额4.23亿元（人民币）。实际利用外资1030万美元。城镇居民人均可支配收入28251元，农村居民人均可支配收入12108元。城乡居民年末储蓄余额97.28亿元。

中共苍梧县委书记：林树锋（6月离任）、覃学海（6月任职）。县人大常委会主任：梁杰森（8月离任）、黄海平（8月任职）。县长：覃学海（8月离任）、孔斌（8月任职）。县政协主席：黄海平（8月离任）、蒋庆华（8月任职）。

【工业】 2021年，苍梧县全年签约项目12个。另外，与红星美凯龙集团签订了约492亿元投资框架协议。年内，编制工业发展“十四五”规划，全面推进39个“工业振兴年”项目，全县新增规模以上工业企业8家。累计有规模以上工业企业27家。其中，木材加工制品业7家、专用设备制造业3家、非金属矿采选业3家、非金属矿物质业5家、精制茶制品业2家、医药制造业1家、玩具制品业1家、电力生产业4家、金属制品业1家等9个行业。规模以上工业总产值同比增长29.1%，规模以上工业增加值同比增长21.8%。完成工业投资同比增长69.2%，其中技改投资同比增长48.9%。推进园区规划建设，旺甫工业小镇完成土地平整313.33公顷，园区道路建设10千米，给排水管网13千米，污水管网20千米，标准厂房12万平方米，企业办公用房5000平方米，规划展示馆750平方米，供电线路7千米，启动21万平方米标准厂房项目建设。东融扶贫产业园基础设施（一期）建设工程完成土地平整约46.67公顷；六堡茶产业园完成平整土地约33.33公顷，建设路网1.6千米；六堡茶文化展示中心完成主体建设，产业园广场竣工并投入使用。

【农业】 2021年，全县农林牧渔业总产值46.37亿元，同比增长9.8%。粮食生产以水稻为主，以及马铃薯、玉米、红薯、豆类等。全年完成粮食播种面积2.14万公顷，粮食总产量12.16万吨，其中水稻播种面积1.67万公顷，总产量10.66万吨；玉米693.33公顷，产量3100吨；大豆500公顷，产量900吨；马铃薯680公顷，产量3200吨；红薯2346.67公顷，产量7000吨；其他粮食作物480公顷，产量800吨。经济作物种植面积4353.33公顷。其中花生2026.67公顷，同比增3.89%，产量6550吨，同比增7.82%；木薯1720公顷，同比增1.78%，产量1.07万吨，同比增4.73%；中草药类种植面积480.67公顷。水果栽培规模面积9986.67公顷，新种水果面积330.33公顷，主要品种有砂糖橘、荔枝、三华李、龙眼、百香果等。水果总产量21.03万吨（其中柑橘类产量17.5万吨）。总产值5.81亿多元。蔬菜种植面积1.01万公顷，同比增长4.62%，产量23.47万吨，同比增长6.24%。全县有畜禽规模养殖场46家，比上年新增11家。年末生猪存栏11.07万头，同比增长16.79%；能繁母猪存栏6611头，同比增长7.53%；生猪全年出栏18.66万头，同比增长39.04%。全年家禽养殖922.79万只，同比增长12.23%。家禽出栏698.07万只，同比增长17.55%；年末家禽存栏224.73万只，同比下降1.59%；年末牛存栏4257头，同比增长35.83%；牛全年出栏2662头，同比下降17.53%。年末羊存栏3753只，同比增长52.87%；羊全年出栏5100只，同比增长7.16%。全县肉类总产量2.46万吨，同比增长24.08%；禽蛋产量134.94吨，同比下降36.79%。年内，自治区下达苍梧县农业生产发展资金（耕地地力保护补贴项目、涉稻生产补助项目）1847.98万元。其中，耕地地力保护补贴资金1053万元，补贴面积7041.89公顷，受益农户7.04万户。全县发放稻谷生产补贴资金444万元，发放率100%，补贴面积8746.66公顷，受益农户5.42万户、合作社1个；全县发放实际种粮农民一次性补贴资金343.63万元，受益农户6.75万户，补贴面积6280公顷。

2021年12月8日，梧州市茶园建设大会战苍梧县分会场在六堡镇大中村沙除茶园、塘平村顺冲茶园同步举行。图为大中村分会场

苍梧县史志研究中心 供图

【生态建设】 2021年，苍梧县经梧州生态环境监测中心对苍梧县东安江新建电站、东安江思留口地表水监测断面的主要监测指标浓度数据进行统计和审核结果，2个地表水监测断面水质均达到《地表水环境质量标准》（GB 3838—2002）Ⅱ类以上水质标准，达到国家考核要求。县内农村万人千吨饮用水水源地——沙头镇白水爽水源地，水质均达到《地表水环境质量标准》Ⅲ类或以上水质标准要求，水质达标率为100%。全县空气质量优良天数比例为97.8%，有效天数365天，其中优212天，良145天，轻度污染天数8天，无中度、重度及严重污染天数。首要污染物为$PM_{2.5}$。初步确定苍梧县声功能区划分范围，编制苍梧县城区声环境功能区划分技术方案，主要包括城市区域噪声现状监测、交通噪声现状监测、声功能区噪声现状监测等共128个点位。暂无声环境质量监测数据。做好环境影响评价，继续加强环境准入制度，依据“三线一单”（以生态保护红线、环境质量底线、资源利用上线为基础，编制生态环境准入清单）运用平台，分析项目环境准入可行性，提升县域经济高质量发展。年内，全县审批建设项目环境影响评价报告表9件，登记表网上备案40件。无不符合国家产业政策、环境污染严重、物耗能耗高、污染物不能达标排放的投资项目。大气污染防治，印发《苍

梧县2021年冬季—2022年春季大气污染综合治理攻坚行动方案》，加强防控基础设施建设，在新县城适当位置安装高清监控，远程监管周边燃烧秸秆（杂草、垃圾）和产生工地扬尘等情况并迅速落实处置。加强建筑施工工地扬尘、渣土运输车辆抛洒行为管控，确保扬尘污染治理取得成效。开展成品油专项执法检查，强化油气回收工作。加大秸秆焚烧管控巡查督查频次和宣传力度，严格落实县、镇、村三级秸秆禁烧网格化监管制度。研究调整扩大烟花爆竹禁烧区范围，加强烟花爆竹禁燃禁放宣传和管控，确保空气质量持续稳定好转。加强重污染天气应急预案响应工作，有效应对重污染源天气防控。水污染防治，编制《梧州市苍梧县东安江流域水环境综合整治方案（2021—2025年）》，开展水源地规范化建设，对农村饮用水水源保护区（范围）的边界设立地理界标、警示标志。开展农村千人以上饮用水水源保护区划定工作，划定京南、石桥、沙头、旺甫、狮寨、六堡、木双、岭脚8个镇21个千人以上农村集中式饮用水水源保护区，其中地表水型19个，地下水型2个，划定水源保护区总面积15.31平方千米。开展旺村饮用水水源保护区上游桂江水质提升工作，清理整治京南水利枢纽至旺村水利枢纽内违规网箱养殖。实施农村环境综合整治，完成垃圾处理设施项目3个，生活污水处理设项目4个，修复农村生活污水处理设施14套。开展生活污水垃圾、畜禽养殖等风险源排查，确保水环境安全。土壤污染防治，印发《苍梧县建设用地土壤环境联动监督管理实施方案（试行）》，加强土壤污染联动监督管理。开展涉镉等重金属重点行业企业排查整治行动，切断污染物进入农田的途径，降低农产品中镉等重金属超标风险。经排查，辖区内未发现涉重污染企业，无新增涉镉污染源。强化农用地土壤环境质量管控，完成农用地土壤环境污染状况详查，严控污染地块进入建设用地环节。经详查，未发现疑似污染地块及其他建设用地土壤污染情况，全县土壤环境质量总体良好，无污染地块。

【乡村振兴】 2021年，苍梧县推进乡村振兴领导体制有序过渡和调整优化，做好乡村振兴机构重组调整。6月，成立乡村振兴局；9月，成立县乡村振兴战略指挥部。县乡村振兴机构完善后，发挥乡村振兴工作专抓专推专督作用，抓好主体责任落实。严格落实5年过渡期“四个不摘”，巩固脱贫成果，加强返贫动态监测和帮扶，确保不发生规模性返贫。保持主要帮扶政策总体稳定，落实教育、医疗、饮水、住房等民生保障普惠性政策，做好政策延续、优化、调整，确保政策执行连续性。把握财政衔接资金使用范围和重点支持方向，保持资金投入力度总体稳定。贯彻执行上级政策，结合县内实际出台产业奖补、监测对象帮扶等实施办法，为脱贫人口和监测对象稳定脱贫谋求发展提供有力支撑。做好社会帮扶政策衔接，继续坚持和完善党政机关和国有企事业单位等乡村振兴定点帮扶机制，优化调整相关单位定点帮扶全县脱贫村、乡村振兴重点村。将开展巩固脱贫成果同乡村振兴衔接工作主要指标、重点工作细化，分解落实到专责小组、行业部门、乡镇、帮扶单位，明确责任单位、目标任务和完成时限，对工作滞后的及时派单督办，确保各项指标任务有人抓、有人盯、有人管。对全县1851户6802人监测对象做好后续跟踪和信息监测，针对不同返贫、致贫风险因户制宜落实产业、就业、教育、医疗、低保等帮扶政策及措施，帮助监测对象增加收入，巩固“两不愁三保障”。开展乡村振兴示范点建设工作，重点打造15个乡村振兴示范点，新增2个乡村振兴示范点。抓好六堡特色小镇、茶船古道·诗画东安江等特色旅游，深入打造茶船古道·诗画东安江文化旅游示范带，扩大“2+15”个乡村振兴示范点建设成效，创建乡村振兴示范区、示范镇、示范村。美丽乡村展现新颜。持续抓好村庄“三清三拆”整治，完成全县2350个基本整治型村庄建设、34个村组985栋农房风貌塑造工作。投入中央资金2072万元，强化农村生活垃圾、厕所革命、生活污水等治理。苍梧县获“2021年广西休闲农村与乡村旅游示范点”，六堡镇大中村、梨埠镇沙地村获“广西乡村旅游重点村”称号，木双镇西中村获“自治区乡村振兴改革集成优秀试点村”称号。深化“四好农村路”建设，完成农村独立桥梁23座、5个共15.2千米的路面提升工程，行政村客运通达100%。苍梧新县城城市功能日趋完善。新开工项目72个，推动“一城两镇”成为全市产城融合新典范。其中，新县城新开工项目37个，

2021 年苍梧县乡镇情况表

表 24

名称	土地面积（平方千米）	行政村（个）	社区（个）	村民小组（个）	年末人口（万人）	耕地面积（公顷）	地区生产总值（万元）	全年财政（税）收入（万元）	农民人均纯收入（元）
石桥镇	248.00	13	2	356	7.24	2241.82	123871	7133	17100
岭脚镇	456.79	22	2	476	6.60	2261.63	75200	915	12100
京南镇	383.57	21	2	329	4.79	1211.72	54677	1006	12100
狮寨镇	284.01	12	1	217	1.96	895.46	32688	306	12700
六堡镇	291.00	16	1	242	2.72	754.82	66620	806	12108
梨埠镇	246.18	12	1	226	3.85	736.26	4003	1263	11945
木双镇	148.50	7	1	128	1.76	366.05	31768	2476	12108
沙头镇	420.00	20	1	481	7.70	2189.20	99760	1584	12956
旺甫镇	255.27	11	1	255	5.04	1424.54	178600	12615	12196

完成投资 39.53 亿元，县实验小学和第一公立幼儿园实现秋季招生开学目标，武装部新营院落成启用。旺甫工业小镇安排基础设施项目 20 个，完工项目 10 个，完成投资 2.5 亿元。六堡特色小镇“核心区”安排基础设施项目 15 个，建成项目 7 个，完成投资 1.93 亿元。

【特产与美食】

六堡茶　主产地苍梧县六堡镇，属黑茶类。以“红浓陈醇”著称。清朝嘉庆年间列为全国 24 大名茶之一。外形色泽黑褐、汤色红浓明亮、醇厚甘爽、香气陈醇，有槟榔香味。叶条黏结成块，以陈为优，间有金色菌孢子，特耐冲泡，隔夜味道不变，汤色不浊。陈年六堡茶有生津解暑、提神清心、益脾消滞等功效。六堡茶的制作分鲜叶加工和毛茶加工。鲜叶加工：采一芽二叶至四叶，经杀青、揉捻、沤堆、复揉、干燥等工序。沤堆是形成六堡茶的重要过程。毛茶加工：经过筛整形、拣梗拣片、拼堆、冷发酵、烘干、上蒸、踩篓、凉置陈化等工序。最后一道工序在阴凉湿润的地方陈化，须经半年左右。民国时期，六堡茶为苍梧县大宗出口商品，年出口量千吨左右。解放初期，产量 400 吨左右。20 世纪 60 年代后，由于茶叶价格低、利润低，影响茶农种茶积极性。2000 年后，政府鼓励扶持六堡茶产业发展，成为特色产业。

沙头迟熟荔枝　主产地苍梧县沙头镇。由林水镇古凤村引进名优荔枝树种，经科学培育而成。沙头镇是盛产遐迩闻名优质迟熟荔枝之乡，广西荔枝适栽区的北缘地带，为小盆地气候，气温比县境南面稍低，土质肥沃，适宜荔枝生长。新栽荔枝树一般种下 4 年挂果。沙头迟熟荔枝上市期为 7 月下旬，在全国荔枝主产区丰产期之后，比本市传统荔枝区“古凤荔”迟 7—10 天；比广东、广西荔枝主产区迟 10—15 天，荔枝成花质量高，稳产、高产，荔枝鲜果肉脆、质优、核中小，外观色泽鲜艳，果皮略厚，且错开销售竞争期，适宜贮运。

（杨伟之　谢　群）

岑溪市

【概述】　岑溪市位于梧州南部，地处北纬 22° 36′ 39″—23° 12′ 34″，东经 110° 43′ 04″—111° 22′ 10″。益湛铁路，岑梧、岑兴、岑罗高速公路，国道 207、324 线和黄华河、义昌江过境。辖 14 个镇，市人民政府驻岑城镇，行政区域面积 2770 平方千米。2021 年年末，岑溪市人口 97.36 万人，其中乡村人口 53.46 万人，有壮族、瑶族等少数民族人口 8680 人。人口自然增长率 4.23‰。耕地面积 2.5 万公顷，农田有效灌溉面积 18860 公顷，经济作物种植面积 35306.67 公顷，林地面积 20.73 万公顷。社会用电量 15.05 亿千瓦时。农业机械总动力 33.14 万千瓦。等级公路里程 2204.48 千米，其中二级以上公路 154.66 千米。主要旅游景区（点）有 6 个，其中天龙顶山地公园、东山文化公园为国家

AAAA级旅游景区。全年接待游客681.58万人次。重要矿产资源有铅锌矿、稀土，其中稀土储量100万吨。著名地方产品有岑溪古典三黄鸡、砂糖橘、肉桂、桂圆肉和软枝油茶。是中国花岗岩之都和全国花岗岩石材生产基地县（市）、中国肉桂之乡、中国古典三黄鸡之乡、中国观赏石之乡、中国长寿之乡、中国绿色名市、全国生态文明先进市、西部地区农民创业促进工程国家试点县（市）、全国绿色食品原料（砂糖橘）标准化生产基地县（市）、全国平安农机示范县（市）、自治区创建无公害水果生产基地县（市）、自治区无公害粮食生产示范基地县（市）、自治区粮食生产先进单位、自治区双拥模范城、自治区健康促进市。2021年，岑溪市获评广西特色文艺之乡（龙母文化），岑溪市文化广电体育和旅游局获评全国群众体育工作先进单位，岑溪市广播电视台成为广西第二个、梧州第一个实现高标清同播的县级广播电视台。岑溪运动员刘清梅在全国第十一届残运会获3枚铜牌。岑溪市梨木镇里汉村陈月英获得自治区道德模范提名奖。脱贫户廖木森入选第八届全国孝老爱亲模范候选人名单，其家庭被评为全国最美家庭。

2021年，实现地区生产总值232.57亿元，其中第一产业增加值49.24亿元，第二产业增加值84.50亿元（工业增加值69.06亿元），第三产业增加值98.83亿元。人均地区生产总值32056元。财政收入14.08亿元，其中一般公共预算收入85371万元；一般公共预算支出411851万元。固定资产投资（不含农户）完成额116.48亿元。社会消费品零售总额45.98亿元。外贸进出口总额1.67亿元。实际利用外资611万美元。城镇居民人均可支配收入38782元，人均消费性支出14333元。农村居民人均可支配收入19229元，人均消费性支出12375元。城乡居民年末储蓄存款余额237.15亿元。

中共岑溪市委书记：罗伟雄。市人大常委会主任：羽国强。市长：吴伟华（侗族）。市政协主席：冯天德（任至8月），韦学文（8月任职）。

【工业】 2021年，全市182家规模以上工业企业，其中实现当月生产总值亿元以上企业54家。全年累计完成规模以上工业总产值190.3亿元，同比增长18.8%。实现规模以上工业增加值62.57亿元，同比增长18.8%。按行业划分，电子制造行业企业8家，累计产值11.87亿元，同比增长21.65%；服装纺织行业企业4家，累计产值1.34亿元，同比下降78.23%；建材行业企业8家，累计产值9.83亿元，同比增长3.62%；林产林化行业企业18家，累计产值22.9亿元，同比增长10.53%；石材行业企业115家，累计产值96.17亿元，同比增长55.4%；陶瓷制造行业企业9家，累计产值12.73亿元，同比下降38.14%；有色金属行业企业4家，累计产值15.51亿元，同比增长15.63%。

全年工业投资534901万元，同比增速21.44%；工业技改投资16.52亿元，同比增速60.31%，其中5000万以上项目同比增长29.59%、5000万以下项目同比增长9.02%。岑溪市有2个稀土产业项目列入自治区“千企技改”工程项目，其中广西西骏年产5000吨稀土氧化物冶炼分离异地升级技术改造项目是2017年引进的项目。该项目实行“污污分离，分质治理”，实现生产废水全回收循环使用，具有投资大、规模大、技术含量高、环保清洁、市场前景好、产业带动作用强等特点，是市稀土

2021年12月8日，第五届中国（岑溪）石材建材博览会在岑溪市明华城召开
《今日岑溪》编辑部 供图

产业发展的突破口和着力点。该项目是把西安西骏新材料有限公司年产5000吨稀土氧化物冶炼分离成套生产线，实施整体搬迁至岑溪市稀土新材料科技产业园，并进行技术升级改造。广西域潇西骏稀土功能材料有限公司开展建设年产3000吨稀土金属及合金项目。年产值4.5亿元，缴纳税金171.9万元。广西域潇西骏稀土功能材料有限公司年产3000吨稀土金属及合金项目、岑溪市伟正石材有限公司新型工业化（花岗岩石材）绿色循环经济产业示范区绿色石材加工区工程项目、广西业盛富泰实业投资有限公司岑溪泰森新纺织产业集聚区。列入自治区“千企技改”工程项目。

【农业】 2021年，全市完成粮食播种面积4.37万公顷，粮食总产20.17万吨；平均每公顷产粮4616.4千克。其中，水稻播种面积2.81万公顷，玉米播种面积4206公顷，合计谷物类播种面积3.55万公顷，总产量18.52万吨，每公顷产5211.15千克。通过“示范区企业+基地+专业合作社（村集体经济组织）+农户”模式建设农业示范园区。年内，获认定的自治区级核心示范区2个，县级示范区9个，乡级示范园40个，村级示范点278个。各级财政累计投入示范区4.02亿元，拉动社会各方投资10.6亿元。示范区核心面积3875.73公顷，引进经营业主358个（其中农业企业82个，合作社131个，家庭农场145个），创建注册商标35个，获“三品一标”认证产品18个，引进新品种240个，引进先进生产技术189项。1—12月示范区销售总额3.22亿元，带动农户29364户，从业农民工11236人，脱贫户1283户，脱贫人口3762人。示范区核心区农村居民人均可支配收入比当地提高20%以上。

全市生猪出栏52.97万头，同比增43.41%；家禽出栏3339.10万只，同比增5%；肉牛肉羊出栏1.13万头，同比增9.63%；肉类总产量预计完成11.06万吨，同比增长32.2%；禽蛋完成产量0.34万吨，同比增长5%。水产品产量完成1.91万吨，以饲养草鱼为主，兼养罗非鱼、叉尾鮰、鳙鱼等品种，同比增7%。生态养殖认证，推广应用“微生物+”生态养殖模式，主要推广“饲料微生物化+固液分离”“饲料微生物化+高架网床”“饲料微生物化+高架网床+异位发酵床”等养殖模式，大力发展生态养殖，至年底，岑溪市获得认证生态养殖场84个，其中五星级3个，四星级32个，三星级49个。

【生态建设】 2021年，岑溪市全面落实中央生态环境保护督察反馈问题整改要求，完善矿山标准化建设、矿山复绿技术指导、固废处置等系列政策措施，投入资金4.88亿元，清理1400万吨，硬化道路25万平方米，修缮截排水沟3.6万米，植树95万棵，种草192万平方米，覆盖网137万平方米。18座花岗岩矿山生态环境问题均整改完成90%以上，其中10座整改完成95%以上，整改工作取得阶段性成效。新引进花岗岩矿山固废处置企业19家，其中9家上统。深化污染防治攻坚，空气优良天数比率99.73%，一氧化碳、二氧化氮、$PM_{2.5}$日均浓度分别同比下降11.8%、9.5%、4.2%；义昌江平断面年均水质达地表三类水标准；岑溪市污染地块安全利用率100%。实施5个国土绿化项目，植树造林4733.33公顷。亮化改造“一河两岸”12.4万平方米。开工改造18个老旧小区1408户共12.35万平方米。建成地下管网46.37千米。市污水处理厂二期竣工投入使用。城市生活污水集中收集率45.7%，较2020年提升近15个百分点。12月30日，岑溪市与广西北投环保水务集团公司签约环保水务项目。

【乡村振兴】 2021年，岑溪市接续启动实施乡村振兴三年攻坚行动，落实财政衔接推进乡村振兴补助资金1.42亿元。979户4398名监测对象解除返贫致贫风险。完成1958栋农房特色风貌塑造、2031个全域基本整治村庄建设。建成农村公际联网工程44个，新增四级公路130千米。农村自来水普及率85.2%。农村卫生厕所普及率95.2%。生活垃圾收运处置体系覆盖行政村比例100%。新增自治区级农业产业化重点龙头企业1家、自治区级示范家庭农场2家、梧州市农业产业化重点龙头企业2家、梧州市农民合作社示范3家、梧州市示范家庭农场6家。岑溪市列入国家农产品产地冷藏保鲜整县推进试点，成为梧州唯一入选广西市领导联系推动创新驱动乡村产业振兴试点、自治区数字乡村试点的县（市、区）。糯垌镇绿云成功创建广西五星级乡村旅游区、广西旅游重点村、自治区休闲农业与乡村旅游示范点。

【特产与美食】

花岗岩 岑溪市是中国最大的花岗岩生产基地之一，具有丰富的花岗岩资源，花岗岩矿脉长23千米，宽8千米，面积184平方千米，储量约21亿立方米。全市有大小矿山31座，年产花岗岩荒料120万立方米；规模以上石材加工企业有83家，圆盘锯1400多台，具有花岗板材年产能力6000多万平方米，在岑城、马路、归义、糯垌、三堡等镇建成12个较为集中的石材加工区，总面积300多公顷。主要产品有岑溪红板材、三堡红板材、黑芝麻石板材、异形板材、石材工艺品、钾钠石粉等。2021年石材行业规模以上产值96.17亿元。

砂糖橘 岑溪市砂糖橘种植面积6666.67公顷，遍布全市14个镇，年水果总产量达35万吨；有水果专业合作社和水果销售协会80多家，建成砂糖橘采后商品化处理生产线40多条，8万多人专门从事砂糖橘种植、管理、采摘、包装、经销工作。其中筋竹镇成立农民水果专业合作社38家，设立柑橘黄龙病防控技术现场示范点1个。全镇砂糖橘面积3170公顷，产量20596吨，占全市柑桔总产量的29.17%。占全镇水果产量的96.43%。该产品主要销往东南亚各国，以及粤、港、澳、沪、苏、杭、京、东北等地。筋竹镇成为广西乡镇级最大的砂糖橘产销基地。2006年，被认定为广西无公害水果生产基地产地；2008年7月，获中国绿色发展中心颁发的绿色食品认证；“岑鲜牌砂糖橘”被广西战略推进委员会、广西壮族自治区质量技术监督局授予“广西名牌产品”称号；2009年4月，参加第十届中国（寿光）国际蔬菜科技博览会获中国农技协展团优秀产品奖。2010年，岑溪市砂糖橘无公害生产科普示范基地获得全国“科普惠农兴村计划”先进农村科普示范基地称号。2009年4月岑鲜牌砂糖橘获广西名牌产品称号；2010年1月，筋竹镇被广西壮族自治区人民政府授予“广西砂糖橘之乡”称号。

岑溪软枝油茶 岑溪软枝油茶属山茶科，2002年被国家林业局审定为良种林木。该品种成长快，结果早，产量高，7年进入丰产期，每公顷产油231千克，高产无性示范园每公顷产油900千克，种仁含油率51.37%—53.6%，各项均高于油茶良种标准。油质酸价1.06%—1.46%，低于3%的要求。1976年，原国家林业局在岑溪市建立岑溪软枝油茶种子园，承担攻关培育优良品种并向全国提供种苗的任务。经过多年的探索，已选育出40多个无性系品种，“岑软2号”“岑软3号”于2008年被国家林木良种委员会评为林木良种，为国内最高产无性系油茶之一。2010年1月5日，岑软2号、3号油茶无性系繁育与示范推广获2009年度广西科学技术进步奖二等奖。岑溪发展种植软枝油茶3000多公顷，培育油茶繁育苗圃5家，年产油茶苗木220多万株；发展软枝油茶采穗圃20多公顷，其中岑软2号、岑软3号优良无性系采穗圃3.33公顷，年产良种穗条160多万株。

金沙玉 又名金沙玉石，是矿石的一种，在石种中属于蜡石范畴。岑溪金砂玉，根据国家法定金银珠宝检测中心检测，岑溪金砂玉被鉴定为“石英岩玉”（黄龙玉的同一石种）。岑溪有23000多人直接或间接参与金砂玉的开发和经营。形成5个金砂玉奇石市场，拥有店铺60多个，还有一条专业奇石街，产品远销黑龙江、北京、天津、上海、云南、广东等地及部分东盟国家。2010年以来，岑溪市分别举办三届金砂玉奇石精品展。其中2011年5月6日举办的第二届中国岑溪金砂玉奇石精品展，展出的奇石精品超过700件，经过评审团对参加此次精品展的作品进行评奖，评出奇石金奖43件，银奖59件，优秀奖53件，金沙玉雕件金奖57件，银奖87件，优秀奖114件。2012年12月28日举办第三届中国岑溪·金砂玉奇石精品展。此届展出金砂玉精品500多件，奇石精品300多件。成功销售、订购各种金砂玉石成交额近600多万元，其中最贵重的金砂玉巨石以12万元成交价创造最高销售纪录。广西岑溪市拥有石馆100家左右，山料年产值大约3000—5000吨。2011年，岑溪市被授予“广西金砂玉之乡”称号，被中国观赏石协会评为“中国观赏石之乡”。中央电视台第七套《乡土》栏目摄制组到岑溪市拍摄金砂玉专题片。

三堡米粉 三堡米粉历史悠久，上规模的生产有40多年。三堡米粉是选用三堡特产优质大米及天然矿泉水，经科学方法及传统工艺精制而成，具有柔韧耐煮，细滑爽口，风味传统的特点，是老幼皆宜的绿色食品。三堡米粉，是三堡镇典型的食品加工业，三堡镇有100多户米粉加工专业户，大部分分布车河村，安山、美术、月田、扶南等村。三堡米粉获车河牌商标，在广东、广西地区销售。

古典型三黄鸡 是岑溪市糯垌镇传统三黄鸡经过系统选育而成的优质地方土鸡，是广西唯一没有引进任何血缘、没有进行任何杂交配种的地道原生态土鸡。古典型三黄鸡由农民在山林果园按标准化进行轮牧放养，其生长全过程都处在大自然之中，即采用“进山入林撒野去，返璞归真聚味回”的传统饲养方式。整个生产流程展现出古典型的品种，饲喂古典型的饲料，采用古典型的饲养方式。古典型三黄鸡肉香、皮脆、骨细、脂肪少、肥瘦适度，脚小而矮，体型小巧，外貌华丽，充分体现了古典型的风味和风貌。古典型三黄鸡的传统食用方法是白斩和爆炒，今推出隔水蒸鸡、手撕鸡、盐焗鸡、荷香鸡、怪味鸡等种类。不同年龄段的鸡用不同的烹调方法，做出不同风味。即将产蛋的小母鸡适宜做水蒸鸡、手撕鸡，阉鸡适宜做白切鸡，产过鸡蛋的母鸡适宜制作炒鸡，老母鸡适宜炖汤或做盐焗鸡。经营岑溪古典型三黄鸡的连锁店不但遍布两广，而且辐射到湖南、上海、北京等地。至2021年，连锁店已超过400家，从业人员达到15000多人，销售水蒸鸡超过350万只，销售收入达2亿多元。已有2万多岑溪农民直接参与古典三黄鸡产业链的生产和经营，推动了地方经济的发展。2003年，古典三黄鸡被评为“广西优质新产品”；2004年，古典鸡商标被评为“广西著名商标”；岑溪市被国家有关部门授予中国古典三黄鸡之乡称号；2008年，经广大群众投票选举，古典鸡获梧州市十大美食之首。

岑溪白斩狗 据有关史料所载，岑溪人大约在1000年前就有吃狗肉的习惯。在岑溪，有“冬至鱼，夏至狗”的说法。岑溪白斩狗讲究精制。除净毛和内脏后，狗肉要用盐渍一下，用白酒、姜片反复揉搓，再将白酒用水稀释浸泡狗肉1—2小时，清水冲洗，以除去土腥味。然后用燃烧干禾秆的烟熏黄，将整只狗放入锅中慢慢煮熟，放少量黄皮树叶以除腥臊。煮好的狗，皮色金黄光亮，肉厚皮脆，无油腻。将煮好的狗除去大骨，分斩成碟。白斩狗要求皮与肉之间“藕断丝连”，且色香味形俱全。白斩狗在装盘时要求排列整齐，红、白、紫、青等各种颜色佐料点缀其间（常用葱、蒜蓉、姜末、辣椒、紫苏、薄荷、芫荽等作为佐料）。食用时再蘸上调味汁，如果配上一碗岑溪的石磨米粉一起吃味道更好。岑溪人最爱吃的是白斩狗肉。因此，白斩狗肉成岑溪的名菜。1987年，岑溪大酒店的“狗扣、白斩狗、红烧狗拼盘”获广西旅游烹调会烹饪大赛三等奖；1991年，岑溪狗扣获广西旅游外事系统第三届烹调大赛二等奖。

岑溪石磨米粉 岑溪石磨米粉以归义（新圩）为代表，是岑溪市民早餐的主要美食之一，其历史悠久，相传源于春秋战国时期。每年农历五月初一，家家户户都要做米粉、吃米粉。久而久之，五月初一就演变成米粉节（又叫素食节）。岑溪石磨湿粉的制作非常讲究，关键在于其传统工艺及水质。首先，岑山溪水为制作米粉提供绝好的水质。次者就是选米，米首选晚禾，如是早禾蒸出的粉就大打折扣了。再次就是其工艺，所谓三磨一汤是绝招，三磨即米经粗磨、细磨、精磨才能蒸粉，成米浆后用铁皮托盘蒸、挂、晾、切，缺一不可，磨3遍的米浆做出来的米粉韧滑、细腻、柔韧、爽口，这样蒸出来的粉用手拿着扭转都不会断。上好的米粉还要有上乘的佐料，有蘸料、汤料，汤料里有沙骨、筒骨、食时骨，还有看不见的川茴、八角、草果等，浓郁醇香，回味无穷。岑溪石磨湿粉和岑溪白斩狗、鸭肉等同吃，更是别有一番风味！

虾儿堆 虾儿堆是岑溪市樟木圩的传统小吃。其中岑溪市樟木街的梁氏老字号虾儿堆是岑溪最有名气且最老牌的店。20世纪70年代，有梁氏在樟木圩的北帝庙摆摊做虾儿堆，以其鲜香酥脆爽滑的口感，在樟木圩一举成名，一直传承至今。虾儿堆是用虾米、香葱、米浆混合经油炸而成，但是要达到鲜香酥脆的效果，从选料到制作都极为讲究。米浆是大米浸泡透后再碾磨而成，浓稠度如油线状流下且无颗粒感为佳；虾米则为鲜活的大小均匀河虾，不可大于筷子不可细于米粒，否则在制作过程中会导致成熟度不一。小河虾要慢火翻炒烘干至金黄色，其过程必须掌握好火候，火候不到，则小虾米不够脆，火过旺，河虾会焦，影响口感；小香葱则与平常无异，切小段则可。准备工作就绪后，将香脆的河虾与葱花倒进米浆搅拌均匀，再用勺子舀进特制的浅如饼状的挂勺里，放入六七成热油锅里煎炸，约半分钟米浆就成为白色虾饼脱离挂勺漂浮在油面上，2分钟左右，虾饼变成金黄色即为成品。此时就可以将虾饼从油锅里捞出，沥干，放凉，便成为岑溪人喜爱的虾儿饼。再配着由花生粉、花生油、豉油、葱花等多种混合酱料秘制而成的料汁，一口下去，有河虾的鲜美，有炸饼的酥脆，有米粉的幼嫩爽滑，令人齿颊留香。

岑溪苦麦菜 苦麦菜含有苦味素、蛋白质、维生素B1、维生素C、胡萝卜素，还含有丰富的钾、钙、镁、磷、钠、铁、锰、锌、铜等元素。苦麦菜具有清热、凉血、解毒之功效。可调理外感发热、黄疸、疮肿、蛇虫咬伤等症。岑溪苦麦菜微苦略带甘甜，品种繁多，有的清脆，有的柔软而甜。不论炒或煮汤，均清香可口，做汤更佳。还可以生吃，用醋凉拌生麦菜，是夏季很好的消暑清热凉菜，据说还能防痢疾。岑溪苦麦菜很容易种植，生命力强，但在岑溪以外地方种植，很容易变种，甚至变得苦涩难以入口。岑溪人最爱吃苦麦菜，一年四季常吃不厌。在岑溪无论是在农家，还是在酒店都能吃上苦麦菜。

豆腐酿 岑溪豆腐酿历史悠久，制作独特，经济实惠，在广西享有盛名。岑溪的各大宾馆、酒楼，饭店、小食店等都经营有各种各样“煎”“炆”“煲”等多种豆腐酿，成了岑溪特色的饮食文化。豆腐酿是以嫩滑的豆腐为皮，中间用猪肉、牛肉或鱼肉加少许芫荽（香菜）、韭菜等剁碎为馅，把豆腐贴锅烤黄，再加酱油、生粉等为卤，俗称豆腐酿，其味嫩滑香甜。常食用岑溪豆腐酿可补中益气，清热润燥，生津止渴，也可增加营养，增强血液中铁的含量，为高血压、动脉硬化、冠心病患者的理想佳肴。此外还有茄子酿、苦瓜酿、切瓜酿、南瓜酿、辣椒酿、柚皮酿、竹笋酿、炸豆腐酿。

（岑溪市志办）

藤　县

【概述】 藤县位于梧州市西部。地处北纬23°02′35″—24°03′09″，东经110°21′00″—111°11′27″。益（阳）湛（江）铁路、南（宁）广（州）高速铁路、贵（港）梧（州）高速公路、柳（州）梧（州）高速公路、321国道和浔江、绣江、蒙江过境。辖15个镇和2个乡，县人民政府驻藤州镇。行政区域面积3946.19平方千米。2021年年末户籍人口112.53万人，其中农村人口68.48万人；常住人口79.67万人，有瑶族、壮族等少数民族13489人；人口自然增

2021年岑溪市乡镇情况表

表25

名称	土地面积（平方千米）	行政村（个）	社区（个）	村民小组（个）	年末人口（万人）	耕地面积（公顷）	全年财政（税）收入（万元）
岑城	213.31	14	19	689	22.27	1498.84	66296.04
马路	230.97	18	2	503	7.83	1746.73	4308.91
南渡	241.30	24	2	602	9.01	2356.32	865.32
水汶	204.57	22	1	505	6.14	2161.92	237.87
大隆	134.55	14	1	303	3.88	1220.92	1517.84
梨木	201.07	16	1	404	5.44	1764.36	1290.00
大业	148.11	14	1	309	5.72	1961.57	1414.27
筋竹	185.92	17	1	327	5.30	1180.46	1776.99
诚谏	187.72	19	1	396	5.30	2237.20	7160.00
归义	167.37	22	1	546	8.44	1740.75	2306.67
糯垌	191.71	20	1	435	8.29	2191.36	3702.00
安平	141.50	16	1	252	3.47	1069.44	1482.00
三堡	316.20	24	1	616	7.16	2388.90	2900.00
波塘	205.96	16	1	320	3.96	1146.91	419.21

长率0.45%。耕地面积3.8万公顷。农田有效灌溉面积2.42万公顷，粮食播种面积4.42万公顷，粮食总产量23万吨，经济作物种植面积5.57万公顷。林地面积29.27万公顷。社会用电量21.94亿千瓦时。农业机械总动力43.94万千瓦。等级公路里程2347.7千米，其中二级以上公路264.7千米。主要旅游景区（点）有石表山、蝴蝶谷、太平狮山、金鸡小娘山、天平罗漫山、新马袁崇焕故里和塘步禤州岛等20多处，其中石表山为国家AAAA级旅游景区和全国休闲农业与乡村旅游示范点，太平狮山为国家森林公园，藤县道家村为全国乡村旅游重点村和自治区五星级乡村旅游区。有全国文物保护单位1处、自治区级文物保护单位3处。全年接待游客680.32万人次，旅游收入67.96亿元。重要矿产资源有钛、铅、锌和高岭土等。著名地方产品有钛白粉、松脂、肉桂、八角、西甜瓜、江口荔枝、蜜柚、香芋、粉葛、同心米粉、太平咸酸菜、濛江大头菜等。是中国肉桂之乡、中国八角之乡、中国钛白之乡、全国诗词之县。年内，藤县获“中国陶瓷产业基地·藤县”“广西特色文艺之乡（龙母文化）”和2020年度“广西高质量发展进步县”称号；金茂等3家企业获得“广西工业龙头企业”认定；象棋镇道家村获“全国乡村治理示范村”“中国美丽休闲乡村”称号，濛江镇健良村获评全国“一村一品”示范村；藤县舞狮获评“2021中华体育文化优秀民族项目”；石表山风景区获评“2021中国体育旅游精品景区”。县文广体旅局获评“2017—2020年度全国群众体育先进单位”，县审计局、埌南镇新光村分别获评为第六届全国文明单位、文明村，金鸡镇富民社区居民唐基木获第八届全国道德模范提名奖。

2021年，实现地区生产总值268.38亿元，其中第一产业增加值72.02亿元，第二产业增加值82.85亿元（其中工业增加值67.19亿元），第三产业增加值113.51亿元。人均地区生产总值33688元。财政收入18.92亿元，其中一般公共财政预算收入11.39亿元；一般公共财政预算支出48.87亿元。全社会固定资产投资完成额137.38亿元。社会消费品零售总额60.39亿元。外贸出口总额4993.95万美元。实际利用外资637万美元。城镇居民人均可支配收入34203元，增速7.7%，人均消费支出22004元，增速4.4%。农村居民人均可支配收入16264元，增速11.3%，人均消费支出9422元，增速6.9%。城乡居民年末储蓄存款余额240.73亿元。

中共藤县县委书记：黄东明（7月离任）、杜诚（7月任职）。县人大常委会主任：蒙土金。县长：杜诚（7月离任）、蒙中平（8月任职）。县政协主席：刘敬堂（8月离任）、李有杰（8月任职）。

【工业】 2021年，藤县加快工业园区建设，标准厂房建设完成49.9万平方米，投资2.84亿元左右。中和陶瓷园区投入资金约4.8亿元，开工建设望园大道等7条道路，铺设排水管网、排污管网以及环境美化绿化，至年底竣工4条并投入使用。中和国际陶瓷交易中心一期项目完成建设并逐步交付使用，规模以上工业企业达到20家，实现产值83.3亿元，同比增长37.16%，获得自治区“特色产业园区”认定。实施广峰钛白等33个工业技改项目，完成工业技改投资18.03亿元，增长39.1%。宏胜陶瓷等4个工业项目开工建设，新瑞福陶瓷等8个工业项目加快推进，贡宝陶瓷等6个工业项目投产。全县规模以上工业总产值增长30.3%，规模以上工业增加值增长20.9%。工业用电13.22亿千瓦时，增长10.39%；工业用气1.23亿立方米，增长36%。陶瓷产业完成产值86.55亿元，增长37.3%；钛白产业完成产值25.64亿元，增长27.2%；造船产业完成产值12.14亿元，增长47.4%，林产林化产业完成产值6.62亿元，增长14.5%。

【农业】 2021年，藤县成功申报国家绿色高质高效粮食创建项目，建立17个水稻绿色高质高效示范片，创建面积超1.33万公顷。全面启动六堡茶茶园建设大会战，完成流转土地0.8万公顷，落实新种茶园219.53公顷，育苗圃20多公顷。建立撂荒地治理样板点25个，治理面积133.33公顷，带动复耕复种粮食面积666.67公顷。全年粮食播种面积4.42万公顷，粮食总产量23万吨；水果产量26.68万吨，蔬菜产量130万吨。新增“三品一标”农产品2个，“桂藤牌葛根粉”“琅琅思泉饮用天然泉水”和“六堡散茶”获得香港优质“正”印认证证书。双胞胎集团生猪养殖项目一期建成投产，生猪产能持续恢复，年末生猪总存栏24.39万头，增长16.86%，累计出栏43.3万头，增长37.52%。农林牧渔业总产值增长9.6%，其中，农业增长6.9%，林业增长7.8%，畜牧业增长22.5%，渔业增长5.5%。“藤县粉葛”获国家地理标志证明，藤县获评“中国葛根之乡”。县农业农村局获评“全国粮食生产先进集体”。12月25日，藤县获评为“2020年度广西高质量发展进步县”，在自治区33个农产品主产区中进步名次位列第一。

【生态建设】 2021年，藤县推进大气污染防治，严格管控工业企业废气排放、工地扬尘、烟花爆竹禁燃限放和秸秆禁烧，3家钛白企业实现“煤改气”，县城环境空气优良天数比率达到99.5%，广西排名第四。推进河长制，浔江、北流河、蒙江河等主要河流断面和县城集中式饮用水水源水质均达到二类，13个乡镇集中式饮用水水源达到三类以上水质，达标率100%。推进土壤污染防治，重点对大黎矿区环境进行整治，投资1000万元开展大黎铅锌矿区综合整治（二期）工作，7座矿山通过绿色矿山验收。全面推行林长制，推进国土绿化提质行动，完成植树造林5333.33公顷，义务植树206.1万株，有序开展松材线虫病疫情防控，森林资源保护稳步推进。

【乡村振兴】 2021年，藤县通过扶贫车间吸纳、返乡创业带动、组织企业集中招聘、组织劳务输出、推送就业信息、乡村公益性岗位安置等方式，推动脱贫人口52444人稳岗就业。新增脱贫人口小额信贷8358万元，年末贷款余额超2.8亿元，满足了脱贫人口的信贷需求。落实返贫动态监测帮扶机制，203户906名监测对象解除返贫致贫风险。聚焦南广高铁沿线，先后实施两批次农房特色风貌塑造，涉及藤州、塘步、天平3个乡镇29个村民小组2052栋房屋；完成危房改造200户。安排衔接资金3.15亿元，支持建设乡村振兴年度项目581个，新建硬化道路237条、“第一公里·桥”94座、农村供水保障项目74个。评定15家示范家庭农场，打造3个县级村级集体经济产业示范园，培育7个市级村级集体经济示范点，302个村（社区）村级集体经济收入均达6万元以上，收入总量同比增长17%。获评全国脱贫攻坚先进集体1个、先进个人1人，全自治区先进集体8个、先进个人9人，全市先进集体9个、先进个人13人。

藤县和平镇葛色天香现代特色农业核心示范区鸟瞰图

藤县史志办 供图

创建“首席法律咨询专家制度”并在全国获推广，藤县2020年开始创建“首席法律咨询专家制度”并率先在全国试行。全年首席法律咨询专家团队为县委、县政府就“四个重大”（重大公共风险防控、重大公共决策论证、重大矛盾纠纷调处、重大信访积案化解）方面等问题的处理出具法律咨询意见书65份，提供法律建议226条，成功处置重大信访案件45件。吸引广东、新疆、四川、福建、甘肃等全国多个省（市）政法委、法学会到藤县交流学习。4月20日，全国推进首席法律咨询专家制度工作现场会在藤县召开，藤县经验在全国推广。10月15日，《民主与法制时报》在头版头条对推行工作进行报道。

9月，中国轻工业联合会授予藤县“中国陶瓷产业基地·藤县”称号，再次获评“中国最具影响力产区”，并获自治区“特色园区”认定。园区企业获国家专利100多项，实现科技成果转化90多项，有6家企业参与行业（国家）标准制定，5家企业分别与景德镇陶瓷大学、华南理工大学、广西师范大学、广西大学和桂林理工大学等院校建立产学研基地，4家企业成立研究院（产品研发中心）。产品获国家绿色建材产品认证证书3张，建材环保产品认证证书2张，实现了广西绿色建材产品认证证书零突破。2021年年底，园区已建成面积1200多公顷，有46家企业签约入驻，已投产企业26家（陶瓷企业15家、配套企业11家），有陶瓷生产线49组，年产量超3.5亿平方米，产品主要以建筑陶瓷为主，涵盖抛光砖、仿古砖、抛釉砖、大理石瓷砖、内墙砖、外墙砖、中板、发泡陶瓷等种类，拥有“欧神诺”“卓德”“新舵”等驰名品牌。有陶瓷配套生产线15条。全年实现规模以上工业总产值83.3亿元，综合税收入库3.6亿元。

【特产与美食】

藤县无籽西瓜 藤县无籽西瓜普通只重4—8千克，椭圆形，浅墨绿色，皮薄而坚韧，耐于贮运。无核，瓜瓤鲜红起沙，果汁饱和；入口松化无渣，清甜如蜜。含大量糖分和丰富的瓜氨酸、维生素、碳水化合物及钙、铁、磷等多种对人体有益物质。具有清热解暑，止渴利尿，宽中下气等功效。

藤县香芋 盛产于藤县和平镇。该产品个大，外皮薄亮，呈棕色，肉质细腻，有槟榔红花纹，熟后松软芳香。含高量淀粉和粗蛋白，营养丰富。切片油炸佐“红烧扣肉”或“五香兔扣”，食无油腻，甘美醇香。切成指粗粒状，拌米浆做成芋头糕，怡味芳口。

藤县粉葛 粉葛，是豆科葛属植物。以根入药，中药名为葛根。粉葛是一种营养独特、药食兼优的绿色食品。《本草纲目》载：葛根，性凉、气平、味甘，具清热、降火、排毒诸功效。现代医学研究表明：葛根中的异黄酮类化合物葛根素对高血压、高血脂、高血糖和心脑血管疾病有一定疗效。具有解肌退热，生津，升阳止泻，透疹功效。藤县粉葛种植历史悠久，晚清时期，已发展成为大叶多肉粉葛的传统产地。藤县粉葛属豆科蔓生作物，品种为大叶多肉粉葛，其感官特征为：形状似纺锤形，平均重2900—3500克，表皮皱褶呈黄白色，肉白色，沟纹少，横切面环纹纹理明显，个大、皮薄、肉多。藤县粉葛每100克含水分63—72克、淀粉15.7—21.96克、灰粉1.4—1.6克、粗纤维1.7—1.8克、葛根素410.1—477毫克。与同类产品相比，藤县粉葛纤维含量极少，富粉性，使得藤县粉葛质地粉、酥、嫩，肉质细腻无筋，无纤维感。加上其带有甜香味，因而口感绵密、清香甜糯。此外，藤县粉葛葛根素、葛黄酮的含量很高，其中葛黄酮的含量为每100克99.4毫克。还富含蛋白质、脂肪、糖类等营养成分，以及钙、磷、钾、铁、镁、锌、硒等13种人体所需微量元素和18种氨基酸，具有较高的药用和食用价值。

藤县沙田柚 藤县沙田柚有悠久的种植历史，产区集中在象棋、岭景、金鸡、塘步等镇。县内沙田柚根据生长特性可细分硬枝沙田柚和软枝沙田柚。硬枝沙田柚树形直立粗壮，果皮粗糙，品质差，产量低；软枝沙田柚是从普通的沙田柚选育出的优良品系，其特点是树形开张，枝条柔软向下，果形端正，果肉爽脆，蜜味，品质优良，产量高。一般只重1.50千克。成熟时皮色金黄闪亮，果片均匀，片大粒粗，嫩软汁足，清甜蜜味。产于象棋镇的无核柚，瓤肉润泽，晶莹似脂，蜜味浓郁，清爽可口，为珍品。藤县沙田柚，自1987年起连续18年被国家指定为特供国宾果品选送北京。

藤县江口荔枝 藤县江口荔枝因原产于太平镇江口村而得名。藤县江口荔枝有200多年栽种历史，为广西优稀品种。其果实中大，平均单果重20克，扁圆形，果皮鲜红色，果顶浑圆，龟裂片中等，平坦或微隆起，排列较规则，裂片峰细且微尖突出，缝合线明显。果肉蜡白色，肉厚、爽脆、清甜带蜜香，汁中等，可食率71%。种核红褐色，小核或部分焦核，俗称折核。置于易吸水的薄纸不湿润。果肉平均含可溶性固形物质20.50%，糖19.23%，酸0.38%，每100克含维生素C28.20毫克，营养丰富。一般品种的荔枝于5月上市，藤县江口荔枝7月下旬才成熟，独占市场，更为稀贵。每年极少上市，多为客户预先订货。

同心米粉 主产地同心镇。清代有作坊百余家，销售广东等地。20世纪90年代后扩大规模。利用当地纯净水源及优质大米，经浸泡、磨浆、蒸晒、切丝、包装等而成。粉丝细薄，干爽白净，呈半透明状，润泽虾肉色。用开水烫直粉丝沥水，配以汤料可食。速熟耐煮而水不浊。汤煮滑嫩，爽脆可口；炒则粉条柔软，不粘连。行销两广，部分销往港澳。

太平咸酸菜 原产于太平镇江口村，历史悠久。据传清光绪年间，有一位广东潮州客商到太平镇经商，认为江口村边肥沃的淹育形沙质土壤很适宜种植他家乡的潮州大肉芥菜。便与江口村人商议合作，将他家乡的潮州大肉芥菜种子带来，合作种植于江口村。然后用他的腌制技术腌制出美味可口的咸酸菜，拿到市场上出售，获得食家好评。此后，江口咸酸菜逐步扬名。太平咸酸菜成品金黄色，肉质爽脆，咸酸适中略带甘甜，并散出一股浓浓的菜香。配以鱼或肉鲜炒尤佳，酸菜炒猪肚尖是一道名菜。太平咸酸菜成为人们的佐餐美食，远销各地。

大果红山茶 主产藤县，茶油原料。单果重一般为0.3—0.8千克，成年树单株产果45—100千克，每公顷产鲜果40吨左右。产籽率为8.2%，出油率约53%，比普通油茶品种高出数倍。茶油无苦涩味，可即榨即食，气味香醇。

藤县大头菜 主产濛江、太平、和平等乡镇，有200年以上历史。由鲜菜腌制而成。产品个头适中饱满，肉质细嫩，色泽褐黄叶带藏青，菜头脆爽，茎叶甘香，储藏简单，保质期长，能保持1年以上不氧化、不变质。用于拌饭，健胃增食，作火锅味美汤鲜。

茶叶 主产地岭景镇。产品"岭鼎玉剑"外形重实扁平光直，色泽翠绿，内质嫩绿，香味浓郁持久。滋味鲜爽回甘，汤色嫩绿明亮、叶底绿亮匀齐。2004年，在四川省雅安举办的国际名茶评比中获国际名茶金奖。"岭鼎玉珠"外形呈颗粒状，紧结重实圆润，色泽黄绿或深绿。栗香持久，汤色翠绿清澈，滋味醇回甘，叶底绿亮匀齐。2005年在美国纽约举办的国际名茶评比中获国际名茶银奖。

平福香菇 主产地平福乡中太、下双、桃花、沙街、思园、仁厚等村。所产香菇个大肉厚，脚小而短，香味浓郁。鲜食肉软而脆嫩，干爽味清香，汤菜皆宜，配荤菜肉更鲜美。为高蛋白、低脂肪的席上佳品。

黑脚鹅 主产地南安镇。又称矮黑脚鹅，脚黑且矮，故名。是广西优良品种。耐粗饲，耗料少，产蛋多，繁殖快，小于狮头鹅又大于本地鹅。肉厚质嫩，骨

2021年藤县乡镇情况表

表26

名称	土地面积（平方千米）	行政村（个）	社区（个）	村民小组（个）	年末人口（万人）	耕地面积（公顷）
藤州镇	372.35	27	12	602	17.68	4044
塘步镇	243.58	16	2	309	7.33	3307
埌南镇	197.12	13	1	281	5.29	2275
同心镇	138.32	9	1	179	2.67	926
金鸡镇	242.67	20	1	440	7.63	2892
新庆镇	133.86	11	1	321	4.45	1632
象棋镇	183.01	15	1	312	4.93	1946
岭景镇	190.05	14	1	364	4.55	1997
天平镇	351.86	20	1	580	8.79	3040
濛江镇	291.38	21	2	516	9.37	2849
和平镇	168.19	17	2	503	8.72	3054
太平镇	283.01	20	6	723	11.67	3338
古龙镇	176.38	10	1	325	4.71	1209
平福乡	332.75	14	1	332	3.77	1662
东荣镇	209.32	13	1	387	4.28	1468
大黎镇	313.54	18	1	376	4.61	1629
宁康乡	118.83	8	1	148	2.07	706

小而软，皮下脂肪适中。

涂料钛白粉 全称BA01-01涂料钛白粉。1991年前，藤县第二化工厂生产，年产量1500吨。产品具有含二氧化钛高着色力和遮盖力强、白度和细度好等特点。主要项目的技术指标Tio2，含量大于97%，颜色近似标样，消色力大于90%，温度至摄氏105度发挥小于0.50%，水可溶物小于0.60%。是橡胶、造纸、油漆、油墨、玻璃等行业的重要原料，于1990年10月获广西壮族自治区优质产品奖。产品畅销国内上海、天津、广州等城市和台湾地区，远销美国等10多个国家和地区。2002年，藤钛化工有限公司生产的“藤钛”牌钛白粉获广西区优质产品称号，“藤钛”牌商标评为广西著名商标。藤县金茂钛白有限公司生产的“藤茂”牌二氧化钛颜料2006年获广西名牌产品称号。

（何云鹰　李　丽）

蒙山县

【概述】 蒙山县位于梧州市北部，地处北纬23° 51′ 31″—24° 24′ 77″，东经110° 19′ 11″—110° 45′ 52″。呼和浩特至北海高速公路荔浦至玉林段、贺州至巴马高速公路昭平至蒙山段过境，321国道贯穿县境南北。辖6个镇和3个乡，县人民政府驻蒙山镇，行政区域面积1279平方千米。2021年年末人口22.36万人，其中农村人口16.37万人，有瑶族、壮族等少数民族人口5.22万人。人口自然增长率-0.59‰。耕地面积1.27万公顷，农田有效灌溉面积0.84万公顷，经济作物种植面积2.48万公顷，林地面积10.53万公顷。社会用电量4.16亿千瓦时。农业机械总动力13.02万千瓦。等级公路里程827.04千米，其中二级以上公路120.84千米。主要旅游景区（点）有11个，其中永安王城、长坪水韵瑶寨、梁羽生公园、天书侠谷为国家AAAA级旅游景区。全年接待游客458.57万人次。重要矿产资源有铅锌矿、重晶石，其中铅锌矿石储量72.68万吨。著名地方产品有白厂丝、丝绵被、木瓜酱、蜂蜜等。是自治区桑蚕生产基地和丝绸产品加工基地，自治区特色旅游名县、自治区级生态县、自治区民族团结进步示范县、广西特色文艺之乡（山歌），是国家生态文明建设示范县、全国休闲农业与乡村旅游示范县、国家级重点生态功能区、全国绿化模范县、国家园林县城、中国天然氧吧、全国村庄清洁行动先进县。

2021年，实现地区生产总值92.76亿元，其中第一产业增加值19.89亿元，第二产业增加值38.71亿元（其中工业增加值29.39亿元），第三产业增加值34.16亿元。人均地区生产总值56340元。财政收入5.17亿元，其中公共预算收入4.02亿元；公共预算支出19.41亿元。全社会固定资产投资完成额34.29亿元。社会消费品零售总额16.89亿元。外贸进出口总额6014万元，实际利用外资250万美元。城镇居民人均可支配收入33395元，农村居民人均可支配收入14018元。城乡居民年末储蓄存款余额47.41亿元。

中共蒙山县委书记：冼秋莲（女）（任至6月），张银岳（6月任职）。县人大常委会主任：何健。县长：张银岳（任至8月），陈坚（8月任职）。县政协主席：曾凡玺。

【工业】 2021年，蒙山县规模以上工业总产值56.20亿元、同比增长21.2%，规模以上工业

2月25日，梧州市2021年第一季度重大项目集中开竣工暨蒙山县茧丝绸产业标准厂房及配套设施建设项目开工仪式在蒙山县举行

蒙山县党史县志中心　供图

增加值29.38亿元、同比下降4.90%，全县重点工业企业有6家产值超过亿元。完成工业投资4.28亿元、同比增长1.48倍，工业技改投资完成3.83亿元、同比增长1.23倍。实行强化经济运行调度、强化服务企业、强化工业投资等措施，推动工业企业满产增产、"上规入库"和项目竣工投产。年内，实现"上规入库"企业4家（蒙山县春源矿业经营部、蒙山县大正科技有限公司、蒙山县汇林家居制品有限公司、蒙山县志和木业有限公司）。重大项目——茧丝绸标准厂房项目开工建设，"双百双新"项目——中丝成丝绸项目（一期）竣工投产。成功推动广西蒙山梧华林产科技有限公司、广西明阳生化公司列入2021年度自治区"专精特新"中小企业第二批入库培育名单。鼓励企业参与市场化电力交易，为企业降低用电成本269.19万元。全年规模以上工业总产值56.20亿元。蒙山县丝绸工业园区获自治区认定为广西茧丝绸全产业链示范园区、广西特色产业轻工园、广西特色小微企业示范园。

【农业】 2021年7月，蒙山县获财政部农业农村司批准成为广西唯一的全国农村综合性改革试点试验县。实施时间为2021—2023年。计划建设项目21个，其中乡村产业发展类8个、数字乡村发展类4个、促进农民增收类3个、乡村治理类6个，总投资2.57亿元。本年实施项目12个，分别是小蚕共育示范基地建设项目、标准化桑园示范项目、智能化大蚕饲养示范项目、乡村特色品牌培育和电商服务平台建设项目、智慧蔬菜种植示范项目、农业产业化联合体示范项目、蜂蜜产品加工项目、优秀农民带头人培育项目、乡村"一站两网"基层监督治理项目、乡村法治建设项目、民族文化传承发展项目、农村公共服务运行维护项目，总投资7320万元。12月9日，农业农村部全国水产技术推广总站公布首批100家"全国星级基层水产技术推广机构"，蒙山县水产技术推广站名列其中。蒙山县水产技术推广站自有试验基地0.8公顷，合作试验示范与培训基地5个17.33公顷。近年来共培育科技示范户60户，组织开展先进技术试验示范6项；参与国家、自治区、市级项目各1项，协助开展水产品质量检验、检测、监测90份；年内在自治区水产技能比赛中获团队一等奖。

年内，蒙山县投入产业发展资金5499.73万元，抓好现代特色农业示范区建设增点扩面提质升级工作。截至年底，全县建成1个县级示范区、7个乡级示范园、35个村级示范点。全县78个村1个村民小组的农村集体产权制度改革工作顺利通过市级验收。全年全县农林牧渔业总产值为32.06亿元，农林牧渔业总增加值7.71亿元，农村居民人均可支配收入14018元。种植业主要有粮食、桑蚕、水果、蔬菜四大优势特色产业。蒙山县粮食播种面积11136.45公顷，平均每公顷产量5.28吨，总产量达58855.90吨。桑蚕产业为蒙山县丝绸产业供应充足的加工原材料，成为部分农民经济收入的重要来源。全县养蚕乡镇8个，养蚕村68个，养蚕户10550户，养蚕收入超万元户3482户；全县种桑面积4073.33公顷，蚕茧产值达13925.7万元；水果种植面积1.07万公顷，总产值达5.23亿元；蔬菜播种面积（含复种）20902.4公顷，总产量31.36万吨，总产值81536万元。

【生态建设】 2021年，蒙山县完成国家重点生态功能区、农村环境质量试点、集中式饮用水质、声功能区等监测，各项指标均达标，生态环境优美。其中，地表水三个断面水质、县城饮用水水源地水质优于Ⅲ类标准；空气质量优良率为99.7%，在全自治区排名第二；$PM_{2.5}$平均浓度为22微克每立方米，PM_{10}平均浓度为38微克每立方米。

【乡村振兴】 2021年2月，蒙山县住房和城乡建设局获评全国脱贫攻坚先进集体。从2016年起，县住房和城乡建设局深入调研，精准施策，完善差异化补助标准，切实将项目资金科学合理倾向贫困村落、贫困农户，极大提高贫困户危改积极性，完成建档立卡贫困户等4类重点对象住房安全保障情况鉴定核实，完成4774户危房改造，拆除农村个体危旧房屋3487处，修缮加固941户生活附属用房，封存连体危旧房屋1000处以上。

【特产与美食】

木瓜酱 木瓜摘下后削去皮，剖开除去内部囊核，切成丝状小块晒至半干，加上剁碎蒜米、辣椒以及适量生盐、米酒、冰糖等，装进瓶中或罐中进行腌

2021 年蒙山县乡镇情况表

表 27

名称	土地面积（平方千米）	行政村（个）	社区（个）	村民小组（个）	年末人口（万人）	耕地面积（公顷）	全年财政（税）收入（万元）	农民人均纯收入（元）
蒙山镇	85.40	8	5	188	5.47	1574.90	2364.86	12700.00
西河镇	216.00	13	0	290	3.53	1893.00	2164.41	14030.00
新圩镇	114.12	9	0	192	2.37	1701.68	2696.30	11343.00
文圩镇	143.67	12	0	300	3.76	2648.29	1369.50	14200.00
黄村镇	239.40	10	0	212	2.26	1246.46	1997.86	10680.00
陈塘镇	152.29	9	1	202	2.51	818.47	4123.65	10132.53
汉豪乡	102.13	6	0	122	1.38	665.28	803.51	8802.00
夏宜乡	117.40	6	0	64	0.69	328.10	1997.10	9056.00
长坪乡	133.20	5	0	40	0.30	217.76	1093.27	6153.00

制，经过腌制过的木瓜丝绿色生态、甜脆可口。木瓜酱的腌制以家庭手工为主，1990 年以后，有专门腌制木瓜酱的加工厂，市场上有专卖木瓜酱的店铺，成为蒙山特色新产品。在广西红色旅游特色美食大赛中，阿养木瓜丝获“2021 广西红色旅游优秀美食”称号。

肉丸 肉丸是蒙山传统特产名菜，唐宋时期称为“蒙州肉丸”，清嘉庆时期至民国时期，主要由长寿酒家经营，又称“长寿丸”。肉丸可焖、可炒、可煮汤，香甜脆口，老少皆宜。传统的蒙山肉丸制作很有讲究，要用刚宰好的猪的槽部瘦肉，把尚带着余热成块猪肉放上专用青石板上，用木糙反复槌打，把猪肉槌成肉胶，加入适量的食用盐、胡椒粉，把调配好的肉胶捏成一颗颗拇指大小的丸子，放入近似沸腾（当地人称之为眼水）的水锅，十分钟捞起即可。在广西红色旅游特色美食大赛中，蒙山秦记肉丸汤获得“2021 广西特色旅游名菜”称号。

土窑烧鸡 土窑烧鸡采用160 天的放养土鸡与独特秘方、纯天然香料腌制，用锡纸把鸡包起，放入土窑中，在窑中烧熟不接触明火，皮香肉嫩更符合当代烧烤的要求、香而不腻，不易上火老少佳宜。在广西红色旅游特色美食大赛中，土窑烧鸡获“2021 广西特色旅游名菜”称号。

扣肉 蒙山传统名菜，明清已成为筵席主菜。扣肉制作是采用新鲜肥瘦相间的猪腩肉，用烙铁把猪皮烙至焦黄色，用水煮、油锅炸，然后切成长约三寸，厚约一厘米的肉块，加进盐、豆腐乳等配料，装进碗内，放入蒸笼蒸即可。蒙山扣肉式样特别，味道不同，成为蒙山特色名菜。

（贤　维）

万 秀 区

【概述】 万秀区位于梧州市中东部，地处北纬 23° 24′ 43.95″—23° 44′ 27.89″ 之间，东经 111° 11′ 49.22″—111° 29′ 17.70″ 之间，辖街道 5 个，镇 3 个。行政区域面积 448.64 平方千米。2021 年年末人口 28.12 万人（户籍数），其中农村人口 6.08 万人。全年实现地区生产总值 239 亿元，其中第一产业增速为 9.6%，第二产业增速为 10.6%，第三产业增速为 8.7%。全社会固定资产投资完成同比增长 30.2%。社会消费品零售总额同比增长 10.7%。外贸总额 10.09 亿元（人民币）。财政组织收入 6.55 亿元，其中一般公共预算收入 3.78 亿元；一般公共预算支出 9.34 亿元。城镇居民人均可支配收入 38884 元，农村居民人均纯收入 20951 元。万秀区获自治区激励干部担当作为“六稳”“六保”工作突出先进集体、“2019—2020 年度建设平安广西活动先进县（市、区）”称号、自治区民族团结进步示范县（区）等自治区级以上荣誉 34 项。

中共万秀区委书记：曾健勇。区人大常委会主任：张艺（8

2021 年，万秀区城南街道打造自治区级同心文化广场

万秀区志办　供图

月离任）、陈友坚（8 月任职）。区长：黄来焕。区政协主席：严锦雄（6 月离任）、张国辉（8 月任职）。

【工业】　2021 年，万秀区本级规模以上工业企业 53 家，其中新“上规入库”6 家，年度退库 4 家。本级完成规模以上工业总产值 117.6 亿元，同比增长 26.9%；本级工业投资同比增长 2.27 倍。茂圣茶业、三威获评首批广西工业龙头企业，三鹤药业、黄埔化工药业获自治区“专精特新”中小企业称号，梧州中茶获评为自治区“单项冠军”企业。西南特钢通过技改增加产品类型，提高市场适应性，年内，实现工业产值同比增长 67%；漓源饲料市场需求恢复，产品销售大幅增长，拉动工业产值同比增长 69%；三威公司保持达产满产，产值同比增长 10%；六堡茶产业加速发展，梧州茶厂、茂圣茶业、梧州中茶产值同比增长分别达 20%、18%、15%。

【农业】　2021 年，万秀区全年农林牧渔业总产值 12.17 亿元，增长 12.3%，增速全市排名第一；农林牧渔业增加值 75316 万元，增长 9.6%，增速排名全市第一。粮食播种面积 3923.90 公顷，同比增长 2.43%；粮食产量 1.99 万吨，同比增长 1%；蔬菜产量 6.18 万吨，同比增长 15.21%；水果产量 2.13 万吨，同比增长 5.84%；生猪年出栏 5.58 万头，同比增长 29.31%；家禽年出栏 93.12 万只，同比增长 2.12%；水产品总产量 5419 吨，同比增长 4.25%。万秀区水稻播种面积 3099.38 公顷，以野香优莉丝、野香优 9 号、野香优丝苗等优质稻品种为主导，推广工厂化育秧技术 0.02 公顷，水稻抛秧栽培技术 2666.67 公顷，水稻水气平衡栽培技术 0.012 公顷，水稻“三控”施肥技术 2800 公顷，水稻重大病虫害防治技术 1400 公顷。开展城区级快速检测，抽检蔬菜样本任务 840 批次，全年共抽检样本 851 批次，合格率达 100%；开展乡镇快速检测，抽检蔬菜样本任务 720 批次，全年共抽检样本 750 批次，合格率达 100%。全年，万秀区达到自治区级现代特色农业示范区有 4 个（五星级 1 个、四星级 2 个、三星级 1 个）。梧州茶厂、甜蜜家获评第七批农业产业化国家重点龙头企业，上品荟获评自治区农业产业化重点龙头企业，累计获市级以上农业产业化重点龙头企业 29 家，其中农业产业化国家重点龙头企业 4 家。

【生态建设】　2021 年，万秀区空气质量优良天数比例达 99.50%，$PM_{2.5}$ 年平均浓度为 25 微克每立方米。水环境质量保持优良，国控及省控地表水断面、集中式饮用水源地水质达标率 100%，城市集中式饮用水水源地水质达到地表水Ⅱ类水质标准。完成德安村、保安村、儒岩村、镇安村、思扶村 5 个千人以上农村集中式饮用水水源保护区划定工作。农村环境整治项目 8 个污水处理站建成并试运行；水污染防治项目 7 个污水处理站主体工程完成。

【乡村振兴】　2021 年，万秀区总投入财政衔接乡村振兴补助资金 2276 万元，实施项目 29 个。推进农产品精品名牌创建，加大农产品“三品一标”认证工作，打造“一带三区多核”的发展布局。重点支持上品荟食用菌技术研发中心建设，推动产业向农业 + 文旅融合发展；重点支持乐一生态循环种养殖产业园建设，扶持发展肉牛养殖。支持城东食品厂延伸产业链，打造梧州河粉品牌。万秀区首创广西第一个乡镇党群企服务中心和粤桂省际乡镇规范化党校；全面推进“整乡推进，整县提升”行动，万秀区被评为达标县，21个村级党组织获评自治区三星级以上；村级集体经济年总收入达561万元，有3个村分别超50万元。

【教育】 2021年5月27日—28日，万秀区完成国家义务教育质量监测的各项工作任务，并被教育部基础教育质量监测中心授予“2021年国家义务教育质量监测实施县级优秀组织单位”称号。万秀区补助义务教育家庭经济困难学生生活费3217人次，资助金额123.18万元；农村义务教育寄宿制学校寄宿生全覆盖进行营养改善计划，投放补助金59.76万元；发放学前教育免保教费补助金34.50万元，受助人数460人次。全年累计参训教师11335人次，参加“国培”“区培”“市培”等培训项目138人次。万秀区拥有自治区级、市级“名师”领雁工程培养对象13人，城区级的校级领导能力提升研修学员50人，名师培养对象90人。集体和个人获得县区级及以上各类论文、案例、视频评比等活动奖项共8个。培养红领巾讲解员100多名，2名少先队辅导员入选自治区“八桂红领巾巡讲团”，2人入选市级“红领巾巡讲团”。获全国优秀少先队员称号学生1人，广西优秀少先队员称号学生2人；入围全国百名音乐小小讲解员2人；入选广西“新时代好少年”学生1人，入选梧州市“新时代好少年”学生2人。万秀区累计获得全国文明校园3所，自治区级文明校园8所，市级文明校园12所。民主路小学、西环小学获全国雷锋学校授牌。万秀区有国家级足球示范幼儿园2所，国家级足球示范学校5所，国家级排球示范学校2所；自治区级足球示范学校2所，自治区田径示范学校1所。

【特色产业】 广西梧州冰泉实业股份有限公司主要产品有速食豆浆晶、速食豆腐花、速食纯豆粉、营养麦片、黑芝麻糊类等系列食品，营养丰富、风味浓郁。出口东南亚、日本、欧美、中国港澳台等10多个国家和地区。2021年1月—8月产值8245.1万元，纳税655.68万元。年内，龙湖镇旺步村甜笋加工示范基地投入资金55万元，建设产品展示厅、仓库等设施，通过互联网、超市、社区团购等电子销售平台，旺步村集体经济收入增收2.70万元。镇级现代农业示范基地——旺步村蔬果采摘园种植小番茄、嘉宝果等一系列高品质蔬果。城东镇有六堡茶、蜂蜜、食用菌、河粉等特色农产品，其中上品荟食用菌基地生产的黑皮鸡枞菌，年产量约1000吨，年产值近3000万元；投入250万元支持城东食品厂延伸产业链，打造梧州河粉品牌。夏郢镇大面积推行新品种种植，有新西兰的菜心、日本芥蓝、美国金银玉米及台湾玉米，新品种率达到100%。梧州彩凤禽业养殖场存栏蛋鸡8万只，其中生产蛋鸡5万只；可向社会供应无公害鲜鸡蛋500吨。推广种植特色品牌“思委米”，种植面积1150公顷。

【特产与美食】

冰泉豆浆 梧州冰泉豆浆是历史悠久的地方传统闻名小吃。冰泉豆浆以“香、滑、浓”独具风味，驰名中外。冰泉豆浆以优质黄豆，利用冰井泉水精工制作，保持黄豆的原色，是一种内含植物蛋白质，营养极其丰富的饮品。冰泉豆浆凉冻后，面上凝成一层薄豆皮，滴在桌上成珠，聚而不散，谓之“滴珠豆浆”。冰泉滴珠豆浆醇浓、甘甜、香滑，浓度是一般豆浆的3倍。

甜笋 1990年，万秀区龙湖镇旺步村开始大力发展甜笋种植。2017年1月，规划建设甜笋种植示范区，核心区甜笋种植面积66.67公顷，拓展区种植面积200公顷，年产甜笋150万千克。旺步甜笋具有笋块大，产量高，味甘甜，口感好，营养价值高等优点，且具有低脂肪、低糖、高纤维素，食用甜笋能促进肠道蠕动，帮助消化。

嘉宝果 又名树葡萄，每年从2月底开始，嘉宝果树就进入到开花结果期。紫黑色的果皮下有透明的果肉，果肉柔软多汁、风味特殊、气味芬芳。嘉宝果营养成分极高，富含维他命C、高钙、色氨基酸等15种营养成分。

“万秀红”小番茄 小番茄（非转基因产品）种植全过程使用天然生物有机肥培栽，结合现代化农业工艺技术和人工精心管护，成熟挂果玲珑剔透，果香浓郁，富含多种维生素，小番茄果品甜度达到12—13°（最高为13.6°），口感爽脆，甜度高、入口即化，特有浓郁的番茄味，为果中精品。

蜂蜜 广西梧州甜蜜家蜂业有限公司为保证蜂蜜的质量，从养蜂地选址上经过专业、全面的考察，符合标准后才投入养

2021 年万秀区乡镇情况表

表 28

名称	土地面积（平方千米）	行政村（个）	社区（个）	村民小组（个）	年末人口（万人）	耕地面积（公顷）	全年财政（税）收入（万元）	农民人均纯收入（元）
城东镇	125.00	5	0	60	1.82	214	4902.10	14415
龙湖镇	67.14	4	0	59	1.32	143	6015.20	19361
夏郢镇	227.00	22	1	272	5.20	2450	2468.00	—

2021 年万秀区街道情况表

表 29

名称	土地面积（平方千米）	社区（个）	行政村（个）	村民小组（个）	年末人口（万人）	全年财政（税）收入（万元）	实现工业总产值（万元）	全社会固定资产投资（万元）	引进国内外资金（万元）
城南街道	7.55	5	0	0	2.40	3832.60	87315	131311	65334
城北街道	11.61	4	0	0	3.00	2862.31	74839	37662	45000
角嘴街道	6.81	6	0	0	5.42	22397.83	54288	19791	0
东兴街道	9.60	6	0	0	5.43	1646.54	501800	—	31100
富民街道	12.50	9	0	0	6.76	1442.00	34858	33958	52000

蜂。梧州万秀区地处亚热带季风性气候区，境内气候温暖、雨水充沛、光照充足，植被覆盖率高达 75.85%，城区内有鸭脚木、野桂花、荔枝、龙眼等优质蜜源植物，其中主要蜜源植物——鸭脚木树占全市林木面积的 20% 以上，是养蜂的理想之地。公司设计一套独特的三级过滤，真空（负压）水分分离技术，全程管道“巴氏灭菌法”，科学独特的工艺生产分装保证蜂蜜的色、香、味。2021 年年产量 9000 吨，年销售收入为 7022.49 万元。

河粉 河粉的制作经过原料验收、清洗、浸泡、磨浆、蒸粉、冷却、切条、包装等工序。原材料选用本地的优质大米，对大米的水分，存放时间都有严格要求。其中蒸粉是最为关键，既要保证口感又要保证质量，有效控制蒸粉的时间才能保证米粉既保留光泽，又使产品的微生物指标合格率为 100%。做出的河粉才不易碎，薄如纸，白如玉，口感润滑细腻。

（万秀区志办）

长 洲 区

【概述】 长洲区位于梧州市城区西北部，地处北纬 23° 25′ 08.08″—23° 40′ 19.05″，东经 111° 00′ 58.94″—111° 11′ 42.65″ 之间，辖街道 3 个，镇 2 个。行政区域面积 377.74 平方千米。2021 年年末人口 29.93 万人，其中农村人口 2.49 万人。全年实现地区生产总值 216.28 亿元，其中第一产业增加值 6.71 亿元，第二产业增加值 73.61 亿元，第三产业增加值 135.96 亿元。社会消费品零售总额 9.99 亿元。实际利用外资 390 万美元。财政收入 16.65 亿元，其中一般公共预算收入 7.15 万元；一般公共预算支出 14.77 万元。城镇居民人均可支配收入 39153 元，农村居民人均纯收入 19975 元。年内，长洲区获得“2017—2020 年平安中国建设示范县”和“自治区乡村振兴改革集成工作先进县（市、区）”称号，长洲区倒水镇党委获评为全国脱贫攻坚先进集体，倒水镇富万村获得“国家森林乡村示范点”和“全国生态文化村”称号，长洲镇泗洲村获得第八批“全国民主法治示范村（社区）”和“全国乡村治理示范村”称号，长洲区城市管理执法大队获评 2020 年度全国“强基础、转作风、树形象”专项行动表现突出单位，长洲区人民法院民事审判庭被评为全国维护妇女儿童权益先进集体。

中共长洲区委书记：李广勇。区人大常委会主任：黄联文（8 月离任），刘泳锋（8 月任职）。区长：尹哲（壮族，6 月离任），杨正沛（8 月任职）。区政协主席：

左胜娴（女）。

【工业】 2021年，长洲区工业企业持续满产，各项经济指标屡创新高，完成规模以上工业总产值230.6亿元，同比增长83.2%，规模以上工业增加值完成63.6亿元，同比增长43.9%，全年工业全口径税收20亿元，同比增长1.14倍。全年统筹推进“双百双新”项目7个，4个项目竣工，完成投资13亿元，为投资计划的1.37倍。全年工业投资完成30.97亿元，同比增长56.2%，技改投资完成24.6亿元，同比增长68.18%。随着金海热轧1050毫米轧线技改及冷轧项目、永达高端轻工板材生产线、鑫峰30万吨制管项目、金海制管项目、高端不锈钢制品生产基地精深加工项目等新项目、大项目、好项目落地，工业项目建设速度节节攀升。新投产的鑫峰年产100万吨950毫米不锈钢全连轧绿色精品生产线及高品质不锈钢连续固溶酸洗生产线项目整体装备水平达到国内一流，填补了梧州市优质不锈钢酸洗带的空白。永达100吨量子电弧炉是国内首台正常运转，节能环保效果最好的量子电弧炉，填补梧州及周边地区无高强度特种钢材生产的空白。在建的金海热轧1050毫米轧线技改项目由中国二重装备、北科大麦思科、上海电气等各领域龙头企业承建，投产后年轧钢量由原来的60万吨扩大到120万吨；永达高端轻工板材生产线项目投资30亿元，项目弥补广西宽幅板材和超纯不锈钢产品空白，达到行业标杆水平，投产后新增产值80亿元，企业产值突破200亿元。长洲区金海、永达、鑫峰三家龙头企业通过节能改造以及技术进步进行转型升级。梧州市永达钢铁有限公司通过生产设备技术改造及产能置换，项目年节约用电量19152.55万千瓦时，折合节约23538.48吨标准煤，全流程产品综合电耗节约106.41千瓦时每吨，并成功申报成为2021年广西智能工厂示范企业。

【农业】 2021年，长洲区完成粮食播种面积2522.67公顷，完成粮食产量1.21万吨，其中早稻播种面积860.2公顷，产量5730吨。完成蔬菜（含食用菌）产量15.60万吨，完成水果产量1.75万吨，完成茶叶产量220.18吨，完成生猪出栏4.77万头，完成家禽出栏89.96万只，完成牛出栏322头、羊出栏384头，完成水产品产量8160吨。引进广西若田农业开发有限公司，在龙华村通过政企共建方式新建高端水果种植基地，种植青柚、金桔王等水果20多公顷。

年内，长洲区成立六堡茶产业发展指挥部，完成六堡茶种植106.67公顷，完成土地流转213.33公顷。完成新增苗圃建设3.33公顷，完成摩天茶海茶园轨道运输机、茶园道路硬化等建设。摩天茶海文化展示中心、产业晾晒场及茶产业全产业链项目建设在稳步推进。“粤美人”东方美人茶入选“广西好嘢”农产品品牌目录。引进梧州雄久久种猪育种有限公司在倒水镇投产生猪养殖繁育项目，完成1个规模养殖场的技术改造和扩产增容，新增能繁母猪2000头以上；指导新建倒水镇茅山林场肉牛生态养殖场，新增年出栏肉牛100头以上。扎实推进基层农技推广体系改革与建设，项目总投入资金20万元，发布自治区级养殖业主推技术1项、推广养殖业主导品种1个，建设农业科技示范基地1个、遴选科技示范主体10户。

全年完成蔬菜、水果农产品质量抽检样品2521个，合格样品2521个，合格率100%。完成养殖环节快速检测任务60份，完成莱克多巴胺、盐酸克伦特罗、沙丁胺醇、班布特罗等快速检测91份，检测结果合格率为100%。完成水产品抽样监测33批次，其中：水产品18批次、快速检测15批次，检测合格率100%。完成耕地地力保护补贴资金发放金额332万元，补贴申报面积2074.41公顷。完成稻谷生产补贴资金发放81万元，补贴面积为1118.37公顷。完成实际种粮农民一次性补贴资金发放42万元，补贴面积共517.17公顷。完成农机具购置补贴政策落实，发放补贴资金6.22万元，补贴农机具115台，受益农户115户。落实农业保险政策，承保能繁母猪813头，育肥猪1.1万头，肉牛105头，水稻4157.23公顷（早、晚）。高标准农田建设项目有3个。一是2020年度高标准农田项目，建设面积466.67公顷，下达资金1050万元。2020年开工，2021年完成建设。完成本年度水产养殖农业产业联合体试点扶持项目建设。项目建成带动50户发展水产养殖，农民年均增收5000元，联合体收入同比增加8%以上。二是开展富万村休闲农业示范点项目建设。通过先建后补扶持，完成新建杨梅采摘园0.4公顷，新建蔬菜大棚0.07公顷，种植释迦果 0.67 公顷等。

全面完成种植业、畜禽、水产品种质资源普查，遗传资源普查行政村普查率 100%、有资源行政村填报率 100%、有资源乡镇普查完成率 100%、进度综合指数 100%。长洲区已录入全国数据库的畜禽与蜜蜂资源 1 个品种，其中华南中蜂群体数量 3249 群，暂未发现新畜禽品种遗传资源。累计普查水产养殖场 31 家，为上级下达任务的 1.55 倍，全面完成材料上传录入工作。

【生态建设】 2021 年，长洲区压实责任做好大气污染防治工作。一是对辖区内工地进行巡查，要求工地落实扬尘防治“九个百分百”。二是严格落实道路洒水制度。三是加强城市油烟废气整治工作。四是充分利用技防，智防和人防，全方位开展大力秸秆禁烧工作。2020 年长洲区优良天数比率为 98.9%，$PM_{2.5}$ 浓度为 27 微克每立方米。

1—10 月，长洲区行政区域内 2 个地表水水质国家和自治区考核断面监测水质均达到或优于地表水Ⅱ类标准，2 个自治区级及以上级别重要水功能区断面水质均达到或优于地表水Ⅲ类标准，达标率为 100%（高于自治区考核要求的 92.5%）。2 个在用城市集中式饮用水水源地（旺村饮用水水源地、三龙水厂饮用水水源地）水质月平均浓度达到或优于地表水Ⅲ类标准比例为 100%，达到自治区考核要求。全力推进土壤污染防治行动计划工作。截至年底，长洲区受污染地块安全利用率达到 100%。未发生因耕地土壤污染造成农产品质量超标而发生不良社会影响事件，未出现因疑似污染地块或污染地块再开发利用不当造成不良社会影响的事件。完成梧州市下达给长洲区农用地安全利用面积的目标任务，占下达任务数比例 100%。长洲区列入自治区农村污水处理设施运行考核清单的污水处理设施为五座，截至年底，5 座污水处理设施正常运行，考核指标完成情况为 100%；对 2020 年度企业排污许可登记管理和发证工作已全部完成。

【乡村振兴】 2021 年，长洲区围绕“产业兴旺、生态宜居、乡风文明、治理有效、生活富裕”的总要求，突出“一区两翼、城乡融合”工作重点，加快推进 1 个市级、2 个县级、7 个镇级乡村振兴示范点，打造 323 省道生态休闲旅游示范带。示范点的引领带动作用卓有成效，泗洲村先后获“全国生态文化村”“中国美丽休闲乡村”“全国民主法治示范村”“全国乡村治理示范村”等称号。长洲区入选 2020 年度自治区乡村振兴改革集成工作先进县（市、区）、平安中国建设示范县。当年纳入监测的对象有 45 户 122 人，对监测对象和脱贫户进行信息采集和防返贫动态调整，消除风险的 4 户 12 人。国扶系统中尚有监测对象 107 户 388 人，未消除风险 47 户 122 人。12 月，长洲区应参保脱贫户、边缘户均已参保，全面完成参保率 100% 的目标。

年内，长洲区农村危房改造任务 2 户已全部竣工验收。严格落实农村饮水安全管理个责任，农村集中供水工程均落实了运行管理人员。财政衔接资金实施的 6 个农村饮水工程均已全部完工。长洲区 2013—2020 年财政专项扶贫资金实施的 175 个项目均已进行了确权登记，公益性资产落实了管护主体，经营性资产明晰了产权关系。开展农民工就业创业补贴、返乡入乡创业扶持补贴共 168 家，累计发放补贴金额达 83.6 万元。筹措区本级财政资金 30 万元，发展 60 个临时公益性岗位。全年扶贫公益性岗位人数 111 人。长洲区 2021 年脱贫人口务工规模高于上年年底水平。蓬冲村、古道村、旭村、

2021 年 10 月 29 日，长洲区长洲镇泗洲村入选第二批全国乡村治理示范村。图为村中一景　　市乡村振兴局　供图

仁义村完成村庄规划编制。完成全域村庄环境整治260个和农房特色风貌塑造项目675栋。农村户厕摸排率108.45%。建设5个公共照明项目，完成1个村级污水处理设施。2021年内新增小额信贷77户383万元，小额信贷存量共计241户1149万元。每季度按时足额贴息。为符合条件的困难和重度残疾人发放补助，开展残疾人两项补贴“跨省通办”业务；临时救助累计救助脱贫户32人次，救助资金4.82万元。累计发放脱贫户孤儿基本生活补贴共4人次，费用13.58万元，事实无人抚养儿童21人次14.95万元；开展孤儿助学2人，累计发放助学金9163元。2021年，长洲区医保中心落实脱贫人口参保资助政策，补助脱贫人口2613人，补助金额38.59万元。至年底，长洲区累计医疗救助5118人，救助金额356.54万元。

【特产与美食】

酸鱼 主要流传于倒水镇龙江驿村，这里山环水抱，景色宜人，美丽清澈的桂江中丰产河鲜，河鱼肉质鲜嫩甘香，远近闻名。有了这样的原材料，才能腌制出优质的酸鱼。据传，酸鱼制作起源于桂江河边的纤夫。从梧州到桂林的航线，他们全靠自己肩膀上的绳子拉动船只，到桂林需要用1个月的时间才能到达。当时食物保存不易，为确保携带的食物不易变质，想出了一个土办法：用坛子腌制。腌制酸鱼始于明代，世代相传。“鱼榨”制作分选鱼肉、切割分块、放盐搓揉、撒上炒米粉、放进“埸”内腌制5个步骤，腌制满1个月后才能开封，确保肉质结实，肉味酸醇，香气浓郁。长期以来，“鱼榨”是倒水人家庭常备的佳肴，是倒水镇酒楼、饭店餐桌上的一道名菜。倒水酸鱼成为当地人一种难以割舍的家乡味道、倒水镇人舌尖上的美味佳肴。

倒水油炸虾饼 油炸虾饼也是倒水镇自古以来远近驰名的一道美食，不但家庭常做，集市也常有摆卖。油炸虾饼制作方法简单，通常首先选晶莹剔透的龙岩虾若干，洗干净后，把籼米粉浆、萝卜粒、香葱捣拌均匀，做成浓度适中的浆料，每次取虾1—2只拌上浆料后，用金属圆形托子盛着放进70℃的油锅中，炸至虾变红色，浆料呈金黄色即可起锅，一道皮酥囊松、虾香扑鼻的油炸虾饼便制作完成。

（长洲区志办）

龙圩区

【概述】 龙圩区位于梧州市西南部，地处北纬22°58′10″—23°27′24″，东经111°06′37″—111°22′52″之间，辖4个镇。行政区域面积982.9平方千米。2021年年末常住28.91万人，其中农村人口15.76万人。人口自然增长率2.82‰。全年实现地区生产总值237.89亿元，其中第一产业增加值12.48亿元，第二产业增加值156.94亿元，第三产业增加值68.47亿元。全社会

2021年长洲区乡镇情况表

表30

名称	土地面积（平方千米）	行政村（个）	社区（个）	村民小组（个）	年末人口（万人）	耕地面积（公顷）	地区生产总值（万元）	全年财政（税）收入（万元）	农民人均纯收入（元）
倒水镇	274.23	17	1	258	4.32	1612	61050	3250.1	9501
长洲镇	36.25	6	2	149	5.12	420	843	3264.0	19975

2021年长洲区街道情况表

表31

名称	土地面积（平方千米）	社区（个）	行政村（个）	村民小组（个）	年末人口（万人）	引进国内外资金（万元）
兴龙街道	20.15	3	2	29	4.52	17700
红岭街道	20.00	3	1	25	4.25	14704
大塘街道	9.90	10	0	0	12.62	29100

固定资产投资完成额比上年增长13.4%。社会消费品零售总额比上年增长10.2%。外贸出口总额4.41亿元人民币。财政收入5.01亿元，其中一般公共预算收入3.16亿元；一般公共预算支出10.57亿元。城镇居民人均可支配收入34197元。农村居民人均可支配收入15862元。

中共龙圩区委书记：宋彤宇（6月离任），赖启第（6月任职）。区人大常委会主任：张俊祺（8月离任），马泽森（8月任职）。区长：廖毅斌（8月离任），吴情操（8月任职）。区政协主席：李国。

【工业】 2021年，龙圩区辖区内规模以上工业企业共33家，规模以上工业总产值完成61.04亿元，同比增长13.07%；全年工业用电量为3.3亿千瓦时，同比增长4%；完成工业投资7.61亿元，同比增长3.72倍；完成工业税收6500万元，同比增长11%。全年共协助19家工业企业申请银行贷款2.12亿元；为305家企业1587辆货车办理道路通行证；为康恒再生、鑫长联、金禾蒸压、恒和农牧四家公司申请自治区新增规模以上工业企业奖励各10万元；指导港德公司申报自治区支持工业振兴资金，为企业新工艺生产硬质合金毛坯项目争取扶持资金70万元。用能结构优化，龙圩区积极引导企业优化用能结构，清洁能源逐渐替代传统能源。69家规模以上工业企业中，37家企业只用电力，电力消费量同比增长47.1%；12家企业使用天然气，天然气消费量增长45.1%；4家企业使用原煤，原煤消费量同比下降18.6%，占工业综合能耗消费量6.9%。新增加1家垃圾发电企业，带动电力产出同比增长2.6倍。企业减费降费，全年共新增11家工业企业参加10千伏大工业电力市场化交易。截至12月底，全区共有78家工业企业享受电价优惠政策，共为企业节省电费1192万元。

【农业】 2021年，龙圩区秉承创新、协调、绿色、开放、共享的新发展理念，利用自然资源优势，大力发展现代农业，促进农业产业结构持续优化。全区粮食播种面积15200公顷，粮食总产量7.98万吨。全区中药材总产量1520吨，茶叶总产量52吨，蔬菜总产量12.24万吨，水果总产量6.48万吨。全区生猪存栏11万头，累计生猪出栏14万头；牛存栏2300头，累计出栏2000头；山羊存栏600头，累计出栏650头；家禽存栏257万只，累计出栏470万只；肉类总产量1.6万吨，水产品产量6300吨，禽蛋产量5950.8吨。

龙圩区共培育自治区农业产业化重点龙头企业1家、梧州市农业产业化重点龙头企业5家、农民专业合作社215家（其中，自治区级示范合作社1家、市级示范合作社19家、市十佳农民专业合作社3家）、家庭农场516家（其中自治区级示范家庭农场1家、市级示范家庭农场4家、市十佳家庭农场2家）。全年共发放耕地地力保护补贴1056.22万元；发放实际种粮农民一次性补贴255.18万元；为32艘渔船发放渔业油价补贴12.8万元；发放农机具购置补贴36.48万元，补贴机具221台，受益农户220户。质量监管及疫病防控。一是加强农产品农残检测，全年共完成例行检测果蔬样品1104个，合格率100%；快速检测果蔬样品2317个，合格率100%；二是做好各项物疫病防控及病死动物无害化处理工作，加强生猪网格化管理，做好消毒灭源除污染工作，年内未发生重大农产品质量安全事故及重大动物疫病。

【生态建设】 2021年，龙圩区生态保护与建设有效开展，污染防治攻坚战成果得到持续巩固。全区空气优良比率为98.5%，较2020年同期下降0.9个百分比；$PM_{2.5}$平均浓度约为28微克每立方米，同比下降3.4%；PM_{10}平均浓度为58微克每立方米，同比上升11.5%。全区考核断面水质、县级及以上城市集中式饮用水水源地水质持续稳定达标。加大大气污染综合治理力度，结合实际情况重点抓好城市扬尘综合治理及秸秆禁烧管控，强化源头管控。全年累计出动350人次，开展烟花爆竹禁燃禁售、餐饮油烟整治、“小散乱污”综合整治等各项大气污染治理行动。全面推行“河长制”管理，全面建立区、镇、村三级河长体系，加强河道日常管理。持续开展河湖“清四乱”专项行动、“四乱”清零行动、“千吨万人”水源地综合整治行动和侵占水域岸线问题专项排查整治。全年区级河长共巡河49次，镇级河长共巡河1283次，村级河长共巡河3965次。

【乡村振兴】 2021年，龙圩区继续大力推进乡村振兴战略，将全区26个脱贫村全部转变为乡村振兴重点帮扶村，在资金、政策方面优先给予支持，落实防返贫动态监测和帮扶机制。1000公顷高标准农田项目实现开工建设，通过发展“稻+N”等特色农业，培育新型农业经营主体737家，以“公司+院士工作站+基地+农户”为依托，建成2个富硒水稻示范基地和10个稻渔生态种养示范基地，总产值达3000万元，带动2500户农户脱贫致富。以全域人居环境整治为切入点推进乡村振兴工作，大坡镇夜村、广平镇调村、新地镇古卯村等一批村庄发动群众自觉参与人居环境整治成效显著；龙圩镇探索建立了农户自觉出资投劳和新建农房履约保证金制度，政府引导、群众主体、多方参与的“龙圩乡村振兴模式”初步形成。

10月20日，2021年龙圩区“推进移风易俗助力乡村振兴”志愿服务集中示范活动（大坡镇会场）在大坡镇大坡社区举办

龙圩区政府办　供图

【特产与美食】

古凤荔枝　龙圩传统名果，主产于龙圩镇古凤村。果大皮薄肉厚、肉质爽滑，核小、清甜，且含蛋白质、脂肪、磷、铁和维生素等，一贯被视为珍贵的滋补品，可治脾虚久泻、哮喘、胃病腹寒、疝气痛等症。荔枝除鲜食外，还可以加工成荔枝干、糖水荔枝罐头。明代诗人董传策曾用“铁树婆娑落子红，方苞剥出水晶龙，炎荒正惹长卿喝，却啖琼浆半洗空”的诗句来称颂古凤荔枝。年产量约为1800吨。

龙圩猪油饼　历史悠久的传统点心。其形状呈圆形，饼面印有虫鸟花卉，松软适口，滋润香甜，脂香浓郁，入嘴酥化爽齿、清甜可口、甘香四溢、肥而不腻，食后齿腔留香，回味无穷。

河步白斩鸭　选用当地稻田放养的麻鸭，先以猪骨熬汤，再加盐调味，并将宰杀好的鸭放汤中温火泡浸，待鸭腿部肌肉开始收缩时，将鸭捞起切件。蘸着有紫苏、腐乳的调味酱油食用，皮白肉厚、口感细嫩，香气诱人，无油腻感。

（龙圩区志办）

2021年龙圩区乡镇情况表

表32

名称	土地面积（平方千米）	行政村（个）	社区（个）	村民小组（个）	年末人口（万人）	耕地面积（公顷）	全年财政（税）收入（万元）	农民人均纯收入（元）
龙圩镇	182.11	12	12	199	15.10	2329	4045	14122
大坡镇	261.83	18	1	285	4.13	2628	870	9235
广平镇	295.51	20	1	364	4.55	3033	3451	8437
新地镇	295.04	20	1	365	5.06	2381	3065	—

编审：曾　强　编辑：林桂宇

人物　荣誉

模范（先进）人物

全国优秀党务工作者

祝雪兰　女，瑶族，1971年11月生，苍梧县人。苍梧县六堡镇山坪村党支部书记、村委会主任。祝雪兰是少数民族聚居地的党支部书记、村委会主任，多年扎根农村，是百姓心中的“茶箩娘”，引领发展的“好支书”。

山坪村是地处偏远的瑶族村，距离六堡镇14千米，交通不便、信息闭塞，2015年曾被认定为自治区级贫困村。作为山坪村的“领头羊”，祝雪兰心系乡亲们脱贫增收，把祖传六堡茶制作工艺无偿传授给群众，培养专业制茶师30多人、六堡茶从业者近千名，带领村民改造及扩种茶园60多公顷，引进企业投资1亿元开发六堡瑶乡田园综合体，推动总投资4.2亿元的风电项目建成投产。2016年，山坪村摘掉自治区级贫困村的帽子，其脱贫经验入选自治区《党建促脱贫典型案例》。2017年，村党支部获自治区“五星级党组织”称号。她连续当选两届全国人大代表，积极参政议政，先后提出10余个提案建议，大力弘扬山坪村瑶族传统文化，组建瑶族文化文艺队，举办瑶族文化节，打造具有瑶族文化特色的生态休闲旅游品牌。山坪村2020年获命名为“第四批自治区民族团结进步示范村”。她主动无偿出让自家唯一一块水田，投工投劳，推动村级党群服务中心如期竣工；推行党员民意代表制度，成立“关爱留守群体服务站”，带头为“三留守”人员送温暖，办成实事好事125件；以廉洁自律带动村党支部落实管党治党主体责任，打造“清风茶社”廉洁教育平台，她是干净忠诚的“好榜样”。

2021年6月，祝雪兰被中共中央授予“全国优秀党务工作者”称号。

第八届全国道德模范提名奖获得者

唐基木　1990年8月生，藤县金鸡镇金鸡街居民。2018年5月26日晚，藤县金鸡镇天乐街一五金店铺失火，店主年仅3岁的儿子被大火围困在店里，危在旦夕。正在附近的唐基木听到店主的呼救声后，立即提起2个灭火器，火速冲向店铺救人。当其时火势越来越猛烈，唐基木当机立断砸开旁边幼儿园的大门，再翻越一堵2米高的石墙，冲破五金店的后门，摸索进入孩子的房间，发现孩子已昏迷不醒。他迅速抱起孩子向外冲。火势已蔓延到跟前，黑烟、热浪扑面而来，他只能蹲下前行。救出小孩后，得知店主还有一个6岁的大儿子，可能也被困在店内。顾不上多想，他立即再次冲进火海，确认店主大儿子不在店内才冲出来。当他听说还有4人被困在5楼的卫生间，而且其中有一名5个月大的婴儿时，又再次冲进火海救人。危急关头，他急中生智，与几名热心群众通过“麻包袋”运送的方式将婴儿安全“运送”到楼顶，其余3人通过绳子爬到楼顶，成功救出被困4人。

唐基木先后获得全国119消防奖先进个人、广西见义勇为英雄等称号，并入选2018年7月“中

国好人榜”。2021年11月，获第八届全国道德模范提名奖。

廖木森 1979年4月生，中共党员，岑溪市安平镇中庆村村民。廖木森12岁时因意外受伤，左臂截肢成为残疾人。父亲常年外出打工，他从小跟随母亲一起耕田种地，照顾患有眼疾的爷爷，拉扯弟弟、妹妹长大成人。结婚后，他与同样身有残疾的妻子共同劳作和照顾父母、儿女，与弟弟一家共12口人一起生活。国家实施精准扶贫政策后，廖木森申请到5万元的3年免息贷款。他盖猪圈，购买猪苗，扩大生产，收入逐年增加，于2016年年底提前脱贫摘帽。2021年，廖木森的养殖场正常存栏母猪、大小肉猪70多头，年纯收入近5万元。廖木森身为共产党员，把孝老爱亲的“小爱”转化为帮助更多人的“大爱”，手把手地传授同村的3户贫困家庭养殖技术，参加扶贫创业致富带头人培训班回来，又继续帮扶另外3户贫困户如期脱贫。

2020年，廖木森获全国脱贫攻坚先进个人称号，其家庭被评为全国最美家庭。2021年11月，获第八届全国道德模范提名奖。

2021年入选“中国好人榜”的梧州人

梁铁正 1955年2月生，岑溪市马路镇昙容社区居民，岑溪市南渡镇人民调解员。

梁铁正是一名退伍军人，退伍后一直用自学的法律知识帮助有需要的人，被群众称呼为“民间状师”。岑溪市归义镇66岁的中风老人梁某老来无助，梁铁正夫妻决定将老人接来同住。然而老人突然遭遇车祸，交警做出责任各半的处理决定，当事人双方都向法院起诉。在赔付未到位的情况下，梁铁正以每月3000元的工薪雇了一个护工护理老人，还出钱为老人支付医疗费并做了伤残鉴定，总共垫付5万元。梁铁正还为老人当起了一审和二审的诉讼代理人，法院判决对方要付10万元的医疗费和伤残赔偿金。不久老人病逝，而梁铁正既没有法定委托书也不是法定继承人，导致10万元“无主”。梁铁正事后说，他帮助老人本就不求任何回报，钱收不回也无怨无悔。马路镇昙雅村的贫困户谢某因丈夫经常殴打她而起诉离婚，梁铁正不但不收其法律服务费，还帮她支付300元法院受理费。在糯垌镇的石粉厂打工的黄保石，由于工伤得不到合理赔偿找梁铁正帮忙，梁铁正毫不犹豫地借给他7000元钱。

2019年1月，岑溪市司法局为他颁发“南渡镇人民调解员”聘书。梁铁正每年接到近40件案件，有30%的案件都是无偿提供法律帮助，让困难群众打得起官司。他口才好，能言善辩，帮人写的起诉状有理有据、掷地有声，为他人打赢官司铺路，这是人们对他的评价。2021年3月，梁铁正入选助人为乐类“中国好人榜”。

谢凯庆 1940年4月生，岑溪市人。岑溪市科学发展委员会退休干部。

自2000年7月退休后，谢凯庆回到双贵村建设家乡。2002年，他带头捐款修建双贵思浩大桥，捐出当时近半年的退休金，并且参与桥的选址、设计、施工、筹资等工作，这座桥惠及双贵、石坡、义和与古皮等村2万多人；2012年，他带头集资到18万多元重修竹山凉亭；2013年，他捐款1.3万修补双贵小学门窗和道路。2015年以前，岑溪市归义镇双贵村马运顶山水土流失严重。谢凯庆决意修建公园，改善山上的环境，但这一提议遭到部分村民反对。他连续4晚召集村民开动员会，挨家挨户走访谈心。在他的不懈努力下，大部分村民同意了让地。为了解决资金问题，谢凯庆捐款18万多元，发动家庭捐款4万多元，在他的带动和奔走下，争取上级拨款、社会捐助、村民捐款等筹集超过200万元的资金，投入到公园建设中。谢凯庆患有冠心病，在公园开始建设时，为节约资金常年进行义务劳动，后来义务修建队伍增加到12人，包揽了所有体力活。在谢凯庆的影响下，村民积极配合让地、出钱和出力，社会纷纷响应集资捐款，最终形成合力，把双贵公园建成建好。如今公园里种植了近万株观赏性植物，建成桃花园、茶花园、风铃园、大叶紫薇园、玉兰园、芒果园等10多个园子，读书亭、慈孝亭、乡愁记忆亭等已成为旅人驻足停歇的温馨驿站。2017年，公园迎来第一届桃花节，举办了3天，吸引不少周边的村民到山顶赏花。2019年，到园内赏花的游客达到5万人次。

谢凯庆因乐于助人，义务为民修桥铺路建公园，得到村民、社会高度赞赏。2021年11月，谢凯庆入选助人为乐类“中国好人榜”。

2021年全国五一劳动奖章获得者

余永铭　1976年8月生，广西平南县人，中共党员。大学本科学历，主任医师，硕士研究生导师，广西医师协会神经外科分会副主任委员，梧州市医学会神经外科分会副主任委员，时任梧州市红十字会医院副院长。

在担任神经外科主任期间，余永铭带领科室率先在梧州建立神经外科亚专业分组，开展多项新技术。任职业务副院长时正值新冠疫情肆虐，在疫情防控中，余永铭主动参加医疗突击队，全面参与疫情防控工作，帮助发现梧州市首例确诊患者，为梧州市实现“双清零一不增”（新冠肺炎新增病例清零、新增疑似病例清零，不再增加新的密切接触者）等7个“全区最早”做出突出贡献。余永铭带头贯彻落实深化医药卫生体制改革的重大决策部署，建立多学科联合诊疗模式（MDT），推动医院综合诊疗水平特别是疑难病的诊疗水平不断提高；率先成立梧州市首个脑科中心，他作为脑科中心学科带头人，引进高层次博士人才，打造专业科研团队，创立神经内外科融合的脑血管病区获批成为国家高级卒中中心、梧州市脑血管疾病救治和研究人才小高地，开展多项新技术填补市内及自治区内空白；建立显微解剖实验室，加强人才培养，推动医院外科事业向精准、微创发展；他着力解决群众“看病难”问题，在梧州神经科领域组建“梧州脑科在线”微信公众号，开展健康知识科普。成功完成颅内有创脑压监测术等多个项目的临床研究，处于自治区内领先水平，并在国家、省部级杂志上发表论文近10篇，参加国家“十二五”重大新药创制科技重大专项课题1项。余永铭重视劳动技能培训，组织开展医院“血管显微”“腔镜微创”等培训班和手术展示比赛，提高医务人员的临床技能。

余永铭参加工作22年，一直立足本职岗位，忠诚奉献，开拓创新，在岗位上做出了优良业绩和突出贡献，赢得社会群众和医疗同行的普遍好评。2021年7月，余永铭被中华全国总工会授予2021年全国五一劳动奖章。

2021年全国法院先进个人

桂　西　瑶族，1980年2月生，蒙山县人。民建会员，2010年8月参加法院工作，时任梧州市中级人民法院研究室副主任。

从人民法庭的通讯员到中级人民法院的宣传专干，11年来，在国家级主流媒体发表工作通讯稿件200多篇、自治区级主流媒体发表工作通讯600多篇。多次策划开展诸如梧州法院“大采访、大报道”等活动，挖掘全市两级法院先进典型及亮点，总结两级法院在司法体制改革和工作中各项措施、工作方法和经验规律。让梧州法院新形象、好声音、好故事不断传播给社会各界。2017年，在中央电视台《经济与法》栏目和《人民法院报》开庭纪实栏目播出、刊发报道《浔江，那被污染的母亲河》，揭示环境保护建设的严重滞后，也提出了治本之策；2020年，在《人民法院报》头版发表《“双网”解纷纵到底横到边——广西梧州法院多元解纷工作纪实》，报道近年市中院法院打造新时代“枫桥经验”，构建多元“双网”（网络+网格）“一站式”解决纠纷平台的工作亮点，收到良好的宣传效果。

2020年，桂西被最高人民法院评为全国法院新闻舆论工作先进个人，连续4年被人民法院报社、中国法院网评为网络宣传先进个人，连续9年被广西法治日报社评为《广西法治日报》、平安广西网优秀通讯员。2021年，最高人民法院授予桂西“全国法院先进个人”称号。

全国法院扫黑除恶先进个人

谢　康

1982年11月生，蒙山县人，中共党员。先后担任梧州市中级人民法院刑一庭助理审判员、审判员、副庭长(二级法官)。

谢康长期坚守在一线办理涉黑恶案件，政治素养过硬、业务知识精通、审判经验丰富。在扫黑除恶专项斗争期间，主动承担大案、要案特别是重大涉黑涉恶案件的审理工作。2018—2020年，主审案件140件，累计参加合议庭审理案件447件；2021年第一季度，主审案件12件，参加合议庭审理案件14件，均取得良好成效。谢康在主审某重大案件过程中，积极与检察机关、公安机关沟通联系，主动了解案件背景，加班加点翻阅案卷熟悉案情，制定具体可行的工作计划、审理方案和庭审预案等。在做了充分的庭前准备工作后，与合议庭成员开展5天的庭前会议和7天的开庭审理。由于案件疑难复杂，理清被告人在各起共同犯罪中的地位作用对案件处理有着重大影响。他认真细致地审核了800多册卷宗材料，从每一起犯罪事实到每一个定案依据，从每一个被告人的行为到确定其相应的罪责，反复研究，详细分析论证各起犯罪事实，有理有据地提出具体的处理意见供合议庭、审委会参考。在开庭审理后，他连续作战，不辞劳苦，夜以继日拟写、修改裁判文书，形成30多万字的审理报告和435页23万字的刑事判决书。该案被自治区高级法院终审维持，社会各界反映普遍良好。

谢康曾立个人三等功3次，二等功1次，被评为全自治区扫黑除恶专项斗争先进个人。2021年，谢康被最高人民法院评为全国“人民法院扫黑除恶专项斗争先进个人”。

全国水旱灾害防御工作先进个人

邓　颖

1967年4月生，藤县人，中共党员。时任梧州市水利局党组成员、副局长，兼任梧州市应急管理局党委委员、副局长。

2019年6月26日，苍梧县7个乡镇出现暴雨到大暴雨天气，引发苍梧县六堡镇山洪警戒报警。整个镇区强降雨和洪水造成堤岸道路塌方，陂坝渠道损毁，交通通信中断，村庄民房受淹。邓颖作为市水利局、市应急局水旱灾害防御工作的分管领导，时刻关注水情、雨情的变化。6月25日晚开始，提前在值班室值守，编发市级山洪风险快报2期、调度指令6份。26日，邓颖接到暴雨预警通知后协调气象、水文部门加密会商，组织工作组赶赴一线现场指导防灾救灾工作，会同地方政府及水利部门处置工程险情5处，发布监测预报预警信息462条、紧急转移群众6873人，实现人员零伤亡。受损严重的镇区和村庄在短时间内完成清理淤泥、疏通交通、恢复供水供电和通信等工作。此外，为完善梧州市城市防洪体系防洪能力，邓颖凝心聚力推进防洪工程建设，推动梧州市区15个片区的堤防建设，其中三龙片、河东片、河西片已按抵御50年一遇洪水标准完成主体工程，通过上游龙滩水库和大藤峡水库工程群组联合调度，防洪能力达到100年一遇。

2022年1月，水利部授予邓颖全国水旱灾害防御工作先进个人称号。

全国全面推行河长制湖长制工作先进工作者

覃柱良

1971年2月生，梧州市区人，中共党员。时任梧州市水利局党组成员、总工程师，河长办专职副主任。

2017年全国河长制工作全面启动。5月，当时担任梧州市工程管理与供量监督站站长的覃柱良主动请缨，担负起梧州市河长制日常工作，起草梧州市河长制工作方案及相关配套工作制度，比自治区规定的时间提前一个月印发。覃柱良工作常常舍身忘己，加班是常事。与其他同事共同努力下，梧州市河长制工作于2018年、2019年连续两年考核排名位居自治区前列，梧州主要河流水质明显提升。他主持草拟《梧州市河道采砂管理办法》，牵头与市检察院对接建立“河长＋检察长”管理机制，与梧州市周边的市、县及广东肇庆市签订联合执法协议等。多项工作经验在全自治区推广，河道采砂“采”“销”分离模式获水利部推广。2018年，在覃柱良在担任河长办专职副主任期间，梧州市全面推行河长制湖长制工作在自治区河长办的验收考评中获得96.90分，全自治区排名第五，顺利通过验收。2019年，梧州市列入自治区第二号总河长令重点督办的20个江河湖库“四乱”（乱建、乱采、乱堆、乱占）问题全部完成整改销号，提前2个月完成自治区督办问题整治任务。

2020年6月，自治区河长制工作培训班邀请覃柱良作专题授课，其工作经验在自治区水利厅内刊印发推广。11月，在全自治区河湖清“四乱”和管理范围划定工作视频调度会商会上，梧州市作为唯一设区市作典型经验发言。中新网、《中国水利报》、《广西日报》等主流报刊媒体均对梧州市河道采砂管理及河长制工作进行了报道。2021年5月，覃柱良被水利部授予全面推行河长制湖长制工作先进工作者称号。

全国优秀河长

欧超间 女，1974年6月生，梧州市区人。中共党员。时任梧州市长洲区副区长、河长办主任，雅尖河、思龙冲水库县级河长。

2017年10月，欧超间分管长洲区河长制湖长制工作，兼任长洲区河长制办公室主任及雅尖河河长。她组织建立完善河长会议、督察考核、巡查等8项制度。作为县区级河长，她带头坚持每月巡河一次以上，发现问题并迅速整改。她建立长洲区河长微信工作群，做到大小河长晒工作常态化。通过建立巡河发现、整改问题周排位制度，区河长办每周三在群内公布镇村河长巡河情况和问题整改销号情况，对工作落后的镇村河长及时提醒或约谈，确保长洲区各级河长实现从“有名”到“有实”的转变。她勇于向水域岸线“乱占、乱采、乱堆、乱建”河湖“顽疾”宣战。用半个月时间完成圣旺混凝土有限公司搅拌站生产厂区、贵港台泥品牌水泥装卸码头和水泥堆场、泗洲村14组两间民房的侵占河道问题整改，为此受到自治区河长办和市政府充分肯定。梧州市召开河长制现场推进会，推广“长洲经验”。她为长洲区出谋划策，推动“美丽河湖”建设。利用长洲区作为广西城乡融合改革集成梧州唯一试点的契机，统筹资金4900万元，结合“美丽河湖”建设，打造8个乡村振兴示范点。长洲区探索的“美丽河湖”建设助力乡村振兴示范点（示范带）打造，成为梧州市城乡融合改革集成的一张新名片。

欧超间为实现“水清、岸绿、河畅、景美”的目标，积极履行职责，努力做到工作协调有力、落实迅速、举措高效、力争上游，有效推动长洲区全面推行河长制湖长制工作走在广西的前列。2021年5月，欧超间被水利部授予全国优秀河长称号。

全国食品安全工作先进个人

杨　洋 1989年8月7日生，岑溪市人，2012年6月毕业于中国药科大学，大学本科学历，2012年10月参加工作，2017年12月加入中国共产党。2020年2月，任梧州市市场监督管理局食品餐饮安全监督管理科科长。2021年3月，挂任梧州市食品药品检验所副所长。

在任职食品餐饮安全监督管理科科长期间，杨洋在新冠疫情防控中主动担险担责，组织防疫检查1万多家次、指导处理涉疫食品案19件，助力52项防疫产品获资质认定，把好防疫关、质量关。本着“小隐患就是大事故”的工作信条，杨洋擅于盯关键、抓重点，近年来协查74起食品违法案件，助力侦破“凉茶非法添加药品”等12起重案要案，保障53次重大活动和重要接待的食品安全，将13起食品安全事件化解在萌芽状态。杨洋积极探索智慧监管模式，推动食品安全“一平台三体系”建设，形成食品安全智慧监管和社会共治格局，全市7300家餐饮企业从业人员通过线上培训考核，136家学校食堂实现“云上监管”，“随机查餐厅”直播活动3期总浏览量超过24万，创新举措获得各方好评。为抵抗新冠疫情冲击餐饮业，他带领科室人员指导餐饮企业规范经营、优化标准，推动纸包鸡、葱油鱼等4项团体标准建立，筹备广西特色食品高质量发展现场会等大型展销活动，为本地特色食品打造平台。2021年，全市限额以上餐饮业营业额实现营业收入12.18亿元、同比增长44.2%，餐饮业实现大众转型、结构优化、动力转换、稳速发展。

2021年2月，杨洋被国务院食品安全委员会授予“全国食品安全工作先进个人”称号。

国家贫困地区重大专项普查先进个人

黄嘉龙

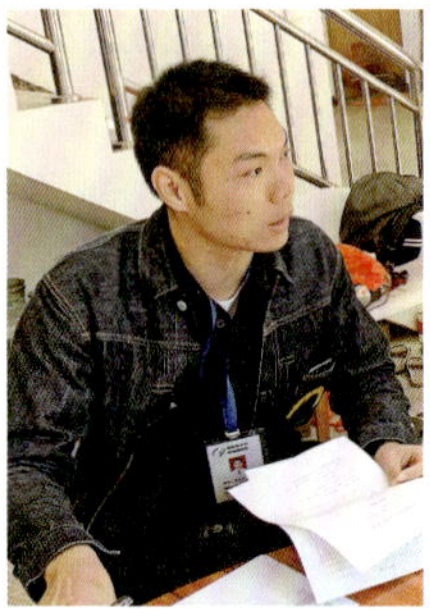

1993年4月6日生，梧州市区人。2018年，黄嘉龙加入梧州调查队成为住户调查科一名基层一线调查员。

2020年6月—2021年1月，黄嘉龙先后参与全国脱贫攻坚普查数据审核验收、清查摸底数据审核验收、师资培训班现场考试网络试题发布及汇总工作。代表广西脱贫普查办抽调到国家脱贫普查办公室参与驻京集中数据审验工作及事后质量抽查工作，工作表现获得国家局好评。

从业3年多，黄嘉龙成长为一名素质过硬、技术过硬的“调查多面手”，在住户收支调查、农民工监测、脱贫攻坚普查等重大工作的出色表现得到来自多方的认可和点赞。2021年8月，因为黄嘉龙在国家贫困地区重大专项普查工作中成绩显著，被国家脱贫攻坚普查领导小组评为先进个人。

全国残疾人工作先进个人

杨　霓

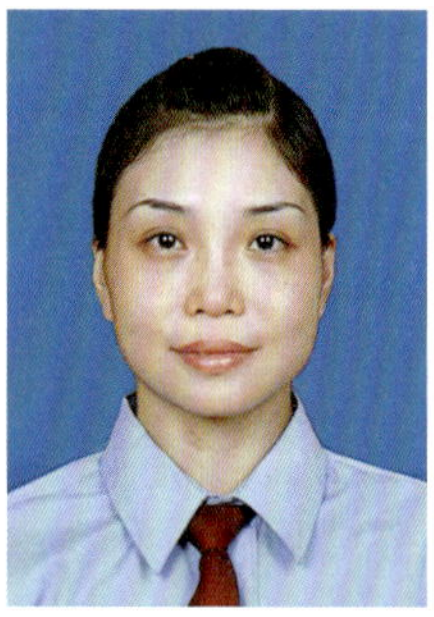

女，1975年6月生，梧州市区人，中共党员。2019年5月，任梧州市残疾人联合会教育就业部主任。杨霓自1999年加入残疾人工作队伍后，一直爱岗敬业，对工作认真负责，任劳任怨，始终坚持以“三牛”（孺子牛、拓荒牛、老黄牛）精神履行工作职责。在从事残疾人就业培训、教育、扶贫、社会救助、组织联络，以及办公室等相关工作中，积累了丰富的残疾人工作经验。残疾人是一个特殊的社会群体，是一个需要格外关心的群体，作为一名残疾人工作者，杨霓能主动关心残疾人，并尽自己所能为残疾人解决实际困难和诉求，用行动以绵薄之力化解矛盾。她常说的一句话是“这是分内事，我应该做的”。这平凡而简单的10个字，体现了杨霓对残疾人的赤诚之心。

2021年7月，杨霓被国务院残疾人工作委员会授予“全国残疾人工作先进个人”称号。

全国红十字志愿服务先进典型

李永涛

1986年5月生，梧州市区人。是梧州粤海江河水务有限公司职工。2017年5月成李永涛申请加入红十字会志愿服务队伍，成为梧州市红十字应急救护志愿服务大队一员。2021年志愿服务时长为112.5小时。

自从加入红十字会志愿服务队伍，李永涛参加梧州市红十字应急救护队急救知识培训讲座50余场次，积极参与梧州市警察马拉松、宝石节活动、岭南风情文化旅游周水上音乐会、龙舟大赛等大型活动的应急救护安全保障工作。2019年2月12日，一辆摩托车途经梧州市万秀区富民一路时摔倒在地，摩托车女驾驶员受伤倒地头部血流不止。恰好此时李永涛下班开车路过，他快速拿出随车携带的急救包，对伤者施救并安抚伤者情绪。等救护车到来后，专业医护人员查看伤者，发现血已被止住，伤者被及时送往医院。2021年8月15日，李永涛和另一名志愿者在鸳江路游泳场路段，对一名疑似中暑和心脏突发疾病的60多岁女子进行急救，为患者等待救护争取时间。8月23日下午，李永涛下班路过新兴一路与龙山路交汇处，看到一名40岁左右的男子头部受伤流血不止，快速拿出随身携带的急救包，为受伤男子止血包扎，然后他一直陪伴受伤男子直到送上救护车。李永涛先后8次遇到交通意外和老年人晕倒等突发情况，他都毫不犹豫参与救助。

2021年12月27日，李永涛被中国红十字会总会作为优秀红十字志愿者推选为全国红十字志愿服务先进典型。

民革全国机关工作先进个人

邓富学

1971年2月生，广西全州人。大学学历，民革会员。先后挂任梧州市人民检察院副检察长、梧州市扶贫办副主任等职，曾任藤县政协副主席，时任民革梧州市委员会副主委（驻会）。邓富学在民革梧州市委会机关工作期间，先后完成民革自治区委下达的发展壮大广西农村集体经济及广西六堡茶产业深度融入大湾区的课题调研和调研报告撰写工作，组织开展“不忘合作初心，继续携手前进”主题教育活动，顺利完成市委会换届和支部换届工作任务，撰写的论文入选《广西人民政协论文集》。邓富学挖掘梧州市拥有李济深故居和梧州中山纪念堂等民革资源优势，搭建与全国各地组织交流联系的平台，仅2020年接待民革北京市委会、民革辽宁省委会、民革湖州市委会等外地到梧州考察学习的民革组织达15批次。提出的《关于申报抗日烈士陈济桓故居为全国爱国主义教育基地的建议》获中共自治区党委领导批示。他筹划建成梧州民革党员之家和民革梧州中山书画院，其中一处梧州民革党员之家——李济深故居获民革中央授予“民革全国优秀党员之家称号。

2021年11月，邓富学被民革中央授予“民革全国机关工作先进个人”称号。

民革全国助力脱贫攻坚工作先进个人

廖东海

壮族，1984年3月生，苍梧县人，民革会员。时任民革梧州市委会常委、民革苍梧县委会主委、苍梧县六堡茶产业发展（六堡特色镇建设）指挥部办公室主任。在脱贫攻坚战期间，廖东海先后担任苍梧县六堡镇副镇长和民革苍梧县委主委，统筹推进六堡镇的住房有保障工作，2020年7月调离六堡镇时，实现了六堡镇建档立卡贫困户危房“零”存量。他引导社会资金参与脱贫攻坚工作，联系爱心企业，实行结对帮扶。引导社会资金实施道路硬化2千米，购销建档立卡六堡茶约40万元，筹集建档立卡贫困户学生助学4.8万元。统筹投入资金约2000万元，打造了六堡镇大中村盘龙组、塘平村大朗组2个市级乡村振兴示范点。同时，他发挥民革界别优势和特色，组织和推荐专业人员开办农业技术、村集体经济等培训班；就脱贫攻坚和乡村振兴进行专题调研，撰写《如何发展村集体经济》《特色产业助力乡村振兴发展》等文章，分别获得民革自治区委2019年、2020年度全自治区参政议政成果评比一等奖、二等奖；联系龙头企业，推出广西民革品牌的六堡茶，扩大六堡茶影响力。

2021年11月4日，民革助力脱贫攻坚工作总结表彰会在北京召开，廖东海被授予“民革助力脱贫攻坚工作先进个人”称号。

民盟全国脱贫攻坚先进个人

韦　放

1973年2月生，藤县人，民盟盟员。2021年2月当选民盟梧州市委员会主任委员。

2016年6月—2019年12月，韦放在担任蒙山县副县长期间，牵头负责脱贫攻坚的住房安全保障工作，一是开展55000多户住房情况评定，对8500多户疑似危房精准评定；二是坚持每月召开“住房安全保障”推进会，列清单解难题；三是制定“一户一改造方案”分类施策；四是深入一线指导危房改造，现场办公释疑解惑。同时，配合完成县扶贫重点项目，带领住建、国土、征拆等部门推进全县扶贫重点项目“老乡家园”易地扶贫搬迁安置小区建设，使519户建档立卡贫困户喜迁新居。2017年，蒙山县实现整县脱贫，韦放分管的蒙山县住房和城乡建设局被评为全国脱贫攻坚先进集体。

2021年6月，韦放被中国民主同盟中央委员会授予“民盟脱贫攻坚先进个人”称号。

民进全国社会服务暨脱贫攻坚工作先进个人

梁文林

1989年9月5日生，藤县人，民进会员。2019年6月，任民进梧州市委会组宣科一级科员。2021年5月，调任广东省佛山市顺德区大良街道经济发展办公室一级科员。

2018年，梁文林成为岑溪市大业镇新村村驻村工作队员。2018—2021年，他积极协调民进梧州市委会与村委共同制订帮扶计划并加强落实。通过走访慰问，强化坚定贫困群众的脱贫信念；连续3年开展“春联万家”活动，提升村里文化氛围；通过民进市委会发动社会热心人士和会员捐助空调、冰箱、饮水机等物资合计3万余元；联系梧州市红十字会公益捐助，筹资约40万元为新村中心小学建设新教学楼及打一口水井。3年间，5户贫困户、3户退出户、2户边缘易致贫户在他的帮扶和跟踪联系下，通过申请危改补助、银行贷款、低保补助、医疗报销等，实现了稳定脱贫。在他的带领下，新村村贯彻落实各项扶贫政策，全村114户建档立卡贫困户如期脱贫。他还为打赢精准脱贫攻坚战积极建言献策，撰写《搭建爱心帮扶平台，引入社会资本共同参与脱贫攻坚的建议》《关于加强和完善“两类人员”监测和帮扶的建议》等，得到有关部门的重视。

2021年5月，梁文林被中国民主促进会中央委员会评为民进全国社会服务暨脱贫攻坚工作先进个人。

民进全国反映社情民意信息工作先进个人

胡　康

1979年11月生，梧州市区人，民进会员。2019年9月任民进梧州市委会一级主任科员。

2021年，胡康在开展反映社情民意信息工作中，坚定信息服务国家和地方建设的作用，主动承担民进自治区委会和中共梧州市委关于林业、乡村振兴课题2项；努力提高撰写意识和能力，对信息点长期跟踪，开展实地调研，争取政府部门支持，共撰写20条社情民意信息报送民进自治区委会，获自治区党委统战部采用2条，获民进自治区委会采用10条；他积极配合地方发展，结合实际开展培训12次，带动会员40多人参与信息提供；帮助会员修改稿件，修改信息资料18篇，形成市级提案素材27篇、社情民意信息7条。

2021年11月，胡康被中国民主促进会中央委员会评为全国反映社情民意信息工作先进个人。

2021年度巩固深化“强基础、转作风、树形象”专项行动表现突出个人奖

邓国平

1971年12月生，中共党员，大学学历，1989年3月参加工作，1992年2月加入中国共产党。2020年10月任梧州市城市管理执法支队支队长。他通过不断深化完善城市管理执法工作督查考核细则办法，实施日常督查与专项督查相结合，强化督查督办力度，有效发挥了执法督查“指挥棒”作用。2021年，他率队专项督查创全国文明城市、大气污染治理、市场周边整治等工作存在问题5次，对各城区城管执法落实网格化管理开展日常督查考核24次，发现问题226起，并将督查考核情况反馈各责任单位，督促市容环境质量稳步提高。他把队风的培养与执法素养结合起来抓，牢固树立执法为民的理念。针对市民群众烦心闹心的“马路市场”“黑气窝点”“油烟污染”等问题，积极组织开展“我为群众办实事”活动。2021年，城管执法人员中涌现出捡到路人手机主动归还的，帮助走失小孩找到家人的等“小事”12件，树立起城管执法队伍的良好形象。

2017年2月，邓国平获记个人三等功；2019年，获广西最美城管职工称号；2021年年

底，获住房和城乡建设部2021年度巩固深化“强基础、转作风、树形象”专项行动表现突出个人奖。

2021年广西五一劳动奖章获得者

刘世华 中国建筑第五工程局有限公司广西安全总监、梧州项目指挥长（产业工人）

罗 振 岑溪市公安局马路派出所副所长（一线职工）

宋 明 梧州市万秀区夏郢镇农业技术推广站农艺师（科教人员）

黎海强 广西金茂钛业有限公司硫酸厂副厂长（产业工人、农民工）

2021年“广西工匠”

黄学能 中国南方电网有限责任公司超高压输电公司梧州局经理、高级工程师

徐维水 中船桂江造船有限公司职工三班班长、高级技师

祝雪兰（女，瑶族） 瑶家雪兰六堡茶专业合作社社长

朱 哲 中国邮政集团有限公司梧州市分公司揽投员

全自治区“最美公务员”

廖秋平（女，壮族） 梧州市公安局城西派出所所长

陈勇佳 梧州市农业综合行政执法支队支队长

2021年度“学习身边榜样”活动自治区级榜样

祝雪兰（女，瑶族） 苍梧县六堡镇山坪村党支部书记、村民委员会主任，一片叶子振兴一个乡村。

第六届自治区道德模范提名奖获得者

梁焕珍（女） 万秀区桂北社区居民

陈月英（女） 岑溪市梨木镇里汉村村民

2021年广西“新时代好少年”

覃逸锋 梧州市第十四中学（原梧州市中山小学）学生

张 彧 梧州市第三中学学生

集体荣誉

2021年梧州市获全国级以上集体荣誉情况表

表33

荣誉	授奖单位	获奖集体
第三批全国农村集体产权制度改革试点典型经验交流单位	农业农村部	梧州市
国家DRG付费示范点	国家医疗保障局	梧州市
2021—2025年第二批全国科普示范县创建单位	中国科协	藤县
中国陶瓷产业基地 中国最具影响力产区	中国轻工业联合会	藤县
首批全国县域足球典型	国家体育总局	万秀区
2017—2020年平安中国建设示范县	平安中国建设协调小组、人力资源社会保障部	长洲区
全国先进基层党组织	中共中央、国务院	万秀区夏郢镇凤凰村党总支

续表 33

荣誉	授奖单位	获奖集体
全国工人先锋号	中华全国总工会	梧州市长洲区税务局第一税务分局
全国维护妇女儿童权益先进集体	中华全国妇女联合会	长洲区人民法院民事审判庭
第二十届全国青年文明号	共青团中央、应急管理部等23家全国创建“青年文明号”活动组委会成员单位	梧州深燃天然气有限公司客户服务部 梧州海关综合业务科
全国青少年维权岗	共青团中央、最高人民法院	岑溪市人民法院
第十届全国检察机关“文明接待室”	最高人民检察院	梧州市人民检察院
2020 年度武警部队安全工作先进单位	中国人民武装警察部队	武警广西总队梧州支队
第七批农业产业化国家重点龙头企业	农业农村部、国家发展改革委、商务部、中国人民银行、国家税务总局、中国证券监督管理委员会、中华全国供销合作总社	梧州茶厂有限公司 梧州甜蜜家蜂业有限公司
第八批全国民主法治示范村（社区）	司法部、民政部	长洲区长洲镇泗洲村
第二批全国乡村治理示范村镇	中央农村工作领导小组办公室、农业农村部、中宣部、民政部、司法部、国家乡村振兴局	长洲区长洲镇泗洲村 岑溪市糯垌镇绿云村
第十一批全国“一村一品”示范村镇	农业农村部	苍梧县六堡镇大中村 藤县濛江镇健良村
国家森林乡村示范点	国家林业和草原局	长洲区倒水镇富万村
第三批国家级“专精特新”“小巨人”企业	工业和信息化部	广西欣亿光电科技有限公司 骆驼集团华南蓄电池有限公司 梧州市鸿图精密压铸有限公司
国家级绿色工厂	工业和信息化部	广西五一管业股份有限公司 广西欧神诺陶瓷有限公司 广西梧州制药（集团）股份公司 骆驼集团华南蓄电池有限公司
全国知识产权系统先进集体	人力资源社会保障部 国家知识产权局	梧州市市场监督管理局
“全国市场监管卫士”集体	国家市场监督管理总局	梧州市市场监督管理局投诉举报指挥中心
全国人力资源社会保障系统优质服务窗口	人力资源和社会保障部	岑溪市人力资源社会保障服务大厅
全国先进社会组织	民政部	梧州市女企业家协会
全国水旱灾害防御工作先进集体	水利部	梧州水文中心
全国全面推行河长制湖长制工作先进集体	水利部	梧州市蒙山县河长办
中国人民银行脱贫攻坚先进集体	中国人民银行	中国人民银行梧州市中心支行

续表 33

荣誉	授奖单位	获奖集体
2017—2020 年度全国群众体育先进单位	国家体育总局	梧州市公安局 梧州市文化广电体育和旅游局群众体育科 梧州市足球协会 岑溪市文化广电体育和旅游局 藤县文化广电体育和旅游局
2020 年全国生态文化村	中国生态文化协会	长洲区倒水镇富万村
2020 年度“强基础、转作风、树形象”专项行动表现突出单位	住房和城乡建设部	长洲区城市管理执法大队
2021 年度国家防震减灾科普示范学校	中国地震局	梧州高级中学
民进全国社会服务暨脱贫攻坚工作先进集体	中国民主促进会中央委员会	中国民主促进会梧州市委员会
民进全国反映社情民意信息工作先进集体	中国民主促进会中央委员会	中国民主促进会梧州市委员会
民盟全国中共党史学习教育先进集体	中国民主同盟中央委员会	中国民主同盟梧州市委员会
民盟中央群言杂志社 2021 年度优秀发行单位	中国民主同盟中央委员会	中国民主同盟梧州市委员会
农工党全国脱贫攻坚民主监督工作先进集体	中国农工民主党中央委员会	中国农工民主党梧州市委员会
致公党全国脱贫攻坚先进集体	中国致公党中央委员会	中国致公党梧州市委员会
九三学社中央“五史”知识竞赛优秀组织奖	九三学社中央委员会	九三学社梧州市长洲支社
第十届中国创新创业大赛 全国优秀企业奖	科技部、财政部、教育部、中央网信办和全国工商联	广西琰鼎新能源材料有限公司

编审：陈范生　编辑：赖红柳

附　录

组织机构及负责人名录
（2020 年 1 月—12 月）

梧州市四套班子成员及纪委监委、法院、检察院主要领导人

中共梧州市委员会

书　记：全桂寿　2018 年 1 月—2021 年 5 月
　　　　蒋连生　2021 年 5 月—
副书记：钟畅姿（女，水族）　2020 年 1 月—
　　　　蒋海东　2015 年 4 月—2021 年 3 月
　　　　张惠强　2021 年 7 月—
常　委：张汉川　2018 年 2 月—2021 年 7 月
　　　　吴浩岭　2011 年 8 月—2021 年 1 月
　　　　文建中　2016 年 5 月—2021 年 3 月
　　　　钟碧珍（女）　2014 年 2 月—2021 年 7 月
　　　　黄中贤（壮族）　2015 年 5 月—2021 年 7 月
　　　　张惠强　2016 年 5 月—2021 年 7 月
　　　　王永超　2021 年 3 月—
　　　　黄　恩　2020 年 3 月—
　　　　邓旭升　2021 年 3 月—
　　　　徐文伟　2019 年 12 月—2021 年 7 月
　　　　李备战（挂职）　2020 年 6 月—
　　　　何予平（挂职）　2021 年 1 月—
　　　　文东福　2021 年 7 月—
　　　　蔡可辉　2021 年 7 月—
　　　　卢新华（壮族）　2021 年 7 月—
　　　　何世恰（壮族）　2021 年 7 月—
　　　　尤易武　2021 年 7 月—
秘书长：徐文伟　2020 年 2 月—2021 年 8 月
　　　　卢新华（壮族）　2021 年 8 月—

梧州市人大常委会

主　任：谢凌云　2020 年 1 月—2021 年 7 月
　　　　黄中贤（壮族）　2021 年 9 月—
副主任：黎永益　2020 年 1 月—
　　　　李桂珍（女）　2011 年 9 月—
　　　　徐远洲　2014 年 2 月—
　　　　苏建中　2015 年 2 月—2021 年 9 月
　　　　程　权　2016 年 2 月—2021 年 9 月
　　　　姜云飞　2021 年 9 月—
　　　　叶剑强　2016 年 9 月—
　　　　曾健勇　2021 年 9 月—
秘书长：阳永煊（瑶族）　2016 年 9 月—

梧州市人民政府

市　长：钟畅姿（女，水族）　2020 年 5 月—
副市长：吴浩岭　2013 年 4 月—2021 年 3 月
　　　　王永超　2021 年 3 月—
　　　　李备战（挂职）　2020 年 6 月—
　　　　何予平（挂职）　2021 年 3 月—
　　　　姜云飞　2014 年 4 月—2021 年 9 月
　　　　苏　颖（女）　2016 年 9 月—
　　　　匡伯彪（苗族）　2018 年 8 月—2021 年 6 月
　　　　李广勇　2021 年 9 月—
　　　　杨　桢（壮族）　2021 年 9 月—
　　　　范洪亮　2021 年 9 月—
　　　　劳高进（壮族）　2021 年 9 月—
秘书长：梁金昌　2020 年 2 月—2021 年 7 月
　　　　李传杰（瑶族）　2021 年 8 月—

政协梧州市委员会

主　席：黄振饶　2020 年 1 月—
副主席：莫永东　2016 年 9 月—
黄荣森　2006 年 11 月—2021 年 9 月
李贞梅（女）　2011 年 9 月—
蓝明月　2016 年 9 月—
韦　宁（壮族）　2016 年 9 月—
曹垂龙　2016 年 9 月—
李彤华　2020 年 1 月—
冼秋莲　2020 年 1 月—
钟　锋　2021 年 9 月—
秘书长：周晓飞　2016 年 9 月—

市纪委监委

纪委书记：黄中贤（壮族）　2015 年 5 月—2021 年 7 月
蔡可辉　2021 年 7 月—
监委主任：黄中贤（壮族）　2018 年 1 月—2021 年 8 月
蔡可辉　2021 年 9 月—

市中级人民法院

院　长：滕志华（壮族）　2016 年 9 月—2021 年 8 月
陈　影　2021 年 9 月—
党组书记：滕志华（壮族）　2016 年 6 月—2021 年 8 月
陈　影　2021 年 8 月—

市人民检察院

检察长：黄　昱（壮族）　2016 年 9 月—2021 年 8 月
曾军宁　2021 年 9 月—
党组书记：黄　昱（壮族）　2016 年 6 月—2021 年 8 月
曾军宁　2021 年 8 月—

党政机构、党派团体、市直属事业单位及主要领导人

市委办公室

主　任：徐文伟　2020 年 2 月—2021 年 8 月
卢新华（壮族）　2021 年 8 月—

市人大常委会办公室

主　任：阳永煊（瑶族）　2016 年 7 月—

市人大常委会研究室

主　任：严锦辉　2019 年 8 月—2021 年 8 月
程　祥　2021 年 9 月—

市人大常委会选举联络工作委员会

主　任：覃必元　2017 年 9 月—2021 年 9 月
梁思恩（女，壮族）　2021 年 9 月—

市人大常委会法制工作委员会

主　任：吴治华　2016 年 9 月—

市人大常委会预算工作委员会

主　任：蒙泽江（女，壮族）　2020 年 4 月—

市人大法制委员会

主任委员：李海清　2016 年 9 月—

市人大财政经济委员会

主任委员：蒙泽江（女，壮族）　2020 年 1 月—

市人大教育科学文化卫生和民族委员会

主任委员：温　伦　2020 年 1 月—

市人大环境与资源保护委员会

主任委员：陈景文　2016 年 9 月—2021　年 9 月
李健雄　2021 年 9 月—

市人大农业与农村委员会

主任委员：李健雄　2016 年 9 月—2021 年 9
赵春宝　2021 年 9 月—

市人大监察和司法委员会

主任委员：邱家云　2019 年 2 月—

市人大社会建设委员会

主任委员：赵春宝（壮族）　2019 年 2 月—2021 年 9 月
陈　刚　2021 年 9 月—

市政府办公室

主　任：梁金昌　2020 年 2 月—2021 年 7 月
李传杰（瑶族）　2021 年 8 月—
党组书记：梁金昌　2020 年 2 月—2021　年 7 月
李传杰（瑶族）　2021 年 8 月—

市政协办公室
主　任：周晓飞（瑶族）　2016年8月—2021年8月
林树锋　2021年8月—

市政协提案法制委员会
主　任：马维驹　2014年12月—2021年8月
赖定金　2021年8月—

市政协经济委员会
主　任：何际珊　2019年2月—2021年8月
周炎坤　2021年8月—

市政协教科卫体委员会
主　任：黄有才　2019年2月—2021年8月
覃宏岩（壮族）　2021年8月—

市政协文化文史和学习委员会
主　任：罗本有　2019年2月—2021年8月
严锦辉　2021年8月—

市政协联谊委员会
主　任：潘康进　2016年3月—2021年3月
2021年3月—8月空缺
陈绍霖（壮族）　2021年8月

市政协农业农村委员会
主　任：李　超　2011年9月—2021年8月
黄保绪　2021年8月—

市政协研究室
主　任：谭伟坤　2010年11月—2021年8月
苏炳培　2021年8月—

市政协委员联络工作办公室
主　任：李敏玲（女）　2011年9月—2021年8月
李雪玲（女）　2021年8月—

市委组织部
部　长：张惠强　2016年6月—2021年8月
文东福　2021年8月—

市委宣传部
部　长：黄　恩　2020年4月—

市委统战部
部　长：钟碧珍（女）　2014年3月—2021年8月
何世恰（壮族）　2021年8月

市委政法委
书　记：文建中　2016年5月—2021年3月
邓旭升　2021年8月—

市委政策研究室
主　任：邱振宇　2020年12月—2021年6月
雷超超　2021年6月—

市委网络安全和信息化委员会办公室
主　任：邵　兵　2019年2月—

市委机构编制委员会办公室
主　任：冯绍溪　2019年2月—

市直属机关工作委员会（机构改革更名）
书　记：黄上进（瑶族）　2019年2月—2021年11月

市委市直属机关工作委员会
书　记：刘　杰　2021年11月—

市委巡察工作领导小组办公室
主　任：陈海深　2018年4月—

市委、市政府信访局
主　任：雷　兵　2019年2月—2021年8月
潘达鹏　2021年8月—

市委、市政府督查和绩效考评办公室
主　任：龙文红（女）　2019年2月—

市委机要保密办公室
主　任：欧　杰　2019年2月—

市委老干部局
局　长：杨　安　2019年2月—

市委党校
校　长：蒋海东（兼）2015年6月—2021年8月
文东福（兼）2021年8月—
常务副校长：郭　坚　2016年7月—

市委党史研究室
主　任：梁彬贤　2016 年 12 月—

梧州日报社
社　长：林敏华（女）　2019 年 2 月—
党委书记：林敏华（女）　2019 年 2 月—
总编辑：肖苗生　2019 年 2 月—

市委讲师团
团　长：尹中顺　2019 年 2 月—

市委、市政府接待办公室
主　任：区　娜（女）　2020 年 12 月—

市机关后勤服务中心
主　任：李广平　2019 年 2 月—

市档案馆
馆　长：宁　波　2019 年 2 月—2021 年 8 月
　　　　覃成号（壮族）　2021 年 8 月—

市发展和改革委员会
主　任：杜　诚　2018 年 10 月—2021 年 1 月
　　　　2021 年 1 月—3 月空缺
　　　　王　鹏　2021 年 3 月—
党组书记：2020 年 12 月—2021 年 3 月空缺
　　　　王　鹏　2021 年 3 月—

市教育局
局　长：覃　颂（仫佬族）　2019 年 3 月—2021 年 7 月
　　　　覃映霞（女）　2021 年 7 月
党组书记：覃　颂（仫佬族）　2019 年 2 月—2021 年 5 月
　　　　覃映霞（女）　2021 年 5 月

市科学技术局
局　长：覃汝胜　2019 年 3 月—2021 年 8 月
　　　　徐　军　2021 年 8 月—
党组书记：徐　军　2020 年 12 月—

市工业和信息化局
局　长：梁　钦　2019 年 3 月—2021 年 8 月
　　　　赵春雷　2021 年 8 月—
党组书记：梁　钦　2019 年 2 月—2021 年 8 月
　　　　赵春雷　2021 年 8 月—

市民族宗教事务委员会
主　任：覃宏岩（壮族）　2019 年 3 月—2021 年 8 月
　　　　黄杰梅（女，瑶族）　2021 年 8 月—
党组书记：覃宏岩（壮族）　2019 年 2 月—2021 年 8 月
　　　　黄杰梅（女，瑶族）　2021 年 8 月—

市公安局
局　长：匡伯彪（苗族）　2017 年 9 月—2021 年 6 月
　　　　2021 年 6 月—8 月空缺
　　　　劳高进（壮族）　2021 年 8 月—
党委书记：匡伯彪（苗族）　2017 年 8 月—2021 年 6 月
　　　　2021 年 6 月—8 月空缺
　　　　劳高进（壮族）　2021 年 8 月—

市民政局
局　长：高洁凤（女）　2019 年 3 月—2021 年 8 月
　　　　易铭良　2021 年 8 月—
党组书记：高洁凤（女）　2019 年 2 月—2021 年 8 月
　　　　易铭良　2021 年 8 月—

市司法局
局　长：赖定金　2019 年 3 月—2021 年 8 月
　　　　梁达斌　2021 年 8 月—
党组书记：赖定金　2019 年 2 月—2021　年 6 月
　　　　梁达斌　2021 年 6 月—

市财政局
局　长：覃震西　2018 年 6 月—
党组书记：覃震西　2018 年 5 月—

市人力资源和社会保障局
局　长：秦晓宁（女）　2019 年 3 月—
党组书记：秦晓宁（女）　2019 年 2 月—

市自然资源局
局　长：吴情操　2020 年 2 月—2021 年 7 月

邱振宇　2021年7月—
党组书记：吴情操　2020年2月—2021年7月
邱振宇　2021年7月—

市生态环境局

局　　长：封　雷　2020年2月—
党组书记：封　雷　2020年1月—

市住房和城乡建设局

局　长：钟　锋　2019年3月—2021年8月
崔　磊　2021年8月—
党组书记：2021年5月—8月空缺
崔　磊　2021年8月—

市交通运输局

局　长：韦　坚　2015年4月—2021年7月
赖彩东　2021年7月—
党组书记：韦　坚　2016年2月—2021年6月
赖彩东　2021年6月—

市水利局

局　长：潘一清　2019年3月—
党组书记：潘一清　2019年2月—

市农业农村局

局　长：黄保绪　2019年3月—2021年8月
韦贤康（壮族）　2021年8月—
党组书记：黄保绪　2019年2月—2021年8月
韦贤康（壮族）　2021年8月—

市商务局

局　长：张　远　2019年3月—
党组书记：张　远　2019年2月—

市文化广电体育和旅游局

局　长：陈　刚　2019年3月—2021年8月
卢　宽（女）　2021年8月—
党组书记：陈　刚　2019年2月—2021年8月
卢　宽（女）　2021年8月—

市卫生健康委员会

主　任：李传杰（瑶族）　2019年3月—2021年12月
宁金沛　2021年12月—
党组书记：李传杰（瑶族）　2019年2月—2021年9月
宁金沛　2021年9月—

市退役军人事务局

局　长：陈　坚　2020年4月—2021年7月
2021年7月—8月空缺
雷　兵　2021年8月—
党组书记：陈　坚　2020年3月—2021年6月
2021年6月—8月空缺
雷　兵　2021年8月—

市应急管理局

局　长：陈　捷　2019年6月—2021年12月
党委书记：陈　捷　2020年3月—2021年11月
2021年11月—12月空缺

市审计局

局　长：李旭长　2019年3月—
党组书记：李旭长　2019年2月—

市市场监督管理局

局　长：邓　腾　2019年3月—2021年12月
黄上进（瑶族）　2021年12月—
党组书记：邓　腾　2019年2月—2021年11月
黄上进（瑶族）　2021年11月—

市统计局

局　长：周　雄　2019年5月—
党组书记：周　雄　2019年2月—

市林业局

局　长：周炎坤　2016年7月—2021年8月
宋彤宇　2021年8月—
党组书记：周炎坤　2016年4月—2021年8月
宋彤宇　2021年8月—

市扶贫开发办公室（机构改革更名）

主　任：覃映霞（女）　2019年3月—2021年7月
党组书记：覃映霞（女）　2019年2月—2021年7月

市乡村振兴局

局　长：张崇贵　2021年8月—

党组书记：黎志新　2021年8月—

市医疗保障局
局　长：罗　剑（女）　2019年3月—2021年8月
　　　　黎小媚（女）　2021年8月—
党组书记：蔡伟波　2020年12月—2021年8月
　　　　　2021年8月—12月空缺

市城市管理监督局
局　长：陈绍霖（壮族）　2020年6月—2021年7月
　　　　梁　兴　2021年7月—
党组书记：陈绍霖（壮族）　2020年6月—2021年6月
　　　　　梁　兴　2021年6月—

市行政审批局
局　长：王　鹏　2019年3月—2021年8月
　　　　岑小莲（女）　2021年8月
党组书记：王　鹏　2019年2月—2021年8月
　　　　　岑小莲（女）　2021年8月

市金融工作办公室
主　　任：刘　畅　2019年3月—2021年12月
党组书记：刘　畅　2019年2月—2021年11月
　　　　　2021年11月—12月空缺

市政府国有资产监督管理委员会
主　任：阳帮元　2019年3月—2021年12月
　　　　刘朝林　2021年12月—
党委书记：阳帮元　2019年2月—2021年11月
　　　　　刘朝林　2021年11月—

市投资促进局
局　长：于毅辉　2020年3月—
党组书记：于毅辉　2020年3月—

市城镇集体工业联社
主　任：黄　梅（女）　2020年2月—
党组书记：黄　梅（女）　2019年11月—

市供销合作社联合社
理事会主任：李世超　2020年3月—2021年9月
　　　　　　黄东明　2021年9月—
党组书记：李世超　2020年3月—2021年8月
　　　　　黄东明　2021年8月—
监事会主任：陈壮贤　2015年12月—2021年9月
　　　　　　2021年9月—12月空缺

市地方志编纂委员会办公室
主　任：林　源　2019年3月—
党组书记：林　源　2019年2月—

市政府发展研究中心
主　任：黎波明　2019年3月—2021年8月
　　　　2021年8月—11月空缺

市广播电视台
台　长：邓　戈　2019年12月—
党委书记：邓　戈　2019年12月—

市茶产业发展服务中心
主　任：马士成　2019年3月—2021年7月
　　　　2021年7月—8月空缺
　　　　黄　凌（女）　2021年8月—
党组书记：马士成　2019年2月—2021年6月
　　　　　2021年6月—8月空缺
　　　　　黄　凌（女）　2021年8月—

市农业机械化服务中心
主　任：陈锦铿　2019年3月—2021年8月
　　　　刘志刚　2021年8月—
党组书记：陈锦铿　2019年2月—2021年8月
　　　　　刘志刚　2021年8月—

市地震监测中心
主　　任：万桂勇　2019年3月—
党组书记：万桂勇　2019年2月—

粤桂合作特别试验区（梧州）
党工委书记：张惠强（兼）　2020年2月—2021年8月
　　　　　　易凯航　2021年8月—
管委会主任：郑兆武　2020年6月—2021年12月

梧州高新技术产业开发区
党工委书记：姜云飞（兼）　2018年7月—2021年8月

刘朝林　2021年8月—
管委会主任：赖启第（壮族）　2019年3月—2021年7月
2021年7月—8月空缺
冼育剑　2021年8月—

梧州循环经济产业园区
党工委书记：黎永益（兼）　2018年7月—2021年11月
2021年11月—12月空缺
管委会主任：吴振中　2020年3月—

市苍海新区
党工委书记：吴浩岭（兼）　2018年7月—2021年2月
管委会主任：崔　磊　2020年10月—2021年8月
2021年8月—12月空缺

市不锈钢制品产业园区
党工委书记：卢新华（壮族，兼）
2020年4月—2021年11月
吴振中　2021年11月—
管委会主任：李广勇（兼）　2020年6月—2021年11月
2021年11月—12月空缺

市商贸物流园区
党工委书记：莫永东（兼）　2019年4月—2021年11月
2021年11月—12月空缺
管委会主任：罗华平　2019年3月—

民革梧州市委员会
主　委：钟　锋　2016年3月—

民盟梧州市委员会
主　委：韦　宁（壮族）　2006年1月—2021年2月
韦　放　2021年2月—

民建梧州市委员会
主　委：黄荣森　2000年5月—2021年2月
梁夏英　2021年2月—

民进梧州市委员会
主　委：苏　颖（女）　2016年3月—

农工民主党梧州市委员会
主　委：张崇贵　2019年4月—

致公党梧州市委员会
主　委：蔡光天　2016年3月—2021年2月
黄继宗　2021年2月—

九三学社梧州市委员会
主　委：李桂珍（女）　2005年12月—2021年2月
曹垂龙　2021年2月—

市总工会
主　席：徐远洲　2015年12月—
常务副主席：谢善高　2020年9月—
党组书记：谢善高　2020年7月—

共青团梧州市委员会
书　记：杨正沛　2019年11月—2021年6月
2021年6月—8月空缺
沈二建　2021年8月—

市妇女联合会
主　席：易　洁（女，瑶族）　2018年12月—
党组书记：易　洁（女，瑶族）　2018年12月—

市科学技术协会
主　席：吴舒沁（女）　2017年4月—
党组书记：吴舒沁（女）　2017年2月—

市文学艺术界联合会
主　　席：张文辉　2016年6月—
党组书记：张文辉　2016年5月—

市归国华侨联合会
主　席：蔡光天　2013年12月—2021年1月
吕春松　2021年1月—
党组书记：韦宪森（壮族）　2019年2月—

市残疾人联合会
理事长：黄　利　2017年2月—

党组书记：黄　利　2016 年 12 月—

市工商业联合会

主　席：钟　雁（女）　2016 年 3 月—

党组书记：莫江珊　2017 年 2 月—

市社会科学界联合会

主　席：覃成号（壮族）　2019 年 2 月—2021 年 8 月

廖毅斌　2021 年 8 月—

党组书记：覃成号（壮族）　2019 年 2 月—2021 年 8 月

廖毅斌　2021 年 8 月—

电大梧州分校（2021 年 4 月更名梧州开放大学）

校　长：聂振传　2019 年 12 月—

党总支书记：陈　科　2019 年 5 月—

梧州职业学院（市职业教育中心）

党委书记：时　伟　2019 年 12 月—

院长（主任）：陈森英　2019 年 12 月—

中央直属、自治区直属驻梧州市单位及其主要领导人

梧州海关

关长、党委书记：何剑森　2020 年 10 月—

梧州市税务局

局长、党组书记：陈钜胜　2020 年 10 月—

梧州海事局

党委书记、局长：梁　军　2019 年 11 月—

梧州市气象局

局长、党组书记：廖柏林　2019 年 8 月—

梧州水文中心

党委书记、主任：梁家安　2019 年 7 月—

桂东公路发展中心

主　任：张克明　2019 年 9 月—

党委书记：阮夏恒　2020 年 11 月—

超高压输电公司梧州局

党委书记：孙　昊　2020 年 12 月—

总经理：阳少军　2020 年 7 月—

梧州供电局

党委书记：张　宁　2019 年 10 月—2020 年 10 月

2020 年 11 月—2021 年 4 月空缺

杨德华　2021 年 5 月—

总经理：黄冬生　2019 年 10 月—2021 年 5 月

2021 年 6 月　空缺

覃俏云（女）　2021 年 7 月—

梧州市烟草专卖局（公司）

副书记、副局长（主持全面工作）：

黄仲宇　2020 年 9 月—

梧州市邮政管理局

党组书记、局长：龙　军　2020 年 6 月—

梧州航道养护中心

主　任：刘临雄　2019 年 12 月—2021 年 1 月

林喜荣　2021 年 5 月—

党委书记：黎经文　2019 年 12 月—

2021 年 2 月—4 月主持全面工作

梧州船舶检验中心

副主任（主持工作）：潘嗣广　2019 年 10 月—2021 年 6 月

主　任：陈柏平　2021 年 5 月—

党总支书记：陈柏平　2021 年 6 月—

国家统计局梧州调查队

党组书记、队长：

黄光强　2012 年 1 月—2021 年 4 月

冯翔宇（瑶族）　2021 年 5 月—

梧州市无线电管理处

主　任：倪　林　2020 年 6 月—

中央储备粮梧州直属库有限公司

执行董事：王远平　2020 年 7 月—

南宁铁路局梧州车务段
段　长：赵国盛　2017年9月—2021年3月
　　　　陈　旻：2021年3月—
党委书记：何文荣　2018年11月—

人民银行梧州市中心支行
副行长（主持工作）：
　　　　李文明（壮族）　2020年2月—2021年4月
行　长：李文明（壮族）　2021年4月—

梧州银保监分局
党委书记、局长：莫利宁　2019年4月—2021年10月
　　　　　　　　杜　鑫　2021年10月—

农业发展银行梧州分行
党委书记、行长：黄云宏　2020年10月—2021年10月
　　　　　　　　陈　侃　2021年10月—

工商银行梧州分行
党委书记、行长：张阳春　2018年9月—

农业银行梧州分行
党委书记、行长：朱飞骏　2020年1月—

中国银行梧州分行
党委书记、行长：梁　萍　2020年11月—

建设银行梧州分行
党委副书记、副行长（主持工作）：
　　刘海滨（女，壮族）　2020年9月—2021年5月
党委书记、行长：刘海滨（女，壮族）　2021年5月—

交通银行梧州分行
党委书记、行长：陈国强　2016年12月—

邮政储蓄银行梧州市分行
党委书记、行长：覃延宁　2019年1月—

桂林银行梧州分行
行　长：冯　军　2021年1月—2022年3月

柳州银行梧州分行
行　长：蔡　诚　2019年9月—

北部湾银行梧州分行
行　长：吴胜峰　2020年9月—

广西金融投资集团梧州分公司
党委书记、总经理：吕　良　2016年7月—2020年12月

广西农信社梧州办事处
党委书记：陈伟昌　2017年7月—2021年7月
主　任：陈伟昌　2018年3月—2021年7月
党委副书记、副主任（主持工作）：
　　　　许忠宝　2021年7月—11月
党委书记、主任：许忠宝　2021年12月—

中石化梧州分公司
党委副书记（主持工作）：
　　王雪琨（女）　2018年10月—2021年9月
党委书记（公司负责人）：王雪琨　2021年9月—
总经理：王雪琨　2020年7月—2021年9月
　　　　徐　璟（女，挂职）　2021年9月—

中石油梧州分公司
总经理：刘应德　2018年10月—2021年9月
　　　　袁家三　2021年9月—
党委书记：刘应德　2020年6月—2021年9月
　　　　　袁家三　2021年9月—

中国邮政集团梧州市分公司
党委书记、总经理：黄杏庄　2020年7月—

广西机场集团梧州机场公司
总经理：马劲松（回族）　2016年12月—
党委书记：马劲松（回族）　2019年12月—

中国人寿保险梧州分公司
党委书记、总经理：郑　峰　2019年9月—

中国人保寿险梧州市分公司
党委书记、总经理：周敬智　2020年10月—

中国人民财产保险梧州市分公司
党委副书记、副总经理（主持工作）：
廖　云　2020 年 9 月—2021 年 7 月
总经理：陈　建　2021 年 7 月—

中国电信梧州分公司
副总经理（主持全面工作）、党委副书月
总经理、党委书记：苏　杰　2021 年 6 月—

中国移动梧州分公司
总经理、党委书记：林　文　2017 年 11 月—2021 年 12 月
杨朝雷　2021 年 12 月—

中国联通梧州市分公司
派驻机构负责人：潘清岁（瑶族）　2020 年 7 月—
党支部书记：潘清岁　2021 年 1 月—

中国铁塔梧州市分公司
总经理、支部书记：周　栋　2020 年 9 月—

广西长洲水电开发有限公司
党委书记、董事长：杨占鳌　2020 年 5 月—

各县（市、区）党委、人大、政府、政协及主要领导人

中共苍梧县委员会
书　记：林树锋　2016 年 5 月—2021 年 6 月
覃学海　2021 年 6 月—

苍梧县人大常委会
主　任：梁杰森　2013 年 8 月—2021 年 8 月
黄海平　2021 年 8 月—

苍梧县人民政府
县　长：覃学海　2020 年 9 月—2021 年 8 月
孔　斌　2021 年 8 月—

政协苍梧县委员会
主　席：黄海平　2011 年 8 月—2021 年 8 月
蒋庆华　2021 年 8 月—

中共岑溪市委员会
书　记：罗伟雄　2018 年 4 月—

岑溪市人大常委会
主　任：羽国强　2017 年 11 月—

岑溪市人民政府
市　长：吴伟华（侗族）　2018 年 6 月—

政协岑溪市委员会
主　席：冯天德　2011 年 8 月—2021 年 8 月
韦学文　2021 年 8 月—

中共藤县委员会
书　记：黄东明　2016 年 5 月—2021 年 6 月
杜　诚　2021 年 6 月—

藤县人大常委会
主　任：蒙土金　2016 年 8 月—

藤县人民政府
县　长：杜　诚　2021 年 1 月—2021 年 7 月
蒙中平　2021 年 8 月—

政协藤县委员会
主　席：刘敬堂　2011 年 8 月—2021 年 8 月
李有杰　2021 年 8 月—

中共蒙山县委员会
书　记：冼秋莲（女）　2016 年 5 月—2021 年、6 月
张银岳　2021 年 6 月—

蒙山县人大常委会
主　任：何　健　2016 年 8 月—

蒙山县人民政府
县　长：张银岳　2020 年 6 月—2021 年 8 月
陈　坚　2021 年 8 月—

政协蒙山县委员会
主　席：曾凡玺　2016 年 8 月—

中共梧州市万秀区委员会
书　记：曾健勇　2018 年 8 月—

梧州市万秀区人大常委会
主　任：张　艺　2016 年 8 月—2021 年 8 月
　　　　陈友坚　2021 年 8 月—

梧州市万秀区人民政府
区　长：黄来焕（壮族）　2019 年 3 月—

政协梧州市万秀区委员会
主　席：严锦雄　2013 年 9 月—2021 年 6 月
　　　　张国辉　2021 年 8 月—

中共梧州市长洲区委员会
书　记：李广勇　2020 年 4 月—

梧州市长洲区人大常委会
主　任：黄联文　2016 年 8 月—2021 年 8 月
　　　　刘泳锋　2021 年 8 月—

梧州市长洲区人民政府
区　长：尹　哲（壮族）　2019 年 3 月—2021 年 6 月
　　　　杨正沛　2021 年 8 月—

政协梧州市长洲区委员会
主　席：左胜娴（女）　2016 年 8 月—

中共梧州市龙圩区委员会
书　记：宋彤宇　2016 年 5 月—2021 年 6 月
　　　　赖启第　2021 年 6 月—

梧州市龙圩区人大常委会
主　任：张俊祺　2013 年 9 月—2021 年 8 月
　　　　马泽森　2021 年 8 月—

梧州市龙圩区人民政府
区　长：廖毅斌　2016 年 9 月—2021 年 8 月
　　　　吴情操　2021 年 8 月—

政协梧州市龙圩区委员会
主　席：李　国　2016 年 9 月—

报告文献摘录

抢抓新发展机遇　加快高质量发展
奋力谱写新时代中国特色社会主义
壮美广西梧州新篇章

——在中国共产党梧州市第十四次代表大会上的报告

市委书记　蒋连生

（2021 年 8 月 29 日）

中国共产党梧州市第十四次代表大会，是在中国共产党成立 100 周年、“十四五”规划开局之年、全面建设社会主义现代化国家新征程起步之年召开的一次十分重要的大会。

大会的主题是：高举习近平新时代中国特色社会主义思想伟大旗帜，坚持以习近平总书记对广西工作系列重要指示批示精神为统领，立足新发展阶段，贯彻新发展理念，抢抓新发展机遇，加快高质量发展，奋力谱写新时代中国特色社会主义壮美广西梧州新篇章。

一、过去五年的工作

市第十三次党代会以来，在党中央、自治区党委的坚强领导下，市委团结带领全市各级党组织和广大党员干部群众，深入学习贯彻习近平新时代中国特色社会主义思想，贯彻落实党中央、自治区党委决策部署，真抓实干，砥砺奋进，胜利完成了市第十三次党代会确定的主要任务，如期与全国全区同步全面建成小康社会。

经济平稳健康发展。全市地区生产总值年均增长 5.4%，地区生产总值和居民人均可支配收入比 2010 年翻一番，实现了市第十三次党代会提出的两个翻番的目标。全市经济稳中有进、稳中向好，转型升级实现新突破，结构调整迈出新步伐。特色农业发展壮大，我市首个国家现代农业产业园、首个自治区田园综合体获批创建，六堡茶产业综合产值和税收收入翻一番以上。工业集聚发展，规模以上工业企业数量增长 40%，年产 30 万吨再生铜、100 吨量子电弧炉、年产 150 万套空调等一批重大项目竣工投产，形成再生资源、建筑陶瓷、不锈钢等重点产业集聚发展态势。服务业提速增效，第三产业增加值年均增长8%，比重提高到48.5%，消费潜力不断释放，现代物流、文化旅游、电子商务、健康养老等新兴服务业成为新增长点。创新驱动能力提升，建立9个国家级创新平台，高新技术企业保有量增长3.48倍。基础设施不断夯实，市民出行乘坐高铁实现公交化，西江机场建成投入运营，长洲水利枢纽船闸成为西江黄金水道上首座“亿吨级船闸”，城市防洪体系更加完善。

改革开放不断深化。重点改革取得突破，全市承接和自主谋划的700多项改革任务扎实推进，29项国家、自治区级试点落地见效，长洲区农村“股改”成为全区典型。营商环境持续优化，企业投资项目承诺制直接落地、办事指南“码”上告知等改革在全区复制推广，营商环境综合排名进入全区第一梯队。“东融”发展成效初显，形成12条与广东相连的“水公铁空”综合运输通道，初步构建融入粤港澳大湾区立体交通网；吸引986家大湾区企业落户梧州，全市投资项目、到位资金近60%来自大湾区。开放平台升级发展，梧州综合保税区获国务院批准设立，成为广西第五个综合保税区，我市实现了国家级园区“零”的突破。国家外贸转型升级基地、自治区级梧州经济技术开发区、CEPA先行先试示范基地相继落户梧州。梧州口岸通关效率位居全区前列。

生态优势巩固提升。深入践行习近平生态文明思想，坚持生态优先、绿色发展，人民群众生态环境获得感不断增强。绿色发展取得新成效，梧州循环经济产业园区获评全国再生资源优秀园区、国家级绿色产业示范基地，蒙山县成为国家生态文明建设示范县。全市累计植树造林7.47万公顷，森林覆盖率达75.27%，位列全区14个设区市榜首，获评“全国绿化模范城市”。环境质量持续向好，空气质量全面达到国家二级标准，优良率常年保持在90%以上，“梧州蓝”成为常态；国控与省控监测断面水质达到或优于Ⅲ类比例为100%，水环境质量状况在全国333个城市中排名稳居前30名，实现一江清水、一江净水向东流。

民生福祉持续增进。脱贫攻坚取得全面胜利，全市25.72万贫困人口全部脱贫、267个贫困村全部出列、4个贫困县（区）全部摘帽。全市58个扶贫工作队、901个工作组、2150名工作队员、267名第一书记、3.3万名帮扶干部奋战脱贫攻坚一线，各县（市、区）党委、政府和帮扶后盾单位协同努力，脱贫攻坚成效载入史册！疫情防控取得阶段性成效，在全区率先实现第一例新冠肺炎确诊病例治愈出院和“双清零”等7个全区最早。为民办实事取得新进展，城镇登记失业率控制在3%以内，基本养老保险参保率达90%；义务教育均衡发展通过国家验收，梧州医学高等专科学校建成招生；入选按疾病诊断相关分组（DRG）付费国家试点城市、国家城市医疗联合体建设试点城市，成功创建国家卫生城市。打通“断头路”，拓宽瓶颈路，改造提升城市主次干道，白云山景区、苍海湖公园等城市景观提质升级，城市宜居指数排全区第五。

党的建设扎实推进。深入开展“两学一做”学习教育、“不忘初心、牢记使命”主题教育和党史学习教育，党员干部理想信念更加坚定。积极打造党史教育基地，挖掘整理红色教育资源，修缮保护大同酒店等43处革命遗址，用身边的党史教育全市党员干部，自治区党委常委班子党史学习教育第二次专题学习在广西特委旧址举行。实施“党的建设创新工程”，梧州市、岑溪市入选“全国城市基层党建示范市”，“双报到”“街长制”“书记在现场”等经验做法在全国全区推广，党建基层基础更加扎实、特色成效更加明显。深入推进作风兴市，涌现出一大批“力争上游”好集体好干部。持续正风肃纪反腐，一体推进“三不”，严格落实“两个责任”清单制，创新打造“一站（组）两网”监督工作品牌并获全区推广，蒙山县坝头村基层监督经验做法入选全国乡村治理典型案例。深化平安梧州建设，扫黑除恶专项斗争取得重大成果，政法队伍教育整顿工作取得阶段性成效，全市社会大局持续安全稳定，连续14年获评广西平安市。广大市民更加感到幸福安居乐业！

进一步加强新形势下人大、政协工作。人民代表大会制度、中国共产党领导的多党合作和政治协商制度有效落实，爱国统一战线继续发展壮大，工会、共青团、妇联、科协、文联、侨联、工商联等人民团体的桥梁纽带作用进一步发挥，民族宗教等工作不断加强。党史、党校、档案、老干、老龄、残疾人、社会科学等各项工作取得新进步。国防、民兵预备役建设和双拥工作扎实开展，第5次荣获全国双拥模范城称号。

回顾五年历程，我们深刻认识到：

必须坚持把政治建设摆在首位，始终以习近平新时代中国特色社会主义思想武装头脑，进一步增强政治判断力、政治领悟力和政治执行力，坚决把党中央路线方针政策和自治区党委决策部署不折不扣贯彻始终、落到实处。

必须坚持把发展摆在更加突出位置，大力实施产业兴市、作风兴市，坚定不移实施“东融”战略，全面对接大湾区，深度融入珠三角，推动产业链通、交通联通、文化融通，实现经济社会持续健康发展。

必须坚持为民情怀，急群众之所急，想群众之所想，着力保障和改善民生，不断提升人民群众的获得感、幸福感、安全感。

必须坚持党要管党、全面从严治党，营造风清气正、干事创业的良好政治生态，推动解放思想再出发、改革创新再深化、扩大开放再提速、担当实干再加力，乘势而上把各项事业不断推向新的阶段。

二、今后五年的指导思想和奋斗目标

进入新发展阶段，我们将面临更为复杂多变的发展环境，面临新的发展机遇和挑战。一方面，新冠肺炎疫情影响可能还会持续较长时间，统筹疫情防控和经济社会发展成为常态。在碳达峰、碳中和的大背景下，经济社会发展所需的能源、资源、环境等要素将更加趋紧，区域发展的竞争将进一步加剧。另一方面，我国经济增长的内需潜力将不断释放，积极构建以国内大循环为主体、国内国际双循环相互促进的新发展格局，有利于国内国际两大循环资源共享、优势互补、相互促进，为江海联动、多式联运带来新的发展机遇；自治区大力实施“东融”战略，深化粤桂全方位合作，推动北部湾经济区与大湾区“两湾联动”，将促进产业、要素等加快流动，产业发展面临转型升级的发展机遇。面对新环境、新形势、新竞争，我们必须完整、准确、全面贯彻新发展理念，优化产业结构，转换发展方式，增强发展动力，努力开创梧州高质量发展新局面。

今年4月，习近平总书记视察广西，强调广西要在推动边疆民族地区高质量发展上闯出新路子，在服务和融入新发展格局上展现新作为，在推动绿色发展上迈出新步伐，在巩固发展民族团结、社会稳定、边疆安宁上彰显新担当。自治区党委提出梧州要“全面对接大湾区、深度融入珠三角、提升珠西经济带、建好广西东大门”。我们一定要深入贯彻落实习近平总书记视察广西重要指示精神和自治区党委决策部署，坚定信心，奋勇争先，努力跑出“东融”加速度。

今后五年工作的指导思想是：坚持以习近平新时代中国特色社会主义思想为指导，深入贯彻党的十九大和十九届二中、三中、四中、五中全会精神，全面贯彻习近平总书记对广西工作系列重要指示批示精神，全面落实自治区党委决策部署，坚定不移贯彻新发展理念，紧扣高质量发展主题，毫不动摇实施“东融”战略，大力实施工业强市、产业兴市，全面推进乡村振兴，积极实施城市更新，全力打造珠江—西江经济带区域性中心城市和“东融”枢纽门户城市，加快形成“一极三城”发展新格局，努力建设富裕梧州、宜居梧州、开放梧州、文明梧州。

今后五年的奋斗目标是：

——打造广西高质量发展重要增长极，努力建设富裕梧州。立足梧州区位，加快构建现代物流体系。做强再生资源、高端金属新材料、建筑材料、食品医药和电子信息等支柱产业，做大数字经济、文旅康养等主导产业。推动工业振兴取得突破性进展。大力推动特色农业跨越式发展，现代服务业集聚发展。努力实现地区生产总值增速保持在全区第一方阵，经济总量提档进位，成为广西工业振兴、产业发展的重要增长极。

——打造珠江—西江经济带区域性中心城市，努力建设宜居梧州。积极实施城市更新行动，优化城市空间布局，完善城市基础设施，增强公共服务能力，美化城市生态环境，提升城市承载力，加快城市人口集聚，增强中心城市辐射带动力，努力打造珠江—西江经济带区域性商贸中心、物流中心、航运中心、教育中心和医疗中心，建设宜居宜业宜游的高品质城市。

——打造广西“东融”枢纽门户城市，努力建设开放梧州。完善对接大湾区的综合交通运输网络，构建“水公铁空”多式联运体系，打造珠江—西江门户枢纽港。加快梧州综保区等重大开放平台建设，积极对接大湾区重点产业集群，构建融入大湾区的产业链、供应链和创新链，形成“湾企入桂”集聚区。促进文化融通，以岭南文化交流为纽带，深化与大湾区友好城市的战略合作，努力推动与大湾区产业、文化实现同频共振。

——打造岭南特色文化名城，努力建设文明梧州。写好山、岛、江、湖四篇文章，深度挖掘骑楼城、三总府、龙母庙、粤曲粤剧等具有浓厚岭南风情的历史文化资源，打造岭南文化集聚区、大湾区康养目的地。积极推进全国文明城市创建活动，大力弘扬社会主义核心价值观，实现社会文明程度、公共文化服务水平明显提升，“海纳百川、力争上游”新时代梧州精神更加彰显。

三、大力实施工业振兴，再造一个工业梧州

工业强则梧州强，必须把工业振兴摆在突出位置。坚持强龙头、补链条、聚集群，完善工业振兴工作机制，优化提升园区管理体制，健全重大项目推进机制，主动打好工业振兴这场攻坚硬仗，努力实现工业总产值、工业增加值双翻番，奋力在高质量发展轨道上跑出工业加速度。

（一）优化工业发展布局。建设沿江经济带，整合西江岸线资源，依托梧州港各作业区，优化调整工业园区布局。推动南北两翼协同发展，西江以南，要大力发展再生资源、高端金属新材料、建筑材料、船舶修造等产业，发挥岑溪市、藤县资源优势，建设资源深加工示范区；西江以北，要大力发展食品医药、不锈钢深加工、电子信息、林产林化等产业，发挥苍梧县、蒙山县生态优势，形成生态绿色发展示范区。建设国家级循环经济产业基地、绿色建材化工新材料产业基地和高端金属新材料产业基地等，促进产业转型升级、集聚发展。

（二）做强做优支柱产业。坚持全产业链发展思路，打造再生资源、高端金属新材料、建筑材料等三个千亿产业，培育食品医药、电子信息等二个五百亿产业。大力发展再生资源产业，夯实绿色产业基础，引进精深加工项目，构建再生资源回收再利用体系，加快再生资源产业链上下游延伸。积极发展高端金属新材料产业，推动千万吨金属新材料基地建设，引进发展配套产业项目。优化提升建筑材料产业，推进陶瓷、花岗岩石材产业技改转型升级，积极发展装配式建筑业，补齐木材精深加工短板，发展绿色家具、定制家居。做强做大食品医药产业，加快形成产业集聚。大力推动食品医药企业二次创业，带动食品医药产业增品种、提品质、创品牌，打造供应链完备、辐射带动力强的特色食品产业基地。加快发展电子信息产业，引进智能终端、家电电子等生产企业，打造智能制造产业集聚区。

（三）培育打造千亿元百亿元重点园区。产业园区是工业集聚发展的基础，要大力推动产业集聚，发展园区经济。要积极稳妥实施园区整合，优化提升市级园区管理体制，探索一区多园管理新模式，加快培育千亿元、百亿元产业园区。粤桂合作特别试验区，要聚焦发展电子信息、高端装备制造和新能源新材料等产业。梧州高新技术开发区，要围绕大健康、食品医药、智能制造等产业，致力打造为国家级高新区。梧州循环经济产业园区，要聚焦再生铜、再生铝、再生塑料、再制造等再生资源产业链，推动再生资源产业集群化、绿色化发展。梧州市不锈钢制品产业园，要聚焦不锈钢主业，拓展下游产业链，大力发展水暖卫浴、不锈钢装饰材料等精深加工产品。梧州临港经济区，要重点发展高端金属新材料、建筑材料等产业，大力发展临港经济和港航物流业，形成新的增长点。苍梧县、岑溪市、藤县、蒙山县等县域工业园区要结合自身实际，走出一条优势互补、错位发展的新路子，努力打造一批百亿元工业园区。

（四）加快培育领航企业新方阵。通过做大做强一批、招商引资一批、激活盘活一批，加快培育不锈钢、再生资源、食品医药等龙头企业、单项冠军企业、上市企业和专精特新企业，扩大强企矩阵，提升梧州企业竞争力、影响力。深化国资国企改革，实施国企改革三年行动，提升国企经营管理水平，做强做优做大国有企业。复苏激活老企业、老品牌，鼓励“老字号”企业通过控股、收购、兼并等市场运作，打造“老字号”企业集团，让老品牌走出新路子，形成更多名优品牌。进一步营造尊重企业家、关心企业家、爱护企业家的浓厚氛围，弘扬企业家精神，激发创新创业激情，为全市经济高质量发展蓄势赋能。

（五）提升科技支撑能力。要推动创新链与产业链深度融合，加快全产业链优化升级。打好关键核心技术攻坚战，聚焦再生资源、不锈钢、陶瓷等优势产业补链延链强链，推动以企业为主体，联合高校、科研院所建立研发机构，开展产业核心技术攻关和新产品开发，全面提升产业竞争力。加强创新平台建设，强化国际生物毒素研究中心、梧州制药国家级院士工作站等现有创新平台引领带动作用，建设培育一批产业技术创新平台、制造业创新中心和企业技术中心。大力推进科技成果转化，落实落细“前端聚焦、中间协同、后端转化”要求，推动粤桂合作协同创新，以华南技术转移中心粤桂试验区分中心、中国—东盟技术转移中心粤桂试验区创新服务站为基础，深化与大湾区科研单位合作，加大研发经费投入，打造面向大湾区的科技成果转化基地。

（六）积极破解要素瓶颈制约。突出抓好要素保障，千方百计保障重大工业项目要素需求，确保关键要素向优质项目聚集。用好财政金融政策，促进工业全产业链融资，用足地方政府专项债券项目资金，落实“桂惠贷”政策，缓解融资难融资贵难题。推进供地方式改革，加强用地指标统筹分配，强化项目用地准入把关和批后监管，加大闲置土地处置力度，形成土地利用“倍增效应”。高效配置能耗指标，优化存量、用好增量、放大变量，加快淘汰落后产能，加快高耗能产业节能技改，形成低耗能、低排放、高附加值的产业发展导向，提高能耗产出率、能耗贡献率。

四、全面推进乡村振兴，促进城乡共同繁荣

坚持农业农村优先发展，实现巩固拓展脱贫攻坚成果同乡村振兴有效衔接，推动乡村振兴与县域经济高质量发展有效融合，促进城乡互补、协调发展、共同繁荣。

（一）巩固拓展脱贫攻坚成果。聚焦稳政策、防返贫、促振兴，让脱贫基础更加稳固、成效更可持续。严格落实过渡期“四个不摘”要求，保持主要帮扶政策总体稳定，因时因势分类优化调整，推动特惠性、短期性政策向普惠性、长期性政策转变。坚决守住不发生规模性返贫底线，健全防止返贫动态监测和帮扶机制，实施精准帮扶、化解民生难题。深入实施特色产业、稳岗就业、人居环境、基础设施、公共服务“五大提升行动”，推动自治区乡村振兴重点帮扶县藤县加快发展，增强脱贫地区的发展后劲和内生动力。

（二）壮大现代特色农业。通过建基地、优产业、促集聚、保供给，加快做强特色优势农业。保障粮食安全和重要农产品供给，严格落实粮食安全党政同责，坚决遏制耕地“非农化”、防止“非粮化”。打好“果蔬肉禽蛋鱼”保质保量保供组合拳，提高重要农产品供给能力，满足城乡居民多样化、优质化需求。实施特色农业现代化示范区建设行动，培育壮大优质果蔬、中药材、软枝油茶、古典三黄鸡、蜂蜜等特色优势产业，大力发展林下经济。加强农业龙头企业培育，发展农产品加工，推动一二三产业融合发展。实施农业生产“三品一标”提升行动，构建与大湾区相衔接的农产品质量监管体系，扶持壮大一批优质农产品供应基地，培育一批“圳品”、香港优质正印认证产品，入选更多大湾区“菜篮子”生产基地，创建一批供深、供港和出口农产品示范基地。

（三）大力发展六堡茶产业。要大力实施六堡茶产业发展行动计划，从茶苗、茶园、茶企、茶师、茶市、茶城六大关键环节着手，系统推进六堡茶产业做大做强。要加强技术引进与合作，多种形式培育茶苗。要创新建立“龙头茶企+茶园合作社+金融支持”发展模式，多途径加快茶师培养，延伸六堡茶精深加工、产品开发等链条。加快苍梧县国家现代农业产业园、六堡茶国家地理标志产品保护示范区、广西六堡茶产业发展集聚区等项目建设。加大六堡茶推介力度，着力打造梧州六堡茶品牌矩阵，助推六堡茶销全国、卖全球。讲好“茶船古道”故事，推动茶文旅融合发展。力争六堡茶综合产值占据广西茶产业的“半壁江山”。

（四）扎实开展乡村建设行动。统筹县域城镇和村庄规划建设，加快补齐农村基础设施、公共服务、人居环境短板，全面提升乡村“形实魂”。提升基础设施和公共服务水平，完善乡村水、电、路等基础设施，探索农村公路“路长制”模式，健全农村公共基础设施的长效管护机制，增加农村教育、医疗、养老、文化等服务供给。深入实施乡村风貌提升行动，持续开展“三清三拆”，大力推动农村生活垃圾集中处理，加快自然村风貌整治，塑造形成传承文明、岭南风韵、生态宜居、和谐美丽的梧州乡村。深化乡村文明建设，大力开展文明家庭、文明村屯等创建活动，培育文明乡风、良好家风、淳朴民风，提升农民精神风貌和农村社会文明程度。全面深化农业农村改革，发展壮大新型农村集体经济，促进农民增收致富。

（五）提振县域经济实力。统筹县域经济发展规划，突出主体功能定位，壮大县域经济实力，力争2—3个县进入广西高质量发展先进县行列。苍梧县要加快旺甫工业小镇、原生六堡茶国家农村产业融合发展示范园建设，将茶文化融入新县城建设，打造山水田园新城。岑溪市要加快石材产业转型升级、稀土产业精深加工，壮大纺织服装等特色产业，巩固提升产业集聚水平，努力打造千亿工业强县（市），争创全国工业百强县（市），建好桂东南副中心城市。藤县要积极推进与市区一体化发展，加快陶瓷、金属新材料、造船等主导产业智能化、高端化升级，努力打造千亿工业强县（市），向西部百强县（市）迈进。蒙山县要加快发展茧丝绸和长寿食品产业，深入推进全国农村综合性改革试点试验，建成西部茧丝绸织造新城、桂东南生态休闲精品城市、面向大湾区康养名县。万秀区、长洲区、龙圩区要积极主动参与粤桂合作特别试验区、梧州高新区、循环经济产业园区和临港经济区等园区建设，努力争创全区产城融合先进城区。

五、加快发展现代服务业，打造数字经济发展新高地

要抢抓数字经济加快发展的新机遇，以数字化、信息化赋能产业发展，持续释放发展新动能。

（一）积极发展现代物流业。加大对大湾区与桂北、湘南及西南市场物流分析，切实解决水运、铁路运输与公路运输不衔接、不畅通问题。藤县塘步镇要以梧州港赤水作业区、西江机场为依托，大力发展水运、公路、铁路、航空等多式联运，集聚一批物流仓储、中转服务、信息平台等企业，打造现代物流集聚区、商贸物流特色小镇。要加快建设岑溪市中通智能科技电商产业园等一批辐射范围广、标准化水平高、综合服务能力强的专业物流园区，进一步增强物流园区集聚效应，提升整体物流运行效率。积极推进物流信息化，加快西江航运物流服务信息平台建设，推进数据开放共享，实现物流信息跨部门、跨平台、跨区域互联互通，船、车、货、站场等物流运输资源有效整合。

（二）加快培育数字经济。以数字产业化、产业数字化为主线，大力发展新经济新业态，培育数字经济新动能。加强信息基础设施建设，建成高水平全光网络，实现城乡5G网络深度覆盖。加快建设京东（梧州）数字经济产业园、苍海数字经济产业园、粤桂云数据中心等大数据平台，发展数据清洗、数据标注、大数据软硬件产品开发等业务，积极引入云计算领域龙头企业，创建自治区数字经济示范区。培育广西中和国际陶瓷公共服务平台等一批制造业与互联网融合发展试点，创建一批智能工厂和数字化车间示范企业，打造工业互联网平台。加快培育在线经济、智能零售、共享经济、平台经济，提升数字金融服务能力。以建设梧州综保区为契机，大力发展跨境电商。引入电商服务平台，完善电商渠道网络，打造网络直播带货经济。加快岑溪市、苍梧县电子商务进农村示范县建设，进一步扩大电子商务进农村覆盖面。深入实施快递进村工程，完善县乡村三级配送网络，打通快递服务“最后一公里”。

（三）提质发展文旅康养业。积极打造岭南文化集聚区，推动骑楼城—三总府—龙母庙景区整体创建国家5A级旅游景区。深化与大湾区的文化和旅游交流合作，规划建设岭南文化博物馆、文化民俗生活体验区等文旅融合项目，办好广西岭南风情文化旅游周、广西（梧州）粤剧节等活动。进一步挖掘我市“中国长寿之乡”资源，丰富旅游、休闲、度假核心功能，努力打造大湾区旅游后花园、康养首选目的地。加快建设六堡特色小镇、天龙顶山地公园、石表山旅游度假区、湄江两岸综合休闲区、苍海旅游度假区等，争创国家生态康养旅游示范基地。大力发展中医药等特色养生服务，打造一批中医药健康旅游示范基地。推动一批养老示范项目建设，发展健康养老服务新业态。整合提升红色旅游，要利用好全市43处重要红色基地和广西党史上的“18个第一”等红色资源，打造精品展陈，加强红色文旅融合，努力打造桂东南红色教育基地和红色文化旅游胜地。

（四）促进消费扩大升级。加快建设特色商圈和商务集聚区，提升潘塘公园周边商圈，加快启用万达广场大型商业综合体，推进红岭片区红星美凯龙家居博览中心建设，形成一批精品特色街区、夜间经济集聚区和网红打卡地。提升传统消费，倡导梧州人用梧州产品，促进六堡茶、冰泉豆浆、双钱龟苓膏等梧州特色品牌转型升级。推动房地产市场平稳健康发展，充分释放汽车、家电、家装等传统消费潜力。提升广西梧州体训基地、梧州警察马拉松等赛事服务水平，擦亮活动品牌，促进体育消费。培育新型消费，完善“互联网+消费”生态体系，推动零售、餐饮、住宿等传统服务业线上线下融合发展。积极发展会展经济，持续举办梧州宝石节，大力提升宝玉石加工、设计、展示水平，促进宝玉石行业集聚发展，进一步扩大梧州宝石节影响力。

六、聚力建设交通强市，打造亿吨西江门户枢纽港

梧州是一座因港而生，依港而兴的内河港口城市。要进一步激发“江”的活力，做足“水”的文章，大力实施交通强市战略，加快西江黄金水道基础设施建设，构建“水公铁空”多式联运体系，以交通优势促进产业加速集聚，把区位优势更好地转化为发展优势。

（一）加快重大交通基础设施建设。西江黄金水道要加快建成贵港至梧州3000吨级航道，推进长洲水利枢纽船闸改扩建工程、西江航运干线航道应急抢通救助基地和水上支持保障中心规划建设。高速公路要加快构建“一环六横五纵”网，建成贺州至巴马（蒙山至象州段）、信都至梧州、广宁经苍梧至昭平、苍梧至容县、平南至岑溪等高速公路。铁路要提升通道承载能力，加快建设柳广铁路梧州段、南深高铁岑溪段、岑罗铁路，拓展洛湛铁路南北走向货运能力，力争开工建设贺梧玉城际铁路，并在苍梧设置客运站。西江机场要推进改扩建工程，积极发展通用航空产业，大力提升机场辐射能力。大力推进苍梧县交通强区建设试点工作，力争打造成为全区领先典型样板。

（二）加快构建多式联运体系。重点增强赤水作业区集疏运能力，提升赤水作业区与洛湛铁路、环城公路骨干网络互联互通水平，构建集疏运体系，实现“水公铁空”无缝衔接。增开梧州—香港直航、梧州—广州、梧州—珠海等“点对点”内河“五定班轮”航线，实现人畅其行、货畅其流。创建多式联运信息化平台，推动多式联运链条上下游企业数据信息共享，加强与全国全区物流信息平台、主要港口和园区信息平台的对接，逐步实现不同系统间的信息共享和协同，提升多式联运信息化、智能化水平。强化多式联运支撑保障，加大重点项目融资、用地支持力度，优化企业报关流程，压缩通关时间，落实税费优惠政策，推进交通运输降本增效。

（三）打造西江内河亿吨大港。加快修编梧州港总体规划，建立统一规划、统一建设、统一运营的工作机制，集中力量打造“梧州港”品牌，力争梧州港吞吐能力超亿吨，集装箱吞吐量达300万标箱，尽早实现亿吨内河大港目标。积极构建“一港多区”，科学定位各港区分工和功能，赤水作业区、李家庄作业区、大利口作业区、塘源作业区、综合保税区专用码头等要按区分设功能，配套藤县陶瓷园区专用码头、LNG专用码头，促进梧州港规模化、集约化发展。粤桂合作特别试验区、梧州高新区、循环经济产业园区、临港经济区，要以“一港多区”为依托，以大项目、大企业为载体，大力发展临港经济，实现产业“大进大出”，发挥好产业对港口的支撑作用。要统筹考虑临港经济区和塘步镇发展，为梧州港发展提供服务支撑。

七、深入实施“东融”战略，形成开放带动发展新格局

充分发挥毗邻大湾区的优势，以全力“东融”为引领，积极对接和服务“双循环”新发展格局，全面提升开放合作水平。

（一）加快建设梧州综合保税区。梧州综合保税区的设立，是发展所需、企业所盼，对梧州开放型经济发展具有里程碑的意义，要以建设综合保税区为契机，推动全市开放发展上水平、上台阶。要抓紧制定建设方案，成立综合保税区建设领导小组，统筹推进规划和建设工作，高水平做好空间规划和产业规划，一体化推进招商与建设工作。加快软硬件基础设施建设，确保如期通过验收。建设综合保税区专用码头，推动港口与综合保税区良性互动和协调发展。加快集聚外向型产业，充分发挥区位优势和政策优势，创新监管服务方式，重点开展保税加工、保税物流、保税服务等业务。大力引进重大外资外贸项目，形成电子信息、高端装备等产业集群，持续激发综合保税区内生发展动力。

（二）打造一流营商环境。要对标大湾区，加快营商环境“接轨”，持续开展营商环境提升行动。深入推进“放管服”改革，深化行政审批制度改革，全面推广企业投资项目审批承诺制，完善“双随机、一公开”监管、“互联网+监管”方式，优化“一网通办”功能，推进更多事项就近办、“掌上办”、马上办。健全营商环境社会评价反馈机制。完善服务企业机制，建立健全领导干部联系服务企业、推进重大项目等工作机制，提供随叫随到、不叫不到、服务周到、说到做到“四到”服务，让企业家在梧州投资放心、创业顺心、发展安心、生活舒心。

（三）大力实施靶向招商。今天的招商就是明天的项目，就是后天的发展。要聚焦优势产业实施大湾区产业精准招商，建立招商项目清单，聚焦“5+2”产业引进一批投资强度大、带动能力强、科技含量高、用地集约度高、社会效益和生态效益好的产业项目。实施招商一把手工程，瞄准广州、深圳、东莞、佛山、中山等地重点企业，主要领导要亲自部署、亲自洽谈、亲自对接，努力争取产业项目更多转移到梧州。聚焦“四率”加强项目落地服务，坚持“一个项目、一名市领导、一套班子、一竿子插到底”的重大项目推进机制，

建立招商激励机制，强化招商项目“四率”考核，推动洽谈项目尽快签约、签约项目尽快拿地、拿地项目尽快开工。

（四）全力稳外贸稳外资。进一步提升粤桂合作特别试验区先行先试示范作用，做实做强国家外贸转型升级基地，推动梧州经济技术开发区升级为国家级园区。积极争取设立国家级加工贸易产业园区、国家进口贸易促进创新示范区、跨境电子商务综合试验区等国家重大开放平台。积极发展加工贸易，支持跨境电商、跨境物流、市场采购贸易等外贸新业态发展。持续优化口岸通关营商环境，加快推进“单一窗口”建设，提升整体通关效率。加大服务外资企业力度，积极引进港资台资企业，发展电子信息、港航物流等。依托 RCEP 经贸规则，加强与东盟国家经贸合作，主动服务“一带一路”建设，提升利用外资水平。

八、积极实施城市更新行动，建设岭南特色文化名城

实施城市更新行动，就是要积极补齐基础设施和公共服务短板，调整优化城市结构，提升梧州城市品质，建设更便捷、更舒心、更美丽的宜居宜业城市。

（一）优化城市空间布局。强化规划引领，科学编制中心城市国土空间规划，合理布局生产、生活、生态空间，科学划定功能分区，优化中心城区空间布局，增强区域中心城市集聚辐射能力，提升广西“东融”枢纽门户城市形象和综合承载力。统筹国土空间资源，规范国土用地供应，集中“一个平台”供地，实现“一张蓝图”同规共建。

（二）完善提升城市功能。加快苍海新区、红岭片区建设步伐，提升西江、玫瑰湖、苍海湖“一江两湖”滨水生态景观和文旅休闲功能，推动河东骑楼城保护开发，严格依法依规管理长洲岛，打造城市会客厅，提升城市整体品位。加快苍梧新县城建设步伐，完善岑溪、藤县、蒙山等县域城市功能配套，提高县域城市承载能力。科学编制改造规划，加快城镇老旧小区改造，持续改善群众居住条件。加快城市防洪、防涝、给排水设施建设，提升城市防洪排涝能力，稳步推进海绵城市建设。建立完善城市大数据平台，实现城市基础信息、政务服务、公共服务、公共管理等平台资源“一屏共享”，提高城市治理智能化、精细化水平。

（三）建设绿色宜居城市。完善城市生态系统，从严保护白云山、锦屏山、狮卧山等城市山体自然风貌，高标准建设河西、河东防洪堤达标加固工程，提升西堤公园景观，为市民打造高品质的休闲、娱乐、文化、健身新空间。建设绿色低碳城市，积极推广绿色低碳生产生活方式。大力推进公园城市建设试点，建设“口袋公园”、广信森林公园、皇冲顶森林公园等城市公园，打造城市绿肺，实现“人在城中走，如在林中游”。加大卫生、养老、文体等公共服务配套设施建设力度，构建社区“15 分钟服务圈”“5 分钟便民生活圈”，优化城市交通服务，提升城市便捷性，把梧州建设得更加舒适、更加美丽。

（四）争创全国文明城市。按照“一年打牢基础，两年巩固提升，三年全力冲刺”的目标要求，深入推进全国文明城市创建活动。以创建文明城市为引领，推动理想信念教育、思想道德建设、文明风尚培育，积极践行社会主义核心价值观，着力提升公民道德水平和社会文明程度。深入实施中华优秀传统文化传承发展工程，重点加强对骑楼城、三总府等历史文化旅游区的管理、开发和利用，加快建设文脉传承、文化繁荣、文明兴盛的人文梧州。

九、切实保障和改善民生，不断提高人民生活品质

坚持以人民为中心的发展思想，办好民生实事，用心用情用力解决好群众急难愁盼问题，深化平安梧州、法治梧州建设，不断增强群众获得感、幸福感、安全感。

（一）实施教育提升工程。教育事关民生，事关可持续发展。要坚持问题导向、目标导向，把发展高质量教育摆在优先位置，大力实施教育提升工程，全面推进教育改革创新，推动我市教育总体水平迈入全区第一方阵。以教育评价改革为导向，提高学前教育普及普惠水平，抓好中小学“五项管理”，落实“双减”政策，加强义务教育经费保障，推动我市基础教育优质均衡发展。普通高中教育要提质突破，抢抓“新教改”全面推行新机遇，积极开展精准教育，实施县域普通高中振兴行动，发挥示范性普通高中引领带动作用，大幅提高教育质量。实施名师培育工程，加强培养学科领域的拔尖教师，适当提高其待遇，着力建设业务精湛、结构合理、充满活力的教师队伍。高等教育、职业教育要补齐短板，着力扩大高等教育办学规模，规划建设高校集聚区，积极引进3—5所高校落户梧州。

大力支持梧州学院高水平学科建设，打造成为我市高等教育的龙头。深化职业教育产教融合、校企合作，推动职业教育与产业发展有效衔接，更好服务我市产业发展、工业振兴和城市更新，为加快经济社会发展增添活力。

（二）健全公共服务体系。深化医疗、社会保障等民生领域改革，实现基本公共服务人群全覆盖。深入实施健康梧州行动，推进卫生健康公共资源向基层延伸、向农村覆盖、向困难群众倾斜。加快完善高效的医疗卫生服务体系，打造桂东区域性医疗中心。加快推进分级诊疗和服务体系建设，深化城市医联体和县域紧密型医共体国家试点建设。毫不松懈持续做好疫情防控常态化工作。完善多层次社会保障体系，实施全民参保计划，扩大社会保险覆盖面，深化医保支付方式改革，完善基本养老、基本医疗保险和失业、工伤、生育等保险制度，支持社会福利事业发展，让城市更有温度、更有归属感。落实国家生育政策，积极应对人口老龄化，促进人口长期均衡发展。强化就业优先政策，健全就业公共服务体系，提高低收入群体收入，扩大中等收入群体，让群众的“钱袋子”鼓起来。优化公共文化供给，深入实施文化惠民工程，推进文艺精品创作，丰富群众性文化活动，满足群众日益增长的精神文化需求。构建“一中心两平台多链接全覆盖”的媒体融合发展新格局，讲好梧州故事，传播梧州声音，展示梧州形象。

（三）提升生态环境品质。良好的生态环境是最公平的公共产品，是最普惠的民生福祉。要践行习近平生态文明思想，走出一条生态优先、绿色低碳的高质量发展之路。持续构筑西江生态屏障，坚持一体推进西江流域生态保护、生态治理、生态修复，从源头强化重点生态功能区、自然保护地等重点区域生态保护，深入推进蓝天碧水净土保卫战，推动生态文明建设再上新台阶。实施节能减排降碳行动，加快制定并实施碳达峰行动方案，大力推动能源结构优化，推进光伏发电、风力发电、生活垃圾发电等新能源和天然气气源项目建设。大力发展绿色经济，建立健全再生资源回收体系，强化矿产资源综合开发利用，加快建设国家循环经济示范城市。

（四）持续建设平安梧州、法治梧州。深入贯彻习近平法治思想，保障人民群众合法权益，促进社会公平正义，让人民群众生活更和谐、更舒畅、更安定。全面提升法治效能，加强地方立法工作，坚持依法行政，提升司法公信力。积极实施“八五”普法规划，加强法律援助工作，增强全民法治观念。统筹发展与安全，贯彻落实总体国家安全观，严格落实安全生产责任制，提升突发事件应急处置能力，加强食品药品、危化品、道路交通等重点行业领域安全监管，强化校园安全工作，切实维护人民群众生命财产安全。加强社会治安防控体系建设，依法打击各类违法犯罪活动，持续深入开展扫黑除恶斗争。推进市域治理现代化，坚持和发展新时代“枫桥经验”，加快完善综治中心、雪亮工程、网格化服务管理“三位一体”基层社会治理新机制，实现平安共建、融合共治、成果共享。

十、坚定不移推进党的建设，为高质量发展提供坚强保障

大力弘扬伟大建党精神，深入践行新时代党的建设总要求，以党的政治建设为统领，推进全面从严治党向纵深发展，以高质量党建引领保障高质量发展。

（一）旗帜鲜明加强党的政治建设。要把政治建设摆在首位，将落实“两个维护”作为最高政治原则和根本政治规矩，推动党员干部增强“四个意识”、坚定“四个自信”、做到“两个维护”，不断提升政治判断力、政治领悟力、政治执行力。要强化思想理论武装，坚持用习近平新时代中国特色社会主义思想铸魂固本，真正做到学深悟透、融会贯通、真信笃行，不断筑牢信仰之基，补足精神之钙，把稳思想之舵。严格落实意识形态工作责任制，壮大主流思想舆论，弘扬主旋律，传播正能量，不断巩固全市人民团结奋斗的共同思想基础。要严肃党内政治生活，认真贯彻执行民主集中制和请示报告制度，深化对党忠诚教育，强化党员党性锻炼，用活用好梧州丰富红色资源，推动党员干部赓续红色血脉、坚定信仰信念信心。要严明政治纪律规矩，加强对贯彻执行党的路线方针政策和决议情况的督促检查，教育引导党员干部防止“七个有之”、做到“五个必须”，确保党中央、自治区党委决策部署在梧州不折不扣落地生根。

（二）全面推进基层党建提质聚力。当前，梧州正处在加快高质量发展的重要时期，需要更好发挥党建引领作用。要大力提升党组织战斗力，深入推进党组织全域覆盖，持续提升党组织标准化规范化建设水平，谋划推动智慧党建工作，统筹推进机关企事业单位、城市农村、两新组织等各领域党建，不断巩固好、发展好、发挥好党的组织优势，切实提高党组织的政治领导力、思想引领力、群众组织力、社会号召力。要大力发挥党员带头作用，强化党支部对党员的教育、管理、监督和服务，不断提升党员队伍的先进性、纯洁性，推动广大党员在加快发展、转型升级、全面提质中走在前、干在先、当标杆、作表率。要大力推动党建与发展融合共进，各级党组织要把抓好党建作为最大的政绩，始终将党建责任放在心上、抓在手上，推动党建与工业振兴、乡村振兴等中心工作有机融合，进一步发挥党建引领作用，确保中心工作落到实处。

（三）大力倡导求真务实工作作风。开创梧州高质量发展新局面，关键在干部。推动梧州加快发展、实现“十四五”奋斗目标，需要一批“猛将”“闯将”“干将”，需要领导干部带头干，党员干部引领干，广大群众积极干，形成齐抓共管、你追我赶、力争上游的竞争工作局面。干部干部，就应当先干一步，想干事又能干成事，才称得上工作务实，光想事不干事，半点务实精神都没有。要树立“起步就要冲刺、开局就要争先”的竞争意识，树牢“认真工作只是合格，用心工作才是优秀”的工作理念，谋在先、想在先、干在先，不断激发干事创业的活力和创造力，干出一番无愧于新时代、无愧于梧州人民的新业绩。各级党委（党组）要树立鲜明的用人导向，突出实干实绩，突出基层一线，突出重大工作发现干部、使用干部，打造激励干部担当作为的“升级版”。要让那些真正把心思花在干事上，把力气下在抓落实上，把本事用在创业上的干部有盼头、有甜头、有奔头，为梧州加快发展集聚人才，汇聚强大力量。

（四）扎实推进党风廉政建设和反腐败斗争。各级领导干部要坚持把管党治党政治责任牢牢扛在肩上，始终保持“赶考”的清醒，保持对“腐蚀”的警觉，推动“两个责任”贯通协同、一体落实。坚持做细做实监督第一职责，把政治监督融入日常、抓在经常，加强对“一把手”和领导班子的监督，推进“四个监督”统筹衔接，推动纪检监察监督和审计监督有机贯通。发挥“一站（组）两网”全覆盖、智慧化优势，激活基层监督“神经末梢”。坚持“四线”思维，各级领导干部一定要做到不越“底线”，不触“红线”，不碰“高压线”，厘清“边线”，一定要做到心中有党、心中有民、心中有责、心中有戒。坚持一体推进“三不”，始终保持正风反腐高压态势，做到态度不变、决心不减、尺度不松，主动顺应人民对干部清正、政府清廉、政治清明的新期盼，为梧州高质量发展营造风清气正的政治生态。

（五）凝聚推动高质量发展强大合力。坚持党的领导，发挥党总揽全局、协调各方的领导核心作用。大力发展民主政治，坚持和完善人民代表大会制度，加强和改进党对人大工作的领导，支持人大及其常委会依法履行职责，保障人大代表依法履行职权，提升人大工作水平，推动新时代地方人大工作创新发展。坚持中国共产党领导的多党合作和政治协商制度，支持政协发挥专门协商机构作用，提高政治协商、民主监督和参政议政水平，更好凝聚共识。积极发展基层民主，健全基层群众自治制度。完善大统战工作格局，擦亮“云上统战”等特色品牌，全面落实党的知识分子、民族、宗教、侨务等政策，大力开展民族团结进步创建工作，深入推进港澳台侨和海外统一战线工作，巩固和发展最广泛的爱国统一战线。进一步支持各民主党派、工商联和无党派人士参政议政、民主监督，共谋梧州发展大计；进一步坚持党建带群建，推动工会、共青团、妇联、科协、文联、侨联、残联、工商联、社科联、红十字会等群团组织改革创新，充分发挥好群团组织的桥梁纽带作用；进一步提升党管武装质效，加强国防教育，建强国防后备力量，提高军民融合发展水平，落实军人军属和民兵待遇保障机制，健全退役军人工作体系和保障制度，力争创建新一轮全国双拥模范城。最大限度凝聚社会各界的思想共识，最大程度汇聚社会各界的智慧力量，形成心往一处想、劲往一处使的生动局面。

梧州市人大常委会工作报告

——2021年3月2日在梧州市第十四届人民代表大会第八次会议上

梧州市人大常委会主任　谢凌云

2020年主要工作

2020年是“十三五”规划收官之年，是极不平凡的一年。在市委的坚强领导下，常委会坚持以习近平新时代中国特色社会主义思想为指导，坚持党的领导、人民当家作主、依法治国有机统一，按照自治区党委赋予梧州的“四句话”新定位和“三抓一快”新要求，依法履职尽责，各项工作取得新进展新成效。一年来，审议通过2部地方性法规，听取审议“一府一委两院”专项工作报告11项，检查7部法律法规实施情况，开展专题询问1次，开展专题调研12项。

一、提高政治站位，始终坚持人大工作的正确方向

常委会把政治建设摆在首位，切实增强“四个意识”、坚定“四个自信”、做到“两个维护”，始终坚持在党的领导下履职尽责。

（一）筑牢思想根基，坚持自觉强化科学理论武装。始终把学习习近平新时代中国特色社会主义思想、习近平总书记的重要讲话和重要指示精神作为常委会党组、理论中心组和常委会会议学习的“第一议题”，作为人大代表和人大机关干部履职培训的“第一课程”，把学习领会习近平法治思想与学习贯彻习近平总书记关于坚持和完善人民代表大会制度的重要思想结合起来，与学习贯彻党的十九大和十九届二中、三中、四中、五中全会精神结合起来，着力深化理解、准确把握精髓要义，不断提高政治判断力、政治领悟力、政治执行力，始终在思想上政治上行动上同以习近平同志为核心的党中央保持高度一致，注重把理论学习成果转化为做好新时代人大工作的具体实践，推动人大工作与时俱进、高质量发展。

（二）强化政治引领，坚持党对人大工作的全面领导。始终把坚持党的领导贯穿于人大工作各方面和全过程，认真贯彻落实全区、全市人大工作会议精神和自治区党委、市委有关文件精神，严格落实向市委请示报告工作制度，及时请示报告年度工作计划和重点工作、重要会议、重要决定等。一年来，常委会党组就行使职权中的重大事项、重大问题共向市委请示报告9次，确保常委会工作在市委领导下有序开展和推进。

（三）加强工作统筹，主动服务大局。常委会党组做到在思想上与市委同心、目标上与市委同向、行动上与市委同步，做到“党委有号召，人大有行动”“党委有部署，人大有落实”，认真完成市委交办的中心工作、重点任务，有力推动市委的决策部署落地落实。一年来，按照市委“产业兴市、作风兴市”决策部署要求，组织开展专题调研，召开专题座谈会听取工作情况汇报，开展实地走访，了解全市推动产业发展、县域经济发展、打赢三大攻坚战等工作中存在的问题，提出切实可行的意见建议，为推动全市经济社会高质量发展展现人大担当作为。

二、把握社会需求，发挥立法主导作用

常委会积极发挥地方立法主导作用，努力提升立法质量，确保地方立法与市委重要决策相衔接，把法律和制度优势转化为治理效能。

（一）关注环保攻坚，推进重点立法。为贯彻习近平新时代生态文明建设思想，践行绿色发展理念，提升我市宝石产业的环境污染防治水平，常委会加快推进宝石加工环境污染防治立法。在《梧州市宝石加工环境污染防治条例（草案）》的论证、审议过程中，坚持“小切口、大纵深”的思路，突出问题和目标导向，着眼于长远发展，提高立法创制性。经2020年9月29日市十四届人大常委会第三十二次会议三审通过，2020年11月26日自治区十三届人大常委会第二十次会议批准，该条例于2021年1月1日正式施行。

（二）回应社会关切，推进热点立法。农贸市场管理水平是城市管理水平和文明程度的重要体现。为回应广大群众关切，推动城市建设和管理提质，常委会在进入常态化疫情防控后迅速推动农贸市场管理的立法。通过多轮立法论证、评估和审议，《梧州市农贸市场管理条例（草案）》经2020年11月19日市十四届人大常委会第三十三次会议三审通过，已报请自治区人大常委会审批。

（三）探索机制创新，提高立法质量。发挥基层立法联系点作用，邀请8个基层立法联系点参与立法论证，推进民主立法。对《梧州市城市市容和环境卫生管理条例》进行立法后评估，为条例后续修订提供参考。委托自治区人大常委会法工委、自治区有关单位和立法基地专家学者对条例草案开展集中论证，提升立法质量。

三、促发展惠民生，监督取得新成效

常委会坚持正确监督、有效监督，聚焦行政权、审判权、检察权的依法正确行使，围绕决胜全面建成小康社会，关注社会关切和人民群众呼声，助推全市经济社会高质量发展。

（一）强化财经工作监督，护航经济平稳运行。听取审议2019年市本级决算、审计工作报告，审查批准市本级决算。两次听取审议、审查批准2020年市本级预算调整方案。听取审议2020年上半年国民经济和社会发展计划执行情况、预算执行情况和其他财政收支以及审计查出突出问题整改情况的报告等，提出年度发展计划和预算执行方面的主要意见建议20多条，以及审计查出的市本级财政收支问题、助推三大攻坚、改善民生等方面共12项突出问题清单，督促有关部门严格执行财经法律法规，推动问题整改。

听取审议国有资产管理情况的报告，提出加强国有资产监督管理、确保国有资产保值增值意见建议，加强国有资产监督管理，为全市经济平稳发展夯实基础。同时，充分发挥人大预算联网监督系统作用，对预算实行实时监督、有效监督，提出进一步夯实财源基础、优化财政收入结构，强化预算执行约束力、加强预算绩效管理，规范政府债务管理、切实防范财政风险等监督意见，促进用活用好财政资金。

围绕市委做大做强六大产业、推动县域经济发展的决策部署，开展专题调研，找准薄弱环节，分析突出问题，提出切实可行的意见建议，助力补短板强弱项。

（二）强化专项工作监督，助力增进民生福祉。围绕打赢脱贫攻坚战，组织开展解决“两不愁三保障”突出问题和农村饮水安全专题调研，听取审议农村贫困人口“两不愁三保障”和饮用水安全工作情况的报告，就我市农村贫困人口饮水安全工作开展专题询问，促进扶贫政策落实落地。

围绕打赢污染防治攻坚战，组织开展2019年环境状况和环境保护目标完成情况的专题调研，听取审议环境状况和环境保护目标完成情况的报告，有效传导压力，推动中央及自治区环保督察反馈意见整改落实到位，促进相关部门切实担负起生态环境保护主体责任，持续抓好大气和水污染防治攻坚，梧州“山清水秀生态美”得到持续充分展现。

听取审议城市建设提质工程实施及其成效情况的报告，推动城市管理精细化水平进一步提升，切实增强群众的获得感和幸福感。

深入贯彻落实习近平总书记关于强化公共卫生法治保障的重要指示和人民至上、生命至上的理念，开展我市疾病预防控制体系建设情况专题调研，听取审议疾病预防控制体系建设情况的报告，提出加强基层基础设施建设、专业队伍建设等意见建议，推动我市疾病预防控制体系加快完善，确保群众生命健康安全。

开展关于我市油茶“双千”计划实施、养老服务、农村最低生活保障、文化旅游融合发展、少数民族优秀传统文化保护传承发展等12项专题调研，以灵活有效的方式开展工作监督，及时发现存在问题，提出改进工作的建议。

（三）强化司法执法监督，助推法治政府建设。听取审议2019年度法治政府建设工作情况的报告，推动市人民政府全面落实法治政府建设目标任务。听取审议关于深入推进扫黑除恶专项斗争工作情况的报告，推动扫黑除恶专项斗争工作常态化，促进平安梧州建设。

听取审议全市人民法院生态环境资源审判工作情况的报告，推动市、县两级人民法院切实贯彻节约资源和保护资源的基本国策，持续强化对破坏生态环境犯罪惩治和损害生态环境行政处罚的力度，为推进生态文明建设提供司法服务和保障。听取审议全市检察机关落实认罪认罚从宽制度工作情况的报告，推动市、县两级人民检察院认真落实认罪认罚从宽制度，使依法惩治刑事犯罪和宽严相济刑事政策得到充分体现。

（四）强化法律实施监督，确保法律有效施行。配合自治区人大常委会开展《全国人民代表大会常务委员会关于全面禁止野生动物交易、革除滥食野生动物陋习、切实保障人民群众生命健康安全的决定》和《中华人民共和国野生动物保护法》执法检查，推动各级政府和有关部门强化宣传，严格落实监管责任，依法打击违法行为，优化野生动物保护名录和人工繁育野生动物处置补偿，保障人民群众生命健康安全，保证“一法一决定”在我市的全面贯彻落实。组织开展动物防疫法、禁毒法、土壤污染防治法、未成年人保护法、文物保护法等执法检查，将执法检查与法律法规宣传结合起来，检查并推动解决法律法规实施中的突出问题，促进法律法规贯彻实施。

（五）加强备案审查，维护法治统一。坚持“有件必备、有备必审、有错必纠”原则，将政府规范性文件纳入备案审查范围，共审查报送备案规范性文件22件，均未发现违宪违法情况。首次举办全市人大规范性文件备案审查业务培训和经验交流会，全面提升备案审查工作质量。

四、坚持依法规范，做好选举任免工作

坚持党管干部原则，健全完善人事任免相关机制，确保自治区党委和市委人事安排意图顺利实现。一年来，共任免地方国家机关工作人员35人。加强对我市各级人大开展代表补选、辞职、罢免等工作的指导，先后对23名市人大代表资格进行审查、确认、公告。

组织3次颁发任命书和宪法宣誓仪式，10名新任命地方国家机关工作人员进行宪法宣誓，增强被任命人员的宪法意识。

五、发挥代表主体作用，展现代表工作活力

常委会紧紧围绕发挥代表主体作用、加强与代表联系这两个关键环节，全力服务保障代表依法履职。

（一）助力中心工作，彰显代表表率作用。持续深化“双联系”机制，拓展人大代表联系人民群众渠道，充分发挥人大代表联系人民群众的桥梁纽带作用。组织代表围绕精准扶贫开展深度调研，深入一线问政，实施过程监督，健全帮带机制，带头扶贫助困。面对疫情考验，组建96支人大代表志愿服务队，设立287个人大代表防疫值守点，开通人大代表防疫监督专线，支援联防联控网格管理，组织捐资捐物，在疫情防控中展现代表担当作为。

（二）深化联动为民，激发代表履职积极性。持续推进代表履职平台提质升级，新建成苍梧县木双镇等8个市级人大代表履职中心示范点、藤县大黎镇等13个达标点，一批代表联络站完成达标建设。深入推进“混合编组、多级联动、履职为民”工作，全市5505名五级人大代表，编入301个人大代表联络站，开展“推动爱国卫生运动，强化疫情防控，倡导文明健康”主题活动，共提出意见建议629项。7212名群众代表参与联络站满意度测评，满意率达99.35%。深化“联络站+”建设，推进人大工作跨区域合作，加快建设省际代表联络站，建立定期互访、特邀客驻代表等机制，促进信息互通、资源互享、治理互动，探索代表履职新方式，工作做法在自治区人大代表履职工作部署会议上作经验交流。

（三）强化建议督办，提高建议办理质量。坚持落实重点建议督办、常委会领导牵头督办、建议办理“一把手”负责制等机制，切实加强常委会代表联络机构、代表及承办单位间的联系沟通，协同推进办理工作。探索实行“询问+暗访”督办方式，强化办理质量刚性核验；开展满意度调查，推动建议办理绩效考评工作；启动跟踪督办程序，对代表反映不满意的建议办理，及时责成整改，确保实效。去年，共收到市人大代表提出的建议119件，对7件建议进行重点督办。所有建议已完成办理答复，代表对建议办理工作表示满意。

（四）加强代表培训，提升代表履职能力和水平。持续开展人大代表履职能力提升培训，举办社会建设专题培训班。坚持邀请代表列席常委会会议，参与执法检查、视察调研，参加“一府一委两院”专项工作座谈会、案件审理等活动。不断拓展代表活动空间，组织开展高质量的代表集中视察和专题调研活动。建立健全代表履职档案，扎实推进代表履职规范管理。

六、强作风提素质，加强常委会自身建设

常委会高度重视自身建设，着力提升履职能力和水平。

（一）加强组织和制度建设，促进规范履职。注重建立健全机关党建工作制度，完善工作机制。常委会机关党建工作在2020年全区人大系统机关党建工作经验交流会上作典型发言。进一步优化机构改革后的运行机制和工作规范，制订市人大监察和司法委、社会建设委、常委会预算工委工作规则，修订完善财经委工作规则，出台人大预算联网监督系统使用管理暂行办法等制度规章，保障和促进相关履职工作规范开展、高效运行。

（二）加强作风和能力建设，提高工作质效。高度重视人大干部队伍建设，以建设“讲忠诚有信念的政治机关、讲法治有权威的权力机关、讲责任有担当的工作机关、讲宗旨有情怀的代表机关”为抓手，坚持不懈抓好作风建设，不断增强服务发展、服务大局、服务群众的思想自觉和行动自觉。常委会领导带头践行“书记在现场”，积极投身“三年三工程”等活动，联系推进重点项目13项，服务重点工业企业16家，在强化新冠疫情防控、助推经济社会高质量发展中，充分展现人大干部队伍勇于担当、奋发有为的良好精神风貌。

常委会机关积极参与创建全国文明城市和脱贫攻坚活动，主动帮助扶贫联系点完善基础设施建设、改善办学条件、发展特色产业等。人大信访工作在全区人大信访工作会议上作典型经验交流发言。市人大农业农村、社会建设、财经、代表履职等工作创新卓有成效，在全区人大系统相关会议上交流工作经验。加强人大宣传工作，坚持“刊网微端”融合宣传，彰扬人大制度自信、展现人大履职作为、展示人大代表风采。

回顾过去一年的工作，我们也清醒认识到，常委会工作还存在差距和不足。地方立法工作的运行机制还不够完善，依法监督的问题导向还不够鲜明，代表主体作用的发挥还不够充分等。常委会将高度重视这些问题，虚心听取各位代表的意见建议，采取有力措施，切实加以改进。

2021年主要任务

2021年是中国共产党成立100周年，是实施“十四五”规划、开启全面建设社会主义现代化国家新征程的第一年。做好今年各项工作，责任重大、使命光荣。常委会工作的总体要求是：坚持以习近平新时代中国特色社会主义思想为指导，深入学习贯彻习近平法治思想、习近平总书记关于坚持和完善人民代表大会制度的重要思想，全面贯彻党的十九大和十九届二中、三中、四中、五中全会精神，坚持党的领导、人民当家作主、依法治国有机统一，坚持稳中求进工作总基调，立足新发展阶段、贯彻新发展理念、融入新发展格局，以推动高质量发展为主题，按照市委“两个高于、赶超进位”总要求，认真履职尽责，全力推动“十四五”开好局、起好步，以优异成绩庆祝建党100周年。

一、加强政治建设

深入学习贯彻习近平新时代中国特色社会主义思想，深入学习贯彻习近平法治思想、习近平总书记关于坚持和完善人民代表大会制度的重要思想，增强“四个意识”、坚定“四个自信”、做到“两个维护”，旗帜鲜明讲政治，不断提高政治判断力、政治领悟力、政治执行力，紧紧围绕市委决策部署谋划和推进人大工作，依法履行好各项职权，确保人大工作正向发力。

二、加强立法工作

坚持党委领导、人大主导、政府依托、各方参与的立法工作格局，健全完善人大主导立法工作机制，深入推进科学立法、民主立法、依法立法。组织编制2022年立法计划。加强城乡建设与管理领域立法，审议城市养犬管理条例，加强养犬管理，维护社会公共秩序，改善环境卫生，助推文明城市建设。加强历史文化保护领域立法，审议六堡茶文化保护条例，挖掘、保护六堡茶文化遗产，传承和弘扬六堡茶文化，促进六堡茶产业健康可持续发展。加强备案审查工作，提升备案审查工作质量。

三、加强监督工作

坚持正确监督、有效监督，突出重点、精准选题，综合运用听取审议专项工作报告、执法检查、专题询问等多种监督方式方法，增强监督的针对性和有效性。听取审议计划、预算、审计等专项工作报告，强化财经预算监督；听取审计查出突出问题整改情况的报告并开展专题询问；强化污染防治攻坚、乡村振兴、“三农”工作、知识产权保护、公共文化服务、促进就业、创新发展等专项工作监督，推动惠民政策落实落地。组织开展执法检查，保障法律法规有效实施。

四、加强换届选举和任免工作

今年，市县乡三级人大换届，这是一项严肃的政治任务。要切实加强组织领导，作出周密部署，牢牢把握工作主动权，组建选举工作指导组，制定下发有关指导文件，加强工作培训，强化一线指导，规范选举程序，严肃选举纪律，确保换届选举风清气正。

坚持党管干部原则与人大依法行使选举权任免权的有机统一，依法任免地方国家机关工作人员，认真审议有关人事任免案，确保自治区党委和市委人事安排意图顺利实现，保障我市地方国家机关有序运转。

五、加强代表工作

继续深化“混合编组、多级联动、履职为民”工作，高起点建设一批新的人大代表履职平台，持续开展“人民选我当代表，我当代表为人民”主题活动。继续深入开展人大跨区域合作实践探索，推广“联络站+”模式，鼓励形成各具特色、切实有效的机制和做法，推进代表履职常态化。做好新一届人大代表履职培训，提高代表依法履职意识和能力。进一步密切常委会与人大代表联系，丰富人大代表参与常委会工作的方式方法，拓宽代表知情知政渠道。持续改进代表建议办理与督办工作机制，推动建议内容、办理进程和办理结果依法向社会公开。组织开展好代表集中视察、专题调研活动。

六、加强常委会自身建设

按照新时代党的建设总要求，持续加强常委会党组和机关党的建设，认真履行全面从严治党主体责任，切实加强党风廉政建设，严格遵守中央八项规定及其实施细则精神，密切联系群众，改进工作作风。健全符合地方国家权力机关特点的工作制度、议事规则和运行机制，推进规范化建设。认真做好市县乡人大换届选举工作。继续抓好人大工作品牌创建，紧扣经济社会发展大局，深入推进人大工作“东融”跨区域合作，积极探索向立法、监督等领域拓展。加强人大新闻宣传工作，积极讲好人大故事。推进“智慧梧州人大”建设，推广运用信息化智能化手段，提高履职质量和效率。

政府工作报告

——在梧州市第十四届人民代表大会第八次会议上

市长　钟畅姿

（2021 年 3 月 2 日）

一、2020 年和“十三五”时期工作回顾

2020 年是极不平凡的一年。面对突如其来的新冠肺炎疫情和经济下行的双重压力，在自治区党委、政府和市委的坚强领导下，我们紧紧团结和依靠全市人民，统筹抓好疫情防控和经济社会发展，全力做好“六稳”“六保”工作，在大战大考中经受住了严峻挑战，夺取了疫情防控和经济社会发展双胜利。全市地区生产总值增长 8%，增速排全区第一，为 34 年来最好成绩。在全区高质量发展“红黑榜”通报中，获红榜表扬次数为全区各市最多，黑榜批评次数为全区各市最少。

（一）众志成城，疫情防控战果显著。面对新冠肺炎疫情，全市广大医务人员、公安民警、社区工作者奋战一线，3.7 万名志愿者主动请缨，5000 多个基层组织 4 万多名党员忘我工作，全市 353 万人民积极配合，织密“五张网”、筑牢“三道防线”（防输入、防感染、防扩散），举全市之力打响了疫情防控人民战争、总体战、阻击战。率先在全区实现第一例确诊病例治愈出院，率先在全区实现全部确诊病例治愈出院，创下了最早“双清零一不增”等 7 个全区最早，成为全国最早进入低风险地区之一。在这场没有硝烟的战斗中，广大抗疫战士披甲逆行，以挚爱护苍生，全市 50 多个单位和个人受到国家和有关部委以及自治区党委、政府通令嘉奖，让我们向所有抗疫英雄致以崇高的敬意！

（二）精准施策，经济增长逆势上扬。采取超常举措，打好稳增长“组合拳”，精准推出 13 条援企稳岗措施、27 份助力企业复工复产文件，累计发放“复工贷”“复企贷”“稳企贷”337.95 亿元，减税降费 6.3 亿元，社保费减负 11.9 亿元，降低企业用电成本 4.2 亿元，稳岗返还优惠政策惠及 3586 家企业、8.5 万名职工。全市规模以上工业总产值和工业增加值分别增长 14% 和 13.9%，均排全区第二位。工业用电量增长 19.4%，排全区第一位。建筑业总产值增长 30.5%，排全区第一位。农林牧渔业总产值增长 5.5%，排全区第五位。限额以上批零住餐业均实现正增长，增速分别排全区第四、第九、第一和第四位。全市新增“四上企业”266 家、增长 18.2%，其中建筑业企业 33 家、增长 1.36 倍，工业企业 121 家、增长 44%。全市规模以上工业企业达 507 家，创历史新高。128 个自治区层面统筹推进重大项目完成投资 105.2 亿元、增长 37.3%，全年固定资产投资增长 13.2%，排全区第四位。财政收入下降 6.5%，其中税收增长 1.6%，非税收入比 2019 年下降 22.3 个百分点，财政收入质量进一步提升，获自治区 2020 年财政收支管理贡献、财政管理绩效考核奖励 3.76 亿元。

（三）强链补链，产业发展提质增效。创新实施产业发展“链长制”，六大产业总产值达 1043 亿元、增长 15%。统筹推进 20 项“双百双新”、71 项“千企技改”和 139 项重大工业项目建设，冶金新材料基地、建筑新材料科技产业园、南部（岑溪）石材循环生态产业园等重大项目开工建设，永达 100 吨量子电弧炉、蒙娜丽莎高端智能建筑陶瓷、毅马年产 36 万吨优特钢、盈田年产 150 万套高效节能空调、鑫峰全连轧绿色精品生产线等一批产业项目投产，京东（梧州）数字经济产业园、建材产业互联网平台“云砼网”等数字经济项目落户梧州。梧州循环经济产业园区获认定为广西首个国家级绿色产业示范基地和自治区级再制造产业示范基地。全市新增高新技术企业26家，完成科技成果转化88项。创建国家AAAA级旅游景区3家，全年接待国内游客3167.74万人次，旅游总消费331.01亿元。藤县象棋镇道家村、蒙山县新圩镇古定村列入全国第二批乡村旅游重点村，长洲区长洲镇泗洲村获评中国美丽休闲乡村，万秀区获评广西全域旅游示范区，蒙山县荣获国家园林县城、中国天然氧吧称号。

（四）抓点扩面，改革开放加快推进。聚力“放管服”改革，率先在全区推出“一窗通办”，推进“跨省通办”试点改革，推行双休日“延时服务”，市本级947项政务服务事项审批效率全区第一或并列全区第一，营商环境综合水平跃升全区第二名。基本完成全国第四批农村集体产权制度改革试点任务，市、县两级农村产权交易中心投入运营。我市成为国家医保支付方式改革首批DRG付费模拟运行试点城市。全市新签约“三企入桂”项目172个、总投资1899亿元，其中超100亿元项目5个、超50亿元项目7个、超10亿元项目35个，1至10亿元项目137个。成功举办第十七届梧州宝石节。

（五）建管发力，城乡面貌日新月异。统筹推进城市建设提质工程，累计完成投资90.47亿元，改造提升西环路等18条道路、大塘菜市等18个农贸市场，完成5条防洪堤主体工程，打造68个绿化节点，新增233台新能源公交车。加快推进一批烂尾工程复工，西江明珠塔璀璨夺目，闪耀西江之畔。南深铁路玉林至岑溪段、柳广铁路柳州至梧州段开工建设，G207东绕城过境一级公路建成通车，贺州至巴马高速公路（昭平至蒙山段）、荔浦至玉林高速公路建成通车，蒙山县结束不通高速公路历史。全市2383个村庄开展“三清三拆”活动，打造市县镇（乡）级乡村振兴示范点75个。梧州静脉产业园垃圾焚烧发电厂投产运营，餐厨垃圾和医疗废弃物无害化处理率达100%。全市空气质量优良率99.5%，排全区第二位，其中$PM_{2.5}$同比下降13.3%，创有监测数据以来最好纪录。国家地表水质量状况排全国第十六位，“水十条”考核连续4年达到优秀等级。蒙山县坝头村入选第二批全国乡村治理典型案例，我市成功创建国家卫生城市，第五次荣获“全国双拥模范城”称号，第六次荣获“自治区文明城”称号。

（六）尽锐出战，脱贫攻坚圆满收官。投入各类扶贫资金11.31亿元，全力打好“四大战役”和“五场硬仗”，全市剩余未脱贫9786名贫困人口脱贫、31个贫困村摘帽。全市发展县级“5+2”特色产业覆盖率96.7%，267个贫困村集体经济收入全部达到5万元以上。建立健全从义务教育到高等教育资助体系，建档立卡贫困人口基本医疗保险参保全覆盖，住院和门诊特殊慢性病医疗费用报销比例分别达到91.74%和88.21%，有效遏制因病致贫、因病返贫。建立精准防贫机制，对1368户脱贫不稳定户、2882户边缘易致贫户全部实行差异化帮扶措施，进一步巩固脱贫攻坚成果。在全国脱贫攻坚总结表彰大会上，梧州市4个集体和5名个人获表彰。

（七）共建共享，民生福祉持续增进。财政支出80%以上用于民生事业，11类59个民生实事项目全面完成。城镇新增就业2.97万人，农村劳动力转移就业新增6.75万人次。新增普惠性幼儿园198所、改扩建义务教育学校411所。梧州市新兴小学、岑溪市筋竹中学荣获第二届全国文明校园。梧州医学高等专科学校建成招生。岑溪市人民医院成功创建三级综合医院。新增社会足球场62个，新建村级公共服务中心181个。城市居民最低生活保障标准提高到每人每年9120元、农村居民提高到每人每年5340元。扫黑除恶专项斗争成效显著，人民群众安全感提升至98.13%，第十四次获评“广西平安市”。

2020年工作任务的圆满完成，标志着“十三五”规划基本实现。地区生产总值和居民人均可支配收入实现比2010年翻一番的目标，全面建成小康社会胜利在望。

——五年来，我们持续推动转型升级，发展新动能日益壮大。引进亿元以上项目876个，建成4个年产值超百亿元园区、1个超三百亿元园区，形成再生资源、医药食品等六大产业集聚发展态势。较“十二五”期末，全市高新技术企业数量增长79.3%、市场主体增长70%。创建县级以上现代农业核心示范区68个、市级以上农业产业化龙头企业92家、农民合作社2799家、家庭农场600家，六堡茶综合产值达85亿元。旅游总收入年均增长18.52%，服务业增加值比重提高到49%。

——五年来，我们坚定不移深化改革，发展内生动力不断增强。取消行政审批事项335项，市直22个部门200项行政审批事项划转至行政审批局集中办理，实现“一枚公章管审批”，营商环境位列全区前茅。粤桂合作特别试验区增量配电业务改革、农村集体产权制度改革试点全面完成，工业用地市场化配置改革稳步推进，率先推行企业投资项目承诺制，全面实施“非禁即入”，打造了一批“梧州改革样板”。

——五年来，我们强力推进基础建设，枢纽门户城市功能日益完善。全市完成固定资产投资4236亿元。改造提升一批城市主次干道，完成一批棚户区、老旧小区、农贸市场改造。建成高速公路227千米、二级以上公路213千米，新改建农村公路5000千米，动车组实现公交化运营，西江机场通航全国10个城市，长洲水利枢纽船闸过货量突破1.5亿吨大关，全市港口货物实际吞吐能力达5700万吨。实施农村电网改造项目4228个，新增输电线路369.87千米，建成城镇天然气管网400千米。

——五年来，我们毫不动摇实施“东融”战略，开放合作格局不断提升。分别与广州、佛山、肇庆、云浮、茂名等5个城市开展战略合作，连续举办五届西江经济带城市共同体及市长联席会议暨西江经济发展论坛。全市引进外来投资项目1927个，招商引资到位资金3591亿元，其中60%以上来自粤港澳大湾区。粤桂合作特别试验区建设稳步推进，冶金新材料、建筑陶瓷、建筑新材料等东部产业整体转移落户，千亿级沿江“东融”产业带初具雏形，全面“东融”更为有力。

——五年来，我们努力保障和改善民生，发展成果更多惠及人民群众。全面完成脱贫攻坚任务，攻克所有贫困堡垒。实施为民办实事项目290个，财政支出80%以上用于民生领域。全部县（市、区）通过国家义务教育基本均衡督导评估验收，学前教育三年毛入园率、义务教育巩固率、高中阶段教育毛入学率分别达到98.75%、100.08%、95.89%。覆盖城乡的社会保障体系、医疗服务体系和公共文化服务体系进一步优化。全市较大生产安全事故较“十二五”下降54.5%。

五年来，我们不断加强政府自身建设。深入落实中央八项规定及其实施细则精神，严守国务院“约法三章”，持续纠治“四风”，大力精文减会，“三公”经费压减23.1%。提请市人大常委会审议出台地方性法规4件，制定政府规章4件。办理市人大代表建议506件、市政协提案644件。审计工作进一步加强。完成政府机构改革任务。

五年来，退役军人、外事侨务、海关、海事、地震、气象、档案、保密、工会、共青团、科协、工商联、哲学社会科学、新闻出版、统计、供销、测绘、水文、地方志、红十字会、宗教、慈善等工作继续加强，妇女、儿童、老年人和残疾人权益得到有效保障，民族团结进步巩固发展，国防动员、国防教育、双拥共建等工作取得新成效。

回顾五年工作，我们也清醒地认识到，进入发展新阶段，我市经济总量偏小、欠发达仍是最基本市情，要素支撑不足、新旧动能接续不畅仍是最大制约，县域经济不强仍是弱项，教育、医疗、养老等公共服务供给不足仍是短板。我们必须进一步增强忧患意识、赶超意识，尽心竭力做好政府工作，务实高效解决突出问题，不辜负党和人民的重托。

二、“十四五”时期主要目标和任务

“十四五”时期，是开启全面建设社会主义现代化国家新征程的第一个五年。我们必须胸怀“两个大局”，牢牢把握进入新发展阶段、贯彻新发展理念、构建新发展格局的丰富内涵和实践要求，抢抓机遇、加快发展、奋力赶超，不断谱写梧州发展新篇章！

《中共梧州市委员会关于制定国民经济和社会发展第十四个五年规划和二〇三五年远景目标的建议》提出了“十四五”时期经济社会发展的指导思想：高举中国特色社会主义伟大旗帜，坚持以习近平新时代中国特色社会主义思想为指导，深入贯彻党的十九大和十九届二中、三中、四中、五中全会精神，统筹推进“五位一体”总体布局，协调推进“四个全面”战略布局，深入贯彻习近平总书记对广西工作的重要指示精神，全面落实“三大定位”新使命和“五个扎实”新要求，按照自治区党委赋予的“四句话”新定位和“三抓一快”新要求，坚定不移贯彻新发展理念，坚持稳中求进工作总基调，以推动高质量发展为主题，以深化供给侧结构性改革为主线，以全面开放为引领，以改革创新为动力，以满足人民日益增长的美好生活需要为根本目的，统筹发展和安全，主动融入新发展格局，毫不动摇实施“东融”战略，坚持产业兴市、作风兴市，大力弘扬“海纳百川、力争上游”新时代梧州精神，全力打造珠江—西江经济带区域性中心城市和“东融”枢纽门户城市，加快建好广西东大门，为全面建设社会主义现代化国家和“建设壮美广西、共圆复兴梦想”贡献梧州力量。

《梧州市国民经济和社会发展第十四个五年规划和二〇三五年远景目标纲要（草案）》提出：

“十四五”期间，地区生产总值年均增长9%左右，财政收入年均增长5%以上，固定资产投资年均增长15%以上，粮食种植面积稳定在13.93万公顷，完成自治区下达的节能减排降碳目标，居民人均可支配收入年均增长9%左右，城镇登记失业率控制在5.5%以内。

实现这个目标任务，必须牢牢扭住发展第一要务，坚持新发展理念，追求高质量发展，保持经济增长速度、人均地区生产总值高于广西平均水平，综合实力实现赶超进位。必须毫不动摇实施“东融”战略，服从服务国家和自治区战略，加快形成承接粤港澳大湾区产业转移集聚高地和要素溢出洼地，以全面“东融”带动全方位开放。必须坚定不移推动工业崛起，把工业高质量发展摆在更突出的位置，突出开放引领、创新驱动、集聚发展，加速实现工业振兴、产业升级。必须持续深化改革创新，破除阻碍高质量发展机制瓶颈、要素制约，推动质量变革、效率变革、动力变革。必须牢固树立系统观念，增强全市一盘棋意识，前瞻性思考、全局性谋划、战略性布局、整体性推进，着力固根基、扬优势、补短板、强弱项。必须深入加强作风建设，树立“不进则退、慢进也是退”的忧患意识，全力以赴，克难攻坚，一定要快马加鞭跑出梧州加速度！

（一）坚持产业兴市，加快发展现代产业体系，打造高质量发展新优势。着眼产业链供应链补短板、锻长板，久久为功推动产业高质量发展，不断巩固壮大实体经济根基。

打造现代工业体系。实施工业振兴三年行动计划，进一步强龙头、补链条、聚集群，大力推动工业高质量发展。开展工业促投资行动，力争工业投资年均增长20%以上，工业增加值年均增长13%以上，“十四五”期间工业投资总量达1000亿元以上。开展产业链专项提升行动，围绕重点支柱产业链，打造1个千亿元工业园区，若干200亿元以上工业园区，打造再生资源、建材环保2个千亿级产业集群，打造500亿级冶金机械产业集群，打造医药食品、电子信息2个200亿级产业集群，加快形成千亿、五百亿、百亿级产业梯次发展格局。开展扶优培强行动，培育50家具有较强竞争力的工业企业，到“十四五”期末，实现年产值过百亿企业达10家，单项冠军企业10家，高新技术优质企业10家，名优品牌产品企业10家，上市企业达到10家。

打造特色农业体系。深入实施乡村振兴战略，积极推进农业供给侧结构性改革，全力促进农业转型升级。开展品种品质品牌行动，打造一批现代农业产业园、特色农产品优势区、田园综合体，做大做强生猪、三黄鸡、油茶、粉葛、八角、肉桂、澳洲坚果、中药材、稻鱼（螺）等特色优势产业，打造西江水系沿岸生态农业优势产业带。大力发展六堡茶产业，建成广西六堡茶产业发展集聚区，打造广西千亿元茶产业“半壁江山”。发展壮大现代蜂产业集群，打造“中国蜜都”。统筹布局林产品加工园区，打造现代林业产业体系。完善食品安全标准和认证体系，打造大湾区优质农副产品供给基地。

打造现代服务业体系。推动生产性服务业专业化高端化、生活性服务业品质化多样化发展，打造一批现代服务业集聚示范区，创建国家流通体系重要节点城市。大力发展现代物流业，布局一批大型物流项目，培育一批专业化物流企业，争创国家物流枢纽承载城市、国家物流示范园区。开展消费扩量提质行动，培育一批大型商贸企业、专业市场和城市综合体，加快发展线上消费、健康消费等新兴消费，打造区域性消费中心城市。开展文旅产业高质量发展行动，推进骑楼城－三总府－龙母庙景区创国家5A级旅游景区、苍海旅游区创国家级旅游度假区，争创全域旅游示范市。

打造数字经济体系。深化数字经济与实体经济融合发展，建成京东（梧州）数字经济产业园、建材产业互联网平台“云砼网”等数字产业支撑平台，完善数字经济发展政策体系，大力发展平台经济、共享经济、创意经济、流量经济等新兴业态。推动数字社会、数字政府建设，提升公共服务、社会治理等数字化、智能化水平。推动传统基础设施和公共服务设施数字化改造，建成5G基站4000个以上，争取建成广西政务数据战备级灾备中心。

打造要素保障体系。实施城乡电网改造工程，加快梧州第二座500千伏变电站等项目建设，推动城乡供电服务一体化。推进梧州华润绿色能源产业园区、藤县新材料产业园热电联产等项目建设，重点在苍梧县、藤县、岑溪市等地建设一批风电、光伏工程。推动天然气“县县通”，实现城乡用气“一张网”。优化国土空间布局，推行土地全生命周期管理，启动盘活存量土地三年专项行动，打造保障快速有力、配置高效精准、利用集约节约的土地管理体系。统筹安排能耗增量指标，加快淘汰落后产能、清理僵尸企业，优先支持经济效益好、产业拉动大、能耗投入产出比高的重大产业项目，重点支持自治区层面统筹推进重大项目、“双百双新”产业项目。

打造科技支撑体系。深入实施创新驱动、人才强市战略，多渠道增加研发投入，布局一批科技创新平台、产业创新综合体和新型研发机构，加快突破一批关键核心技术，完成高新技术企业备案50家以上，创建自治区级工程技术研究中心2个、双创平台5个，科技成果转化150项以上。

（二）坚持“东融”战略，全面建设枢纽门户城市，构建高质量发展新格局。全面对接粤港澳大湾区，以高水平“东融”推进全方位开放，加快推动经济社会高质量发展。

打造西江经济带新格局。依托西江发展轴线和重要交通干线，以中心城区为支撑，以梧藤一体化为核心，重点发展南部地区，优化发展北部地区，大力发展临江经济，打造沿江产业集聚带，构建“一核一带两区”发展新格局。加强粤桂合作特别试验区建设，打造粤港澳大湾区政策延伸和新一轮产业转移平台，加快发展“飞地经济”、区域性总部经济、数字经济和科创经济，推动设立梧州综合保税区，力争试验区增列为中国（广西）自由贸易试验区第四片区。深化公共服务领域合作，推进与大湾区人才、教育、医疗、生态等资源共建共享，打造珠江—西江经济带优质生活圈。

打造立体交通新格局。投资470亿元以上，实施铁路、高速公路、水运、民航等重大项目57个。建成柳广铁路柳州至梧州段、南深铁路玉林至岑溪段，新增铁路通车里程136千米，构建“四横二纵”铁路网。建成贺巴高速公路（蒙山至象州段）、信梧高速公路、苍梧至容县高速公路、广宁经苍梧至昭平高速公路，高速公路运营总里程达到650千米以上，构建“一环六横五纵”高速公路网。建成G355蒙山至金秀二级公路、S310岑溪糯垌至平南四灵二级公路、S304平南丹竹至藤县濛江二级公路，加快推进S304梧州至藤县藤州镇公路、梧州南绕城过境公路（题甫至六坊段）、G207苍梧县绕城公路等路网项目建设，全市公路密度每100平方千米达65千米。优化码头岸线布局，构建“水—陆—水”翻坝转运体系，建成西江航运干线贵港至梧州3000吨级航道工程，梧州港口吞吐量达1亿吨，集装箱吞吐量150万标准箱，打造“亿吨级”梧州港港口群。提升西江机场保障和辐射能力，建成辐射桂东粤西地区的区域性支线机场，旅客吞吐能力达75万人次。加快推进岑溪市和蒙山县通用机场等建设。

打造产业平台新格局。开展桂东承接产业转移示范区专项提升行动，推动梧州高新区创建国家级高新技术产业开发区、梧州循环经济产业园区创建国家级经济技术开发区，全面提升临港经济区、不锈钢园区、商贸物流园区承载能力。坚持差异化、特色发展，打造一批“特色园”“园中园”。提升园区基础设施和公共服务配套水平，推动产城联动发展。深化园区多式联运，建设一批园区到高速公路、港口、机场、铁路站（场）等交通节点的快速通道，配建一批园区码头，构建更加高效的集疏运体系。

打造县域发展新格局。统筹县域经济发展规划，突出主体功能定位，每个县（市）打造2至3个特色主导产业集群，形成错位竞争、分工合理的发展格局。支持苍梧县加快产城融合发展，做大六堡茶、林产、环保等产业，打造山水田园新城。支持岑溪市新型城镇化示范县建设，做大做强石材、稀土、三黄鸡等产业，打造资源型产业强市。支持藤县县城与中心城区一体化发展，发展壮大陶瓷、钛白、林产林化、造船等产业，打造“南国新陶都”。支持蒙山县建设广西公园城市，大力发展全域旅游和茧丝绸、长寿食品等产业，打造桂东南生态休闲精品城市。

打造营商环境新格局。对标大湾区营商环境标准，加快转变政府职能，深化“放管服”改革，推进要素市场、公共服务等领域改革创新，构建法治化营商环境，推动营商环境稳居全区前列。全面推行“不见面”办事，基本实现高频事项全覆盖。提升“跨省通办”能力，实现更多事项就近可办。持续推动减税降费，降低企业经营成本。完善公共信用信息平台，进一步健全社会信用体系。

（三）坚持以人民为中心，进一步织密民生保障网，满足人民对美好生活新向往。聚焦民生短板，加强普惠性、基础性、兜底性民生项目建设，不断提高人民群众获得感、幸福感、安全感。

打造教育强市。开展教育提质攻坚行动，对标区内外教育先进市，加快建设高质量教育体系。大力发展普惠性托育机构、公办幼儿园，推进义务教育优质均衡发展，进一步扩大普通高中办学规模，深化职业教育产教融合，全力支持梧州学院建成硕士学位授予单位并升格为梧州大学。提高教师待遇，打造高素质专业化教师队伍。

打造健康梧州。深入实施健康梧州行动，推动优质资源下沉，建立优质高效医疗卫生服务体系。深化医药卫生体制改革，推进城市医联体和紧密型县域医共体国家试点，加快“互联网＋医疗健康”发展，完善全民医疗保障制度。实施公共卫生防控救治能力建设行动计划，广泛开展爱国卫生运动。推动中医药传承创新发展，争创国家中医药综合改革试验区。

打造文明梧州。积极培育和践行社会主义核心价值观，实施新一轮全国文明城市建设三年行动，全力创建全国文明城市。深入挖掘梧州历史文化底蕴，重点提升和盘活“骑楼城”等核心文脉资源，加快创建国家历史文化名城。创建中华诗词之市、中国曲艺之乡。实施文化惠民工程，打造城乡一体化公共文化服务体系。

打造生态梧州。深入推进蓝天碧水净土保卫战，加快推动绿色低碳发展，生态环境质量保持优良水平，生态安全屏障更加牢固，城乡人居环境更加优美，森林覆盖率保持在75%以上，环境空气质量优良率达到95%，江河水质达标率常年保持100%，坚决守护梧州“一江碧水、两岸青山”。

打造山水梧州。围绕自治区“西江生态旅游带龙头城市”建设新布局，依托梧州自然山水禀赋资源，聚力“553311”市区文旅精品工程，提质建设白云山、狮卧山、北山、珠山、广信森林公园等重点区域，重点开发长洲岛、泗洲岛、桂江和河道滨水空间等“一江两岸”资源，打造高品质山水城市。

打造平安梧州。坚持总体国家安全观，加强安全体系和能力建设。积极开展全国市域社会治理现代化第二期试点，提升社会治安防控能力，依法打击违法犯罪行为，推进扫黑除恶常态化。全面落实安全生产责任制，加强重点行业领域安全治理，提升应急救援和防灾减灾救灾能力。全力支持国防和军队现代化建设。提升民族事务治理现代化水平。

三、2021年主要工作

2021年正值中国共产党建党100周年，是乘势而上开启全面建设社会主义现代化国家新征程的开局之年，也是“十四五”规划实施的第一年，起步就要提速、开局就要争先。今年的主要预期目标是：地区生产总值增长9%以上，规模以上工业增加值增长13%以上，财政收入增长5%以上，固定资产投资增长17%以上，社会消费品零售总额增长15%以上，外贸进出口总额增长6%以上，居民人均可支配收入增长9%，城镇登记失业率控制在5.5%以内，节能减排降碳等约束性指标达到自治区的要求。

（一）全面发力做大工业。统筹实施295项工业投资项目，加快推进22个“双百双新”项目，推动冶金新材料基地、建筑新材料科技产业园等一批带动性强的重大项目尽快竣工投产，推动永达100吨量子电弧炉等一批新增产能项目尽快达产满产，推动建晖纸业、建华建材、简一陶瓷等一批招引项目尽快开工，力争全年工业投资达275亿元以上。对重点企业实行“一对一”帮扶，推动一批龙头企业全面达产、超产，实现再生资源、不锈钢、建材等重点行业恢复性增长。推进重点产业补链强链，全年谋划50个以上重大补链项目，加快向产业链高端和下游精深加工发展。精准对接自治区新一轮“千企技改”“千企科技创新”工程，统筹实施50个以上重大技改项目，支持不锈钢、陶瓷、石材、木材等行业加快转型升级。推动政府主导的10个创新平台和10个龙头企业研发平台建设，新增高新技术企业25家以上、科技成果转化28项以上，积极申报国家知识产权试点城市。探索多元化产业园区运营模式，一体化建设园区基础设施和公用工程，建设50万平方米以上标准厂房。坚持“要素跟着项目走”，全力破解用地、能耗指标、环境容量等要素瓶颈制约。积极争取自治区政府专项债券和财政贴息资金支持，深入开展“桂惠贷”，撬动更多社会资本投向工业。加强培育、引导和服务，持续抓好企业“上规入库”工作。

（二）多措并举提振服务业。深入开展各类促销活动，促进汽车、家电、家装等大宗消费，加快恢复零售、住宿、餐饮等行业消费。完善市区和各县（市）城区商业配套，推动大型商业综合体、大卖场、大市场升级发展，大力发展夜间经济，打造一批特色街区和消费节点。加快中通快递桂东（岑溪）智能科技电商快递产业园、中农联·梧州国际农产品交易中心、红星美凯龙国际家居博览中心、广西中和国际陶瓷交易中心等项目建设，进一步补齐现代物流业、现代商贸业、会展业等发展短板。打通快递服务“最后一公里”，推动线上线下消费融合，加快发展农村电商，打造“网红”品牌。统筹推进骑楼城保护和综合整治、三总府文化旅游博览区、合景启迪冰雪小镇等重大文旅项目，落实文旅消费政策，力争旅游消费增长25%左右。大力培育新经济，加快京东（梧州）数字经济产业园、梧州大数据基地建设，支持在线医疗、远程教育等新业态发展。

（三）集中力量推进乡村振兴。严格落实“四个不摘”要求，健全防止返贫监测帮扶机制，持续抓好易地扶贫搬迁后续扶持、扶贫产业发展等工作，进一步巩固拓展脱贫成果，推动脱贫攻坚与乡村振兴有效衔接。全力保障粮食安全，坚决遏制耕地“非农化”、防止耕地“非粮化”，新建高标准农田5133.33公顷，稳定粮食产量70万吨。深入实施生猪生产恢复发展三年行动，推广“铁桶计划”等养殖模式，确保生猪存栏111万头、出栏130万头。积极创建苍梧县国家现代农业产业园，加快广西六堡茶产业发展集聚区建设，筹建国家黑茶（六堡茶）产品质量检验中心，进一步壮大六堡茶产业规模和品牌实力。大力发展优质水果、蔬菜、中药材等特色种植和蜜蜂、三黄鸡、稻鱼（螺）等特色养殖，力争绿色、有机和国家地理标志农产品认证增长6%以上。培育发展农业新型经营主体，新增农业产业化国家重点龙头企业2家。大力发展林下经济，推进林产品加工园区建设。加快发展休闲农业和乡村旅游，推动农村一二三产业融合发展。扎实开展乡村建设行动，持续推进农村人居环境整治、乡村风貌提升，完成3448个高铁、高速沿线风貌整治建设项目，4862个全域基本整治型村庄建设项目，建设5个交通沿线示范带。稳步推进乡村规划编制，加强农房管控。

（四）持续深化改革扩大开放。深化“放管服”改革，加强园区政务中心建设，推动有条件的县（市、区）试行相对集中许可权改革。推进政务服务“简易办”，加强“一张网”建设，实现“一网通办、一门办理、一次办结”。全面推行企业承诺制直接落地改革，实现“拿地即开工”。扎实推进“跨省通办”全区试点改革。落实土地承包经营权再延长30年、农村宅基地“三权分置”等改革政策，稳妥推进农村集体经营性建设用地入市工作。统筹抓好财税金融、国资国企、园区体制机制等改革。加快落实自治区人民政府《关于进一步支持粤桂合作特别试验区（广西片区）高质量发展的若干政策》等文件，深化试验区各类试点改革，支持试验区与大湾区合作共建“飞地园区”，力争试验区工业总产值增长25%以上。大力开展“三企入梧项目落实、行企助力转型升级”行动，聚焦重点产业补链强链延链，开展产业链精准招商，支持开展资本招商、以商招商和市场化招商，力争招商引资到位资金增长15%，进一步提升项目履约率、资金到位率、开工率和竣工率。推进与大湾区城市农业、文旅等合作，完善生态环境联防联控、打击跨区域犯罪、重大传染病联治等快速反应机制，进一步巩固和深化多领域区域合作成果。

（五）攻坚克难推进重大项目。突出抓好重大交通项目建设，全年完成交通投资40亿元。推进柳广铁路柳州至梧州段、南深铁路玉林至岑溪段全面开工建设，加快推进梧州动车存车场、梧州南站改扩建项目前期工作，力争岑罗铁路开工。推动贺巴高速公路（蒙山至象州段）、信梧高速公路加快建设，开工建设广宁经苍梧至昭平高速公路、苍梧至容县高速公路，重启梧州至藤县藤州镇公路建设。加快贵港至梧州3000吨级航道一期、二期工程，推进赤水圩作业区三期、维良作业区码头前期工作。加快西江机场改扩建项目前期工作，谋划大湾区航线布局，实现民航客运量同比增长16%。加快城区防洪工程建设，完成河东、河西防洪堤达标加固工程和钱鉴堤等5座防洪工程主体建设。加快布局“新基建”，建成5G基站1500个以上，深化5G网络城区覆盖、扩大县城和乡镇重点区域覆盖。加强重大项目谋划，力争项目储备规模达3000亿元以上。

（六）持之以恒抓好城市建设。围绕构建“一核一带两区”新发展格局，加快推进国土空间总规、控规及专项规划编制工作。实施城市更新行动，加快红岭新区、苍海新区、高旺片区等开发建设，进一步扩大城市规模、完善城市功能。加快西江四桥、江滨国际大酒店—文化中心影城地下停车场、梧州书城等项目建设，推进吉塘路、金湖北路、西江五桥、西江六桥等项目前期工作，持续推进一批城市道路“白改黑”工程。加快推进一批棚户区改造项目，改造144个老旧小区。加快广信森林公园、皇冲顶森林公园等建设，持续打造一批城市绿化节点，积极创建广西公园城市。坚持以“绣花功夫”治理城市，健全城市网格化治理体系，深入推进城市环境综合整治行动。推进智慧城市建设，全面推行“街长制＋数管平台＋智慧社区”模式，强化无物业小区管理。统筹推进大气、水、土壤污染综合防治，完成植树造林 1.07 万公顷。坚持不懈创建全国文明城市，让文明成为全市最美风景线。

（七）全力保障和改善民生。积极开展促进就业工程和帮扶行动，抓好高校毕业生、农民工、退役军人等重点群体就业创业，扩大公益性岗位安置，持续开展职业技能提升行动，防止和清理拖欠农民工工资。推动县域校际资源均衡配置，加快第十六中学、第十七中学、综合性特殊教育学校等建设，进一步提高各类学校办学质量。实施职业教育融合发展工程，推进园区化和集团化办学。加快梧州学院新校区、紫竹校区和梧州医专二期建设。加强师德师风和平安校园建设，规范校外培训和托管机构管理。加快苍梧新县城医疗机构、市工人医院改扩建、市红十字会医院苍海医院、国际生物毒素研究中心等建设，推进重点专科和人才孵育工程，完善疾病预防控制体系，提升综合医疗服务水平和公共卫生应急处置能力。加快推进城市医疗集团建设改革试点，抓好国家中医药综合改革试验区创建。全面落实全民参保计划，健全多层次社会保障体系，普及应用社会保障卡“一卡通”和医保电子凭证。依托梧州在广西党史上的“十八个第一”等红色资源，谋划推进红色党性教育基地建设，抓好庆祝中国共产党成立 100 周年文艺精品创作和展演。广泛开展全民健身运动，办好梧州市第十三届运动会暨第三届全民健身运动会。持续推进安全生产专项整治，严格食品药品监管，加强应急管理，严厉打击各类违法犯罪行为，全力保障社会大局安全稳定。

四、加强政府自身建设

推进政府治理能力现代化建设，健全强有力的行政执行、监督制度体系，全面提高政府执行力和公信力，大力发扬“三牛”精神，努力建设“三一”政府。

（一）一心为民。大力发扬为民服务的孺子牛精神，始终坚持以人民为中心的发展思想，自觉同人民想在一起、干在一起，坚决做到民有所呼、政有所应，用心用情用力解决群众关心的就业、教育、社保、医疗、住房、养老等实际问题，让梧州发展更有温度。持续深入贯彻中央八项规定精神，力戒浮华奢侈，厉行勤俭节约，腾出更多资金用于发展和民生，切实以政府的“紧日子”换来老百姓的“好日子”。

（二）一马当先。大力发扬创新发展的拓荒牛精神，敢闯敢试、破局开路，勇做改革实干家、创新推动者。面对纷繁复杂形势和发展机遇与挑战，知重负重、攻坚克难，敢下先手棋，善打主动仗，准确识变、科学应变、主动求变，向改革要动力，以创新谋发展。拉高标杆，敢于同强的比、跟快的赛、向高的攀，勇做高质量发展领头羊，形成比学赶超、力争上游的浓厚氛围。鼓励和引导政府系统广大干部解放思想、大胆探索、真抓实干、奋发进取，努力干出一番无愧于时代的新事业！

（三）一抓到底。大力发扬艰苦奋斗的老黄牛精神，一茬接着一茬干，一张蓝图绘到底，坚决以钉钉子精神和“绣花功夫”狠抓落实。对党中央、国务院政策决策闻令而动，对自治区党委、政府和市委各项部署坚决落实，确保政令畅通、令行禁止。全面整顿政府系统“中梗阻”问题，推动各级各部门围绕大局、紧扣中心、对标任务，强化政策执行、狠抓工作落实，确保事事有着落、件件都办成。

依法行政是政府工作的生命线，廉洁从政是政府工作的底线。我们要坚决落实全面从严治党要求，认真履行党风廉政建设“一岗双责”，完善行政权力制约和监督体系。自觉运用法治思维和法治方式来深化改革、推动发展、优化环境、维护稳定。进一步完善和落实政府议事规则和决策程序。主动接受人大监督、政协民主监督和社会监督。认真办理人大代表建议和政协提案，认真听取各民主党派、各人民团体、各界人士意见，努力建设人民满意的服务型政府。

中国人民政治协商会议梧州市委员会常务委员会工作报告

——在政协第十二届梧州市委员会第六次会议上

（2021 年 3 月 1 日）

黄振饶

一、2020 年工作回顾

2020 年是“十三五”收官之年，是极不平凡的一年。一年来，在自治区政协的指导和中共梧州市委的直接领导下，市政协及其常委会坚持以习近平新时代中国特色社会主义思想为指导，深入贯彻中共中央、自治区党委和市委政协工作会议精神，深入学习贯彻落实市委十三届九次、十次全会精神，落实产业兴市、作风兴市要求，在加快建设“东融”枢纽门户城市和广西东大门的生动实践中，认真履职尽责。面对突如其来的新冠疫情，我们坚决贯彻落实中共中央、自治区党委和市委的决策部署，迅速作出响应，先后5次召开党组会议和主席会议研究，踊跃参与抗击疫情，助力做好“六稳”“六保”，在危机中育新机、在变局中开新局，不断推进履职提质增效，开创了新时代梧州政协事业新局面，多项工作走在全区前列，8次在全区政协等有关会议上作典型发言。

（一）切实强化理论武装，落实中共中央、自治区党委和市委政协工作会议精神有新气象

坚持把深入学习贯彻习近平新时代中国特色社会主义思想作为首要政治任务。把学习作为履职“第一议题”，深入学习贯彻中共十九届四中、五中全会精神，召开4次理论学习中心组学习会、16次党组会议、4次常委会会议、11次主席会议，并通过“学习强国”委员学习组等形式，推进党的创新理论“线上线下”学习常态化，持续在学懂弄通、做实见效上下功夫，不断增强“四个意识”、坚定“四个自信”、做到“两个维护”。举办1期政协委员培训学习会，1期委员异地高校培训班，1次以委员自我教育、自我提高为目的的专题视察，强化责任担当、提升履职能力。围绕学习贯彻中共十九届五中全会精神等重大政治学习，主席会议成员带头到界别宣讲，推动委员全面系统学、及时跟进学、联系实际学、带着问题学。扎实推进“书香政协”建设，营造协商文化氛围。

切实推进贯彻中共中央、自治区党委和市委政协工作会议精神走深走实。按照自治区党委专项督查要求和市委的部署，组织8个工作组，对贯彻落实会议精神情况开展调研、督查，努力从机制上破解市县政协机构、编制、经费等“两个薄弱”的具体问题。推动履职平台和机制创新，提质增效成果明显，专门协商机构作用凸显，中央新闻媒体《人民政协报》在一版“新时代市县政协新样子”专栏报道了我市政协推进履职和工作创新的情况，《中国政协》“地方亮点”栏目也作了宣传。

坚持推进政协党的建设，党对政协工作的全面领导更加坚强有力。认真落实党对政协工作领导制度，坚持重大事项向市委请示报告，确保政协始终在党的领导下开展工作。巩固深化“不忘初心、牢记使命”主题教育成果，认真开好“以案促改”专题民主生活会，持续深化正风肃纪工作。严格落实意识形态工作责任制，完善临时党组织设立制度，把党的领导贯穿和体现到履职全过程。持续开展“党建引领、先锋履职、委员行动”活动，锤炼政协委员关键时候靠得住、站得出、敢发声的政治品质。强化对政协机关党组的领导，支持驻机关纪检监察组工作。推进党组成员党建联系点工作，推进新时代文明实践活动常态化开展。

（二）始终聚焦中心大局，助推高质量发展有新成效

紧扣高质量发展建言。围绕加快建好广西东大门的重大问题，以及群众关切的热点问题，深入调查研究，共提交各类报告、建议、提案、大会发言、社情民意信息370多篇，一批具有前瞻性、综合性、针对性的意见建议得到市党政领导批示和有关部门采纳，或被吸收到相关文件和工作措施中。开展“东融”背景下梧州高质量发展研究，提出以“东融”提升发展质量的路径及具体对策建议，为加快融入大湾区提供参考。开展临港经济高质量发展调研，提出以港兴城、建设枢纽港总体发展构想和具体意见，助推珠西经济带建设提质。开好每季度宏观经济运行调研分析座谈会，提出分析报告。围绕加快中医药产业发展，提出争创国家中医药综合改革试验区等建议，被采纳到市委“十四五”规划和二〇三五年远景目标建议中。围绕推动“553311”工程、促进我市文化旅游事业发展，弘扬新时代梧州精神、推进我市群众文化建设等议题，组织调研，提出意见建议。

围绕“十四五”规划编制献策。召开专题议政性常委会和专题会议，围绕市委“十四五”规划和二〇三五年远景目标建议开展学习调研，提出真知灼见。在自治区政协跨区域远程专题协商会上，提出支持苍梧新县城建设等4条建议，得到与会的自治区发改、交通、生态环境等部门的积极回应。协同自治区政协开展“少数民族和民族地区‘十四五’经济社会发展若干重大问题”调研，争取国家、自治区层面给予梧州更多支持。参加自治区政协“打造珠江—西江绿色经济带”专题协商，反映梧州诉求。

聚焦脱贫攻坚收官出力。始终把助力打赢脱贫攻坚战作为履职重点，主席会议围绕脱贫攻坚持续开展民主监督，主席会议成员带领9个调研小组，30多次深入挂点村、督导村以及8个深度贫困村，走访调研、宣讲座谈，督查工作情况，推进政策落实。围绕脱贫攻坚成果的巩固和验收，联合蒙山县、龙圩区政协开展专题协商，组织住蒙山县委员到苍

梧县跨县视察。开展“脱贫攻坚委员行动”活动，助推就业、产业、消费、教育脱贫，捐款捐物献爱心。委员企业为贫困户提供就业岗位1000多个，20多家委员企业在脱贫攻坚活动中获自治区统战部等部门表彰。市政协机关对口联系帮扶岑溪市马路镇福塘村，多方协调有关资金和项目支持。《广西政协报》头版头条给予了报道。

围绕夺取“双胜利”展现担当。及时倡议全市政协委员在夺取抗击疫情和经济社会发展“双胜利”主战场上展现委员担当、贡献政协力量。主席会议成员靠前指挥，一线督导，深入30多家委员企业、28个镇村，以及“三年三工程”活动所联系的64个重点企业和重大项目、突出问题事项等现场，检查指导疫情防控和复工复产，及时组织点上协商、微协商160多次，解决困难问题80多个，特别是由主席会议成员兼任党工委书记或担任副指挥长的商贸物流园区，以及冶金新材料和梧州医专等项目加快建设，为我市经济逆势增长增添新活力。全市两级政协组织、政协各参加单位以及全体政协委员累计捐赠款物1190多万元，支持抗疫。医卫等界别的政协委员切实做好医疗保障和疫情防控，为我市成为全国最早进入低风险地区作出积极贡献。开展助推“产业兴市 三企入梧”委员行动，坚持“人人都是营商环境”理念，鼓励政协委员当好“三企入梧”宣传员、引线人。组织银企对接会，为13家委员企业复工复产纾困。全体政协委员立足岗位，积极进取，在夺取“双胜利”主战场上作出了积极贡献。

（三）丰富协商内容形式，发挥专门协商机构作用有新担当

有效落实年度协商计划。落实市委会同政府、政协制定年度协商计划制度，增强协商计划的科学性、协同性、针对性。认真细致组织好政协全体会议、专题议政性常委会会议、主席会议，以及专题协商会等重点协商活动。全体委员会议围绕经济社会高质量发展，全面深入协商，提交意见建议32条。常委会会议围绕民族团结示范区（单位）建设组织调研协商。主席会议紧扣公益诉讼问题开展协商，推进相关部门达成共识。专题协商关注民生要事和文明城市创建，围绕小区物业管理议题提出建议。对口协商围绕加强体育与旅游深度融合、促进体育旅游业繁荣发展，以及广泛深入开展全民阅读活动等议题深入协商。界别协商更加重视发挥界别优势和作用，围绕我市宗教事业健康发展组织协商，凝聚共识。

有序组织各类相机协商。突出时效、注重实效，灵活组织开展30多个议题的相机协商。围绕解决村医养老保险、中医药防治新冠肺炎等议题，通过网络微信群的形式开展协商。围绕推进复工复产相关政策落地、增强铁路物流和产业发展契合度、加快推进梧州职业教育城建设、六堡茶产业高质量发展、创建全国文明城市、推进梧州全域“长寿之乡”建设、进一步促进3岁以下婴幼儿照护服务发展、梧州国际生物毒素研究中心建立，以及中山纪念堂、李济深故居、中共广西早期革命活动旧址三个教学基地建设，中小学生夏季防溺水等议题，组织界别或委员小组，持续深入协商，凝聚各方共识，提出意见建议，助推工作取得新进展。

有力推进监督性协商。监督性协商寓监督、建言、参与、合作于一体，着力推进工作落实。围绕骑楼城保护和利用、脱贫攻坚两个议题，以及加快六大重点产业规划落地实施、推动“消费扶贫”升级、大力发展林下经济、推进老旧住宅加装电梯、深化中介收费改革、改善营商环境、加强中小学生心理健康教育、促进梧州医药产业发展、打造高质量文旅融合业态等重点提案，组织不同形式的委员视察，召开不同层次、不同类型的协商会，提出批评性的意见建议，推动一批事关加快发展和改善民生的提案建议落地落实。

（四）突出思想政治引领，画好新时代最大同心圆有新作为

坚持把加强思想政治引领、广泛凝聚共识作为履职工作的中心环节，把凝聚共识融入视察考察、调查研究、协商议政等各项工作中，切实把中央、自治区党委和梧州市委的决策部署及对人民政协的要求落实下去、把全市各族各界群众的智慧和力量凝聚起来。开展中共十九届五中全会精神学习进界别、脱贫攻坚政策进农村、“六稳”“六保”政策进企业宣讲活动，增进政协委员、界别群众对中国特色社会主义的思想认同、政治认同、理论认同和情感认同。落实走访看望和谈心谈话制度，密切与各民主党派、界别以及委员的日常联系和履职交流，汇聚最强大的正能量。调研民族和宗教工作，助推我市民族团结和宗教事业健康发展。重视发挥港澳委员“双重”积极作用，港澳委员在“涉港国安法”问题上，主动做好凝心聚力工作，在我市统筹推进疫情防控和经济社会发展中，捐资捐物、展

现作为。发挥文史团结育人作用，开展文史馆提升工作，做好中共党史、市志、年鉴政协篇目的编写。

（五）加强平台机制创新，推进履职提质增效有新举措

建立“学习+”机制，借助“学习强国”平台，以6个专门委员会和4个县（市）委员联络组为单位组成10个委员学习群，推进政协委员“线上”理论和政策学习。扎实推进“1+7+ N”履职新平台试点建设，与县（市、区）政协共建委员联络工作站5个、“求同茶室”8个，推动各县（市、区）政协建立委员联络站18个。落实听取“一府两院”工作情况通报制度、委员视察和活动日制度，夯实委员知情明政基础。主席会议首次向常委会会议报告年度履职工作。建立“一线五环”民主监督工作机制。建立“一把手推动、两支队伍联动、‘三在前’牵动”社情民意信息工作机制，向自治区政协报送信息90篇，采用排全区第二名，7篇信息获全国政协采用。落实界别召集人制度，发挥委员主体作用，推动“双向发力”，两端见效。以界别自主选题与主席点题相结合，推进界别履职常态化。强化履职考评，懂政协、会协商、善议政，守纪律、讲规矩、重品行成为委员的内在体现和自觉行动，委员履职参与率达95%以上。扎实推动政协工作制度化、规范化、程序化，修订完善8项履职制度和38项机关工作制度。加强人民政协理论与实践研究工作，6篇论文入编自治区政协论文集，入编数排全区第三。加强政协宣传工作，《人民政协报》《中国政协》等媒体、平台共刊发我市履职报道280多篇，广西政协网用稿排全区第二。坚持以“党建引领、先锋带头、服务履职”为抓手，扎实推进政协机关“作风兴市”工作落实，在建设让组织放心、委员认可、群众满意的模范机关和“委员之家”实践中，机关干部精神面貌焕然一新。

（六）始终注重上下联动，提高政协整体水平有新成效

主动拜会全国政协、自治区政协有关领导，争取工作指导。精心服务自治区政协调研组8次来梧州调研考察。争取并得到自治区政协支持，通过“桂在协商”全媒体平台，围绕“构建全社会参与的食品安全大格局”议题开展协商，宣传梧州食品安全工作成效。组织住梧州的自治区政协委员赴北海市开展交叉考察，住梧州自治区政协委员提交的18件提案获立案交相关部门办理。共接待各级各地政协来访团组30批250多人次。以课题为纽带，推动两级政协、三级委员13次协同履职。召开市政协主席秘书长工作座谈会、全市政协专委会工作会议，探索建立两级政协上下联动履职机制，努力把全市政协系统整体优势转化为治理效能。

我们也清醒地认识到，与新时代新使命新任务的要求和全市各族各界群众的期盼相比，我们的工作中还存在差距和不足，主要是：专门协商机构工作制度机制有待进一步完善，凝聚共识方式方法有待进一步探索，委员主体作用有待进一步发挥，市县政协“两个薄弱”问题仍需进一步解决。这些都需要我们在今后的工作中深入研究、努力解决，也恳请各位委员提出批评建议。

二、2021年工作任务

2021年是中国共产党成立100周年，是开启全面建设社会主义现代化国家新征程的第一年，是“十四五”开局之年，是着力构建新发展格局的第一年。市政协工作的总体要求是：以习近平新时代中国特色社会主义思想为指导，立足新发展阶段、贯彻新发展理念、融入新发展格局，围绕中共梧州市委十三届十次全体（扩大）会议及全市经济工作会议的决策部署，坚持团结和民主两大主题，坚持建言资政和凝聚共识双向发力，充分发挥专门协商机构作用，为我市“十四五”高质量发展开好局、起好步、凝心聚力、贡献力量，以优异成绩向中国共产党成立100周年献礼。

（一）强化思想理论武装，切实把牢正确政治方向

全面系统深入学习贯彻中共十九届五中全会精神，把握核心要义，做好宣传解读，引导广大政协委员和各族各界人士把思想和行动统一到全会精神上来，把智慧和力量凝聚到落实全会确定的各项目标任务上来。坚持和完善理论学习制度，充分运用理论学习中心组、常委会会议、主席会议等，持续跟进学习贯彻习近平新时代中国特色社会主义思想，切实用党的创新理论武装头脑、指导实践、推动工作。深入学习贯彻习近平总书记关于加强和改进人民政协工作的重要思想，紧密结合工作和思想实际，进一步贯彻落实中央、自治区党委和市委政协工作会议精神。更加注重理论与实践相结合，围绕“坚持和完善中国共产党领导的多党合作和政治协商制度”开展论文征集活动。

（二）建言资政凝聚共识，助推“十四五”

开好局起好步

认真贯彻落实市委十三届十次全体（扩大）会议和全市经济工作会议精神，按照“两个高于、赶超进位”“起步就要提速、开局就要争先”的要求，创造性地开展工作。坚持产业兴市，把握大局大势，主动担当使命，围绕抓好常态化疫情防控、做好“六稳”“六保”工作、持续发展实体经济、促进城乡融合发展、推进乡村振兴、提高改革开放水平、增进人民群众福祉等方面，充分发挥政协人才和智力优势，深入调查研究，高质量建言资政、献计出力。紧扣农村基础设施建设、梧州藤县同城化、大健康产业、农业特色产业发展、牟子历史文化研究、爱国主义统战遗迹保护利用等课题，广泛开展调研视察，努力形成一批有分量的调研成果，为市委、市政府科学决策提供参考。探索建立政协智库，最大限度地发挥政协委员、专家学者的智慧，开展经济运行调研分析和社会发展问题研究，提出高质量的意见建议，为“十四五”规划实施和经济社会高质量发展贡献力量。

进一步加强凝聚共识工作，通过视察考察、调查研究、协商议政、界别活动等形式，以及委员联络工作站、求同茶室等载体，广泛宣传党和国家方针政策，宣传梧州改革发展成就，协助市委、市政府做好化解矛盾、理顺情绪，凝聚共识、增进团结的工作。坚持和完善谈心谈话制度、走访看望委员制度、委员联系界别群众制度。加强与各民主党派、工商联、党外知识分子、非公有制经济人士、新的社会阶层人士的联系交流，做好少数民族和宗教界委员学习考察、界别活动等工作。坚持走访联系港澳委员，建立港澳委员联络工作站，发挥港澳委员在爱国爱港爱澳及全面对接大湾区中的积极作用。

（三）发挥专门协商机构作用，进一步推动工作提质增效

配合市委、市政府制订年度协商计划，进一步完善协商内容、创新协商形式、增加协商频次、提高协商实效，不断深化以全体会议协商为龙头，专题议政性常委会会议、主席会议协商和专题协商为重点的协商议政格局。聚焦陶瓷产业、六堡茶产业、卫生健康发展，以及法治乡村建设、城市形象提升等，找准切入口和发力点，开展调查研究，深入协商议政，建睿智之言，献务实之策，助推市委、市政府决策部署落实落地和民生问题的解决。总结完善政协协商制度化实践的新经验新做法，深化三级委员联络中心及站点建设。推进“智慧政协”建设，运用互联网等现代信息技术，搭建线上协商平台，畅通网络民意收集渠道，扩大协商参与面。围绕六大产业发展、巩固脱贫攻坚成果与乡村振兴有效衔接、创建文明城市以及民生保障等过程中出现的新问题，组织开展相机协商和微协商。围绕地方戏曲传承和发展等议题，做好参加自治区政协“桂在协商”全媒体协商和网上远程协商。探索协商工作往乡镇基层及社区一线延伸，推进政协协商同基层协商有效衔接。

积极探索民主监督的有效方法，完善工作机制，寓监督于会议、视察、提案、专题调研、大会发言、社情民意信息等工作之中。坚持从解决问题的角度出发，善提建设性的意见建议，做到在参与中支持、在支持中服务、在服务中监督。聚焦园区闲置土地处置、政务服务数字化建设、农业科技队伍建设、文化市场监管、机动车年检收费、无人抚养儿童等经济发展及群众关心的问题，开展专项民主监督，通过调研视察发现问题、围绕履责不力提出批评、针对存在不足督促改进。密切与党政有关部门的沟通联系，健全成果报送、意见采纳、情况反馈机制，推动更多协商监督成果转化运用。

（四）固本强基守正创新，切实加强自身建设

坚持以党的政治建设为统领推进政协党的各项建设，不断提高政治判断力、政治领悟力、政治执行力。巩固深化“不忘初心、牢记使命”主题教育成果，深入开展纪律教育、警示教育和廉政党课教育，切实增强“四个意识”、坚定“四个自信”、做到“两个维护”。充分发挥政协党组把方向、管大局、保落实的领导作用，切实加强对机关党组和机关基层党组织的领导，发挥基层党组织战斗堡垒作用、党员先锋模范作用以及党员委员的作用，确保中央、自治区党委和市委的决策部署在政协不折不扣地落实到位。围绕中国共产党成立100周年，加强对党的创新理论、中共党史、新中国史、统一战线和人民政协历史的学习，组织召开全市政协党建工作座谈会；以纪念辛亥革命110周年为主题，配合自治区政协筹备并承办好“李济深与人民政协”学术研讨会，开展“书香政协”读书分享系列活动。

加强委员服务管理，增强委员责任意识和“双向发力”主动性。进一步完善委员履职规则，落实好界别召集人制度，更好发挥界别和委员主体作用。坚持守正创新，努力推进政协提案、委员视察、

大会发言、文史资料工作，不断提升反映社情民意信息、新闻宣传、理论研究工作质量。加强制度机制建设，出台加强和促进人民政协凝聚共识工作意见。加大力度推进机关信息化建设、提高工作效率。着力健全政协系统联系指导工作机制，加强上下联动，形成政协履职更大合力。按照市委统一部署，以“作风兴市”要求，进一步提升机关干部队伍素质和服务保障能力，切实做好换届各项筹备工作，确保履职和换届工作顺利有序进行。

梧州市国民经济和社会发展第十四个五年规划和二〇三五年远景目标纲要（节选）

2021 年 5 月

梧州市国民经济和社会发展第十四个五年规划（2021—2025 年）和二〇三五年远景目标纲要，根据《中共梧州市委员会关于制定国民经济和社会发展第十四个五年规划和二〇三五年远景目标的建议》编制，主要明确“十四五”时期经济社会发展环境、指导思想和目标任务，阐明重大政策、重大产业、重大工程项目和重大改革举措，擘画二〇三五年发展蓝图，是市场主体的行为导向，是政府履行职责的重要依据，是全市各族人民的共同愿望和行动纲领。

第一篇　全面建成小康社会，开启梧州发展新篇章

“十四五”时期是我国全面建成小康社会、实现第一个百年奋斗目标之后，乘势而上开启全面建设社会主义现代化国家新征程、向第二个百年奋斗目标进军的第一个五年，是我市加快建好广西东大门的关键时期。全市上下必须胸怀“两个大局”，立足我市现阶段发展实际，准确把握新发展阶段重要战略机遇期，牢牢掌握发展主动权，锚定二〇三五年远景目标，赶超进位，力争上游，推动经济社会发展取得新的突破性成就。

第一章　“十三五”时期在攻坚克难中取得显著成就

“十三五”时期是我市发展极不平凡的五年。面对错综复杂的内外部形势和艰巨繁重的改革发展稳定任务，市委、市政府团结带领全市各族人民，坚持以习近平新时代中国特色社会主义思想为指导，深入贯彻习近平总书记对广西工作的重要指示精神，全面落实中央、自治区决策部署，毫不动摇实施“东融”战略，开拓进取，砥砺前行，推动全面建成小康社会取得决定性成就，较好地完成了主要目标任务，为“十四五”时期开启全面建设社会主义现代化新征程奠定坚实基础。

第一节　夺取全面小康和精准脱贫“双胜利”

决胜全面建成小康社会取得决定性成就。地区生产总值达 1081.34 亿元，年均增长 5.4%。居民人均可支配收入达 25140 元，年均增长 7.8%。财政收入保持稳定增长，固定资产投资年均增长 11.9%，社会消费品零售总额年均增长 6.5%。地区生产总值和居民人均可支配收入完成比 2010 年翻一番的目标，全面建成小康社会如期实现。有效防范和化解财政金融风险，维护了经济安全和社会稳定。

如期打赢脱贫攻坚战。25.69 万建档立卡贫困人口全部脱贫、267 个贫困村全部出列、4 个贫困县（区）全部摘帽，贫困发生率实现清零，历史性消除绝对贫困。贫困人口就业报销比例大幅提高，控辍保学、住房保障、医疗保障和饮水安全工作扎实推进。贫困村水、电、路、网等基础设施明显改善，特色产业贫困户 6.22 万户，产业覆盖率 96.69%，村级集体经济收入均达 5 万元以上，后续发展能力不断增强。在全国脱贫攻坚表彰大会上，我市 4 个集体和 5 名个人获得表彰。

第二节　总体完成“十三五”主要目标任务

产业转型升级步伐加快。新旧动能转换加快，工业高质量发展水平显著提升，规模以上工业企业数量净增长 27.1%，工业用电量年均增长 11.8%，成功列入第二批国家工业资源综合利用基地。梧州循环经济产业园区成为全区唯一的国家级绿色产业示范基地，粤桂合作特别试验区（梧州）、梧州高新技术产业开发区、市苍海新区等建设取得显著进展。制造业与现代服务业融合水平不断提升，电子商务等新业态成为服务业的新增长点，电子商务交易额实现年均增长超 25% 的目标，外贸进出口额稳定增长，消费品市场蓬勃发展。地方特色旅游提档升级，国家 AAAA 级旅游景区（点）增加 12 个，蒙山县获得“广西特色旅游名县”称号，万秀区成功创建“广西全域旅游示范区”。农业现代化水平显著提高，主要农作物耕种收综合机械化水平达 66.17%，六堡茶等优势特色农业与二三产加快融

合发展，苍梧县原生六堡茶国家农村产业融合发展示范园列入第二批国家农村产业融合发展示范园，成功创建15个自治区级现代农业（核心）示范区。科技创新能力进一步增强，高新技术企业数量净增长近三倍，新增发明专利授权672件。

改革开放纵深推进。供给侧结构性改革扎实推进，完成不锈钢制品产业去产能促升级，商品房库存规模进一步降低，推动减税降费，实现企业降本增效。市属国有企业完成改革重组，国有企业混合所有制改革深入开展，国有经济实力增强。粤桂合作特别试验区增量配电业务改革试点工作顺利完成，工业用地市场化配置改革稳步推进。率先推行企业投资项目承诺制改革，全面实施“非禁即入”，市场准入进一步放宽，营商环境位居全区前列。全面完成农村集体产权制度改革试点任务，长洲区农村集体资产股份权能改革试点经验在全区推广。机构改革、公车改革顺利完成，商事制度、简政放权等进展顺利。全面对接粤港澳大湾区，深度融入珠三角，主动参与“一带一路”、西部陆海新通道建设。与广东省肇庆市、云浮市实现近40项政务服务事项“跨省通办”，跨省异地就医住院费用直接结算人数和费用大幅提升，对外开放合作的质量和水平进一步提升。

基础设施日臻完善。综合立体交通网络大格局基本形成，梧州至柳州、环城高速、荔浦至玉林等多条高速公路相继建成通车，新增公路通车总里程达806千米。建成了赤水进港铁路，开工建设柳广铁路（柳州至梧州段）、南深高铁（玉林至岑溪段），铁路建设再迈上新台阶。西江机场迁建完成并通航，成为服务桂东地区和融入粤港澳大湾区重要的支线机场。长洲水利枢纽四线船闸竣工通航，西江船闸运行调度中心建成投运，西江航运干线贵港至梧州3000吨级航道整治工程开工建设。长洲南北堤等防洪堤建设主体完成，丹竹水库等水库开工建设。配电网建设和农村电网升级改造工程全面推进，建成城镇天然气管网约400千米。网络基础设施全面优化升级，5G网络投入使用，4G网络实现城乡深度覆盖，智慧广电建设加快。

人居环境显著提升。森林覆盖率达75.25%，居全区首位，获评“全国绿化模范城市”称号。污染防治攻坚战全面胜利，$PM_{2.5}$年均浓度为26微克/立方米、空气质量优良率达99.5%以上，均居全区前列，地表水断面水环境质量在全国排名前列，污染地块安全利用率达100%，国家餐厨垃圾无害化处理试点城市建成并通过验收。“城市建设提质年”活动成效显著，全面改造提升新兴一路等53条城市道路，相继贯通迎宾路西段等16条瓶颈路，市政广场等标志建筑完成亮化改造，城市公园建设成效突出，成为全国优秀旅游城市、森林城市、园林城市、广西公园城市建设试点城市，苍海国家湿地公园通过验收，城市形象显著提升。城市发展空间进一步拓展，红岭片区、粤桂片区、苍海新区产城融合步伐加快，公共交通便捷化程度提高，城市服务功能日趋完备。“美丽梧州”乡村建设系列活动圆满完成，乡村治理取得新成效，乡风文明焕发新风采，完成危房改造16923户。

新型城镇化建设取得新突破。长洲区、万秀区分别获评“广西科学发展进步城区”、“广西高质量发展进步城区”，岑溪市列入广西新型城镇化示范县名单，蒙山县列入广西公园建设城市试点县。苍梧新县城建设初具雏形，实现整体搬迁。藤县田寮新区、津北新区发展提速。六堡茶、丝艺等特色小镇和藤州、文圩等重点镇建设加快推进。农业转移人口落户城镇49366人，城乡基础设施一体化建设取得重大成效，城乡基本公共服务均等化水平显著提高，城乡融合进一步加快，常住人口城镇化率预计提高4个百分点左右。

社会民生福祉大幅增进。民生领域的财政支出占比达80%以上，城镇和农村居民人均可支配收入年均分别增长6.2%和9.5%，城镇登记失业率控制在3%以内，基本养老保险参保率达92%。学前教育三年毛入园率达99.81%，义务教育巩固率、高中阶段教育毛入学率提前完成目标，新建成梧州医学高等专科学校并招生办学，梧州学院北校区竣工。每千常住人口执业（助理）医师达2.26人，提前完成目标任务，三级医院达7家，新冠肺炎疫情防控战果显著。新建成公共文化基础设施场所7个，建设村级公共服务中心472个。人均体育场地面积达1.9平方米，每万人拥有体育场地数达25个。开展为民办实事项目290个，民生短板进一步补齐。获评国家卫生城市、全国双拥模范城、广西文明城市、广西食品安全示范城市，大力争创全国文明城市、“美丽广西·宜居城市”。法治政府建设取得阶段性成效，全民尊法学法守法用法意识明显提升。物价水平保持总体稳定。社会综合治理水平不断提升，人民群众的获得感、幸福感、安全感显著提高。

“十三五”规划纲要主要指标完成情况

表 34

	指标	2015年实际	规划目标		完成情况		指标属性
			2020年目标	年均增长（%）	2020年完成	年均增长（%）	
经济发展	1. 地区生产总值（亿元）	1078.6	1665	≥8	1081.34	5.4	预期性
	2. 人均地区生产总值（元）	36195	53160	≥7	33000	3.8	预期性
	3. 财政收入（亿元）	123.7	158	5	123.28	—	预期性
	4. 固定资产投资（亿元）	[4100]	[7400]	12	[4232.87]	11.9	预期性
	5. 社会消费品零售总额（亿元）	364.9	587	10	285	6.5	预期性
	6. 进出口总额（亿美元）	9.1	15.5	12	11.5	4.4	预期性
	7. 工业增加值（亿元）	572.6	770	8	308.18	1.7	预期性
	8. 服务业增加值比重（%）	31	42	—	48.5	—	预期性
	9. 城镇化率：						
	常住人口城镇化率（%）	49.74	56	—	暂无数据	—	预期性
	户籍人口城镇化率（%）	46	51	—	46.97	—	约束性
	10. 全员劳动生产率（万元/人）	5.53	7.35	—	暂无法统计	—	预期性
创新驱动	11. 研究与试验发展经费支出占地区生产总值比重（%）	0.3	2.1	—	0.46	—	预期性
	12. 每万人口发明专利拥有量（件）	1.14	3	—	2.8	—	预期性
	13. 科技进步贡献率（%）	50.8	55	—	52.25	—	预期性
	14. 互联网普及率：						
	固定宽带家庭普及率（%）	58	80	—	83.22	—	预期性
	移动宽带用户普及率（%）	34	72	—	96	—	
民生福祉	15. 常住人口（万人）	298	313.2	10‰	暂无数据	0.64（2016—2019年）	预期性
	16. 居民人均可支配收入（元）	17260	25360	≥8	25140	7.8	预期性
	17. 劳动年龄人口平均受教育年限（年）	8.8	11	—	暂无数据	—	约束性
	18. 城镇新增就业人数（万人）	[17.58]	[10]	—	[15.88]	—	预期性
	19. 农村贫困人口脱贫（万人）	[24.6]	[23.14]	—	[25.69]	—	约束性
	20. 基本养老保险参保率（%）	90	92	—	92	—	约束性
	21. 城镇保障性住房建设和棚户区改造（万套）	—	[4.6]	—	[5.8]	—	约束性
	22. 每千常住人口执业（助理）医师数（人）	1.62	2.25	—	2.26	—	预期性
	23. 每千名老人养老床位数（张）	19.6	35	—	30	—	预期性
	24. 人均预期寿命（岁）	76.8	77.8	—	77.8	—	预期性

续表 34

	指标	2015 年实际	规划目标		完成情况		指标属性
			2020 年目标	年均增长（%）	2020 年完成	年均增长（%）	
生态文明	25. 耕地保有量（万亩）	204.9	204	—	206.78	—	约束性
	26. 新增建设用地规模（万公顷）	［1.14］	不超过［2.32］	—	［0.549］	—	约束性
	27. 万元生产总值用水量（吨）	147	105	—	92	—	约束性
	28. 单位生产总值能源消耗降低（%）	完成目标	［11%］	—	—	—	约束性
	29. 单位生产总值二氧化碳排放量降低（%）	完成目标	［13%］	—	—	—	约束性
	30. 森林增长：						约束性
	森林覆盖率（%）	75.85	73 左右	—	75.25	—	
	森林蓄积量（亿立方米）	0.49	0.6	—	0.65	—	
	31. 市区空气质量优良天数比例（%）	90.8	≥ 92	—	99.5	—	约束性
	32.$PM_{2.5}$ 浓度（$\mu g/m^3$）	—	31	—	26	—	
	33. 地表水质量：						约束性
	达到或好于 III 类水体比例（%）	90	≥ 96	—	100	—	
	劣 V 类水体比例（%）	—	0	—	0	—	
	34. 主要污染物排放量降低（%）其中：	完成目标					约束性
	化学需氧量（%）		比 2015 年下降 1%	—	完成	—	
	氨氮（%）		比 2015 年下降 1.1%	—	完成	—	
	二氧化硫（%）		比 2015 年下降 2.3%	—	完成	—	
	氮氧化物（%）		比 2015 年下降 -1.0%	—	完成	—	

备注：［ ］为五年累计。

第二章　抢抓重要战略机遇期建好广西东大门

当今世界正经历百年未有之大变局，不稳定性不确定性因素明显增加，我国已转向高质量发展阶段，同时发展不平衡不充分问题仍然突出。当前和今后一个时期，我市发展仍处于重要战略机遇期，机遇和挑战都有新的发展变化。当前我市经济社会发展态势持续向好，但必须清醒地认识到经济总量小、欠发达、不平衡仍是最突出的市情，要牢牢把握进入新发展阶段、贯彻新发展理念、构建新发展格局的深刻内涵，增强机遇意识和风险意识，保持战略定力，加快发展、奋力赶超，不断谱写梧州发展新篇章。

第一节　抢抓新机遇

深度融入粤港澳大湾区迎来重大新契机。随着以国内大循环为主体、国内国际双循环相互促进的新发展格局加快构建，大湾区生产、分配、流通、消费更多依托国内市场，产业加速向中西部地区转移。梧州是中西部最靠近大湾区的城市和广西“东融”枢纽门户城市，有利于我市打造畅通大湾区和中西部地区内循环的核心节点，加快建成大湾区腹地珠江—西江经济带上的区域性中心城市，深度融入大湾区的庞大市场和产业体系，主动接受大湾区国际科技创新中心的辐射，加快新旧动能转化。

经济转向高质量发展新阶段。我国转向高质量发展阶段，创新在现代化建设全局中确立核心地位，新一轮科技革命和产业变革深入发展，工业化总体上从价值链低端向中高端转向。广西进入转变发展方式、优化经济结构、加快新旧动能转换的加速期，工业转型升级加快。国内和广西发展新阶段的特征，有利于我市经济加快转向高质量发展，强力推动新型工业化和新型城镇化融合发展。

新经济成为驱动发展的重要引擎。新产品、新服务、新业态、新商业模式成为经济增长的重要贡献力量。新型基础设施建设加快推进，为经济创新发展提供有力支撑。国家对中西部地区“新基建”加大倾斜力度，新经济主体向西部地区加大投入，有利于我市抢占市场发展先机，实现跨越式发展。

第二节　直面新挑战

解决发展不平衡不充分的任务繁重。我市经济实力不够强，仍处在工业化发展中期的前半阶段，创新能力不适应高质量发展要求，城市总体规模小，中心城区集聚和辐射能力弱，县域经济实力不强，城乡区域发展差距较大，基础设施不够完善，民生保障存在短板，发展不平衡不充分问题仍较突出。

区域城市之间竞争不断加剧。随着湘南、赣南、桂东等周边地区一系列战略规划的实施，粤港澳大湾区周边的城市在承接产业转移、要素吸纳等方面的竞争将日趋激烈。我市最大的区位优势仍未通过现代化的交通建设转化为发展优势，同时在承接产业转移平台建设、营商环境等方面与周边地区相比存在差距，在未来的发展中与周边地区之间的竞争大于合作。

产业转型升级任务艰巨。我市产业发展基础薄弱，产业总量不大，主导产业不突出，产业集中度不高，产业链不完善，产业创新能力不足。产业园区综合承载能力较低，部分县（市、区）缺乏国家、自治区级开发平台。产业项目落地面临着资源环境的刚性约束日益趋紧。传统产业占比依然较大，生产工艺亟需升级，新能源、新材料等新兴产业还处于起步阶段。

第三节　锚定二〇三五年远景目标

展望二〇三五年，我市将建成更有实力、更有活力、更有魅力的广西东大门，与全国全区同步基本实现社会主义现代化。综合实力大幅提升，经济总量和城乡居民人均收入迈上新台阶，在全区高质量发展中走在前列；基本实现新型工业化、信息化、城镇化、农业现代化，基本建成具有梧州特色的现代产业体系；基本实现市域治理现代化，基本建成法治梧州、法治政府、法治社会；建成文化旅游强市、教育强市、健康梧州，市民素质和社会文明程度达到新高度；绿色生产生活方式广泛形成，基本建成人与自然和谐共生的美丽梧州；深度融入粤港澳大湾区，形成全方位开放发展新格局；城乡区域发展差距和居民生活水平差距显著缩小，平安梧州建设达到更高水平，人民生活更加美好，人的全面发展、全市各族人民共同富裕取得更为明显的实质性进展。

第三章“十四五”时期经济社会发展指导方针和主要目标

第一节　指导思想

高举中国特色社会主义伟大旗帜，坚持以习近平新时代中国特色社会主义思想为指导，深入贯彻党的十九大和十九届二中、三中、四中、五中全会精神，统筹推进“五位一体”总体布局，协调推进“四个全面”战略布局，深入贯彻习近平总书记对广西工作的重要指示精神，全面落实“三大定位”新使命和“五个扎实”新要求，按照自治区党委赋予的“四句话”新定位和“三抓一快”新要求，坚定不移贯彻新发展理念，坚持稳中求进工作总基调，以推动高质量发展为主题，以深化供给侧结构性改革为主线，以全面开放为引领，以改革创新为动力，以满足人民日益增长的美好生活需要为根本目的，统筹发展和安全，主动融入新发展格局，毫不动摇实施“东融”战略，全力推进产业兴市、作风兴市，大力弘扬“海纳百川、力争上游”新时代梧州精神，倾力打造珠江—西江经济带区域性中心城市和“东融”枢纽门户城市，加快建好广西东大门，为全面建设社会主义现代化国家和“建设壮美广西、共圆复兴梦想”贡献梧州力量。

第二节　基本原则

——坚持党的全面领导。坚持和完善党领导经济社会发展的体制机制，坚决维护党中央权威和集中统一领导，始终同以习近平同志为核心的党中央保持高度一致，为实现高质量发展提供根本保证。

——坚持以人民为中心。坚持人民主体地位，坚持共同富裕方向，把人民对美好生活的向往作为始终不渝的奋斗目标，始终做到发展为了人民、发展依靠人民、发展成果由人民共享，不断提高人民群众获得感、幸福感、安全感。

——坚持新发展理念。把新发展理念贯穿发展全过程和各领域，主动融入新发展格局，切实转变发展方式，推动质量变革、效率变革、动力变革，实现更高质量、更有效率、更加公平、更可持续、更为安全的发展。

——坚持深化改革开放。聚焦重点领域和关键环节推动改革，加快推进市域治理现代化，破除制约高质量发展、高品质生活的体制机制障碍；服从服务国家和自治区发展战略，以全面“东融”带动全方位开放发展。

——坚持系统观念。坚持全市一盘棋，加强前瞻性思考、全局性谋划、战略性布局、整体性推进，着力固根基、扬优势、补短板、强弱项，注重防范化解重大风险挑战，实现发展质量、结构、规模、速度、效益、安全相统一。

第三节　主要目标

锚定二〇三五年远景目标，综合考虑未来发展趋势和条件，今后五年经济社会发展总体要求是“两个高于、赶超进位”，具体要实现以下主要目标。

——经济发展更强劲。经济增长速度、人均地区生产总值高于广西平均水平；经济结构更加优化，工业经济取得突破性进展，农业基础更加稳固，现代服务业加快发展，综合实力实现赶超进位。地区生产总值年均增长9%左右，工业增加值比重达40%以上，固定资产投资年均增长15%。

——改革开放更深入。重点领域和关键环节改革取得重要突破，高标准市场体系基本建成，市场主体更加充满活力；“东融”开放全面深化，营商环境全区一流，承接粤港澳大湾区产业转移集聚高地加快形成，粤桂合作特别试验区先行示范平台作用显著提升。创新能力显著提升，关键核心技术及转化应用实现重大突破。

——社会文明更进步。社会主义核心价值观、新时代梧州精神深入人心，人民思想道德素质、科学文化素质和身心健康素质明显提高；群众性精神文明创建活动成果持续巩固，全国文明城市创建迈出新步伐；公共文化服务体系更加健全，文化和旅游深度融合，文化软实力显著增强。

——生态优势更突出。国土空间开发保护格局持续优化，生产生活方式绿色转型加快，能源资源配置更加合理；主要污染物排放控制达标，生态环境质量保持优良水平，西江生态安全屏障更加牢固，城乡人居环境更加优美，梧州“一江碧水、两岸青山”更加秀美。森林覆盖率保持在75%左右。

——民生福祉更厚实。实现就业更加充分更高质量，社会分配更加公平，收入增长与经济增长基本同步，覆盖城乡居民的教育、卫生健康和社会保障体系不断完善，基本公共服务均等化水平明显提高；脱贫攻坚成果巩固拓展，乡村振兴战略全面推进，城乡发展协调性明显增强。居民人均可支配收入年均增长9%左右。

——市域治理更有效。法治梧州建设全面深化，行政效率和公信力显著提升，共建共治共享的社会治理体系更加健全，基层基础更加稳固；防范化解重大风险和安全发展体制机制不断完善，广西东大门安定有序。

“十四五”时期经济社会发展主要指标

表35

类别	指标	2020年	2025年	年均增长(%)	指标属性
经济发展	1. 地区生产总值（亿元）	1081.34	—	9左右	预期性
	其中：工业增加值占地区生产总值比重（%）	28.5	＞40	—	预期性
	2. 人均地区生产总值（元）	33000	—	9	预期性
	3. 财政收入（亿元）	123.28	157.34	＞5	预期性
	其中：税收收入占一般公共预算收入比重(%)	54.3	56.3	—	预期性
	4. 固定资产投资（亿元）	[4232.87]	[5018]	15	预期性
	5. 常住人口城镇化率（%）	暂无数据	58.79	—	预期性
创新驱动	6. 研发投入强度（%）	0.46	≥1.6	—	预期性
	7. 每万人口高价值发明专利拥有量（件）	0.59	0.71	—	预期性

续表 35

类别	指标	2020 年	2025 年	年均增长(%)	指标属性
民生福祉	8. 居民人均可支配收入增长（%）	5.5	—	9 左右	预期性
	9. 城镇登记失业率（%）	2.75	≤ 5.5	—	预期性
	10. 每千常住人口执业（助理）医师数（人）	2.26	2.6	—	预期性
	11. 每千人口拥有 3 岁以下婴幼儿托位数（个）	1.08	3	—	预期性
	12. 人均预期寿命（岁）	77.8	78.8	—	预期性
	13. 基本养老保险参保人数（万人）	185	193	0.9	约束性
绿色生态	14. 单位地区生产总值能源消耗降低（%）	—	自治区下达	—	约束性
	15. 单位地区生产总值二氧化碳排放量降低（%）	—	自治区下达	—	约束性
	16. 空气质量：				约束性
	城市空气质量优良天数比率（%）	99.5	自治区下达	—	
	$PM_{2.5}$ 年平均浓度（$\mu g/m^3$）	26	自治区下达	—	
	17. 地表水达到或好于 III 类水体比例（%）	100	自治区下达	—	约束性
	18. 森林覆盖率（%）	75.25	75	—	约束性
安全保障	19. 粮食综合生产能力（万吨）	69.61	自治区下达	—	约束性

注：①地区生产总值、人均地区生产总值增速按实际增速计算。②[ ] 为五年累计。

（以下略）

统计资料

2021 年梧州市国民经济主要指标

表 36

指标	单位	总量	增速（%）
一、人口、劳动力			
年末总人口（常住人口）	万人	282.67	0.08
人口密度	人 / 平方千米	224.83	
自然增长率	‰	3.95	
年末在岗职工平均人数	万人	16.92	
二、梧州市生产总值	亿元	1369.37	10
第一产业	亿元	196.09	8.5
第二产业	亿元	589.39	12.2
其中：工业	亿元	500.01	13.1
第三产业	亿元	583.89	9.1
三、农业			
粮食作物种植面积	万公顷	14.04	0.4
经济作物种植面积	万公顷	15.83	5.1
其中：甘蔗种植面积	万公顷	0.16	−5.8
蔬菜种植面积	万公顷	10.8	7.8
粮食总产量	万吨	70.46	1.2
其中：稻谷	万吨	65.83	0.9

续表 36

指标	单位	总量	增速（%）
蔬菜（包括食用菌）	万吨	307.4	6.3
甘蔗产量	万吨	10.80	−7.9
园林水果产量	万吨	106.77	13.9
茶叶产量	吨	6774.17	58.2
蚕茧产量	吨	2931.7	111
肉类总产量	万吨	22.03	17.3
其中：猪肉	万吨	11.71	42.3
牛肉	万吨	0.2	3.8
羊肉	万吨	0.04	9.6
禽肉	万吨	9.68	−2.8
禽蛋	万吨	1.68	5.3
水产品产量	万吨	8.31	3.3
其中：淡水捕捞水产品	万吨	0.44	−1.1
淡水养殖水产品	万吨	7.87	3.5
木材采运	万立方米	352.02	23.7
天然松脂产量	万吨	14.71	3.5
油茶籽产量	万吨	0.9	5.2
八角产量	万吨	3.24	−6.7
四、工业			
规模以上工业总产值	亿元	1508.1	31.4
规模以上工业主要产品产量			
瓷质砖	平方米	306484157	30.3
天然花岗石建筑板材	平方米	72464393	86.8
锂离子电池	只（自然只）	67279323	46
高岭土（瓷土）	吨	10970753	46.6
商品混凝土	立方米	6961069	−9.7
人造板	立方米	1928138	17.2
钢材	吨	3273257	46.3
胶合板	立方米	1108633	28.3
冷轧薄板	吨	684646	7.8
中小型型钢	吨	2380723	63.8
纤维板	立方米	643468	18.8
蚕丝	吨	738	−1.1
铅酸蓄电池	千伏安时	4244916	8.8
民用钢制船舶	载重吨	650859	43.5
水泥	吨	1642925	8.9
砖	万块	291716	2.4
散货船	载重吨	298406	85.9
铜金属含量	吨	373	5.1
全集装箱船	载重吨	293505	12.2
铁合金	吨	21201	24.9

续表 36

指标	单位	总量	增速（%）
塑料制品	吨	90052	-1.9
锯材	立方米	530	12.7
饲料	吨	709698	50.5
配合饲料	吨	596374	36.3
纸制品	吨	20238	-22.9
铅金属含量	吨	97752	-10.7
家具	件	148857	-35.6
瓦楞纸箱	吨	6437	-52.2
锌金属含量	吨	61587	7.4
木质家具	件	148857	-35.6
饮料	吨	842660	33.7
原电池及原电池组（非扣式）	万只	5613	-90.2
规模以上工业企业数	家	553	
规模以上工业企业利润总额	亿元	135.83	4.8
五、建筑业			
建筑业总产值	亿元	81.18	11.3
房屋施工面积	万平方米	318.43	16.8
房屋竣工面积	万平方米	91.09	-33
具有资质等级的建筑业企业数	家	109	
六、运输、邮电业			
旅客运输总量	万人次	496.8	-55.3
旅客周转量	万人千米	45588.1	-50.5
货物运输量	万吨	6458.77	14.1
货物周转量	万吨千米	448003.1	23.9
邮电业务总量	亿元	30.77	26.7
其中：邮政业务	亿元	6.01	6.3
电信业务	亿元	24.77	32.9
交通运输、仓储和邮政业增加值	亿元	32.99	16.1
七、固定资产投资			
固定资产投资（不含农户）	亿元	786.89	21.6
其中：第一产业投资	亿元		125.5
第二产业投资	亿元		35.8
第三产业投资	亿元		7.4
基础设施投资	亿元		29.6
民间固定资产投资	亿元		39.7
八、国内商业服务业			
社会消费品零售总额	亿元	316.33	11.4
其中：商品零售额	亿元	281.23	10.2
餐饮收入额	亿元	35.1	21.9
批发和零售业增加值	亿元	110.35	14.6

续表 36

指标	单位	总量	增速（%）
住宿和餐饮业增加值	亿元	14.48	18.1
房地产业增加值	亿元	112	3.6
其他服务业增加值	亿元	227.14	9.1
九、外贸、旅游			
进出口贸易总额	亿元	80.81	25.3
其中：出口	亿元	40.59	29.1
进口	亿元	40.22	21.7
国内游客人数	万人次	3815.74	20.46
入境过夜游客人数	万人次	1900	−75.5
旅游总消费	亿元	416.66	25.83
十、财政、金融			
财政总收入	亿元	134.84	9.4
其中：公共财政预算收入	亿元	78.87	3.8
公共财政预算支出	亿元	259.05	−10.2
住户存款	亿元	1102.65	11.9
金融业增加值	亿元	77.99	5.5
十一、人民生活			
城镇职工基本养老保险参保人数	万人	49.18	5.06
城乡居民基本养老保险参保人数	万人	140.53	1.46
基本医疗保险参保人数	万人	323.32	−0.5
城镇居民人均可支配收入	元	37185	7.5
城镇居民人均消费支出	元	23991	4.9
农村居民人均可支配收入	元	16331	11.4
农村居民人均消费支出	元	9984	6.9
民用汽车保有量	万辆	34.15	10.9
其中：私人汽车保有量	万辆	32.02	11
十二、科技、教育、卫生			
全市专业技术人员	人	127129	
普通高等学校在校生	万人	3.63	
中等职业教育在校生（不含技工）	万人	3.92	
普通高中在校生	万人	7.37	
普通初中在校生	万人	14.25	
小学在校生	万人	33.44	
医疗卫生机构病床位数	万张	1.8	
卫生技术人员	万人	2.23	
其中：执业（助理）医师数	万人	0.71	

（市统计局）

编审：陈范生　编辑：赖红柳

梧州年鉴

索 引

说 明

一、本索引采用主题分析索引方法。正文(包括条码、文献、资料、图片和表格)中凡具有独立检索意义的完整资料,均可通过本索引进行检索。少数条目名因语言环境需要,有的在其对应款目名称前或者名称后酌加修饰词,有的条目对应款目的名称动词置后,有的名称重复的动词作省略,有的名称作简化。为突出图片主题,有的图片款目对其文字说明作简略处理。

二、索引按汉语拼音字母(同声字按声调)升序排列。类目、分目、次分目作索引款目用黑体字排印,其余均用宋体字排印。表格、图片在其款目后分别注明"表""图"。

三、索引款目后的阿拉伯数字和拉丁字母(a, b, c)分别表示内容所在的页码和栏别(左、中、右栏)。

四、索引空两字位起排的是同一款目的"附见"。同一款目的"参见"只标页码。为便于读者检索,内容有交叉的款目,在本索引中重复出现。

五、"编辑说明"等栏目不作索引,阿拉伯数字开头的款目排在索引的前面。

F

G

H

J

R

S

T

W

X

Y

Z